O. C. Ferrell
Geoffrey A. Hirt
Linda Ferrell

Business Foundations

12th Edition

경영의 이해

김상현 · 김진산 · 김판수 · 유재욱 · 조성준 · 조혁수 공역

McGraw Hill

한 경 사

Business Foundations: A Changing World, 12th Edition

1 2 3 4 5 6 7 8 9 10 HKS 20 20

Original: Business Foundations: A Changing World, 12th Edition © 2020
By O.C. Ferrell, Geoffrey A. Hirt, Linda Ferrell
ISBN 978-1-260-08836-6

This authorized Korean translation edition is jointly published by McGraw-Hill Education Korea, Ltd. and Hankyungsa. This edition is authorized for sale in the Republic of Korea.

This book is exclusively distributed by Hankyungsa.

When ordering this title, please use ISBN 978-89-6844-318-3

Printed in Korea

간단한 차례

자세한 차례

역자 머리말

오랜 기간 경영학을 강의하는 교수자인 동시에 급속히 변화하는 경영 환경 속에서 경영학의 많은 부분을 지속적으로 학습하는 학습자의 한 사람으로서 다양한 경영학 관련 교재를 접할 기회가 많았다. 각 교재는 그 나름대로의 다양한 접근 방식을 통해 경영학을 접하는 많은 학생에게 경영의 여러 주제에 대한 이해를 높이고자 시도하고 있다. 하지만 빠르게 변화하는 현대의 기업 경영을 감안할 때 기성 교재로부터 무언가 부족함을 느끼던 차에 「Business Foundations — A Changing World」란 경영학 원론 교재를 접하게 되었다. 이번 12번째 개정판은 변화하는 세계 기업의 경영 환경에 대한 이해를 높이기 위해 교재 내용의 구성이 체계적이며, 최신 자료들을 활용하였다. 이로 인해 국내 경영학 원론 교재로 활용하여 경영학에 관심이 있는 여러 사람에게 필요한 정보를 제공하면 좋겠다는 생각을 하여 경영학 분야의 유능하신 교수님들과 의견을 모아 이 교재의 번역을 완료하였다. 이 책 저자들이 머리말에서 언급하였듯이 12번째 개정판은 경영의 완전하고 통합된 개요를 제공하고 있다.

이 책은 경영을 처음 접하는 학생들을 위해 최근 자료를 바탕으로 많은 표와 그림을 활용하여 이해하기 쉽도록 하였다. 또한 경영에서 사용되는 다양한 개념을 예를 들어 설명함으로써 경영학 이론과 경영 기법 등을 쉽게 전달하고자 하였다. 아울러 각 장의 본문 내 관련 주제에 대해 '경영 도전에 대한 대응', '친환경 경영', '현장 속의 기업가정신', '윤리 및 사회적 책임' 네 가지 유형의 짧은 사례와 각 사례별 토의 문제를 두어 이론 학습 후 실제 사례로 적용이 가능한 체계를 갖추었다. 이는 경영 환경에서 일어나는 실례들로 학습한 이론과 개념을 사례에 적용시켜 이해하는 데 큰 도움이 될 것이다.

이 책은 총 16개장을 6개 부분으로 구분하고 있다. 각 장에서 설명하는 경영 관련 요소들이 서로 유기적인 관계로 연계되어 있다고 할 수 있다. 우선 1장에서는 경영을 이해하기 위해 기본적으로 필요한 경제와 경쟁에 대한 주제를 다루고 있다. 2장에서는 현대 사회에서 중요시되고 있는 기업 윤리, 기업의 사회적 책임 그리고 기업 경영에 있어 반드시 알아야 될 법, 정치 및 규제적 요소에 대해 설명하고 있다. 그 다음 특별 주제로 3장에서는 국제 경영, 4장에서는 소유권의 형태, 그리고 5장에서는 중소기업, 기업가정신과 프랜차이징에 대해 설명하고 있다. 이러한 내용은 경영을 이해하는 데 알아야 할 포괄적 개념으로 경영의 세부 분야를 학습하기 위해서 꼭 필요한 사항이다. 다음으로는 경영학의 각론에 대해서 설명하고 있다. 6장에서 12장까지는 경영관리에 대해 설명하고 있다. 여기에는 조직 관리의 세부적 주제(예: 팀워크, 소통, 고객 관리 등)를 포함하고 있으며, 인적자원 관리와 마케팅 전략 등의 소주제를 다루고 있다. 11장에서 13장은 마케팅에 대해 세부적인 주제(예: 디지털 마케팅, 소셜 미디어 등)를 설명한다. 14장, 15장, 16장은 조직 운영에 반드시 필요한 회계와 재무에 대한 주제를 다루고 있다.

또한 각 장의 마지막 부분에 있는 '이해력 검토'에서는 학습한 기본 개념에 대한 이해를 높이고자 하였으며, '도입사례 재검토'과 '진도 평가'에서는 학습한 내용을 바탕으로 생각해 볼 수 있는 토의 문제로 학습자가 경영에 대해 사고할 수 있는 기회를 다시 한 번 제공하였다. '현장 기술 개발'과 '딜레마 해결'에서는 주어진 경영 상황에 따라 개별 또는 그룹으로 문제를 해결하는 연습을 할 수 있도록 하였다.

이 책이 경영을 이해하는 데 있어 조금이나마 보탬이 될 수 있기를 바란다.

2020년 11월
역자 일동

저자 머리말

12번째 개정판은 완전하고 포괄적인 개정판이다. 이는 비즈니스 기본 개념과 관련이 있는 환경에서 수많은 사건과 변화가 있기 때문이다. 따라서 비즈니스 제품을 소개할 때 비즈니스 의사 결정과 관련하여 경제의 역동적인 변화에 대한 적절한 범위를 제공해야 함을 의미한다. 12번째 개정판에서는 다양한 피드백을 듣고 내용, 사례, 연습문제 및 기타 기능에 필요한 변경 사항을 통합했다.

'디지털 마케팅과 소셜 미디어' 장은 이번이 다섯 번째 개정이다. 여덟 번째 개정판에서 이 부분을 처음으로 다룬 이후, 디지털 마케팅과 소셜 미디어 부분은 기업 경영의 전면에서 지속적으로 변화하고 있다. 많은 기업가와 중소기업은 소셜 네트워크를 사용하여 고객과 지속적인 커뮤니케이션 형성 및 관계 유지를 통해 수익 증대와 비용 감소를 할 수 있어야 된다. 공유 또는 '긱(gig)' 경제는 많은 종업원을 위해 기업가적 기회를 변화시키고 있다. 예를 들면, 미국 경제에서 독립 계약자 수는 전체 노동인구의 거의 1/3로 증가하였다. 인터넷은 우버, 리프트(Lyft), 태스크래빗(TaskRabbit), 도스(Dose)와 같은 의료서비스 기업들을 위한 P2P 관계의 기회를 제공해 주고 있다. 디지털 마케팅은 기업가가 성공적인 기업 경영을 시작하는 데 많은 도움을 주고 있다. 독립 계약자의 증가는 공동작업(co-working)이라는 새로운 트렌드를 창출하였다. 예를 들어 10장에서 논의된 위워크(WeWork)는 프리랜서에서 Fortune 500대 기업에 이르기까지 다양한 비즈니스에 유연하고 민첩한 작업 공간을 제공하여 이러한 공동 작업 기회를 활용하고 있다.

이 책 전반적으로 '친환경' 경영과 지속가능성의 중요성을 강조하였다. 절약, 재사용, 재활용의 원칙에 따라 모든 기업은 녹색성장을 통해 더 많은 수익을 창출할 수 있고 더 좋은 세상을 만드는 데 공헌할 수 있을 것이다. 각 장에 이러한 환경 변화에 대해 다루는 '친환경 경영' 박스를 새롭게 포함하였다. '현장 속의 기업가정신' 박스 역시 성공적인 기업 경영을 위한 많은 종류의 혁신과 지속가능성 사용의 기회에 대해 다루고 있다. 지속가능성은 많은 기업의 목표일 뿐 아니라 학생들에게 경력의 기회를 제공해 주고 있다.

우리는 아주 신중하게 경영학 원론에 기본적으로 포함되어야 할 글로벌 경영, 윤리 및 사회적 책임, 정보기술 부분을 지속적으로 다루었다. 저자들은 이 부분에 대해 다양한 전문성을 가지고 있다. O. C. Ferrell과 Linda Ferrell은 기업 윤리 교육의 대표 지도자로 인식되고 있다. 기업 윤리에 대한 세심한 논의는 '윤리 및 사회적 책임' 박스에서 다루고 있다. Geoff Hirt는 글로벌 경영 개발, 특히 세계 금융시장과 무역 관계에 많은 지식을 가지고 있다.

경영의 이해, 기업가정신, 중소기업 관리, 마케팅, 회계, 그리고 재무의 기초적인 부분이 완전히 수정되었다. 또한 학생들의 이해를 돕기 위해 교재 전반적으로 다양한 예시를 제시하였다. 학생들이 세계 경영의 총체적 관점에서 이해하기 위해 이 교재에서는 경영의 주요 부분에 대해서도 심도 있게 다루었다. '경영 도전에 대한 대응', '현장 속의 기업가정신', '친환경 경영', '윤리 및 사회적 책임' 박스의 내용은 각 부분에 대한 실제 세계의 예시를 제공하고 있다.

우리의 주요 목적은 질적으로 높은 교재 내용과 강의 패키지를 제공하는 것이다. 우리는 경영의 이해에 있어 독자의 신뢰를 얻고자 이번 기회를 잘 활용하고자 하며, 이 교재 내용을 개선하기 위한 모든 피드백에 감사히 생각한다. 이런 모든 노력에 대한 진정한 수령자는 우리 사회와 전 세계에서 중요한 역할을 할 학생들이라 생각한다. 전사적 시스템이 어떻게 운영되는지 그리고 글로벌 경쟁 환경에서 어떻게 기업이 적응하는지에 대해 이해하게 되면, 그들은 스스로의 성공과 더 나은 삶을 누리기 위한 기초를 개발할 것이다.

O.C. Ferrell, Geoffrey A. Hirt, Linda Ferrell

1부
변화하는 세계 속의 경영

1장 경영과 경제의 역동성

2장 경영 윤리와 사회적 책임

3장 국경 없는 세상에서의 경영

1

경영과 경제의 역동성

학습목표

1-1 경영, 제품, 이익, 경제와 같은 기본 개념을 정의한다.

1-2 경영의 주요 참여자와 활동에 대해 규정한다.

1-3 경영에 대한 학습이 왜 중요한지 설명한다.

1-4 경제 시스템의 네 가지 유형을 비교 분석한다.

1-5 자유기업(자본주의) 시스템에서 공급, 수요, 경쟁의 역할을 설명한다.

1-6 경제 부강이 왜, 어떻게 측정되는지를 설명한다.

1-7 미국 경제의 발전에 대한 개요를 설명한다.

1-8 경제에서 기업가 역할에 대해 설명한다.

1-9 소기업 소유자(기업가) 상황을 평가하고, 활동 과정을 제안한다.

©Jagadeesh Nv/EPA/REX/Shutterstock

도입사례 :: 워런 버핏, 오마하의 현인

워런 버핏(Warren Buffett)은 하버드대학에서 거절당했을 때도 계획을 변경하지 않았다. 사진처럼 정확한 기억을 가진 열렬한 독서광인 그는 꾸준한 인내심을 가진 인물이었다. 그는 다른 대학들을 조사했으며, 「현명한 투자자(The Intelligent Investor)」의 저자인 컬럼비아대학 벤저민 그레이엄(Benjamin Graham) 교수를 알게 되였다. 버핏은 해당 대학에 합격하여 벤저민 그레이엄 교수의 수제자가 되었고, 마침내 그레이엄의 파트너가 되었다. 졸업 후 워런 버핏은 비즈니스를 잘할 것이라고 믿었던 기업들의 소유권을 확보해 나가면서 수익성 있는 활동을 시작하였다.

가이코(Geico), 아인즈(Heinz), 벤저민 무어(Benjamin Moore), 씨즈캔디(See's Candies)와 같이 효율적으로 운영되는 회사들의 소유권을 보유한 버핏의 회사인 버크셔 해서웨이(Berkshire Hathaway)는 대기업이 되었다. 버크셔 해서웨이는 다양한 산업의 기업들을 소유하고 있다. 이를 통해 특정 산업의 어려움이 기업에 미치는 위험을 최소화할 수 있다. 가장 중요한 것은 이러한 기업들과 가치에서 비롯된 전략으로, 이는 버핏을 세계 10대 부자 중 하나로 만들었다.

다양한 산업의 기업을 이끄는 것은 어려움을 수반한다. 기업은 비즈니스를 잘 알고, 전문 지식을 가지고 있는 지도자를 요구한다. 한 개인이 아주 다른 비즈니스 분야를 담당해야 하는 것은 쉽지가 않다. 이 때문에 버핏은 다양한 기업을 잘 이끌 수 있는 전문경영인에 의존하여 회사를 운영하고 있다. 버핏은 전문경영인에게 자율권을 부여하는 것이 기업성과를 달성하는 데 있어 가장 우수한 수단이라 믿고 있다. 버핏은 전문경영인이 일에 대한 자율성을 갖기를 희망한다. 비즈니스에 정통한 전문경영인을 고용하고, 그가 최선이라고 믿는 방법으로 기업 경영을 할 수 있도록 적극적인 동기부여를 함으로써, 버핏은 방대한 대기업을 성공적으로 이끌어왔다.

버핏의 조직 리더십에 대한 철학은 그의 비즈니스에도 반영되고 있다. 버핏의 본사는 단지 25명의 직원이 조직을 운영하고 있다. 버핏은 기업가에게 직원 숫자의 크기가 아닌 비즈니스 자체에 초점을 맞추라고 제안하고 있다. 버핏은 오마하(Omaha)의 현인이라고 불리고 있다. 왜냐하면 그는 삶의 대부분을 그곳에서 지냈으며, 많은 투자자가 그의 충고나 결정을 따르고 있기 때문이다.[1]

학습목표 1-1

도입

이 장에서는 경영에 대한 학습을 경영과 경제의 본질을 조사함으로써 시작한다. 첫째, 경영의 목적, 활동 그리고 참여자를 포함한 경영의 본질을 소개한다. 다음으로는 경제 기초를 설명하고, 이러한 경제 기초를 미국 경제에 적용시킨다. 마지막으로, 경영 학습을 위한 체제를 수립한다.

경영의 본질

경영
사람들의 요구 사항을 만족시키는 제품을 제공함으로써 이익을 창출하고자 하는 개인 또는 조직.

제품
고객 만족과 이익을 제공하는 유·무형의 특성을 가진 상품 또는 서비스.

경영(business)은 사람들의 요구 사항을 만족시키는 제품을 제공함으로써 이익을 창출하고자 노력한다. 이러한 노력의 산출물은 고객 만족과 이익을 제공하는 유·무형의 특징을 지닌 **제품**(products)이다. 일반적으로 제품을 구매할 때는 그 제품이 제공하는 이익과 만족을 동시에 구매하게 된다. 예를 들면, 사람들은 배고픔을 해결하기 위해 서브웨이 샌드위치를 구매하며, 교통수단 필요성을 만족시키고 특정 이미지를 보여주기 위해 혼다 어코드를 구매할 것이다.

대부분의 사람은 제품이라는 단어를 자동차나 스마트폰, 청바지, 또는 어떤 만질 수 있는 품목과 같은 유형의 물건(goods)과 연관시킨다. 하지만 제품은 서비스일 수도 있다. 서비스는 사람 또는 기계가 고객에게 어떠한 가치를 제공할 때 발생한다. 드라이클리닝, 의사의 진료, 농구 선수의 농구 경기 등은 모두 이러한 서비스의 종류라 할 수 있다. 플리커(Flickr)와 같은 온라인 사진 관리 및 애플리케이션 관련 몇몇 공유 서비스는 사용료를 내지 않아도 되며, 수익을 광고로부터 창출한다. 아이디어 또한 제품일 수 있다. 예를 들면, 회계사와 변호사는 문제 해결을 위한 아이디어를 창출한다.

경영의 목적

모든 기업 경영의 주요 목적은 소비자가 특정 제품에 지불하는 것과 그 제품을 만들고 팔기 위해 소요되는 비용의 차이인 **이익**(profit) 창출이다. 만약 어떤 회사가 10달러에 판매하는 제품의 생산, 재무, 홍보 및 배송에 8달러를 쓴다면 이 회사는 판매하는 제품 한 개당 2달러의 이익을 얻는다. 이익은 기업이 제품을 제공하는 위험을 감수함으로써 얻는 보상이기 때문에, 기업은 법적인 허용범위 안에서 자신의 선택에 따라 이익을 사용하고 유지할 권한을 가지고 있다. 이익을 얻는 것은 경제에 재투자되는 돈을 제공하는 고용을 창출함으로써 사회에 공헌하는 것이다. 또한 이익은 책임질 수 있는 방법에서 반드시 획득되어야 된다. 하지만 모든 조직이 영리를 목적으로 경영을 하지는 않는다. 미국 공영 라디오(National Public Radio: NPR)나 인류애를 위한 주거 운동 단체(Habitat for Humanity), 기타 자선단체 및 사회적 대의명분을 위한 조직과 같은 **비영리 조직**(nonprofit organizations)은 상품(goods) 또는 서비스 제공 그리고 기금 모금 등에 관여하지만 이익 창출이라는 근본적인 목적을 가지고 있지는 않다.

이익
소비자가 특정 제품에 지불하는 것과 그 제품을 만들고 팔기 위해 소요되는 비용의 차이.

비영리 조직
상품 또는 서비스 제공을 통해 이익 창출을 목적으로 하지 않는 조직.

이익을 얻기 위해 개인 또는 조직은 경영 활동을 계획하고 조직하며 통제하는 관리 기술이 필요하다. 또한 고객이 구매할 제품을 생산할 수 있는 종업원을 찾고 개발하는 관리 기술도 필요하다. 기업은 소비자가 어떤 제품을 필요로 하는지 배우기 위해, 그리고 이러한 제품을 개발, 생산, 가격 책정, 홍보, 유통하기 위해 마케팅 전문지식 역시 필요하다. 또한 기업은 자금을 대고 유지하고 운영을 확장하기 위한 재무자원과 기술을 필요로 한다. 사업가의 또 다른 과제는 정부의 법과 규제를 따르는 것이다. 즉 윤리적, 사회적으로 책임 있는 행동을 하고 경제적, 기술적, 정치적, 사회적 변화에 맞추는 것이다. 심지어 비영리 조직에게도 목적을 달성하기 위해 도움이 되는 관리, 마케팅, 재무 활동이 필요하다.

지속가능성은 고객이나 기업 모두에게 중요한 관심사이다. 마이크로소프트는 최근 미국 역사상 유례가 없는 큰 규모의 태양 에너지 관련 구매를 완료하였다.

높은 수익을 창출하고 유지하기 위해 기업은 그들이 반드시 높은 품질의 제품을 생산하고, 기업 운영을 효율적으로 하여야 한다는 것을 매우 잘 알고 있다. 또한 지역사회, 정부 조정자, 투자자, 종업원 그리고 고객을 다루는 데 있어 사회적, 윤리적인 책임이 있다는 것도 잘 알고 있다. 이들은 기업 경영의 성과와 성공에 자신의 지분이 있기 때문에 **이해당사자**(stakeholders) 또는 **주주**라 불린다. 예를 들면, 많은 기업은 제품 생산과 분배가 환경에 어떻게 영향을 미치는지에 대해서 걱정하고 있다. 차량 연료와 관련된 새로운 규정은 자동차 생산자로 하여금 좀 더 작고 가벼운 자동차 제작을 위해 노력할 수 있도록 동기부여를 한다. 전기 자동차도 대안이 될 수 있다. 하지만 아직 새로운 자동차 판매의 1%만이 플러그인 전기 자동차(plug-in-electronics)이다.[2] 많은 기업은 과학, 공학, 수학 분야에서 여성 직원의 경력 향상에 관심이 있다. 해당 직군은 전통적으로 남성 중심 분야이었다. 한 글로벌 설문조사에 의하면 남성 직원, 여성 직원 수의 균형 잡힌 기업은 하나의 성에 의해 지

이해당사자 (또는 주주)
경영으로부터 창출되는 이익과 경영 성공에 지분을 가진 그룹.

배되는 기업에 비해 23% 이상 이익이 높은 것으로 밝혀졌다.[3]

학습목표 1-2

사람과 경영 활동

〈그림 1-1〉은 경영에 포함되는 사람과 활동에 대해 보여주고 있다. 그림의 안쪽 원에는 소유자, 종업원, 고객이 있으며, 바깥쪽 원에는 경영관리, 마케팅, 재무와 같은 주요 기업 활동이 있다. 소유자는 기업을 시작하기 위한 자금 또는 신용과 같은 자원을 제시해야 된다. 종업원은 기업 내에서 진행되는 일에 대한 책임을 가지고 있다. 소유자는 자신이 직접 또는 관리 업무를 맡길 종업원 고용을 통해 기업을 관리할 수 있다. 프록터앤갬블(Procter & Gamble)의 사장이자 CEO인 테일러(David S. Taylor)는 P&G의 소유자는 아니다. 그는, 어떤 의미로는 진짜 소유자인 투자자들을 위해 이익을 창출해야 하는 다른 모든 고용인에 대한 관리 책임을 맡은 고용인(employee)이다. 그리고 가장 중요한 것은, 경영의 주요 역할은 그 기업의 상품과 서비스를 구매하는 모든 고객을 만족시키는 것이다. 또한 조직 통제 범위를 넘어선 사람이나 영향력 – 법과 규제력, 경제, 경쟁, 기술, 정치적 환경, 그리고 윤리 및 사회적 관심 – 모두 기업의 운영에 영향을 미친다. 다음으로 우리는 경영의 주요 활동에 대해 학습할 것이다.

경영관리(management). 〈그림 1-1〉에서 볼 수 있듯이 경영관리와 종업원은 원의 같은 부분에 있다. 이러한 이유는 경영관리는 기업의 목적을 성취하기 위해 계획을 수립하고, 종업원의 활동을 조정하는 내용을 포함하기 때문이다. 동시에 경영관리는 업무를 효율적으로 할 수 있도록 사람들을 조직화하고, 기업 목표달성을 위한 동기부여 역할도 포함한다. 따라서 경영관리는 계획수립, 조직화, 리드, 그리고 통제의 기능을 포함한다. 이러한 기능

〈그림 1-1〉 경영 세계 개관

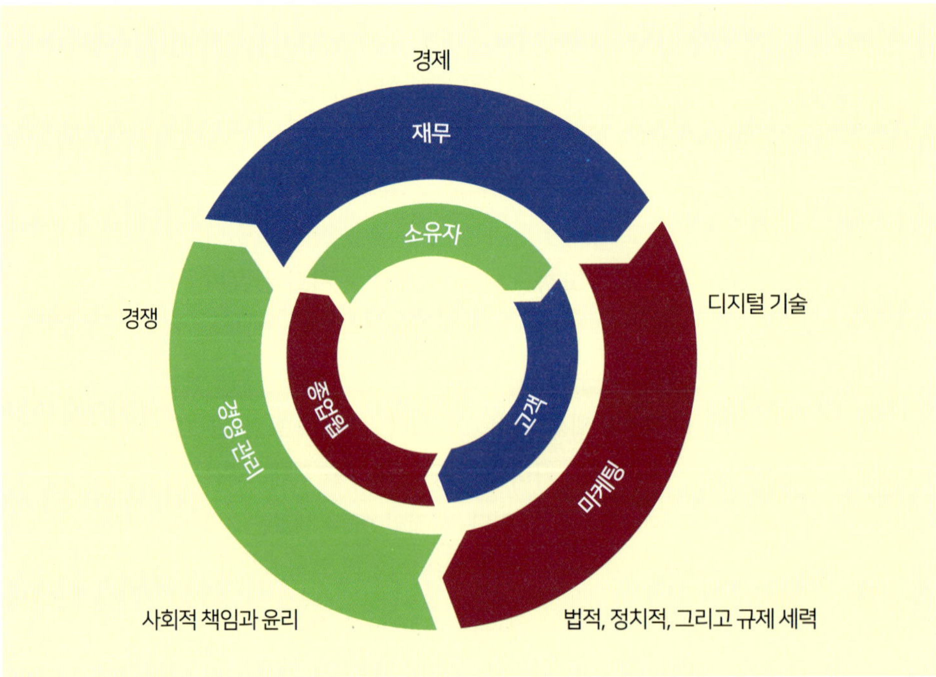

때문에 전문화된 관리자는 효과적인 리더십, 의사결정, 업무위임 등을 보여준다. 또한 관리자는 인적자원 포함 기업자원의 효과적이고 효율적인 획득, 개발, 이용에도 관심을 가진다.

운영도 경영관리의 중요한 요소이다. 관리자는 기업 자원이 상품 및 서비스로 성공적으로 전환되고 있는지 등 기업 운영에 대한 감독을 담당해야 한다. 많은 사람이 운영을 상품(goods) 개발과 관련 짓지만, 운영 관리는 상품만큼 강하게 서비스에도 적용된다. 예를 들어 리츠-칼튼 호텔 관리자의 경우 종업원 활동, 편의시설 등 기업 자원이 고객 서비스 질적 제고에 투입되도록 관심을 가지고 있다. 본질적으로 관리자는 기업 또는 비영리 조직의 과업을 이행하는 데 요구되는 모든 업무를 계획하고, 조직화하고, 직원으로 일하며 통제한다. 3부와 4부에서 경영관리 활동에 대해 자세히 학습할 것이다.

마케팅(marketing). 마케팅 활동의 주요 초점은 고객 만족에 있기 때문에 마케팅과 고객은 〈그림 1-1〉에서 같은 부분에 위치해 있다. 마케팅은 고객이 필요로 하고 원하는 것을 만족시키는 상품과 서비스를 제공하기 위해 고안된 모든 활동을 포함하고 있다. 마케팅 담당자는 고객이 무엇을 원하는지에 대한 정보를 수집하고 연구를 실행한다. 마케팅 조사로부터 수집된 정보를 바탕으로 마케팅 담당자는 제품을 계획하고 개발하며, 이러한 제품에 얼마의 요금을 부과하며, 언제, 어디서 그들이 사용 가능한지에 대한 의사결정을 한다. 또한 마케팅 담당자는 경쟁 및 소비자 변화를 이해하기 위해 마케팅 환경도 분석한다. 소매시장 환경은 아마존과 같은 온라인 기업과의 경쟁을 바탕으로 변화되고 있다. 이는 다수의 소매상점과 쇼핑몰이 문을 닫게 된 이유이기도 하다.[4] 마케팅은 네 가지 p에 초점을 맞추고 있다. 이는 product(제품), price(가격), place 혹은 distribution(유통), promotion(홍보)을 의미한다. 이를 마케팅 믹스(marketing mix)라고 한다. 제품 관리자는 제품 채택, 개발, 브랜딩, 제품 포지셔닝과 같은 중요한 의사결정을 담당한다. 합리적인 제품 가격 결정은 기업에 필수적이며, 이는 수익률과 직접적으로 관련되어 있다. 유통은 경영의 중요한 영역이며, 적절한 시기와 장소에서 소비자가 제품을 구입할 수 있는지를 확인해야 한다. 공급망 관리에서는 구매, 운송뿐만 아니라 고객 가치 창출을 위한 공급자, 생산자, 유통업자 간 관리도 중요하다. 마케팅 담당자는 광고, 개인판매, 판매홍보(쿠폰, 운동경기, 경마, 영화와 연결된 광고 등)와 같은 활용도 한다. 마케팅 담당자는 제품의 장점 및 효과에 대해 고객과 의사소통을 해야 하며, 이를 통해 판매 규모를 증진시킨다. 마케팅 활동은 본서 5부에서 학습하고자 한다.

M&Ms사는 초콜릿 사탕 판매 제고를 위한 광고에서 유머를 사용하고 있다.

재무/금융(finance). 경영관리와 마케팅도 재무적 요소를 다루기는 하지만 기업 운영을 위한 재무자원 제공이 소유자의 주요한 책임이기 때문에 〈그림 1-1〉에서 소유자와 재무는 같은 부분에 위치해 있다. 만약 기업이 이익을 만드는 데 실패하다면 손해를 가장 많이 보는 이는 그 기업의 소유자이다. 재무는 자금을 획득하고, 그것을 효과적으로 사용하는 것과 관련된 모든 활동을 의미한다. 회계사, 증권 중개인, 투자 고문 또는 은행가 모두 재무 분야에 속한다. 때때로 소유자는 기업을 시작하거나 파트너 또는 주주가 되는 추가적인 투자가를 모으기 위해 은행으로부터 돈을 빌려야 된다. 특히 중소기업의 소유자는 종종 자금 확보를 위해 은행 융자에 의존한다. 6부에서 재무 관리에 대해 더 다룰 것이다.

학습목표 1-3

왜 경영을 배우는가

경영을 배우는 것은 포춘 500대 다국적기업의 취업을 계획하든, 자신만의 사업을 시작하든, 정부 기관에서 일을 하든 또는 비영리 조직에서 봉사 또는 관리를 하는 등 어떠한 경우에 상관없이 당신의 미래 경력을 준비하기 위한 지식을 얻고, 기술을 개발하는 데 도움을 준다. 경영 분야는 전 세계에 걸쳐 마케팅, 인사 관리, 정보기술, 재무, 생산 및 운영, 도소매 등 다양한 흥미와 경력 기회에 대한 도전을 제공한다.

또한 경영을 배우는 것은 만족스러운 상품과 서비스 제공을 위해 필요한 경영 활동과 이러한 활동이 어떻게 가격에 영향을 미치는지에 대해 더 잘 이해하도록 도와준다. 대부분의 기업은 제품에 대한 합리적인 가격을 책정한다. 이를 통해 생산비용을 충당하고, 종업원에게 급여를 지급하고, 투자에 대한 수익을 제공하며, 지역사회에 대한 환원도 실시한다. 인류애를 위한 주거 운동 단체(Habitat for Humanity)는 제대로 된 주거가 어려운 사람들에게 주거공간을 제공하는 국제적인 비영리단체이다. 해당 단체는 자원봉사자를 통해 비즈니스를 운영하고 있으며, 이자가 없는 주택담보대출을 제공하고 있다. 이와 함께 Habitat ReStore는 건축자재 관련 신제품 혹은 기증된 중고제품을 판매하는 소매기관이다. 홈디포재단(The Home Depot Foundation)은 퇴역 군인의 집을 개축하거나 개조하는 원조를 제공하고 있다.[5] 따라서 경영을 배우는 것은 고객으로서 개인이 더 많은 지식을 습득할 뿐 아니라 사회 일원이 되는 것을 도와준다.

많은 기업이 지역사회에 기여하기 위하여 사회적으로 책임 있는 활동에 참여하고 있다. Bank of America는 지역의 불우한 가정 대상 주거 제공 사업을 위해 관련 비영리단체인 인류애를 위한 주거 운동 단체(Habitat for Humanity)와 협력하고 있다.

©asiseeit/Getty Images

경영 활동은 개인기업과 지역 경제뿐 아니라 세계 경제 상태에도 필요한 이익을 창출할 수 있게 한다. 기업은 이익 없이는, 더 많은 원자재를 구입하거나 종업원을 고용하거나 자본을 수집하는 것이, 그리고 더 많은 이익을 만들어 세계 경제의 힘이 되는 추가적인 제품을 생산하는 것이 어렵다는 것을 잘 알고 있다. 모든 사람에게 어떻게 자본주의 경제 시스템이 자원을 할당하고, 종업원과 산업에 보상을 제공하는지에 대한 이해는 매우 중요하다.

경영의 경제적 기초

학습목표 1-4

경영이 이루어지는 경제 환경에 대한 탐구는 매우 유용하다. 이 절에서 우리는 경제 시스템, 자본주의 시스템, 공급과 수요의 개념 그리고 경쟁의 역할에 대해 알아본다. 이러한 개념은 특정 사회에서 기업을 어떻게 운영해야 되는지 결정하는 데 매우 중요한 역할을 한다.

경제(economics)는 사회 시스템에 속한 자원이 상품과 서비스 생산을 위해 어떻게 분배되는지에 대한 학문이다. 우리는 이미 유용 가능한 자원의 종류에 대해 익숙하다. 사람이 만든 것이 아닌 토지, 산림, 광물, 물 등의 자원을 **천연자원**(natural resources)이라 한다. **인적자원**(human resources) 또는 **노동**(labor)은 상품과 서비스 생산을 위해 사람들이 사용하는 육체적, 정신적 능력을 의미한다. **재무자원**(financial resources) 또는 **자본**(capital)은 제품을 제공하기 위해 요구되는 천연자원과 인적자원을 획득하기 위해 사용되는 자금이다. 천연, 인적 그리고 재무 자원 모두 상품과 서비스 생산에 필요하기 때문에 종종 이들 자원을 생산요소(factors of production)라고 한다. 또한 기업은 높은 품질의 제품 또는 사회적 책임감이 높은 기업과 같은 좋은 평판이라는 무형의 자원을 가질 수 있다. 기업이 가지는 주요 목적은 생산요소와 무형 자원을 경쟁우위로 전환하는 것이다.

경제
사회 시스템에 속한 자원들이 상품과 서비스 생산을 위해 어떻게 분배되는지에 대한 연구.

천연자원
사람에 의해 만들어지지 않은 토지, 산림, 광물, 물과 같은 자원.

인적자원 또는 노동
상품과 서비스 생산을 위해 사람들이 사용하는 육체적, 정신적 능력, 노동이라 부르기도 함.

재무자원 또는 자본
제품을 제공하기 위해 요구되는 천연자원과 인적자원을 획득하기 위해 사용되는 자금. 자본이라고도 함.

경제 시스템

경제 시스템(economic system)은 특정 사회가 상품과 서비스를 생산하기 위해 자원을 어떻게 배분하는지에 대해 설명한다. 경제의 주요 이슈는 제한된 자원 공급 속에서 어떻게 상품과 서비스의 무한한 수요를 충족시키는지에 있다. 우리가 알 수 있듯이 상이한 경제 시스템은 다양한 방법으로 이러한 경제의 주요 이슈를 해결하고자 한다.

경제 시스템
특정 사회가 상품과 서비스를 생산하기 위해 자원을 어떻게 배분하는지에 대한 설명.

비록 경제 시스템이 다양한 방법에서 자원의 배분을 다루고 있지만, 모든 경제 시스템은 다음의 세 가지 이슈를 다루고 있다.

1. 어떤 상품과 서비스 그리고 얼마나 많은 상품과 서비스가 고객의 필요를 충족시키는가?
2. 상품과 서비스는 어떻게 생산되며, 누가 생산하며, 어떤 자원으로 생산할 것인가?
3. 상품과 서비스는 어떻게 고객에게 분배될 것인가?

〈표 1-1〉에서 보여주는 경제 시스템 기초인 공산주의, 사회주의 그리고 자본주의는 이러한 이슈를 다루는 데 있어 근본적인 차이점이 있다. 계획경제 또는 군사경제에서는 정부가 생산요소를 통제한다. 많은 경우 정부가 상품과 서비스 생산을 소유 또는 통제한다. 따라서 공산주의와 사회주의를 계획경제 또는 군사경제라 한다.

공산주의. 계층에 상관없이 국민이 그 국가의 모든 자원을 공동으로 소유한 사회로써 칼 마르크스(Karl Marx)(1818~1883)가 처음으로 **공산주의**(communism)를 주장하였다. 그의 이상적인 정치적 경제 시스템에서 모든 이는 자신의 능력에 따라 일하며, 필요한 만큼 받아

공산주의
계층 차별 없이 사회에 속한 모든 사람이 그 나라의 모든 자원을 소유하고 있다는 이념으로 칼 마르크스가 창시함.

〈표 1-1〉 공산주의, 사회주의, 자본주의 비교

구분	공산주의	사회주의	자본주의
기업 소유권	정부가 대부분의 기업을 소유하고 운영함	정부가 주요 산업을 소유하고 운영하지만, 개인이 중소기업을 소유할 수 있음	개인이 모든 기업을 소유하고 운영함
경쟁	없음. 정부가 모든 것을 소유하고 운영함	주요 산업에 제한적이며, 중소기업에서는 권장함	시장의 힘과 정부 규제에 의해 권장됨
이익	정부가 초과 소득을 소유함	중소기업에 의한 이익은 기업에 재투자되지만 정부가 소유한 산업의 이익은 정부가 소유함	개인이 창출한 이익을 자유롭게 소유하거나 그들이 원하는 대로 사용함
제품 가용성 및 가격	소비자는 상품과 서비스 선택에 제한적이며, 가격은 보통 높음	소비자는 몇몇 상품과 서비스 선택권이 있으며, 가격은 공급과 수요에 의해 결정됨	소비자는 광범위한 상품과 서비스 선택권이 있으며, 가격은 공급과 수요에 의해 결정됨
고용 선택	개인의 직업 선택권이 거의 없으며, 대부분의 사람은 정부 소유의 기업이나 농장에서 일함	개인의 직업 선택권이 어느 정도 허용되지만 많은 사람이 정부 관련 일을 함	개인의 직업 선택이 무제한적임

공산주의 창시자인 칼 마르크스는 국민이 국가의 모든 자원을 소유하고, 각자의 능력에 따라 공헌하는 사회를 설명하였다.

©Everett Historical/Shutterstock

간다. 공산주의 사회에서 정부를 통해 국민이 모든 기업과 생산요소를 소유하고 운영한다. 중앙 정부 계획은 어떤 상품과 서비스가 국민의 필요를 충족시키고, 어떻게 이러한 상품과 서비스를 생산하고 배분되어야 하는지 결정한다. 하지만 현대사회에서 마르크스의 아이디어와 일치하는 공산주의 경제는 존재하지 않는다.

문헌에서는 공산주의가 부자와 가난한 사람 사이의 격차를 최소화시키는 효율적이며 공정한 시스템이라고 표현하고 있다. 하지만 현실에서 공산주의 경제는 낮은 생활수준, 심각하게 부족한 소비재, 높은 가격, 부패와 빈약한 자유로 표현되고 있다. 러시아, 폴란드, 헝가리, 기타 동유럽 국가는 공산주의 경제 시스템의 버리고 중앙 계획에 따르기보다 수요와 공급에 의한 경제 시스템으로 전향하고 있다. 하지만 그들의 이러한 대안적 경제 시스템에 대한 실험은 많은 어려움으로 가득하다. 베네수엘라 같은 국가는 공산주의와 경제 원칙을 결합하고자 노력했지만 실패하였다. 심지어 쿠바조차도 과거 지배적이던 공산주의 시스템에서 변화를 경험하고 있다. 정부 관련 분야에서의 대규모 해고는 많은 쿠바인을 민간 영역으로 돌아가게 하였다. 이를 통해 쿠바에서 기업 활동 관련 많은 기회가 제공되고 있다. 미국 정부는 쿠바와 외교 관례를 재정립하고자 한다. 미국인들은 과거 50년 전에 비해 쿠바를 방문할 수 있는 기회를 많이 얻을 수 있다. 중국은 비즈니스에 자본주의 접근 방식을 접목함으로써 강력한 경제적 이익을 실현한 첫 번째 공산주의 국가이다. 중국의 경제적인 번영은 더욱 고도화되고 있으며, 중국 정부는 국가 자본주의에 의한 시장개방, 평등, 공정 등을

쿠바와 미국은 외교 관계를 복원하였다. 그 결과 쿠바 방문이나 관련 사업을 할 수 있는 많은 기회가 생겼다.

©Maurizio De Mattei/Shutterstock

주장하고 있다.[6] 경제적 어려움으로 인해 공산주의는 쇠퇴하고 있으며, 그들의 경제 시스템도 불확실한 상황이다.

사회주의. **사회주의**(socialism)는 정부가 기초산업(예: 우편사업, 전화, 공익사업, 교통 산업, 의료 서비스, 은행 및 몇몇 생산)의 소유와 운영을 하지만 대부분의 기업은 개인이 소유하고 있는 경제 시스템이다. 예를 들면, 프랑스에서 우편 서비스를 제공하는 La Poste는 프랑스 정부가 소유하고, 이윤을 창출한다. 중앙 정부의 계획은 어떤 기초 상품과 서비스를 어떻게 생산하는지, 그리고 이를 어떻게 분배하는지 결정한다. 개인과 중소기업은 자원의 이용성과 소비자 수요에 기초해 중앙 계획 외 다른 상품과 서비스를 제공한다. 국민은 많은 상품과 서비스를 정부에 의존하는 시스템이다.

사회주의
정부가 기초산업의 소유와 운영을 하지만 대부분의 기업은 개인들이 소유하고 있는 경제 시스템.

스웨덴, 인도, 이스라엘과 같은 대부분의 사회주의 국가는 민주주의 체제로 기본적인 개인의 자유를 보장한다. 국민은 정치인을 뽑기 위해 투표를 할 수 있다. 하지만 일반적으로 중앙 정부가 무엇이 국가를 위해 최상인지를 결정한다. 사람들은 보통 직업 선택에 있어 자유롭지만 대개 정부가 운영하는 조직에서 일을 한다. 사회주의자는 자신의 시스템이 다른 경제 시스템보다 더 높은 생활수준을 보장한다고 믿는다. 하지만 그러한 차이점은 국가 전반적으로는 적용되지만 개개인에게 적용되지는 않는다. 사회주의 경제는 사회 서비스와 동등한 소득 분재인 평등주의를 주장한다. 그들은 자국의 경제가 다른 국가의 경제보다 더 안정적이라고 믿는다. 비록 이러한 주장이 사실일지라도 보통 세금과 실업률은 사회주의 국가에서 높다. 하지만 덴마크와 같은 국가들은 높은 삶의 수준을 누리고 있으며, 행복지수도 높다.

자본주의. **자본주의**(capitalism) 또는 **자유기업체제**(free enterprise)는 개인이 상품과 서비스를 제공하는 대부분의 기업을 소유하고 운영하는 경제 시스템이다. 경쟁, 공급 및 수요는 어떤 상품과 서비스가 생산되고, 어떻게 생산되는지 그리고 어떻게 이러한 상품과 서비스가 분배되는지를 결정한다. 미국, 캐나다, 일본, 오스트레일리아 등은 자본주의에 기초한 경제 체제의 단적인 예이다.

자본주의 또는 자유기업체제
개인이 상품과 서비스를 제공하는 대부분의 기업을 소유하고 운영하는 경제 시스템.

자본주의에는 순수 자본주의(pure capitalism)와 수정된 자본주의(modified capitalism) 두 종류가 있다. 순수 자본주의는 **자유시장**(free-market system)이라고도 불리는데 이는 모든 경제적 결정이 정부 간섭 없이 이루어진다. 이러한 경제 체제는 1776년 아담 스미스(Adam Smith)의 「국부론(The Wealth of Nations)」에서 처음으로 소개되었다. 자본주의의 아버지라 불리는 스미스는 "경쟁의 보이지 않는 손(invisible hand of competition)"이 경제를 가장 잘 조정한다고 믿었다. 그는 경쟁이 사람들이 필요한 어떤 상품과 서비스를 결정한다고 주장하였다. 정부가 기업 경영에 간섭하지 않기 때문에 이러한 스미스의 체제를 자유방임주의(laissez-faire 혹은 "let it be") 자본주의라고 부른다.

자유시장
모든 경제적 의사결정이 정부의 간섭 없이 이루어지는 순수 자본주의.

수정된 자본주의는 정부가 어느 수준에서 기업 경영에 관여하고 통제한다는 점에서 순수 자본주의와 다르다. 미국과 캐나다 정부가 기업을 통제하기 위한 방법 중 하나가 법을 통해서이다. 연방통상위원회가 독점 금지를 위해 만든 연방거래위원회법(Federal Trade

Commission Act)과 같은 법은 경제 시스템에서 정부 역할의 중요성을 잘 설명하고 있다. 미국의 개별 주(state)들은 비즈니스를 규제할 권한을 가지고 있다. 예를 들어 미국 서부 워싱턴주의 경우 고용주들에게 유급 병가를 의무화하고 있으며, 많은 주가 대마초를 합법화하고 있다.[7]

혼합경제. 비록 대부분의 국가가 하나의 특정 경제 시스템을 선호하지만 순수한 공산주의, 사회주의 또는 자본주의를 실행하는 국가는 없다. 대부분의 국가는 하나 이상의 경제 체제로 구성된 **혼합경제**(mixed economics)를 운영한다. 사회주의인 스웨덴에서는 개인이 대부분의 기업을 소유하고 운영한다. 자본주의인 미국에서는 독립연방기구가 우체국 서비스를 운영하며, 또 다른 독립연방기구는 전력 사업인 테네시강 유역 개발 공사(Tennessee Valley Authority)를 운영한다. 영국과 멕시코에서는 정부가 많은 정부 소유의 기업을 개인 또는 민영회사에 팔고자 한다. 독일에 본사를 둔 세계 최대의 우편 및 물류 회사인 도이치 포스트(Deutsche Post)는 이미 민영화되었으며, 주식시장에 상장되어 있다. 한때 공산주의였던 러시아, 헝가리, 폴란드, 기타 동유럽 국가들에서 기업의 민영화를 포함한 자본주의 이념이 실행되었다.

혼합경제
하나 이상의 경제 시스템으로 구성된 경제.

중국과 러시아와 같은 국가는 경제 발전을 위해 국가 자본주의를 이용한다. 국가 자본주의는 정부의 힘과 자본주의의 장점을 잘 조화시키고자 노력한다. 국가 자본주의는 정부가 주도하지만 주식시장에 정부 소유 기업 상장 및 세계화와 같은 자본주의적 방법을 사용한다.[8] 국가 자본주의에 전 세계의 가장 큰 천연가스 회사인 러시아의 카즈프롬(Cazprom)과 같은 몇몇 대기업이 포함된다. 완전히 새로운 산업을 창출하기 위해 엄청난 투자를 하는 중국의 자본력은 많은 민영 산업을 불리하게 만들었다.[9]

자유기업(자본주의) 시스템

미국, 캐나다, 일본과 같은 많은 경제는 자유기업(자본주의)에 기초를 두고 있다. 그리고 중국과 러시아와 같은 많은 공산주의 및 사회주의 국가는 자국의 경제 체제에 더 많은 자유기업 원리를 적용시키고 있다. 자유기업은 시장 수요에 기초하여 기업이 성공하거나 실패할 수 있는 기회를 제공한다. 자유기업 체제에서 소비자가 원하는 제품을 효율적으로 생산하여 판매할 수 있는 기업은 아마 성공할 것이다. 비효율적인 기업 그리고 고객이 필요로 하는 혜택을 제공하지 않는 제품을 판매하는 기업은 고객이 더 경쟁력이 높은 제품을 제공하는 기업의 제품을 구매하므로 실패할 가능성이 높다.

자유기업 체제가 잘 작동하기 위해서는 개인과 기업의 몇 가지 기초적인 권리가 존재한다. 이러한 권리는 최근 자유기업화된 많은 기업의 주요 목적이다.

1. 개인은 자신의 재산을 소유하고, 이러한 재산을 상속할 수 있는 권한을 반드시 가지고 있다. 이 권한은 사람들을 더 열심히 일하게 하고, 재산 구매를 위한 저축을 하도록 동기를 부여한다.
2. 개인과 기업은 이익을 얻고, 사회의 정해진 법, 원칙 및 가치의 제약 내에서 자신이

원하는 대로 사용할 수 있는 권한이 있다.

3. 개인과 기업은 기업 운영 방식을 결정할 권한이 있다. 비록 정부의 규제가 있지만, 미국과 오스트레일리아와 같은 나라는 공정성 규칙 범위 내에서 최대한의 자유를 허용하는 기본 이념을 가지고 있다.
4. 개인은 어떤 경력을 추구하고, 어디에 살고, 어떤 상품과 서비스를 구매하는지 등을 선택할 수 있는 권한을 반드시 가지고 있다. 기업은 어디에 위치하고, 어떤 상품과 서비스를 생산하고, 생산 과정에서 어떤 자원을 사용하는지 등에 대해 선택할 수 있는 권한을 반드시 가지고 있다.

두 명의 사업가가 새로운 제품 아이디어 관련 발표를 하고 있다. 기업가는 자유기업 시스템에서 보다 생산적일 수 있다.

©Cultura Creative (RF)/Alamy Stock Photo

이러한 권한 없이 기업은 성공에 대한 동기가 없기 때문에 효율적으로 기능을 할 수 없다. 따라서 이러한 권한으로 인해 상품과 서비스 거래 개설이 가능하다. 미국과 같이 자유기업 체제를 선호하는 나라에서 국민이 선택하고, 자신만의 생산 시스템을 만드는 직장에 대해 결정을 할 수 있는 자유를 가지고 있다. 기업가의 성공을 도와주는 개인 및 재정적 장려 정책이 있기 때문에 자유기업 사회에서 많은 기업가의 생산성은 더 크다. 많은 기업가는 자신의 업무가 그들 체제의 목적, 가치 그리고 생활 방식의 일부분이 되었다. ABC 프로그램의 Shark Tank에서 토론자("sharks")를 생각해 보자. Shark Tank의 토론자는 이 프로그램 참여 기업가의 사업에 투자를 할건지에 대한 결정을 통해 그들의 꿈이 실현되도록 자금을 획득할 기회를 제공해 준다. 이러한 기업가로는 뉴욕에서 가장 큰 부동산 회사를 설립한 바바라 코코란(Barbara Corcoran)을 비롯해 Broadcast.com과 MicroSolution 창립자인 마크 큐반(Mark Cuban), 그리고 FUBU 의류회사를 설립한 데이몬드 존(Daymond John) 등이 있다.[10]

공급과 수요의 힘

학습목표 1-5

미국과 그 외 자유기업 체제에서는 공급과 수요가 제품과 자원의 배분을 결정한다. **수요**(demand)는 소비자가 특정 시간 다른 가격에 상품이나 서비스를 구매하기 위한 의지이다. 당신의 경험으로부터 소비자는 돈을 절약하기 위해 제품 가격이 하락하면 더 많은 제품을 구매할 의도가 있다는 것을 알 것이다. 수공예 양탄자 예를 들어보자. 소비자는 350달러짜리 6장, 500달러짜리 4장, 650달러짤리 2장의 수공예 양탄자를 구매할 의도가 있다. 소비자가 구매할 의도가 있는 수공예 양탄자의 수와 가격 간의 관계는 수요곡선이라는 그래프로 보여줄 수 있다(그림 1-2).

수요
소비자가 특정 시간 다른 가격에 상품이나 서비스를 구매하기 위한 의지.

공급(supply)은 생산자 또는 판매자가 특정 시간 차별화된 가격에 상품이나 서비스를 판매할 의사이다. 일반적으로 이익의 잠재력이 더 크기 때문에 기업은 더 높은 가격에 더 많은 상품 또는 서비스를 공급할 의도가 있다. 앞에서 언급한 양탄자 예를 다시 보면 양탄자를 판매하는 기업은 650달러짜리 6장, 500달러짜리 4장, 350달러짜리 2장의 수공예 양

공급
생산자 또는 판매자가 특정 시간 차별화된 가격에 상품이나 서비스를 판매할 의사.

〈그림 1-2〉 수공예 양탄자의 균형가격

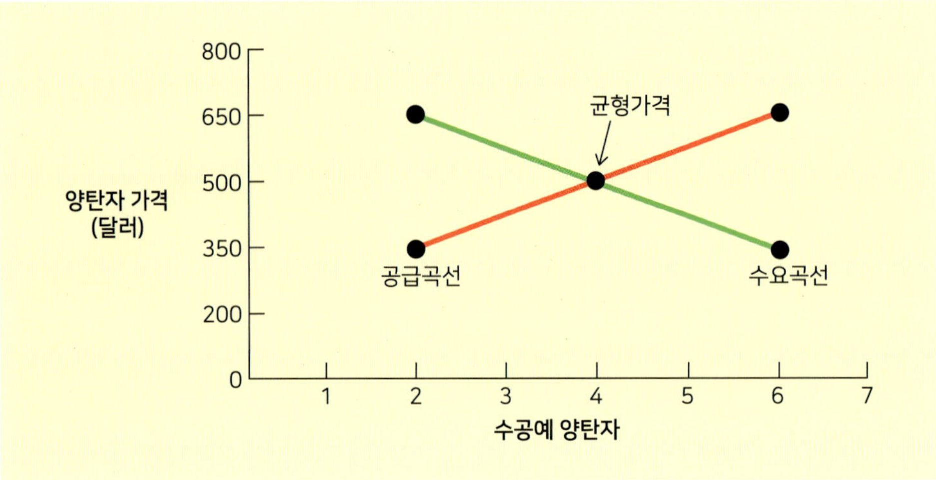

탄자를 판매할 의도가 있다. 판매자가 판매할 의도가 있는 수공예 양탄자 수와 가격 간의 관계는 공급곡선이라는 그래프로 보여줄 수 있다(그림 1-2).

〈그림 1-2〉에서 공급곡선과 수요곡선은 공급과 수요가 일치하는 점에서 교차한다. 기업이 공급할 의도가 있는 제품의 수와 소비자가 특정 시간 구매할 의도가 있는 제품의 수가 같은 점의 가격을 **균형가격**(equilibrium price)이라고 한다. 양탄자 예에서 판매 기업은 500달러짜리 양탄자 4장을 공급할 의도가 있으며, 소비자는 500달러짜리 양탄자 4장을 구매할 의도가 있다. 따라서 500달러가 그 시점에서 양탄자의 균형가격이며, 대부분의 양탄자 판매자는 자신의 양탄자 가격을 500달러로 정할 것이다. 하나의 양탄자 가격을 500달러(또는 그 시점에서의 균형가격)보다 더 높이 책정한 기업은 양탄자를 많이 팔지 못하여 이익을 창출하지 못할 것이다. 반대로 양탄자 가격을 500달러보다 더 낮게 책정한 기업은 균형가격의 양탄자 한 장 판매로부터 얻을 수 있는 이익보다 더 낮은 이익을 감수해야 할 것이다.

균형가격
생산자가 공급할 의사가 있는 제품의 양과 소비자가 구매할 의사가 있는 제품의 양이 일치 하는 점에서 결정되는 가격.

만약 양탄자 생산비가 올라가면 기업은 기존 가격에 양탄자를 제공하지 않을 것이다. 가격 변동은 공급곡선을 바꾸며, 이는 곧 새 균형가격으로 이어진다. 이러한 과정은 경제 상황, 자원 가용성 및 경쟁 정도 변화에 대응해 지속적으로 변화하는 공급과 수요에 따라 계속 진행되는 과정이다. 예를 들면, 석유 가격은 아주 빠르게 변하며, 지난 5년 동안 배럴당 35달러에서 145달러 사이에 머물고 있다. 상품과 서비스의 가격은 공급과 수요의 이러한 변화에 따라 다양하다. 이러한 개념은 자유기업 경제에서 자원(상품과 서비스, 노동, 및 돈) 배분을 이끄는 힘이라 할 수 있다.

공급과 수요의 비평가들은 이러한 시스템은 자원을 동등하게 배분하지 않는다고 주장한다. 공급과 수요의 힘은 비용이 높기 때문에 높은 가격에 판매해야 되는 판매자와 균형가격에서 제품을 구매할 여유가 없는 소비자로부터 시장 참여를 가로막는다. 비평가에 따르면 부(富)는 사람들이 필요한 것보다 더 많이 구매할 수 있게 한다. 하지만 가난한 사람들은 살아남기 위해 필요한 최소한의 것조차도 구매할 수 없다.

경쟁의 본질

소비자에게 상품이나 서비스를 판매하기 위해 기업 간 형성되는 **경쟁**(competition)은 자유기업 체제의 또 다른 필수 요소이다. 아담 스미스에 따르면 경쟁은 생산자에게 가장 이상적인 가격에 최상의 제품 제공을 강요함으로써 효율성과 낮은 가격을 조성한다. 이러한 것을 제공하지 못하는 기업은 결국 도태되기 마련이다. 따라서 경쟁은 이용 가능한 상품과 서비스의 품질을 개선하거나 가격을 낮추는 역할을 한다. 경쟁은 자유시장을 허용하고 개인이나 기업들이 성공적으로 경쟁할 수 있도록 기회를 제공한다. 기업가는 가격을 낮추기 위한 수단으로 기술을 발전시키며, 더 나은 유통 및 서비스를 제공하기 위하여 다양한 방법을 활용한다. 아마존 설립자 제프 베조스(Jeff Bezos)가 최적의 사례이다. 아마존은 온라인에서 경쟁력 있는 가격으로 제품을 제공하고 있다. 오늘날 아마존은 클라우드 컴퓨팅, 엔터테인먼트, 식품, 소매시장에서 거래되는 대부분 소비재를 포함한 다수의 산업에서 소매업체 대표 기업인 월마트(Walmart)와 경쟁하고 있다. 베조스는 현재 전 세계에서 가장 부유한 개인이기도 하다.

경쟁
소비자에게 상품이나 서비스를 판매하기 위해 기업 간 형성되는 경쟁 상황.

자유기업 체제에는 순수경쟁, 독점적 경쟁, 소수 독점 또는 과점, 독점의 네 가지 유형의 경쟁 환경이 있다.

순수경쟁(pure competition)은 밀, 옥수수, 목화와 같은 농산물과 같이 하나의 표준화된 제품을 판매하는 많은 소규모 기업으로 형성되는 시장구조이다. 제품 가격에 영향을 미칠 만큼 충분한 제품을 판매하는 어느 기업도 존재하지 않는다. 그리고 제품에 어떠한 차이도 없기 때문에 공급과 수요가 가격을 결정하는 유일한 요소이다.

순수경쟁
하나의 표준화된 제품을 판매하는 많은 소규모 기업들로 형성되는 시장구조.

독점적 경쟁(monopolistic competition)은 순수경쟁 시장보다 더 적은 수의 판매자로 구성되며, 판매하는 제품 간 차이가 매우 작은 형태의 시장구조이다. 아스피린, 청량음료, 청소기 등이 독점적 경쟁 시장에서 거래되는 제품의 단적인 예이다. 이러한 제품은 포장, 품질 보증, 이름 및 기타 특징에서 약간 차이가 있지만 소비자의 동일한 욕구를 충족시킨다. 기업은 광고를 통해 소비자에게 제품의 차이점을 알려줄 수 있기 때문에 독점적 경쟁 시장에서 기업이 제품의 가격책정에 있어 어느 정도의 권한이 있다. 소비자는 제품이 가지고 있는 기능에 더 많은 가치를 주며, 자신이 원하는 기능이 제품에 있으면 높은 가격을 지불할 의사가 있다. 예를 들면, 많은 소비자는 할인을 해주는 비자연 식품보다 비싼 유기농 과일과 채소를 구매할 의사가 높다. 이와 같은 현상이 유전자를 조작하지 않은 식품에도 적용된다 할 수 있다.

독점적 경쟁
순수경쟁 시장보다 더 작은 수의 판매자로 구성되며, 판매하는 제품 간 차이가 매우 작은 형태의 시장구조.

소수 독점 또는 **과점**(oligopoly)은 제품을 판매하는 기업이 소수인 시장구조이다. 과점에서는 각 기업이 시장에서 판매되는 상당 부분의 제품을 공급하기 때문에 개별 기업은 제품 가격을 통제할 수 있다. 하지만 한 기업에 의한 가격 인하 또는 가격 인상은 다른 기업으로부터 비슷한 대응을 하게 만드는 방아쇠가 될 수 있기 때문에 각 기업에 의해 책정되는 가격은 매우 비슷하다. 예를 들어 항공 산업에서는 한 항공사가 판매 촉진을 위해 항공료를 인하하면 다른 항공사도 경쟁력을 갖추기 위해 항공료를 재빠르게 인하할 것이다. 반면, 항공사들은 종종 동시에 가격을 인상한다. 과점은 새로운 기업이 시장에 들어오

소수 독점 또는 과점
제품을 판매하는 기업이 소수인 시장구조.

기에 너무 많은 자본이 필요할 때 존재한다. 자동차 제조 공장 건설 또는 항공사 설립을 위한 충분한 비행기 구입 및 자원을 위한 금융자본을 쉽게 구할 수는 없다.

독점
단 한 명의 생산자가 제품을 판매하는 시장구조.

단 한 명의 생산자가 제품을 판매하는 시장구조를 **독점**(monopoly)라 한다. 전기, 천연가스 및 물을 공급하는 공익 기업을 독점이라 한다. 이러한 상품과 서비스는 만들고 제공하는 데 소요되는 비용이 너무 커서 새로운 생산자가 판매를 경쟁하기 힘들기 때문에 정부는 독점을 허용한다. 정부 승인 독점은 정부 규제 가격의 적용을 받는다. 특허법에 따라 기술 개발 보호를 위해 독점은 존재한다. 특허법은 최초 신기술을 개발한 개발자의 허락 없이는 어떤 생산자도 그 신기술을 특정 기간 동안(보통 20년) 사용할 수 없다는 것을 명확히 하고 있다. 미국은 1790년에 첫 번째 특허를 승인하였다. 미국 특허청에는 매해 엄청난 수의 특허 지원서가 접수되고 있으며, 현재 중국은 미국보다 더 많은 특허 신청을 하고 있다.[11] 이러한 독점 체제는 개발자에게 제품 연구 및 개발 그리고 생산에 소요되는 비용을 충당하고, 어느 정도의 이득을 볼 수 있도록 허용한다. 의약품의 경우 개발 후 17년 간 특허를 인정받는다. 예를 들어 타미플루(Tamiflu)의 경우 특허권을 상실하였으며, 다른 회사들에 의해 복제품이 만들어질 수 있다.

경기순환과 생산성

경기확장
경제 성장과 소비 증가로 인해 상품과 서비스 생산이 촉진되어 고용성장으로 이어지는 상황.

인플레이션
가격 등 전반적인 물가가 지속적으로 상승하는 경제상태.

경기확장과 경기위축. 경제는 한 곳에 정체해 있지 않는다. 즉 경제는 확장 및 위축한다. **경기확장**(economic expansion)은 경제가 성장하고 사람들이 더 많은 소비를 할 때 일어난다. 소비자의 구매는 고용을 불러일으키는 상품과 서비스 생산을 자극한다. 더 많은 사람이 일을 하며, 노동을 통해 얻은 이익을 소비에 사용하기 때문에 사람들의 생활수준이 좋아진다. 하지만 너무 급속한 경기확장은 가격이 지속적으로 오르는 **인플레이션**(inflation)을 야기한다. 개인의 소득이 가격 상승만큼 증가하지 않으면 소비자의 구매력이 감소하기 때문에 인플레이션은 좋지 않은 현상이다. 극심한 인플레이션이 1946년 헝가리에서 일어났다. 그 당시 헝가리에서 제품의 가격이 15.6시간마다 두 배로 상승하였다. 최근의 극심한 인플레이션은 짐바브웨에서 나타났다.[12] 짐바브웨는 인플레이션이 너무 심하여 물가 상승률이 수억대로 뛰어 올라 고생하였다. 짐바브웨 달러를 없애고, 가격 통제를 통해 물가 상승률이 감소하기 시작하였지만 나라 경제는 파탄이 났다.[13]

경기위축
소비 감소 현상으로 인한 경제둔화로 이 기간 동안 기업들은 생산을 줄이며, 대량 해고를 실행함.

불황
일반적으로 경제가 침체되는 현상으로 생산, 고용, 수익이 감소함.

실업
일할 의사가 있는 사람이 일자리를 찾을 수 없을 때 발생되는 상태.

경기위축(economic contraction)은 소비 감소가 나타났을 때 발생한다. 기업은 생산을 줄이고, 종업원을 해고하며, 경기가 전반적으로 둔화된다. 경기위축은 생산, 고용 및 수익이 감소되는 **불황**(recession)으로 이어진다. 불황은 일반적으로 일을 하고자 하는 인구 중 일자리가 없는 인구의 비율로 측정되는 **실업률**(unemployment) 증가의 특징이 있다. 〈그림 1-3〉은 지난 75년 동안 민간 노동자 중 총실업률을 보여준다. 실업률의 증가는 상품과 서비스 수요를 억제시키는 경향이 있으며, 이는 가격을 하락시키는 영향, 즉 디플레이션(deflation)으로 알려져 있다. 디플레이션에서는 가격하락이 소비자의 구매지연으로 이어지기 때문에 많은 문제가 야기된다. 만약 소비자가 낮은 가격을 기다리는 행위를 할 경우, 경제는 불황으로 빠질 수 있다.

〈그림 1-3〉 16세 이상 민간 노동자 연평균 실업률

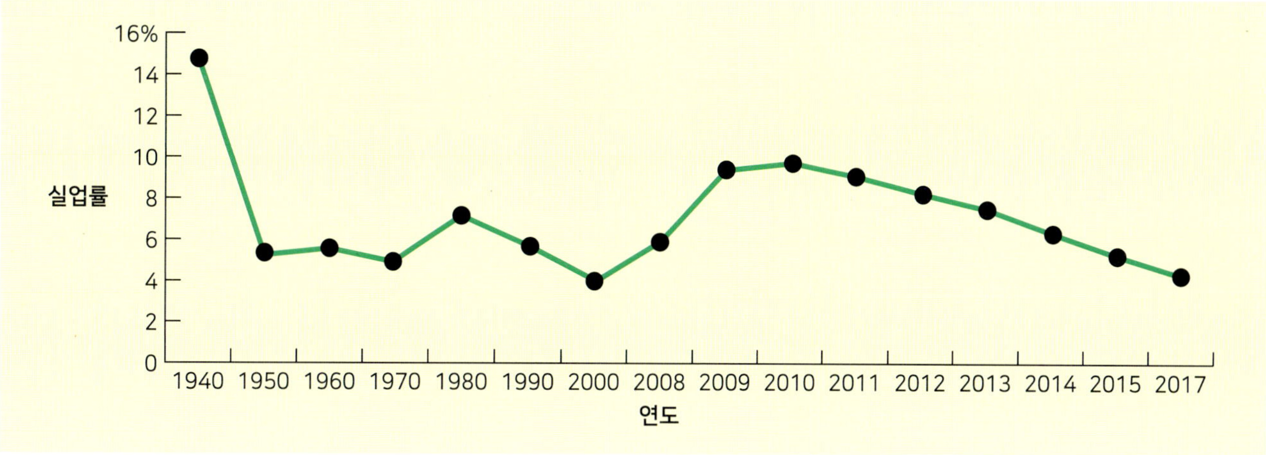

자료: *Bureau of Labor Statistics*, "Labor Force Statistics from the Current Population Survey," http://data.bls.gov/timeseries/LNS14000000 (accessed March 25, 2018).

미국은 수많은 불황을 경험해 왔다. 최근 불황은 1990년에서 1991년, 2002년에서 2003년 그리고 2008년에서 2011년 사이 발생하였다. 최근 불황(혹은 경기후퇴)는 주택 가격 붕괴와 고객 대출금 및 신용카드 지불 불능이 원인이었다. 이것은 은행 산업을 위기로 몰았고, 정부는 은행 파산을 막기 위해 노력하였다. 결국 이러한 현상은 고용 증대와 소비 제품에 대한 지출 둔화를 야기하였다. 실업률은 노동 인구의 10%에 달하였다. 개인 소비가 국내총생산의 70%를 차지하기 때문에 소비 행동은 경제 활동에 매우 중요하다는 점을 잊지 말아야 한다. 심각한 불황은 1930년대 미국에서 일어난 것과 같이 높은 실업률, 소비 위축 및 기업의 생산성 감소 현상이 나타나는 **불경기**(depression)로 이어진다. 대공황(great depression) 이후 가장 오랫동안 심각한 경기 하락이 있었기 때문에, 최근의 불황을 종종 대불황(great recession)이라고 한다.

불경기
실업률이 매우 높고, 소비가 위축되며 기업의 생산이 급격이 줄어드는 경제 상황.

소비자, 기업, 정부 지출의 변화에 대응하기 위해 경기는 확장하고 위축된다. 전쟁 역시 경제에 영향을 미친다. 전쟁은 경제 성장(1차, 2차 세계대전 동안 미국의 경제)을 자극 또는 억제(베트남, 걸프 및 이라크 전쟁 동안)하는 역할을 하기도 한다. 경제에서 끊임없는 변동은 필연적이며 어느 정도는 예측 가능하지만, 이러한 변화의 영향(인플레이션과 실업)은 개인의 삶에 지장을 주기에 정부는 변화의 영향을 최소화하고자 노력한다.

학습목표 1-6

경제 측정. 많은 국가는 그 나라의 경기가 확장되는지 또는 위축되는지 알기 위해서 그리고 경제 변동을 최소화하기 위한 시정 조치가 필요한지를 결정하기 위해 경제 상태를 측정한다. 일반적으로 사용되는 측정 방법이 한 해 그 나라에서 생산된 모든 상품과 서비스의 총계인 **국내총생산**(Gross Domestic Product: GDP)이다. GDP는 단지 국내에서 생산된 상품과 서비스를 측정하기에 기업의 해외 활동에 대한 이익은 포함되지 않는 반면, 그 나라 내 외국 기업에 의해 창출된 이익은 포함된다. 하지만 이것은 인구에 관한 GDP(1인당 GDP)의 의미는 아니다. 〈그림 1-4〉는 지난 몇 년 동안의 GDP 증가를 보여주며, 〈표 1-2〉는 몇 나라의 경제 통계를 비교해 주고 있다.

국내총생산(GDP)
한 해 동안 그 나라에서 생산된 모든 상품과 서비스의 합.

〈그림 1-4〉 미국 GDP 성장

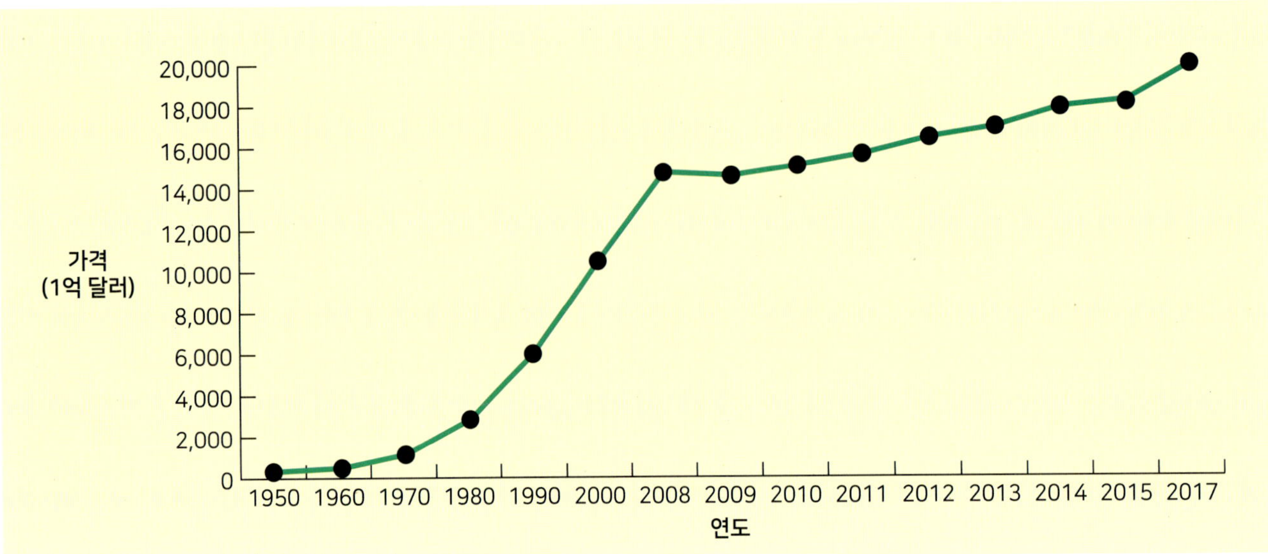

자료: *U.S. Department of Commerce Bureau of Economic Analysis*, "National Economic Accounts," www.bea.gov/national/index.htm#gdp (accessed March 25, 2018).

〈표 1-2〉 여러 나라의 경제지표

자료: CIA, *The World Fact Book*, https://www.cia.gov/library/publications/the-world-factbook/rankorder/rankorderguide.html (accessed March 25, 2018).

국가	GDP(억 달러)	인구 1인당 GDP	실업률(%)	인플레이션률(%)
아르헨티나	900	20,700	8.1	26.9
오스트레일리아	1,235	49,900	5.6	2.0
브라질	3,129	15,500	13.1	3.7
캐나다	1,764	48,100	6.5	1.6
중국	23120	16,600	4.0	1.8
프랑스	2,826	43,600	9.5	1.2
독일	4,150	50,200	3.8	1.6
인도	9,447	7,200	8.8	3.8
이스라엘	315	36,200	4.3	0.2
일본	5,405	42,700	2.9	0.4
멕시코	2,406	19,500	3.6	5.9
러시아	4,000	27,900	5.5	4.2
남아프리카공화국	757	13,400	27.6	5.4
영국	2,880	43,600	4.4	2.6
미국	19,360	59,500	4.4	2.1

재정적자
정부가 거둬드린 세금 수익보다 지출이 더 많은 상태.

국가 경제 건전성의 또 다른 중요한 지표는 지출과 수익(세금에 의한)의 관계이다. 국가가 걷어 들이는 세금보다 더 많이 지출할 때 **재정적자**(budget deficit)가 발생한다. 1990년 미국 정부는 거둬들이는 세금과 사회, 국방 및 기타 프로그램 지출의 균형을 맞춰 오래된 재정적자를 해결하였다. 하지만 최근 2001년 9월 11일 테러리스트 공격의 여파로 국방에 많은 지출을 하여 재정적자는 다시 나타났으며, 그 적자 수치가 가장 높게 기록되었

〈표 1-3〉 국가 경제 평가 방법

측정단위	설명
무역수지	수입과 수출의 차이. 1980년 중반 이후와 같이 만약 무역수지가 부정적이면 무역적자라 하며, 이는 곧 국가경제가 안정적이지 못한 것으로 보인다.
소비자물가지수	일반 도시 가계가 소비생활을 영위하기 위하여 구입하는 상품과 서비스의 가격변동을 나타내는 지수.
1인당 소득	미국인들의 평균 소득수준. 일반 고객이 얼마나 소비하는지 그리고 얼마나 벌어들이는지를 결정하는 데 유용하다.
실업률	얼마나 많은 노동 가능한 미국인이 일을 하지 않는지를 나타내는 지수.
인플레이션	특정 기간 동안 가격 등 전반적인 물가가 지속적으로 상승하는 경제상태. 만약 특정 기간 외 상품과 서비스 비용이 노동자 이익을 초과하는지를 결정할 때 사용된다.
생산성	매 시간 생산된 상품과 서비스의 양.

다. 또한 최근 불황 동안 정부의 엄청난 지출 자극은 국가 부채를 증가시켰다. 많은 미국 사람은 세금 인상을 원하지 않으며, 의회 역시 적당한 세율 결정에 어려움이 있기 때문에 세금 인상을 통해 적자를 줄이는 것은 어렵다. 소비자와 기업처럼 정부가 돈이 필요할 때 정부는 국민, 은행, 심지어 외국 투자가한테 돈을 빌린다. 미국 정부의 부채(국가가 채권자에게 빚진 금액)는 24조 달러를 넘었다.[14] 정부가 이만큼의 부채를 관리가 가능한 수준으로 줄이기 위해서는 세금을 올려 수익을 늘이거나 사회, 국방 및 제도에 대한 지출을 줄여야 한다. 하지만 이 두 방법 모두 정치적으로 선호하는 방법은 아니기에 많은 부채는 정부 경제 정책에 큰 걱정거리이다. 미국은 최근 향후 10년 동안 매년 국가 부채를 증가시킬 것으로 예상되는 감세를 제정했다.[15] 국가 부채는 매일 바뀌며, 이러한 정보는 미국 재무부 산하의 Bureau of the Public Debt 웹사이트와 같은 곳에서 확인할 수 있다. 〈표 1-3〉은 국가 경제를 평가할 수 있는 몇몇 방법에 대해 설명하고 있다.

미국 경제

학습목표 1-7

이미 언급하였듯이 미국은 자본주의에 기초한 혼합경제 체제이다. 비록 연방정부가 어느 수준에서 경제 정책 결정에 관여하지만 세 가지 경제의 기초 이슈에 대한 해결책은 경쟁 및 수요와 공급의 힘이 주요 결정 요인이 된다. 예를 들어 연방정부는 항공 산업의 경제적인 생존 가능성뿐만 아니라 국가 안보, 안전 목적을 위해 항공 산업에 영향을 미칠 수 있다.

생활수준(standard of living)이란 사람들이 이용 가능한 부와 물질적 편안함 정도를 의미한다. 미국, 독일, 오스트레일리아, 노르웨이는 높은 생활수준을 보여주는 국가이다. 이는 해당 국가 시민 대부분이 필요한 것과 일정 수준 이상의 편안함을 누리고 있음을 의미한다. 이러한 국가는 1인당 GDP 수준이 높은 특성을 보이고 있다. 하지만 높은 1인당 GDP 수준이 높은 삶의 수준을 의미하지는 않는다. 상품 및 서비스의 가격도 고려 요소이다. 예를 들어 유럽연합과 일본의 경우 미국보다 높은 생활물가수준을 보인다. 물가수

생활수준
사람들에게 이용 가능한 부와 물질적 편안함 정도를 의미.

준이 높다는 것은 일정 수준의 편안함을 누리기 위해서는 다른 국가들보다 많은 비용이 필요하다는 것을 의미한다. 생활수준이 낮은 국가들은 가난, 높은 실업률, 낮은 교육수준의 특성을 보이고 있다. 미국 경제의 현 상황과 실제 기업 경영에 미치는 영향에 대해 이해하기 위해서는 미국 경제의 역사와 기업가 및 정부의 역할를 알아보는 것이 도움이 될 것이다.

미국 경제의 중요성

미국 경제는 개방경제 혹은 국가와 국제사회 사이에서 경제적 활동이 일어나는 체제이다. 개방경제인 미국은 국제무역에서 핵심 국가이다. 개방경제 국가는 국제무역에 참여하지 않는 국가보다 빠른 속도로 경제가 성장하고 있다. 이는 국제무역이 효율성과 생산성에 긍정적인 영향을 미치기 때문이다. 미국 기업은 기술을 포함해 방대한 지식과 자원에 더 많이 접근할 수 있다. 오늘날 글로벌 시장 환경에서는 기술적 지배 혹은 혁신을 향상시키는 것이 중요하다.[16] 반대로 관련 연구에 의하면 규제적인 활동과 기업의 혁신 사이에는 부정적인 관계가 있다. 지나친 규제는 기업 활동과 미국 경제에 방해 혹은 부정적인 영향을 미칠 수 있다.[17]

미국에서 GDP 및 고용의 성장은 경제 관련 중요한 고려 요소이다. 일반적으로 기업의 고용률과 경제성장 사이에는 긍정적인 관계가 있다. 한 국가의 생산은 생산과정에 활용되는 노동력 규모에 의존한다. 즉 생산과 고용 사이에는 긍정적인 상관성이 있다. 노동력과 생산성이 향상되면 GDP도 성장하게 된다. 이익이 나는 기업은 그렇지 않은 기업에 비해 많은 직원을 고용할 수 있다. 따라서 직원을 고용하는 기업은 수익성을 제고하며 미국 국민의 경제적인 복지수준도 향상시킨다.[18]

정부의 공공 정책도 직업 창출이라는 목적을 통해 경제를 이끌어 나갈 수 있다. 어느 국가에서든 사회적, 경제적 건전성을 확보하기 위해 과세, 즉 세금이 중요하다. 세금의 상당 부분은 개인에게서 비롯된다. 미국 정부가 매년 개인에게 징수하는 세금의 규모는 2조 3천억 달러 정도이다.[19] 〈그림 1-5〉는 총소득 기반 개인의 소득세 납부 및 환급에 대한 분포를 보여주고 있다. 소득이 50만 달러 이상인 미혼자의 경우 소득 37%에 대한 소득세를 납부하고 있다.[20]

기업 활동은 세수 측면에서도 중요하다. 개인영업, 조합, S주식회사(S-Corp)(IRS Code의 S Chapter에서 규정하는 회사)로 규정된 기업들은 소득세 코드에 따라서 세금을 납부한다. 주식회사(법인체)는 세금이 다르게 부과된다. 대략 정부 전체 세수의 10.6% 정도가 기업의 소득세에서 나온다.[21] 2017년 지난 30년간 유지된 미국의 세금 제도가 대폭 변경되었다. 법인세는 35%에서 21%로 낮아졌다.[22] 글로벌 기업의 평균 법인세는 23% 정도이지만, 아일랜드 같은 국가의 경우 12.5% 정도로 낮은 법인세율을 부과하고 있다. 세금 제도 개선 관련 고소득자의 세율이 39.6%에서 37%로 낮아지고 있지만, 주(state) 및 지역(local) 세금에 대한 공제 상한을 1만 달러로 규정하고 있다. 세금 제도 개선 이전과 비교할 때 뉴욕주, 캘리포

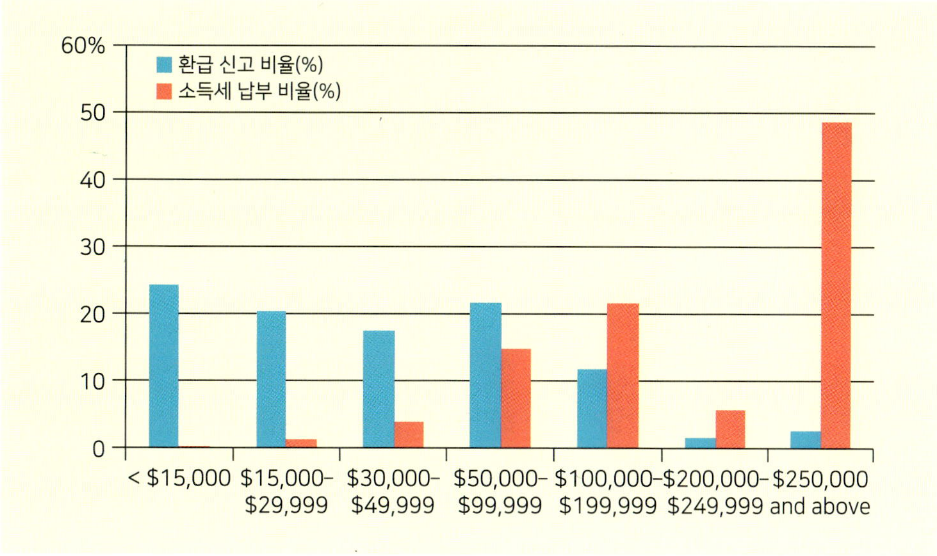

〈그림 1-5〉 소득수준 그룹에 따른 개인소득세 통계자료

자료: Source: Internal Revenue Service, Individual Income Tax Rates and Tax Shares, (accessed March 25, 2018).

니아주의 고소득자들이 주(state) 및 지역(local) 세금을 연방세(federal tax)보다 많이 내는 결과가 발생할 수도 있다.[23] 세금 제도 개선은 경제를 활성화하기 위해 고안되었지만 동시에 국가 부채의 상승도 초래할 것이다.

경영 도전에 대한 대응 Responding to Business Challenges

트릭스(Trix): 제너럴 밀스의 브랜드 전략

지난 150년 역사 동안, 제너럴 밀스(General Mills)는 제분 공장에서 160억 달러의 이익을 거두는 소비재 기업으로 진화해 왔다. 최근에는 캐스케이드 팜스(Cascade Farms), 애니스(Annie's)와 같은 유기농 식품 브랜드 인수를 통해 유기농 및 천연 식품 시장에서도 많은 투자를 하고 있다. 유기농 시장 규모는 434억 달러 정도이며, 공급이 수요를 따라가지 못할 정도로 빠르게 성장하고 있다. 제너럴 밀스는 농업 생산자가 작물을 유기농으로 전환하는 비용도 부담하고 있다.

소비재 시장은 독점적 경쟁 시장의 특징을 가지고 있다. 이는 제너럴 밀스가 많은 기업과 경쟁하고 있음을 의미한다. 이러한 시장 환경에서는 제너럴 밀스가 변화하는 소비자 선호도에 적극적으로 적응해야 한다. 예를 들어 소비자는 아침으로 시리얼(cereal) 섭취를 줄이고, 요거트(yogurt), 브렉퍼스트바(breakfast bar)와 같은 간편하고 빠른 제품을 선호하고 있다. 그 결과 제너럴 밀스는 요거트와 그래놀라(granola)와 같이 간편하게 언제 어디에서든 먹을 수 있는 온더고(on-the-go) 제품을 확장해왔다. 직면한 경쟁에 대응하기 위한 수단으로 제너럴 밀스는 "고객 우선(Consumer first)"이라는 새로운 브랜드 전략을 채택하고 있다.

제너럴 밀스는 경쟁기업과 차별화되는 고객 중심 전략을 추구하고 있다. 고객 강조 전략을 유지하면서, 몇몇 제품에 대해 유전자 변형 개체(Genetically Modified Organism: GMO)에 대한 내용 표시를 하고 있다. 제너럴 밀스는 GMO 제품의 안전성에서는 공감한다. 하지만 고객이 우려하는 내용에 대해 회사가 경청하고 있음을 표명하고 싶어 한다. 사실 제너럴 밀스는 GMO로부터 자유로운 Cheerios 제품의 재생산이라는 노력을 통해 해당 분야의 선도자가 되었다. 하지만 경쟁사들이 유기농 성분으로 방향을 전환하고 그들이 GMO로부터 자유로운 시리얼을 개발하기까지는 오랜 시간이 걸리지는 않았다. 따라서 제너럴 밀스에게는 경쟁우위를 유지하기 위해 끊임없는 혁신이 요구되고 있다.[24]

토의 주제

1. 왜 소비재 시장은 독점적 경쟁 시장 환경에서 운영되고 있는가? 이러한 시장 환경에서 제너럴 밀스와 같은 기업은 성공을 위해 어떤 노력을 해야 하는가?
2. 제너럴 밀스는 유기농 제품에 대한 시장 수요 및 공급에 어떻게 대처하고 있는가?
3. 제너럴 밀스가 자사 제품을 차별화할 수 있는 방법은 무엇인가?

미국 경제 역사

초기 경제. 식민지화 이전 북미 원주민은 사냥꾼/채집자 및 농부로서 부족 간 교환을 통해 살았다. 이후 나타난 식민지 주민은 농업경제를 이행하였다. 사람들은 음식, 옷, 가구와 같이 자신이 필요한 모든 것을 자급자족하였다. 풍부한 천연자원과 적당한 기후는 농업, 어업, 운송업 및 모피 무역 산업을 번창시켰다. 몇몇 생산재와 식민지의 급성장하는 산업을 위한 화폐는 영국 등 다른 나라로부터 들어왔다.

나라가 점차 서쪽으로 확장됨에 따라 사람들은 석탄, 구리 및 철광석과 같은 천연자원을 찾아 말발굽, 농기구 및 주방 용구와 같은 제품을 생산하는 데 사용하였다. 과잉 생산한 농장은 그 제품을 팔거나 가구 또는 유리와 같이 그들이 생산할 수 없는 제품과 교환하는 데 생산품을 사용하였다. 또한 몇몇 가족은 원자재를 의료나 생필품을 만드는 데 시간을 보냈다. 이러한 제품은 집에서 생산되었기에 가내공업 제도라고 한다.

산업혁명. 19세기와 산업혁명은 새로운 기술과 공장 개발을 가져왔다. 이러한 공장은 원자재, 기계, 노동자와 같이 제품 생산에 필요한 모든 자원을 모았다. 공장에서의 노동은 노동자가 하나 또는 두 가지 업무에 집중하는 것으로 특화되었다. 노동의 효율성이 증가함에 따라 저렴한 가격에 더 많은, 이용 가능한 제품을 만드는 생산성이 향상되었다. 철로는 농부가 잉여 농작물과 제품을 판매하거나 물물교환을 위해 전국에 보낼 수 있는 중요한 변화를 가져왔다.

공장이 철로로 운송할 농업 장비와 다양한 종류의 제품을 생산하기 위해 철길을 따라 갑자기 생겨나기 시작했다. 사무엘 슬레이터(Samuel Slater)는 English factory에 대한 계획을 가지고 미국으로 이민 온 후 미국의 첫 번째 방직공장을 건립하였다. 엘리 휘트니(Eli Whitney)는 그의 타면기로 목화 산업에 혁신을 이루었다. 프랜시스 캐벗 로웰(Francis Cabot Lowell)의 공장은 효율성과 생산성 극대화를 위해 면직물 생산의 모든 단계를 조직화하였다. 존 디어(John Deere)의 농업 장비는 농장 생산성을 증가시키는 동시에 농부의 수를 감소시켰다. 농부들은 공장에 취직하고, 더 높은 수준의 생활을 위해 도시로 이동하기 시작하였다. 헨리 포드(Henry Ford)는 자동차 생산을 위한 조립라인 시스템을 개발하였다. 조립라인에서 노동자는 자기가 맡은 자동차 조립 부분에서만 일을 하였으며, 완성된 자동차로써 조립라인이 끝날 때까지 다음 단계로 공정 중인 제품을 지속적으로 이동시키는 방법이었다. 포드의 조립라인은 효율적으로 많은 자동차를 생산할 수 있었으며, 그의 자동차는 200달러로 저렴하여 많은 미국인이 사용하였다.

생산과 마케팅 경제. 산업화는 높은 성장을 가져왔으며, 미국은 점차 생산경제(농업 제품을 생산하기보다는 생산재에 중심을 두는 경제)가 되었다. 조립라인은 대부분의 산업에 적용되어 소비자는 다양한 제품을 이용할 수 있었다. 기업은 소비자의 요구에 더욱 관심을 갖게 되었고, 마케팅 경제로 접어들게 되었다. 소비자는 자동차와 가전제품과 같은 고가 제품은 분할 지불(time-payment) 방식으로 구매하였다. 기업은 소비자가 어떤 제품을 필요로 하고 원하는지에 대해 연구하였다. 기업은 광고를 이용해 소비자에게 기능과 가격을 포함해 제품의 여러 장점을 알렸다.

이러한 개발은 자유기업 체제에서 일어났기 때문에 소비자가 어떤 상품과 서비스가 생산되어야 하는지를 결정하였다. 이러한 것은 소비자가 지불할 의사가 있는 가격에 좋아하는 제품을 구매함으로써 이루어졌다. 미국은 번창하였으며, 세계적으로 높은 생활수준을 가진 국가 중 하나이다.

서비스와 새로운 디지털 경제. 2차 세계대전 후 생활수준이 향상했고, 미국인은 더 많은 돈과 시간을 가졌다. 미국인은 생활을 더 쉽게 만들어 주는 서비스를 제공하는 다른 사람들에게 돈을 쓰기 시작하였다. 1960년대 초 더 많은 여성이 일하기 시작하였다. 또한 이 시기 미국은 인구 이동이 매우 활발히 일어나기 시작하였다. 미국 인구는 3억 2,700만 명으로 지난 10년 동안 10%의 인구 증가가 있었다. 이는 남부 지역에서의 인구 증가가 있었지만, 대공황 이후 가장 느린 증가 추세이다.[25] 미국의 출생률이 감소하는 동안 인구 증가의 주요 원인은 새로운 이민자였다.[26] 가족 구성 역시 변화하고 있다. 오늘날 한 부모 가정 및 혼자 사는 가정이 더 많으며, 부모 모두가 일하는 가족도 매우 많다.

알고 있습니까? 대략 57%의 여성이 직장에 다니고 있다.[27]

이러한 추세의 한 가지 결과는 시간이 지날수록 요리, 빨래, 잔디 관리 및 아이 돌보기와 같이 가정에서 일상적으로 하던 일을 다른 사람들에게 시킴으로써 대가를 지불하는 미국인이 증가하고 있다. 이러한 추세는 미국을 서비스 경제(바쁜 생활인을 도와주기 위해 서비스를 제공해 주는 경제)로 점차 변화시키고 있다. 기업의 재무와 정보기술과 같은 분야의 서비스 수요가 증가하였다. 식당, 은행, 건강 관리, 육아, 자동차 수리, 레저산업 및 교육과 같은 서비스 산업은 아주 빨리 성장하고 있으며, 미국 경제 80% 정도를 차지한다. 이러한 추세는 스마트폰, 소셜 네트워크 및 가상 세계를 제공하는 디지털 미디어에 기초를 둔 더 발전된 기술과 함께 지속되고 있다. 인터넷을 통한 상품과 서비스의 거래로 이어지면서 전자상거래 시장이 성장하고 있다. 전자상거래는 지난 수십 년간 알려지지 않았던 eBay, Shopify, Etsy, Amazon과 같은 기업을 출현시켰다. 〈그림 1-6〉은 전자상거래를 이용하는 성인의 비율을 보여주고 있다. 디지털 세계, 비즈니스,

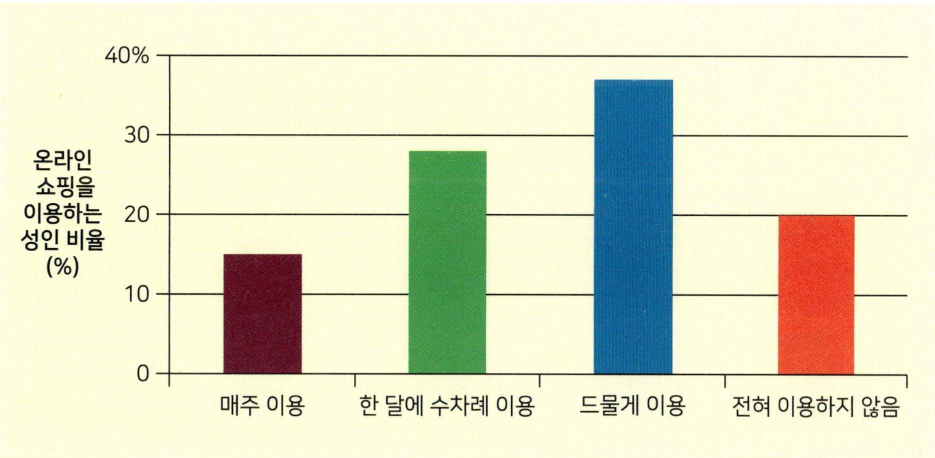

〈그림 1-6〉 온라인 구매와 전자상거래

자료: Aaron Smith and Monica Anderson, "Online Shopping and E-Commerce," Pew Research Center, December 19, 2016, http://www.pewinternet.org/2016/12/19/onlineshopping-and-e-commerce/ (accessed March 25, 2018).

새로운 온라인 소셜 미디어에 대한 보다 많은 내용은 본서의 13장 '디지털 마케팅과 소셜 미디어'에서 다루고자 한다.

학습목표 1-8

기업가의 역할

기업가
혁신제품 생산 또는 기타 혁신을 촉진시켜 수익을 만들기 위해 재산, 시간 그리고 노력을 투자하는 개인.

기업가(entrepreneur)는 혁신 제품 생산 또는 기타 혁신을 촉진시켜 수익을 만들기 위해 자신의 재산, 시간 그리고 노력을 투자하는 사람이다. 하이디 가날(Heidi Ganahl)은 진정한 미국의 기업가이다. 그녀는 생소했던 강아지 돌봄 센터 개념을 활용하였고, 프랜차이즈 운영을 통해 8,500만 달러 수익을 거두게 된다. 그녀의 회사인 Camp Bow Wow는 강아지 입실(투숙), 놀이, 단장을 포함한 다양한 서비스를 제공하고 있다. 매장을 140개 이상으로 확장하였으며, 앞으로 수년 내 1,000개까지 매장을 확대할 계획이다.[28]

자유기업 체제는 기업가가 성공하는 데 필요한 여건을 제공한다. 과거에는 신제품을 생산하기 위해 필요한 모든 생산요소를 모아 가져왔던 기업가가 투자가였다. 전축과 전구를 포함한 다양한 발명품이 있는 토마스 에디슨(Thomas Edison)은 초창기 미국의 기업가였다. 헨리 포드는 자동차 산업에서 대량 조립 방법을 개발한 첫 번째 사람이었다. 소위 대실업가라 불리는 여러 기업가는 국가 성장에 많은 투자를 하였다. 존 록펠러(John D. Rockefeller)는 초기 석유 산업에서 Standard Oil을 설립하였다. 또한 앤드류 카네기(Andrew Carnegie)는 철도 산업에 투자하여 U.S Steel Corporation를 설립하였다. 앤드류 멜론(Andrew Mellon)은 Aluminum Company of America와 Gulf Oil사를 설립하였다. J. P. 모건(J. P. Morgan)은 다른 기업가의 경영 활동에 자금을 대기 위해 투자회사를 시작하였다. 이런 기업가들은 비록 미국에서 태어나지는 않았지만, 그들의 기업은 미국 경제에서 전설이 되고 있다. 또한

현장 속의 기업가정신 Entrepreneurship in Action

ATA: 엔지니어링의 훌륭한 팀워크

설립자: 메리 베이커(Mary Baker)
설립: 2000년 캘리포니아주 샌디에이고
성공: 직원이 100% 지분을 보유한 기업으로서, NASA로부터 수여받은 품질 상을 포함하여 수많은 상을 받았으며 월스트리트저널에서 최고의 소규모 직장 중 하나로 선정되었다.

ATA 엔지니어링은 독특한 기업이다. 비록 설립자인 메리 베이커가 기업회장이자 관리자로서 역할을 하고는 있지만, 설립한 지 단 4년 만에 직원이 지분을 완전히 소유한 기업으로 운영되고 있기 때문이다. 이러한 배경은 ATA 엔지니어링 120명 직원이 이익 창출을 위해 노력하는 중요한 동기부여가 되고 있다. 왜냐하면 ATA 엔지니어링의 경우 기업의 성공이 곧 직원의 성공이기 때문이다.

ATA 엔지니어링은 구조적, 기계적, 전기적, 기계적 제품과 항공우주 제품을 분석하거나 테스트 주도 디자인 솔루션을 제공하는 기업이다. ATA 엔지니어링이 설립되었을 때는 단지 소규모 기술 특화 기업에 불과했다. 해당 산업의 경쟁도 치열하였다. NASA 프로젝트에서 참여하고 있었던 Structural Dynamic Research Corporation에서 분리되고, 기업분할을 통해 NASA와의 관계를 지속할 수 있는 전문성을 확보하였다. 해당 기업은 NASA와 거래하는 기업이라는 명성으로 경쟁우위를 확보할 수 있었다. 최근에는 NASA의 Mars Science Lab 관련 디자인 이슈를 해결하는 데 도움을 제공하였다. 이를 통해 NASA가 우수한 품질과 성과에 대해 수여하는 George M. Low Award를 수상하였다. ATA 엔지니어링은 미국 전체에 7개의 사무실을 운영하고 있다.[29]

토의 주제

1. 직원이 지분 전체를 소유하고 있는 기업의 설립이 직원에게 이익 창출과 관련하여 어떻게 동기부여를 하는가?
2. 직원이 지분 전체를 소유하고 있는 기업의 약점은 무엇인가?
3. ATA 엔지니어링은 경쟁사와의 차별화를 위해 어떤 방법(전략)을 활용하고 있는가?

이런 기업들은 오늘날까지 운영 중이다. 미국 인디애나주 인디애나폴리스의 일라이 릴리(Eli Lilly) 대령은 판매되고 있는 제약품의 품질에 대해 계속해서 불만이 많았다. 약사로서 그는 높은 품질의 의약품을 제공할 자신만의 사업을 시작하기로 결정하였다. 그의 회사인 일라이 릴리 컴퍼니(Eli Lilly and Company)는 페니실린을 대량으로 생산하는 첫 번째 회사라는 금자탑을 세웠다. 오늘날 일라이 릴리는 세계에서 10번째로 큰 제약회사이다.[30]

애플 페이(Apple Pay)는 이용자가 신용카드, 직불카드 정보를 휴대전화에 저장해서 사용할 수 있는 모바일 시스템이다. 매장에서 계산할 때 이용자는 가볍게 두드려서 신용카드 정보를 꺼낼 수 있으며 구매 결제를 위해 해당 정보를 이용할 수 있다.

©How Hwee Young/Epa/REX/Shutterstock

기업가는 신제품과 획기적인 경영 기술로 미국 기업의 사업 관행을 지속적으로 변화시키고 있다. 예를 들면, 워드와 윈도우를 포함해 소프트웨어 제품을 생산하는 마이크로소프트를 설립한 빌 게이츠는 회사를 수십억 달러의 기업으로 성장시켰다. 프레데릭 스미스(Frederick Smith)는 소포를 다음날 도착하도록 배송하는 생각을 가지고 있었다. 현재 페덱스(FedEx)는 전 세계에 기업과 개인을 위해 모든 종류의 소포 배송에 아주 중요한 역할을 하고 있다. 애플의 공동창업자인 스티브 잡스는 애플을 아이팟, 아이폰, 맥 컴퓨터, 아이패드, 애플워치와 같은 제품으로 많은 타 산업에 혁신을 일으킨 성공적인 가전 제품 기업으로 바꾸어놨다. 사실 애플은 1990년 거의 파산에 이르렀다가 현재 전 세계에서 가장 가치가 높은 브랜드가 되었다. 기업가는 델 컴퓨터, 벤앤제리(Ben & Jerry's),

친환경 경영 Going Green

레인포리스트 얼라이언스, 비영리 산림단체 중에서 두드러지다

'비영리단체'라는 문구를 보면 적은 임금에도 이랑곳하지 않는 헌신적인 사람들에 의해 운영되는 조직이라는 생각이 들지도 모른다. 하지만 레인포리스트 얼라이언스(Rainforest Alliance)는 그러한 기존 틀에 맞지 않으며 생물학적 다양성 보존이나 지속가능성 향상을 위해 활동하는 평가가 우수한 비영리단체이다. 레인포리스트 얼라이언스는 1987년 이래로 야생 및 야생지 보호를 위해 전 세계적으로 투쟁해왔다.

많은 소비자와 기업이 전 세계 자원 보존에 관심을 가지면서 레인포리스트 얼라이언스는 광범위한 지원을 받아왔다. 핵심 이해당사자와의 상호관계는 레인포리스트 얼라이언스의 성공을 위해 중요하다. 예를 들어 레인포리스트 얼라이언스는 협력하는 기업을 위해 많은 자원을 보유하고 있다. 레인포리스트 얼라이언스는 농업, 관광, 산림 분야 기업을 위한 회계감사와 인증서비스를 제공하고 있다. 해당 기업은 레인포리스트 얼라이언스의 인증을 받으면 대외적으로 홍보하고자 한다. 레인포리스트 얼라이언스의 블로그에서는 지속가능성이 비즈니스에 어떻게 긍정적인 영향을 미치는지 설명하고 있다. 기업이 지속가능성 원칙을 따르고 운영하고 있음을 레인포리스트 얼라이언스 인증을 통해 소비자에게 알리고 있다. 레인포리스트 얼라이언스는 RA-Cert라고 불리는 자체 비즈니스 조직도 가지고 있다. 해당 조직은 회계감사, 평가, 인증 결정 업무를 담당한다. 또한 레인포리스트 얼라이언스는 지속가능성 내용을 직원에게 교육하고자 하는 기업에게 관련 자원도 제공한다.

일반적으로 이해당사자들은 레인포리스트 얼라이언스에 긍정적인 이미지를 가지고 있다. 한 조사에 의하면 소비자는 레인포리스트 얼라이언스 인증을 받은 커피 구입을 위해 추가 지출을 할 용의가 있는 것으로 나타났다. 환경을 지원하고 소규모 경작자를 지원하기 원하는 개인을 위해서, 레인포리스트 얼라이언스는 강력한 사명으로 이해당사자들과 긍정적이고 차별적인 상호관계를 만들고자 한다.[32]

토의 주제

1. 지속가능성에 투자하고 레인포리스트 얼라이언스와 같은 기관의 인증을 받는 것이 왜 비즈니스에 좋은 결정인가?
2. 레인포리스트 얼라이언스의 핵심 고객(당사자)는 소비자인가 아니면 기업인가?
3. 레인포리스트 얼라이언스는 비영리 기관으로서 다른 기관들과 어떻게 차별화되는가?

리바이스(Levi's), 맥도날드, 닥터페퍼(Dr Pepper), 애플, 구글, 페이스북 및 월마트와 같이 상당히 독특한 미국적 개념과 관련이 있다. 샘 월튼(Sam Walton)이 창립한 월마트는 1년에 10조 달러 매출을 달성한 첫 번째 소매상이며, 2017년 판매액은 4,530만 달러였다.[31] 기업가정신의 중요성에 대해서는 본서의 5장에서 자세히 논의하고자 한다.

미국 경제에서 정부의 역할

미국 경제 체제는 정부가 경쟁을 보전하고, 고객과 종업원을 보호하기 위해 기업을 규제하기에 수정된 자본주의로 가장 잘 설명할 수 있다. 연방정부, 주정부 그리고 지방정부는 경쟁을 장려하고 고객, 종업원 및 환경을 보호하기 위해 고안된 법과 규정으로 경제에 간섭한다.

또한 상무성과 같은 정부 기관은 경제 상태(GDP, 생산성 등)를 점검하며, 필요 시 경제 변동의 파괴적 효과를 최소화하고 실업률을 줄이기 위한 조치를 취한다. 경기가 위축되고 실업률이 증가할 때 연방준비이사회(15장 참조)를 통해 연방정부는 성장 독려를 통해 소비자가 더 많은 소비를 하고, 기업은 더 많은 종업원을 고용할 수 있게 한다. 이러한 것을 이루기 위해 정부는 이자율을 감소시키거나 상품과 서비스에 대한 자체 소비를 증가시킬 것이다. 경기가 너무 빨리 증가해 인플레이션이 발생하면 정부는 경제성장 속도를 줄임으로써 인플레이션을 줄이기 위한 간섭을 한다. 이러한 것은 이자율을 높여 기업이나 소비자의 소비를 줄임으로써 가능하다. 경제를 통제하기 위한 기법은 본서 15장 '화폐와 금융 체계'에서 다루고 있다.

경영에서 윤리 및 사회적 책임의 역할

과거 수년 동안, 배출가스 심사를 위조한 폭스바겐, 고객의 동의 없이 직원이 고객의 돈으로 350만 달러 규모의 계좌를 개설하고 몇몇 자동차대출 고객과 주택담보대출 고객에게 과도한 수수료를 부과했음을 공개한 웰스 파고(Wells Fargo)와 같이 잘 알려진 기업 관련 스캔들에 대해 들어 봤을 것이다. 웰스 파고 CEO 티모시 슬로안(Timothy Sloan)은 의회에서 얼마나 은행이 고객을 악용했는지에 대해 사과하였다.[33] 많은 경우 이러한 기업 내 개인의 잘못된 행동이 현재 또는 퇴직한 종업원, 투자가 그리고 이러한 기업과 관련이 있는 사람들에게 부작용을 가져다준다. 이러한 스캔들은 미국 기업에 대한 대중의 신뢰를 약화시켰으며, 기업에서 윤리에 대한 새로운 논의를 야기하게 되었다. 일반적으로 기업(경영) 윤리는 직장 또는 업무 현장에서 적절하거나 부적절한 행동을 정의하기 위해 우리 사회가 허용하는 규범과 원칙을 의미한다. 많은 경우 이러한 규범은 허용할 수 없는 행동을 방지하는 법으로 성문화되었다.

우리 사회는 기업인이 고객뿐 아니라 종업원, 투자가, 정부 규제자, 커뮤니티 그리고 자연환경에도 윤리적, 사회적으로 책임감 있는 행동을 점점 더 강력하게 요구하고 있다. 직장 내 다양성은 사회적인 책임뿐만 아니라 재무적 성과에도 도움이 된다. 맥킨지(McKinsey) 컨설팅 연구에 따르면 다양한 리더십을 가진 조직이 높은 재무적 수익을 보여주는 경향이 있다. 해당 연구에서는 여성, 소수집단으로 다양성이 정의되고 있다. 다양성은 직원의 향상된 만족도를 창출하며 의사결정도 향상시킨다.[34] 행동에 대해 많은 비난이 있을 때 다양한 이해관계자를 지지하거나 보호하는 것이 요구된다.

윤리와 사회적 책임은 기업의 경영 활동에 긍정적인 보충재라는 한 가지 견해가 있는 반면, 또 다른 선택적 시각도 존재한다. 여러 연구에서 윤리적 행동은 기업의 평판을 강화할 뿐 아니라 더 큰 이익을 창출한다고 나타났다.[35] 홀푸드(Whole Foods), 스타벅스, 메리어트 호텔과 같은 기업의 윤리적, 사회적 책임 있는 행동은 제대로 된 윤리는 제대로 된 기업이라는 명백한 증거를 제공한다. 모든 이해관계자의 관심을 고려한 윤리적, 사회적으로 책임 있는 행동 내에서 기업 운영의 장기적 가치가 재정적으로 더 높은 성과를 이룬다는 인식이 증가되고 있다.[36]

조직의 목적을 달성하는 동안 사회적 책임과 윤리적 행동을 증진하기 위해 많은 기업은 사회적 가치 내에서 일어나는 변화와 추세를 주시한다. 기업은 사회가 무엇을 원하는지 그리고 의사결정의 장기 효과를 예측하기 위해 사회가 무엇을 시도하여야 하는지 결정해야 한다. 모든 이해관계자의 관심을 해결하기 위해서는 많은 노력이 요구된다. 기업은 마찰이 되는 요구 사항에 대해 균형을 잡기 위해 노력해야 될 뿐 아니라 요구 사항에 대해 우선순위를 매겨야 된다. 기업을 위한 한 가지 중요한 목표는 신뢰가 있는 확고한 명성을 만드는 것이며, 불법적인 행위를 방지하기 위해 효과적인 직업윤리를 개발하는 것이다.

강의를 통해 경영을 배울 수 있을까

이 질문에 대한 명확한 대답은 "그렇다"이다. 아니라면 이 교재는 아무런 가치가 없을 것이다. 기업 경영을 성공적으로 이끌기 위해서는 지식, 기량, 경험 그리고 정확한 판단력이 필요하다. 이 교재에서 전반적으로 다루는 주제는 기업 경영 세계를 이해하기 위해 필요한 몇 가지 지식을 알려준다. 각 장에 제시된 다양한 예시, 박스의 내용, 도입사례 그리고 각 장 끝에 있는 도입사례 재검토 등은 더 좋은 경영 활동 판단을 개발하는 데 도움이 되는 경험을 설명한다. 또한 '현장 기술 개발'과 '딜레마 해결'은 당신의 미래 직업에 도움이 되는 기량을 개발하는 데 유용할 것이다. 하지만 좋은 판단력은 지식과 경험, 개인적 통찰력과 이해력에 바탕을 두고 있다. 따라서 당신은 자신의 개인적 취향을 이런 지식에 적용하기 위해 필요한 통찰력 개발에 도움이 되는 몇몇 실무적 경험과 더 많은 경영 과목에 대한 이해가 필요하다. 경영에서의 도전은 판단에 있으며, 이러한 판단력은 경영학 입문 교재로부터 단순한 암기를 통해 개발할 수는 없다. 만약 당신이 종업원, 학생, 고객으로서의 일상적 경험에 관찰력이 있다면, 좋은 경영 판단을 할 수 있는 능력을 개발할 수 있을 것이다.

〈그림 1-7〉은 이 교재의 여러 장이 어떻게 서로 연결되어 있으며, 각 장이 경영 세계에서 찾을 수 있는 참여자, 활동 그리고 환경적 요소와 어떻게 관련이 있는지에 대한 개요를 보여준다. 각 장에서 제시된 주제는 기업 세계 이해의 과정을 시작할 수 있는 가장 좋은 기회를 줄 것이다.

〈그림 1-7〉 이 교재의 구조

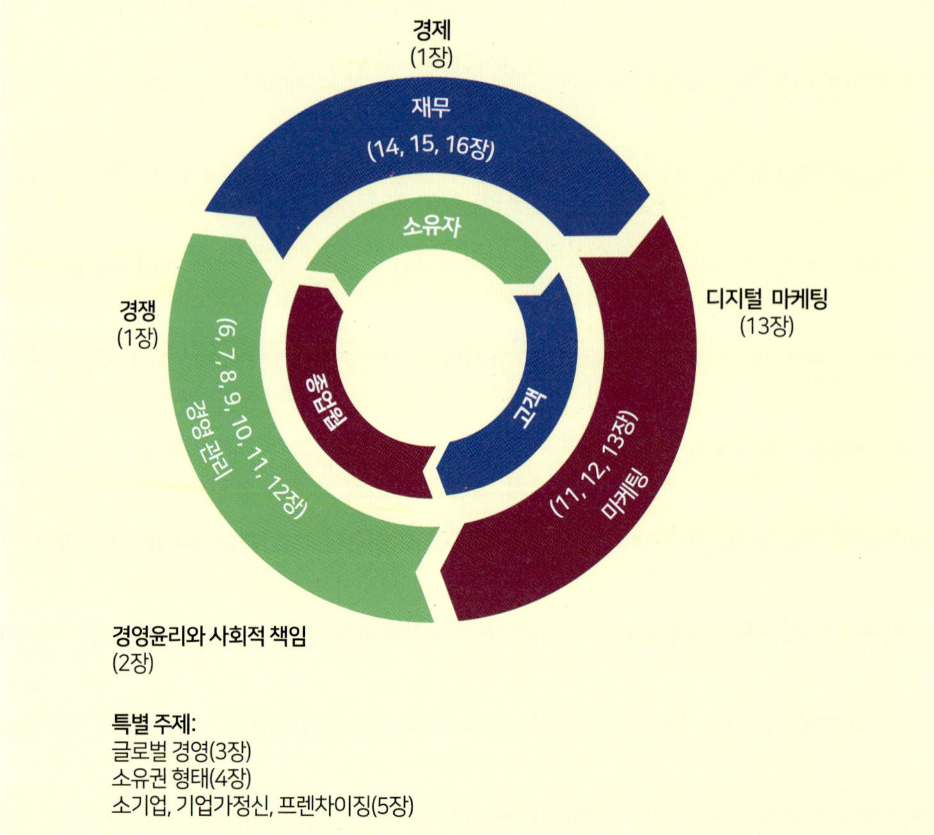

이해력 검토 Review Your Understanding

경영, 제품 그리고 이익과 같은 기본 개념을 정의하라.

경영은 사람들의 요구 사항을 만족시키는 제품을 제공함으로써 이익을 창출하고자 하는 개인 또는 조직이다. 제품은 만족과 이익을 제공하는 유·무형의 특징을 가지고 있는 물건, 서비스 또는 생각이라 할 수 있다. 경영의 기본 목표인 이익은 소비자가 특정 제품에 지불하는 것과 그 제품을 만들고 팔기 위해 소요되는 비용의 차이이다.

기업 경영 활동과 주요 참여자를 설명하고, 왜 경영을 배우는 것이 중요한지 설명하라.

기업의 주요한 참여자의 세 가지 유형은 소유자, 종업원, 고객이다. 하지만 정부 규제자, 공급자, 사회적 그룹과 같은 그 외 참여자 역시 중요하다. 경영관리는 기업의 업무를 이행하는 데 요구되는 과업에 대한 계획, 조직화 및 통제화를 포함한다. 마케팅은 고객을 만족시키기 위한 상품과 서비스 제공을 위해 고안된 연구, 제품 개발, 홍보, 가격책정 및 유통과 같은 활동을 의미한다. 재무는 기업의 자금 조달과 그 자금을 효과적으로 사용하는 것과 관련된 활동을 의미한다. 경영을 공부하는 것은 당신이 더 나은 고객이 되고 직업과 경력을 준비하는 데 도움을 줄 수 있다.

경제를 정의하고, 네 가지 유형의 경제 체제를 비교하라.

경제는 사회적 체제 내에서 상품과 서비스 생산을 위해 자원이 어떻게 분배되는가에 대한 학문이다. 경제 체제는 특정 사회가 자원을 어떻게 분배하는지에 대해 설명한다. 공산주의는 계층에 관계없이 국민이 그 나라의 모든 자원을 소유한 경제 체제이다. 사회주의 체제에서는 정부가 기초 산업을 소유하고 운영하지만 개인이 대부분의 기업을 소유하고 있다. 자본주의 체제에서는 개인이 상품과 서비스를 제공하는 대부분의 기업을 소유하고 운영한다. 혼합경제 체제는 두 가지 이상의 경제 체제를 가지고 있으며, 대부분의 국가는 혼합경제 체제이다.

자유기업 체제에서 공급, 수요, 경쟁의 역할을 설명하라.

자유기업 체제에서는 개인이 대부분의 기업을 소유하고 운영한다. 또한 경쟁, 공급 그리고 수요가 자원의 배분을 결정한다. 수요는 소비자가 특정 시간 다른 가격에 상품이나 서비스를 구매하기 위한 의지이다. 공급은 생산자 또는 판매자가 특정 시간 차별화된 가격에 상품이나 서비스를 구매할 의사이다. 기업이 공급할 의도가 있는 제품의 수와 소비자가 특정 시간 구매할 의도가 있는 제품의 수가 같은 점의 가격을 균형가격이라 한다. 경쟁은 상품과 서비스를 고객이 구매할 수 있게 확신을 주기 위한 기업 간의 경쟁이라 할 수 있다. 순수경쟁, 독점적 경쟁, 소수 독점 또는 과점 및 독점의 네 가지 유형의 경쟁 환경이 있다. 이러한 경제 개념은 특정 사회에서 기업이 어떻게 운영되며, 제품의 가격을 얼마로 책정할지를 결정하곤 한다.

경제 상태를 왜 그리고 어떻게 측정하는지 구체적으로 설명하라.

많은 국가는 자국의 경기가 확장되는지 또는 위축되는지 알기 위해 그리고 경제변동을 최소화하기 위한 시정 조치가 필요한지를 결정하기 위해 경제 상태를 측정한다. 일반적으로 사용되는 측정 방법이 한 해 그 나라에서 생산된 모든 상품과 서비스의 총계인 국내총생산(GDP)이다. 국가가 걷어들이는 세금보다 더 많이 지출할 때 재정적자가 발생한다.

미국 경제 혁명에 대해 설명하고 경제에서 기업가의 역할에 대해 토의하라.

미국 경제는 초기 경제, 산업혁명, 생산경제, 마케팅 경제 그리고 서비스와 인터넷 경제로 몇 단계를 거쳐 발전해 왔다. 기업가가 미국 경제 성장의 원동력이 되는 신제품, 서비스 및 아이디어 개발에 그들의 시간, 자원 및 노력을 투자하기에 경제에 있어 기업가는 중요한 역할을 한다.

중소기업 상황을 평가하고 어떠한 행동이 필요한지 제안하라.

이 장의 뒷부분에서 언급하는 '딜레마 해결'은 기업 소유주가 가진 몇 가지 문제점에 대해 알려주고 있다. 기업의 소유주로서 당신은 가격을 올리고 사업을 확장하며 수요를 충족시키기 위해 대기업과 협력할 것인가? 당신은 특정 상황을 평가하고, 그 상황에 대해 어떻게 대처해야 하는지 결정하기 위해 수요와 공급 관계의 새로운 지식을 적용할 수 있어야 한다.

도입사례 재검토

1. 워런 버핏의 전략을 설명하라. 당신은 그 전략이 성공적이라 생각하는가?
2. 서로 다른 다수의 신업 관련 기업을 보유하는 것은 어떤 이익이 있는가? 어떤 위험이 있는가?
3. 버핏이 전문 경영인들에게 그들에 맞게 기업을 운영할 수 있는 권한을 부여하는 것이 왜 중요한가?

진도 평가 Check Your Progress

1. 경영의 기본 목표는 무엇인가? 모든 조직이 이 목표를 공유하는가?
2. 사고파는 제품 유형의 몇 가지 예에 대해 말해 보라.
3. 경영의 주요 참여자는 누구인가? 주요한 활동은 무엇인가? 미국에서 경영 활동에 영향을 미치는 다른 요소는 무엇인가?
4. 네 가지 유형의 경제 체제는 무엇인가? 각 경제 체제를 사용하는 국가의 예를 들어 설명하라.
5. 공급, 수요, 균형가격 그리고 경쟁에 대해 설명하라. 이런 요소가 미국 경제에서 어떻게 상호작용하는가?
6. 경쟁의 네 가지 유형과 각 유형에서 예가 될 수 있는 제품에 대해 설명하라.
7. 국가 경제 상태를 측정하기 위한 다양한 지표를 정의하라. 만약 실업률이 높으면 GDP 성장이 커지는가, 작아지는가?
8. 경제변동은 왜 좋지 않은 현상인가?
9. 산업혁명이 미국 경제 성장에 어떻게 영향을 미쳤는가? 왜 오늘날 미국 경제를 서비스 경제라고 하는가?
10. 미국 경제에서 연방정부의 역할에 대해 설명하라.

현장 기술 개발 Build Your Skills

공급과 수요의 힘

배경. WagWumps는 잠재적으로 성공할 확률이 높은 어린이 장난감이다. WagWumps는 귀엽고 털이 많으며, 어두운 곳에서 눈이 반짝거린다. 이 장난감 한 세트는 엄마, 아빠 그리고 아이 2명으로 구성되어 있다. Wee-Toys의 생산 비용은 세트당 6달러 정도로 이 중 3달러는 마케팅과 유통 비용이다.

WagWumps 도매가격은 15.77달러이며 희망 소매가격은 26.99달러이다.

과업. 당신이 타겟이나 월마트와 같은 소매상의 의사결정권자이며, 매장에서 WagWump 가족세트의 가격을 결정해야 한다고 생각해 보라. 주어진 정보로부터 희망 소매가격은 세트당 26.99달러이며, 당신은 도매상으로부터 15.77달러에 각 세트를 구매할 수 있다. 다음의 가정에 기초하여 〈그림 1-8〉 그래프에 공급곡선을 표시하고, 그 선 위에 "공급곡선"이라 표시하라.

수량	가격
3,000	$16.99
5,000	21.99
7,000	26.99

다음의 가정을 사용하여 〈그림 1-8〉에 수요곡선을 표시하고, 그 선 위에 "수요곡선"이라 표시하라.

수량	가격
10,000	$16.99
6,000	21.99
2,000	26.99

특정 기간에 당신 회사가 공급할 의사가 있는 장난감 수량이 소비자가 구매할 의사가 있는 장난감 수량과 만나는 점을 결정하고, 이 점을 "균형가격"이라 표시하라.

〈그림 1-8〉 WagWumps의 균형가격

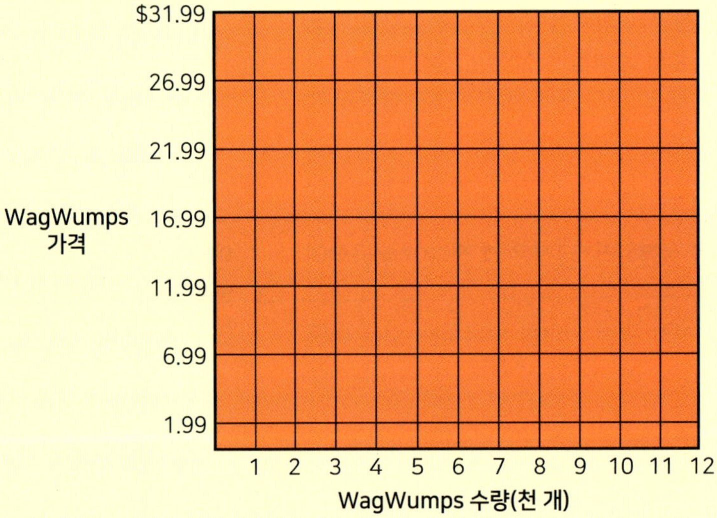

딜레마 해결 Solve the Diemma

Acres의 수제 파이

할머니로부터 파이 만드는 가족 비법을 전수받은 셸리(Shelly Acres)는 요리하는 걸 좋아한다. 그래서 그녀는 'Acres의 수제 파이'라는 사업을 시작하기로 결정하였다. 이 수제 파이 회사는 특제 파이를 만들어 지역 슈퍼마켓과 패밀리 레스토랑에 팔았다. 처음 6개월 셸리와 3명의 시간제 종업원은 각 4달러 50센트에 총 2,000개의 파이를 팔았으며, 파이당 1달러 50센트의 순이익을 벌어들였다. 이 파이는 꽤 성공적이어서, 셸리는 수요를 따라가기 힘들었다. 이 회사의 성공은 높음 품질 외에 인센티브와 새 사업 성공의 한 부분이 되고자 하는 생산성이 좋은 종업원 덕분이다.

수요를 충족시키기 위해 셸리는 자금을 빌려 4명의 정규직원을 고용해 사업을 확장하였다. 매달 파이 생산과 판매는 8,000개로 늘어났으며, 이익 역시 매달 12,000달러로 급등하였다. 하지만 Acres의 수제 파이 수요는 셸리가 공급할 수 있는 능력 이상으로 계속 증가하였다. 셸리는 몇 가지 선택권이 있다. (1) 현재 생산수준을 유지하되 가격을 올리는 것, (2) 현재 파이 가격을 유지하되 생산시설과 종업원을 늘이는 것, 또는 (3) 셸리가 최소한 관여하는 선 내에서 이익의 몇 %를 받고 파이 생산을 전국 식당 체인 기업과 계약하는 것.

토의 주제

1. Acres의 수제 파이의 수요와 공급 간 관계를 설명하라.
2. 세 가지 선택권을 고려했을 때 셸리는 어떤 도전에 직면하게 되는가?
3. 당신이 셸리라면 어떻게 하겠는가?

사업 계획서 작성 Build Your Business Plan

경영과 경제의 역동성

자신의 기업을 소유하는 것에 대해 생각해 보았는가? 만약 생각해 봤다면, 그러한 생각을 어떻게 가지게 되었는가? 특정 분야에 대한 경험으로부터인가, 아니면 현재 지역사회에 제공되고 있지 않는 특정 상품 또는 서비스에 대한 자신의 욕구로부터 발달된 생각인가? 예를 들면, 당신과 친구들이 커피를 마시며 편하게 이야기할 수 있는 장소를 간절히 바란다면 지금이 바로 당신이 생각하고 있는 카페를 시작할 기회이다.

스스로를 통찰력 있는 사고자로 간주하든 실용적인 사고자로 간주하든 우선 당신의 공동체를 생각해 보라. 필요하지만 아직 충족되지 못한 것은 무엇인가? 대학가에서의 새로운 식당 사업에 유혹을 느끼겠지만, 실행이 용이한 사업 계획에는 잔디 관리 사업이나 대리운전 사업에서 10대를 위한 직업 소개 사업에 이르기까지 다양할 수 있다.

사업 계획에 대한 아이디어가 있다면 그 아이디어가 얼마의 이익을 창출할지 생각해 보라. 그 사업에 대한 충분한 수요가 있는가? 특정 사업에 대해 시장이 얼마나 큰가? 경쟁자는 어떤가? 얼마나 많은 경쟁자가 있는가?

당신이 하고자 하는 사업의 산업을 배우기 위해선 제품의 초기 아이디어를 인터넷에서 빈틈없이 찾아보아야 한다.

2
경영 윤리와 사회적 책임

학습목표

- **2-1** 경영 윤리와 사회적 책임의 중요성을 설명한다.
- **2-2** 사업현장에서 일어날 수 있는 윤리적 문제를 발견한다.
- **2-3** 기업의 윤리적 행동을 증진시킬 수 있는 방법을 규정한다.
- **2-4** 사회적 책임의 네 가지 차원을 설명한다.
- **2-5** 소유자, 종업원, 소비자, 환경, 커뮤니티에 대한 기업의 사회적 책임에 대해 평가한다.
- **2-6** 기업 의사결정의 윤리성을 평가한다.

©JC Ridley/CSM/REX/Shutterstock

도입사례 :: NFL 태클 안전에 대한 전망

프로페셔널 축구경기는 전 세계적으로 안전한 직업은 아니다. 특히 프로 미식축구 연맹(National Football League: NFL) 경기가 그렇다. 지난 수십 년 동안 은퇴한 NFL 선수들은 경기 중 지속적, 반복적으로 가해진 머리에 대한 외상(충격)이 이후 삶에 어떻게 영향을 미치는지에 대해 우려해 왔다. 많은 NFL 선수가 은퇴 후 영구적인 두뇌손상, 치매, 평균 이상의 알츠하이머, 임상 우울증 등을 포함하는 다양한 신경계 문제(질병)에 직면했다.

다수의 NFL 은퇴 선수가 NFL 연맹을 상대로 소송을 제기해 왔다. 그들은 NFL 연맹이 이러한 위험을 이미 알았거나 혹은 적어도 인지하고 있었을 것이라 주장한다. 또한 이들은 NFL 연맹이 이러한 부상을 막기 위한 충분한 조치를 취하지 않았다고 주장하고 있다. 프로 미식축구 연맹은 이러한 문제로 고통을 받고 있는 은퇴 선수들에게 거의 10억 달러를 지급하였으며, 관련된 두뇌 부상 연구와 교육/안전 프로그램을 위해 1,000만 달러 기금도 조성하였다. 이후 연구자들은 미식축구 선수 경험이 있는 202명 중 107명의 두뇌에서 퇴행성 뇌질환 징후를 발견하였다. 이러한 위험으로 인해 몇몇 NFL 선수는 조기 은퇴를 결심하였다. 학부모들은 자녀가 학교에서 장기간에 걸쳐 뇌 손상 위험이 있는 미식축구를 할 수 있도록 허용할지 여부에 대한 윤리적 문제에 직면하고 있다. 한 설문조사에는 학부모의 44%는 자녀가 미식축구를 하는 것에 대해 다소 동의하지 않는 것으로 나타났다.

몇몇 전문가는 미식축구 선수들이 해당 운동에 내재된 위험을 수용하고 있었음을 지적한다. 미국 워싱턴주 시애틀의 프로 미식축구팀 시애틀 시호크(Seattle Seahawks) 스타 쿼터백 리처드

셔먼(Richard Sherman)은 NFL 선수들은 이러한 위험을 인지하고 프로선수로서 경기해 왔음을 지적했다. 하지만 쿼터백 브렛 파브르(Brett Favre)는 기억 손실 경험을 주장하였다. 그는 이전에 자신의 머리에 가해진 충격이 이후 삶에 부정적인 영향을 미칠 것이라 믿고 있으며, 본인도 은퇴한 많은 NFL 선수에게서 발견된 뇌 질환을 겪을 수 있음을 두려워하고 있다.[1]

도입

비영리단체를 포함해 어떤 조직이든 조직 전반에 있어 종업원 및 사업 참가자의 윤리적 행동을 관리해야 한다. 윤리적 수준이 높은 기업은 직원 및 고객의 만족도와 함께 많은 이익을 창출하는 경향이 있다.[2] 따라서 윤리성과 수익성 사이에는 대립되는 내용이 없다. 사실 비윤리적인 행위는 기업의 이익을 감소시키는 경향이 있다. 예를 들어 폭스바겐의 경우 미국에서 배출가스 테스트 관련 부정행위에 대한 유죄를 인정하였으며, 벌금, 차량 환매, 차량 수리 관련 비용으로 250억 달러 벌금에 직면하였다.[3] 일부 기업의 범법 행위는 대중의 분노를 불러일으켰고, 보다 바람직한 행위를 장려하기 위한 정부의 개입을 초래했다. 조직에서 내리는 결정은 옳고 그름, 윤리 혹은 비윤리, 합법 혹은 불법의 기준으로 판단할 수 있다.

이번 장에서는 경영 윤리 및 사회적 책임에 대해 살펴본다. 먼저 경영 윤리를 정의하고, 경영에서 윤리의 역할이 중요한 이유를 토의한다. 다음으로는, 문제가 발생했을 때 이를 인식하는 데 도움이 될 윤리 기준에 대해 살펴본다. 마지막으로 기업이 조직 내에서 윤리적 행동을 개선하기 위해 취할 수 있는 조치를 생각해 볼 것이다. 이 장 후반부에서는 사회적 책임 및 환경과 실업 문제에 주목한다. 여기서 몇 가지 사례를 통해 기업이 이러한 문제에 어떻게 대응하였는지 자세히 살펴볼 것이다.

학습목표 2-1

경영 윤리와 사회적 책임

경영 윤리
경영 활동에서 받아들여질 수 있는 규범적 원칙과 기준.

이 장에서는 **경영 윤리**(business ethics)를 조직 내에서 용인될 수 있는 행동을 결정하는 원칙과 기준이라고 정의한다. 반면, 개인 윤리는 개인의 가치, 원칙 및 행동 기준과 관련된다. 어떠한 행동이 용인될 수 있는가의 여부는 해당 조직뿐 아니라 고객, 경쟁자, 해당 정부 기관, 이익 집단과 일반 국민 등 다른 이해당사자에 의해서도 판단된다. 다이아몬드 식품(Diamond Foods), 타겟(Target), JP모건(J. P. Morgan)과 같은 유명 대기업에서 벌어진 법적 문제와 윤리 문제는 기업의 의사결정에 있어 윤리와 책임이 고려되어야 할 필요성을 강조한다. 예를 들어 타겟은 수백만 고객의 신용카드와 직불카드 계좌 정보 도난 방지를 위한 적절한 내부 통제가 없었다는 점에서 비난을 받았다. 조직 내에서 벌어지는 대부분의 비윤리적 행동은 종업원이 규칙을 어기거나 악용하도록 조장하는 조직 문화 때문이다. 반면, 서로의 관계를 결합되도록 묶는 것은 신뢰이다. 〈그림 2-1〉을 보면 여러 산업 중 은행에 대한 신뢰가 가장 낮은 것을 알 수 있다.

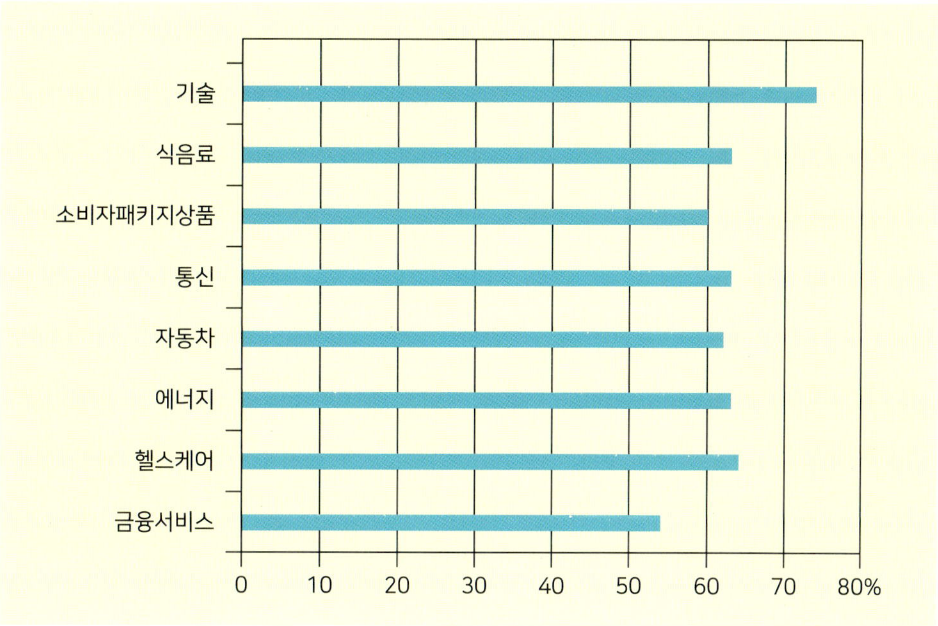

〈그림 2-1〉 산업별 글로벌 신뢰도

자료: Edelman, *2018 Edelman Trust Barometer Global Report*, http://cms.edelman.com/sites/default/files/2018-01/2018_Edelman_Trust_Barometer_Global_Report_Jan.PDF (accessed January 27, 2018).

웰스 파고(Wells Fargo)는 350만 개의 가짜 계좌를 개설하였으며, 이는 고객의 신용등급에 부정적인 영향을 미쳤다.

©Kristi Blokhin/Shutterstock

윤리 문화가 높은 조직은 진실을 다해 행동하고 기업 가치를 충실히 지키도록 직원을 장려한다. 예를 들어 이탈리안 가족 비즈니스인 일리카페(Illycaffe)는 품질, 지속가능성, 공급망 관리 관련 윤리적인 리더로 인정되어 왔다. 이 기업은 커피 기술과 세계적인 커피 글로벌 브랜드 분야의 선도 기업이다.[4] 많은 전문가는 윤리적 지도력, 윤리적 가치와 규정 준수가 높은 수준의 경영 윤리를 만드는 데 중요하다고 동의한다. 하지만 진정 윤리적인 문화를 창조하려면 윤리와 규정 준수에 대한 경영자의 강한 의지를 보여 주어야 한다. "최고경영진의 의지"는 윤리와 규정 준수를 지지하는 것이 최고경영자의 역할임을 인정하고, 법무 자문위원과 윤리와 규정 준수를 담당하는 부서 간의 강한 협력 관계를 조성하며, 모든 종업원에게 윤리적 행동에 대한 회사의 기대를 분명하게 전하고, 회사의 윤리 방침에 대해 사내의 모든 관리자와 감독관을 교육하고, 만약 윤리 문제가 발생하였을 때 무엇을 해야 할지 종업원을 훈련시키는 것이다.[5]

경영은 이익을 창출하는 것뿐만 아니라 기업 활동에 대한 사회적인 함축적 의미를 고려해야 한다. 예를 들어 월마트는 월마트 재단에 지금까지 12억 파운드 이상의 식품을 지원하였다. 이와 함께 자선 식사 시스템에 1억 2,200만 달러의 이상의 보조금도 지원하였다.[6] 이익 증가는 기업이 사회에 공헌할 수 있도록 유도(증가)하였다. 사회적 공헌에 대해 많이 알려진 기업일수록 많은 이익을 거두는 경향이 있다. 여기서 **사회적 책임**(social responsibility)이란 사회에 미치는 기업의 긍정적인 영향을 극대화하고, 부정적인 영향을 최소

사회적 책임
사회에 대해 긍정적인 영향을 극대화하고 부정적 영향을 최소화해야 하는 기업의 의무.

〈표 2-1〉 윤리 및 사회적 책임 활동의 전개

1960년대	1970년대	1980년대	1990년대	2000년대
• 사회적 이슈들 • 소비자 권리장전 • 저소득 소비자 • 환경문제 • 제조안전	• 비즈니스 윤리 • 사회적 책임 • 다양성 • 뇌물 • 차별 • 윤리 이슈의 발견	• 윤리 기준 • 재무적 불법행위 • 자기 규제 • 윤리 강령 • 윤리 교육	• 기업의 윤리 프로그램 • 경영 윤리를 위한 규제 • 건강문제 • 작업장 안전 • 불법행위의 발견	• 금융시장의 투명성 • 기업의 불법행위 • 지적재산 • 회계와 금융규제 • 임원보상

화해야 하는 기업의 의무라고 정의된다. 흔히 사회적 책임과 경영 윤리라는 용어는 혼동되어 사용되지만, 이 두 용어는 결코 같은 의미가 아니다. 경영 윤리는 개인 혹은 집단의 결정이 옳은지 그른지에 대한 사회적 평가와 관련이 있다. 하지만 사회적 책임은 사회에 미치는 전반적인 기업 활동의 영향과 관련된 더 넓은 개념이다. 예를 들어 윤리적 관점에서 보면, Medicare(미국의 현 의료보험제도) 서비스를 제공하고, 정부에게 많은 금액을 청구하는 의료 기관은 정부를 속인다는 점에서 비윤리적이다. 사회적 책임의 관점에서는 이 많은 금액 청구가 모든 시민에게 충분한 서비스를 제공해야 할 의료보험 제도에 미칠 부정적 영향에 대해 우려한다.[7] 이러한 우려는 타당해 보인다.

윤리적, 사회적 책임에 관한 근본적인 우려로 인해 기업들을 사회적인 기준과 가치에 순응케 하는 법률과 규정이 제정되었다. 법률과 규정은 기업의 윤리적 행위와 고객, 환경, 다른 이해관계자에 대해 해로운 행위를 방지하는 것을 제도화한다. 회계, 재무, 마케팅 전문가들은 업무에 적용되는 법률이나 제도를 이해해야 한다. 예를 들어 금융산업을 개혁하고, 복잡하고도 기만적인 금융상품으로부터 고객을 보호하려는 목적의 도드-프랭크법(Dodd-Frank Act)이 제정되었다. 경영자는 법률과 제도를 준수해야 한다. 대부분의 법률 문제는 사회적으로 비윤리적, 비합리적이거나 혹은 용인될 수 없다고 여겨지는 결정을 할 때 발생한다. 그러나 비윤리적이라고 여겨지는 모든 행동이 반드시 불법적인 것은 아니다. 합법적, 윤리적이라는 기준은 시간이 흐름에 따라 변한다(표 2-1). 상사법(business law)은 경영 행위를 규율하는 법과 제도를 의미한다. 기업의 소유주, 경영자 그리고 종업원들이 상사법과 제도에 대해 잘 알면, 경영상 발생하는 많은 문제와 갈등을 피할 수 있다. 경영 윤리, 사회적 책임, 그리고 각종 법률은 기업과 종업원이 사회에서 책임감 있게 행동하기를 요구하는 준법 시스템으로서 상호 보완적이다.

경영에서 윤리의 역할

경영에서 점점 더 중시되는 준법과 윤리 문제에 대한 우려의 사례는 Wall Street Journal이나 USA Today를 보기만 해도 쉽게 찾을 수 있다. 예를 들어 미국 연방정부는 의약품 처방전 판매에 대한 승인을 얻기 위해 중국 국영 병원에 뇌물을 제공한 협의로 브리스톨-마이어스 스퀴브(Bristol-Myers Squibb) 제약회사를 고소하였다. 이 기업은 해당 협의를 해

결하기 위하여 1,400만 달러를 지출하였다.[8] 특정한 행동에 대한 개인의 믿음과는 상관없이 사회적으로 그 행동이 비윤리적이거나 잘못된 것이라고 판단된다면, 이러한 사회적 판단은 조직에 직접적으로 영향을 끼친다.[9]

많은 기업이 윤리적인 활동으로 인정받고 있다. 3M은 지난 5년간 세계 최고 수준의 윤리적 기업 리스트에 포함되어 있다. 3M 최고 준법(준수)책임자는 "비즈니스는 승리하는 것이 중요한 게 아니라 어떻게 승리하는지가 더 중요하다"라고 언급했다. 3M은 윤리적 행위를 경쟁우위의 수단으로 간주하고 있다.[10] 대중매체는 뇌물, 사기, 불량식품 등위법 행위와 연관된 기업에 대해 자주 보도한다. 하지만 많은 기업의 윤리적 행위 관련 선행은 자주 보도하지 않는다. 따라서 대중은 불법행위가 실제보다 광범위하게 퍼져있다고 인식하게 된다.

위법 행위는 윤리적 갈등으로 시작되지만, 협력적인 분쟁 해결이 이루어지지 않으면 법률적인 분쟁으로 발전될 수 있다. 이는 개인마다 상이한 윤리적 믿음을 가지고 있으며, 이러한 이슈들을 해결하기 위해 법률적인 활동에 의존하는 정도도 다르기 때문이다. 또한 새롭고 불분명한 상황이 발생될 때, 윤리와 관련하여 많은 회색(모호한)지대도 존재할 수 있다. 적절한 행동에 대한 질문에 답변할 수 있는 가치, 규범, 법률 등은 존재하지 않는다. 우버(Uber), 리프트(Lyft), 에어비앤비(Airbnb)와 같은 공유경제에서는 기존 규정의 적용이 적절하지 않고, 모호해지고, 때로는 진보가 저해되는 새로운 비즈니스 모델까지 이용된다. 예를 들어 우버는 부정한 요금, 승객 안전의 위험, 성희롱, 구글의 자율주행 기밀 정보 탈취 그리고 몇몇 국가, 주, 도시의 대중교통 규정 위반 등과 관련해 고소되었다. 이러한 법률적 벌금을 해결하기 위해 우버는 지난 2년 동안 5억 달러 이상을 지출하였다.[11]

하지만 경영 윤리가 합법 혹은 불법의 문제를 넘어선다는 것을 이해하는 것은 중요하다. 윤리적 행동은 개인 간의 관계 혹은 기업 간의 관계에서 상호 신뢰를 구축하고 증진시킨다. 비윤리적인 행동으로 비난을 받는 조직에서 신뢰와 확신을 구축하기는 어렵다. 예를 들어 직원을 고용할 때 관리자가 회사의 복리 후생에 대해 과장된 정보를 제공했다면, 그 회사에 대한 신뢰와 확신은 저하될 것이다. 또한 동료가 당신에게 거짓말을 한 사실을 알았다면, 당신은 앞으로 그 동료를 신뢰하거나 그에게 의지하지 않을 것이다.

윤리 문제는 영리 목적의 조직에게만 국한되지 않으며, 정부를 포함한 모든 조직의 활동을 포괄한다. 일부 정치인과 고위 공무원들도 윤리적으로 경솔한 행동 때문에 징계를 당하기도 한다. 예를 들어 뉴올리언스의 전 시장 레이 내긴(Ray Nagin)은 부패에 관한 20가지 기소 항목에 대해 유죄 판결을 받았다. 그가 50만 달러가 넘는 뇌물을 받았다는 사실이 재판을 통해 확인되었다. 스포츠도 윤리적 일탈의 대상이 될 수 있다. 뉴욕양키스의 3루수인 알렉스 로드리게스(Alex Rodrigues)는 야구 경기 전에 금지된 약물인 테스토스테론을 복용한 혐의로 기소된 후 출장 정지를 당하였다. 물론 로드리게스는 여전히 결백을 주장하고 있다. 이와 같이 과학계, 정치계, 스포츠 혹은 경영의 영역에서 옳고 그름, 윤리 혹은 비윤리에 대한 판단과 그에 따른 조치가 이루어지고 있다. 만약 부정적인 판단이 내려지면, 고객 및 공급자와 관계를 구축하고 투자자를 끌어모으고 종업원을 유지해야 하는 조직의 입장에서는 결코 바람직하지 않은 결과가 초래될 수 있다.[12]

이 장에서는 윤리적 관점에서 당신이 무엇을 해야 하는지 구체적으로 말해 줄 수는 없다. 당신의 상관, 직장 동료, 가족 등 다른 사람들이 당신의 행동과 결정의 윤리성에 대한 판단을 내릴 것이다. 윤리 문제를 인식하고 해결하는 방법을 배우는 것은 어떠한 판단과 결정의 윤리성을 평가하는 데 있어 중요한 단계이다.

학습목표 2-2

경영상의 윤리적 문제 인식하기

윤리적 문제
여러 가지 선택 중에서 윤리성을 기준으로 판단하고 생각하기를 요구하는 문제나 상황, 또는 기회.

윤리 문제 인식은 경영 윤리를 이해하는 데 있어 가장 중요한 단계이다. **윤리적 문제**(ethical issue)란 몇 가지 행동의 대안 중 하나를 선택할 때, 옳고 그름, 윤리적 혹은 비윤리적으로 평가될 수 있는 식별 가능한 문제나 상황 혹은 기회를 의미한다. 대안 중 어떻게 선택을 하는지, 어떻게 결정을 내리는지에 대해 배우는 것은 훌륭한 개인적 가치와 비즈니스 영역의 지식 역량을 요구한다. 직원들은 언제 조직 정책이나 윤리 규범에 의존해야 하는지 혹은 합리적인 행위에 대해 언제 관리자 혹은 협력자와 논의를 해야 하는지 알고 있어야 한다. 윤리적 의사결정이 항상 쉬운 것은 아니다. 왜냐하면 어떤 결정을 하더라도 딜레마를 유발하는 회색(모호한)지대가 존재하기 때문이다. 예를 들어 직원은 시간 낭비에 연관된 공동 작업자를 보고해야 하는가? 시험에 부정행위를 하는 친구를 알려야 하는가? 혹은 판매자가 고객에게 제품 소개를 할 때 제품의 안전 관련 문제를 누락해야 하는가? 이러한 문제들은 결정권자에게 선택 관련 윤리성에 대한 평가와 지도를 요청할지에 대해 결정을 요구하게 된다.

조직 내에서 발생하는 비윤리적인 행동의 주된 원인 중 하나는 지나치게 공격적인 재무적 경영 목표이다. 공격적인 경영 목표는 조직 내 모든 결정 및 행동에 영향을 준다. 여기서 모든 일상적인 문제를 다 논의할 수는 없다. 하지만 몇 가지 대표적인 이슈를 논의하는 것만으로도 의미가 있다. 경영 참여자라면 반드시 알아야 할 윤리적 이슈를 인식하는 데 도움이 될 수도 있다. 비즈니스 현장에서 벌어지는 다양한 윤리 문제는 모욕적이고 위협적인 행동, 이해관계의 충돌, 공정함과 정직함, 소통, 회사 자원의 남용, 비즈니스 파트너와의 관계라는 맥락을 기준으로 구분할 수 있다. 글로벌 비즈니스 윤리 설문조사(The Global Business Ethics Survey)에 의하면 직원들은 조직 내에서 윤리적으로 잘못된 행위에 대한 다양한 사례를 목격하고 있다. 그리고 때때로 표준(기준)과 타협해야 하는 압력도 받고 있다(표 2-2). 조사대상 47%의 직원들은 부정행위를 목격하였다. 목격된 다양한 이슈는 폭력적 행위(26%), 거짓말(22%), 그리고 이해의 충돌(15%) 등이 있다.

〈표 2-2〉 미국 내 조직적 부정행위

부정행위 유형	비율
목격된 부정행위	47
폭력적 행동	26
이해관계자에 대한 거짓말	22
이해의 상충	15
인터넷 남용	16
건강규정 위반	15
표준(기준) 관련 타협 압력	16
목격된 부정행위 신고	69
신고에 대한 보복 경험	44

자료: *Ethics and Compliance Initiative*, 2018 Global Business Ethics Survey™: The State of Ethics and Compliance in the Workplace (Arlington, VA: Ethics and Compliance Initiative, 2018).

이 장에서는 오늘날 경영자가 직면하고 있는 윤리 문제의 일부를 간단하게 살펴볼 것이다. 윤리 문제는 날로 복잡해지고 있다. 뉴스 형태의 탐사 고발 프로그램들은 고객과 종업원에게 자행되는 위법 행위에 대한 대중의 인식을 제고시켰다. 다수의 케이블 채널과 인터넷도 윤리적 문제에 대한 일반 대중의 인식을 향상시키는 데 기여하였다.

뇌물. 사업을 추진하면서 발생하는 많은 문제는 표면적으로는 간단하고 해결하기 쉬운 것처럼 보이지만, 사실은 아주 복잡하다. 어떤 것이 용인될 수 있는 것인지 혹은 윤리적인 것인지를 이해하려면 많은 경험이 필요하다. 예를 들어 다른 사람의 결정에 영향을 미칠 의도로 돈, 물건, 특별한 호의 등을 주고 받는 것은 비윤리적이다. **뇌물**(bribes)은 다른 이해당사자들을 희생하여 개인이나 회사의 이익을 도모하는 것이다. 해외에서 사업하는 회사들은 뇌물이 중대한 윤리 문제이며, 실제로 많은 나라에서는 불법이라는 사실을 반드시 알아야 한다. 미국에서는 해외부패방지법에 따라 뇌물에 대해 유죄판결 받은 기업에게는 무거운 벌칙을 부과한다.

전 지멘스(Siemens) 경영자는 $100만 아르헨티나 뇌물 사건 관련 유죄를 인정하였다. 해당 기술기업은 수십 년간 관련 법률 조사에 연루되게 된다.
©LUKAS BARTH/EPA-EFE/REX/Shutterstock

뇌물
어떠한 결정에 영향을 미칠 목적으로 전달되는 돈, 선물, 기타 특별한 혜택.

윤리는 문화와도 관련이 있다. 예를 들어 미국에서 사업가가 잠재고객과의 첫 회의에서 어떤 형태든 선물을 주는 것은 부적절한 행동이다. 선물이 뇌물처럼 보일 수 있기 때문이다. 반면에 일본에서는 오히려 선물을 주지 않는 것을 무례하다고 여긴다. 기업이 사업을 운영할 지역의 문화를 경험하는 것은 무엇이 윤리적인지 혹은 비윤리적인지를 이해하는 데 있어서 중요하다.

업무 시간 남용. 시간 남용은 직장에서 흔히 볼 수 있는 보편적인 비윤리적 행위이다.[13] 직장에서 가장 흔한 시간 남용 사례는 업무에 필요하지 않은 활동을 하는 것이다. 예를 들어 많은 직원이 소셜 네트워크 사이트를 이용하는 데 시간을 남용하고 있다. 몇몇 회사는 직원이 페이스북, 유튜브, 판도라와 같은 특정 사이트를 이용하지 못하도록 차단하기로 결정하였다. 이러한 경우는 시간을 남용하는 것에 해당되며, 회사의 컴퓨터와 인터넷을 개인 용도로 이용하는 것은 회사 자원 낭비에 해당된다.[14] 시간 남용의 비용을 정확히 측정하기는 어렵지만, 연간 수천억 달러가 낭비되는 것으로 추정된다. 한 조사에 의하면, 지각, 조퇴, 점심시간 초과, 부적절한 병가, 지나친 사교 활동, 업무 중 온라인 쇼핑이나 스포츠 시청과 같이 개인적인 활동을 하는 데 1인당 일주일에 4.5시간을 허비하는 것으로 나타나고 있다. 예를 들어 사이버 먼데이(Cyber Monday)에서는 직장인의 25%가량이 업무 중 온라인 쇼핑을 이용하고 있는 것으로 알려져 있다.[15] 이러한 모든 행위는 생산성과 이익 하락이라는 결과와 함께 시간 절도라는 윤리적 이슈와도 관련된다.

개인적인 소셜 미디어 이용과 온라인 쇼핑을 위한 업무 시간 남용은 기업에게 많은 비용을 부담시킨다.
©Purestock/SuperStock

무례한 행동 및 위협적인 행동. 종업원 사이에서 발생하는 무례하거나 모욕적인 행동은 흔하게 나타나는 윤리 문제이다. 이는 신체적인 위협, 근거 없는 비난, 욕설, 인격 모독, 고함, 불쾌함, 누군가를 무시하거나 짜증나게 하는 것 등과 같은 행동을 포함한다. 무례함의 개념은 사람마다 다르다.

예를 들어 어떤 사람에게는 고함을 치는 것으로 들린 것이 다른 사람에게는 일상적인 대화로 인식될 수 있다. 예의를 지키는 것은 중요하며, 직장에서도 예외는 아니다. 무례한 행동으로 야기된 문제를 해결하느라 시간을 소모하면 조직의 생산성은 감소된다.

무례한 행동은 문화나 생활 방식에 따라 다양하게 나타나므로 판단 및 관리가 어렵다. 모욕적으로 말한다는 것은 무슨 의미인가? 모욕은 특정한 단어를 의미하는가 아니면 오늘날 업계에서 흔히 쓰이는 단어들과 관련이 있는가? 당신은 보통의 단어를 사용하였다고 하지만 다른 사람들은 욕설이라고 받아들인다면, 당신은 그들을 모욕하거나 무시했다고 할 수 있는가?

모욕적인 행동을 판단할 때는 그 의도를 생각해 보아야 한다. 칭찬을 하려 했지만 모욕적으로 들렸다면 그것은 아마 말하는 사람이 단순히 실수한 것일 수 있다. 단어를 말하는 방식, 즉 말투나 어조도 중요하다. 여기에 더해, 우리가 다문화 환경에서 살고 있다는 사실, 즉 여러 문화적 집단과 함께 일하고 있다는 사실로 인해 윤리적이고 법적인 문제를 더욱 깊이 인식하게 되었다. 같은 문화 내에서도 하나의 같은 단어가 세대에 따라 그 의미가 달라질 수 있다. 예를 들어 "지난 밤 너희 같이 시간 보냈니?"라고 말한다면, 이는 직장에서는 무례하고 모욕적인 의미로 해석될 수 있다.

괴롭힘(bullying)은 한 사람 혹은 몇몇 사람을 대상으로 위협, 희롱, 비하, 폭언, 과도한 비난 등을 행사하는 적대적인 직장 문화다. 괴롭힘은 일반적으로 성희롱을 의미하는 표현인 적대적인 환경(hostile environment)을 만들어 낸다. 최근에는 성희롱에 대한 관심이 폭발적으로 높아지고 있다. 비윤리적 행위는 성희롱의 노출과 함께 드러나고 있다. 이는 주로 엔터테인먼트, 서비스 산업과 관련이 있지만 정부, 기업 등 다른 영역의 문화와도 일부 관련이 있다.[16] 성희롱에 대해서는 법적으로 대응할 수 있으나 괴롭힘에 대해서는 법적 대응책이 거의 없다. 미국에서는 이미 괴롭힘이 만연해 있다. 괴롭힘의 대상이 된 사람은 건강에 해가 되는 심리적 상처를 입기도 한다. 직장 내의 괴롭힘 사례는 증가하고 있다.[17] 〈표 2-3〉에서 알 수 있듯이, 괴롭힘의 가해자는 언어적, 비언어적, 교묘하게 위협적인 표현을 섞어서 사용한다. 사람들이 왜 이러한 행동을 참고 있는지 이해하지 못할 수도 있을 것이다. 문제는 괴롭힘의 가해자 72%가 희생자보다 지위가 높다는 것이다.[18]

〈표 2-3〉 괴롭힘의 종류

1. 다른 사람에 대한 헛소문을 퍼뜨림
2. 직장 내 다른 사람들의 소통을 방해함
3. 다른 사람을 이용하기 위해 자신의 지위를 남용
4. 다른 사람의 아이디어나 의견을 무시함
5. 다른 사람을 비난하는 이메일을 사용
6. 의사소통의 실패
7. 모욕 및 고함을 지름
8. 성별, 인종, 나이를 차별하는 용어 사용
9. 다른 사람이나 다른 사람의 평판을 해치는 눈빛이나 행동을 보임
10. 다른 사람의 업적이나 아이디어를 가로챔

직장 자원 남용. 미국 윤리자원센터(Ethics Resource Center)에 의하면 직장 자원 남용은 조직 내 일탈 행위 중 가장 심각한 문제로 인식되고 있다. 그 예로 사적인 이메일에 너무 많은 시간을 소비한다든지, 회사 지출 보고서에 개인 경비를 제출한다든지, 개인적인 용도로 회사의 복사기를 사용하는 행위 등을 들 수 있다. 하워드 대학교(Howard University) 6명의 직원이 재무 지원 부서로부터 보조금이나 학비 면제를 활용해 거의 100만 달러를 편취해 해고되었다.[19] 직장에서 심각하게 자원을 남용하면 해고를 당할 수도 있고, 법적인 책임을 부

담해야 할 수도 있다. 애플 스토어의 한 직원은 아메리칸 익스프레스카드(American Express Card) 및 비자카드(Visa Card) 기프트 카드(Gift Card)를 재코딩한 후 애플 기프트 카드에서 거의 100만 달러를 사기 구입한 것으로 체포되었다.[20]

하워드 대학교 직원의 재정 관련 횡령 혐의에 화가 난 학생들이 본관 건물에서 학교 자원 남용에 대해 항의하고 있다.

©Astrid Riecken For The Washington Post via Getty Images

고용주 자산에 대한 직원의 내부 절도나 악용은 많은 기업, 특히 소매기업에서 기업 자원 손실의 핵심 요인이다. 예를 들어 직원이 회사 물품을 핸드백, 배낭, 서류가방에 숨겨서 나오는 경우가 있다. 이 때문에 고객들은 추가 비용을 지불할 수도 있다. 직원은 개인 물품을 회사 계정을 통해 송부할 수도 있다. 사무 직원은 제품이나 사무실 물품을 절도할 수도 있다. 식품 서비스 직원은 친구나 추가 팁을 기대하여 고객에게 무료 음료나 음식을 제공할 수도 있다. 미용사의 경우 고객이 현금으로 계산할 때 현금을 빼돌릴 수도 있다. 이밖에도 기업 내 절도와 관련하여 다양한 방법이 있다. 기업은 이를 방지하기 위하여 우수한 시스템 구축과 함께 기업 자원 절도를 방지하기 위한 교육도 병행해야 한다.

종업원이 회사의 자원을 남용하는 가장 흔한 방법은 회사의 컴퓨터를 개인 용도로 사용하는 것이다. 개인 용도로 컴퓨터를 사용하는 전형적인 사례를 보면, 인터넷 쇼핑, 음악 다운로드, 사적인 은행거래, 인터넷 서핑, 페이스북 이용 등이다. 하지만 또 다른 회사들은 보다 융통성 있는 접근을 한다. 이들은 개인 컴퓨터 사용이 근무 시간을 현저하게 손상시키지 않는 한 허용한다는 방침을 유지하고 있다.

기업이 어떠한 처리 방법을 선택하든 종업원에 의한 회사 자원 남용을 막기 위한 방안이 마련되어야 할 필요가 있다. 회사 자원 오용은 많은 기업에 만연해 있는 문제이다. 코카콜라와 같은 회사는 직원들이 어느 수준에서 회사 자원 사용이 가능한지에 대한 정책을 개발하였다. 이 정책은, 원칙적으로 회사 자산은 개인적인 이익을 위해 사용해서는 안 되지만 직원들의 회사 자원 사용에 있어 어느 정도 허용하고 있다. 이 정책은 직원이 가끔 개인적으로 전화나 이메일을 하는 것은 괜찮지만 이러한 활동이 과도해지면 업무 방해 등 회사에 다양한 피해를 주기 때문에 직원들은 상식선에서 회사 자원을 사용해야 된다고 명시하고 있다.[21] 많은 기업, 특히 이러한 활동으로 인해 수백, 수천만 달러의 손해를 입을 수 있는 대기업은 이와 유사한 지침을 가지고 있는 경우가 많다.

이해의 상충. 종업원이 흔하게 느끼는 윤리 문제 중의 하나가 이해의 상충(conflict of interest)이다. 이는 자신의 이익을 추구해야 할지 혹은 다른 사람의 이익을 추구해야 할지 선택해야 하는 상황에서 발생한다. 예를 들어 주식회사의 경영자는 이익을 창출하여 주주-소유자가 투자에 대한 수익을 얻도록 해야 한다. 즉 경영자는 투자자에 대한 책임이 있다. 경영자가 자신에게 더 큰 이익을 주지만 회사에는 별 도움이 되지 않는 의사결정을 할 때 이해의 상충이 발생한다. 이 경영자는 회사 비용을 사용하여 자신의 이익을 위해 행동하면서, 회사에 고용된 사람으로서의 책임을 소홀히 하는 것이다. 이러한 이해의 상충을

미국 증권거래위원회는 금융사기를 예방하여 투자자와 해외 주식거래를 보호하는 독립적인 정부 기관이다.
©Kristi Blokhin/Shutterstock

〈표 2-4〉 부패인식지수가 낮은 국가

순위	국가	순위	국가
1	뉴질랜드	8	영국
2	덴마크	12	독일
3	핀란드	13	오스트레일리아
3	노르웨이	13	홍콩
3	스위스	13	아이슬란드
6	싱가포르	16	오스트리아
6	스웨덴	16	벨기에
8	캐나다	16	미국
8	룩셈부르크	19	아일랜드
8	네덜란드	20	일본

자료: *Ethics and Compliance Initiative*, 2018 Global Business Ethics Survey™: The State of Ethics and Compliance in the Workplace (Arlington, VA: Ethics and Compliance Initiative, 2018).

피하기 위해서는 종업원 스스로 자신의 업무로부터 개인적 이익을 취하지 않도록 공과 사를 구분할 수 있어야 한다. 이해의 상충은 금융산업에서는 심각한 문제가 되어 왔다. 자산관리회사인 블랙락(BlackRock)은 한 펀드 매니저가 고객이 위탁한 돈으로 이해관계가 있는 기업에 투자한 사실을 알리지 않았다는 이유로 미국 증권거래위원회에 1,200만 달러를 지급하였다.[22] 이해의 충돌은 특히 금융산업에서 문제가 될 수 있다. 왜냐하면 이해의 충돌과 관련된 의사결정이 엄청남 금융 손실을 초래할 수 있기 때문이다.

부당 내부 거래 또한 이해 상충의 사례이다. 부당 내부 거래는 공개되지 않은 자료를 소유한 내부자가 주식을 거래하는 것을 의미한다. 뇌물 또한 이해의 상충이 될 수 있다. 많은 나라에서 뇌물은 심각한 문제인 반면, 또 어떤 나라에서는 보편화되어 있다. 국제투명기구(Transparency International)는 부패인식지수(Corruption Perceptions Index)를 발표하고 있다(표 2-4). 자료에 의하면 17개 국가가 미국보다 낮은 부패 수준을 인정받고 있다. 국제투명기구에 의하면 부패지수가 가장 높은 5개 국가는 예멘, 시리아, 북한, 남수단 그리고 소말리아이다.[23]

공정성과 정직

공정성과 정직은 경영 윤리의 핵심으로, 의사결정자의 일반적 가치와 관련되어 있다. 경영자는 법률과 제도를 준수할 것을 요구받는다. 그러나 법을 준수하는 것은 최소한의 기준이다. 법을 준수하는 것 외에도 고의로 다른 사람을 속이거나 거짓말을 해서는 안 되며, 강압이나 차별을 통해 고객, 종업원, 의뢰인이나 경쟁자에게 손해를 끼치지 말아야 한다. 정직과 공정성은 종업원이 조직 자원을 사용하는 방법과도 연관되어 있다. 부정직한 행동에는 진실성의 부족, 사실의 은폐, 거짓말 등이 있다. 사무용품 절도는 부정직한 행위의 흔한 예이다. 사기와 절도는 중소기업의 약 35%에서 발생한다. 사무용품 절도의 대부분은 연필이나 포스트잇과 같이 사소한 물건이지만, 일부 종업원은 노트북, 휴대전화와 같이 고가의 물품을 훔치기도 한다. 종업원은 회사 물품 관리 지침을 이해해야 하며, 윤리적인 행동과의 관련성을 인지해야 한다.

공정성(fairness)은 경쟁과 관련이 있다. 예를 들어 전 우버 CEO는 전 무인 자동차의 기술적인 비밀을 탈취를 전 구글 엔지니어와 공모했다는 협의를 받고 있다.[24] 경쟁을 촉진하고 독점을 불법화하는 법과 제도가 존재함에도 불구하고, 기업은 공정한 경쟁을 약화시키고 시장에 대한 통제권을 행사하려 한다. 예를 들어 유럽위원회는 구글의 기업 활동이 유럽에서 경쟁을 저해하는 행위와 관련이 있는지를 결정하기 위해 반독점 조사를 시작하

친환경 경영 Going Green

치폴레 칩스(Chipotle Chips)는 식품 안전 진보를 선도한다

치폴레 멕시칸 그릴은 다른 식당 체인점과 언제나 차별되게 운영하였다. 창업자이자 전 공동 CEO인 스티브 엘스(Steve Ells)는 치폴레 식당 1호점을 고품격 패스트-캐주얼 식당 체인으로 오픈하였다. 패스트-캐주얼 식당에서는 테이블 서비스가 제공되지 않는다. 하지만 기존 패스트푸드 식당보다 높은 품질의 음식을 제공한다. 엘스는 고객이 신선한 재료로 음식이 준비되는 과정을 직접 볼 수 있는 고객–서비스–중심의 환경을 조성함으로써 치폴레를 차별화하였다. 치폴레의 "정직함과 함께하는 식사"에서는 지역 농민에 의해 친환경적으로 경작된 신선한 재료로 요리한 음식을 제공한다. 제공된 음식에 사용된 콩의 약 40%는 유기농으로 재배되었다. 그리고 치폴레는 매년 지역 농장으로부터 대략 1,000만 파운드의 야채를 구입하고 있다.

사회적으로 책임 있는 기업이 되고자 했던 노력에도 불구하고, 치폴레는 식품 안전 관련 도전에 직면하기도 하였다. 광범위한 대장균 확산과 함께 몇몇 치폴레 식당에서도 대장균이 발견되었다. 엘스는 오염된 제품도 제거하기 위해 2개주 43개 식당을 신속하게 폐쇄하였다. 주방 전체를 청소하고 소독했으며, 적절하게 음식을 다루는 과정에 대해 직원을 재교육하였다. 치폴레 체인은 고객을 다시 돌아오게 하기위 해 무료 부리토(burrito) 쿠폰도 배포하였다. 엘스는 경력 개발 지원부터 일상 업무에 이르기까지 치폴레의 관리 초점을 철저히 점검했다. 강력한 윤리적 명성과 신속한 대응으로 치폴레는 회생할 수 있었다.[26]

토의 주제

1. 치폴레는 사회적 책임을 다하기 위해 어떠한 노력을 하였는가?
2. 치폴레는 광범위하게 대장균이 확산될 때 어떻게 고객의 신뢰를 얻을 수 있었는가?
3. 고객은 대장균 확산 이후에도 왜 치폴레와 비즈니스를 하고자 했는가?

였다. 마이크로소프트를 포함한 다수의 기업이 구글의 관련성에도 불구하고, 자신의 검색 결과를 다른 경쟁사의 검색 결과보다 높은 순위로 나타냄으로써 검색 결과를 왜곡했다고 주장하고 있다. 구글은 유럽 검색엔진 시장의 90%를 차지하고 있기 때문에, 구글이 독점적인 지위를 다른 경쟁사에게 사용하는지에 대한 논쟁은 수그러들지 않고 있다.[25]

공정성과 정직의 또 다른 사례로, 제품 사용으로 인한 잠재적 피해를 공개해야 하는 문제를 들 수 있다. 예를 들어 FDA는 3명의 사망을 초래한 블루벨(Blue Bell) 아이스크림 관련 오염위기 이후 식품 안전에 대한 관심을 증대해 왔다. FDA는 식품 제조업체에 식중독이나 식품오염을 방지하는 자세한 계획을 수립하도록 요구하는 새로운 규정을 채택하였다.[27]

부정은 미국에서도 중요한 문제로 인식되고 있다. 하버드대학 신입생을 대상으로 한 설문조사에서, 23%의 학생이 하버드대학 입학 전에 학교 과제 관련 부정 행위를 인정하였으며, 심지어 9% 학생은 시험에서도 부정행위를 했다고 밝혔다. 몬태나주 맘스트롬 에어 포스 베이스(Malmstrom Air Force Base)에 근무하는 공군장교들은 매달 실시하는 탄두 향상 시험에서 광범한 부정행위를 했다는 의심을 받고 있다. 이와 유사하게 미국 해군에서 핵 원자로 교관 시험 관련 부정행위에 대해 군인들이 비난을 받았다. 당시 미국 국방부는 이러한 부정 이슈가 시스템과 관련이 있으며, 군에서 관련 윤리성을 철저히 점검해야 한다고 주장했다.[28]

커뮤니케이션. 고객과의 커뮤니케이션은 윤리적 문제가 발생할 수 있는 또 다른 영역이다. 거짓되고 왜곡된 광고는 소비자의 불만을 초래하므로 사업에 악영향을 끼칠 수 있다. 제품 안전과 품질에 대한 정직함은 고객에게도 중요하다. 타카타(Takata)는 데이터 조작과 거짓된 정보 제공에 대한 유죄를 인정하고, 에어백 폭발에 대해 자동차 제조업체와 희생자

와의 합의를 위해 10억 달러를 배상하였다.[29]

커뮤니케이션의 또 다른 중요 측면은 제품 성분 표시와 관련하여 발생할지도 모를 윤리적 문제이다. 담배와 같이 잠재적으로 해로운 제품은 더 큰 문제가 될 수 있다. 유럽에서는 담배 포장 앞면의 30%와 뒷면의 40% 이상을 경고문으로 채워야 한다. 미국 FDA도 비슷한 규제를 통과시켰지만, 최종 결정은 FDA와 담배 회사 간의 소송이 판결날 때까지 유보되었다.[30] 하지만 상품 표시를 강제하는 것이 언론과 표현의 자유와 같은 기본권 침해 문제를 야기할 수 있다. 영화나 비디오게임 콘텐츠의 선정성, 언어, 적절한 이용자 연령의 등급을 매긴 경고문을 표시해야 한다는 주장도 논란의 대상이다. 엔터테인먼트 산업계에서는 이러한 강제적 표시가 미국 헌법 제1조인 표현의 자유와 권리를 위반하는 것이라고 주장하고 있지만, 아이를 가진 부모들은 이러한 표시가 자녀를 유해한 환경으로부터 보호하는 데 필요하다고 생각한다. 주류나 담배 제조업체들도 담배와 술 광고의 전면 금지는 미국 헌법 제1조를 위반한 것이라는 주장을 계속하고 있다. 어린이와 노인을 보호하기 위해 마련된 인터넷 관련 규제는 소비자 보호 제도의 대표적 사례이다. 위에서 언급한 활동이 용인될 수 있는지에 대한 논란이 계속되면서 주요한 윤리 문제로 부각되고 있다.

사업 관계. 고객, 공급자나 직장 동료에 대한 행동도 윤리적 문제를 발생시킬 수 있다. 기업 내 윤리적 행동으로는 회사 기밀을 지키는 것, 의무와 책임감을 지키는 것과 다른 사람들에게 비윤리적 행동을 일으킬 수도 있는 과도한 압박을 피할 것 등이 있다.

특히 관리자는 조직 내에서의 권한으로 인해 종업원의 행동에 영향을 끼칠 수 있다. 예를 들어 종업원에게 비용을 줄이기 위해 불법 복제된 컴퓨터 소프트웨어를 사용하도록 영향력을 행사할 수 있다. 복제 소프트웨어의 사용은 불법이지만, 상급자가 불법 복제품을 쓰라고 권유하면 하급자는 그렇게 해야 할 것 같은 압박을 느낀다. The National Business Ethics Survey에 따르면 윤리적 기준과 타협해야 한다는 압박을 느끼는 종업원이 이러한 압박의 가장 큰 원인을 최고 경영층과 중간 관리자라 생각한다고 한다.[31]

관리자는 종업원이 목표를 달성하고 책임을 완수하는 근무 환경을 만들어야 할 책임이 있다. 하지만 종업원의 책임감을 강화하기 위해 관리자가 사용하는 방법이 종업원의 권리를 침해해서는 안 된다. 조직의 압력 때문에 종업원이 다른 사람의 사생활을 침해하거나, 경쟁사의 기밀을 훔치는 등 비윤리적인 활동을 할 위험이 있다. 기업이 윤리 문제에 대해 모호하고 느슨한 태도를 취하면 조직에서 윤리적 일탈 행위가 발생할 여지가 커진다. 관리자가 종업원에게 윤리적인 방향을 제시하지 못하면 조작, 사기, 이해 상충과 같은 문제의 발생 가능성이 높아진다. 이러한 일이 웰스 파고(Wells Fargo)에서 발생되었다. 350만 달러 가짜 계좌를 생성하였으며, 이는 고객 신용도에 나쁜 영향을 미쳤다. 또한 고객에게 피해를 주는 다른 위법행위도 하였다. 연방준비제도(The Federal Reserve)는 관리 감독을 강화하거나 위험을 감소시키는 조치를 할 때까지 웰스 파고의 영업을 제한시키는 조치를 취하였다.[32]

표절
다른 사람의 작품을 도용하거나 출처를 밝히지 않은 채 자신의 것으로 발표하는 행위.

출처 언급 없이 다른 사람의 작품을 마치 자신의 작품인양 보여주는 **표절**(plagiarism)은 또 다른 윤리 문제이다. 아마도 당신은 다른 사람이 작성한 학기말 과제를 베끼거나, 출판물이나 인터넷 정보의 내용을 마치 자신이 직접 작성한 것처럼 꾸미는 등 대학생의 표절

행위를 많이 보았을 것이다. 직장에서는 보고서를 베끼거나 다른 사람이 한 일이나 생각을 가로채서 마치 자신의 것인 양 포장하는 경우가 있다. 하급자의 생각을 가로채는 관리자의 행동 역시 또 다른 형태의 표절이나 다름없다.

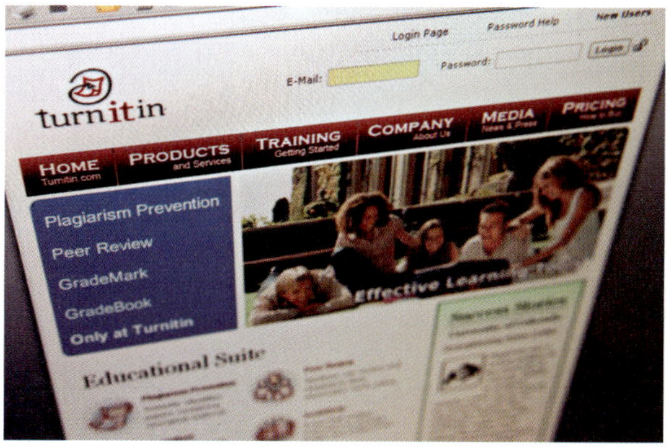

턴잇인(Turnitin)은 교사가 학생의 표절 여부를 확인할 수 있는 인터넷 서비스이다.

©Daniel Acker/Bloomberg via Getty Images

윤리 문제에 관한 의사결정

지금까지 경영 현장에서 일어날 수 있는 다양한 윤리 문제를 살펴보았다. 실제로 특정 윤리 문제를 인식하기는 어려울 수 있다. 의사결정자가 어떤 문제를 윤리 문제로 인식할지 여부는 문제 자체의 성격에 달려있다. 예를 들어 관리자는 자신과 가까운 사람들에게 영향을 줄 수 있는 문제나 어떠한 결과를 바로 일으킬 수 있는 눈앞의 문제에 대해 더욱 관심을 갖는 경향이 있다. 따라서 어떤 문제의 윤리적 중요성을 인식하는가의 여부가 행동에 큰 영향을 끼친다. 그러나 많은 경우 윤리 문제는 조직 내에서 거의 관심을 받지 못한다.[33] 관리자는 때때로 내재된 윤리적 이슈에 대한 인정 없이 직관적인 결정을 내리게 된다.

〈표 2-5〉는 어떤 행동의 윤리성 여부를 판단하려고 할 때 자문해 보아야 할 몇 가지 질문을 보여준다. 공개적으로 토론한다고 해서 윤리 문제가 해결되지는 않겠지만, 조직 내의 신뢰와 학습은 촉진될 수 있다.[34] 윤리 문제는 종업원이 동료 혹은 상급자와 함께 자신의 문제를 이야기할 수 없다고 느낄 때 발생할 가능성이 높기 때문이다. 개인이 윤리 문제를 인식하고 다른 사람들과 그것에 대해 터놓고 이야기할 수 있다면, 그 문제는 해결의 실마리를 찾을 것이다.

〈표 2-5〉 행동에 대한 윤리성 여부를 판단하는 질문

질문
이 행동의 결과로 인해 법 위반이 발생할 가능성이 있는가?
이 행동과 관련된 구체적인 행동 강령이 있는가?
이러한 행동이 당신의 산업에서는 관행적으로 일어나는가? 이러한 문제에 대한 지침이나 행동 강령을 제공하는 직능 단체가 존재하는가?
이러한 행동을 당신의 동료들이 받아들일 수 있는가? 당신의 결정이나 행동에 대해 공개적인 토론을 해도 괜찮은가?
이 행동이 당신의 믿음이나 가치에 부합하는가?

윤리적 행동의 향상

학습목표 2-3

오늘날 경영의 비윤리적인 흐름을 바꾸려면 우리는 어떻게 윤리적 선택을 하고, 무엇이 개인을 비윤리적으로 행동하게 하는지 이해할 필요가 있다. 조직 내에서 윤리적 선택은 개인적인 도덕 기준, 경영관리자와 동료 등의 영향, 비윤리적 행위에 가담할 기회, 이 세 가지 요인에 의해 영향을 받을 수 있다(그림 2-2). 직장 밖에서는 스스로 개인적인 윤리를 잘 통제할 수 있지만 직장 내에서는 당신의 동료와 상급자들이 권위 혹은 조직의 관례 등을 통

〈그림 2-2〉 기업 윤리에 영향을 미치는 세 가지 요인

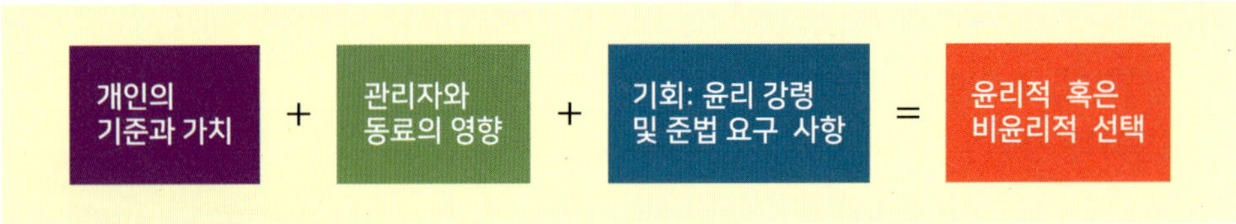

해 개인의 선택과 행동에 상당한 통제력을 발휘한다. 조직 구성원들의 행동과 선례는 조직에 의해 확립된 규칙 및 방침과 더불어 조직 내에서 일관된 윤리 원칙을 지켜내는 데 중요한 역할을 한다. 기업이 적절한 행동에 대한 좋은 선례와 방향을 제시하지 못한다면 혼란과 갈등이 발생하고, 구성원들의 일탈 행위를 야기할 것이다. 당신의 상사나 동료가 정해진 시간보다 일찍 퇴근한다면 당신도 그렇게 하려는 유혹을 받을 것이다. 당신의 동료가 업무 시간 중 온라인 쇼핑 등 개인적인 일을 함에도 당신이 그들의 잘못된 행동에 대해 무시한다면 당신도 그렇게 될 가능성이 높다. 건전한 개인적 가치를 가진다는 것은 당신의 행위에 책임감을 가진다는 의미이기 때문에 중요하다.

윤리 문제는 주로 갈등으로부터 나오기 때문에, 이러한 윤리적 갈등의 원인을 살펴야 할 필요가 있다. 사람들은 자신의 윤리적 신념과 자신이 일하는 조직에 대한 의무 간의 갈등을 자주 경험하게 된다. 많은 종업원이 직장 안과 밖에서 서로 다른 윤리적 기준을 적용한다. 이러한 윤리적 기준의 충돌은 조직에서 자신에게 비윤리적 행동을 지시하거나 비윤리적 활동에 동참하라는 압력을 행사한다고 느낄 때 더욱 증가한다.

윤리 강령
종업원에게 기대되는 행동을 기술한 공식적인 규칙 혹은 기준.

기업 내에 윤리 방침이나 기준이 없다면, 종업원이 어떠한 행동이 용인될 수 있는지 판단하기 어렵다. 아마도 이런 경우에는 동료와 상사의 행동을 기준으로 판단할 것이다. 전문적인 **윤리 강령**(code of ethics)은 기업이 종업원에게 기대하는 바를 규칙과 기준으로 정한 것이다. 윤리 강령은 가능한 모든 상황을 다 고려할 만큼 아주 자세하게 규정할 필요는 없지만, 종업원이 조직의 목표를 달성하면서도 윤리적인 방법으로 상황에 대처할 수 있는 지침과 원칙을 제공해야 한다. 윤리 강령을 개발하는 데는 기업의 경영진과 이사회뿐만 아니라, 법무실 등 조직 내 모든 부서가 참여해야 한다.[35] 〈표 2-6〉은 윤리 강령 개발이 왜 중요한지를 보여준다.

〈표 2-6〉 윤리 강령이 왜 중요한가

직원에게 중요한 이슈와 해결해야 할 위험에 대해 주의하게 함
윤리적 문화 형성에 바탕이 되는 진실성, 투명성, 정직성, 공정성과 같은 가치를 전달함
직원이 이전에 접하는 않은 윤리적 이슈나 모호하고 애매한 상황에 부딪쳤을 때 지침을 제공함
직원이 윤리적 이슈에 부딪쳤을 때 보고를 위한 시스템과 조언을 구할 수 있는 장소에 대해 주의하게 함
공통된 윤리적 행위의 확립과 윤리적 의사결정을 다루는 공통된 접근 방식을 제공할 수 있는 가치 확립을 도와줌
기업의 가치 및 준수 관련 대중, 공급업체, 규제 당국과 의사소통을 위한 중요한 문서 역할을 담당함
윤리적 의사결정의 평가와 발전을 위한 기초를 제공함

윤리 강령, 윤리 지침, 윤리 연수 프로그램 등을 통해 윤리적 행동을 촉진할 수 있다. 이는 용인될 수 있는 행동이 어떤 것인지, 규칙과 기준을 위반했을 때 처벌 기준은 무엇인지 알려줌으로써 일탈 행위가 발생할 수 있는 가능성을 억제한다. 윤리 강령과 방침은 기업 내 윤리 문화 창출에 기여한다. 국가경영윤리조사(National Business Ethics Survey: NBES)에 따르면, 행동 강령과 윤리 연수, 윤리 부서 및 윤리 상담 전화와 보고 체계를 가진 조직의 종업원이 위법 행위를 목격하였을 때 이를 보고할 가능성이 더 높다고 한다. 또한 기업 문화가 비윤리적 일탈 행위의 가장 큰 결정 요인인 것으로 나타났다.[36]

보상과 처벌을 통한 윤리 강령과 방침의 강화는 종업원이 윤리 기준을 수용할 가능성을 증가시킨다. 윤리 프로그램이 갖추어야 할 중요한 요소 중의 하나는 종업원이 목격한 위법 행위를 익명으로 보고할 수 있는 수단이다. NBES의 조사에 따르면 종업원이 조직 내 불법 혹은 일탈 행위를 보고하는 데 있어 보복의 위험이 여전히 큰 걸림돌이다. 조사 대상의 76%는 위법 행위를 목격하였을 때 보고했다고 응답하였다.[37] 지난 수년간 내부고발 건수는 꾸준히 증가해 왔다. **내부고발**(whistleblowing)은 종업원이 조직 내에서 목격한 범법 행위를 미디어나 정부 규제 기관과 같은 외부에 폭로하는 것이다. 많은 기업은 종업원에게 불법적이거나 비윤리적인 관습을 발견하였을 때 이를 내부적으로 보고하게 함으로써, 소송이나 회사에 부정적인 언론 보도가 나가기 전에 문제를 해결하고, 시정 조치를 취하도록 하는 제도를 운영하고 있다. 하지만 불행하게도 내부고발자는 조직 내에서 불이익을 받는 경우가 많다. 정부 기관에서는 위법 행위가 발생했을 때 종업원이 이를 보고하도록 장려하는 조직에게는 벌금을 낮추어 주는 등의 보상을 해줌으로써 내부고발자가 불이익을 받지 않도록 한다. 그동안 정부는 내부고발자의 해고를 가져온 제도상의 허점을 보안

내부고발
자신이 고용되어 있는 조직 내에서 벌어지는 부도덕한 행위나 비리 사실을 언론이나 수사기관 등 외부에 폭로하는 행위.

윤리 및 사회적 책임 Consider Ethics and Social Responsibility

이턴 기업은 윤리 프로그램을 성공적으로 유지하고 있다

이턴(Eaton) 기업은 90만 개 이상의 산업 부품을 생산하는 클리블랜드에 있는 전력 관리 회사이다. 이턴은 Golf Pride라는 골프채도 생산하며, 기업의 높은 성과는 올바른 경영에 의해 얻을 수 있다고 믿고 있다. 이는 사회에 대한 긍정적인 영향은 극대화하면서 부정적인 측면은 최소화하는 사회적 책임을 다하는 것을 의미한다.

이턴 기업 문화의 핵심은 아주 상세한 윤리 규정이다. 이턴의 윤리규정은 잘못된 행위의 기회를 최소화하는 기준이 포함되어 있다. 이턴의 모든 직원은 의심되는 규정 위반에 대해 보고를 해야 할 의무를 가지고 있으며, 이는 내부고발로 알려져 있다. 신입사원은 윤리적 이슈에 대해 인지할 수 있도록 입사 후 윤리 교육에 즉시 참여해야 한다. 이턴 기업은 직원이 윤리적 이슈로 발전되기 전에 자신의 행동을 감시할 수 있도록 도와주는 수단도 가지고 있다. 이턴 기업의 직원은 투명성을 제고하기 위하여 온라인으로 엔터테인먼트나 선물 내용을 기록할 수 있다.

이턴은 지속가능성에 초점을 맞추어 "전력 관리 기술과 서비스 이용을 통해 삶과 환경의 질 향상"으로 비전 선언문을 수정하였다. 이턴은 환경에 대한 영향을 증대시키기 위해 세 가지 계획을 수행하고 있다. 지속 가능한 제품의 생산, 환경에 대한 영향 최소화, 환경 목표를 향한 진보에 대한 보고. 이턴 기업은 고객이 전력 소비를 줄일 수 있는 제품을 생산함으로써 지역사회와의 지속가능성에 협력하고 있다. 이턴 기업은 비즈니스 윤리를 위해 전사적으로 책임을 다하고 있다. 이턴 기업의 윤리적 문화는 기업의 명성과 세계적인 성공의 핵심 열쇠이다.[38]

토의 주제

1. 이턴이 직원의 윤리성을 제고하기 위하여 활용하는 방법이 무엇인가?
2. 이턴은 어떻게 비즈니스에 지속가능성을 접목하고 있는가?
3. 이턴은 어떻게 지속가능성을 지역사회와의 관계 증진에 이용하고 있는가?

신시아 쿠퍼(Cynthia Cooper)는 월드컴(WorldCom)사의 회계사기를 폭로한 내부고발자였다.

하기 위한 노력을 해왔다. 예를 들면, 미국 의회에서는 2010년 내부고발자 보상제(whistleblower bounty program) 조항을 포함한 도드-프랭크법(Dodd-Frank Act)을 통과시켰다. 이에 따라 증권거래위원회(The Securities and Exchange Commission)는 기업에 부과되는 100만 달러 이상의 과징금의 10~30%를 내부고발자에게 포상으로 지급할 수 있게 되었다. 이 인센티브 정책으로 인해 더 많은 사람이 기업 위법 행위에 관한 정보를 알릴 것이라 기대된다.

최근에는 조직 내에서 법과 제도보다 윤리성을 조직 가치의 한 부분으로 포함시키는 문화적인 실천으로 윤리 활동을 전개하는 경향을 보인다. 많은 기업은 효과적인 윤리 프로그램이 경영 성과에도 좋은 영향을 준다고 인식하고 있다. 높은 수준의 신뢰를 발달시킨 기업일수록 더 효율적이고 효과적으로 조직을 운영하고, 나쁜 회사의 평판과 제품 이미지로 인해 입을 수 있는 피해를 막을 수 있다. 조직의 윤리적 계획과 실천은 수익성, 종업원 만족, 고객 충성과 같은 조직 목표의 달성에 긍정적인 영향을 준다.[39] 반대로, 이러한 윤리 계획이 수립되지 못하고 정직, 신뢰와 진실성 같은 직장 내 가치가 상실될 경우, 조직의 목표 달성과 종업원 유지에 부정적인 영향을 줄 수 있다. 한 연구에 따르면 종업원들은 조직에 대한 종업원의 신뢰 상실, 기업 경영의 투명성 부족, 불공정한 종업원 대우 등의 이유로 조직을 떠난다고 한다.[40] 이러한 원인의 책임은 경영진에게 있다.

학습목표 2-4

사회적 책임의 본질

우리는 기업의 사회적 책임을 재정적 준수, 법적인 준수, 윤리성, 자선사업, 4단계로 분류하였다(표 2-7).[41] 많은 기업이 이윤은 조직의 경제적 기반이고, 법을 지키는 것은 그 다음 단계라고 생각한다. 하지만 이윤을 극대화하는 것이 유일한 목표인 기업은 사회적 책임을 고려하지 않을 가능성이 있다. 마지막으로, 자발적인 자선 책임은 인간 복지나 행복을 증진하는 추가적인 활동을 말한다. 법적, 경제적 이슈는 경영 분야에서 오랫동안 논의되어 왔으며, 자발적이고 윤리적인 이슈들은 대부분의 기업에서 관심을 받고 있다.

〈표 2-7〉 사회적 책임의 필수 조건

단계	예
1단계: 재무적인 성과	스타벅스는 투자자들에게 배당 등을 통해 높은 투자 수익을 제공한다.
2단계: 법적인 의무 준수	스타벅스는 자신의 윤리 강령을 통해 외국 관리에게 지불되는 돈은 미국과 그 밖의 국가의 법률에 위반되지 않아야 한다는 점을 명시하고 있다.
3단계: 윤리, 원칙, 가치	스타벅스는 임시직 직원에게 의료보험을 제공하고 커피 재배 농가에게 정당한 가격을 지불한다.
4단계: 자선적 활동	스타벅스는 스타벅스 재단을 만들어서 비영리단체에 기부를 하고 지역사회에 수익을 돌려주고 있다.

기업 시민의식(corporate citizenship)은 다양한 이해당사자가 기업에 부여한 법적, 윤리적, 경제적 그리고 자발적 책임을 충족하는 정도를 의미한다. 이것은 사회적 책임을 충족하기 위해 기업에 의해 채택된 활동과 조직 운영 과정을 포함한다. 기업 시민의식에 대한 의지는 이해당사자가 기대하는 사회적 책임을 충족하려는 기업의 전략을 보여준다. 예를 들어 CVS는 약국에서 담배 제품을 없앰으로써 기업 시민의식을 나타내려 하고 있다. 이 조치로 인해 회사는 20억 달러의 손실을 감수해야 한다. 하지만 CVS는 한편으로는 건강 관리 서비스를 선전하면서, 다른 한편으로는 담배와 같은 유해한 제품을 판매하는 것은 모순이라고 판단하였다.[42] 기업 시민의식이란 그 기업이 기업 시민의식의 철학을 수용하고 있다는 행동과 지표를 포함하며, 사회적 책임 활동과 계획의 실천이 뒤따르게 된다. 기업 시민의식의 중요한 이슈 중 하나는 환경보호이다. 대다수의 사람은 기후 변화가 세계적으로 중요하다는 데에는 동의하지만, 문제를 해결하는 방법에 대해서는 합의를 이루지 못하고 있다.[43] 또 다른 예로 동물의 권리 문제를 들 수 있다. 이는 많은 이해당사자에게 중요한 문제이다. 유기농 식품과 로컬 푸드 운동이 활발해지고 수익성도 개선되면서, 점점 많은 이해당사자는 공장식 축산 농장도 더욱 동물친화적으로 운영할 것을 요구하고 있다.[44] 대규모 공장식 축산 농장은 미국인들에게 고기를 공급하는 곳이다. 축산기업들은 대중의 항의에 대응하여 더 동물친화적인 방법을 찾고 있다.

기후 변화 위기에 대한 대안으로는 태양, 바람, 바이오 연료와 수력 이용과 같은 대체 에너지 활용이 부각되고 있다. 옥수수에서 나온 에탄올 등 대체 연료를 개발하려는 시도는 식품 가격의 증가나 식량 부족과 같은 새로운 문제를 발생시키기도 한다. 한 설문조사에 의하면 미국 소비자 73%는 정부가 재생 에너지 관련 투자를 하는 것이 중요하다고 생각하고 있다.[45]

현재 많은 기업이 친환경 제품 개발과 마케팅에 힘쓰고 있다. 전구 업계의 거대 기업인 필립스(Phillips)는 원예 목적의 LED 전등을 개발하고 있다. 필립스는 수직적 도시 농업에 투자하고 있다. LED 전등 아래에 쌓아올린 층마다 채소가 자라고 있다. 필립스는 이러한 획기적인 방법으로 지역의 제품 생산이 증대되기를 희망하고 있다.[46] 한 설문조사에 의하면, 53%의 응답자가 사회적으로 무책임한 행동을 한 기업의 제품을 보이콧하거나 거절한다고 한다.[47] 많은 기업이 스스로 환경보호에 대한 의지도 없으면서 자신의 제품이 환경친화적이라고 선전하고 있다.

로저 퍼거슨(Roger Ferguson)이 이끄는 선도적인 금융 서비스 제공업체인 TIAA는 에티스피어 재단(Ethisphere Institute)에 의해 4년 연속 세계에서 가장 윤리적인 기업 중 하나로 인정받았다.

에티스피어 재단(Ethisphere Institute)은 매년 몇 가지 기준으로 전 세계에서 윤리적인 기업을 선정한다. 그 기준은 기업 시민의식과 책임, 기업의 경영 구조, 공공 복지에 기여하는 혁신, 업계 선도 능력, 경영자의 리더십과 의지, 법 준수와 명성, 그리고 내부 체계와 윤리/준법 프로그램의 보유 여부 등이다.[48] 〈표 2-8〉은 이러한 기준을 적용하여 선정된 26개의 기업이다.

현장 속의 기업가정신 Entrepreneurship in Action

한 걸음 앞에: 블레이크 마이코스키는 사회적 기업가정신을 위한 리더십을 제공하다

설립자: 블레이크 마이코스키(Blake Mycoskie)
설립: 2009년 캘리포니아주 산타모니카
성공: 탐스(Toms)의 성공적인 'One for One' 모델은 다른 기업가로 하여금 유사한 회사를 만들도록 장려하였다.

기업가 블레이크 마이코스키는 아르헨티나 여행에서 많은 가족이 자녀를 위해 신발을 구입할 수 없음을 목격하였다. 이러한 상황은 그에게 사회적으로 초점을 맞춘 임무와, 영리 목적의 탐스 비즈니스에 대한 영감을 불러일으켰다. 그는 신발이 한 켤레 판매될 때마다 또 다른 신발 한 켤레를 필요한 아이들에게 무료로 제공하였다. 이 개념은 One for One 모델로 알려져 있으며, 안경 판매점인 와비 파커(Warby Parker)를 비롯해 여러 기업이 유사한 모델을 활용할 수 있도록 영감을 주었다.

100만 번째 신발 배포 이후, 탐스는 이와 유사한 모델을 적용할 수 있는 다른 제품을 고려하기 시작하였다. 지금은 안경이나 커피 판매에 해당 모델을 확장하고 있다. 한 쌍의 안경류 제품이 판매될 때마다 필요한 사람에게 안경 처방전이 무료로 제공된다. 커피 한 봉지를 구입하면 한 주 동안 안전한 식수가 제공된다.

이후 마이코스키는 비즈니스의 50%를 베인캐피털(Bain Capital)에 매각하였으며, 매각 대금 중 100만 달러를 탐스 사회적 기업가정신 기금(Toms Social Entrepreneurship Fund) 출발에 활용하였다. 해당 기금은 사회 책임 증진을 위한 비즈니스를 하고자 하는 기업에게 재무적인 지원을 제공하고 있다.[49]

토의 주제

1. 사회적 책임에 대한 관심이 어떻게 마이코스키로 하여금 탐스를 창업하게 하였는가?
2. 마이코스키는 어떻게 One for One 모델을 확장하였는가?
3. 탐스는 다른 기업을 위해 어떤 기반을 조성하였는가?

〈표 2-8〉 세계적으로 윤리성이 높은 기업 목록

자료: Ethisphere Institute, "The 2018 World's Most Ethical Companies® Honoree List," http://www.worldsmostethicalcompanies.com/honorees/ (accessed March 28, 2018).

L'Oréal	HASBRO Inc.
Starbucks	Intel
Marriott International	Xerox Corporation
3M Company	GE
T-Mobile US Inc.	Cummins Inc.
PepsiCo	Knights of Columbus
ManpowerGroup	LinkedIn
Colgate-Palmolive Company	Prudential
International Paper Co.	Texas Instruments
Visa Inc.	Whirlpool
USAA	Kellogg Company
Accenture	Aflac Incorporated
Wyndham Worldwide	Dell

사회적 책임의 개념은 점점 더 주목을 받고 있지만, 여전히 모든 곳에서 다 받아들이지는 못하고 있다. 〈표 2-9〉는 사회적 책임에 대한 찬반 논쟁의 일부를 보여준다.

학습목표 2-5

사회적 책임의 문제

경영자는 매일 사회적 책임에 대해 고려하고 의사결정을 한다. 윤리적인 경영자는 항상 사회적 책임을 고려해야 한다. 경영자가 고려해야 할 많은 사회적 이슈 중에는 소유주와 주주를 포함한 이해관계자, 종업원, 소비자, 규제, 지역사회, 환경운동가와 기업 간 관계

〈표 2-9〉 사회적 책임에 대한 찬반 주장

찬성
1. 기업은 오늘날 존재하는 많은 사회적 문제를 만들었다. 따라서 기업은 이러한 문제를 해결하는 역할을 담당해야 하고 특히 공해를 줄이는 데 기여해야 한다.
2. 기업은 사회적인 문제를 해결하는 데 필요한 기술적, 재무적 자원을 보유하고 있기 때문에 보다 높은 책임의식을 가져야 한다.
3. 사회의 일원으로서 기업은 다른 사람을 돕는 데 있어 정당한 몫을 담당해야 한다.
4. 기업의 책임감 있는 의사결정은 정부의 규제를 대체할 수 있다.
5. 사회적 책임은 경제적인 생존을 위해 필요하다. 만약 기업이 잘 교육받고 건강한 직원, 구매력을 갖춘 고객, 그리고 좋은 품질의 상품과 서비스를 보유한 공급업자를 만나길 원한다면, 자신이 먼저 오늘날 존재하고 있는 사회적, 환경적 문제를 해결할 수 있는 조치를 취해야 한다.
반대
1. 사회적 책임은 이익을 최우선으로 생각해야 할 경영자의 초점을 흐리게 한다. 사회적인 목적으로 돈이 쓰일수록 그만큼 기업의 소유주에게 돌아오는 몫은 적어진다.
2. 사회적인 프로그램에 참여하는 기업은 그만큼 힘을 얻게 되지만 이로 인해 누군가는 피해를 보게 된다.
3. 과연 기업이 사회적 문제를 평가하고 그에 대한 결정을 내릴 수 있는 전문성이 있는지 의심스럽다.
4. 많은 사람은 사회적인 문제가 유권자에 대해 책임을 지는 정부가 해결해야 한다고 생각한다.
5. 비영리단체의 창립과 기부는 사회적 책임을 이행하는 가장 좋은 방법이다.

도 있다.

사회적 책임은 사회의 요구에 대응하여 끊임없이 변화하는 역동적인 영역이다. 사회적 책임 활동이 경영 성과를 개선시킨다는 증거는 충분하다. 소비자는 언론에 위법한 행위를 했다고 알려진 기업의 제품 구매를 꺼린다. 사회적 책임에 대한 종업원의 의지와 고객 충성 간의 상관관계 및 사회적 책임과 수익성 간에 직접적인 관계가 있다는 것이 많은 연구에 의해 증명되었다. 즉 사회적 책임은 이윤을 증가시키기 위한 기업의 과제이기도 하다.[50] 여기에서는 경영자가 직면한 많은 사회적 책임 문제 중 몇 가지를 강조할 것이다. 경영자가 사회적 문제를 인식하고 그 해결을 위해 노력할수록 지속적으로 새로운 문제에 직면하게 된다.

소유주 및 주주와의 관계. 기업은 먼저 그 소유주에게 책임을 져야 한다. 소유주는 이윤 창출이나 기업에 투자한 데 대한 수익에 민감하다. 소규모 기업에서는 소유주가 개인적으로 기업을 경영하거나 경영자를 잘 알기 때문에 비교적 쉽게 이 책임을 이룰 수 있다. 하지만 대기업에서는, 특히 수천 명의 주주가 소유하고 있는 주식회사에서는 어려운 일이다.

채권자에 대한 의무와 마찬가지로 소유주와 투자자에 대한 기업의 의무는 회계 절차를 올바르게 유지하고, 현재와 미래의 성과에 대한 모든 관련된 정보를 투자자에게 정확하게 제공하며, 주주와 투자자의 권리를 보호하는 것이다. 즉 기업은 소유주의 투자 수익을 극대화해야 한다.

종업원과의 관계. 또 다른 기업의 중요한 의무는 종업원에 대한 책임이다. 종업원 없이는 기업의 목표를 이룰 수 없다. 종업원은 회사가 자신에게 안전한 직장을 제공하고, 자신

직업안전위생관리국(OSHA)는 검사관들에게 부상 보고서를 문서화하는 데 필요한 전자 서류를 제출하지 않은 고용주들을 단속하라고 명령했다.
©Herdik Herlambang/Shutterstock

이 제공한 노동에 대해 적절하게 보수를 주고 회사에서 발생하는 일에 대해 알려주기를 기대한다. 또한 그들은 고용주가 자신의 불만을 듣고, 공정하게 대우해 주기를 원한다. 많은 회사에서 신생아를 둔 가족을 위해 연장 육아 휴가를 시행하기 시작했다. 크레디트 스위스(Credit Suisse)는 직원들에게 출산 후 최대 20주까지 휴가를 제공한다고 발표했다. 페이스북은 육아 휴직을 최대 4개월까지 허용해 준다. 이러한 유형의 혜택은 기업이 유능한 직원을 유치하기 위해 노력함에 따라 점점 더 중요해지고 있다.[51]

미국 의회는 직장 내 안전과 관련된 몇 개의 법안을 통과시켰는데, 이 중 대부분이 직업안전위생관리국(Occupational Safety and Health Administration: OSHA)에 의해 시행된다. 노조 역시 직장의 안전도를 높이고, 임금과 복리 후생을 향상하는 데 상당한 기여를 한다. 많은 기업이 종업원의 안전과 만족도가 사업의 성공을 결정하는 요소라는 점을 인식하고 있기 때문에 종업원이 기대하는 것 이상을 해주려고 노력한다. 건강하고 만족도가 높은 종업원은 고용주에게 노동력 그 이상을 제공한다. 고용주는 기업의 목표에 도달하기 위해서는 말단 종업원의 조언을 얻는 것이 중요하다는 것을 깨닫기 시작했다.

기업의 중요한 사회적 책임은 모든 종업원에게 성별, 나이, 인종이나 국적과 관계없이 균등한 기회를 제공하는 것이다. 또한 다양성은 기업에게 재무적인 도움을 준다. 여성 임원 비율을 30%까지 올린 기업의 이익이 15% 증가하였음이 확인되었다.[52] 또한 남성, 여성 관리자의 숫자가 균형 잡힐 때 이익이 발생할 기회도 증대된다. 따라서 많은 기업이 다양성을 수용하고자 노력하고 있다.[53] 하지만 이러한 이익에도 불구하고 과거 여성과 소수집단은 교육과 고용, 승진 기회에 있어서 차별을 당했었다. 대학에서 학부 학생의 57%는 여학생이지만, 기업의 최상위 임원(C-Suites)의 여성 비율은 단지 19%에 불과하다. 자녀를 양육하고 있는 대부분의 여성은 부모로서의 책임과 직원으로서 의무 사이에서 갈등을 경험하고 있다. 따라서 보육 서비스는 여성 고용 관련 중요한 이슈이며, 실제로 많은 기업이 여성을 채용하고 직장 내 여성을 지원하려는 노력의 일환으로 보육 시설을 제공하고 있다. 오늘날 많은 미국인은 기업이 여성과 소수집단에게 특별한 기회를 제공해야 하며, 그들의 사회적 지위를 향상시키기 위해 기업은 도움을 제공해야 한다고 믿고 있다.

소비자와의 관계. 기업은 소비자에게 만족스럽고 안전한 제품을 제공하고, 소비자의 권리를 존중해야 할 책임이 있다. 개인, 단체와 조직이 소비자로서의 권리를 지키기 위해 전개하는 활동을 **소비자주의**(consumerism)라고 한다. 소비자단체와 지지자들은 기업에게 직접 편지를 쓰기도 하고, 정부에 영향력을 행사하고, 공익광고를 게재하기도 하며, 소비자에 대한 책임성을 결여된 기업에 대해 불매운동을 전개하기도 한다.

소비자주의
개인, 집단, 조직 등이 소비자로서 자신의 권리를 지키려는 여러 가지 활동.

소비자운동 참여자의 요구는 소비자의 네 가지 권리를 강조한 존 F. 케네디(John F.

Kennedy)의 1962년 소비자 권리장전(consumer bill of rights)에 기초하고 있다. 안전의 권리(right to safety)는 기업이 소비자에게 부상이나 위해를 입힐 수 있는 어떠한 것이라도 판매할 수 없음을 의미한다. 결함이 있거나 위험한 제품을 만들면, 그 기업이 사회에 기여할 수 있을 것이라는 대중의 신뢰는 무너진다. 제품의 하자나 결함은 또한 값비싼 소송을 야기하게 되는데, 이는 가격을 높여 모든 소비자의 부담을 증가시키는 결과를 낳는다. 또한 안전의 권리는 기업이 반드시 소비자가 안전하게 구매할 수 있는 공간을 제공해야 함을 의미하기도 한다.

알 권리(right to be informed)는 소비자가 제품을 구매하기 전, 해당 제품에 대해 완전한 정보를 확인할 수 있는 권리를 의미한다. 이것은 제품의 성분, 위험 등 상세한 정보가 라벨과 포장에 인쇄되어야 함을 의미한다. 선택권(right to choose)은 소비자가 경쟁력 있는 가격으로 다양한 상품과 서비스를 이용할 수 있도록 보장해 준다. 공정한 가격으로 만족스러운 품질과 서비스를 보장하는 것도 소비자 선택권의 일부이다. 청취할 권리(right to be heard)는 정부가 정책을 수립 할 때 소비자의 이익이 완전하고 공감적으로 고려받게 될 것임을 소비자에게 보장한다. 또한 구매한 제품에 대해 불만을 제기하는 소비자에 대한 공정한 대우를 보장한다.

지속가능성의 문제. 지속가능성이라는 용어는 야생동물, 나무, 바다와 산을 포함한 자연환경과 관련이 있다. 20세기에 이르기까지 인류는 자연을 식량, 주거지, 이동 및 휴식 등 인간의 필요를 만족시키기 위하여 어떻게 이용할 것인가라는 관점에서만 바라보았다. 그러나 20세기 전반에 걸쳐 지구의 인구가 증가하였으므로 인간은 더 많은 자원을 사용해야 했다. 그러기 위해서는 기술적 진보와 함께 더 큰 효율적 이용이 필요해 졌다. 이러한 조건은 생활수준의 향상의 결과를 만들었으나, 여기에는 비용이 수반되었다. 야생동물 서식지는 물론이고 식물과 동물 여러 종이 빠른 속도로 사라지고 있다. 예를 들어 호박벌(bumblebee) 개체 수는 지난 20년 동안 90%가 감소하였다. 벌은 과일이나 야채를 수분(受粉)시키기 위해 중요하다. 호박벌은 서식지를 보호해야 하는 멸종위기종으로 등록되었다.[54]

지속가능성(sustainability)이라는 용어의 사용 범위는 넓지만, 이 책에서 우리는 전략적 경영 관점에서 이 용어에 대해 이야기하려고 한다. 따라서 우리는 모든 생물학적 개체를 포함하여 자연환경의 장기적 안녕을 위해 제공하는 일련의 활동을 하는 것을 지속가능성이라고 정의한다. 지속가능성은 자연과 개인, 조직과 경영 전략 사이의 상호작용을 의미함과 아울러, 경영 전략, 경제 부문, 업무 관행, 기술과 생활수준에 대한 평가와 개선을 통해 자연환경의 건강을 유지하는 것까지를 포함한다. 최근, 기업은 높은 수준의 지속가능성을 받아들이고 사용하고 유지하는 중요한 역할을 담당하고 있다.

> **지속가능성**
> 자연환경의 장기적인 존속과 안녕을 지속하는 방식으로 여러 활동을 수행하는 것을 의미한다. 이는 사업 전략, 경제 부문의 활동, 작업 방식, 기술, 생활 방식 등을 평가하고 개선함으로써 자연환경을 건강하게 보존할 수 있도록 한다.

공해나 무분별한 자원의 사용, 그리고 인구 증가로 인해 자연자원의 장기적인 지속가능성에 대한 요구가 증가해 온 상황에서 환경보호는 20세기의 중요한 문제 중 하나로 대두되었다. 최근 들어, 기업은 환경 문제를 전반적인 경영 전략과 결합시키고 있다. 몇몇 비영리 기구는 다양한 환경 운동 단체의 협력을 얻어내는 데 필요한 리더십과 관련해 꾸준한 노력을 전개해 왔다. 이러한 환경오염과 대체 에너지 등 오늘날 기업과 사회가 직면하고 있는 중요한 지속가능성과 환경적 위생 문제의 일부를 살펴본다.

환경오염. 오염(pollution)은 환경적 책임에 있어 중요한 문제이다. 독성 화학물질과 미처리 하수를 강과 바다에 투기하는 것, 석유 유출, 그리고 지하 상수도에 스며들 수 있는 땅에 산업 폐기물을 매장하는 것은 수질오염의 원인이 된다. 농사와 토양 유지에 사용되는 비료와 살충제도 비가 오면 상수도에 흘러 들어간다. 수질오염 문제는 특히 고도로 산업화된 지역에서 심각하다. 한 번 이상 사용한 주사기, 혈액 용기, 에이즈에 오염된 물질과 같은 의료 폐기물은 뉴욕, 뉴저지와 매사추세츠의 해변 및 기타 지역에서도 발견되고 있다. 우리는 상수도가 깨끗하고 건강하게 관리되어 이러한 물질로부터 발생할 수 있는 위험을 감소시킬 것을 요구하고 있다.

대기오염은 보통 자동차에서 배출된 일산화탄소와 탄화수소뿐만 아니라, 공장으로부터 방출되는 연기 및 다른 오염 물질이 원인이다. 대기오염으로 인한 건강상 위험에 덧붙여, 공장에서 배출된 화합물이 공기 및 빗물과 반응해서 산성비가 만들어진다. 산성비는 유럽과 마찬가지로 북아메리카의 많은 숲과 강을 오염시키는 원인이 되고 있다. 또한 대기오염은 지구 온난화의 원인이 될 수 있다. 이산화탄소가 지구 대기에 모이면 태양열을 가두고 지구 표면이 식는 것을 막는다. 지구 표면 온도는 지난 35년 동안 상승해 왔다. 중국, 인도 등 개발도상국들의 빠른 산업화와 소비 구매력 증가로 인해 전 세계적으로 자동차 소유 인구도 증가하고 있다. 기후 변화를 억제하는 가장 중요한 방법은 탄소 배출을 통제하는 것이다. 예를 들어 몇몇 전력회사는 이용이 급증하는 시기에 추가요금을 부과한다. 이는 전력소비 감소라는 소비자의 행동 변화를 장려하기 위함이다.

점점 더 많은 소비자가 지구를 보호해야 할 필요성을 인식하고 있다. 〈그림 2-3〉은 제품을 구매, 사용, 폐기함에 있어 소비자의 환경보호 습관을 보여준다. 대부분의 소비자가 지속 가능한 제품의 중요성과 제품을 적절하게 사용하고 폐기해야 할 책임감을 인정함에

〈그림 2-3〉 사회적 책임 이슈를 개인적으로 부담하는 소비자의 경향

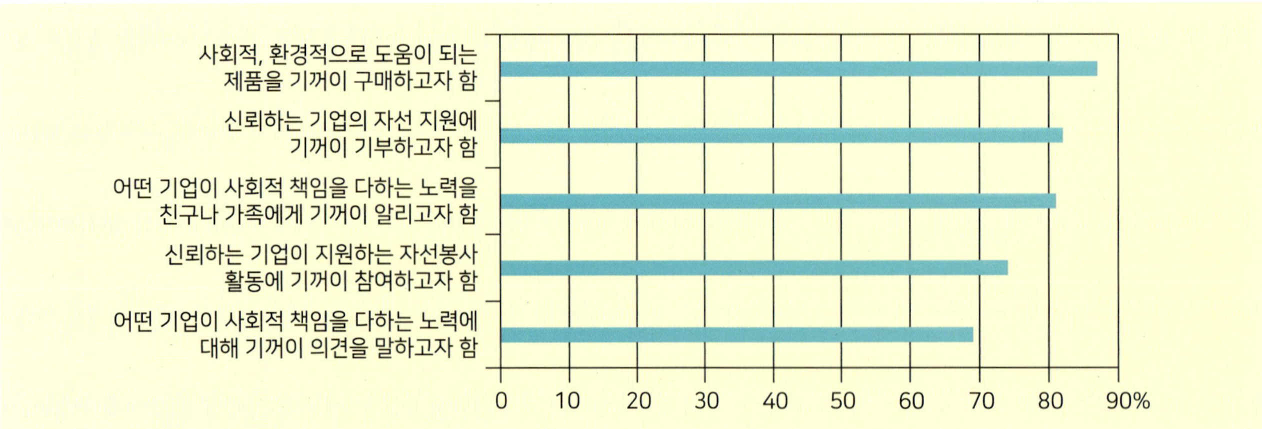

자료: Cone Communications and Ebiquity, "2017 Cone Communications CSR Study," http://www.conecomm.com/2017-cone-communications-csr-study-pdf (accessed March 28, 2018).

도 불구하고, 그것을 제대로 실천하지 못하고 있다.

땅에 버려진 많은 화학물질과 유독 폐기물이 결국에는 상수도로 흘러 들어가기 때문에, 토지오염은 수질오염과 직접적으로 연관되어 있다. 미국 환경보호청(Environment Protection Agency)에 의해 실시된 한 연구는 미국 내 거의 모든 상수도관에서 처방용 약품, 비누 및 다른 오염 물질의 잔여물이 발견되었음을 보고하고 있다. 이러한 오염 물질이 인간과 야생동물에게 끼치는 영향은 아직 불확실하지만, 물에서 서식하는 여러 동물에게 심각한 영향을 준다는 증거가 있다. 생활 폐기물과 산업 폐기물의 투기, 노천 채굴, 산불 및 삼림 보전의 실패 등은 토지오염의 원인이다. 브라질과 여러 남아메리카 국가의 열대우림 지역이 농장과 목장에 의해 파괴됨으로써 이곳에 살던 많은 동식물(일부 멸종 위기종)이 서식지를 빼앗기고 있다. 예를 들어 브라질에서는 뉴욕시의 7배에 해당하는 면적의 산림이 파괴되고 있다. 브라질 정부는 2030년까지 불법적인 삼림 파괴를 0%까지 낮추겠다고 밝혔다.[55] 대규모 삼림 벌채는 인간과 여러 동물이 이용해야 할 산소 공급을 대폭적으로 감소시킨다.

토지오염과 관련하여, 환경적으로 책임감 있는 방식의 폐기물 처리 방법이 무엇인가 하는 문제가 있다. 미국인은 매년 거의 1조 개의 비닐봉지를 사용한다.[56] 몇 개 주와 많은 국가에서 가벼운 비닐봉지 사용의 단계적 금지를 진행하고 있다.

대체 에너지. 현재 세계적으로 진행 중인 탄소 배출 감축 계획과 함께, 정부와 기업들은 대체 에너지 자원을 찾고 있다. 전통적인 화석 연료는 탄소 배출도 문제지만, 저장량이 크게 감소하고 있다는 문제도 있다. 외국산 화석 연료는 보통 정치적, 경제적으로 불안정한 지역으로부터 수입된다. 그러나 미국은 거대한 셰일층(shale reserves)에서 천연가스를 시추하는 능력을 보유함으로써 에너지 동력원을 얻고 있다. 이로써 미국은 에너지 자립이라는 목표 달성을 가능하게 하고 있다. 반면, 셰일층을 시추하는 방법이 환경에 미치는 영향에 대해서는 여전히 논란이 있다.

미국 정부는 연료와 전기를 생산하기 위한 대체 방식을 찾아야 할 필요성을 인식하기 시작했다. 어떠한 대체 에너지가 미국의 에너지 수요에 가장 적합한지에 대해서는 많은 의견이 있다. 여기에는 풍력, 태양열 발전, 원자력, 바이오 연료, 전기 자동차, 수력 발전과 지열 발전이 포함된다. 아직까지는 휘발유를 대체할만한 "최고"의 방법은 없다. 또한 대체 에너지 자원의 경제적 타당성도 해결해야 할 숙제다. 예를 들어 풍력과 태양력 발전은 전통적인 에너지에 비해 상당한 비용이 든다. 대체 에너지가 의미 있게 진전되기 위해서는 정부 보조금이 필요하다. 태양열 발전의 전망은 희망적이다. 전기 자동차도 중요해지고 있다. 테슬라, BMW, GM, 닛산, 토요타와 같이 대다수의 자동차 회사는 지속가능성에 도움을 주고자 전기 자동차를 출시하고 있다.

환경문제에 대응. 많은 기업이 낭비적인 관행을 없애고, 오염 물질이나 제조 과정에서 발생한 유해 화학물질의 사용 및 배출을 제거하기 위해 노력하고 있다. 또한 기업들은 제품을 환경적으로 개선할 방법을 찾고 있다. 예를 들어 전기회사는 태양열 발전, 풍력과 지

전기 자동차 인기와 함께 BMW, 폭스바겐, 토요타, 테슬라 같은 기업들은 새로운 모델의 전기 자동차를 출시하고 있다.
©Darren Brode/Shutterstock

열 발전을 포함한 대체 에너지 자원을 제공하는 서비스를 추가하고 있다. 환경 운동 단체들은 일부 기업이 단순히 제품을 환경친화적인 것으로 치장하거나, 적합하지 않은 상품 및 서비스와 관행을 환경문제와 억지로 연결시키는 것을 우려하고 있다.

실제로 많은 기업과 소비자가 환경친화적 동력 자원을 택하고 있다. 미국에서 세 번째로 큰 수제 맥주 양조회사인 뉴벨지움 브루잉(New Belgium Brewing Company)은 미국 최초의 완전한 풍력 발전 양조회사다. 많은 기업은 알루미늄, 종이, 유리, 일부 플라스틱 제품 등을 재생하거나 재사용하는 방향으로 전환하였다. 제품, 포장과 공정을 더 환경친화적으로 만들고자 하는 이러한 노력은 대중과 매체에 의해 녹색 경영 혹은 녹색 마케팅이라고 불린다. 예를 들어 홈디포(Home Depot)의 목제품은 지속 가능한 숲으로부터 환경친화적인 방법으로 목재를 채취했음을 확인하는 산림관리협의회(Forest Stewardship Council) 표시를 부착하고 있다.[57]

알고 있습니까? 노트북, 휴대폰, 텔레비전을 포함한 전자제품 폐기물은 매년 5,000만 톤에 달한다.[58]

현재의 기술수준에서 환경에 대한 책임을 수행하는 데에는 대가가 따른다는 점을 인식하는 것이 중요하다. 공해로 인한 건강의 위협과 공해를 제거하는 데 소요되는 사회적 비용을 비교해 봐야 한다는 말이다. 환경에 대한 책임은 기업과 일반인 모두에게 비용을 부과한다. 관리자는 환경적 목표를 다른 사회적, 경제적 목표와 조정해야 한다.

지역사회 관계. 마지막으로 중요한 문제는 기업이 운영되고 있는 지역사회와 사회의 공공 복지에 대한 책임과 관련 있다. 많은 기업은 지역사회를 그곳에서 거주하고 일하는 모든 사람에게 더 좋은 곳으로 만들기를 원한다. 기업이 지역사회에 대한 책임을 수행하는 가장 일반적인 방법은 자선단체에 기부하는 것이다. 예를 들어 기업과 직원은 유나이티드 웨이(United Way) 관련 자금조달을 위해 함께 노력하고 있다.[59] 아주 성공한 기업인 어도비(Adobe)는 지역사회 발전과 지속적인 성장과 관련하여 많은 투자를 하고 있다. 이 회사는 세전이익의 1%를 어도비 재단(Adobe Foundation)에 투자하고 있다. 이 재단은 지역사회 개발을 위해 해당 기금을 사용하는 직원 조직과 협력관계이다. 이 회사는 1만 5,000개 이상의 비영리단체에 소프트웨어를 기증하고 있다.[60]

실업

미국 기업들은 현재의 취업 희망자가 기업에서 필요로 하는 기본적인 기술을 갖추고 있지 못하다는 측면에서 교육의 질에 대해 우려하고 있다. 지난 불황기간 동안 10%에 도달한 실업률은 2018년까지 4.1%로 하락하였다.

많은 사람이 실업을 경제적인 문제로만 생각하지만 윤리적인 영향도 수반한다. 실업률이 높은 지역에서는 시위가 많이 일어나는데, 특히 빈부 격차가 클 때 많이 일어난다.

많은 노동자를 고용하고 있는 공장의 폐쇄는 또 다른 윤리적 문제를 야기한다. 어떤 경우엔 경제적인 이유로 공장 폐쇄가 필요하기도 하다. 그러나 공장 폐쇄는 종업원 개개인뿐만 아니라 지역사회에도 영향을 미친다. 폐쇄위기를 수년 동안 이겨내고 심지어 주위의 다른 공장들의 폐쇄에도 견뎠던 일리노이주 하노버(Hanover)에 위치한 작은 공장은 마침내 공장을 폐쇄하고 멕시코로 이전하였다. 다수의 공장 직원은 배신감을 느꼈고, 100여 명이 직업을 잃었다. 실업자가 늘어나면 판매가 줄어들기 때문에, 지역의 다른 기업에게도 영향을 주었다.[61]

Toys R Us와 Babies R Us이 미국 내 740개 매장을 닫았을 때 수만 명의 직원이 일자리를 잃었다.
©Darren Brode/Shutterstock

기업에게 쏟아지는 또 다른 비난은 고용 기준과 관련된다. 몇몇 고용주는 대부분의 지원자가 충족시키지 못하는 비합리적인 고용기준을 가지고 공석인 자리를 채우지 않는다는 의심을 받고 있다. 전문가들은 기업이 직원 훈련에 투자를 하지 않는다고 비난하고 있다.[62] 하지만 고용주는 지원자 중 필요한 숙련 자원이 현저히 부족하다고 믿고 있다. 고용주 대상 설문조사에 따르면 인디애나주에 위치한 기업들은 지원자의 수준이 충분하지 않다는 이유로 비어있는 39%의 직원의 자리를 채우지 않고 있다.[63] 많은 기업이 특별한 지식과 강력한 교육배경을 요구함에 따라 직업을 구하는 사람들 사이에서는 경쟁이 심화되고 있다.

어떤 기업들은 실업을 줄이기 위해 노력하고 있다. 높은 실업률에 좌절을 느낀 스타벅스의 창립자이자 CEO인 하워드 슐츠(Howard Schultz)는 Opportunity Network라는 전국적 대출 네트워크와 파트너를 맺고 Create Jobs for USA를 출범시켰다. 이 프로그램은 실업률을 감소시키려는 의도로 지역사회 기업에게 자금을 제공한다. 스타벅스는 이 프로그램에 500만 달러를 기부하였다. 바나나리퍼블릭(Banana Republic), 씨티(Citi), 구글과 마스터카드(Master Card)를 비롯해 여러 기업이 상당한 기여를 했다. 이 프로그램 운영된 최초 3년 동안 1,520만 달러의 기금이 조성되었으며, 지역사회 개발 금융 기관에 지원되었다. 이러한 기관들은 5,000개 이상의 직업 창출 및 유지에 도움을 주었다.[64]

또한 기업들은 만성적인 실업에 더 큰 책임을 느끼기 시작하였다. 만성적인 실업자란 직업을 가져본 적 없는 사람이나 장기간 실업 상태에 있는 사람을 의미한다. 이 중 일부는 정신적, 신체적으로 장애가 있는 사람이고, 또 일부는 노숙자이다. 전국경영인연합(National Alliance of Businessmen)과 같은 기구는 이런 만성 실업자를 훈련시켜 직장을 찾도록 도와주기 위한 프로그램에 자금을 지원하고 있다. 이러한 해고 회피 노력은 종업원의 자부심을 강화시키고 이들이 생산적인 사회 구성원이 되도록 돕는다.

이해력 검토Review Your Understanding

경영 윤리의 중요성과 사회적 책임을 설명하라.

경영 윤리는 허용되는 경영상의 행위를 정의하는 원칙을 의미한다. 여기서 허용되는 경영상의 행위란 고객, 경쟁자, 정부 정책, 이익단체, 간행물, 그리고 각 개인의 도덕적인 원칙과 가치에 의해 정의된다. 사회적 책임이란 조직이 사회에 대한 긍정적인 영향을 극대화하고 부정적인 영향을 최소화하기 위해 감당하는 의무를 말한다. 사회적으로 책임 있는 경영을 하면 종업원, 고객 및 사회 구성원의 신뢰와 존경을 얻고 장기적으로는 이익이 늘어난다. 윤리는 사업상의 관계에서 신뢰와 믿음을 형성하므로 중요하다. 비윤리적인 행동으로 인해 부정적인 보도가 나갈 수 있고, 이는 매출을 감소시킬 뿐 아니라 소송을 당할 수도 있다.

기업 활동에서 일어날 수 있는 윤리적 문제를 찾아보라.

윤리 문제라 하면 개인이나 조직이 옳고 그름을 판별할 수 있는 다양한 행동 중 하나를 선택해야 하는 상황이나 기회를 의미한다. 윤리 문제는 이익의 충돌, 공정성과 진실성, 소통, 그리고 비즈니스 협력 등 관련된 상황에 따라 분류될 수 있다.

경영이 윤리적 행동을 증진시킬 수 있는 방법을 설명하라.

기업은 종업원이 잘못된 행동에 연루될 기회를 차단함으로써 윤리적 행동을 증진시킬 수 있다. 공식적인 윤리 강령, 윤리 정책, 윤리 훈련 프로그램 등은 종업원에게 기대되는 행동이 무엇이며, 또한 이를 지키지 않았을 때 처벌이 무엇인지 알려줌으로써 비윤리적 행동의 가능성을 줄인다.

사회적 책임의 네 가지 측면을 설명하라.

사회적 책임의 네 가지 측면은 경제적 혹은 재무적 실행가능성, 법률적, 윤리적, 그리고 인도주의적 혹은 자발적인 것을 포함한다.

주주, 종업원, 고객, 환경, 지역사회에 대한 조직의 사회적 책임에 대해 토론하라.

경영자는 올바른 회계 절차를 따라야 하며, 기업의 성과와 관련한 모든 정보를 투자자에게 공개하고, 주주의 권리와 투자를 보호해야 한다. 종업원에게는 노동에 대한 정당한 급여를 지불해야 하며 그들을 공평하게 다루어야 한다. 소비자주의란 소비자의 권리를 지키기 위해 개인이나 집단, 혹은 조직이 전개하는 활동을 의미한다. 기업은 환경, 특히 동물의 권리, 수질 및 토지 오염, 소음 등과 관련하여 더욱 책임 있는 행동을 할 것을 요구받고 있다. 기업들은 지역사회가 더 살기 좋은 곳이 될 수 있도록 많은 활동을 전개하고 있다.

기업 의사결정의 윤리성을 평가하라.

이 장의 뒷부분에서 언급하는 '딜레마 해결'은 체커스 피자의 윤리적 딜레마를 보여주고 있다. 이번 장에서 제시된 내용을 활용하여 이 사례의 윤리적 딜레마를 분석하고, 버나드의 계획을 평가하고, 이 회사가 해야 할 조치를 설계해 보라.

도입사례 재검토

1. NFL 프로선수가 되고자 하는 사람에게 어느 수준의 위험 부담을 경고해야 하는가?
2. NFL 연맹은 프로미식축구 경기를 완전히 안전하게 만들 수 있는가?
3. NFL에서 경기하는 것은 NASCAR 드라이버, 경찰관, 혹은 우주비행사가 되는 것과 어떻게 다른가?

진도 평가Check Your Progress

1. 윤리를 정의해 보라. 경영 활동의 윤리성 여부는 누가 판단하는가?
2. 윤리와 사회적 책임을 구분해 보라.
3. 윤리가 경영에서 중시되는 이유는 무엇인가?
4. 윤리 문제란 무엇인가? 이 책에서 언급된 윤리적 문제는 무엇인가? 왜 그것들이 윤리적 문제인가?
5. 윤리 강령이란 무엇인가? 어떻게 비윤리적 행동을 감소시킬 수 있는가?
6. 사회적 책임에 대한 비판적인 주장을 열거하고 토론해 보라(표 2-9 참조). 여기에 덧붙일 주장(찬성 혹은 반대)을 생각할 수 있는가?
7. 종업원에 대한 기업의 책임은 무엇인가?
8. 환경에 대한 기업의 책임은 무엇인가? 기업 활동이 환경에 미치는 부정적인 영향을 최소화하기 위해 책임 있는 기업이 취해야 할 행동은 무엇인가?
9. 기업이 활동하고 있는 지역의 커뮤니티에 대한 책임은 무엇인가?

현장 기술 개발 Build Your Skills

윤리적 문제에 대한 의사결정

배경. 록히드 마틴(Lockheed Martin)은 세계 제일의 방위산업체로, Lockheed와 Martin Marietta 간의 합병을 통해 탄생하였다. 레이테온(Raytheon)이나 노스롭 그루먼(Northrop Grumman) 같은 기업도 방위산업체이다.

당신은 플로리다 올랜도에 위치한 록히드 마틴의 관리자이다. 당신은 지금 윤리 교육의 일환으로 그룹 활동을 준비하고 있다. 이 교육의 강사는 당신이 'Gray Matters: The Ethics Game'이라는 게임을 하게 될 것이라고 한다. Gray Matter 게임은 하버드대학을 포함 약 41개 대학과 65개의 회사에서 실시된 바 있는 게임이다. Gray Matters에는 총 55가지의 시나리오가 있는데, 이번 시간에는 55개의 시나리오 중에서 당신의 그룹이 뽑은 카드에 적힌 4개의 시나리오를 해결할 수 있는 시간이 주어질 것이다.[65]

과제. 4~6명씩 그룹을 만들어 토론을 진행하고, 팀 내 합의를 도출하고, 그룹의 결정을 강사에게 보고하는 임무를 수행할 리더를 선출하라. 하나의 결정을 내리는 데는 5분의 시간이 주어진다. 그 후에는 강사가 점수를 부여할 것이며, 그 이유를 설명해 줄 것이다. 그러면 당신은 다음 케이스로 넘어가서 또 5분 동안 결정을 내린다. 이런 식으로 4개의 케이스를 모두 마칠 때까지 게임을 진행한다. 케이스마다 점수를 기록하고 가장 높은 점수를 얻은 팀이 우승하게 된다.

이 게임의 어떤 케이스는 좀 불분명하고, 선택지 역시 당신이 원하는 만큼 자세하지 않을 수도 있다. 어떤 케이스는 오직 한 개만의 해법이 존재하지만, 또 어떤 케이스는 여러 개의 해법이 존재할 수 있다. 각각의 선택을 평가해서 가장 올바른 선택을 골라야 한다. 케이스별로 오직 하나의 선택만 허용된다.

미니 케이스 4

지난 수개월 동안, 당신의 동료 중 한 명이 계속 게으름을 피우며 놀고 있다. 당신은 일 속에 파묻혀 있다. 당신은 이러한 상황은 불공평하다고 생각한다. 당신은 어떻게 하겠는가?

A. 이러한 상황을 당신이 능력 있는 사람임을 보여줄 수 있는 기회로 여긴다.
B. 당신의 상사에게 가서 불공평한 업무 강도에 대해 항의한다.
C. 이 문제를 다른 사람의 개입 없이 해결하기 위해 당신의 동료와 상의한다.
D. 이 문제를 인사 부서에 가서 의논한다.

미니 케이스 7

당신은 동료가 직장에서 마약을 복용한다는 사실을 알게 되었다. 또 다른 동료는 그 사실을 상사에게 알리기보다는 직접 본인에게 말하라고 한다. 어떻게 하겠는가?

A. 마약을 복용하는 동료에게 전문가의 도움을 받도록 권유한다.
B. 당신의 상사에게 어떤 사람이 직장에서 마약을 복용하는 것으로 의심된다고 말한다.
C. 마약을 복용하는 동료에게 마약 복용을 그만두지 않으면 보고하겠다고 말한다.
D. 이 일을 종업원지원센터(employee assistance)에 알린다.

미니 케이스 36

당신은 금연 정책을 실시하고 있는 회사에 다니고 있다. 그런데 몇몇 직원이 화장실에서 담배를 피우는 것을 목격하였다. 당신 역시 흡연자인데, 담배를 피우기 위해 밖으로 나가는 것은 싫어한다. 어떻게 하겠는가?

A. 이 상황을 무시한다.
B. 담배 피우는 사람들에게 담배를 그만 피우라고 말한다.
C. 같이 피운다, 이번 한 번만.
D. 윤리 부서나 인사 부서 담당자에게 연락하여 이 문제를 해결하라고 요청한다.

미니 케이스 40

당신의 동료가 회사가 구입한 소프트웨어를 복사해서 집에 가져갔다. 이 프로그램은 400달러에 달하며, 이것을 사기 위해 당신은 돈을 모으고 있는 중이었다. 어떻게 하겠는가?

A. 그 동료에게 아무런 일도 생기지 않은 것을 볼 때, 회사 것을 복사해도 된다는 것을 알았다.
B. 그 동료에게 이것은 불법이라고 말한다.
C. 윤리 부서에 보고한다.
D. 이 일을 상사에게 말한다.

딜레마 해결Solve the Diemma

고객의 개인정보

체커스 피자(Checker's Pizza)는 가정에 배달을 시작한 초기 피자점 중 하나로서 매우 큰 성공을 거두었다. 하지만 이 피자체인은 극심한 경쟁에 봉착하였다. 체커스의 창립자인 존 버나드(Jon Barnard)는 경쟁에서 이기기 위한 새로운 아이디어를 필요로 하였다. 그는 고객 정보를 컴퓨터 데이터베이스화 하여 체커스를 가장 효율적인 회사로 만들고, 동시에 구매 고객에 대한 정보를 제공하려 하였다. 이 시스템은 고객의 전화번호를 묻는다. 전화로 주문한 적이 있는 고객의 경우 주소와 함께 이전의 주문 정보가 스크린에 뜬다.

이 새로운 시스템은 테스트를 거쳐 모든 체커스 매장에 설치되었다. 3개월간의 성공적인 운영 이후, 체커스에서는 가장 많은 피자를 주문했던 고객에게 상을 주기로 하였다. 이 회사는 주문추적시스템을 통해 지난 3개월간 주중 매일 피자를 주문(63판)한 단골 고객을 알아냈다. 회사는 상품과 무료 식사권을 증정하고, 수상 사실을 뉴스에 알려 이 고객을 놀라게 해주려 했다. 하지만 버나드는 혹시 이 고객이 주목을 받고 대중에게 알려지는 것을 원치 않을지도 모른다는 생각을 하게 되었다.

학습목표 2-6

토의 주제

1. 고객에게 미리 알리지 않고 그의 소비 행동에 대해 상을 주는 것이 어떠한 윤리적 문제를 일으킬 수 있는가?
2. 이 계획이 개인정보 보호 위반의 위험을 가지고 있다고 생각하는가? 그렇다고 생각하든 그렇지 않다고 생각하든 그 이유를 설명하라.
3. 만약 당신이 버나드라면 이 상황을 어떻게 대처하겠는가?

사업 계획서 작성Build Your Business Plan

비즈니스 윤리와 사회적 책임

당신의 상품이나 서비스를 가지고 경쟁할 산업을 생각해 보라. 전통적으로 제품이 팔리는 방식에 윤리적으로 문제가 있는 관행이 있는가? 제조하는 방법, 혹은 광고에서는 어떤가? 이 산업 내에서 최근 안전과 관련한 고발이 있지는 않았는가? 환경과 관련한 문제는 없었는가?

예를 들어 당신이 잔디 관리 사업을 시작한다고 생각해 보자. 당신은 이 사업에서 사용하는 화학약품이 고객과 환경에 미칠 수 있는 영향을 생각해 봐야 한다. 당신은 고객의 안전과 건강을 지켜야 할 책임이 있다. 또한 당신이 직접 혹은 간접적으로 책임을 져야 할 좋지 않은 영향에 대해 지역사회에 알려야 할 책임이 있다.

3

국경 없는 세상에서의 경영

학습목표

3-1 국제무역 환경에서 경영에 영향을 미치는 요인에 대해 탐구한다.

3-2 국제무역을 가로막는 경제적, 법적, 정치적, 사회적, 문화적, 기술적 장벽에 대해 조사한다.

3-3 국제무역을 촉진하는 합의, 제휴, 조직에 대해 설명한다.

3-4 국제무역에 조직이 개입하는 다양한 단계에 대해 요약한다.

3-5 국제 경영에서 활용되는 두 가지 기본적인 전략을 비교한다.

3-6 세계시장으로의 확장을 고려하는 소규모 기업이 당면하는 기회와 문제점을 평가한다.

©Shutterstock

도입사례 :: 알리바바, 중국의 국가적인 보물

잭 마(Jack Ma)(마윈 회장)는 캘리포니아 실리콘밸리(Silicon Valley) 방문 후 1999년 알리바바(Alibaba)라는 전자상거래 기업을 설립하였다. 그는 실리콘밸리에서는 인터넷이 어떻게 비즈니스 세계를 변화시키는지를 직접 목격하였다. 그는 중국에서 온라인 마케팅 채널의 개척이 가질 수 있는 상업적인 잠재력을 깨닫게 되었다. 그러한 채널은 중국 소기업을 지역 및 전 세계 구매자와 연결할 수 있는 수단이 되었다.

마 회장은 창업한 인터넷 마켓플레이스 이름을 알리바바로 명명했다. 이유는 문을 열고 보물을 찾는다는 알리바바의 이야기와 관련이 있다. 알리바바는 중국에서 최초로 성공한 B2B 전자상거래였으며, 이어서 알리바바는 소비자를 대상으로 제품을 판매하는 두 번째 온라인 마켓플레이스인 타오바오(Taobao)를 설립하게 된다. 타오바오는 중국 소비자를 목표로 하는 다국적 소매 유통업체를 위한 전자상거래 형태의 쇼핑몰이다. 마 회장은 검색엔진과의 파트너십이 필요함에 따라 2005년 Yahoo의 공동 창업자인 제리 양(Jerry Yang)과 전략적 제휴를 체결하였다. 거래의 결과로 야후는 10억 달러를 투자하고 알리바바의 지분 40%를 인수하였다.

마 회장이 중국에서 전자상거래 비즈니스를 시작할 때 위험도 있었다. 우선 경제 및 기술 환경 관련 장애물이 존재하였다. 중국 소비자의 소득수준은 여전히 상대적으로 낮았으며, 인터넷 연결은 느리고 비용도 많이 들었다. 하지만 기술이 향상되고, 소득수준이 올라감에 따라 더 많은 중국 소비자가 전자상거래에 관심을 가지게 되었다.

알리바바의 많은 마켓플레이스와 연결된 관련 비즈니스들은 전 세계 240개 국가에서 6억 명 이상의 소비자를 대상으로 서비스를 제공하고 있다. 알리바바는 중국 내 탄탄한 최고의 위치를 차지하고 있다. 알리바바의 중국 온라인 소매시장점유율은 47%이며, 미국의 거대 기업인 아마존(Amazon)의 중국시장 확대를 억재하고 있다. 아마존은 알리바바와의 가격 관련 경쟁에서 어려움을 겪고 있다. 대략 8억 9,000만 온라인 쇼핑 소비자가 있는 중국은 미국 소비자 규모를 추월하였으며, 전 세계에서 가장 큰 전자상거래 시장이 되었다.[1]

도입

세계의 소비자는 코카콜라와 펩시를 마시고 맥도날드와 피자헛에서 식사를 하고 중국에서 만든 애플 전화기를 사용한다. 그리고 삼성 TV를 통해 CNN과 MTV를 시청한다. 당신은 독일 자동차 메이커인 BMW가 멕시코와 남아프리카 공화국에서 자동차를 생산하고, 생산된 자동차의 많은 비중을 미국으로 수출한다는 사실에 놀랄지도 모른다. 사실 미국에서 판매되는 BMW 3시리즈의 3분의 1이 남아프리카 공화국에서 생산되고 있다.[2] 이처럼 미국 소비자가 이용하는 많은 제품이 미국과 함께 중국, 인도, 독일 등 다른 국가에서도 생산되고 있다.[3] 또한 다른 국가의 소비자도 서구의 전자 제품, 시계, 의류, 록 음악, 화장품, 세면도구, 컴퓨터, 로봇, 가사 제품을 구매한다. 매일 전 세계에서 유튜브 동영상 시청시간은 10억 시간 이상이다.[4]

많은 미국 회사는 해외시장이 그들의 성장 관련 커다란 기회를 제공하고 있다는 것을 알고 있다. 이런 해외시장에 대한 접근은 강도 높은 경쟁을 통해 품질이 우수하고 가격 경쟁력이 있는 물건을 생산하도록 회사의 혁신을 촉진시킨다. 오늘날 전 세계에 거주하는 70억 이상의 사람이 하나의 거대한 시장을 구성하고 있다.

이 장에서는 세계시장의 경영을 들여다볼 것이다. 첫째로, 무역을 장려하는 국제 경영의 특징과 함께 세계적인 무역 장벽에 대해 알아볼 것이다. 그 다음으로, 국제 경영에서의 조직 몰입 정도에 관하여 고찰해 볼 것이다. 마지막으로, 국경을 넘는 교역에 있어서 사용되는 전략에 대해 간단히 논의할 것이다.

학습목표 3-1

국제 경영의 역할

국제 경영
외국과 상품 및 서비스를 사고팔고 교환하는 활동.

국제 경영(international business)은 구매, 판매, 상품과 용역의 거래가 국경을 넘어 이루어지는 것을 일컫는다. 정치적 장벽의 약화와 새로운 기술의 발전은 보다 더 많은 회사가 제품을 외국으로 판매할 수 있게 되었다. 또한 국가 간의 차이점이 계속 줄어들면서 경영의 세계화가 더욱 중요한 덕목이 되었다. 스타벅스는 75개국의 2만 4,000개가 넘는 지점에서 수백만의 소비자를 상대로 기업을 운영하고 있다.[5] 인터넷과 더불어 휴대 전화의 애플리케이션이 주는 편리성은 많은 회사로 하여금 과거에 점포를 열어서 운영해오던 것보다 쉽게 소비자에게 접근할 수 있게 해주었다.[6] 스포티파이(Spotify)와 같은 독립적인 음반 라벨 비즈니스는 서비스 관련 급증하는 수익을 경험하고 있다. 스트리밍 서비스를 통해 해외시장에 쉽게 접근할 수 있으며, 본국 시장 밖에서 청취자(소비자)의 반 이상을 끌어모으고 있다.[7] 온라인 판매점인 아마존은 미국 네바다주에서 독일까지 걸쳐 있는 물류 유통센터에서 수백만 건의 주문을 받아 세계 곳곳으로 매일 배송을 하고 있다. 중국은 미국 외 시장에서 애플의 두 번째 큰 시장이다. 유럽이 애플의 가장 큰 시장이다.[8] 세계 인구 대부분과 그들의 총구매의 3분의 2 이상은 미국 밖에서 형성된다.

서브웨이(Subway)는 다른 어떤 프랜차이즈 체인보다 전 세계 많은 식당을 보유하고 있다.

©McGraw-Hill Education/Andrew Resek, photographer

맥도날드는 모스크바에서 빅맥을 팔고, 소니(Sony)는 디트로이트에서 스테레오를 팔며, 작은 스위스 의료기기 회사는 멕시코 몬테레이에서 의료기기를 팔고 있다. 이러한 판매 활동은 각국의 경제와 밀접하게 연관되어 있다. 3억 2,500만의 소비자가 있는 미국시장은 세계를 겨냥한 회사의 단지 4.4% 차지하는 76억 소비자의 일부이다. 글로벌 마케팅은 내수와 수출의 균형이 필요하다.[9] 국제 경영을 공부하기에 앞서 우리는 왜 국가 간에 무역을 하고 교역의 균형이 필요한지와 같은 여러 경제적인 이슈를 고려해야만 한다.

알고 있습니까? 서브웨이는 4만 3,000개 식당을 운영하며, 이는 맥도날드를 넘어 세계에서 가장 큰 식당 체인이다.[10]

국가는 왜 무역을 하는가

국가와 기업은 유한한 자원과 상품을 보다 저렴한 가격에 구하기 위하여 무역을 하고 있다. 개인 혹은 국가나 각 기관은 잉여 자원이나 물건을 팔아서 사람들이 원하는 다른 상품과 용역 또는 아이디어를 구매하기 위한 자금을 마련한다. 에티오피아, 카메룬, 케냐와 같은 국가는 자국 경제를 발전시키기 위한 수단으로 서방 국가와 교역을 시작했다. 이를 통해 새로운 기술을 배울 수 있었다. 상품과 서비스를 다른 나라에 판매하는 것은 이용 가능한 자원에 달려있다

많은 기업이 보다 저렴한 노동력을 활용하기 위해 아시아 국가에 제조 아웃소싱 공장을 설립하고 있다.

©Roberto Westbrook/Blend Images

어떤 국가는 특정한 자원이나 상품을 독점적으로 생산 운영해오고 있다. 그러한 독점, 또는 **절대 우위**(absolute advantage)는 한 국가가 어떤 제품의 유일한 제조국가이거나 가장 효율적으로 생산할 수 있는 나라일 경우에 존재한다. 아프리카의 광산 기업이 어떤 특정한 다이아몬드가 발견된 장소에 광산을 소유하고 있는 것이 좋은 예이다. 러시아는 러시아에서만 발견되는 희소하고 유용한 광물인 yuksporite에 절대 우위를 가지고 있다.

절대 우위
한 국가가 어떤 제품의 유일한 제조국이거나 가장 효율적으로 생산할 수 있는 나라일 때 존재하는 독점적 우위.

대부분의 국제무역은 한 국가가 다른 국가에 비해 좀 더 효율적으로, 혹은 좀 더 낮은 비용으로 제조하거나 공급할 수 있는 제품에 특화함으로써 발생하는 **비교 우위**(comparative advantage)에 기반을 둔다. 프랑스는 농업 역량, 명성, 포도주 양조업자 관련 경험 때문에 와인생산에 비교 우위를 가진다. 수리학적 파쇄에 새로운 기법을 도입한 미국은 자원 채굴과

비교 우위
한 국가가 다른 국가에 비해 좀 더 효율적으로, 혹은 좀 더 낮은 비용으로 제조하거나 공급할 수 있는 제품에 특화함으로써 생기는 국제교역의 기반.

천연가스 수출에 비교 우위를 갖게 되었다.[11] 인도와 아일랜드는 콜센터 운영, 공학 기술과 소프트웨어 프로그래밍에 있어서 미국에 비교 우위를 가진다. 그 결과, 미국 회사는 **아웃소싱**(outsourcing)을 늘리거나 제조 기지를 이동하여 보다 낮은 가격의 노동력이나 원재료를 얻을 수 있는 곳에서 작업을 수행한다. 아웃소싱은 저비용으로 제품을 생산하기 위해 다른 국가에 대신 생산을 맡기는 것을 의미한다. 이로 인하여 많은 일자리가 다른 국가로 이전되면서 논란이 된다. 아일랜드는 높은 수준의 근로자와 기술역량 때문에 미국기업이 선호하는 목적지가 되고 있다.

아웃소싱
생산이나 기타 업무(예를들어 자료 처리)를 노동력이나 다른 원가가 낮은 국가로 이전하는 것.

국가 간의 교역

국가는 수출과 수입을 통해 원하는 상품과 서비스를 얻거나 외화를 벌어들인다. **수출**(exporting)은 상품과 서비스를 외국 시장에 파는 것이다. 미국은 매년 2조 3,000억 달러가 넘는 상품과 서비스를 수출한다.[12] 미국의 산업은 많은 상품과 서비스(농업, 엔터테인먼트 등)와 기술 관련 제품을 주로 수출한다. **수입**(importing)은 해외시장에서 국내에 필요한 상품과 서비스를 구매하는 것이다. 당신이 미국 내에서 구매하는 많은 제품은 수입품이거나 부분적으로 부품이 수입되어 완성된 것인 경우가 많다. 간혹 그 물건이 수입된 제품인지 모를 때가 많을 정도로 대부분은 수입품이다. 미국은 매년 2조 9,000억 달러의 상품과 서비스를 수입한다.[13]

수출
상품과 서비스를 외국에 판매하는 것.

수입
상품과 서비스를 외국으로부터 구매하는 것.

무역수지

미국이 무역수지 적자를 내고 있다는 사실을 접해 본 적이 있을 것이다. 무역수지 적자란 무엇인가? 국가의 **무역수지**(balance of trade)는 수출과 수입의 가치의 차이를 의미한다. 미국을 비롯한 모든 국가에서 수출하는 양보다 수입하는 양이 많을 때 그 나라는 **무역적자**(trade deficit)를 내고 있다고 표현한다. 〈그림 3-1〉처럼 미국의 대중국 수출은 빠르게 증가하고 있지만 중국으로부터의 수입의 증가를 상쇄시킬 만큼 빠르지는 않다. 〈표 3-1〉은 전체적인 미국의 무역적자를 보여주고 있다. 최근에는 5억 200만 달러가 넘는 무역수지 적자를 기록했다.[14] 무역수지 적자는 미국의 재정 상태, 생산성, 품질, 환율 등의 여러 요건을 반영해 변동을 거듭한다. 무역수지 적자는 일자리의 감소를 가져오고 삶의 질을 낮추며, 사업의 실패를 뜻하기 때문에 바람직하지 못하다.

무역수지
한 국가의 수출액과 수입액의 차이.

무역적자
한 국가가 수출보다 수입을 더 많이 했을 때 발생하는 적자 수지.

한 국가의 수입보다 수출이 많은 무역수지 흑자는 바람직하다고 여겨진다. 1970년대까지 미국은 충분한 자원과 고도의 제조업 효율로 인해 무역수지 흑자를 기록했다. 〈표 3-2〉는 1위부터 10위까지의 미국의 무역수지 적자국과 흑자국을 보여준다.

경상수지(balance of payments)는 한 국가의 지출과 소비의 차이이다. 경상수지는 한 국가의 무역수지, 해외 투자, 해외 원조, 융자, 국방비 지출, 관광객의 지출로 구성되어 있다. 무역수지 흑자는 국외 거래에서 자금의 유출보다 유입이 많은 것이기 때문에 국가의 경상수지에 도움을 준다. 한 국가가 경상수지 적자를 낸다는 것은 유입되는 자금보다 유출되는

경상수지
한 국가의 지출과 수입의 차이.

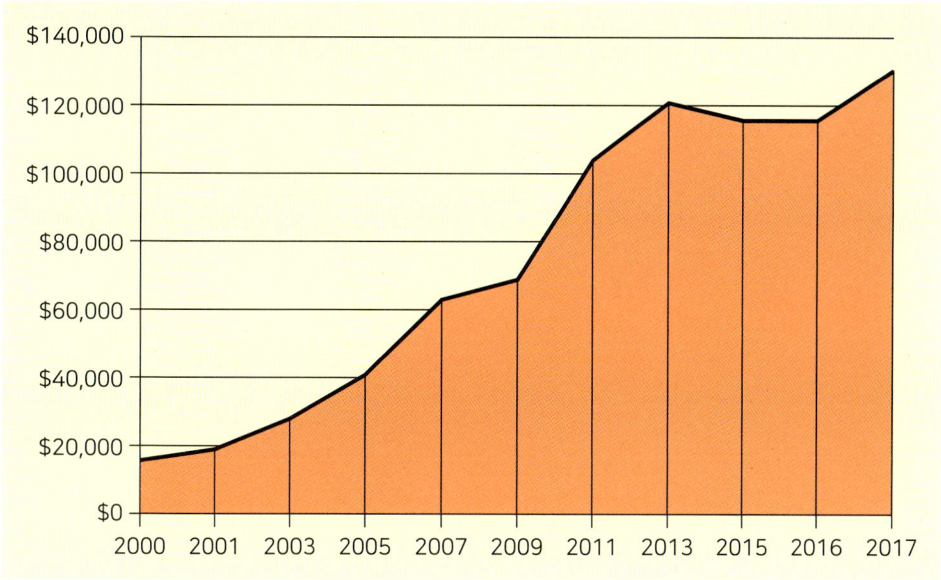

〈그림 3-1〉 미국의 대중국 수출 (단위: 백만 달러)

자료: U.S. Census Bureau, "Trade in Goods with China," https://www.census.gov/foreign-trade/balance/c5700.html (accessed April 7, 2018).

〈표 3-1〉 미국의 무역적자 (단위: 십억 달러)

구분	1990	2000	2010	2011	2012	2013	2014	2015	2016	2017
수출	535.2	1,075.3	1,853.6	2,127.0	2,219.0	2,279.9	2,343.2	2,230.3	2,212.1	2,427
수입	616.1	1,447.8	2,348.3	2,675.6	2,755.8	2,758.3	2,851.5	2,761.8	2,712.6	2,900
무역 흑자/적자	−80.9	−372.5	−494.7	−548.6	−536.8	−478.4	−508.3	−531.5	−500.6	−568

자료: *U.S. Bureau of the Census, Foreign Trade Division*, "U.S. Trade in Goods and Services—Balance of Payments (BOP) Basis," March 7, 2018 www.census.gov/foreigntrade/statistics/historical/gands.pdf (accessed April 1, 2018).

순위	무역적자 국가	무역흑자 국가
1	중국	홍콩
2	일본	네덜란드
3	독일	오스트레일리아
4	멕시코	벨기에
5	캐나다	아랍에미레이트
6	아일랜드	싱가포르
7	베트남	아르헨티나
8	이탈리아	파나마
9	인도	도미니칸공화국
10	대한민국	이집트

〈표 3-2〉 미국의 상위 10대 무역적자 국가 및 무역흑자 국가

자료: "Top Ten Countries with which the U.S. Has a Trade Deficit," January 2018, https://www.census.gov/foreign-trade/statistics/highlights/toppartners.html#def (accessed April 1, 2018).

자금이 많다는 것을 의미한다. 경상수지 적자는 사용할 수 있는 자금보다 적은 자금을 갖고 있기 때문에 이로 인해 실업률이 높아지거나 생산성이 떨어질 수 있다.

학습목표 3-2

세계 무역 장벽

완전한 자유무역이란 존재하지 않는다. 기업이 외국에서 사업을 하기로 결정을 내리면 여러 가지 국제무역 장벽에 부딪히게 될 것을 예상해야 한다. 외국에서 사업을 시작하기 전에 반드시 그 나라의 경제적, 법률적, 정치적, 사회적, 문화적, 기술적 배경을 연구해 보아야 한다. 이러한 연구는 이번 장에서 살펴보게 될 적절한 참여 정도와 운영 전략을 선택하는 데 도움을 준다.

경제적 장벽

외국에서 사업을 할 때는 반드시 경제 발전 정도, 사회적 기반 시설, 환율 등을 고려해야 한다.

경제 발전. 해외에서 사업을 구상할 때, 미국 기업인은 경제적으로 발전된 미국, 일본, 영국, 캐나다와 같은 나라에서 제공되는 것과 그 밖의 국가에서 제공되는 것이 다르다는 현실을 인지해야 한다. 아프리카, 남아메리카, 아시아의 많은 나라는 일반적으로 북아메리카나 유럽 국가에 비해 경제적으로 덜 발전되어있고 가난하다. 후진국 또는 개발도상국이라 불리는 이런 국가는 국민 소득이 낮고, 대다수의 소비자는 필수품이 아니면 잘 구매하지 않는다. 그럼에도 불구하고 후진국은 그 나라의 기반 시설을 마련하고 더욱 발전시키기 위해 기술을 도입하려고 노력하고, 또한 많은 인구가 소비재 구매를 선망하기 때문에 잠재적으로는 기업에게 큰 이윤 창출을 가져다 줄 수 있는 곳이라 여겨진다. 그 예로서, 자동차 제조회사들은 후진국을 자사 고객층을 넓힐 수 있는 곳으로 생각한다. 중국과 인도에서 중산층의 증가로 많은 소비자가 자동차를 소유하고 싶어 한다. 중국 자동차 시장 규모는 미국 자동차 시장 규모를 추월했다.

기반 구조
국가의 경제적 활동을 지원하는 물리적 시설을 의미하며, 철도, 고속도로, 항만, 공항, 발전소, 학교, 병원, 통신 시설, 물류시스템 등을 포함한다.

국가의 발전 정도는 사회적 **기반 구조**(infrastructure), 즉 철도, 고속도로, 항만, 공항 등을 비롯한 국가의 경제적 활동을 지원하는 물리적 시설에 의해 결정된다. 예를 들어 후진국에서 사업을 하는 기업은 기본적인 통신 시설이나 물류 시스템 혹은 자체 기술 부족을 극복할 수 있도록 기여해야 한다.

환율
한 국가의 통화가 다른 국가의 통화와 교환되는 비율.

환율. **환율**(exchange rate)은 한 국가의 통화가 다른 국가의 통화와 교환되는 비율이다. 매일 변화하는 환율은 인터넷이나 신문에서 찾아볼 수 있다. 수입과 수출은 환율과 밀접한 관계에 있기 때문에 환율에 대한 이해는 중요하다. 미국달러의 가치가 유로화에 비해 떨어지면 유럽에서 수입하는 제품의 가격은 올라간다. 반대로 미국의 수출품은 유럽 소비자가 더 낮은 가격에 구매할 수 있다. 예를 들어 유로화에 대한 미국달러의 환율이 1.40달러에서 1.25달러로 변경되면 유럽에서의 수입이 저렴해지게 된다. 반대로 국제시장에서 미국의 수출은 상대적으로 비싸지게 된다. 미국달러는 국제무역에서 가장 많이 사용되는 통화이며, 무역금융의 81%가 미국달러화에 의해 이루어진다.[15]

국가는 종종 재정 정책을 통해 자국 통화의 가치를 의도적으로 조정한다. 평가 절하는 다른 국가의 통화에 비해 자국의 통화의 가치를 낮추는 것을 의미한다. 미국 정부가 달러 평가 절하를 시행하면 미국 제품은 외국에서 더 싸지고 외국 관광객은 평가 절하가 실행되기 전보다 더 저렴한 비용으로 미국 여행을 할 수 있게 된다. 따라서 평가 절하는 수출에 도움이 되고, 관광객의 유치를 장려하게 된다. 반대로 스위스 중앙은행은 유로화 대비 스위스프랑(Swiss Franc)의 가치를 30% 정도 상승시켰다. 이로 인해 수출가격은 상승하였다. 관광을 포함해 스위스로부터 수출되는 모든 것의 가격이 상승하였다. 하지만 고가의 시계를 포함한 스위스 브랜드를 스위스프랑을 이용해 구입하는 경우 대폭의 할인이 제공되었다.[16] 스위스 사례에서 언급된 평가 절상은 다른 국가의 통화에 비해 자국 통화의 가치를 올리는 것으로 일반적으로 잘 일어나지 않는 사례이다.

윤리적, 법률적, 정치적 장벽

세계시장으로 진입하려고 결정한 기업은 타국의 법률과 국제법, 국제무역법 등의 복잡한 부분을 풀어 나가야 한다. 정치적 기류의 변화나 각국의 서로 다른 윤리적 가치는 국제무역 시 겪게 되는 여러 어려움의 일부이다. 또한 사업의 성공을 위한 법률적, 윤리적 요건이 점점 더 많아지고 있다.

법률과 규제. 미국은 국제무역에 참여하는 자국 기업의 활동을 관리하는 수많은 법률과 규제를 가지고 있다. 그리고 다른 국가와 다양한 친밀한 관계를 유지하며, 교역, 해운 관련 협정도 체결하였다. 이러한 협정을 통해 미국 기업은 특정 국가, 국민 사이에서 비즈니스를 할 수 있게 되었다. 이번 장에서는 이러한 관계에 대해 논의하고자 한다.

현장 속의 기업가정신 Entrepreneurship in Action

모바일 뱅킹에 대한 케냐의 기대

설립자: 닉 휴즈(Nick Hughes), 수지 로니(Susie Lonie)
설립: 2007년 케냐 사파리콤(Safaricom)을 통해 설립
성공: 케냐에서 최초로 서비스를 시작했지만, 현재 10개국 3,000만 명 고객이 이용하는 모바일 송금 결제 시스템이다.

모바일 송금 결제 시스템인 엠페사는 2007년 영국 다국적 통신회사인 보다폰(Vodafone) 케냐 모바일 운영자였던 사파리콤에 의해 시작되었다. 이러한 혁신이 얼마나 혁명적이었는지에 대해서는 많이 알려지지 않았다. 엠페사는 기존의 기술적 장벽을 뛰어넘기 위해 모바일 서비스를 이용하였고, 케냐의 수백만 사람에게 새로운 기회를 열었다.

저개발국가인 케냐에서는 저소득 계층에게 금융 서비스가 잘 전달되지 않는 경향이 있었다. 그리고 저소득 계층을 위한 금융기관은 거리상 접근하기 쉽지 않았다. 모바일 송금 결제 서비스는 케냐 주민에게 상인이나 가족을 상대로 빠르고 안전하게 자금을 송금할 수 있는 기회를 제공하였다. 이러한 서비스를 통해 사업체 숫자도 급격히 증가하였다. 엠페사는 2,000만 명 이상의 케냐 소비자에게 금융 서비스를 제공하고 있는 것으로 예측되고 있으며, 케냐에서 많은 이가 소규모 비즈니스를 시작할 수 있도록 촉진하였다. 미국과 달리 신용카드를 이용하는 케냐인은 매우 드물며, 많은 케냐인은 음식을 구입하거나 다른 거래를 위해 엠페사를 이용하고 있다.

지난 수년 동안 엠페사의 시장은 탄자니아, 루마니아, 콩고민주공화국, 알바니아를 포함한 9개국으로 확대되었다. 엠페사에 대한 경쟁은 상승하고 있지만, 모바일 결제에 대한 매력이 전 세계적으로 상승함에 따라 엠페사의 글로벌 시장 확장 가능성도 높아지고 있다.[17]

토의 주제

1. 어떤 조건이 케냐를 모바일 뱅킹 서비스 관련 이상적인 시장이 될 수 있게 하였는가?
2. 엠파사는 케냐에서 기업가정신 관련 어떠한 기반을 제공하였는가?
3. 저개발국가에서 서로 다른 산업들이 어떠한 기회를 통해 이익을 창출하는가?

한때 사업가들은 미국 국경 밖에서 미국 국내법과 다른 자국의 국내법을 가진 나라를 쉽게 찾을 수 있었다. 미국인이 당연하게 여기는 법과 권리는 다른 국가에 존재하지 않으며, 외국에서 사업을 하려면 그 나라의 법을 이해하고 따라야만 했다. 몇몇 국가는 자국 통화의 유출과 유입에 까다로운 절차를 적용해서 통화량을 제한했다. 또한 여러 국가가 자국 안에서 사업을 하는 외국 기업을 제한하는 법을 갖고 있었다. 미국에서는 규제로 인해 드론의 상업적 이용이 더디게 이루어지고 있지만, 오스트레일리아, 싱가포르, 영국에서는 지원제도를 통해 드론의 상업적 운송이 빠르게 성장하고 있다.[18]

몇몇 국가는 특허법과 관련해 미국보다 제제가 덜하고 또 어떤 국가는 미국 특허법을 따르지 않는다. 불법 복제가 흔하게 일어나는 중국이나 베트남 같은 지역에서는 지적재산권에 대한 보호가 상대적으로 취약하기 때문에 영화, 음악, 소프트웨어, 가구, 옷 등 많은 종류의 다양한 복제품이 존재한다. 중국은 미국에 지적재산권 관련 매년 80억 달러를 지급하고 있다. 이 금액은 중국 경제 규모의 10분의 1 수준인 한국이 지급하는 금액보다 조금 더 높은 수준이다.[19] 이러한 복제품의 만연은 기업의 제품 판매량의 저하는 물론 저품질의 복제품으로 인한 브랜드 이미지 손상을 가져오기 때문에 기업에게는 민감한 문제이다. 위조 관련 문제는 중국과 베트남에만 국한되는 것은 아니다. 전 세계적으로 개인용 컴퓨터 소프트웨어의 절반 이상이 적절한 사용권 없이 설치된 것으로 예측되고 있다.[20] 이런 일이 잦은 국가에서는 복제를 규제하는 법이 충분하지 않다. 따라서 이러한 국가와의 교역에 있어서는 충분한 지적재산권 보호가 불가능한 법적 한계 때문에 자사의 제품을 보호하기 위한 여러 추가 절차가 필요하다.

관세와 무역 제한. 관세와 무역 제한은 국가가 지닌 합법적인 형태의 무역 장벽이지만 정치적 이유로 인해 생기기도 하고 없어지기도 한다. **수입관세**(import tariff)는 수입품에 대해 정부가 부과하는 세금이다. 고정관세(fixed tariff)는 개별 수입품에 일정한 액수를 부과하는 것이고, 종가관세(ad valorem tariff)는 수입품의 가격을 과세 표준으로 하여 부과하는 관세이다. 대부분의 국가는 국민이 어느 정도 정해진 범위 내의 물품 구입에 있어서 그 구매에 면세 혜택을 준다. 미국인은 방문한 국가에 따라서 200달러, 800달러, 1,600달러 물품 구입에 대해 면세 혜택을 받을 수 있다. 초과한 금액에 대해서는 제품의 가격이나 구입한 국가에 따라 종가관세를 지불한다. 따라서 똑같은 제품을 어디에서 구입했는지에 따라서 다른 액수의 세금이 부과될 수 있다.

수입관세
수입품에 대해 정부가 부과하는 세금.

국가는 때때로 정치적 이유 때문에 관세를 부과하기도 한다. 다른 국가의 어떤 행동이나 의사결정에 반대하는 이유로 그 국가로부터 수입되는 제품에 관세를 부과하기도 한다. 하지만 수입관세는 보통 국내 산업(자국 제품)을 보호하기 위해 수입품에 관세를 부과하는 것이다. 미국이 자국의 경상수지 적자에 전보다 더 신경을 쓰기 때문에 생기는 보호 관세는 논란의 여지가 있다. 보호 관세는 자국의 제품이 수입품에 비해 가격이 높을 때 수입품과 경쟁할 수 있도록 도움을 준다. 예를 들어 미국은 수입되는 철강 제품에 대해 관세를 부과하였다. 왜냐하면 수입 제품이 미국 철강 산업 몰락의 원인이 되었기 때문이다.[21] 다른 시장에서는 미국보다 저렴하게 철강 제품을 생산할 수 있다. 2018년에는 미국이 캐나다와 멕시코를 제외한 전 세계에서 미국으로 수입되는 알루미늄, 철강 제품에 대해 관세를 부과하였다. 하지만 자동차 부품업체, 가전제품업체, 다른 부품으로 금속제품을 조립하는 소규모 제조업체는 실업과 높은 가격에 대해 우려를 가지게 되었다.[22] 미국은 다른 국가가 무역 관련 이슈에 양보하면 알루미늄, 철강에 부과한 관세를 25% 인하하겠다고 선언하였다.[23] 추가적으로 중국산 첨단 제품에 대한 관세를 부과하였다. 이에 대한 보복으로 중국은 신선·건조 과일, 콩, 와인, 돼지고기, 그리고 몇몇 철강 제품을 포함한 128개 미국산 제품에 대해 25%까지 관세를 부과하였다. 미국은 2017년 공정하지 않게 보조금이 지급된다는 이유로 캐나다산 연질 목재에 21% 관세를 부과하였다. 결과적으로 캐나다 제조업자가 관세에 대한 비용을 미국 구매자에게 전가함으로써 2018년 목재가격은 최고치를 경신하였다.[24]

미국이 캐나다산 연질 목재(softwood)에 21% 관세를 부과한 후 목재(lumber) 가격은 최고치를 경신하였다.
©Spaces Images/Blend Images

유럽연합은 수산물 및 과일 수입품을 포함한 많은 제품에 대해 관세를 부과하였다. 이러한 보호 관세를 비판하는 사람들은 보호 관세가 자유무역과 자유 경쟁을 억제한다고 주장한다. 반면에 보호 관세를 지지하는 사람들은 보호 관세가 자국 산업, 특히 외국의 대형 경쟁 업체들과 경쟁해야 하는 신생 업체들을 보호한다고 주장한다. 하지만 이들 보호 관세 지지자들은 산업이 성숙단계에 이르게 되어도 자국 업체를 보호해 왔던 관세를 제거하는 것을 꺼려한다. 관세는 저임금 노동력을 비롯한 다른 국가가 지닌 강점들 때문에 해외 기업이 자국 기업보다 값싸게 물건을 판매할 때 또한 도움이 된다. 어떤 미국인들은 자국 근로자의 임금을 높은 상태로 유지하고, 실업률을 낮게 유지하기 위해 관세가 필요하다고 주장한다. 최근 무역 전쟁이 세계경제 전체의 피해를 가중시킬 수 있다는 우려가 있다.

외환 관리(exchange controls)는 국내에서 외화의 거래량을 규제하는 제도이다. 몇몇 국가는 중앙은행을 통해 외국 물건을 구매하거나 판매하도록 함으로써 대외 무역을 통제한다. 예를 들면, 존 디어(John Deere)가 트랙터를 외국에 판매하고 얻은 외국 통화를 그 나라의 중앙은행에서 환전해 판매액을 수령하도록 하는 것이다. 후진국과 같이 외국 통화의 공급량이 적은 정부는 외국 통화를 설비 투자나 자본이 필요한 곳에서만 사용하면서 수입품의 필요를 제한한다.

외환 관리
국내에서 외화의 거래량을 규제하는 제도.

쿼터제(quota)는 한 나라로 수입되는 특정한 물건의 수입 한도량을 정하는 것을 의미한다. 쿼터는 자발적 협약이나 정부의 법령으로 생겨난다. 미국은 중국이나 베트남에서 생산된 피복과 같은 특정 물품에 쿼터제를 적용하고 있다. 쿼터제는 제품을 수입하는 국가의 산업이나 일자리를 보호하기 위해 제정되었다. 쿼터제는 국내 공급자들에게는 유리하지만 소비자에게는 높은 가격을 유발하는 단점이 있다.

쿼터제
한 나라로 수입되는 특정 제품의 수입 한도량.

통상 금지(embargo)는 특정한 품목의 거래를 금지하는 것을 말한다. 통상 금지는 일반적으로 특정 상품이나 특정 국가에 정치적, 경제적, 보건 복지나 종교적 이유로 생겨난다. 미국은 쿠바와 무역 금지를 유지하고 있다. 오바마(Obama) 행정부는 미국과 쿠바 사이의 무역,

통상 금지
특정한 품목의 거래를 금지하는 것.

미국에 의한 쿠바 통상 금지 때문에 많은 쿠바인은 아주 오래된 자동차를 운전하고 있다.

©Horizon Images/Motion/Alamy Stock Photo

외교 관계를 재정립하였지만 트럼프(Trump) 정부는 쿠바 군부와 연결된 가게나 호텔에 대한 접근을 차단함으로써 통상 금지를 강화하였다. 하지만 과거 수십 년보다 쿠바로의 여행이 쉬워졌으며, 쿠바산 시거(cigars)나 럼주(rum)를 가져오는 것도 가능해졌다. 그리고 미국 행정부는 지난 50년 만에 최초로 쿠바에 미국 공장 설립을 승인하였다.[25] 미국이 2000년에 무역 제한이 있는 국가와의 무역을 허락함으로 인하여 놀랍게도 미국 농부들은 매년 수백만 달러의 제품을 쿠바로 수출하고 있다.[26] 보건 관련 통상 금지는 여러 가지 약제, 동물, 식물 또는 농업 생산품의 수입을 제한하는 것이다. 무슬림 국가는 종교적인 이유로 주류 수입을 제한하고 있다.

덤핑
한 국가나 기업이 자신의 제품을 제조원가 이하로 판매하는 행위.

쿼터제나 무역 관세의 한 가지 공통적인 이유는 제조원가 이하로 제품을 파는 행위인 **덤핑**(dumping)을 제한하기 위함이다. 예를 들어 중국은 덤핑된 스테인리스 강판 때문에 자국 국내 산업이 피해를 본다는 이유로 유럽연합과 일본을 제소하였다.[27] 덤핑의 이유에는 몇 가지가 있다. 덤핑은 시장에 빠르게 진입하도록 해준다. 덤핑은 때로는 효과적인 단계의 생산을 뒷받침해 주기에 너무 작은 내수 시장 때문에 일어나기도 한다. 또 다른 예로는 더 이상 판매가 어려운 유행이 지난 제품의 재고 정리 차원에서 외국으로의 덤핑이 시작된다. 덤핑은 증명하기 어렵지만 덤핑에 대한 의혹만으로도 쿼터제나 관세를 그 제품에 부과할 수 있다. 중국은 유럽연합과 일본산 수입품에 대해 반덤핑 관세 부과를 실행하였다.[28] 다른 무역 관련 제한처럼 덤핑, 쿼터, 관세는 소비자에게 높은 가격을 유발할 수 있다.

정치적 장벽. 법률적인 문제와 달리 정치적 고려는 문서화되어 있지 않고 변화의 속도도 느리다. 정치적인 이유로 최근 쿠바, 이란, 시리아, 북한에 경제적 제재가 가해졌다. 이런 일은 특별한 경우이긴 하지만, 정치적인 상황은 관세나 통상 금지를 비롯, 여러 무역 제한으로 국제 비즈니스에 영향을 미친다. 국제 무역 및 사업은 이라크, 우크라이나, 베네수엘라와 같이 상대적으로 불안정한 국가와 상대할 때는 신중해야 한다. 파키스탄, 소말리아, 콩고와 같이 정치적으로 불안한 지역은 국제 비즈니스에 어려움을 준다. 또한 자연재해도 개별 국가 정부를 마비시킬 수 있다. 이는 해당 지역을 더욱 불안정적으로 할 수 있다. 마지막으로 갑작스런 정권 변화도 국제투자 관련 적대적인 영향을 준다. 이런 이유로 어떤 분야의 사업은 국외로 쫓겨나기도 한다. 베네수엘라의 휴고 차베스(Hugo Chávez)가 사회주의 혁명을 일으켰을 때 미국 석유 회사들은 쫓겨나거나 국유화되었다. 기업들은 원하든 원하지 않든 국제 정치에 직·간접적으로 연관되어 있다. 오늘날 베네수엘라의 경제는 물자 부족과 정치적 불안으로 침체하고 있다.

많은 국가의 정치적 불안정성은 난민 발생을 초래하였다. 정치적 혼란의 잠재성은 사업을 해외로 확장할 때 직면할 수 있는 중요 위험요소 중 하나이다.

©Sk Hasan Ali/Shutterstock

정치적인 이유로 여러 국가 간의 카르텔이 형성되기도 한

경영 도전에 대한 대응 Responding to Business Challenges

우버의 방향 전환

우버(Uber)는 앱(app)을 통해 기사와 승객을 연결함으로써 승차 공유 서비스를 제공한다. 우버는 해당 서비스 제공을 83개국 674개 도시로 확대하였다. 해당 서비스가 확대되면서, 우버는 지역 기업과 전략적 파트너십 관계를 체결하였다. 우버는 이러한 제휴 관계를 통해 해당 국가 문화에 친숙한 기업의 지식을 활용할 수 있었다. 인도에서는 Times Internet과, 남미에서는 America Movil과 파트너십을 체결하였다.

이러한 성공에도 불구하고 우버는 국제적인 시장 확대에 많은 어려움을 겪고 있다. 스페인 법원에서는 우버 기사가 승객에게 운송 서비스를 제공할 수 있는 법적 권한이 없고, 기존 자격증을 가지고 있는 택시 기사와 불공평하게 경쟁하고 있다고 판결하였다. 프랑스와 독일에서도 우버 기사에게 유사한 행정적 금지조치를 취하였다. 우버는 스페인에서 면허 있는 기사를 이용하는 우버 X를 통해 시장에 복귀하였다.

우버에게 인도는 미국에 이어 두 번째로 규모가 큰 시장이다. 뉴델리에서는 안전을 이유로 수도에서 무선호출 택시, 면허 없는 앱 기반의 택시 서비스를 금지하였다. 이에 우버는 안전 강화와 관련된 변화를 추진했다. 하지만 이러한 변화에도 불구하고, 우버는 계속해서 인도 관계 기관과 충돌하고 있다. 우버는 도시 내 운행을 계속하고 있기 때문에 인도는 인터넷 서비스 공급자에게 우버 웹사이트 차단을 요청하였다.

우버는 미국에서 했던 방식을 다른 국가에서도 동일하게 활용하였으며, 이를 통해 글로벌 시장 확대를 해왔다. 하지만 장기적으로 글로벌 시장에서 성공하기 위해서는 좀 더 차별화된 맞춤형 전략이 필요하다고 깨닫고 있다.[29]

토의 주제

1. 우버가 다른 회사와의 전략적 파트너십을 통해 경험하는 장점에는 어떤 것이 있는가?
2. 우버가 글로벌 시장 확대를 하면서 직면하는 도전에는 어떤 것이 있는가?
3. 우버가 다른 국가에서 직면하는 장벽에는 어떤 것이 있는가?

다. **카르텔**(cartel)은 기업이나 국가 간에 국제시장에서 경쟁우위를 차지하기 위해 상호 경쟁하지 않고 연합함으로써 독점을 형성하고자 하는 행위를 일컫는다. 아마도 가장 널리 알려진 카르텔은 1960년대에 만들어진 석유수출국기구(OPEC)로서 전 세계의 석유 가격을 올리고 높은 가격을 유지했던 석유 수출 국가 연합이다. OPEC은 안정된 석유 가격의 유지로 가입국의 경제를 발전시키기 원했다. 2018년에는 OPEC 회원국과 비회원국이 석유 가격 상승과 가격 안정을 위해 감산에 합의하였다.

카르텔
기업이나 국가 간에 국제시장에서 경쟁우위를 차지하기 위해 상호 경쟁하지 않고 연합함으로써 독점을 형성하고자 하는 합의.

사회적, 문화적 장벽

기업이 국제무역을 할 때 사회적, 문화적 차이를 간과하는 경우가 있다. 하지만 이 차이점은 매우 중요하다. 티파니(Tiffany & Co.)는 일본 소비자에게는 세심한 고객 서비스가 중요하고, 중국 소비자에게는 눈에 띄는 마케팅과 광고가 성공의 요소라는 것을 인식했다.[30] 유럽에서 스타벅스는 익숙하지 않은 작은 지역까지 접근하기 위해 전례 없이 프랜차이즈 운영 체제를 도입했다. 이 결과 스타벅스는 직영으로 운영될 때 겪을 수 있는 문화적, 사회적 위험을 덜게 되었다.[31] 예를 들어 스타벅스는 2018년에 이탈리아에서 첫 번째 매장을 열었다.[32] 이탈리아 커피 문화에 대한 이해가 필요했기 때문에 스타벅스는 이탈리아 시장 진출에 오랜 시간이 걸렸다. 안타

다른 국가에 투자를 희망하는 기업에게 사회문화적 차이점은 어려움이 될 수 있다.
©LEE SNIDER PHOTO IMAGES/Shutterstock

깝게도 문화적 규범은 모두 문서화되어 있지는 않았고 또한 이미 문서화된 것조차 그다지 정확하지 않다.

구어와 문어의 차이는 문화적 차이의 하나이다. 한 언어에서 다른 언어로의 번역은 가능하지만 실제 뜻하는 의미는 종종 잘못 번역되거나 오해를 유발시키기도 한다. 외국 시장에서 번역된 말이 실제 뜻하는 의미와 다를 수 있는 것에 주의해야 한다.

- 스칸디나반도의 청소기 회사인 일렉트로룩스는 다음과 같은 미국 내 캠페인을 했다. "일렉트로룩스만큼 빨 수 있는 것은 없다(Nothing sucks like an Electrolux)."
- 코카콜라의 중국 이름은 "케-쿠-케-라"로 읽혔는데 그 뜻은 "왁스가 발라진 올챙이를 씹는다"이다.
- 쉬아프 토닉 워터는 이탈리아에서 쉬와프 화장실 워터로 번역되었다.[33]

번역가는 슬로건이나 광고 캠페인 또는 온라인 언어를 그대로 직역해서는 안 된다. 번역가는 문화적 차이가 회사의 성공에 큰 영향을 미칠 수 있다는 것을 알아야만 한다.

몸짓 언어, 즉 보디랭귀지와 개인이 느끼는 공간의 차이 또한 국제무역에 영향을 끼친다. 보디랭귀지는 언어 이외에 보통 제스처나, 포즈, 얼굴의 표정 등으로 인식되는 소통 방법이다. 개인 공간은 대화를 할 때 개인이 편안하게 느끼는 상호 간의 거리를 의미한다. 미국인은 적당한 거리를 두고 이야기하는 데에 반해 아랍권 사업가는 대화하고 있는 상대방과 얼굴을 맞대고 이야기한다. 또한 제스처는 문화마다 차이가 있어서 서로 다른 의미를 표출할 때가 있다. 예로 미국에서 손가락질은 무례하다고 생각한다. 〈표 3-3〉은 다른 국가에서 무례하다고 느끼는 행동이다. 이러한 문화적 차이는 불쾌한 감정이나 오해를 받을 수 있다.

가족의 역할 또한 마케팅에 다양한 영향을 준다. 많은 국가에서 광고에 아동을 이용하는 것을 금하고 있다. 또한 전통적인 사회적 역할에 부합하지 못하는 캐릭터가 등장하는 광고는 실제로 성공하기 어렵다. 기업은 부정적인 이미지를 강화하는 것으로 인식이 될 수 있는 마케팅을 조심해야 한다. 코카콜라는 굶주린 사람이 크리스마스 트리와 소다 음료 선물이 있는 멕시코 토착마을에 도착한다는 광고 이후 온라인 광고를 철수하고 사과에 대한 압력을 받았다. 멕시코 시민단체는 해당 광고가 토착마을에 대한 부정적인 이미지를

〈표 3-3〉 문화적 행동 차이

자료: Adapted from Judie Haynes, "Communicating with Gestures," EverythingESL (n.d.), www.everythingesl.net/inservices/body_language.php (accessed April 7, 2017).

지역	무례하게 비추어지는 행동
일본, 홍콩, 중동	검지를 이용해 상대를 부르는 것
중동	검지를 이용해 가리키는 것
태국, 일본, 프랑스	신발 바닥을 보이면서 앉는 것
브라질, 독일	손가락으로 원을 그리는 것 (미국에서는 OK로 통함)
일본	윙크는 당신을 사랑한다는 것을 표현
불교 국가	상대방의 머리를 쓰다듬는 행위

강화한다고 주장하며, 국가반차별(antidiscrimination)위원회에 해당 기업 제제를 요청하였다.[34]

시간에 관한 인식도 나라마다 다르다. 미국 사람들은 신속·정확함에 가치를 둔다. 따라서 공적인 미팅이나 일과 관련된 만남은 정해진 시각에 시작된다. 하지만 멕시코나 스페인의 경우 미팅이 30분 이상 연기되는 것은 흔한 일이다. 이러한 약속 시간의 지연과 같은 문제는 스페인에 처음 간 미국인의 원성을 사기도 한다.

프라이마크(Primark)는 미국시장 진출 2년 만에 매장수를 8개에서 3개로 축소하였다. 미국 소비자는 아직 소매업자의 매장 전용 쇼핑 전략을 선호하지 않는다.

©Helen89/Shutterstock

국제무역을 하는 기업은 그 나라의 국가적, 종교적 휴일이나 관습을 지켜야만 한다. 많은 이슬람 국가는 종교적 의례에 따르기 위해 하루의 정해진 시간에 휴식을 취한다. 또한 기업은 광고가 소비자를 불쾌하게 만들지 않는지 유의해야 한다. 태국을 비롯한 여러 나라에서는 공공장소에서의 애정 행각을 보이는 광고를 금하고 있다. 중동의 많은 나라에선 상대방에게 발바닥을 보이는 행위는 용납되지 않는다.[35] 또한 러시아에서는 미소를 짓는 것이 사적인 자리에서만 적합한 행위라고 여긴다.

미국을 제외한 대부분의 나라에서는 미터법을 사용한다. 미국과 그 밖의 국가 간 단위법의 불일치는 소비자와 판매자 모두에게 문제를 일으킨다. 미국 판매자는 해외시장으로 나가는 물건은 리터 또는 미터를 사용해서 포장해야 하고, 일본 판매자는 미국에 판매할 경우 미국식 표기로 바꾸어 보내야 한다. 도구도 올바른 체제에 맞춰 눈금을 매겨야만 제대로 기능을 발휘한다. 현대(Hyundai)와 혼다(Honda)의 서비스 기술자는 미터로 맞춰진 도구를 사용해서 차를 수리해야 한다. 국제 경영과 관련된 문헌에서 보면 사회적 문화적 차이에 대한 이해 부족으로 인해 종종 값비싼 대가를 치러야만 하는 실수가 나온다. 이런 문제점은 항상 완벽히 피할 수 없지만 문화적 사회적 차이의 연구를 통해 최소화할 수 있다.

기술적인 장벽

많은 나라는 미국에서 접할 수 있는 기술적인 사회 기반 시설을 갖추고 있지 않다. 그러한 장벽을 오히려 기회로 볼 수도 있다. 그 예로 핸드폰 마케터는 인도나 중국 혹은 아프리카 나라와 같이 개인 전화가 발달하지 않은 국가를 판매 대상으로 한다. 이러한 나라에서 소비자의 휴대전화를 통한 무선 통신은 점차 증가하고 있을 뿐 아니라 첨단 기술을 보유한 기업이나 국가의 기술적 우위는 여러 가지 글로벌 마케팅 기회를 창출한다. 이러한 기회와 더불어 기술의 변화, 발전은 새로운 도전과 경쟁을 만들어 낸다. 개인 컴퓨터 시장에서 미국 컴퓨터 제조회사들은 도전하는 새로운 경쟁자들이 생기면서 시장점유율이 점점 떨어지고 있다. 실제로, Lenovo, HP, Dell, Acer Group, ASUS 라는 세계 5대 컴퓨터 회사 중 두 개가 아시아계 회사이다. 반면, 애플의 아이패드를 비롯한 다른 태블릿 컴퓨터 제조회사들은 이미 기존 컴퓨터 시장의 점유율을 잠식해 가고 있다. 많은 사람은 개인 컴퓨터가 이미 제품 성숙 단계에 접어들었다고 믿고 있다.[36]

학습목표 3-3

무역협정, 동맹, 기구

이러한 경제적, 정치적 법률적, 사회문화적 이슈가 국제무역을 위축시킴에도 불구하고 GATT, 세계은행, IMF를 비롯한 국제기구와 협정이 국제무역을 장려하고, 세계시장에서 성공할 수 있도록 기업을 돕는다. 다양한 지역 무역협정(북미자유무역협정, 유럽연합)은 지역 내 관세와 무역 제한을 철폐했다. 이 절에서는 이러한 조약과 기구들을 살펴보도록 하겠다.

관세 및 무역에 관한 일반 협정

1930년대의 대공황 시기에 각 국가는 국제무역에서 자국의 제품을 보호하기 위하여 관세를 만들었다. 2차 세계대전이 끝나면서 관세를 최소화하고 무역을 자유화하려는 움직임이 있었다. **관세 및 무역에 관한 일반 협정**(General Agreement on Tariffs and Trade: GATT)은 1947년에 23개국에 의해 합의된 무역 협정이다. 이 기구는 국제무역에서 발생하는 분쟁을 조정하고 해결하려는 목적으로 만들어졌고, 관세 협정과 무역 문제를 논의하고 해결하는 토론회를 만들었다. 100여 개국이 이 협정을 따랐다. GATT는 지속적으로 관세를 낮추기 위해 노력했다. 최근 회의는 우루과이 라운드였고, 이 회의에서는 많은 종류의 상품에 대해 무역 장벽을 줄이고, 덤핑을 예방하기 위한 새로운 규칙을 제정했다.

관세와 무역에 관한 일반 협정
1947년 23개국에 의해 합의된 무역 협정. 국제무역에서 발생하는 분쟁을 조정하고 해결하려는 목적으로 창설되었다.

세계무역기구(World Trade Organization: WTO)는 국가 간 무역을 규율하는 국제기구로 1995년 우루과이 라운드에 의해 생겼다. WTO 협정은 국제무역의 바탕이 되는 법률적 규칙이다. 이러한 조약은 많은 국가 사이에서 합의되었으며, 국제무역 국가에 의해 허가되고 각 국의 의회에 의해 비준을 받았다. 주요 목적은 제품 생산자와 서비스 공급자를 비롯한 수입업자, 수출업자를 돕는 것이다. WTO는 무역 조약을 관리하기 위해 무역 교섭을 위한 토론회를 개최하고, 국가의 무역 절차와 규칙을 감시하며, 세계의 여러 다른 무역 기구와 협력하여 개발도상국을 훈련시키고, 기술적 도움을 제공한다. WTO는 스위스 제네바에 기반을 두고 국가 간 무역 분쟁을 조정하는 리더로서의 역할도 담당하고 있다.[37] 예를 들어 WTO는 중국의 일본과 유럽연합에 대한 반덤핑 조치는 WTO 무역 규정을 위반한 것으로 결론 내렸다. 왜냐하면 중국은 스테인리스 강판의 수입으로 국내 산업이 심각하게 피해를 입었다는 사실을 입증하지 못했기 때문이다.[38]

국제무역기구
국가 간 무역을 규율하는 국제기구.

북미자유무역협정

북미자유무역협정(North America Free Trade Agreement: NAFTA)은 미국, 캐나다, 멕시코 이 세 나라의 4억 5,000만 명의 소비자를 하나로 묶어 교역을 촉진하기 위해 합의된 협정이다. 농산물과 공산품에 부과되었던 관세와 무역 장벽을 철폐하는 내용을 담고 있으며, 1994년 1월 1일에 발효되었다. 이 무역 동맹으로 인하여 예측된 연간 생산량은 20조 8,000억 달러에 달한다.[39] NAFTA는 미국의 회사가 멕시코와 캐나다에 투자하기 쉽도록 했고, 첨단 기술과 예능 분야의 지적재산권을 보호하도록 했다. 기업의 국적에 차별을 두지 않도록 하여 무역의 범위를 넓혔다. 일본의 경우, 멕시코를 미국으로 수출하는 물건의 생산 기지로

북미자유무역협정
미국, 캐나다, 멕시코, 세 국가 간의 교역을 촉진하기 위해 합의된 협정으로서 농산물과 공산품에 부과되었던 관세와 무역 장벽을 철폐하는 내용을 담고 있다.

만들었다. 미국, 캐나다, 멕시코는 NAFTA 2.0 협정에 합의했다. 새 협정은 미국-멕시코-캐나다 협정 혹은 USMCA로 불리고 있다. 이 협정을 3개국 모두 비준하게 되면 큰 변화가 있을 것이다.

1994년 1월 1일부터 발효된 NAFTA 협정은 멕시코, 미국, 캐나다 사이의 무역을 증대시켰다.

©JORGE NUNEZ/EPA-EFE/REX/Shutterstockage

캐나다는 인구 3,700만, 국민총생산 48,100달러에 달하는 부유한 나라이다.[40] 미국과 캐나다의 무역액은 5,800억 달러를 초과한다.[41] 캐나다는 미국의 가장 큰 교역 파트너이다. NAFTA는 캐나다와 멕시코 사이의 교역도 증대시켰다. 멕시코는 캐나다의 다섯 번째 수출시장이자 세 번째로 큰 수입시장이다.[42]

1억 2,500만의 인구와 국민총생산 19,500달러의 멕시코는 캐나다보다는 덜 부유한 나라이다.[43] 하지만 NAFTA 협정 이후 미국과의 무역액은 3배 가까이 상승하였다. 멕시코는 매년 2,420억 달러 상품을 미국에서 구매한다.[44] 수백만의 미국인은 자신을 멕시코의 후예라고 여기고 있으며, 미국 내 히스패닉 계통의 사람 대부분은 멕시코 사람이다. 이 사람들은 멕시코와 가까운 관계를 가지고 있고, 멕시코와 미국의 경제 발전과 무역에 도움을 준다. 또한 멕시코는 시장경제를 채택한 법치주의 국가로 인권을 존중하고 공공의 정책을 중요시하며, 지속 가능한 인류 발전과 환경에 공헌하고 있다. 많은 미국 기업은 '마킬라도라'라고 불리는 멕시코의 외국계 공장을 통해 멕시코의 저임금 노동력을 활용하고 있다. 멕시코는 전기/전자, 소프트웨어, 항공 산업과 같은 주요한 첨단 산업 기지로 인식되기도 한다. 따라서 투자자들은 멕시코의 성장 잠재성을 높게 평가하고 있다. 멕시코는 최근 정부에서 관할하는 원유 시추에 외국 회사에게도 참여 기회를 주는 것을 검토하고 있다. 또한 멕시코는 미국 제품의 최대 소비자로서 미국과 경제적으로 좋은 관계를 유지하고 있다.[45]

하지만 멕시코 내에는 지역 간 큰 격차가 있다. 남부 지역은 미개발 지역인 반면, 북부는 상대적으로 많이 개발되었다. 따라서 북부와 남부 지방은 서로 비교되고, 특히 북부 지역의 생산 기지인 몬테레이는 텍사스의 남쪽처럼 느껴진다.[46] 근래에 마약 판매상들이 미국과의 국경 지역인 북부 지역 멕시코의 경제적 안정을 위협하고 있다. 하지만 이러한 환경은 점차 개선되고 있으며 범죄도 줄어들고 있다.

이러한 장점에도 불구하고 NAFTA는 논란의 여지가 많다. 많은 미국인은 이 조약이 미국 내의 일자리를 없앴다고 느끼는 것처럼 멕시코인은 이 조약이 멕시코 내의 더 많은 일자리 창출에 실패했다고 여긴다. 또한 멕시코의 생활수준이 향상됨에 따라 멕시코 국내에서 기업을 운영하는 비용도 증가했다. 많은 외국계 공장이 문을 닫고, 중국처럼 더 저렴한 노동력을 제공하는 국가를 찾아 떠났다. 실제로 중국은 미국의 두 번째 큰 수입 국가이다. 새롭게 협상된 USMCA 협정은 역내로 수입되는 보다 많은 승용차와 트럭이 북미 국가의 부품으로 제조되는 것을 목표로 하고 있다. 부품의 75% 이상을 캐나다, 멕시코 혹은 미국에서 조달된 승용차, 트럭의 경우에만 역내에서 0% 관세 혜택을 받을 수 있다. 새 협정은 특히 멕시코에 혜택이 되도록 환경 및 노동 관련 규정을 개선하였다. 새 협정은 추가적으로 3개국 간 농업제품, 지식재산권, 저작권, 디지털 무역 관련 변화도 유발할 수 있다.[47]

유럽연합

유럽연합
1958년 유럽 국가 간의 교역을 증진하기 위해 수립된 유럽 국가의 연합체로서 오늘날 최대의 단일 시장을 형성하고 있다.

유럽연합(European Union: EU)은 유럽공동체라고 불리기도 한다. 이 기구는 1958년에 창설되었고 벨기에, 프랑스, 이탈리아, 서독, 룩셈부르크, 네덜란드로 이루어진 유럽공동체 구성 국가 사이에 무역을 촉진하기 위해 생겨났다.

1991년 통일을 이룬 독일이 참여했고 1995년에 영국, 스페인, 덴마크, 그리스, 포르투갈, 아일랜드, 오스트리아, 핀란드, 스웨덴이 참여했다. 체코, 에스토니아, 헝가리, 라트비아, 리투아니아, 폴란드, 슬로바키아, 슬로베니아도 2004년에 가입하였다. 2007년에 불가리아와 루마니아가 가입했고 키프로스와 몰타 공화국은 2008년, 크로아티아는 2013년 가입하였다. 오늘날 유로존(Euro Zone)(유로화를 채택한 회원국)은 다양한 정치지형을 가진 19개 국가로 구성되어 있다.[48] 1991년 서독, 동독이 통일되면서 2015년까지 유럽연합 회원국에 영국(2020년 탈퇴), 스페인, 덴마크, 그리스, 포르투갈, 아일랜드, 오스트리아, 핀란드, 스웨덴, 키프로스, 폴란드, 헝가리, 체코 공화국, 슬로베니아, 에스토니아, 라트비아, 리투아니아, 슬로바키아, 몰타, 루마니아, 불가리아, 벨기에, 프랑스, 독일, 이탈리아, 룩셈부르크, 네덜란드, 크로아티아가 포함되었다. 이전 유고슬로비아 공화국이었던 마케도니아, 몬테네그로, 세르비아, 터키는 가까운 미래에 유럽연합에 참가하고자 희망하는 후보 국가들이다.[49] 1993년까지는 각국은 개별적으로 시장을 운영했지만, 구성 국가가 유럽연합을 달성한 후에는 단일한 세계의 가장 큰 시장을 구성했다. 현재는 17조 1,000억 달러가 넘는 생산량을 지닌 5억 명의 소비자 공동체이다.[50]

구성원 간의 자유무역 지대를 완성하기 위해서 유럽연합은 사업 규제와 법률, 수입관세, 부가 가치세를 통일하고, 세관 검수를 없애고 통화의 단일화를 위한 노력을 하고 있다. 오스트리아, 벨기에, 핀란드, 프랑스, 독일, 그리스, 아일랜드, 이탈리아, 룩셈부르크, 네덜란드, 포르투갈, 스페인, 슬로베니아와 같은 많은 유럽 국가는 유로화를 그들의 공통 화폐로 받아들이고 환율을 유로화와 연결시켰다. 하지만 몇몇 유럽 국가는 통화 단일화를 거부했다. 공통 화폐는 많은 기업이 가격 정책을 조정하게 하고 경쟁을 과열시키는 반면, 복잡한 환율 문제로 인한 잡음을 없애준다.[51] 장기적 목표는 모든 무역 장벽을 없애고 유럽연합 안에서 경제 효율성을 증진시키고 경제 성장을 고무시켜, 세계시장에서 유럽연합의 경제가 특히 일본이나 북미, 환태평양 지역 국가에 비해 보다 경쟁력 있게 만드는 것이다. 하지만 여러 가지 분쟁과 논쟁이 여전히 구성원을 가르고 있어 완전한 자유무역 지대로 변하기에는 아직 많은 장벽이 남아있다. 따라서 앞으로 유럽연합이 규제가 없는 완전한 단일 시장으로 변하는 데에는 수년 더 걸릴 것이다.

또한 유럽연합은 비유럽 기업이 예상하지 못한 반독점에 관한 세계에서 가장 엄격한 조항의 법률을 제정했다. 유럽의회는 구글의 검색엔진이 다른 비즈니스와 분리되도록 촉진하고 있다.[52] 유럽연합은 5년 논의 끝에 일반데이터보호규정(General Data Protection

Regulation: GDPR)을 통과시켰다. 2,000페이지로 구성된 이 복잡한 법률은 기본적 인권인 개인정보를 분명히 보호하고자 노력하고 있다.[53] 이 법률에 따르면 개인 데이터 수집, 이용 관련 동의는 "명백"해야 한다. 개인은 그들의 데이터 열람 및 삭제 요구하는 권리를 가지며, 다른 서비스로 개인 데이터를 이전하기 위해서는 해당 개인의 동의를 받아야 한다.

2016년 영국은 유럽연합 탈퇴에 대해 투표를 진행하였다. 탈퇴를 위한 해당 결정을 브렉시트(Brexit)라고 한다. 그 결과 파운드화의 가치는 가파르게 하락하고 있다. 이 제안된 탈퇴 결정이 다른 국가와의 무역에 있어서 어떤 충격이 있을지에 대해서는 여전히 많은 의문이 있다.[54] 개별 국가 정부의 우선순위는 유럽연합 국가와 무역협정을 체결하는 것이고, 그 다음으로 미국과 협정 체결을 하고자 한다. 유럽연합 밖에서 영국은 다른 국가의 제품을 보호하기 위하여 관세를 폐지할 수 있다. 예를 들어 스페인의 재배자를 보호하기 위하여 오렌지에 대한 관세를 폐지할 수 있다.[55]

아시아태평양경제협력기구

아시아태평양경제협력기구(Asia-Pacific Economic Cooperation: APEC)는 1989년에 아시아, 태평양 지역 국가 간의 경제 협력과 기술 교류를 증진하기 위해 설립된 국제무역 협력 기구로 호주, 브루나이, 캐나다, 인도네시아, 일본, 한국, 말레이시아, 뉴질랜드, 필리핀, 싱가포르, 태국, 미국으로 구성되어 있다. 1989년 이후 점점 더 규모가 커져 칠레, 중국, 홍콩, 멕시코, 파푸아 뉴기니, 페루, 러시아, 대만, 베트남도 가입했다. 이 21개국은 세계 40%의 인구와 44%의 국제무역, 54%의 세계총생산을 대표한다.[56] APEC은 다른 무역 협력 기구와는 그 조항이나 활동 많은 분야에서 민간 기업이나 기구의 참여를 허락한다는 점에서 차이가 있다.[57]

아시아태평양경제협력기구
아시아, 태평양 지역 국가 간의 경제 협력과 기술 교류를 증진하기 위해 설립된 국제무역 협력 기구.

APEC 내의 기업들은 지난 30여 년 동안 많은 경쟁을 통해 성장하여 경쟁력이 높아졌다. 일본과 한국은 특히 자동차, 카메라, 오디오·비디오 기기 등의 해외 진출에 큰 성공을 거두었다. 삼성, 소니, 캐논, 토요타, 대우, 미쓰비시, 스즈키, 레노바의 제품은 세계 전역에서 판매되고 있고, 소비자에게 제품을 판단하는 기준점을 제시했다. 인구 13억이 넘는 중국은 시장경제로의 변화를 시작하여 많은 산업 분야를 민영화하고 은행 체제를 변화시켜 철도와 통신 등의 사회적 기반 시설 건설을 위한 공공 지출을 늘렸다. 그 결과 중국은 세계의 생산 기지로서 가장 높은 경우 10%까지의 성장률을 보였다. 하지만 최근의 성장률은 6.8%까지 하락하였다.[58] 중국의 수출시장은 수입시장의 성장을 누르면서, 미국 다음으로 세계에서 두 번째로 국민총생산이 높은 국가가 되었다. 사실상 중국은 세계 최대 무역국으로 미국을 따라 잡고 있다.[59] 인터넷 전자상거래 업체인 알리바바는 세계에서 가장 가치가 높은 기업이 되었다. 2018년 기준으로 전 세계 인터넷 소매 판매의 50%가 중국에서 이루어졌다.[60]

급격한 산업화는 중국을 세계 최대의 온실가스 배출지로 만들고, 미국을 제치고 세계 최대의 석유 수입국이 되었다.[61] 한편, 중국은 친환경, 재생산 에너지의 리더가 되기 위한 노력을 하기 시작했다. 이것은 급격한 산업화로 오염이 심각해지고 있는 상황에서 중요한 의미를 갖는다.

중국의 또 다른 위험 요소는 많은 부분이 국영 기업이거나 국가가 기업의 많은 지분을 갖고 있다는 점이다. 이런 단점이 있는 반면, 중국의 국가 자본주의 시스템은 문제점 개선이나 결단에 있어서 더 빠르게 대처할 수 있다는 장점이 있다. 하지만 시장 경쟁 아래의 기업보다는 경쟁이 적다. 경쟁은 혁신과 저비용을 고무시킨다. 만약 중국 기업이 충분한 경쟁을 통해 운영되지 않는다면 그들의 비용은 증가하기 쉽다.[62] 중국의 늘어나는 부채 부담은 외국 투자자로 하여금 투자를 고려하게 만드는 요인이 되기도 한다.[63]

태국, 싱가포르, 대만, 베트남, 홍콩과 같이 덜 주목을 받고 있는 환태평양 국가 또한 제조업과 금융의 중심지가 되고 있다. 세계에서 가장 개방된 경제로 발전하고 있는 베트남은 관료 정치의 붕괴와 부족한 사회적 기반 시설에도 불구하고 사기업과 공존하는 사회주의 정부가 발전해 나가고 있다. 베트남은 9,600만 인구를 바탕으로 세계 최대의 농산물 생산 기지로서 세계와 경쟁하고 있다.[64] 중국의 임금이 계속 상승할 경우 더 많은 기업이 공장을 열기위해 베트남으로 향할 것이다.[65] 최근에는 미국이 해당 지역에서의 공정 경쟁 관련 우려를 표명하기 시작했다.

동남아시아국가연합

동남아시아국가연합
동남아시아 국가 간의 무역과 경제적 통합을 증진하기 위한 경제 연합체.

동남아시아국가연합(Association of Southeast Asian Nations: ASEAN)은 1967년 동남아시아 국가 간의 무역과 경제적 통합을 증진하기 위해 설립한 경제 연합체이다. ASEAN은 말레이시아, 필리핀, 싱가포르, 태국, 브루나이, 베트남, 라오스, 인도네시아, 미얀마, 캄보디아로 구성되어 있다.[66] 이러한 10개국의 경제 동맹은 6억 인구를 포함하고, 2조 4,000억 달러의 총생산을 해내고 있다.[67] 자유무역 촉진과 구성 국가 간의 평화와 협동은 ASEAN의 목표이다.[68]

하지만 ASEAN도 변화하는 도전에 직면해 있다. 유럽연합과는 달리 ASEAN 구성 국가 간의 경제 체제나 정치적 체제(독재 정권 — 미얀마, 민주주의 — 필리핀·말레이시아, 입헌 군주제 — 태국·캄보디아, 사회주의 — 베트남)의 이질성이 크다.[69] ASEAN에서 대부분의 갈등은 구성 국가 내에서 발생한다. 태국에서는 군부가 쿠데타를 통해 등장했으며, 계엄령 상태이다. 이는 단지 태국에만 영향을 주는 것이 아니라 ASEAN 전체에 영향을 주는 변화이다.[70] 유럽연합과는 상이하게 ASEAN은 회원국 사이에 공통된 통화를 사용하지 않으며 노동력의 이동 자유도 없다. 이를 통해 ASEAN은 유럽연합과 차별되게 세계적인 경제침체에서 회원국 간 발생되는 위험을 피하고자 한다.[71]

의류, 목재, 쌀, 어류는 캄보디아의 주요 수출품이다.
©Glowimages/Getty Images

세계은행

세계은행
1946년 경제 선진국들에 의해 설립된 기구로서 저개발국 및 개발도상국에 대한 원조를 목적으로 설립되었다.

재개발과 발전을 위한 국제 은행으로 알려진 **세계은행**(World Bank)은 1946년 미국을 비롯한 경제 선진국들에 의해 설립된 기구로서 저개발국 및 개발도상국에 대한 원조를 목적으로 설립되었다. 이 기구는 회원국에게 자금을 빌려주거나 빌린 자금을 토대로 도로나 공장, 의료 교육 기반 시설을 건설하는 프로젝트에 재정 지원을 한다. 세계은행 등 다국적 개발 은행은 개발 국가에 가장 큰 조언과 도움을 준다. 국제개발협회와 국제금융공사는 세계은행과 연계해 기업과 회원국에 자금을 대출한다.

국제통화기금

국제통화기금(International Monetary Fund: IMF)은 1947년 설립된 기구로서 무역 장벽을 없애고 재무적 협력을 증진하기 위해 설립되었다. 경상수지 적자를 겪는 국가에게 단기대출을 해주고 회원국에게 외국 통화를 제공한다. IMF는 재정적 위기나 채무를 갚지 못해 일어나는 국가 공황을 피하기 위해 노력한다. IMF의 인터넷 사이트는 최근 뉴스, 질의 응답, 회원국과 같은 기구에 대한 부가적인 설명을 기술해 놓았다.

국제통화기금
1947년 설립된 기구로서 무역 장벽을 없애고 재무적 협력을 증진하기 위해 설립되었다.

IMF는 국제 중앙은행에 가깝다. 재정적인 어려움을 겪는 국가가 있으면 세계은행에서 돈을 빌릴 수 있다. 하지만 세계 경제 위기는 이미 상당히 많은 자금을 개발도상국과 선진국 모두에게 빌려준 IMF에게 많은 도전과 어려움을 만들었다. IMF의 필요성은 선진국에게는 상대적으로 작다. 선진국들은 자본의 근원인 민간 금융시장을 이용하기 때문이다.[72] 하지만 유럽의 부채 위기는 약간의 변화를 가져왔다. 포르투갈, 아일랜드, 그리스, 스페인이 자국 경제를 살리기 위해 수천만 달러의 구제 금융을 국제통화기금에 요청했기 때문이다.

국제 비즈니스에 참여

학습목표 3-5

아프리카의 수공품을 파는 케냐의 회사부터 세계로 석유를 파는 셸(Shell) 정유회사까지, 정도는 다르지만 모든 비즈니스는 국제 무역 및 글로벌 비즈니스적인 요소를 가지고 있다. 기업이 글로벌 비즈니스에 투입하는 자원도 점차 증가하고 있다. 여기에서는 수출입, 무역 회사, 인허가, 프랜차이즈, 계약 생산, 합작 회사, 직접 투자 그리고 다국적기업에 관해서 살펴보겠다.

수출입

많은 기업은 다른 나라로부터 수입한 제품을 자사의 상품으로 재판매한다. 예를 들면, 미국의 슈퍼마켓 체인은 온두라스로부터 바나나를 수입하고, 콜롬비아로부터 커피를 수입한다. 또한 기업은 제품을 외국 기업에 수출함으로써 국제 비즈니스와 관련을 맺는다. 미국은 2022년까지 에너지 산업에 있어서 순 수출국이 될 전망이다.[73] 이러한 수출을 통해 기업은 국제 비즈니스에 참여할 수 있게 된다. 다른 국가로의 수출은 점차 성장을 꾀하는 국가에게 필수적이다. 제품은 종종 자국보다 타국에서 높은 판매 성과를 달성한다. GM과 얌(Yum) 브랜드는 미국보다 중국에서 더 많은 판매를 달성했다. 캐딜락은 전통과 유서 깊은 국가인 중국에서 판매량이 가파르게 성장하고 있다.[74] 〈그림 3-2〉는 상위 수출국을 보여준다.

수출은 때때로 **구상무역합의**(countertrade agreements)를 통해 이루어진다. 구상무역은 어

구상무역합의
어떠한 상품을 통화로 구매하는 대신 다른 상품과 교환하는 외국과의 합의.

〈그림 3-2〉 세계 상위 수출국

자료: Central Intelligence Agency, "Country Comparison: Exports," https://www.cia.gov/library/publications/the-world-factbook/rankorder/2078rank.html (accessed April 2, 2017).

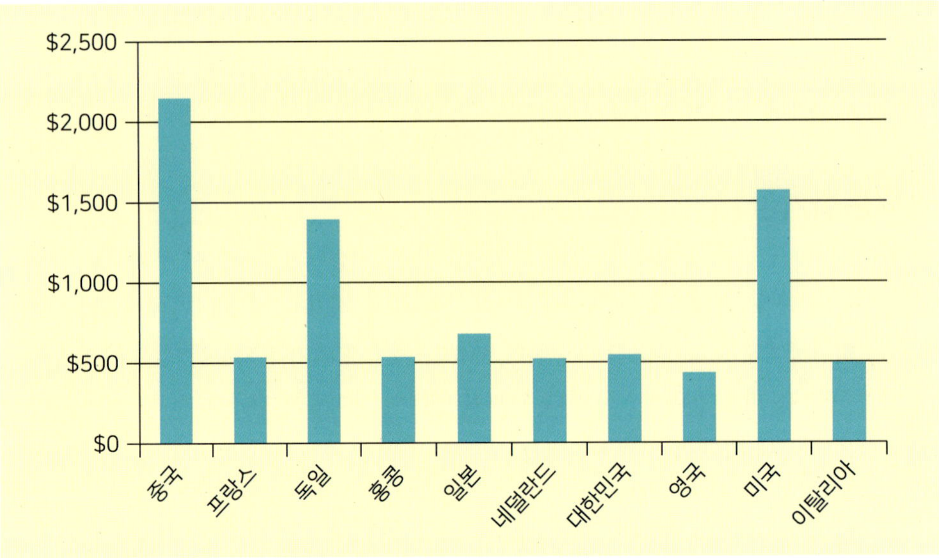

떠한 상품을 통화로 구매하는 대신, 다른 상품과 교환하는 외국과의 합의를 의미한다. 이러한 합의는 국제적으로 흔하게 이루어지고 있고, 특히 서방 국가와 동유럽 국가 사이에서 많이 일어난다. 40% 이상의 국제무역합의는 구상무역합의 조항 안에 들어가 있다.

한 기업이 자사 제품을 직접적으로 해외에 수출하거나 제조사로부터 직접 수입할 수도 있지만 대부분은 수출 에이전트라고 불리는 중개상을 통해 거래를 한다. 수출 에이전트는 물건을 직접 생산하지 않는다. 대신 그들은 다른 기업을 위해 국제 거래 과정을 다루고 해결한다. 수출 에이전트는 직접 현금을 지불하고, 물건을 구매하거나 위탁 판매를 한다. 직접 지불하는 경우 지불한 액수에 마진을 남겨 판다. 또한 수출 에이전트는 제품의 저장과 운송에 책임이 있다. 에이전트를 통해 수출을 하게 되면 외국 통화나 관세와 관련된 부분을 보다 쉽게 해결할 수 있다. 단점은 에이전트가 이윤을 남기기 때문에 물품 가격이 오르거나 국내 판매액보다 더 싸게 공급해야 한다는 점이다.

무역 회사

무역 회사
어떤 국가로 부터 상품을 구입하여 그것을 다른 나라로 판매하는 일을 하는 회사.

무역 회사(trading company)는 어떤 나라로부터 상품을 구입하여 그것을 다른 나라로 판매하는 일을 하는 회사이다. 무역 회사는 물품을 한 나라에서 다른 나라로 옮기는 데 필요한 컨설팅, 시장 조사, 광고, 보험, 제품 조사 및 디자인, 물류 창고, 외환 서비스 등의 모든 일을 담당한다. 무역 회사는 수출 에이전트와 비슷하지만 국제무역에서 그들의 역할은 수출 에이전트보다 더 광범위하다. 국제적으로 소비자와 판매자를 연결함으로써 무역 회사는 국제무역을 촉진한다. WTSC는 매일 24시간 운영되는 온라인 세계 무역 시스템을 제공하고 있다. 이 시스템은 6,000만 이상 제품 관련 정보를 제공하고 245개국 2,000만 기업을 연결한다.[75]

라이선싱과 프랜차이징

라이선싱(licensing)은 한 회사(라이선서licensor)가 다른 회사(라이선시licensee)로부터 로열티를 받고 그 대가로 자사의 이름, 제품, 특허, 브랜드, 트레이드마크, 원자재, 제조방법 등의 지적 자산을 사용할 수 있도록 허락하는 거래를 말한다. 코카콜라와 펩시는 탄산음료, 의류, 그 밖의 상품을 해외에 팔기 위해 이런 방법을 사용하기도 한다. 라이선싱은 외국의 정세가 불안정하거나, 직접 투자를 위한 자본이 부족할 때 직접 투자의 대체제로 활용된다. 라이선싱은 특별히 소규모 제조업자가 잘 알려진 해외의 브랜드를 시작할 때 장점이 있다. 요플레(Yoplait)는 프랑스 요거트 브랜드이지만 미국에서 라이선싱을 통해 생산되는 제품이다.

라이선싱
한 회사가 다른 회사로부터 로열티를 받고 그 대가로 자신의 이름, 제품, 특허, 브랜드, 트레이드마크, 원자재, 혹은 제조방법 등 지적 자산을 사용할 수 있도록 허락하는 거래.

프랜차이징(franchising)은 라이선싱의 한 방법으로서 한 회사(프랜차이저frnachiser)가 다른 회사(프랜차이지franchisee)로부터 재무적 대가를 받고 이름, 로고, 운영 방식, 광고, 상품, 기타 사업과 관련된 요소를 사용하면서 자신의 운영 기준에 따르도록 하는 계약이다. 웬디스(Wendy's), 맥도날드, HR블록(H&R Block), 홀리데이인(Holiday Inn) 등은 잘 알려진 프랜차이즈이다. 〈표 3-4〉는 잘 알려진 글로벌 프랜차이즈를 보여준다.

프랜차이징
라이선싱의 한 방법으로, 한 회사가 다른 회사로부터 재무적 대가를 받고, 이름, 로고, 운영 방식, 광고, 상품, 기타 비즈니스 관련 요소를 사용하게 하고 자사의 운영 기준에 따르도록 하는 계약.

라이선싱과 프랜차이징은 기업으로 하여금 엄청난 비용 지출이나 고용 또는 인사를 파견하지 않고도 해외시장에 진입할 수 있도록 해준다. 또한 운송비나 관세와 같은 문제를 최소화시키고, 미래에 자신의 제품을 해외에서 생산·판매하기로 결정했을 때 그 시장에서 자사 제품에 대해 호의를 갖도록 만들어준다. 하지만 만약 라이선싱이나 프랜차이징이 고품질을 유지하지 못하면 제품 이미지에 타격을 입게 된다. 따라서 라이센서는 품질 규격 강화에 더 신경을 쓰고 관리해야 한다.

〈표 3-4〉 글로벌 프랜차이즈 순위

순위	프랜차이즈
1	McDonalds's
2	KFC
3	Burger King
4	Pizza Hut
5	7 Eleven
6	Marriott International
7	RE/MAX
8	Dunkin'(Dunkin'Donuts)
9	InterContinental Hotels and Resorts
10	Subway

자료: "Top 100 Global Franchises - Rankings (2018)," Franchise Direct, https://www.franchisedirect.com/top100globalfranchises/rankings/ (accessed April 1, 2018).

계약생산

계약생산(contract manufacturing)은 해외 업체를 고용하여 자사 제품을 생산하도록 하는 계약으로 최종 제품은 자사 이름으로 생산된다. 대만기업인 폭스콘기술그룹(Foxconn Technology Group)은 전 세계에서 가장 큰 계약생산 기업이며 다른 기업을 위해 제품을 생산하고 있다. 이 기업의 주요 고객은 소니, 애플, 닌텐도 등이 있다. 폭스콘은 아이폰의 최대 조립업체이기도 하다.[76]

계약생산
해외 업체를 고용하여 자신의 제품을 생산하도록 하는 계약. 최종 제품은 자사의 이름으로 생산된다.

아웃소싱

앞서 우리는 아웃소싱을 생산이나 자료 처리와 같은 업무를 노동력이나 기타 원가가 낮은 국가로 이전하는 것이라고 정의했다. 미국의 많은 기업은 인도, 아일랜드, 멕시코, 필리핀 등 숙련 노동의 인건비가 저렴한 국가에서 아웃소싱을 하고 있다. 세금과 고객 서비스 등의 서비스 업종 또한 아웃소싱이 가능하다.

아웃소싱이 비록 정치적으로 일자리 감소와 같은 문제로 논란이 되고 있지만 실제로는 외국 기업이 미국에서 창출하는 일자리의 수가 미국 기업이 외국에서 아웃소싱 하는 일자리의 수보다 더 많다.[77] 하지만 많은 기업은 외국 근로자가 충분한 가치를 다하지 못하기 때문에 아웃소싱 하던 분야의 일자리를 다시 본국으로 가져오고 있다. GE와 캐터필러(Caterpillar) 같은 기업은 중국의 인건비 증가와 운송비, 지적재산권 침해 등의 이유로 다시 일자리를 미국으로 가져오고 있다. 다른 나라의 기업들도 그들의 생산 기지를 미국으로 이전해 오고 있다. 캐터필러와 포드는 굴착기 생산의 일부를 가져왔으며, 상업 트럭 생산도 미국으로 가져왔다.[78]

오프쇼링
사업장 혹은 자회사를 외국으로 옮기는 것이나, 해외로 옮기더라도 해당 프로세스에 대한 통제권을 보유한다는 점에서 아웃소싱과는 다르다.

오프쇼링

오프쇼링(offshoring)은 사업장 혹은 자회사를 외국으로 옮기는 것을 말한다. 이는 사업장을 해외로 옮기더라도 해당 프로세스에 대한 통제권을 보유한다는 점에서 아웃소싱과는 차이가 있다. 기업들은 임금의 격차, 숙련 정도, 다른 시간대에서 제공할 수 있는 장점과 같은 여러 가지 이유로 오프쇼링을 선택한다. 몇몇 은행은 데이터 보안 등의 이유로 아웃소싱을 선택하지 않고 대신 오프쇼링을 선택한다. 오프쇼링은 자회사를 외국에서 운영하는 것이기 때문에 국제적인 업무에 있어 더욱 강한 통제가 가능하다. 예를 들어 쉘(Shell)은 인도에 배달 센터를 오픈하였으며, 이곳으로 글로벌 IT 관련 일자리를 옮기고 있다.[80]

IBM 직원은 미국보다 인도에 더 많이 있다.
©Ramesh Pathania/Mint via Getty Images

친환경 경영 Going Green

해조류: 획기적인 바이오 연료

만약 유글레나(Euglena)가 현재의 길을 성공적으로 간다면, 해조류(algae)는 미래에 연료로 활용될 수 있을 것이다. 도쿄에 기반을 둔 이 기업의 이름은 유글레나 그라실리스(Euglena Gracilis)이며, 판매하는 제품에서 기업명이 유래되었다. 유글레나의 비즈니스는 식품, 섬유질, 사료, 비료, 연료 5개 영역에 집중되어 있다. 또한 이 기업은 해조류를 약제로 사용하는 연구도 진행하고 있다. 이 기업은 해조류를 식품이나 화장품으로 개발하는 데 성공하였다. 그리고 유글레나는 바이오 연료 산업에서도 주목받기 시작하였다.

탄소 배출이 미국에서 점차 중요한 문제가 되면서 중국, 인도 정부는 대체 연료로서 바이오 연료에 대한 기대를 가지고 있다. 관련 연구에 의하면 유글레나가 특화한 해조류가 바이오 연료 생산 관련 강력한 잠재력을 가지고 있다. 유글레나는 해조류 재배, 정제, 연료 마케팅까지 전 과정을 관리하고 있다. 유글레나는 이스즈(Isuzu) 자동차와의 전략적 제휴를 통해 해조류 바이오 연료와 도시 버스 경유와의 연계에 성공하게 되었다. 유글레나는 오일이 필요 없는 자체적인 해조류 바이오 연료를 만드는 것을 목표로 하고 있다. 이를 통해 탄소 배출을 완전히 제거할 수 있다. 유글레나는 ANA 홀딩스(ANA Holdings)와 해조류 기반 제트 연료를 개발하기 위해 협력하고 있다. 이러한 파트너십을 통해 유글레나는 일본에서 최초로 바이오 연료 정제소를 건설하였다. 이 정제소는 매년 3만 3,000갤런의 제트 연료를 생산할 수 있을 것으로 예측되고 있다.

유글레나는 투자자들의 확실한 관심을 끄는 것은 성공했지만, 또 다른 경쟁을 불러일으켰다. 엑슨모빌(ExxonMobil)은 신세틱 제노믹스(Synthetic Genomics)와 파트너십을 체결하고 해조류 바이오 연료를 연구개발하고 있다. 그리고 다른 기업들도 쓰레기에서 바이오 연료를 추출하고자 노력하고 있다. 바이오 연료 산업은 글로벌하게 성장하고 있으며, 경쟁이 치열해질수록 유글레나와 같은 혁신적인 기업이 필요해지고 있다.[79]

토의 주제

1. 유글레나에게 다른 비즈니스와의 파트너십은 성공을 위해 얼마나 중요한가? 당신은 유글레나가 다른 국가에서 기회를 위해 확장하는 접근 방식을 얼마나 추천하겠는가?
2. 유글레나는 성장 관련 어떤 유형의 장벽에 직면하고 있는가?
3. 유글레나가 미국, 중국, 인도와 같은 국가로 비즈니스를 확장하면 어떤 기회가 있는가? 그리고 어떤 잠재적 장벽이 있는가?

합작회사와 제휴

많은 국가, 특히 개발도상국들은 외국 기업이나 개인의 직접 투자를 허용하지 않는다. 또한 기업은 충분한 정보나 외국에서 기업을 운영하기 위한 노하우가 부족할 수 있다. 이런 경우 기업은 그 지역의 파트너를 찾아 **합작회사**(joint venture)를 설립하여 사업을 할 수 있다. 합작회사는 외국 기업과 해당 지역 내 기업이 함께 비용과 운영을 공유하는 방식이다. 퀄컴(Qualcomm)은 중국 칩 제조업체인 세미컨덕터(Semiconductor Manufacturing International Corporation)와 반도체 생산을 위해 합작회사를 설립하였다. 퀄컴은 이 합작회사가 중국시장에서 칩 판매 관련 발판을 마련하는 데 도움이 될 것으로 희망하고 있다.[81]

합작회사
외국 회사와 해당 지역 내 회사가 함께 비용과 운영을 공유하는 방식.

자동차와 컴퓨터와 같은 산업군에서 전략적 제휴는 두드러진 경쟁 수단이다. **전략적 제휴**(strategic alliance)는 세계시장에서 경쟁우위를 차지하기 위해 형성하는 파트너십이다. 이런 산업군에서 국제적 경쟁은 치열하고, 경쟁에 들어가는 비용은 기업이 감당하기 어려울 만큼 크기 때문에 다른 기업과 제휴를 한다. 링크드인(LinkedIn)과 회계법인인 언스트앤영(Ernst & Young) 사이의 파트너십이 전략적 제휴의 좋은 예이다. 기업은 기술 이용, 소셜 네트워크, 그리고 효과적인 판매를 돕기 위해 다른 기업과의 결합된 전문성 이용을 희망한다.[82]

전략적 제휴
세계시장에서 경쟁우위를 차지하기 위해 형성하는 파트너십.

직접 투자

기업들은 운영에 대한 통제권을 강화하기 위해 그리고 해외 비즈니스에 상당한 양의 투자를 하려고 할 때 **직접 투자**(direct investment)를 고려한다. 직접 투자는 해외 시설에 대한 소유권을 확보하는 것을 말한다. 또한 직접 투자는 새로운 시설 개발과 운영을 의미한다. 즉 외국에서 운영되고 있는 시설 전체 또는 부분을 구매하는 것이다. GM의 캐딜락 브랜드는 대중국 수출시장에서 크게 성공하였다. GM은 상하이에 CT6 세단, XT5 SUV 차종을 생산하기 위한 12억 달러가 투자된 공장을 열었다. 캐딜락 매장 수는 2배가 되었으며, 중국 내 생산을 통해 25% 수입관세를 피할 수 있게 되었다.[83]

직접 투자
해외 시설에 대한 소유권을 확보하는 것.

국제 경영에서 가장 높은 단계는 **다국적기업**(multinational corporation: MNC)이다. 엑슨모빌(ExxonMobil)이나 IBM과 같은 다국적기업은 매우 큰 규모로 운영되고, 어떤 국가나 지역과 특별한 관계를 맺지 않은 채 운영된다. 〈표 3-5〉는 세계적으로 잘 알려진 10개의 다국적기업을 보여주고 있다. 다국적기업은 일반적인 기업보다 규모가 크다. 그들은 몇몇 국가의 자산보다 더 큰 규모로 기업을 운영한다. 스위스에 본사를 두고 있는 네슬레(Nestlé)는 400개가 넘는 공장을 유럽 전역과 북미, 중앙아메리카, 남아메리카, 아프리카, 아시아 등 세계 곳곳에서 운영하고 있으며, 그 전역에서 수익을 낸다.[84] 또 하나의 다국적기업으로 로얄더치셸(Royal Dutch Shell) 그룹이 있다. 이는 세계 최대의 정유회사로 본사는 헤이그와 런던에 있다. 많은 다국적기업은 반세계화 운동가에게 표적이 되고 있다. 운동가들은 이런 다국적기업이 국가 간의 빈부차를 심

다국적기업
특정 국가와의 연계 없이 전 세계적 차원에서 운영되는 회사.

마릴린 휴슨(Marillyn Hewson)이 CEO이었을 때 록히드 마틴(Lockheed Martin's)의 글로벌 비즈니스 전략은 국제적인 사업 확장과 국가 및 경제 안보 강화를 목표로 하였다.
©Aflo/REX/Shutterstock

〈표 3-5〉 대규모 다국적기업

회사	국가	설명
Royal Dutch Shell	네덜란드	석유, 가스. 세계에서 가장 매출액이 높은 기업.
Toyota	일본	세계에서 가장 큰 자동차 제조업체.
Walmart	미국	세계에서 가장 큰 소매업체. 세계에서 가장 큰 민간 고용주.
Siemens	독일	엔지니어링, 전자회사. 유럽 제일의 엔지니어링 기업.
Nestlé	스위스	영양식, 스낵, 건강 관련 소비재 회사.
Samsung	한국	전자, 전자부품, 통신설비, 의료기구 등을 생산하는 자회사들을 보유.
Unilever	영국	청소 및 개인관리용품, 식음료 등 소비재.
Boeing	미국	항공, 국방산업. 미국 제일의 수출업자.
Lenovo	중국	컴퓨터 기술. PC 시장 제일의 시장점유율.
Subway	미국	가장 큰 패스트푸드 체인. 105개 국에서 가장 빠르게 성장하는 프랜차이즈 업체.

화시키고 자원의 오·남용, 잘못된 배분과 더불어 후진국의 노동 시장을 이용하고 자연 파괴를 일삼는다고 주장한다.[85]

학습목표 3-5

국제 경영 전략

전 세계 경제를 계획하는 것은 사업가가 사업을 운영하는 국가의 경제, 법, 정치, 사회적 현실을 이해할 것을 요구한다. 이러한 요건은 외국에서 사용하는 전략에도 영향을 미친다.

발전하는 전략

다국가 전략
다국적기업이 여러 나라에서 문화적, 기술적, 지역적인 차이에 대응하여 제품을 현지화하고, 촉진과 유통 활동을 전개하기 위한 계획.

글로벌 전략
전 세계 어디서나 동일하게 판매할 수 있도록 제품을 표준화하고, 촉진 및 유통 활동을 단일화하는 전략.

국제적으로 활동하는 기업은 다국가 전략을 활용한다. **다국가 전략**(multinational strategy)은 다국적기업이 여러 나라에서 문화적, 기술적, 지역적인 차이에 대응하여 제품을 현지화하고, 촉진과 유통 활동을 전개하기 위한 계획을 말한다. 맥도날드는 최근 베트남에 첫 매장을 열었다. 맥도날드는 베트남 소비자의 기호를 파악하여 기본적 메뉴 이외에 베트남 소비자를 겨냥한 맥포크 샌드위치도 개발했다.[86] 비누와 세제를 제조하는 기업들은 지역의 물 상태, 세척 기구, 세척 방법 등을 고려하여 제품을 변화시켰다. 전기 공급이 잘 되지 않는 몇몇 개발도상국 소비자를 위해 콜게이트 파몰리브(Colgate-Palmolive Co.)는 손세탁을 돕는 저렴한 플라스틱 기구를 내놓았다. 제품이 규격화되고 자리를 잡으면 언어나 문화의 차이를 고려한 광고를 내놓는다. 예를 들어 마스(Mars)사는 Royal Canin, Whiskies, Pedigree 브랜드를 통해 지난 20년 이상 중국 애완동물 시장에서 영업을 해왔다. 중국 소비자는 자국에서 생산되는 애완동물 사료 안전성 관련 우려를 가지고 있기 때문에 미국에 기반을 둔 마스사가 중국시장에서 경쟁우위를 가지고 있다.

기업은 이러한 현지 적응 전략에서 점점 더 글로벌 전략으로 변해 간다. **글로벌 전략**

(global strategy 또는 globalization)이란 전 세계 어디서나 동일한 제품이 판매될 수 있도록 제품을 표준화하고, 촉진 및 유통 활동을 단일화하는 전략이다. 글로벌 전략의 단적인 예로 미국 의류, 영화, 음악 그리고 화장품 등이 있다. 소셜 미디어 사이트도 브랜드가 글로벌 소비자와 연결하기 위해 이용하는 중요한 채널이다. 3M, Pampers, Corona 등은 그들의 글로벌 트위터 팔로워와 아주 높게 연관된 기업이다.[87]

국경을 넘어 외국으로 이전하기 전 기업들은 외국 시장의 잠재성과 일어날 수 있는 문제, 즉 어떤 전략이 좋은 결과를 낼 것인지 등에 관한 분석이 필요했다. 이런 사전 분석에 실패하면 많은 손해를 보고 부정적인 인식을 만들어 낼 수 있다. 여러 기업은 이런 이유로 지역 관리자들을 고용해 그 나라에 관련한 통찰력을 얻고, 발 빠르게 변화에 대응해 나간다. 성공한 사업가는 생각은 글로벌하게 하고 행동은 지역에 맞게 하라고 이야기한다. 즉 큰 그림은 일정하고 통일성 있게 하지만 지역의 필요와 기호에 맞게 변화하는 전략으로 대응해 나가야 한다는 뜻이다.

글로벌 비즈니스 관련 도전에 대한 관리

이 장에서 논의했던 것처럼 무역을 위한 많은 정치적 장벽이 없어지거나 최소화되고, 새로운 시장 기회가 열리면서 시장은 넓어지고 있다. 기업의 성공을 이루고 글로벌 시장의 개척을 위해 관리자는 효과적이고 민감한 경영 전략을 만들고 이를 실행할 수 있어야 한다. Commercial Service는 미국 상무부의 프로그램으로 미국 기업에게 국제시장 산업에 필요한 특별한 글로벌 네트워크, 독창적인 정보 처리, 중소기업에 맞춘 실용적인 조언을 준다. 또 다른 예로 미국의 유명한 경영대학의 CIBER(Centers for International Business Education and Research)에서 운영되는 프로그램도 미국 기업에게 도움을 준다. 정부 기관이 주는 도움의 가장 주된 기능은 주로 중소기업에게 국제화 관련 지식을 제공하는 것이다.[88]

작은 기업일지라도 경영자가 시장에 대해 주의 깊은 연구와 준비를 철저하게 하고 적절한 전략을 이용하면 해외시장에서 성공할 수 있다. 글로벌한 사고는 경영자의 중요하고도 절대 빠트릴 수 없는 21세기의 덕목이 될 것이다.

이해력 검토 Review Your Understanding

국제무역 환경에서 비즈니스에 영향을 주는 몇 가지 요인을 탐구하라.

국제 비즈니스는 국경을 넘어 상품과 서비스를 사고팔고 교환하는 것이다. 수입이란 제품과 원자재를 다른 국가로부터 구매하는 것이고, 수출은 국내 제품이나 재료를 다른 나라에 파는 것이다. 한 국가의 무역수지는 수출과 수입의 차이를 말하며, 이 차이가 음수이면 무역적자이다. 한 국가의 자금의 유입과 자금 유출의 차이를 경상수지라 한다. 무역에 있어서 절대 우위와 비교 우위는 특정 국가의 기업이 어떤 제품을 수출할 것인가를 결정한다.

국가 간 무역을 하는 데 있어 경제적, 법적, 정치적, 사회적, 문화적, 기술적 장벽을 평가하라.

국제무역을 하는 기업은 국가 간의 경제적, 법적, 정치적, 사회적, 문화적 차이의 영향을 고려해야 한다. 경제적 장벽은 한 국가의 발전(인프라) 정도와 환율을 고려해야 한다. 넓은 범위의 법적, 정치적 장벽은 법 제도(및 실행)의 차이, 관세, 외환관리, 쿼터제, 통상 금지, 정치적 불안정, 전쟁 등을 포함한다. 모호한 문화적, 사회적 장벽은 구두 언어 및 행동 언어의 차이, 시차, 휴일 및 기타 따라야 할 관습 등을 의미한다.

국가 간 무역을 촉진하는 협정, 제휴, 조직 등에 대해 구체화하라.

국제무역을 촉진하는 기구는 관세와 무역에 관한 일반협정, 국제무역기구, 북미자유무역협정, 유럽연합, 아시아태평양경제협력기구, 동남아시아국가연합, 세계은행, 국제통화기금 등이 있다.

국제무역에 있어 조직의 개입 수준을 요약하라.

기업은 몇 가지 수준에서 국제무역에 개입할 수 있는데, 단순 수출입에서부터 다국적기업에 이르기까지 개입 수준이 올라갈수록 자원과 노력의 투입 수준 역시 올라간다. 구상무역합의는 수출입 수준에서 발생하며 통화 대신 다른 상품으로 교환하는 무역을 의미한다. 다음 수준에서는 무역회사가 서로 다른 나라에 있는 구매자와 판매자를 연결시킨다. 라이선싱과 프랜차이즈에서는 어떤 한 회사가 외국에 있는 다른 회사로부터 일정한 수수료나 로열티를 받고 자사의 이름, 제품, 특허, 브랜드, 상표, 원자재, 제조 공정 등을 쓸 수 있도록 허락한다. 계약생산은 어떤 한 회사가 다른 나라의 회사를 고용하여 자신의 요구 사항에 맞게 일정한 양만큼 생산하여 자사의 이름으로 판매하는 방식이다. 합작투자는 서로 다른 국가의 회사가 함께 사업의 비용과 운영을 분담하는 계약이다. 해외의 생산과 마케팅 시설을 인수하는 방식을 직접 투자라고 한다. 아웃소싱이란 직접 투자의 한 형태로서, 생산설비를 인건비와 원자재가 저렴한 다른 나라로 옮기는 것을 의미한다. 오프쇼링이란 자사 혹은 자회사가 보유하고 있던 사업을 다른 나라로 이전하는 것이다. 이는 회사가 외국으로 나간 사업의 운영권을 갖는다는 면에서 아웃소싱과는 다르다. 다국적기업은 특정 국가와의 연계 없이 전 세계적인 차원에서 사업을 영위하는 것이다.

국제 비즈니스에서 활용되는 두 가지 전략을 대조하라.

기업은 일반적으로 국제 비즈니스에서 두 가지 기본 전략 중 하나를 사용한다. 다국가 전략은 제품, 판촉, 유통을 현지의 문화적, 기술적, 지역적, 국가적인 차이에 맞게 변화시키는 것이다. 글로벌 전략은 제품을 표준화시켜 전 세계가 단일한 지역인 것처럼 어디에나 다 적용될 수 있도록 하는 것이다.

세계시장으로의 확장을 고려하고 있는 소규모 기업이 직면하고 있는 기회와 도전을 평가하라.

이 장의 뒷부분에서 언급하는 '딜레마 해결'은 세계시장으로의 확장을 고려하고 있는 소규모 사업을 보여주고 있다. 이번 장에서 제시한 자료에 기초하여 구체적인 시장을 평가하고, 문제를 예측해 보고, 세계시장에 진출하는 수단을 탐구함으로써 이 회사의 포지션을 분석해 보자.

도입사례 재검토

1. 중국에서 알리바바가 극복해야 할 장벽에는 어떤 것이 있는가?
2. 알리바바가 야후와 전략적 제휴를 체결한 것이 시장점유율 확대에 도움이 되었다고 생각하는가?
3. 아마존, 이베이 같은 기업이 중국에서 알리바바와 경쟁을 할 때 마주치는 장벽에는 어떤 것이 있는가?

진도 평가 Check Your Progress

1. 절대 우위와 비교 우위를 구분하라. 절대 우위를 가진 나라와 비교 우위를 가진 나라의 사례를 들어보라.
2. 평가 절하가 자국 통화에 미치는 영향은 무엇인가? 평가 절하 혹은 평가 절상을 했던 국가를 알아보고 그 결과에 대해 설명하라.
3. 한 국가의 경제 발전이 글로벌 비즈니스에 미치는 영향은 무엇인가?
4. 정치적인 문제가 글로벌 비즈니스에 미치는 영향은 무엇인가?
5. 수입관세, 쿼터제, 덤핑에 대해 설명하라. 국가가 수입관세와 쿼터제를 사용하여 무역수지와 경상수지를 통제하는 방법에는 어떤 것이 있는가? 덤핑의 결과로서 관세나 쿼터제가 부과될 수 있는 이유는 무엇인가?
6. 사회적, 문화적인 차이가 어떻게 국제무역의 장벽을 만드는가? 국제무역을 방해할 수 있는 사회적 혹은 문화적 장벽 중 이번 장에서 언급되지 않은 것을 생각해 보라.
7. 구상무역합의가 어떻게 무역을 촉진하는지 설명해 보라. 국제무역기구(WTO)는 어떻게 무역을 촉진시키는가?
8. 기업은 어떤 수준에서 국제 비즈니스에 참여하는가? 자원의 사용이 가장 적은 수준은 무엇인가? 자원의 사용이 가장 많은 수준은 무엇인가?
9. 라이선싱, 프랜차이징, 계약생산, 아웃소싱을 비교해 보라.
10. 다국적 전략과 글로벌 전략을 비교해 보라. 어떤 것이 더 나은가? 각 전략은 어떠한 상황에서 사용되는가?

현장 기술 개발Build Your Skills

글로벌의 이해

배경. 미국의 비즈니스맨이 외국에 출장을 가면 그들은 곧 미국과 다른, 여러 나라의 다양한 문화적 규범을 만나게 된다. 다른 나라에서 온 사람을 대할 때 가장 좋은 자세는 "이것이 나의 방식입니다. 당신은 어떻습니까?"라고 묻는 것이다. 당신은 복잡한 세상의 일부분이고 당신의 문화는 외국의 문화와 다른 것이지 그보다 우월한 것은 아니라고 생각한다면 당신은 다양한 상황 속에서 더욱 잘 소통할 수 있고 더욱 효과적일 수 있다. 다른 문화를 배우고 이해하는 데는 시간과 노력, 이해, 참을성이 필요하다. 당신이 항상 해오던 방식대로 행동할 때 좀 더 편안함을 느낄 것이다. 하지만 이 사실은 당신이 거래하고 있는 다른 나라의 사업 파트너에게도 마찬가지라는 점을 기억해야 한다.

과업. 각 나라의 문화 규범과 관련된 질문에 대답하면서 세계여행을 해보자. 4~6명으로 그룹을 만들고 다음의 질문에 답하라. 교수는 답을 알고 있으며, 이것으로 당신 그룹의 "글로벌 이해도 IQ" 점수를 매길 수 있다. 만점은 100점(문제당 10점)이다.

다음의 국가를 설명과 짝지어 보라.

A. 사우디 아라비아　B. 일본
C. 영국　D. 독일
E. 베네주엘라　F. 중국
G. 그리스　H. 한국
I. 인도　J. 멕시코

_____**1.** 이 나라에서는 "table a motion"이라는 말은 토론을 하자는 의미이다. 미국에서 "table a motion"은 토론을 보류한다는 의미로 쓰인다.

_____**2.** 이 나라에서는 Keigo라고 하는 특별한 형태의 연설이 있다. 이 나라 사람과 대화를 할 때는 이 사람의 지위를 알아야 한다. 또 이 나라 사람들은 정식으로 소개되지 않으면 절대로 대화를 시작하지 않는다.

_____**3.** 이 나라 사람들은 다른 사람을 기다리게 함으로써 자신의 이미지를 더 좋게 만드는 것을 자랑스럽게 여긴다.

_____**4.** 사업상 편지를 쓸 때, 이 나라 사람들은 본론에 들어가기에 앞서 매우 자세한 배경 설명을 쓴다.

_____**5.** 어떤 남자가 다른 남자의 아내에 대해 물어보는 것(비록 아주 의례적인 것일지라도)은 매우 무례한 것으로 여겨진다.

_____**6.** 이 나라에서는 당신이 사고 싶은 상품 가격을 흥정해 올 것이라고 기대한다.

_____**7.** 북미지역에서는 비즈니스 미팅에서 중요한 내용을 결정하고 세부적인 사항은 나중에 논의하는 것으로 하는 반면, 이 나라에서는 나중에 의심이나 불신을 피하기 위해 미팅 전에 모든 세부 사항을 결정해야 할 필요가 있다.

_____**8.** 이 나라의 어린이들은 아주 어릴 때부터 높은 지위에 있는 사람들과 이야기를 할 때엔 존경의 의미로 눈을 아래로 향해야 한다고 배운다.

_____**9.** 이 나라에서 남편은 가정의 지배자이며 여성은 숨어있는 것이 관례이다.

_____**10.** 많은 미국사람은 yes의 의미가 문화에 따라 다르기 때문에 어려움을 겪는다. 예를 들어 미국에서의 yes는 "좋아요. 나는 당신을 존중하며 공격하지 않아요."라는 의미이지만, 이 나라에서는 반드시 동의한다는 의미로 쓰이지는 않는다.

딜레마 해결Solve the Diemma

해외시장 진출이 더 나은가, 내수시장 집중이 더 나은가

오디오텍 전자(Audiotech Electronics)는 1959년에 아버지와 아들에 의해 창업되었으며, 현재 3만 5,000평방피트 넓이의 공장에 75명의 근로자가 일하고 있다. 이 회사는 텔레비전, 라디오 방송국과 녹음실에서 쓰는 조정 패널을 생산한다. 이 생산 과정에는 시스템을 디자인하고, 컴퓨터 보드의 서킷을 설치하며, 콘솔을 에워싸는 금속 케이스를 만들고, 도색하는 과정이 포함된다. 주요 방송국과 케이블TV 회사들이 이 제품을 사용한다. 이 회사의 최신 제품은 방송 기자가 실시간으로 다른 지역에 있는 사람들과 말을 주고 받을 수 있게 한 것이다. 오디오텍은 고객의 요구에 효율적으로 대응하는 데 성공적이었다.

오디오텍의 판매 실적은 미국에서는 좋았으나, 최근에 성장이 정체 상태다. 이 회사는 비록 소규모 가족회사이긴 하지만 이제 해외시장에 진출해야 할 것으로 믿고 있다.

토의 주제

1. 해외로의 확장을 위해 고려해야 할 문제는 무엇인가?
2. 해외시장 진출 시 대기업이라면 겪지 않을, 소규모 기업이기 때문에 직면할 수 있는 특별한 문제에는 어떤 것이 있을까?
3. 오디오텍이 합작회사를 고려해야 하는가? 진출하려고 하는 지역의 현지인을 고용해야 하는가?

사업 계획서 작성Build Your Business Plan

국경 없는 세상에서의 경영

당신이 계획하고 있는 사업의 상품과 서비스를 생각해 보라. 만약 그것이 이미 존재하는 것이라면 그것이 외국에서 판매되고 있는지를 살펴보라. 만약 현재 외국에서 판매되고 있지 않다면, 미래에 그렇게 될 수 있는 가능성이 있는지 알 수 있는가? 당신의 제품에 대해 가장 호의적으로 반응하는 국가는 어디인가? 만약 이들 나라에 수출을 한다면 어떤 문제가 있는가?

당신이 새로운 상품이나 서비스를 만들려고 한다면 궁극적으로 그 제품이 외국에서 팔릴 수 있는 가능성도 생각해 보라. 어떤 나라에서 가장 큰 반응이 있을 것으로 생각하는가?

미국과 무역 협정을 맺고 있어서 당신이 용이하게 진출할 수 있는 나라가 있는가? 다른 나라 시장에 진출할 때 인식할 수 있는 경제적, 사회적, 문화적, 기술적인 장벽은 어떤 것인가? 다른 나라 시장에 진출할 때 고려해야 할 특정한 문화적 차이에 대해 생각해 보라.

2부

기업의 창업과 성장

4
기업조직의 유형

학습목표

4-1 개인사업자의 장단점을 설명한다.
4-2 두 가지 유형의 공동기업과 공동기업의 장단점을 설명한다.
4-3 주식회사 형태의 기업과 주식회사의 장단점을 설명한다.
4-4 기업 합병, 인수 및 기업담보차입매수의 장단점을 평가한다.
4-5 창업 초기 벤처기업에 적절한 조직 형태를 제안한다.

©imac/Alamy Stock Photo

도입사례 :: 루이빌 슬러거의 성공적인 경영이 공원 밖으로 공을 치다

루이빌 슬러거(Louisville Slugger baseball bat)의 법적 소유형태는 130년이 넘는 역사 속에서, 소기업에서 개인소유회사, 다시 주식공개회사로 여러 번 바뀌었다. 하지만 한 가지 변하지 않은 것은 메이저리그 스타 선수들의 브랜드에 대한 선호이다.

역사는 1884년 11살의 버드 힐러리히(Bud Hillerich)가 루이빌 메이저 리그 야구팀의 스타인 피트 브라우닝(Pete Browning)을 위해 야구 방망이를 만들면서 시작되었다. 버드는 아마추어 야구를 하는 아버지의 작은 목공소 견습생이었다. 그는 야구 방망이를 제조하여 판매하는 사업을 하고 싶어 했고, 마침내 그의 아버지를 설득했다. 버드는 그의 야구 방망이를 "루이빌 슬러거"로 이름을 짓고, 미국 특허청에 등록했다. 이 회사는 1897년에 힐레리히와 손(J.F. Hillerich & Son)으로 합병되었다.

1905년 피츠버그 파이어리츠의 "날아다니는 네덜란드인" 호너스 와그너(Honus Wagner)는 루이빌 슬러거 상품 품질에 대한 보증에 사인하며, 상품을 보증한 최초의 운동선수가 되었다. 1911년 판매 및 마케팅 전문지식을 가진 세일즈맨 프랭크 브래드비(Frank Bradsby)가 회사의 파트너가 되었고, 이 회사는 힐레리히와 브래드비 회사(H&B: Hillerich & Bradsby Company Inc.)로 개칭되었다. 루이빌 슬러거 배트를 사용한 유명한 야구 선수들 중에는 베이브 루스(Babe Ruth), 루게릭(Lou Gehrig), 행크 아론(Hank Aaaron) 등이 있다.

루이빌 슬러거는 1억 개 이상의 야구 방망이를 판매하여 야구 역사상 가장 인기 있는 야구 방망이 브랜드가 되었다. 메이저리그 전체 선수의 60%가 루이빌 슬러거 야구 방망이를 사용한다. 2015년 10억 달러 규모의 핀란드 법인 자회사이자 내셔널 풋볼 리그의 공식 축구공 제조업체인 윌슨 스포팅 굿즈(Wilson Sporting Goods)는 루즈빌 슬러거를 7,000만 달러(약 1조 원)에 인수했다. 비록 윌슨이 브랜드를 소유하게 되었지만, H&B는 상징적인 야구 방망이를 제조하기 위해 전문 기술을 사용하는 독자적인 제조 파트너로 남아있다.[1]

도입

기업 소유권의 법적 형태는 고객 입장에서는 별로 중요하지 않다. 식당에서 식사를 할 때, 아마 당신은 그 식당이 1인 소유의 식당인지(개인사업자), 동업을 하는 2인 이상의 소유주를 가지고 있는지(공동기업), 또는 많은 수의 주주가 소유하고 있는 법인(주식회사)인지에 대해서 크게 관심을 가지지 않을 것이다. 당신이 원하는 모든 것은 오직 맛있는 음식이다. 만약 당신이 외제차를 산다면, 당신은 아마 그 차를 만든 회사가 미국 내 기업에 적용되는 법률과는 다르게 그 회사의 조직 형태를 통제하는 법률을 가지고 있든 말든 상관하지 않을 것이다. 모든 기업은 소유자와 사업범위에 적합한 조직형태를 선택해야만 한다. 기업의 법적 소유 형태는 기업 운영, 납부해야 하는 세금액과 기업소유주가 갖는 지배력에 영향을 준다.

이번 장에서는 기업 소유권의 세 가지 주요 유형 — 개인사업자, 공동기업, 주식회사 — 에 대해 알아보고 각 유형의 장단점을 검토한다. 이 세 가지 유형은 그 기업이 전형적인 제조업체이든 순수온라인 기업이나 온오프라인 겸업기업이든지 관계없이 모든 분야에 존재한다. 또한 이 장에서 이 세 가지 유형의 기업조직 외 S주식회사, 유한책임회사 및 협동조합 등도 살펴보고 기업 소유권에 대한 추세도 토의해 본다. 〈표 4-1〉은 이 장에서 언급하는 다양한 기업 소유권 형태를 비교하고 있다.

〈표 4-1〉 기업 소유권의 다양한 형태

조직	소유권	과세	책임한계	활용
개인사업자	1인 소유주	개인소득과세	무한책임	1인이 소유하며 기업을 운영하는 가장 쉬운 방식
공동기업	2인 이상 소유주	개인소유주의 소득과세	일부 유한책임	2인이 동업으로 기업을 운영하기에 용이한 방식
주식회사	무제한의 주주	법인 및 주주 과세	유한책임	지분 소유주 또는 주주들로 구성되는 법인
S주식회사	최대 100명의 주주	공동기업으로 과세	유한책임	제한된 수의 주주에 대해 세제상 장점을 갖는 법인
유한책임회사	주주수 무제한	공동기업으로 과세	유한책임	개인적인 소송 회피

학습목표 4-1

개인사업자/개인기업

개인사업자/개인기업
1인이 소유하고 운영하는 기업. 미국에서 가장 일반적인 형태의 사업체.

1인이 소유하고 운영하는 **개인기업**(sole proprietorships)은 미국 외 다수의 나라에서 가장 일반적인 기업조직의 형태이다. 수많은 식당, 미용실, 꽃가게, 애완견 가게 그리고 독자적인[*] 식료품점 등이 개인기업에 포함된다. 예를 들면, 이라크에서 근무했던 참전용사인 크리스 놀트(Chris Nolte)는 프로펠 에릭 바이크(Propel Electric Bikes)라는 전기 보조 자전거 사업을 시작했다.[2] 또한 개인사업자는 과제에 참여하거나 기업가적 활동이나 다른 조직에 참여 하지만 해당 조직의 직원이 아닌 독립적인 계약자들을 포함한다. 여기에는 우버(Uber)의 드라이버와 메리 케이(Mary Kay), 에이번(Avon), 터퍼웨어(Tupperware)와 같은 회사의 직접 판매에 종사하는 사람들이 포함된다. 작은 소매점, 재무 상담, 자동차 수리, 탁아소 등과 같은 많은 개인사업자는, 소규모 회사가 이용할 수 없는 대규모의 자금을 필요로 하는 제조업보다는 서비스 업종에 집중되어있다. 아마존은 개인사업자에게 아마존에서 온라인 상점을 세울 기회를 제공한다. 아마존은 매출의 일부를 가져가고, 아마존을 통해 연간 10만 달러 이상의 매출을 올리는 2만 개 이상의 중소기업에게 배송 및 온라인 서비스를 제공한다. 이것은 미국 내 인터넷 소매 판매 거의 절반을 차지하는 가장 큰 온라인 소매점을 통해 사업자에게 기회를 열어주는 것이다.[3] 〈그림 4-1〉에서 보는 바와 같이, 개인사업자 수는 주식회사보다 압도적으로 많지만 매출과 이익 규모는 훨씬 적다. S주식회사와 C주식회사 간의 차이는 추후에 논의할 것이다.

개인사업자는 전형적으로 50인 미만의 종업원을 고용하고 있는 소규모 기업체이다(소규모 기업에 대해서는 5장에서 더 상세히 다룰 것이다). 개인사업자는 미국 내 전체 기업의 약 3/4을 차지한다. 여성 사업주가 남성 사업주보다 신용거래를 할 수 있는 가능성이 더 낮다는 것은 흥미롭다.[4] 많은 영역에서 소규모 기업이 국가 경제의 압도적인 대다수를 차지한다.

*여기에서 '독자적'이라는 것은 체인점이 아니라는 의미임. – 역자 주

개인기업의 장점

개인기업은 보통 기업 소유주가 경영한다. 이런 단순한 경영구조로 인해, 소유주/경영자는 신속하게 의사결정을 할 수 있다. 이것은 개인사업자 형태의 기업이 가지고 있는 많은 장점 중의 하나이다.

설립의 간편성과 비용. 개인기업의 설립은 상대적으로 쉽고 비용이 적게 든다. 미국의

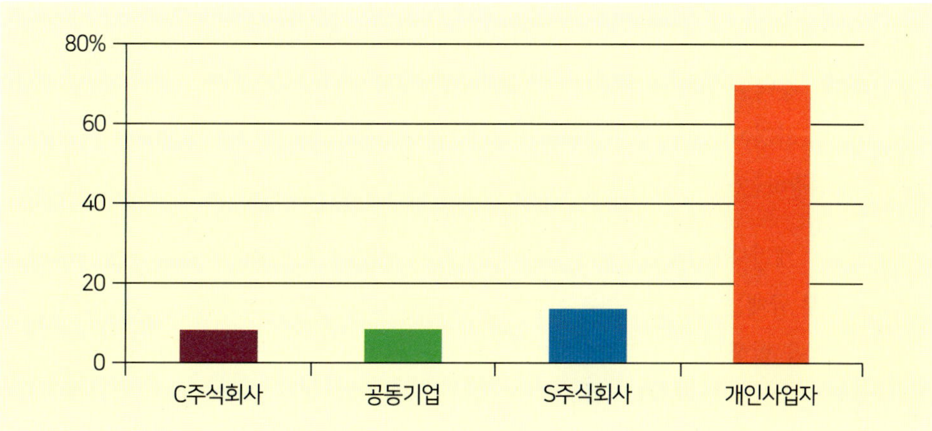

〈그림 4-1〉 개인사업자, 공동기업 S주식회사 및 C주식회사 간 비교

자료: Scott Greenberg, "Pass-Through Businesses: Data and Policy," *Tax Foundation*, January 17, 2017, https://taxfoundation.org/passthrough-businesses-data-and-policy/ (accessed April 10, 2018)

미국에서 가장 흔한 형태의 사업 조직인 개인기업에는 일반적으로 꽃집, 식당, 미용실 같은 사업체들이 포함된다.

어떤 주(state)에서는 지역신문에 개업을 알리기만 하면 된다. 이발소, 식당과 같은 개인사업자들은 사업의 특성 때문에 주정부 또는 지역의 면허와 허가를 필요로 할 수도 있다. 이런 허가 관련 비용은 보통 25~100달러가 소요된다. 개인기업 설립에 변호사는 필요하지 않고 소유주가 보통 외부의 도움 없이 필요한 서류작업을 처리할 수 있다.

물론 새로운 개인기업을 시작하는 창업자는 기업을 운영할 적합한 장소를 물색해야 하는데, 이것은 온라인 사업에서도 동일하다. 어떤 개인사업자들은 작업공간이나 사무실을 찾을 때 자신의 창고나 남는 빈 방을 사용하기도 한다. 창업자의 집에서 탄생한 유명한 기업 중에는 구글, 월트 디즈니, 델, 이베이, 휴렛팩커드, 애플과 메텔사(Mattel)가 있다.[5] 컴퓨터, 개인용 복사기, 스캐너 및 기타 첨단 장비들은 재택사업자(home-based businesses)에게 고객, 공급자 및 다른 사람들과의 신속한 상호작용을 가능하게 해주는 요긴한 물건으로 쓰여 왔다. 많은 독자적인 영업직과 하청업자는 외근 중에 스마트폰이나 태블릿 컴퓨터를 이용해 업무를 수행할 수 있다. 이메일과 사회연결망 서비스는 많은 개인사업자가 서비스 지역 내에서 업무처리를 가능하도록 해주었다. 인터넷 접속은 소기업이 제품을 홍보하고, 심지어 인터넷 전화(voice-over Internet protocol: VoIP) 기술을 이용해 저비용 장거리 전화를 걸 수 있는 웹사이트를 구축할 수 있도록 한다. VoIP를 이용한 가장 유명한 서비스는 스카이프(Skype)로서 사람들이 인터넷을 이용해서 무료 전화를 사용할 수 있도록 한다.

영업기밀 유지. 개인사업자는 높은 수준의 영업기밀 유지가 가능하다. 공동회사나 주식회사의 소유주들과 달리 개인기업의 소유주는, 기업 운영계획에 대해 공개적으로 토의할 필요가 없고, 경쟁사가 영업비밀을 획득할 가능성을 최소화할 수 있다.

이익의 배분과 사용. 개인기업의 모든 이익은 독점적으로 기업 소유주에 귀속된다. 소유주는 이익을 동업자나 주주들과 나눌 필요가 없다. 소유주는 그 이익금을 어떻게 사용할지(사업 확장, 급여 인상, 추가재고 구매를 위한 출장, 신규고객 발굴 등) 결정한다.

사업의 유연성과 통제. 개인사업자는 사업에 대한 완전한 통제권을 가지고 있고 다른 어떤 사람의 승낙도 없이 의사결정을 즉시 할 수 있다. 이러한 통제권은 기업소유주가 경쟁적인 사업 환경이나 경제 변화에 신속하게 대응할 수 있도록 해준다. 가격이나 제품을 신속하게 변경하는 능력은 기업에게 경쟁우위를 제공할 수 있다.

정부규제. 개인사업자는 정부규제에서 가장 자유롭다. 연방정부, 주정부 및 지방정부 등 많은 정부 규제는 오직 일정 수 이상의 종업원이 있는 기업에만 적용된다. 또한 증권 관련법은 주식을 발행하는 주식회사에만 적용된다. 그럼에도 불구하고, 개인사업자는 자신의 사업에 적용되는 모든 법을 준수하고 있다는 것을 보장해야 한다. 예를 들면, 개인사업자는 근로자 및 소비자보호 법안을 준수하는 데 주의해야 한다.

과세. 개인기업의 이익은 개인소득으로 간주되고 개인 세율에 의해 과세된다. 그러므로 개인사업자는 사업소득과 개인소득을 포함하여 단일 소득세를 납부한다. 또 다른 세금 혜택은 개인사업자는 비과세 퇴직연금이나 비과세 이익배분 계좌를 개설할 수 있도록 허용된다는 것이다. 이런 계좌들은 현재의 소득세는 면제되지만, 퇴직 후 지불금액에 대해 수령 후에 과세된다.

폐업. 개인기업은 쉽게 폐업할 수 있다. 공동 소유주나 동업자의 동의가 필요 없다. 단 하나의 법적 요건은 모든 재정적인 부채가 지불되거나 해소되어야 한다는 것이다. 만약 개인기업이 폐점을 위한 할인판매를 한다면, 대부분의 주에서는 실제로 폐점할 것을 요구한다.

개인기업의 단점

한 사람에게 장점으로 보이는 것은 다른 사람에게는 단점이 되기도 한다. 자본주가 경영하는 수익성 좋은 사업에는, 아래의 많은 요인이 문제가 되지 않는다. 반면, 매우 적은 사업 경험과 자금으로 시작한 개인기업은 많은 단점에 직면하기 쉽다.

무한책임. 개인기업은 사업상 발생한 채무에 대해 무한책임을 진다. 즉 만약 기업이 채권자에 지불이행을 하지 못하면, 소유주가 기업 소유가 아닌 개인 소유의 자동차나 집을 빚을 청산하는 데 사용하도록 강제 처분될 수 있다. 개인사업자의 파산선언에도 불구하고 집과 농지를 채권자들에게 빼앗기지 않을 수 있는 주(state)는 소수에 불과하다. 개인이 더 많은 재산을 보유할수록 무한책임의 단점은 더 커진다.

한정된 자금 원천. 개인기업이 이용 가능한 자금원은 은행, 친구, 가족, 중소기업청(Small Business Administration) 또는 자신의 자금이다. 소유주의 개인 재정 상태가 자신의 신용 상태를 결정한다. 또한 개인사업자는 큰 주식회사에 비해 위험도가 높은 것으로 간주되기 때문에 은행 대출 시 더 높은 이자율을 부담해야 할 수도 있다. 더 많은 개인기업이 은행보다 높은 이자를 부과하는 비은행 금융기관을 이용하고 있다. 개인사업자가 사업용 자금을 대출받을 수 있는 유일한 방법은 대출 보증을 위해 자동차, 주택, 기타 부동산 또는 다른 개인 자산을 담보로 설정하는 것뿐이다. 만약 사업이 실패하면, 소유주는 사업체뿐만 아니라 개인 재산까지 잃을 수 있다. 이와는 달리, 공공의 소유인 주식회사는 상업은행으로부터 자금을 획득할 수 있을 뿐만 아니라, 자금 확보를 위해 일반 대중에 주식이나 채권을 매각할 수 있다. 만약 회사가 폐업하게 되더라도 기업의 소유주는 개인재산을 잃지 않는다. 하지만 그들이 보유한 주식이나 채권의 가치는 소멸될 것이다.

한정된 기술력. 개인사업자는 다양한 기능을 수행할 수 있어야 하고 경영관리, 마케팅, 재무, 회계, 부기 및 인사관리와 같은 다양한 영역의 기술을 보유할 수 있어야 한다. 기업은 도움이나 조언을 목적으로 회계사나 변호사와 같은 특화된 전문가를 고용할 수 있다. 때때로, 개인사업자는 특정 업무 기능에 도움을 필요로 한다. 예를 들어 네트워크 솔루션

(Network Solutions)은 온라인 입지를 강화하고자 하는 중소기업을 위한 웹 서비스를 제공한다. 이 회사는 웹사이트와 온라인 마케팅 서비스를 구축하는 데 도움이 되는 도구를 제공할 뿐만 아니라, 웹사이트 호스팅과 웹사이트를 위한 저장 공간 제공 및 접속을 돕는다.[6] 하지만 결국 사업의 모든 영역에서 최종 결정을 내리는 것은 기업 소유주이다.

연속성의 결여. 개인기업의 기대수명은 소유주의 수명과 소유주의 근로가능 수명에 직결되어 있다. 소유주의 심각한 질병은 만약 만족할 만한 도움을 받을 수 없다면 사업실패를 초래할 수 있다. 개인기업의 매각을 준비하는 것은 어려우며 동시에 고객들로 하여금 그 기업이 고객의 요구를 계속 충족시킬 것이라고 확신시키는 것은 어렵다. 예를 들어 어떻게 누가 가축병원 운영경험을 판매할 수 있겠는가? 수의사의 주요 자산은 환자이다. 만약 그 수의사가 갑자기 사망할 경우 장비는 처분할 수 있지만, 환자들은 그 가축병원 고객으로 남아있지는 않을 것이다. 다른 한편, 은퇴하고자 하는 수의사가 젊은 동업자를 영입해 시간을 보내면서 동업자에게 가축병원 운영경험을 팔 수 있을 것이다. 동업의 한 가지 장점은 고객 중 일부는 비록 소유권이 바뀐다고 해도 그 기업에 고객으로 남을 가능성이 있다는 것이다.

자격요건을 갖춘 직원의 부족. 개인기업체의 이익은 크지 않을 수 있어서 작은 개인기업이 경쟁관계의 대기업이 제공하는 급여와 복리후생조건을 맞춰주는 것은 일반적으로 어렵다. 또한 개인사업체 내에서는 승진기회도 적어서, 소유주는 자격요건을 갖춘 직원을 고용 및 유지하는 데 어려움을 겪을 수 있다. 다른 한편으론, 다운사이징을 수행하고 업무를 아웃소싱 하는 대기업의 추세는 소기업에게 잘 훈련된 직원을 채용할 수 있는 새로운 기회를 열어줬다.

과세. 과세는 장점이 될 수도 있지만, 개인사업자의 수입에 따라 단점이 될 수도 있다. 현재의 세율에서는, 개인기업은 7만 5,000달러 이하의 매출을 내는 소규모 주식회사보다 더 높은 한계세율을 부담한다. 하지만 개인기업은 주식회사에서 발생하는 이중과세와 무관하다. 세금효과는 종종 개인사업자가 자신의 사업을 법인화할지 여부를 결정한다.

학습목표 4-3

공동기업

개인기업의 단점을 최소화하고 장점을 극대화하는 한 가지 방법은 두 명 이상의 소유주를 갖는 것이다. 대부분의 주(state)는 합명회사법(Uniform Partnership Act)에 기초한 공동기업을 규율하는 모델법을 가지고 있다. 이 법은 **공동기업**(partnership)을 "수익 사업체의 공동소유자 관계에 있는 2인 이상의 조합"으로 정의한다. 예를 들어 명품 핸드백과 액세서리 디자이너인 레베카 밍코프(Rebecca Minkoff)는 남자 형제인 유리 밍코프(Uri Minkoff)와 함께 유명 브랜드를 설립했다.[7] 공동기업은 가장 드물게 사용되는 기업의 유형이다. 이 유형의 기업은 전형적으로 개인기업보다는 크고 주식회사보다는 소규모이다. 공동기업은 〈표 4-2〉에 나와있는 기본적인 성공요인을 따르는 한, 효과적인 기업의 한 유형이 될 수 있다.

공동기업
합명회사법에 의해 "수익사업체의 공동소유자 관계에 있는 2인 이상의 조합"으로 정의되는 기업의 한 형태.

1. 기여도에 따라 균등한 이익 공유
2. 필요 자원에 대한 파트너들의 다른 기술 보유
3. 윤리적 행동과 규정 준수
4. 효과적인 의사소통 방법 유지
5. 이해관계자들과의 투명성 유지
6. 현실적인 자원 및 재무 관리
7. 사업과 관련한 경험
8. 일과 생활 간의 균형적인 시간 유지
9. 고객 만족과 제품 품질에 집중
10. 매출 및 성장 기대치와 계획에 맞춘 자원 유지

〈표 4-2〉 공동기업의 핵심 성공요인

공동기업의 유형

공동기업은 합명회사와 합자회사 두 가지 기본 유형이 있다. **합명회사**(general partnership)는 기업 경영의 완전한 공유를 수반한다. 합명회사에서 모든 동업자는 기업의 채무에 대해 무한책임을 진다. 변호사, 회계사 및 건축가와 같은 전문가들이 종종 합명회사에 함께 참여한다.

칼혹합자회사(Calhoc Limited Partnership)는 콜롬버스 블루자켓 NHL(Columbus Blue Jackets NHL) 프랜차이즈를 소유하고 운영한다. 존 맥코넬(John P. McConnell)은 블루자켓(Blue Jackets)의 핵심 소유자이다.

©Aaron Doster/CSM/REX/Shutterstock

합자회사(limited partnership)는 회사부채에 무한책임을 지는 최소 한 명의 무한책임사원과, 기업에 대한 출자한도로 채무한도가 제한되는 최소 한 명의 유한책임사원으로 구성된다. 합자회사는 손실을 볼 가능성이 큰 고위험의 투자 사업에서 흔히 볼 수 있다. 무한책임사원은 손실의 위험을 감수한다. 반면, 유한책임사원의 손실은 그들의 초기 투자금액으로 제한된다. 유한책임사원은 기업경영에는 참여하지 않지만 조합계약의 규정에 따라 수익을 공유한다. 유한책임사원이 초기 투자금을 돌려받은 후에 보통 무한책임사원이 회사 이익의 더 큰 몫을 받는다. 마스터 합자회사(Master Limited Partnership)는 증권거래소에서 거래되는 합자회사로서, 합자회사에 주어지는 세제 혜택과 기업자산의 유동성(자산을 현금으로 전환할 수 있는 능력)을 갖는다. 마스터 합자회사의 대표적인 예로는 석유 및 가스 회사와 파이프라인 운영자가 있다.[8]

합명회사
동업자들이 기업의 경영과 채무에 있어 무한책임을 공유하는 공동기업.

합자회사
무한책임을 지는 최소 1인 이상의 동업자와 출자한도로 책임한도가 제한되는 최소 1인 이상의 동업자를 가지는 공동기업.

공동기업의 정관

합명(합자)회사 정관(articles of partnership)은 동업자들 간의 기본적 협약 내용을 명시한 법적 문서이다. 대부분의 주(state)는 공동기업의 정관을 요구하지만, 만약 정관이 필요하지 않더라도, 이를 작성하는 것이 동업자들에게 마땅한 일이다. 정관은 일반적으로 각 파트너가 기여한 자금(출자금이라고 불림)이나 자산내역을 명시하고, 각 파트너의 개별적 경영자 역할이나 의무를 기술한다. 또한 동업자들 간에 어떻게 기업의 이익과 손실이 배분될

합명(합자)회사 정관
동업자 간의 기본적 협약내용을 명시한 법적 문서.

〈표 4-3〉 공동기업 정관의 이슈 및 항목

*출자만 하고 경영에 관여하지 않는 동업자. – 역자주

1.	회사의 명칭, 목적 및 소재지
2.	정관 효력의 지속 기간
3.	각 사원(동업자)의 권한과 책임
4.	동업자들의 성격(무한책임사원 또는 유한책임사원, 업무담당사원 또는 익명사원* 등)
5.	각 동업자의 출자내역
6.	이익과 손실의 분배
7.	각 사원의 급여
8.	각 사원의 지분회수(출자철회) 한도
9.	사원의 사망
10.	사원 지분의 매각
11.	분쟁의 조정
12.	의무 및 금지 사항
13.	부재 및 불능
14.	제한 조약
15.	매입 및 매각 협정

지와 협약 내용에 적용할 기타 제약 사항들뿐만 아니라 동업자의 퇴사규정에 대해 기술한다. 〈표 4-3〉은 공동기업의 정관에 포함되어야 할 이슈와 항목의 목록을 포함하고 있다.

공동기업의 장점

수백 명의 파트너가 있는 법무법인, 회계법인, 투자회사들은 컴퓨터 수리점을 소유하고 있는 2~3인 간의 조합 계약서와는 달리 상당히 복잡한 조합계약서를 가지고 있다. 공동기업의 장점은 다른 유형의 기업체가 제공하는 것과 비교되어야 하며, 모든 장점이 모든 공동기업에 적용되는 것은 아니다.

설립의 간편성. 공동기업의 창업은 공동기업 정관을 작성하는 것보다 약간의 추가적인 작업을 필요로 한다. 법적인 인가서의 승인은 필요 없지만 기업 명칭은 등록이 필요하다.

자본 및 신용의 가용성. 기업이 여러 명의 동업자를 가지게 되면, 재능, 전문기술 및 통합된 재원의 조합이 주는 혜택을 누리게 된다. 공동기업은 개인기업보다 대규모가 되는 경향이 있고 그래서 더 큰 수익 창출 능력과 더 높은 신용도를 갖게 된다. 많은 유한책임회사가 경제적 수익보다는 세금 절감의 목적으로 설립되었기 때문에, 모든 미국 공동기업의 총수입은 매우 낮다. 그럼에도 불구하고, 많은 변호사, 회계사 및 투자은행 회사의 전문 분야 공동기업은 상당히 높은 수익을 낸다. 예를 들어 국제적인 법률자문회사인 모건, 루이스 앤 보키우스 유한합자회사(Morgan, Lewis & Bockius LLP)의 700명 이상의 파트너들은 회사가 연간 10억 달러 이상의 수익을 거두기 때문에 고소득을 가져간다.[9]

지식과 전문기술의 결합. 대부분 성공한 공동기업의 파트너들은 서로의 재능을 인정

하고 마케팅, 생산, 회계 또는 서비스와 같은 특정한 전문 분야에 특화하여 혼동과 갈등을 피한다. 공동기업 내 전문기술의 다양성은 기업이 다방면에 걸쳐 많이 아는 개인사업자 대신 전문가들로 구성된 경영팀에 의해 운영되는 것을 가능하게 만든다. 공동설립자 저스틴 웨더릴(Justin Wetherill), 에드워드 트루히요(Edward Trujillo), 데이비드 레이프(David Reiff)는 다양성을 그들의 아이폰 수리 서비스 회사인 유브레이크아이픽스(uBreakiFix)의 성공에 핵심요소라고 믿는다. 창업한 지 불과 9년 만에 이 기업은 375개 지점에서 연간 1억 4,700만 달러 이상의 매출을 올리는 기업으로 성장했다. 또한 프랜차이징 전략으로 추가적인 성장에 확실한 박차를 가했다.[10] 법률, 재무 설계 및 회계 분야의 서비스 지향적 공동기업은 고객이 한 사람에 의해 제공되는 것보다 다양한 사람으로 구성된 팀에 의해 제공되는 서비스가 더 품질이 높을 것으로 생각하기 때문에 고객을 유인할 수 있다. 예를 들어 대형 법무법인들은 흔히 가족법, 파산법, 상법, 문화 산업법, 형법과 같은 특정 법률 분야에 특화된 개인 파트너들을 보유하고 있다.

의사결정. 작은 공동기업은 큰 공동기업이나 주식회사가 할 수 있는 것보다 사업 환경 변화에 더 신속하게 대처할 수 있다. 이런 신속한 대응은 동업자들이 일상 업무에 개입되어 있고, 협의 후 신속하게 의사결정을 할 수 있기 때문에 가능하다. 수백 명의 동업자를 갖는 대형 공동기업은 미국의 많은 주(state)에서 일반적이지 않다. 이런 기업은 의사결정이 지연될 가능성이 크다. 하지만 일부 공동기업은 큰 규모에도 불구하고 성공적으로 운영되어 왔다. 회계법인 언스트앤영(Ernst & Young)은 미국에서 두 번째로 큰 회계 및 자문 회사이다. 1년 동안 753명의 개인을 파트너로 승진시켰는데, 이 중 30%가 여성이었다. 일부 사람들은 전 세계에서 296억 달러가 넘는 매출을 달성한 어니스트 앤 영의 성공이 다양성에 대한 적극적인 수용과 팀의 혁신 덕분이라고 말했다.[11]

규제 감독. 개인기업과 같이, 공동기업도 주식회사보다 회사의 활동에 영향을 주는 규제 감독이 적다. 공동기업은 애플이나 포드자동차와 같은 주식회사가 하는 것처럼 공개적인 재무제표를 정부기관에 제출하거나 분기별 재무제표를 수백 명의 주주에게 발송할 필요가 없다. 하지만 공동기업은 개인기업이 하는 것처럼, 직원의 채용과 해고, 식품 취급 등에 관련된 주의 법 및 연방법뿐만 아니라 자신이 속한 산업이나 전문 분야의 모든 관련법을 준수해야 한다.

공동기업의 단점

공동기업은 개인기업과 주식회사에 비해 많은 장점이 있는 반면, 몇 가지 단점도 있다. 유한책임사원은 공동기업 경영에 대해 발언권이 없고, 무한책임사원이 더 많은 몫의 이득을 챙기는 반면, 사업상 위험의 대부분을 부담할 수 있다. 특히 공동기업이 다국적 조직일 때, 한 파트너의 사업 목표와 목적에 변경이 있는데 다른 파트너는 그렇지 않을 수 있다. 이는 기업이 양측 모두를 만족시키는 데 실패하거나 심지어 동업관계를 끝내도록 하는 마찰을 유발할 수도 있다. 많은 공동기업 분쟁은 법정에서 결말이 나거나 외부의 중재를 필요로 한다.

공동기업은 두 동업자가 분쟁을 해결하지 못할 때 위태로워질 수 있다. 예를 들어 사진공유 모바일 애플리케이션 스냅챗(Snapchat)의 공동설립자들은 형제애를 나눴던 공동설립자에 의해 사업이 그의 아이디어에 바탕을 두고 있다는 이유로 고소되었다.[12] 어떤 경우에는 궁극적인 해결책이 동업관계의 청산이 될 수도 있다. 공동기업의 주요 단점은 다음과 같다.

무한책임. 합명회사에서 무한책임사원은 개인사업자가 자신의 기업에 대해 무한책임을 지는 것처럼, 사업상 발생한 채무에 대해 무한책임을 진다. 이런 무한책임은 한 동업자가 다른 동업자보다 개인적인 재력이 크다면 뚜렷한 단점이 될 수 있다. 잠재적인 동업자는 어려운 시기에 모든 동업자가 회사구조를 위해 서로 비슷한 재원을 보유하는 것을 확실히 하도록 점검해야 한다. 이러한 단점은 오직 초기 투자금만 잃을 수 있는 유한책임사원에게는 해당되지 않는다.

업무 책임. 모든 동업자는 다른 모든 동업자의 업무 행위에 책임을 진다. 동업자들은 다른 동업자의 동의 없이 공동기업의 계약을 승인할 수 있다. 한 동업자의 잘못된 의사결정은 다른 동업자들의 개인 자산을 위험에 빠뜨릴 수도 있다. 이혼과 같은 개인적인 문제들은 동업자 개인 재력의 상당 부분을 축소시켜서 전체 동업자의 재무구조를 약화시킬 수 있다.

공동기업 수명. 공동기업은 해당 동업자가 사망하거나 투자금을 회수할 때 청산된다. 2인 공동기업에서, 만약 한 동업자가 투자금을 철회하면, 기업의 채무가 상환되고 자산이 양 동업자 간에 배분된다. 이러한 경우 명백하게, 사업을 계속하고자 하는 동업자는 심각한 피해를 보게 될 것이다. 사업은 혼란에 빠지고, 자금조달이 감소하며 떠나는 동업자의 경영능력을 잃게 될 것이다. 남은 동업자는 다른 동업자를 찾거나 회사를 개인기업으로 변경해야 할 것이다. 법무법인이나 투자은행 등에서 발견되는 대규모 공동기업에서는, 공동기업의 지속이 회사 정관에 명시될 수도 있다. 그 내용은 남아있는 동업자들 사이의 새로운 파트너십 합의서를 위한 규정을 간략하게 언급한 것일 수도 있다. 그런 경우, 다른 동업자들에 대한 불이익은 최소화된다.

공동기업 지분 매각은 동업자의 사망이나 출자 철회와 동일한 효력을 가진다. 한 명의 파트너가 보유하고 있는 공동기업의 지분에 가치를 평가하는 것은 어려운 일이다. 공공의 소유인 주식회사에 부여되는 것처럼, 공동기업에는 객관적 가치를 부여할 수 없다. 어떤 한 법무법인의 가치는 얼마일까? 지역 철물점의 가치는 얼마일까? 모든 동업자가 동의할 수 있는 공정한 가치를 제시하는 것은 쉽지 않다. 만약 공동기업의 정관이 가치평가방법을 밝히고 있다면 동업자의 지분 매각이 보다 용이하다. 비록 한 동업자의 지분 매각을 위한 절차가 없더라도, 과거 동업 관계가 청산되고 새로운 공동기업을 설립해야 한다. 이와는 대조적으로, 주식회사 형태의 기업에서는 기업소유주의 이탈이 회사의 재무자원에 거의 영향을 주지 않고, 경영진의 상실이 조직 구조에 장기적인 변화를 일으키지 않는다.

이익 분배. 공동기업이 벌어들인 수익은 회사 정관에 명시된 비율대로 동업자들에게 분배된다. 만약 이익 분배가 각각의 동업자가 기업에 투입한 업무량을 반영하지 못하면 이는 단점이 될 수 있다. 당신은 이미 수업의 그룹 과제(프로젝트)에서 공동 작업을 하면서 이런 단점을 직면했었을 수도 있다. 그룹 과제에 많은 공헌을 한 학생은 아무런 공헌을 하지 않은 학생이 소위 공짜로 학점을 받았다고 느낄 수 있다. 불공평한 수익공유합의 인식도 동업자들 간 긴장을 유발하고, 불만족한 동업자들은 기업의 수익성에 부정적 영향을 줄 수도 있다.

한정된 자금 원천. 개인기업과 마찬가지로, 공동기업에 가용한 자금 원천은 한정되어 있다. 기업에 공공적 가치(주식회사 주식의 현재 거래가격과 같은)가 부여되지 않기 때문에, 비록 제3자들이 가치에 접근할 수 있음에도 불구하고, 잠재적인 동업자는 동업자 지분이 얼마의 가치를 갖는지 알 수 없다. 더욱이 공동기업 지분은 공개시장에서 쉽게 매매될 수 없기 때문에, 잠재적인 주주는 임의로 손쉽게 매각할 수 없는 자산에 자신의 자금을 묶어두려 하지 않을 수 있다. 특히, 시설 및 설비 구비에 대규모 투자를 필요로 하는 전국 규모의 사업 운영을 위한 자금을 축적하는 것은 어려울 수 있다. 공동기업 또한 더 높은 위험이 있는 것으로 간주되기 때문에 큰 주식회사보다 은행으로부터 대출받은 자금에 대해 더 높은 이자를 지불해야만 할 수도 있다.

공동기업의 과세

공동기업은 준과세(quasi-taxable) 조직이다. 공동기업은 국세청에 세금신고서를 제출할 때 세금을 납부하지 않는다는 의미이다. 세금신고서는 단순히 회사의 수익성과 동업자들 간의 수익배분에 대한 정보를 제공한다. 동업자들은 개인별 세금신고서에 자신의 수익분배금을 보고하고 개인별 소득세율에 따라 세금을 납부해야 한다. 마스터 합자회사에는 주식회사와 유사한 재무 보고서가 요구되는데, 이는 다음 절에서 논의한다.

윤리 및 사회적 책임 Consider Ethics and Social Responsibility

비어 하운드 양조회사의 완벽한 파트너십

케니 태커(Kenny Thacker)는 항상 맥주를 양조하는 꿈을 꿨다. 따라서 전직 건설 노동자였던 태커는 실업자가 된 후 자신의 꿈을 실현하기 위해 출발했다. 그의 아버지로부터 2만 5,000달러의 융자를 받아, 2012년에 비어 하운드 양조회사(Beer Hound Brewery)을 설립했다. 양조회사에서 제조한 맥주는 지역민의 사랑을 받았지만, 오픈한 후 3년 동안 재정적으로 힘든 시간을 보냈다. 양조회사가 있는 작은 마을에는 태커가 이익을 낼 만큼 충분한 손님이 없었기 때문이다. 그는 단독 사업주로서 재정적으로 성공하는 데 필요한 모든 기술을 갖추지 못했다.

태커는 레스토랑 프랜차이즈 매니저인 프랭크 베커(Frank Becker)와 필립 모리스(Philip Morris)를 은퇴한 매니저 릭 캐쉬(Rick Cash)와 제휴하여 도움을 받았다. 이 세 사람은 이번에는 더 강력한 고객 기반을 구축할 수 있는 바람직한 장소에 비어 하운드 양조회사를 다시 열었다. 양조회사를 경영하는 것과 관련한 여러 가지 책임은 세 사람이 나누어 졌다. 태커는 양조법을 완성하는 데 주력했고, 그의 두 파트너는 마케팅, 운영, 자금 조달 측면에 대한 책임을 졌다. 양조회사가 문을 열었을 때 큰 인기를 끌었다. 올바른 사업 파트너를 찾은 것은 풋내기 양조회사가 성공적인 회사로 변신하는 데 도움이 되었다. 양조회사의 매출액은 첫 해에 50만 달러에 달했고, 태커, 베커, 캐쉬는 2017년 수익이 100만 달러를 넘을 것으로 추산했다.[13]

토의 주제

1. 무엇이 태커가 그의 두 사업 파트너를 데려온 후에 양조회사가 더 성공할 수 있도록 해주었는가?
2. 왜 태커, 베커, 캐쉬가 양조회사를 운영하는 책임을 분담하는 것이 중요한가?
3. 비어 하운드 양조회사의 어떻게 고객층을 키웠는가?

학습목표 4-3

주식회사

주식회사
국가에 의해 법적 권한이 부여되며 소유주로부터 분리된 자산과 부채를 가지는 법인.

'기업'을 떠올리면, 아마도 대부분의 사람이 자신의 소비금액 중 상당 부분이 GE, 프록터앤갬블(Procter & Gamble) 또는 소니와 같은 잘 알려진 주식회사들로 들어가기 때문에, 보통 거대한 주식회사를 생각할 것이다. **주식회사**(corporation)는 회사의 자산과 부채가 소유주로부터 분리되는 법인이다. 법인으로서, 주식회사는 재산의 양수, 소유 및 양도권과 같은 많은 권리와 의무, 그리고 인격권을 지닌다. 주식회사는 개인이나 다른 법적 실체와 계약을 할 수 있고 소송을 제기하거나 피소될 수도 있다.

주식회사는 미국 내 전체 매출과 수입의 대부분을 차지한다. 따라서 소비자로서 당신이 지출하는 대부분의 돈은 아마도 주식회사로 들어갈 것이다. 모든 주식회사가 제너럴 밀스(General Mills)나 포드자동차와 같은 대기업은 아니다. 비록 소기업이라도 주식회사가 될 수 있다. 우리가 이 장 후반부에 보게 될 것처럼, 많은 소기업은 'S주식회사'로서 설립되고, 이 회사는 다소 다른 규칙으로 운영된다. 제너럴 밀스와 같은 전통적인 'C주식회사'보다 더 큰 유연성을 가진다.

주식
매매가 가능한 주식회사의 지분.

배당금
주주들에게 현금의 형태로 분배되는 회사의 수익금.

주식회사는 전형적으로 **주식**(stock)(그래서 주식회사의 소유주는 보통 지분 소유주 또는 주주라고 불린다)이라 불리는 기업의 지분을 소유하는 다수의 개인과 조직에 의해 소유된다. 주주들은 자신의 주식지분을 매수, 매도, 선물로 양도 또는 양수, 심지어 상속도 할 수 있다. 소유주로서 주주는 주식회사의 모든 다른 채무가 지불된 후 남는 모든 수익에 대해 권리를 가진다. 이런 수익을 **배당금**(dividends)이라고 하는데 배당금은 현금 지불 형태로 배분될 수 있다. 예를 들어 어떤 주식회사가 비용과 세금을 제한 후에 1억 달러를 벌어서 소유주들에게 4,000만 달러를 지급하기로 결정했다면 주주들은 현금 배당으로 수익의 40%를 받게 된다. 최근 몇 년간 미국 기업들은 주주들에게 연간 4,380억 달러 이상의 배당금을 지급했다. 〈표 4-4〉는 세계 최대 배당금 지급 기업을 보여준다. 하지만 세금을 납부하고 난 후 남은 모든 이익이 주주들에게 배당금으로 지급되는 것은 아니다. 어떤 주식회사들은 사업 확장을 위해 이익을 유보하기도 한다. 예를 들어 알파벳(Alogabet)(구글의 모기업), 아마존, 바이오젠(Biogen), 테슬라(Tesla)는 수익을 재투자하기 때문에 과거주주들에게 배당금을 지급하지 않았다.

〈표 4-4〉 세계적으로 배당금을 많이 지급하는 상위 10개 기업

순위	기업명
1	로얄더치쉘(Royal Dutch Shell Plc)
2	중국 모바일(China Mobile Limited)
3	엑슨모빌(Exxon Mobil Corp)
4	애플(Apple Inc)
5	마이크로소프트(Microsoft Corporation)
6	AT&T(AT&T Inc.)
7	HSBC 홀딩스(HSBC Holdings plc)
8	중국 건설은행(China Construction Bank Corp.)
9	버라이즌 커뮤니케이션(Verizon communications Inc.)
10	존슨 & 존슨(Johnson & Johnson)

자료: Janus Henderson Global Dividend Index, Edition 17, February 2018, p. 12.

주식회사 설립

주식회사는 그 회사가 만들어지는 나라의 지역 법률에 따라 창립되거나 법인이 설립된다. 주식회사를 발기 설립하는 개인들을 발기인(incorporators)이라 한다. 미국의 각 주(state)는 기업 법인 설립을 위해, 때때로 발기 설립이라고 하는 구체적인 절차를 가지고 있다. 대부분의 주에서 최소 3인의 발기인을 필요로 한다. 그래서 많은 소규모 기업이 법인으로 설립될 수 있고 실제로 주식회사로 설립된다. 새로운 기업의 상

호는 다른 기업의 상호와 유사해서는 안 된다. 주식회사의 상호는 소유주가 유한책임을 진다는 것을 명시하기 위해 "company," "corporation", "incorporated," 또는 "limited"로 끝나야 한다(하지만 이 교재에서 company는 영리적인 사업 분야에 종사하는 모든 조직을 의미하고 개인기업, 공동기업 또는 주식회사를 지칭할 수 있다).

발기인들은 일반적으로 주식회사 정관이라고 불리는 법적 문서를 세무서에 신고해야 한다. 주식회사의 정관은 기업에 대한 기본 정보를 포함하고 있다. 다음의 10개 항목을 미국변호사협회(American Bar Association)에서 발행한 모범회사법(Model Business Corporation Act)에서 찾을 수 있는데, 대부분의 주가 이를 따른다.

1. 회사의 상호와 소재지 주소
2. 회사의 목적
3. 주식의 종류(보통주, 우선주, 의결권주, 무의결권주)와 각 주식의 종류별로 발행된 주식 수
4. 주식회사의 기대수명(보통 주식회사는 영속하는 것으로 설립된다.)
5. 법인 설립 시 납입자본
6. 소유주들 간의 주식 양도 규정
7. 내부 회사 문제를 통제하는 규정
8. 법인 설립 시 등록된 사무실의 주소
9. 초기 이사회의 이름과 주소
10. 발기인의 이름과 주소

주식회사 정관 내 정보에 기초하여, 당국은 **회사설립허가서**(corporate charter)를 회사에 발급한다. 이 허가서를 확보한 후 소유주들은 회사의 부속정관을 작성하고 이사회를 선출하는 공식 회의를 개최한다. 부속정관은 이사회의 위원회를 설치하고 회사운영에 대한 규정 및 절차 등을 기술할 수 있다.

회사설립허가서
회사가 회사 정관을 통해 제공한 정보에 기반을 두어 정부가 회사에 발행해 주는 법적 문서.

주식회사의 유형

미국의 경우 만약 특정 회사의 설립을 허가한 주(state) 내에서 그 회사가 사업을 운영하면, 주내법인(domestic corporation)으로 되지만, 그 회사가 사업을 운영하는 다른 주(state)들에서는 타주법인(foreign corporation)으로 알려져 있다.* 만약 회사가 자신이 설립된 국가의 외부에서 사업을 운영하면, 외국회사(alien corporation)로 불린다. 주식회사는 개인(소유)회사 또는 공개회사가 될 수 있다.

*본 교재에서는 미국 내의 상황으로, 일반적인 국내법인, 해외법인과 다른 의미로 쓰임. – 역자주

개인(소유)회사(private corporation)는 기업경영에 밀접하게 개입된 한 명 또는 소수의 사람에 의해 소유될 수 있다. 이 사람들은(일반적으로 가족) 회사의 모든 주식을 소유하고 일반인에게 주식을 팔지 않는다. 퍼블릭스 슈퍼마켓(Publix Super Markets)을 포함하여 많은 주식회사가 규모는 상당히 크지만 여전히 개인(소유)회사로 남아 있다. 이 회사는 연간 340억 달러 이상의 수익을 올리는 미국 내 7대 개인소유 회사 중 하나이다. 1930년에 설립되어

개인(소유)회사
주식비공개기업. 기업경영에 밀접하게 개입하는 1인 또는 소수의 주주들만 회사주식을 소유하는 비상장법인.

〈표 4-5〉 미국의 10대 개인소유회사

자료: "America's Largest Private Companies," *Forbes*, https://www.forbes.com/largest-private-companies/list/#tab:rank (accessed April 8, 2018).

순위	기업명	산업	수입(10억)	종업원 수
1	카길 (Cargil)	식품, 음료, 담배	$109.7	150,000
2	코흐인더스트리 (Koch Industries)	복합기업	$100	100,000
3	알버트슨 (Albertsons)	식료품 시장	$59.7	273,000
4	딜로이트 (Deloitte)	사업 서비스 및 공급자	$36.8	244,400
5	프라이스워터하우스쿠퍼스 (PricewaterhouseCoopers)	사업 서비스 및 공급자	$35.9	223,000
6	마즈 (Mars)	식품, 음료, 담배	$35	80,000
7	퍼블릭스 수퍼마켓 (Publix Sper Market)	식료품 시장	$34	191,000
8	벡텔 (Bechtel)	건설	$32.9	55,000
9	언스트앤영 (Ernst & Young)	사업 서비스 및 공급자	$29.6	231,000
10	C&S 도매 잡화 (C&S Wholesale Grocers)	식품, 음료, 담배	$28.1	17,500

지금은 창업자의 손자가 경영하고 있는데, 그는 이 회사를 이끄는 네 번째 가족 구성원이다.[14] 〈표 4-5〉는 미국 내 10대 개인소유회사의 목록이다. 개인소유회사들은 공개적인 재무정보 공시가 요구되지 않지만 당연히 세금은 납부해야 한다.

(주식)공개회사
상장기업. 회사 주식을 누구나 매매하거나 거래할 수 있는 주식회사.

(주식)공개회사(public corporation)는 기업의 주식을 누구나 매수, 매도 또는 거래할 수 있는 상장법인이다. 수천 개의 다국적기업은 수십억 소비자의 일상생활에 필요한 다양한 상품과 서비스를 제공한다.[15] IBM, 맥도날드, 캐터필러(Caterpillar), 프록터앤갬블과 같은 회사들은 미국 외 다른 나라에서 수입의 절반 이상을 창출하고 있다(표 4-6 참조). 미국 내 수천 개의 소규모 공개회사는 1,000만 달러 미만의 매출을 달성한다. AT&T와 같은 큰 상장기업에서, 주주들은 보통 회사경영과는 크게 동떨어져 있다. 또 다른 공개회사에서는 경영자가 보통 설립자이자 대주주이다. 예를 들어 페이스북의 최고경영자 마크 저커버그는 페이스북 주식의 16.1%를 보유하고 있다. 그는 3,500만 주에서 7,500만 주를 자선단체에 기부하겠다고 발표했지만 이 회사의 87%의 투표권을 보유하고 있다.[16] 상장회사는 주식 및 다른 증권의 거래를 규정하는 특별법에 의해 일반 대중에 재무정보를 공시해야 한다.

최초기업공개(IPO)
일반 주식시장에 처음으로 기업의 주식을 상장하여 공모하는 것.

사업 확장이나 기회를 활용하기 위해 추가 자금을 필요로 하는 개인소유회사는 **최초기업공개**(Initial Public Offering: IPO)를 통한 기업 공개화로 자금을 조달해야 할 수 있다. 이는 주식을 매각함으로써 공개시장에서 주식이 거래될 수 있도록 하여 상장회사로 등재하는 것이다. 디지털 미디어 회사들은 기업공개에서 주도적인 역할을 하고 있다. 중국 전자상거래 업체 알리바바는 250억 달러로 세계 최대 규모의 최초기업공개를 실시하였다.[17]

음악 스트리밍 서비스 스포티파이(Spotify)가 뉴욕 증권거래소에 공개되어 260억 달러를 획득했다.
©JUSTIN LANE/EPA-EFE/REX/Shutterstock

또한 개인소유회사는 대주주가 사망하거나 상속인이 납부해야 할 상속세가 많을 때 가끔 주식 공개를 통해 기업을 공개하도록 강제 조치된다. 오직 주식매각 수입으로만으로도 세금납부가 가능할 수도 있다. 이런 일이 아돌프 쿠어스

〈표 4-6〉 매출의 절반 이상을 해외에서 벌어들인 미국 기업들

기업명	기업 개요
캐터필러 (Caterpillar Inc.)	기계류, 엔진 및 금융상품의 설계, 제조, 마케팅 및 판매
다우케미컬 (Dow Chemical)	플라스틱, 석유 및 작물기술을 포함하는 제품들과 함께 화학물질 제조
제너럴일렉트릭 (General Electric)	가전제품, 기관차, 무기, 조명 및 가스 제품을 포함하여 기술 인프라, 에너지, 자본조달 및 소비재 및 산업재 분야에서 사업 운영
제너럴모터스 (General Motors)	Chevrolet, Buick, Cadillac과 Isuzu를 포함한 자동차 브랜드 판매
IBM	기술 연구를 수행하고 소프트웨어, 하드웨어를 포함한 지적재산을 개발하고 컨설팅 서비스를 제공
인텔 (Intel)	반도체 칩과 마이크로프로세서의 제조 및 개발
맥도날드 (McDonald's)	Subway 다음으로 세계에서 2번째로 큰 패스트푸드 식당 체인점 운영
나이키 (Nike)	운동화 및 운동복의 디자인, 개발, 마케팅 및 판매
프록터앤갬블 (Procter & Gamble)	Tide, Bounty, Crest 및 Iams를 포함하는 브랜드를 가지고 소비재 판매
얌 브랜드 (Yum! Brands)	Taco Bell, Kentucky Fried Chicken 및 Pizza Hut을 포함한 식당의 운영 및 라이선스

(Adolph Coors)가 사망한 후에 맥주양조업체인 아돌프 쿠어스 주식회사(Adolph Coors Inc.)에 발생했다. 그 회사는 주식을 공개했고, 그의 가족은 상속세를 납부하기 위해 주식 지분을 일반에 매각했다.

반면, 상장기업은 한 사람 또는 소수의 개인(아마 그 회사의 경영자)이 회사의 모든 주식을 매수해서 더 이상 일반에 매각할 주식이 없을 때 '개인소유회사로 전환'될 수도 있다. 소유주들이 회사에 더 큰 통제력을 행사하려 하거나 기업운영상의 구조조정에 유연한 의사결정을 원할 때 주식회사를 개인화 하는 것이 바람직할 수도 있다. 예를 들어 마이클 델(Michael Dell)은 PC 판매가 지속적으로 감소하자 새로운 방향을 설정하기 위해 델을 개인회사로 전환시켰다. 다시 개인회사가 된 델은 주가에 대한 부담을 덜고, 회사 업무에 더 집중할 수 있게 되었다.[18] 주식회사를 개인회사화하는 것은 다른 회사에 의한 인수를 회피하는 하나의 기법이다.

반관반민회사(quasi-public corporations)와 비영리법인은 공개회사의 또 다른 유형이다. 반관반민회사는 연방정부, 주정부 또는 지방정부에 의해 소유되고 운영된다. 이런 법인들의 초점은 수익 창출보다는 시민에게 우편배달과 같은 공공의 서비스를 제공하는 것이다. 실제로 많은 반관반민회사는 적자운영을 한다. 반관반민회사의 예로는 미국항공우주국(National Aeronautics and Space Administration: NASA)과 미국우편국(U.S. Postal Service)이 있다.

반관반민회사
연방정부, 주정부 또는 지방정부에 의해 소유되고 운영되는 공기업.

반관반민회사와 같이 **비영리법인**(nonprofit corporations)도 수익을 내는 것보다 서비스나 정보를 제공하는 데 초점을 둔다. 하지만 이들은 정부기관의 소유가 아니다. 세서미워크숍(Sesame Workshop), 엘크스클럽(Elks Clubs), 미국폐협회(American Lung Association), 미국적십자(American Red Cross), 박물관과 사립학교 같은 조직은 이윤추구 동기 없이 서비스를 제공한다. 유나이티드 웨이 월드와이드(United Way Worldwide)는 미국에서 가장 큰 자선단체로 총 39억 달러의 수익을 올렸다.[19] 운영과 서비스를 위한 자금 조달을 위해 비영리법인은 개인과 기업들에게 기부를 요청하고, 정부와 다른 자선 재단에 보조금을 신청하며, 그들의 서

비영리법인
수익창출보다는 서비스의 제공에 집중하나 정부기관의 소유가 아닌 민간기업.

비스에 대한 비용을 청구한다. 해비타트(Habitat for Humanity)는 자원봉사자를 활용하여 도움이 필요한 가족을 위한 저렴하게 집을 지어주는 비영리단체로서 희망의 집짓기 지점 수백 개와 할인가구, 가전제품, 건축자재 등을 판매하는 아웃렛 등을 운영하고 있다. 아웃렛 상점에서 얻는 수익은 모두 주택건설 프로그램에 활용된다.[20] 비영리단체는 주주가 없으며, 대부분이 501(c)(3) 조직으로 구성된다. 501(c)(3) 조직은 세금을 면제받고, 이 기구에 대한 기부자들은 기부금에 대한 세금 공제를 받을 수 있다. 501(c)(3)의 지위를 가진 단체로는 공공 자선단체(예: 백혈병과 림프종 협회), 민간 재단(예: 다니엘스 기금), 자신의 프로그램을 후원하고 자금을 조달하는 민간 운영 재단(예: 불우 아동들을 위한 일일 캠프) 등이 있다.[21]

주식회사의 구성요소

이사회
전반적인 기업운영을 감독하고 기업의 장기목표를 설정하도록 주주들에 의해 선임된 개인들의 집단.

이사회. **이사회**(board of directors)는 회사의 전반적인 운영을 감시하고, 기업의 장기목표를 설정하기 위해 주주들에 의해 선출된다. 기업이 성취하고자 하는 목표를 정해진 일정에 따라 달성되도록 하는 것은 이사회의 중요한 책임이다. 이사회 구성원들은 잘못된 회사경영이나 자금 오남용에 대해 법적 책임을 진다. 이사회의 중요한 의무는 회사의 경영과 운영을 책임지는 사장과 최고경영자(chief executive officer: CEO)와 같은 회사 임원들을 고용하는 것이다. 2000년대 초의 여러 회계부정 사건과 사베인-옥슬리 법안(Sarbanes-Oxley Act) 통과 후 이사회의 역할과 기대는 더 큰 중요성을 가지게 되었다.[22] 결과적으로 대부분의 회사는 어떻게 이사회 이사들의 시간과 전문성을 보상할지 조직을 재구성하기 시작했다.

하지만 현재 일부 전문가들은 사베인-옥슬리 법이 이사들의 기업에 대한 감시 강화에 대한 동기부여를 거의 하지 못했다고 평가한다. 동시에 이사회 이사들의 급여가 인상되었다. 이사의 평균 연봉은 24만 5,000달러 정도이며, 보상 범위는 0달러에서 100만 달러인 것으로 나타났다. 지난 몇 년 동안 이사들의 급여 인상 추세는 계속되었고, 점점 더 높은 수준의 급여를 받게 되었다. 비록 이런 높은 보수가 최고 수준의 이사를 유인하기 위한 것이라 해도, 과도한 보수가 의도치 않은 결과를 초래할 수도 있다는 것에 대한 우려도 있다. 이러한 추세가 기업지배구조의 효과성을 감소시키는 요인이 된다는 시각도 존재한다.[23]

이사는 회사의 직원(내부이사)이거나 회사에 소속되지 않은 사람(사외이사)이 될 수 있다. 내부이사는 보통 회사운영에 책임을 지는 임원들이다. 사외이사는 다른 회사의 최고경영자, 법률가, 은행가 또는 교수 등이다. 오늘날 이사는 점점 더 전문성, 실력 및 전략적 토론에 다양한 관점을 도입할 수 있는 능력에 의해 선택된다. 또한 사외이사는 과거의 충성심, 우정, 현재의 역할 또는 이해관계의 갈등을 유발할 수 있는 여러 이슈에 구속되지 않기 때문에 감시기능에 더 강력한 독립성을 가질 것으로 생각된다. 만약 각 회사의 이사회가 적합한 자격과 전문적인 지식을 갖추고 더욱 독립적이었었다면, 최근 수년간에 적발된 많은 수의 기업비리 사건은 방지될 수 있었다.

충분한 자격을 갖춘 가용한 이사를 찾기는 점점 더 힘들어지고 있다. 이사회는 점점 더 다른 회사의 이사회에 봉사하는 게 아니라 자사에 봉사하는 데 초점을 두는 최고경영자를 요구하고 있다. 이러한 이유 때문에 보통 최고경영자는 1개 미만의 외부 이사회 이사 자리에 앉는다. 이는 10년 전 평균 2개였던 것과 비교해 많이 감소했음을 나타낸다. 많은 최고경영자가 사외이사 직위를 거절하고 있기 때문에 많은 기업의 이사회가 경험 많은 이사를 보유하도록 보장하기 위한 조치를 취해 왔다. 그들은 의무 퇴직 연령을 72세나 그 이상으로 늘려왔고, 일부 회사들은 75세나 심지어 그 이상으로 상향 조정해왔다. 서로 다른 이사회의 여러 자리에 앉는 이사들 간의 중복 횟수를 최소화하는 것은 이해관계의 갈등을 제한하고, 의사결정의 독립성을 제공하는 데 도움이 된다.

주식 소유권. 주식회사는 우선주와 보통주, 두 가지 종류의 주식을 발행한다. **우선주**(preferred stock) 보유자는 일반적으로 회사 경영에 대해서는 아무런 발언권도 없지만, 다른 어떤 주주보다 먼저 이익에 대한 청구권을 가지기 때문에 특별한 계층의 보유자이다. 우선주에 대한 배당금 지급은 일반적으로 최초 발행가(이사회에 의해 설정된)의 고정비율이다. 예를 들어 만약 우선주 한 주가 100달러고 배당률이 7.5%로 정해졌다면 배당금 지급액은 매년 7.5달러가 될 것이다. 배당금은 일반적으로 분기별로 지급된다. 대부분의 우선주는 배당금에 대해 누적청구권을 가진다. 이는 만약 회사가 어떤 해에 손실이 나서 우선주의 배당금을 지급하지 않았다면 그 배당금은 내년으로 누적된다는 것을 의미한다. 지난해에 미지급된 배당금 또한 다른 주주들이 배당금을 받기 전에 우선주 보유자에게 지급되어야 한다.

우선주
주식 소유자가 기업의 운영에 대해서는 발언권이 없는 반면, 다른 주주들에 우선하여 수익에 대한 권리를 주장할 수 있는 특수한 유형의 주식.

보통주(common stock) 보유자는 비록 배당금과 관련하여 우선적인 대우를 받지 못하지만 회사운영에 대해 일부 발언권을 가진다. 그들은 이사회 이사 선출 등 몇 가지 중요 사안에 대한 투표권을 갖는다. 보통주 배당금은 회사의 수익에 따라 상이할 수 있다. 어떤 회사들은 배당금을 전혀 지급하지 않는 대신 이익을 사업 확장 자금으로 회사로 재투자한다.

보통주
주식 소유자가 기업의 운영에 의결권을 행사하나 배당금과 관련해서는 우선권을 가지지 못하는 주식.

보통주 주주는 주식회사의 의결권을 가지는 소유주이다. 그들은 일반적으로 보통주 한 주당 한 표의 의결권을 갖는다. 정기 주주총회 동안 보통주 보유자들은 이사회를 선출한다. 어떤 이사회는 다른 이사회보다 지명도 높은 개인을 영입하는 것이 더 쉽다고 느낀다. 예를 들어 2018년에 프록터앤갬블 이사회는 전 홈디포(Home Depot) CEO인 프랜시스 블레이크(Francis S. Bake), 앤섬(Anthem)의 CEO인 안젤라 브래들리(Angela F. Braly), 어콤퍼니(Accompany) CEO인 에이미 장(Amy L. Chang), 전 아메리칸 익스프레스(American Express) 대표였던 케네스 체놀트(Kenneth I. Chenault) 등으로 구성되었다.[24] 이사회를 선출할 수 있기 때문에, 보통주 주주는 회사를 어떻게 운영할지에 대해 발언권이 있다. 보통주 주주는 위임장(proxy)에 의해 의결권을 행사할 수 있는데, 이는 주주가 자신의 의결권을 다른 누군가에게 부여하는 서면 권한으로, 그 사람은 정기 주주총회에서 주주가 선택한 대로 투표를 한다. 경영진이 정기 주주총회에 불참할 계획인 주주로부터 위임장을 요구하는

프록터앤갬블의 이사회에는 전 아메리칸 익스프레스 최고경영자였던 케네스 첸노(Kenneth I. Chenault)가 포함되어 있다.
©lev radin/Shutterstock

것이 일반적인 관행이다. 웨스팅하우스(Westinghouse)나 보잉(Boeing)과 같은 대기업의 주주 대부분은 총회가 열리는 도시에 살고 있지 않는 한 정기 주주총회에 참석하지 않는다.

보통주 보유자는 우선주 보유자에 비해 또 다른 혜택이 있다. 미국 대부분의 주(state)에서, 회사가 시장에 보통주 신주를 발행하기로 결정했을 때, 보통주 보유자들은 신주우선인수권(preemptive right)이라고 불리는 회사로부터 신주를 매수하는 데 있어 우선권을 가진다. 신주우선인수권은 일반적으로 회사정관(articles of incorporation)에 포함된다. 이 권리는 주주들이 자신의 본래 지위(지분)를 유지하기 위해 신주를 매수할 수 있도록 허용하기 때문에 중요하다. 예를 들어 만약 한 주주가 신주발행을 결정한 어떤 회사지분의 10%를 소유하고 있다면, 그 주주는 10%의 지분을 유지하는 데 충분한 신주를 매입할 권리를 가진다.

주식회사의 장점

주식회사는 독립적인 법적 실체이기 때문에 다른 어떤 기업 소유 형태보다 명확한 장점이 있다. 가장 큰 장점은 소유주의 유한책임일 것이다.

유한책임. 주식회사의 자산(자금과 자원)과 부채(빚과 다른 채무)는 소유주의 자산과 부채로부터 분리되기 때문에 대부분의 경우 주주들은 만약 회사가 실패해도 회사의 부채에 대한 무한책임을 지지 않는다. 그들의 책임이나 잠재적인 손실은 초기 투자금액으로 제한된다. 비록 채권자가 회사의 채무불이행에 대해 회사를 고소할 수도 있고 심지어 회사를 파산시킬 수도 있지만, 주주가 회사 채무를 그들 개인 자산으로 변제하게 만들 수는 없다. 간혹, 개인회사 소유주들이 회사 대출금 보증을 위해 개인 자산을 담보로 설정할 수 있다. 이것은 공개회사에 있어서는 매우 드문 경우가 될 것이다.

소유권 양도의 용이성. 주주는 회사의 폐업 없이 주식의 지분을 다른 사람에게 매각하거나 거래할 수 있고, 다른 주주들의 사전 승인 없이 이를 실행할 수 있다. 소유권 양도는(만약 대주주가 아니라면) 주식회사의 일상 운영과 장기적 운영에 영향을 주지 않는다.

영속성. 주식회사는 일반적으로 회사정관이 다르게 명시하지 않는 한 영원한 지속성이 있다. 주식회사의 존재는 어떤 주주의 사망이나 지분회수에 의해서도 영향을 받지 않는다. 회사는 소유주들이 회사를 매각하거나 회사 자산을 청산할 때까지 존속한다. 하지만 어떤 경우 파산으로 회사가 문들 닫기도 한다. 파산은 회사가 경쟁을 통해 수익을 벌어들일 수 없을 때 발생한다. 결국, 경쟁력이 없는 기업은 문을 닫거나 기업이 구조조정을 시도하는 동안 파산법원에서 채권자로부터의 보호를 요청해야 한다.

외부 자금원. 모든 유형의 기업체에서 공개회사는 이익을 내기가 가장 쉽다. 큰 규모의 회사 또는 공개회사가 더 많은 이익을 내고 싶으면, 국내 또는 해외에서까지 자금을 끌어들이면서, 주식을 더 팔거나 채권(빚의 상환을 약속하는 차용증서IOU)을 발행할 수 있다. 회사 규모가 커질수록 가용한 자금조달 원천이 많아진다. 이에 대해서는 15장 '화폐와 금융 체계'에서 보다 자세히 살펴볼 것이다.

확장 가능성. 큰 규모의 공개회사는 장기 자금을 쉽게 조달할 수 있어 국내외 시장으로의 확장이 용이하다. 또한 공동기업이 겪는 어려움 없이 법인으로서 계약을 체결할 수 있다.

주식회사의 단점

주식회사는 세법과 정부 규제에 기인한 뚜렷한 단점을 몇 가지 가지고 있다.

이중과세. 법적 실체로서 주식회사는 수입에 대해 세금을 납부해야 한다. 미국의 경우 주식회사는 21%의 세율이 부과되고 있다. 세계 평균은 23%이다.[25] 애플과 캐터필러 같은 글로벌 기업들은 이윤을 국내로 가져올 때 미국 세금뿐만 아니라 외국에서의 세금도 납부한다. 세금 납부 후 기업 이익이 주주들에게 배당금으로 지급되면, 배당금도 개인 주주의 수입의 일부로서 두 번 과세된다. 이러한 처리는 배당금을 지급하는 주식회사의 주주들에게 이중과세를 일으킨다. 이중과세는 다른 유형의 사업체에서는 일어나지 않는다.

캐터필러(Caterpillar)는 이윤을 국내로 가져올 때 미국 세금뿐만 아니라 외국에서의 세금도 납부한다.

©Paul Brady/123RF

주식회사 설립. 주식회사 설립은 비용이 많이 들 수 있다. 회사설립허가서를 받아야 하는데 여기에는 보통 변호사의 법률 서비스와 법무 관련 수수료 비용이 요구된다. 또한 회사설립허가서를 발급해주는 주정부에 25달러에서 150달러에 이르는 접수 수수료를 납부해야 하며, 어떤 주(state)에서는 허가서를 유지하는 데 필요한 연간 수수료 납부를 요구하기도 한다. 오늘날 LegalZoom.com과 Business.com과 같은 인터넷 서비스 업체가 회사 설립을 보다 간편하고 신속하며 저렴하게 할 수 있도록 도와준다. 하지만 전문가 자문 없이 회사 설립을 쉽게 만들어 줌으로써 이런 서비스는 사람들이 자신에게 맞는 조직 유형을 선택하지 않을 것이라는 위험을 증가시켜왔다. 때때로, 한 조직 유형은 다른 유형보다 더 낫다. 기업의 설립자들은 주식회사의 이중과세와 같은 단점들을 고려하지 못할 수도 있다.

알고 있습니까? 1년 만에 순이익이 10억 달러 이상이었던 최초의 기업은 제너럴 모터스(General Motors)로 1955년 순이익은 1,189,477,082달러였다.[26]

정보 공시. 주식회사는 일반적으로 주주들에게 연례보고를 통해 그들이 회사정보를 이용할 수 있도록 해야 한다. 연례보고서에는 회사의 운영사업, 제품 및 미래 계획뿐만 아니라 회사의 이익, 매출, 시설과 장비 및 부채에 대한 재무정보 등이 포함되어야 한다. 또한 공개회사는 증권거래위원회(Securities and Exchange Commission: SEC)와 주식, 채권과 같은 증권을 규제하는 정부 규제기관에 보고서를 제출해야 한다. 회사가 클수록 증권거래위원회는 더 많은 자료를 요구한다. 증권거래위원회에 제출되는 모든 보고서는 일반 대중도 사용할 수 있기 때문에 경쟁자들도 이에 접근할 수 있다. 더욱이 증권법을 따르는 것은 시간이 걸린다.

친환경 경영 Going Green

캐스케이드 엔지니어링의 B 기업 인증 채택

B 기업은 사회적, 환경적 성과, 책임, 투명성의 매우 높은 기준을 충족하는 영리기업을 의미한다. 캐스케이드 엔지니어링(Cascade Engineering)은 환경적으로 적합하지 못한 산업 부문에서 운영되면서 플라스틱 제품을 제조한다는 측면에서 B 기업이 되기 힘들었다. 하지만 캐스케이드의 창시자인 프레드 켈러(Fred Keller)의 견해는 달랐다. 그는 기업들로 하여금 공정 개선을 위한 동기를 부여하고, 이와 관련된 규제에 대해 동의하였다. 그의 지도 아래, 캐스케이드는 사람, 행성, 이익 세 가지 기초적인 접근법을 채택했다.

B 기업은 전형적인 회사가 아니다. B는 이로운 것(beneficial)을 의미한다. 이것은 비영리 B Lab이 회원 기업이 투명하고 포괄적인 사회 및 환경성과 표준을 준수하고 있음을 증명하기 위해 수여하는 인증이다. 이러한 사업은 목적 지향적일 뿐 아니라 지역사회, 환경, 직원에게 돌려주기 위해 고안되었다.

환경적 관점에서 캐스케이드는 고객이 석유 사용을 줄이고, 쓰레기를 제거하는 것을 돕는 데 10년 이상을 소비했다. 재사용 가능하고 안전한 소재, 재생 에너지, 수질, 사회 공정성, 지속적인 개선을 강조하는 디자인 콘셉트를 바탕으로 사용 기간뿐 아니라 새로운 제품으로의 재활용까지 고려하는 인증 제품군을 개발했다. 많은 제조업체와 달리 캐스케이드는 재생 가능한 에너지로의 전환을 지원한다. 회사의 결정은 회사와 사회의 지속적인 성공을 위한 최선의 대안으로서 지속 가능한 해결책에 초점을 맞춘다.

캐스케이드는 플라스틱의 잠재적 파장에 대해 잘 알고 있다. 따라서 대안을 평가할 때 지속가능성이 가장 중요한 고려 사항이다. 많은 사람은 기업이 이익에 우선적으로 초점을 맞춰야 한다고 생각하지만, 켈러는 기업이 이윤뿐만 아니라 사회와 환경에 어떻게 혜택을 주는지에 의해서도 평가되어야 한다고 생각한다.[27]

토의 주제

1. 캐스케이드는 환경뿐 아니라 회사 프로세스 모두를 개선하기 위한 방법으로 B 기업 인증을 어떻게 활용하고 있는가?
2. B 기업은 어떻게 기업이 사회적 책임을 지도록 장려하는가?
3. 당신은 플라스틱 회사가 지속가능성에 긍정적인 기여를 하는 것이 가능하다고 생각하는가?

종업원–소유주의 분리. 많은 종업원은 자신이 근무하는 회사의 주주가 아니다. 이런 소유주와 종업원의 분리는 종업원이 자신의 근로가 단지 소유주에게만 이득이 된다는 느낌을 유발할 수 있다. 소유 지분이 없는 종업원은 자신이 기업의 전체 목표 달성에 어떤 역할을 하는지 잘 이해하지 못할 수도 있다. 만약 경영자는 공동 소유자이지만 다른 종업원들은 그렇지 않다면, 노사관계는 공동기업이나 개인사업자와는 다른 국면을 맞이하게 된다. 하지만 이런 상황은 점점 더 많은 주식회사가 회사의 주식을 종업원들에게 나눠주는 종업원지주제도(employee stock ownership plans: ESOP)(또는 우리사주제)를 도입함에 따라 변화되고 있다. 이런 제도는 종업원을 더 열심히 일하도록 하여 급여뿐 아니라 배당을 통한 소득도 올릴 수 있는 동기를 부여하기 때문에 노사 간 동반관계를 구축하고 생산성을 촉진시키는 데 도움이 된다.

기업소유의 다른 유형

이 절에서는 특수한 목적을 위해 설립된 기업인 조인트벤처, S주식회사, 유한책임회사 및 협동조합 등을 간략하게 살펴본다.

조인트 벤처

조인트 벤처
특정 프로젝트의 공동수행이나 한시적인 사업추진을 위해 설립된 공동기업.

조인트 벤처(joint venture)는 특정 프로젝트의 공동수행이나 한시적인 사업추진을 위해 설립된 공동기업이다. 조인트 벤처의 파트너는 3장에서 논의된 국제 합작투자사

(international joint ventures)의 경우처럼, 개인이나 조직이 될 수 있다. 조인트 벤처의 경영통제권은 동등하게 공유되거나 한 파트너가 단독으로 의사결정권을 지배할 수도 있다. 조인트 벤처는 천연자원 발굴 및 신제품 개발과 같은, 대규모의 투자자금을 필요로 하는 상황에서 특히 인기가 있는 기업 유형이다. 심지어 조인트 벤처는 기업과 정부 간에 일어날 수도 있다. 예를 들어 소니는 중국에서 플레이스테이션 콘솔과 게임을 판매하기 위해 합작회사를 설립했다.[28]

S주식회사

S주식회사(S corporation)는 마치 공동기업인 것처럼 과세되는 기업 소유 형태의 하나이다. 기업의 순이익이나 손실이 소유주에게 이전되어 이중과세를 피한다. 즉 유한책임제의 장점은 유지된다. 공식적으로 S조항 주식회사(Subchapter S Corporations)로 알려진 S주식회사는 사업가에 인기가 많은 기업 소유 형태가 되어왔고 모든 주식회사 설립 신청 중 거의 절반을 차지한다.[29] S주식회사의 소유주는 세금과 유한책임의 혜택을 본다. S주식회사의 장점은 단일과세, 주주의 유한책임, 영속성 및 수입과 평가가치를 타인에게 이전할 수 있는 능력 등이다. 이중과세를 피하는 것 그 자체가 약 460만 미국 기업이 S주식회사로 운영되는 충분한 이유가 된다.[30] 단점은 주주의 수(100)와 유형(개인, 부동산 및 신탁재단)에 대한 제한 사항과 설립과 운영에 대한 어려움이다.

S주식회사
지분소유자에 제한이 있는 공동기업인 것처럼 과세되는 소규모 주식회사.

유한책임회사

유한책임회사(limited liability company: LLC)는 주식회사처럼 유한책임을 지지만 공동기업처럼 과세되는 기업 소유 형태이다. 미국 내에서는 상대적으로 새로운 형태이지만, 유한책임회사는 해외에서는 오랜 기간 존재해왔다. 변호사, 의사 및 엔지니어와 같은 전문직은 종종 유한책임회사 형태의 기업소유방식을 이용한다. 많은 사람이 유한책임회사를 주식회사, 공동기업 및 개인기업의 최고의 특성을 혼합한 기업 형태로 간주한다. 유한책임회사 형태로 기업을 소유하는 주요 이유 중에 하나는 소송에서 주주들의 개인 자산을 보호하는 것이다. 유한책임회사는 운영이 유연하고 단순하며, 구성원들이 주주총회를 열고, 회의록을 작성하거나, 의사결정을 하는 등 주식회사에서 필요한 모든 것을 필요로 하지 않는다. 쿠키와 브라우니로 유명한 필즈 페이머스 브랜드(Mrs. Fields Famous Brands LLC)는 유한책임 회사의 한 예다.[32]

유한책임회사
경영에 유한책임을 지고 공동기업처럼 과세되나 구성원에 대한 규제는 적은 유형의 기업.

피아트 크라이슬러 자동차(Fiat Chrysler Automobiles: FCA) US LLC는 지프, 닷지, 램 같은 브랜드를 디자인, 제조, 판매, 유통하는 자동차 회사다. FCA US는 유한책임회사의 한 예다.
©Steve Lagreca/Shutterstock

협동조합

또 다른 유형의 사업 조직은 보다 큰 조직에 소속됨으로써 누릴 수 있는 이점을 취하기 위해 함께 뭉친 개인들이나 소규모 사업체들로 구성된 조직인 **협동조합**(cooperative, co-op)

협동조합
대기업에 속할 때의 혜택을 취하기 위해 함께 뭉친 개인들이나 소규모 사업체들로 구성된 조직.

현장 속의 기업가정신 Entrepreneurship in Action

위로의 이동: 브이아이피 이사 및 보관 전문회사의 경험

설립자: 마샬 파월 레드베터 시니어(Marshall Powell Ledbetter Sr.)
설립: 1932년 테네시주 콜럼비아
성공 사례: 테네시 타이탄스의 공식 이사업체인 브이아이피 이사 및 보관 전문회사(VIP Moving & Storage)는 최근 캘리포니아 롱비치로 확장하였다.

브이아이피 이사 및 보관 전문회사(VIP Moving & Storage)는 가족과 축구팀들을 위한 이사와 물품 보관 요구를 충족시킬 수 있는 맞춤형 서비스를 제공하고 있다. 이 유한책임회사는 5만 평방피트의 시설에서 기업 이사, 주거 이사, 포장, 포장 해체, 가구 조립, 귀중품 보관 등 매우 다양한 서비스를 제공한다.

현재 마샬 파월 레드베터 3세가 소유하고 있는 VIP Moving은 1932년에 그의 할아버지가 다른 이름으로 창업한 회사이다. 레드베터는 2000년에 이 회사를 인수했고, 회사의 이름을 VIP Moving & Storage로 이름을 바꾸었다. 그는 새로운 창고를 구입했지만 새 트럭과 트레일러를 구매할 필요가 있었다. 이후 회사는 자체적인 시설과 장비를 소유함으로써 궁극적인 맞춤 제작을 제공할 수 있게 되었다.

20년 이상 동안 이 회사는 테네시 소재 프로 미식축구팀인 테네시 타이탄스의 공식 이사 업체였으며, 뉴욕 제츠, 로스앤젤레스 램스, 시애틀 시호크스, 뉴잉글랜드 패트리엇과 함께 활동하기도 했다. 회사의 직원들은 공항에서 팀을 만나 장비를 운반하고, 라커룸을 설치하고, 해체한다. VIP는 한 번에 한 상자씩 이동 및 보관할 수 있는 최상의 서비스를 제공하기 위해 노력하고 있다.[31]

토의 주제

1. 브이아이피 이사 및 보관 전문회사가 유한책임회사로 운영됨에 따른 이점은 무엇인가?
2. 유한책임회사의 기업조직 유형이 소유주인 마샬 파월 레드베터 3세에게 어떻게 도움이 되는가?
3. 브이아이피 이사 및 보관 전문회사가 어떻게 NFL 팀과의 파트너십을 활용하여 비즈니스를 확장해 왔는가?

이다. 예를 들어 버크셔 공동시장(Berkshire Co-op Market)은 매사추세츠에 기반을 둔 식품 협동조합이다. 오션 스프레이(Ocean Spray)는 크랜베리 재배 농장주들의 협동조합이다.[33] 협동조합은 비영리 목적의 법인으로 설립된다. 또한 협동조합은 조합원이 더 높은 수익을 내도록 하거나 돈을 절약할 수 있도록 하기 위해 존재한다. 협동조합은 일반적으로 수익을 내지 않고 운영되거나 단지 협동조합 조직을 유지하는 데 충분한 정도의 수익만을 창출할 것으로 기대된다.

많은 협동조합이 작은 농업 공동체에 존재한다. 협동조합은 곡물을 저장하고 판매한다. 대량의 비료, 종자 및 기타 여러 공급물자를 할인가격으로 주문한다. 또한 훌륭한 경영을 통해 비용을 절감하고 효율성을 증가시킨다. 협동조합은 공급물자를 대량으로 구매할 수 있고, 그 절감액을 조합원에게 넘겨준다. 또한 각 조합원이 개인적으로 할 수 있는 것보다 더 효율적으로 제품을 유통시킬 수 있다. 협동조합은 조합원들의 제품을 광고해서 수요를 창출할 수 있다. 독립적인 철물점주들의 협동조합인 에이스 하드웨어(Ace Hardware)는 대량 물품구입을 통한 비용 절감액을 조합원들이 공유할 수 있도록 한다. 또한 개인 조합원 단독으로는 하기 힘든 광고를 제공한다.

학습목표 4-4

기업 소유권의 추세: 인수합병

크든 작든 대부분의 회사는 신제품을 개발하여 판매하거나 다른 지역에 새로운 집단의 소비자에게 기존 제품을 판매함으로써 사업규모를 확장하여 성장하고, 수익성을 향상시킨다. 신중하게 계획하고 통제할 때 그런 성장은 보통 회사에 도움이 되고 궁극적으로 회사가 수익성 향상의 목표에 도달하는 것을 돕게 된다.

합병(merger)은 두 회사(일반적으로 주식회사)가 결합하여 하나의 새로운 회사를 설립할 때 발생한다. **인수**(acquisition)는 일반적으로 주식의 대부분을 매입함으로써, 한 회사가 다른 회사를 사들일 때 일어난다. 피인수 기업은 인수 기업의 자회사가 되거나 기업의 사업 활동과 자산이 인수 기업에 합병될 수도 있다. 정부는 독점 구축으로부터 소비자를 보호하기 위해 때때로 인수합병을 면밀히 조사한다. 예를 들어 아메리칸항공사(American Airline)의 유에스항공사(U.S. Airways) 인수 승인 결정은 신중하게 분석되었다. 2013년에 구글은 네스트랩스(Nest Labs)라는 스마트 홈 회사 인수에 32억 달러를 지불했다.[34] 그 회사는 구글이 그해 인수한 많은 회사 중 하나였다. 이런 기업 인수는 구글의 제공 서비스를 다양화하고, 재정적으로 이득이 될 수 있는 잠재력을 가지고 있는 반면, 일부 사람들은 구글이 자신이 거의 알지 못하는 회사들에 투자를 하고 있을 수도 있다고 생각한다. 이런 경우에 기업 인수는 인수 회사에 결국 피해를 주게 될 수 있다. 아마도 부분적으로는 이와 같은 이유로 인해 구글은 알파벳 주식회사(Alphabet Inc.)라는 지주회사가 되기 위한 구조조정을 실행했다. 구글 네스트(Google Nest)와 같은 자회사들은 이제 중간 독립적인 사업체로서 운영되고 있다.[35] 기업 인수는 전체 기업이 아니라 회사의 한 사업부나 일부 사업 부문의 매입을 포함하기도 한다. 〈표 4-7〉은 역대 최대 규모의 합병 사례를 보여주고 있다.

합병
하나의 새로운 회사를 구성하기 위한 두 회사(보통 주식회사)의 결합.

인수
대개 주식 매수를 통해 한 기업이 다른 기업을 사들이는 것.

방위산업체인 마틴 매리에터(Martin Marietta)와 록히드(Lockheed)가 합병해서 록히드 마틴(Lockheed Martin)사를 설립했다. 동종 업계에 있는 기업들이 합병할 때 동일업종 간 합병(또는 수평통합(horizontal merger))이라 한다. 하지만 동일업종 간 합병은 한 산업 내에서 경쟁하는 회사의 수를 감소시키고 이런 이유 때문에 일반적으로 합병 진행이 허가되기 전에 연방 규제기관에 의해 신중하게 검토된다.

다른 분야에서 사업을 수행하고 있지만 산업 수준에서 연관되어 있는 회사들이 합병할 때 이를 이종업종 간 합병(또는 수직통합(vertical merger))이라 한다. 많은 경우, 수직통합은 한 회사가 고객사나 공급사 중의 한 회사를 합병할 때 발생한다. 예를 들어 만약 버거킹이 자사 감자튀김용으로 즉시 공급 가능한 감자를 확보하기 위해 아이다호에 큰 감자농장을 매입한다면 수직통합이 일어난 것이다.

〈표 4-7〉 역대 최대 규모의 합병

순위	인수 기업	대상 기업	거래가(천만 달러)
1	Vodafone	Mannesmann	$180
2	Time Warner	America Online (AOL)	$165
3	Verizon Communication	Vodafone	$129
4	RFS Holdings	ABN Amro	$98
5	AB InBev	SABMiller	$90
6	Pfizer	Warner-Lambert	$89
7	AT&T	BellSouth	$86

월마트는 온라인 쇼핑 사업의 범위를 확대하기 위해 여성 의류 소매업체 모드클로스(ModCloth)를 인수했다.

©Casimiro PT/Shutterstock

복합기업 합병(conglomerate merger)은 연관성이 없는 산업에 속한 두 회사가 합병할 때 발생한다. 예를 들어 필름과 카메라로 잘 알려진 코닥(Eastman Kodak)이 제약회사인 스털링(Sterling Drug)을 매입한 것은 두 회사가 서로 다른 산업에 속해 있기 때문에 복합기업 합병으로 간주된다. (코닥은 나중에 스털링을 한 제약회사에 매각했다.)

때때로 기업 사냥꾼(corporate raider)이라고 불리는 회사(또는 개인)가 다른 회사를 인수 또는 매수하려 할 때, 먼저 공개 매입(tender offer)으로 그 회사의 일부 또는 모든 주식을 시장가보다 높은 가격에 매입하는 것을 제안한다. 대부분 그런 제안은 양측이 모두 그 제안된 거래에 합의하며 "우호적(friendly)"이다. 하지만 대상 기업이 인수되는 것을 원치 않을 때 일부 제안은 "적대적(hostile)"이 된다.

적대적 기업 인수 시도를 막아내기 위해 애쓰는 회사의 경영진이 사용할 수 있는 몇 가지 방법이 있다. 경영진은 주주들에게 기업 사냥꾼에게 주식을 매도하지 말라고 요청할 수 있다. 기업 인수를 무산시켜 보려는 노력으로 소송을 제기하기도 하고, 독약 계획(poison pill)(회사가 주주들로 하여금 현재 시장가격보다 낮은 가격으로 더 많은 주식을 살 수 있도록 허용하는 계획)을 실천하기도 하고, 상어격퇴법(shark repellent)(경영진이 기업 인수를 승인하기 위해서는 주주 대다수를 필요로 하게 만드는 방법)을 사용하기도 한다. 백기사(white knight)(공격받은 회사를 인수할 의사가 있는 보다 우호적인 회사)를 물색하기도 한다. 어떤 경우 경영자가 개인적으로 회사를 인수하거나, 심지어 더 많은 부채를 져서 과중한 채무로 사냥꾼들에게 "겁을 줘서 쫓아 버리는" 방법도 있다.

기업담보차입매수
대출금 상환보증을 위해 인수할 기업 자산을 담보로, 투자자 그룹이 기업(또는 기업의 한 사업 부문)인수를 위해 은행이나 다른 기관으로부터 자금을 대출받아 기업을 매수.

기업담보차입매수(leveraged buyout: LBO)에서 투자자 집단은 기업(또는 기업의 한 사업 부문)을 인수하기 위해서 대출금 상환보증용으로 인수할 회사의 자산을 담보로 은행과 다른 기관으로부터 자금을 대출받는다. 일부 기업담보차입매수에서는 매수 가격의 95%만큼이 대출금으로 지불되고, 이는 결국 상환되어야 한다.

1980년대와 1990년대의 기업 인수/합병 및 기업담보차입매수의 폭증으로 인해, 금융 분야 기자들이 기업 합병 붐(merger mania)이라는 용어를 만들어 냈다. 많은 회사가 다른 회사들의 사업과 자사의 사업을 결합하여 단순히 사업을 강화하기 위해 기업 합병 붐에 가세했다. 기업 인수합병은 이런 회사들이 자신의 산업 내에서 더 높은 시장점유율을 차지하고, 신제품이나 생산시설 및 장비와 같은 귀중한 자산을 취득하고 비용을 절감할 수 있게 해주었다. 또한 합병은 많은 회사의 주식이 저평가되어 있었던 1980년대 동안 그랬던 것처럼, 신속한 수익창출 수단을 대표한다. 그런 회사들은 자사를 매입할 여력이 있는 다른 회사들한테 인수협상을 제안한다. 더욱이 은행업과 항공 산업의 경우에서와 같이, 일부 산업의 규제완화는 처음으로 이들 산업 내 기업의 결합을 허용해왔다.

어떤 사람은 기업 인수합병이 기업의 주가와 시장가치를 띄워서 주주들에게 이득이 됨을 지적하면서 이를 긍정적으로 바라본다. 많은 경우, 합병은 점점 더 글로벌화되어가는 시장에서 기업의 해외경쟁 대응력을 높인다. 더욱이 적대적 인수의 희생물이 된 기업들은 일반적으로 그들의 사업 운영을 합리화하고, 불필요한 직원을 감원하며, 비용을 절감하는데 그렇지 않으면 사업을 보다 효율화하여, 인수의 성패와 관계없이 주주들한테 도움이 된다.

하지만 비평가들은 합병이 경영자에게 회사를 효과적이고, 수익이 나도록 경영하는 데 보다 인수를 피하는 데 노력을 집중하게 만들기 때문에 회사에 피해를 준다고 주장한다. 일부 회사는 인수를 모면하기 위해 과중한 채무 부담을 져오다가, 경제 침체가 그 회사들이 부채를 처리할 수 없게 방치했을 때 파산하도록 만든다. 또한 인수합병은 회사 제품의 품질뿐만 아니라 종업원의 사기와 생산성에 악영향을 끼칠 수 있다.

많은 합병이 모든 관련자에게 이득이 되어왔다. 하지만 또 다른 합병은 회사와 그 회사의 종업원 및 고객에 피해를 주는 결과를 가져왔다. 아무도 합병이 계속해서 더디게 진행될지 말지를 단언할 수 없지만, 많은 전문가는 유틸리티 산업, 전자통신업, 금융서비스업, 천연자원 개발업, 컴퓨터 하드웨어 및 소프트웨어 분야, 게임 산업, 관리의료업 그리고 기술 산업 분야 등이 표적이 될 가능성이 크다고 말한다.

이해력 검토 Review Your Understanding

개인기업 유형 조직의 장단점을 기술하라.

개인기업(개인사업자)—한 사람에 의해 소유되고 경영되는 사업체—은 가장 보편적인 형태의 기업조직이다. 주요 장점은 다음과 같다. (1) 설립하기 쉽고 비용이 저렴하다. (2) 높은 수준의 영업기밀 유지가 가능하다. (3) 모든 수익은 소유주에 귀속된다. (4) 소유주가 기업에 대한 완전한 통제력을 가진다. (5) 정부의 규제가 아주 적다. (6) 세금은 한 번만 납부하며, (7) 회사를 쉽게 폐업할 수 있다. 단점은 다음과 같다. (1) 소유주가 돈을 빌리기 위해 개인 자산을 사용해야 할 수도 있다. (2) 외부 자금원을 구하기 어렵다. (3) 소유주가 많은 다양한 전문적인 능력을 보유하고 있어야 한다. (4) 기업의 생존은 소유주의 수명과 그의 근로능력에 종속되어있다. (5) 자격요건을 갖춘 종업원들은 찾기 어렵고, (6) 부유한 개인사업자들은 주식회사형태의 기업 하에서 보다 더 높은 세금을 납부한다.

공동기업의 두 가지 유형과 그들의 장단점을 기술하라.

공동기업은 다수의 개인에 의해 설립된다. 공동기업은 합명회사나 합자회사가 될 수 있다. 공동기업은 다음의 장점을 제공한다. (1) 설립이 쉽다. (2) 동업자들의 자산을 합치면 아마 개인보다 더 많을 수 있기 때문에 더 높은 신용등급을 가질 수 있다. (3) 동업자들은 전문화가 가능하다. (4) 공동기업은 대기업들보다 신속한 의사결정을 할 수 있고, (5) 정부 규제가 적다. 또한 공동기업은 단점도 여러 개 있다. (1) 무한책임사원은 공동기업의 부채에 대해 무한책임을 진다. (2) 동업자들은 서로의 의사결정에 대해 책임을 진다. (3) 동업자 한 명의 사망이나 탈퇴는 새로운 파트너십 합의서 작성을 필요로 한다. (4) 공동기업 지분은 적정가에 매각하기가 어렵다. (5) 이익금의 분배가 각 동업자들이 한 일의 양을 정확하게 반영하지 못할 수 있고, (6) 공동기업은 큰 주식회사들이 할 수 있는 것처럼 쉽게 외부 자금원을 구할 수 없다.

주식회사 기업형태와 그것의 장단점을 기술하라.

주식회사는 주(state)정부에 의해 만들어지는 법적 주체로서, 회사의 자산과 부채는 소유주로부터 분리된다. 주식회사는 주식회사 정관을 통해 주에 의해 허가된다. 주식회사는 회사 임원들이나 사외인사들로 구성된 이사회를 둔다. 주식회사는 개인회사이든 공개회사이든지 간에, 주주들에 의해 소유된다. 보통주 보유자는 이사회 선출권을 가진다. 우선주 보유자는 의결권은 없지만 보통주 보유자에 비해 우선배당청구권을 가진다.

주식회사 형태 기업의 장점은 다음을 포함한다. (1) 소유주들은 유한책임을 진다. (2) 소유권(주식)이 쉽게 이전될 수 있다. (3) 주식회사는 일반적으로 영원히 지속된다. (4) 자금조달이 다른 유형의 기업들에 비해 쉽고, (5) 회사의 계약체결 능력으로 인해 신사업의 확장이 간편하다. 또한 주식회사는 단점도 가지고 있다. (1) 회사가 자신의 수입에 대해 1차로 과세되고, 소유주들도 배당금으로 받은 수익에 대해 2차 세금을 납부한다. (2) 주식회사의 설립은 비용이 비쌀 수도 있다. (3) 너무 많은 정보를 일반 대중과 정부 기관에 가용하게 만들어야 하기 때문에 영업비밀을 유지하기가 어렵고, (4) 소유자와 경영자가 항상 똑같은 것이 아니고 서로 다른 목적을 가질 수도 있다.

기업 합병, 인수 및 기업담보차입매수의 장단점을 평가하라. 합병은 두 회사(일반적으로 주식회사)가 결합하여 하나의 새로운 회사를 설립할 때 일어난다. 인수는 한 회사가 다른 회사 주식의 대부분을 매수할 때 일어난다. 기업담보차입매수에서, 투자자 집단은 대출보증을 위해 매입할 회사의 자산을 담보로, 회사를 인수할 자금을 대출받는다. 기업 인수합병은 인수회사들이 산업 내에서 더 높은 시장점유율을 확보하고 신제품이나 생산시설 및 장비와 같은 귀중한 자산을 취득하며 비용을 절감할 수 있게 해주었다. 결과적으로 이것은 기업의 시장가치와 주가를 향상시켜서 주주들에게 이득을 줄 수 있다. 하지만 이것은 만약 이로 인해 경영자들이 생산성과 수익을 희생시키면서 인수를 피하는 데 집중하도록 강제된다면 또한 회사에 피해를 끼칠 수도 있다. 기업 인수합병은 회사로 하여금 과중한 부채를 지도록 유도할 수도 있고 종업원의 사기와 생산성을 해칠 수 있다.

초기 창업기업에 적절한 조직 형태를 제안하라. 이 장의 뒷부분에서 언급하는 '딜레마 해결'을 읽고 이 장에 기술된 다양한 유형의 기업조직의 장단점을 고려하여, 창업 초기의 놀이방에 적절한 기업 유형을 제안할 수 있어야 한다.

도입사례 재검토

1. 왜 소규모 사업가들은 힐러리히(Hillerich)처럼 개인소유회사 설립을 선호하는가?
2. 마케팅 전문성을 갖춘 파트너 추가를 통해 루이빌 슬러거 브랜드가 인기를 끌 수 있었던 이유는 무엇인가?
3. 윌슨 스포팅 굿즈(Wilson Sporting Goods)와 같은 공개회사와 비교할 때 힐러리히 앤 브래드비(Hillerich & Bradsby)와 같은 개인소유회사의 혜택은 무엇인가? 공개회사의 혜택은 무엇인가?

진도 평가 Check Your Progress

1. 개인사업자(개인기업)의 다섯 가지 장점을 말하라.
2. 공동기업의 두 가지 유형을 나열하고 각각에 대해 기술하라.
3. 서로 다른 유형의 주식회사들을 구별하고 각각의 유형에 대한 예를 들어보라.
4. 당신은 우선주를 보유하고 싶은가, 아니면 보통주를 소유하고 싶은가? 그 이유는 무엇인가?
5. 개인기업, 공동기업 및 주식회사에서의 수익이 어떻게 구별되는지 비교하라.
6. 어떤 유형의 기업조직이 정부 규제가 가장 적고 어떤 조직이 가장 많은가?
7. 공동기업, 개인기업 및 주식회사 소유주들의 책임을 비교하라.
8. 왜 기업운영에서 비밀유지가 소유주에게 중요할 수 있는가? 어떤 유형의 조직이 엄격한 비밀유지를 필요로 하는 사업에 가장 적절한가?
9. 어떤 유형의 사업이 가장 높은 수준의 기술 전문화를 필요로 하는가? 어떤 사업이 가장 낮은가? 그 이유는?
10. 협동조합의 가장 흔한 예는 농장 협동조합이다. 그 이유와 협동조합 구성원에 대한 혜택을 설명하라.

현장 기술 개발 Build Your Skills

기업 유형 선택

배경. 앨리 부시(Ali Bush)는 자신의 웹사이트 개발 사업을 시작할 창업 기회를 포착했다. 앨리는 컴퓨터공학 석사학위를 받고, 이제 막 미시시피대학을 졸업했다. 그녀는 옥스포드 지역 외 많은 취업 기회가 있지만, 연로한 부모님을 보살피기 위해 거기에 남기를 원한다. 그녀는 이미 사업 시작에 필요한 대부분의 컴퓨터 장비를 가지고 있지만, 추가적인 소프트웨어가 필요하다. 그녀는 소규모 기업을 위한 웹사이트 유지를 위한 서버 구매를 고려하고 있다. 앨리는 그녀가 이 초기 창업기업을 계속하고, 자신과 다른 사람들을 위한 장기적인 일자리를 창출할 능력을 가지고 있다고 느낀다. 그녀는 이 사업을 위해 미시시피대학 학생들을 시간제로 고용할 수 있다는 것을 안다. 이제 사업을 시작했기 때문에, 지금 당장은 자신의 아파트 빈 방에서 일할 수 있다. 사업규모가 커지면 필요한 추가적인 전일제 및 시간제 직원을 고용하고 회사 위치를 재검토할 것이다.

과업. 이 장에서 배운 내용을 바탕으로 어떤 기업 소유권 형태가 앨리에게 가장 적절한지 결정하라. 각 결정의 장단점을 평가하는 데 있어 도움이 되는 옆에 제공된 표를 사용하라.

개인사업자	
장점	단점
•	•
•	•
•	•
•	•
•	•
•	•
•	•

주식회사	
장점	단점
•	•
•	•
•	•
•	•
•	•
•	•
•	•

유한책임회사	
장점	단점
•	•
•	•
•	•
•	•
•	•
•	•
•	•

딜레마 해결Solve the Diemma

법인을 설립할 것인가 말 것인가

토마스 오그레이디(Thomas O'Grady)와 브라이언 로시스키(Bryan Rossisky)는 화초류, 관목류 및 나무를 도매로 구매해 일반 소비자에 재판매하는 작은 사업을 시작하기로 결정했다. 그들은 창업자금으로 각 5천 달러씩 출자하고, 소형 이동식 영업소가 딸린 2.5에이커의 토지를 임대하기로 계획했다.

토마스와 브라이언은 어떤 유형의 조직이 적절할지 결정하려고 한다. 브라이언은 유한한 책임과 큰 회사의 이미지를 가졌으면 해서 주식회사를 설립해야 한다고 생각한다. 토마스는 공동기업이 설립하기도 더 쉽고 자신들의 재능과 재무자원의 결합에 의지하는 것을 가능하게 해준다고 생각한다. 또한 대응해야 할 보고서와 규제감독이 더 적을 수도 있다.

토의 주제

1. 토마스와 브라이언이 주식회사를 설립하는 것의 장단점은 무엇인가?
2. 그들이 공동기업을 설립할 때의 장단점은 무엇인가?
3. 어떤 조직 유형이 토마스와 브라이언의 회사에 최상이라고 생각하는가? 그 이유는 무엇인가?

사업 계획서 작성Build Your Business Plan

기업조직화의 선택안

당신의 팀은 어떻게 당신이 자신을 당신의 사업 계획에 가장 효율적이며 효과적이 될 수 있도록 조직화해야 하는지에 대해 생각할 필요가 있다. 동업의 이점은 책임을 공유하고 서로 아이디어를 말할 다른 사람을 가진다는 것을 포함한다. 당신의 사업이 성장함에 따라, 당신은 다른 동업자들은 익명 동업자(silent partners)인 반면에 한두 명의 동업자가 회사를 경영할 것인지 여부를 결정해야 할 것이다. 또는 아마도 최소한 초기에는, 비용 절감을 위해 당신이 회사에서 일하기로 결정할 수도 있다. 하지만 당신이 팀 멤버의 사업관여를 결정하면, 모든 팀 멤버가 자신의 책임이 무엇이고 만약 회사가 청산되면 어떤 일이 일어나는지를 이해하도록 서면 합의를 구비하는 것이 필수적이다.

당신이 추가 사업자금 조달 방법에 대해 생각하기 시작

하는 것은 당신과 동업자들에게 너무 이른 것이 아니다. 나중에 당신이 사업 계획서를 작성할 때, 당신은 사업 계획서를 가족들에게 보여주고 싶을 수도 있을 것이다. 이와 함께, 당신과 동업자들은 당신 사업의 잠재적 투자자의 명단을 작성하고 싶을 것이다.

5

중소기업, 기업가 정신과 프랜차이즈

학습목표

5-1 기업가정신과 중소기업을 정의한다.

5-2 미국 경제 내 중소기업의 중요성 및 특정 분야가 중소기업에게 매력적인 이유를 설명한다.

5-3 중소기업 운영의 장점을 파악한다.

5-4 중소기업 운영의 단점과 중소기업 실패의 원인에 대해 분석해 본다.

5-5 중소기업을 시작하는 과정과 이에 필요한 자본에 대해 알아본다.

5-6 중소기업의 미래에 영향을 미치는 인구통계학적, 기술적, 경제적 흐름을 파악한다.

5-7 많은 대기업이 규모 감축을 시도하는 이유에 대해 알아본다.

5-8 중소기업을 시작하기 위한 두 기업가의 계획을 평가해 본다.

©Rob Wilson/Shutterstock

도입사례 :: 칙필레의 A 등급 품질 획득

칙필레(Chick-fil-A)는 설립 당시부터 다른 패스트푸드 프랜차이즈와는 다르게 지역사회에 봉사해 왔다. 최초의 칙필레는 설립자인 트루엣 캐시(Truett Cathy)가 1946년 레스토랑 사업을 시작한 이후 1967년에 설립되었으며, 이 회사는 전국적인 체인을 가진 가족 소유의 식당으로 남아 있다. 칙필레는 단지 치킨을 제공하는 패스트푸드 레스토랑이 아닌 지역사회의 일부가 되기를 원한다.

칙필레는 음식 준비작업 방식에 있어 색다른 접근을 취한다. 회사의 모토는 "더 적게, 더 자주"이다. 양보다 품질이 강조된다. 이것은 치킨 샌드위치를 경쟁에서 돋보이게 한 이유가 되기도 하였다. 레스토랑의 이름은 품질 면에서 최고라는 것을 보여주기 위한 숨은 뜻이 담겨있다. 즉 "닭 살코기"에 대문자 A를 붙인 것인데, 여기서 A는 최고의 품질을 나타낸다.

칙필레는 서로 다른 프랜차이즈 사업자가 운영하는 2,000개 이상의 레스토랑 체인점을 가지고 있기 때문에, 사업자들이 체인점의 높은 품질 기준을 인지하도록 하기 위해 노력한다. 프랜차이즈를 열려면 1만 달러의 초기 수수료가 필요하며, 사업자는 다른 벤처사업에 관여해서는 안 된다. 칙필레는 사업자가 정규직으로서 프랜차이즈를 직접 운영하기를 원한다. 새로운 사업자를 위한 훈련은 성공적인 사업 운영에 필요한 일상적인 결정을 내릴 수 있는 전문지식을 갖추게 하기 위해 수주일 동안 지속된다.

칙필레는 품질과 연수교육을 강조함으로써 프랜차이즈 사업자가 회사의 가치와 목표, 품질에 대한 평판을 지속적으로 발전시키면서 사업주로서 독립적으로 일할 수 있게 하였다. 이 프랜차이즈의 성공적인 운영은 칙필레가 미국 내 8위의 패스트푸드 체인점이라는 현 지위를 달성하는 데 기여했다. 하지만 이 같은 성공에도 불구하고 칙필레가 뉴욕 증권 거래소에서 거래되는 것을 본 사람은 없을 것이다. 이는 캐시가 세상을 떠나기 전 그의 자녀들이 개인 소유의 법인을 팔 수는 있지만 일반에게 공개할 수 없는 계약을 만들었기 때문이다.[1]

도입

많은 경영학과 학생이 졸업 후 대기업에 취업하고 있지만, 그 밖의 많은 학생은 개인사업을 시작하거나 중소기업에서 취업의 기회를 찾기도 한다. 미국의 경우, 중소기업 채용 인원은 전체 민간 부분 채용 인원(private-sector employees) 중 대략 절반 정도를 차지하고 있다.[2] 각 중소기업은 기업 대표의 비전에 따라 새로운 상품이나 보다 나은 상품을 통하여 성공을 이루고자 한다. 중소기업은 많은 사람에게 기회를 제공하고, 자신의 삶을 스스로 결정하는 자율성을 나타낸다는 의미에서 미국 경제와 사회 제도의 핵심이라고 할 수 있다. 오늘날 기업가정신(entrepreneurial spirit)은 러시아와 중국을 비롯해 인도, 독일, 브라질, 멕시코에 이르기까지 전 세계적으로 성장하고 있다. 건강한 "기업가정신 생태계"를 가진 나라로는 미국, 캐나다, 호주, 덴마크, 스웨덴이 있다.[3] 이 장에서는 기업가정신과 중소기업에 대하여 학습해 보고자 한다. 첫째, 기업가정신과 중소기업에 대한 정의를 내리고, 미국 경제 내 중소기업의 역할에 대하여 알아본다. 둘째, 중소기업 운영의 장단점을 살펴보고, 중소기업의 성공과 실패의 원인을 분석한다. 셋째, 기업이 사업을 시작하는 과정과 그 과정에서 오늘날 중소기업이 직면하고 있는 문제에 대하여 토론한다. 마지막으로, 대기업의 기업가정신에 대하여 알아본다.

학습목표 5-1

기업가정신과 중소기업의 특징

기업가정신
특정 목표 달성을 위해 비즈니스를 창출하고 관리하는 과정.

1장에서 기업가(entrepreneur)를 이윤 창출을 목적으로 혁신적인 제품 혹은 또 다른 형태의 무언가를 개발하기 위해 자신의 자산, 시간, 노력을 투자하는 사람이라고 정의한 바 있다. 따라서 **기업가정신**(entrepreneurship)이란 특정 목적을 달성하기 위하여 사업을 시작하거나 이를 관리하는 과정이라 할 수 있다. 우리가 잘 알고 있는 대부분의 유명 기업(예: 리바이스, 프록터앤갬블, 맥도날드, 델컴퓨터, 마이크로소프트, 구글) 역시 창업자 비전을 토대로 중소기업에서부터 시작했다. 중소기업에서부터 시작하여 성공을 거둔 몇 기업가는 새로운 트렌드를 읽을 수 있는 능력을 가지고 있었다. 예를 들어 아마존과 같은 혁신적인 기업은 신기술을 개발해 내기보다는 현재 기술의 이점을 이용해 새로운 시장을 개척하였다. 스타벅스는 이미 익숙한 제품의 질을 향상시키거나 매장 환경을 새롭게 개선하여 혁신을 이루었다. 뿐만 아니라 하나의 특정 세분 시장(market segment)에 집중하고, 그 세분 시장 내 고객이 다른 어떤 곳에서도 찾을 수 없는 제품의 특성을 조합하여 제공함으로써 혁신을 이룰 수도 있다. 공유경제(sharing economy) 또는 긱경제(gig economy)는 기술을 사용하여 서비스 제공자나 주택 소유자를 연결할 수 있도록 해준다. 포취닷컴(Porch.com)은 주택 소유자와 계약자를 연결하기 위해 설립되었다. 설립자인 매트 에를리히만(Matt Ehrlichman)은 자신의 집을 짓는 데 문제가 생겨 좌절한 후 이 아이디어를 생각해냈다. 포취닷컴의 소프트웨어는 주택 소유자와 공인 전문가들을 연결하는 보다 투명한 방법을 제공한다. 약 1조 5,000억 달러 규모의 주택 리모델링 프로젝트가 이 사이트를 통해 소개되었다. 이 소프트웨어는 매우 효과적이어서, 주택 개량 업체인 로우(Lowe's)가 1,700개의 소매점에 설치하기도 하였다.[4]

성공은 창의성, 혁신, 기업가정신이 필요하며, 정규교육 이상의 것을 필요로 한다. 기술과 지식을 배우고 발전시키고 독립적인 사상가가 될 수 있는 능력을 필요로 한다. 스티브 잡스(애플), 리처드 브랜슨(버진그룹), 래리 앨리슨(오라클의 전 최고경영자), 마이클 델(델 컴퓨터) 등은 대학을 졸업하지 않았다. 마크 저커버그는 페이스북에 집중하기 위해 하버드대학을 중퇴했다. 마이크로소프트의 공동 창업자인 빌 게이츠도 1년 만에 하버드대학을 중퇴했다. 물론 작은 기업이 성공을 이루기 위해 반드시 거대 규모의 대중적인 기업으로 진화해야 하는 것은 아니다. 하지만 이렇게 빠른 성장을 이루는 기업가의 노력은 성공뿐만 아니라 대중의 관심을 함께 얻는다. 델 컴퓨터의 마이클 델, 마이크로소프트의 빌 게이츠, 구글의 레리 페이지와 세르게이 브린, 애플의 스티브 잡스 등은 대중에게 잘 알려져 있는 성공한 기업가들이다. 〈표 5-1〉은 지난 몇 십 년 동안 널리 알려진 성공한 기업가들을 보여준다.

기업가정신이 강조되면서 새롭게 출발하는 수많은 중소기업이 부상하고 있다. 직원 수가 5명 이하인 기업가를 **마이크로기업가**(microentrepreneur)라 한다. 한때는 기술 사용이 대

마이크로기업가
직원 수가 5명 이하인 기업가

〈표 5-1〉 혁신적 기업의 위대한 기업가

기업	기업가
휴렛팩커드(Hewlett-Packard)	빌 휴렛(Bill Hewlett), 데이비드 팩커드(David Packard)
월트 디즈니 프로덕션(Walt Disney Productions)	월트 디즈니(Walt Disney)
스타벅스(Starbucks)	하워드 슐츠(Howard Schultz)
아마존(Amazon.com)	제프 베조스(Jeff Bezos)
델(Dell)	마이클 델(Michael Dell)
마이크로소프트(Microsoft)	빌 게이츠(Bill Gates)
애플(Apple)	스티브 잡스(Steve Jobs)
월마트(Walmart)	샘 월튼(Sam Walton)
구글(Google)	레리 페이지(Larry Page), 세르게이 브린(Sergey Brin)
벤 엔 제리스(Ben & Jerry's)	벤 코헨(Ben Cohen), 제리 그린필드(Jerry Greenfield)
포드(Ford)	헨리 포드(Henry Ford)
제너럴 일렉트릭(General Electric)	토마스 에디슨(Thomas Edison)

기업에게만 한정되어 있었으나 오늘날에는 중소기업 또한 다양한 기술을 사용하여 발전할 수 있다. 웹사이트, 팟캐스트, 온라인 동영상, 소셜 미디어, 휴대폰, 긴급배송 서비스 등은 중소기업이 대기업보다 더 큰 경쟁력을 갖출 수 있도록 도와주고 있다. 또한 중소기업은 국내 시장 및 해외시장을 대상으로 물건을 생산하고 판매하기 위하여 다른 기업과 전략적 제휴를 체결할 수도 있다.

사회적 기업가정신
기업가정신을 바탕으로 사회적 문제를 해결해 나가는 사람

중소기업 운영에 있어 떠오르고 있는 또 다른 추세는 **사회적 기업가정신**(social entrepreneurship)이다. 사회적 기업가(social entrepreneurs)는 기업가정신을 바탕으로 사회적 문제를 해결해 나가는 사람들을 말한다. 이들이 운영하는 기업은 기본적으로 다른 기업들과 동일한 원리이지만, 기업이 사회적 변화를 이끌어 내는 매개체가 된다는 데 그 차이점이 있다. 즉 이러한 기업가는 비영리기관 또는 영리기관을 개설 및 운영함으로써 다양한 사회적 문제를 해결하는 데 힘쓴다. 신발 한 켤레를 팔 때마다 신발이 필요한 개발도상국 아동에게 한 켤레의 신발을 기부하기 위한 목적으로 회사를 설립한 탐스(TOMS)의 최고경영자 블레이크 마이코스키(Blake Mycoskie)가 바로 이러한 사회적 기업가의 한 예라고 할 수 있다. 그 후 이 회사는 일대일 모델을 다른 제품군으로 확장했고, 다른 사회적 기업들에 투자할 기금을 모금했다.[5] 샤마임 해리스(Shamayim Harris)는 미시간 하이랜드 파크에 있는 황폐한 도시인 디트로이트 지하철 구역의 만여 채의 주택을 복구하고 있다. 시드 보조금과 크라우드 펀딩을 통해 그녀는 자급자족 공동체를 발전시키는 것을 돕고 있다.[6]

중소기업이란 무엇인가

중소기업
독립적으로 소유 및 운영되는 사업체로서 해당 경쟁시장 내에서 지배적인 위치를 점유하고 있지 않으며, 상시 근로자수가 500명 미만인 기업.

중소기업청(SBA)
중소기업에 대한 경영과 재정 상의 정부지원을 체계적이고 효율적으로 추진하기 위해 설립한 중앙행정기관.

중소기업은 상대적인 개념이기 때문에 한 마디로 정의 내리기 쉽지 않다. 이 책에서는 **중소기업**(small business)을 "독립적으로 소유되어 운영되는 사업체로서 해당 경쟁시장 내에서 지배적인 위치를 점유하고 있지 않으며, 상시 근로자 수가 500명 미만인 기업"이라고 정의한다. 마이크로리니어(microleenurs)라고도 불리는, 5명 이하의 직원을 고용하고 있는 마이크로 기업가들은 빠르게 성장하고 있다. 예를 들어 한 멕시칸 식당이 그 지역사회 내에서 가장 인기 있는 멕시칸 식당이라 할지라도, 그 식당이 전체 식당 산업에서 지배적인 위치에 있지 않다면, 이는 중소기업으로 간주할 수 있다. 이 정의는 중소기업을 경영적 및 재정적으로 지원하는 주(state)정부 독립기관인 미국 **중소기업청**(Small Business Administration: SBA)이 사용하고 있는 정의와도 일맥상통한다. 미국 중소기업청은 웹사이트를 통해 현재 혹은 미래의 중소기업 경영자에게 중소기업을 시작하는 과정을 비롯한 다양한 정보를 제공하고 있다.

미국 경제에서 중소기업의 역할

중소기업을 어떻게 정의하느냐에 관계없이 한 가지 분명한 사실은 중소기업이 미국 경제에서 반드시 필요한 존재라는 사실이다. 〈표 5-2〉에서 볼 수 있듯이, 미국 내 기업 중 99% 이상이 중소기업으로 분류되고, 민간 부분 고용 인원의 약 절반 정도가 중소기업에 종사하고 있다. 미국 내 제품 수출업체의 98%를 차지하는 중소기업은 미국에서 수출되는

제품가치의 33%에 기여하며 수출업자로서도 중요한 역할을 하고 있다.[7] 이에 더해, 중소기업은 일자리 창출과 일자리 혁신에도 매우 중요한 역할을 하고 있으며, 사회적 소수자나 여성에게도 사업의 기회를 제공해 준다.

미국 내 서비스 산업, 소매업, 통신업, 경영관리업 등 다양한 산업에서 총 9만 개 이상의 성공한 사업체가 여성에 의해 운영되고 있다.[8] 사회적 소수자가 운영하는 사업체 또한 모든 중소기업 중 28.6%를 차지하며 빠르게 성장하고 있다.[9] 예를 들어 멕시코 태생인 호세 드 지저스 레가스피(Jose de Jesus Legaspi)는 부동산 사업에 뛰어들어 히스패닉 소비자 비율이 높은 도심지역 틈새시장에 집중하였다. 레가스피는 어려움을 겪고 있는 쇼핑몰에 투자하고, 모든 세대의 히스패닉 소비자에게 매력적일 수 있는 문화 센터로 개조하였다. 그의 쇼핑몰 중 하나로서 이름을 La Gran Plaza로 바꾼 쇼핑몰은 20%의 점유율을 80%로 높였다.[10]

〈표 5-2〉 미국 경제에 있어 중소기업의 중요성

중소기업은 전체 회사의 99.7%를 차지한다.
중소기업은 순수 새로운 일자리 중 62%를 창출했다.
중소기업은 과학자, 엔지니어, 컴퓨터 프로그래머 등 첨단 기술 직업군의 약 37%를 고용한다.
중소기업은 대기업에 비하여 16배의 직원당 특허권을 생산한다.
중소기업은 민간 부분 채용 인원(private-sector employees) 중 절반을 고용한다.
중소기업은 미국의 총사립급여지불액의 42%를 지급한다.

자료: "How Many Jobs Do U.S. Small Businesses Create? 2017," *Small Business*, December 1, 2017, https://smallbusiness.com/about-small-businesses/how-many-jobs-small-business-create/ (accessed April 21, 2018); Small Business Administration Department of Advocacy, "Frequently Asked Questions," March 2014, www.sba.gov/sites/default/files/FAQ_March_2014_0.pdf (accessed April 21, 2018).

〈표 5-3〉 직원 규모에 따른 기업 수

기업 규모	기업 수	전체 기업 대비 비율
직원 0~19명	4,524,688	66.6
직원 20~99	689,685	10.1
직원 100~199	358,217	5.3
직원 500+	1,222,611	18.0

자료: "SUSB Employment Change Data Tables," Statistics of U.S. Businesses, https://www.census.gov/data/tables/2015/econ/susb/2015-susb-employment.html (accessed April 21, 2018).

일자리 창출. 중소기업 운영자의 열정, 창의력, 그리고 혁신성은 다수의 일자리 창출로 연결된다. 매년 미국 내 새로운 일자리의 약 63%가 중소기업으로부터 창출된다.[11] 〈표 5-3〉에서 볼 수 있듯이 미국 내 전체 기업의 82.2%가 500명 이하의 직원을 고용하는 중소기업이다. 19명 이하의 직원을 고용하는 기업도 전체 기업의 66.8%를 차지하고 있다.[12]

오늘날 많은 중소기업의 창업과 운영은 대기업의 영향을 받으며, 다수의 새로운 일자리가 대기업과 중소기업 간의 제휴에 의해 창출된다. 공식적인 합작투자, 공급자 관계, 마케팅 제휴 등 대기업과 중소기업 사이에서 발생하는 다양한 형태의 협업에 의해 중소기업 내 많은 일자리가 창출되고 있는 것이다. 예를 들어 인도의 수많은 IT 업체가 글로벌 시장에 IT 서비스를 제공하고 있다. 저렴한 비용 때문에 많은 다국적기업이 인도의 중소 IT 기업과의 협업을 도모하고 있다.[13]

혁신. 중소기업의 최대 강점은 혁신이 용이하다는 점과 고객에게 주요한 혜택을 가져다 줄 수 있다는 점에 있을 것이다. 개인별로 맞춤화된 패션 의류를 제공하는 스티치 픽스(Stitch Fix)라는 작은 회사는 각 고객에게 개인화된 쇼핑 경험을 제공한다. 또한 큰 소매상에서 쇼핑하는 사람들과는 달리 두 사람이 같은 옷을 입게 될 가능성을 거의 제로에 가깝게 낮출 수 있다고 주장한다.[14] 이와 유사하게 앤드류 블랙몬(Andrew Blackmon)은 온라인 턱시도 대여 서비스 회사인 더 블랙 턱(The Black Tux)을 공동으로 설립했다. GQ 매거진에서 단 한번 언급된 후 이 회사의 서비스에 대한 관심이 매우 높아져 추후 공급망 문제에 부딪히게 되었다. 하지만 회사는 제조업체와의 작업시간을 줄이고 공급망을 개선할 수 있었다. 이 두

스티치 픽스의 창업자 겸 CEO인 카트리나 레이크(Katrina Lake)는 저렴한 가격에 각각의 여성 개인에 맞춘 스타일링 서비스를 제공하기 위한 개인 쇼핑 서비스를 개발했다.

©Griffin Lipson/BFA/REX/Shutterstock

사업 모두 많은 사람이 원하는 중요한 서비스를 제공한다.

실제로 전체 혁신 중 절반 이상이 중소기업에 의해 이루어지고 있다. 미국 내 중소기업이 이루어낸 20세기 주요 혁신으로는 항공기, 오디오 테이프 녹음기, 섬유광학 장비, 인공 심장판막, 광학스캐너, 맥박조정기, 컴퓨터, 소프트 컨텍트 렌즈, 인터넷, 지퍼 등이 있다.

인공지능은 혁신을 위한 새로운 기회를 창출할 것이다. 일반적으로 인간의 지능을 필요로 하는 업무를 수행하는 컴퓨터의 능력은 새로운 사업을 창출하는 능력을 제공해 줄 수 있다. 인간 행동의 시뮬레이션은 얼굴 인식, 음성 인식, 의사결정, 그리고 사람과 관련된 일을 하는 로봇의 제어를 가능하게 한다. 이 기술이 이용 가능해지고, 가격도 저렴해지고 있기 때문에 중소기업이 대기업과 경쟁할 수 있는 능력은 향상될 것이다. 고객 서비스, 마케팅, 인적자원, 공급망, 제조공정 모두 개발과 관리가 더 효율적으로 이뤄질 수 있을 것이다. 인공지능은 창업자들에게 새로운 사업모델 개발의 기회를 제공할 것이다. 개발 초기 기업은 매우 독립적이고 가치를 창출하는 모든 요소를 극대화할 수 있는 능력을 갖게 될 것이다. 새로운 사업에 진출하고 발전하는 것이 더욱 쉬워지는 것이다.

윤리 및 사회적 책임 Consider Ethics and Social Responsibility

샤크 탱크가 성공을 한 입 베어 물다

TV쇼인 샤크 탱크(Shark Tank)는 기업가가 투자자들에게 자신의 사업 아이디어를 소개하는 프로그램이다. 이 투자자들은 부동산 재벌인 바바라 코코란(Barbara Corcoran), FUBU 의류업체의 창업차인 데이먼드 존(Daymond Jone), 미국프로농구(NBA) 댈러스 매버릭스의 구단주 마크 쿠반(Mark Cuban) 등을 포함한다. 투자자들은 기업가의 아이디어가 실현될 수 있는지 여부를 판단하여 해당 기업가에게 자신의 돈을 투자할지를 결정한다. 제안된 사업 아이디어는 아직 실현되지 않은 아이디어에서부터 이미 판매되었지만 성장을 위해 더 많은 돈이 필요한 아이디어까지 다양하다.

일부 사람들은 이 쇼가 기업가정신이 있는 개인에게 긍정적인 영향을 끼치고 있다고 믿는다. 비즈니스 기회에 대한 명확한 표현, 비즈니스 시장에 대한 이해, 비용 및 수익성 지표에 대한 지식, 아이디어 보호는 많은 시청자가 쇼를 보면서 배우게 되는 교훈이다. 이러한 교훈은 잠재적인 기업가가 자신의 아이디어를 벤처 투자가들에게 제시할 때 중요하다.

"샤크"는 쇼에 나온 사업제안에 6,600만 달러 이상을 투자하도록 만들었다. 이들은 기업가가 비즈니스 아이디어를 보다 실용화하기 위해 취해야 할 조치에 대한 다음의 조언을 제공한다.

- 수익성을 추구할 수 있는 일을 하라.
- 성공을 위해 소유권을 가져라.
- 계속 지속하라.
- 위축되는 것을 거절하라.
- 성공하기 위해 열심히 노력하라.

샤크 탱크는 사람들에게 미국 비즈니스의 본성에 대한 더 낙관적인 시각을 제공해 주었다. 이 리얼리티 쇼는 열정적인 무언가를 창조하려고 노력하는 일반 사람들을 통찰하는 데 도움을 주었다.[15]

토의 주제

1. 샤크 탱크에 출연할 때 기업가는 어떤 종류의 자금을 찾고 있는가?
2. 특별히 높은 사업 실패율을 감안할 때 "샤크"의 조언이 기업가의 성공에 중요한 이유는 무엇이라고 생각하는가?
3. 만약 샤크가 투자를 하지 않기로 결정한다면, 쇼에 출연한 기업가가 도움을 받거나 자금을 조달할 수 있는 몇 가지 대안적인 방법은 무엇인가?

성공한 기업의 혁신은 다양한 형태로 나타난다. 예를 들어 프랜차이즈 사업은 전체 중소기업의 대략 2%를 차지한다. 또한 많은 대기업이 혁신을 주도하는 중소기업의 형태로 시작하였다.[16] 중소기업 운영자 레이 크록(Ray Kroc)은 햄버거를 판매하는 새로운 방법을 고안해 냈다. 그의 아이디어는 현재 세계에서 가장 성공한 패스트푸드 업체인 맥도날드를 탄생시켰다. 데이비드 갈보아(David Galboa)는 온라인 소매업체인 워비 파커(Warby Parker)를 공동으로 설립하고, 스타일리쉬한 안경을 저렴한 가격에 판매하였다. 탐스 슈즈와 비슷하게 워비 파커(Warby Parker)는 판매되는 안경 개수만큼 개발도상국 시각장애인에게 안경을 나눠주는 사회적 기업이다. 이 회사는 100만 개의 안경을 판매하였다.[17] 이러한 중소기업의 기업가는 일반적으로 대기업에 비해 보다 신선하고 새로운 아이디어를 제공하며 변화에 유연하다.

중소기업에게 매력적인 산업군

학습목표 5-2

중소기업은 거의 모든 산업군에 존재하지만 특히 소매/도매업, 서비스업, 제조업, 기술 관련업 등 상대적으로 시장진입이 쉽고, 초기 비용이 낮은 분야에서 전망이 좋다. 또한 이러한 산업군에서는 중소기업이 특정 소비자 그룹을 겨냥하기도 비교적 용이하다.

소매. 소매업체는 생산자나 도매업체로부터 상품을 공급받아 소비자에게 판매한다. 일반적으로 시내 중심가나 쇼핑센터, 쇼핑몰 등에는 음반 가게, 스포츠용품 가게, 세탁소, 악세사리 가게, 약국, 식당, 연회 업체, 주유소, 가전제품 가게 등 소비자에게 상품을 판매하는 점포로 가득하다. 소매업은 상대적으로 노출 정도가 높고, 경험을 쌓기 쉽기 때문에 기업가의 주목을 받는다. 뿐만 아니라 제조업은 보통 시설, 장비, 유통 시스템 구축 등에 많은 비용이 들어가지만 소매점을 시작하는 데는 이러한 큰 비용이 들지 않는다. 새로운 소매업체가 필요한 것은 시장을 이해하고, 필요를 충족시키는 제품을 제공할 수 있는 능력뿐이다. 하지만 기업가가 해야 할 한 가지 중요한 작업은 소매점이나 도매점을 개업하는 데 필요한 비용을 사전에 예측하는 것이다. 예를 들면, 시카고의 플렌티 그로서리 앤 델리(Plenty Grocery & Deli)는 크라우드 펀딩 사이트인 킥스타터(Kickstarter)를 통해 1만 5,000달러를 모금하여 작은 규모의 동네 식료품점을 열었다.[18]

소매업은 특히 기업가들에게 매력적이다.
©Lynne Neuman/Shutterstock

비매장 소매업에도 많은 기회가 있다. 비매장 소매업은 소매 시설 밖에서 제품을 판매하는 것을 포함한다. 비매장 소매업에는 전화, 카탈로그 및 기타 미디어를 사용하여 소비자가 우편, 전화 또는 인터넷으로 주문을 할 수 있도록 하는 직접 마케팅과 직접 판매 두 가지 유형이 있다. 비매장 소매업은 진입 비용이 낮아 기업가에게 좋은 기회를 제공하는 분야다. 미국의 대형 백화점인 제이씨페니(JCPenny)도 비매장 소매활동이 판매에 중대한 영향을 미친다는 것을 발견했다. 그래서 2010년에 중단했던 카탈로그를 부활시켜 직접 마케팅에 나서기로 결정했는데, 이는 카탈로그가 온라인에서 물건을 구매하는 데 더 많은 영감을 준다는 시장조사 결과에 근거한 것이다.[19] 소규모 기업은 이베이, 아마존, 엣시(Etsy) 등에 자사 제품을 선보여 직접 마케팅에 나설 수 있다.

직접 판매는 가정, 직장, 모임에서 대면 판매를 통해 최종 소비자에게 제품을 판매하는 활동을 포함한다. 잘 알려진 직접 판매 회사로는 암웨이(Amway), 에이번(Avon), 허발라이프(Herbalife), 메리 케이(Mary Kay) 등이 있다. 직접 판매에 참여하는 데 드는 비용은 낮지만 사업을 시작하기 위해서는 종종 충분한 재고를 구입해야 한다. 많은 사람이 직접 판매를 파트타임 사업기회로 본다. 반면, 직접 판매 회사의 독립적인 계약자가 되는 사람들은 제품에 열정을 가지고 다른 배급자를 모집하며 그들의 판매에 대한 수수료를 받을 수 있다.

도매. 도매업자는 생산자와 소매업자에게 상품과 서비스를 제공한다. 그들은 거의 모든 사업 기능을 통해 고객을 지원할 수 있다. 도매업체는 산업체, 소매점 및 기타 기관에게 상품을 재판매하거나 다른 상품의 제조를 위한 재료로서 상품을 공급한다. 도매 활동은 상품 공급, 프로모션, 유통(보관과 운송)을 계획하고 협상하는 업무부터 경영 및 판매 보조에 이르기까지 다양하다. 도매업체는 특히 소비재 분야에서 매우 중요한 역할을 하는데, 이는 소비재 시장에서 시행되는 마케팅 활동 때문이다. 비록 유통 과정에서 도매업체를 생략하는 것이 가능하다 할지라도, 그 기능은 생산자 또는 주로 중소기업이 담당하는 다른 중개상 등의 조직에 의해 반드시 수행되어야 한다. 중소기업은 최종 소비자와 더 가까이 소통하는 경우가 많기 때문에 그들을 만족시키는 방법에 대하여 더 잘 알 가능성이 크다. 이러한 이유로 제조업으로 시작한 일부 중소기업은 대기업 제품의 공급자 및 유통업자로서 그들의 진정한 틈새시장을 찾기도 한다. 양철업자인 존 히넨(John Hinnen)은 어린 시절을 부모님 차고에서 장난감과 신기한 물건들을 디자인하며 보냈다. 실패가 많았던 그는 나중에 영화 「엘프」에서 눈싸움 장면을 본 후 눈덩이를 만들고 눈덩이 공격으로부터 방어할 수 있는 스노우 강타자라는 제품을 개발했다. 장난감 회사인 웸오(Wham-O)는 이 제품을 제조하기 위해 히넨의 아이디어를 채택했다.[20]

서비스. 서비스 업종은 유형의 상품을 생산하지 않는 업종을 포함한다. 서비스는 공연 또는 물리적으로 소유될 수 없는 가치를 제공하는 노력을 수반하는 무형의 제품을 포함한다. 서비스도 도매 시장의 일부가 될 수 있으며, 무형이며 따라서 만질 수 없는 제품을 포함한다. 서비스 업종은 농업을 제외한 미국 내 일자리 중 80%를 차지한다. 부동산, 보험 및 개인 대행사, 이발소, 은행, 전자제품 수리점, 복사점, 세탁소, 회계사무소 등은 모두 서비스업에 속한다고 할 수 있다. 또한 서비스업은 미용사, 장의사, 보석 세공사, 의사, 수의사와 같이 일반적으로 대기업에서 요구하지 않는 기술을 가진 사람들에게 매력적인 분야이다. 서비스업에 종사하는 대다수의 사람은 소매업자로서 최종 소비자에게 서비스를 제공한다. 10년의 역사를 가진 회사를 설립한 호세 네브스(Jose Neves)는 소매 럭셔리 부티크들이 재고를 온라인에 올릴 수 있도록 지원한다. 이 서비스는 상점들이 지불 및 배송에서 고객 서비스 및 매장 내 반품에 이르기까지 자사 패션 브랜드의 판매 상황을 추적할 수 있

도록 해준다.[21]

제조. 제조업은 중소기업에게 특별한 기회를 제공한다. 예를 들어 아이린 로데스(Irene Rhodes)는 공학에 근거한 자신의 배경을 이용하여 산불이 근처에 났을 때 집에 생분해성 보호용 거품을 분사하는 시스템을 개발하였고, 소비자 화재 제품(Consumer Fire Products) 회사를 설립했다. 그녀는 일 년에 200만 달러의 수입을 올리고 있다.[22] 이처럼 중소기업은 대기업에 비해 상품을 특정 고객의 필요와 욕구에 따라 맞춤화하기 용이하다는 면에서 보다 유리하다. 수공예, 보석 세공, 의류업, 가구업 등이 그 예라 할 수 있다.

기술. 첨단기술은 고도로 성장한 과학 및 공학 기술을 사용하는 사업 전체를 일컫는 광범위한 개념이다. 컴퓨터, 생명공학, 유전공학, 로봇공학 및 기타 첨단기술을 사용하는 분야에서 새로운 기술을 발견하고 혁신을 이루었던 사람들은 오늘날 거대 첨단기술 사업을 이끄는 주역이 되었다. 한 예로, 몇 년 전까지만 해도 사장된 기술이나 마찬가지였던 가상현실을 혁신적인 기술로 탄생시킨 주인공은 한 십대 소년이었다. 19세의 팔머 러키(Palmer Luckey)는 가상현실의 게임 헤드셋을 개발하였고, 프로그래머인 존 카맥(John Carmack)은 이 새로운 기술에 주목했다. 러키와 카맥이 합작하여 개발한 혁신적 기술은 게임 플레이어에게 가상현실이라는 새로운 장을 열어 주었다. 페이스북은 러키와 카맥의 회사 오큘러스 VR(Oculus VR)를 20억 달러에 인수하였다.[23] 일반적으로 첨단기술을 이용한 사업은 다른 중소기업 분야에 비하여 더 큰 초기 자본과 투자를 필요로 한다. 그럼에도 불구하고 성공을 이룬 많은 첨단기술업자의 시작은 창고, 지하실, 부엌, 혹은 기숙사였다.

공유경제. 지난 몇 년 동안 활용도가 낮은 자원을 나누는 방식의 **공유경제**(sharing economy)가 활성화되었다. 이 모델에 따라 기업가는 숙식이나 차량 등 활용도가 낮은 자원을 임대하여 수익을 얻는다.[24] 자동차 공유 서비스 업체인 우버(Uber)는 공유경제와 가장 관련성이 높은 회사다. 우버는 사람을 고용하기보다는 구매자(승객)와 판매자(운전사)를 연결하는 모바일 앱을 제공하는 등 노동 브로커 역할을 수행하고 있다.[25] 비록 우버가 요금과 같은 변수에 대한 통제를 하고 있지만, 운전자는 원할 때만 일을 하는 독립적인 계약자로서의 역할을 한다. 에어비앤비(Airbnb)는 공유경제를 활용하여 운영되고 있는 또 다른 유명한 회사로서, 숙박을 필요로 하는 사람들과 서비스의 판매자들을 연결시켜주는 사업을 하고 있다.

공유경제
활용도가 낮은 자원을 공유하는 경제 모델.

공유경제를 흔히 '긱경제(gig economy)'라고도 부르는데, 이는 독립적인 계약자가 계약 직업을 통해 소득을 얻기 때문이다.[26] 공유경제는 기업가가 되고 싶거나 다른 직업이 있어도 추가 수입을 원하는 사람들에게 기회를 제공한다. 대학을 나온 후 두 번째 직장에서 해고된 엘리스 베넌(Elise Benun)은 크리에이티브 전문가가 많은 예산을 가진 고객을 찾는 것을 돕기 위해 마케팅 멘토 일을 시작했다. 엘리스는 자기 사업을 하는 계약 노동자이다. 현재 미국 노동가능인구의 34%는 자영업자인 독립적인 계약 노동자로 구성되어 있다.[27] 이 모델을 통해 제공되는 서비스는 종종 전통적인 서비스보다 비용이 적게 드는데, 심지어 기존 기업으로부터 시장점유율을 빼앗아 오고 있다. 예를 들어 에어비앤비는 현재 힐튼(Hilton)보다 두 배 정도 더 높은 가치가 있다. 이 회사는 더 넓은 관광산업 분야로 진출하기 위해 관련 회사들을 인수하고 있다.[28]

공유경제의 기회에도 불구하고 우버 및 이와 유사한 회사들은 근로자가 독립적인 계약자인지 아니면 고용인인지에 대한 압력을 받아왔다. 또한 우버와 에어비앤비는 숙박이나 승차 공유에 관한 지역규제 규정에 상충되는 경우가 많다. 독립적인 계약자로서, 근로자는 회사의 직원과 달리 스스로 행동하고 자신의 세금과 혜택을 지불한다. 하지만 이런 논란에도 불구하고 공유경제에 대한 전반적인 인식은 높은 것으로 보인다. 한 연구에 따르면, 응답자의 약 86%가 공유경제가 삶을 더 여유롭게 만들어 준다고 생각하고 있으며, 78%는 활용도가 낮은 자원의 공유가 낭비를 줄여준다고 믿고 있다.[29]

학습목표 5-3

중소기업 운영의 장점

중소기업의 설립과 운영에는 많은 장점이 존재한다. 이러한 장점들은 다시 개인적 차원의 장점과 기업적 차원의 장점으로 분류해 볼 수 있다. 〈표 5-4〉는 성공적인 기업가의 몇 가지 특징을 보여준다.

독립성

독립성은 기업가가 자신의 사업을 시작하는 주요한 이유 중 하나이다. 중소기업의 소유주가 된다는 것은 자신이 스스로를 고용한다는 것을 의미한다. 많은 사람이 자신의 사업을 시작하는 이유는 현재의 직장에 남아있거나 이직을 하는 것보다 스스로 사업을 운영하는 편이 본인에게 더 이득이 되리라 믿기 때문이다. 이러한 사람들은 회사 내에서 더 이상 승진이 희망적이지 않을 뿐더러 어떤 회사도 자신의 아이디어에 대한 투자를 심각하게 고려하지 않는다고 느끼고 있는 사람일 것이다. 또 어떤 사람은 단순히 누군가의 밑에서 일하는 것을 참지 못해서 일단 사업을 시작하고 모험을 하기도 한다. 이러한 사람들은 아마도 자신이 "회사라는 틀(corporate mold)"에 맞지 않는 사람이라 말할 것이다. 최고의 기업가들을 대상으로 한 조사에서는 야망과 능력, 시대를 초월한 직업윤리가 사업 성공을

〈표 5-4〉 젊은 기업가의 성공적 특징

특징	정의	특징	정의
직관력	의식적 추론 없이 진실을 도출하는 직관이 있음	혁신성	새롭고 창의적인 아이디어를 제시할 수 있음
생산성	특정 기간 동안 대량을 생산할 수 있음	위험 감수성	실패 가능성에도 불구하고 위험한 노력을 추구할 수 있음
지략 풍부성	자원을 현명하게 사용할 수 있음	지속성	장애물에도 불구하고 특정 행동을 계속할 수 있음
카리스마	다른 사람들에게 영감을 줄 수 있음	친절함	사람들과 상호 유익한 상호 작용을 할 수 있음

위한 주요 요소로 뽑혔다.[30]

대다수의 중소기업 운영자에게는 함께 일할 사람을 선택할 자유, 일하는 시간과 장소의 유연성, 가족 단위 내에서 운영할 수 있는 선택권 등의 여러 이점이 주어진다. 회사 웹사이트, 소셜 미디어, 그리고 다른 인터넷 자원의 가용성은 사업을 시작하고 집에서 일하는 것을 용이하게 만들어주었다.

비용

앞서 언급한 바 있듯이 중소기업은 대기업에 비하여 창업과 유지 비용이 적게 든다. 상위 기업인들 중 78%는 개인 저축을 창업에 사용했으며, 29%는 신용카드를, 22%는 가족 대출을 사용했다.[31] 직원 25명으로 구성된 작은 공장이 대규모 시설에 수만 명 이상의 직원을 고용하고 있는 대기업에 비해 적은 임금, 적은 임대료, 적은 공공요금 등을 지출하는 것은 당연한 일이다. 중소기업은 회사 경영에 있어 회계팀, 홍보팀, 법무팀과 같은 별도의 부서를 만들기보다는 다른 (중소)기업을 고용하여 이러한 업무에 대한 지원을 받는다. 또한 중소기업은 어려운 프로젝트를 진행하는 경우 비용을 절감하기 위해 지인이나 가족 구성원에게 도움을 요청할 수도 있다.

유연성

작은 규모에서 비롯되는 유연성은 기업이 변화하는 시장의 트렌드에 쉽게 대응할 수 있도록 해준다. 중소기업은 보통 기업주에 의한 단일 관리 체제로 운영되기 때문에 의사결정과 실행이 빠르게 이루어진다. 반면, 대기업의 경우에는 한 사안이 승인되기까지 많은 관리 단계와 경영진을 거쳐야 하기 때문에 일상적인 결정을 내리는 데에도 몇 주의 시간이 소요되기도 한다. 예를 들어 타코벨(Taco Bell)과 같은 대기업이 신제품을 개발하는 경우, 먼저 소비자 조사를 실시하고, 이를 바탕으로 제품을 개발하고, 전국적 출시 전에 그 제품에 대한 다양한 시험 과정을 시행해야 하기 때문에 신제품 출시에 수년이 걸리기도 한다. 이에 비해 독자적인 스낵 점포의 경우, 훨씬 짧은 시간 안에 소비자의 요구 사항을 파악하고 신상품을 개발하는 것이 가능하다. 실제로 성공한 중소기업 최고경영자의 56%는 소셜 미디어를 이용해 제품에 대한 피드백을 수집한다고 말한다.[32]

집중

작은 규모의 기업은 모든 노력을 명확한 틈새시장, 즉 특정 그룹의 고객에게 집중시킬 수 있다. 일반적으로 대기업은 다수의 소비자에게 대량 판매가 이루어지는 대중시장 또는 커다란 세분 시장에서 경쟁해야 한다. 반면, 중소기업은 특정 그룹 내 고객의 욕구 또는 다른 기업들이 충족시키지 못한 소비자 욕구를 겨냥한 제품을 개발할 수 있다. 예를 들어 메간 탐테(Megan Tamte)는 젊은 어머니들을 대상으로 한 에베레브(Evereve)라는 상점을 개업했다. 젊은 엄마로서 그녀는 엄마들이 어린 아이들을 쇼핑에 데리고 갈 때 직면하게 되는 많은 문제를 인식했다. 에베레브 상점은 유모차를 수용할 수 있는 2중 폭 통로, 대형 탈

현장 속의 기업가정신 Entrepreneurship in Action

세이코는 여성이 한걸음 더 나아갈 수 있도록 도왔다

설립자: 리즈 포킨 보하논(Liz Forkim Bohannon)

설립: 2008년 오리건주 포트랜드

성공: 세이코 디자인(Sseko Designs)은 우간다와 동아프리카에서 여성의 삶을 향상시키는 영리기업을 개발하기 위해 사회적 기업가정신을 성공적으로 이용했다.

사회적 기업가정신은 사회적 가치를 창출하거나 비즈니스 모델을 사용하여 사회적 문제를 해결하는 것을 포함한다. 세이코 디자인의 설립자인 리즈 포킨 보하논(Liz Forkin Bohannon)은 기업가적 원칙을 이용하여 우간다 여성을 위한 교육 기회를 창출하는 영리 사업을 고안했다. 리즈가 우간다로 여행 갔을 때, 그녀는 여고생들이 마을로 돌아와 등록금을 벌기 위해 일을 해야 한다는 것을 알게 되었다. 이 소녀들의 대부분은 가족의 생계를 위해 돈을 벌어야 했기 때문에 계속 교육을 받을 수 없었다.

리즈는 우간다 여성들이 대학 등록금 마련을 위해 일하는 9개월 동안 일-학습 모델을 개발했다. 이 여성들은 미국 소비자에게 팔기 위해 리본 샌들을 만들기 시작했다. 이 과정에서 기술을 익히고, 대학 등록금을 벌 수 있는 기회를 갖게 되었다. 샌들사업은 성공했고, 세이코는 다른 상품으로 사업을 확장했다.

회사의 성장을 지속하기 위해 인기 리얼리티 쇼인 샤크 탱크(Shark Tank)를 통해 자금을 지원받는 시도도 했다. 비록 자금 지원은 거부되었지만, 세이코의 TV 출연은 전국에 이 회사의 가치과 신념을 퍼뜨릴 수 있는 기회가 되었다. 오늘날 세이코는 우간다의 최대 신발 수출회사로서 87명의 여직원이 대학 교육을 받을 수 있게 했다.[34]

토의 주제

1. 세이코의 사회적 기업가정신 모델은 다른 회사들이 취해왔던 전통적인 자선 사업과 어떻게 다른가?
2. 당신은 보하논이 사회적 사명에 너무 집중하고 있다고 생각하는가? 그는 이익을 위해 가치를 절충해야 하는가?
3. 리즈 포킨 보하논이 직면한 중소기업의 단점은 무엇인가?

의실, 어린이 놀이터 등을 포함하여 만들어졌다. 그리고 그 결과로 개업 이후 59개 매장을 열고 연평균 30%의 성장률을 기록했다.[33] 이처럼 중소기업은 작은 틈새시장이나 제품에 대한 특정 소비자의 욕구를 겨냥함으로써 대기업과의 직접적인 경쟁을 피하고 나아가 더욱 강력한 기업으로 성장해 나갈 수 있다.

명성(평판)

명성(평판) 또는 기업이 다양한 이해관계자에 의해 어떻게 인식되는가는 성공을 위한 매우 중요한 요소이다. 작은 기업은 능력을 작은 틈새시장에 집중시킬 수 있기 때문에 품질이나 서비스에 대한 좋은 평판과 명성을 얻을 수 있다. 미국 최고의 씨앗을 공급하는 애틀리 버피(W. Atlee Burpee & Co)는 매우 높은 명성을 누리는 중소기업의 좋은 예이다. 애틀리 버피는 고객 만족에 대한 강한 신념과 약속을 실천하기 위하여 완벽한 고객 만족이 이루어지지 않을 경우 환불을 해주는 무조건적인 환불정책을 실시하여 품질과 서비스에 대한 높은 명성을 쌓았다.

일부 기업인은 자신이 적합하다고 생각하는 방식으로 사업을 운영하기 위해 사업을 처음부터 시작하는 것을 선택한다. 이 경우 소규모로 시작해서 고객 유치에 어려움을 겪을 수도 있지만 프랜차이즈 계약에 따른 제약으로 인한 제한을 받지 않는다.

중소기업 운영의 단점

학습목표 5-4

중소기업 운영의 명확한 장점과 매력 때문에 많은 사람이 중소기업 창업을 꿈꾼다. 그러나 모든 일이 그러하듯 중소기업 운영에도 단점이 존재한다.

높은 스트레스

몇몇 예외는 존재하지만 작은 규모의 사업은 운영자의 생계 수단 이상의 큰 의미는 없는 경우가 많다. 또한 중소기업 운영에는 경쟁, 고용 문제, 새로운 설비, 재고 확대, 임대료 인상, 시장 수요 변화 등의 걱정거리가 끊임없이 존재한다. 여기에 더해 중소기업 운영자는 상당한 신체적·정신적 스트레스에 시달린다. 중소기업 운영자는 스스로 소유주이자, 경영 책임자이자, 판매자이자, 물품의 배송 및 수령 담당자이자, 회계 담당자이자, 관리인인 경우가 많다. 이렇듯 여러 가지 업무를 수행하기 때문에 대부분의 중소업체 운영자의 노동 시간은 길게 마련이다. 많은 창의적인 기업가가 실패하는 주된 이유는 그들의 사업 아이디어가 부족해서가 아니라 사업하는 데 수반되는 이러한 어려움 때문이다. 실패에 대한 두려움은 사업을 시작할 때 들 수 있는 가장 흔한 걱정이다.[35]

높은 실패율

중소기업이 경제에 미치는 중요성에도 불구하고, 그 성공이 늘 보장되지는 않는다. 새로 시작하는 기업 절반가량은 5년 이내에 실패한다.[36] 식당이 그 대표적인 예이다. 주변을 둘러보면, 오래 버티지 못하고 문을 닫은 식당을 어렵지 않게 발견할 수 있다.

중소기업이 실패하는 데에는 여러 가지 이유가 있다(표 5-5). 예를 들어 쓰레기통 살충제(한 연구에 따르면 소비자는 쓰레기통의 벌레에 대하여 크게 상관하지 않는다)와 같은 좋지 않은 사업 아이디어는 대부분 실패에 이른다. 자신의 취미를 사업으로 발전시키는 경우, 진정한 틈새시장이 존재한다면 성공할 수 있을 것이다. 하지만 많은 사람이 특정 상품이나 서비스에 대한 실제적인 소비자의 수요를 확인하지 않은 채 사업에 뛰어들고, 이는 사업의 실패로 연결된다. 중소기업 실패의 또 다른 원인으로는 정부의 규제에 의한 부담, 매출 부진을 이겨낼 수 없는 부족한 자본, 대기업과의 경쟁에서 오는 상대적 약점 등이 있다. 중소기업 실패의 3대 주요 원인은 과소 출자(undercapitalization), 경영 미숙(managerial inexperience), 성장 대응에 대한 무능력(inability to cope with growth)이다.

〈표 5-5〉 새로 사업을 시작하는 데에 수반되는 문제

1. 과소 출자(창업에 부족한 자본)
2. 경쟁력 있는 틈새시장에 대한 이해 부족
3. 웹사이트 혹은 소셜 미디어에 대한 비효율적 운영
4. 마케팅 혹은 경영 계획의 부재
5. 소매점 운영 시 부적절한 장소 선택
6. 잘못된 가격 정책(너무 높거나 낮은 가격책정)
7. 성공에 필요한 시간을 과소 책정
8. 추가적인 경험을 더해 줄 수 있는 보완적 파트너의 부재
9. 적합한 직원 채용의 실패/직원 교육의 미숙
10. 법적·도덕적 책임감에 대한 이해 부족

알고 있습니까? 약 20%의 중소기업만이 운영을 시작한 첫 해를 넘긴다.[37]

과소 출자. 사업이 실패에 이르는 지름길은 사업을 정상적으로 운영하기 어려울 정도로 부족한 자금을 투입하는 것, 즉 **과소 출자**(undercapitalization)이다. 많은 기업가가 일단 사업을 시작하고 나면 곧바로 판매 수입이 발생할 것이고, 이 자금으로 사업을 이어갈 수 있

과소 출자
사업을 정상적으로 운영하기 어려울 정도로 부족한 자금을 투입하는 것.

소셜게임 개발자이자 팜빌(FarmVille) 및 워드위드프랜즈(Words with Friends)와 같은 모바일 게임 제작자인 징가(Zynga Inc.)는 사업이 너무 빠르게 확장되어 수백 명의 직원을 고용해야 했다.

©JHVEPhoto/Shutterstock

을 것으로 생각하기 때문에 필요한 자본금은 창업자금이 전부라고 생각하는 경우가 많다. 하지만 대부분 기업의 매출은 시즌에 따라 변화하기 때문에 항상 충분한 현금을 보유하기 어려울 뿐더러 사업을 시작하자마자 바로 수입을 창출하는 기업은 매우 드물다. 또한 지방의 작은 은행은 중소기업에 대출을 해주는 위험을 감수할 만큼 충분한 자산을 보유하고 있지 않거나 금융 전문성이 부족한 경우가 많기 때문에 많은 지방 중소기업이 해당 지역 내에서 필요한 자금을 조달하지 못하기도 한다. 따라서 개인 저축과 가족 구성원으로부터의 대출이 중소기업 자금 조달의 최고 원천이 되고 있다. 창업자에게 은행 대출은 창업자본의 10% 미만을 차지한다.[38] 충분한 자본 없이는 중소기업의 아이디어가 아무리 훌륭하다 하더라도 실패할 수 있다. "키스 미"와 "마음이 되어라"와 같은 메시지를 담고 있는 하트모양의 발렌타인데이 사탕인 네코 웨이퍼(Necco Wafers)를 생각해 보자. 이 회사는 1847년에 영국 이민자에 의해 시작되었고 미국에서 가장 오래된 제과회사이다. 오늘날 이 작은 회사는 1년에 6억 3,000만 개의 웨이퍼 과자를 만든다. 하지만 2018년에는 자본금 때문에 영업을 계속할 새 주인을 물색하고 있는데, 더 많은 자본을 들여올 새로운 소유자가 나타나지 않는다면 이 회사는 실패할 수 있다.[39]

경영 미숙. 경영 미숙은 많은 사업의 실패 원인이 된다. 한 기업가가 사업에 대한 훌륭한 비전을 가지고 있다고 해서 그 기업가가 반드시 기업의 성장을 효율적으로 관리할 수 있는 지식이나 경험을 가지고 있는 것은 아니다. 신상품이나 마케팅에 관한 훌륭한 아이디어를 가지고 있는 사람일지라도 경영 과정에서 필요한 고용, 협상, 재정, 통제 및 관리 등에 대한 경험이나 기술은 부족할 수도 있다. 더욱이 기업가는 기업 경영에 있어 자신이 잘 모르는 분야에 대해 무시하거나 그저 사소하고 지루한 일로 치부하는 경우가 있고, 이는 사업의 실패로 연결될 것이다.

성장 대응에 대한 무능력. 기업이 성장하는 과정에서 중소기업의 장점이 심각한 단점이 되는 상황이 적지 않게 발생한다. 기업이 성장함에 따라 기업주는 경영에 있어 직접적인 지휘권을 어느 정도 포기해야 하는 상황이 종종 발생하고, 이는 모든 권한을 행사해 오던 기업주 입장에서는 쉽게 받아들이기 힘든 상황이 될 수 있다. 기업 성공의 가장 큰 장애물은 기업가 자신이라는 말이 자주 나오는 이유는 이 때문이다. 또한 기업이 성장하기 위해서는 신용 분석이나 촉진 활동과 같은 영역에서 특별한 경영 기술을 필요로 하는데, 창업자에게 이러한 기술이 부족하거나 혹은 기술 습득에 투자할 시간이 충분치 않은 경우가 많다. 이러한 이유 때문에 델 컴퓨터를 포함한 성공적인 중소기업의 창업주는 기업이 성장통을 겪는 과정에서 본인보다 더욱 숙련된 경영인이 필요하다는 것을 깨닫고 전문 경영인을 영입하는 것이다.

기업이 성장에 따르는 문제점에 대해 적절하게 초기 대응을 못하게 되면, 기업은 자신의 명성에 치명타를 입을 수도 있다. 또한 상품이 제시간에 도착하지 않거나, 상품의 질이 떨어지는 경우도 사업 성공에 큰 위협이 될 수 있다. 중소기업에 즉각적인 위협이 되는 주요 요소로는 인플레이션, 에너지 및 다른 공급의 부족, 비용 상승, 과도한 채무 등이 있다. 이 때문에 일부 소상공인은 작은 규모를 유지하려고 하며, 대규모 성장에는 관심이 없다. 이들 마이크로프리너(micropreneurs)는 5명 이하의 직원을 둔 소규모 사업을 운영한다. 중소기업의 95%가 마이크로비즈니스인 것으로 추정된다.[40]

중소기업의 시작

학습목표 5-5

지금까지 중소기업의 중요성 및 중소기업의 성공과 실패 요인에 대해 살펴보았다. 그렇다면 어떻게 중소기업을 시작할 수 있을까? 기업의 크기와 상관없이 한 기업을 시작하기 위해서는 반드시 사업에 대한 기본적인 아이디어를 가지고 있어야 한다. 예를 들어 월마트의 창업자 샘 월튼(Sam Walton)은 세계에서 가장 큰 거대 소매기업을 세워 다른 기업들이 이 산업을 바라보는 시각을 바꾸어 줄 수 있는 대규모 할인 소매점 사업을 만들겠다는 비전을 가지고 있었다. 비전을 세웠다면 다음 단계로 사업 계획과 발전을 이끌 전략을 고안해야 한다. 마지막으로, 소유권 형태, 필요한 금융 자원 그리고 기존의 기업을 인수할 것인지, 완전히 새로운 기업을 설립할 것인지, 아니면 프랜차이즈 영업권을 획득할 것인지 등에 대한 결정을 내려야 한다.

사업 계획

사업 성공의 핵심 요소는 **사업 계획**(business plan)이다. 사업 계획이란 특정 사업 운영의 합리적 근거에 대한 명확한 설명과 목표에 도달하기 위한 단계적 세부계획을 포함하는 계획서라고 정의할 수 있다. 사업 계획은 반드시 사업에 대한 설명과 경쟁사에 대한 분석, 수입과 지출에 대한 추산, 그리고 기타 다양한 정보를 포함하고 있어야 한다. 또한 사업 계획은 사업을 유지할 수 있는 충분한 자금을 확보하기 위한 전략을 포함하고 있어야 한다. 미국 SBA 웹사이트는 중소기업이 자금을 조달하기 위해 사용하는 계획의 개요를 제공한다. 금융기관이 중소기업에게 대출을 허가할지 하지 않을지에 대한 여부는 그들의 사업 계획에 달려있다고 해도 과언이 아니다. 좋은 사업 계획은 기업의 유연성과 결정 능력을 방해하는 장애물이 아닌 사업의 지침서이자 참고 문서의 역할을 해야 한다. 또한 사업 계획은 기업의 목표와 전략이 기업을 둘러싼 환경 변화를 적절하게 수용할 수 있도록 정기적으로 수정되어야 한다. 이러한 사업 계획은 기업이 시장의 잠재성을 평가하고, 적절한 가격을 책정하고, 상품 제조의 요구 사항을 파악하고, 최적의 유통 경로를 개척하고, 더 나은 상품을 선택할 수 있도록 도와준다. 기업이 변화를 감안하여 사업 계획을 평가하고, 갱신하는 것도 중요하다. 오리건주 살렘에 본사를 둔 리치 던컨 건설(Rich Duncan Construction) 회사는 이러한 것을 어렵게 배웠다. 이 회사는 높은 성장률에 대해 설명하고, 해결해야 할 약점을 파악하기 위해 14년 만에 사업 계획의 일부를 수정하였다.[41]

사업 계획
특정 사업 운영의 합리적 근거에 대한 명확한 설명과 목표에 도달하기 위한 단계적 세부계획을 포함하는 계획서.

기업 소유권의 형태

사업 계획서를 구상한 후, 기업가는 개인기업(sole proprietaryship), 공동기업(partnership), 혹은 주식회사(corporation) 등 기업 운영에 가장 적절한 법적 기업 소유권 형태를 결정해야 하고, 4장 '기업조직의 유형'에서 살펴봤던 것처럼 그 결정에 영향을 미칠 수 있는 많은 요인을 조사해야 한다.

금융 자원

"돈을 벌기 위해서는 돈이 필요하다"라는 말은 특히 사업체를 설립하는 데 적절한 표현이다. 중소기업이 수입을 창출하기 위해 기업주는 초기 자본을 제공하거나 조달하여 사업의 시작과 운영을 원활히 해야 한다. 작은 소매점이라고 할지라도 장소를 임대하고, 필요한 설비와 가구 등을 구매하거나 임대하고, 재고를 구입하고, 운영 자본을 제공하기 위해 최소한 5만 달러의 초기 자본금을 필요로 한다. 모든 신생 기업 중 90%는 10만 달러 미만으로 시작하며, 거의 50%는 5,000달러 미만으로 시작한다.[42] 종종 중소기업 소유주는 필요한 자본의 상당 부분을 스스로 내놓아야 한다. 새로 시작하는 기업의 기업주가 창업을 위한 충분한 개인 자산을 가지고 있는 경우는 드물기 때문에, 추가 자본을 얻을 수 있는 원천을 찾는 것은 매우 중요한 일이라 할 수 있다. 오픈 도어 랩스(Open Door Labs Inc.)는 집을 사고 재판매하는 사업을 한다. 주택 구입 가격의 약 90%를 빌리고 있으며, 앞으로 20개 대도시 지역에 진출할 계획이다. 따라서 돈을 빌릴 투자자를 찾거나 은행에서 돈을 빌려야 한다.[43]

(자기)자본경영. 어떤 사업이든 가장 중요한 자금의 원천은 기업주, 그 자신이다. 많은 기업주가 자신의 개인 집, 보험, 저축 등을 기업 자산에 포함시킨다. 새로 시작하는 기업의 기업주는 이러한 개인 자산을 매각하거나 담보로 설정하여 사업 운영자금을 조달한다. 또한 이들은 컴퓨터, 책상, 가구, 자동차 등 자신의 유용한 개인 자산을 기업 내 소유 지분의 일환으로 가져오기도 한다. 이러한 방식의 자금 조달은 새로운 사업을 시작하기 위해 다른 곳에서 자본을 빌려오기보다는 기업주 자신의 개인 자산을 유용하는 방식이라는 의미에서 자기자본경영(equity financing)이라 일컫는다. 또한 기업주는 기업의 이윤을 사업에 다시 재투자 하거나 단순히 본인의 급여를 받지 않음으로써 운영 자본을 제공할 수도 있다.

벤처 투자자
신규 사업에 주식투자 형식으로 자본을 투자하고, 그 대가로 지분 또는 주식을 받는 개인 또는 조직.

중소기업 소유주는 은행이나 중소기업청으로부터 돈을 빌려 사업을 시작하는 경우가 많다.
©Vico Collective/Erik Palmer/Blend Images LLC

중소기업도 운영자금 조달을 위해 투자자를 발굴하고 자금을 조달받을 수 있다. 그들은 기업의 주식을 가족, 친구, 직원 또는 다른 투자자들에게 팔 수 있다. 여기서 **벤처 투자자**(venture capitalist)란 신규 사업에 주식투자 형식으로 자본을 투자하고 그 대가로 지분 또는 주식을 받는 개인 또는 조직을 말한다. 벤처 투자자는 새로 시작한 기업의 주식을 저렴한 가격에 매입해서 그 기업이 성공한 후 높은 가격에 매각함으로써 이익을 창출한다. 이런 방식의 자본경영이 많은 중소기업을 도와 온 것은 사실이나, 이러한 자금 조달 방식을 채택할 시에는 투자자들에게 사업 이윤을 분배해야 하며, 때로는 투자자들의 간섭과 통제가 따르기도 한다는 사실을 인지할 필요가 있다.

차입경영. 신규 사업자는 기업을 설립한 후 더 많은 돈을 빌릴 수 있다. 은행은 중소기업에게 외부 자본의 주요 공급책이다. 미국의 경우 연방정부 단위로 중소기업청이 자격을 갖춘 사업체에게 재정 지원을 제공한다. 오리건주 힐즈보로 외곽에 위치한 파이브 스타 기타(Five Star Guitars)는 오리건주 중소기업청이 선정한 올해의 회사가 되었다. 중소기업청 대출은 파이브 스타 기타와 같은 회사가 소매 공간을 확보하고, 판매원을 고용하며, 특정 표적시장에 서비스를 제공할 수 있도록 도와준다.[44] 또한 가족이나 지인, 혹은 기업 소유 지분으로 전환될 수 있는 개인 컴퓨터나 자동차 같은 기타 자산도 장기대출의 원천이 될 수 있다. 이러한 경우 기업주는 대체적으로 자신에게 유리한 상환 스케줄을 계획하거나, 은행과 일반 이자율보다 낮은 이자율을 협상하기도 한다. 하지만 사실 사업이 성공적이지 못할 경우에는 감정적인 손실이 금전적 손실보다 훨씬 클 수 있다. 이러한 이유로 가족이나 친구에게 사업자금을 빌려줄 경우 금전거래 이전에 명확한 차용증서를 작성할 필요가 있다.

은행이나 다른 기관은 한 기업의 성공 가능성과 그 기업가의 대출 상환 능력에 대한 평가를 실시한 후 그에 따라 대출 여부 및 규모를 결정한다. 은행은 기업가에게 채무상환을 보증받기 위하여 종종 그 기업의 소유재산(건물, 부동산 등)이나 설비, 집기 등을 담보로 요구한다. 중소기업 기업주는 집과 같은 자신의 사유재산을 담보로 제공하는 경우가 있는데, 이런 종류의 대출을 모기지(mortgage)라 한다. 만약 중소기업이 자금 상환에 실패할 경우 대출 기관은 그 손실을 회복하기 위하여 이러한 담보나 모기지를 매각하기도 한다.

은행 또는 기타 금융기관은 중소기업과 신용대출, 즉 금융기관이 해당 사업체에게 선결된 금액을 필요에 따라 빌려주는 것에 대한 협정을 맺을 수도 있다. 신용대출은 기업가가 외부자금을 신속히 확보할 수 있는 기회를 제공한다. 중소기업은 기업 간 신용(trade credit)의 형태로 공급업자로부터 자금을 융통할 수도 있다. 여기서 기업 간 신용이란 공급업자가 기업이 필요로 하는 상품이나 서비스를 먼저 제공해 주고 그에 대한 지불을 유예해 주거나 분납할 수 있도록 해주는 것을 말한다. 또한 중소기업은 자신의 상품을 다른 기업의 상품과 교환하는 방식인 물물교환(bartering)을 통해 자금난을 해결하기도 한다. 예를 들어 회계사가 사무용품 회사에 회계 서비스를 제공하고 그 대가로 사무용품을 제공받는 경우 물물교환이 일어났다고 할 수 있다. 이 밖에도 지역사회 내 단체가 특정 유형의 사업을 개발 및 촉진하기 위하여 대출금을 지원하기도 한다. 미국 주정부나 지역사회의 단체들은 사회적 소수자에 대한 사업지원이나 특정 지역의 개발을 위해서 대출금을 지원하는 경우가 많다.

중소기업 시작을 위한 접근 방법

새로운 시작 대 현존하는 기업의 매입. 앞서 살펴보았던 여러 사례와 같이 처음부터 새로 시작하는 많은 중소기업이 있다. 하지만 현존하는 기업을 매입하는 방법으로 중소기업을 시작하는 경우 또한 존재한다. 후자의 경우, 이미 구축되어있는 고객망, 공급업자, 유통업자 등을 얻을 수 있을 뿐만 아니라 새로 사업을 시작하는 경우에 수반되는 불확실성에 대한 위험을 줄일 수 있다는 장점이 있다. 배우 사라 미셸 겔라(Sarah Michelle Gellar)는 수많은 투자자에 의해 거절당한 뒤 베이킹 브랜드인 푸드스티르스(Foodstirs)를 공동으로 설립했다. 겔라는 해리 코닉 주니어쇼(Harry Connick Jr. Show)와 같은 쇼에 출연해 베이킹 믹스와 고품질의 재료를 사용한 준비된 음식을 홍보했다. 푸드스티르스의 1분 머그 케익은 8,000여 개의 스타벅스 매장에서 입고되어 판매 중이다.[45] 하지만 현존하는 기업을 매입하는 기업가는 그 기업이 기존에 가지고 있던 문제점까지도 그대로 이어 받게 된다.

프랜차이즈
상호, 특허 상표, 기술 등을 보유한 제조업자나 판매업자로부터 제공받는 상표의 사용권 및 제품의 판매권.

프랜차이저
프랜차이즈, 즉 판권 또는 가맹점 영업권을 판매하는 기업.

프랜차이지
프랜차이즈, 즉 판권 또는 가맹점 영업권의 구매자.

프랜차이징. 많은 중소기업이 프랜차이즈를 통해 사업을 시작한다. 상호, 특허 상표, 기술 등을 보유한 제조업자나 판매업자로부터 제공받는 상표의 사용권 및 제품의 판매권을 **프랜차이즈**(franchise)라 하며, 이러한 프랜차이즈, 즉 판권 또는 가맹점 영업권을 판매하는 기업을 **프랜차이저**(franchiser)(본사)라고 한다. 던킨도너츠, 서브웨이, 지피루브(Jiffy Lube)와 같이 유명한 프랜차이저는 전국적인 인지도를 확보하고 있다. 또한 이러한 판권 또는 가맹점 영업권의 구매자를 **프랜차이지**(franchisee)(가맹점)라 한다.

프랜차이지는 프랜차이저의 운영 기준에 따라 사업을 실행하겠다는 계약을 체결하고, 프랜차이저에게 일정 금액의 로열티를 지불하는 대가로 프랜차이저의 이름, 로고, 영업에 대한 운영 방법, 전국적 광고, 상품, 그리고 본사 사업과 관련된 기타 요소를 사용할 수 있는 권한을 얻는다. 프랜차이즈 사업을 시작할 때 들어가는 초기 비용은 상황에 따라 큰 차이가 있을 수 있다. 프랜차이지는 설비나 집기를 구매하고, 다양한 트레이닝 비용을 지출하고, 담보대출 또는 임대차 계약을 얻어야 한다. 뿐만 아니라 프랜차이지는 매달 혹은 매년 매출 또는 수익의 일정 부분을 프랜차이저에게 지불해야 한다. 그 대가로 프랜차이지는 건물시방서(building specifications) 및 디자인, 장소 추천, 경영 및 회계 지원, 그리고 고객으로부터의 즉각적인 인지도를 얻게 된다. 프랜차이즈 사업에 대한 더 자세한 정보는 국제프랜차이즈협회(International Franchise Association)의 웹사이트에서 얻을 수 있다.

〈표 5-6〉 빠르게 성장하는 상위 10대 프랜차이즈

던킨 도넛 (Dunkin's Donuts)
세븐일레븐 (7-Eleven Inc.)
플래닛 피트니스 (Planet Fitness)
잔프로 프랜차이징 인터내셔널 (Jan-Pro Franchising International Inc.)
타코 벨 (Taco Bell)
오렌지티어리 피트니스 (Orangetheory Fitness)
그레이트 클립 (Great Clips)
맥툴 (Mac Tools)
크루즈 플래너 (Cruise Planners)
재저사이즈 (Jazzercise Inc.)

자료: "2018 Fastest-Growing Franchises Ranking," *Entrepreneur*, https://www.entrepreneur.com/franchises/fastestgrowing (accessed Aril 21, 2018).

프랜차이즈 사업은 19세기 미국의 싱거(Singer)가 재봉틀을 판매하기 위해 시작하였다. 이러한 방식의 상품 유통은 자동차, 주유소, 탄산음료, 호텔사업 등에 빠르게 퍼져나갔다. 1960년대에 이르러 프랜차이징이라는 개념이 더 많은 사업 분야로 확대되면서 프랜차이즈 사업은 빠르게 성장하였다. 〈표 5-6〉은 빠르게 성장하는 상위 10개의 프랜차이즈를

보여준다.

프랜차이즈 사업은 몇 가지 장단점을 가진다. 프렌차이즈 사업을 통해 프랜차이지는 작은 사업을 비교적 빠르게 시작할 수 있는 기회를 얻을 수 있을 뿐만 아니라 이미 시장 내 확고히 자리 잡은 브랜드 인지도를 바탕으로 다른 독립사업자들보다 빠르게 손익분기점에 이를 수 있다. 프랜차이지가 얻을 수 있는 일반적인 장점은 다음과 같다.

- 운영 및 관리에 대한 교육(훈련)과 지원
- 브랜드 인지도
- 표준화된 품질과 서비스
- 전국적, 지역적인 광고 프로그램
- 재무 지원
- 입증된 상품과 사업 형식
- 집중화된 구매력
- 장소 선별과 토지권 보호
- 높은 사업 성공률[46]

하지만 프랜차이지는 자율성에 대한 희생을 어느 정도는 감수해야 한다. 프랜차이지가 감수해야 할 단점은 다음과 같다.

- 가맹점비와 수입에 따른 이윤 분배
- 표준 운영 규칙에 대한 엄수
- 구매의 제한
- 제한된 상품군
- 시장 포화의 가능성
- 제한된 사업 결정권[47]

프랜차이즈 사업에서는 엄격하고 일률적인 규칙 준수가 우선시된다. 기업가들은 프랜차이즈 사업의 제한성에 크게 실망하기도 한다.

중소기업 경영자를 위한 지원

미국 내에서 중소기업과 그 기업가가 갖는 중요한 역할 때문에, 수많은 기관이 중소기업 경영자의 경쟁력을 향상시키기 위한 프로그램을 제공하고 있다. 기업가 훈련 프로그램과 중소기업청이 주관하는 프로그램이 여기에 포함된다. 이러한 프로그램은 저렴한 비용으로 또는 무료로 중소기업 경영자가 사업을 관리하는 데 도움이 되는 매우 유용한 지원을 제공하고 있다.

기업가는 세미나나 대학 강의를 통해 주요 마케팅, 경영관리, 재무 관리 등과 관련한 기술을 습득할 수 있다. 지식, 경험, 판단력 역시 새로운 사업의 성공에 있어 반드시 필요한 요소이다. 지식은 전달받을 수 있고, 일부의 경험은 수업을 통해 얻을 수 있지만, 좋은

친환경 경영 Going Green

가족사업의 성장: 헤이니스의 애플데일 농장

많은 중소기업이 실패하는 반면, 다른 중소기업들은 근면한 기업가 정신을 가진 소유주들의 관리하에 대대로 지속되어 왔다. 켄터키 주 낸시에 소재한 헤이니스 애플데일 농장(Haney's Appledale Farm)은 1870년부터 운영되고 있다. 현재 헤이니스의 경영은 헤이니 가문의 5대 째인 댄(Dan)과 마크(Mark)가 맡고 있다.

헤이니스 애플데일 농장은 35종의 사과와 15종의 복숭아를 재배하는 지속 가능한 450에이커 규모의 가족 농장이다. 헤이니스는 농장 운영에 있어 자연환경을 보존하며, 지속 가능한 관행을 사용한다. 그들은 해충을 식별해 제거하기 위한 즉각적인 조치를 취하지만, 인간의 건강과 환경에 대한 위험을 최소화할 수 있는 특별한 트랩을 포함한 통합된 해충 관리 방식을 사용한다.

제철이 되면 고객이 농장의 과수원에서 사과나 복숭아를 직접 따먹는다. 그들의 회사는 쿠키, 케이크, 잼, 젤리, 방부제, 사과 사이다, 캐러멜 사과, 헤이니스 애플 슬러시 같은 사과 관련 상품을 판매한다. 제과점은 매일 상처가 난 사과로 만드는 '프라이 애플 파이'라는 시그니처 메뉴를 개발하였다. 헤이니스는 이 제품으로 전국적인 시장에 진출할 수 있었지만, 그들은 제품의 무결성을 유지하기 위해 기회를 포기했다.

헤이니 형제는 단순하지만 효과적인 방법으로 농장을 운영한다. 효과적인 도구 중 하나는 페이스북과 고객에게 수확준비가 되었다는 것을 알려주는 웹사이트이다. 헤이니 가족농장의 150년 역사는 어떻게 중소기업이 여러 세대를 거쳐 번창할 수 있는지를 보여준다.[48]

토의 주제

1. 작은 사업을 운영하는 데 있어 헤이니 가문이 보유하고 있는 장점과 단점은 무엇인가?
2. 헤이니스 농장을 성공적으로 운영하기 위해 사용된 혁신적인 기술은 무엇인가?
3. 헤이니스의 애플데일 농장을 전국적으로 확장하기보다 중소기업으로 유지할 때의 장점은 무엇인가?

판단력은 반드시 기업가 자신이 발전시켜야 할 부분이다. 미국의 지역상공회의소(chamber of commerce)와 미국 상무부(U.S. Department of Commerce)는 중소기업을 운영하는 데 유용한 정보는 물론 다양한 지원을 제공한다. Inc.나 Entrepreneur 등의 전국적인 간행물은 각종 통계치, 조언, 요령, 그리고 성공 및 실패 사례 등의 유용한 정보를 제공한다. 이 밖에도 대부분의 도시에서 기업가나 중소기업에게 유용한 정보인 지역 내 기업 이야기, 경영 기술 등을 담고 있는 주간 경영 잡지나 신문이 발간되고 있다.

중소기업청은 중소기업에게 기업이 직면하고 있는 어려움에 대한 상담, 영업력 개선에 대한 컨설팅, 경영자·관리자 및 직원 교육 등 다양한 종류의 경영 지원을 제공한다. 그 일환으로 중소기업청은 중소기업개발센터(Small Business Development Center: SBDC)에 자금을 지원한다. 이 센터는 대부분 대학 캠퍼스 내에 위치한 비지니스 클리닉으로 중소기업에 무료상담과 소액 컨설팅을 제공한다. 중소기업개발센터는 중소기업청이 중소기업에게 직접적인 경영지원을 제공할 수 있는 주요 수단이라고 할 수 있다.

SCORE(Service Corp of Retired Executives)와 ACE(Active Corp of Executive)는 중소기업청으로부터 지원을 받는 자원봉사 단체로 중소기업의 기업주에게 유용한 조언을 제공해 준다. 일반적으로 이 두 기관 모두 중소기업의 경영자에게 부족한 다양한 능력과 오랜 경험을 가진 경영자들로 구성되어 있다. SCORE는 미국 320개 지역에서 자원한 1만 1,000명 이상의 자원봉사자가 60개 이상의 산업에서 멘토의 전문지식을 공유하고 있다.[49] 또한 중소기업청은 약 500여 개의 미국 대학 캠퍼스 내에 중소기업연수원(Small Business Institute: SBI)을 설립하고, 각각의 연수원에서는 4학년 재학생, 대학원생, 교수진이 경영에 관련한 컨설팅을 제공하고 있다.

마지막으로, 중소기업의 기업주는 다른 중소기업의 기업주, 공급업자, 혹은 고객 등으로부터 조언을 얻을 수 있다. 예를 들어 한 고객이 새로운 상품에 대한 요청을 자주 하거나, 한 공급업체가 제조공정을 개선할 수 있는 방법을 제시할 때 기업은 이들로부터 유용한 정보를 얻을 수 있는 것이다. 대기업에서든 중소기업에서든 관계를 쌓고 동료와 정보를 공유하는 네트워킹은 기업가에게 필수적인 일이다. 신생 조직의 개발과 성공을 가속화하기 위해 만들어진 인큐베이터 또는 조직은 종종 비즈니스를 도약시키는 데 도움이 되는 네트워크 기회와 자본을 제공해준다.[50] 다른 사업가들과의 소통을 통하여 직원을 다루는 방법뿐만 아니라, 정부 규제, 과정 개선, 문제 해결 등에 효율적인 방법을 찾을 수 있다. 오늘날 첨단기술은 이러한 네트워킹을 보다 용이하게 만들어주고 있다. 실제로 미국 내 몇 개의 주(state)는 기업끼리 서로 소통하고 아이디어를 공유할 수 있도록 소셜 네트워킹 사이트를 구축하고 있다.

중소기업의 미래

학습목표 5-6

중소기업이 우리 경제에 매우 중요한 존재임에도 불구하고, 작은 규모와 한정된 자원으로 인해 중소기업은 대기업에 비해 시장 내 변화와 혼란에 더욱 취약한 경우가 많다.[51] 그래서 이번에는 중소기업의 미래에 가장 큰 영향을 미칠 수 있는 인구통계학적, 기술적, 경제적 동향을 간단히 살펴보도록 하겠다.

인구통계학적 동향

미국의 베이비붐은 1946년에 시작해서 1964년에 끝이 났다. 베이비붐 세대는 7,500만 명의 미국인으로 구성되어 있다.[52] 이 세대로 구성된 세분시장은 대체로 부유하나, 많은 중소기업이 이들을 매력적인 시장으로 보거나 적극적으로 공략하지는 않는다. 하지만 예외는 존재한다. 디자이너 지팡이를 비롯한 다양한 제품을 카탈로그와 온라인 쇼핑몰을 통해 판매하는 골드 바이올린(Gold Violin)이나 영양식과 스낵을 고객에게 직접 배달하는 라이프스프링(LifeSpring)은 베이비붐 세대를 직접적으로 겨냥한 기업이다. 베이비붐 세대가 나이 들면서 여행, 재무 설계, 헬스케어와 같은 산업 역시 계속 발전해 나아갈 것이다. 많은 전문가는 이 베이비붐 세대가 시장의 미래라고 믿고 있다.

중소기업의 거대한 잠재시장으로 떠오르고 있는 또 다른 주요 시장은 미국의 가장 큰 생활 세대였던 베이비붐 세대를 능가하는 밀레니엄 세대 혹은 Y세대이다.[53] 이 인구 계층은 8,300만 명에 이르며, 몇 가지 고유한 특징을 지니고 있다.[54] 이들은 1981년 초반에서 1997년 초반에 출생했으며, 금전적인 부분보다는 개인의 발전, 사회의 인정, 능력의 개발 등에 관심을 둔

라틴 아메리카 인구는 미국에서 가장 많고 빠르게 성장하는 소수민족 부문이며, 이 부문의 많은 욕구를 충족시킬 방법을 모색할 수 있는 성장 가능성이 높은 시장이다.

〈표 5-7〉 미국 내 기업하기 좋은 주

1. 노스캐롤라이나
2. 텍사스
3. 유타
4. 네브라스카
5. 버지니아
6. 조지아
7. 플로리다
8. 콜로라도
9. 노스다코타
10. 인디애나

자료: "Best States for Business," *Forbes*, www.forbes.com/beststates-for-business/list/#tab:overall (accessed April 21, 2018).

다. 그렇기 때문에 이 밀레니엄 세대는 직접적이고 시기적절한 피드백, 잦은 격려와 인정을 받기를 원한다. 재미적인 요소와 교육이 결합된 트레이닝 과정이 효율적이며, 이전 세대에 비하여 원거리에서 일하는 것에 익숙하고 직접 대면을 통한 의사소통만큼 가상의 의사소통이 중요하다.[55]

또한 고려되어야 할 것은 미국에 살고 있는 이민자의 수가 증가하고 있다는 것인데, 그들은 현재 미국 전체 노동가능인구의 17%, 즉 2,760만 명 이상을 차지하고 있다. 합법적인 이민자의 가장 큰 고용주는 소매업이고, 그 다음으로는 교육 서비스와 병원 이외의 의료 서비스가 있다.[56]

이 막대한 이민자 집단은 중소기업에게 아직 미개척 시장이라 할 수 있다. 특정 소수민족을 대상으로 하는 소매점이나 둘 이상의 언어를 구사할 수 있는 직원을 겸비한 서비스 업체는 이 시장에서 엄청난 잠재력을 가지고 있다. 〈표 5-7〉은 미국 내 중소기업과 신생기업(startup)에게 매력적인 도시의 순위이다.

기술과 경제적 동향

기술의 발전은 중소기업에 많은 새로운 시장을 열어주었다. 의심할 여지없이 인터넷은 중소기업에게 끊임없이 새로운 기회를 제공해 줄 것이다. 슬랙(Slack)은 팀이 클라우드 기반 컴퓨팅을 통해 효율적으로 협업을 할 수 있도록 도와주는 메시징 앱이다. 2017년에 38억 달러의 가치를 평가받았다.[57] 또한 기술은 가정기반 사업으로 알려진, 집에서 일하는 기업가의 실질적인 성장을 가능하게 했다. 오늘날의 메리 케이(Mary Kay), 포드(Ford), 애플(Apple)을 포함한 많은 대기업이 사무실이 아닌 집(가정)에서 시작되었다. 약 52%의 중소기업이 가정 밖에 위치하고 있다.[58] 기술적 진보는 가정기반 사업자가 고객과 교류하고 효과적으로 운영할 수 있는 능력을 강화시켰다.[59]

기술의 발전과 용역 수출의 증가는 중소기업이 해외로 진출할 수 있는 새로운 기회를 제공해 주었다. 의사소통 수단과 기술의 변화는 중소기업이 서비스를 세계시장의 소비자에게 빠르게 맞춤화할 수 있도록 해주었다. 또한 자유무역협정(Free Trade Agreement: FTA)과 무역동맹(trade alliances)은 중소기업에게 각종 규제와 법적 장벽이 낮은 환경을 조성해 주었다.

최근 미국 내 경제적 혼란은 중소기업에게 기회와 위협을 모두를 제공했다. 시스코, 오라클, 썬마이크로시스템 등의 거대한 IT 회사가 불경기와 인터넷 기반 시설의 과잉 공급을 극복하는 동안, 몇몇의 중소기업은 공략할만한 새로운 세분 시장을 찾을 수 있었다. 작은 회사는 변화에 빠르게 대응할 수 있고, 고객과 가까운 거리를 유지할 수 있다. 자금이 충분한 닷컴회사가 실패를 겪고 있는 동안, 많은 중소기업은 인터넷을 통해 어떻게 기업을 홍보하고 상품을 판매하는지 습득하였다. 예를 들어 예술 및 공예품 판매상과 전문품 제조사는 제품을 이베이와 같은 기존의 웹사이트를 통해 판매할 수 있다는 것을 알게 되었다. 마찬가지로 여행업, 부동산업, 건설업과 같은 서비스업체 역시 홈페이지나 기존의 웹사이트를 통해 고객에게 다가갈 수 있다는 사실을 알게 되었다.

에너지 시장의 규제 완화 그리고 대체에너지 개발 및 에너지 절약에 대한 관심의 증가 역시 많은 중소기업을 탄생시켰다. 사우스웨스트풍력에너지사(Southwest Windpower Inc.)는 일반 가정, 범선, 텔레커뮤니케이션 등을 위해 전기에너지를 생산하는 작은 풍력 터빈을 제조하여 판매한다. 많은 기업가가 세계 에너지 시장이 수조 원의 가치에 이른다는 것을 깨닫기 시작함에 따라, 이 시장에 진출하는 혁신적 기업의 수는 지속적으로 증가할 것이다. 또한 많은 중소기업이 이러한 친환경적인 상품을 구매하려는 욕구는 물론 이에 헌신적인 직원들 역시 증가할 것이다. 뉴벨지움 브루잉(New Belgium Brewing Company)은 10년 동안 풍력에너지를 사용하겠다는 환경보전 리더십을 인정받아 미국 환경보호청 주관 에너지 상(U.S. Environmental Protection Agency and Department of Energy Award)을 수상하였다.

중소기업의 미래는 여전히 밝다. 고객을 만족시키기 위한 창의성과 기업가정신을 적용할 수 있는 기회는 무궁무진하다. 미국 전체 인구의 약 1%에 해당되는 210만여 명의 직원을 둔 월마트와 같은 거대 기업은 일반적으로 변화에 대한 수용이 느릴 수밖에 없지만, 중소기업은 고객과 지역사회의 니즈와 변화하는 흐름에 즉각적으로 대응할 수 있다.[60] 이러한 유연성은 중소기업이 가지는 명확한 장점이라 할 수 있다.

"작게" 행동하는 대기업

학습목표 5-7

급변하는 경영 세계에서 중소기업이 지속적으로 성공을 거두고 경쟁력을 높여가자 대기업은 어떤 점이 중소기업을 이토록 성장하게 하는지 탐구하기 시작했다. 점점 더 많은 기업이 중소기업을 모방하고 있다. 1980년대에 시작해서 지금까지 이어지는 경영 관련 주요 용어 중의 하나가 회사를 좀 더 유연하고, 전략적이고 혁신적으로 만들기 위해 경영관리 단계, 간부 및 직원의 수, 업무 등을 줄여나가야 한다는 "규모감축(downsize)" 또는 "적정규모(right-size)"이다. 독일, 영국, 일본의 많은 기업을 필두로 IBM, 포드, 애플 컴퓨터, GE, 제록스, 3M과 같은 미국 내 많은 유명 기업도 경쟁력 증가를 위해 규모감축을 감행해 왔다. 그 밖에 여러 기업도 독립적인 중소기업과 같이 각각의 운영조직을 스스로의 이윤, 손실, 자원을 책임지는 독립적인 조직으로 만들면서 사업을 "작게" 운영하려는 시도를 하고 있다. 사우스웨스트 항공사 같은 몇몇의 대기업은 시작부터 이러한 중소기업 방식을 채택하여 회사를 운영해 왔고 큰 성공을 거둔 바 있다.

혁신적인 신제품을 소개하며 큰 성공을 거둔 중소기업의 사례를 본받아, 점점 더 많은 기업이 기업가정신을 주입하려는 노력을 기울이고 있다. 기업가와 유사하게 대기업의 **사내기업가**(intrapreneur)는 거대 조직 내부에서 혁신적 기술 또는 아이디어 개발의 책임을 맡고 있는 인물을 말한다.[61] 이들은 신제품 개발을 위해 회사의 자원과 시간을 사용하는 경우가 많다.

사내기업가
주로 대기업 내에서 혁신적 기술 또는 아이디어 개발의 책임을 맡고 있는 인물.

이해력 검토 Review Your Understanding

기업가정신과 중소기업을 정의하라.

기업가(entrepreneur)란 이윤 창출을 목적으로 혁신적인 사업 또는 제품을 개발하고, 이를 위해 자신의 자산, 시간, 노력 등을 투자하는 사람이다. 기업가정신(entrepreneurship)이란 특정 목표 달성을 위해 비즈니스를 창출하고 관리하는 과정을 말한다. 중소기업(small business)이란 독립적으로 소유 및 운영되는 기업으로 경쟁적으로 지배적인 위치를 점유하고 있지 않으며, 상시 근로자 수가 500명 미만인 기업을 말한다.

미국 경제 내 중소기업의 중요성과 왜 특정 산업 분야가 중소기업에 유리한지 설명하라.

중소기업은 상품, 일자리, 혁신, 기회 등을 제공하기 때문에 미국 경제에서 필수적이라 할 수 있다. 중소기업에게는 소매업, 도매업, 서비스업, 제조업, 첨단기술 분야 등이 상대적으로 진출하기 유리하다. 그 이유는 이 산업 분야의 경우 진입장벽이 비교적 낮고, 초기 자본이 적게 들며, 상대적으로 시장 내 경쟁이 덜 치열할 수 있기 때문이다.

중소기업의 장점에 대해 설명하라.

중소기업 운영에는 독립성, 선택의 자율성, 재택근무의 선택권 등 개인 차원에서의 몇몇 장점이 따른다. 기업 차원에서의 장점은 유연성, 소수의 주요 고객에게 집중할 수 있는 능력, 제품의 질과 서비스에 대한 명성을 쌓을 수 있는 기회 등이 있다.

중소기업의 단점과 많은 중소기업이 실패하는 이유를 분석하라.

중소기업은 비용, 신체 및 심리적 스트레스, 높은 실패율 등 많은 단점을 가지고 있다. 중소기업은 여러 가지 이유로 실패하게 되는데, 그 주요 요인으로는 과소 출자, 경영의 미숙, 경영자의 태만, 정부 규제에 의한 부담, 대기업과의 경쟁에서 나타나는 취약성 등을 들 수 있다.

중소기업 창업의 과정과 그 과정에서 필요한 자원에 관하여 서술하라.

첫째, 사업과 관련된 기본적인 아이디어를 가지고 있어야 한다. 둘째, 사업의 기획과 발전을 이끌 수 있는 사업 계획을 고안해야 한다. 셋째, 개인기업, 공동기업, 법인 등 사업 소유형태를 결정해야 한다.

중소기업의 기업주는 사업을 시작하기 위해 필요한 자본금의 일정 부분을 제공해야 하는 경우가 많은데, 이러한 자금은 가족이나 친구, 금융기관, 다른 사업체와의 기업 간 신용(trade credit), 벤처 투자자(venture capitalist), 지역 기관, 중소기업청 등으로부터 지원받을 수도 있다. 중소기업청을 비롯한 여러 기관은 금전적 대출뿐만 아니라 상담, 컨설팅, 교육 서비스 등을 제공하고 있다. 마지막으로, 처음부터 새로운 사업을 시작할지, 기존의 사업체를 인수할 것인지, 프랜차이즈 가맹점을 시작할 것인지에 대한 결정을 내려야 한다.

중소기업의 미래에 영향을 미칠 인구통계학적, 기술적, 경제적 흐름을 평가하라.

중소기업에게 큰 기회를 줄 수 있는 인구통계학적 변화는 장년층으로 구성된 베이비붐 세대, 에코 세대(eco boomer), 밀레니엄 세대 또는 Y세대라고 알려진 11~28세 사이의 광범위한 집단, 빠르게 증가하고 있는 미국 이민자 계층 등이다.

자유무역협정과 무역동맹은 중소기업에게 규제와 법적 장벽을 낮춘 시장 환경을 조성했다. 기술의 발전과 용역 수출의 증가는 중소기업에게 해외 진출이라는 새로운 기회를 열어주었다. 경제 혼란은 중소기업의 생존에 기회이자 위협의 요인이 된다.

많은 대기업이 왜 작은 규모의 기업처럼 사고하고 행동하려 하는지에 대해 설명하라.

많은 대기업이 기업을 좀 더 유연하고 전략적이고 혁신적으로 만들고 이윤을 증가시키려는 노력의 일환으로 중소기업을 모방하고 있다. 이러한 대기업의 노력은 경영관리 단계 축소, 정리 해고, 업무 축소 등 규모축소(downsizing)와 직원이 조직 내부에서 혁신적 기술 또는 아이디어 개발의 책임을 맞도록 하는 사내기업가정신(Intrapreneurship)으로 연결된다.

중소기업 시작을 위한 두 기업가의 계획을 평가하라.

이 장의 뒷부분에서 언급하는 '딜레마 해결'에서 다루는 내용과 본 장에서 살펴본 내용에 기초하여, Gray와 McVay의 아이디어를 바탕으로 한 사업의 현실성 및 성공의 잠재력에 대하여 논하라.

도입사례 재검토

1. 칙필레가 프랜차이즈로 운영됨에 따른 장점은 무엇인가?
2. 칙필레가 프랜차이즈로 운영됨에 따른 단점은 무엇인가?
3. 미래를 내다보며 칙필레는 어떻게 인구, 기술, 경제 트렌드를 앞서갈 수 있을까?

진도 평가Check Your Progress

1. 왜 중소기업이 미국 경제에 중요한가?
2. 어떤 분야가 중소기업에게 매력적인가? 그 이유는 무엇인가?
3. 중소기업을 시작하는 데 있어서의 장점과 단점은 무엇인가?
4. 중소기업의 실패율이 높은 주요 원인은 무엇인가?
5. 중소기업을 시작할 때 기업가가 반드시 내려야 할 결정에는 어떤 것이 있는가?
6. 중소기업은 주로 어떤 종류의 자금 조달 방법을 사용하는가? 각각의 장점과 단점은 무엇인가?
7. 중소기업청이 제공하는 경영 지원과 자금 지원의 유형을 나열하라.
8. 프랜차이즈 관계에 대하여 기술하라.
9. 어떤 인구통계학적, 기술적, 경제적 경향이 중소기업의 미래에 영향을 미치는가?
10. 대기업이 중소기업화되는 이유는 무엇인가?

현장 기술 개발Build Your Skills

창의성

배경. 본 장에서 다루고 있는 기업의 성공사례는 자신의 창의성을 바탕으로 혁신적인 상품 또는 서비스를 개발하고, 이를 사업 출발의 토대로 삼았던 기업가에 관한 이야기이다. 물론, 창의성은 기업가나 발명가만의 것은 아니다. 창의성은 당신이 매일 직면하는 문제에 대한 가장 이상적인 해결책을 찾도록 도와주는 매우 중요한 수단이다. 기업의 직원도 자신의 일과 관련된 문제를 해결하기 위해 창의력에 크게 의존한다.

뇌 전문가에 따르면, 우뇌가 창의력의 근원이며, 창의력과 관련된 뇌 부분은 사용하지 않으면 위축될 수도 있다고 한다. 당신이 우뇌를 얼마나 활용하는지 알아보자.

과업.

1. 창의력지수를 확인하기 위해 다음의 문제를 풀어 보라.[62]
2. 각 문항이 얼마나 당신의 행동을 적절히 묘사하는가에 따라, 항상(3), 가끔(2), 아주 가끔(1), 전혀(0)에 표기하라.

질문	항상 (3)	가끔 (2)	아주 가끔 (1)	전혀 (0)
1. 나는 다른 사람의 의견에 관심이 있는 호기심 많은 사람이다.				
2. 나는 문제를 해결하기 위해 기회를 찾는다.				
3. 나는 삶의 변화에 대응할 때, 창의성을 발휘하여 목표를 다시 정하거나, 목표 달성을 위한 계획을 수정한다.				
4. 나는 아이디어를 스스로 개발하거나 실험해 볼 의향이 있다.				
5. 나는 예감과 직관을 믿는다.				
6. 나는 큰 그림을 보여 복잡한 결정을 몇 개의 단순한 질문으로 추릴 수 있다.				
7. 나는 내 아이디어를 홍보하고 사람들의 지지를 얻어내는 데 능하다.				
8. 나는 장기적으로 생각하고 내 목표를 다른 사람들과 공유하면서 대부분의 주변 사람보다 더 멀리 보고 앞서 생각하는 편이다.				
9. 나는 내 아이디어를 지지하기 위한 정보를 찾고 연구한다.				
10. 나는 내 동료나 부하직원의 창의적인 생각을 지지하고, 다른 사람들의 보다 나은 아이디어를 환영한다.				
11. 나는 내가 흥미 있는 분야의 최신 트렌드와 발맞추기 위해 책이나 잡지를 읽는다. 나는 미래 지향적이다.				
12. 나는 내가 창의적이라고 믿고, 내 아이디어에 대한 믿음을 가지고 있다.				
	점수 합계			

3. 다음 척도에 따라 당신의 점수를 확인하라.

30~36점 높은 창의성. 당신은 우뇌를 정기적으로 사용하고 있다.

20~29점 평균적 창의성. 당신은 위축을 방지하기 위해서 창의력을 보다 자주 사용할 필요가 있다.

10~19점 낮은 창의성. 당신이 "전혀"라고 대답한 항목을 다시 읽어 보고, 그중 한두 가지 행동을 시도해 보면서 창의성을 발전시킬 수 있다.

0~9점 창의력 없음. 당신은 아직 당신의 창의력을 개발하지 못했다.

딜레마 해결Solve the Diemma

중소기업의 도전

잭 그레이(Jack Gray)와 그의 친구 브루스 맥베이(Bruce McVay)는 작은 사업체를 시작하기로 결심하였다. 잭은 그의 개인적 건강을 지키려는 목적으로 '무지방' 혹은 '저지방' 쿠키와 머핀 제조법을 개발하였다. 브루스는 쿠키 제조업체 관리에 상당한 경력을 가지고 있었다. 잭과 브루스는 사업을 시작하는 데 있어 질 좋은 상품, 적절한 자본, 잘 세워진 사업 계획, 외부로부터의 재정 지원, 그리고 좋은 홍보 전략이 있어야 한다는 것을 잘 알고 있었다. 잭과 부르스는 자신들이 이 모든 것을 갖추었다고 생각하였고, 저지방 쿠키/머핀 매장을 개점할 준비가 되어 있었다. 각자 3만 5,000달러의 투자금을 보유하고 있었고, 각자의 집과 다른 자원을 활용하여 추가로 12만 5,000달러를 대출받을 수 있었다.

하지만 잭과 브루스는 어떤 형태의 조직을 만들지, 어떻게 마케팅을 할 것인지, 그리고 정확히 어떤 제품을 팔 것인지, 즉 쿠키랑 머핀만을 판매할 것인지 아니면 다른 추가적인 상품도 판매할 것인지 등 아직 내려야 할 많은 결정이 남은 상태이다.

토의 주제

1. 저지방 쿠키와 머핀 소매점이라는 아이디어에 대해 평가하시오.
2. 잭과 브루스가 중소기업을 시작하는 데에 있어 아직 고려하지 않은 다른 문제는 어떤 것인가? 학습목표 5-8
3. 잭과 브루스가 사업을 시작하는 데 있어 어떤 조언을 줄 것인가?

사업 계획서 작성Build Your Business Plan

중소기업, 기업가정신, 그리고 프랜차이징

이제 당신은 사업 계획서를 작성할 준비가 되었다. 사업 계획을 작성할 때, 이 계획서를 미래의 투자자가 읽을 수도 있다는 것을 명심하라. 혹은 그 계획서가 지역의 중소기업청이나 중소기업청의 대출 부서에 제출될 수도 있다.

이 시점에서 당신은 다양한 원천으로부터 필요한 정보를 수집해야 한다. 예를 들어 당신이 지역 내 사업, 제품, 또는 서비스를 구상하고 있다면, 지역 상공회의소, 경제개발원(Economic Development Office), 인구통계청, 도시개발원(City Planning Office)과 같은 기관에서 인구통계 관련 정보를 입수할 수 있을 것이다.

인터넷에서 당신의 사업영역과 관련한 최신 연구 자료나 논문이 있는지 찾아보자. 기존의 데이터 또한 조사의 주요 원천이 될 수 있다.

3부

품질과 경쟁력 확보를 위한 기업경영

6 경영관리의 본질

학습목표

- **6-1** 경영관리를 정의하고, 조직 목표 달성에서 경영관리의 역할을 설명한다.
- **6-2** 경영관리의 주요 기능을 기술한다.
- **6-3** 3개의 경영관리 계층과 계층별 경영자의 관심사를 구분한다.
- **6-4** 성공적인 경영자에 요구되는 자질을 명시한다.
- **6-5** 많은 기업 경영자가 사용하는 체계적인 의사결정 접근 방법을 요약한다.
- **6-6** 침체된 기업을 회생시키기 위한 새로운 전략을 추천한다.

©QualityHD/Shutterstock

도입사례 :: 홈디포의 효과적인 관리 시스템 구축

1979년 홈디포(Home Depot)가 설립되었을 때, 창립자들은 회사의 경영진보다는 고객과 직원을 우선으로 하는 기업 문화를 만들었다. 하지만 제너럴 일렉트릭(General Electric)의 임원이었던 로버트 나델리(Robert Nardelli)가 홈디포의 최고경영자로 임명된 이후 기업의 리더십 갑자기 바뀌기 시작했다. 나델리는 홈디포 운영을 위해 하향식(top-down) 접근 방식을 취했다. 즉 고객과 직원이 아닌 경영진이 주가 되는 접근 방식이다.

이 새로운 경영 방식은 고객 만족도 최저라는 비참한 결과를 초래했다. 나델리가 홈디포의 CEO에서 물러난 후, 새로운 CEO인 프랭크 블레이크(Frank Blake)는 다시 고객과 직원에 초점을 둔 경영 방식으로 신속히 바꾸었다. 블레이크는 진정한 리더로서 모범을 보여주었다. 그는 회사가 직면한 고객 서비스 문제를 신속하게 인정하고, 고객에게 불편을 끼친 점에 대해 사과했을 뿐 아니라 더 나아가 고객 서비스를 개선할 수 있도록 홈디포 서비스에 대한 피드백을 남겨주기를 고객에게 부탁했다. 이러한 경영 방식으로 인해 모든 불만 사항은 해결되었고, 특정 문제에 대해 화가 난 고객은 관리자가 전화 또는 이메일을 통해 직접 연락함으로써 진정이 되었다. 이로 인해 고객 만족과 회사의 사기는 한 번 더 상승하게 되었다.

블레이크가 CEO에서 물러난 후 크레이그 메니어(Craig Menear)가 CEO로 임명이 되었으며, 메니어는 홈디포의 원래 문화를 존중하는 방식으로 회사를 관리하였다. 오프라인 소매업체가 온라인 경쟁으로 인해 큰 변화를 겪고 있는 상황에서 이러한 경영 방식은 큰 위험이 있는 도전이었다. 온라인 소매업으로 인해 많은 기업이 어려움을 겪고 있지만 홈디포는 전자상거래 전략에 투자하려는 강력한 리더십으로 인해 매출은 계속 증가하게 되었다. 메니어가 홈디포의 CEO가 된 후 회사의 온라인 판매는 21.5% 증가했다. 헌신적인 관리자의 혁신적인 리더십으로 인해 홈디포는 "아마존 시대"에 780억 달러 이상의 수익을 올리면서 효과적으로 경쟁하고 있다.[1]

도입

조직의 규모가 크든 작든, 영리조직이든 비영리조직이든 그 조직은 목표 달성을 위해서는 시장에 내보낼 제품으로 변환할 원재료와 설비, 제품을 만들어 판매할 직원, 추가적인 상품과 서비스의 구매, 직원의 급여 지급 및 회사의 전반적 운영을 위한 자금이 있어야 한다. 이를 달성하기 위해 조직은 시작하는 일을 계획(plan), 조직화(organize), 충원(staff), 지휘(direct) 그리고 통제(control)할 한 명 또는 그 이상의 경영자를 보유해야 한다.

이 장은 경영의 영역을 소개하고, 기업 경영의 다양한 기능, 계층 및 영역에 대해서 알아본다. 경영자가 성공하기 위해 필요한 기술과 효과적인 의사결정을 이끄는 단계에 대해서도 토의한다.

학습목표 6-1

경영관리의 중요성

경영관리
변화하는 환경 속에서 조직의 자원을 효과적이며 효율적으로 활용함으로써 조직의 목표를 달성하기 위해 설계된 프로세스.

경영(관리)자
조직 내에서 자원 사용에 대한 의사결정을 하고, 조직의 목표에 도달하도록 조직의 활동을 계획, 조직화, 충원, 지휘 및 통제하는 데 관여하는 개인.

경영관리(management)는 변화하는 환경 속에서 조직의 자원을 효과적이며 효율적으로 활용함으로써 조직의 목표를 달성하기 위해 설계된 프로세스이다. 효과적이란 의도한 결과를 달성하는 것을 의미하고, 효율적이란 최소의 자원으로 목적을 달성하는 것을 의미한다. **경영(관리)자**(manager)는 조직 자원의 사용에 대한 의사결정을 할 뿐 아니라 조직 활동을 계획(plan), 조직화(organize), 충원(staff), 지휘(direct) 및 통제(control)하여 조직의 목표에 도달하도록 하는 데 관여한다. 목표 도달을 위해 신제품을 소개하는 의사결정은 보통 경영자의 핵심 업무이다. 트래픽 패턴 및 인프라 문제에 대한 정보를 제공하기 위해 9,000만 명의 사용자 데이터를 활용하는 구글의 크라우드 소싱(crowdsourcing) 맵 앱(app)인 웨이즈(Waze)를 생각해 보자. 웨이즈는 현지 맥도날드 식당의 위치와 같은 위치기반 광고 및 교통 데이터를 판매한다. 이 회사는 출퇴근을 돕기 위해 카풀 또는 승용차 공유 프로그램의 출시 계획을 세우고, 사업을 시작하기 위한 조직 구조를 만들어 서비스 구현을 지시하고 통제하는 일에 관여하고 있다.[2] 경영은 보편적이다. 경영은 단지 기업뿐만 아니라 정부, 군대, 노동조합, 병원, 학교 및 종교집단 등, 즉 자원의 조절을 필요로 하는 어떤 조직에서든 발생한다.

모든 조직은 효과적으로 조직의 목표를 추구하기 위해 자원들(인력, 원재료 및 장비, 자금 및 정보)을 획득하고, 최종 상품 또는 서비스를 생산하기 위해 자원의 사용을 조절해야 한다. 직원들은 기업의 목표 달성을 돕는 데 있어 가장 중요한 자원이다. 조직의 업무를

스냅챗(Snapchat)의 모회사인 스냅(Snap Inc.)은 과다한 고용으로, 120명의 기술자를 포함한 220명 이상의 근로자를 줄였다.[3]

©dennizn/Shutterstock

수행할 사람을 채용하는 것을 **충원**(staffing)이라고 한다. 기업 내에 직책별 인력 모집을 뛰어넘어, 경영자는 특정 직무에 어떤 기술이 필요한지, 직원에게 어떻게 동기를 부여하고 훈련시킬지, 보수를 얼마나 지급해야 할지, 어떤 복리후생제도를 제공해야 할지, 장래에 직원이 더 높은 직위의 업무 수행을 위해 어떻게 준비해야 할지를 결정해야 한다. 때때로 조직은 인력 감축을 위한 어려운 결정을 내려야 한다. 이것을 충원의 또 다른 측면인 **다운사이징**(downsizing)(감량경영)이라 하며, 다운사이징에서는 상당수의 직원을 감원한다. 다운사이징 후 효과적인 경영관리자는 낙관주의와 긍정적 사고방식을 고취시키고, 비판과 트집 잡기를 최소화할 것이다. 이러한 충원의 요소들은 9장 '종업원 동기부여'와 10장 '인적자원 관리'에서 상세히 다룰 것이다.

충원
조직의 업무 수행을 위한 인력의 고용.

다운사이징
조직 내 대폭적인 종업원의 감축을 통한 기업 규모의 축소.

공급업체를 확보하는 것은 자원을 관리하고, 고객이 제품을 사용할 수 있도록 보증하는 것의 또 다른 중요한 부분이다. 기업이 글로벌 시장에 접근함에 따라, 펩시(Pepsi), 코닝(Corning) 및 찰스 슈왑(Charles Schwab)과 같은 기업들은 사업 운영을 위한 상품과 서비스를 제공하는 수백 개의 다양한 공급업체를 등록한다. 훌륭한 공급회사는 효율성을 극대화하고, 회사의 비용 절감과 목표 달성을 돕는 창의적인 해결책을 제공한다. 마지막으로, 경영자는 필수적인 활동에 지불할 적절한 자금이 필요하다. 초기 자금은 은행과 기타 금융기관뿐 아니라 소유주와 주주로부터 조달된다. 회사가 수익을 내기 위해서는 이런 모든 자원과 활동은 관리자에 의해 조정되고 통제되어야 한다. 또한 조직은 모든 유형의 적절한 자원을 공급이 필요하며, 경영자는 조직 목표를 달성하기 위해 자원 사용을 신중하게 조정해야 한다.

경영관리 기능

학습목표 6-2

기업이 자원을 조화롭게 사용하여 제품을 개발, 생산 및 판매할 수 있도록, 경영관리자는 일련의 활동, 즉 계획 수립, 조직화, 충원, 지휘 및 통제(그림 6-1)에 관여하게 된다. 비록 이 교재가 4개 기능을 각각 따로 분리해서 논의하지만 그들은 상호 밀접하게 연관되어 있다. 경영관리자는 동시에 2개 또는 그 이상의 기능을 수행할 수 있다.

계획 수립

계획 수립(planning)은 조직의 목표를 설정하고, 그 달성 방법을 결정하는 프로세스인, 경영관리의 첫 번째 기능이다. 계획 수립은 다른 기능의 기초가 되는 모든 부분을 설계하기 때문에 매우 중요한 활동이다. 계획 수립은 사건 예측 그리고 일련의 선택권과 선택안으로부터 최상의 행동경로 결정을 포함한다. 계획은 그 자체가 누구에 의해, 어디서, 언제 그리고 어떻게, 무엇이 수행되어야 하는지를 명시한다. 일부 관리자의 경우 광범위한 계획이 필

계획 수립
조직의 목표를 설정하고 그 달성 방법을 결정하는 프로세스. 경영관리의 첫 번째 기능.

〈그림 6-1〉 경영관리의 기능

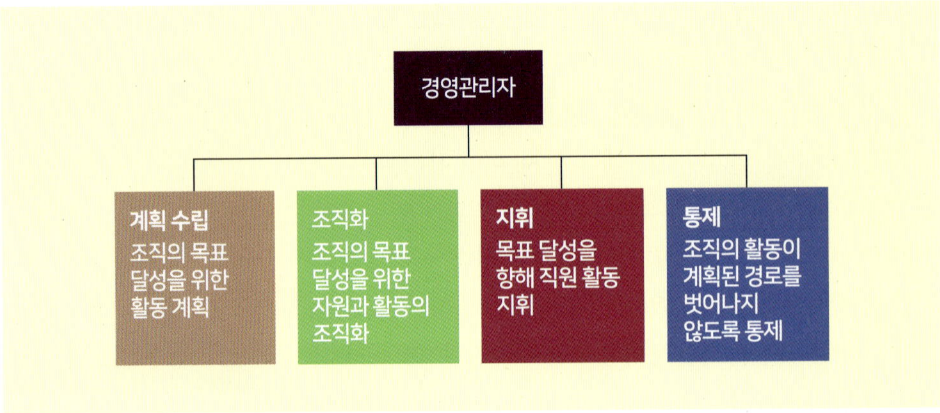

요한 주요 결정 중 하나는 창고 및 유통 시설에 적합한 자동화 유형을 선택하는 것이다. 데이터 수집은 시설에 무엇이 필요하고, 주문 효율성을 극대화할 수 있는 자동화가 어떤 것인지를 결정하기 위한 계획 프로세스의 주요 단계이다. 이 과정에서 관리자가 계획해야 할 잠재적인 함정에는 필요 이상의 첨단 기술을 사용하거나 자동화 시설을 너무 축소하거나 혹은 과도하게 만드는 것 등이 포함된다.[4] 작은 식당에서부터 큰 다국적기업에 이르기까지 모든 기업은 성공 달성을 위한 계획을 수립할 필요가 있다. 하지만 조직이 행동에 대한 계획을 하기 전, 조직은 먼저 무엇을 달성하고자 하는가를 결정해야 한다.

사명
조직의 근본적인 목적과 철학에 대한 서술.

사명. **사명**(mission) 또는 사명 기술서(mission statement)는 조직의 근본적인 목적과 기본 철학에 대한 선언서이다. "우리는 어떤 사업을 하고 있는가?" 사명은 이 질문에 대해 답하고자 한다. 훌륭한 사명 기술서는 조직의 존재 이유를 설명하는 명료하고 간결한 기술서이다. 잘 작성된 사명 기술서는 산업이나 기업의 크기가 어떻든 다음 다섯 개의 기본 질문에 답할 것이다.

1. 우리는 누구인가?
2. 우리의 고객은 누구인가?
3. 우리의 사업 운영 철학(기본적인 신념, 가치, 윤리 등)은 무엇인가?
4. 우리의 핵심역량과 경쟁우위는 무엇인가?
5. 환경, 재무 및 인력 자원의 훌륭한 관리자가 되는 것에 대한 우리의 책임은 무엇인가?

이러한 질문에 명확한 답을 전달하는 사명 기술서는 강력한 조직 문화, 훌륭한 마케팅 계획 및 일관성 있는 사업전략 개발의 기초를 제공한다. 테슬라(Tesla)의 사명은 "지속 가능한 에너지로의 세계 전환을 가속화"이다.[5]

우주 산업의 공유 오피스 선두 주자인 위워크(WeWork)는 사람들이 단순히 생활을 위한 삶이 아닌 삶의 진실을 추구하는 세상 만들기를 기업의 사명으로 선언했다.
©Yonhap/Epa/REX/Shutterstock

목적. 목적(goal)은 기업이 성취하고자 하는 결과이다. 많은 기업은 하나 이상의 목적을 가지는데, 이는 사업의 복잡한 특성을 보여준다. 목적은 (1) 수익, 고객 만족 또는 제품 품질과 같은 추구하는 속성, (2) 매출액 또는 경영진 훈련 수준과 같은 달성되어야 하는 목표치, 그리고 (3) 목적이 달성되어야 하는 기간인 시간범위와 같은 3개 핵심 요소를 가진다. 목적 달성하기 위해서는 무엇을, 얼마나 많이, 언제 달성해야 할지 그리고 목적의 성공 여부가 어떻게 결정될지에 대한 충분한 지식이 필요하다.

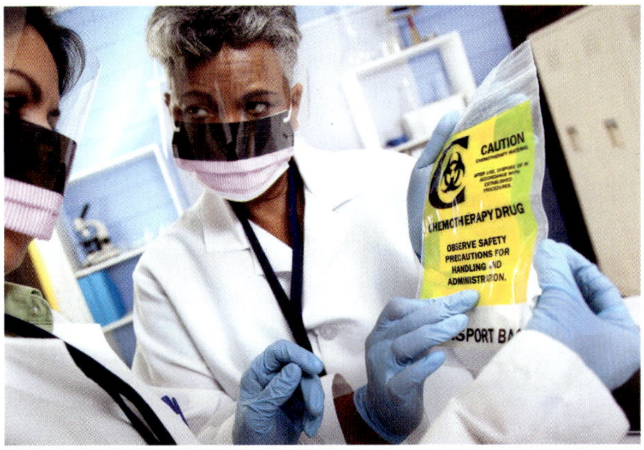

미국 미국식품의약국(FDA)의 최근 연간 목표 중 하나로 새로운 규정을 발행하여 의약품의 품질을 보장하는 것이다.

©fstop123/Getty Images

목표. 조직이 원하는 결과인 목표(objectives)는 조직의 사명으로부터 도출된다. 기업의 목표는 정교하거나 단순할 수 있다. 일반적인 목표는 수익, 경쟁우위, 효율성 및 성장과 관계가 있다. 목적(goals)과 목표(objectives)의 주요 차이는 목표는 일반적으로 측정 가능한 방식으로 기술된다는 것이다. 수익을 목표로 하는 조직은 사업 비용을 모두 지불한 후에도 현금과 자산이 남아있어야 한다. 경쟁우위에 관한 목표는 일반적으로 매출 증가 및 시장점유율과 같은 비율로 기술되며, 이 수치 증가를 목적으로 한다. 효율성 목표는 조직 자원을 최대한 활용하도록 하는 것과 관련 있다. 성장 목표는 적시에 신제품을 개발해 시장에 출시할 수 있는 조직의 능력에 관련된다. 기업의 중요한 목표 중 하나가 매출액이다. 미국에서는 최근 음료 시장에서 소비자는 탄산음료보다 생수를 더 많이 소비한다. 이러한 트렌드를 이용해 생수 마케터들은 매출을 늘리기 위해 미국 미식축구 챔피언 경기(Super Bowl LL)에 광고를 했다. 또한 펩시는 라이프워터(LIFEWTR)를 출시했으며, 피지(Fiji)는 1억 1,100만 이상의 소비자에게 생수 제품을 광고했다.[7] 목표는 모든 경영의사결정에 방향성을 제공하며,

현장 속의 기업가정신 Entrepreneurship in Action

가방에 레베카 레이 디자인

설립자: 레베카 요하즈 스미스(Rebecca Yuhasz Smith)
설립: 1998년 오하이오 차그린폴
성공 사례: 켄터키 경마경기(Kentucky Derby)는 레베카 레이 디자인(Rebecca Ray Designs)의 가방 품질을 인정하여, 이 경기 VIP 고객에게 레베카 가방을 선물하였다.

레베카 요하즈 스미스의 소매 및 도매 회사인 레베카 레이 디자인은 동물에 대한 사랑과 스포츠 라이프 스타일로부터 시작되었다. 레베카는 오하이오와 및 펜실베이니아의 아미쉬(Amish) 커뮤니티와 제휴하여 승마 테마의 고급 핸드백을 만들고 판매했다. 관리자이자 창립자인 레베카는 조직의 목표를 계획하고, 다양한 직무를 조직화하고, 제품 개발과 판매를 유도하고, 목표 달성에 필요한 활동을 통제해야 했다. 아미쉬 여성이 페달로 구동되는 재봉틀로 고급 가방을 손수 재봉하였다. 승마와 관련된 제품을 만드는 아미쉬 마구상은 수제로 가죽 제품을 만들고, 회사는 실제로 말을 타는 사람을 판매팀에 고용하였다.

2007년 레베카 레이 디자인은 Country Living Magazines의 제품소개(Pitch Your Product) 경쟁 부문에서 우승을 했다. 레베카는 사업 확장을 원했지만 필요한 인적자원 기술을 과소평가했다. 영업 담당자를 고용한 후 레베카 레이 디자인을 판매하는 부티크(양품점) 수는 35개점에서 50개점으로 늘어났다. 오늘날 레베카의 고급 제품에는 핸드백, 엑세서리 및 장식품 등이 있으며, 이들 제품은 온라인뿐만 아니라 300개의 오프라인 매장에서 판매되고 있다. 레베카는 경영관리자로써 레베카 레이 디자인을 성공적으로 최신 유행 패션 아이템 비즈니스로 전환시켰다.[6]

토의 주제

1. 레베카가 성공적으로 사업을 하는 데 있어 어떤 경영관리 기술이 필요했는가?
2. 레베카는 그녀의 회사를 운영하기 위해 경영관리의 4개 기능을 어떻게 사용했는가?
3. 회사가 성장함에 따라 레베카는 어떤 유형의 의사결정을 내려야 되는가?

성과 평가의 기준이 된다.

전략계획
기업이 사명을 완수하기 위한 장기목표와 전반적 전략이나 행동방침을 설정하는 계획.

계획. 목표 충족을 위한 계획에는 전략, 전술 그리고 운영 계획이라는 세 가지 유형이 있다. 기업의 최고위 관리자는 **전략계획**(strategic plans)을 수립한다. 전략계획은 기업의 사명을 완수하기 위한 장기적 목표와 전반적 전략 또는 행동경로를 포함한다. 전략계획은 일반적으로 1년 또는 그 이상에 이르는 기간을 포괄한다. 전략계획은 신제품 추가, 기업 인수, 수익이 나지 않는 사업 부문의 매각, 주식 발행 및 국제시장 진출을 위한 계획을 포함한다. 예를 들어 칼과 주방도구를 만드는 네덜란드 회사인 콤벡(Combekk)은 450달러짜리 더치 오븐(Dutch Oven)이라는 무거운 주철 냄비를 만들어 판매량을 늘리는 목표를 세웠다. 교량 및 사용하지 않는 열차 레일로부터 100% 재활용된 철의 사용은 놀라운 판매 성공을 창출하는 데 매우 큰 가치를 이 회사에 가져다 주었다.[8] 전략계획은 조직의 역량과 자원, 변화하는 사업 환경과 조직의 목표를 고려해야 한다. 전략계획은 시장 지향적이어야 하며 사업 운영 역량, 프로세스 및 인적자원을 이용해서 고객의 가치 욕구를 충족시켜야 한다.[9]

전술계획
전략계획에서 명시된 기업 활동과 목표를 구현하기 위해 설계된 단기 계획.

전술계획(tactical plans)은 단기적이며, 전략계획에 명시된 활동 및 목표를 구현하기 위해 설계된다. 보통 1년 또는 그 미만의 기간을 포괄하는 전술계획은 조직이 전략계획에서 설정된 방향을 유지하도록 돕는다. 예를 들면, 제너럴 모터스(General Motors: GM)은 시장점유율을 높이고, 차량 임대를 줄이기 위한 전략계획의 일환으로 밀레니엄 세대를 목표로 한 새롭게 설계된 차량 출시라는 전술계획을 개발했다.[10] 전술계획은 조직이 기업의 전반적 전략에 집중하면서 환경 변화에 대응하게 해 주기 때문에, 경영진은 정기적으로 이를 검토하고 최신의 상태로 수정해야 한다. 지속적 성과 하락이나 전술계획에서 설정된 목표 달성 실패는 계획 수정의 주요가 이유가 될 수 있다. 두 유형의 계획 수립 간 차이점은 단기적 관점 대 장기적 관점에서 서로 상이한 활동을 초래한다. 예를 들어 전략계획은 소비자에 도달하기 위한 소셜 미디어 활용을 포함할 수 있다. 전술계획은 웹사이트로 가는 접속량을 증가시키기 위한 방법을 찾는 것이나 사이트 방문자에게 고급 콘텐츠를 홍보하는 것을 포함할 수 있다. 빠르게 전개되며, 항상 변화하는 시장은 기업으로 하여금 변화하는 환경에 대응할 단기계획 또는 전술계획을 개발할 것을 요구한다.

많은 전통적인 소매업체는 아마존과 같은 온라인 기업으로 인해 엄청난 압박을 받고 있다. 이러한 환경에서 소매업체는 실적이 저조한 매장 폐쇄와 판매구조 개선을 위한 5년 기간의 전략계획을 세울 수도 있다. 이 계획의 전술 부분은 폐쇄할 상점과 폐쇄 일정, 온라인 입지 강화 방법, 정리해고 처리 방법 등을 포함할 것이다. 전술계획은 전체적인 전략계획을 실행할 수 있도록 설계된다. 단기적 특성으로 인해, 만약 환경이나 회사 성과의 변화가 확실하다면 전술계획은 조정되거나 폐기되기 쉽다.

운영계획
전술계획을 달성하기 위해 개인, 작업그룹 또는 부서들이 완료해야 하는 행동을 명시한 초단기 계획.

운영계획(operational plans)은 매우 단기적이며, 전술계획과 궁극적으로는 전략계획을 달성하기 위해 특정 개인, 작업그룹 또는 부서 등이 성취해야 하는 행동을 명시한다. 운영계획은 한 달, 한 주 또는 심지어 하루 안에 수행해야 하는 활동의 세부 사항과 관련이 있다. 예를 들어 한 작업그룹은 시장점유율을 높이기 위해(전술계획) 사용 가능한 제품이 충분히 확보될 것을 보증하고, 궁극적으로 회사가 그 제품범주에서 1위가 되는 데(전략계획) 도움이 되도록 주간 생산 할당량을 부여받을 수 있다. 앞에서 언급한 소매점 예로 돌아가서, 운영계획은 신규 점포의 개장 일정, 신입직원의 고용과 훈련, 상품 구매와 실제 영업개시를 명시할 수도 있다.

계획 수립의 또 다른 요소는 **위기관리**(crisis management) 또는 **비상상황계획**(contingency planning)으로, 이 계획은 제품 결함 발생, 원유 유출, 화재, 지진, 컴퓨터 바이러스 또는 심지어 직원에 의한 비윤리적 또는 불법적인 직무수행에서 기인한 평판 위기(reputation crisis)(심각한 회사 명성의 실추 사태)와 같은 잠재적인 재난을 다룬다. 불행하게도 많은 기업이 자사가 직면할 수도 있는 위기 유형을 처리하기 위한 최신의 비상상황계획을 구비하고 있지 않다. 미국 연방 재난관리청(Federal Emergency Management Agency: FEMA)에 따르면, 대략 40%의 소규모 기업은 재난이 발생한 이후 사업을 재계하지 못한다.[11] 정확하고 주도면밀한 비상상황계획을 구비하고 있는 기업은 문제가 발생했을 때 그런 계획 수립이 결여되어 있는 기업보다 효과적으로 대응하는 경향이 있다.

위기관리(비상상황계획)
제품결함 발생, 원유유출, 화재, 지진, 컴퓨터 바이러스 또는 비행기 추락과 같은 잠재적인 재난을 다루는 계획 수립의 한 유형.

애슐랜드 오일(Ashland Oil), HJ하인즈(H. J. Heinz)와 존슨앤존슨(Johnson & Johnson)을 포함하는 많은 기업은 경영관리자가 정규 업무에 계속해서 집중하도록 하면서, 특별한 문제만을 다루는 위기관리팀을 운용하고 있다. 몇몇 기업은 종업원이 위기 발생 시 어떻게 대응해야 할지를 확실히 알게 하도록 정기적인 재해대응훈련을 실시한다. 일본에서 발생한 끔찍한 지진 이후, 미국의 지진대 안에 있는 많은 기업은 자사의 위기관리를 다시 평가했다. 위기관리는 일반적으로 위기 전체에 걸쳐 사업 운영의 유지와 일반대중, 종업원 및 당국자들과 그 문제의 본질과 회사의 대응에 대한 의사소통을 포괄한다. 의사소통은 극심한 공포와 피해를 유발하는 소문을 최소화하는 데 특히 중요하다. 또한 기업이 문제를 인식하고 대처하려 한다는 것을 보여준다.

때때로 아무도 예상하지 못했던 재해가 발생하지만, 기업은 여전히 그 재해에 어떻게 대처할지 계획할 수 있다. 시간에 민감한 제품은 공급이 중단되면 큰 위기가 발생할 수 있다. 영국의 KFC는 비용 절감을 위해 물류 네트워크를 축소했을 때 이러한 위기가 발생했다. 이러한 조치로 영국의 KFC는 며칠 동안 생산한 제품의 3분의 2가 닭고기가 없는 제품이었다.[12] 이와 같은 사고는 위기에 대비한 계획 수립의 중요성과 재해가 발생했을 때 공개적이며 신속하게 대처할 필요성을 다시 한 번 강조한다.

영국에서 KFC 치킨 부족이 트위터에 퍼지자 KFC는 이 문제를 적시에 인정하고, 소셜 미디어에 해결 방안을 발표하였다. 또한 공급망 오류에 대해 사과하는 일련의 광고를 게시했다.
©Ray Tang/REX/Shutterstock

조직화

조직 내 개인이 일정한 형태의 구조 없이 공통의 목표를 달성할 수 있는 경우는 드물다. **조직화**(organizing)는 조직의 목표를 효율적이고 효과적인 방식으로 달성하기 위해 자원과 활동을 구조화하는 것이다. 경영자는 계획을 검토하고, 구현하기 위해 어떤 활동이 필요한지를 결정함으로써 조직을 구성한다. 그런 다음, 업무를 작은 단위로 분할하여 특정

조직화
효율적이고 효과적인 방식으로 목표를 달성하기 위한 자원 및 기업 활동의 구조화.

직원, 그룹 그리고 부서에 할당한다. 기업은 효율성을 높이기 위해 조직을 재구성하기 때문에, 종종 업무를 신제품 개발과 같은 핵심 프로세스를 처리하는 팀 단위로 조직화한다. 변화는 필연적이기 때문에 조직화는 계속해서 일어난다.

조직화는 여러 가지 이유 때문에 중요하다. 조직화는 전체 시스템의 효과가 시스템 부분들의 효과보다 큰 시너지를 창출하는 데 도움이 된다. 또한 명령계통을 확립하고, 의사소통을 향상시키며, 자원 중복의 회피를 돕고 의사결정 속도를 증가시켜 경쟁력을 향상시킬 수 있다. P&G(Procter & Gamble)는 다년간 2만 개 이상의 일자리를 삭감하는 대규모의 조직 개편을 겪었으며, 듀라셀(Duracell) 배터리 판매 보류와 코티(Coty)와의 합병은 P&G에 더 많은 일자리 축소를 초래할 것이다. 인력과 구조의 주요 변화는 P&G와 같은 회사에 도전과 기회를 제공한다.[13]

비즈니스 모델은 이해관계자에게 가치를 제공하고, 운영하기 위해 회사가 구성되는 방식과 관련이 있다. 비즈니스 운영을 위한 개념적 도구인 비즈니스 모델은 기업 운영을 위한 지도 또는 청사진(blueprint)이다.[14] 비즈니스 모델의 예로는 서브웨이(Subway)의 프랜차이즈, 에이번(Avon)의 직판, 아마존의 온라인 소매 그리고 다양한 엔터테인먼트 콘텐츠를 제공하는 넷플릭스(Netflix)의 구독 모델 등이 있다. 일반적인 비즈니스 모델은 소매업체에 재판매하는 제품과 유통을 만들기 위한 제조와 관련이 있다. 오늘날 많은 기업이 공유경제(sharing economy)와 같은 비즈니스 부문에 초점을 맞춘 새로운 비즈니스 모델을 만들려고 노력한다. 우버(Uber)와 에어비엔비(Airbnb)는 제품에 대한 접근 권한은 제공하지만 소유권은 없다. 앞으로 디지털 경제, 무인 자동차, 로봇 공학, 드론 및 인공지능과 관련된 많은 비즈니스 모델이 등장할 것이다. 인공지능을 통해 관리자는 수요를 예측, 고객관계 개발, 공급망 관리뿐만 아니라 직원을 통제할 수 있다. 인공지능 시스템을 중심으로 새로운 비즈니스 모델이 개발될 것이다.[15] 조직화는 매우 중요하기 때문에 7장(조직, 팀워크 및 의사소통)에서 더 자세히 살펴볼 것이다.

지휘

지휘
조직의 목표 달성을 위한 종업원의 동기부여 및 지도.

계획을 수립하고 조직화를 실행하는 동안 충원이 발생하며, 관리자는 반드시 직원을 지휘해야 한다. **지휘**(directing)는 조직의 목표를 달성하기 위해 직원을 동기부여 하고 이끄는 것이다. 훌륭한 지휘 활동은 직원에게 무엇을 언제까지 해야 하는지 알려주는 것뿐 아니라 직원의 업무 수행을 격려하는 것까지 포함한다. 예를 들어 영업 관리자는 영업사원에게 동기를 부여하고, 리더십을 제공하며, 영업팀이 고객의 요구에 즉각 응대하도록 가르치고, 판매실적을 평가하는 것뿐만 아니라 조직 이슈를 관리하는 방법을 배울 필요가 있을 수 있다. 마지막으로, 지휘는 적절한 보상과 인정을 결정하고 관리하는 것을 포함한다. 모든 경영관리자는 지휘활동에 관여한다. 하지만 조직을 운영하는 직원과 매일 상호작용하는 하위 관리자에게 특히 중요하다. 예를 들면, 프리토-레이(Frito-Lay)의 조립라인 작업 감독자는 작업자가 장비를 적절하게 사용하는 방법을 알고, 작업을 안전하게 효율적으로 수행하는 데 필요한 자원 확보를 보장해야만 하며, 작업자가 포장 스낵의 목표 생산량을 달성할 수 있도록 동기를 부여해야 한다.

관리자는 직원이 일을 잘하도록 급여 인상이나 승진 약속과 같은 인센티브를 제공함으로써 그들에게 동기를 부여할 수도 있다. 하지만 대부분의 종업원은 업무로부터 돈 이상의 것을 원한다. 그들은 고용주가 자신의 아이디어와 노력의 가치를 높이 평가한다는 것을 알 필요가 있다. 관리자는 가능한 빨리 젊은 직원들에게 일부 의사결정 권한을 부여해야 한다. 이로 인해 현명한 관리자는 직원이 원가 절감, 장비의 효율성 향상 방법, 고객 서비스 향상 방법 또는 신제품 개발에 이르기까지 다양한 아이디어를 내도록 요청한다. 이러한 직원 참여는 종업원의 사기를 높이는 역할을 한다. 인정과 평가는 종종 최고의 동기 유발요인이다. 기업의 재무적 성공에 대한 자신의 영향을 더 잘 이해하고 있는 직원은 성공을 위해 더 열심히 일하도록 유도될 수 있다. 직원의 요구와 욕구를 이해하는 관리자는 직원이 더 열심히 일하고 더 생산적으로 일하도록 격려할 수 있다. 종업원의 동기부여는 9장에서 자세히 다룬다.

통제

조직의 목표가 이익 창출이든 다른 어떤 것이든 간에, 계획 수립, 조직화, 충원 및 지휘는 모두 조직의 성공에 중요하다. 하지만 철저한 계획 수립 노력에도 불구하고 기업이 목표에 도달하는 데 실패했을 때 어떤 일이 일어나는가? **통제**(controlling)는 조직이 진로를 유지하도록 조직 활동을 평가하고 수정하는 과정이다. 통제는 (1) 성과 측정, (2) 현재 성과를 표준이나 목표와 비교, (3) 표준으로부터의 편차 식별, (4) 편차의 원인 조사, 그리고 (5) 필요 시 시정조치 시행 등 다섯 가지 활동을 포함하고 있다.

통제
조직이 진로를 유지하도록 조직 활동을 평가하고 수정하는 프로세스.

통제와 계획 수립은 밀접하게 연계되어 있다. 계획 수립은 목적과 표준을 설정한다. 성과를 모니터링하고 표준과 비교함으로써, 경영자는 성과가 목표에 적중했는지 여부를 결정한다. 성과가 표준에 미달할 경우, 경영진은 원인을 규명하고, 회사가 다시 제자리로 돌아오도록 적절한 조치를 취해야 한다. 즉 통제 기능은 경영자가 자신의 계획을 성공시킬 수 있느냐 여부에 대한 평가를 돕는다. 이 기능을 수업에서의 성과와 관련시킬 수도 있다. 만약 학기 초 프로젝트나 시험에서 잘 하지 못했다면, 수업에서 A나 B를 받겠다는 전반적인 목표를 달성하기 위해 공부를 더 열심히 하거나 웹사이트 자료들을 이용하는 것과 같은 시정조치를 취해야 한다. 계획의 결과가 기대치를 충족시키지 못할 때, 통제 프로세스는 계획 수정을 가능하게 한다. 통제는 육안검사, 테스트 및 통계적 모델링 프로세스와 같은 다양한 형태를 취할 수 있다. 기본적인 방향은 사업 운영이 요구 사항을 충족하고, 목표에 도달하기에 만족스럽도록 보장하는 것이다.

또한 통제 프로세스는 경영자가 회사 밖에서 발생한 문제를 처리하는 데 도움을 준다. 예를 들어 만약 회사가 부정적 여론의 주인공이 되면, 경영진은 원인을 규명하고 회사의 대응을 지도하는 데 통제 프로세스를 사용해야 한다.

학습목표 6-3

경영자의 유형

보석상을 운영하는 개인사업자든 홈디포(Home Depot)와 같은 대기업의 수백 명의 경영관리자든, 모든 경영관리자는 앞에서 논의한 네 가지 기능을 수행한다. 보석상과 같은 개인사업자의 경우, 상점 주인이 경영과 관련된 모든 기능을 수행하는 반면, 다수의 관리자가 있는 대기업에서는 책임을 분담하고 위임한다. 이러한 책임 분담은 일반적으로 재무, 마케팅 등의 관리층과 전문화 영역을 설정하여 달성된다.

경영관리 계층

많은 조직에는 최고 경영층(top management), 중간 관리층(middle management) 및 일선 관리자 또는 작업 감독자 계층(first-line or supervisory management)과 같이 여러 수준의 경영관리 계층이 존재한다. 이런 관리계층은 〈그림 6-2〉와 같은 피라미드를 형성한다. 피라미드 모형이 암시하듯 최고경영진보다 많은 중간 관리자가 있고, 이보다 더 많은 일선 관리자가 있다. 매우 작은 조직은 경영자가 단지 한 명(전형적으로 소유주)일 수도 있는데, 이러한 조직은 경영자가 3개 계층의 모든 책임을 떠맡는다. 대기업은 계층마다 조직 자원 사용을 조정하는 많은 경영관리자가 있다. 3개 계층의 모든 경영관리자는 4개의 경영관리 기능을 수행한다. 그들이 각 기능에 소비하는 시간은 〈그림 6-3〉에서 볼 수 있듯이 다양하다.

최고경영진
기업에 대해 전반적인 책임을 지는 회장과 최고경영자(CEO), 최고재무관리자(CFO), 최고생산운영책임자(COO)와 같은 기업의 경영진.

최고경영진. 기업에서 **최고경영진**(top managers)은 회장과 최고경영자(chief executive officer: CEO), 최고 재무관리자(chief financial officer: CFO), 최고 운영책임자(chief operations officer: COO)와 같이 조직에 대해 전반적인 책임을 지는 고위 임원들을 포함한다. 예를 들면, CEO는 기업의 전반적인 전략적 방향을 관리하고, 주주들에 대해 회사를 대표하는 핵심적인 역할을 한다. COO는 회사 운영에 대한 책임을 진다. COO는 최고경영자에 직접 보고하며, 명령계통에서 흔히 2인자로 간주된다. 공개회사(public corporations)(상장법인)에서는 최고경영자에

〈그림 6-2〉 경영관리 계층

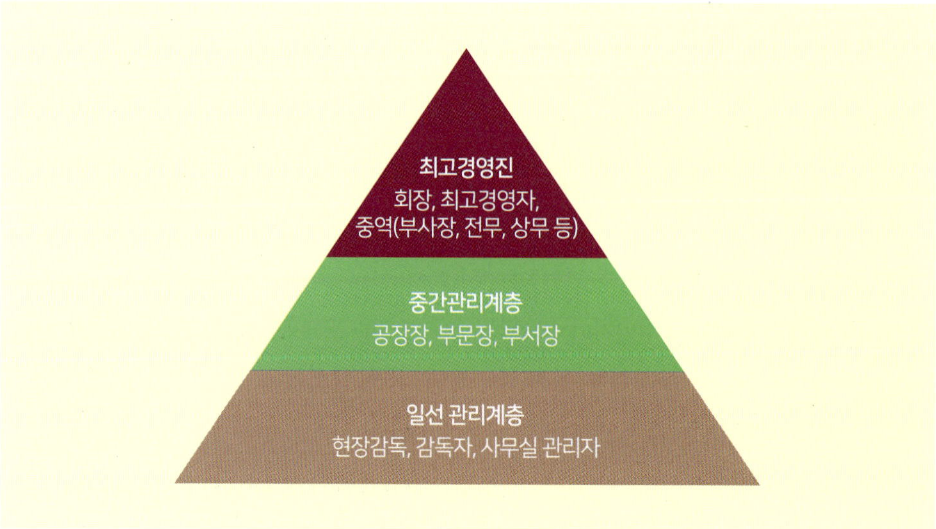

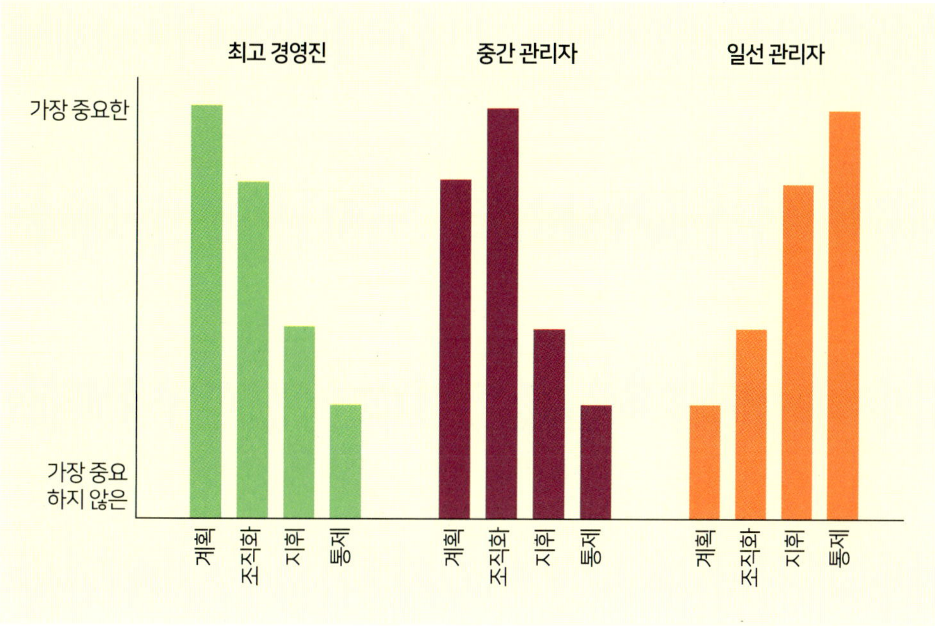

〈그림 6-3〉 계층별 경영관리자에 대한 경영관리 기능의 중요성

게도 상관, 즉 이사회가 있다. 기술적 진보가 가속화되고 프라이버시 문제가 늘어나면서 일부 회사는 새로운 최고 경영층 직위인 최고 프라이버시 책임자(chief privacy officer: CPO)(개인정보관리책임자)를 신설하고 있다. 개인정보관리책임자 자리는 계속 늘어나서 국제 개인정보관리 전문가 협회(International Association of Privacy Professionals)가 83개국에 2만 명의 회원을 자랑할 정도로 널리 보급되었다.[16] 정부의 경우 최고 경영층은 대통령, 주지사, 시장 또는 도시 관리자를 지칭한다. 교육계에서는 대학의 총장이나 교육감(superintendent of education)을 가리킨다.

알고 있습니까? 포춘 500 기업 중 여성 CEO가 차지하는 비중은 단지 6.4%이다.[17]

최고경영진은 그들 시간의 대부분을 계획 수립에 사용한다. 그들은 전체적인 계획이나 기회를 이용하기 위해 자원을 사용하는 핵심 아이디어에 집중하는 의사결정인 조직의 전략적 의사결정을 수행한다. 또한 그들은 제품 추가, 기업 인수, 수익이 나지 않는 사업영역 매각 및 해외시장 진출 여부 등의 의사결정에 관여하고, 결정한다. 최고경영진은 일반 대중과 정부 규제기관에 대해 자신의 회사를 대표하는 중책을 맡는다.

최고 경영층이 수행하는 의사결정의 중요성과 범위를 고려하면 최고경영진은 일반적으로 다년간 다양한 경험을 보유하고 있고, 최고의 급여를 받는다. 급여 외에 최고경영진의 보상패키지(compensation packages)* 에는 보너스, 장기근속 장려금, 주식 및 스톡옵션 등이 포함되어 있다. 〈표 6-1〉은 여러 기업 CEO의 보상패키지에 대해 보여준다. 또한 최고 경영층은 이해관계자들에 의해 비판을 받는 특전과 특별대우를 받을 수도 있다.

*복리 후생 및 특별 대우 등을 포함하는 총보수. – 역자주

보상위원회(compensation committees)는 주주들과 핵심 이해관계자들에 이익이 되도록 성과에 따른 보수를 유지하려는 시도로 이사회 및 CEO들과 점점 더 많은 일을 하고 있다.

주요 기업 대다수는 유능한 CEO와 최고경영진을 고용하는 데 어려움을 겪고 있다. 하지만 많은 기업은 CEO에 대한 보상을 성과에 맞춰 조정하려 함으로써 과도한 경영진 보상

〈표 6-1〉 CEO의 보상패키지

자료: Emmie Martin, "The 5 Highest-Paid CEOs in the U.S.," *CNBC*, May 11, 2017, https://www.cnbc.com/2017/05/11/highest-paidceos-in-america.html (accessed April 16, 2018); Samuel Stebbins, "Highest Paid CEOs in 2017," 24/7 *Wall St.*, December 28, 2017, https://247wallst.com/special-report/2017/12/28/highest-paid-ceos-in-2017/ (accessed April 16, 2018).

최고경영자(CEO)	기업명	총 보상금액(만 달러)
Ginni Rometty	IBM	9,600
Tim Cook	Apple	15,000
Elon Musk	Tesla	9,900
John D. Wren	Omnicom Group	2,600
Sundar Pichai	Google	10,600
Mark G. Parker	Nike	4,700

제이씨페니(JCPenney) CEO인 마빈 엘리슨(Marvin Ellison)은 매년 1,008만 달러의 보수를 받는다.[18]

©MediaPunch/REX/Shutterstock

에 대한 비판을 억제하려고 시도하고 있다. 즉 만약 회사의 성과가 나쁘면 CEO도 그만큼 보수를 잘 받지 못할 것이다. 이런 유형의 보상 방법은 차이를 만들어 내고 있다.[19] 치폴레(Chipotle)는 식당에서 대장균 발생 사건으로부터 회사 운영 정상화를 시도하였지만 계속 어려움을 겪고 있다. 이로 인해 CEO의 급여는 반으로 줄었으며, 회사의 주가는 1년 동안 30% 가치가 하락되었다. 실패한 경영진은 리더에게 부정적인 영향을 미치는 반면, 성공적인 경영진은 최고경영진을 공정하고 성과에 따라 기꺼이 보상하고자 하는 행복한 주주로 전환시킨다. 즉 성공적인 경영진은 그들의 최고위 중역들을 성과에 따라 공정하게 보상해 주어야 한다.[20]

인력의 다양성(workforce diversity)은 오늘날 주식회사에 있어 중요한 이슈이다. 현명한 기업에서 효과적인 관리자는 다양성이 직원과 최종 결과에 긍정적이라는 사실을 찾아냈다. 문제 해결을 위해 다양한 유형의 사람을 업무에 함께 투입하는 것이 종종 더 좋은 해결책을 낳는다. 카이저 퍼머넌트(Kaiser Permanent)는 다양성과 포용성의 문화로 Diversity Inc 목록에 높은 순위에 있다. 이 회사는 목록의 상위 10개 다른 기업들보다 66.6% 더 많은 소수자가 최고경영진 직책에 있다. 경영진 보상은 다양성, 다양성 지표 및 증가하는 공급업체 다양성의 진행과 관련이 있다.[21] 다양한 인력 구성은 소비자 다양성에 관련된 이슈에 대해 더 나은 의사결정을 한다. 라틴계 미국인, 아프리카계 미국인 및 아시아계 미국인과 같이 빠르게 성장하는 인구통계학적 집단에 도달하는 것은 대기업이 이 시장을 공략하기 시작할 때 도움이 될 것이다.[22] 인력 다양성에 전념하는 기업의 관리자는 다양성 모집 업무(diversity recruiting work)를 구성하는 5개의 규칙을 작성했다(표 6-2 참조).

다양성 문제는 또한 남녀평등과 관련이 있다. 성(gender) 평등은 임금, 승진, 존중 및 직장에서의 대우와 관련이 있다. 비록 스타벅스는 여성에 대해 동등한 임금과 경력이라는 남녀평등은 달성했지만 일반적으로 고위직은 남성보다 여성 수가 훨씬 적고, 여성은 종종 낮은 임금을 받고 있다. 또한 전 세계적으로 단지 15%의 이사회 의석만 여성이 차지하고 있다.[23] 다양성은 10장(인적자원 관리)에서 보다 자세히 살펴볼 것이다.

규칙	행동
1. 종업원 개입시키기	이들 계획에 대한 지원과 열정을 얻기 위해 다양성 직원 모집의 가시적인 장점에 대해 전 직원을 교육시키라.
2. 다양성 알리기	미래의 직원들은 단지 여러분이 회사가 다양성-친화적이라고 말했다고 여러분 회사에 입사하는 데 흥미를 갖지는 않는다. 그들은 다양성을 직접 볼 필요가 있다.
3. 다양성 계획과 활동 지원하기	지역사회 기반의 다양성 조직들을 후원함으로써, 여러분 회사는 자격을 갖춘 다양성 후보자들을 여러분의 회사로 유도할 값으로 환산할 수 없는 구전홍보 효과를 볼 것이다.
4. 자원 사용하기	만약 여러분이 다양성 직원 모집에 진지하다면, 적소에 여러분의 메시지를 전파하기 위해 비용을 지출할 필요가 있을 것이다.
5. 다양성 계획장려하기	고용주는 장래의 다양성 직원들에게 자신의 회사를 팔고, 왜 그들의 회사가 다양성 후보에게 적합한지에 대한 확신을 주는 사례를 제공할 필요가 있다.

〈표 6-2〉 성공적인 다양성 직원 모집의 다섯 가지 규칙

자료: Adapted from Juan Rodriguez, "The Five Rules of Successful Diversity Recruiting," Diversityjobs.com, www.diversityjobs.com/Rules-of-Successful Diversity-Recruiting (accessed February 25, 2010).

중간 관리계층. **중간 관리자**(middle manager)는 전체 조직에 대한 전략적 의사결정을 수행하기 보다는 최고 경영층에 의해 설정된 일반적인 지침을 구현하는 전술계획에 책임을 진다. 따라서 중간 관리자의 책임은 최고경영진의 책임보다는 가볍다. 중간 관리자는 조직의 특정 사업 운영에 개입하며, 다른 관리자보다 조직화에 보다 많은 시간을 투자한다. 기업에서 공장장, 부문장과 부서장이 중간 관리계층에 속한다. 소비재 제조회사의 제품 관리자(product manager), 대학의 학과장과 주정부 국민건강부의 부서장 등이 모두 중간 관리자이다. 점점 더 많은 기업이 생산성 향상을 위해 조직을 축소함에 따라 중간 관리자의 위상이 점점 더 축소되고 있다.

중간 관리자
최고 경영층에 의해 설정된 일반적인 지침을 구현하기 위한 전술계획에 책임을 지는 조직 구성원.

일선 관리계층. 대부분의 사람이 작업자와 조직의 일일 운영을 감독하는 **일선 관리자**(first-line manager)로서 최초의 관리직 경험을 쌓는다. 이들은 중간 관리계층에 의해 수립된 계획 실행과 작업자의 일일 업무 수행을 지휘하는 데 책임을 진다. 일선 관리자는 대부분의 시간을 지휘와 통제 업무에 쓴다. 일선 관리자의 공통적인 직함은 현장감독(foreman), 감독자(supervisor) 또는 사무실 서비스 관리자(office service manager)(사무장)이다.

일선 관리자
기업의 종업원들과 일상적인 기업운영을 감독하는 관리자.

경영관리의 영역

계층별로 기업의 기본적인 기능 영역 — 재무, 생산운영, 인적자원(인사), 마케팅 및 일반관리 — 에 전문화된 관리자가 있다.

각각의 경영관리 영역은 기업의 성공에 중요하다. 예를 들어 기업은 필요한 재무자원 또는 인력을 획득하는 누군가가 없이는 생존할 수 없다. 대기업에서는 이런 모든 관리자를 보유해야 하는 반면, 작은 회사에서는 이런 중요한 과업이 소유주나 소수의 직원에게 돌아갈 수도 있다. 회사가 현재 특정 영역의 관리자를 보유하고 있든 그렇지 않든, 모든 회사는 재무자원을 획득하고, 투입 자원을 시장에 내다팔 완제품으로 변환시키며, 직원을 채용하고 관리하며, 제품을 마케팅하고, 기업의 정보기술 자원을 다루고, 한 사업 부문이나 전반적인 사업의 경영관리에 책임을 지는 누군가를 가지고 있어야 한다. 서로 다른 유형의 관리자는 〈표 6-3〉에서 보다 상세하게 토의된다.

〈표 6-3〉 경영관리의 영역

관리자	기능
재무관리자(financial manager)	조직의 성공적인 운영에 소요되는 자금조달과 조직의 목표에 따른 자금집행에 집중
생산운영 관리자(production & operations manager)	자원을 제품, 서비스 및 아이디어로 변환하는 데 연관된 활동의 개발 및 관리
인적자원 관리자(human resources manager)	공식적인 방식으로 충원기능을 처리하고 직원을 상대함
마케팅 관리자(marketing manager)	제품기획, 가격책정 및 제품의 판촉활동과 유통을 통해 고객이 제품을 이용할 수 있도록 책임짐
정보기술 관리자(information technology(IT) manager)	컴퓨터 네트워크와 같은 기업 내 정보기술 애플리케이션의 구축, 유지보수 및 통제를 책임짐
일반관리자(administrative manager)	전체 사업 또는 주요 사업 부문을 관리. 특정 분야에 전문화되지 않음

재무관리자
조직의 성공적인 운영에 소요되는 자금조달과 조직의 향후 목표에 따른 자금집행에 집중하는 관리자.

생산운영 관리자
자원을 상품과 서비스로 변환하는 데 연관되는 기업 활동과 시장요구에 대비한 제품 아이디어를 개발하고 집행하는 관리자.

인적자원 관리자
공식화된 방식으로 충원기능을 처리하고, 직원들을 상대하는 관리자.

학습목표 6-4

경영자에 요구되는 자질

경영관리자는 전형적으로 경영자의 효과성과 효율성을 측정하는 지표를 이용하여 평가된다. 효과적이며 효율적인 경영관리는 특정한 자질, 즉 기술적 전문성, 개념적 자질, 분석적 자질, 대인관계 자질 및 리더십 등을 필요로 한다. 〈표 6-4〉는 관리자가 충족시킬 수 있는 일부 역할을 기술한다.

마케팅 관리자
제품기획, 가격책정 및 판촉과 유통을 통해 고객이 제품을 이용할 수 있도록 하는 데 책임을 지는 관리자.

정보기술 관리자
컴퓨터 네트워크와 같은 기업 내 정보기술 애플리케이션의 구축, 유지보수 및 통제를 책임지는 관리자.

일반관리자
기업 전체 또는 사업의 주요 영역을 관리하는 관리자. 특정 분야의 전문가는 아니지만 전문 분야별 관리자들의 활동을 조정함.

기술 전문성
특정 분야의 경영관리와 관련한 업무 수행을 위해 요구되는 전문지식과 훈련.

기술적 전문성

관리자는 자신의 관리영역에 관련된 업무 수행을 위해 필요한 전문적인 지식과 훈련인 **기술적 전문성**(technical expertise)이 필요하다. 회계 관리자는 회계 업무를 수행할 수 있는 능력이 요구되며, 생산 관리자는 생산 업무를 수행할 수 있는 능력이 요구된다. 비록 생산 관리자가 실제로 생산 업무를 수행하지 않을 수는 있지만, 직원을 훈련시키고, 질문에 답하며, 지침을 내리고, 문제를 해결하기 위해서는 기술적 전문성이 필요하다. 기술적 자질은

〈표 6-4〉 경영자의 역할

자료: Roles developed by management professor Henry Mintzberg.

역할 구분	특정 역할	역할 활동이 예
대인 관계자	대표자	수상 연회 참석
	리더	공급 관리자와 생산일정 조정
	연락관	부하 직원에 대한 성과 평가 실시
정보 관리자	모니터	정부 규제 기관에 문의
	전파자	안전 정책을 준수하기 위해 부하 직원과의 회의 실시
	대변인	제품 안전을 논의하기 위해 소비자 그룹과 회의
의사결정자	기업가	업무 프로세스 변경
	혼란 처리자	어떤 업무가 새로운 시설로 이전 할 것인지 결정
	자원 할당자	새 컴퓨터 장비를 받는 사람 결정
	협상자	노동조합 고충 해결

일선 관리자에 가장 필요하며, 최고경영진에는 가장 중요하지 않은 자질이다.

정보기술 관리자는 컴퓨터 네트워크와 같은 조직의 정보기술을 구현, 모니터링 그리고 통제하는 책임이 있다.

©JHVEPhoto/Shutterstock

개념적 자질

개념적 자질(conceptual skills)은 추상적 관점에서 생각하고, 어떻게 각 부문이 잘 들어맞아 전체를 구성하는지에 대해 이해하는 능력으로 모든 경영관리자에게 요구되지만, 특히 최고경영진에게는 필수적이다. 최고 경영층은 미래에 회사가 어떤 위치와 상태에 처하게 될지 지속적으로 평가할 수 있어야 한다. 또한 개념적 자질은 창의적으로 사고하는 능력을 포함한다. 최근 연구 결과 광섬유와 컴팩트 디스크를 포함하여, 많은 혁신제품 개발의 중요의 배후에 있는 '창의적 사고(creative thinking)'가 학습 가능하다는 것을 밝혀냈다. 그 결과 IBM, AT&T, GE, 휴렛팩커드 및 인텔과 그 외 미국 최고의 기업들은 경영관리자에게 창의적 사고 방법을 교육하기 위해 창의성 컨설턴트를 고용한다.

분석적 자질

분석적 자질(analytical skills)은 연관된 이슈를 식별하고, 그 중요성을 알아채며, 양자 간의 관계를 이해하며, 상황의 근본 원인을 인지해 내는 능력을 의미한다. 경영관리자는 중요한 요인과 원인을 식별해 냈을 때, 적절한 조치를 취할 수 있다. 모든 경영관리자가 논리적으로 생각할 필요가 있지만, 이 자질은 아마 최고경영진의 성공에 가장 중요할 것이다. 분석적 자질을 키우기 위해서는 행동을 취하기 전에 광범위한 이슈에 대해 생각하고 다양한 대안을 평가해 볼 필요가 있다. 분석적 자질은 매우 중요하기 때문에 분석적 자질을 필요로 하는 질문은 취업 면접의 일부로 자주 등장한다. "대량의 데이터에 접근할 수 있다면 직장에서 문제를 어떻게 해결할 수 있는지 말씀해 보세요."와 같은 질문은 이제는 면접 절차의 일부가 될 정도이다. 답변은 피면접자로 하여금 그 이슈를 해결할 수 있는 관련 사실을 찾아내기 위해 데이터를 어떻게 정렬할 수 있는지 설명하도록 요구할 수도 있다. 분석적 사고는 흔히 해결책이 명확하지 않은 복잡하거나 어려운 상황에서 필요하다. 윤리적 이슈에 대한 해결은 흔히 분석적 자질을 필요로 한다.

개념적 자질
추상적 관점에서 사고하고 어떻게 각 부문이 잘 들어맞아 전체를 구성하는지를 이해하는 능력.

분석적 자질
관련된 사안을 식별하고, 그 중요성을 인식하며, 사안들 간의 관계를 이해하고 어떤 상황의 근본 원인들을 알아내는 능력.

대인관계 자질
조직 내외부의 사람들을 다루는 능력.

대인관계 자질

인간관계 자질(people skills) 또는 **대인관계 자질**(human relations skills)은 조직 내·외부에서 사람을 다루는 능력이다. 다른 사람들과 관계를 맺고 의사소통을 잘 하며, 다른 사람들의 요구를 이해하고, 진정한 감사를 표할 줄 아는 사람은 일반적으로 이런 자질이 결여되어 있는 관리자에 비해 더욱 성공적이다. 인간관계 자질은 병원, 항공사, 은행 및 서비스를 제공하는 여러 조직에 있어 특히 중요하다. 예를 들면, 사우스웨스트 항공사는 자사 종업원의 가치를 높게 평가한다.

재무관리자는 조직이 초기 및 장기적으로 성공하기 위해 필요한 자금을 확보할 책임이 있다.

©pixdeluxe/Getty Images

신입사원은 회사와 완벽한 고객 서비스라는 회사 명성에 대해 가르치는 광범위한 훈련과정을 거친다. 사우스웨스트의 모든 경영관리직 직원은 경청하기, 종업원과 연락 유지 및 가치 손상 없는 변화관리에 관련된 기법을 전달하는 의무적인 리더십 클래스를 이수해야 한다.

학습목표 6-5

리더십

리더십
조직의 목표를 향해 일하도록 종업원들에게 영향력을 행사하는 능력.

리더십(leadership)은 종업원이 조직의 목적을 향해 일하도록 영향력을 행사하는 능력이다. 강력한 리더는 조직 문화와 종업원의 요구를 관리하고 이에 관심을 가진다. 〈표 6-5〉는 성공적인 리더십을 위한 몇 가지 요령에 대해 보여주고 있다.

〈표 6-5〉 성공적인 리더십을 위한 일곱 가지 요령

• 목표와 기대 소통
• 이해관계자의 존중과 신뢰 획득
• 공유 가치 개발
• 지식 습득 및 공유
• 직원의 의사결정 능력 강화
• 적절한 행동을 위한 모범
• 목표 달성을 위한 보상을 제공과 수정 조치

일반적으로 리더십 스타일에 따라 경영관리자는 세 가지 유형으로 분류된다. 독재적 리더(autocratic leader)는 혼자 모든 의사결정을 내리고, 종업원에게 뭘 어떻게 수행해야 하는지 지시한다. 그들은 일반적으로 종업원이 자신의 지시를 따르도록 하기 위해 자신의 권한과 경제적 보상책을 사용한다. 마사 스튜어트(Martha Stewart)는 독재적 리더의 단적인 예이다. 그녀는 모든 세부 사항에 세심한 주의를 기울임으로써 그녀만의 미디어 제국을 건설했다.[24] 민주적 리더(democratic leader)는 종업원을 의사결정에 참여시킨다. 경영관리자는 상황을 설명하고, 직원들은 의견을 표출하고 아이디어를 내도록 장려한다. 그런 다음 종업원의 시각을 고려해 의사결정을 한다. 사우스웨스트 항공사의 공동설립자인 허브 캘러허(Herb Kelleher)는 민주적 리더십 스타일을 지니고 있다. 그의 지도하에 종업원들은 관심사를 토의하고, 건의 사항을 제안하도록 장려되었다.[25] 자유방임적 리더(free-rein leader)는 종업원이 상호작용을 많이 하지 않고 일하도록 허락한다. 경영관리자는 표준 성과를 설정하고, 종업원이 이를 충족시킬 자신의 방법을 찾아내도록 한다. 이 스타일이 효과적이 되려면, 종업원은 표준이 무엇인지 알아야 하고, 이를 달성하기 위한 동기가 부여되어야 한다. 자유방임적 리더십 유형은 종업원에 대한 엄청난 신뢰와 확신을 보여주기 때문에 강력한 동기요인이 될 수 있다. 버크셔 헤서웨이(Berkshire Hathaway)의 CEO 워런 버핏(Warren Buffett)은 회사의 다양한 사업을 관리하는 경영자들 사이에서 자유방임적 리더십을 보여준다.

독재적, 민주적 그리고 자유방임적 유형의 효과성은 여러 가지 요인에 달려있다. 한 가지 고려해야 할 요인은 종업원 유형이다. 독재적 리더십 스타일은 일반적으로 숙련되지 않고 동기부여가 안 된 종업원을 자극하는 데 적합하다. 고도로 숙련되고 훈련 되었으며 동기부여가 잘 된 종업원은 민주적 또는 자유방임적 리더십 스타일에 더 잘 반응할 수 있다. 의사결정에 참여해 본 종업원은 일반적으로 유사한 참여 경험이 없는 종업원보다 관리감독이 덜 요구된다. 또 다른 고려요인은 경영관리자의 능력과 상황 자체이다. 신속한 의사결정이 필요한 상황에서는 관리자가 많은 사람으로부터의 의견을 고려할 필요가 없기 때문에, 독재적 리더십 스타일이 최상이 될 수 있다. 만약 품질관리문제 해결을 위해 특별 대처 팀을 구축해야 한다면, 일반적인 민주적 관리자는 그 팀에 완전한 재량권을 부여할 수 있다.

하지만 많은 관리자는 하나 이상의 리더십 유형을 사용하기가 힘들다. 일부 관리자들은 의사결정은 고사하고, 부하 직원의 의사결정 참여 자체를 허용하지 않는다. 따라서 어떤 리더십 유형이 최상(best)인가 하는 것은 구체적인 상황에 달려있다. 그리고 효과적인 관리자는 자신의 리더십 스타일을 상황에 맞게 조절하기 위해 힘쓸 것이다. 많은 조직은 리더십 자질 개발을 위한 프로그램을 제공한다. 현재 80대 후반인 워런 버핏은 실적이 증명된 수십 명의 모범 지도자를 발굴하였다. 리더십 연속성은 모든 기업에 중요하다.[26] 계획이 실패할 때, 지도자는 잘못된 결과에 대해 책임을 진다. 예를 들면, 웰스 파고(Wells Fargo)의 CEO 존 스텀프(John Stumpf)는 고객을 위해 350만 개 이상의 가짜 계좌를 개설한 은행의 감독으로 해고되기 전 사임했다.[27]

트위터 CEO 잭 도시(Jack Dorsey)는 민주적 리더이다.

©ARoger Askew/REX/Shutterstock

인기를 끌고 있는 또 다른 유형의 리더십은 진정성 리더십(authentic leadership)이다. 진정성 리더십은 배타적이지 않다는 점에서 다른 세 가지 리더십 유형과는 다소 차이가 있다. 민주적 리더와 자유방임적 리더는 이해관계자들 사이에서 어떻게 처신하느냐에 따라 모두 진정성 리더로서의 자격요건을 갖출 수도 있다. 진정성 리더는 기업의 목적과 사명에 열정적이고, 직장 내에서 기업의 가치를 표출하며 이해관계자들과 장기적 관계를 형성한다.[28] 초바니(Chobani) 설립자이자 CEO인 함디 울루카야(Hamdi Ulukaya)는 소비자와 직원에게 깊은 책임감을 가지고 있다. 그는 직원에 대한 공평한 정책을 믿고, 특히 이민자와 난민과 관련된 다양성을 포용하고자 한다. 그는 단순히 이익 이상의 것을 추구 하고자 하는 지도자이다.[29]

리더들이 기업과 상황에 따라 서로 다른 리더십 유형을 결합할 수도 있는 반면, 모든 리더는 종업원이 공통의 비전을 따르는 것이 효과적이 되도록 조절할 수 있어야 한다.[30] 또한 강력한 리더는 종업원이 기업 문화에 참여함으로써 제공할 수 있는 가치를 인식한다. 기업이 종업원을 위한 리더십 훈련 프로그램을 개발하는 것은 매우 중요하다. 왜냐하면 관리자가 회사에서 일어나는 모든 일을 전부 감시할 수는 없고, 자신의 의사결정에 대해 더 많은 책임을 지도록 종업원에게 권한을 부여하는 것이 조직 성장과 생산성에 도움이 될 수 있기 때문이다. 리더는 기회를 볼 때 종종 방향을 바꾸기도 한다. 온라인 의류 소매업체인 에버레인(Everlane)의 설립자이자 CEO인 마이클 프레이스맨(Michael Preysman)은 오프라인 매장을 열지 않을 것이라고 말했다. 하지만 그는 수요에 따라 맨해튼에 최소한의 매장을 개설하고, 전국에 추가 매장을 출시할 계획이다.[31]

350만 개의 가짜 고객 계좌를 개설한 후 상원 은행위원회에서 증언한 웰스 파고의 전 CEO 존 스텀프(John Stumpf) 사임 후 팀 슬론(Tim Sloan)이 CEO가 되었다.

©Michael Reynolds/Epa/REX/Shutterstock

친환경 경영 Going Green

뉴벨지움 브루잉의 "친환경" 경영

효과적인 관리의 구현을 통해 뉴벨지움 브루잉(New Belgium Brewing: NBB)은 지하실 양조장에서 2개의 최첨단 시설과 800명 이상의 직원을 보유한 기업으로 성장하였다. NBB는 공동설립자가 벨기에를 방문한 후 설립되어, 미국 콜로라도주 포트콜린스(Fort Collins)에서 고품질의 맥주 생산에 대한 영감을 받았다. 시간이 지남에 따라 NBB는 두툼한 고객층 기반으로 미국에서 가장 큰 수제 맥주 양조장으로 성장하게 되었다. NBB는 시작부터 지속가능성을 최고의 기업 가치로 삼았다. NBB는 생산 현장에서 재활용 센터를 운영하며, 1년 근무 후 직원에게 편안한 자전거를 제공하여 출퇴근할 수 있도록 하고 있다. NBB는 환경에 미치는 영향을 줄이는 비용과 에너지 효율적인 제품을 생산하기 위해 노력하고 있다. 직원과 소유주가 만장일치로 풍력 터빈에 투자하기로 합의한 후 미국 최초의 완전 풍력 양조장이 되었다. 또한 NBB는 회사 전력의 3%를 생산하고, 자연 조명을 제공하기 위해 튜브를 사용하는 태양광 시스템을 설치했다.

NBB의 관리자는 목표 계획에서 책임 구성 및 할당에 이르기까지 리더십 역할을 맡았다. 사회적으로 책임 있는 제품을 제공하면서 활동 통제와 모니터링 그리고 실수에 대한 수정은 수익 창출에 중요한 역할을 하였다. 강력한 리더십을 기반으로 직원의 기업 경영 참여를 적극적으로 권장하기도 했다. 일관성 있고 긍정적인 기업문화를 통해 NBB는 직원들이 회사가 처음 개발한 비전, 방향 및 가치를 계속 유지할 수 있는 탁월한 리더십을 유지하고 있다.[32]

토의 주제

1. 관리자는 NBB의 관리 기능을 어떻게 수행하는가?
2. NBB의 관리자는 어떤 유형의 리더십 스타일인가? 그 이유는 무엇인가?
3. NBB의 조직 문화에 대해 설명해 보자.

종업원 임파워먼트

종업원 임파워먼트
종업원에게 자신의 업무에 대해 책임을 지며, 의사결정을 할 수 있는 권한을 부여.

기업은 종업원 임파워먼트라는 참여적 기업 문화의 장점을 차츰 인식하고 있다. **종업원 임파워먼트**(employee empowerment)는 종업원에게 자신의 업무에 대해 책임을 지며, 의사결정을 할 수 있는 권한이 부여될 때 일어난다. 종업원 임파워먼트는 관리자가 필요하지 않다는 것을 의미하는 것은 아니다. 관리자는 종업원을 지도하고, 목표를 설정하며, 주요 의사결정을 내릴 뿐 아니라 이 장(chapter)을 통해 강조된 여러 책임을 수행하는 데 중요하다. 하지만 참여적인 문화를 가지고 있는 기업은 종업원이 회사의 성공에 적극적인 역할을 하고 있는 것처럼 느끼기 때문에 종업원 참여적 문화는 다양한 이점이 있는 것으로 밝혀졌다.

종업원에게 권한을 부여하고자 하는 관리자는 회사의 결정에 대해 의견과 피드백을 제공하는 종업원의 능력을 지원하는 시스템을 채택해야 한다. 관리자 및 직원의 의견을 수반하는 의사결정 유형인 참여적 의사결정(participative decision making)은 조직 내 종업원 임파워먼트를 지원한다. 참여적 의사결정을 만들기 위한 좋은 방법 중 하나는 직원 및 관리자 훈련이다. 앞서 언급한 것처럼, 종업원은 팀워크, 갈등해소 및 의사결정을 포함하여 리더십 자질 계발 훈련을 받아야 한다. 또한 관리자는 종업원이 의사결정을 하도록 권한을 부여하는 동시에 종업원을 올바른 의사결정이 불분명할 수 있는 도전해 볼 만한 상황으로 유도하는 방식으로 훈련시켜야 한다.[33]

리더십은 팀 내 리더십에 대한 토의 없이는 완전할 수 없다. 오늘날 기업 세계에서 팀에 의한 의사결정은 일반적인 일이 되었다. 예를 들어 자포스(Zappos)의 종업원은 흔히 팀 단위로 업무를 수행하고, 회사의 사명과 가치를 강화할 것이라고 믿는 의사결정을 하도록 장려된다. 팀워크는 흔히 종업원 임파워먼트의 촉진을 위한 효과적인 수단이다. 비록 팀 단위의 의사결정은 집단적이지만, 가장 효과적인 팀은 모든 구성원이 팀 내에서 자신의 아이디어와 의견을 제시 할 수 있는 환경을 제공하는 팀이다. 각 종업원은 자신만의 독특한 통찰력을 팀 내로 들여올 수 있기 때문에 팀은 종종 한두 명에 의해서는 도달할 수 없는 혁신적인 아이디어나 결정안을 내놓는다.

IBM의 마케팅 최고 책임자인 미셸 펠루소(Michelle Peluso)는 마케팅 담당자뿐만 아니라 디자이너와 데이터 과학자를 팀에 포함시키고자 하였다. 예를 들어 그녀는 자신의 팀이 소비자의 제품 사용에 대해 더 잘 이해하기 위해 모바일 장치만 사용하여 그들의 작업을 검토하고, 개선하는 세션에 참석한다.[34] 하지만 팀 의사결정에서 진정으로 종업원의 참여를 고취시키는 것은 어려울 수 있다. 거침없이 말하는 종업원이 팀을 지배하고, 그룹사고(groupthink)를 주도하는 경우 팀원들은 자신의 생각이 옳은 결정이라고 하기보다는 다수의 의견을 따른다. 종업원에게 서로 경청하고 관련된 피드백을 제공하는 방법을 훈련시키는 것은 이런 공통적인 어려움을 방지하는 데 도움이 될 수 있다. 또 다른 방법은 팀 리더를 순환시켜서 아무도 우세를 추측할 수 없게 하는 것이다.[36]

루브릭(Rubrik)의 CEO인 비플 신하(Bipul Sinha)는 직원들에게 정보를 제공하고, 투명성을 높이기 위해 직원 900명 모두를 이사회에 초대하였다.[35]

©David Paul Morris/Bloomberg via Getty Images

의사결정

경영관리자는 영업일 하루 동안의 근무시간, 어떤 직원을 고용할지, 출시할 제품, 제품 가격책정을 비롯하여 다양한 종류의 의사결정을 한다. 의사결정은 그것이 전략적, 전술적 또는 운영적 수준 등 어떤 수준의 결정이든 모든 경영관리 기능과 경영관리 계층에서 중요하다. 다음 6단계를 이용하는 체계적인 접근은 보다 효과적인 의사결정을 유도한다. (1) 의사결정 상황 인식 및 정의, (2) 상황을 해결하기 위한 대안 개발, (3) 대안 분석, (4) 최적안 선택, (5) 결정내용 실행 그리고 (6) 의사결정 결과 모니터링(그림 6-4).

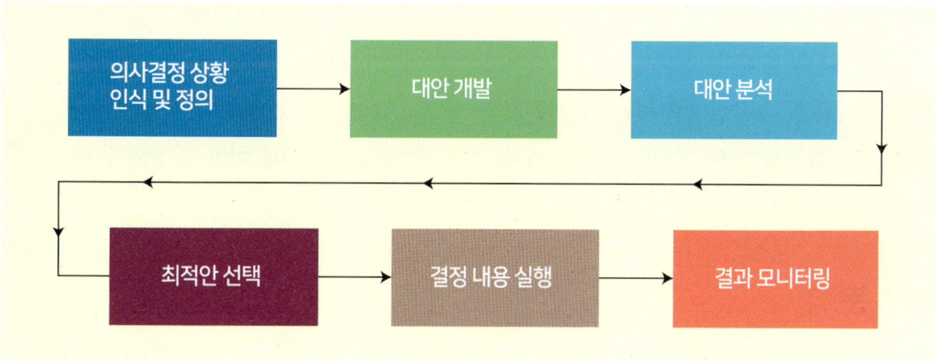

〈그림 6-4〉 의사결정 프로세스 단계

의사결정 상황 인식 및 정의

의사결정의 첫 번째 단계는 상황을 인식하고 정의하는 것이다. 대상이 되는 상황은 부정적일(예를 들어 특정 제품에 있어서의 엄청난 손실) 수도 있고 또는 긍정적일(예를 들어 매출 증대를 위한 기회) 수도 있다. 소규모 의사결정을 필요로 하는 상황은 경고 없이 발생한다. 하지만 대규모 의사결정을 요구하는 상황은 일반적으로 일부 경고 신호 후 발생한다. 효과적인 경영관리자는 그런 신호에 주의를 기울인다. 이윤 감소, 이전 연도의 소규모 손실, 재고 누적과 소매상이 제품 재고를 보유하지 않으려는 의사 등은 다가올 대규모 손실의 전조일 수 있다. 만약 경영관리자가 이런 신호에 주의를 기울이면 문제를 피할 수 있다.

일단 상황이 인지되면 경영자는 그 상황을 정의해야 한다. 손실 발생은 문제가 있다는 징후를 나타낸다. 예를 들면, 실패한 제품에 대해 어떤 관리자는 그 상황을 제품 품질 문제로 정의할 수 있다. 또 다른 관리자는 소비자 선호도의 변화로 정의할 수도 있다. 이 두 가지 관점은 굉장히 상이한 해결책을 이끌 수 있다. 첫 번째 관리자의 경우, 더 높은 품질의 원재료 공급처를 찾을 수 있다. 두 번째 관리자는 제품의 수명이 다했고, 생산 중단 결정이 필요하다고 생각할 수도 있다. 이러한 예시에서는 성급하게 결론을 내리는 것보다는 문제를 신중하게 정의하는 것의 중요성을 강조하고 있다.

대안 개발

브레인스토밍
문제 해결을 위해 그룹 구성원들이 동시에 아이디어를 제안하는 기법.

일단 의사결정 상황이 인식되고 정의되면, 다음 단계는 취할 수 있는 일련의 조치의 목록을 작성하는 것이다. 최상의 목록은 표준 계획과 창의적인 계획 모두를 포함한다. 그룹 구성원이 문제를 해결하기 위해 아이디어를 자발적으로 제안하는 기술인 **브레인스토밍**(brainstorming)은 창의성을 장려하고, 다양한 옵션을 탐색하는 효과적인 방법이다. 일반적인 원칙으로, 의사결정이 매우 중요할 때 더 많은 시간과 전문지식이 의사결정 개발 단계에 투입된다. 예를 들어 시어스 홀딩스(Sears Holding Corp)는 7년간의 손실 후 운영 유지 능력에 대한 의문을 제기하게 되었다. 2016년 시어스는 222억 달러의 손실이 발생했다. 비용을 줄이고 크래프트맨(Craftsman) 브랜드를 판매하는 것 외에도 이러한 국면을 전환하기 위한 계획을 수립하려면 새로운 옵션이 필요하다.[37] 의사결정이 덜 중요할 때는 시간과 전문지식이 덜 소모될 것이다. 대안은 개인적으로, 팀에 의해, 또는 비교 대상이 되는 조직의 유사한 상황에 대한 분석을 통해 개발될 수 있다. 창의성은 가장 실행 가능한 대안의 선택에서 매우 중요한 부분이다. 창의성은 아이디어가 어디에서 유래했는지 또는 생성 방법과는 상관없이, 새롭고 유용한 아이디어에 의존한다. 최고의 대안은 그 범위가 식별된 문제에 대한 필요한 해결책 또는 자발적 해결책에서, 외부 작업그룹 멤버에 의한 관찰된 문제에까지 이를 수 있다.[38]

대안 분석

가능한 일련의 조치 목록을 작성한 후, 경영관리자는 각 대안의 실현가능성과 적절성을 분석해야 한다. 어떤 대안은 재무자원의 결핍, 법적 제한 사항, 윤리 및 사회적 책임의 고려 사항, 권한상의 제한, 기술적 제약, 경제적인 제한 또는 단순히 정보 및 전문지식의 결여로 인해 실현 불가능한 것으로 간주될 수 있다. 예를 들어 미국 정부의 아메리칸 인터내셔널 그룹(American International Group Inc.) 기각 이후 가장 큰 손실을 경험한 이 회사의 이사들은 기업이 원하는 성과를 성취하지 못한 당시 CEO 피터 핸콕(Peter Hancock)과 관련된 옵션을 조사했다.[39]

적절성을 평가할 때 의사결정자는 제안된 대안이 충분히 상황을 짚고 있는지 여부를 고려해야 한다. 대안의 결과를 분석할 때 경영관리자는 그 상황과 조직에 대한 영향을 고려해야 한다. 예를 들면, 매출을 끌어올리기 위해 가격 인하를 고려할 때, 경영자는 조직의 현금흐름에 대한 그 조치의 결과와 가격 변화에 대한 소비자의 반응에 대해 생각해 보아야 한다.

최적안 선택

모든 일련의 조치가 분석되었을 때, 경영자는 하나의 최적안(즉, 상황 해결에 가장 적합한 대안)을 선택해야 한다. 많은 상황이 정량적 분석에 적합하지 않기 때문에 선택은 보통 주관적인 절차이다. 최선의 선택은 항상 위험 및 절충 분석과 관련이 있다. 예를 들어 아마존이 알렉사(Alexa) 가상 어시스턴트를 사용하는 방법에는 여러 가지 대안이 포함된다. 음성 인식 장치가 은행 계좌 데이터를 저장하고 이 서비스와 관련된 모든 위험을 지불할 수 있는지 여부를 결정해야 한다. 거의 모든 옵션은 위험과 보상 간의 관계적 딜레마를 만

경영 도전에 대한 대응 Responding to Business Challenges

자포스의 올바른 경영 방향

온라인 신발 및 의류 소매업체인 자포스(Zappos)는 강력한 고객 서비스와 재미있는 기업 문화로 유명하다. CEO인 토니 셰이(Tony Hsieh)의 리더십 아래 탁월한 고객 서비스는 자포스의 핵심 가치이다. 직원들은 문제를 파악하고 해결책을 찾기 위해 서로 협력하는 자포스의 참여적 문화의 일원이 되어 있다.

2005년 셰이는 자포스를 전통적인 하향식 구조에서 관리자 직급을 없애 상하 위계질서에 의한 의사 전달이 아닌 구성원 모두가 동등한 위치에서 업무를 수행하는 제도인 홀라크라시(Holacracy) 조직 체제로 바꾸었다. 전통적인 관리 역할이 해소되었고 직원들은 자신의 역할을 수행하는 자체 리더가 되었다. 직원 팀은 주요 문제와 차후 행동을 논의하기 위한 전술 회의를 가졌다. 셰이는 자포스가 생산성을 잃지 않으면서, 성장하는 데 도움이 될 것이라고 믿기 때문에 이러한 결정을 하였다.

셰이는 이러한 변화가 직원 사이에서, 특히 관리자 사이에서 환영받지 못할 수 있다는 점을 인식하여 떠나기로 결정한 직원에게 6개월의 퇴직금을 제공하기로 동의했다. 약 18%의 관리자가 이 제안을 수락했다. 한 가지 우려점은 비관리직 직원은 회사 운영에 영향을 줄 수 있는 불확실성의 위험을 완전히 이해하지 못할 수도 있다는 것이다. 자포스가 이러한 구조적 변화를 계속 연구함에 따라 일부 직원들은 이 변화에 적응하기 위해 고심하고 있다. 2016년 자포스는 포춘지(Fortune)에서 선정하는 일하기 좋은 100대 기업으로 선정되었다. 이러한 도전에도 불구하고, 셰이는 장기적으로 이러한 변화가 직원이 리더가 되어, 자포스가 성장과 생산성을 모두 달성할 수 있게 해줄 것이라고 믿는다.[40]

토의 주제

1. 자포스가 전통적인 관리자 직책을 없앰에 따라 계획, 조직화, 지휘 및 통제의 관리 기능도 없어졌는가? 그 이유는 무엇인가?
2. 직원 중심 리더십의 장단점은 무엇인가?
3. 셰이가 자신의 결정이 단기적으로 회사에 해를 끼칠 수 있을지라도 회사에 대한 장기적인 관점을 취하는 것이 왜 중요한가?

든다.[41] 물론 항상 단 하나의 대안만을 선택하고 다른 모든 선택을 버려야 할 필요가 있는 것은 아니다. 다수 선택안의 조합을 선택하여 사용하는 것이 가능할 수도 있다.

결정 내용 실행

현재 상황을 처리하기 위해서는 선택된 대안 또는 대안들이 실행되어야 한다. 결정의 특성에 따라 그 실행은 상당히 단순하거나 매우 복잡할 수도 있다. 예를 들면, 중국은 거의 모든 것이 온라인으로 구매가 가능한 나라이다. 월마트는 휴대폰을 가지고 있는 우버 운전자와 스쿠터와 같은 크라우드소싱(crowdsourcing)으로 161개 월마트 슈퍼마켓으로부터 약 2마일 반경 이내의 고객에게 1시간 이내 배달 서비스를 제공함으로써 이러한 도전을 극복했다. 식료품 구매 시 현재 소비자 행동에 적합하게 변화를 둔 단적인 사례가 된다.[42] 제품 포기, 공장 폐쇄, 신규 사업체 인수 또는 유사한 어떤 사안을 위한 결정의 효과적인 실행은 계획 수립을 필요로 한다. 예를 들어 어떤 제품을 포기했을 때, 경영관리자는 유통업자와 고객을 어떻게 다뤄야 할지 그리고 유휴 생산설비로 뭘 해야 할지를 결정해야 한다. 또한 그들은 조직 내 사람들로부터의 저항을 예상해야 한다(사람들은 미지의 것을 두려워하기 때문에 변화에 저항하는 경향이 있다). 마지막으로, 경영자는 예기치 못한 결과를 처리할 준비가 되어 있어야 한다. 아무리 잘 계획된 실행이라도 예측하지 못한 문제가 발생할 것이다. 경영자는 이런 문제가 발생했을 때 이 상황을 다룰 준비가 되어 있어야 한다.

결과 모니터링

결정 내용을 실행한 후 경영관리자는 원하는 결과를 달성했는지 여부를 판단해야 한다. 적절한 모니터링은 효율적인 변화를 창출하는 의사결정의 결과를 신속히 알려준다. 만약 소기의 성과가 달성되면 경영자는 그 선택이 합리적이라는 결론을 내릴 수 있다. 만약 목적한 결과를 달성하지 못하면 추가 분석이 요구된다. 단순히 결정이 잘못된 것인가 또는 상황이 변화한 것인가? 다른 대안이 실행되었어야 했는가?

만약 원하는 결과가 달성되지 못하면, 경영자는 처음부터 상황을 정확하게 정의하지 못했다는 것을 알 수도 있다. 이러한 경우 의사결정 프로세스 전체를 다시 시작해야 될 필요도 있을 것이다. 마지막으로, 비록 원하는 결과가 아직 나타나지 않았지만, 그 결정이 좋았다고 판단할 수도 있다. 또는 의사결정 실행에서 잘못을 밝힐 수도 있다. 후자의 경우, 경영자는 결정을 변경하는 것이 아니라 결정이 실행되는 방법을 바꿀 수 있을 것이다.

현장 경영

경영관리는 사전에 결정된 확정적인 프로세스가 아니다. 많은 경영관리자가 열망하지만, 조직 관리와 조직 목표 달성을 위한 수학적 공식은 없다. 관리자는 계획 수립, 조직화, 지휘 및 통제 업무를 수행하지만, 경영전문가인 존 코터(John P. Kotter)는 이 기능들조차 두 가지 기본 활동으로 압축될 수 있다고 말한다.

1. 불확실성, 높은 다양성 및 잠재적 연관성이 있는 대량의 정보에도 불구하고, 무엇을 해야 할지를 알아내는 것.
2. 다양한 사람에 대해 거의 직접적인 통제력이 없음에도 불구하고, 이들을 통해 일이 처리되도록 하는 것.[43]

관리자는 그들의 시간 중 많게는 75%의 시간을 다른 사람들(부하직원뿐만 아니라 상사, 직무 계층 구조 밖에 존재하는 사람 및 회사조직 밖의 외부인)과 함께 일하는 데 사용한다. 이런 상호작용을 통해, 관리자는 사업과 연관성을 가지는 것은 모든 것을 토의한다.

경영관리자는 책무를 수행하기 위한 목적과 계획의 실행 일정표를 수립하고 갱신하는 데 많은 시간을 소비한다. **실행 일정표**(agenda)는 단기 목표와 장기적 목적을 포괄하는 구체적인 항목 및 불명확한 사안 모두를 포함한다. 실행 일정표는 관리자가 조직에서 설정한 목표를 달성하기 위해 무엇을 해야 할지와 그것을 어떻게 수행할지를 알아내는 데 도움을 준다. 스마트폰과 같은 기술은 관리자가 일정표, 연락처, 의사소통 및 시간을 관리하는 데 도움을 줄 수 있다.

실행 일정표
단기 목표와 장기 목적을 포괄하는 명확하고 불명확한 항목을 포함하는 일정표.

경영관리자는 인적 **네트워크 형성**(networking) — 관리자가 실행 일정표상의 사안을 달성하는 데 도움을 줄 수 있는 동료와 관계를 구축하고 정보를 공유하는 것 — 에 많은 시간을 소비한다. 경영관리자는 많은 시간을 다양한 사람과 의사소통을 하고, 표면적으로는 조직의 목적과는 별 관련이 없어 보이는 활동에 참여하는 데 소비한다. 그럼에도 불구하고, 이런 활동은 업무에 있어 매우 중요하다. 인맥은 직속 부하나 상관으로 국한되지 않는다. 인맥은 고객, 공급자 및 친구들뿐만 아니라 기업 내 다른 사람들을 포함한다. 이런 접촉 가능 인사들은 경영관리자에게 다양한 주제에 대한 정보와 조언을 제공한다. 경영관리자는 정보를 획득하고 일을 완수하기 위해 자신의 인맥을 구성하는 사람들에게 질문하고, 설득하며, 심지어 협박도 한다. 인맥관리는 경영관리자가 자신의 책무를 수행하는 데 도움을 준다. 소셜 미디어 사이트는 관리자와 직원들 모두의 인맥관리 능력을 향상시켰다. 페이스북이나 트위터와 같은 소셜 네트워크가 관리자와 고객 간의 소통을 가능하게 해주는 반면, 얌머(Yammer)와 같은 사내 소셜 네트워크는 직원들이 서로 소통할 수 있도록 해준다. 영업 관리자는 유통업자와 의사소통을 하는 데 있어서도 소셜 네트워크를 사용한다. 링크드인(LinkedIn)은 일자리 알선에 사용되어 왔고, 전통적인 구직에 대한 대안으로서 젊은 세대에게 인기를 얻고 있다. 일부 사람은 소셜 네트워크가 결국 전통적인 이력서와 구인란을 대체할 수도 있을 것이라고 예상한다.[44]

인적 네트워크 형성
경영관리자가 실행계획표상 항목을 달성하는 데 도움을 줄 수 있는 동료와의 관계 구축 및 정보 공유.

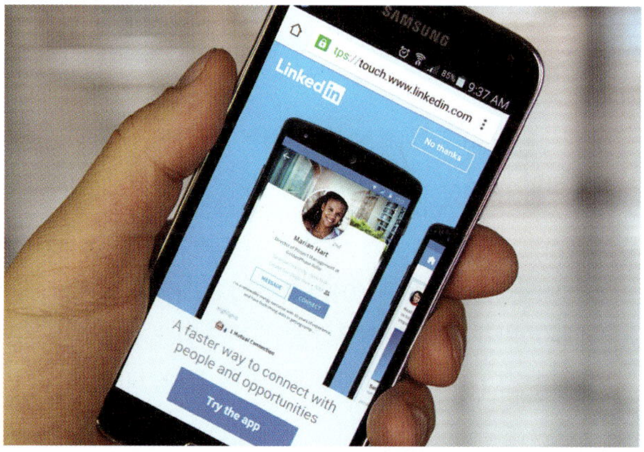

링크드인과 같은 웹사이트는 조직 목표 달성을 위해 관리자와 직원들을 연결하는 데 도움이 된다.
©dennizn/Shutterstock

결국, 경영관리자는 오늘날 경영의 세계에서 복잡하고, 어려운 난관을 대처하는 데 많은 시간을 소비한다. 이런 난관 중의 일부는 급속하게 변화하는 기술(특히 생산 및 정보처리 분야에서), 개인과 기업의 윤리 및 사회적 책임에 대한 철저한 조사의 증가, 소셜 미디어의 영향, 인력 본질의 변화, 새로운 법과 규제, 글로벌 경쟁력 증가와 해외시장 도전, 교육수준 저하(미래 노동력과 고객의 기술력과 지식수준을 제한할 수 있음) 그리고 시간 그 자체와 관련이 있다. 하지만 이와 같은 다양한 이슈는 정확하고 적용이 쉬운 해결책을 제공하는 컴퓨터 프로그램에 단순히 연결할 수 없다. 경영자가 조직에 이익이 되는 효과적인 의사결정을 할 수 있는 것은 오직 창의성과 상상력을 통해서 가능하다.

이해력 검토Review Your Understanding

조직 목표 달성에 있어 경영관리의 역할을 설명하라.
경영관리는 변화하는 환경 속에서 조직의 자원을 효과적이며 효율적으로 활용함으로써 조직의 목표를 달성하기 위해 설계된 프로세스이다. 경영관리자는 조직 자원 사용에 대한 의사결정을 하고 조직 활동을 계획, 조직화, 지휘 및 통제하여 목표에 도달하도록 하는 데 관여한다.

경영관리의 주요 기능을 기술하라.
계획 수립은 조직의 목표를 설정하고, 그 달성 방법을 결정하는 프로세스이다. 조직화는 이 목표를 효율적이고 효과적으로 달성하기 위해 자원과 기업 활동을 구조화하는 것이다. 지휘는 조직의 목표 달성을 위해 종업원을 동기부여 하고 지도하는 것이다. 통제는 조직이 경로를 벗어나지 않도록 조직 활동을 평가하고 수정하는 프로세스이다.

경영관리의 3개 계층과 계층별 경영관리자의 관심사를 구별하라.
최고 경영층은 전체 조직에 책임을 지며, 주로 전략계획에 주력한다. 중간 관리계층은 특정 업무영역의 계획을 수립하고, 최고 경영층에 의해 설정된 일반 지침을 수행한다. 일선 관리자 또는 작업감독자 계층은 작업자와 일일 업무를 감독한다. 경영관리자는 책임영역에 따라 재무, 생산운영, 인적자원, 마케팅 또는 일반관리 등으로 분류될 수 있다.

경영관리자가 성공하기 위해 필요한 자질을 명시하라.
성공을 위해 경영관리자는 리더십 자질(종업원이 조직의 목표를 향해 일하도록 영향력을 발휘하는 능력), 기술적 전문성(직무 수행에 필요한 전문지식과 훈련), 개념적 자질(추상적 관점에서 사고하고 어떻게 각 부문이 잘 들어맞아 전체를 구성하는지를 이해하는 능력), 분석적 자질(관련된 사안을 식별하고 그 중요성을 인식하며 사안들 간의 관계를 이해하고 어떤 상황의 근본 원인을 알아내는 능력), 그리고 인간(대인)관계 자질이 필요하다.

많은 기업 경영관리자가 사용하는 의사결정에 대한 체계적인 접근법을 요약하라.
의사결정에 대한 체계적인 접근법은 다음의 단계를 따른다. 의사결정 상황 인식 및 정의, 대안 개발, 대안 분석, 최적안 선택, 결정 내용 실행 그리고 결과 모니터링.

침체된 기업을 회생시키기 위한 새로운 전략을 추천하라.
이 장에서 기술된 의사결정 프로세스를 사용하여, '딜레마 해결'에 기술되어 있는 침체된 기업의 문제점을 분석하고, 회사를 회생시켜 미래의 성공을 향해 나아가도록 하기 위한 전략을 수립하라.

도입사례 재검토

1. 로버트 나델리은 어떤 유형의 리더인가? 프랭크 블레이크와 크레이그 메니어는 어떤 유형의 리더인가?
2. 블레이크가 홈디포의 문화를 바꾸기 위해 관리 기능 중 지휘와 통제에 사용한 몇 가지 방법은 무엇인가?
3. 메니어는 효과적인 관리자로서 계획 수립, 조화직, 지휘 및 통제에 성공적으로 참여했다. 홈디포가 온라인 소매업체와 경쟁할 수 있었던 중요한 역량은 무엇인가?

진도 평가Check Your Progress

1. 경영관리는 왜 중요하며, 그 목적은 무엇인가?
2. 조직의 목적이 수익과 무관한데도 불구하고, 왜 미국심장

협회(American Heart Association)는 경영관리를 필요로 하는지를 설명하라.
3. 기업이 인적자원과 물리적 자원을 사용할 수 있기 전 재무적 자원을 가져야 하는 것이 왜 중요한가?
4. 경영관리의 4개 기능이 무엇이며, 각각의 기능을 간략하게 기술하라.
5. 경영관리의 3개 계층은 무엇이고, 각 계층별 관리자의 주안점은 무엇인가?
6. 관리자는 어떤 영역에서 전문적인가? 최고경영진은 전형적으로 어떤 영역으로부터 나오는가?
7. 경영관리자에게는 어떤 자질이 필요한가? 경영관리자가 이런 자질을 직무 수행에 어떻게 사용하는지에 대한 예를 제시하라.
8. 리더십의 세 가지 유형은 무엇인가? 각각의 유형이 적합한 상황에 대해 기술하라.
9. 의사결정 프로세스 단계를 설명하라.
10. 완벽한 경영관리를 위한 수학적 공식은 무엇인가? 경영관리자는 대부분의 시간을 무엇을 하는 데 소비하는가?

현장 기술 개발Build Your Skills

경영관리의 기능

배경. 비록 이 교재는 4개의 경영관리 기능을 개별적으로 기술하지만, 당신은 이 네 가지 기능이 상호 연관되어 있으며, 경영관리자는 때때로 동시에 2개 이상의 기능을 수행한다는 것을 배웠다. 여기서는 경영관리 활동에서 어떻게 이 기능들이 동시에 발생하는지에 대한 안목을 넓힐 것이다.

과업

1. 당신은 다음에 기술된 각 시나리오 속의 관리자이고 각 상황에서 어떤 경영관리 기능(들)을 사용해야 하는지 결정해야 한다.
2. 아래의 기호를 사용해서 답변을 표시하라.
   P: 계획 수립
   O: 조직화
   D: 지휘
   C: 통제

시나리오	내용	답(들)
1	당신 그룹의 임무는 2개월짜리 프로젝트에 중점을 두고 있다. 비록 모든 사람이 프로젝트에서 일을 하고 있지만, 지나친 사교 활동과 시간 때우기 행동이 많다는 걸 관찰했다. 당신은 그 그룹을 만나서 이 프로젝트를 단기 기한(mini deadlines)의 더 작은 소규모 프로젝트로 분할하기로 결정했다. 당신은 이 조치가 그룹 멤버들이 프로젝트에 집중하는 데 도움이 되고 완성된 프로젝트의 품질이 그 그룹의 진정한 능력을 반영할 것으로 믿는다.	
2	당신이 관리하게 될 새로운 그룹에 대한 첫 인상은 썩 좋지 않았다. 첫 날 근무 후에 당신은 친구에게 말한다. "경영관리 업무가 아니라 꼭 애 보는 일을 하게 된 것 같아!"	
3	당신의 작업그룹에 회의를 소집해 지난 2년간 그 작업그룹에서 사용했던 주요 업무 절차가 크게 개선되었으며, 당신의 부서는 향후 6주 동안 그 변화를 단계적으로 도입해야 할 것이라는 것을 알리면서 회의를 시작한다. 당신은 상사에게서 전해들은 이번 변화에 대한 논리를 부서원들에게 설명하면서 회의를 진행한 후 말했다. "이번 변화에 대한 여러분의 의견을 표현할 5분에서 10분의 시간을 가집시다." 이번 변화에 대한 비판적인 의견으로 10분이 경과한 후에 당신이 정리했다. "의견을 공유해주신 모두에게 감사드립니다. 그리고 저 역시 모든 변화는 문제를 만들어 낸다는 것을 깨달았습니다. 우리 회의에 남아있는 45분을, 왜 우리는 변화를 원하지 않는가와 왜 우리는 변화가 필요하다고 생각하지 않는가에 초점을 맞춰야 할 것입니다. 또는 이번 변화가 일으킬 가장 가능성 높은 문제 해결을 위한 실행 가능한 해결책을 찾아내기 위해 함께 이야기해야 할 것입니다." 약 5분의 추가적인 의견 교환 후에, 그룹은 나머지 회의시간을 새로운 업무 절차가 이행됨에 따라 처리해야 될 것으로 예상되는 잠재적인 문제를 어떻게 처리할 것인가에 초점을 맞출 필요가 있다고 합의했다.	

시나리오	내용	답(들)
4	당신은 다음 주에 공장 관리자 사무실에서 열릴 연간 예산 배정 회의를 준비하고 있다. 당신은 직원들이 일을 더 잘 할 수 있도록 도와주는 첨단기술 장비를 당신 부서가 구입할 수 있는 예산을 확보하기 위해 강력한 근거를 발표하도록 결정되었다. 당신은 당신의 영역 내 어떠한 예산 삭감에도 강경한 태도를 취할 것이다.	
5	직장생활 초반에 당신은 직원 선발에 관한 중요한 교훈을 배웠다. 당신이 근무하는 층의 간호사 중 한 명이 갑자기 일을 그만두었다. 그 간호사가 떠나기 전부터 간호사들은 많은 업무에 시달리고 있었고, 이후 상황이 정말 나빴기 때문에, 간호사들은 빨리 빈자리를 채우라고 당신을 압박하고 있다. 성급하게 인력을 모집한 후, 당신은 불충분한 정보를 기반으로 의사결정을 했다. 결국 신입직원을 해임시킨, 문제의 3개월 동안 당신은 결국 성급한 결정을 후회하게 되었다. 그때 이후로 당신은 결코 그 누구도 자신을 압박해서 성급한 채용 결정을 하도록 허락하지 않았다.	

딜레마 해결Solve the Diemma

인피니티 컴퓨터의 경쟁력 제고

인피니티 컴퓨터(Infinity Computers Inc.)는 노트북을 생산해 DM 카탈로그 회사를 통해 인피니티 이름으로 제품을 판매하고, 일부 컴퓨터 소매점에서는 자체 브랜드명으로 컴퓨터를 판매한다. 인피니티의 제품은 가격 경쟁력이 상당히 있기는 하지만 경쟁사 제품들과 크게 차별화되지도 않고, 추가적인 제품 향상 기능도 없다. 회사의 강점은 최고경영자이자 회장인 조지 앤더슨(George Anderson)과 매우 의욕적이며 충성스런 직원들이다. 회사의 약점은 직원 수가 너무 많고, 단일 제품에 크게 의존한다는 것이다. 넷북 컴퓨터의 매출 감소를 경험한 후 회사는 인텔 코어 i7(Intel Core i7) 프로세서를 탑재한 컴퓨터로 전환했다.

초기에 회사를 성공적으로 만들어 줬던 전략들이 더 이상 효과적으로 작동하지 않음을 깨달으면서, 앤더슨은 회사를 보다 변화에 즉각 반응하고, 경쟁력도 갖추면서 비용을 절감하도록 만들기 위해 조직을 재편하고자 한다. 신기술 개발의 위협과 현재 경쟁 상황은 인피니티를 없앨 수도 있다.

토의 주제

1. 인피니티의 현재 상황을 평가하고, 회사의 강점과 약점을 분석하라.
2. 현재 전략 사용과 대안 전략 제안을 포함하여 인피니티의 기회요인을 평가하라.
3. 인피니티가 향후 10년 이상 성공적으로 경쟁해 나가기 위한 계획을 제안하라.

사업 계획서 작성Build Your Business Plan

경영관리의 본질

당신이 제일 먼저 생각해 볼 필요가 있는 것은 "회사의 사명(mission)은 무엇인가? 이 회사에 대해 팀원들이 가지고 있는 공유된 비전은 무엇인가? 이 특정 사업에 대한 수요의 존재 여부를 어떻게 알 수 있는가?"이다. 당신은 이 특정 제품 사용을 시도하는 고객의 능력과 의사에 대해 생각해 볼 필요가 있다.

당신의 상품 또는 서비스를 생산하고 판매하는 곳에서의 다양한 프로세스 또는 단계에 대해 생각해 보라. 이런 프로세스가 완료되기 위해서는 어떤 기능이 필요한가? 이런 기능들은 구매, 수취, 판매, 고객 서비스, 상품화 계획 등을 포함할 수 있을 것이다.

운영상(운영적 관점에서), 만약 당신이 소매점을 개업하고 있다면, 당신은 어떻게 고객 서비스를 우수하게 제공할 것인가? 고객은 영업시간이 몇 시부터 몇 시까지 일 것으로 기대할까? 현 시점에서 기업을 운영하는 데 얼마나 많은 직원이 필요할 것으로 생각하는가? 당신(또는 동업자 중의 한 명)은 감독을 위해 하루 종일 사업장에 있어야 할 필요가 있는가?

7

조직, 팀워크 및 의사소통

학습목표

- **7-1** 조직 문화의 중요성을 설명한다.
- **7-2** 조직 구조가 개발되는 방식을 서술한다.
- **7-3** 전문화와 부문화가 어떻게 조직의 목표 달성을 돕는지 서술한다.
- **7-4** 조직이 어떻게 과업에 대한 책임을 부여하고, 권한을 위양하는지 결정한다.
- **7-5** 몇 가지 일반적인 조직 구조의 유형을 비교하고 대조한다.
- **7-6** 그룹과 팀을 구별한다.
- **7-7** 조직 내에 존재하는 그룹의 유형을 확인한다.
- **7-8** 조직 내에서 어떻게 의사소통이 발생하는지 서술한다.
- **7-9** 기업의 팀제 활용을 분석한다.

©Terry Putman/Shutterstock

도입사례 :: 큐리그 그린 마운틴이 효과적인 커뮤니케이션을 창출하다

큐리그 그린 마운틴(Keurig Green Mountain)은 특제커피 시장의 선두주자이다. 이 회사는 다양한 유통망을 통해 도매상과 소비자에게 커피와 음료를 직접 판매한다. 또한 큐리그는 한 잔 단위로 포장된 캡슐커피와 캡슐커피를 마시기 위해 필요한 기계를 판매한다.

큐리그 그린 마운틴은 매우 적은 수의 계층을 가진 분권화된 조직이다. 이 회사는 비록 기능 중심의 조직 구조를 가지고 있지만, 열린 소통을 추구하므로 종업원이 조직의 어느 계층이라도 접근이 가능하다. 이 회사에서는 각 그룹에게 정보를 제공하기 위해 이메일과 같은 디지털 소통 채널을 활용한다. 회의 때는 구두 커뮤니케이션이 사용되며, 각 종업원은 자신의 생각을 피력하도록 권장된다. 회의 의제 등 문서 방식은 회의의 내용을 요약하거나 의사결정 내용을 효율적으로 전달하는 데 활용된다. 이렇듯 여러 채널을 활용한 소통은 조직 내에 협력적인 문화가 평등하게 확산되는 것을 가능하게 해 주었다.

기업의 사회적 책임은 큐리그 그린 마운틴의 중요한 목표이다. 큐리그 그린 마운틴은 지속 가능한 커피 생산 운동에 투자하고 있으며, 재활용이 가능한 커피용기를 개발하기도 했다. 이 회사에 지속적으로 제기되었던 비판이 한 번 쓰고 버리는 일회용 용기에 관한 것이었다는 점을 고려했을 때, 회사의 이러한 노력은 중요하다. 큐리그 그린 마운틴은 이 용기를 2020년까지 100% 재활용이 가능해질 것이라고 선언하였다. 모든 종업원이 여기에 동참하도록 하기 위해, 큐리그 그린 마운틴은 이러한 목표를 여러 채널을 통해 종업원과 소통하고 있다.

2016년 JAB 지주회사(JAB Holding Company)는 큐리그 그린 마운틴을 139억 달러에 인수하였다. 이 회사 역시 비상장 개인회사였다. 소수의 소유주에 의해 개인회사로 운영되던 이 회사는 내외적으로 소통 채널을 강화하고자 결정하기가 오히려 더 쉬웠다. 협력적인 조직 문화를 통해 특제 커피를 지속 가능하고 책임 있게 개발하는 데 집중하기 위해서 이 회사는 효과적인 소통 능력을 지속적으로 증명해야 할 필요가 있다.[1]

도입

조직 구조는 조직이 얼마나 의사소통을 잘 하고, 문제에 대응할 수 있는지를 결정하며, 업무에 대한 직원들의 태도에 영향을 준다. 적합한 조직 구조는 기업의 비용을 최소화하고, 효율성을 극대화할 수 있다. 동일 산업 내의 기업이라 해도 서로 다른 조직 구조를 활용할 수 있다. 예를 들어 소비재 전자제품 산업에서, 삼성은 독립적인 사업단위나 사업부로 구성된 복합기업으로 조직화되었다. 삼성은 높은 수준으로 분권화되어 있다. 최고경영자 팀 쿡(Tim Cook)이 지휘하는 애플은, 계층형 조직 구조에서 부문 간 협업적인 접근을 하는 구조로 전환했다.[2] 반면, 포드자동차의 이사회에서는 최고경영자인 짐 해켓(Jim Hackett)이 계층적 구조의 정점에서 전 사업 부문의 전략에 책임을 지는 것으로 바라보고 있다.[3] 포드와 같은 제조업에서는 조직 상층부로부터의 강한 리더십과 통제를 요구할 수 있다.

기업 조직 구조는 기업의 성공에 지대한 영향을 줄 수 있기 때문에 이 장에서는 조직 구조를 상세하게 살펴볼 것이다. 먼저, 조직 문화가 조직 운영에 어떻게 영향을 미치는지 논의한다. 그런 다음 전문화와 부문화를 통해 과업과 책임이 구조화되는 방식을 포함하는 조직 구조의 개발 문제를 논의할 것이다. 다음으로, 조직 구조의 형식을 탐색할 것이며, 마지막으로 기업 내부의 의사소통에 대해 논할 것이다.

학습목표 7-1

조직 문화

조직 문화
기업의 공유가치, 신념, 전통, 철학, 규정 및 행동의 역할모델.

기업 조직화의 중요한 측면 중 하나는 기업의 공유가치, 신념, 전통, 철학, 규정 및 행동의 역할모델인 기업의 **조직 문화**(organizational culture)를 결정하는 것이다. 기업 문화(corporate culture)라고도 불리는 조직 문화는 규모, 조직 유형, 제품 또는 수익 목표와 무관하게 모든 조직에 존재한다. 때때로 구성원의 행동, 사업 프로그램 및 기업 정책이 조직 문화를 강화시키고 지원한다. 예를 들어 세계 6위 회계법인 그랜트 소튼(Grant Thornton)에서는 종업원에게 보다 많은 자유를 주기 위해 무제한 휴가제도를 시행하고 있다. 미국 내에서 이같은 제도를 시행하는 기업은 1% 미만으로 알려져 있으나, 넷플릭스 등 이 제도를 채택하는 기업이 점차 증가하고 있다. 하지만 혹자는 이러한 제도가 종업원의 일하고자 하는 동기부여 정도가 높아 자신이 처음으로 무료 휴가를 쓰고자 하는 사람이 거의 없을 기업에서만 가능할 것이라고 예상한다.[4] 기업 문화는 사명 기술서, 윤리 강령, 각서, 설명서, 그리고 행사 등을 통해 공식적으로 표현될 수도 있다. 하지만 많은 기업에서 조직 문화는 일반적으로 비공식적으로 표현된다. 복장 규정(또는 복장 제한 없음), 작업 관행, 과외 활동, 그리고 스토리 등은 문화가 비공식적으로 표현되는 사례이다. 종업원은 흔히 동료 직원들과의 대화를 통해 허용 수준을 배우게 된다.

맥도날드는 청결, 가치와 서비스에 초점을 둔 조직 문화를 가지고 있다. 노드스트롬(Nordstrom)은 탁월한 고객 서비스 문화를 강조한다. 그 결과, 종업원은 고객에게 최고의 서비스를 제공하기 위해 자신이 위임받은 판단 권한을 사용한다.[5] 이러한 가치가 모든 조직구성원에게 공유될 때 그 가치는 고객과의 관계를 통해 표출된다. 자포스닷컴(Zappos.com)은 "재미와 약간 기묘함"의 문화를 창조했다. 이 회사는 규정이 매우 적은 유연한 근무환경을 가지고 있으며, 종업원은 독특한 활동(방문객이 도착할 때 젖소 방울 울리기와 같은)에 참여하고 어울려서 사귀도록 장려된다. 자포스는 조직 문화에 적합해야 함을 강조한다. 신입사원이 연수를 마쳤을 때, 회사에서는 그들에게 3,000달러를 줄테니 떠날 사람은 회사를 나가도 좋다고 하였다. 만약 이 돈을 받기 위해 회사를 그만두는 종업원이 있다면 그 사람은 자포스에 적합한 사람이 아닐 것이므로, 회사 입장에서는 그러한 사람이 떠나주는 것이 더 좋을 것이다.[6] 하지만 조직 문화가 고객 중심의 가치를 이해하지 못한다면 그러한 문화는 거부될 것이다. 고객의 가치와 정직성은 항상 고려되어야 한다. 구글은 쉽게 측정되는 효과적인 온라인 광고 제공에 초점을 맞추었다. 고객 가치보다는 광고를 판매하는 지표와 매출액에 집중했던 것이 구글의 문화였다. 그 부작용의 하나로 AT&T 같은 기업은 자사의 콘텐츠가 폭력적인 광고와 함께 보일 가능성 때문에 유튜브 광고를 철회하기도 했다.[7]

구글은 종업원의 행복에 초점을 맞추는 기업 문화를 수용하고 있다. 이 회사는 사내 체력단련장 등 체육시설, 무료 식사 등의 복지 혜택을 제공하고 있다.

자포스의 간판 옆선에 표시된 "서비스를 통해 동력을 얻는다(powered by service)"는 문구는 이 회사의 고객중심주의를 강조하고 있다.

조직 문화는 기업의 모든 구성원의 가치 공유를 보장하는 데 도움을 주며, 조직 내에서 어떻게 행동하고 문제를 처리해야 하는지에 대한 규칙을 제안한다. 스타벅스의 CEO 자리에 오른 케빈 존슨(Kevin Johnson)은 이 회사의 창업자이자 전 CEO인 하워드 슐츠(Howard Schultz)가 확립해 놓은 조직 문화를 포용하였다. 필라델피아에 있는 스타벅스 매장에서 지배인이 두 명의 소수인종 고객을 매장에서 내쫓은 일이 발생했다. 이 일로 인해 경영진은 곤란에 빠졌다. 하지만 윤리적인 조직 문화를 지원하고자 했던 회사의 대응은 빠르고 단호했다. 그들은 미국 내 직영 매장 전체에서 반나절 동안 인종감수성 교육을 실시했다.[8] 어떤 조직에서나 성공의 핵심은 이해관계자, 특히 고객을 만족시키는 것이다. 긍정적인 조직 문화를 구축하는 것은 효율적인 조직 구조를 구축하는 것을 포함하여, 다른 모든 의사결정을 위한 기둥을 확립한다.

학습목표 7-2

조직 구조의 개발

조직 구조
조직 내 직위들의 배치나 관계.

조직 구조(organizational structure)란 조직 내 직위의 배치나 관계를 말한다. 조직 구조가 명시적이든 암시적이든 조직이나 또는 함께 일하는 개인들의 어떤 집단도 일정한 조직 구조의 형태 없이 공통 목표를 달성하는 것은 드문 일이다. 콜로라도 로키스(Colorado Rockies)와 같은 프로야구팀은 팀의 다양한 활동을 통해 관람객을 유치하고, 티셔츠와 같은 기념품을 판매하는 명시적인 공식적 조직 구조를 가지고 있는 기업 조직이다. 또한 단순히 취미로 즐기는 소프트볼팀과 같은 비공식 집단에서도 투수, 포수, 타자, 코치 등 명시적인 조직 구조를 가지고 있다. 정부와 비영리 조직들 또한 각자 목표 달성을 가능하도록 하는 공식적 조직 구조를 가지고 있다. 사람들을 효율적으로 함께 일하게 만들고, 다양한 개인의 기술을 조정하는 것은 주의 깊은 계획 수립을 필요로 한다. 따라서 적절한 조직 구조를 개발하는 것은 대규모든 소규모든, 조직의 경영관리자에게 주요한 도전 과제이다.

조직 구조는 경영관리자가 과업과 활동을 특정 개인 또는 작업그룹에 할당하고, 기업 목표에 도달하기 위해 필요한 다양한 활동을 조정하는 과정을 통해 개발된다. 예를 들어 베스트바이(Best Buy)가 할인 판매를 하면 점장은 이를 일반 대중에 알리기 위해 광고부서와 협력해야 한다. 또한 이벤트 기간 동안 고객 증가에 대처하기 위해 각 부서 관리자와 협력하여 추가 판매사원 배치 계획을 수립해야 하며, 예상되는 고객 수요를 충족할 만큼 충분한 상품 물량을 확보하기 위해 상품구매 담당자(merchandise buyer)와 공동작업을 해야 한다. 이런 직위를 가지고 있는 모든 사람은 상점의 목표를 달성하기 위해 함께 일해야 한다.

조직 구조가 어떻게 개발되는지를 이해하기 위한 최선의 방법은 옷가게와 같은 새로운 사업체의 발전 과정을 생각해 보는 것이다. 처음에는 소유주가 모든 일 — 상품 구매, 가격 책정 및 진열, 회계 처리 및 세금 기록, 고객 응대 — 을 하는 개인사업자(sole proprietorships)로 시작할 것이다. 사업체가 성장함에 따라 소유주는 판매사원과 매장 운영을 돕는 상품구매 담당자를 한 명씩 고용한다. 사업이 계속해서 성장함에 따라 소유주는 판매사원을 더 고용한다. 사업이 성장하고 성공함에 따라 소유주는 더욱 빈번히 매장 외부에서 공급자들과 회의를 하고, 홍보를 위해 무역박람회 같은 곳에 참석해야 한다. 이에, 소유주는 판매사원을 관리하고, 회계, 급여 및 세금 처리 기능 등을 대신하도록 누군가를 지정해야만 한다. 만약 소유주가 추가 매장을 개장해 사업을 확장하기로 결정한다면, 추가적인 경영관리자들이 필요하게 될 것이다. 〈그림 7-1〉의 3개의 **조직도**(organizational charts)(조직 구조, 명령계통 및 기타 관계의 시각적 표현)는 이런 성장 단계를 보여준다.

조직도
조직 구조, 지휘계통(명령계통), 스태프의 관계, 상임 위원회 배치와 의사소통 경로의 시각적 표현.

성장은 조직화를 필요로 한다. 조직화란 효과적이며 효율적인 방식으로 목표를 달성하기 위해 인력, 물질적 자원 및 재무적 자원을 구조화하는 것이다. 또한 성장은 전문기술을 보유한 인력 고용을 필요로 한다. 더 많은 인력을 보유하고 더 높은 수준의 전문화가 진행

〈그림 7-1〉 의류상점의 발전 과정. 1, 2, 3단계

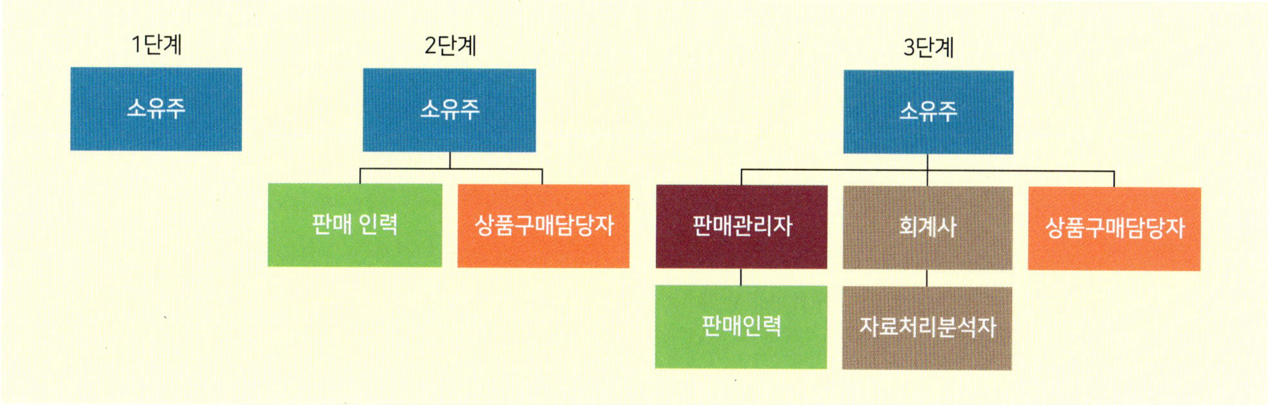

됨에 따라, 조직은 효율적으로 기능하기 위한 공식적인 조직 구조의 개발을 필요로 한다. 종종 현재의 구조가 더 이상 효율적이지 않을 때 조직은 구조적 변화를 시행한다. 예를 들어 온라인 신발 및 의류 소매업체인 자포스(Zappos)는 전통적인 관리 체계에서 벗어나, 직책을 없애고 모든 권한이 팀에 주어지는 홀라크라시(Holacracy) 조직 구조를 채택했다. 이는 자포스에 엄청난 변화를 일으키지만 CEO 토니 셰이(Tony Hsieh)는 유동적인 조직 구조를 통해 자포스의 성장을 도모하는 동시에 생산성도 높일 수 있다고 믿는다.[9] 자포스는 서비스에 중점을 두고 있지만, 자포스가 시도하는 이러한 조직 구조는 좀 더 계층적 구조를 가지고 있는 포드와 같은 제조회사에서는 제대로 작동하지 않을 수 있다. 조직 구조화는 경영자가 특정 개인과 부서에 과업을 할당하고, 특정 조직 목표 달성에 대한 책임을 부여하는 것을 필요로 한다.

과업 할당

학습목표 7-3

제품을 판매하여 이익을 창출하는 기업의 경우, 경영자는 기업의 목표를 달성하기 위해 어떤 활동이 필요한지를 먼저 결정해야 한다. 예를 들어 셀레셜 시즈닝스(Celestial Seasonings)에서는 종업원이 공급자로부터 허브를 구매해 건조시켜 티백(tea bag) 속에 넣고 포장한다. 그리고 차에 상표를 붙여 전국의 식료품점에 발송해야 한다. 또 다른 필요한 활동은 슈퍼마켓 및 여러 소매업자와 진열 공간 협상, 신제품 개발, 광고 기획, 재무 관리 그리고 인력관리를 포함한다. 이런 모든 활동은 조정되고, 작업그룹에 할당되며 통제돼야 한다. 이렇게 작업 활동을 할당하는 데 있어 두 가지 중요 측면이 전문화와 부문화이다.

전문화

수행해야 하는 모든 활동을 찾아낸 후, 경영자는 이러한 활동을 종업원 개인에 의해 처리될 수 있는 특정 과업으로 분할한다. 작은 특정 과업으로 분할하여 종업원별로 단일 과

전문화
작은 특정 과업으로 분업화하고, 종업원별로 단일 과업을 수행하도록 업무를 할당하는 것.

업을 수행하도록 업무를 할당하는 것을 **전문화**(specialization)라고 한다.

전문화의 근거는 효율성이다. 만약 사람들이 모든 직무 대신 딱 한 가지 직무만 숙달한다면 보다 효율적으로 업무를 수행할 수 있다. 18세기 경제학자 아담 스미스(Adam Smith)는 「국부론(The Wealth of Nations)」에서 핀 생산공장을 사례로 들어 전문화에 대해 논의했다. 개별적으로 작업자들은 각자가 완전한 핀을 만들 때 하루에 20개의 핀을 생산할 수 있었다. 그래서 서로 독립적으로 일하는 10명의 종업원은 하루에 200개의 핀을 생산할 수 있었다. 하지만 한 작업자는 철사를 뽑아내고 다른 작업자는 그걸 곧게 만들고, 세 번째 작업자는 절단하고, 네 번째 작업자가 핀 끝을 갈면, 10명의 작업자가 매일 4만 8,000개의 핀을 생산할 수 있었다.[10] 비용을 절감하고 전문화의 이점을 누리기 위해서 어떤 기업은 외주를 주거나 임시직 직원을 고용한다. 임시직 취업 소개소를 통해 고도로 숙련된 다양한 분야의 경험이 풍부한 많은 인력을 활용할 수 있다.

전문화는 작업자가 한 직무에서 다른 직무로 전환하는 데 시간을 낭비하지 않으며, 훈련이 보다 용이하다는 것을 의미한다. 그러나 효율성이 전문화의 유일한 동기는 아니다. 전문화는 한 조직 내에서 수행되어야 하는 활동이 한 사람이 처리하기에는 너무 많을 때도 발생한다. 옷가게의 예를 떠올려 보자. 사업이 아직 초반이고 소규모였을 때는 주인이 모든 것을 할 수 있었다. 하지만 사업체가 성장했을 때 주인은 고객 응대, 장부 기재, 그리고 기타 기업 활동 관리에 다른 사람의 도움이 필요했다.

반면, 과도한 전문화는 부정적인 결과를 초래할 수 있다. 종업원은 지루해 하고, 직무에 불만족스러워할 수 있다. 행복하지 않은 종업원이 초래하는 결과는 품질 저하, 잦은 부상과 높은 직원 이직이 되는 경향이 있다. 극단적인 경우 복잡하게 전문화된 전자제품 공장의 종업원은 상호 간에 협업 관계를 형성할 수 없다. 14개 글로벌 자동차 제조사는 자사의 공급사슬 내에 있는 모든 작업 현장에서 노동자의 인권과 건강권을 보장하기 위한 관리와 감시를 강화할 것을 결의한 바 있다. 이는 매우 기념비적인 사건이다. 왜냐하면 이들 글로벌 기업의 공급사슬은 서로 다른 노동관행을 가진 서로 다른 나라에 분산되어 있어서 이들 공급자와 하청업체를 모두 함께 관리하는 것은 매우 어렵기 때문이다.[11] 이것이 바로 일부 제조사는 종업원이 불만족하게 되어 회사를 떠나지 않도록 직무순환을 허용하는 이유이다. 비록 효율성을 위해 일정 수준의 전문화는 필요하지만, 기술, 능력 및 관심사의 차이로 인해 모든 사람이 모든 직무에 똑같이 적합하지는 않다. 우리는 9장 '종업원 동기부여'에서 이런 이슈를 극복하기 위한 몇 가지 전략을 살펴본다.

부문화

부문화
일반적으로 부서, 사업부, 그룹 또는 사업영역으로 불리는 작업단위로의 직무 집단화.

전문화된 과업을 개인별로 할당한 후 관리자는 관리하기 쉽도록 유사한 직무를 수행하는 작업자들을 집단으로 조직화한다. **부문화**(departmentalization)란 일반적으로 부서, 사업부, 그룹 또는 사업영역으로 불리는 작업단위로 직무를 묶는 것이다. 〈그림 7-2〉에서 볼 수 있듯이, 부서는 기능, 제품, 지역 또는 고객에 따라 조직화된다. 대부분의 기업은 생산성을 향상시키기 위해 하나 이상의 부문화 계획을 사용한다.

〈그림 7-2〉 부문화

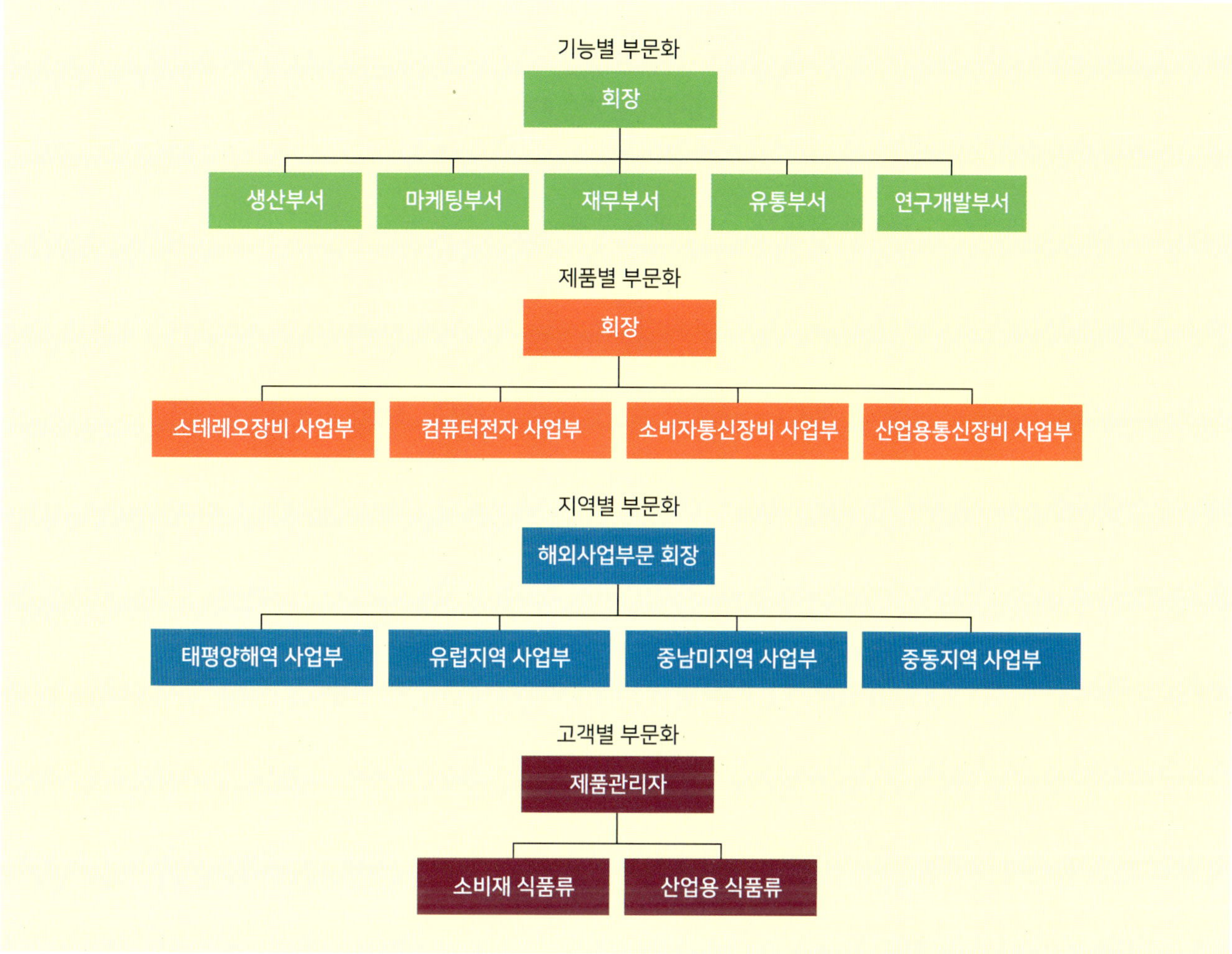

예를 들어 많은 소비재 제조사는 법무, 구매, 재무, 인적자원 및 기타 사업 기능 등을 다루는 부서뿐만 아니라 특정 제품라인별 부서(음료류, 냉동식품류, 캔제품류 등)를 가지고 있다. 소규모 회사에서는 회계부서가 거의 자동화된 부서로서 온라인 기반으로 운영될 수도 있다. 회계 소프트웨어로 전자이체를 처리하므로 전표 처리 지연을 걱정할 필요가 없다. 많은 시 정부는 법무, 인적자원 및 기타 사업 기능뿐만 아니라 특정 서비스(예를 들어 치안, 소방, 쓰레기 처리) 제공을 위한 부서 또한 가지고 있다.

기능별 부문화. **기능별 부문화**(functional departmentalization)란 재무, 생산, 마케팅 및 인적자원 관리 업무와 같이 유사한 기능적 활동을 수행하는 직무를 기준으로 부서를 구분하는 것이다. 이런 기능 각각은 부서 내의 업무 전문가에 의해 관리된다. 엔지니어는 생산부서를 감독하고, 재무 담당 중역은 재무부서를 감독한다. 이러한 접근 방법은 소규모 조직에서 일반적이다. 기능적 부문화를 채택한 사례로 테슬라(Tesla)는 최고경영자 밑에 재무, 기술, 해외영업 및 서비스, 엔지니어링, 법무 부서를 두고 있다. 또한 이 회사는

기능별 부문화
재무, 생산, 마케팅 및 인사 업무와 같은 유사 기능을 수행하는 직무의 집단화.

자동차 및 에너지 생성과 저장 두 부서로 구성되어 있다.[12] 기능별 부문화는 하나의 전체 조직보다는 부서단위를 강조하는 경향이 있기 때문에 여러 부서를 포함하는 의사결정이 지연될 수 있으며, 더 큰 조정 노력을 필요로 할 수도 있다는 것이 기능별 부문화의 단점이다. 그래서 기업이 성장함에 따라 직무를 조직화하는 다른 접근법을 채택하는 경향이 있다.

제품별 부문화
기업의 제품에 따른 직무의 조직화.

제품별 부문화. **제품별 부문화**(product departmentalization)란 기업의 제품에 따라 직무를 조직화하는 것이다. 유니레버(Unilever)는 개인 위생용품, 식품류, 그리고 가정 생활용품을 포함한 글로벌 사업부를 가지고 있다.[13] 각 사업부는 고유한 자신의 제품 계획을 개발 및 집행하고, 결과를 모니터하며, 필요한 정정 조치를 취한다. 기능별 활동 — 생산, 재무, 마케팅 및 기타 — 은 각 제품 사업부 내에 위치한다. 제품에 의한 조직화는 기능과 자원 등을 중복시키며, 조직의 전체적인 목표 달성보다는 제품의 성공을 강조한다. 그러나 이는 의사결정을 단순화시키고, 단일 제품 또는 하나의 제품 그룹과 관련된 모든 활동의 조정을 돕는다. 펩시코사(PepsiCo Inc.)는 다음과 같이 6개의 사업부로 구성된다. (1) 북미 음료 사업부, (2) 프리토-레이 북미 사업부(Frito-Lay North America), (3) 퀘이커 푸드 북미 사업부(Quaker Foods North America), 그리고 펩시코의 모든 (4) 중남미 사업부, (5) 유럽과 남아프리카 사업부, (6) 펩시코 아시아, 중동 및 앤 아프리카(PepsiCo Asia, Middle East and Africa). 펩시코는 실제로 두 가지 유형의 부문화 조합을 채택했다. 미주 지역에서는 음료류와 음식류를 명확하게 구분하는 반면, 자신의 분할 시장을 지리적으로 나누었다.[14]

지역별 부문화
주, 지역, 국가 또는 대륙과 같은 지리적 위치에 따른 직무의 집단화.

고객별 부문화
다양한 유형의 고객 요구에 따른 직무 배치.

지역별 부문화. **지역별 부문화**(geographical departmentalization)란 주, 지역, 국가, 대륙과 같은 지리적 위치에 따라 직무를 집단화하는 것이다. 조니 워커(Johnny Walker)나 탄카레이(Tanqueray) 같은 브랜드로 알려진 고급주류 회사인 디아지오(Diageo)는 회사가 고객과 더욱 친밀해지고, 지역 경쟁자에 대해 보다 신속하고 효율적으로 대응할 수 있도록 5개의 지역으로 조직화되어 있다.[15] 다국적기업은 서로 다른 지역 간의 커다란 차이점 때문에 흔히 지역별 접근법을 사용한다. 코카콜라, GM, 캐터필러(Caterpillar)도 지역별로 조직이 구성되어 있다. 하지만 지역별로 조직을 구성하는 것은 많은 수의 일반관리 직원과 사업 운영 조정을 위한 통제 시스템을 필요로 한다. 또한 서로 다른 지역 사이에 직무가 중복되기도 한다.

유사 혹은 연관 직무를 마케팅부, 고객 서비스부, 구매부 등의 부서로 그룹화하면 생산성을 증대시킬 수 있다.
©Adam Hester/Blend Images

고객별 부문화. **고객별 부문화**(customer departmentalization)란 다양한 유형의 고객 요구에 따라 직무를 배치하는 것이다. 이러한 부문화 방식은 회사가 각 집단의 독특한 요구 사항을 충족할 수 있도록 했다. 브리티시 에어웨이(British Airways)나 델타(Delta)와 같은 항공사들은 출장/단골 승객 또는 저빈도/휴가여행 승객에 맞춤화된 가격과 서비스를 제공한다. 지역별 부문화처럼 고객별 부문화는 조직 전체에 초점을 맞추지 않기 때문에 다양한 그룹의 사업 운영을 조정하는 데 많은 일반관리 직원을 필요로 한다.

책임 부여

학습목표 7-4

모든 작업자와 작업그룹에게 과업을 할당한 후에는 그 과업을 수행하기 위한 책임을 부여해야 한다. 경영자는 조직 전체에 어느 정도까지 책임을 위임하고, 몇 명의 직원이 각 관리자에 보고할 것인지를 결정해야 한다.

권한 위양

권한 위양(delegation of authority)이란 종업원에게 과업을 부여하는 것뿐만 아니라 이들이 자원을 사용하며, 과업 수행을 위해 필요한 조치를 취할 수 있도록 권한을 부여하는 것을 말한다. 네슬레(Nestlé)의 마케팅 관리자가 회사의 저녁식사용 냉동제품라인 중 한 제품의 기존 포장보다 쓰레기가 덜 배출되는 새로운 포장(보다 환경적으로 책임을 질 수 있는)을 디자인하도록 한 직원을 할당했다고 해 보자. 할당과업을 수행하기 위해 그 직원은 정보에 접근하고 포장재, 원가 및 기타 등등에 대한 특정 결정을 내릴 수 있는 권한이 필요하다. 할당된 과업을 수행하기 위한 권한이 없다면 그 직원은 모든 결정과 자재 요청 때마다 다른 사람의 승인을 얻어야만 할 것이다.

권한 위양
종업원에게 과업뿐 아니라 승인 권한, 자원 사용 권한 및 과업 수행에 필요한 어떠한 조치도 취할 수 있는 권한을 부여하는 것.

기업이 성장함에 따라 결정해야 할 의사결정의 수와 복잡성도 증가한다. 한 사람의 관리자가 이 모두를 처리할 수는 없다. 3M에서는 종업원이 아이디어를 공유하고 스스로 결정을 내리도록 장려함으로써 권한을 위임한다. 3M에서는 종업원의 아이디어가 회사에 기여한다고 믿기 때문에, 업무 시간의 15%를 자신만의 프로젝트에 사용하도록 권장한다. 이러한 "15% 문화"는 혁신의 원동력인 조직 내 협력을 창출해 왔다.[16] 권한 위양은 계획 수립이나 문제와 기회요인을 처리하는 것과 같은 보다 큰 이슈에 집중할 수 있도록 관리자를 자유롭게 해준다.

또한 권한 위양은 종업원에게 할당된 과업을 만족스럽게 수행하고, 할당된 과업의 적절한 실행에 대한 **책임**(responsibility) 또는 의무를 부여한다. **책무성**(accountability)의 원칙이란 과업과 이의 수행을 위한 권한을 부여받은 종업원은 상사에게 그 실행 결과에 대해 설명할 수 있어야 한다는 것을 의미한다. 네슬레 사례로 돌아가서, 만약 그 직원이 준비한 포장 디자인이 호응을 얻지 못하거나 늦어진다면 그 직원은 비난을 감수해야 한다. 만약 새로운 디자인이 환경적 책임을 다할 뿐만 아니라 혁신적·매력적이며 비용-효율적이거나 일정보다 앞서 완성되었다면 그 직원은 신뢰를 얻게 될 것이다.

책임
할당된 과업을 만족스럽게 수행하고, 적절한 과업 실행에 대한 책임을 지울 수 있도록 권한 위양을 통해 종업원에게 부과되는 의무.

책무성
과업과 이의 수행을 위한 권한을 부여받은 종업원은 그 실행 결과에 대해 상사한테 설명할 수 있어야 한다는 원칙.

권한을 위양하는 과정은 상사와 부하 간의 관계 및 책무성의 방식을 설정한다. 기업의 대표는 마케팅 부사장에게 모든 마케팅 활동에 대한 책임을 부여한다. 그 부사장은 이런 책임을 수용하며 모든 관련 정보를 획득하고, 확실한 의사결정을 하며, 자신의 부하들에게 어떤 활동이든지 또는 모든 활동을 위양할 권한을 가진다. 또한 부사장은 모든 광고 활동은 광고 관리자에게, 모든 영업 활동은 영업 관리자에게 위양한다. 그러면 이 관리자는 특정 과업을 자신의 부하직원들에게 위임한다. 하지만 부하에게 권한을 위양하는 행위가 위임된 직무에 대한 상사의 책무성을 경감시켜 주지는 못한다. 비록 마케팅 부사장이 업무를 직원들에게 위임한다고 하더라도, 여전히 부사장은 모든 마케팅 활동에 대해 궁극적으로 책임을 져야 한다.

집권화 정도

조직 전반적으로 권한이 위양된 정도는 집권화 정도를 결정한다.

중앙집권형 조직
최고 경영층에 권한이 집중되고, 매우 제한적인 의사결정 권한만 하위 계층에 위양되는 조직 구조

중앙집권형 조직. **중앙집권형 조직**(centralized organizations)은 권한이 최고 경영층에 집중되어 있고, 매우 제한적인 의사결정 권한만 하위 계층에 위임된다. 비록 중앙집권형 조직 내에서 의사결정 권한이 최고 경영층에 좌우된다고 해도, 일상적인 업무 수행에 대한 엄청난 양의 책임은 조직의 최하위 계층에까지 위임된다. 군대, 우편국 및 국세청을 포함하여, 많은 정부 조직은 중앙집권형 조직이다.

의사결정의 위험성이 크고, 하위 관리자가 의사결정에 미숙할 때 중앙집권화 정도가 커지는 경향이 있다. 예를 들어 은행업에서 보통 자동차 구입자금 대출을 해주는 권한은 모든 대출 담당자에게 주어지는 반면, 대규모 거주지 개발과 같은 고위험 대출에 대한 권한은 고위 대출 담당자로 제한될 수 있다.

부분적으로 지엽적인 변화나 문제에 대해 조직 전체로서 대응하고, 의사결정을 수행하는 것이 시간이 더 걸릴 수 있기 때문에 과도한 중앙집권화는 기업에 심각한 문제를 일으킬 수 있다. 예를 들어 맥도날드에서는 자사 제품 쿼터 파운더에 들어갈 소고기의 신선도를 지역에서 시험하였고, 시험을 통과하자 전국에 시판을 결정했다. 이런 조치는 맥도날드의 냉동육에 대한 경쟁자들의 비판에 대한 대응이었다.[17] 집권화된 의사결정은 현장 종업원이 문제를 신속히 해결함으로써 고객 경험을 개선할 수 있는 아이디어와 제안을 제한할 수도 있다.

분권형 조직
조직 내 의사결정 권한이 가능한 명령 계통의 하부로 위양되는 조직.

분권형 조직. **분권형 조직**(decentralized organization)이란 의사결정 권한이 가능한 한 명령 계통상의 하부로 위양되는 조직을 말한다. 분권화는 복잡하고 예측 불가능한 환경에서 사업 운영을 하는 조직의 특징이다. 치열한 경쟁에 직면하는 기업은 보통 고객 및 시장에 신속히 대응하고 창의성을 증진시키기 위해 분권화를 선택한다. 외부 환경과 상호작용하는 하위 관리자는 흔히 이를 잘 이해하고, 그래서 변화에 신속하게 반응할 수 있다. 존슨앤존슨(Johnson & Johnson)은 매우 분권화되고 수평적인 조직 구조를 가지고 있다.

하위 관리자로의 권한 위양은 조직의 생산성을 높일 수 있다. 분권화는 하위 관리자의 높은 의사결정 능력을 필요로 한다. 최근 수년 동안 기업의 분권화 추세에 따라 GE, IBM, 구글, 나이키를 포함해 크고 성공적인 기업 중 일부는 의사결정 권한을 분권화하였다. 분권화는 단순히 커지는 것이 아니라 더 잘하기 위한 열쇠이다. 비영리 조직 또한 분권화의 혜택을 누릴 수 있다.

관리 범위

한 명의 관리자가 얼마나 많은 수의 부하직원을 관리해야 할까? 이 질문에 대한 답은 간단하지 않다. 하지만 전문가들은 일상적인 작업을 감독하는 하위 관리자가 많은 수의 부하직원을 관리할 수 있는 반면, 최고경영진은 보통 4~8명을 넘는 관리자를 감독하기는 어렵다는 데 동의할 것이다. 예를 들어 재무부서 관리자는 25명의 직원을 감독할 수 있다. 하지만 재무 담당 부사장은 보통 5명 정도의 관리자만 감독할 수 있다. **관리 범위**(span of management)란 특정 관리자 1인에게 보고하는 부하직원의 수를 의미한다. 넓은 관리 범위는 한 명의 관리자가 많은 수의 종업원을 직접 감독할 때 존재한다. 좁은 관리 범위는 한 명의 관리자가 소수의 부하를 직접 감독할 때 존재한다(그림 7-3). 홀푸드는 최고의 종업원을 모집하고, 그들을 소규모 팀에 배치한다. 종업원은 조직 목적의 달성, 종업원 개인의 성공, 고객이 기업 의사결정의 핵심인 존경받는 직장을 창조하는 일을 돕는 것뿐만 아니라 할인, 무료증정, 견본제품을 집행할 수 있는 권한도 부여받는다. 홀푸드 팀은 신입직원 채용에 대한 투표권을 가진다. 이러한 접근법은 홀푸드가 각 매장에서 독특한 "지역 시장" 경험을 제공할 수 있도록 해준다. 이러한 고객맞춤화 수준은 크로거(Kroger), 세이프웨이(Safeway) 및 퍼블릭스(Publix)와 같은 보다 중앙집권적인 전국 규모의 슈퍼마켓 체인과 대조적이다.[18]

관리 범위
특정 관리자 1인에게 보고하는 부하직원의 수.

관리 범위는 넓어야 할까 아니면 좁아야 할까? 이 문제에 답하기 위해서 여러 요인을 고려할 필요가 있다. 좁은 관리 범위는 상사와 부하들이 근접해있지 않을 때, 관리자가 관리감독에 추가로 많은 임무를 가질 때, 상사와 부하 간의 상호작용이 빈번할 때, 그리고 문제가 흔하게 발생할 때 적합하다. 하지만 상사와 부하들이 서로 인접해 있을 때, 관리자가 관리감독 외에 다른 임무가 거의 없을 때, 상사와 부하 간의 상호작용 수준이 낮을 때, 문제가 거의 일어나지 않을 때, 부하직원이 매우 유능할 때, 그리고 특정한 업무 운영 절차의 집합이 관리자와 그 부하들의 활동을 지배할 때는, 보다 넓은 관리 범위가 적합할 것이다. 좁은 관리 범위는 중앙집권형 조직에서 전형적으로 실행되는 반면, 넓은 관리 범위는 분권화된 기업에서 일반적이다.

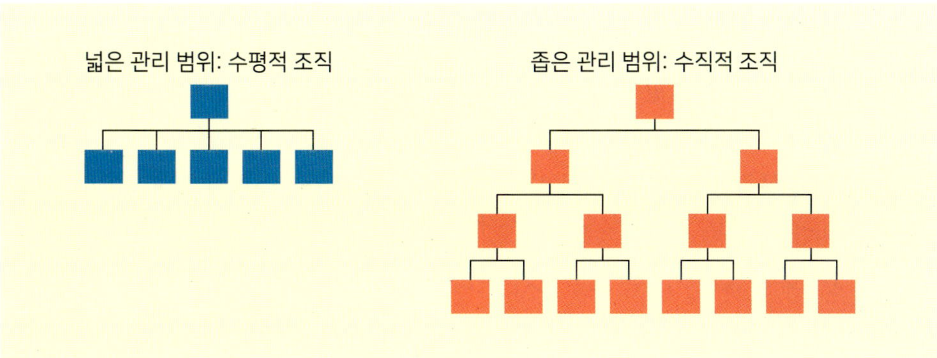

〈그림 7-3〉 관리 범위: 넓은 범위와 좁은 범위

경영 도전에 대한 대응 Responding to Business Challenges

하나의 팀을 지향하는 홀푸드

홀푸드(Whole Foods)는 1978년 창립된 이래 고품격 고객 서비스와 높은 품질의 자연식품, 유기농 식품을 판매하는 데 노력해 왔던 기업이다. 고객을 직접 상대하는 이 회사의 종업원은 이러한 회사의 목적을 달성하는 핵심요소이다. 따라서 홀푸드의 종업원은 가치 있게 대우받고 있으며, 그들이 일상적으로 회사에 기여하도록 권한이 부여된 팀원으로 불린다.

각 매장마다 종업원은 8개에서 10개 정도의 자기 주도적 업무팀(self-directed work team)으로 나뉜다. 신입사원은 처음에는 임시직으로 채용되는데, 그들이 채용되기 전, 팀원 및 리더들과 60일에 걸친 전화인터뷰를 통과해야 한다. 만약 팀원의 2/3가 해당 후보자에 대해 찬성하면 그 사람은 팀원이 된다. 이러한 팀 접근법은 조직 내 모든 명령계통—심지어는 지역 리더들 사이에서도—을 걸쳐 나타난다. 홀푸드는 팀제를 통해 종업원을 조직의 가치창출에 중요한 기여자로 변화시킬 수 있었다.

홀푸드의 성공에도 불구하고, 이 회사는 '하나의 봉급수표(whole paycheck)'라는 오명을 불식시키기 위해 노력하고 있다. 홀푸드는 재정적인 어려움으로 이 회사는 아마존에 137억 달러의 가격으로 인수되었다. 급격한 문화적 변화는 개별 매장에서 발휘되던 팀 중심의 자율성을 빼앗을 가능성이 있다. 아마존과 홀푸드는 변화를 추구하면서도 개별 매장에서 실행되었던 성공적인 팀 접근법과 조화를 이룰 필요가 있다.[19]

토의 주제

1. 홀푸드가 종업원에게 팀워크를 권장하는 방식은 무엇인가?
2. 팀을 활용하는 것이 홀푸드에서 다양한 인재 활용을 가능하게 해 주는 이유는 무엇인가?
3. 홀푸드에서는 어떻게 자기 주도적 업무팀을 활용하는가?

조직 계층

조직 계층
조직 내 경영관리자의 계층.

조직 내 경영관리자의 계층을 의미하는 **조직 계층**(organizational layers)은 관리 범위의 개념을 보완하기 위한 개념이다. 조직 계층의 개념은 조직 구조 내에서 각 계층의 내용 및 계층의 개수와 관련되어 있다. 앞에서 설명했던 관리 범위의 개념은 한 사람으로부터 관리를 받는 하위자, 기능 혹은 사람의 수를 의미한다. 많은 경영관리자 계층을 가지고 있는 기업은 수직적인 것으로 간주된다. 수직적 조직에서 관리 범위는 좁다(그림 7-3). 각 관리자는 단지 소수의 부하만을 감독하기 때문에 기업 운영을 위해서는 많은 경영관리 계층이 필요하다. 예를 들어 맥도날드는 최고경영자와 여러 명의 부사장뿐만 아니라 점장, 구역관리자, 지역관리자 그리고 기능별 관리자(재무, 마케팅, 기타 등)를 포함해 많은 계층이 있는 수직적 조직을 가지고 있다. 수평적 조직보다 수직적 조직에 더 많은 관리자가 존재하기 때문에 일반관리 비용이 더 높다. 또한 정보가 많은 계층을 통과해야 하기 때문에 의사소통이 매우 느리다.

수평적 구조는 조직 내 계층이 적으며, 넓은 관리 범위를 가진다. 관리자가 많은 수의 종업원을 감독할 때, 조직 활동의 지휘에 필요한 경영관리 계층은 보다 적다. 관리자 수가 적기 때문에 수평적 조직 내의 관리자는 수직적 조직 내의 관리자보다 전형적으로 더 많은 일반관리 임무를 수행한다. 또한 그들은 부하직원을 감독하고 함께 일하는 데 더 많은 시간을 소비한다.

또한 분권화된 많은 기업은 보통 중간 관리계층 제거를 통해 조직 구조를 수평화하고, 관리 범위를 확장했다. 이 장의 앞부분에서 언급했던 바와 같이 존슨앤존슨은 분권화된 동시에 수평적인 조직 구조를 가지고 있다.

현장 속의 기업가정신 Entrepreneurship in Action

슈거볼 베이커리가 최적의 상태에 이르다

설립자: 탐(Tom), 빈(Binh), 앤드류(Andrew), 샘(Sam), 폴 라이(Paul Ly)
설립: 1984년 캘리포니아주 샌프란시스코
성공: 슈거볼 베이커리(Suger Bowl Bakery)는 생산시설을 12만 평방피트로 확장하면서 미국 내 가장 큰 가족 소유 소수자 기업이 되었다.

1980년대 한 베트남 난민 가족이 미국으로 건너와 새로운 인생을 시작했다. 탐, 빈, 앤드류, 샘, 폴 라이는 형제로서 이들 사이에 팀워크 정신이 깊이 새겨져 있었다. 이들은 제빵 경험은 많지 않았음에도 불구하고, 경영이 어려워 고전하던 한 커피숍을 인수하기로 결정하였다. 이 커피숍을 인수하기 위해 그들은 어떠한 일도 감수하였으며, 당시 가지고 있던 모든 돈을 긁어모았다. 가게가 문을 연 이후 운영에 있어서는 책임을 공유하였다. 앤드류 라이는 회사의 대외적인 네트워크를 확장하고 회사를 성장시키기 위해 야간 영어강의를 수강하였다.

처음에는 커피와 도넛만 파는 가게로 시작했으나, 오늘날 슈거볼의 빵과 후식용 상품 등은 현대적 시설을 갖춘 공장에서 생산되고, 코스트코, 월그린 등 전국망을 갖춘 체인점에서 구입할 수 있다. 이 회사는 CEO인 앤드류 라이를 비롯하여, 총 12명의 2세대 자녀 중 8명이 매장에서 일하고 있으며, 여전히 강한 팀워크를 유지하기 위해 노력하고 있다. 오늘날까지도 5명의 형제는 매달 회의를 열어 사내 갈등 및 새로운 아이디어에 대해 토론하고 있다. 이러한 책임분담의 문화는 이 회사가 30년 이상 매년 두 자릿수의 지속적인 성공을 가능하게 해 주었다.[20]

토의 문제

1. 슈거볼 베이커리의 창업자들은 이 제과점을 성공적으로 만들기 위해 팀워크를 어떻게 활용했는가?
2. 창업자 형제들에게 새로운 아이디어를 토론하기 위한 월례 회의를 지속적으로 여는 것은 왜 중요한가?
3. 슈거볼의 조직 구조는 집중형이라 생각하는가 아니면 분산형이라고 생각하는가? 그렇게 생각하는 이유는 무엇인가?

조직 구조의 유형

학습목표 7-5

과업 수행을 위한 책임 부여와 함께 경영관리자는 권한 관계를 어떻게 구조화할 지를 고려해야 한다. 이는 조직 자체의 구조와 그것이 조직도에 나타나는 형태를 말한다. 조직의 일반적인 유형은 라인 조직 구조, 라인-스태프 조직 구조, 사업부제 조직 구조 그리고 매트릭스 조직 구조를 포함한다.

라인 조직 구조

가장 단순한 조직 구조인 **라인 조직 구조**(line structure)는 최고경영자에서 조직의 가장 낮은 단계에 있는 종업원까지 확장되는 직접적인 지휘계통을 가지고 있다. 예를 들어 편의점 세븐 일레븐(7-Eleven)의 종업원은 매니저에게, 매니저는 점장에게, 점장은 지역관리자에 보고를 할 것이다. 또는 독립적인 점포에서는 소유주에게 직접 보고를 할 수도 있다(그림 7-4). 이 조직 구조는 명확한 명령계통을 가지고 있어, 관리자가 신속하게 의사결정을 내릴 수 있도록 한다.

라인 조직 구조
직접적인 지휘계통이 최고경영자에서 조직의 가장 낮은 단계까지 확장되는 가장 단순한 조직 구조.

〈그림 7-4〉 라인 조직 구조

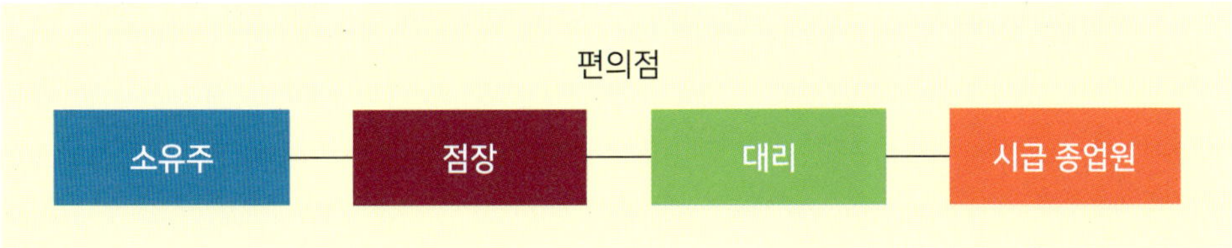

의사결정 상황에 직면한 중간 관리자는 단 한 사람인 자신의 직속 상관하고만 상의해야 한다. 하지만 이 조직 구조는 관리자가 광범위한 지식과 기술을 보유하고 있을 것을 요구한다. 관리자는 다양한 활동에 책임을 지며, 그 모든 활동에 대해 잘 알아야 한다. 라인 조직 구조는 소규모 기업에서 보편적이다.

라인-스태프 조직 구조

라인-스태프 조직 구조
상사와 부하 간의 전통적 라인 관계와 라인 관리자를 도와 조언을 제공하는 스태프 관리자로 불리는 전문화된 관리자를 포함하는 구조.

라인-스태프 조직 구조(line-and-staff structure)는 상사와 부하 간에 전통적인 라인 관계를 가지며, 라인 관리자를 보조하는 전문화된 관리자 — 스태프 관리자로 불림 — 를 활용할 수 있다(그림 7-5). 스태프 관리자가 재무, 엔지니어링, 인적자원 관리 및 법률과 같은 전문적인 문제에 대해 라인부서에 조언과 지원을 제공하는 반면, 라인 관리자는 기업 운영에서 자신의 전문영역에 집중할 수 있다. 스태프 관리자는 라인 관리자나 이들의 부하직원에 대해 직접적인 관리 권한은 없지만, 자신의 부서 내 부하직원에 대해서는 직접적인 관리 권한을 가지고 있다. 하지만 라인-스태프 구조는 인력 과잉과 모호한 의사소통 라인의 문제점을 경험할 수도 있다. 더욱이 종업원은 특정 의사결정을 수행할 권한의 결여로 인해 좌절하게 될 수도 있다.

사업부제 조직 구조

사업부제 조직 구조
부서들을 사업부라 불리는 보다 큰 규모의 집단들로 조직화하는 구조.

기업이 성장하고 다각화함에 따라 전통적인 라인 구조는 의사소통을 어렵게 하고 의사결정이 느려 조정하기가 힘들게 된다. 이 조직 구조의 약점 — 세력 다툼, 잘못된 의사소통, 기능 간 목적 상치 상태에서의 업무 수행 등 — 이 이점을 초과할 때, 성장하는 기업은 흔히 사업부제 형태로 조직 구조를 바꾸는 경향이 있다. **사업부제 조직 구조**(multidivisional

〈그림 7-5〉 라인-스태프 조직 구조

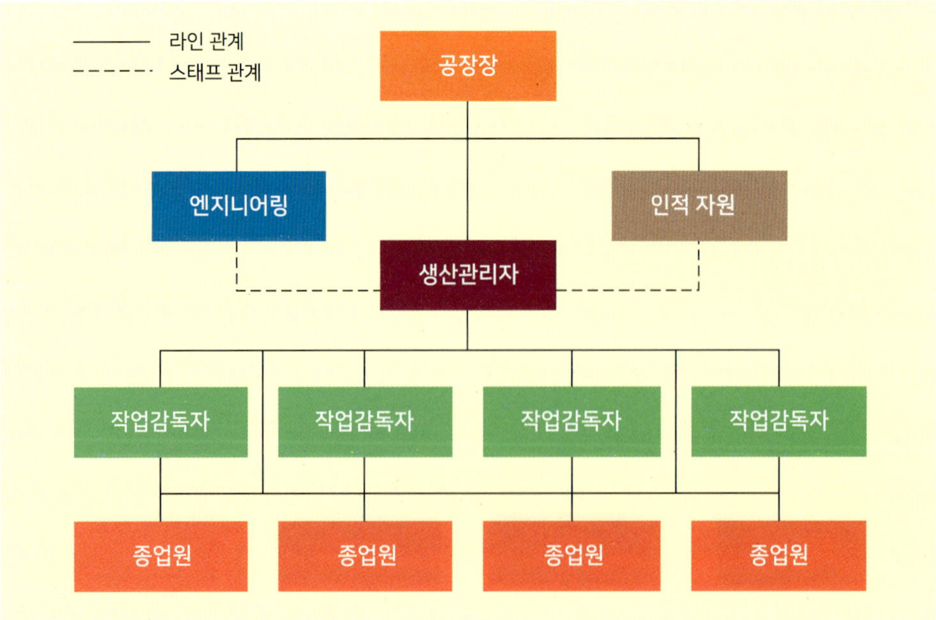

structure)는 부서를 사업부(divisions)라고 불리는 보다 큰 규모의 집단으로 조직화한다. 부서가 지리적 위치, 고객, 제품 또는 이들의 조합에 기초하여 형성될 수 있는 것과 마찬가지로 사업부도 이런 조직화 방법에 기초하여 수립될 수 있다. 이러한 사업부 내에서 부서는 제품, 지역, 기능 또는 이런 세 가지 모두의 조합에 의해 조직화될 수도 있다. 펩시코의 최고경영자인 인드라 누이(Indra Nooyi)는 최고경영자 자리에 오른 후 기업의 조직 구조를 재편했다. 그녀의 재임 전 펩시코는 지역에 따라 조직화되어 있었다. 그녀는 해외 사업영역을 확장하고, 서로 다른 지역에 있는 종업원의 업무 관행을 보다 쉽게 공유할 수 있도록 하는 새로운 사업단위를 설립했다.[21]

사업부제 구조는 사업부 관리자와 부서 관리자의 전문화를 허용하면서 의사결정 권한의 위양을 가능하게 한다. 이 구조는 현장의 종업원이 자신에게 영향을 미치게 될 의사결정을 할 수 있도록 허용한다. 또한 권한 위양과 사업부화된 직무는 보다 나은 의사결정이 더욱 신속하게 내려진다는 것을 의미하고, 의사결정이 보다 혁신적인 경향이 있다. 무엇보다 중요한 것은 공통적인 지역, 제품 또는 고객에 대해 각 사업부가 집중함으로써 각각의 특정 고객의 필요에 부합하는 제품을 제공할 가능성이 좀 더 크다는 것이다. 하지만 사업부제 구조는 명백하게 직무 중복을 발생시켜 기능의 집단화에 따른 규모의 경제 실현을 더 어렵게 만든다.

매트릭스 조직 구조

성장, 다각화, 생산성 및 경쟁력과 함께 발생하는 이슈를 처리하기 위해 시도하는 또 다른 조직 구조가 매트릭스 구조이다. 프로젝트관리 조직 구조로도 불리는 **매트릭스 조직 구조**(matrix structure)는 서로 다른 부서로부터 팀을 구성해서 2개 이상의 중첩되는 지휘계통을 확립한다(그림 7-6).

매트릭스 조직 구조
서로 상이한 부서로부터 팀을 구성해 2개 이상의 중첩되는 지휘계통을 유발하는 조직 구조. 프로젝트관리 조직 구조로도 불린다.

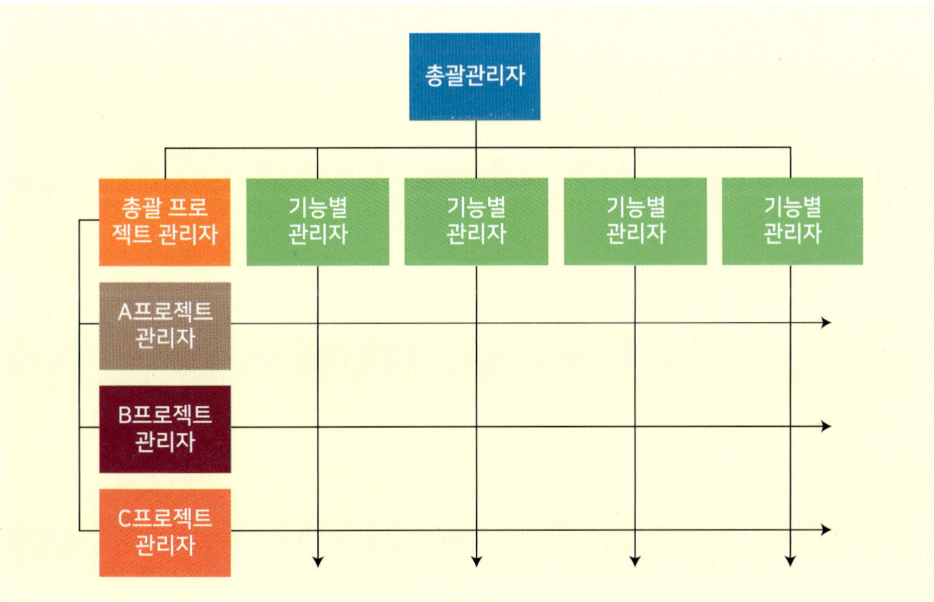

〈그림 7-6〉 매트릭스 조직 구조

매트릭스 구조를 설계해 구현한 초기 조직 중 하나가 우주 계획을 위해 동시에 서로 다른 프로젝트를 조직화할 필요가 있었던 미항공우주국(NASA)이다. 매트릭스 구조는 프로젝트 기반 부서를 보다 전통적인 기능 기반 부서 위에 중첩시킨다. 프로젝트팀은 신형 전투기 개발과 같은 단일 프로젝트에서 함께 일할 전문가들을 다양한 영역에서 데려온다. 이러한 배치에서 종업원은 2명의 관리자 – 기능별 관리자와 프로젝트 관리자 – 에 책임을 져야 할 의무가 있다. 매트릭스 구조는 보통 한시적이다. 팀 구성원은 프로젝트가 완료된 후에 일반적으로 자신의 기능부서나 라인부서로 돌아간다. 하지만 점점 더 많은 기업이 고객 요구를 충족시키기 위해 필요에 따라 프로젝트팀을 구성하고 해체하면서 매트릭스 구조가 상시화되고 있다. 항공우주산업은 최초로 매트릭스 구조를 적용한 산업이었다. 그러나 오늘날 이 구조는 대학 및 학교, 회계법인, 은행, 기타 여러 산업의 조직에 의해 활용되고 있다.

매트릭스 구조는 유연성, 강화된 협동, 그리고 창의성을 가능하게 하며, 기업이 특정 프로젝트나 문제에 대해 특별한 주의를 기울임으로써 환경 변화에 신속하게 대응할 수 있도록 해준다. 하지만 이 조직은 일반적으로 비용이 많이 들고 상당히 복잡하며, 종업원이 누구의 권한이 우선순위를 가지는지에 대해 혼란스러워 할 수도 있다.

학습목표 7-6

조직 내 그룹과 팀의 역할

직무가 어떻게 조직화되었는지와는 무관하게 기업의 필수 직무 대부분은 개별적인 작업그룹이나 팀 단위에서 발생한다. 비록 일부 전문가는 그룹과 팀을 구별하지 않지만, 최근 수년간 개인 및 조직의 성공을 향상시키기 위한 팀과 팀에 대한 관리가 점진적으로 강조되어 왔다. 어떤 전문가는 최고의 생산성은 오직 그룹이 팀이 될 때에만 나타난다고 믿고 있다.[22]

그룹
서로 의사소통을 하고 공통적인 정체성을 공유하며, 공동 목표를 갖는 2인 이상의 개인.

팀
상호보완적인 기술을 보유하고 있는 구성원들의 소규모 그룹으로 공동의 목적, 목표 및 접근 방법을 가지며 상호 간의 책임을 공유함.

전통적으로 **그룹**(group)이란 서로 의사소통을 하고 공통적인 정체성을 공유하며, 공통 목표를 갖는 2인 이상의 개인으로 정의되어 왔다. **팀**(team)이란 구성원이 상호보완적인 기술을 보유하고 있는 소규모 그룹으로서, 공동의 목적, 목표 및 접근 방법을 가지며 상호 간의 책임을 공유한다.[23] 운동경기에서의 팀을 생각해 보자. 농구팀에서 각 선수는 서로 다른 기술을 가지고 있으며, 시합에서의 승리를 위해 서로 협력한다. 모든 팀은 그룹이나, 모든 그룹이 팀은 아니다. 〈표 7-1〉은 이 둘의 몇 가지 중요한 차이점에 대해 보여준다. 작업그룹은 개별 작업 제품, 개인적 책무 그리고 심지어 개인적 리더십을 강조한다. 당신의 학급도 두세 명씩으로 구성된 팀으로 나뉠 수 있는 하나의 그룹이라고 말할 수 있다. 작업팀은 리더십 역할을 공유하고, 개인적 책무와 상호적 책무 양쪽 모두를 가지며 공동 작업 제품을 생산한다. 즉 작업그룹의 성과는 그 구성원의 개인적 성과에 좌우된다. 하지만 팀의 성과는 목적 달성을 위해 함께 일하기 위한 지식센터와 역량을 구축하는 데 기반을 두고 있다. 팀 구성원이 자신의 개성을 유지하고 단지 "군중 속의 한 사람(another face in the crowd)"이 되는 것을 피하는 것 또한 중요하다. 팀의 목적은 집단성(collectivism)보다는 협업

〈표 7-1〉 그룹과 팀의 차이

작업그룹	팀
강력하고 명확한 초점을 가진 리더 보유	공유된 리더십 역할 보유
개인적 책무	개인적 및 그룹 책무
더 광범위한 조직 사명과 같은 목적 보유	팀 자체적인 특정 목적 보유
개별 작업 제품 생산	공동 작업 제품 생산
효율적인 회의 운영	개방형 토론과 능동적인 문제 해결 회의 독려
다른 것(예를 들어 기업의 재무성과)에 대한 효과에 의해 간접적으로 그 효과성을 측정	공동 작업 제품의 평가에 의한 직접 성과 측정
토의, 의사결정 및 권한 위양	토의, 의사결정 및 실제 과업 공동 수행

(collaboration)을 지향해야 한다. 비록 팀이 공동 목적을 향해 일하고 있다고 하더라도 모든 팀 구성원이 적극적으로 아이디어를 제안하고, 이 공통 목적을 달성하기 위해 함께 일하는 것이 중요하다.[24]

학습목표 7-7

조직이 구축하는 그룹의 유형은 그 조직이 달성해야 하는 과업과 직면한 상황에 달려 있다. 몇 가지 특수한 종류의 그룹과 팀에는 위원회, 태스크 포스, 프로젝트팀, 제품개발팀, 품질보증팀, 자율관리업무팀이 있다. 이들 모두는 가상팀(virtual teams) — 목적을 달성하기 위해 이메일, 음성회의, 팩스, 인터넷, 화상회의 등 기술적 도구에 의존하는 서로 다른 장소에 있는 종업원들 — 이 될 수 있다. 고용주로부터 원격으로 일하는 종업원의 수가 지난 수년 동안 80% 이상 증가하면서 가상팀은 일상화되고 있다.[25] 또한 가상팀은 여러 기업에 기회를 열어주었다. 예를 들어 영업사원은 사무실에서 이메일이나 소셜 미디어 등 가상 기술을 활용하여 잠재고객과 접속할 수 있다.[26]

위원회

위원회(committee)는 보통 특정 과업을 수행하는 영속적이고 공식적인 그룹이다. 예를 들면, 많은 기업은 실현 가능한 변화에 대한 필요성뿐만 아니라 사업영역의 효과성을 점검하기 위한 보상 위원회 또는 재정 위원회를 가지고 있다. 윤리 위원회는 윤리 강령을 작성 및 개정하고, 윤리 규범 마련을 위한 방법을 제안하며, 특정 이슈 및 현안 등을 검토하기 위해 구성된다.

위원회
특정 과업을 수행하는 영속적이며 공식적인 집단.

태스크 포스

태스크 포스(task force)란 조직에 특별한 변화를 불러일으키는 데 책임을 지는 임시적인 직원들의 그룹을 말한다. 전형적으로 태스크 포스의 구성원은 조직의 전 부서와 전 계층에 걸쳐서 선발된다. 태스크 포스의 구성원 자격은 보통 조직 내 직위보다는 전문성에 기초한다. 간혹 태스크 포스는 기업 외부인으로 구성될 수도 있다. 코카콜라는 직면한 문제를 처리하고 기업 관행과 제품 개선을 위한 추천사항을 식별하기 위해 태스크 포스를 자주 활용해 왔다. 태스크 포스는 수개월에서 수년 동안 지속되기도 한다. 코카콜라가 고용

태스크 포스
조직 내 특별한 변화의 달성에 책임을 지는 임시적인 직원들의 집단.

플로리다 주립대학(Florida State University)은 대학 브랜드를 개발하고 개선하기 위해 교내 리더들로 구성된 임시 조직인 '브랜드 개발 태스크 포스'를 결성하였다.

©Mario Houben/CSM/REX/Shutterstock

과 승진에서 차별관행 혐의로 소송을 당했을 때, 소수민족 종업원들의 급여와 승진 실태를 조사하기 위한 5년 임기의 태스크 포스를 구성했다. 이 경험은 코카콜라가 서로 다른 부서의 직원으로 구성된 다기능 태스크 포스의 장점을 깨닫는 데 큰 도움을 주었다. 이 경험으로 인해 코카콜라는 주요한 이슈를 다루는 데 태스크 포스를 지속적으로 사용했다. 태스크 포스의 이점을 인식한 또 다른 기업으로 IBM, 프루덴셜(Prudential), GE 등이 있다.[27]

팀

팀은 기업이 생산성과 글로벌 경쟁력을 강화하기 위한 노력으로 미국에서는 훨씬 더 일반화되어 있다. 일반적으로 팀은 팀원들의 지식과 기술을 결합해 개인이 혼자 일할 때보다 이를 더 많이 활용할 수 있게 되는 이점을 갖는다. 미국 기업 임원의 절반 가량이 회사에서 팀 빌딩 훈련을 하고 있다고 말할 정도로 조직 내에서 팀 빌딩은 점차 인기가 높아지고 있다. 팀 성과를 극대화하기 위해서는 조화, 협동, 일치된 노력, 유연성을 필요로 한다.[28] 또한 팀은 개인이 할 수 있는 것에 비해 문제에 대한 해결책을 더 많이 만들어 낼 수 있을 뿐 아니라, 팀 참여는 팀 목적에 대한 종업원의 수용, 이해 및 헌신을 강화한다. 팀은 더 많은 것을 성취했을 때 종업원에게 높은 성취감의 형태로 내적 보상을 제공하고, 칭찬과 특전의 형태로 외적 보상을 제공함으로써 작업자에게 동기를 부여한다. 결과적으로 팀은 작업자가 보다 적극적으로 업무 수행에 참여하도록 도울 수 있다. 팀은 기업들이 보다 혁신적이 되도록 도와주며, 생산성을 끌어 올리며 비용을 절감할 수 있다.

심리학자인 이반 슈타이너(Ivan Steiner)에 따르면 팀 생산성은 5명의 팀원에서 최대치에 이른다. 팀 규모가 이보다 커지면 동기부여가 힘들며, 그룹 조정이 더욱 어려워진다. 아마존의 최고경영자인 제프 베조스(Jeff Bezos)는 "2개의 피자 규칙(two-pizza rule)"을 가지고 있다. 만약 한 팀이 먹기에 2개의 피자가 부족하다면 그 팀은 너무 큰 것이다. 모든 사람이 자기 몫을 갖도록 팀을 충분히 작게 유지하라는 의미이다.[29]

프로젝트팀
태스크 포스와 유사하지만 정상적으로 본래 업무를 수행하면서 특정 프로젝트에 대해 전권을 가지는 집단.

프로젝트팀. **프로젝트팀**(project team)은 태스크 포스와 유사하다. 그러나 이 팀은 정상적으로 자신 본래 업무를 수행하면서 특정 업무 프로젝트에 대해 전적인 통제권을 가진다. 태스크 포스와 유사하게, 팀원 자격은 회사의 계층 구조를 가로지르며, 서로 다른 기능 영역으로부터 온 사람들로 구성되는 경향이 있다. 보잉사(Boeing Corporation)에서 신형 항공기 설계 및 건조와 같이 비록 수년간 지속되는 대규모 프로젝트라 해도 거의 임시적 팀을 활용한다.

제품개발팀
신제품의 고안, 설계 및 구현을 위해 구축된 특수한 유형의 프로젝트팀.

제품개발팀(product-development team)은 신제품 고안, 설계 및 구현을 위해 구축된 특수한 유형의 프로젝트팀이다. 때때로 제품개발팀은 기능 영역 — 연구개발 — 내에 존재하지만 오늘날 수많은 기능 영역으로부터 온 사람들과, 심지어는 고객 요구 충족을 위해 고객을 포함시키기도 한다. 인텔은 고객으로부터 간접적인 의견을 통해 회사의 제품 개발 공정에 알린다. 이 회사는 고객이 실제로 제품을 어떻게 사용하는지에 관한 연구팀을 이끄는 사회과학자를 직원으로 보유하고 있다. 이 연구는 주로 관찰과 질문에 의해 수행된다. 일단 충분한 정보가 수집되면 제품개발팀에 전달되고, 그들의 설계안에 통합된다.[30]

품질보증팀. **품질보증팀**(quality-assurance team)는 **품질분임조**(quality circles)라고도 하는데, 특정 품질, 생산성 또는 서비스 문제의 해결을 위해 회사 전체에서 함께 모인 상당히 규모가 작은 작업자 그룹을 말한다. 비록 품질분임조라는 용어를 예전만큼 많이 사용하지는 않지만 품질에 대한 관심은 어느 때보다 강하다. 자동차 산업에 있는 기업들뿐만 아니라 IBM, 제록스와 같은 기업은 조직을 참여적인 문화로 전환시키기 위해 품질분임조를 사용해 왔다. 품질 이슈의 처리를 위한 팀의 사용은 의심의 여지없이 전체 업계에서 계속 증가할 것이다.

품질보증팀(품질분임조)
특정한 품질, 생산성 또는 서비스문제의 해결을 위해 회사 전체에서 함께 모인 소규모 작업자 집단.

자율관리업무팀. **자율관리업무팀**(self-directed work team: SDWT)이란 제품을 내부 또는 외부 고객에 전달하는 업무 프로세스 전부 혹은 일부분에 책임을 지는 종업원의 집단을 말한다.[32] SDWT은 경쟁에 대처하거나 고객 요구에 대응하기 위해 신속하게 변화하는 유연성을 허용한다. SDWT를 결정하는 특징은 업무 의사결정을 내리고, 이를 수행하도록 동기가 부여되거나 권한이 부여된 정도에 있다. 이로 인해 SDWT는 종업원들에게 직무 전체에 대한 "주인의식"을 부여하도록 설계된다. 3M을 비롯한 많은 기업에 근무하는 종업원은 기능

자율관리업무팀
제품을 내부고객 또는 외부고객에 전달하는 전체 업무프로세스나 일부분에 책임을 지는 종업원 집단.

친환경 경영 Going Green

연결과 협업: 팀버랜드의 팀워크

식품개발팀으로부터 글로벌 슈튜어트(Global Stewards)에 이르기까지, 팀버랜드(Timbrland)는 지속 가능한 제품을 만든다는 목표를 추진하기 위한 팀워크 활용에 전념하고 있다. 팀버랜드는 환경에 긍정적인 영향을 미치는 해법을 만들어 내기 위해, 종업원 간의 팀워크 뿐 아니라 공급자나 심지어 경쟁자들과도 파트너십을 결성하였다.

팀버랜드는 1955년 설립된 애빙턴 신발 회사(Abington Shoe Company)에서 출발하여, 1978년에 오늘날의 팀버랜드로 이름을 변경하였다. 초창기에는 주로 신발을 제작하는 회사로 출발하였지만, 이후 옷이나 액세서리 분야로 영역을 확장하였다. 이 회사에서 제작하는 신발의 1/3 이상은 적어도 부분적으로는 재생품 재료를 사용한다.

팀버랜드에서는 이러한 지속가능 운동에 긍정적인 영향을 주기 위해 팀워크를 활용한다. 2001년에는 지속가능성에 기여할 방법을 결정하기 위해 사내 여러 부서 직원으로 구성된 다기능팀(cross functional team)을 출범시켰다. 팀버랜드는 또한 글로벌 슈튜어드 프로그램(Global Stewards Program)을 시작하여 열정적인 자원봉사자팀을 조직하였다. 이들은 자신이 속한 커뮤니티의 시민 리더로 참여하기도 하고, 종업원을 독려하고, 사회적 책임 프로젝트를 주도하는 데 자신의 시간을 투자한다.

팀버랜드는 또한 다른 중요한 이해관계자들과도 파트너십을 맺고 있다. 우선 가죽 공급자와 파트너십을 맺어 가죽 가공에 소요되는 에너지와 물 사용량을 줄이려 노력해 왔으며, 경쟁사들과 지속가능 조치를 위한 협력을 추진하였다. 이 회사는 나이키 등 여러 업체와 함께 의류 분야 녹색(환경)지표인 Higg Index를 개발하였고, 아디다스와는 신발 관련 환경지표를 개발하였다. 팀버랜드는 이렇게 다양한 이해관계자와 협력함으로써 산업 내에서 중요한 차별성을 창출할 수 있다는 점을 깨닫고 있다.[31]

토의 문제

1. 목적을 진전시키기 위해 팀버랜드는 팀워크를 어떻게 활용하였는가?
2. 팀버랜드가 경쟁사와 파트너십을 형성한 이유가 무엇인가?
3. 팀버랜드가 팀을 활용함으로써 어떻게 종업원을 지속가능 활동에 참여시켰는가?

알고 있습니까? 직원을 대상으로 한 설문조사에 따르면 대략 53%가 고위 경영진이 자신과 소통하는 방식이 직무 만족도에 영향을 미치는 핵심 요소라 생각하고 있다.[33]

이나 운영 업무를 수행하는 데 능동적이 되도록 독려한다. 직무 결과에 대한 팀의 공동 책임으로 팀 구성원은 더 광범위한 직무를 할당받고, 다른 직무의 숙달을 위한 교차교육(cross-train)을 받아서 더 높은 수준의 팀 유연성을 가능케 한다.

학습목표 7-8

조직 내의 의사소통

조직 내 의사소통은 구두 및 문서 두 가지 의사소통 방식을 이용하여, 수많은 원천으로부터 다양한 방향으로 흘러갈 수 있다. 조직 내 의사소통 체계의 성공은 기업의 전반적인 성공에 엄청난 영향을 준다. 의사소통의 실수는 생산성과 사기를 저하시킬 수 있다.

음성메일, 이메일, 소셜 미디어 및 온라인 신문과 같은 기술로 인해 회의 등 대면 의사소통의 대체 수단이 증가하고 있다. 많은 기업이 종업원들과의 정보 공유를 위해 인트라넷(intranets)이라는 조직 내부망을 사용한다. 인트라넷은 서로 다른 부서들과 상이한 계층의 경영관리자 계층에 걸쳐 의사소통을 증가시키고, 모든 기업 활동 흐름을 돕는다. 의사소통에서 또 다른 혁신 기술은 클라우드 컴퓨팅(cloud computing)이다. 클라우드 컴퓨팅 기술을 사용하는 기업은 물리적인 제품을 사용하기보다 네트워크를 통해 컴퓨팅 자원과 정보에 쉽게 접근할 수 있다. 클라우드 컴퓨팅은 기업이 컴퓨팅 자원에 더 많은 통제력을 갖게 하며, 하드웨어나 소프트웨어보다 비용이 저렴할 수 있다. 세일즈포스닷컴(Salesforce.com)은 자사 고객관계관리 솔루션에 클라우드 컴퓨팅을 활용한다.[34] 심지어 기업들은 회사의 인트라넷에 소셜 미디어 측면을 통합해서 종업원이 의견이나 사진을 올리고 투표를 하며 그룹 일정표를 만들 수 있도록 해준다. 하지만 업무 중 인터넷 접속 증가는 종업원의 회사 이메일 및 인터넷 접속 남용을 포함한 많은 문제점을 야기했다.[35] 소통 수단으로서의 이메일 사용이 증가하면서 종업원과 관리자가 읽어야 할 이메일이 넘쳐나게 되고, 이는 오히려 개인적인 소통을 간과하기 쉽게 하는 요인이 된다. 이러한 이유로 각 종업원은 제목창에 구체적인 주제를 명시하고, 본문은 가급적 짧게 쓰도록 권장된다. 만약 어떤 문제가 전화나 대면적 상호작용으로 더 잘 해결될 수 있다면, 이메일 사용은 자제하는 것이 좋다.[36]

드랍박스(dropbox)나 아이클라우드(I-cloud), 구글 드라이브, 세일즈포스와 같은 클라우드 기반의 도구는 회사 내부 소통방식을 변화시키고 있다. 이러한 도구들은 종업원이 문서를 공유하고, 다른 팀들과 협업하며, 심지어는 자택에서 업무를 할 수 있게 도와준다.

©Krisztian Bocsi/Bloomberg via Getty Images

공식적, 비공식적 의사소통

공식적 의사소통 채널은 조직에 의해 의도적으로 정립되고 설계된다. 이는 조직도에 나타나는 것처럼 공식적인 조직 구조 내에서 의사소통의 흐름을 나타낸다. 〈표 7-2〉는 공식적 의사소통의 다양한 유형을 보여준다. 전통적으로 공식적인 의사소통 형태는 수평적 및

〈표 7-2〉 공식적 의사소통의 종류

유형	정의	사례
상향식	조직 하위계층에서 상위계층으로 이동	개선보고서, 개선을 위한 제안, 질문, 불만
하향식	조직 상위계층에서 하위계층으로 이동하는 전통적 방식의 소통방식	명령, 업무나 책임의 할당, 성과 피드백, 전략이나 목표의 내용, 연설, 취업규칙, 직무기술서
수평식	정보 전달, 업무지원, 사전 조율 등 같은 부서, 혹은 다른 부서의 동일 직급 동료들 간의 정보 교환	태스크 포스, 프로젝트 팀, 예산과 관련하여 재무부서에서 마케팅 부서로의 정보전달 등
대각선식	부서와 직급이 서로 다른 사람들 간의 소통 방식	재무부서의 관리자와 마케팅부서 하위 직급자 간의 소통

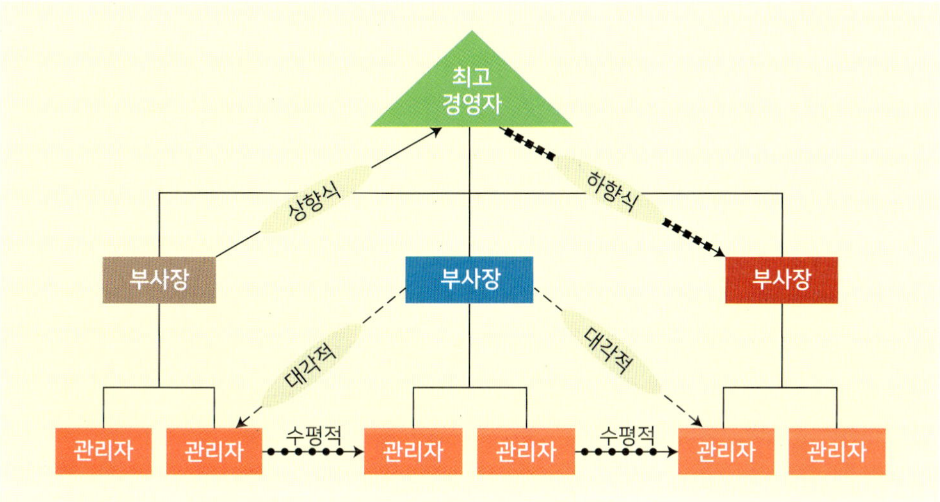

〈그림 7-7〉 조직 계층도상의 의사소통 흐름

수직적 형태로 분류되었으나, 팀과 매트릭스 구조 사용이 증가함에 따라 공식적 의사소통이 많은 형태로 나타날 수 있다(그림 7-7). 조직의 하위계층에서 상위계층으로 향한 상향식 의사소통은 진도 보고, 직무 개선 제안, 조사 결과, 고충사항과 같은 정보를 포함한다.

조직도에 보이는 공식적인 의사소통 채널과 함께 모든 조직은 비공식적인 의사소통을 한다. 예를 들어 친구 간의 의사소통은 부서, 부문, 심지어 관리자-부하직원 간의 경계를 초월한다. 이러한 친구관계 등 여러 비업무적인 사회적 관계는 기업의 비공식 조직을 구성하며, 그 영향은 상당할 수 있다.

가장 중요한 비공식적 의사소통은 경영관리자의 공식적인 의사소통 채널로부터 분리되어있는 비공식 의사소통 채널인, **그레이프바인**(grapevine)(비공식 정보망)을 통해 일어난다. 그레이프바인은 모든 조직 내에 존재한다. 그레이프바인을 따라 통과한 정보는 직무나 조직에 관련될 수도 있고, 아무런 관련이 없는 뒷담화나 소문이 될 수도 있다. 그레이프바인 정보의 정확성은 경영관리자에게 큰 관심사가 되어왔다.

그레이프바인(비공식 정보망)
경영관리의 공식적인 정식 의사소통에서 분리되어 있는 비공식 의사소통 채널.

경영관리자는 그레이프바인을 좋은 방향으로 활용할 수도 있다. 예를 들어 그레이프바인을 새로운 기업 정책에 대한 "음향 장치"로 활용할 수 있다. 경영관리자는 그레이프바인에서 의사결정을 향상시킬 수도 있는 귀중한 정보를 획득할 수 있다. 어떤 조직은 아이디어를 띄우고 피드백을 요청하며, 이에 따라 대응함으로써 그레이프바인을 조직에 유리하게 이용한다. 사람들은 대개 뒷담화를 좋아한다. 경영관리자는 그레이프바인이 모든 조직에 존재한다는 것을 인식할 필요가 있다. 그레이프바인이 어떻게 작동하는지를 이해하는 경영관리자는 이것에 소문과 부정확한 정보를 억제하기 위한 사실을 제공함으로써 그들에게 유리하게 이용할 수 있다. 예를 들어 소문과 관련하여 종업원과 갈등을 일으키고 그들로 하여금 방어적인 입장에 서게 할 것이 아니라, 그들 — 특히 소문을 퍼뜨린 사람들 — 로 하여금 그 소문을 바로잡는 데 도움을 주도록 요청하는 것이 좋다. 이러한 전술은 종업원이 정직한 정보를 공유하는 지원자가 되게 할 것이다.[37]

의사소통 모니터링

기술적 진보와 직장 내 전자적 의사소통 사용의 증가는 대부분의 기업에서 모니터링을 필요하게 만들었다. 종업원의 이메일, 소셜 미디어 및 인터넷 사용 모니터링 실패는 많은 비용을 유발할 수 있다. 많은 기업이 종업원에게 적절한 인터넷 사용에 대한 회사 정책에 서명하고 이를 준수할 것을 요구한다. 이런 합의는 흔히 종업원이 회사 컴퓨터를 업무 관련 활동에만 사용할 것을 요구한다. 또한 몇몇 기업은 종업원의 컴퓨터 사용을 감시하는 소프트웨어 프로그램을 사용한다.[38] 종업원의 프라이버시는 존중하지만 직원들이 책임을 회피하지는 않는 관행을 제도화하는 것이 오늘날 직장 내에서 점점 더 필요하다. 예를 들어 제약회사 머크(Merck)는 윤리 규범에 종업원의 프라이버시 보장을 위한 조항을 넣어 전·현직 종업원이 자신의 정보가 보호되고 있으며 정당한 사업 목적으로만 사용될 것이라는 확신을 갖게 한다.[39]

인공지능(AI)은 종업원이 자신의 직무에 대해 느끼는 것을 관찰하고 비교하고 이해할 수 있다. Xander라는 도구는 종업원의 낙관주의, 혼란, 분노, 행복의 정도를 결정한다. 종업원의 태도에 관한 이해는 직장 내의 부정적 경험을 고치거나 개선하고, 긍정적 경험을 증진시키는 데 도움이 된다. 소프트웨어 회사들은 채용, 해고, 승진의 의사결정을 내리는 인공지능 도구를 개발하였다. 하지만 인공지능 기술이 차별적인 의사결정을 내리는 기존의 편견을 더욱 강화시키지 않을까 하는 우려도 있다.[40]

의사소통 효과성의 강화

효과적인 의사소통 없이는 프로젝트, 그룹, 팀 및 개인의 활동과 전반적인 생산성이 저하될 것이다. 의사소통은 기업이 모든 경영 계층에서 의사전달을 하는 데 중요한 영역이다. 애플의 공급사 폭스콘은 의사소통이 회사에 얼마나 필수적인지 보여주는 사례이다. 부당한 노동 여건에 대한 비판에도 불구하고, 공정노동협회(Fair Labor Association)는 폭스콘이 공장 내에서 많은 주요 사고를 방지하기 위한 공식적인 작업 절차를 마련해 놓고 있었지만 의사소통에는 문제가 있었다고 결론지었다. 이 절차는 공장 작업자들에게 제대로 전달되지 않았고, 이는 위험한 작업 관행과 두 번의 비극적 폭발사고에 기여했다.[41]

효과적인 의사소통의 주요 이슈 중 하나는 피드백을 획득하는 것이다. 피드백이 제공되지 않으면 의사소통은 효과적이지 못하고, 전반적인 성과를 끌어내릴 수 있다. 관리자들은 이슈에 대한 관심과 도전 과제를 포함하여, 항상 피드백을 장려해야 한다. 경청은 듣기를 포함하는 능력이며, 대부분의 직원은 활발하게 다른 사람에게 전달하는 것보다 훨씬 더 많은 것을 청취한다. 따라서 관리자는 종업원이 피드백을 제공하도록 권장해야 한다. 비록 피드백이 부정적일지라도 조직의 강점과 약점을 식별하고, 필요 시 조절하는 것을 가능하게 할 것이다. 흥미로운 것은 종업원이 자신의 문제에 잘 귀기울여 주지 않는 것을 직장에서 가장 큰 불만으로 꼽는다는 점이다.[42] 종업원은 종종 관리자가 간과하는 문제를 인식하기 때문에 이들의 피드백은 관리자에게 이러한 문제를 알려주는 역할을 한다. 이는 조직이 강점과 약점을 인식하고, 필요한 조치를 취하게 한다. 동시에, 강력한 피드백 매커니즘은 종업원들이 자신의 목소리가 전달되었다고 느낀다는 점에서 종업원에 대한 권한 위양을 돕는다.

"(의사소통) 중단"은 효과적인 의사소통에 심각한 위협이 될 수 있다. 다양한 활동이 메시지를 중단시킬 수 있다. 예를 들면, 말참견을 하는 것은 의사소통 과정에서 단절을 유발하거나 메시지의 일관성을 방해할 수 있다. 심지어 정보 수신자가 전달자의 메시지를 이해하고 해석하는 데 부정적 영향을 미치는 작은 방해도 문제가 될 수 있다. 곧바로 응답을 하거나 자신의 의견을 바로 말하기보다는 오히려 상대방에게 다른 진술을 할 장소나 시간을 주는 것이 필요하다.

강력하고 효과적인 의사소통 채널은 기업의 서로 다른 계층에 정보를 전달하고자 하는 조직에는 필수 조건이다. 기업은 대면, 이메일, 전화 및 문서 의사소통(예를 들어 메모)을 포함하여 여러 개의 의사소통 채널을 가지고 있다. 각각의 채널은 장단점을 가지고 있으며, 어떤 것은 다른 것에 비해 사용하기 더 적절할 때가 있다. 예를 들어 설명을 거의 필요로 하지 않는 작은 과업은 짧은 메모나 이메일을 통해 전달될 수도 있다. 심층적인 과업은 전화 통화나 대면 접촉을 필요로 할 가능성이 가장 크다. 특히 이메일은 기업에 많은 도움을 주었으며, 종업원과 관리자 양쪽 모두 메모나 전화 통화보다 이메일을 점점 더 많이 사용하고 있다. 하지만 종업원이 이메일을 정확하게 사용하는 것이 중요하다. 잘못된 이메일을 엉뚱한 사람한테 보내기 쉽고, 이메일을 통해 보낸 메시지가 잘못 해석될 수도 있다. 또한 부적절한 이메일이 별 생각 없이 전달될 수도 있고, 직장에서 사적인 이메일을 보내서 종업원이 곤경에 처할 수도 있다. 그래서 기업은 이메일 정책을 조직 전체에 전달하는 것이 매우 중요하다. 관리자든 종업원이든 이메일을 사용하는 의사전달자는 "보내기" 버튼을 누르기 전에 주의를 해야 한다.

이메일은 직장 내에서 가장 많이 쓰이는 소통 도구이다. 종업원은 이메일을 사용하는 모범적인 방법을 지도 받음으로써 생산성에 방해를 주지 않도록 해야 한다. 사람들은 평균 11분마다 이메일을 확인하며, 84%의 사용자는 상시적으로 확인한다고 한다. 또한 평균적으로 매일 87통의 이메일을 받고, 70%의 이메일은 받은 지 6초 안에 확인된다고 한다. 이메일로 인해 자신의 원래 업무로 복귀하는 데 1분 이상의 시간이 지연된다. 생산성을 관리하는 최상의 방법에 관한 가이드라인은 이메일을 45분마다 확인하라고 조언한다. 또한

주말이나 저녁시간에 너무 빠른 응답은 스트레스를 높이고, 생산성을 저해할 수 있다.[43]

의사소통은 모든 조직원이 자신에게 기대되는 것이 무엇인지를 이해하도록 돕는 데 필요하다. 만약 기업 내에 명확한 의사소통이 존재한다면 많은 경영 문제를 피할 수 있다. 심지어 최고의 사업 전략조차도 만약 이를 감독할 사람들이 그 사업 전략의 의도된 바를 이해할 수 없다면 활용되지 못한다. 경영자에게 의사소통은 재무, 인적자원, 마케팅만큼 큰 관심사처럼 보이지 않을 수도 있다. 그러나 실제로는 의사소통은 기업 활동의 성공적인 구현 또는 실패 간의 차이를 만들어 낼 수 있다.

이해력 검토 Review Your Understanding

조직 문화의 중요성을 설명하라.

조직 문화란 한 기업의 공유된 가치, 믿음, 전통, 철학, 그리고 행동방식을 의미한다. 조직 문화는 기업의 모든 구성원이 가치를 공유하고 있음을 확인해 주며, 조직 내에서의 행동방식과 문제를 해결하는 규칙을 제안한다.

조직 구조가 어떻게 발전하는지와 기술해 보라.

조직 구조란 조직 내 직위들의 배치나 관계를 말한다. 이는 경영관리자가 직무 활동을 작업그룹과 특정 개인에 할당하고, 기업의 목표 달성을 위해 필요한 다양한 활동을 조정할 때 개발된다. 조직 구조는 성장을 수용할 수 있도록 진화하며, 전문기술 보유자를 필요로 한다.

전문화와 부문화가 어떻게 조직이 목표를 달성하는 것을 돕는지 기술하라.

조직의 구조화는 경영관리자가 특정 개인이나 그룹에 과업을 할당하는 것을 필요로 한다. 전문화에서 경영관리자는 효율성을 촉진하며, 직무를 작고 전문화된 과업으로 분업화하여 종업원에게 단일 과업을 수행하도록 할당할 수 있다. 부문화란 직무 단위(부서, 사업단위, 그룹 또는 사업 부문)로 직무를 집단화하는 것이다. 기업은 기능, 제품, 지리적 지역 또는 고객에 의해 부문화할 수 있다. 또는 이런 유형을 2개 이상 결합할 수도 있다.

그룹과 팀을 구별하고, 조직 내 존재하는 그룹의 유형을 식별하라.

그룹이란 서로 의사소통을 하고 공통적인 정체성을 공유하며 공통 목표를 갖는 2인 이상의 개인으로 정의되어 왔다. 팀이란 구성원이 상호보완적인 기술, 공동의 목적, 목표 및 접근 방법을 보유하고 있는 소규모 그룹으로서 상호 간의 책임을 공유한다. 주요 차이점은 그룹에서는 개인적인 성과가 가장 중요한 반면, 집단적인 작업그룹 성과는 팀에서 가장 중요하다. 특수한 종류의 그룹은 태스크 포스, 위원회, 프로젝트팀, 제품개발팀, 품질보증팀, 자율관리업무팀 등이다.

조직이 어떻게 과업에 대한 책임을 부여하고 권한을 위양하는지 설명하라.

권한 위양이란 종업원에게 과업을 부여하고, 그들에게 승인을 하고, 자원을 사용하며, 과업 달성을 위해 필요한 어떠한 조치도 취할 수 있는 권한을 부여하는 것을 의미한다. 이는 종업원이 할당된 과업을 만족스럽게 수행하고, 할당된 직무의 적절한 실행에 대해 상관에게 설명하도록 하는 책임을 부과한다. 조직 전체에 걸쳐 권한이 위양된 수준이 집권화 정도를 결정한다. 관리 범위란 특정 관리자 1인에게 보고하는 부하직원의 수를 의미한다. 넓은 관리 범위는 수평적 조직에, 좁은 관리 범위는 수직적 조직에 존재한다.

일반적인 형태의 몇 가지 조직구조 형태를 비교해 보라.

라인 조직 구조는 최고경영자에서 조직의 가장 낮은 단계에 있는 종업원에까지 확장되는 직접적인 지휘계통을 가지고 있다. 라인-스태프 조직 구조는 상사와 부하 간에 전통적인 라인 관계를 가지며, 라인 관리자를 보조하는 전문적인 스태프 관리자를 활용할 수 있다. 사업부제 조직 구조는 부서를 사업부라 불리는 보다 큰 규모의 집단으로 조직화한다. 매트릭스 또는 프로젝트 관리 조직 구조는 서로 다른 부서로부터 팀을 구성해 2개 이상의 중첩되는 지휘계통을 수립한다.

그룹과 팀을 구분해 보라.

그룹은 공통의 정체성과 목표를 공유하며 소통하는 둘 이상의 사람을 의미한다. 팀이란 상호 보완적인 기술을 활용하여 공통의 목적 달성을 의도하며, 팀원 상호 간에 책임을 지는 작은 그룹을 의미한다. 그룹과 팀의 가장 큰 차이는, 그룹의 경우 개인의 성과가 중요하지만, 팀에서는 공통의 집단 성과가 더욱 중요하다는 점이다.

조직에 존재하는 그룹의 종류에는 어떤 것이 있는지 제시해 보라.
그룹의 종류에는 태스크 포스, 위원회, 프로젝트팀, 제품개발팀, 품질보증팀, 자기주도적 작업그룹 등이 있다.

의사소통이 조직 내에서 어떻게 일어나는지 기술하라.
의사소통은 조직 내에서 공식적 및 비공식적으로 동시에 일어난다. 공식적 의사소통은 하향식, 상향식, 수평적 및 심지어 대각적일수도 있다. 비공식적 의사소통은 친구관계와 그레이프바인을 통해서 일어난다.

기업의 팀제 활용을 분석하라.
이후에 나오는 '딜레마 해결'에서 팀 환경으로 구조조정을 시도하는 한 기업을 소개할 것이다. 이 장에서 제공된 자료를 기반으로 당신은 그 기업의 노력을 평가하고 발생한 문제의 해결을 위한 조언을 제시할 수 있어야 한다.

도입사례 재검토

1. 큐리그 그린 마운틴이 조직 내에서 사용한 커뮤니케이션 유형은 무엇인가?
2. 관리계층이 적은 분산된 조직에서 강력한 커뮤니케이션은 왜 중요한가?
3. 기능적 부서화를 사용하면 어떤 이점이 있는가?

진도 평가Check Your Progress

1. 부문화의 네 가지 유형을 밝히고 각각의 예를 제시하라.
2. 그룹과 팀의 차이점을 설명하라.
3. 자율경영업무팀이 무엇이며 그들은 전통적으로 경영관리자에 의해 수행되었던 어떤 과업을 직접 수행할 수 있는가?
4. 권한, 책임, 책무성의 위양이 어떻게 연관되는지를 설명하라.
5. 집권화와 분권화를 구별하라. 각각 어떤 환경에서 더 적합한가?
6. 관리 범위를 정의하라. 왜 어떤 조직은 좁은 관리 범위를 가지며 또 다른 조직은 넓은 범위를 가지는가?
7. 조직 구조의 서로 다른 유형을 토의하라. 각 유형의 주요 장단점은 무엇인가?
8. 조직 내 그레이프바인의 역할을 토의하라. 경영자는 기업의 목적을 개발하는 데 이를 어떻게 활용할 수 있는가?
9. 기술 진보가 어떻게 많은 기업에서 전자관리감독을 필수로 만들었는가?
10. 조직 문화가 어떻게 조직의 목표 달성 능력에 영향을 줄 수 있는지 토의하라. 경영관리자가 조직 문화를 "관리"할 수 있다고 생각하는가?

현장 기술 개발Build Your Skills

팀워크

배경. 자신이 구성원이었거나 개입되었던 여러 종류의 그룹과 팀에 대해 생각해 보라. 아래에 기억을 도울 체크리스트가 있다. 리스트에 없는 것은 기타 란에 기입하라.

학교 내 그룹/팀
- ☐ 운동부
- ☐ 응원단
- ☐ 음악 동아리
- ☐ 취미 동아리
- ☐ 외국어 동아리
- ☐ 학습 동아리
- ☐ 기타 ________________

지역사회 내 그룹/팀
- ☐ 기금모금회
- ☐ 종교단체
- ☐ 운동회
- ☐ 정치집단
- ☐ 보이/걸스카우트
- ☐ 자선봉사조직
- ☐ 기타 ________________

직장 내 그룹/팀
- ☐ 문제 해결팀
- ☐ 직무 위원회
- ☐ 프로젝트팀
- ☐ 노동조합
- ☐ 작업반
- ☐ 기타 ________________

과업

1. 체크한 항목 중에서 "정말 훌륭한 팀"으로 분류할 수 있는 항목에 동그라미 표시를 하라.
2. 다음의 내용을 검토하고 "정말 훌륭한 팀" 경험에 표현되어 있는 두 번째와 세 번째 열의 특성에 동그라미 표시를 하라.[44]
3. 자신의 긍정적인 팀 경험으로부터 무엇을 얻을 수 있는가? 앞으로 개입될 수도 있는 업무 관련 그룹이나 팀 상황에 무엇을 적용시킬 수 있는가?

지표	훌륭한 팀 경험	별로 좋지 않은 팀 경험
구성원이 정시에 도착했는가?	다른 사람들이 그럴 것이라는 것을 알기 때문에 정시 도착	산발적으로 들락거리고, 일부는 일찍 감
구성원이 준비가 되었는가?	준비되고 뭐가 기대되는지 알고 있음	실행계획표를 명확히 모름
회의가 조직화되었는가?	멤버들이 계획된 실행계획표에 따름	실행계획표는 제쳐놓고, 자유 토론이 뒤따름
각 구성원이 똑같이 기여하는가?	서로에게 발언기회를 줌. 조용한 멤버는 발언하도록 장려함	일부 멤버가 항상 토론을 지배함. 일부는 자신의 생각을 말하려 하지 않음
토의가 멤버들의 의사결정에 도움이 되는가?	타인의 관점에서 배우고, 새로운 사실들이 토의되며, 창의적 아이디어들이 발전하고, 대안들이 부상함	자신의 관점에서 자신의 믿음만 강화하거나 회의 한참 전에 이미 자신의 결정이 정해짐
반대가 있는가?	팀 정책의 일환으로 설정된 갈등-해결 프로세스를 따름	갈등이 논쟁, 말다툼, 감정, 비난으로 변함
협동이나 갈등이 증가하는가?	협동은 명백히 중요한 요소임	표면 아래서 끓을 뿐만 아니라 갈등이 노골적으로 점화됨
의사결정에 합의하는가?	떠나기 전에 합의에 이름	타협이 가능한 최상의 결과. 일부는 결과에 신경 쓰지 않음
팀 의사결정 후 팀원의 느낌은?	만족하고, 그들의 아이디어를 가치 있게 느낌	끝나서 기뻐하지만, 결과나 성과를 확신하지 않음
멤버들은 추후에 의사결정을 지원하는가?	결정내용의 실행에 전념함	일부 멤버는 추측하거나 팀의 결정을 약화시킴

딜레마 해결Solve the Diemma

과도기에 있는 퀘스트 스타

고품질의 고출력 스테레오 스피커 제조사인, 퀘스트 스타(Quest Star)(이하 QS)는 일본 기업들에 대한 자사의 경쟁력 강화를 원했다. 이에 따라 회사는 아이오와 공장에 포괄적인 품질향상 프로그램을 발족시켰다. QS 내부 의사소통 리더십 이니셔티브(Intracommunication Leadership Initiative: ILI)는 경영관리 계층을 수평화시켰다. 이 프로그램은 공장의 목표 달성을 위해 의사소통 기회가 제한적인 여러 층의 경영관리 계층 대신 팀제와 동료집단 압박(peer pressure)을 활용한다. 이 이니셔티브에서 종업원은 자신의 책임범위 내에서 모든 의사결정을 하고, 다른 팀과 조율을 위한 팀 대표를 선출한다. 팀은 정책 수립에서 작업장 안전도 평가에 이르는 과업을 부여받는다.

하지만 동기부여가 되지 않은 직원은 이 시스템 내에서 부여되는 동료의 권한에 익숙해지는 데 어려움을 겪고 있다. 상위관리자는 스스로를 감독하도록 작업자들을 훈련시켜야 하기 때문에 스트레스와 좌절에 직면하게 된다.

토의 주제

1. 종업원은 작업그룹 내 리더십 역할에 대해 어떤 기법이나 기술을 가정해야 하는가?
2. 만약 각 작업집단에 팀 대표가 있다면, 이들을 감독하면서 어떤 문제에 직면하게 될 것인가?
3. QS에 의해 개발된 시스템의 장단점을 평가하라.

사업 계획서 작성Build Your Business Plan

조직, 팀워크 그리고 의사소통

팀 단위로 사업 계획서를 작성하는 것은 당신을 팀워크의 개념과 친숙해지도록 독려하기 위한 고의적인 변화이다. 당신은 직장 생활의 많은 부분을 다른 사람들과 함께 일하는 데 쓴다는 것을 깨달을 필요가 있다. 현재 시점에서는 학점을 따기 위해 사업 계획서를 작성하고 있지만, 졸업 후에는 직장 동료들과 협력을 하게 될 것이며, 노력의 성공은 급여 인상이나 보너스 여부를 결정할 수도 있다. 가능한 한 빨리 다른 사람들과 함께 일하고 그들에게 자신이 기여한 일에 대해 책임을 지도록 하는 데 편안해지는 것이 중요하다.

어떤 사람은 타고난 "리더"이며, 리더는 흔히 팀 구성원이 맡은 일을 안 하고 있으면 자신이 "모든 일을 다 한다"는 책임이 있다고 느낀다. 이것은 리더십이 아니라 상세관리(micro-managing)이다.

리더십은 구성원에게 자신의 책무에 대해 책임을 부과하는 것을 의미한다. 강사는 아마도 동료평가를 활용해 이것을 어떻게 수행할 수 있는지에 대한 아이디어를 제공할 수도 있다. 당신은 팀원을 위해 그들의 일을 해줌으로써 그들의 부탁을 들어주고 있는 것이 아니라는 것을 기억해야 한다.

만약 당신이 지도자라기보다 "추종자"(지시를 잘 수용하는 사람)라면 다른 팀원들이 열심히 일하는 팀에 들어가도록 노력하고, 그들 수준으로 올라갈 것이다. 추종자가 되는 것이 안 좋은 것은 아니다. 모든 사람이 지도자가 될 수 있는 것은 아니다!

8

서비스업과 제조업의 운영관리

학습목표

8-1 운영관리를 정의한다.

8-2 운영과 제조를 구분한다.

8-3 운영관리가 제조업체와 서비스 기업에서 어떻게 다른지 설명한다.

8-4 운영 시스템 계획 및 설계에 관련된 요소를 기술한다.

8-5 투입물을 완제품으로 변환시키는 데 이용할 수 있는 몇 가지 기법을 명확히 설명한다.

8-6 운영관리에서 품질의 중요성을 평가한다.

8-7 기업의 딜레마를 평가하고, 해결책을 제안한다.

©QualityHD/Shutterstock

도입사례 :: 트레이더 조의 운영 성공

1967년에 설립된 이래로 트레이더 조(Trader Joe's)는 미국 41개 주에 470개 이상의 식료품 가게를 운영하고 있다. 기업의 규모가 지속적으로 커져감에도 불구하고 트레이더 조는 1967부터 시작되었던 동네 가게 같은 편안한 분위기를 계속 유지하고 있다. 트레이더 조의 훌륭한 운영과 고객 서비스로 인해 충성스러운 단골고객이 지속적으로 늘고 있다.

트레이더 조는 경쟁업체보다 더 작은 시설과 제품군을 유지하고 있는데, 이는 이 기업만의 독특한 이미지를 만들고 지켜가기 위한 독특한 운영방식의 하나이다. 일반적인 식료품 가게가 5만 종의 제품을 보관하는 것에 비해 트레이더 조는 4,000종의 제품만 보관한다. 이러한 재고관리는 운영비용을 줄이고 고품질의 진열상품을 유지할 수 있게 해준다. 많은 가게가 하나의 식품에 50여 종이 선택 가능하도록 준비하지만 트레이더 조는 몇 개만 준비한다. 수요가 적거나 제조비용이 많이 드는 제품은 오랫동안 시장에 남아있기 힘들다. 재고를 적게 유지할 수 있고 회전율이 높은 제품은 효율적으로 운영할 수 있다.

트레이더 조의 다른 독특한 특징은 공급사슬에 있다. 어떤 상황에서도 제품에 사람의 손길이 거치는 것을 최소화되도록 운영한다. 트레이더 조는 제조자로부터 직접 구매하고, 배송센터로 곧바로 이송하고 가게로 바로 전달한다. 이를 통해 트레이더 조는 배송과정에서 효율성을 달성하고 비용을 줄일 수 있었다. 이러한 효율성은 생산성을 증가시키고 고객에게 우수한 제품을 지속적으로 제공한다.

또한 트레이더 조는 품질을 향상시키고 공급자와 관계를 증진시킨다. 이를 위해 제품개발자는 최고의 품질과 가격의 제품을 전 세계에서 찾기 위해 노력한다. 공급자는 비용이 덜 들고 지불을 한꺼번에 하는 판매체인을 원한다. 트레이더 조는 공급 시스템을 간결한 배송 시스템을 유지할 수 있는 영역으로만 확장한다. 이러한 트레이더 조만의 식료품 쇼핑 경험을 새롭게 하는 방법에 고객은 더욱 감명받고 있으며, 인기는 더욱 높아지고 있다.[1]

도입

모든 기업은 고객을 위한 제품 — 상품, 서비스 또는 아이디어 — 을 생산한다. 따라서 테슬라, 서브웨이, 유피에스(UPS) 및 공공 병원 등 다양한 조직은 자원을 제품으로 변환시키는 방법과 관련하여 유사점이 많다. 대부분의 병원은 유사한 입원 절차를 가지고 있다. 페이스북이나 트위터 같은 온라인 소셜 미디어 기업들은 기술과 운영 시스템을 사용하여 사회적 인맥관리 기회를 창출하고 광고를 판매한다. 이러한 유사점은 이미 예상되었다. 하지만 관련 없는 산업 내 조직조차도 상품과 서비스를 생산하는 데 유사한 단계를 취한다. 예를 들면, 호텔과 민간 항공사의 투숙 절차와 탑승 수속은 매우 비슷하다. 서브웨이가 샌드위치를 만드는 절차와 지엠씨(GMC)가 트럭을 조립하는 순서는 유사하다(양쪽 모두 자동화와 조립 생산라인을 사용한다). 이러한 유사점은 이번 장의 초점인 운영관리의 결과이다.

여기서 우리는 상품과 서비스를 생산하는 데 필요한 자원들을 획득하고 관리하는 활동에서 생산 또는 운영 관리의 역할을 토의한다. 생산 및 운영 관리는 자원을 완제품으로 변환시키는 프로세스를 계획하고 설계하며, 변환 프로세스에 자원을 이동시키고, 제품이 고객이 기대하는 품질을 갖도록 보증하는 일을 포함한다.

학습목표 8-1

운영관리의 본질

운영관리
자원을 상품과 서비스로 변환시키는 데 관련되는 기업 활동의 개발과 관리.

운영관리(Operations Management: OM)는 자원을 상품과 서비스로 변환시키는 데 관련되는 기업 활동을 개발하고 관리하는 활동이며, 매우 중요하다. 운영 관리자는 변환 공정, 운영 시스템의 계획과 설계, 물류 관리, 품질 및 생산성을 관리 감독한다. 자원을 효율적이며 효과적으로 이용하여 고객이 원하는 품질의 제품을 만들어 낼 수 없는 기업은 채산성을 맞출 수 없을 것이기 때문에 품질과 생산성은 운영관리의 근본적인 요소가 되었다. 운영관리는 조직의 상품과 서비스 생산에 대한 책임을 지기 때문에 대부분 조직에서 "핵심"이다. GM과 같은 기업에서는 유형의 제품(tangible product)을 생산하지만 서비스 역시 고객을 위한 총합 제품(total product)*의 중요한 부분이다.

*가격, 품질뿐만 아니라 부속물, 색상, 포장, 브랜드, 품질보증, 기타 서비스 및 이미지 등을 포함하는 총체적인 측면에서의 제품. — 역자주

학습목표 8-2

역사적으로 운영관리는 초기에 물리적인 상품 생산으로 제한되었던 관점 때문에 생산(production) 또는 제조(manufacturing)관리로 불렸다. "생산"에서 "운영"으로의 변화는 서비스와 아이디어를 제공하는 조직에 대한 중요성의 증가를 인정한 것이다. 운영(operations)이라는

용어는 단순히 투입물과 산출물의 분석보다는 전체를 바라보는 운영기능에 대한 관심을 표현한다.

오늘날 운영관리는 의료 서비스, 급식, 은행 업무, 오락, 교육, 교통 및 자선 활동과 같은 생산을 넘어서 광범위한 조직 활동과 상황에도 적용된다. 따라서 **제조**(manufacturing)와 **생산**(production)이라는 용어는 유형의 제품을 만드는 데 사용되는 활동과 공정을 나타내는 경우에만 상호 교환하여 사용되는 반면, 좀 더 광범위한 용어인 **운영**(operations)은 유형 혹은 무형 제품 공정을 아우르는 표현으로 사용된다. 제조는 애플와치(Apple Watch)와 같은 유형 제품을 제공하고, 운영은 윈덤 호텔앤 리조트(Wyndham Hotels & Resorts)에서의 숙박과 같은 무형재(intangibles)를 제공할 때도 표현 가능하다.

제조
유형의 제품을 만들어 내는 데 이용되는 활동과 프로세스. 생산으로도 불린다.

생산
유형의 제품을 만들어 내는 데 이용되는 활동과 프로세스. 제조로도 불린다.

운영
유형 및 무형의 제품 모두의 산출에 사용되는 활동과 프로세스.

투입물
산출물로 변환되는 노동력, 자금, 원료 및 에너지와 같은 자원.

산출물
투입물의 변환으로부터 생성되는 상품, 서비스 및 아이디어.

변환 공정

운영관리의 핵심에는 **투입물**(inputs)(노동, 자금, 원료 및 에너지)이 **산출물**(outputs)(상품, 서비스 및 아이디어)로 변환되는 변환 공정이 있다. 변환 공정은 제품을 생산하기 위해 서로 다른 장비, 관리 절차 그리고 기술을 이용하여 투입물을 사전에 정해진 방법으로 조합한다(그림 8-1). 공정이 품질 좋은 제품을 효율적으로 생산하도록 보증하기 위해, 운영 관리자는 변환 공정의 다양한 지점에서 측정치를 구하고(피드백), 이전에 확립된 표준치와 비교함으로써 공정을 통제한다. 만약 실측치와 기대치 사이에 어떤 변동이 있으면, 관리자는 일종의 수정조치를 취할 수 있다. 예를 들어 항공기의 90%는 정시에 출발하도록 표준이 설정되어 있는데 만약 80%만 정시 출발한다면 10%의 부정적인 차이가 존재하는 것이다. 만족스런 제품을 생산하기 위한 모든 조정 활동은 변환 공정의 일부이다.

변환은 하나 또는 그 이상의 공정에서 일어날 수 있다. 예를 들어 참나무 가구를 생산하는 기업에서 투입물은 최종 산출물 — 고객의 욕구를 충족시키도록 디자인된 가구(그림 8-2) — 로 변화하기 전 몇 단계의 공정을 통과한다. 가구 제조사는 우선 참나무의 껍질을 벗기고 적당한 크기로 톱질해야 한다(변환 공정에서 첫 단계). 그 다음 회사는 참나무 통

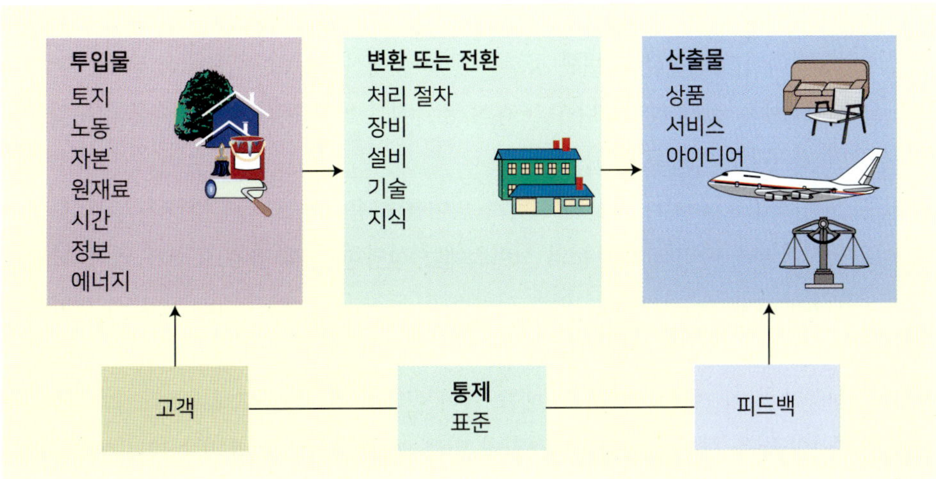

〈그림 8-1〉 운영관리의 변환 공정

〈그림 8-2〉 참나무 가구 제조사의 투입물, 산출물 및 변환 공정

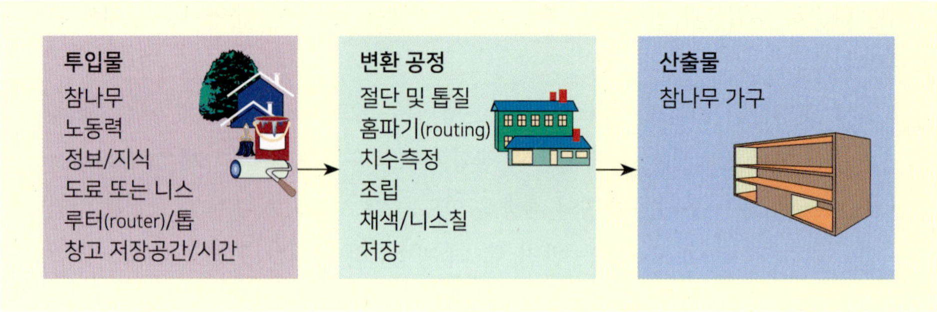

나무 조각을 건조시킨다(변환 공정의 두 번째 형태). 세 번째, 건조된 목재는 적당한 모양을 갖도록 경로설정이 되고 연마된다. 네 번째, 작업자들이 목재 부속을 조립하고 처리한 후, 조립된 가구를 채색하거나 광택 칠을 한다. 마지막으로, 완성된 가구는 적절한 시기에 고객에게 배송될 수 있을 때까지 보관된다. 물론 많은 기업은 미리 가공된 재료를 구매하거나 더 높은 전문성을 보유하고 있는 제3의 기업에게 일부 작업을 외주함으로써 이 단계 중 일부를 제거하는 방식을 선택한다.

학습목표 8-3

서비스 기업의 운영관리

항공사, 대학 그리고 대부분의 비영리 조직과 같이 서비스를 제공하는 조직에서 서로 다른 유형의 다양한 변환 공정이 일어난다. 항공사는 종업원, 시간, 돈 그리고 장비와 같은 투입물을 항공편 예약, 항공기 운항, 장비 유지 관리, 승무원 훈련과 같은 공정을 통해 변환한다.

이 공정의 산출물은 목적지로 비행 중인 탑승객 또는 소화물이다. 해비타트 운동본부(Habitat for Humanity)와 같은 비영리 조직에서는 자금, 원자재, 정보 그리고 자원봉사 시간 및 노동력과 같은 투입물을 원재료를 도움이 필요한 가족들을 위한 집으로 변환시키는 데 사용한다. 이런 상황에서 변환 공정은 콘크리트를 붓고 벽을 세우며 지붕을 덮는 것뿐만 아니라 기금 모집과 신규 자원봉사자 및 기부 물품을 획득하기 위한 운동 촉진을 포함한다. 홈디포(Home Depot) 같은 기업은 자사의 물품을 기증하며, 종업원에게 해비타드 같은 조직에 자원봉사하기를 권유한다. 변환 공정은 무엇을 생산하든 또는 목적이 무엇이든 관계없이 모든 조직에서 일어난다. 대다수 조직의 궁극적인 목적은 생산된 산출물이 투입물의 총비용보다 가치가 커지도록 만드는 것이다.

유형 제품(tangible goods)과는 달리 서비스는 이를 사용하는 고객에 방향을 맞춰야 하는 행위 또는 시행이다. 따라서 대부분의 서비스에는 상당한 고객 접촉 요소가 있다. 고접촉 서비스(high-contact services)의 예로는 의료 서비스, 부동산 중개, 세무 대리 및 음식 서비스가 있다. 고접촉 서비스 혹은 고객 지향 서비스를 위한 교육시간은 비즈니스나 산업 혹은 기업의 문화 등에 따라 매우 다양하다. 예를 들어 콘테이너 스토어(Container Store)의 첫해 전일제 근무자의 경우 산업 평균은 8시간인데 비해 263시간의 교육을 받는다. 콘테이너 스토어는 한 명의 훌륭한 사람이 세 명의 좋은 사람보다 낫다고 생각할 만큼 종업원을 중요

서비스의 특징	예
무형성(intangibility)	콘서트나 야구, 농구, 축구와 같은 스포츠 관람
생산과 소비의 일치성(Inseparability of production and consumption)	여행, 마사지, 수의사 서비스
소멸성(perishability)	강연 듣기
고객화(customization)	이발, 법률 서비스, 세무 서비스
고객접점(customer contact)	식당, 백화점 서비스

〈표 8-1〉 서비스의 특징

자료: Adapted from Valerie A. Zeithaml, A. Parasuraman, and Leonard L. Berry, *Delivering Quality Service: Balancing Customer Perceptions and Expectations* (New York: Free Press, 1990); K. Douglas Hoffman and John E.G. Bateson, *Essentials of Services Marketing* (Mason, OH; Cengage Learning, 2001); Ian P. McCarthy, Leyland Pitt, and Pierre R. Berthon, "Service Customization Through Dramaturgy," *Mass Customization*, 2011, pp. 45–65.

하게 생각하는 문화를 가지고 있다.[2] 반면, 이베이 같은 온라인 경매 서비스는 저접촉 서비스(low-contact services)로 강력한 첨단 기술 요소를 중심으로 서비스 한다. 〈표 8-1〉은 서비스의 일반적 특징을 보여준다.

고객 접촉의 수준과 무관하게 서비스 기업은 표준화된 공정을 제공하기 위해 노력하며, 기술은 자동화되고 구조화된 응대를 제공하는 상호작용 방식을 제공한다. 이상적인 서비스 공급자는 첨단기술이면서 고감도(high-touch)가 될 것이다. 아마존은 고객 서비스 등급이 높은 기업 중 하나이다. 아마존은 쉽게 검색 가능한 홈페이지와 빠른 배송 시스템을 구비하여 높은 고객 서비스 품질을 가지고 있다. 아마존의 CEO인 제프 베조스(Jeff Bezos)는 고객에게 어떤 의견이라도 자신에게 직접 이메일을 보내라고 한다. 그는 담당 직원에게 직접 받은 메시지를 전달하여 왜 이런 문제가 일어났는지, 어떻게 재발방지를 할 것인지 묻는다.[3] 서비스 조직은 우수한 종업원 고용과 훈련, 유연한 시스템 개발, 서비스 개인 맞춤화 그리고 수요 변동을 처리하기 위한 조절 가능한 서비스 능력의 유지를 기반으로 하는 서비스 수행을 중심으로 사업을 구축해야 한다.[4]

서비스 운영에 관련된 또 다른 도전 과제는 산출물이 일반적으로 무형적이고, 심지어 소멸성이 있다는 것이다. 서비스는 거의 비축, 저장, 재판매 또는 반품될 수 없다.[5] 예를 들어 비행기 좌석이나 식당 테이블은 나중에 팔리거나 사용될 수 없다. 서비스의 소멸성 때문에 서비스 공급자가 정확한 서비스 공급량을 맞추기 위해 수요를 정확하게 추정하는 것은 극히 어렵다. 만약 항공사가 수요를 과대평가하게 되면 빈 좌석이 있더라도 회사는 여전히 항공기를 운행해야 할 것이다. 운항 비용은 좌석이 50%가 차든 만석이든 관계없이 동일하다. 하지만 전자의 경우 승객 한 명당 훨씬 높은 운항 비용을 유발할 것이다. 만약 항공사가 수요를 과소평가한다면 성난 고객이 몰려들거나 초과 예약된 항공편의 고객으로부터 큰 항의를 받을 수도 있다.

유형 제품을 제조하는 기업과 서비스나 아이디어를 제공하는 기업은 서로 비슷하지만 조금 다르다. 예를 들면, 두 가지 유형의 조직 모두 설계 및 운영 의사결정을 내려야 한다. 대부분의 상품(goods)은 구매되기 전에 먼저 생산된다. 하지만 대부분의 서비스는 구입된 후에 시행된다. 사우스웨스트 항공사의 승무원, 리츠칼튼호텔 서비스 직원, 덴버 브론코스 풋볼팀은 총합 제품(total product)의 일부분인 시행에 관여한다. 비록 제조사와 서비스 공급자가 종종 유사한 활동을 할지라도, 그들은 여러 차원에서 서로 상이하다. 이런 차이점을 다섯 가지 기본적인 방식으로 분류할 수 있다.

산출물의 특성과 소비. 제조사와 서비스 공급자는 각각 산출물의 특성과 소비 차원에서 서로 다르다. 예를 들면, 제조사(manufacturer)라는 용어는 유형의 제품을 만드는 기업을 암시한다. 한편, 서비스 공급자는 미국 우편국 특급 우편배달 또는 웨스틴(Westin) 호텔에서의 출장 숙박과 같이 보다 무형적인 산출물을 생산한다. 앞서 언급한 바와 같이, 서비스 공급자 제품은 그 특성상 높은 수준의 고객 접촉을 필요로 한다. 즉 서비스의 실제 이행은 소비 시점에서 일어난다. 웨스틴에서는 비즈니스 여행자는 독점적이고 쾌적한 설비를 갖춘 멋진 침구와 샤워 시스템에 만족한다. 혹은 고객은 보상 멤버십의 포인트를 얻는 것이나 스타우드 우대고객(Starwood Preferred Guest)의 상태에 따른 업그레이드에 만족할 수도 있다. 반면, 자동차 제조사는 자동차 생산을 그것의 실제 사용으로부터 분리해 낼 수 있지만 서비스 차원은 고객과 밀접한 접촉을 필요로 한다. 제조는 고객으로부터 떨어진, 격리된 환경에서 일어날 수 있다. 하지만 서비스 공급자는 고객 접촉의 필요성 때문에 작업 방법, 직무 할당, 작업 일정 계획 및 운영에 대한 통제력 발휘에서 흔히 제조사보다 제한적이다. 이러한 이유로 자포스(Zappos)는 오픈마켓이라고 하는 온라인 스케줄 플랫폼을 개발했다. 전에는, 프로세스가 복잡해서 종업원이 자신이 선호하는 스케줄을 종이에 옮겨 써야 했다. 새로운 스케줄 플랫폼은 수요에 기반을 둔 가격 시스템을 도입하여 수요가 많은 시간을 선택하는 종업원에게 보상이 가능하도록 하였다.[6] 서비스 경험의 품질은 흔히 서비스 접점 직원에 의해 통제된다. 하지만 몇몇 병원은 서비스 품질 향상을 위한 노력의 일환으로 자동차 산업에 적용된 제조 공정과 품질관리 체제를 연구하고 있다. 불필요한 단계를 찾아내기 위해 작업 공정을 분석하고, 문제가 발생하자마자 이를 식별하고 처리하기 위해 팀을 이용한다. 이를 통해 병원은 환자 대기시간을 대폭 단축하고 휠체어 재고를 줄이며, 더 빨리 수술실을 준비하고, 일반 환자가 내원해 있는 동안 실수는 줄이면서 보다 낮은 비용으로 더 신속하게 이동시키고 있다.[7]

블레이즈 피자(Blaze Pizza)의 투입물은 페페로니, 모차렐라, 버섯, 양파 그리고 소세지와 같은 재료들이며, 산출물은 맞춤형 피자이다.
©Sorbis/Shutterstock

투입물의 균일성. 제조사와 서비스 공급자 간의 차이점을 분류하는 두 번째 방법은 투입물의 균일성과 관계가 있다. 제조사는 전형적으로 그들이 사용하는 자원의 변동량에 대해 서비스 공급자보다 더 강력한 통제력을 가진다. 예를 들어 피델리티 투자(Fidelity Investments)에 전화를 하는 고객들은 각각 서로 상이한 요구로 각기 다른 서비스를 요구하는 경향이 있는 반면, 한 대의 포드 포커스(Ford Focus)를 생산하는 데 필요한 작업의 많은 부분은 각 생산 차량마다 동일하다. 결과적으로 서비스 조직의 제품은 제조회사의 제품에 비해 보다 고객맞춤화가 높은 경향이 있다. 예를 들어 이발 한 번과 샴푸 한 통을 생각해 보자. 이발 1회가 샴푸 한 통보다 훨씬 더 고객의 특정 요구들을 반영(고객맞춤화)하는 경향이 있다.

산출물의 균일성. 제조사와 서비스 공급자는 산출물인 최종 제품의 균일성에서 차이가 난다. 서비스를 제공함에 있어 고유한 인적 요소 때문에 모든 서비스는 각기 다르게 수행되는 경향이 있다. 예를 들어 모든 식료품점 계산원은 동일한 방식으로 고객을 응대하지는 않는다. 만약 이발사나 스타일리스트가 하루에 15번 머리를 깎는다면 그중 완전히 똑같은 스타일이 나올 가능성은 매우 낮다. 결과적으로 서비스와 관련된 인적 그리고 기술적 요소는 날마다 또는 매시간 서로 다른 서비스 이행 결과를 초래할 수 있다. 두 체인점이 매우 유사한 업무 절차와 공정을 적용한다는 사실에도 불구하고, 서비스 경험은 맥도날드나 버거킹에서도 차이가 날 수 있다. 더욱이 두 명의 고객이 서비스 경험에 대한 지각(perception)에서 완벽하게 동일하지가 않다. 의료 서비스는 이런 도전 과제의 또 다른 훌륭한 예시를 제공한다. 모든 개인이 서로 다르기 때문에 모든 진단, 처방 그리고 수술은 서로 차이가 있다. 제조업에서는 가용한 높은 수준의 자동화가 제조사로 하여금 균일한 산출물의 생산을 허용한다. 그래서 운영이 보다 효과적이고 효율적이다. 예를 들어 1만 500달러에 달하는 자이언트 티씨알 어드벤스드 에스엘 디스(Giant TCR Advanced SL Disc) 자전거와 1만 4,000달러에 달하는 라이트스피드 티아 티타늄 로드 바이크(Litespeed T1sl Disc Titanium Road Bike) 같은 고급 자전거는 매우 높은 수준의 품질 및 성능을 유지할 것으로 기대한다.

필요한 노동력. 네 번째 차이점은 산출물을 생산하기 위해 요구되는 노동의 양이다. 높은 수준의 고객 접촉, 산출물의 소멸성(즉시 소비되어야 하는), 높은 수준의 입력물과 투입물의 변동성(고객맞춤화) 때문에 서비스 공급자는 일반적으로 노동집약적(더 많은 노동력을 필요로 한다)이다. 예를 들어 아데코(Adecco)사는 임시 지원 인력을 제공한다. 각 임시 직원의 성과는 아데코사 제품의 품질을 결정한다. 반면에 제조사는 유사성이 높은 제품의 대량생산에 사용되는 기계장비와 기술로 인해 보다 자본집약적일 가능성이 크다. 예를 들면, 보다 긴 수명의 배터리를 장착한 전기 자동차를 생산하기 위해 포드 자동차는 상당한 투자해야만 한다.

생산성의 측정. 서비스 공급자와 제조사 간의 마지막 차이점은 생산된 각 산출물에 대한 생산성 측정과 관련이 있다. 제조사의 경우, 산출물의 유형성(tangible)과 높은 수준의 균일성으로 인해 생산성 측정은 비교적 간단하다. 서비스 공급자의 경우는 수요의 변동성, 직무 간 서비스 요구 사항의 차이 및 제품의 무형성이 생산성 측정을 보다 어렵게 만든다. 인텔 컴퓨터 프로세스 생산에 관여하는 종업원의 생산성을 측정하는 것이 푸르덴셜 증권(Prudential Securities)의 고객 요구를 서비스하는 것의 생산성 측정에 비해 얼마나 쉬운지 생각해 보자.

앞서 논의에서처럼 조직을 제조사나 서비스 공급자로 생각하는 것은 편리하고 간단하다. 하지만 현실 세계에서는 대부분의 조직이 유형성과 무형성 양쪽 모두를 포함하는 복합물을 산출해 낸다. 예를 들면, 삼성은 수신자 부담 핫라인센터와 품질보증기간 같은 고객 서비스를 제공한다. 반면, 은행은 무형적인 제품을 보완하는 수표 혹은 다른 형태의 유형 제품을 판매할 수 있다. 따라서 최종 제품(product)은 유형의 물리적 상품(goods)과 무형의 서비스 제공물 양쪽 모두를 포함하는 것으로 간주된다. 기업을 제조사로 또는 서비스 공급자로 분류하는 특성은 그 기업 주요 제품의 유형성 정도이다. 운영관리의 관점에서 이 유형성의 수준은 기업의 운영 프로세스와 절차의 특성에 큰 영향을 미친다.

학습목표 8-4

운영 시스템의 계획과 설계

제품을 생산하기 전, 기업은 먼저 무엇을 어떤 고객 집단을 위해 생산할 것인지를 결정해야 한다. 그 후 제품 생산을 위해 필요한 설비뿐만 아니라 그 제품을 만들기 위해 어떤 공정을 사용할 것인지를 결정해야 한다. 한때는 계획 수립이 생산운영 부서의 유일한 영역이었으나, 오늘날 성공적인 기업들은 이런 의사결정에서 특히 마케팅과 연구개발 부서를 포함해 조직 내의 모든 부서를 참여시킨다.

제품 기획

어떤 제품이든 만들기 전에 기업은 먼저 고객이 원하는 것이 무엇인지를 결정하고, 그런 후에 고객이 원하는 것을 충족시키기 위한 제품을 설계해야 한다. 대부분의 기업은 공급할 상품이나 서비스의 종류와 그것이 지녀야 할 특성을 결정하는 데 마케팅 조사(11장에서 논의)를 이용한다. 트위터와 페이스북은 기업에, 고객이 원하는 것을 발견하고 그에 맞춰 제품을 설계할 수 있는 새로운 기회를 제공한다. 대략 50% 정도의 기업이 새로운 제품을 개발과정에서 소셜 미디어를 사용한다.[8] 마케팅 조사는 제품에 대한 수요를 측정하고, 고객이 이 제품에 얼마를 기꺼이 지불할 수 있는지를 측정한다. 하지만 시장 환경이 변하면 기업은 좀 더 유연해져야 한다. 마케팅 조사는 피부의 반응을 측정하는 웨어러블(wearable)에서부터 설문조사를 위해 지리정보 시스템을 이용하는 데까지 발전하고 있다. 사람이 이벤트를 보고 나타내는 반응을 측정하는 데 인공지능을 사용되기도 한다.[9]

제품 개발은 길고 비용이 많이 드는 과정이 될 수 있다. 예를 들면, 우버와 볼보는 무인자동차를 고객에게 제공하기 위해서 서로 파트너가 되었다. 볼보의 제조 및 디자인 경험과 우버의 승차공유시장 및 카네기멜론 대학의 로봇 학과출신으로 구성된 우수한 인력으로 이루어진 3억 달러 가치의 협력이 이루어진 것이다.[10] 대부분의 기업은 개발 기간과 비용을 줄이기 위해 노력한다. 함께 연합함으로써 기업들은 자사의 자원을 공유하고, 새로운 제품을 개발하는 데 필요한 시간을 줄일 수 있게 된다. 일단 기업이 고객이 구매할 제품의 아이디어를 개발하면, 어떻게 제품을 생산할 것인지 계획을 수립해야 한다.

기업 내에서 엔지니어링 또는 연구개발 부서가 제품 아이디어를 경제적으로 생산할 수 있고, 실행 가능한 설계로 변환시키는 데 책임을 진다. 작은 회사에서는 한 개인(아마도 소유주)이 모든 중요한 활동에 대해 단독으로 책임을 질 수도 있다. 제품 설계에 대한 책임 여부와 관계없이 계획 수립 활동은 제품의 청사진이나 서비스 기술에서 끝나지 않는다. 계획은 고객의 수요를 충족시키는 충분한 양을 생산할 수 있는 효율적인 생산법을 제공해야 한다. 스내퍼(Snapper) 같은 회사가 어떻게 강철, 알루미늄 등 여러 원재료를 고객 및 환경적 요구 사항을 충족시키는 잔디 깎기의 설계도를 만들어 내는지 생각해 보라. 운영 관리자는 원자재의 종류와 수량, 제품 생산에 필요한 기술 및 인원수 그리고 입력물이 산출물로 변형되기 위해서 통과해야 하는 실제 공정을 계획해야 한다.

운영 공정의 설계

기업은 생산 개시 전에 여러 자원을 원하는 제품으로 변환할 적절한 방법을 결정해야 한다. 흔히 고객의 특정 필요와 요구는 어떤 공정이 필요한지를 결정한다. 예를 들면, 모든 3/4인치 볼트는 동일한 나사선 크기, 기능 및 품질을 요구한다. 만약 그렇지 않으면 엔지니어, 건축업자 등은 건축 공사에서 3/4인치 볼트를 신뢰할 수 없을 것이다. 그러면 볼트 제조사는 생산된 모든 3/4인치 볼트가 서로 같도록 표준화 공정을 사용할 공산이 크다. 반면, 다리는 흔히 그 장소와 예상 하중에 적합하도록 맞춤형으로 제작되어야 한다. 또한 다리는 공장에서보다는 현장에서 건설되어야 한다. 대개 제품은 표준화, 모듈식 설계 또는 고객맞춤화, 이 세 가지 공정 중 한 가지에 의해 설계되어 생산된다.

표준화. 많은 고객을 위해 대량으로 제품을 생산하는 대부분의 기업은 설계를 표준화함으로써 제품을 더 저렴하고 신속하게 생산한다. **표준화**(standardization)란 부품 또는 제품 전체를 동일하고 상호 교환 가능하도록 만드는 것을 말한다. 표준화를 통해 고객은 자신이 원하는 것을 얻지 못할 수는 있으나, 일반적으로 표준화된 제품은 고객맞춤형 제품보다 저렴하다. 텔레비전, 볼펜, 토르티야(tortilla) 칩은 표준화된 제품이며, 대부분이 조립라인에서 제조된다. 표준화는 생산 및 품질 관리 속도를 증가시키고 생산 원가를 절감시킨다. 또한 3/4인치 볼트의 예처럼, 표준화는 일관성을 제공하여 항상 동일하게 작동하는 확실한 제품을 필요로 하는 고객의 기대를 충족시킨다. 표준화는 여러 국가가 서로 다른 품질 기준을 가지고 있으면 세계적으로 복잡한 문제가 된다. 이 문제를 해결하기 위해 국제표준화기구(International Organization for Standardization: ISO)는 기업이 이해관계자들에게 최고의 품질, 환경 및 경영 지침을 따르고 있음을 보증하기 위해 채택하는 국제표준 목록을 개발하였다.

표준화
동일하고 교체 가능한 부품이나 제품의 생산.

모듈식 설계. **모듈식 설계**(modular design)는 다른 제품 생산을 위해 결합되거나 교체될 수 있는 자체 내장형 장치 또는 모듈로 제품을 생산한다. 컨테이너 스토어(Container Store)는 여러 저장 솔루션을 위한 모듈식 설계를 구현한다. 이는 고객이 고객맞춤형 설계를 위해 부품을 짜맞출 수 있도록 해준다. 많은 모듈식 부품이 일체형 장치로 생산되기 때문에 모듈식 부품 일부분의 고장도 보통 전체 부품의 교체를 의미한다. 모듈식 설계는 제품을 신속하게 수리할 수 있도록 하여 인건비를 절감시키지만 부품 자체가 비싸서 수리 자재비를 증가시킨다. 많은 자동차 제조사가 생산공정에서 모듈식 설계를 사용한다. 조립식 주택은 모듈식 설계로 지어지고, 흔히 일반적으로 건축된 주택의 약 1/4 가격이다.

모듈식 설계
다른 제품을 생산하기 위해 결합되거나 교체될 수 있는 자체 내장형 장치 또는 모듈로 제품 생산.

고객맞춤화. **고객맞춤화**(customization)란 특정 고객의 요구 사항을 충족하도록 제품을 생산하는 것을 말한다. 이런 방식으로 생산된 제품은 일반적으로 유일무이하다. 이런 제품

고객맞춤화
특정 고객의 요구 사항을 충족하도록 제품 생산.

랑콤은 7만 2,000가지 고객맞춤형 기초 화장품을 판매한다. 고객이 자신의 피부를 스캔하고, 자신의 피부 형태에 적절한 화장품을 선택한다. 고객 맞춤화는 복잡한 과정이 요구되기 때문에 기초 화장품 판매는 지정된 장소에서만 가능하다.

©SeongJoon Cho/Bloomberg via Getty Images

은 교량, 선박 및 컴퓨터 소프트웨어와 같은 대규모 제품뿐만 아니라 수리 서비스, 복사 서비스, 주문 제작 예술품, 보석 및 가구 등을 포함한다. 예를 들어 자전거는 주문 제작에 인기가 많은 제품이다. 마크 쿠반(Mark Cuban)과 바바라 코코란(Barbara Corcoran)의 지원을 받은 빌리 커스텀(Villy Custom)(설립자의 애완견의 이름)의 10개의 최고 판매 모델 자전거는 고객을 위해 맞춤 제작되었다. 이 회사는 회사의 용도에 맞게 고객맞춤화된 생산라인을 가지고 있다.[11] 대량 고객맞춤화(mass customization)는 대규모의 개인 고객 요구나 요구 사항을 충족시키는 제품 생산과 관련된다. 고객은 모델, 사이즈, 색상, 스타일 또는 제품 디자인을 선택할 수 있다. 델(Dell)은 고객 요구에 맞는 정확한 사양으로 컴퓨터를 주문 제작할 수 있다. 피트니스 프로그램과 여행 패키지와 같은 서비스는 대규모 개인 고객에 맞춰 고객맞춤형으로 설계될 수 있다. 상품과 서비스 양쪽 모두에서 고객은 선택권을 가지며 최종적인 제품을 결정하는 옵션을 가진다.

블록체인. 블록체인 정보기술은 공급사슬, 헬스케어, 온라인 광고 등 모든 산업 분야의 프로세스를 바꾸고 있다. 블록체인은 여러 컴퓨터를 통해 거래내역을 기록하는 안전한 공공 데이터베이스이다. 글로벌 블록체인은 해킹이 불가능하기 때문에 매우 빠르게 성장하고 있다. 블록체인은 2023년까지 연평균 48% 이상 성장할 것으로 기대된다.[12] 최신기술에 능통한 고객과 지속적인 혁신에 기반을 두고 있는 기업에서 블록체인 기술이 아주 빠르게 도입되고 있다. 예를 들어 콜로라도 덴버에 위치한 코다(Coda) 커피 제조사는 고객에게 QR코드를 사용하게 함으로써 고객이 원하는 "세계 최초로 블록체인이 추적한 커피"에 대한 정보를 얻을 수 있게 한다. 고객은 신용카드로 지불하는 그 순간까지 자신이 구매하려는 커피가 농장에서부터 어떤 과정을 거쳐 왔는지 거래가 이루어진 날짜와 장소를 모두 알 수 있다. 블록체인 기술은 모든 분야의 기업을 통해 시험 운영되면서 우리가 하는 모든 행동방식을 바꿀 것이다.[14]

비트코인은 탈중앙화된 디지털 코인이며, 블록체인 기술을 이용해 중앙은행이나 특정 관리자를 거래에서 배제시킨다. 비트코인은 이런 특징을 가진 채굴농장에서 만들어진다.

©DR MANAGER/Shutterstock

생산 용량 계획

조직 운영 프로세스의 계획 수립은 두 개의 중요 영역 — 생산 용량 계획과 생산설비 계획 — 을 포함한다. **생산 용량**(capacity)이라는 용어는 기본적으로 조직단위가 수행하거나 운영할 수 있는 최대 처리 용량을 지칭한다. 측정 단위는 작업자 또는 기계, 부서, 지점, 심지어 공장 전체가 될 수도 있다. 최대 생산 용량은 제공되는 투입물 또는 산출물로

생산 용량
조직단위가 수행하거나 운영할 수 있는 최대 처리 용량.

윤리 및 사회적 책임 Consider Ethics and Social Responsibility

블록체인으로 공급사슬 개선

가상화폐에 대한 우려가 많지만, 중요한 것은 그 이면에 있는 블록체인이라고 하는 기술이다. 블록체인은 오늘날 우리가 알고 있는 많은 산업을 바꿀 것이다. 그중 단적인 예가 되는 것이 공급사슬을 통한 개선이다.

블록체인은 모든 거래를 많은 컴퓨터를 거쳐 가면서 저장하는 보안 데이터베이스이다. 기본적으로 공공 상황에서 해킹을 어렵게 하는 기록장이다. 보안에 대한 우려 없이 거래를 안전하게 하는 기술인 것이다. 비트코인 같은 가상화폐는 온라인에서 거래를 안전하게 이행하기 위해서 블록체인을 이용하는데, 이런 기술을 공급사슬에 사용하는 것이다. 월마트 같은 소매상이 물류를 개선하고 투명하게 하기 위해서 블록체인을 사용한다. 월마트는 110만 가지의 제품의 공급자로부터 가게 진열대까지의 긴 여정을 블록체인을 이용해서 추적한다.

IBM의 블록체인 기술을 이용해서 공급사슬망을 개선하는 기업도 많다. 세계에서 가장 큰 컨테이너 운송업체인 머스크(Maersk)는 이 기술을 이용해서 전 세계의 자사 공급망의 선적 컨테이너를 추적한다. IBM의 블록체인은 더 정확하게, 실시간으로 모든 자산의 이동위치와 현재 소유에 대해서 보여준다. 이러한 IBM의 기술을 도입한 기업은 크로거(Kroger), 네슬레(Nestle), 타이슨푸드(Tyson Food) 등이 있다.

블록체인은 다른 프로세스, 참여조직, 네트워크에서도 변경되어 적용될 수 있다. 빠르게 성장하고 있기 때문에 이 기술은 온라인 투표나 구매결정 및 구매방법 등 미래의 거래에 많은 영향을 미칠 것이다.[13]

토의 주제

1. 블록체인이 공급사슬의 투명함을 유지하기 위해 사용하는 방법은 무엇인가 ?
2. 블록체인은 어떻게 재고를 관리하는 기술로 사용되는가?
3. 다른 산업에서는 블록체인이 운영과 제품의 질을 높이기 위해서 어떻게 사용되는가?

표현될 수 있다. 예를 들어 발전소는 생산 용량을 정전을 유발하지 않으면서 생산할 수 있는 킬로와트-아워(kilowatt-hours)의 최대값으로 표현할 수도 있다. 식당은 생산 용량을 어떤 특정 시간대에 효과적으로(즉 편안하고 정중하게) 서비스할 수 있는 최대 고객 수로 말할 수 있다.

조직의 생산 용량 요구에 대한 효율적 계획 수립은 운영 관리자에게 중요한 프로세스이다. 부족한 생산 용량 수준은 수요를 충족시키지 못해 결과적으로 고객을 잃을 수 있다. 반대로 필요한 것보다 더 많은 가용한 생산 용량이 있을 때는 사용되지 않고, 흔히 값비싼 자원 때문에 운영비가 불필요하게 증가한다. 이런 상황을 피하기 위해 조직은 정확하게 수요를 예측하고, 이 예측치를 기반으로 생산 용량을 계획해야 한다. 효율적인 생산 용량 계획이 중요한 또 다른 이유는 자원의 제약과 관련이 있다. 보통, 일단 생산 용량 결정(공장 규모)이 실행되면 상당한 비용을 유발하지 않고는 결정을 변경하는 것이 매우 어렵다. 대기업은 비록 현재의 변화가 많은 비용을 유발하나 미래 수요나 이해관계자의 요구에 대응하여 조정하지 않는 것이 장기적으로 더 높은 비용을 초래할 것이라는 것을 깨닫게 되었다. 고객의 환경에 대한 걱정에 대응하기 위해 토요타와 그 자회사들은 전세계의 자사 공장에서 환경관리 시스템을 위한 ISO 14001 지침을 채택하기 시작했다.[15] 이 시스템은 회사들이 자사가 환경에 미치는 영향을 감시하도록 돕는다.

알고 있습니까? 허쉬는 하루 39만 개의 킷캣(KitKat) 초콜렛을 만들 수 있는 생산 용량을 가지고 있다.[16]

생산설비 계획

일단 기업이 제품 생산을 위해 어떤 공정을 사용하게 될지 결정하고 나면, 제품을 생산할 적절한 생산설비를 설계하고 구축할 수 있게 된다. 많은 제품이 공장 안에서 제조된다. 하지만 상점, 가정 또는 그 제품이 최종적으로 사용될 곳에서 생산되는 것도 많다. 기업은 자사의 운영설비를 어디에 위치시킬 것인지, 자사의 특별한 제품 생산에 어떤 배치가 최상일지 그리고 변환 공정에 어떤 기술을 적용할지 결정해야 한다.

많은 기업은 고객 응대를 위한 전통적인 조직과 가상 조직 모두를 개발하고 있다. 증권 거래 중개 및 투자 회사인 찰스슈왑(Charles Schwab Corporation)은 전통적인 사무실을 유지하면서 고객을 위한 전화 및 인터넷 서비스를 개발해 왔다. 회사 웹사이트를 통해 투자자들은 개인적인 투자 정보를 얻을 수 있고, 집이나 사무실을 떠나지 않고 증권 거래를 할 수 있다.

생산설비 입지. 기업의 설비를 어디에 위치시킬 것인가 하는 것은 중요한 질문이다. 왜냐하면 일단 결정이 나고 실행이 되면, 높은 비용이 관여되기 때문에 기업은 이를 수용해야 한다. 기업이 설비를 이전하거나 새로운 입지에 설비를 개설하기로 결정했을 때 시장 근접성, 원자재 가용성, 교통 가용성, 전력 가용성, 기후 영향, 노동력 가용성, 지역사회 특성(삶의 질), 조세 감면 및 기업 유치 정책과 같은 요인에 세심한 주의를 기울여야 한다. 기업 유치 및 조세 감면 정책은 최근 수년 동안 매우 중요한 기준이 되었다. 생산을 증대시키고 작은 창업기업(startup)을 위한 인센티브를 제공하기 위해, 많은 지역에서 태양광 기업에 대한 조세 유인책을 제공하고 있다. 지방정부는 기업에 의해 형성되는 좋은 평판뿐만 아니라 급성장하는 산업에 참여하면서, 일자리 증가와 맞바꿔 일부 조세 수입을 포기하는 것이다. 하지만 기업은 여전히 해외공장 운영이 비용 면에서 더 효과적이라고 생각한다. 애플은 낮은 인건비와 생산비용 장점을 활용하기 위해 생산설비를 아시아에 위치시켜 다른 주요 기업들의 선례를 따랐다. 생산설비 입지 결정은 정확하게 측정될 수 없는 많은 요인에 대한 평가가 관여되기 때문에 매우 복잡한 일이다. 하지만 이 의사결정의 장기적인 영향 때문에 결코 가볍게 다뤄지면 안 된다.

설비 배치. 설비의 물리적인 배치를 배열하는 것은 복잡하고, 고도의 기술이 요구되는 작업이다. 몇몇 산업 건축가는 특정 유형 사업의 설계와 배치에 특화되어 있다. 위치 고정형, 공정별 배치 및 제품별 배치 세 가지가 기본적인 배치 유형이다.

위치 고정형 배치(fixed-position layout)를 이용하는 기업은 제품 생산을 위해 필요한 모든 자원을 중심 위치로 가져온다. 제품 — 사무실 건물, 집, 수력발전소 또는 교량 — 은 이동하지 않는다. 전형적으로 건설이나 탐사와 같은 복잡한 대규모 프로젝트에 개입되기 때문에 위치 고정형 배치를 이용하고 있는 기업은 **프로젝트 조직**(project organization)으로 불린다. 프로젝트 조직은 일반적으로 유일무이한 제품을 만들고, 고도로 숙련된 노동력에 의존하며, 극소량만 생산하고, 높은 단위당 생산비를 부담한다.

공정별 배치(process layout)를 이용하는 기업은 변환 공정을 관련 공정으로 그룹화한 부서로 조직화한다. 예를 들어 금속 가공 공장은 절삭부, 천공부, 광택부를 둔다. 병원은 방사선과, 산부인과 등을 둘 수 있다. 이런 유형의 조직을 **단속적 조직**(intermittent organizations)

위치 고정형 배치
제품 생산을 위해 필요한 모든 자원을 중심 위치로 가져오는 배치.

프로젝트 조직
전형적으로 건설이나 탐사와 같은 복잡한 대규모 프로젝트에 관여하기 때문에 위치고정형 배치를 이용하는 회사.

공정별 배치
변환 공정을 관련된 공정별로 분류한 부서들로 조직화하는 배치.

단속적 조직
프로젝트 조직보다 덜 중요한 제품을 다루는 조직. 제품이 반드시 유일무이한 것은 아니지만 상당수의 차이점을 가짐.

이라 하며, 프로젝트 조직보다 덜 중요한 제품을 다루는 조직으로 제품이 반드시 유일무이한 것은 아니지만 개별적으로 상당한 차이점을 가진다. 의사, 맞춤형 장식장 제작자, 상업 인쇄소, 광고대행사 등은 고객의 설계명세서에 따라 제품을 제작하고, 각 제품을 상대적으로 소량 제작하는 경향이 있기 때문에 단속적 조직이다. 산출이 적기 때문에 제품 단위당 원가가 일반적으로 높다.

제품별 배치(product layout)는 생산공정을 상대적으로 단순한 과업으로 나누어 조립라인을 따라 배치되어있는 작업자에게 할당한다. 작업자는 한 장소에 남아있고, 제품이 한 작업자에서 다른 작업자로 이동한다. 각 작업자는 차례로 각각에게 요구되는 과업이나 활동을 수행한다. 조립라인을 이용하는 기업은 일반적으로 **연속 생산 조직**(continuous manufacturing organizations)으로 알려져 있다. 이는 일단 배치가 구축되면 많은 유사한 특성을 갖는 제품을 생산하면서 연속적으로 가동되기 때문에 그런 이름으로 불린다. 조립라인에서 생산된 제품의 예로는 자동차, 텔레비전 수상기, 진공청소기, 치약 및 카페테리아 음식 등이 있다. 제품별 배치를 이용하고 있는 연속 생산 조직은 생산하는 표준화된 제품, 대규모 생산 단위 그리고 상대적으로 낮은 생산 단가와 같은 특징이 있다. 실제로 많은 기업이 복수의 배치 설계를 조합하여 이용한다. 예를 들어 자동차 제조사는 조립라인(제품별 배치)에 의존할 수 있지만 부품 제조에 공정별 배치도 또한 이용할 수 있다.

제품별 배치
생산 활동이 일반적으로 조립라인에 배치되어 있는 작업자별로 할당되는 상대적으로 단순한 직무로 나누어지도록 하는 배치.

연속 생산 조직
연속 가동되는 조립라인을 이용하며, 상당수의 유사한 특성을 갖는 제품들을 생산하는 회사.

기술. 모든 산업은 변환 공정의 특성을 지시하는 기본적인 기반 기술을 가지고 있다. 철강 산업은 제철 기술 향상을 계속해서 시도한다. 의료 업계는 의료 서비스 품질 향상을 위해 의료 기술과 제약 분야에 연구를 수행한다. 많은 기업의 운영에 강력한 영향을 주고 있는 두 가지 분야가 컴퓨터와 로봇 공학이다.

컴퓨터는 IBM이 1950년대 후반 650시리즈를 출시한 이래 수십 년간 많은 조직에서 대규모로 사용되고 있다. 운영 기능은 변환 공정의 모든 단계에서 컴퓨터를 많이 활용하고 있다. 예를 들어 **컴퓨터 이용 설계**(computer-assisted design: CAD)는 엔지니어가 도면 대신 컴퓨터를 이용해서 부품, 제품 및 공정을 설계하도록 돕는다. CAD는 3D 프린팅에 사용되며, CAD 소프트웨어는 3D 이미지를 개발하는 데 사용된다. 그런 다음 그 CAD 파일은 프린터로 보내져 3D 프린터는 3D 모델을 구축하는데 액체, 가루, 종이 또는 금속의 층 등을 사용할 수 있다.[17]

컴퓨터 이용 설계(CAD)
도면 대신 컴퓨터를 이용한 부품, 제품 및 공정의 설계.

컴퓨터 이용 생산(computer-assisted manufacturing: CAM)은 한 단계 더 나아가 변환 공정을 실제 지시 및 제어에 전문화된 컴퓨터 시스템을 적용한다. 이런 시스템은 제품 생산에 이용되는 장비와 변환 공정의 한 단계에서 다음 단계로 넘어가는 제품 자체에 대한 정보를 수집하면서 변환 공정을 모니터링 할 수 있다. 컴퓨터는 필요 시 수정 조치를 취할 수 있는 운영자에게 정보를 제공한다. 고도로 자동화된 시스템에서 컴퓨터는 자체적으로 수정 조치를 취할 수 있다.

컴퓨터 이용 생산(CAM)
변환 공정의 실제 지시와 제어에 특수한 컴퓨터 시스템을 적용한 제조.

유연 생산 방식(flexible manufacturing)을 이용해서 컴퓨터는 유사한 생산운영 공정에서 서로 다른 변형 제품을 만들어 내도록 기계류를 통제할 수 있다. 예를 들면, 컴퓨터에서 명

유연 생산 방식
유사한 생산운영 공정에서 서로 다른 변형 제품을 만들어 내는 컴퓨터에 의한 기계장치의 통제.

령어로 생산 라인 재조정을 위해 정지시키지 않고, 기계 한 대가 동일 엔진의 서로 다른 버전에 대한 여러 기능을 수행하도록 프로그래밍 할 수 있다.

비즈니스에서 드론 사용은 기술의 지평을 많이 변화시킨다. 드론은 사람이 타지않는 공중부양 기구이며 군사용으로 많이 사용되어 왔다. 아마존은 드론을 택배 이동 수단으로 사용하려고 추진하고 있다. 아마존은 드론편대와 낙하산을 이용한 택배 배송 및 전달에 관련된 특허를 가지고 있다. 하지만 아직까지 미국에서는 직접적인 허가 없이 드론을 사용하는 것은 불법이다.[18] 드론이 아직까지 많이 사용되지 않는 것이 놀라운 일이며, 가까운 미래에 배달에서 이동까지 매우 많이 비즈니스에 응용될 것이다. 현재 드론을 사용하는 일반적인 분야는 재고가 낮거나 주문이 이루어질 때 재주문 신호를 자동으로 전달하여 재고관리를 개선하는 역할이다. 특정 기업이 드론의 효율성과 용량을 증대하기 위해서나 가능한 응용 영역을 넓혀가는 등 운영에 있어서 드론 사용이 커지는 것은 확실한 일이다.[19]

로봇 또한 공정을 변화시키는 데 유용하게 사용되고 있다. 이 '강철칼라(steel-collar)' 작업자는 원자력 발전, 유해 폐기물 처리, 해양 연구 그리고 우주 건설 및 유지 보수와 같이 인간의 생명이 위험에 처할 수 있는 산업에서 특히 중요해졌다. 로봇은 전 세계에서 컴퓨터를 기반으로 한 수많은 응용 분야에 사용된다. 많은 조립 생산운영 — 자동차, 전자제품, 철강제품, 플라스틱, 화학제품 등 수많은 제품 — 이 산업용 로봇에 의존한다. 로봇의 경제적 영향으로 직원 1,000명당 모든 로봇에 대해 6명까지 실직할 것이고 급여는 3/4까지 줄어들 것이라고 2명의 경제학자가 예측하였다.[20] PwC사는 앞으로 15년 안에 미국의 38%의 직업이 로봇과 인공지능 때문이 없어질 것이라고 예측하였다.[21]

연구자들은 더욱 정교한 로봇을 제조하여 제조업이나 우주산업을 넘어 실험실, 교육현장, 의료, 가사에도 그 활용을 넓히고 있다. 로봇의 사용은 수술에서도 효과적이고, 제조업을 다시 미국으로 돌아오게 하는 데도 효과적이며, 에너지 절약이나 안전한 작업장을 만드는 데도 유용하다. 미국은 산업로봇의 4대 시장이다. 가장 큰 시장은 중국으로 10년 안에 40%의 산업로봇 시장을 장악할 것으로 보고된다.[22]

CAD/CAM, 유연제조, 로봇, 컴퓨터 시스템 등과 같은 모든 기술이 통합될 때 그 결과는 **컴퓨터 통합 생산**(computer-integrated manufacturing: CIM)으로 제품을 설계하고, 기계장치와 원자재를 관리하며 운영 기능을 제어하는 완전한 시스템이 된다. 기업은 생산성과 품질을 높이고 원가를 절감하기 위해 CIM을 채택한다. 그런 기술, 특히 컴퓨터는 두 가지 측면의 운영 — 제조 분야에 개입되는 기술 처리와 운영 관리자가 사용하는 일반관리 기능과 절차의 처리 — 을 계속 강하게 잠식할 것이다. 운영 관리자는 컴퓨터 등 여러 유형의 기술과 함께 일해야 하며, 높은 수준의 컴퓨터 활용 능력을 가져야 할 것이다.

컴퓨터 통합 생산(CIM)
제품의 설계, 기계장치와 원료의 관리 및 운영 기능을 제어하는 완전한 컴퓨터 시스템.

지속가능성과 생산

생산 및 운영 시스템은 빠르게 환경적 지속가능성을 구축하여 자연환경에 대한 부정적 영향을 최소화하고 있다. 지속가능성은 모든 생물체를 포함하여, 자연환경의 장기적

안녕을 제공하는 방식으로 기업 활동을 통제하는 것이다. 미래 지구의 건강과 관계가 있기 때문에 지속가능성은 이해관계자와 고객이 점점 더 중요하게 생각하는 이슈이다. 허쉬(Hershey)는 장기적이고 지속 가능한 코코아 공급과 자연환경의 보호를 위해 "Cocoa for Good"이라는 지속가능 활동을 하고 있다.[23] 지속가능성 이슈는 토양, 대기 및 수질 오염, 기후 변화, 폐기물 관리, 산림 파괴, 무분별한 도시 확장, 종다양성 보호 그리고 유전자 변형 식품을 포함한다. 뉴벨지움 브루잉(New Belgium Brewing)은 사업 운영과 제품 생산에서 녹색경영 전략(green initiatives)을 보여주는 또 다른 기업이다. 뉴벨지움은 매년 1,800톤의 탄소 배출을 감축하며, 100% 풍력 전력을 사용하는 최초의 맥주공장이다.

뉴벨지움 브루잉은 낭비를 줄이고 재활용하고 보존하고 신재생에너지를 사용하여 환경을 보호할 뿐만 아니라 이해관계자의 지지를 얻는다. 녹색 운영 및 제조는 고객과 함께 회사의 명성과 종업원의 충성심을 증진시키고 이익을 향상시킨다.

친환경 생산과 경영으로의 변경은 온난화와 기후 변화를 멈추어야 한다는 믿음에서 비롯된다. 미국에서 탄소 배출의 40%는 빌딩에서 비롯된다. 하지만 LEED(에너지 환경인증 디자인 빌딩)은 34% 낮은 탄소 배출, 25% 낮은 에너지 사용, 11% 낮은 물 사용, 8,000만 톤 적은 쓰레기 배출한다.[24] GM이나 포드와 같은 기업은 연료 효율이 더 높고 더 작은 자동차를 생산함으로써 더 높은 지속가능성에 대한 이해관계자의 요구에 적응하고 있다. 테슬라는 안전도에서도 최고 순위에 올라있는 순수 전기 자동차를 생산함으로써 훨씬 더 많이 지속가능성을 수용해 왔다. 또한 이 기업은 태양광 패널과 다른 재생에너지 원천을 설치함으로써 생산설비가 지속 가능하게 운영될 수 있도록 만들었다. 친환경 경영과 생산을 통해 생산된 친환경 제품은 우리의 미래이다. 미국의 도시들이 모범을 보이고 있는데 오리건주의 포트랜드는 환경 활동에 앞장서고 있다. 포트랜드는 대중교통과 공원, 지속 가능한 먹거리, 자전거 주차장, 전기생산 운동시설을 장려한다.[25] 정부는 기업이 자신의 친환경 경영과 생산을 혁신할 공간을 제공하고 촉진한다.

78%가 넘는 어도비(Adobe) 종업원이 LEED 인증 빌딩에서 일하고 있으며, 이런 것이 기업의 지속가능성을 강조하고 있다.[26]
©Katherine Welles/Shutterstock

공급사슬의 관리

학습목표 8-5

기업 운영의 주요 기능 중의 하나는 고객 만족을 위해 유통 시스템의 모든 집단 또는 구성원을 연결하고 통합하는 **공급사슬관리**(supply chain management)이다.[28] 공급사슬관리는 물류의 한 부분이라고도 할 수 있으며, 원자재 및 구성부품의 획득과 관리, 완제품 관리, 포장 및 고객 전달에 관련되는 모든 활동을 포함한다. 우리가 공급사슬을 다루는 이유는 경영상의 운영에서 주요 요소이기 때문이다. 전체적인 배송 시스템을 이론적인 흐름과 일치하도록 하여 궁극적으로 효과적인 공급사슬이 되도록 해야 한다. 공급사슬의 상부에 있

공급사슬관리
고객 만족을 위해 유통 시스템의 모든 집단과 구성원을 연계하고 통합하는 것.

친환경 경영 Going Green

당신의 고기를 책임진다: 이 기업은 글로벌 육류시장을 방해한다

디 베지테리스쉐 슬레거(De Vegetarische Slager, 채식푸줏간)은 네델란드의 채식 제조업체이다. 20세기 말 설립자 젭 코르테웩(Jaap Korteweg)은 채식주의자가 되고 싶었다. 그러나 그는 고기의 맛과 질감을 잊지 못했다. 고기 같은 채소제품을 연구 개발하는 시간을 보낸 끝에 채식푸줏간을 통해 그의 제품을 시장에 내놓았다. 그의 경영 성공은 식물 중심의 원재료를 고기 맛 나는 제품으로 만들어 내는 것에 있었다.

설립 이래 채식푸줏간은 15개 도시에 3,500개의 가게를 오픈하였다. 이러한 성공을 거두기 위해 제품 품질 유지를 중요하게 생각하였다. 설립하는 그날부터 개발팀은 고기의 맛과 질감이 살아있는 채식제품을 만들기 위해 노력하였다. 이러한 품질에 대한 노력 덕분에 채식 고객뿐만 아니라 육식 고객도 이 제품을 구매하게 되었다.

제품의 품질은 채식주의자뿐만 아니라 육류 애용자라는 틈새시장까지 확장하게 된 것이다. 이러한 육류의 독특한 맛과 질감을 유지하기 위해 품질 기준을 더욱 엄격하게 적용하고, 다양한 육류 맛 생산라인을 늘려가기 위해 노력하였다.

경쟁력 있는 고기 같은 상품을 유지하기 위해 제품과 공급사슬을 관리하는 것이 필요했다. 표준을 설립하고 품질을 관리하기 위해 이 회사는 혁신의 리더가 되었다. 채식푸줏간이 다양한 운영상의 도전을 극복할 수 있다면 미래에도 글로벌 고객이 '채식고기'를 맛볼 수 있을 것이다.[27]

토의 주제

1. 설립자가 고기 같은 채식제품을 시장에 내놓기 위해 몇 년이나 시간이 걸린 이유는 무엇이라고 생각하는가?
2. 왜 채식푸줏간은 품질관리가 중요한가?
3. 채식푸줏간이 당면한 운영상의 도전은 무엇인가?

는 기업(공급자)과 하부에 있는 기업(유통, 소매업자)이 고객을 위해 협업해야 기업이 경쟁력을 가지게 된다. 공급사슬관리는 마케팅 관리자가 운영, 배송, 구매 담당자와 협업을 기본적으로 해야 한다.

조달(procurement)은 하청, 구매, 물품과 정보의 재활용을 통해 가치를 창출하는 과정을 의미한다. 조달은 일반적으로 단순 구매 행위와 동의어처럼 보인다. 그러나 이러한 행위 그 자체는 공급사슬 내에서 아주 일부분일 뿐이다. 먼저, 어디에서 공급이나 서비스를 제공받을지 결정하는 것은 매우 중요하다. 이것은 단순히 가격의 문제가 아니라 어디서 구매하는지, 그리고 공급자와의 관계도 중요한 것이다. 소비 후 환경에 대한 영향을 고려한 재활용도 중요한 고려 사항이다. 제조에서부터 소비까지 모든 것을 연결하는 디지털 플랫폼을 구축하는 것은 중요한 절차이고 그것은 구매를 위해 정보를 획득하는 센서, 카메라, 모바일 기기 및 기타 시스템까지 포함한다. 구매에 대해서는 다음 장에서 설명할 것이다.

물류는 물리적인 배송과 이송 수단 선택이 관건이다. 이송에 있어서 제품의 이동을 통합하는 디지털 네트워크는 서비스 수준을 향상시키고 비용을 절감한다. 내부물류(inbound logistics), 외부물류(outbound logistics), 3자 물류(3rd party logistics)는 모두 이송에 있어서 중요한 부분이다. 내부물류는 공급자로부터 생산자까지의 원재료의 이동, 포장, 정보, 혹은 상품이나 서비스의 모든 이동을 포함한다. 외부물류는 완성된 제품이나 정보가 비즈니스고객으로부터 최종고객까지의 전달을 의미한다. 이러한 물류를 통합하여 수행하기 위해 기업은 직접 하지 않고 효율적으로 담당해 줄 외부의 전문 기업을 이용하는 3자 물류를 사용하기도 한다. 해석적인 예측 방법과 인공지능에 기반한 주문, 이에 따른 배송 의사결정이 고객의 요구와 비용, 그리고 서비스 선택에 대응하기 위해 사용된다.[29] 생산자와 유통업자 그리고 소매상은 공급사슬관리자와 실시간으로 정보를 소통하는 것이 필요하다. 이렇게 해야 효율성을 향상하고 적절한 용량을 제공할 수 있다. 같은 이유로 만약 물류가 붕괴된다면 고객의 기대를 만족시키지 못하고 결국 기업에게는 치명적이다. 물류 경영은 서비스를 관리하거나 비즈니스 파트너와 공감하고 소통하는 것만큼 중요하다. 예를 들어 의료 서비스 업체는 다양한 품목의 공급망 활동을 수행하기 위해 제조 및 유통 업체에 의존해야 한다. 필요한 표준 물류를 충족하는 식품, 의약품 및 공급품에는 건강관리 서비스를 제공할 수 있는 재고를 보유한 공급 업체가 포함된다.

앞에서도 언급한 바와 같이 드론기술은 현재 많은 도전에도 불구하고 빠르게 성장하고 있다. 드론기술의 가치는 전 세계적으로 1,270억 달러 정도이며, 이 중 230억 달러 정도가 물류에서 나온다. 아마존은 드론을 이용한 고객 배송을 위해서 혁신적인 아이디어를 만들고 있다. 공공안전 차원에서 회의적인 시각이 있지만, 현재 아마존은 저렴하고 깨지지 않는 제품에 대해 드론 배송을 실시하고 있다. 아마존과 드론기술은 앞으로의 물류와 공급사슬의 운영을 많이 바꿀 것이다.[30]

운영은 때로는 가장 대중적이고 가시적인 측면의 공급사슬이다. 고객은 "우리의 제품은 언제 만들어지는가?"에 관심이 많다. 공정한 거래, 유기농 제품, 작업조건, 아동노동, 해외로 일자리 이동, 정부 규제 등이 운영에 있어서 중요한 의사결정 요소이다. 운영상의 기술은 점점 디지털 시스템으로 발전하고 있다. 로봇, 미래예측 시스템, IoT, 자율주행차, 드론, 자동재고감지, 네트워크 재고 최적화 시스템 등이 운영에 있어서의 새로운 변화이다. 저렴하고 좋은 재료와 제품을 구매하고 제조하며, 정보기술을 이용한 물류관리 운영을 통해 수익도 올리고 브랜드 가치도 유지할 수 있다.

운영 관리자는 수요에 대응하기 위한 충분한 재고를 확보하기 위해 항상 재고관리에 관심을 가진다.

©Amble Design/Shutterstock

여기에서는 원재료를 완제품으로 만들기 위한 구매, 재고관리, 외주, 스케줄링을 포함하는 공급사슬관리의 요소에 대해서 살펴본다. 물류를 설명하기 위해 알루미늄 카누를 제조하는 가상의 소규모 회사 러싱워터카누(Rushing Water Canoes Inc.)를 생각해 보자. 이 회사는 카누 관련 제품을 스포츠 용품점과 레프팅 원정대에 판매한다. 또한 이 회사는 페달과 헬멧도 만들지만 물류 프로세스 논의를 진행할 때 토의의 초점은 고품질 카누의 생산이다.

조달

구매
조직에서 필요로 하는 모든 원자재의 구입. 조달이라고도 한다.

조달의 일부로도 알려져 있는 **구매**(purchasing)는 조직에서 필요로 하는 모든 원자재의 구입을 의미한다. 구매부서는 가능한 한 최소의 비용으로 적정 수량의 원하는 품질의 품목을 획득하는 것을 목표로 한다. 예를 들어 러싱워터카누는 알루미늄과 그 밖의 원재료, 다양한 카누 부품 및 구성부품뿐만 아니라 카누 제작을 위한 기계류와 장비, 생산 물자(기름, 전기 및 기타) 그리고 사무실 비품 등을 구매해야 한다. 구매부서 직원은 이런 품목의 공급자를 찾아 평가한다. 그들은 현재 사용하고 있는 것보다 품질이 더 우수하거나 비용이 절약되는 새로운 원자재나 부품을 끊임없이 살펴야 한다. 구매 기능은 매우 복잡할 수 있고, 기술적 진보에 의해 훨씬 더 쉽고 효율화될 수 있는 영역이다. 최신 인공지능기술이 가장 좋은 기회를 창출하고 이익을 주는 활력을 조직에 제공할 수 있다.[31]

모든 기업이 제품 생산에 필요한 모든 원료를 구매하는 것은 아니다. 기업은 외부 공급자가 할 수 있는 것보다 더욱 경제적이면서 효율적으로 일부 부품을 생산할 수도 있다. 기업은 어떤 물품을 생산하거나 구매하는 것은 비경제적이라는 것을 알게 되면 그 물품을 다른 조직에서 리스를 통해 마련한다. 많은 조직이 장비를 리스 하는데, 예를 들어 복사기는 구매하고 유지하는 비용이 너무 많이 들고, 시간이 지나면 어떤 신제품이 나오는지 알 수 없다. 필요한 물품을 구매할 것인지, 생산 또는 리스 할 것인지에 대한 결정은 일반적으로 제품의 가용성과 공급자 신뢰도, 비용에 달려있다.

재고관리

일단 제품 생산을 위한 품목이 모두 구매되면 일부 공급 물량은 필요할 때까지 저장되어야 한다. 기업은 모든 원재료, 부품, 완제품 또는 반제품 그리고 회사가 사용하는 장비를 통제한다. **재고**(inventory)에는 세 가지 기본 유형이 있다. 완제품 재고(finished-goods inventory)는 판매자에게 배송할 준비가 된 완전히 조립된 자동차와 같은 판매 준비가 된 제품을 말한다. 반제품 재고(work-in-process inventory)는 부분적으로 완성된 제품이나 변환 공정의 어떤 단계에 있는 제품으로 구성된다. 맥도날드에서 요리 중인 햄버거는 고객에게 판매될 수 있기 전에 여러 단계를 더 거쳐야 하기 때문에 반제품 재고라 할 수 있다. 원재료 재고(raw materials inventory)는 다른 제품 생산에 투입물로 사용하기 위해 구매한 모든 원재료를 포함한다. 너트와 볼트는 자동차 제조사의 원재료이며, 햄버거 패티, 야채 및 빵은 패스트푸드 음식점의 원재료이다. 러싱워터카누는 고객에게 판매하기 위한 완제품 재고뿐만 아니라 카누, 노 및 헬멧 제작을 위한 원재료의 재고를 가지고 있다. **재고관리**(inventory control)는 얼마나 많은 공급 물량과 물자가 필요한지를 결정할 뿐만 아니라 보유 수량, 각 품목별 소재 및 관리책임자를 기록하는 프로세스이다.

재고
모든 원재료, 부품, 완제품 또는 반제품, 회사가 사용하는 장비.

재고관리
얼마나 많은 공급량과 물자가 필요한지 결정하고 보유 수량, 품목별 소재 및 관리 책임자를 기록하는 프로세스.

운영관리는 재고관리와 긴밀하게 상호 조율되어야 한다. 예를 들어 텔레비전 생산은 새시(chassis), 브라운관, 컬러 전자총 및 기타 등 필요한 모든 원재료의 가용성에 대한 지식 없이는 계획을 수립할 수가 없다. 또한 어떤 유형의 재고든 재고에 포함된 모든 아이템은 비용을 유발한다. 예를 들어 향후 판매를 위해 조립 완료된 텔레비전을 창고에 저장하는 것은 공간 사용뿐만 아니라 화재나 다른 예상치 못한 사고로 인해 발생할 수도 있는 손실을 커버하기 위한 보험 가입도 필요로 한다.

재고 관리자는 품목별로 적절한 재고 수준을 결정하기 위해 많은 시간을 투자한다. 재고로 얼마나 많은 수량을 유지해야 하는가 하는 질문에 대한 답은 그 품목의 사용률, 재고 내 품목의 유지비용, 재고의 미래 비용과 품목의 주문 또는 생산과 관련된 절차, 품목 자체 비용과 같은 변수에 달려있다. 예를 들어 무선인식기술인 RFID(Radio frequency identification)는 재고를 관리하는 단계마다 무선전파를 이용해 정보를 소통하는 태그와 리더로 이루어진 무선 시스템이다. RFID는 광범위하게 적용되는데, 특히 공급사슬 분야에서는 배송추적에 사용되어서 재고의 회전시간을 줄이는 데 많은 도움을 주고 있다. 이 기술은 재고관리에 사용되는 것 이외에도 금지된 약물이나 의약제품의 유통을 금지하는 데도 유용하게 사용된다.[32] 다양한 방법이 해당 품목을 한 번에 얼마나 많이 구매해야 할지와 언제 이를 구매해야 할지 결정하는 데 사용되고 있다.

경제적 주문량 모형. 재고로 유지되는 품목의 수량을 통제하기 위해서 관리자는 주어진 품목을 얼마나 많이 주문해야 할지 결정해야 한다. 한 가지 잘 알려진 접근법은 관리비용(주문, 저장 및 사용)을 최소화하기 위해 주문할 품목의 최적 수량을 밝히는 **경제적 주문량 모형**(economic order quantity: EOQ)이다.

경제적 주문량 모형(EOQ)
주문, 보관, 사용 등의 관리비용을 최소화하기 위한 최적 주문 수량을 찾는 모형.

적시재고관리. 근래에 많은 관심을 받고 있는 기법은 **적시재고관리**(just-in-time (JIT) inventory management)이다. 이 접근법은 원재료가 변환 공정에서 사용되는 '적시'에 도착하게 하여 원재료 사용량을 줄여 낭비 요소를 제거하고, 이로 인해 저장 공간과 다른 재고관리 비용을 줄일 수 있다. JIT는 공급자로부터 생산설비로 거의 연속적인 물자의 흐름을 제공함으로써 재고를 최소화한다. 휴렛팩커드(Hewlett-Packard), IBM, 할리데이비슨(Harly Davidson)을 포함한 많은 미국 기업이 비용을 절감하고 효율성을 높이기 위해 JIT를 채택해 왔다.

적시재고관리
변환 공정에서 사용하기 위해 "적시(just in time)"에 도착하는 보다 적은 양의 원재료를 사용하는 기법으로 저장 공간과 다른 재고관리 비용을 줄일 수 있다.

러싱워터카누는 공급자로부터 하루 20개의 알루미늄을 조달받아서 사용한다고 가정해 보자. 전통적으로 기업의 재고 관리자는 한 번에 한 달간 사용할 충분한 물량을 주문할 수 있다. 한 번에 440개(1일 20개 × 월간 영업일 22일)를 주문하며, 보험, 기록 유지, 임대 저장 공간 등의 비용으로 인해 재고 비용은 상당히 많을 수 있다. 적시 접근법은 알루미늄을 공급자가 하루에 한 번씩 배송하기 때문에, 아마도 20개 단위의 소량 적시공급으로 기타 비용을 절감할 수 있다. 물론 이런 접근법이 효과적이려면 공급자 신뢰도가 매우 높아야 하며, 상대적으로 부품 공급 생산시설에 근접해 있어야 한다.

적시재고관리에는 마케터가 고려해야 할 몇 가지 단점이 있다. 원자로 위기를 유발한 지진과 쓰나미가 일본을 강타했을 때 몇몇 일본 회사가 영업을 중단했다. 일부 다국적기업은 일본 공급사에 과도하게 의존해 공급사슬 또한 영향을 받았다. 자연 재난이 발생할 경우에 단지 현재의 수요를 충족시키기에만 충분한 적은 재고를 보유하는 것은 생산 지연을 유발하거나 기업의 이익을 해칠 수 있다. 이런 이유로 많은 경제학자는 기업이 생산에 필수적인 부품을 저장하고, 공급사슬을 다변화할 것을 제안한다. 만약 자연 재해가 주요 공급자를 무력화시키더라도 기업은 운영을 계속해야 하기 때문이다.[33]

자재소요계획. 재고관리의 또 다른 기법은 **자재소요계획**(material-requirements planning: MRP)이다. MRP는 제품 생산에 필요한 원자재의 정확한 물량에 대한 일정을 수립하는 계획 시스템이다. MRP의 기본 요소는 주생산일정계획(master production schedule), 자재소요명세서(bill of materials), 재고 상태 파일이다. 러싱워터카누에서 재고 관리자는 회사가 얼마나 많은 카누를 제작할지 결정하기 위해 생산 일정을 살펴볼 것이다. 그런 후 자재소요명세서 – 그 수량의 카누를 생산하는 데 필요한 모든 원자재의 목록 – 를 준비할 것이다. 다음으로, 관

자재소요계획(MRP)
제품 생산에 필요한 원자재들의 정확한 물량의 일정을 수립하는 계획 시스템.

리자는 러싱워터카누가 이미 재고로 보유하고 있는 (원자재 과다 주문을 피하기 위해) 품목의 수량을 결정할 것이고, 회사의 요구를 충족시키기 위한 원자재의 적정 수량 주문과 배송 접수를 위한 일정을 수립한다. 전형적인 생산공정에 투입되는 많은 수의 부품과 원자재 때문에 MRP는 보통 컴퓨터에서 수행된다. MRP는 일반적으로 적시재고관리와 함께 사용된다.

아웃소싱

아웃소싱은 기업 운영에서 점점 더 많이 공급사슬관리의 구성 요인이 되어왔다. 3장에서 언급한 것처럼 아웃소싱이란 독립적인 다른 기업과 제조 등 여러 과업을 계약하는 것을 말한다. 외부기업을 이용하는 것은 3자 물류라고도 알려져 있는 물류 서비스를 아웃소싱을 하는 것도 포함한다. 많은 기업은 자사 사업 운영의 일부를 보다 효율적으로, 더 낮은 가격에, 보다 높은 고객 만족도로 제공할 수 있는 기업에 아웃소싱 한다. 글로벌화는 경쟁 압력에 대항하여 속도를 향상시키고 자원을 안정화시키도록 공급사슬 관리자를 압박해 왔다. 중국에 아웃소싱 하는 기업은 과도한 규제, 높은 운송비, 부적절한 설비 그리고 예측 불가능한 공급사슬 실행에 직면한다. 따라서 공급자는 품질 요구, 일정 및 문제 처리, 문제에 대한 해결 방안 등 모든 측면에 대한 유용하고 시기적절하고 정확한 정보를 제공할 필요가 있다. 공급자를 채택한 기업(모회사)은 공급자가 모기업의 기준을 따르도록 해야 한다. 만약 공급자가 정해진 기준을 따르지 않으면 모회사에 대한 비판을 야기할 수도 있다.

반도체, 컴퓨터 및 통신 장비 등을 판매하는 첨단기술 기업은 제품 생산을 아시아 기업에 아웃소싱 해 왔다. 중국, 인도 및 베트남과 같은 나라에서 시간당 인건비는 미국, 유럽, 심지어 멕시코보다 저렴하다. 이들 개발도상국는 자국을 글로벌 소싱에 보다 매력적인 지역으로 만들어 생산 용량, 인프라 그리고 기술적 및 비즈니스 역량을 향상시켜왔다. 예를 들어 나이키는 중국, 베트남과 같은 아시아 국가에 자사의 거의 모든 생산을 아웃소싱 한다. 다른 한편, 전 세계에 걸쳐 (공정) 중간에 아웃소싱 하는 비용은 의사결정에 고려되어야 한다. 비록 오늘날 정보기술 관련 활동이 종종 아웃소싱 되지만, 운송, 인적자원, 서비스, 심지어 마케팅 기능도 아웃소싱 될 수 있다. 러싱워터카누는 사무실 청소를 위해 지역 청소용역 서비스 회사와, 일상적인 기장과 세무 작성 기능을 처리하기 위해 지역 회계사와 계약을 체결할 수도 있다.

한때 주로 원가 절감 전술로서 사용되었던 아웃소싱은 제품 품질 향상, 제품의 고객 도달 소요 시간 단축 및 전반적인 공급사슬 효율성을 통해 경쟁우위의 달성과 점점 더 많이 연계되어 왔다. 〈표 8-2〉은 주로 정보기술 분야에서 도움을 주는 전 세계 상위 100개 중 5개의 아웃소싱 공급자를 나타낸다. 아웃소싱은 기업이 자신이 가장 잘 하는 일에 집중하고, 고객 만족에 집중할 수 있는 더 나은 기회를 만드는 데 시간과 자원을 할애할 수 있도록 해준다. 기업의 많은 중역은 아웃소싱을 생산성을 높이고, 저임금 역외 공장들에 대항해 경쟁력을 유지할 혁신적인 방법으로 본다. 하지만 아웃소싱은 미국 노동자가 다른

기업	서비스
ISS	설비 서비스
엑센츄어(Accenture)	경영컨설팅, 기술 및 아웃소싱
캐넌 비즈니스 서비스(Canon Business Service)	비즈니스 프로세스 컨설팅, 문서관리, 인력관리서비스
CBRE	상업용부동산 서비스
켈리 아웃소싱 컨설팅 그룹(Kelly Outsourcing and Consulting Group)	경영솔루션

〈표 8-2〉 상위 아웃소싱 공급자

자료: International Association of Outsourcing, The Global Outsourcing 100, 2016, https://www.iaop.org/FORTUNE (accessed April 12, 2017).

나라의 저임금 노동자에 의해 대체될 때 노동계와의 갈등과 부정적인 여론을 야기할 수 있다.

경로계획과 일정계획

모든 원자재가 구매되고 그 사용이 결정된 후, 관리자는 **경로계획**(routing) 또는 제품이 통과해야 하는 작업의 순서를 고려해야 한다. 예를 들어 러싱워터카누에서 작업자가 알루미늄 판을 카누로 만들기 전에 알루미늄을 크기에 맞게 재단한다. 마찬가지로 작업자가 나무 의자를 부착하기 전에 카누에 부력재를 설치한다. 그 순서는 회사의 엔지니어링 부서에 의해 개발된 제품 사양에 달려 있다.

경로계획
제품이 통과해야 하는 작업의 순서.

일단 경영자가 작업경로를 알면 실제 작업일정을 수립할 수 있다. **일정계획**(scheduling)은 작업부서나 특정 기계장치, 작업자 또는 작업팀에 수행되어야 할 과업을 할당한다. 러싱워터카누에서 카누용 알루미늄 재단은 '절삭 및 마감' 부서에 의해 이 목적을 위해 특별하게 설계된 기계장치 위에서 수행되도록 일정이 수립될 수도 있다.

일정계획
작업 부서 또는 특정 기계장치, 작업자 또는 작업팀에 요구되는 작업의 할당.

일정계획은 단순한 시행착오법(trial and error)부터 고도로 복잡한 컴퓨터 프로그램에 이르는 많은 접근법이 개발되어왔다. 인기 있는 한 가지 방법은 '프로그램 평가 및 검토 기법(program evaluation and review technique: PERT)'으로 프로젝트를 완성하기 위해 필요한 모든 주요 활동이나 사건을 식별하고, 이들을 선후관계에 따른 순서로 경로상에 배열하며, 주경로(critical path)를 결정하고, 사건별로 요구되는 시간을 계산한다. 예를 들어 맥도날드의 빅맥은 냉장고에서 고기·치즈·소시지 및 야채 빼내기, 햄버거 패티 굽기, 재료 조립하기, 완성된 빅맥 포장하기, 그리고 이것을 고객에 제공하기 순으로 만들어진다(그림 8-3). 피클, 양파, 소스는 햄버거 패티가 완전히 구워져 빵 위에 놓인 후 넣을 수 있고, 이를 마치기 전까지는 치즈를 올릴 수 없다. 공정이 완료될 수 있는 최소 시간을 결정하기 때문에 시작에서 종료까지 가장 긴 시간을 필요로 하는 경로를 주경로(critical path)라 부른다. 빅맥 생산의 주경로에서 어떤 활동이라도 일정보다 지체되면, 고객을 더 오래 기다리게 만들면서 정시에 완성되지 못할 것이다.

〈그림 8-3〉 맥도날드의 빅맥에 대한 가상의 PERT 다이어그램

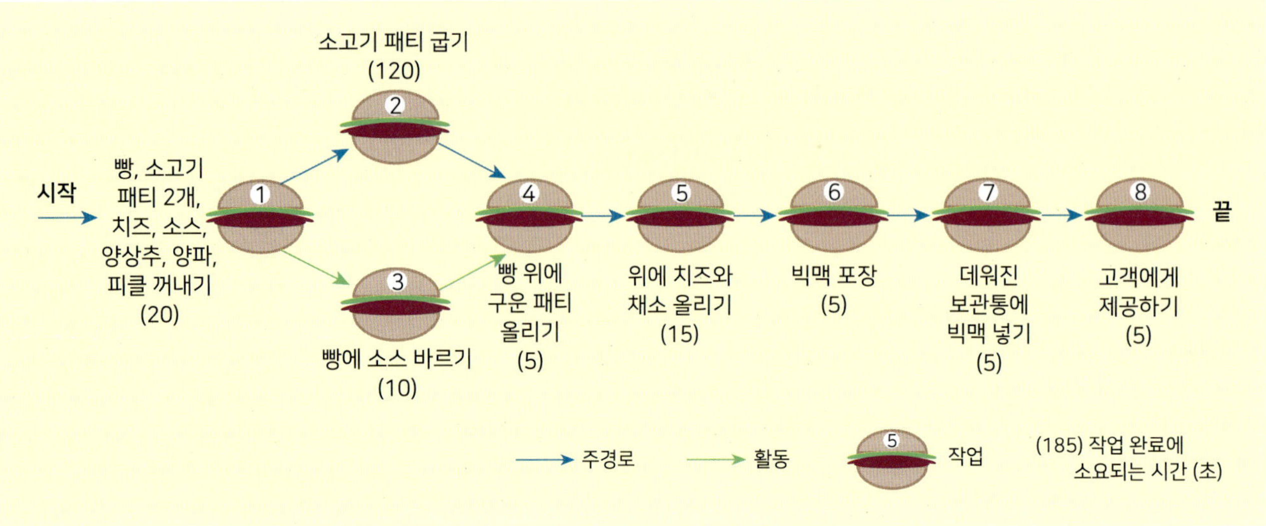

학습목표 8-6

품질관리

불량 제품은 기업의 성패에 즉각적인 영향을 미치기 때문에 원가 및 효율성 같은 품질은 운영관리의 핵심적인 요소이다. 품질은 상품이나 서비스가 고객의 수요와 요구 사항을 충족하는 정도를 반영한다. 고객은 많은 항공사가 제공하는 서비스 품질에 대해 점점 더 불만족스러워 하고 있다. 〈표 8-3〉은 특정 사업 운영 지역 내에서 미국 항공사의 순위를 보여준다. 품질의 결정은 제품이 얼마나 고객의 기대를 잘 충족시키거나 이를 초과하는지에 대한 고객의 지각에 의존하기 때문에 어려울 수 있다. 예를 들어 항공사에 대한 고객 만족은 개인 고객의 관점에 따라 크게 변동할 수 있다. 하지만 항공업계에서는 불만족한

〈표 8-3〉 항공사 성적표 (최고에서 최악까지)

순위	전체 순위	정시도착	운항취소	극한 지연	2시간 계류장 지연	수하물 오류	초과예약	고객불만
1	델타	델타	프론티어	사우스웨스트	사우스웨스트	스프리트	델타	사우스웨스트
2	알래스카/버진 아메리카	유나이티드	델타	알래스카/버진 아메리카	알래스카/버진 아메리카	젯블루	알래스카/버진 아메리카	델타
3	사우스웨스트	알래스카/버진 아메리카	사우스웨스트	델타	스프리트	알래스카/버진 아메리카	유나이티드	알래스카/버진 아메리카
4	유나이티드	아메리칸	유나이티드	아메리칸	델타	델타	프론티어	젯블루
5	프론티어	프론티어	알래스카/버진 아메리카	유나이티드	프론티어	유나이티드	아메리칸	아메리칸
6	아메리칸	사우스웨스트	아메리칸	프론티어	유나이티드	아메리칸	사우스웨스트	유나이티드
7	스프리트	스프리트	젯블루	스프리트	젯블루	사우스웨스트	젯블루	프론티어
8	젯블루	젯블루	스프리트	젯블루	아메리칸	프론티어	스프리트	스프리트

자료: "2017 Airline Scorecard," The Wall Street Journal, https://graphics.wsj.com/table/Midseat_0111 (accessed April 22, 2018).

고객의 비중은 매우 높다. 항공편 지연은 항공사 승객의 공통적인 불만이다. 전체 항공편 중 20%가 연착한다.[34] 하지만 대부분의 승객은 가격, 경로, 스케줄, 멤버십의 상태를 기반으로 항공편을 선택한다.

자동차의 연비나 신뢰도(수리 빈도로 정의되는)는 상당히 정확한 수준으로 측정될 수 있다. 자동차 제조사가 자체적으로 차량 품질을 측정하기도 하는데, 자체 품질 측정 결과를 객관적으로 확인할 필요가 있다. 이를 위해 기업은 〈표 8-4〉에 나타나 있는 것처럼, 그 산업에 대한 고객의 지각 품질뿐만 아니라 JD파워 앤드 어소시에이츠(J.D. Power & Associates) 연간 신차품질조사(initial quality survey)와 같은 독립적인 자료 또한 살펴본다.

제품이 서비스일 때 품질 속성을 측정하는 것은 더욱 어렵다. 기업은 정확하게 어떤 품질 속성을 중요하게 고려해야 할지를 결정해야 하고, 그런 다음에 이들 속성을 측정 가능한 방식으로 정의해야 한다. 생산과 소비가 같이 이루어지는 점과 고객 접촉 수준은 서비스 품질 속성을 선택하는 데 가장 중요하게 영향을 준다. 미용실, 교육, 법률 서비스, 스타벅스의 바리스타 같은 고접촉 서비스업에 종사하는 근로자는 제품의 중요한 구성요소이다.

매년 엄격한 품질 기준을 충족하는 기업에 말콤 볼드리지 국가품질대상(The Malcolm Baldrige National Quality Award)이 수여된다. 볼드리지의 기준은 (1) 리더십, (2) 정보 관리 및 분석, (3) 전략 계획, (4) 인적자원 개발 및 관리, (5) 공정관리, (6) 사업 성과, (7) 고객 초점과 만족이다. 이 기준은 기업 합리화 추진을 위한 국제적인 프레임워크가 되었다. 2016년에는 돈 챔버 포드(Don Chalmer Ford)(소기업), 모멘텀 그룹(Momentum Group)(소기업), 킨레드 너싱앤리해빌리테이션(Kindred Nursing and Rehabilitation)(의료), 멤오리얼 허먼 슈가 랜드 병원(Memorial Herman Sugar Land Hospital)(의료), 이 4개사가 이 상을 수상했다.[35]

품질은 매우 중요하기 때문에 운영관리의 전후 과정을 잘 따져서 이를 검토할 필요가 있다. **품질관리**(quality control)란 설정된 품질 표준을 유지하기 위해 조직이 사용하는 공정 전반과 관련이 있다. 특히 강력한 해외 경쟁과 고객의 요구가 점점 더 까다로워지는 점을 고려해 볼 때 품질은 많은 조직에서 주요 관심사가 되었다. 경쟁우위를 확보하기 위해 수많은 기업이 전사적 품질관리를 채택했다. **전사적 품질관리**(total quality management: TQM)란 조직의 모든 영역에서 품질에 대한 일관된 노력이 고객의 지각 품질을 충족시키는 문화를 촉진시킬 것이라는 철학이다. 이는 고객 만족 향상, 직원 참여 확대, 공급자 파트너십 구축과 강화, 지속적 품질 향상의 조직 문화 조성을 위한 노력과 그것들의 조정을 포함한다. TQM은 종업원 참여뿐만 아니라 회사의 모든 영역에서 끊임없는 개선을 필요로 한다.

조직의 상품과 서비스의 지속적인 개선은 품질이 공짜라는 개념에서 구축된다. 이와 대조적으로, 특히 불만족한 고객의 관점에서 고품질 상품과 서비스를 보유하지 못하는 것은 매우 많은 비용을 초래할 수 있다.[36] 지속적 개선 공정의 기본적인 도구는 산업 내에서 최고의 성과를 내는 기업에 의해 구현된 품질과 비교한 자사 상품, 서비스 또는 공정 품질에 대한 측정 및 평가라고 정의되는 벤치마킹이다.[37] 벤치마킹은 조직이 산업 내에서 자신이 어떤 경쟁적 위치에 서 있는지를 알게 해줘서 시간의 흐름에 따라 향할 목표를 제시해

〈그림 8-4〉 JD파워 10대 신차품질조사

순위	기업
1	기아
2	제네시스
3	포르쉐
4	포드
5	램
6	BMW
7	쉐보레
8	현대
9	링컨
10	닛산

자료: J.D. Power & Associates, "New-Vehicle Initial Quality is Best Ever, J.D. Power Finds," June 21, 2017, http://www.jdpower.com/press-releases/2017-us-initialquality-study-iqs (accessed April 21, 2018).

품질관리
설정된 품질 표준을 유지하기 위해 조직이 사용하는 공정.

전사적 품질관리(TQM)
조직의 모든 영역에서 품질에 대한 일관된 노력이 고객의 지각 품질을 충족시키는 문화를 촉진시킬 것이라는 철학.

현장 속의 기업가정신 Entrepreneurship in Action

엘핀토: 당신이 뜨거울 때, 당신이 뜨겁습니다

설립자: 잭과 코니 토마스(Jack and Connie Thomas)

설립: 1962년 뉴멕시코주 앨버크루크

성공: 엘핀토(El Pinto)는 성공적인 레스토랑과 전국적으로 판매되는 살사(Salsa)의 제조 강자가 되었다.

엘핀토는 뉴멕시코의 방 한 칸짜리 레스토랑으로 초라하게 시작하였다. 오늘날, 설립자의 쌍둥이 두 아들인 짐과 존 토마스의 소유로 12에이커의 땅과 1,200명의 손님을 받을 수 있는 좌석, 8,000제곱스퀘어의 제조시설을 갖추고 있다. 레스토랑은 바, 5개 테라스, 3개 식당, 그리고 이 레스토랑을 찾은 오바마, 부시, 힐러리, 멜 깁슨(배우) 그리고 스눕 독(가수) 등의 사진이 전시된 벽으로 구성되어 있다.

남서지역 외에서는 엘핀토는 살사로 더 유명하다. 1990년대 엘핀토의 고객은 이 회사의 유명한 살사 소스를 요구하기 시작했다. 2000년에 이 회사는 살사 제조라인을 갖추고 직접 생산하기 시작했다. 이 제품은 월마트, HEB, 알버슨, 크로거, 코스트코에 판매되었다. 현재, 매일 4,000상자의 살사 소스를 만들 수 있다. 서비스와 제조공장을 동시에 운영함으로써 엘핀토는 성장과 확장의 다양한 기회를 얻을 수 있었다.[38]

토의 주제

1. 엘핀토는 어떻게 서비스 조직과 제조 조직을 동시에 운영할 수 있었나?
2. 엘핀토가 살사를 제조하기 위한 투입물과 산출물은 무엇인가?
3. 품질을 지속적으로 유지하는 것이 엘핀토의 성공적인 운영을 위해 필요하다. 제조 비즈니스에는 필요 없지만 레스토랑 서비스 비즈니스를 지속적으로 운영하기 위한 도전은 무엇인가?

준다. 현대 사업에서는 온라인 디지털 매체가 비즈니스에서 더 중요해지고 있기 때문에 벤치마킹의 도구로 많이 사용되고 있다. 이런 도구는 회사가 웹사이트의 성공을 비교하고 모니터 하기 위해 자사 사이트 대비 경쟁자 사이트의 접속량을 추적하도록 해준다.

TQM 프로그램을 적용하고 있는 기업은 품질관리가 실제 제품 생산에 대한 제품과 생산설비 설계 공정을 통해 초기 계획부터 특정 제품의 개발까지 전 변환 공정에 걸쳐 포함되어야 한다는 것을 안다. 즉 그들은 품질관리를 단순히 운영 프로세스의 한 기능으로 생각하기보다는 제품 자체의 구성 요소로 본다. 기업이 처음부터 제품을 정확하게 만들면 불량 제품을 재가공할 필요가 없어지고 변환 공정 자체를 더 신속하게 처리하며, 종업원이 시간과 원자재를 더욱 잘 활용할 수 있도록 해준다. 많은 기업이 품질 향상을 위해 시도해 온 대표적인 방법이 생산 시스템 내 품질 문제를 정확하게 찾아내기 위해 관리자가 생산공정에 대한 정보를 수집하고 분석하는 시스템인 **통계적 품질관리**(statistical process control)이다.

통계적 품질관리
생산 시스템 내의 품질 문제를 정확하게 찾아내기 위해 관리자가 생산공정에 대한 정보를 수집하고 분석하는 시스템.

국제표준화기구

기업의 품질관리를 위한 TQM 프로그램 보유 여부와는 무관하게 기업은 먼저 어떤 품질 표준을 요구하는지 결정하고, 제품이 그 표준을 충족하는지 여부를 평가해야 한다. 제품 사양과 품질 기준은 기업이 시장에서 경쟁할 수 있는 제품을 만들 수 있도록 설정되어야 한다. 예를 들어 러싱워터카누는 자사 카누가 각각 정해진 일정한 두께의 알루미늄 칸막이를 가지고 특정 규격의 강철로 선수와 후미가 강화되어야 한다. 또한 안전을 위해 각 카누가 지정된 양의 부력재를 포함하도록 명시해야 한다. 생산설비는 요구되는 사양의 제품을 생산할 수 있도록 설계되어야 한다.

품질 표준은 서비스 기업에도 포함될 수 있다. 예를 들어 햄버거 체인은 음식 만드는 데, 주문을 하는 데, 고객에게 제공하는 데 얼마나 걸리는지, 각 주문에 감자튀김을 얼마나 넣어야 하는지, 버거가 얼마나 두꺼운지 또는 얼마나 많은 고객 불만이 접수될 수 있는지와 관련한 표준을 설정해야 한다. 일단 요구되는 품질 특성, 사양 및 표준이 측정 가능한 방식으로 명시되면 다음 단계는 검사(inspection)이다.

국제표준화기구(International Organization for Standardization: ISO)는 고객의 품질 표준 충족을 보증하도록 설계된 일련의 품질관리 표준인 **ISO 9000**을 만들었다. 이 표준은 인증받은 기업이 어떻게 기록을 유지하고 종업원을 훈련시키며 제품을 테스트하고 결함을 수정하는지를 문서화하는 프레임워크를 제공한다. ISO 9000 인증을 획득하기 위해서 독립 감사인이 기업의 공장, 실험실 또는 사무실이 국제표준화기구에 의해 정의된 품질 표준을 충족하는지 검증해야 한다. 인증 절차는 상당한 투자를 필요로 할 수 있지만, 많은 기업에 있어 이 절차는 경쟁력을 갖추는 데 필수적이다. 설계에서부터 글로벌 설비의 생산 현장까지 모든 부분에 ISO 표준을 적용한 제너럴 일렉트릭 애널리티컬 인스트루먼츠(General Electric Analytical Instruments)를 포함하여 수천 개의 기업이 ISO 9000 인증을 받았다.[39] 일부 첨단기술 사업의 경우 유럽에서 사업을 하려면 이 인증이 사실상 필수 요건이 되었다. ISO 9002 인증은 서비스 공급자용으로 정립되었다.

ISO 9000
다양한 조건하에서 일관된 제품 품질을 보증하기 위해 국제표준화기구(ISO)에 의해 제정된 일련의 품질보증 표준.

ISO 14000
기업들이 보다 청결하고 안전하며, 자원을 적게 소모하는 방식으로 사업을 수행하도록 장려하는 포괄적인 환경 표준의 집합. ISO 14000은 전 세계에 일관된 표준의 집합을 제공함.

ISO 19600
위험, 법적 요구 사항 및 이해관계자 요구를 해결하는 준수 사항 관리를 위한 포괄적 지침.

ISO 14000은 더 깨끗하고 더 안전한 세상을 장려하는 포괄적인 환경 표준의 집합이다. 현재 서로 다른 국가 간에, 그리고 한 국가 내의 지역 사이에도 환경 규제에 상당한 차이가 있기 때문에 ISO 14000은 중요한 표준이다. 이런 차이 때문에 지속가능성에 전념하는 조직이 당면한 문제에 수용 가능한 글로벌 해결책을 찾기 어렵다. ISO 14000 표준의 목표는 환경관리에 대한 보다 일관된 접근을 촉진한다.

ISO 19600은 조직 내에서 효과적이고 책임감 있는 준법경영 시스템을 설립, 개발, 적용, 평가, 유지, 개선하는 절차를 제공한다. 이러한 절차는 모든 종류의 조직에 적용 가능하다. 적용의 범위는 조직의 크기, 구조, 복잡성에 따라 다르다. 이러한 가이드라인은 투명하고 지속 가능한 경영의 기본이 된다.[40]

텍사스의 포스워스(Fort Worth)에 있는 록히드마틴사(Lockheed Martin)는 ISO 14000의 환경경영 규격 시리즈 중 가장 중요한 환경경영체계 ISO 14001 인증을 획득했다.
©Ronald Martinez/Getty Images

검사

검사는 제품이 품질 표준을 충족하는지 여부를 확인하는 방법이다. 시리얼 상자 내용물의 무게를 측정하거나 고객이 자신의 햄버거를 받는 데 걸리는 시간을 측정하는 것처럼, 어떤 제품 특성은 매우 간단한 검사 기법으로 파악할 수 있다. 허쉬푸드(Hershey Foods)는 지속적 품질 보증 프로그램의 일환으로 포장된 모든 허쉬 키세스(Hershey Kisses)를 검사하고, 포장 상태가 불량한 제품을 모두 불합격시킨다. 보다 정교한 검사 기법도 많다. 자동차 제조사는 걸쇠(latch)와 경첩(hinge)의 내구성 테스트를 위해 차 문짝을 개폐하는 데 자동화 기계설비를 사용한다. 가공 음식 및 제약 산업은 산출물의 품질을 결정하기 위해 다양한 화학적 실험을 이용한다. 러싱워터카누는 회사의 제품사양을 확실히 충족하도록 하기 위해 각 카누 칸막이의 두께를 정밀하게 측정할 수 있는 특수 장치를 사용할지도 모른다.

기업은 통상적으로 구매 품목, 반제품 그리고 완제품을 검사한다. 구매 품목과 완제품 검사는 사후에 수행되는 반면, 반제품 검사는 예방적이다. 즉 구매 품목과 완제품 검사의 목적은 품질 수준이 어떠한지를 결정하는 것이다. 작업 중인 단품 – 조립라인을 이동해서 내려가고 있는 자동차나 조립 중인 카누 – 에 대한 검사 목적은 제품이 완성되기 전에 결함을 찾아 필요한 수정이 이뤄질 수 있도록 하는 것이다.

표본 추출

검사와 관련하여 한 가지 중요한 질문은 "얼마나 많은 단품을 검사해야 하는가?"이다. 러싱워터카누가 생산하는 모든 카누를 검사해야 하는가? 또는 그중 일부만 해야 하는가? 산출물의 100%를 검사할 것인가 또는 일부만 할 것인가 하는 것은 검사 공정의 비용, 검사 공정의 파괴성(어떤 테스트는 제품이 고장 날 때까지 계속된다) 그리고 인명과 안전의 측면에서 제품 결함의 잠재적 비용과 관계가 있다.

일부 검사 절차는 상당히 비싸고, 정교한 실험 장비를 사용한다. 또한 제품을 파괴하고, 완료하는 데 상당한 시간을 필요로 한다. 이런 경우에 보통 산출물의 표본만 테스트하는 것이 바람직하다. 만약 표본이 검사를 통과하면 검사관은 표본이 추출된 로트(lot) 속의 모든 품목 역시 검사를 통과할 것이라고 가정할 수 있다. 통계적 추론의 원리를 사용함으로써 경영진은 올바른 결론에 도달할 상대적으로 높은 확률을 보장하는 표본 추출 기법을 적용할 수 있다. 그 원리는 표준을 충족하지 않는 로트는 기각하고, 충족하는 로트는 채택하는 것이다. 그럼에도 불구하고, 표준을 충족하지 않는 모집단을 채택하거나(표본이 만족스러웠기 때문에) 또는 표준을 충족하는 모집단을 기각함으로써(표본이 너무 많은 불량품을 포함하고 있기 때문에) 부정확한 결론을 내릴 위험은 항상 존재할 것이다.

표본 추출은 검사가 파괴 검사일 때 이용되는 경향이 있다. 전구의 기대 수명을 결정하기 위해 전원을 켜서 얼마나 오래 지속되는지를 기록하는 것은 어리석은 짓일 것이다. 다 사용해서 끊어진 전구를 위한 시장은 없다. 그 대신 표본 품질에 기초한 일반화가 그 표본이 추출된 전구의 전체 모집단에 적용될 수 있을 것이다. 하지만 사람의 생명과 안전은 흔히 상업용 여객기 내에 설치된 비행 시스템과 같이 특정 제품의 적절한 기능에 의존한다. 그런 항목에 대해서는 비록 검사 공정에 많은 비용이 들더라도 결함이 있는 시스템의 잠재적 비용이 너무 막대하여 완제품의 100%를 검사하지 않을 수 없다.

운영과 공급사슬관리의 통합

운영과 공급사슬을 관리하는 것은 제품 품질 창출에 책임을 져야 할 독립적인 조직이 많기 때문에 복잡하고 도전적인 일이 될 수 있다. 공급사슬관리는 항시적인 경계와 빠른 전술적 변화를 취하는 능력을 필요로 한다. 미국에서 판매되는 해산물이 태국 근처의 배에서 강제노역으로 제공되었다는 의심이 일어난다면 회사는 이러한 의심을 조사해야 한다. 많은 이해관계자가 기업이 제품 품질과 관련된 적절한 관리에 대해 책임을 질 것을 기대하기 때문에 공급사슬과 운영에 개입된 다양한 파트너를 잘 관리하는 것이 중요하다. 이는 기업이 제품 생산에 개입된 모든 공급자에 대한 관리감독을 수행할 것을 요구한다. 피드백을 얻기 위해 공급자들이 문제점, 이슈 또는 우려 사항을 보고하도록 독려하기 위해서는 훌륭한 의사소통 시스템을 필요로 한다. 가장 이상적인 것은 공급자는 잠재적인 문제점이 다음 단계의 공급사슬에 도달하기 이전에 이를 보고하여 피해를 축소시키는 것이다.

글로벌 운영과 공급사슬 모니터링의 어려움에도 불구하고, 기업이 이러한 위험관리를 위해 취할 수 있는 단계가 있다. 글로벌 공급업체와 함께 일하는 모든 기업은 글로벌 공급자 윤리규약(Global Supplier Code of Conduct)을 채택하고, 반드시 이것이 효과적으로 공유되도록 해야 한다. 기업은 이를 준수하도록 독려해야 하고, 구매담당 직원들이 협력해서 합리적인 비용에 윤리적인 공급업체를 찾도록 장려해야 한다. 결과적으로 공급사슬과 구매 관리자는 반드시 윤리적 및 비용-효과적 관점에서 최고의 공급업체를 선정하도록 운영 의사결정을 내리기 위해 함께 일해야 한다. 또한 기업은 자사의 공급사슬이 반드시 다변화되도록 해야 한다. 한 지역에 소수의 공급업체만 보유하는 것은 재난 발생 시 운영 중단을 일으킬 수 있다. 결국 기업은 자사의 공급자에 대한 정기적인 감사를 수행하고, 기업 기준을 위반한 것으로 발견된 직원에 대해서는 조치를 취해야 한다.[41] 켈로그(kellog's)는 글로벌 공급자 윤리규약(Global Supplier Code of Conduct)을 자사 웹페이지에 13개의 언어로 게시하여 그들의 공급사슬에서 기준을 지키는 것의 중요함을 보여주었다.[42]

이해력 검토Review Your Understanding

운영관리를 정의하고, 운영과 제조를 구분하라.

운영관리란 자원을 상품과 서비스로 전환시키는 데 관련된 활동의 개발과 관리이다. 운영 관리자는 물류, 품질 및 생산성을 관리하면서 변환 공정과 운영 시스템 계획 및 설계를 감독한다. 유형재를 만들 때 사용되는 활동과 공정을 기술하도록 제조와 생산이라는 용어는 서로 바꿔서 사용된다. 반면, 운영은 유형 제품과 무형 제품 양쪽 모두를 만드는 공정을 기술하는 데 쓰이는 보다 광범위한 용어이다.

운영관리가 제조업체와 서비스 기업에서 어떻게 다른지 설명하라.

제조 기업과 서비스 기업은 양쪽 모두 투입물을 산출물로 변환시킨다. 그러나 서비스 공급자는 여러 면에서 제조 업체와 다르다. 서비스 기업은 더 많은 고객 접촉을 가진다. 서비스는 전형적으로 소비 시점에서 일어나고, 주로 인적 요소 때문에 입력물과 산출물이 제조 업체보다 가변적이다. 또한 서비스 공급자는 일반적으로 더 노동 집약적이고, 생산성 측정은 더욱 복잡하다.

운영 시스템의 계획 및 설계에 관련된 요소들을 기술하라.

운영계획은 어떤 제품을, 누구를 위해 만들고, 그리고 어떤 공정과 설비가 필요한지에 대한 의사결정과 관련되어 있다. 운영관리는 흔히 이런 의사결정에 마케팅팀과 연구개발팀이 참석하여 함께 일한다. 일반적인 설비 배치에는 위치고정형 배치, 공정별 배치 또는 제품별 배치가 있다. 운영 시설을 어디에 입지시킬 것이냐는 것은 시장 접근성, 원재료 가용성, 교통 편의성, 전력 가용성, 기후적 영향, 노동력의 가용성 및 지역사회의 특성에 달려 있는 매우 중요한 의사결정이다. 기술 역시, 특히 컴퓨터 이용 설계, 컴퓨터 이용 생산, 유연생산방식, 로봇공학, 컴퓨터 통합 생산은 운영에 필수불가결하다.

투입물을 완제품으로 변환시키는 물류관리에 관리자들이 이용할 수 있는 기법들을 명확히 설명하라.
물류 또는 공급사슬관리는 원재료와 구성부품의 획득과 관리, 완제품 관리 및 포장 그리고 이것이 고객에 전달되도록 하는 데에 개입된 모든 활동을 포함한다. 조직은 우선 필요한 모든 재료를 만들거나 구매(조달)해야 한다. 다음으로, 기업은 얼마나 많은 물자와 상품이 필요한지를 결정하고 모든 원재료, 부품, 완제품 또는 반제품, 그리고 장비를 얼마나 보유하고 있고, 어디에 있으며, 누구한테 관리 책임이 있는지의 기록을 유지함으로써 재고를 관리해야 한다. 재고관리에 대한 일반적인 접근법은 경제적 주문량 모델, 적시재고 개념, 그리고 자재소요계획이다. 물류 또한 제품완성을 위해 경로계획과 일정계획의 공정 및 활동을 포함한다.

운영관리에서 품질의 중요성을 평가하라.
품질이 낮은 제품은 사람들을 다치게 하고, 기업에 피해를 줄 수 있기 때문에 품질은 운영관리의 핵심 요소이다. 품질관리란 조직이 설정된 품질 표준을 유지하기 위해 사용하는 공정을 말한다. 품질관리를 위해 기업은 어떤 품질 표준이 필요한지를 설정해야 하고, 그런 다음 검사를 통해 자사의 제품이 그 표준을 충족하는지 여부를 결정해야 한다.

기업의 딜레마를 평가하고 해결책을 제안하라.
이 장의 내용과 '딜레마 해결'에 나타난 사실들에 근거하여, 당신은 기업의 문제를 평가하고 이의 해결을 위한하나 또는 그 이상의 해결책을 제안할 수 있어야 한다.

도입사례 재검토

1. 트레이더 조는 운영의 효율성 제고를 위해 재고 조정을 어떻게 이용했는가?
2. 트레이더 조가 간단한 공급사슬을 유지하는 게 중요하다고 생각하는가? 그 이유는 무엇인가?
3. 어떻게 트레이더 조는 강력한 운영 효율을 통해 큰 경쟁회사와 경쟁하게 되었는가?

진도 평가Check Your Progress

1. 운영관리란 무엇인가?
2. '운영', '생산' 및 '제조' 이 세 용어를 구분하라.
3. 운영관리 관점에서 제조사 대 서비스 공급자를 비교하고 대조하라.
4. 제품 기획에는 누가 개입되는가?
5. 어떤 산업에서 위치고정형 배치, 공정별 배치, 제품별 배치가 각각 가장 효율적일까? 실제 사례를 사용하라.
6. 공장입지 선정 시 기업은 어떤 기준을 사용하는가?
7. 유연생산방식이란 무엇인가? 이 방식이 기업의 품질 향상을 어떻게 돕는가?
8. 공급사슬관리를 정의하고, 이에 포함되는 모든 활동을 요약하라.
9. 기업이 재고관리를 위해 사용할 수 있는 방법들을 기술하라.
10. 기업이 품질검사를 위해 전 제품 테스트보다 표본 제품 검사를 결정하는 것은 어떤 경우인가?

현장 기술 개발Build Your Skills

사이클 타임 축소

배경. 생산 및 운영 관리의 중요한 목표는 사이클 타임—하나의 작업이나 공정을 완료하는 데 걸리는 시간—의 단축이다. 사이클 타임 단축의 목표는 원가를 줄이고 고객 서비스를 향상시키는 것이다.[43] 많은 전문가는 우리 사회 변화의 속도가 너무 빨라 기업은 속도와 연결성을 잘 알아야 한다고 믿는다.[44] 연결성이란 고객, 공급자, 종업원 그리고 조직의 생산 및 운영 관리의 완벽한 통합을 말한다. 인터넷 등 여러 원격통신 시스템 사용은 많은 조직이 상호 연결하고 사이클 타임을 줄이는 데 도움을 준다.

과제. 2명씩 짝을 지어 진행하라. 2명 모두가 자주 고용되었거나 매우 잘 알고 있는 2개 기업(지역 식당, 소매점 등)을 선정하라. 첫 번째 기업에는 한 명이 "관리자" 역할을 연기하고, 다른 한 사람은 "고객" 역할을 할 것이다. 두 번째 기업에서는 역할을 반대로 한다. 각 기업의 관리자로서 당신은 역할극 동안 고객에게 질문할 5개 질문 목록을 준비해야 한다. 준비하는 질문은 당신의 회사에서 사이클 타임이 얼마나 좋은지에 대해 고객의 관점을 취하도록 설계되어야 한다. 만약 응답 중

하나가 문제 영역으로 유도한다면 불만족의 본질을 결정하기 위한 후속 질문을 할 수도 있다. 하나의 기본 질문과 후속 질문을 준비하고, 만약 필요하다면 사이클 타임 각각의 5개 차원에 대한 질문을 준비하라.

1. **속도:** 상품과 서비스 전달에 걸리는 최소 시간, 효율적인 의사소통, 낭비 시간의 제거
2. **연결성:** 기업 내 모든 운영과 시스템이 고객과 연결되어 나타난다.
3. **상호작용적 관계:** 사업 운영 단위, 서비스 공급자 및 고객 사이에 문제점이나 요구에 대한 피드백 교환을 가능하게 하는 지속적인 대화가 존재한다.
4. **고객맞춤화:** 각 제품은 고객의 요구에 맞춰진다.
5. **응대성:** 문제가 생겼을 때 고객을 돕고 신속한 서비스를 제공하기 위해 조정을 하고 유연하게 대처하려는 의지

2개의 역할극을 시작하라. 당신이 관리자 역할을 할 때 파트너가 당신의 질문에 대답하는 것을 주의 깊게 들어라. 당신은 어떻게 사이클 타임을 향상시킬 것인가에 대한 정보를 유도해 낼 필요가 있다. 주목할 필요가 있는 문제 영역(약점)을 식별함으로써 이를 달성할 것이다.

양쪽의 역할극을 모두 마친 후, 관리자였을 때 역할극에 대한 다음의 양식을 채우라. 모든 칸을 채울 충분한 정보를 모으지 못했었을 수도 있다. 예를 들어 어떤 범주에는 고객이 단지 말하기 좋은 것만 있을 수도 있다. 다른 범주에는 답변이 모두 부정적일 수도 있다. 획득한 정보를 함께 수업하는 모든 학생과 공유하라.

나는 기업의 관리자 역할을 연기했다. 5개 질문에 대한 고객의 응답을 주의 깊게 청취한 후 그것이 우리 회사의 사이클 타임에 관련되었을 때 아래의 강점 및 약점을 결정했다.

차원	강점	약점
속도		
연결성		
상호작용적 관계		
고객맞춤화		
응대성		

딜레마 해결Solve the Diemma

피자 사업 계획

맥킹사(McKing Corporation)는 50개 주에 햄버거, 구운 쇠고기와 닭고기 샌드위치, 감자튀김, 그리고 샐러드를 파는 패스트푸드 식당을 운영한다. 이 회사는 성장하고 있는 피자 사업으로 사업을 다각화하기를 원한다. 6개월의 실험 결과, 판매하기에 이상적인 피자는 16인치 크기의 세 가지 종류—치즈, 페페로니, 그리고 디럭스(복합 토핑)—라는 것을 알 수 있었다. 연구는 개인(1인 구매자는 먹고 남은 피자를 냉동시킬 수도 있다)뿐만 아니라 가족 단위에도 적합한 크기와 토핑 그리고 패스트푸드 식당에 적합한 가격대도 찾아냈다(치즈는 7.99달러, 페페로니 8.49달러, 디럭스는 9.99달러).

마케팅 및 인력 관리부서 직원들은 종업원 교육훈련 매뉴

얼, 광고 자료 그리고 식당 경영자들(수많은 가게가 프랜차이즈 형태임)을 위한 사업 존재 논리를 준비했다. 점포 관리자, 가맹점, 그리고 종업원들은 새로운 계획에 대해 매우 고무적이었다. 하지만 한 가지 문제가 있었다.

학습목표 8-7

현재 식당의 드라이브스루(drive-through) 창문이 16인치 피자를 전달하기에는 너무 작았다. 현재 창문이 수용할 수 있는 최대 크기는 12인치이다. 점포 관리자와 가맹점들은 운영의 이런 측면이 간과된 것이 아닌가 우려했다. 이 제품은 출시 준비가 안 되었을지도 모른다. 아마도 아직 드러나지 않은 다른 문제들도 있을 것이다.

토의 주제

1. 맥킹은 피자 출시를 접근함에 있어 어떤 실수를 했는가?
2. 당면한 문제를 피하기 위해 이 제품의 소개는 어떻게 조율될 수 있을까?
3. 당신이 맥킹의 중역이라면 식당에 피자 도입을 어떻게 진행할 것인가?

사업 계획서 작성Build Your Business Plan

서비스 및 제조 운영관리

당신의 사업에 대해 스스로 추가적인 생산에 사용될 원재료를 공급하고 있는지, 또는 소매업자로 알려진 상품과 서비스의 재판매자인지 결정할 필요가 있다. 만약 전자라면, 당신은 제품 생산에서 어떤 공정을 통과할지 결정할 필요가 있다. 이 교재는 이 공정을 투입물, 변환 공정 그리고 산출물로 분해하는 아이디어를 제공한다. 당신이 만약 서비스 공급자나 공급사슬에서의 연결고리라면 고객의 기대 사항이 정확히 무엇인지 알 필요가 있다. 서비스는 무형적이기 때문에 문제해결이나 욕구 충족을 위해 정확히 고객이 기대하고 있는 것을 잘 이해하는 것이 무엇보다 중요하다.

4부
인적자원 이점 개발

9장　종업원 동기부여

10장 인적자원 관리

9
종업원 동기부여

학습목표

- **9-1** 인간관계 연구가 중요한 이유를 설명한다.
- **9-2** 종업원의 근로 동기를 이해하는 데 기초가 되는 초창기 연구들을 요약한다.
- **9-3** 인간관계론에 관한 매슬로와 허츠버그의 이론을 비교 설명한다.
- **9-4** X, Y, Z이론, 공정성 이론, 기대 이론과 같은 동기부여 이론을 조사하고 설명한다.
- **9-5** 관리자가 종업원을 동기부여 시키기 위해 활용할 수 있는 전략들을 기술한다.
- **9-6** 영업사원을 동기부여 시키기 위한 프로그램을 평가한다.

©Tony Avelar/Bloomberg via Getty Images

도입사례 :: 페이스북은 종업원의 동기부여 방법을 알고 있다

페이스북은 미국 내 최고의 직장 순위 2위에 올라있다. 페이스북의 성공은 이 회사의 리더십, 특히 CEO인 마크 저커버그(Mark Zuckerberg)의 공이 크다. 저커버그는 1만 9,000명에 달하는 이 회사의 종업원으로부터 99.3%의 지지를 얻고 있다.

페이스북에서 종업원들은 모험을 하며, 항상 혁신적인 생각을 가지도록 격려받는다. 저커버그는 신입사원들의 아이디어를 듣기 위한 회의를 갖는 것으로 유명하다. 엔지니어들은 지속적으로 새로운 소프트웨어를 개발하고, 1만~5만 명 정도의 이용자를 대상으로 한 테스트를 거친다. 더욱 중요한 것은, 만약 테스트에서 오류가 발생하더라도 그것 때문에 엔지니어가 징계나 처벌을 받지 않는다는 점이다. 어떤 인턴사원은 버그 퇴치 솔루션 테스트를 하다가 잘못하여 페이스북 웹사이트에 오류를 일으켰음에도 불구하고, 페이스북의 정직원으로 채용되었다. 엔지니어 및 종업원들은 자신의 업무에 대해 자유를 누리고 있을 뿐 아니라, 자신이 함께 일하고 싶은 팀을 선택할 수 있는 권한을 부여받는다. 페이스북의 핵심 성공 요인은 이 회사가 개인의 약점을 고치기보다는 강점에 집중하고 있다는 점이다. 이는 종업원 스스로 회사에 "가장 잘 부합하는" 적합성을 찾도록 권장한다.[1]

도입

기업에서 실제로 일을 하는 사람은 종업원이고, 이들은 기업이 목표를 달성하는 데 영향을 미치므로 종업원이 조직에서 가장 가치가 높은 자원이라는 점에 대해서는 대부분이 동의한다. 조직 목표를 달성하기 위해서 종업원이 반드시 동기, 능력(적절한 지식과 기술), 직무 수행에 필요한 도구(제대로 된 훈련과 장비)를 갖추고 있어야 한다. 이러한 주제에 대해서는 다음 장 '인적자원 관리'에서 논의하도록 하고, 이 장에서는 종업원의 동기부여 방법에 대해 초점을 맞추고자 한다.

9장에서는 종업원의 욕구와 동기, 종업원에 대한 관리자의 관점, 그리고 종업원 동기부여를 위한 몇 가지 전략을 살펴보기로 한다. 종업원의 욕구를 이해하는 관리자는 그들의 생산성을 더 높은 수준으로 도달하는 데 도움을 주고, 궁극적으로는 조직의 목표 달성에 기여할 수 있다.

학습목표 9-1

인간관계의 본질

인간관계론
조직 상황에서 개인과 집단의 행동을 연구하는 학문.

종업원이 자신의 업무를 스스로 수행하도록 만드는 요인은 조직 환경에서 개인과 집단의 행동을 연구하는 **인간관계론**(human relations)의 핵심적 주제이다. 기업 경영에서 인간관계는 조직의 목표를 효율적이고 효과적으로 달성하기 위해 종업원을 동기부여 하는 것을 의미한다. 지난 수년간 기업들이 직장에서 종업원의 사기를 높이는 방법, 종업원의 생산성과 창의성을 극대화하는 방법, 더욱 다양한 종업원이 더 효과적으로 일할 수 있도록 동기부여 하는 방법을 이해하려고 노력하면서, 인간관계론의 중요성은 날로 커지고 있다.

동기
어떠한 목표를 이루기 위한 인간의 행동을 일으키는 내적인 동력.

동기(motivation)란 인간의 행동이 목표를 지향하게 하는 내적 욕망이다. 목표는 어떠한 욕구를 만족시키는 것이고, 욕구란 원하는 상태와 실제적 상태 간의 차이를 의미한다. 욕구와 목표 둘 다 동기부여에 큰 역할을 한다. 동기는 왜 사람들이 그렇게 행동하는지를 설명한다. 이와 유사하게, 때로는 동기 부족은 자신이 해야 하는 일을 하지 않는 이유를 설명하기도 한다. 반면, 옳지 않은 일을 하게 하거나, 옳지 않은 이유로 일을 하도록 하는 것은 문제가 될 수 있다. 예를 들어 웰스파고 종업원들은 자신의 영업목표 달성을 위해 350만 명 이상의 유령 고객을 만들어 냈다. 회사는 이 일로 수백만 달러에 달하는 벌금을 내야만 했다.[2] 한편, 비현실적인 목표 달성을 독려하다보면 조직 생산성이 증가할 수도 있다.

〈그림 9-1〉 동기부여 과정

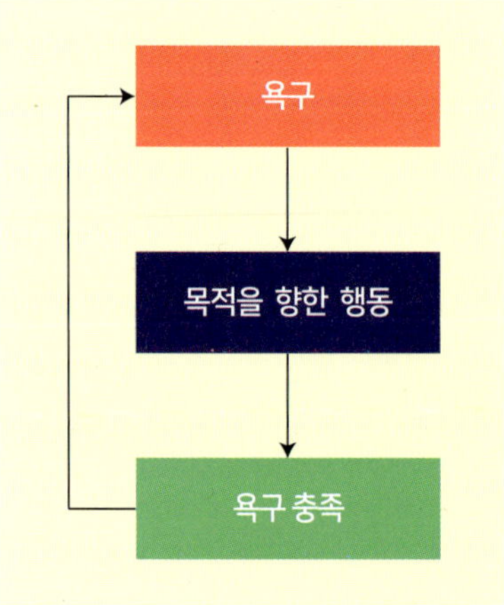

어떠한 욕구를 인식하거나 느끼면, 그 욕구를 만족시키고 목표를 달성하기 위한 행동을 하게 된다(그림 9-1). 판매 사원으로 일하고 있는 어떤 사람을 생각해 보자. 자신의 성과가 다른 판매 사원들보다 현저하게 낮다면 실적을 높이려는 그의 욕구는 매우 강할 것이다. 이러한 욕구를 만족시키고 성공을 이루기 위해 그는 성공적인 판매원의 노하우를 배우거나, 판매 능력 향상을 위한 교육을 받으려고도 할 것이다. 또한 영업 관리자는 이 판매 사원이 더 열심히 일하게 하고, 그들의 능력을 개발하도록 동기부여 하는 여러 가지 방법을 사용할 것이다. 인간관계

동기부여는 비즈니스에서도 중요하지만 비즈니스 밖에서도 중요하다. 예를 들어 운동경기에서 코치는 큰 경기를 앞두고 선수가 자신의 능력을 최대한 발휘할 수 있는 기회를 증가시키기 위해 선수들에게 동기를 부여한다.

©Chris Szagola/CSM/REX/Shutterstock

론은 종업원의 욕구, 목표 및 목표 달성의 방법, 그리고 그들의 욕구와 목표가 업무 성과에 미치는 영향 등을 다룬다.

경영관리자가 종업원에게 효과적으로 동기부여 하면 그들은 일에 몰입하게 할 수 있다. 몰입(engagement)은 정서적 개입과 헌신을 동반한다. 종업원이 일에 몰입하면 자신에 대한 고용주의 기대와 의무를 수행할 수 있다. 많은 종업원이 직무에 적극적으로 몰입하지만, 그렇지 않은 종업원도 있다. 조직에서 버티기 위해 필요한 최소의 일만 하는 종업원도 있고, 자신의 업무로부터 완전히 괴리되어(disengaged) 있는 사람도 있다.

종업원이 계속해서 몰입하도록 동기를 부여하는 것은 관리자의 중요한 책임이다. 예를 들어 그룹 반 헤일런(Van Halen)의 전 리드보컬 데이비드 리 로스(David Lee Roth)는 현장 제작 관리자가 자신의 직무에 완전히 몰입하고 있는지 시험하기 위해 갈색 초콜렛만을 제외한 M&M 한 그릇을 가져다 달라고 요구한 적이 있다. 이것은 현지 무대 제작사가 자세하게 주의를 기울이는지 시험하는 수단이었다. 만약 그릇 안에서 갈색 M&M을 발견했다면 모든 것을 완전히 다시 확인하라고 요구할 생각이었다.[3]

사기
자신의 일, 고용주, 동료에 대한 종업원의 태도.

종업원의 **사기**(morale) — 직무, 동료, 고용주 등에 대한 종업원의 태도 — 역시 인간관계론의 중요한 측면이다. 사기가 높으면 생산성 수준도 높아지고, 수익과 종업원의 충성심도 높아진다. 이와 반대로 사기가 낮으면 결근과 이직이 잦아질 수 있다. 기업은 직원을 유지하고 그들의 기여를 높이 평가하기 위해 많은 노력을 기울인다. 애플은 복지와 조직 문화를 활용하여 종업원을 동기부여 시키고 있는 훌륭한 사례이다. 이 회사의 종업원은 평균 5년 정도 유지된다. 전통적인 복지 외에도, 애플 종업원은 자사 제품을 25% 할인받을 수 있고, 출산 전 4주, 출산 후 14주의 유급휴가를 받는다. 또한 AppleCare 대학프로그램을 이용하여 대학 학비 보조도 받을 수 있다. Glassdoor는 애플의 복지제도에 대해 5점 만점에 4.5점을 부여하였다.[4]

내재적 보상
어떠한 목표를 달성한 뒤에 느끼는 개인적인 만족이나 기쁨.

외재적 보상
다른 사람으로부터 주어지는 혜택이나 인정.

종업원은 외재적 보상과 내재적 보상에 대한 인식에 의해 동기부여 되기도 한다. **내재적 보상**(intrinsic rewards)은 목표를 달성함으로써 느끼는 개인적인 만족과 즐거움이다. 예를 들어 경영학원론 수강의 내재적 보상은 경영의 작동 원리를 배우는 즐거움이다. 이러한 즐거움을 느낀 학생들은 경영자로서 경력을 쌓거나 혹은 언젠가 자신의 사업을 운영하고자 하는 열망을 가질 수 있다. **외재적 보상**(extrinsic rewards)은 다른 누군가로부터 주어지는 혜택이나 인정(recognition)이다. 학기말 성적은 수업을 듣는 학생들의 노력과 성공에 대한 외재적인 보상이다. 경영에서 칭찬과 인정, 급여 인상과 보너스 등이 외재적 보상에 속한다. 반면, 종업원이 자신의 직무가 사회나 환경에 기여할 기회를 제공한다고 믿는다면 이는 내재적 보상을 의미한다. 내재적 보상과 외재적 보상 모두 최선을 다해 목표를 이루도록 종업원을 자극하고 동기부여 하는 데 기여한다.

〈표 9-1〉 유능한 종업원을 유지하는 방법

1. 훈련과 멘토링을 실시하라.
2. 긍정적인 조직 문화를 조성하라.
3. 소통을 통해 신뢰를 구축하라.
4. 보상, 복리후생, 그리고 표창을 적절히 혼합하라.
5. 내부추천을 장려하고 내부모집을 간과하지 말라.
6. 코칭과 피드백을 제공하라.
7. 성장기회를 제공하라.
8. 일/가정 간의 균형을 보장하고 스트레스를 줄여라.
9. 리더에 대한 신뢰와 존중, 확신을 강화하라.

자료: Sarah K. Yazinski, "Strategies for Retaining Employees and Minimizing Turnover," HR.BLR.com, August 3, 2009, https://hr.blr.com/whitepapers/Staffing-Training/Employee-Turnover/Strategies-for-Retaining-Employees-and-Minimizing- (accessed April 25, 2018).

존경, 몰입, 칭찬, 적절한 보상, 승진, 즐거운 근무 환경과 긍정적인 조직 문화는 모두 종업원 사기를 높이는 요인이다. 한 사례로, 파타고니아(Patagonia)는 종업원들로 하여금 윤리적으로 행동하며, 자신의 아이디어를 기탄없이 제시하는 긍정적인 조직 문화를 가지고 있다. 종업원의 가치를 회사의 가치와 일치시키는 것은 이 회사에서 매우 중요하다. 이 회사는 자선단체에 기부를 하는 등 좋은 일을 한다는 데 자부심을 가지고 있으며, 이러한 가치에 부합하는 직원을 채용한다. 2016년 이 회사 직원들은 블랙프라이데이 판매금액을 모두 환경단체에 기부할 것을 제안하였다. CEO인 마카리오(Rose Marcario)는 이 제안을 받은 지 30분 만에 문자메시지를 통해 승인하였다.[5] 〈표 9-1〉은 훌륭한 직원을 유지하고 동기부여 할 수 있는 방안을 제시하고 있다. 많은 기업이 종업원 생활의 질을 향상시켜주고, 그들의 사기와 만족을 높이기 위한 다양한 혜택을 제공한다. "일하기 좋은 기업"에 선정된 기업 중 일부는 직장 내 탁아시설, 드라이 클리닝, 구두 수선, 처방전 재발급과 같은 대행 서비스와 동거 중인 동성 커플에 대한 복리 후생 및 유급 안식 휴가를 제공하기도 한다.

학습목표 9-2

동기부여 이론의 역사

20세기 전반에 걸쳐 근로자에게 동기를 부여하고, 생산성을 높이는 방법을 발견하기 위한 많은 연구가 수행되었다. 이러한 연구 결과를 토대로 조직에 실제로 적용한 많은 이론이 나왔다. 그중에서 대표적인 두 가지 이론인 전통적 동기부여 이론과 호손 연구를 간단히 살펴봄으로써 인간관계론의 현재를 이해하기 위한 배경 지식을 가질 수 있다.

전통적 동기부여 이론

인간관계론 연구의 기원은 19세기에서 20세기로의 전환기에 프레데릭 테일러(Frederick Taylor)와 길브레스(Gilbreth) 부부에 의해 수행된 시간 동작 연구(time and motion studies)로 거슬러 올라갈 수 있다. 그들은 종업원의 생산성을 향상시키기 위한 노력의 일환으로 작업이 구체적으로 수행되는 방식을 분석하였다. 이러한 노력으로 인해 과학적인 원칙이 경영 현장에 적용되었다.

알고 있습니까? 결근으로 인한 미국 고용주의 손실은 연간 약 2,258억 달러에 달한다.[6]

전통적 동기부여 이론
종업원에게는 돈이 유일한 동기부여 요인이라고 하는 이론.

전통적 동기부여 이론(classical theory of motivation)에 따르면, 돈은 근로자의 유일한 동기 요인이다. 테일러는 더 높은 급여를 받는 근로자가 더 많이 생산할 것이라고 주장했는데, 이러한 생각은 고용주와 근로자 모두에게 이익이 되었다. 테일러는 생산성 향상을 위해서는 관리자가 각 직무를 부분과업으로 나누고, 각 과업을 수행하는 최고의 방법을 결정하고, 근로자가 과업을 수행함으로써 달성할 수 있는 적정 생산량을 명시해야 한다고 생각했다. 또한 테일러는 인센티브 제도가 종업원이 더 생산적이 되도록 동기부여 할 것이라 믿었다. 따라서 그는 근로자의 급여가 그들이 생산해 내는 산출량(output)과 직접적으로 연결

윤리 및 사회적 책임 Consider Ethics and Social Responsibility

킹아서: 완벽함을 구워내다

당신은 밀가루 산업이 따분할 것이라고 예상할지 모르지만, 킹아서 밀가루(King Arthru Flour) 회사의 종업원들은 밀가루를 사랑한다. 조지 워싱턴이 초대 대통령으로 취임한 바로 다음 해 설립된 이 회사는 1790년에는 종업원이 다섯 명에 불과했지만 오늘날 300명이 넘는 회사로 꾸준히 성장하였다. 무엇이 이 회사의 종업원이 밀가루를 사랑하게 만들었을까? 바로 그들이 회사의 주인이기 때문이다. 이 회사의 지분 구조는 100% 종업원 소유로 되어 있다.

이 회사에서는 종업원 누구라도 재무적 정보에 접근할 수 있도록 오픈북(open-book) 경영을 실천하고 있다. 종업원은 여기에 대해 자유롭게 의견을 개진할 수 있다. 한 가지 사례를 보자면, 밀가루 가격이 상승하고 공급이 끊겨 힘든 시기를 보내고 있을 때 킹아서의 종업원들은 이 상황을 해결하기 위해 서로 협력할 것을 요구받았다. 종업원들은 함께 힘을 합쳐 회사를 정상화시킬 계획을 도출해 냈다.

1990년 킹아서 밀가루는 우편주문 사업을 핵심으로 했지만, 요즘에는 제과점이나 식품점에 밀가루를 판매하는 한편, 버몬트에서는 소매점도 운영하고 있다. 또한 제품 홍보나 마케팅에서도 탁월한 성과를 내고 있다. 이러한 사업을 통해 종업원들은 하나의 팀 구성원으로서 존중받고 있다. 모든 종업원은 제빵과 요리 강좌를 수강할 수 있으며, 무료 혹은 할인 혜택도 제공된다. 킹아서 밀가루는 이러한 구조에 기반하여 버몬트주 '일하기 좋은 회사' 대기업 부문에서 4위를 차지하기도 했고, 월스트리트저널에서 선정하는 최고의 중소기업 중 하나로 선정되기도 했다.

회사의 주주인 종업원들은 더 좋은 제품을 생산하고 탁월한 서비스를 제공할 동기를 가지고 있다. 만약 어떤 종업원이 보다 나은 제품이나 프로세스에 대한 제안이 있을 경우, 그 종업원은 자유롭게 이를 경영진과 공유할 수 있다. 킹아서 밀가루 회사는 요리와 제빵, 그리고 지속가능성을 선호하는 이들이 회사를 직접 경영하면서 파트너로서 상호 협력하는 공간이다.[7]

토의 주제

1. 킹아서 밀가루 회사가 종업원을 동기부여 시키는 방법은 무엇인가?
2. 종업원이 킹아서의 성공을 위해 노력하도록 하기 위해 회사의 소유 구조를 100% 종업원 소유로 만든 이유는 무엇이라고 생각하는가?
3. 킹아서의 참여적인 문화가 어려운 상황을 이겨내고, 혁신적인 제품과 프로세스를 개발하는 데 어떻게 기여했는가?

되어야 한다고 주장하였다. 그가 개발한 생산 비례 임금 시스템(piece-rate system)에 따르면, 종업원은 한 단위 생산에 대해 일정한 보수를 받고, 할당량을 초과한 근로자에게는 생산 단위당 높은 임률을 적용하였다.

오늘날에도 생산성에 따라 금전적 인센티브 제도를 사용하는 테일러식 관리방식을 어렵지 않게 발견할 수 있다. 전통적으로 시급직이나 혹은 관리직급으로 분류되던 직종에 대해서도 급여와 성과를 연결시키려 하고 있다. 관리자는 종업원 개개인을 동기부여 하기 위해 개인별 인센티브 제도를 선택한다. 반면, 팀 인센티브 제도는 공동의 목표 달성을 위한 협력을 증진시키려는 목적을 가지고 있다. 보잉(Boeing)은 상업용 항공기 등 대부분의 제품 모델을 판매하기 위한 영업팀을 조직하였다. 각 제품 판매를 책임지는 이 영업팀들은 판매 인센티브(sales incentive) 프로그램에 의해 인센티브를 받는다.

점차 많은 기업이 신입에서 CEO에 이르기까지 모든 직급의 종업원 급여를 성과와 결합시키려고 하고 있다. 최근 들어 임원 급여가 논란의 대상이 되고 있다. 많은 기업의 이사회(Board of Directors)는 기업의 성과와 경영진의 보수를 더 긴밀하게 연결시키고 있다. 그럼에도 불구하고, 최고 경영층은 여전히 많은 보수를 받는다. 오라클(Oracle)의 CEO인 마크 허드(Mark Hurd)는 한 해의 보수로 4,110만 달러를 받았다. 그는 보수를 꽤 많이 받은 CEO 중 하나이다.[8]

어떤 회사에서는 직원이 반려동물을 사무실에 데려오는 것을 허용한다. 이러한 조치는 직장 분위기를 보다 친밀하게 하는 데 도움이 된다.

©Image Source Plus/Alamy Stock Photo

20세기 초반 대부분의 관리자가 그랬던 것처럼, 테일러 역시 급여를 올려주면 종업원들이 더 열심히 일할 것이라고 믿었다. 그러나 이후의 연구들은 다른 동기부여 요인도 중요하다는 것을 보여주었다.

호손 연구

엘튼 메이요(Elton Mayo)와 하버드대학교의 연구팀은 조명, 소음 수준 등 작업장의 물리적인 상태가 종업원을 더 생산적이도록 자극하는지 알아내고자 하였다. 연구팀은 1924년부터 1932년까지 웨스턴 전기회사(Western Electric Company)의 호손(Hawthorne Works) 공장에서 생산직 근로자 집단을 대상으로 연구를 진행하였고, 다양한 물리적 환경에서 그들의 생산성을 측정하였다.

연구자들이 발견한 것은 의외였고 놀라운 것이었다. 생산성은 물리적인 상태와 관계없이 증가하였다. 이 현상은 호손 효과(Hawthorne effect)라 명명되어 왔다. 작업자가 자신의 일에 대해 질문을 받았을 때 그들은 만족감을 표시하였다. 그 이유는 실험에 함께 참가한 동료들이 친절했으며, 보다 중요한 이유는 그들의 감독자가 이 연구를 도와주고 협조해 달라는 부탁을 했기 때문이었다. 즉 그들은 변화하는 물리적인 작업 상태에 반응한 것이 아니라, 자신이 주목받고 있다는 사실에 반응한 것이다. 연구자들은 사회적, 심리적인 요인이 생산성과 사기에 상당한 영향을 끼친다고 결론지었다. USAA(United Services Automobile Association)는 그 사업 자체가 종업원 사기를 높이는 심리적인 요인을 가지고 있다. 군인과 참전 용사 가족에게 서비스를 제공한다는 사실이 종업원에게 활기를 불어 넣는다. 이러한 사례를 통해 종업원이 자신의 일을 어떻게 느끼는가가 얼마나 중요한지 알 수 있다.

호손 실험은 직장 내 인간관계의 중요성에 관심을 갖게 된 시발점이다. 인간관계론은 인적 요소가 근로자의 행동에 영향을 미칠 뿐 아니라 관리자가 인간의 욕구, 믿음과 기대를 이해하고 있을수록 종업원 동기부여에 성공적일 수 있음을 보여주었다.

학습목표 9-3

종업원 동기부여 이론

테일러, 메이요를 포함한 많은 연구는 종업원으로 하여금 성과를 내도록 동기부여 하는 요인을 밝히려는 후속 이론을 이끌어 냈다. 물론 이 이론들을 이용한 성공적인 사례는 기업에 따라, 또한 그 기업의 경영진 및 종업원에 따라 다양하게 나타날 것이다. 또한 과거에는 통했던 방법이 오늘날에는 더 이상 적합하지 않을 수도 있다는 점에 유의하여야 한다. 유능한 관리자라면 항상 변화하고 다양해지는 종업원에 맞추어 자신의 생각을 변화시킬 수 있는 능력을 가져야 한다.

매슬로의 욕구 단계

심리학자 에이브러햄 매슬로(Abraham Maslow)는 인간은 다섯 가지 기본적인 욕구를 갖는다는 이론을 제시하였다. 이 다섯 가지 욕구는 생리적 욕구, 안전 욕구, 사회적 욕구, 존경 욕구, 자아실현 욕구를 말한다. **매슬로의 욕구 단계**(Maslow's hierarchy)는 사람들이 만족하기 위해 노력하는 순서에 따라 이러한 욕구를 배열하였다(그림 9-2).

〈그림 9-2〉 매슬로의 욕구 단계

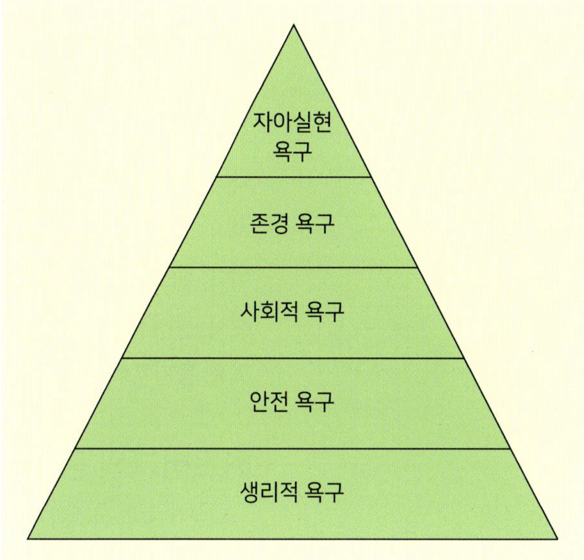

자료: Adapted from Abraham H. Maslow, "A Theory of Human Motivation," Psychology Review 50 (1943), pp.370-396. American Psychology Association.

생리적 욕구(physiological needs)는 가장 기본적인 욕구이며, 인간이 맨 처음으로 만족시켜야 하는 욕구이다. 이 욕구는 생존에 필수적인 것－물, 음식, 주거, 옷－을 필요로 한다. 매슬로에 따르면 인간은 생리적 욕구가 충족될 때까지 모든 노력을 여기에만 집중하며, 이 욕구가 충족된 후에야 다음 단계의 욕구인 안전 욕구를 만족시키는 데 관심을 가지게 된다.

안전 욕구(security needs)는 신체적인 피해 및 경제적인 피해로부터 자신을 보호하려는 욕구이다. 안전 욕구를 만족시키기 위해 종업원이 취할 수 있는 행동에는 위험한 작업장 환경을 경영진에게 보고하기, 안전 장비 유지하기, 일하지 못할 때를 대비하는 소득 보장 보험에 가입하기 등이 있다. 안전 욕구가 만족된 다음에는 사회적인 욕구 충족을 위해 노력할 것이다.

사회적 욕구(social needs)는 사랑, 동료애, 우정에 대한 욕구, 즉 다른 사람들로부터 받아들여지고 싶은 욕구를 말한다. 사회적 욕구를 충족하기 위해 사람들은 직장 동료 및 친구를 사귀고, 동아리에 가입하고, 병원이나 고아원 등에서 자원봉사를 하고, 파티를 개최하는 등 여러 활동을 한다. 사회적 욕구가 만족되면 사람들은 존경 욕구를 만족시키려 한다.

존경 욕구(esteem needs)는 존중(respect)과 관련이 있는데, 자기 스스로 존중하는 것(self-respect)과 다른 사람으로부터 존중받는 것(respect from others) 두 가지 모두를 의미한다. 존경 욕구의 또 다른 측면은 경쟁(competition)이다. 이는 당신이 다른 사람보다 무엇인가를 더 잘 할 수 있다고 느끼고 싶은 욕구이다. 경쟁은 종종 생산성을 높이도록 자극한다. 존경 욕구는 눈에 보이는 성공의 증거를 항상 제공하지는 않기 때문에, 하위 단계에 있는 욕구처럼 쉽게 만족되지는 않는다. 하지만 존경 욕구는 일에 대한 보상과 조직 활동에의 참여를 통해 실현될 수도 있다. 이 욕구가 충족될 때까지 사람들은 존경을 얻는 데 관심을 기울인다. 자신이 어느 정도 존경을 얻었다고 느낀다면 그 다음에는 자아실현 욕구가 인생의 중요한 목표가 된다.

매슬로 욕구 단계의 가장 상위에 있는 **자아실현 욕구**(self-actualization needs)는 가능한 최고가 되는 것을 의미한다. 자아실현은 개인의 잠재력을 극대화하는 것을 의미한다. 자아실현에 성공한 사람은 모든 면에서 자신의 삶을 충만하게 살고 있다고 느낀다. 작가인 로울링(J. K. Rowling)에게 자아실현은 세계에서 가장 훌륭한 소설 작가로서 칭송받는 것을 의

매슬로의 욕구 단계
인간의 다섯 가지 욕구(생리적 욕구, 안전 욕구, 사회적 욕구, 존경 욕구, 자아실현의 욕구)를 만족시키고자 하는 순서에 따라 정렬시켜 놓은 이론.

생리적 욕구
물, 음식, 주거, 의복 등 인간이 가장 기본적으로 만족시키고자 하는 욕구.

안전 욕구
자신을 물리적, 경제적 위협으로 부터 보호하려는 욕구.

사회적 욕구
사랑이나 우정 등에 관한 욕구로 다른 사람들로부터 받아들여지고자 하는 욕구.

존경 욕구
자기 스스로 혹은 타인에 의해 존중받고자 하는 욕구.

자아실현 욕구
가능한 최고가 되고자 하는 욕구로 매슬로 욕구 단계에서 가장 상위 욕구.

미할 것이며, 여배우 비올라 데이비스(Viola Davis)에게는 오스카상을 수상하는 것을 의미할 수 있다.

매슬로의 이론에 따르면, 욕구 단계의 하위에 있는 많은 기본적인 욕구는 더 높은 단계의 목표를 추구하기 전에 만족되어야 한다. 즉 배가 고프고 집이 없는 사람들은 동료로부터 존경을 얻는 것에는 관심이 없다. 생리적 욕구, 안전 욕구와 사회적 욕구가 거의 만족되고 나서야 사람들은 존중을 구한다. 또한 매슬로의 이론에 따르면, 낮은 단계의 욕구가 갑자기 재작동된다면 개인은 높은 단계보다는 그 낮은 욕구를 먼저 만족하려 할 것이다. 갑자기 정리 해고된 근로자의 주된 관심사는 아마도 존중 욕구에서 안전 욕구로 떨어질 것이다. 관리자는 매슬로의 욕구 단계로부터 교훈을 얻어야 한다. 종업원은 자신의 일을 통해서 생리적 욕구, 안전 욕구, 사회적 욕구가 우선 만족되어야 조직의 목표에 기여할 수 있도록 동기부여 된다.

허츠버그의 동기부여 이론

1950년대 심리학자 프레드릭 허츠버그(Frederick Herzberg)는 직무와 업무가 행해지는 환경에 주목하는 동기부여 이론을 제안하였다. 허츠버그는 직무와 관련한 다양한 요인 및 그 요인과 종업원 동기와의 관계를 연구하였는데, 종업원 동기와 관련된 요소는 위생 요인과 동기 요인으로 나눌 수 있다는 결론에 도달했다(표 9-2).[9]

위생 요인
허츠버그의 동기부여 이론 중에서 작업 그 자체의 내용보다는 작업의 외적 조건에 초점을 맞추는 측면. 적정한 임금, 편하고 안전한 근로조건, 공정한 회사의 정책, 직업 안정성 등을 포함.

위생 요인(hygiene factors)이란 업무 환경과 관련되어 있으면서 업무의 내용과는 관련이 없는 요인을 의미한다. 적절한 임금, 안락하고 안전한 근무 환경, 공정한 회사 방침과 고용 안전성 등이 위생 요인의 예이다. 이 요인은 종업원을 뛰어난 성과를 내도록 동기부여 하는 데 필수적이지는 않지만, 위생 요인의 부재는 불만족과 높은 이직률의 잠재적인 원인이 되기도 한다. 종업원의 안정과 안락은 분명한 위생 요인이다.

〈표 9-2〉 허츠버그의 위행 요인과 동기 요인

위생 요인	동기 요인
회사 방침	성취
감독	인식
근무 여건	직무 그 자체
동료, 상사, 부하와의 관계	책임
급여	진전
안전	개인적인 성장

많은 사람은 높은 연봉이 중요한 직무 요인 중 하나라고 느끼고 있다. 심지어 고용 안정성(job security)이나 능력 발휘 기회보다 더 중요한 직무 요인이라고 생각한다. 허츠버그가 말한 급여와 안전이라는 두 가지 위생 요인은 매슬로가 제시하였던 종업원의 생리적 욕구와 안전 욕구를 만족시킨다. 그러나 위생 요인은 종업원이 더 뛰어난 성과를 내도록 동기부여 하지는 않는다. 예를 들어 소화기 내과 전문의의 동기부여 수준은 매우 낮다. 평균 35만 달러 이상의 높은 연봉을 받을 수 있기는 하지만, 업무가 틀에 박혀 있고 환자의 방문이 유쾌하지만은 않다.[10]

동기 요인
허츠버그의 동기부여 이론 중에서 작업 내용 그 자체에 초점을 맞추는 측면. 직무와 관련한 성취, 인정, 참여, 책임, 발전 등을 포함한다.

업무 그 자체의 내용과 관련되어 있는 **동기 요인**(motivational factors)은 성취, 인정, 몰입, 책임감과 자기 발전 등을 포함한다. 동기 요인의 부재가 불만족을 야기하지는 않지만, 동기 요인의 존재는 종업원을 더 뛰어나도록 노력하게 할 수 있다. 많은 기업이 종업원에게 더 많은 책임감과 통제를 넘겨주고, 업무에 더 몰입하도록 하는 방법을 활용하기 시작하였다. 이는 종업원이 생산성과 업무 품질 수준을 높이도록 동기부여 하는 데 기여한다. 많은 호

텔이 직원들에게 보다 나은 혜택을 제공하기 위해 종업원 중심의 업무 프로세스를 채택하고 있다. 호텔, 항공사와 같은 서비스 산업에서는 행복한 종업원이 가져다 주는 혜택을 인식하고 있다. 그들은 12% 정도 더 높은 생산성을 보일 뿐 아니라, 고객을 행복하게 하기 위해 노력한다. 종업원 행복을 소중하게 여기는 많은 회사는 탄력적 근무시간이나 재택근무(통근시간은 평균 25분을 상회함)를 시행하거나, 반려동물 친화적인 사무실, 각종 놀이시설(탁구대, 비디오게임 등)을 갖춘 휴게실 조성, 종업원의 성공이나 특별한 상황을 축하해 주는 등 가능한 여러 가지 복지제도를 고려하고 있다.[11]

구글의 종업원 친화적인 사무실은 농구장, 핀볼기계, 사진부스 등 여러 가지 특색 있는 요소로 이루어져 있다. 이러한 환경은 종업원의 창의력을 증진시키고, 업무를 보다 즐겁게 만든다.

©Daniel Brenner/Bloomberg via Getty Images

허츠버그의 동기 요인은 매슬로의 존경 욕구 및 자아실현 욕구와 유사하다. 근로자의 낮은 수준의 욕구(생리적 욕구와 안전 욕구)는 동기 요인이 아니다. 이러한 하위 욕구는 그동안 정부 기관이 설정한 최저임금제(minimum-wage)와 산업 안전 기준(occupational safety standards)을 통해 대부분 만족되어 왔다. 결론적으로 경영자는 종업원에게 성취, 몰입, 자기 발전의 기회를 제공하며, 그들의 업적과 성과를 인정함으로써 보다 높은 수준의 욕구(즉 동기 요인)를 만족시키는 데 집중해야만 한다.

맥그리거의 X이론과 Y이론

학습목표 9-4

「기업의 인간적 측면(The Human Side of Enterprise)」의 저자인 더글러스 맥그리거(Douglas McGregor)는 개인적 욕구에 대한 매슬로의 이론을 경영과 연관시켰다. 그는 경영관리 차원에서 X이론이라고 불리는 전통적인 관점과 Y이론이라는 인본주의적 관점을 비교하였다.

맥그리거에 따르면 **X이론**(Theory X)을 받아들이는 관리자는 근로자가 대체적으로 일하기 싫어하기에 강제력을 사용하여 직무를 수행하도록 해야 한다고 생각한다. 그들은 다음과 같은 진술이 사실이라고 믿는다.

X이론
경영에 관한 맥그리거의 전통적 관점으로서 근로자는 일반적으로 일하기를 싫어하므로 일을 하도록 강제되어야 한다는 가정을 한다.

1. 보통의 사람은 태생적으로 일을 싫어하고, 가능하다면 일을 피하려고 할 것이다.
2. 근로자가 조직의 목표 달성을 위해 필요한 방향으로 일하게 하면 강압, 통제, 지시, 처벌 위협 등이 필요하다.
3. 보통의 근로자는 지시를 받아 일하는 것을 선호하고 책임을 지지 않으려 하며, 야망이 거의 없고 안전을 원한다.[12]

X이론의 관점을 수용하는 관리자는 종업원을 강하게 통제하면서 지속적으로 감시한다. 또한 두려움을 통한 동기부여를 시도하며, 종업원의 의견은 거의 듣지 않고 독단적인 의사결정을 내린다. X이론 방식의 경영관리는 생리적 욕구와 안전 욕구에 초점을 맞추고, 사실상 매슬로가 논의한 상위 욕구들은 무시한다. 종업원 순위제도(ranking system)를 도입하여 전체 종업원 중 40%를 기대 이하로 분류했던 컴퓨터사이언스(Computer Science Corporation)

는 X이론을 받아들인 듯하다. 종업원들은 이 제도가 불공평하다고 느꼈으며, 회사는 일-가정 간 균형을 보장해주지 않았다. 이러한 불만이 거세지자 이 회사는 마침내 순위 기준을 완화하였다.[13]

X이론 관점에서는 동료애, 개인에 대한 존중, 성장을 추구하고자 하는 욕구와 같은 것은 고려되지 않는다. 반면, Y이론은 이러한 것들을 받아들인다. **Y이론**(Theory Y)의 관점을 수용하는 관리자는 노동자들이 일하는 것을 좋아하고, 적절한 조건만 주어진다면 자신의 사회적 욕구, 존경 욕구, 자아실현 욕구를 만족시키려 할 것이며, 이러한 행동의 책임을 부담할 것이라고 가정한다. 맥그리거는 Y이론의 가정을 다음과 같이 말하고 있다.

Y이론
경영에 관한 맥그리거의 인본주의적 관점으로서 근로자는 일하기를 좋아하며, 적합한 환경만 주어진다면 사회적 욕구, 존경 욕구, 자아실현 욕구를 실현시키기 위해 책임 있는 행동을 할 것이라고 가정한다.

1. 자신의 업무에 육체적, 정신적 노력을 다하는 것은 오락이나 휴식만큼이나 자연스러운 것이다.
2. 사람들은 자신이 추구하는 목표를 달성하기 위해 스스로 방향을 설정하고 통제할 것이다.
3. 사람들은 어떠한 목표를 달성하면 개인적인 보상이 따라 온다는 점을 깨달았을 때, 그 목표에 전념할 것이다.
4. 일반적으로 사람들은 책임을 수용하고, 또 책임을 부담한다.
5. 종업원 개인이 가진 상상력, 독창성과 창의성은 조직의 문제를 해결하는 데 도움을 주지만 대부분의 조직은 그러한 종업원의 특징을 적절하게 사용하지 못한다.
6. 오늘날 조직은 근로자의 지적 잠재력을 완전하게 활용하지 못하고 있다.[14]

Y이론의 철학을 가진 관리자는 X이론 관리자와는 분명하게 다른 관리 스타일을 갖는다. Y이론 관리자는 부하직원이 의사 과정에 참여하도록 허용하면서 통제와 감시를 줄이고, 두려움을 이용해 종업원을 동기부여 하지 않고 민주적으로 의사결정을 한다. Y이론 관리자는 생리적 욕구와 안전 욕구만큼이나 매슬로 욕구 단계에서 상위 수준의 욕구 역시 중요하게 여긴다. 예를 들어 H&R Block은 종업원들이 74,000페이지에 달하는 세법을 해석하는 데 도움을 주고자 "추가적 지원"을 활용할 권한을 허용한다. 이 회사 종업원은 고객의 세금 환급액을 분석하여 가급적 환급을 많이 받게 하기 위해 IBM의 Watson을 활용한다. 이렇듯 종업원에게 주어진 권한은 그들이 보다 고객화된 서비스를 제공하고, 그에 따라 고객만족도를 높일 수 있는 능력을 부여한다.[15] 오늘날 Y이론은 폭넓게 지지를 받고 있고, X이론을 대체하고 있다.

Z이론

Z이론(Theory Z)은 의사결정의 모든 측면에서 종업원 참여를 강조하는 경영철학이다. Z이론은 윌리엄 오우치(William Ouchi)가 그의 저서 「Z이론: 미국 경영이 일본의 도전에 대처하는 방법(Theory Z – How American Business Can Meet the Japanese Challenge)」에서 처음으로 소개한 개념이다.[16] Z이론은 신뢰와 친밀함 등 일본식 경영관리론에서 채택하고 있는 많은 요인을 차용하면서도 미국의 현실에 맞게 수정한 것이다. Z이론 조직에서는 관리자와 근로자들이

Z이론
경영 의사결정의 모든 측면에 종업원이 참여할 수 있어야 한다는 점을 강조하는 경영 철학.

현장 속의 기업가정신 Entrepreneurship in Action

나마스테 솔라는 종업원 민주주의 경영모델을 수용한다

설립자: 블레이크 존스(Blake Jones), 웨스 케네디(Wes Kennedy), 레이 투오메이(Ray Tuomey)

설립: 2005년 콜로라도주 보울더(Boulder)

성공 사례: 나마스테 솔라(Namaste Solar)는 연매출 2,000만 달러 이상을 달성하고, 연평균 성장률 50% 이상을 유지하는 데 종업원들이 기여하도록 동기부여 해 왔다.

나마스테 솔라에서는 CEO 블레이크 존스의 아이디어라도 종업원들에 의해 쉽게 철회될 수 있다. 이러한 방식은 바로 존스가 계획한 것이다. 존스는 비즈니스 세계에서 권력의 불평등이 존재한다는 것을 깨닫고 실망했다. 그래서 동업자들과 함께 이 태양에너지 기술회사를 설립할 당시 존스는 관리자와 종업원 사이가 평등할 수 있는 모델을 채택하고자 했다.

이러한 구상을 현실화시키기 위해 나마스테 솔라에서는 종업원들에게 회사의 주식을 살 수 있는 권리를 부여하고, 모든 종업원에게 동일한 급여 테이블을 적용하고 있다. 또한 6주간의 유급휴가, 그리고 종업원 간의 협력을 증진시키는 한편 소문이나 험담을 방지하기 위해 FOH라고 불리는 솔직(frank), 개방(open), 정직한(honest) 소통 방식을 채택하고 있다. 나마스테의 종업원은 12개월에 걸친 수습기간 이후 투표권을 갖는 주식 한 주를 살 수 있는 권리를 부여받는다. 투표권이 있는 보통주는 오직 종업원들에게만 부여된다(외부 투자자들에게는 투표권이 없는 우선주가 부여된다). 이 회사의 수평조직 구조가 의미하는 것은 회사의 의사결정이 종업원들 간 합의를 통해 이루어진다는 점이다. 비록 이사회에서 중요한 결정에 대해 제동을 걸 수도 있지만, 종업원은 바로 그 이사회의 이사들을 1년 혹은 2년 임기로 선출할 권리를 갖는다. 나마스테 솔라에서 종업원들은 사업운영의 모든 측면에서 진정한 발언권을 갖는다고 말할 수 있다.[18]

토의 주제

1. 나마스테 솔라의 종업원 만족과 책임감은 어떻게 회사의 성공에 기여하였는가?
2. 허즈버그의 이론에 의하면 종업원들에게 주식 매수권을 부여하는 것은 위생요인인가 아니면 동기요인인가? 그렇게 생각하는 이유는 무엇인가?
3. 나마스테 솔라에서는 종업원 동기부여를 위해 권한위임을 어떻게 활용하고 있는가?

책임을 공유한다. 경영관리 방식은 참여적(participative)이고, 고용은 장기적이며, 많은 경우 평생 고용을 하기도 한다. 일본은 그동안 경제 성장의 침체와 중국 및 다른 아시아 국가와의 경쟁으로 어려운 시대를 경험해 왔다. 이 때문에 일본 기업 특히 소니(Sony)나 토요타(Toyota)와 같은 기업에서 Z이론에 대해 의문이 제기되기도 하였다. 한편, Z이론은 종업원이 조직에 대한 주인의식을 갖도록 한다. 연구 결과에 의하면, 이러한 주인의식은 종업원의 태도와 행동에 긍정적인 영향을 미친다고 한다.[17] Y이론에 기반을 둔 조직의 관리자는 개별 근로자의 본성에 대한 가정에 초점을 맞춘다. 이 두 가지 이론은 상호 보완적인 것처럼 보인다. 〈표 9-3〉은 미국의 전통적인 경영관리 방식, 일본의 경영관리 방식과 Z이론(수정된 일본 경영관리 방식)을 비교하고 있다.

공정성 이론

공정성 이론(equity theory)에 따르면 조직에 기여하려는 종업원의 의지는 그 기여의 대가로 받게 될 보상의 형평성(fairness)이나 공정성(equity)에 대한 자신의 평가에 달려있다고 한다. 공정한 상황에서 개인은 조직에 대한 자신의 기여에 비례하는 보상을 받는다. 그러나 실제로 공정성은 주관적인 개념이다. 근로자 개인은 조직에 대한 자신의 기여 혹은 투입이라고 할 수 있는 시간, 노력, 능력, 경험 등과 조직이 제공하는 급여, 복리 후생, 인정, 승진 등 보상(산출)을 평가하면서 개인의 투입과 산출의 비율을 주기적으로 계산한다. 개인은

공정성 이론
조직에 대한 종업원의 기여는 이들이 받는 보상의 공정성에 대한 자신의 평가에 의해 좌우된다는 이론.

〈표 9-3〉 X 이론, Y 이론, Z 이론의 비교

구분	X이론	Y이론	Z이론
대표국가	중국	미국	일본
철학	종업원에 대한 강한 통제	종업원은 책임을 추구하며, 사회적 욕구를 만족시키리라고 가정	회사의 의사결정 모든 분야에 참여
직무 구성	높은 수준의 전문화	낮은 수준의 통제와 감독, 매슬로의 욕구 단계 중 상위 단계에 관심	책임을 공유하는 종업원들과의 신뢰와 친밀감
통제	강한 통제	자율적으로 설정한 목표에 몰입	기대 수준은 낮으나, 반드시 달성해야 함
종업원 복지	제한적인 관심	민주적	종업원의 전반적인 삶에 관심
책임	관리적	협동적	참여적

이렇게 계산된 투입-산출 비율을 비교 대상의 투입-산출 비율과 비교한다. (여기서 비교 대상은 같은 직장 동료, 다른 조직에서 일하고 있는 친구, 또는 같은 조직에서 일하고 있는 여러 사람의 '평균'이 될 수도 있다.) 자신과 준거인의 두 비율이 비슷하다면 공정하게 대우받고 있다고 느낄 것이다.

만약 고등학교를 졸업한 당신이 1년에 2만 5,000달러를 받는다고 가정해 보자. 당신의 투입-산출 비율을 학사 학위를 가지고 3만 5,000달러를 연봉으로 받는 동료와 비교한다면 당신은 아마 공정하게 받는다고 느낄 것이다. 그러나 만약 당신의 개인적 투입-산출 비율이 대학을 졸업한 동료보다 낫다고 인식한다면 당신은 불공정하게 대우받고 있다고 생각할 것이며, 시정의 필요성을 느끼게 된다. 또는 고졸 동료가 3만 5,000달러를 받는다는 것을 알게 된다면 속고 있다고 느낄 것이다. 공정성을 제고하기 위해 당신은 월급 인상이나 승진 등 산출을 높이기 위한 노력을 할 수 있다. 다른 한편으로는 투입 대비 산출의 비율이 높은 동료의 투입을 증가시키거나 이들의 산출을 줄이도록 노력할 수도 있다. 공정성 달성에 실패하면 당신은 다른 직장을 찾고 싶어할 수도 있다.

공정성 이론은 왜 많은 소비자가 CEO의 보수에 대해 불만스러워 하는지 설명한다. CEO의 직무가 엄청나게 스트레스가 많다 해도 그들이 연봉, 보너스 혹은 스톡옵션으로 수백만 달러에 달하는 보수를 받는 것은 문제를 제기할 만하다. 높은 실업률과 불황을 야기한 일부 대기업의 위법 행위는 임원 보상 패키지에 대한 소비자의 불평을 야기했다. 급여 불공정성에 대한 일반인의 여론에 대응하여 일부 기업은 CEO의 보수를 기업의 성과와 연결시키기 시작하였다. 골드만삭스(Goldman Sachs)와 같은 회사는 만약 어떤 기간의 성과가 저조하다면 그 기간 CEO에게 지급되는 보너스나 기타 다른 보수를 삭감한다.[19] 이렇게 낮은 보수로 대중을 달래줄 수는 있겠으나, 한편으로는 CEO의 낮은 급여가 조직 내에서 CEO의 위치에 오르기 원했던 재능 있는 인재들의 꿈을 꺾을 수도 있다는 우려도 있다.

공정성 이론과 관련한 문제는 주관적이기 때문에 논란이 많을 수 있다. 데이비드 캘러핸(David Callahan)은 불공정하다는 인식은 비윤리적이거나 불법적인 행동을 촉발할 수도 있다고 주장한다.[20] 전국소매인연합회(National Retail Federation)에 따르면 종업원에 의해 자행되는 상품 절도는 전체 판매액의 약 1.4%, 액수로 치면 연간 490억 달러에 달한다고 한다. 일

부 종업원은 이렇게 회사의 자원을 자신에 대한 불공평한 처우(부적절한 봉급, 근로시간, 기타 부족한 복리후생)를 보상하는 도구로 여기기도 한다.[21] FBI는 종업원에 의한 절도 행위가 미국 내에서 가장 급속하게 증가하는 범죄라고 발표하였다.[22] 캘러핸은 공정하게 대우받고 있지 못하다고 느끼는 종업원은 거짓말을 하고, 부정행위를 하거나 혹은 절도 행위 등을 통해 자신의 수입을 '향상'시킴으로써 상황을 공평하게 만들려는 동기를 갖게 될 것이라고 믿는다.[23] 경영자는 보상이 성과에 기초하여 이루어진다는 점을 확인하고, 모든 종업원이 이를 분명하게 이해하게 함으로써 불공정하다는 인식을 불식시키도록 노력해야 한다.

관리자는 승진의 기회에 관해 종업원과 투명하게 소통해야 한다. 기대 이론에 따르면, 당신의 동기는 당신이 얼마나 원하는지뿐 아니라, 당신이 그것을 얻을 수 있는 가능성이 얼마나 있는지에도 달려 있다고 한다.

©Monkey Business Images/Shutterstock

기대 이론

심리학자 빅터 브룸(Victor Vroom)은 개인의 동기가 무엇을 얼마나 원하는가뿐 아니라 그것을 얻을 수 있는 가능성에 대한 인식에 의해서도 좌우된다는 **기대 이론**(expectancy theory)을 제시하였다. 무엇인가를 원하면서 그것을 얻을 수 있는 가능성에 대해 낙관하는 사람은 더 강한 동기를 가질 것이다. 예를 들어 당신이 진정으로 승진을 원한다고 생각해 보자. 당신은 업무 능력 향상을 위하여 야간대학을 다녔고, 판매 실적도 우수하므로, 스스로 승진 자격이 있고 새로운 직책을 담당할 수 있는 능력을 가졌음을 확신한다고 가정해 보자. 당신은 승진을 하여 새로운 직위를 수행하고자 하는 강한 동기를 가질 수 있다. 반면, 만약 당신이 원하는 것을 얻을 수 없다고 생각한다면 비록 그것이 정말로 원하는 것이라고 하더라도 그것을 얻으려 노력하려는 마음이 생기지 않을 것이다.

기대 이론
일하고자 하는 동기는 얼마나 많이 원하는가뿐 아니라 그만큼을 얻을 수 있는 가능성이 얼마나 되는가에 따라 좌우된다는 이론 .

목표 설정 이론

목표 설정 이론(goal-setting theory)은 목표 설정이 성과에 미치는 영향을 설명한다. 이 이론에 따르면 목표는 종업원이 어떠한 수행의 결과물을 달성하기 위해 자신의 노력을 집중하는 동기부여 역할을 한다. 목표를 설정하는 것은 성과에 긍정적인 영향을 미치는데, 그 이유는 그 목표가 종업원의 노력과 성과에 집중하도록 유도하고, 그들의 노력을 동원하며, 일관된 행동패턴을 개발할 뿐 아니라 바람직한 결과물을 얻기 위한 전략을 개발하도록 돕기 때문이다.[24] 베이커리 레스토랑인 시나본(Cinnabon)에서 지라델리(ghirardelli)와 시나몬롤(Cinnamon Roll)의 두 가지 새로운 핫쵸코 제품을 출시하였을 때, 시나본에게는 구체적인 판매 목표가 있었다. 회사의 판매 목표를 달성하고, 새로운 제품에 대한 인지도를 창출하기 위해, 이 회사는 매장 직원들에게 여러 형태의 판촉지원 아

목표 설정 이론
목표 설정이 성과에 주는 영향.

목표를 설정하면 종업원의 성과에 긍정적인 영향을 줄 수 있다.

©Zoonar GmbH/Alamy Stock Photo

이디어를 제안하게 하였다.

1954년 피터 드러커(Peter Drucker)는 목적에 의한 경영(Management by Objectives: MBO)이라는 개념을 소개했는데, 이때부터 MBO는 목표 설정 이론에서 중요한 위치를 차지하게 되었다. MBO는 관리자나 종업원 모두 이해하고 동의할 수 있는 목표 수립의 필요성을 의미한다.[25] 이는 관리자가 조직의 목적 달성에 활용하기 위해 개인 목표를 수립할 때 종업원들과 함께 할 것을 요구하고 있다. 관리적 목표와 개인의 목표를 연결시킴으로써 종업원은 보통 조직 목표 달성에 대한 몰입감을 더 크게 느낀다. 휴렛팩커드는 경영관행으로서 MBO를 초창기부터 받아들였다.[26]

학습목표 9-5

종업원 동기부여 전략

종업원 동기부여에 관한 다양한 이론에 기초하여 경영자는 종업원을 동기부여 하고 사기와 생산성을 신장시키는 전략을 발전시켜 왔다. 여기에는 행동 수정, 직무 설계, 종업원 몰입 프로그램, 작업팀 같은 방법이 있다.

행동 수정

행동 수정
어떠한 행동과 그 행동이 만들어 내는 결과(보상이나 처벌)를 연관시킴으로써 행동을 변화시키고, 올바른 행동을 권장하는 것.

강화 이론
보상과 처벌을 사용하여 행동을 강화하거나 약화할 수 있다는 이론.

행동 수정(behavior modification)은 행동의 결과를 행동 그 자체와 연관시킴으로써 행동을 변화시키거나 적절한 행동을 장려한다. 행동 수정은 널리 논의된 **강화 이론**(reinforcement theory)의 적용으로, 이 이론은 보상과 처벌의 사용을 통해 행동을 강화시키거나 약화시킬 수 있다는 이론이다. 행동 수정의 개념은 행동을 수정할 수 있는 결과의 두 가지 유형인 보상과 처벌을 제시한 심리학자 스키너(B. F. Skinner)에 의해 발전되었다. 스키너는 처벌받는 행동은 제거되는 반면에 보상받는 행동은 반복되는 경향이 있다는 것을 알아냈다. 예를 들어 매출이 2,000달러를 넘어가면 값비싼 레스토랑 식사권 같은 보너스를 받을 것을 알고 있는 종업원은 매출을 높이려는 더 큰 동기를 가지게 될 것이다. 반면, 지각을 하면 징계를 받는다는 점을 알고 있는 종업원은 정시에 늦지 않도록 최대한 노력할 것이다.

그러나 두 전략이 똑같이 효과적이지는 않다. 처벌을 하면 그 효과는 즉각적이나, 장기적으로는 종업원 불만족과 이직률 증가 등 원하지 않는 부작용을 낳을 수도 있다. 일반적으로는 적합한 행동에 대해 보상하는 것이 행동 수정에 더 효과적인 방법이다.

직무 설계

허츠버그는 직무 그 자체를 동기 요인으로 간주하였다. 관리자는 종업원의 동기를 향상시키는 데 도움이 되는 몇 가지 직무 설계 전략을 활용할 수 있다. 이 전략에는 직무 순환, 직무 확대, 직무 충실화와 탄력 근로시간제 등이 있다.

직무 순환 제도
종업원의 직무를 이동시킴으로써 한 직무에 전문화했을 때 야기될 수 있는 지루함을 해소하고자 하는 방법.

직무 순환 제도. **직무 순환 제도**(job rotation)는 종업원을 한 직무에서 다른 직무로 이동시키는 것으로 직무를 전문화(specialization)했을 때 생기는 지루함을 완화시키려는 노력이다. 기업은 보통 생산성 증대를 위해 전문화를 추구하지만 이러한 직무 설계 방식에는 역

효과가 있다. 종업원이 지루해 하고 불만족스러워 하며 생산성이 감소한다. 직무 순환 제도는 근로자에게 더 다양한 과업을 맡게 할 뿐 아니라 새로운 기술을 배우도록 기회를 제공함으로써 근로자의 지루함을 줄인다. 직무 순환 제도를 실시하면 종업원은 한 직무를 수행하는 데 일정 시간을 보내고 또 다른 직무로 이동한다. 결국 근로자는 처음의 직무로 돌아와 다시 순환을 시작한다. 〈표 9-4〉는 직무 순환의 추가적인 이점을 보여준다.

〈표 9-4〉 직무 순환의 장점

1. 다양한 관점으로 노출
2. 평생학습 동기부여
3. 승진과 관리급 역할에 대한 준비
4. 특정 스킬과 능력 개발
5. 채용 노력 지원
6. 전반적인 생산성 향상
7. 직원 유지

자료: Tim Hird, "The Lasting Benefits of Job Rotation," Treasury & Risk, January 24, 2017, https://www.treasuryandrisk.com/sites/treasuryandrisk/2017/01/24/the-lasting-benefits-of-job-rotation/ (accessed April 30, 2018).

직무 순환 제도는 좋은 방안이지만 한 가지 중요한 결함이 있다. 종업원은 결국 순환하면서 경험하는 모든 직무에 지루해 할 수 있기 때문에 직무 순환 제도는 지루함의 문제를 완전히 제거하지 못한다. 그러나 직무 순환 제도는 조직 내 다양한 업무를 이해할 필요가 있는 직책을 훈련받는 사람에게는 아주 유용하다. 많은 기업과 부서에서 직무 순환의 장점을 이해하고 있다. 대략 44%의 재무 담당임원(CFO)이 자신의 회사에서 직무 순환 제도를 시행하고 있다고 말한다. 재무 분야 종업원은 회계부서나 재무, 내부감사, 준법 혹은 세무 등의 업무를 하게 되는데, 이렇게 다양한 업무에 노출되어 경험하는 것이 그들에게 도움이 될 것이다.[27] 다양한 직무를 익힐 필요가 있는 임원 훈련 프로그램에서는 직무 순환 제도를 적극 활용하고 있다. 또한 직무 순환 제도는 오늘날 자율관리업무팀(self-directed work teams)의 구성원이 두 직종 이상의 일을 할 수 있도록 훈련시키기 위해 사용되기도 한다.

프라이스워터하우스쿠퍼스(Pricewaterhouse Coopers)는 종업원이 새로운 기술을 학습하도록 직무 순환을 실시하고 있다.

©ricochet64/Shutterstock

직무 확대. **직무 확대**(job enlargement)는 작은 과업을 각각 구분해서 처리하는 대신 한 직무에 더 많은 과업을 추가한다. 직무 순환 제도와 마찬가지로 직무 확대도 전문화와 관련된 지루함을 극복하고자 개발되었다. 이 전략을 활용하는 이유는 개인이 수행하는 과업의 수가 증가할수록 직무가 더 만족스러워지기 때문이다. 종종 직원은 어떤 일을 해야 할지 파악한 후, 과업 및 과업 간 관계를 이해함으로써 자신의 직무를 확대 혹은 조정한다. 개인적인 성향과 동기는 새로운 직무와 이들 직무 간의 관계를 만들 기회를 형성한다. 직무 확대 전략은 직무 순환 제도보다 직무 만족을 증가시키는 데 더 성공적이다. IBM, AT&T, 메이택(Maytag)에서 직무 확대 전략이 사용되고 있다.

직무 확대
기존 직무에다 추가적인 과업을 추가하여 하나의 직무로 취급하는 것.

직무 충실화. **직무 충실화**(job enrichment)는 성취, 인정, 책임, 자기 발전 기회와 같은 동기부여 요인을 결합시킨다. 직무 충실화는 직무 내에서 과업을 추가할 뿐 아니라 더 많은 통제권과 자율권을 종업원에게 제공한다. 직무 충실화 프로그램은 근로자의 책임감을 강화시키고, 이들이 더 도전적인 과업을 담당할 수 있을 때 성장과 발전의 기회를 제공한다. 하얏트 호텔(Hyatt Hotels Corporation)과 클리프바(Clif Bar)는 종업원 업무 생활의 질(quality of work life)을 향상시키기 위해 직무 충실화를 사용한다. 직무 충실화의 잠재적인 혜택은 크지만 주의 깊은 계획과 실행을 요구한다.

직무 충실화
기존의 직무에 성장 기회, 칭찬, 책임, 발전 등 동기 요인을 결합시키는 것.

친환경 경영 Going Green

파타고니아는 열정적인 종업원을 유인하고, 그들에게 권한을 부여한다

과연 어떤 조직에서 종업원이 근무 중간에 일을 그만두고 파도타기를 즐기러 나가는 것을 허용할 수 있을까? 그 주인공은 바로 아웃도어 의류 업체인 파타고니아(Patagonia)다. 이 회사의 설립자인 이본 취나드(Yvon Chouinard)가 이 회사를 처음 만들었을 때, 그는 회사의 가장 중요한 목표인 이윤 창출에 큰 흥미를 느끼지 못했다. 대신 그는 지구를 개선하는 일을 하고자 했다. 이 회사의 신입사원은 이러한 회사의 목표에 대한 열정을 가졌는지 여부에 근거하여 채용되었다.

취나드는 가장 책임 있는 방식으로 제조된 최상의 품질을 가진 제품만을 생산하기로 결심했다. 그는 다음과 같은 사명선언서를 채택하였다. "최상의 제품을 만들라, 불필요한 해악을 일으키지 말라, 사업체를 활용하여 환경 위기에 대응하는 솔루션을 개발하고 실행하라." 파타고니아는 종업원들이 이러한 가치를 이해하도록 지원하기 위해 개인 훈련, 비디오 훈련, 온라인 학습 등 다양한 훈련을 활용하여 회사의 기대에 대해 학습하도록 도왔다.

파타고니아는 종업원이 편안한 근무 환경에서 즐겁게 사명을 추진할 수 있도록 신나는 요소를 창조해 냈다. 우선 종업원이 근무일에 파도타기를 즐길 수 있도록 허용하는 유연 근무제도를 정비하였다. 이 회사의 본사 건물에는 집광판, 티벳 수도자의 깃발, 구조되거나 치료된 올빼미와 매가 가득 들어차 있는 창고가 있다. 파타고니아는 두 달 동안 회사를 떠나 자신이 일하고 싶은 환경단체에서 봉사활동을 수행하는 인턴십 프로그램을 개발했다. 파타고니아에서 종업원들은 환경보호를 진전시키기 위한 중요한 파트너로 인식된다.[28]

토의 주제

1. 파타고니아는 종업원들이 회사의 사명을 지원할 수 있게끔 하기 위해 훈련과 즐겁고 편안한 업무 환경을 어떻게 활용하고 있는가?
2. 이본 취나드가 자신의 회사 운영의 초점을 종업원 만족에 맞춘 이유는 무엇이라 생각하는가?
3. 근무 도중 휴가를 마음대로 떠날 수 있도록 종업원에게 자유를 부여하는 격의 없는 업무 환경은 장기적으로 회사에 도움이 되는가, 해가 되는가? 왜 그렇게 생각하는가?

탄력 근로시간제 전략. 미국 근로자는 전통적으로 시작 시간과 종료 시간이 정해져 있는 하루 8시간, 주당 40시간 일정으로 노동을 한다. 종업원 사기 저하, 결근, 그리고 이전과는 다른 요구를 가진 다양한 인력이 만들어 내는 여러 문제점에 대응하여 기업은 탄력 시간제, 집중 근무제, 직무 공유, 부분 시간제 근무, 원격 근무 등 유연하게 근로 일정을 잡는(flexible scheduling) 전략을 활용하고 있다.

탄력 시간제
특정한 집중 근무 시간 외에는 종업원이 자신의 근무 시작 시간과 종료 시간을 결정하도록 하는 것.

탄력 시간제(flextime)는 종업원이 일정한 핵심 시간 동안에는 반드시 일을 해야 하지만, 업무의 시작과 종료시간은 스스로 선택하게 하는 프로그램이다(그림 9-3). 컨설팅 회사인 플렉스잡스(FlexJobs)는 탄력적 직무를 유연한 일정에 의해 수행되는 전문직이라고 정의하면서, 재택근무나 시간제, 프리랜서 등을 포함시켰다.[29] 종업원이 근무하는 전체 시간이 줄어들지는 않지만 자신이 일하는 시간을 선택하게 함으로써 더 높은 유연성을 제공한다. 기업은 종업원이 오전 10시부터 오후 3시까지는 반드시 자리에 있어야 한다고 정할 수 있다. 여기서 어떤 직원은 오전 7시에 출근하여 핵심 시간이 끝나자 마자 근처 대학에서 수업을 듣기 위해 퇴근할 수 있다. 교외에 거주하고 자녀가 있는 또 다른 여성 직원은 아이를 어린이집에 데려다 주고 오기 위해 오전 9시에 출근할 수 있고, 대중교통을 이용해 통근할 수 있다. 탄력 시간제를 활용하면 많은 이점이 있다. 예를 들어 직장과 가정 생활을 병행하고자 하는 근로자를 모집하고 유지하는 데 보다 효과적이다. 보다 긴 시간 동안 고객을 응대할 수 있게 함으로써 고객 입장에서도 더 나은 도움을 받

〈그림 9-3〉 탄력 시간제에서 집중 근무 시간대와 유연 근무시간대

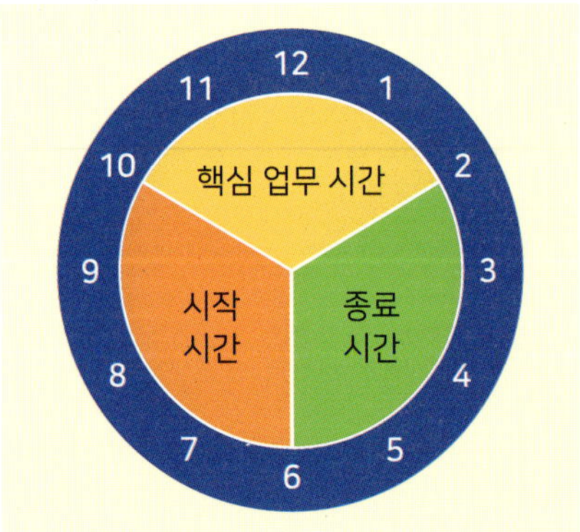

을 수 있고, 작업 장소와 시설 사용에 시차를 둠으로써 활용도를 높이면서 교통의 혼잡 역시 줄일 수 있다. 또한 탄력 근로시간제는 종업원의 건강한 행동을 증가시킬 뿐 아니라 종업원의 직무 만족도를 향상시킬 수 있다. 탄력적 근무 일정을 확대할수록 직무 만족은 높아지고, 피로도를 줄일 수 있으며, 일-가정 간 균형을 개선할 수 있다.[30]

집중 근무제
주당 40시간 이상 근무한다는 전제 하에 5일보다 적은 일수를 근무하는 제도.

집중 근무제와 직무 공유 역시 탄력 시간제와 관련된다. **집중 근무제**(compressed workweek)는 주당 4일 혹은 그보다 더 짧은 기간 동안 40시간을 일하는 것이다. 이렇게 하면 종업원은 보통 4일 동안 하루에 10시간을 일하고 3일의 주말을 갖게 된다. 집중 근무제를 실시하면 실질적인 운영시간이 줄어들기 때문에 운영비용이 절감된다. 이 방법은 가족과 더 많은 시간을 보내기를 원하는 직원이 사용하곤 한다. 밀레니엄 세대와 Z세대 종업원은 유연 근무 일정을 선호한다. 탄력 근무 일정은 주로 의료와 헬스케어(Kaiser Permanente), 교육 훈련(Kaplan), 컴퓨터와 IT(VMWare), 사무관리(Kelly Services), 판매(SAP, AT&T), 고객 서비스(Williams & Sonoma), 회계와 재무(PricewaterhouseCoopers) 등의 분야에서 주로 사용하고 있다.[31]

직무 공유
한 개의 종일제 직무를 두 사람의 시간제 근무로 나누는 것.

직무 공유(job sharing)는 두 사람이 하나의 같은 직무를 수행하는 것이다. 예를 들어 한 사람은 오전 8시부터 오후 12시 30분까지 근무하고, 다음 사람은 오후 12시 30분에 와서 오후 5시까지 근무할 수 있다. 직무 공유는 두 사람 모두에게 근로의 기회를 제공할 뿐 아니라, 육아나 학업 등 업무 외적인 활동의 기회까지 제공한다. 직무 공유를 통해 기업에서는 한 직무에 두 명의 능력을 활용할 수 있다는 이점이 있다. 또한 하루에 8시간 일하는 사람에게 지급해야 할 급여보다 이 두 사람에게 지급하는 총급여가 더 낮은 경우가 많다.

또 다른 탄력적 근로시간제 전략으로서 전일제 근로자가 특정 기간 동안 파트타임 근로를 선택할 수 있게 하는 제도(부분 시간제 근로)와 근로자가 집에서 근무를 하게 하는 형태(원격 근무/재택 근무)가 널리 활용되고 있다. 일부 기업에서는 아기를 돌보거나 노부모를 보살피기 위해 또는 재충전을 위해 파트타임으로 전환 근무하는 것이 가능하다. 종업원이 다시 전일제 근무로 돌아왔을 때, 그들은 보통 원래 담당했던 직책과 유사한 직책을 부여받는다. 어떤 기업에서는 종업원이 컴퓨터, 모뎀, 전화기를 통해 네트워크에 연결한 상태에서 재택 근무를 하거나 원격 근무(일주일에 몇 일은 집에서 일하는 것)를 하도록 허용하고 있다. 대부분의 재택 근무자는 사무실과 집 둘 다 활용하는 경향이 있다. 예를 들어 델(Dell)에서는 전체 종업원의 약 25% 정도가 일주일 전체 혹은 부분적으로 집에서 일한다.[32]

많은 사람이 가족 구성원을 보살피는 책임 때문에 재택 근무를 선택하기도 하지만, 또 어떤 사람은 비록 가족이 없다 해도 집중을 방해하는 요인이 없기 때문에 집에서 일하는 것이 더 생산적이라고 생각한다. 근로자는 통근 시간을 절약한다는 이유 외에 여러 수단을 통해 전반적인 생산성을 높일 수 있다는 이유로 원격 근무를 선호한다. 그들은 사무실에서 이 사람 저 사람 지나가면서 말을 시키고 방해하는

재택 근무가 점점 보편화되고 있다. 원격 근무, 직무 공유, 탄력적 근무 시간 등은 일반적인 업무 시간에 일할 수 없는 직원에게 도움이 된다.

것을 피하고, 사무실 정치에 휘말리지 않는다.[33] 그러나 어떤 사람들은 집에서 근무하는 것이 자신과 맞지 않는다고 말한다. 원격 근무를 실시하려면 그것이 현실적이어야 하며, 회사에 큰 비용 부담이 되어서는 안 된다.[34] 재택 근무 프로그램은 기업의 관리비용을 절감하는 데도 도움을 준다. 예를 들어 원격 근무를 실시하기 이전에는 사무실 공간을 많이 확보해야 했겠지만, 원격 근무, 호텔링(hoteling)(예약 제도를 통해 책상을 배정하는 방식), 핫데스킹(hot-desking)(일부는 다른 시간에 같은 책상을 사용하는 방식)을 통해 공간 수요를 줄일 수 있었다.

업무상 책임과 함께 업무 외적인 다른 책임과 욕구를 함께 추구하는 오늘날의 종업원에게 보다 더 많은 선택을 주기 위해 많은 기업이 탄력적 근로시간 제도로 전환하고 있다. 이전 조사에서는 탄력 근로시간제 계획이 직무 만족도를 증가시키고, 생산성 증대를 이끄는 것으로 밝혀졌었다. 그러나 최근 일부 연구에서는 원격 근무의 잠재적인 문제가 지적되고 있다. 일부 관리자는 원격 근무 실행을 꺼려하고 있다. 그 이유는 오늘날 직장에서의 변화 속도가 그 어느 때보다 빠른데, 원격 근무자의 경우 이러한 변화에 뒤처지는 경우가 많으므로 이들이 변화를 잘 따라가도록 도와야 할 일이 많기 때문이다. 또한 원격 근무자가 컴퓨터 해커나 장비 절도 범죄에 더욱 취약하게 노출됨으로써 보안의 위험이 크다는 점도 걱정거리다. 일부 종업원은 사무실 밖에서 근무하면 자기 발전의 기회가 적어진다는 점을 깨닫기도 한다. 재택 근무가 일과 가정의 책임을 병행하는 데 도움이 되기보다는 사무실과 가정의 경계를 희미하게 함으로써 부담을 가중시킨다고 생각하는 사람도 있다. 재택 근무자는 시도 때도 없이 걸려오는 전화를 받아야 하고, 정해진 근무 시간 외에도 일을 계속해야 할 가능성이 높다.

동기부여 전략의 중요성

동기는 관리자가 종업원 충성을 강화하고 생산성을 향상시키기 위해 사용하는 단순한 도구가 아니다. 동기는 조직 내 모든 관계에 영향을 미칠 뿐 아니라 급여, 승진, 직무 설계, 훈련 기회, 업무 지시 관계 등 많은 분야에 영향을 주는 과정이다. 종업원의 동기는 상사와의 관계 및 조직 특성에 의해 형성된다. 〈표 9-5〉는 훌륭한 동기 전략을 가진 기업과 그들이 종업원의 동기부여를 위해 사용하는 전략에 대해 보여준다. 심지어 경제 상황도 종업원의 동기를 변화시킬 수 있다. 저성장이나 불경기에 매출은 정체되거나 감소할 수 있고, 일자리도 축소되기 때문에 종업원들의 사기가 저하될 수 있다. 기업은 훌륭한 종업원이 계속 열심히 일하고, 모든 종업원이 장애물을 극복하고 일하도록 동기를 부여해야 한다. 경제 호황 시기에는 종업원은 더 많이 요구하고, 더 좋은 기회를 세심히 찾아보아야 할 것이다. 이러한 경제 상황에서 새로운 보상이나 인센티브는 근로자의 동기부여에 도움이 될 수 있다.

기업은 종업원의 동기부여를 위해 여러 가지 방법을 고안해 냈다. 트로피나 액자를 수여함으로써 개인에 대한 회사의 감사를 표현하는 방법도 그중 하나이다.

〈표 9-5〉 탁월한 동기부여 전략을 가진 기업

기업명	동기부여 전략
쓰리엠(3M)	종업원이 업무시간의 15~20%를 개인 프로젝트에 쓸 수 있도록 허용.
구글(Google)	매주 마사지 서비스. 무료 점심식사. 등록금 환불제도. 배구장. 개인 프로젝트에 시간 사용 허용.
홀푸드 (Whole Foods)	직원에게 20% 할인 제공. 스톡옵션 제공. 소규모 팀 단위로 자율적인 의사결정권 부여.
파타고니아 (Patagonia)	요가와 에어로빅 강습. 직장 내 보육시설. 사내 카페에 유기농 식품 제공. 파도타기 행사.
컨테이너스토어 (The Container Store)	260시간에 달하는 직원 연수와 "직원 사랑의 날" 행사 개최.
사우스웨스트 항공 (Southwest Airline)	승객과의 소통 허용. 무료 혹은 할인 항공권 제공. 조종사와 학생들을 연결하는 "Adopt-a-Pilot" 행사 개최.
나이키(Nike)	학자금 지원. 제품 할인. 사내 헬스클럽. 회사 발전을 위한 개선 제안제도.
애플(Apple)	빠르고 혁신적인 근무 환경 속에서 서로의 아이디어를 토론하는 문화.
메리어트(Marriott)	전 세계 호텔 할인. 업적이 뛰어난 직원에게는 무료 숙박권과 여행 기회가 제공됨.
자포스 (Zapos)	즐거운 업무 문화. 고객의 질문에 즉각적으로 응대할 수 있도록 종업원에게 권한 위임.

동기부여를 위한 도구도 다양해야 한다. 관리자가 종업원을 정직하게, 협조적으로, 공감하면서, 어렵지 않게, 공평하고 숨김없이 대함으로써 더 큰 동기를 이끌어 낼 수 있다. 만족과 생산성을 향상시키기 위해 종업원을 동기부여 하는 것은 글로벌 경쟁력을 유지하려는 조직에게는 중요한 관심사이다.

이해력 검토 Review Your Understanding

왜 인간관계가 중요한지 설명해 보라.

인간관계론은 조직 내에서 개인과 집단의 행동에 대한 연구이다. 그 주된 관심사는 종업원이 일을 하게끔 동기부여 하는 것이다. 기업이 자사의 다양한 종업원이 보다 효과적이게끔 동기부여 하고, 사기를 진작시키며, 종업원의 생산성과 창의성을 극대화하는 방법을 이해하기 위해서는 인간관계론이 중요하다.

종업원 동기를 이해하는 데 기반이 되었던 초기 연구들을 요약해 보라.

테일러에 의해 실시되었던 시간과 동작연구는 종업원이 생산성을 향상시키기 위해 특정한 과업을 어떻게 수행하는가를 분석하는 데 도움을 주었다. 테일러와 고전이론의 초기 연구자들은 돈과 직업 안정성이 가장 중요한 동기요인이라고 하였다. 하지만 호손연구는 인간적 요소 또한 근로자들의 행동에 영향을 준다는 점을 보여주었다.

매슬로와 허츠버그의 인간관계 이론을 비교해 보라.

매슬로는 모든 사람의 다섯 가지 기본적 욕구—생리적 욕구, 안전욕구, 사회적 욕구, 존중욕구, 자아실현욕구—를 정의하였으며 이를 만족되어야 하는 순서대로 배열하였다. 프레드릭 허츠버그는 직업의 특성을 위생요인과 동기요인으로 나누었다. 위생요인은 근로조건과 관련이 있으며, 근로자가 그 직무에 머물러 있게 하는 요인이다. 동기요인(인정, 책임, 성장)은 직무 그 자체와 관련이 되어 있다. 이는 종업원을 보다 생산적이게 하는 요인이다. 허츠버그의 위생요인은 매슬로의 생리적, 안전욕구와 비교될 수 있으며, 동기요인은 매슬로의 사회적, 존중, 자아실현의 욕구와 비교될 수 있다.

X, Y, Z이론, 공정성 이론, 기대 이론 등 동기부여의 여러 가지 이론을 탐구해 보라.

맥그리거는 경영의 두 가지 시각을 대비시켰다. 그것은 종업원은 일하기를 싫어한다는 X이론(전통적)과 종업원은 일하기 좋아할 뿐 아니라, 자신의 상위욕구를 만족시키기 위해 책임 있는 일을 구한다고 하는 Y이론(인간주의적)이다. Z이론은 참여적 경영 프로그램과 자기 주도적 업무 팀과 같은 제도를 통해 기업의 의사결정에 종업원들이 참여해야 함을 강조하고 있다. 공정성 이론에 따르면 사람들이 조직에 기여하고자 하는 정도는 노력의 대가로 받는 보상의 공평성 혹은 공정성에 달려 있다고 한다. 기대이론에서 동기부여란 종업원이 얻을 수 있는 대가의 크기뿐 아니라, 그들이 그것을 얻을 가능성에 대한 인식에 의해서도 좌우된다고 한다.

종업원을 동기부여 하기 위해 관리자가 사용할 수 있는 몇 가지 전략을 설명해 보라.
종업원 동기부여 전략에는 행동 수정(행동의 결과를 행동 그 자체와 연결시켜 행동을 바꾸게 하거나 바람직한 행동을 강화하는 전략)과 직무 설계가 있다. 직무 설계에는 직무 순환(종업원들이 한 직무에서 또 다른 직무로 이동하게 함으로써 직무 전문화에 따른 지루함을 감소), 직무 확대(여러 과업을 하나의 직무에 부여), 직무 충실화(하나의 직무에 여러 동기 요소를 결합) 및 탄력적 근무시간제도(탄력 시간제, 집중 근무제, 직무 공유, 부분시간제, 원격근무) 등을 포함한다.

판매사원을 동기부여 하기 위한 프로그램을 비평해 보라.
이 장에서 제공한 정보를 활용하여 사기와 생산성 증가를 위해 이 회사에서 사용하고 있는 동기부여 이론들과 함께 '딜레마 해결'에서 소개하고 있는 이글 제약의 동기부여 프로그램을 옹호할 수 있어야 한다.

도입사례 재검토

1. 매슬로의 욕구 단계에 따르면 페이스북이 직원들 사이에서 어떤 유형의 욕구를 충족시키고 있다고 생각하는가?
2. 페이스북에서 사용된 동기부여 요소는 직원 만족도에 어떤 영향을 미치는가?
3. 마크 저커버그는 직원들에게 X이론과 Y이론 중 어느 접근 방식을 더 많이 취하는가?

진도 평가 Check Your Progress

1. 왜 종업원의 요구를 이해할 필요가 있는가?
2. 동기부여 과정을 설명하라.
3. 호손 연구의 목적은 무엇이었나? 이 연구의 결과물은 무엇인가?
4. 매슬로의 욕구 단계는 무엇인가? 종업원의 동기부여에 대해 무엇을 말해 주고 있는가?
5. 허츠버그의 위생과 동기 요인은 무엇인가? 종업원의 동기부여를 위해 이들 요인을 어떻게 활용해야 하나?
6. X이론과 Y이론의 가정을 비교하라. 오늘날 경영에서 Y이론이 왜 X이론을 대체하였는가?
7. Z이론은 무엇인가? 기업은 Z이론을 직장에 어떻게 적용하고 있는가?
8. 네 가지 직무 설계 전략에 대해 설명하라.
9. 탄력적 근무 제도에는 어떤 것이 있는지 설명하라. 탄력적 근무 제도가 종업원을 동기부여 하는 데 어떤 도움을 주는가?
10. 동기부여 전략이 종업원과 고용주 모두에게 중요한 이유는 무엇인가?

현장 기술 개발 Build Your Skills

동기부여

배경. 만약 고용주가 업무를 놀이처럼 만들어 준다면 종업원은 마치 여가 시간에 하는 것처럼 자신의 직무에 보다 더 열정을 가지게 된다고 생각하는가? 이러한 생각이 어디까지 미치게 될지 한 번 알아보도록 하자.

과업. "놀이의 특성"을 읽은 후, 당신이 여가 시간 활동에서 경험했던 특성과 같은 항목에 표시하라. 이와 마찬가지로, "일의 특성" 항목에서 당신이 직무에서 실제로 경험했던 세 가지를 표시하라.

놀이의 특성

1. 날마다 다른 게임을 할 수 있다.
2. 놀이의 진행시간은 탄력적이다.
3. 언제 시작할지 탄력적으로 정할 수 있다.
4. 나를 표현할 수 있는 기회가 있다.
5. 나의 장기(skills)를 활용할 수 있는 기회가 있다.
6. 잘하면 관중들의 박수와 찬사, 인정을 받을 수 있다.

7. 건강한 경쟁과 도전이 있다.
8. 사회적인 교제의 기회가 있다.
9. 얼마나 잘하는지 점수(피드백)를 매길 수 있는 장치가 있다.
10. 규칙은 공평하고 공정하게 적용된다.

일의 특성

1. 직무 충실, 직무 확대, 직무 순환.
2. 직무 공유.
3. 탄력 근무제, 원격 근무.
4. 종업원 제안을 권장하고 실행.
5. 도전적인 과제의 부여.
6. 동료 추천에 의한 포상, 보도, 직원 소식지에 공지.
7. 팀 간 경쟁에 따른 생산 목표.
8. 직원 소프트볼 혹은 볼링 팀.
9. 이익 공유, 동료 성과 평가.
10. 전술적이고 일관된 원칙 사용.

토의 주제

1. 경영자가 업무를 놀이처럼 만드는 데 있어 걸림돌은 무엇인가?
2. 이와 같은 걸림돌은 실제 존재하는 것인가, 아니면 상상된 것인가?
3. 업무를 놀이처럼 만들었을 때 생길 수 있는 (긍정적 혹은 부정적) 결과는 무엇인가?
4. 조직 내 다른 사람들이 이러한 창의적 행동을 받아들일 수 있겠는가?

딜레마 해결Solve the Diemma

이기기 위한 동기부여

이글 제약(Eagle Pharmaceutical)은 영업사원 동기부여를 위해 혁신적인 기법을 활용하는 것으로 유명하다. 지난 사분기에 가장 성공적인 성과를 올린 영업사원은 회사 신문 "터치다운"이란 칼럼에 집중 소개된다. 또한 이 영업사원은 미식축구 유니폼, 상패 그리고 1,000달러에 해당하는 이글 제약의 주식을 부상으로 받았다. 이글 제약사의 "슈퍼볼 클럽"은 영업 목표를 달성 혹은 초과 달성한 영업사원들의 모임이다. 또 카리브해로의 여행권이 포함된 "하인스만 어워드"는 목표 달성을 한 20명의 영업사원에게 매년 주어지는 상이다.

이글 제약은 이렇게 포상을 받은 영업사원들과 다른 네 지역의 영업 책임자들을 화상회의로 연결하여, 성공적인 영업사원이 사용하는 전략과 전술을 널리 알린다. 영업 책임자는 이 자리에서 알게 된 사항을 요약하여 영업사원에게 전달한다. 영업 부장은 이러한 프로그램이 중요하다는 것을 강하게 느끼고 있으며, 전략과 전술을 공유함으로써 그들은 성공적인 팀이 될 수 있다.

학습목표 9-6

토의 주제

1. 이글 제약에서 사용되고 있는 동기부여 이론은 무엇인가?
2. 영업사원 간의 경쟁보다는 목표 달성에 초점을 맞추는 방식이 갖는 가치는 무엇인가?
3. 당신이 이 회사의 네 군데 지역 영업 책임자라고 가정하고, 이 동기부여 프로그램의 잠재적인 문제점에 대해 이야기해 보라.

사업 계획서 작성Build Your Business Plan

직원 동기부여 시키기

조직의 규모를 결정할 때, 현실적으로 당신이 직원에게 주고 싶은 만큼의 보상을 해주지는 못할 것이다. 특히 사업을 시작한 지 얼마 되지 않는 스타트업의 경우 더욱 그렇다.

많은 직원이 돈보다 다른 것에 더 동기부여 된다. 칭찬을 받거나, 좋은 일을 하게 되면 종업원은 더욱 만족하게 된다. "스트로킹(stroking)"이라고 알려져 있는 이러한 방법은 종업원에게 있어서는 경제적 인센티브보다 더 큰 유인이 된다. 종업원 제안에 귀를 기울이고, 그들을 미래의 성장을 위한 토론에 참여시키고, 그들이 기울이는 노력의 가치를 평가해 주면 종업원의 충성도는 올라가고 이직률은 떨어질 수 있다.

많은 돈을 쓰지 않고도 종업원을 동기부여 할 수 있는 방법을 생각해 보라. 아마도 당신은 일주일에 한 번씩 점심을 제공한다거나 또는 종업원에게 지역 스포츠 경기 티켓을 싼 값에 나누어 줄 수도 있다. 무엇을 하든지 당신은 모든 종업원에게 일관되고 공평하게 대해야 한다.

10 인적자원 관리

학습목표

10-1 인적자원 관리의 중요성을 설명한다.
10-2 인적자원의 모집과 선발 과정을 요약한다.
10-3 종업원이 어떻게 훈련되며, 그들의 성과는 어떻게 평가되는지 서술한다.
10-4 회사에서 경험하는 이직의 종류를 설명한다.
10-5 이직이 왜 중요한 이슈인지 설명한다.
10-6 종업원에 대한 다양한 보상 방법을 명시한다.
10-7 단체 협상과 갈등 해결 등 노조와 관련된 이슈들을 평가한다.
10-7 직장에서 다양성의 중요성을 이해한다.
10-8 조직의 크기를 줄이고, 그 효과를 관리하려는 노력을 평가한다.

©Krista Kennell/Shutterstock

도입사례 :: 셰릴 샌드버그 — 원더우먼

페이스북의 최고 운영 담당 임원(Chief Operating Officer: COO)인 셰릴 샌드버그(Sheryl Sandberg)는 페이스북에서는 물론이고, 최고경영자의 자리에 오르고 싶어 하는 많은 여성의 롤모델이다. 많은 전문가는 샌드버그의 리더십을 페이스북의 성공 이유 중 하나라고 믿는다. 전문가들은 CEO인 마크 저커버그(Mark Zuckerberg)가 비록 혁신성과 리더로서의 자질은 갖추었지만, 샌드버그가 보유한 인간관계 능력 및 마케팅 기술을 갖추지는 못하다고 생각한다.

샌드버그가 COO 자리에 올랐을 때 그녀는 회사를 돌며 종업원들에게 자신을 소개했었다. 또한 종업원들로부터 피드백을 듣고자 요청했으며, 토론을 권장했다. 그녀의 강점인 소통능력, 대인관계능력, 그리고 투명한 정보공개는 종업원들이 그녀를 닮기 원하고 존경하도록 하였다. 포춘(Fortune)지는 샌드버그를 2017년 강력한 여성 비즈니스맨 중 5위에 선정하기도 했다.

샌드버그는 경영진의 위치에 오른 여성과 남성 간의 간극이 있음을 느꼈다. 그녀는 여성 리더들에게 힘을 실어 주어야 한다고 주장한 책 「린인(Lean In)」을 저술하기도 하였다. 이 책은 전 세계적으로 3만 4,000개의 린인 동아리를 탄생시키기도 했다. 린인 여성 소그룹은 서로 모여 리더십을 교육하고, 전문적인 조언이나 토론을 벌이고 있다. 이는 여성들이 리더십에 관한 새로운 기술을 얻고, 다른 사람들에게 미치는 영향력을 확보하려는 아이디어이다.

샌드버그는 2005년 남편이 사망한 이후 어려움을 겪고 있는 사람들을 도와주는 데도 관심을 가지게 되었다. 그녀는 또한 「옵션 B(Option B)」라는 책을 다른 저자와 함께 집필하였는데, 슬픔, 질병, 역경을 이겨내는 데 도움을 주려는 목적이었다. 샌드버그는 종업원들이 회사 문을 들어서는 순간 그들의 감정을 억제하도록 기대된다는 사실을 깨달았다. 이렇듯 자신의 감정을 직장 밖에 놓아두도록 하는 것은 잘못된 것이라고 믿었다. 그녀는 지금 페이스북을 통해 슬픔을 관리하는 데 필요한 자원을 제공하는 옵션 B 그룹을 운영하고 있다. 전통적인 종업원의 역할과 행동에 도전하는 샌드버그의 능력은 일터를 보다 좋은 곳으로 변화시키는 데 도움을 준다.[1]

도입

기업의 성공을 위해서는 주어진 임무를 수행할 수 있는 능력을 갖추고 동기가 부여된 종업원을 충분히 많이 보유해야 한다. 따라서 인적자원의 (고용과 해고를 통한) 양적인 측면과 (훈련, 보상 등을 통한) 질적인 측면을 관리하는 것은 경영의 중요한 기능이다. 점차 다양화되고 있는 인적자원을 효과적으로 관리해야 하는 도전에 대응하는 것은 글로벌 시장에서의 경쟁우위를 좌우한다.

오늘날 조직에는 여성, 소수 인종, 고령 근로자 등 보다 다양한 사람이 일하고 있다.

©Rawpixel.com/Shutterstock

이번 장에서는 인적자원의 양적, 질적 측면에 초점을 맞추고자 한다. 먼저 조직이 인재 채용 계획을 세우고, 모집 및 선발하는 과정을 살펴본다. 다음으로는 종업원 훈련, 평가, 보상 등 높은 가치의 인력을 유지하기 위한 인적자원 관리의 기능을 논의한다. 이와 함께 노조 문제나 조직 내 다양성 관리 문제 등 도전적인 과제에 대해서도 토의한다.

학습목표 10-1

인적자원 관리의 본질

인적자원 관리
조직의 인적자원 요구를 결정하고 이러한 요구를 충족시키기 위해 인재를 확보하고, 훈련시키고, 보상을 제공하는 등의 모든 활동.

1장에서 우리는 인적자원을 '상품이나 서비스를 생산하기 위해 사람들이 사용하는 노동이나 육체적, 정신적 능력'으로 정의하였다. **인적자원 관리**(human resources management: HRM)란 조직의 인적자원 소요를 결정하고, 조직의 필요를 충족하기 위해 인력을 확보, 훈련, 보상하는 모든 활동을 의미한다. 인적자원 관리자는 종업원의 만족도를 극대화하고, 이들이 조직의 목적을 생산적으로 달성하도록 독려하는 데 관심을 가지고 있다. 이러한 기능을 인사관리(personnel management)라고도 한다.

인적자원 관리의 중요성은 지난 수십년 간 강조되어 왔다. 이는 부분적으로는 경영자들이 매슬로(Maslow), 허츠버그(Herzberg) 등의 이론을 통해 인간관계에 대한 이해를 높여왔기 때문이다. 종업원을 대하는 방식은 소비자에게도 중요하다. 조직을 지휘하는 것은 소비자의 태도와 행동에 영향을 미친다. 알팩(Alfac)의 조사에 의하면, 밀레니엄 세대의 92%가 윤리적 기업의 제품을 구매하겠다고 응답했으며, 82%는 윤리적 활동으로 인정받는 회사에서 일하는 것을 선호한다고 응답하였다.[2] 더욱이 인적자원의 특성이 변화하고 있다. 오늘날 종업원은 경제적 보상뿐 아니라 직무 만족, 개인적인 성과, 여가 생활, 복리 후생, 근무 환경 및 자기 발전의 기회 등도 중요하게 여긴다. 과거의 일터에는 백인 남성이 대부분이었으나, 오늘날에는 여성, 흑인, 히스패닉, 장애인, 고령 노동자 등 사회적 소수자도 많이 일하고 있다. 인적자원 관리자는 이러한 변화를 인식하고, 조직 전체의 생산성을 향상시키기 위해 변화된 자원을 잘 활용해야 한다. 거의 모든 관리자는 항상 어느 정도의 인적자원 관리 기능을 수행하고 있는 것으로 보아야 한다.

인적자원 소요 계획

조직 전반의 목표를 달성하는 전략을 계획하고 개발할 때, 이러한 계획을 실행하기 위해 필요한 인적자원을 직접 보유할 것인지의 여부도 결정해야 한다. 인사 부서(작은 회사의 경우에는 소유주가 될 수도 있고, 대기업에서는 수십, 수백 명이 종사하는 별도의 부서가 될 수도 있다)는 필요한 인력의 수와 필요한 능력의 종류를 결정하고, 이 계획이 실행되는 동안 조직이 보유해야 할 종업원의 수와 은퇴 혹은 퇴직자의 수가 어느 정도일지 예상한다. 이러한 정보를 통해 인적자원 관리자는 채용 인원 및 그들이 갖추어야 할 자격 요건을 예측하는 한편, 효율성 제고를 위한 해고 조치가 필요할지에 대해서도 판단해야 한다. 또한 인적자원 소요 계획은 기업이 미래에 필요한 인력을 쉽게 구할 수 있을지도 예측해 보아야 한다. 이러한 예측과 분석을 바탕으로 조직의 인적자원 필요를 충족하기 위한 계획이 수립되어야 한다. 조직이 아웃소싱과 기계화를 통해, 혹은 임시직 근로자를 효과적으로 사용하는 방법의 학습을 통해 효율성을 추구하게 되면, 채용의 필요성은 크게 변화한다.

다음으로, 경영자는 조직 내 직무 분석을 통해 인적자원과 조직 내의 직무를 연결시키고자 한다. **직무 분석**(job analysis)은 관찰이나 학습을 통해 직무와 관련된 정보, 예를 들어 직무를 구성하는 과업(task)이 어떤 것인지, 직무를 수행하기 위해 필요한 지식, 기술, 능력은 어떤 것인지 정의한다. 경영자는 직무 분석을 통해 획득한 정보를 바탕으로 직무 기술서나 직무 명세서를 작성한다.

직무 분석
직무를 구성하는 구체적인 과업, 필요한 능력, 지식, 기술 등 직무에 관한 정보를 관찰, 분석하는 행위.

직무 기술서(job description)란 구체적인 직무에 대해 문서화한 공식적인 설명이다. 일반적으로 직무 기술서는 해당 직무의 명칭(job title), 수행되어야 할 과업, 다른 직무와의 관계, 직무를 수행하기 위해 필요한 신체적, 정신적 능력, 임무, 근로 조건 등의 정보를 포함한다. 구직자는 어떤 특정 직업에 대한 직무 기술서를 채용 웹사이트나 데이터베이스에서 얻을 수 있다. 예를 들어 직업 정보 네트워크(Occupational Information Network)는 수백 가지 직무 기술서를 보유한 데이터베이스인데, 이들 직무 기술서를 보면 (인사관리와 같은) 특정한 직무를 수행하는 데 필요한 기술, 지식, 교육 수준 등을 명시해 놓았다.[3] **직무 명세서**(job specification)는 해당 직무를 수행하는 데 필요한 자격 요건을 명시해 놓은 것으로서, 교육수준, 경험 및 기타 개인적인 특성과 신체적 특성을 명시한다. 직무 기술서나 직무 명세서 모두 온오프라인 구인 광고에 활용된다.

직무 기술서
직무의 명칭, 과업, 다른 직무와의 관련성, 직무를 수행하기 위한 육체적, 정신적인 능력, 요구되는 의무와 책임, 업무 환경 등에 대한 공식적인 설명.

직무 명세서
교육수준, 경험, 성격적·육체적 특징 등과 같이 어떠한 직무를 수행하기 위해 필요한 자격 요건에 대한 기술.

학습목표 10-2

종업원 모집 및 선발

인사부서 관리자는 조직의 인적자원 수요를 예측하고, 이러한 수요를 현재 가능한 인적자원과 비교하여 얼마나 많은 인력이 추가되어야 할지 생각해 보아야 한다. 직무 분석을 활용하여 직무에 적합한 사람을 모집, 선발할 수 있다.

모집

모집
선발될 수 있는 자격을 갖춘 지원자의 집단을 형성하는 행위.

모집(recruiting)이란 선발될 수 있는 자격을 갖춘 지원자의 집단을 형성하는 행위이다. 지원자 집단은 외부 지원자와 내부 지원자로 나눌 수 있다.

내부 지원자는 현재 조직에 근무하고 있는 직원들을 의미한다. 많은 기업이 사내에 공석이 생겼을 때, 내부 직원들을 맨 처음으로 고려하거나 혹은 내부 승진을 시켜 공석을 메우는 정책을 가지고 있다. 공석을 메우기 위해 내부 직원을 채용하는 정책은 외부 채용과 비교했을 때 비용이 저렴할 뿐 아니라 직원 사기 증진에도 좋다. 하지만 내부에서 선발하는 정책은 또 다른 공석을 만들어 낼 위험이 있다.

외부 지원자는 신문이나 잡지 광고, 채용 대행사, 대학 방문, 직업학교, 직원의 소개, 경쟁사, 자발적 지원, 온라인 웹사이트, 링크드인(Linked In)과 같은 소셜 미디어 등을 통해 모집된다. 인턴십도 직원을 충원하는 좋은 방법이다.

많은 기업이 대학생이나 대학을 막 졸업한 구직자를 낮은 급여의 인턴으로 채용해 해당 직무에 대한 실무 경험을 쌓을 수 있도록 하고 있다. 만약 인턴이 기업의 필요에 적합하다고 생각되면 정규직으로 채용하기도 한다.

윤리 및 사회적 책임 Consider Ethics and Social Responsibility

채용 담당자들이 비전통적 방식의 모집 도구를 받아들이고 있다

전통적으로 채용 담당자들은 지원자의 직무 적합성을 판단하기 위해 이력서를 활용해 왔다. 하지만 어떤 조직에서는 이력서에 근거하여 직무 적합성을 판단하고, 기계적인 기준에 미치지 못하는 지원자의 이력서를 버리는 형태의 최초 서류심사가 능력 있는 지원자를 잃는 결과를 낳는 결함을 가진 시스템이라는 점을 인식하고 있다.

이런 전통적인 채용 방식의 부분적인 문제는 경직성이다. 언론인 조지 앤더스(George Anders)가 주장하듯, 학점이 높지 않거나 훌륭한 배경을 갖추지는 못했지만 어떠한 문제를 상자 밖에서 생각(think out of box)하는 분석적이고 개념적인 사고능력을 가진 우수한 후보자가 있을 수 있다.

이러한 이유로 몇몇 기업은 채용 방식을 바꾸고 있다. 종업원 추천 제도는 전체 채용 인원의 약 30% 정도가 이 제도를 통해 채용될 정도로 여전히 최고의 채용 수단으로 남아있다. 또 다른 기업들은 독특한 접근법을 채택하고 있다. 치폴레(Chipotle)는 전국 단위 채용의 날 행사를 열어 각 매장에서 필요한 자리에 대한 면접을 실시한다. 페이스북은 프로그래머들에게 코딩 퍼즐을 발송하여 후보자들이 경력과 배경에 상관없이 자신의 능력을 시험해 볼 수 있는 기회를 제공한다. 맥도날드는 여름 인턴을 모집하기 위해 '스내플리케이션(Snaplications)'이라는 독특한 도구를 개발했다. 이것은 스냅챗(Snapchat)을 통해 10초간 맥도날드에서 일하는 것이 얼마나 좋은 경험인지를 보여주는 동영상이다.

이력서가 여전히 모집 단계에서 중요한 부분으로 남아있기는 하지만, 점차 많은 고용주는 이력서가 지원자에 대한 극히 일부분의 정보만을 보여준다는 점을 발견하고 있다. 새로운 채용 도구를 통해 기업들은 창의성, 문제 해결 능력 등 이력서에서는 잘 파악할 수 없는 지원자의 숨겨진 능력을 시험해 볼 수 있는 기회를 얻게 되었다.[4]

토의 주제

1. 중요한 채용도구로서 활용되어 온 이력서의 한계는 무엇인가?
2. 종업원 추천 제도는 왜 여전히 모집도구로 높게 평가된다고 생각하는가?
3. 당신은 이력서가 그래도 중요하다고 믿는가, 아니면 이제는 폐기되어야 할 모집 도구라고 믿는가?

취업 알선 웹사이트는 구인 기업이 모집 공고를 올리고, 구직자가 자신의 이력서를 등록할 수 있는 서비스를 제공하고 있다. TheLadders.com과 같은 웹사이트는 연봉이 10만 달러 이상인 전문 직종의 구인 구직에 초점을 맞추고 있다. 특정한 직종에서 일할 사람을 구할 때는 computerwork.com처럼 전문 웹사이트를 이용하기도 한다. 또한 많은 기업이 자체 웹사이트를 활용해 모집을 진행하고 있다. 포춘 500대 기업 거의 대부분이 자체적으로 운영하는 채용 웹사이트를 통해 구인 정보 제공, 지원서 접수 등 모집 활동을 한다.

전문직의 사회적 연결 서비스인 링크드인에는 5억 명 이상이 가입되어 있다.
©Kaspars Grinvalds/Shutterstock

이러한 외부 채용은 내부 채용에 비해 비용이 더 들기는 하지만, 직무에 적합한 후보자가 조직 내부에 없다면 불가피하게 외부 채용을 활용할 수밖에 없다. 많은 기업이 초급 관리자나 신입 수준에 종사할 직원을 모집하기 위해 대학 캠퍼스를 직접 방문한다. 중간급 이상의 직원을 모집하는 경우에는 헤드헌터(headhunters)라고 하는 채용 대행사 혹은 임원 채용 전문 대행 업체를 이용하는 경우도 있다. 이들은 현직에 있는 사람을 끌어오는 데 전문적인 노하우를 가지고 있다. 구인 업체가 링크드인(가장 많이 활용된다)이나 페이스북, 인스타그램, 트위터, 블로그 등과 같은 전문적인 소셜 미디어를 모집 수단으로 활용하는 사례도 점차 증가하고 있다.[5]

선발

선발
지원자에 대한 정보를 수집하고, 그 정보를 채용 결정에 활용하는 절차.

선발(selection)이란 지원자의 정보를 수집하고, 수집된 정보를 활용하여 채용 대상자를 결정하는 과정을 의미한다. 이 과정은 지원, 면접, 테스트, 신원 조회 등의 활동을 포함한다. 이는 시간과 비용이 많이 소요되는 과정이다. 온라인 지원서를 작성하는 데는 1분에서 52분가량 소요되며, 평균적으로는 13분 정도 소요된다고 한다. 지원 과정이 길어질수록 더 많은 지원자가 중도 포기한다. 비즈니스 뉴스 데일리(Business News Daily)는 전체 지원자의 30%, 연봉 10만 달러가 넘는 지원자의 57%는 지원하는 데 15분 이상 쓰지 않는다는 것을 발견했다. 이러한 생각 때문에 AT&T에서는 온라인 입사 지원 프로세스를 개선해 지원 과정을 간소화하였다. 그러자 지원을 중도에 포기하는 사람의 수가 55% 감소하였고, 약 10만 명의 우수한 지원자가 창출되는 효과를 보았다.[6] 기업은 최고의 지원자를 끌어들이기 위해 온라인 지원 과정을 개선하려 노력한다. 이렇듯 기대하는 수준의 업무를 수행하고, 조직의 구조나 문화에 적합한 지원자를 발견하기 위한 노력은 반드시 필요하다. 만약 조직이 채용 과정을 통해 "적합한" 인재를 발견한다면 이후 추가적으로 인원을 모집, 선발하고 훈련시키는 데 더 많은 비용을 들일 필요가 없을 것이다.

입사 지원. 선발의 첫 단계에서는 지원자가 입사 지원서를 작성하고, 간단한 면접 기회를 갖는다. 지원서에는 이름, 주소, 전화번호, 학력 및 실무 경력 등을 기재한다. 이 단계의 목적은 지원자에 대한 정보를 수집하고, 해당 직무에 적합하지 않은 지원자를 추려내는 것이다. 대부분의 기업은 실무 경력을 갖춘 지원자를 실제로 대면하기에 앞서 현재 직장에서의 연봉, 새 직장을 찾으려는 이유, 경력, 근무 가능 시기 그리고 지원 직무에 대한 관심 정도 등의 정보를 요구하는 경우가 많다. 이렇듯 명백한 자격 요건 외에 지원자는 입사 지원서를 통해 자신이 해당 직무에 적합한 사람이라는 직·간접적인 근거를 제시할 수 있다. 예를 들어 입사 지원서의 질문에 대해 남들은 쉽게 생각할 수 없는 창의적인 답변을 적은 지원자는 광고 대행사에 적합하고, 지원서를 아무렇게나 급하게 적은 지원자는 정교한 작업을 요하는 기술직에는 적합하지 않다. 대부분의 기업은 온라인 입사 지원을 허용한다. 온라인 지원 시스템은 지원자와 회사 간의 적합도를 파악하기 위해 보다 구체적인 질문, 예를 들어 어떤 상황에 대한 반응을 묻는 질문, 혹은 자기 존중감이나 다른 사람들과의 소통 능력을 묻는 질문을 포함하고 있다.

면접. 선발 과정의 다음 단계는 면접이다. 〈표 10-1〉은 면접에서 많이 묻는 질문을 보여준다. 면접에서는 직무 요구 사항, 보상, 근로 조건, 회사의 정책, 조직 문화 등에 대해 지원자가 질문을 할 수도 있다. 지원자의 질문은 그들의 답변과 마찬가지로 지원자에 대한 중요한 정보를 제공한다. 만약 학생들이 입사 면접에서 "당신의 페이스북 계정에는 무엇이 있습니까?"라든가 페이스북 계정을 보여 달라는 질문을 받는다면 당황스러울지도 모르겠다. 이는 오늘날 합법적으로 물어볼 수 있는 질문이다.[7] 채용 담당자의 약 70%는 구직자를 선별하기 위해 소셜 미디어 사이트를 사용한다.[8] 또한 회사가 직원의 업무 습관과 이메일을 모니터링하는 것도 합법적이고 일반적이다. 이는 해킹이나 정보 유출과 같은 외부 위협을 모니터링하는 데 중요할 수 있지만 직원들은 이러한 모니터링은 회사가 자신을 신뢰하지 않는다고 생각할 수도 있다.

검사. 선발 과정의 또 다른 단계는 검사이다. 능력 검사, 혹은 수행 검사는 지원자가 과연 해당 직무에서 필요한 능력을 갖추고 있는지를 시험한다. 적성검사, 지능검사, 성격검사 등을 이용해서 지원자의 업무 잠재성 및 조직 문화에 적응할 수 있는 능력을 평가한다. 보편적으로 쓰는 검사로는 MBTI(Myers-Briggs Type Indicator)가 있다. MBTI는 오늘날 세계적으로

〈표 10-1〉 면접에서 자주 묻는 질문의 예

1.	자신에 대해 말해 보세요.
2.	우리가 당신을 고용해야 하는 이유는 무엇인가요?
3.	당신의 미래 목표에 대해 말해 보세요.
4.	당신이 받은 교육이 경력에 도움이 되었나요?
5.	당신은 팀플레이어였습니까?
6.	교수 혹은 고용주와 갈등을 빚은 적이 있습니까? 이를 해결하기 위한 방법은 무엇이었나요?
7.	당신의 가장 큰 약점은 무엇인가요?
8.	당신을 가르쳤던 교수들이 당신을 어떤 사람으로 묘사할까요?
9.	관리자가 가져야 할 자질은 어떤 것들인가요?
10.	과거로 돌아갈 수 있다면 무엇을 바꾸고 싶은가요?

자료: Jeff Haden, "27 Most Common Job Interview Questions and Answers," Inc., 2017, https://www.inc.com/jeff-haden/27-most-common-job-interview-questions-and-answers.html (accessed April 27, 2018).

수백만 명이 사용하고 있다. 거짓말 탐지기를 이용한 검사는 요즘 지원자의 정직성을 평가하는 데 보편적으로 사용되지만 1988년만 하더라도 특수한 공직이나 안전 혹은 마약과 관련한 직무에 한해 제한적으로 사용이 허용되었다. 지원자에 대한 신체검사는 몇몇 직종에서 적합성을 확인하는 목적으로 활용된다. 많은 조직에서 약물검사를 통해 지원자의 불법적인 약물 복용 여부를 확인하고 있다.

MBTI와 같은 성향검사는 특정 직무에 대한 지원자의 잠재력을 평가하는 데 활용된다. 예를 들어 외향성과 타인에 대한 애정은 소매업에서는 중요한 자질일 수 있다.

©stockphoto mania/Shutterstock

불법적인 약물 복용이나 알콜 중독은 기업에 큰 피해를 입힌다. 미국은 마약 중독자가 증가하고 있는 상황에서, 전체 고용주의 70%가 마약류 처방약제의 남용을 경험했다는 보고가 있다. 그중 65%는 이러한 약물 남용에 대해 해고시키는 것이 정당하다고 느끼고 있다.[9] 약물 남용이나 알콜 중독에 대처하는 기업의 비용은 매우 크다. 진통제 남용으로 인한 생산성 감소와 결근 등의 이유로 인한 손실액은 420억 달러에 달할 것으로 추정되고 있다.[10] 소규모 회사일수록 체계적인 약물검사를 시행하고 있지 않은 경우가 많기 때문에 이러한 근로자 수는 더욱 많을 것으로 예상된다. 전자담배도 또 하나의 골칫거리이다. 많은 조직에서 흡연을 규제하고 있지만, 전자담배에는 이러한 규제가 적용되지 않는다. 근로자들 사이에서 전자담배 이용이 늘어나는 추세이므로, 전자담배의 올바른 사용에 관한 정책과 규칙을 수립해야 할 필요가 있다.[11]

신원 조회. 기업에서는 채용 결정을 내리기 전에 지원자의 신상을 조회해 볼 필요가 있다. 신원 조회는 대부분 지원자의 학력이나 경력을 검증하는 데 이용된다. 지원자의 소셜 미디어 활동이나 공개된 활동을 확인하기 위해 인터넷 검색이 활용되기도 한다. 일반적으로 범죄 경력을 조회하기 위한 신원 조회는 면접 이후, 혹은 잡오퍼를 준 이후에 실시한다. 긱경제(gig economy)나 공유경제가 성장하면서, 비정규직 근로자에 대해서도 신원조회가 더 많이 실시될 것이다. 종업원의 부정적인 측면을 포착하기 위한 소셜 미디어 체크는 거의 절반 이상의 기업이 지속적으로 활용할 것으로 전망된다.[12] 상장회사의 경우, 지원자가 거짓말을 하지 않는다는 것을 확인하기 위해 신원 조회를 더욱 강화할 가능성이 높다.

이력 조회(background check)는 입사 지원서나 이력서에 거짓 정보를 제공할 수 있기 때문에 특히 중요하다. 한 연구 결과에 따르면, 자신의 이력서를 위조하거나 과장한 사람일수록 실제 업무에서 비윤리적인 행위에 연루될 가능성이 더 큰 것으로 나타났다.[13] 〈표 10-2〉에서 보여주듯이 이력서에서의 거짓 정보 대부분은 학력과 관련되어 있다.

선발 단계에서 종종 간과되기 쉬운 평판 조회 역시 필수적인 절차다. 하지만 채용 담당자가 알아야 할 것은 많은 조직에서 지원자의 고용 여부나 입사일과 퇴사일 정도만 확인해 줄 뿐, 그 지원자가 업무 수행을 잘 했는지에 대한 구체적인 내용에 대해서는 말해 주지 않을 것이라는 점이다.

〈표 10-2〉 이력서에 많이 나타나는 거짓말

1.	출신대학
2.	외국어 실력
3.	학위
4.	전공
5.	평균평점(학점)
6.	이전 직장 혹은 업무경력
7.	포상이나 업적
8.	부전공
9.	참여 프로젝트나 포트폴리오
10.	직위나 직책

자료: Mike Timmermann, "The #1 Resume Lie That Could Cost You a New Job," Clark, http://clark.com/employment-military/worst-resume-lies/ (accessed April 26, 2018).

모집과 선발에서의 법적인 이슈

모집과 선발의 모든 절차에서 법적인 제약과 규정을 지켜야 하며, 이러한 규정을 위반할 시에는 소송에 휘말리거나 벌금을 부과 당하게 된다. 따라서 경영자는 법률적인 제약을 잘 알아둘 필요가 있다. 여기에서 인적자원 관리에 영향을 주는 몇 가지 법률에 대해 논의하기로 한다.

인권법 제7조
채용 시 차별을 금지하는 한편 EEOC를 설치하는 내용을 담고 있는 법 조항.

먼저, 인적자원 관리의 여러 분야에 걸쳐 연관이 있는 **인권법 제7조**(Title VII of the Civil Rights Act)는 1964년에 제정되었으며 고용상의 차별을 금지하고 있다. 이 법률에 의해 평등고용기회위원회(Equal Employment Opportunity Commission: EEOC)가 설치되었다. EEOC는 연방기구로서 여성과 소수자의 취업 기회를 증가시키고, 인종, 종교, 피부색, 성별, 국적 혹은 장애에 근거한 고용상의 차별을 제거하려는 목적을 갖는다. 이 법률에 따라 고용주는 직무 명세서, 직무 기술서, 신문 광고 등에 모집 성별을 기재해서는 안 된다. 2017년 EEOC가 직장에서의 차별이라고 판단한 사례는 84,254건에 달했다.[14] 또한 1964년 인권법은 지원자에 대한 차별적인 검사를 금하고 있다. 적성검사나 기타 간접적인 검사를 사용하려면 반드시 타당성이 입증되어야 한다. 즉 고용주는 이러한 검사의 점수가 직무 성과와 관련이 있고, 또한 어떤 특정 인종이 이러한 검사로 인해 혜택이나 피해를 보아서는 안 된다는 것이다. 오늘날 조직의 다양성이 강조되고 있음에도 불구하고, 딜로이트의 보고서에 따르면 포춘 500대 기업의 이사회 멤버 중 10.6%만이 남성 소수자이며 3.8%만이 여성 소수자이다.[15]

인적자원 관리에 영향을 주는 또 다른 법률로서 장애인의 고용상 차별을 금지하는 장애인보호법(Americans with Disabilities Act: ADA)을 들 수 있다. 이 법은 에이즈(AIDS) 역시 신체장애의 일종으로 취급하고 있기 때문에 AIDS 양성 반응이 나왔다고 해서 채용을 거부하지 못하도록 규정하고 있다. 연령차별금지법(Age Discrimination in Employment)은 나이를 이유로 하는 차별을 특별히 금지하고 있다. 주된 초점은 40세가 넘는 사람에 대해 고용상의 차별을 하지 못하는 데 맞추어져 있다. 일반적으로 기업이 신규 채용을 할 때는 대학 캠퍼스를 돌면서 젊은이를 찾고, 인원 감축이 필요할 때는 고령 근로자에게 조기 퇴직을 권유한다. 이러한 강제적 퇴직은 보편적으로 많이 활용되고 있기는 하지만, 미국에선 불법으로 인식되고 있다. 사실 고령자를 고용하는 이점도 많다. 연령이 높은 근로자는 일반적으로 보다 헌신적이고, 시간을 잘 지키고, 정직하며 섬세하다. 또한 다른 사람의 말을 경청할 줄 알고 자신의 일에 자부심을 가지고 있으며 조직 생활도 잘 한다. 그들은 효율적이고 확신에 차 있으며, 성숙하고, 다른 이의 롤모델이 되는 경우가 많으며, 다른 사람과의 소통에도 강하다. 고령자들은 이미 의료보험에 가입되어 있는 경우가 많기 때문에 고용주로서는 비용을 절감할 수 있는 효과도 있다.[16]

미국 노동부에서는 직장안전, 임금, 근로시간, 실업급여 등의 사안을 감독한다. 노동부는 종종 노동자를 부당하게 대우하거나 노동 법률을 위반한 것으로 생각되는 회사를 고소하기도 한다.

동등보상법(Equal Pay Act)에서는 똑같은 업무를 수행하는 남성과 여성은 같은 수준의 보상을 받아야 한다고 규정하고 있다. 임금 차이는 오직 연공(seniority), 성과(performance), 능력(qualification)에 의해서만 가능하다. 미국에서는 일반적으로 정규직 여성 근로자의 임금이 평균 정규직 근로자보다 약 20% 낮다. 성별에 따른 차이는 흑인 혹은 히스패닉 여성에서 더 크게 나타나는데, 흑인 여성의 임금은 남성의 62.5%, 히스패닉 여성은 54.4%에 불과하다.[17] 임금 격차가 적은 직업은 교통, 창고, 물류 관리자, 주식 거래인과 주문 처리인, 카운슬러(여성 카운슬러는 남성보다 오히려 임금이 높다) 등이다. 임금 격차가 큰 직업은 개인재무상담인으로서 여성 임금은 남성의 55.6% 정도로 추산된다.[18] 이렇듯 남녀 간 임금 격차가 실제로 존재함에도 불구하고, 여성 인력은 꾸준히 증가하고 있다. 워킹맘은 더 이상 특별한 현상이 아니다. 실제로 많은 워킹맘이 남성 혹은 자녀가 없는 여성 못지 않은 성공을 추구한다.

인력 개발

학습목표 10-3

적합한 지원자가 선발되어 직무가 부여되고 고용 조건에 합의하면, 이제 지원자는 조직의 생산적인 일원이 되기 위한 훈련을 받아야 한다. 신입직원은 **오리엔테이션**(orientation)을 통해 동료, 회사 내 절차, 시설 등에 익숙해질 수 있다. 일반적으로 오리엔테이션 시간에는 건물 및 시설을 구경하고, 직속 상사, 동료, 부하직원과 인사하며, 배포된 조직 매뉴얼을 읽어 보도록 한다. 조직 매뉴얼은 휴가, 지각, 점심시간, 복리 후생 등 근로규칙에 관한 내용을 담고 있다. 또한 오리엔테이션은 신입직원이 새로운 회사의 윤리와 문화에 익숙해지는 데 도움을 준다. 신입직원의 빠른 적응을 돕기 위해 회사의 각종 절차, 시설, 주요 인물 등에 대한 영상 자료를 보여주기도 한다.

오리엔테이션
새로 고용된 종업원에게 동료, 업무 절차, 시설 등을 알려주는 프로그램.

훈련과 개발

훈련
강의실에서 또는 실제 직무 경험을 통해 종업원에게 구체적인 직무과업을 수행하도록 가르치는 것.

모집과 선발 절차를 통해 기업이 필요로 하는 지식, 기술, 능력을 갖춘 사람이 뽑힌다 할지라도, 이들 신입직원이 담당해야 할 특정 직무를 수행하기 위해서는 **훈련**(training)이 필요하다. OJT(on the job training)는 근로자가 실제 업무를 수행하면서 학습하도록 고안된 방법이다. 반면, 강의실 훈련(classroom training)은 강의, 토론, 동영상 시청, 사례 분석, 인터넷 기반 훈련 등의 방법을 통해 가르치는 방식이다. 맥도날드는 일리노이주 오크브룩(Oak Brook)에 있는 Fred L. Turner 훈련센터(흔히 햄버거대학이라고 함)에서 훈련을 실시한다. 경영 방식에 큰 변화를 일으키고, 4,000여 개의 직영 매장을 프랜차이즈로 전환시킨다는 계획 하에 이 회사는 전 세계 수많은 매장 관리자에게 도달하기 위해 클라우드 기술을 활용한 가상 훈련 플랫폼에 투자하고 있다.[19]

맥도날드의 햄버거대학은 시카고, 도쿄, 런던, 시드니, 뮌헨, 상하이, 상파울로 등지에 개설되어 있으며, 종업원 및 협력업체 직원들이 장기적인 경력을 개발할 수 있도록 학습과 훈련을 제공한다.

©Qilai Shen/Bloomberg via Getty Images

멘토링
종업원의 경력개발을 위해 지원하고 훈련시키고 안내하는 활동

개발
관리자나 전문 직종 종사자의 능력과 지식을 축적하도록 훈련시키는 것.

몇몇 기업은 한발 더 나아가 조직 경험이 보다 많은 종업원에게 신입사원들을 멘토링하도록 요구한다. **멘토링**(mentoring)이란 종업원의 경력개발을 위해 지원하고 훈련시키고 안내하는 활동을 의미한다. 멘토링은 종업원이 직무를 수행에 나감에 따라 그들을 가르칠 뿐 아니라 후원자 역할을 하는 사람들과의 일대일 상호작용을 제공한다. 멘토링의 또다른 장점은 이 과정을 통해 과소대표 되는 집단의 지원자들을 유인할 수 있다는 점이다. 예를 들어 멘토링은 남성 중심의 산업에 여성 인력의 지원을 끌어내기 위한 방편으로 제안된다.

개발(development)은 종업원의 기술과 지식을 향상시키는 훈련을 의미한다. 훈련과 개발은 현재 종업원의 기술을 향상시키거나, 이들이 앞으로 승진을 하여 더욱 중요한 책임을 맡을 경우를 대비하는 데 활용된다. 훈련은 HR의 중요한 기능이다. 예를 들어 콘테이너스토어(Container Store)에서는 신입 영업사원에게 200시간 이상의 자사 제품 교육을 이수하도록 한다. 업계 평균은 8시간에 불과하다.[20] 많은 기업에서 종업원의 경험과 참여 중심의 훈련 프로그램을 실시하고 있다. 역할극, 시뮬레이션, 이러닝 등이 종업원 훈련 분야에서 많이 활용되는 방법이다.

성과 평가

종업원의 성과 — 업무에서의 강점과 약점 — 에 대한 평가는 관리자에게 가장 어려운 작업이다. 하지만 성과 평가는 종업원에게 일하는 방식과 개선해야 할 사항 등에 대한 피드백을 주기 때문에 중요하다. 또한 종업원에 대한 보상과 포상의 기초적인 정보와 회사의 선발, 훈련, 개발 활동 품질에 대한 기본적인 정보도 제공해 준다.

성과는 객관적 혹은 주관적으로 평가된다. 객관적 평가는 수치화할 수 있는 것이다. 예를 들어 웨스팅하우스(Westinghouse)에서는 회로기판의 생산량이나 불량률로 성과를 평가한다. 리맥스(RE/MAX) 부동산 중개인은 고객에게 보여 준 집의 수 혹은 실제 성사된 거래의 수로 평가된다. 또한 기업에서는 객관적 평가도구로서 테스트를 활용하기도 한다. 어떠한 방법을 사용하건 간에 객관적인 성과 평가를 시행할 때는 근로 환경을 고려해야 한다.

직무 특성상 객관적인 평가가 어려울 때는 주관적 기준으로 직원을 평가해야 한다. 주관적 평가로서 가장 많이 쓰이는 방법은 순위를 매기는 것이다. 이 방법은 다양한 요소를 기준으로 종업원을 서로 비교하여 순위를 정한다. 이 방법은 여러 기업에서 활용되고는 있기는 하지만 종업원들이 좋아하지는 않는다. 팀워크나 소통 능력 등과 같은 질적 기준은 일반적으로 측정이 어렵다. 이러한 평가 방식은 자칫 소송을 당할 위험도 안고 있다. 예를 들어 관리자의 평가 스타일에 따라 어떤 사람은 관대한 평가를 받는 반면, 다른 사람은 보다 엄격한 평가를 받을 수 있다. 대량 해고(layoff)를 해야 하는 상황에서 엄격한 관리자의 평가를 받은 근로자는 직장을 잃을 위험도 있다. 또 다른 비판으로는 관리자가 평가지에 무의식적으로 사용하는 애매한 혹은 부적절한 언어이다. 예

성과 평가는 종업원들 자신이 얼마나 잘하고 있는지, 개선이 필요한 부분이 무엇인지 등에 대해 피드백을 주기 때문에 중요하다.

©bluedog studio/Shutterstock

를 들어 업무 성과를 평가하면서 젊음이 넘친다, 매력적이다 등 외모와 관련한 언급을 별다른 생각없이 적어 놓는 경우가 있다. 이럴 때 다른 종업원이 (외모 때문에) 자신이 부당하고 불공정한 대우를 받았다고 주장할 경우 소송에 휘말릴 수 있다. 따라서 관리자는 성과 평가에서 분명한 언어를 모든 종업원에게 일관되게 사용하는 것이 중요하다.

또 다른 성과 평가의 도구는 360도 다면 평가이다. 평가단에는 상사, 동료, 부하의 평가까지도 포함된다. 동료 평가는 동료 간의 갈등을 야기할 수 있기 때문에 어려워 보인다. 하지만 성공적으로 다면 평가를 실시하고 있는 기업들은 학습에 대해 개방적이고, 실험을 두려워 하지 않으며, 다면 평가의 장단점을 잘 이해하고 있다는 공통점이 있다.[21] 감성 지능이 높은 (즉 자신과 다른 사람의 감정에 민감한) 경영자나 리더는 동료와의 일상적인 관계를 반추하고 평가한다. 감성 지능이 높은 리더는 어떤 프로젝트가 끝난 후에도 추가적인 분석을 진행한다. 이들은 자신에 대해 비판적인 의견도 수용할 준비가 되어있다.[22]

많은 기업에서 나타나는 또다른 트렌드는 종업원에 대한 부정적인 피드백의 감소이다. 부정적 피드백은 많은 경우 긍정적 피드백을 상쇄하는 경향이 있다. 따라서 종업원은 자신에 대한 평가에 부정적인 언급이 있으면 실망할 수 있다. 동시에 관리자들은 종업원의 강점뿐 아니라 약점에 대해서도 건설적인 비판을 제공하여, 종업원으로 하여금 자신에 대한 기대와 시각을 알게 하는 것이 중요하다.[23]

이러한 평가가 객관적이든 주관적이든 평가 결과에 관해 관리자와 근로자가 서로 대화를 나누는 것은 중요하다. 그래야 종업원은 자신이 얼마나 잘 하고 있는지 알 수 있다. 성과 평가의 결과는 종업원과 잘 소통하고, 종업원이 성장 및 발전하기 위한 수단으로 유용하게 쓰인다. 또한 승진, 전보, 해고 등의 결정에도 활용된다.

이직

학습목표 10-4

이직(turnover)은 종업원이 일을 그만 두게 되어, 그 자리를 다른 사람으로 대신 채워야 하는 상황을 의미한다. 이직이 발생하면 업무의 공백으로 인해 생산성이 저하되고, 새로운 종업원을 채용하는 비용과 시간이 소요되며, 새로운 인력을 훈련시키고 적응시키는 데 비용이 발생한다. 갤럽의 조사에 따르면 자발적 이직의 이유 중 약 75%는 경영자가 관심을 가진다면 해결될 수 있다. 기업은 종업원 이직에 중요한 영향을 준다.[24] 물론 이직이 항상 나쁜 것은 아니다. 어떤 경우 이직은 승진이나 사내 전보 때문에 발생하기도 한다.

이직
종업원이 사직을 하거나 다른 종업원에 의해 교체되어야 하는 상황.

승진(promotion)이란 보다 높은 권한과 책임 및 보상을 받는 상위 직급으로 올라가는 것을 말한다. 많은 조직과 노조에서는 승진자를 결정할 때 근속 연수를 핵심적으로 고려한다. 똑같은 자격을 갖춘 후보자 중에서 승진자를 결정해야 할 경우엔 연공서열을 기본으로 한다. 하지만 경영자는 종업원의 장점을 기반으로 승진자를 결정하는 것을 선호한다.

승진
보다 많은 권한과 책임, 보상이 주어지는 상위 단계로 올라가는 것.

전보(transfer)란 회사 내에서 연봉과 직급이 동일한 다른 직무로 자리를 옮기는 것이다. 전보를 통해 새로운 기술을 익힐 수도 있고, 자동화나 다운사이징으로 인해 자신의 자리가 위협을 받을 때 새로운 직무를 찾는 기회가 될 수도 있다.

전보
회사 내에서 직급과 보상이 유사한 다른 직무로 옮기는 것.

퇴사(separation)는 종업원이 사임, 퇴직하거나 해고되는 것을 의미한다. 해고 이유로는

퇴사
사직, 은퇴, 해고 등으로 인한 고용관계의 변화.

최근 들어 많은 기업이 해고 등 다운사이징을 선택하고 있다. 이들은 재무적인 어려움을 타개하거나 보다 생산적이고 경쟁력을 갖추기 위해서 다운사이징을 시행한다.

©belterz/iStockphoto

〈표 10-3〉 해고당할 때 해야 할 일과 하지 말아야 할 일

1.	당신의 상사나 동료를 비난하지 말 것
2.	회사의 재산을 파괴하거나 훔치지 말 것
3.	추천을 부탁할 것
4.	새 직장 면접 중에 당신의 이전 직장을 비난하지 말 것
5.	미래를 바라보며, 새로운 기회에 대해 긍정적일 것

낮은 실적, 회사 규칙 위반, 게으름 등이 있다. 예전에는 기업이 맘대로 직원을 해고시킬 수 있었다. 즉 인종, 종교, 성별, 나이 등의 이유로 해고할 수도 있고, 노조를 만들었다는 이유로 해고시킬 수도 있었다. 그러나 최근의 법률과 판례는 고용주가 직원을 정당한 사유가 있을 때만 해고시킬 것을 요구한다. 성과 평가가 좋지 않을 때는 경고를 먼저 한 뒤 해고해야 한다. 따라서 성과 평가의 중요성은 증가된다. 또한 종업원 개개인의 업무상 문제점, 경고 등은 기록으로 남겨야 한다. 해고 사유가 정당하지 않다고 생각하는 사람으로부터 소송이 제기되는 것을 피하기 위해서는 업무와 관련이 있는 이유를 분명하게 제시해야 하고, 이는 문서로 증명되어야 한다. 종업원 징계 절차는 종업원에게 상세히 설명되어야 하며, 종업원 핸드북(employee handbook)에 기재되어야 한다. 〈표 10-3〉은 해고되었을 때 하지 말아야 할 행동을 보여준다.

정리 해고가 일시적이어서 사업 환경이 좋아지면 다시 복귀하는 경우도 있다. 정리 해고가 지속될 것으로 예상되면 고용주는 종업원이 다른 직장을 얻을 수 있도록 돕고, 이들이 다른 일자리를 찾는 동안 복리 후생의 혜택을 연장해 주기도 한다. 이러한 고용주의 조치는 정리 해고에 따른 트라우마를 줄이는 데 도움이 된다. 물론 다운사이징이 필요 없는 운이 좋은 분야도 있다.

학습목표 10-5

조직은 가급적이면 퇴사나 이직으로 인한 손실을 최소화하고자 한다. 새로운 직원을 모집하고, 훈련시키는 비용이 매우 크기 때문이다. 이직률이 높다는 것은 선발과 훈련 과정, 보상 프로그램 혹은 회사 시스템에 문제가 있다는 것을 암시한다. 이직을 줄이기 위해 기업은 다양한 전략을 시도한다. 종업원에게 보다 흥미로운 직무의 책임을 주고, 직무 유연성을 허용하고, 보다 많은 혜택을 주는 것이다. 종업원이 회사를 떠나기로 하면 회사에서는 일반적으로 퇴직 면담(exit interview)에 참여할 것을 요청한다. 퇴직 면담에서는 종업원이 회사를 떠나려는 이유를 조사한다. 퇴직자의 피드백은 가치 있는 종업원이 회사를 떠나는 것을 보다 감소시키는 데 도움이 될 것으로 기대한다.

학습목표 10-6

노동에 대한 보상

사람들은 일반적으로 무료로 일하지 않으며, 노동에 대한 보상 액수를 결정하는 것은 복잡한 문제다. 급여나 복리 후생은 조직의 비용 중 매우 큰 부분을 차지하기 때문에 올바른 보상 계획을 수립하는 것은 중요한 일이다. 과다한 보상은 그 기업이 생산하는 상품의 가격을 올릴 위험이 있고, 이렇게 되면 경쟁력을 상실할 수 있다. 반면, 너무 박하게 보상하면 종업원의 사기가 떨어지고 이직률이 높아짐으로써 회사에 부담을 준다. 보상은 허

츠버그(Herzberg)가 말하는 위생 요인(hygiene factor)임을 기억할 필요가 있다.

공정한 보상 계획을 만들기 위해서는 조직 내 모든 직종의 상대적 가치를 평가해야 할 뿐 아니라 개인의 노력에 대해서도 평가해야 하므로 쉬운 일이 아니다. 특정 직종의 보상 수준은 일반적으로 **임금 및 연봉 조사**(wage/salary survey)에 의존한다. 임금 및 연봉 조사는 각 기업이 공통적으로 보유하고 있는 특정 직종에 대해 비교 대상 기업들이 지급하는 임금 혹은 연봉 액수를 보여준다. 특정한 직종 범주 내에 종사하고 있는 개인에 대한 보상은 그 직종 및 개인의 생산성에 의해 결정된다. 따라서 똑같은 직종에 근무하는 근로자라 할지라도 성과에 따라 보상액이 서로 다를 수 있다.

임금 및 연봉 조사
조사 비교 대상이 되는 다른 회사들이 유사한 직무에 얼마의 보상을 지급하는지에 대한 정보를 제공하는 조사.

재무적 보상

재무적 보상은 임금과 연봉이라는 두 가지 범주로 나누어진다. **임금**(wages)이란 근로자의 노동 시간, 혹은 달성한 산출물의 정도에 근거하여 산정하는 재무적 보상이다. 노동 시간에 기반하여 지급되는 임금을 시간급이라고 한다. 미국의 경우 2018년 연방정부에서 규정한 최저임금은 시간당 7.25달러이다.[25] 팁을 받는 직종의 최저임금은 시간당 2.13달러인데, 이는 팁과 2.13달러를 합쳐서 최저임금인 7.25달러 이상이 되어야 한다.[26] 많은 주(州)에서 최저임금에 대한 자체 규정을 가지고 있다. 만약 연방과 주(state) 정부의 최저임금 규정이 서로 다를 경우, 이 중에서 더 높은 쪽을 적용하게 된다. 또한 시와 주 간에 서로 다른 최저임금 규정을 가지고 있는 경우도 있다. 뉴멕시코(New Mexico)에서는 최저임금이 7.50달러이지만 주도(州都)인 산타페의 최저임금은 높은 생활물가를 반영하여 11.40달러이다.[27] 시간급은 종업원의 일이 지속적으로 방해를 받아 정상 업무에만 집중하기가 힘든 환경에서, 또는 생산물의 양보다는 질이 더 중요할 때 적합하다. 조립 라인에 있는 근로자나, 상점 직원, 수리공 등은 일반적으로 시간급의 적용을 받는다. 시간급의 장점은 계산이 쉽다는 것이다. 반면, 단점은 생산성을 증진시키기 위한 어떠한 유인도 주지 못한다는 점이다. 사실 시간급은 종업원으로 하여금 덜 생산적으로 만드는 경향이 있다.

임금
노동 시간 및 성과물에 대한 재무적인 보상.

이러한 단점을 극복하기 위해 많은 기업에서는 성과급(piece wage)이나 수수료를 이용하여 인센티브를 지급한다. 성과급은 산출물을 기준으로 한다. 성과급의 가장 큰 장점은 종업원이 스스로 자신의 행동을 통제하여 생산을 높이도록 동기부여 한다는 것이다. 숙련공들은 성과급으로 보상받는 경우가 많다.

또 다른 인센티브 제도로서 **수수료**(commission)는 종업원이 판매한 데 대해 일정액을 지급하거나 판매 금액의 일정 비율을 지급하는 것이다. 피부관리 전문업체인 로담필즈(Rodam+Fields)는 제품판매에 개인사업자를 활용한다. 이들을 컨설턴트라 하는데, 컨설턴트는 자신이 판매하는 제품 액수에 대해 커미션을 받는다. 일부 회사는 시간급이나 연봉제와 성과급 제도를 결합하기도 한다.

수수료
판매액의 일정 비율 혹은 정액을 지급하는 인센티브 제도.

봉급(salary)이란 주, 월, 혹은 연간으로 계산되는 재무적 보상의 형태이다. 연봉제는 주로 사무실에서 일하는 화이트칼라, 임원, 전문직 종사자에게 적합하다. 연봉제가 안정적인 수입을 주기는 하지만 어떤 때는 추가적인 재무적 보상이 없이 일반적인 노동 시간을 초과

봉급
주간, 월간, 혹은 연간 기준으로 계산된 재무적 보상.

하여 일해야 하는 경우도 있다.

보너스
뛰어난 성과에 대한 재무적 보상으로서 미래의 생산성을 향상시키기 위한 인센티브로 지급.

기업은 기본급이나 봉급 외에 훌륭한 성과에 대해 인센티브로서 **보너스**(bonuses)를 주기도 한다. 많은 근로자는 보너스를 높은 성과에 대한 고마움의 표시 혹은 계속 일을 열심히 하라는 격려로 받아들인다. 고용주나 관리자는 단순 형태의 보너스나 혜택이 종업원을 더욱 행복하게 하고, 이직을 줄인다는 점을 알고 있다. 보너스는 특히 월가(Wall Street)에서 유행하고 있다. 미국 경제가 호조를 보이고 금융 분야에서 성과가 높아지면서 월가 임원들의 보너스도 인상되어 왔다.[28]

이익 공유제
기업이 거둔 이익의 일정 부분을 종업원에게 분배하는 형태의 보상.

또 다른 보상 형태로서 **이익 공유제**(profit sharing)를 들 수 있다. 이는 기업이 벌어들인 이익의 일부를 종업원에게 지급하는 것이다. 기업의 주식을 종업원에게 나누어 주는 방식으로 이익 공유를 시행하는 경우도 있다. 최근 들어 ESOP(employee stock ownership plans)라고 하는 종업원 주식 소유 제도가 각광을 받고 있다. ESOP가 인기를 끄는 이유는 고용주과 종업원 간의 협력 관계를 창출하기 때문이다. 이익을 공유하면 종업원은 생산성이 높아지고 판매가 증진되면 그 이익과 주식 배당금이 증가할 것이라 기대하므로 더욱 열심히 일하게 된다. 많은 조직에서 주식 매수 제도, ESOP 또는 401(K)를 통한 주식 투자 등의 방법으로 종업원에게 지분을 나누어 준다. 종업원은 고위 임원직이 아니면 최근까지 스톡옵션을 거의 받지 못했다. 하지만 기업이 종업원 이해와 조직 이해 간에 관계를 좀 더 강하게 일치시키기 위해 스톡옵션 제도를 폭넓게 적용하고 있다. 많은 기업이 종업원 스톡옵션이 생산성과 사기를 높이는 훌륭한 방법이라고 믿는다.

복리 후생

복리 후생
연금, 의료보험, 유급 휴가 등과 같은 비재무적 형태의 보상.

복리 후생(benefits)은 비재무적인 형태로 지급되는 보상을 말한다. 퇴직 연금, 의료, 장애, 생명보험, 유급 휴가, 병가, 건강 증진 프로그램, 육아 시설, 노인 부양, 입양 지원 같은 것을 복리 후생의 예로 들 수 있다. 노동통계국(Bureau of Labor Statistics)의 조사에 따르면 미국 시민권을 가진 종업원에 대한 보상 비용이 시간당 35.87달러라고 한다. 이 중 68.3%는 임금이나 연봉이고, 나머지 31.7%는 복리 후생 비용이다.[29] 복리 후생은 종업원의 안정성을 높이고 사기 증진과 동기부여에 기여한다.

직장 내 보육시설은 대기업이 종업원들에게 제공하기 시작한 복지 혜택 중 하나에 불과하다

©Ariel Skelley/Blend Images/Getty Images

의료보험은 정규직 근로자에게는 보편적인 복리 후생이긴 하지만 그 비용 부담이 계속 높아지고 있어 많은 기업에서 그 혜택을 줄여가고 있다. 심지어 급여와 복지가 안정되어 있던 공무원의 의료보험 혜택도 축소되었다. 반대로 회사가 자신을 잘 돌봐주고 있음을 느낄수록 직원들의 충성도는 높아지는 경향이 있다. 스타벅스는 복리 후생이 종업원의 건강과 행복에 미치는 영향의 중요성을 잘 파악하였다. 그 결과 파트타임 종업원에게도 의료보험 혜택을 주는 유일한 패스트푸드 회사가 되었다. 뿐만 아니라 스타벅스는 대학성취계획(College Achievement Plan)이라는 프로그램을 제공하기 시작

친환경 경영 Going Green

종업원은 친환경 정책을 좋아한다

일부 기업은 종업원들에게 직장에서나 가정에서 환경 친화적인 활동을 받아들이는 데 대한 인센티브를 제공한다. 예를 들어 소니 픽처스(Sony Picture's)의 차량 선택 인센티브(Alternative Vehicle Incentives) 프로그램은 연비 효율이 좋은 하이브리드 혹은 전기차를 구매하는 데 대해 현금으로 보상해 준다. 또한 더욱 푸른 세상 포상 프로그램(Greener World Grant Program)은 종업원이 자신의 커뮤니티에서 추천한 환경단체에 대해 시상을 하는 프로그램이며, 생각에서 행동으로 포상 프로그램(Idea to Action Grant Program)은 소니의 업무를 보다 친환경적으로 추진한 종업원에게 금전적 보상을 지급하는 제도이다.

인텔 역시 친환경 정책을 시행하는 기업으로 알려져 왔다. 이 회사에서는 종업원에 대한 보상을 지속가능성 목표를 달성하는 것과 연계시켰다. 이 회사의 환경 탁월성 포상 프로그램(Environmental Excellence Award Program)은 회사 안팎에서 지속가능성에 대해 기여한 종업원에 대해 포상을 한다.

구글 또한 친환경 정책으로 잘 알려져 있다. 구글은 GBikes로도 알려져 있는 구글 자전거(Google Bike)를 사옥 곳곳에 배치하여 가급적 자동차 이용을 줄이도록 하고 있다. 또한 구글도 카풀과 다른 대안적인 교통수단 이용을 권장한다. 회사 측에서는 이러한 정책으로 인해 나홀로 차량으로 통근하는 종업원을 약 45% 정도 줄일 수 있을 것으로 추산하고 있다. 보다 환경 친화적인 자동차 이용을 촉진시키기 위해 베이 지역(Bay Area)에 위치한 본사 사옥 주차 공간의 10%에 전기 자동차 충전 시설을 갖추었다. 소니, 인텔, 구글과 같은 회사는 종업원들의 친환경적인 행동을 권장하는 데에서도 보듯, 기업들은 지속 가능한 환경 활동에 크게 기여하고 있다.[30]

토의 주제

1. 기업이 종업원들의 친환경 행동에 대해 인센티브를 부여하는 이유는 무엇인가?
2. 소니, 인텔, 구글에서는 종업원들의 보다 지속 가능한 행동을 하는데 대해 어떤 인센티브를 주고 있는가?
3. 이러한 인센티브들은 지속가능성을 증가시키기 위한 진정한 노력이라고 볼 수 있는가? 또는 회사를 좀 더 좋은 회사로 보이는 것을 목적으로 하는 마케팅 활동의 하나라고 볼 수 있는가?

했는데, 이는 종업원이 애리조나 대학을 졸업할 경우 그 학비를 전액 지원하는 제도이다.[31]

최근 증가하고 있는 복리 후생 중 하나는 종업원 지원 프로그램(EAP)이다. 회사에 따라 상이한 EAP를 가지고 있지만, 공통적으로 개인적인 문제로 인해 업무 성과에 좋지 않은 영향을 미칠 수도 있는 종업원에 대한 상담이나 지원을 포함하고 있다. 약물 중독 혹은 알콜 중독 치료 프로그램, 건강 프로그램, 금연 클리닉, 스트레스 조절 클리닉, 재정 상담, 가족 상담, 경력 개발 상담 등이 보편적인 EAP 서비스이다. 홈디포(Home Depot)는 인생을 위한 돌봄과 해결책(CARE/Solutions for Life)이라는 EAP 프로그램을 제공한다. 이 프로그램은 전화를 이용한 무료 재무 상담, 무료 법률 상담, 개인·가족·직장생활에 관련된 무료 대면 상담을 제공한다.[32] EAP는 낮은 생산성, 결근, 기타 직장에서 문제의 원인이 되는 개인 문제 해결을 지원함으로써 이런 문제들로 인해 발생하는 비용을 감소하는 데 도움을 준다. 예를 들어 운동 및 헬스 프로그램은 종업원을 건강하게 하여 의료 지출을 줄여준다. 가족 상담은 종업원이 이혼이나 기타 개인적 문제를 잘 처리하게 함으로써 일에 보다 잘 집중하도록 도와준다.

기업은 종업원이 원하는 혜택을 제공하고 싶어 하지만 종업원들의 요구는 다양하다. 독신인 종업원은 배우자나 자녀가 있는 다른 동료들이 가족과 시간을 보내기 위한 "특별 휴가" 혜택을 누리지 못한다. 이런 문제를 해결하기 위해 많은 기업에서는 종업원이 정해진 한도 내에서 자신이 좋아하는 혜택을 스스로 선택할 수 있는 탄력 복리 후생 프로그램(flexible benefit program)을 활용하기도 한다.

부가적 복지(fringe benefit)란 병가, 휴가비, 연금, 기타 추가적인 보상을 포함한다. 많은 주와 시에서 근로자가 유급 병가를 쓸 수 있도록 의무화하는 새로운 정책을 채택하고 있다. 일반적으로 저임금 근로자일수록 유급휴가의 혜택을 받지 못하고, 그들은 무급휴가를 쓸 수 있을 정도로 넉넉하지 못하다.[33] 일과 가정 간의 균형을 잡는 데 도움이 되는 복리 제도를 부드러운 혜택(soft benefit)이라고 부른다. 직장 내 육아 시설, 목욕탕, 식당, 세탁소, 미장원 등이 그러한 혜택이다. 이러한 부드러운 혜택은 종업원이 업무에 보다 집중할 수 있도록 돕는다. 부드러운 혜택은 회사에 대한 충성심을 자극한다. 페이스북은 긍정적인 일-가정 균형 프로그램과 많은 종류의 복리후생으로 유명하다. 긍정적인 일-가정 균형 프로그램을 지원하는 경영의 중요성은 Cambridge Analytica에 의한 사용자 데이터 유출 사건을 경험한 이후에도 지속적으로 시행되었던 페이스북의 종업원 지원 프로그램에서 발견된다. 대중이 페이스북에 대해 비판의 목소리를 쏟아내던 상황에서도 페이스북 종업원들은 그러한 비판이 잘못되었다면서 회사에 대한 종업원의 태도는 결코 흔들리지 않았다. Cambridge 사건 이후에도 페이스북 직원들의 회사에 대한 평점은 5 만점에 4.5 혹은 4.6 정도를 유지하였다.[34]

카페테리아식 복리 후생 제도는 종업원에게 어느 정도의 액수를 제공해 자신이 스스로 필요에 맞게 복리 후생의 종류를 선택할 수 있도록 한다. 여기서 중요한 점은 모든 종업원에게 똑같은 종류의 복지를 제공하는 것이 아니라 선택하게 한다는 점이다. 사업이 글로벌화됨에 따라 카페테리아 혹은 탄력적 복리 후생이 과거보다 중요해지고 있다. 어떤 종업원에게는 복리 후생은 연봉보다도 더 중요한 동기부여 및 차별화의 요소가 되기도 한다. 지난 수십 년간 부가적 복지는 크게 성장해 왔으며 매년 새로운 형태의 복지가 추가되고 있다.

학습목표 10-7

노조 관리

근로 환경이나 보상에 대해 만족하지 않는 종업원은 이러한 조건을 바꾸기 위해 경영진과 협상을 해야 한다. 경영진과 협상을 개인적으로 하는 것은 효과적이지 않기 때문에 종업원들은 **노동조합**(labor union)(이하 노조)을 조직하여 고용주와 협상을 함으로써 보다 높은 보상을 이끌어 낼 수 있다. 노조에 소속된 근로자는 집단의 힘에 의해 보호를 받고, 노조원을 대표하여 경영진과 협상할 전문가를 고용하기도 한다. 노조에 소속된 근로자는 비노조원에 비해 훨씬 많은 것을 할 수 있다. 미국 임금 노동자의 노조 조직률은 대략 10.7% 정도로 수년간 변함없이 유지되고 있다.[35] 평균적으로 노조에 소속된 근로자의 주당 임금은 평균 200달러 수준으로 비노조원들에 비해 높은 편이다.[36]

노동조합(노조)
임금, 노동 시간 등 근로 조건을 개선하기 위해 사용자와 협상하는 종업원들의 조직.

하지만 최근 노조 조직률은 떨어지고 있으며, 앞으로의 전망도 밝지 않다. 하나의 이유로 들 수 있는 것은 전통적으로 노조 가입률이 높은 대부분의 블루칼라는 이미 거의 다 조직화되었다는 점이다. 자동화된 공장의 블루칼라 노동자에 대한 수요는 이전보다 적다. 미국이 제조업에서 서비스 경제로 이행되고 있으므로 블루칼라에 대한 수요가 줄어들고 있다. 더욱이 미국 기업은 외국 경쟁자에 대응하기 위해 보다 생산적이고 효율적인 방법을 찾고 있는 중이다. 직무 충실화 프로그램(job enrichment program)이나 참여적 경영(participative management)은 경영진과 노동자 간의 경계를 모호하게 만든다. 공장을 운영하는 데 있어 노동자의 영향력이 커지면 노조가 있어야 할 필요성은 낮아진다. 만약 고용주에 대해 별 불만이 없다면 굳이 노조에 가입할 필요성을 느끼지 못한다.[37]

그럼에도 불구하고 노조는 블루칼라 제조업, 정부, 의료 분야의 노동자 및 기타 산업 분야의 소수 노동자를 조직화하는 데 성공적이었다. 결과적으로 기업 인적자원 관리의 많은 부분, 특별히 보상 관련 부분은 노조와의 계약에 의해 좌우되고 있다. 따라서 우리는 이 장에서 단체 협상과 분쟁 처리에 대해 살펴볼 필요가 있다.

단체 협상

단체 협상(collective bargaining)이란 경영진과 노조가 보상, 근로 시간, 근로 조건 등에 대한 합의를 이루기 위해 협상하는 과정이다(그림 10-1). 협상의 목적은 **노동 협약**(labor contract)을 맺기 위함인데, 노동 협약은 특정 기간(보통 2~3년간) 동안 노조와 경영진 간의 관계를 규정한 공식적이고 문서화된 계약을 의미한다.

단체 협상
경영진과 노조가 금전적 보상, 근로 시간, 근로 조건 등에 관한 합의를 이루려고 하는 협상 절차.

노동 협약
일정 기간(보통 2~3년) 동안 노조와 경영진 간의 관계를 상호 합의한 공식적 문서.

단체 협상에 참여하는 당사자들은 자신의 요구를 관철하기 위해 협상을 하고, 때로는 타협을 필요로 한다. 경영진은 근로 일정, 채용과 해고, 생산 기준, 승진, 전보, 이직, 각 부

〈그림 10-1〉 단체 협상의 절차

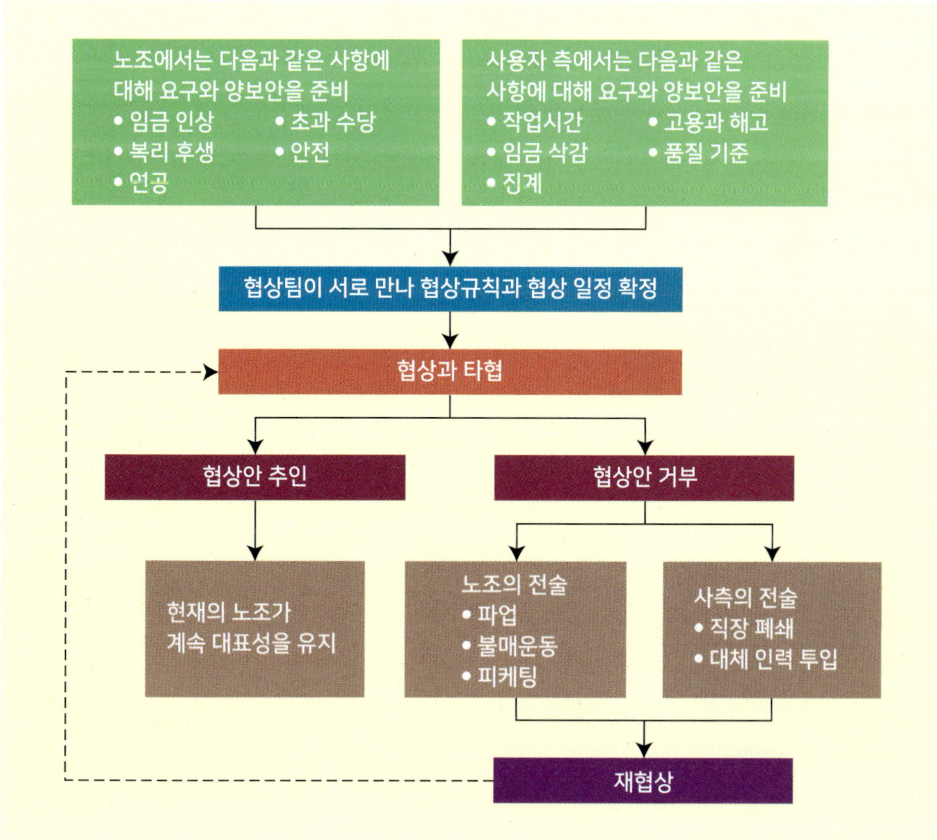

서에서 관리의 범위, 징계 등에 대해 통제권을 유지하는 계약을 맺고 싶어한다. 반면, 노조는 임금 액수, 휴일 근무 및 취약 시간대 근무에 대한 초과 보상 정도, 임금 인상 일정, 복리 후생과 같은 문제에 집중한다. 이러한 이슈는 단체 협약에 반영되는데 노조원은 이 협약의 수용 여부에 대해 투표하게 된다.

많은 노동 협약이 인플레이션 발생 시 종업원의 실질 임금을 보장하기 위해 자동적으로 임금을 인상한다는 생활비 인상 조항(cost-of-living escalator clause)을 가지고 있다. 경기 침체기에는 노조가 기득권 유보(givebacks)(사용자가 경쟁력을 유지하고 생존하여 노조원의 고용을 지속할 수 있도록 임금이나 복리 후생을 삭감할 수 있는)를 받아들이도록 요구받는다.

분쟁 해결

특정한 이슈에 대해 경영진과 노조 간에 쉽게 합의에 이르지 못하는 경우가 있다. 대부분 노동 관련 분쟁은 단체 협상을 통하거나 고충 처리 절차에 의해 해결된다. 하지만 이러한 절차가 효과적이지 못하면 분쟁의 당사자는 목적 달성을 위해 보다 강한 방법을 사용한다.

피케팅
경영진에 대한 항의를 공개적으로 표출하는 노조의 활동으로서 행진을 한다거나 사업장에서 경영진에 대한 반대를 나타내는 활동.

노동의 전술. **피케팅**(picketing)은 사용자의 조치에 대한 공개적인 항의로, 노조원이 고용주의 공장 혹은 사업장에서 행진(종종 경영진에 반대한다는 피켓이나 현수막을 흔들면서)을 하기도 한다. 피케팅을 하는 노조는 그들의 피켓에 써 있는 문구가 일반인 혹은 다른 노조원들로부터 공감을 일으킬 것으로 기대한다. 피케팅은 그 자체가 하나의 항의의 표시로 일어나기도 하고, 파업과 연계되어 벌어지기도 한다.

파업
노동자가 작업을 거부하는 행위로 노동조합의 가장 강력한 무기가 된다.

파업(strike)은 노동자가 가진 효과적인 무기 중 하나이다. 파업을 통해 노조는 최소한 일상적인 업무 수행을 어렵게 만들 수 있고, 최악의 경우 회사 운영을 불가능하게 만들기도 한다. 파업은 광범위한 대중의 주목을 끌 수 있는 최후의 수단으로 활용된다. 하지만 극단적인 경우, 근로자는 노조나 혹은 자신이 직접적으로 소속되지 않은 다른 단체의 도움으로 파업을 조직할 수 있다. 보스턴에 있는 맥도날드의 패스트푸드 근로자들은 시간당 15달러의 임금과 노조 조직 권리를 요구하면서 노동자의 날에 파업을 전개하였다.[38] 대부분의 경우엔 단순히 파업을 하겠다는 위협만으로도 경영진의 양보를 얻어내기에 충분하지만, 이슈가 뜨거운 논쟁거리가 되고 정부 당국이 개입하는 경우도 종종 벌어진다.[39]

불매운동
어떤 기업의 제품을 구매하지 못하게 하는 행위.

불매운동(boycott)은 소비자가 기업의 제품을 구매하지 못하도록 방해하는 것이다. 불매운동이 벌어지면 노조는 조합원들에게 회사 업무를 하지 말도록 권유한다. 어떤 노조는 불매운동을 무시하는 노조원에게 벌금을 물리기도 한다. 불매운동에 참여한 노조는 피케팅이나 광고를 통해 이 회사의 제품을 구매하지 말라고 대중을 설득하기도 한다.

직장 폐쇄
경영진의 파업이며, 작업장을 폐쇄하여 종업원의 출입을 막는 행위.

경영진의 전술. 경영자가 파업에 맞설 수 있는 수단은 **직장 폐쇄**(lockout)이다. 일반적으로 말해 직장 폐쇄는 노조의 파업으로 인해 공장의 정상적인 가동이 부분적으로 불가능할 때에만 사용된다. 이 경우 전체가 다 문을 닫아 버리는 것이 오히려 비용이 적게 들 수 있다. 약 10개월간의 직장 폐쇄 이후 하니웰(Honeywell)의 근로자들은 경영진과 새로운 협약을 체결한 후 작업장에 복귀하였다. 이 중에서 인디애나와 뉴욕의 350여 명의 근로자는 파업 기간 대체 근로자가 투입되었던 작업장으로 복귀하였다.[40]

노조에서 배반자(scab)라 부르기도 하는 **파업 파괴자**(strikebreaker)는 사용자 측이 파업에 참가한 노조원을 대체하기 위해 고용한 사람을 의미한다. 사용자 측에서는 영업 중단 없이 회사 운영을 하고, 파업으로 인한 손실을 최소화하기 위해 이들을 고용한다. 또한 노조에 대해 그들의 요구를 더 이상 들어주지 않겠다는 의사표현이기도 하다. 파업 파괴는 노사 관계를 악화시킬 가능성이 매우 높기 때문에 일반적으로 최후에 활용되는 수단이다.

파업 파괴자
파업에 참가하고 있는 노동자를 대체하기 위해 경영진이 고용한 사람들을 의미.

외부적인 해결. 경영진과 노조는 보통 다른 외부의 도움 없이 당사자 간 합의를 도출한다. 하지만 가끔 기나긴 협상과 파업, 직장 폐쇄, 기타 여러 방법을 다 동원해도 여전히 노사 합의에 도달하지 않는 경우가 있다. 이러한 경우 노사에게는 화해, 조정, 중재의 세 가지 선택이 있다. **화해**(conciliation)는 중립적인 제3자가 노사 양측이 대화를 지속하도록 돕는 것이다. 화해 주선자(conciliator)는 노조나 경영진에 대해 어떠한 공식적인 힘이나 권한을 행사하지 못한다. 화해 주선자는 노사 양측이 이슈에 집중하도록 하고, 협상이 깨지는 것을 막는 것을 목적으로 한다. 화해와 마찬가지로 **조정**(mediation) 역시 중립적인 제3자를 개입시킨다. 그러나 조정의 역할은 문제 해결을 위한 방안을 제시하는 것이다. **중재**(arbitration) 역시 중립적인 제3자가 분쟁을 해결하는 역할을 하는데, 여기서 중재자의 제안은 법적 구속력이 있다. 일반적으로 중재는 자발적으로 이루어진다. 중재를 위해서는 노사 양측이 모두 합의를 해야 하며, 중재 비용을 분담하는 것이 일반적이다. 때로는 노사가 강제 중재(compulsory arbitration)에 들어가는 경우도 있다. 강제 조정은 정부 등 제3자가 국가 경제에 타격이 될 수 있는 장기 파업을 끝낼 목적으로 중재를 신청하는 것이다.

화해
노조와 경영진 간의 차이를 해소하기 위해 제3자가 대화를 주선하고 해결하도록 돕는 방법.

조정
제3자가 노조와 경영진에게 문제 해결을 위한 방안을 제시함으로써 차이를 해소하려는 방법.

중재
노조와 경영진 간의 분쟁을 해결하는 방법으로, 제3자가 제시하는 해결책이 법적으로 강제력을 갖게 되는 방법.

인력 다양성의 중요함

학습목표 10-8

고객, 직원, 공급업자 등 기업 경영과 관련된 모든 참가자는 나이, 성별, 인종, 피부색, 국적, 능력 등이 다 다르다. 기업 경영이 직면한 이러한 현실을 **다양성**(diversity)이라고 한다. 다양성을 이해한다는 것은 서로의 다름을 인식하고 인정한다는 의미일 뿐 아니라 이러한 다양성이 가져올 독특한 관점을 존중한다는 의미이기도 하다.

다양성
연령, 성별, 인종, 국적이 다양한 사람이 함께 고용되어 생산 활동에 참여함을 의미.

다양성의 특성

흔히 직장 내에서 다양성을 말할 때 성별이나 인종을 의미하는 경우가 많다. 성별과 인종이 다양성의 중요한 특성이기는 하지만 다른 요인들도 중요하다. 다양성의 특성은 주요 특성과 이차 특성으로 분류될 수 있다. 〈그림 10-2〉의 하단에 열거된 나이, 성별, 피부색, 인종, 능력 그리고 성적인 정체성은 다양성의 주요 특성(primary characteristics of diversity)으로, 태생적이며 바뀔 수 없는 것이다. 〈그림 10-2〉 상단의 경력, 수입, 결혼 여부, 군대 경험, 신앙심, 위치, 부모의 상황, 교육 등 여덟 가지 항목은 다양성의 이차 특성(secondary

〈그림 10-2〉 다양성의 특징

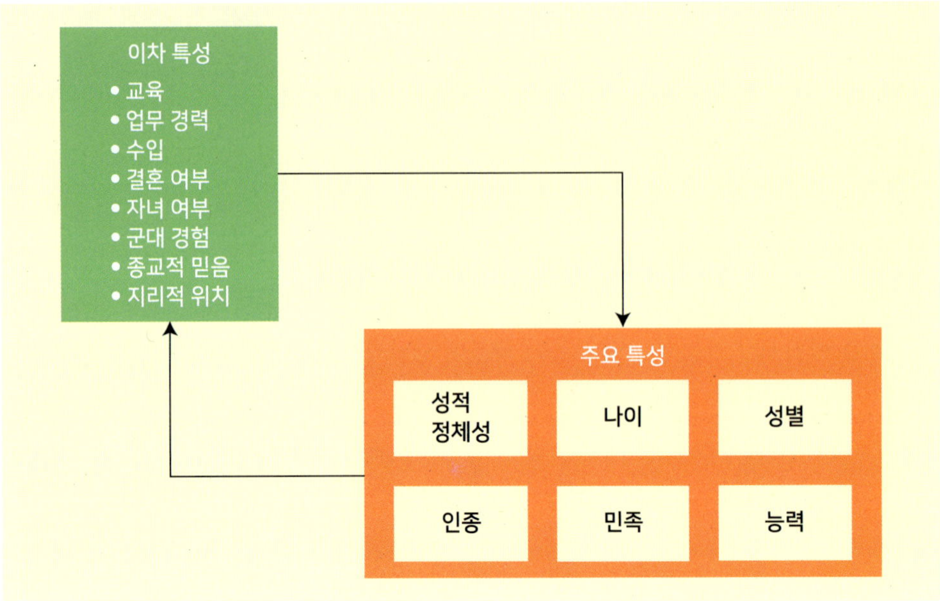

characteristics of diversity)이라 하며 변화될 수 있다. 이차 특성은 인생을 살아가는 동안 획득, 변화, 상실할 수 있다.

다양성을 주요 특성과 이차 특성으로 분류하는 것은 다양성에 대한 이해를 높이는 데 도움을 주기는 한다. 하지만 우리가 기억해야 할 것은 각 사람은 이 모든 특성 간의 관계로 정의된다는 것이다. 직장에서 다양성 문제를 다룰 때 관리자는 전인적인 측면을 고려해야지 한 개인의 한두 가지 차이점만을 부각해서는 안 된다.

왜 다양성이 중요한가

미국의 노동 인구는 지속적으로 다양해지고 있다. 예전에는 백인 남성이 대다수를 차지했으나, 오늘날에는 보다 많은 여성, 흑인, 히스패닉, 기타 소수민 등을 포함하고 있다. 또한 장애인과 고령 노동자의 수도 증가하고 있다. 인구조사 기관에 의하면 2044년에는 이들 소수민이 미국 인구의 대다수를 차지할 것으로 예상하고 있다.[41] 이들 소수 집단은 전통적으로 차별을 받아왔으며, 고용률이 낮고, 조직 내에서도 리더의 자리에 오를 기회가 많지 않았다. 오늘날 고객 집단이 다양해짐에 따라 보다 많은 기업이 HRM 제도를 개선하여 다양한 종업원을 모집, 개발, 유지하려고 노력하고 있다. 어떤 기업은 친목 그룹, 멘토링 프로그램, 경력 개발 기회 등 특별한 프로그램을 제공하기도 한다. 실리콘밸리의 스타트업인 소셜 캐피탈(Social Capital)과 이 회사의 CEO인 필리하피티야(Chamath Philihapitiya)는 교육이나 헬스케어와 같이 논란이 많은 산업 분야의 스타트업에 투자하고 이들을 육성해 왔는데, 그 이유는 이러한 분야가 중요하면서도 편견 혹은 위험에 대한 인식으로 인해 불이익을 받아 온 전형적인 분야이기 때문이다. 이들이 제공하고 있는 CAAS(Capital-as-a-Service)는 초기 투자결정을 자동화함으로써 특별한 분야의 스타트업에 대한 편견을 불식시키려 한다. CAAS는 스타트업들로부터 30,000건이 넘는 투자 요청을 받아 30여 개 업체에 투자하였는데, 이 중 절반 이상이 비백인에 의해 경영되는 회사였으며, 40%는 여성이 경영하는 회사였다.[42] 〈표 10-4〉는 Diversity Inc.의 조사 결과에 근거하여 소수자 친화적인 기업의 목록이다. 다양성을 효과적으로 관리한다는 것은 다양성의 혜택을 더욱 중요시하고, 문제점을 최소화하는 것을 의미한다.

〈표 10-4〉 다양성이 높은 10대 기업

1.	IBM
2.	Accenture
3.	EY
4.	Dell
5.	Sodexo
6.	Wyndham Worldwide
7.	Procter & Gamble
8.	Deloitte
9.	Caterpillar
10.	MasterCard

자료: "The DiversityInc Top 10 Companies for Global Diversity," DiversityInc, http://di.diversityinc.com/top-10-companies-globaldiversity/(accessed April 26, 2018).

인력 다양성의 혜택

인력의 다양성을 강화하고 중요시했을 때 얻을 수 있는 혜택은 다음과 같다.

1. 조직의 인적자원을 보다 생산적으로 활용할 수 있다.
2. 서로 다른 인종, 피부색, 종교, 성적 정체성을 가진 직원 간에 서로의 차이를 존중하는 방법을 학습함으로써 이들 간의 갈등을 줄인다.
3. 다양한 종업원이 서로에 대해 보다 많이 배우고 받아들이기 때문에 이들 간에 보다 생산적인 관계가 형성된다.
4. 조직의 목적에 더 몰입하고, 조직 내 다양한 구성원과 공유한다.
5. 다양한 종업원이 새롭고 독특한 시각을 의사결정 및 문제 해결에 도입하여 혁신과 창의성이 증진된다.
6. 다양한 고객 집단의 요구에 대응할 수 있는 능력이 증진된다.[43]

종업원의 다양성을 무시하는 조직에서는 갈등, 편견, 차별을 경험할 가능성이 더 높다. 예를 들어 인종적인 모욕이나 행동, 성차별적인 언행 및 기타 행위는 다른 동료에게 상처를 준다. 이러한 행위의 피해자는 마음의 상처를 입고, 우울증에 걸리거나 자기 존중감의 저하로 인한 고통을 호소하기도 하는데, 이런 모든 것은 생산성과 사기에 악영향을 미친다. 만약 이로 인해 여성이나 소수자가 회사를 떠나면 회사로서는 이들을 고용하고 훈련시키기 위해 들였던 시간, 돈 및 기타 자원을 낭비하게 된다. 차별이 관리자에 의해 자행되면 종업원은 자신의 일자리에 대해 위협을 느낀다. 차별적인 분위기는 생산성 저하와 이직 증가를 가져올 뿐 아니라, 많은 비용이 드는 소송에 휘말리게 하기도 하고, 대중의 부정적인 시선을 받기도 한다.

현명한 기업은 자사의 인적자원 관리 프로그램을 수정하여 이런 모든 다양한 종업원의 요구와 회사의 요구를 조화시켜야 할 필요성을 인식한다. 그들은 다양성이 주는 혜택이 본질적으로 장기간이어서 오직 다양성에 대한 의지가 있는 조직에서만 혜택을 누릴 수 있음을 인식한다. 가장 중요한 것은 노동 다양성이 조직의 가치 있는 자산이므로 갈등 해결에 투입되는 시간을 절약하여, 보다 많은 시간을 기업의 본질적인 목적인 과업 완수와 고객 만족에 투입할 수 있다는 점이다.

다양성의 이점은 다양한 시각, 더 높은 혁신과 창의성, 여러 가지 배경의 고객에 대응하는 능력 등을 들 수 있다.

©Inti St Clair/Blend Images

소수자 우대

고용개선 프로그램
소수자 그룹에게 공평한 고용 기회를 제공할 것을 강제하는 계획이다. 현재 종업원 그룹을 분석하여 여성이나 소수자 그룹이 과소 대표되고 있는지 살펴보고, 이를 해소할 구체적인 채용 및 승진 계획을 세우는 것.

많은 기업에서 **고용개선 프로그램**(affirmative action programs)을 통해 노동 환경 개선을 추구한다. 이는 법적으로 강제된 계획으로서, 현재 고용되어 있는 근로자 집단 분석을 통해 여성 및 소수자가 목표보다 적게 고용된 부분을 파악하고, 이러한 목표를 달성할 수 있는 구체적인 일정과 고용 계획을 수립함으로써 소수자의 고용 기회를 향상시킬 것을 목적으로 한다. 고용개선 프로그램은 1965년 라이던 존슨(Lydon Johnson) 대통령의 명령을 통해 시작되었다. 이는 과거 고용과 승진상의 편견을 보상하고, 직장 내 차별을 극복하며, 흑인이나 백인 모두에게 동등한 기회를 부여하기 위해 마련되었다. 그때부터 소수인들은 많은 것을 얻어냈다.

1991년 통과된 법률은 고용개선 정책을 강화하였지만 역차별(reverse discrimination)의 위험이 있는 인종별 채용 인원 설정 등은 금지되었다. 역차별은 직원 채용 시 직무 관련 능력이 최고인 사람 대신 소수인 혹은 여성만을 고용할 것을 강제할 때 발생할 수 있다. 많은 기업이 고용개선 정책 때문에 우수한 직원을 뽑는 능력이 억압된다고 주장한다. 이러한 문제 때문에 소수자 우대는 정치적으로 문제가 되어 왔다.

인력 관리 동향

정보기술의 발달과 함께, 지난 불황과 금융 위기는 고용에 큰 영향을 미쳤다. 종업원 복지, 특히 의료보험 문제는 여전히 중요한 논쟁거리이다. 직장의 본질도 바뀌고 있다. 1인 창업자, 혹은 5명 이하를 고용하고 있는 작은 규모의 사업가 수가 급증하고 있다. 개인이 프로젝트 단위로 이리저리 옮겨 다니며 일을 하는 긱경제(gig economy)도 급부상하고 있다. 긱경제, 즉 공유경제는 자원과 시간을 소유한 개인들에게 사업의 기회를 제공한다. 우버, 에어비앤비, 리프트(Lyft)와 같은 기업이 그러한 예이다. 업무 공간 역시 점차 종업원과 소규모 사업자들에 의해 공유되는 추세인데, 이러한 새로운 트렌드를 코워킹(coworking)이라고 한다. 위워크(WeWork)나 인더스트리어스 오피스(Industrious Offic)와 같은 회사는 1인기업으로부터 포춘 500대 기업에 이르기까지 유연하고 빠른 업무 공간을 제공함으로써 이러한 코워킹을 사업화하였다.[44]

직장 생활의 본질도 변화하고 있다. 스마트폰과 태블릿 PC 사용이 증가하면서 고용주는 업무 외 시간에도 종업원과 연결되어 일과 여가 사이의 경계가 모호해지고 있다.[45] 소셜 미디어를 직장에서 사용하는 종업원은 자기 스스로 일하는 시간과 개인 시간의 경계를 허물고 있다. 사실 시간 낭비는 직장에서의 대표적인 부당 행위이다. 이러한 상황에서 기업은 직장에서의 소셜 미디어 사용을 제한하는 정책을 내놓을 수밖에 없다. 한편, 전체 정규직 종업원의 40%가 일주일에 50시간 이상, 20%는 60시간 이상 노동을 하는 것으로 추산된다. 많은 사람이 이러한 노동시간의 부작용 및 피로에 대해 걱정하고 있다.[46] 긍정적이든 부정적이든 분명 기술은 직장의 모습을 바꾸어 놓고 있다.

알고 있습니까? 세계에서 가장 많은 고용을 하고 있는 조직은 미국 국방부로 288만 명의 직원이 있다. 가장 고용이 많은 개인기업은 월마트로 230만 명의 직원이 있다..[47]

현장 속의 기업가정신 Entrepreneurship in Action

우리는 위워크로 출근한다

설립자: 아담 노이만(Adam Neumann), 미구엘 맥케블리(Miguel McKelvey)
설립: 2010년 뉴욕주 뉴욕
성공: 위워크(We Work)는 전 세계적으로 280개의 지점을 가진 미국 내 최고의 가치를 인정받는 기술기업으로서 그 가치는 약 200억 달러에 달한다.

위워크가 판매하는 것은 사무실 공간 그 이상, 즉 커뮤니티 경험이다. 위워크는 공유사무실 산업의 선두주자로서, 공유된 업무공간을 고객에게 빌려주는 한편, 그 공간을 독특하고 가치가 부여된 서비스로 고객화한다. 이 회사는 고객의 요구에 맞추어 여러 패키지를 제공하는데, 예를 들어 개인 사무실 공간은 월 450달러부터 시작하며, 독립된 책상은 월 350달러, 공유 책상은 월 220달러 정도이다.

위워크의 공간은 여러 기업 혹은 기업가에 의해 공유된다. 이러한 공동의 공간은 영구적인 사무실을 필요로 하지 않는 사람들에게 매력적이다. 고객은 월별로 임대할 수 있으며, 필요 시 위워크에서 제공하는 서비스를 이용할 수 있다. 이러한 공유 공간을 통해 위워크의 고객은 업무공간을 얻을 수 있다. 위워크는 이 공간을 통해 생맥주, 인터넷, 프린터, 세탁, 우편배달과 택배 발송 등 여러 서비스를 제공한다.

위워크는 좀 더 규모가 큰 기업에게도 매력적이다. 예를 들어 제네럴 일렉트릭(General Electric)은 6개 지역에서 직원들에게 공간을 제공하기 위해 위워크를 활용한다. 위워크는 협업을 최적화하면서도 비용을 절감하기 위해 업무공간을 재설계하고 결합시키고 있다. 만약 이러한 인기가 지속된다면, 위워크는 사무실 공간 설계의 혁명을 강화하는 데 도움을 줄 것이다.[48]

토의 문제

1. 위워크는 사무공간을 개선하기 위해 어떤 서비스를 제공하는가?
2. 당신은 위워크의 서비스가 이 공간을 이용하는 종업원과 개인사업자들 만족도를 높이는 데 어떠한 영향을 미쳤다고 생각하는가?
3. 위워크는 고용주나 개인사업자에게 유연한 근무환경을 제공하고 있다. 이러한 유연근무환경이 어떻게 비용절감에 도움이 되는가?

HR 관리자가 종업원의 권리에 관한 법적 이슈를 인지하고 있는 것은 중요하다. 예를 들어 초과 근무 수당을 받을 수 있는 자격 여부를 결정하는 데는 엄격한 기준(예를 들어 관리직 업무를 수행한다든지, 높은 학위를 가지고 있다든지, 주당 수입이 455달러 이상이라든지)이 적용된다.[49] 또 하나의 흥미로운 이슈는 고용주가 지원자의 페이스북 비밀번호를 요청하는 것은 합법이라고 볼 수 있지만, 종업원이 페이스북에 고용주에 대한 불평을 올렸을 때 이를 근거로 인사 조치를 할 수는 없다는 것이다. 1935년 국가노동관계법(National Labor Relations Act)의 규정에 따라 특정 민간 부문 종업원이 자신의 근로 조건과 임금에 대해 합법적으로 불평할 수 있도록 허용되었는데 이 규정이 소셜 미디어 사용에도 적용되어야 하기 때문이다. 종업원에 의한 위협 및 협박은 보호되지 않는다. 그러나 이 경우에도 협박의 구성요건에 대해 법원은 고용주와는 다른 시각을 가지고 있다.[50] 또한 오바마케어(Affordable Care Act)가 수백만 명의 미국인에게 보험 혜택을 확대시켰다. 이 법은 정규직 근로자에 대한 고용주의 의료보험 책임을 규정하고 있다.[51] 따라서 HR 관리자들은 회사가 고용과 관련한 법을 위반하지 않도록 이러한 이슈들을 잘 이해하고 있어야 한다.

지난 몇 년 동안의 부정적인 전망에도 불구하고, 채용은 증가 추세에 있다. 소매 식품업계는 최근 20여 년 이래 가장 경쟁적인 미국 노동시장 환경에서 인력을 구하기 위해 분투하고 있다. 크로거(Kroger)는 고객 서비스와 효율성 증대를 위해 11,000명에 달하는 종업원을 고용하여 경쟁력을 유지하고자 노력하고 있다. 또한 새로운 연방 세법으로 인해 절약된 비용 중 5억 달러를 종업원의 임금을 높이는 데 사용하겠다고 밝혔다.[52] 기업은 고용 관련 법률을 잘 알아야 할 뿐 아니라, 복지 혜택과 종업원의 사기가 전반적인 생산성에 미치는 영향에 대해서도 이해하고 있어야 한다. 성공적인 기업은 종업원의 행복과 비용 사이의 균형을 맞출 수 있는 방안을 발견해야 한다.

이해력 검토Review Your Understanding

인적자원 관리의 중요성을 설명해 보라.

인적자원 관리 혹은 인사 관리는 조직의 인적자원 수요를 결정하고, 이러한 수요를 충족하기 위해 사람을 확보, 훈련, 보상하는 모든 활동을 의미한다. 또한 종업원의 만족을 극대화하고, 조직의 목적에 부응하기 위해 효율성을 향상시키는 역할도 포함된다.

인적자원을 모집 및 선발하는 과정을 요약해 보라.

HR 관리자는 인적자원 수요를 예측하고, 이 수요를 충족하기 위한 전략을 개발해야 한다. 모집이란 경영진이 필요한 인원을 선택할 수 있도록 자격이 있는 지원자 집단을 형성하는 행위이다. 이는 내부적으로 진행되기도 하고, 조직 외부에서 진행되기도 한다. 선발이란 지원자에 대한 정보를 모으고 그 정보를 이용해서 채용 대상자를 선정하는 절차를 말한다. 여기에는 지원, 인터뷰, 테스트, 추천인 확인 등을 포함한다.

종업원 훈련과 그 성과를 평가하는 방법에 대해 토론해 보라.

훈련은 종업원에게 특정한 직무를 어떻게 수행할지 가르친다. 개발은 관리자뿐 아니라 현재 종업원의 기술과 지식을 축적하는 훈련을 의미한다. 성과를 평가하기 위해서는 그 해당 직무를 선택한 직원의 강점과 약점을 알고 있어야 한다.

기업이 경험할 수 있는 이직의 종류를 열거해 보라.

승진은 더 많은 책임과 권한을 가지며, 더 많은 보상을 받는 상위 직급을 부여받는 것이다. 이동은 같은 직장 내에서 동일한 직급과 임금을 받는 다른 직무로 옮기는 것이다. 퇴사는 종업원이 사임하거나, 은퇴, 계약 기간 만료 혹은 해고되었을 때 발생한다. 퇴사가 발생하면 새로운 직원을 뽑아 훈련시키고 관리해야 하므로 많은 비용이 든다.

이직이 왜 중요한 문제인지 설명하라.

종업원이 회사를 떠남으로 발생하는 이직은 새로운 사람을 선발, 교육, 관리하는 데 드는 시간과 돈 때문에 큰 비용을 발생시킨다.

근로자가 보상을 받는 다양한 방법을 설명해 보라.

임금은 근로자가 일한 시간(시간급) 혹은 생산량(성과급)에 근거하여 지급하는 재무적 보상이다. 수수료는 판매된 액수의 일정 비율을 보상으로 지급하는 것이다. 봉급은 주간, 월간, 혹은 연간 기준으로 계산되며, 일한 시간이나 생산량에 상관없이 정액을 지급하는 것이다. 보너스나 이익 배분 역시 재무적 보상의 일종이다. 휴가, 의료보험, 병가 등 복리 후생은 비재무적 형태의 보상이다.

단체 협상이나 분쟁 해결 등 노조와 관련한 이슈들을 평가해 보라.

단체 협상은 경영진과 노조가 노동 협약–노조와 경영진의 관계를 명시한 공식적인 문서–을 체결하기 위해 벌이는 협상 절차를 의미한다. 만약 노조와 경영진이 이 계약을 체결하지 못하면, 노조는 피케팅, 파업 혹은 불매운동을 벌일 수 있고, 사측은 직장 폐쇄, 대체 인력 고용 또는 사용자연합(employers association)을 결성할 수 있다. 협상이 교착 상태에 빠지면 화해, 중재, 조정 등 제3자에 의해 해결될 수 있다.

직장 내 다양성의 중요성에 대해 설명해 보라.

기업이 노동력의 다양성에 가치를 두고 이를 효과적으로 관리한다면, 인적자원을 보다 생산적으로 활용하게 되고, 갈등이 줄고, 근로자 간의 관계도 좋아진다. 또한 조직의 목적에 더 많이 헌신하고 공유할 것이며, 혁신과 창의성은 증가하고, 다양한 고객을 만족시키는 능력도 향상될 것이다.

조직 규모를 줄이고 이에 따라 발생하는 효과를 관리하는 비용을 절감하기 위해 조직이 기울이고 있는 노력을 평가해 보라.

이번 장의 내용을 근거로 다음에 오는 '딜레마 해결'에서 제시하는 질문에 답하고, 다운사이징의 결과로 나타나는 문제를 관리하기 위한 기업의 노력을 평가할 수 있어야 한다.

도입사례 재검토

1. 샌드버그가 보여준 몇 가지 인적자원 관리 방법은 무엇인가?
2. 직원들과 소통하는 것이 페이스북에서 샌드버그가 그녀의 명성을 얻는 데 결정적인 역할을 한다고 생각하는가?
3. 샌드버그는 직원들에게 혜택을 줄 수 있는 방식으로 직장을 어떻게 바꾸려고 하는가?

진도 평가 Check Your Progress

1. 직무 분석, 직무 기술서, 직무 명세서를 구분해 보라. 이들은 어떻게 계획을 인적자원 관리와 연결시키는가?
2. 적합한 수준의 자격 있는 인적자원을 확보하고 유지하기 위해 필요한 활동은 무엇인가? 선발 절차를 단계별로 설명해 보라.
3. 두 종류의 훈련 프로그램은 무엇인가? 훈련을 두 가지 종류의 직무와 연관시켜 보라.
4. 성과 평가는 왜 중요한가? 관리자는 어떻게 종업원을 평가하는가?
5. 이직은 왜 일어나는가? 이직의 종류를 나열해 보라. 기업은 왜 이직을 줄이려고 하는가?
6. 임금, 연봉, 보너스, 복리 후생을 허츠버그의 위생 요인, 동기 요인의 구분과 연관시켜 보라. 이러한 보상의 형태는 직무의 종류와 어떻게 연관되는가?
7. 복리 후생의 역할은 무엇인가? 복리 후생의 사례를 들어 보라.
8. 경영진과 노조가 합의에 이르는 교섭 절차를 기술하라.
9. 단체 협상과 고충 처리 절차 외에, 노사 문제를 해결하기 위해 노동자와 경영진이 선택할 수 있는 가능한 대안은 무엇인가?
10. 다양성 높은 인력이 가져다 주는 이득은 무엇인가?

현장 기술 개발 Build Your Skills

다양성을 인정하고 가치 부여하기

배경. 다양성 이슈를 생각해 보고 다른 문화를 받아들이는 수준을 반영하는 당신의 행동을 평가하는 간단한 자기 평가 도구가 있다.

채점 방법

'항상 그렇다'고 체크한 항목 수 × 5 = ______

'가끔 그렇다'고 체크한 항목 수 × 3 = ______

'전혀 그렇지 않다'고 체크한 항목 수 × 0 = ______

당신은...	항상 그렇다	가끔 그렇다	전혀 그렇지 않다
1. 편견을 갖지 않도록 의식적으로 노력을 하는가?			
2. 당신과 다른 생각을 하는 사람의 아이디어에 대해 흥미를 가지고 경청하는가?			
3. 당신이 동의하지 않더라도 다른 사람의 의견을 존중하는가?			
4. 당신의 나이, 성별, 또는 경제적 수준이나 교육수준이 모두 다른 친구들과 시간을 보내는가?			
5. 당신의 방식이 유일한 방식이 아니라고 믿는가?			
6. 변화나 새로운 상황에 잘 적응하는가?			
7. 여행을 즐기며, 새로운 장소, 다른 음식, 다른 문화를 경험하기를 즐기는가?			
8. 다른 사람을 공격하거나 기분을 상하게 하지 않으려 노력하는가?			
9. 당신과 모국어가 다른 사람과 소통하기 위해 시간을 더 쓰는가?			
10. 어떤 메시지를 보낼 때 문화적인 영향을 고려하고, 그에 따라 메시지를 수정하기도 하는가?			

점수에 따른 평가

40~50점: 다양성의 가치와 중요성을 이해하고 있으며, 다양성을 지원하는 행동을 보인다.

6~39점: 다양성의 가치와 중요성에 대한 초보적인 이해를 가지고 있는 것으로 보이며, 다양성을 지원하는 몇 가지 행동을 한다.

1~5점: 다양성의 가치와 중요성에 대해 이해하지 못하고 있는 것으로 보이며, 다양성과 관련한 아주 제한적인 행동만을 한다.

0~1점: 다양성의 가치와 중요성에 대해 이해하지 못하고 있는 것으로 보이며, 다양성을 이해하고 가치를 부여하는 행동을 거의 하지 않는다.

과제. 소그룹 혹은 전체 학생과 평가 결과를 공유하라. 다른 문화에 대한 지식과 이해도를 높이기 위한 방법의 목록을 읽어보고, 당신이 이미 해보았던 방법 중 하나를 골라 그것이 다른 문화를 이해하는 법을 배우는 데 어떤 도움이 되었는지 이야기하라. 다른 문화를 배우고 이해하는 다른 좋은 방법을 생각하고 토론을 마친 후 빈 칸에 그 아이디어를 기록해 보라.

- 다른 인종이나 다른 민족 출신 사람들과 대화하고, 그들을 더 많이 알기 위한 기회를 포착하고 활용하라. 당신의 이웃이나 학급, 헬스클럽, 콘서트, 혹은 스포츠 행사 등 당신이 가는 곳 어디에서나 만날 수 있다. 그들과 대화를 시작하고 그들을 더 많이 알고자 하는 진정한 관심을 보여라.
- 당신이 관심을 가지고 있는 문화를 선택하여 그 문화에 빠져보라. 소설을 읽고, 예술을 감상하고, 강좌를 듣고, 연극을 보라.
- 대학생은 종종 다른 나라 여행을 저렴하게 다녀올 수 있는 기회를 가질 수 있다. 예를 들어 연극단 또는 봉사 단체의 일원으로서 갈 수도 있고, 학교의 외국 수학 프로그램의 일환으로 갈 수도 있다. 이러한 여행의 기회를 적극적으로 찾아라. 이는 당신이 대학에 재학하고 있는 동안 가능한 많은 문화에 노출시킬 것이다.
- 외국어를 공부하라.
- 당신의 입맛을 확장하라. 다음에 식당에 갈 때에는 익숙한 음식 대신 그 식당이 제공하는 메뉴 중 전에 맛보지 못했던 다른 나라의 음식을 주문하라.
- 많은 대도시가 민족 축제를 후원하고 있다. 특히 이런 행사는 여름철에 많이 열린다. 거기서 당신은 다른 나라의 문화를 보고 들을 수 있다. 당신과 다른 문화에 대해 배움으로써 즐거움을 얻는 기회를 활용하라.
- ____
  ____
- ____
  ____

딜레마 해결 Solve the Diemma

생존자의 사기

메달리온(Medallion Corporation)은 미국에서 가정용 고품질 카페트와 바닥재(linoleum)를 생산하는 업체이다. 불황과 주택 경기 부진으로 인해 회사의 판매는 급감하였다. 메달리온은 수백 명에 달하는 본사(생산 시설) 소속 종업원과 영업사원을 정리 해고할 수밖에 없는 상황이라고 판단하였다. 금요일 오후 종업원들은 상사와 개인 면담을 갖고 회사 사정에 대한 설명을 들었다. 정리 해고 대상 종업원은 한 달 동안 더 일할 수 있고, 수개월치의 퇴직금을 받고, 직장 검색 전략 및 이력서 쓰는 법 등 이직을 도와주는 프로그램에 참여할 수 있는 기회를 부여받았다.

정리 해고가 있은 몇 달 뒤, 회사의 생산성은 향상되었으나 직원의 사기는 최저 수준으로 떨어졌다. 메달리온은 컨설턴트의 도움을 요청했고, 이 컨설턴트는 좀 더 민첩하고 수평적인 조직 구조가 팀 활동을 하는 데 더욱 적합하다고 제안하였다. 따라서 메달리온은 직원들이 가진 문제를 해결하기 위한 태스크 포스를 결성했다. 하지만 다양한 사람으로 구성되어 있는 팀의 특성으로 인해 구성원 간 충돌과 몰이해가 발생하였다. 메달리온은 현재 이러한 새로운 종류의 팀을 어떻게 운영해 나갈지 고민하고 있다.

토의 주제

1. 정리 해고를 당한 종업원의 문제를 올바르게 처리하기 위해 메달리온의 인사 부서는 무엇을 했는가?
2. 조직이 대량 정리 해고 같은 상처를 경험한 후 생길 수 있는 문제로서 조직이 해결해야 할 문제에는 어떤 것이 있는가?
3. 팀 제도가 순조롭게 작동하기 위해 메달리온이 할 일은 무엇인가? 다양성 훈련이 어떠한 역할을 할 것이라고 생각하는가?

사업 계획서 작성 Build Your Business Plan

인적자원의 관리

이제 당신의 사업 계획을 실행하기 위해 필요한 종업원에 대해 생각해 보아야 할 시점이다. 어떠한 배경과 기술을 가진 종업원을 찾고 있는가? 어느 정도의 경력을 요구할 생각인가?

사업 초창기에는 정규직을 채용해서 월급과 복리 후생을 지급할 수 있는 여력이 없으므로 시간제 근로자만을 고용할 수도 있다. 이 장의 마지막 부분에서 우리는 높은 보상을 해 주고 싶지만 그럴 여력이 없는 경우, 직원을 동기부여 하는 방법에 대해 생각하는 것이 중요하다는 점을 토의하였다.

종업원 모집을 어떻게 할 것인지 먼저 고려할 필요가 있다. 처음으로 사업을 시작할 때 당신이 신뢰하고 존경하는 사람(반드시 가족일 필요는 없다)에게 추천을 부탁할 수 있다. 아마 당신은 신문에 채용 광고를 낼 돈도 없을 것이다. 따라서 교회나 지역 게시판에 광고를 붙이는 방법을 고려해 볼 필요가 있다. 이러한 방법은 별로 큰 투자를 하지 않고서도 가망 직원을 끌어들일 수 있다는 점에서 좋은 생각이라 할 수 있다.

마지막으로, 여러 다양한 배경을 가진 사람을 채용할 방안을 생각해야 한다. 특히, 당신이 다양한 고객 집단을 대상으로 한다면 더욱 그렇다. 종업원이 다양할수록 다양한 고객에게 어필할 수 있는 기회는 더 커진다.

5부

마케팅: 고객관계 개발

11
고객 지향 마케팅

학습목표

11-1 마케팅을 정의한다.

11-2 마케팅 과정에서 발생하는 교환 과정을 설명한다.

11-3 마케팅 기능을 구체적으로 명시한다.

11-4 마케팅 개념에 대해 이해하고, 마케팅 개념이 마케팅 전략 개발에 미치는 영향을 파악한다.

11-5 시장 세분화, 마케팅 믹스를 포함한 마케팅 전략 개발에 대해 살펴본다.

11-6 마케터가 어떻게 마케팅 조사를 실행하고 소비자 구매 행동을 연구하는지 설명한다.

11-7 마케팅 의사결정에 영향을 미치는 환경적 요인을 파악한다.

11-8 기업의 마케팅 계획과 함께 문제 해결 방안을 제시한다.

©James Leynse/Corbis via Getty Images

도입사례 :: 달러 제너럴, 전략적 세분화에 기초한 틈새시장 공략

달러 제너럴(Dollar General)은 미국의 큰 소득격차가 경쟁상점들이 소홀히 하고 있는 상당 부분의 시장을 남겨 두었다는 것을 인식함으로써 경쟁상대를 앞지를 수 있었다. 달러 제너럴의 사업모델은 적은 예산을 가진 저소득층 소비자를 타깃으로 소액 상품을 판매하는 데 주력하는 것이다. 아칸소주 디케이터(Decatur)와 같은 곳은 높은 빈곤율과 35,000달러 미만의 중간 소득자들이 주로 거주하기 때문에 대형 상점에게는 매력적이지 않은 시장이다. 하지만 이 시장을 이해함으로써 달러 제너럴은 틈새시장을 찾은 것이다.

월마트나 홀푸드(Whole Foods)와 같은 대형 체인점들은 이러한 시장에서 영업하는 것을 어렵게 생각한다. 월마트는 새로운 슈퍼센터를 설립할 때 1,500만 달러의 초기 설립 비용을 부담하는데, 이는 달러 제너럴이 새 매장에 투자하는 25만 달러와 대조되는 금액이다. 달러 제너럴은 월마트 매장의 10분의 1 크기 공간에서 다양한 제품을 소개하고, 판매하기 위해 선반 공간을 잘 활용한다. 주요 고객은 그날 벌어 그날 쓰기 바쁜 빈곤층이기 때문에 달러 제너럴은 업계의 많은 경쟁 업체와 달리 대량으로 품목을 판매하지 않는다.

2016년 달러 제너럴의 최고경영자 토드 바소스(Tod Vasos)는 미국시장의 모든 기회를 활용하기 위해 기존의 12,483개 매장을 확대하려는 회사의 비전을 논의하였다. 이 아이디어는 저소득층 가정과 정부 지원에 의존하는 사람들로 구성된 작은 마을을 찾아내는 것이었다. 이는 경제적으로 번영하기보다는, 주로 성장하는 경제에서 살아남기 위해 노력하는 지역들이다. 달러 제너럴은 220억 달러 규모의 확장 계획에 일환으로 약 1,000개의 신규 매장을 증설할 것이라고 발표했다.

비록 고액의 월급을 주는 일자리는 아닐지라도, 달러 제너럴은 일자리가 아예 없는 사람들에게 새로운 선택권을 제공한다. 이 기업은 "미국의 어떤 도시(Anytown)"라도 시장으로 인식하고 공략하는 전략을 지속하기 위해 노력하고 있다.[1]

도입

마케팅은 개인과 조직의 목표를 만족시키는 거래를 발생시키기 위해 제품, 서비스, 아이디어 등을 개발할 뿐만 아니라, 가격, 촉진, 유통에 대한 계획을 수립하며 이를 실행하는 일련의 활동을 포함한다. 이 과정에서 소비자가 구매하고자 하는 상품의 가격은 소비자가 지불하고자 하는 범위 내에서 적절히 책정되어야 하며, 상품의 특징과 유용성 등에 대한 정보가 소비자에게 제공되어야 한다.

이 장에서는 마케팅의 기본원리에 초점을 맞추어보고자 한다. 첫째, 마케팅을 정의하고 그 본질에 대해 살펴본다. 둘째, 마케터가 고객의 니즈(needs)와 욕구를 만족시키기 위한 마케팅 전략을 어떻게 수립하는지 살펴본다. 셋째, 소비자 구매 행동에 대해 살펴보고, 마케터는 소비자의 니즈와 욕구를 파악하기 위해 어떤 마케팅 조사를 실시해야 하는지 논의한다. 마지막으로, 다양한 시장 환경이 어떻게 마케팅 활동에 영향을 끼치는지 살펴본다.

학습목표 11-1

마케팅의 본질

마케팅
거래를 일으키기 위해 제품, 서비스, 아이디어 등을 개발하고, 그에 대한 가격을 책정하며, 유통하고, 판매를 촉진하는 일련의 활동.

모든 경영의 필수 분야 중의 하나인 **마케팅**(marketing)은 거래를 일으키기 위해 제품, 서비스, 아이디어 등을 개발하고 그에 대한 가격을 책정하며, 유통하고, 판매를 촉진하는 일련의 활동이라고 정의할 수 있다. 이러한 마케팅 활동은 개인과 조직이 가지고 있는 니즈와 욕구를 만족시킬 때 그 가치를 창출한다. 고객이 가치를 느끼는 그 어떤 것을 제공하지 않는 한 기업은 목적을 이룰 수 없다. 하지만 시시각각 변화하는 오늘날의 변덕스러운 글로벌 시장에서는 단지 많은 사용자의 니즈에 부응하는 혁신적인 제품을 개발하는 것만으로 성공을 보장받기 어렵다. 소비자가 제품을 손쉽게 구할 수 있어야 하고, 경쟁력 있는 가격이 책정되어야 하며, 독특한 방식으로 촉진 활동이 전개되어야 한다.

마케팅은 기업 전체의 전략에서 중요한 부분을 차지한다. 생산, 재무를 비롯한 경영과 관련한 모든 분야가 마케팅 전략과 조화되어 조직적으로 운영되어야 한다. 마케팅은 기업 유지를 위해 필수적인 자본을 창출하는 데 매우 중요한 역할을 한다. 기업의 장기적인 성공을 위해서는 고객과 신뢰를 구축하고, 효과적인 관계를 유지해야 한다. 이를 위해 기업은 환경 변화를 예측하고, 소비자 니즈와 욕구에 부응해야 한다. 하지만 소비자의 명확한 구매 동기를 파악하기 어렵고, 소비자 행동에 일관적으로 적용 가능한 원리가 많지 않으며, 시장의 세분화는 가속화되고, 각 세분시장은 각자의 욕구에 맞춘 제품, 가치 또는 서비스를 요구하는 상황에서 고객의 욕구를 파악하고 예상하는 것은 쉬운 일이 아니다.

마케팅은 판매나 광고에 국한되는 것이 아니며, 고객이 원하지 않는 상품을 구매하도록 조작하는 활동 또한 아니다. 마케팅은 소비자를 만족시키기 위한 체계적인 접근이다. 마케팅은 거래를 발생시킬 수 있도록 제품을 기획하고, 가격을 책정하여, 이를 유통하고, 구매를 촉진하는 다양한 활동에 중점을 둔다. 그러나 대중매체나 영화에서 마케팅이 비윤리적이고 사업에 가치를 더해주지 않는 활동으로 묘사되는 경우가 많다. 이 장에서는 마케팅이 소비자가 필요로 하는 상품을 제공한다는 면에서 소비자에게 중요한 혜택을 제공하는 필수적인 활동이라는 점을 강조하고자 한다.

기업들은 소셜 미디어 사이트를 통해 고객과 소통하는 것이 고객 관계를 강화하고 ,브랜드 가치를 창출할 수 있게 해준다는 사실을 알게 되었다.

©Denis Rozhnovsky/Alamy Stock Photo

교환 관계

학습목표 11-2

교환
다른 어떤 것(제품, 서비스, 아이디어 등)을 얻기 위해 한 가지(돈, 노동, 제품 등)를 포기하는 행위.

모든 경영의 중심에는 **교환**(exchange)이 있다. 교환은 다른 어떤 것(제품, 서비스, 또는 아이디어 등)을 얻기 위해 한 가지(돈, 노동, 제품 등)를 포기하는 행위로 정의할 수 있다. 〈그림 11-1〉과 같이 기업은 자발적인 교환 관계(exchange relationship) 안에서 제품, 서비스, 아이디어 등을 고객에게 제공하고, 고객은 이에 대한 대가를 지불하는 교환을 통해 이루어진다. 구매자가 구매 경험에 만족하지 않는다면 이러한 교환은 지속되지 않을 것이다. 예를 들어 만약 휴대폰 통신 서비스가 어디서든 잘 연결된다면 이 서비스에 대해 만족하겠지만, 통화 중 연결이 끊어지는 현상이 빈번히 발생한다면 다음에는 다른 서비스를 선택할 것이다.

〈그림 11-1〉 교환 과정: 다른 어떤 것에 대한 대가로 하나를 포기하는 것

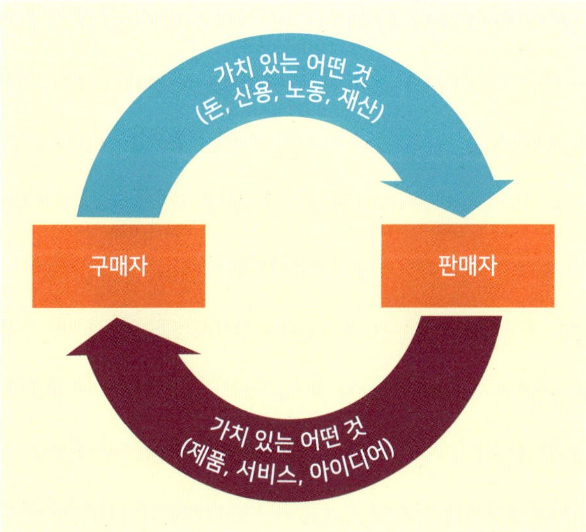

교환이 이루어지기 위해서는 몇 가지 조건이 충족되어야 한다. 〈그림 11-1〉에 나타나 있듯 구매자와 판매자는 각각 교환에 사용할 수 있는 "가치가 있는 어떤 것(something of value)"을 가지고 있어야 한다. 구매자와 판매자 사이에 가치가 있는 어떤 것이 존재하지 않는다면 교환은 성사될 수 없다. 교환 과정의 참여자는 본인이 "어떤 것"을 얻기 위해 자신의 "가치 있는 어떤 것"을 포기할 의사가 있어야 한다. 예를 들어 소비자는 음료수, 축구경기 표, 새로운 신발 등이 자신이 가지고 있는 돈보다 더 가치 있고 중요하다고 여기기 때문에 돈을 지불하고 제품을 얻는 교환이 성사되는 것이다.

마케팅 상품을 생각할 때 우리는 보통 자동차, 스마트폰,

책 등 유형의 제품을 떠올리게 된다. 하지만 소비자가 원하는 가장 중요한 것은 업무 처리 수단, 문제 해결 방법, 즐거움을 얻는 방법 등이다. 예를 들어 소비자는 진공청소기 자체를 원해서 후버(Hoover) 진공청소기를 구매하고자 하는 것이 아니라 카펫을 청소하기 위해 진공청소기를 원하는 것이다. 다른 예로, 스타벅스는 높은 가격에 커피를 판매하는 대신 편리하고 좋은 환경에 머물고 싶은 고객에게 장소를 제공한다. 스타벅스는 그들의 사업을 "단순한 커피 판매"가 아니라 "커피를 구매하는 사람에 대한 사업"이라고 주장한다. 즉 유형의 제품보다 그 제품이 주는 이미지나 혜택이 더 중요할 수 있다는 것이다. 이 무형의 "가치가 있는 무엇"은 제품을 사용함으로부터 얻을 수 있는 능력이 될 수도 있고, 그 제품이 주는 이미지가 될 수도 있으며, 브랜드명 그 자체일 수도 있다. 예를 들어 에이본의 스킨 쏘 소프트(Avon's Skin So Soft), 타이드 세제(Tide Detergent), 포드 머스탱(Ford Mustang) 등은 미국 소비자가 쉽게 기억해 낼 수 있는 브랜드의 좋은 예이다.

학습목표 11-3

마케팅의 기능

마케팅은 목적을 달성하고, 교환을 일으키기 위해 수행되는 복잡한 활동의 집합으로 구성되어 있다. 즉 마케팅은 구매, 판매, 운송, 보관, 등급책정, 자금 조달, 마케팅 조사, 위험 부담에 이르기까지 다양한 활동을 포함한다.

구매. 상품을 구매하려는 모든 사람(소비자, 점포, 기업, 정부)은 상품을 구매할 것인지 안 할 것인지, 구매를 한다면 무엇을 구매할 것인지를 결정하게 된다. 마케터는 어떤 상품을 개발하여 시장에 내놓을지 결정하기 위해 반드시 구매자의 니즈와 욕구를 파악해야 한다.

판매. 교환 과정은 판매를 통해 촉진된다. 마케터에게 판매란 촉진 활동(광고, 인적 판매, 판매 촉진, 홍보, 포장)을 통해 달성될 수 있는 활동이라고 할 수 있다.

운송. 운송은 물건을 판매자로부터 구매자에게 이송시키는 과정이다. 이 과정에서 마케터는 운송비용과 관련 서비스에 초점을 맞춘다.

보관. 보관은 운송과 함께 제품을 물리적으로 유통하는 과정의 일부라고 할 수 있으며, 이는 제품을 창고에 저장하는 작업을 포함한다. 창고는 제품을 장기간 보관하여 시간효용(time utility)을 창출한다. 시간효용은 적시에 소비자 수요를 만족시킴으로써 부가되는 가치라고 할 수 있다. 이러한 시간효용은 특히 오렌지 주스와 같이 계절 제품에 중요하게 적용된다. 신선한 오렌지 주스는 일 년에 몇 개월 동안만 제공이 가능하지만, 고객은 신선한 오렌지 주스를 일 년 내내 얻을 수 있기를 원한다. 이러한 이유로 판매자는 소비자에게 신선한 오렌지 주스를 항상, 지속적으로 제공하기 위해 냉동 시설을 마련해야 한다.

등급 책정. 등급 책정은 제품을 등급에 따라 분류, 진열 및 표시하는 과정을 통해 제품을 표준화하여 소비자가 제품의 본질과 질적 우수성을 명확히 알 수 있도록 해준다. 고기, 강철, 과일 등 많은 제품에는 정부가 정한 일련의 기준에 따라 등급이 매겨진다.

자금 조달. 여러 제품, 특히 자동차, 냉장고, 새 집 등 규모가 큰 제품의 경우, 마케터는 신용거래를 통해 구매를 촉진하기도 한다.

마케팅 조사. 마케터는 조사를 통해서 새로운 상품이나 서비스에 대한 니즈를 발견한다. 마케터는 정기적인 정보 수집을 통하여 새로운 소비 트렌드와 소비자 기호 변화 등을 파악할 수 있다.

위험 부담. 위험은 마케팅 의사결정에 따르는 손실의 가능성에 대한 부담을 말한다. 만약 고객이 해당 상품을 구매할 만큼 충분히 선호하지 않는 경우를 고려한다면, 신상품 개발에는 손실의 가능성이 따른다고 할 수 있다. 판매 인력의 고용이나 마케팅 조사를 하는 데 사용하는 비용에도 역시 위험이 따른다. 결국 위험의 함축적 의미는 대부분의 마케팅 의사결정에는 성공 혹은 실패가 따른다는 것이다.

마케팅을 통한 가치 창출

가치는 고객과의 장기적인 관계를 관리하고, 마케팅 콘셉트를 실행하는 데 중요한 요소이다. 여기서 **가치**(value)란 어떤 상품의 값어치를 판단함에 있어 그 상품이 제공하는 편익(benefit)에 대한 고객의 주관적인 평가를 말하며, 고객이 상품을 통해 얻는 편익에서 상품을 얻는 데 들어가는 비용(cost)을 뺀 것이라고 할 수 있다(고객 가치 = 고객 편익 − 고객 비용).

가치
어떤 상품의 값어치를 판단함에 있어, 그 상품이 제공하는 편익에 대한 고객의 주관적인 평가.

고객 편익(customer benefit)이란 교환을 통해 구매자가 획득할 수 있는 혜택을 말한다. 예를 들어 호텔과 모텔은 기본적으로 침대와 목욕 시설이 있는 방을 제공한다. 하지만 각각

경영 도전에 대한 대응 Responding to Business Challenges

스타벅스: 고객경험 개선

스타벅스(Starbuck's)는 세계시장에서 새로운 음료와 카페를 통해 더 높은 매출을 올리고 있다. 또한 고객의 가치 향상을 위한 소비 환경을 개선하고 있다. 구매 속도를 높이기 위해 휴대폰 결제 옵션 및 주문형 옵션을 제공한다. 스타벅스 앱으로 결제하기 위해 아이폰, 안드로이드, 윈도우 휴대폰을 가진 소비자는 앱(app)을 다운로드 받고, 계산원이 주문한 음료나 음식을 체크아웃 하는 동안 화면에 있는 스타벅스 코드를 스캔하면 된다. 이 앱은 고객의 스타벅스 카드에 연결되어 있으며, 로열티 프로그램의 보상과 선불카드의 편의성을 결합하여 구매할 수 있도록 해준다. 스타벅스 판매량의 거의 3분의 1이 모바일 지갑을 통해 달성된다.

스타벅스는 1만 2천여 개 점포를 추가로 열어 커피음료에 다시 집중하고, 기술과 포상 프로그램에 대해 집중 강화할 계획이다. 미국 내 총매출에서 회사 식품 판매량이 21%에 이르면서 스타벅스는 자사 식품 판매량을 높이려는 목표도 갖고 있다. 이 회사는 이탈리아 고급 제과점 프린시(Princi)에 투자했고, 시애틀에 있는 회사를 대표하는 플래그십 구역 안에 스타벅스 로스터리라는 제과점을 열었다. 이 제과점은 전통적인 카페 개념보다 더 큰 규모로 설계되었으며, 상하이, 밀라노, 뉴욕, 도쿄, 시카고로 진출하는 것을 포함하여 프린시 베이커리를 통합할 것이다.

혁신을 위한 새로운 트렌드 파악을 위해 스타벅스는 마케팅 환경을 능동적으로 관찰한다. 많은 성공적인 시도는 이 회사가 경쟁우위를 유지하고, 시장점유율을 확보하기 위해 기꺼이 변화를 도모할 준비가 되어 있음을 증명한다.[2]

토의 주제

1. 구매를 촉진하기 위해 스타벅스는 어떤 기술적인 변화를 도입했는가?
2. 스타벅스는 왜 마케팅 환경을 관찰하는 데 있어 적극적인 자세를 유지해야 하는가?
3. 식품 제공을 위한 많은 투자가 장기적으로 스타벅스에 도움이 될 것이라고 생각하는가? 왜 그런가? 혹은 왜 그렇지 않은가?

의 호텔 또는 모텔은 투숙객을 만족시키기 위해 다른 수준의 서비스, 편의시설, 분위기 등을 제공한다. 모텔 6(Motel 6)는 호텔의 질(quality)은 유지하면서 효율적이고 저렴한 가격에 숙소를 제공하기 위한 최소한의 서비스를 제공한다. 반면, 리츠칼튼(Ritz-Carlton)은 고객이 꿈꾸는 모든 서비스를 최고 수준으로 제공하기 위해 노력을 아끼지 않는다. 고객은 자신이 얻고자 하는 편익이 무엇인지 그리고 그 편익을 얻는 대가로 얼마의 비용을 지불할 의사 또는 능력이 있는지에 따라 어떤 형태의 숙소가 자신에게 최고의 가치를 줄 것인가에 대한 판단을 내린다.

고객 비용(customer cost)은 구매자가 상품이 제공하는 편익을 얻음에 따라 포기하는 것을 의미한다. 여기서 가장 명백한 비용은 상품의 금전적 가격이겠지만 고객이 가치를 판단하는 데 있어 비금전적인 비용 역시 중요한 부분이다. 비금전적인 비용의 예로는 고객이 원하는 제품을 찾고, 구매하기 위해 드는 시간과 노력을 들 수 있다. 고객의 시간과 노력을 줄여주기 위한 노력으로 기업은 제품에 대한 접근성(product availability)을 높여 고객이 제품을 원하는 시간과 장소에서 쉽고 편리하게 구매할 수 있도록 도와줄 수 있다. 또 다른 중요한 비금전적 비용은 위험(risk)이다. 위험은 기업이 추가적인 금액을 받고 보다 좋은 조건의 보증(warrantee)을 제공하는 방법으로 감소시켜줄 수 있다. 카탈로그, 전화, 인터넷 쇼핑 환경에서는 고객이 느끼는 위험을 감소시켜주기 위하여 품질보증(guarantee)을 제공하는 방법이 많이 사용된다. 예를 들어 LL빈(L.L. Bean)은 카탈로그를 통해 제품을 주문하는 데서 야기되는 위험을 감소시키기 위해 고객에게 품질 보증서를 제공하고, 노드스트롬(Nordstrom)이나 세포라(Sephora) 같은 많은 온라인 소매점은 무료 반품배송 서비스를 제공하고 있다.

마케터는 고객이 자신의 경험을 바탕으로 편익을 얻는다는 점을 간과해서는 안 된다. 예를 들어 많은 컴퓨터 구매자는 빠른 배송, 설치의 편의성, 기술적인 조언, 교육 등의 서비스를 제품의 중요한 요소로 고려하고 구매를 결정한다. 고객은 쇼핑 환경과 제품 선택 과정에서도 편익을 추구한다. 예를 들어 고객은 레드 랍스타(Red Lobster's)의 바다 및 해산물과 관련된 테마와 같은 매장 분위기나 환경에서도 편익을 얻을 수 있다.

학습목표 11-4

마케팅 개념

마케팅 개념
기업은 조직적 활동을 통해 잠재 고객의 니즈를 발견, 그 니즈를 충족시키고, 이를 기반으로 기업의 목표를 달성해야 한다는 마케팅 관리 이념.

모든 마케팅 활동에 기본이 되는 철학을 **마케팅 개념**(marketing concept)이라고 한다. 마케팅 개념이란 기업은 조직적 활동을 통해 잠재 고객의 니즈를 발견하고, 그 니즈를 충족시키고, 이를 기반으로 기업의 목표를 달성해야 한다는 마케팅 관리 이념이다. 마케팅 개념에 의하면 사업의 성공을 위해서 기업은 반드시 소비자의 니즈와 욕구를 먼저 발견하고, 그 니즈과 욕구를 충족시킬 수 있는 제품, 서비스 또는 아이디어를 개발해야 한다. 또한 기업은 변화하는 소비자 니즈와 욕구에 부응하기 위해 상품을 지속적으로 개선하고 적응시키고 개발해야 한다. 예를 들어 비현실적인 몸매에 대한 수년간의 비난이 있은 후, 마텔(Mattel)사는 세 가지 다른 크기의 상징적인 바비 인형을 출시했다. 또한 여러 피부색과 헤어스타일을 갖게 했는데, 이 새로운 인형들은 전 세계 문화의 다양성을 반영하기 위한 것이었다.[3] 기업이 경쟁력을 유지하기 위해서는 새로운 유행이나 식습관의 변화에 따른 고객의 요구 변화에 발맞추어 제품 라인을 추가하거나 조정할 준비가 되어 있어야 한다. 제너럴 밀스(General Mills)는 시리얼에서 인공적인 색깔과 맛을 제거하고, 변화하는 소비자 수요에 적응할 수 있는 유기농 식품을 제공하는 데 초점을 맞추고 있다. 소비자 기호가 빠르게 진화되면서, 제너럴 밀스는 성장하고 있는 표적시장을 만족시키기 위해 변화하고 있는 것이다.[4] 각 기업은 주어진 자원과 목적에 맞추어 마케팅 개념을 최대한 실행할 수 있는 방법을 고안해야 한다.

드론(drones)은 첨단 기술을 기반으로 하지만 장난감이나 레크리에이션 제품에서 상업적 용도에 이르기까지 다양한 용도로 구매되는 제품의 예이다. 마케팅 개념은 소비자가 제품 자체가 아닌 제품에서 얻는 만족도와 가치를 구매한다는 철학을 기반으로 한다.

소비자의 구매 동기를 완전히 이해하기란 거의 불가능한 일이기 때문에 고객이 무엇을 진정으로 필요로 하는지 파악하는 것은 점점 더 어려워지고 있다. 하지만 에스티 로더(Estee Lauder)가 창립한 화장품 회사인 에스티 로더는 좋은 아이디어를 바탕으로 고객을 얻는 데 성공했다. 1960년대 에스티 로더는 파리의 한 고급 매장이 그녀의 향수를 취급하기를 거절하자 실수인 것처럼 향수 한 병을 바닥에 떨어뜨려 상점 내 고객이 향수 냄새를 맡게 하였다. 많은 고객이 그 향기를 맡고 향수에 대해 문의하자 갤러리스 라파예떼(Galeries Lafayette)는 그녀의 향수를 주문할 수밖에 없었다. 로더는 "희망의 항아리(jars of hope)" 제품을 홍보하기 위해 구매하는 고객에게 무료 샘플과 사은품을 주는 전례가 없는 전술을 실용하여 제국을 건설했다.[5]

비록 고객 만족이 마케팅 개념의 목표가 되어야 하지만 기업은 생산성 증가, 비용 절감, 시장점유율 확보 등 기업을 위한 사업 목표 또한 달성해야 한다. 그렇지 않으면 기업은 살아남기 힘들 것이다. 예를 들어 레노버(Lenovo)의 경우 고객에게 컴퓨터를 50달러에 판매하고 평생 품질 보증서를 제공하는 등 좋은 조건을 제공하였지만, 이는 기업에게 결코 좋은 조건이 아니었다. 기업은 반드시 조직 목표와 고객 만족의 균형을 맞춰야 한다.

마케팅 개념을 실현하기 위해 기업은 소비자 욕구를 파악하고, 그들의 입장을 받아들이고, 전사적 차원에서의 조직적 노력을 펼쳐야 한다. 그렇지 않으면 기업은 소비자가 원하지 않는 제품, 서비스, 아이디어로 넘쳐날 것이다. 성공적으로 마케팅 개념을 실현하기 위해서는 고객이 지각하는 가치를 궁극적인 기준으로 보고, 이러한 가치 제고를 성공의 척도로 두어야 한다.[6] 또한 고객과 접촉하는 모든 직원은 고객이 무엇을 원하는지 인지하고 있어야 한다. 그들은 상품 또는 서비스만을 판매하는 것이 아니라 아이디어, 편익, 철학, 경험 등을 함께 판매해야 한다.

혹자는 만약 당신이 더 좋은 쥐덫을 만든다면 세상이 당신에게 몰려들 것이라고 말한다. 그렇다면 당신이 더 좋은 쥐덫을 만들었다고 가정해 보자. 어떤 일이 일어날까? 실제로는 시장 경쟁이 치열하기 때문에 모든 소비자가 당신에게 몰려들지는 않을 것이다. 그 제품을 팔기 위해서는 쥐덫 생산과 판매에 관련된 모든 사람의 노력과 협동이 필요할 것이다. 당신의 기업은 제품을 판매할 고객을 찾아야 하고, 그들에게 당신의 제품이 경쟁 제품

켈로그(Kellogg)는 고객들이 간편한 아침식사를 원한다는 것을 알고 있다. 켈로그의 뉴트리 그레인 소프트 베이크드 아침 영양바는 통곡물과 진짜 열매로 만들어지며, 건강한 아침식사를 위한 소비자의 욕구를 충족시킨다.

©Sheila Fitzgerald/Shutterstock

보다 어떠한 부분에서 더 좋은지를 알리고 설득해야 한다. 만약 당신의 제품이 주는 편익을 널리 알리지 못한다면 성공할 가능성은 낮다. 애플이 큰 성공을 거둘 수 있었던 이유 중 한 가지는 그들의 매장에 있다. 애플이 국내외 400개의 매장에서 컴퓨터와 전자기계를 진열하고 판매하는 방식은 다른 컴퓨터 제조사나 소매점의 방식과 다르다. 매장 임대료가 비싼 중심 상점가에 주로 위치한 애플의 고급 매장에서는 제품을 넓은 공간을 사용하여 현대적으로 진열해 놓음으로써 소비자가 그 안에서 컴퓨터로 영화를 만드는 등의 새로운 기능을 경험해 볼 수 있도록 하였다.[7] 이러한 예에서 알 수 있듯이 당신이 기업을 운영한다면 소비자에게 당신의 제품을 판매하기 위해 매장을 스스로 만들거나, 당신의 제품을 대신 판매해 줄 매장을 찾아야 한다. 어떤 방법을 선택하든 당신은 마케팅 개념을 적용하여 고객에게 만족스러운 편익을 제공하는 제품을 개발하고, 그 제품을 소비자가 쉽게 발견하고 구매할 수 있도록 해야 한다.

오빌 라이트(Orville Wright)는 비행기를 "밀집 대형으로 비행하는 분리된 부품의 집단"이라고 정의하였다. 이는 많은 기업이 성취하고자 하는 바와 같다. 기업은 하나의 팀으로서 고객에게 적절한 상품 또는 서비스를 제공하기 위해 노력한다. 생산, 구매, 판매 유통, 광고 등 조직의 어느 한 부분이라도 따로 논다면 이는 곧 매출 하락, 자산의 손실, 고객 불만족 등으로 연결될 수 있다.

마케팅 개념의 진화

마케팅 개념은 기업을 운영하고 고객과의 관계를 구축하기 위한 명백한 접근법이다. 하지만 기업가가 사업을 창출하고 운영함에 있어 고객에게 집중하지 않는 경우가 많다. 고객관계의 중요성을 깨닫지 못하고 적절한 고객 전략을 실행하지 않아 실패한 기업이 많다. 기업의 마케팅 부서는 고객 정보 및 고객의 욕구에 관한 정보를 전사적으로 공유해야 한다. 우리 사회와 경제 체계는 시간이 흐름에 따라 변화하고, 시장 경쟁이 날로 치열해짐에 따라 마케팅의 중요성은 더욱 증가되고 있다. 비록 지나치게 단순화되기는 했지만, 이 기간들은 마케팅이 어떻게 발전해 왔는지를 이해하는 데 도움을 준다. 마케팅 개념을 실천해 온 회사들은 항상 있었다.

생산 지향성. 19세기 중반 미국은 산업혁명 시기에 접어들었다. 전기, 철도, 내연기관, 대량생산 기술 등 새로운 기술의 등장은 제품 제조의 효율성을 증가시켰다. 이와 함께 새로운 경영 아이디어 및 새로운 노동 방법이 제시됨에 따라 수요가 높은 시장에 수많은 제품이 쏟아져 나왔다.

판매 지향성. 20세기 초반 공급이 수요를 초과하자 사업가들은 제품을 구매자에게 적극적으로 판매해야 한다는 것을 깨달았다. 따라서 20세기 초반에서 중반까지 사업가들은 판매를 이윤 증가의 주된 방법으로 보았고, 이를 판매 지향적 마케팅 개념이라 한다. 판매 지향적 개념을 받아들이는 기업에게는 인적 판매와 광고가 가장 중요한 마케팅 수단이 된다. 오늘날까지도 마케팅과 판매 지향적 개념을 동일한 것으로 오인하는 사람들이 존재한다.

시장 지향성. 1950년대에 이르러 사업가들은 효율적인 생산과 공격적인 촉진 활동이 판매를 보장해 주지 않는다는 것을 깨닫게 된다. 그 이후로는 많은 기업이 제품 생산 후 그 제품이 고객에게 필요하다고 설득하는 것이 아니라, 고객이 원하는 것이 무엇인지 파악한 후 그 제품을 생산해야 한다는 사실을 알게 되었다. GE의 경영진은 처음으로 마케팅 개념을 기업의 전사적 경영 철학으로 제시하였다. 더 많은 기업이 고객 만족 추구의 중요성을 깨달아감에 따라 시장 지향적인 마케팅의 시대에 들어서게 된다. **시장 지향**(market orientation)적 기업은 고객의 니즈에 대한 정보를 수집하고, 조직 전체에 걸쳐 수집한 정보를 공유하며, 이러한 정보를 고객과의 장기적인 관계 구축에 사용해야 한다. 시장 지향성은 표적시장에 서비스를 제공하기 위해 신제품을 발굴하고 개발하기 위한 전략적 초점을 개발함으로써 신상품 혁신과 연계된다.[8] 예를 들어 인기 있는 아웃도어 매장인 REI는 소비자가 1년 이내 대부분의 제품을 반품할 수 있고, 전액 환불받을 수 있도록 하였다. 전자제품의 반품 기간은 짧다. "사용자 친화적인" 반품 정책은 REI가 시간적 부담 없이 상품을 반품할 수 있는 것을 원하는 고객의 욕구에 더 잘 부응하는 것이다.[9] 시장 지향성을 실현하기 위해서는 최고경영진, 마케팅 관리자, 생산, 재무, 인사 등 여러 부서의 관리자 그리고 고객까지도 상호 의존하고 협력할 수 있어야 한다. 마케팅이 아닌 다른 부서의 관리자는 마케팅 관리자와 고객을 이해하는 데 필요한 정보를 공유하며 활발히 소통해야 한다. 리글리 껌(Wrigley's gum)의 130년 역사를 생각해 보자. 1891년 리글리 껌은 리글리의 본래 주력 상품이었던 베이킹파우더 판매를 촉진하기 위해 나눠주던 사은품이었다. 1893년 리글리 껌은 독립적인 제품으로 출시되었고, 리글리 집안의 4세대 최고경영자를 거치며 기업은 지속적으로 자기 개혁을 이루고 소비자에게 초점을 맞추었다. 결국 리글리 가족은 기업을 마스(Mars)에 매각하기로 결정했다. 현재 리글리는 마스의 자회사 중 하나이다. 이로 인해 리글리사의 유명 브랜드인 리글리 껌과 라이프 세이버스(Life Savers), 마스사의 엠앤엠즈(M&M's), 스니커즈(Snickers), 스키틀스(Skittles) 등이 통합되면서 세계에서 가장 큰 과자 제조회사가 되었다.

시장 지향
기업은 고객 니즈에 대한 정보를 수집하고, 조직 전체에 걸쳐 수집한 정보를 공유하며, 이러한 정보를 고객과의 장기적인 관계 구축에 사용해야 함을 강조하는 접근법.

고객의 욕구를 가늠하는 일은 그들의 유행, 패션, 기호 등이 변화함에 따라 더욱 복잡해지고 있다. 오늘날 기업은 고객을 만족시키고, 그들과 우호적이고 장기적인 관계를 유지하고자 노력한다. 이는 기업의 입장에서 볼 때 새로운 고객을 찾는 것보다 기존 고객을 유지하는 것이 비용이 덜 들고 보다 효율적이기 때문이다. 기업과 고객과의 관계 구축이 성공의 핵심이 되는 이유는 대부분 기업의 성공 여부가 재구매율을 높일 수 있느냐에 달려 있기 때문이다. 많은 기업이 고객과의 관계를 구축하고 기존 고객의 구매를 촉진하기 위해 고객관계관리(customer relationship management: CRM)와 관련한 기술에 많은 힘을 쏟고 있다. 시장 지향성은 끊임없이 변화하는 고객의 요구와 욕구에 반응하는 것을 포함한다. 예를 들어 웨이트 와처스(Weight Watchhers)는 포인트 시스템을 수용하여 그들의 프로그램을 소비자가 보다 쉽게 사용할 수 있도록 하였다. 이 "프리스타일(freestyle)" 프로그램은 건강하지 못한 선택사항에서 높은 점수를 받은 회원에게 불이익을 주는 것과는 반대로, 200개 이상의 성분을 가진 "건강한 생활 방식"을 이해하는 데 기초하여 만들어졌다. 그들의 지속가능성과 결과는 다른 프로그램들의 지속가능성과 결과를 능가한다.

고객관계관리는 오랜 시간이 걸리고 많은 비용이 들어간다는 이유로 무시되기 쉬운데, 이는 기업의 실수로 연결될 수도 있다. 고객관계관리는 충성심과 수익성이 높은 고객 구축으로 연결되기 때문에 시장 지향성을 실현하는 데 있어 매우 중요한 활동이다. 충성 고객 없이 기업은 살아남기 힘들다. 따라서 모든 마케팅 전략의 목표는 각 고객과의 관계 속에 잠재되어 있는 최대의 수익을 창출해 내는 데 있어야 한다. 기본적으로 기업은 새로 유치한 고객과의 관계를 구축하고, 기존 고객의 구매를 촉진하여 수익성을 높이고, 그들과 장기적인 관계를 유지함으로써 수익을 창출할 수 있다. 기업은 충성 고객과의 관계에서 오는 수익성, 즉 한 고객이 특정 기업의 고객으로 머무는 전체 기간 동안 창출하는 총이익의 현재 가치인 고객생애가치(customer lifetime value: CLV)를 과소평가해서는 안 된다. 예를 들어 스타벅스는 고객생애가치가 14,000달러 이상인 것으로 추정하고 있다.[10]

고객과의 소통은 장기적인 고객관계를 구축하고 관리하기 위한 전략을 수립하는 데 핵심적 요소이다. 기업은 웹사이트, 전화, 팩스, 이메일, 개인 연락처 등 고객과 소통할 수 있는 다양한 접촉점을 통해 보다 가깝고 개인적인 고객관계를 구축할 수 있다.[11] 예를 들어 아마존은 각 고객의 흥미와 취향을 이해하기 위해 고객 구매 데이터를 저장해 분석한다. 이렇게 분석한 정보는 온라인 소매상이 개별 고객의 니즈를 만족시키기 위한 능력을 제고하고 이로 인해 도서, 음악, 영화 그리고 기타 다양한 제품의 판매를 증가시키는데 도움이 된다. 개별 고객을 식별할 수 있는 능력은 마케터로 하여금 표적고객 집단을 넘어서 개별 고객의 구매를 증가시킬 수 있도록 해준다. 어떤 매체를 사용하는지와 관계없이 마케팅 전략을 움직이는 추진 요인은 고객이 되어야 한다. 마케터는 고객관계관리 시스템을 통해 고객의 니즈와 우려 사항을 듣고 그에 반응하며 그들과 장기적인 고객관계를 구축해야 한다.

학습목표 11-5

마케팅 전략 개발

마케팅 개념과 고객관계관리를 실현하기 위해 기업은 마케팅 전략을 개발과 유지가 필요하다. **마케팅 전략**(marketing strategy)은 표적고객의 욕구를 충족시키기 위해 상품을 개발하고 그에 대한 가격을 책정하며, 유통하고, 판매를 촉진하는 행위에 대한 전략적 계획으로 정의될 수 있다. 이 정의는 두 가지 중요한 요소를 포함하고 있다. 첫째, 표적시장을 결정하고, 둘째, 표적시장을 만족시키기 위한 적절한 마케팅 믹스를 개발하는 것이다.

마케팅 전략
표적고객의 욕구를 충족시키기 위해 상품을 개발하고, 그에 대한 가격을 책정하며, 유통하고, 판매를 촉진하는 행위에 대한 전략적 계획.

표적시장 선정

시장(market)은 제품, 서비스 또는 아이디어에 대한 욕구, 구매력, 돈의 지불 의사와 권한을 가진 사람의 집단으로 정의할 수 있다. **표적시장**(target market)은 한 기업이 특정 마케팅 프로그램을 수행함에 있어 니즈와 욕구를 만족시키고자 하는 특정 소비자 집단을 말한다. 표적시장은 사업 시장과 소비자 시장으로 더 세분될 수 있다.

시장
제품, 서비스 또는 아이디어에 대한 욕구, 구매력, 돈의 지불 의사와 권한을 가진 사람의 집단.

표적시장
한 기업이 특정 마케팅 프로그램을 수행함에 있어 니즈와 욕구를 만족시키고자 하는 특정 소비자 집단.

B2B 마케팅(Business-to-Business Marketing)은 제품을 재판매하거나, 영업에 직접 사용하거나, 다른 제품을 만드는 데 직접 사용하는 고객에게 제품을 마케팅하는 것이다. 예를 들어 존 디어(John Deere)는 흙을 옮기는 장비를 건설 회사에 판매하고, 트랙터를 농부들에게 판다. 하지만 대부분의 사람은 B2C 마케팅(Business-to-Customer Marketing) 또는 최종 소비자에게 직접 마케팅을 하는 것을 생각하는 경향이 있다. 때때로 제품은 두 종류의 시장 모두를 위해 사용될 수 있다. 예를 들어 글로 스킨 뷰티(Glo Skin Beauty)는 화장품과 스킨케어 제품을 도매로 살롱과 스파에 판매하고, 웹사이트를 통해 소비자에게 직접 판매하기도 한다.

마케팅 관리자는 표적시장을 시장 전체로 설정할 수도 있고, 전체 커다란 시장 안에 속한 상대적으로 적은 수의 소비자 집단으로 설정할 수도 있다(그림 11-2). 예를 들어 롤스로

〈그림 11-2〉 표적시장 전략

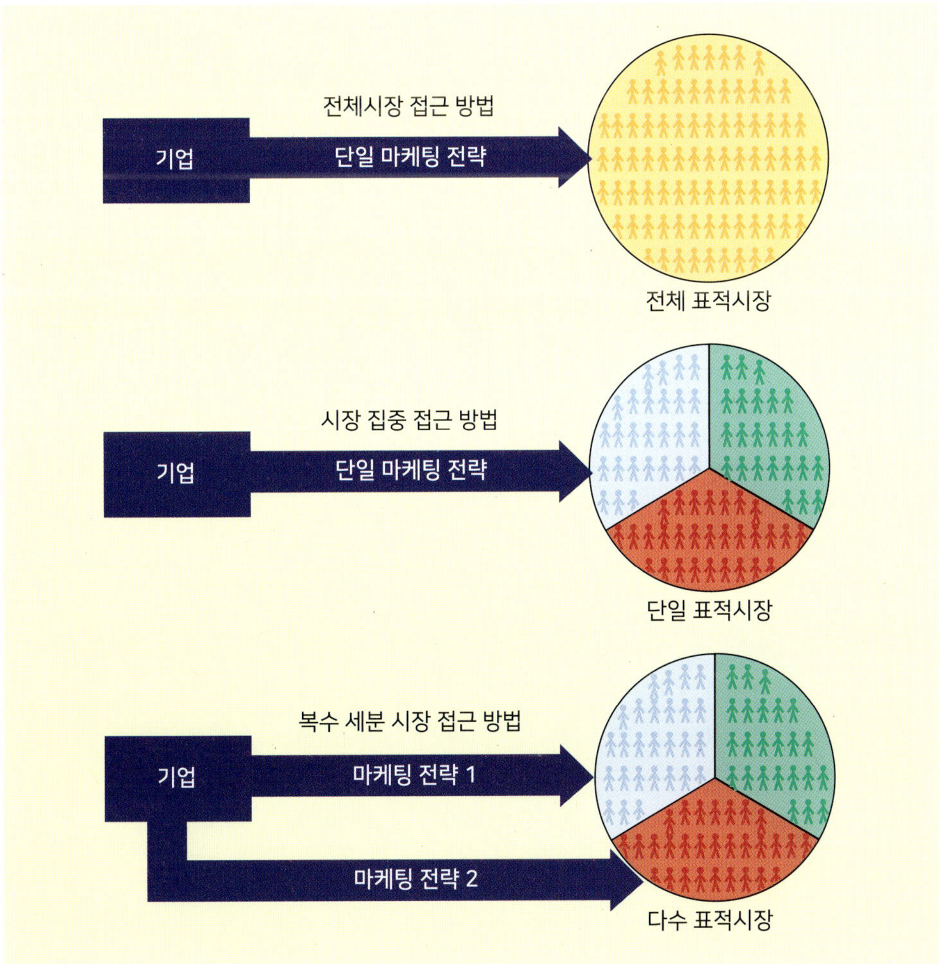

이스는 제품의 표적시장을 특권층이자 고소득 계층에 속하는 사람으로 명망 있는 최고급 자동차를 찾는 사람의 집단으로 설정하였다. 반면, 포드 자동차는 소비자의 다양한 취향과 니즈, 욕구에 부응하기 위해 링컨(Lincolns), 머큐리(Mercurys), 포드트럭(Ford Trucks) 등 다양한 종류의 자동차를 생산해 왔다.

몇몇 기업은 시장의 전체 구성원이 비슷한 욕구를 가지고 있다는 가정하에 시장을 세분화하지 않고, 한 가지 마케팅 믹스로 해당 시장 내 모든 구매자를 동시에 공략하는 전략인 **전체시장 접근 방법**(total-market approach)을 사용한다. 소금, 설탕 그리고 많은 농산품의 경우 모든 사람이 이러한 상품의 잠재적 소비자가 될 수 있기 때문에 전체시장 접근 방법을 사용한다. 하지만 대부분의 기업은 **시장 세분화**(market segmentation)를 이용하여 전체 시장을 몇 개의 집단으로 분류한다. 여기서 **세분시장**(market segment)은 하나 이상의 특징을 공유하고 있어 비교적 유사한 니즈와 욕구를 가지고 있는 개인, 집단 혹은 조직들의 집합으로 정의할 수 있다. 예를 들어 미국에서는 미국 전체 인구의 51%를 차지하고 있는 여성시장이 가장 큰 세분시장이라고 할 수 있다. 이 여성들을 다시 가계 단위로 세분화한다면 각 여성의 사회적 특성, 문화, 수명주기 단계에 따른 니즈와 선호도를 고려할 수 있을 것이다.

전체시장 접근 방법
기업이 시장의 전체 구성원이 비슷한 욕구를 가지고 있다는 가정하에 시장을 세분화하지 않고, 한 가지 마케팅 믹스로 해당 시장 내 모든 구매자를 동시에 공략하는 전략.

시장 세분화
전체 시장을 서로 비슷한 니즈를 가지고 있는 사람들로 이루어진 하위 집단으로 분리하는 전략.

세분시장
하나 이상의 특징을 공유하고 있어 비교적 유사한 니즈와 욕구를 가지고 있는 개인, 집단 혹은 조직들의 집합.

많은 기업이 주목하는 또 다른 시장 부문은 5,900만 이상의 인구와 1조 5,000억 달러 이상의 구매력을 가진 라틴계(Hispanic) 시장이다.[12] 예를 들어 온라인 소매 대기업 아마존은 자사 사이트에 스페인어 옵션을 포함하고 있다.[13] 이 기업은 라틴계 소비자를 충성 고객으로 유치하기 위해 그들과 관계를 구축하려 노력하고 있다. 미국의 마케터가 극복해야 하는 과제 중 하나는 미국 내 인종적 다양성 증가에 효과적으로 대응하는 것이다. 앞으로 수십 년 안에 이 소수민족 시장의 구매력은 급속도로 증가할 것이다. 〈표 11-1〉은 미국의 소수민족 집단의 구매력을 보여준다. 오늘날 이들 소수민족 집단의 구매력은 3조 4,000억 달러를 넘어섰다.[14] 이렇듯 기업은 빠르게 증가하는 세분시장에 더 효과적으로 접근할 수 있는 방법을 습득해야 한다. 기업은 기업의 자원과 마케팅 노력을 특정 세분시장에 집중시키기 위해 시장 세분화를 이용하고, 이로써 생산적인 마케팅 전략을 수립할 수 있다. 시장 세분화를 위해 사용되는 두 가지 일반적인 접근 방법에는 시장 집중 접근 방법과 복수 세분시장 접근 방법이 있다.

시장 세분화 접근 방법. **시장 집중 접근 방법**(concentration approach)을 채택한 경우 기업

시장 집중 접근 방법
하나의 마케팅 믹스로 하나의 세분 시장을 공략하는 시장 세분화 전략.

〈표 11-1〉 미국의 소수민족 인종의 구매력(단위: 10억 달러)

구분	1990	2000	2010	2012	2015	2016
전체	$4,200	$7,300	$11,200	$12,200	$15,100	$13,900
흑인	316	600	947	1,000	1,300	1,200
북미 원주민	20	40	87	103	148	133
아시아인	115	272	609	718	1,000	891
히스패닉	210	488	1,000	1,200	1,700	1,400

자료: Jeffrey M. Humphreys, The Multicultural Economy 2012, Athens, GA: The University of Georgia Terry College of Business Selig Center for Economic Growth, 2013; UGA News Service, "Minority Buying Power Growing, UGA Study Says," OnlineAthens, March 11, 2017 http://onlineathens.com/local-news/business/2017-03-11/minority-buying-power-growing-uga-study-says (accessed April 21, 2018).

은 단 하나의 세분시장을 위한 하나의 마케팅 믹스 전략을 개발한다. 기업은 하나의 세분시장에 모든 마케팅 노력을 집중하여 해당 세분시장에 특화된 전략을 펼칠 수 있다. 예를 들어 포르셰(Porche)는 모든 마케팅 노력을 고성능 차량을 소유하고자 하는 고소득 계층의 소비자에게 집중한다. 기업은 하나의 세분시장에 깊게 침투함으로써 판매를 증가시킬 수 있다. 시장 집중 접근 방법은 산업 내에서 다른 기업들이 간과하고 있는 세분시장을 공략하기 위한 상품을 발견하고 개발할 때 더욱 효과적인 방법이 될 수 있다.

복수 세분시장 접근 방법(multisegment approach)을 채택한 경우 마케터는 둘 이상의 세분시장을 선택하고, 각각의 세분시장을 위한 마케팅 믹스 전략을 개발하여 복수의 세분시장을 공략한다. 이 접근 방법을 사용하는 많은 기업은 다른 세분시장을 공략하기 위해 각기 다른 상품 라인 및 다른 광고 메시지를 개발한다. 예를 들어 미국 우편국은 개별화된 우표를 제공하고, 마스(Mars Inc.)는 밈스닷컴(mymms.com)을 통하며 개별화된 앰앤앰즈(M&M's) 초콜릿을 판매하며, 랄리 자전거(Raleigh bicycles)는 레이서, 관광객, 통근하는 사람, 아이들 등 복수의 세분시장을 공략하기 위해 각기 다른 마케팅 믹스 전략을 개발하였다. 이 밖에도 많은 기업이 이러한 복수 세분시장 접근 방법을 사용한다.

복수 세분 시장 접근 방법
둘 이상의 세분 시장을 각각 서로 다른 마케팅 믹스로 공략하는 시장 세분화 전략.

틈새시장 마케팅(niche marketing)이란 하나의 독특하고 구체적인 니즈를 가진 작고 명확한 세분시장을 공략하여 마케팅 노력을 집중하는 것을 말한다. 예를 들어 크롬 인더스트리즈(Chrome Industries)는 자전거 배달원을 위한 독특하고 내구성이 좋은 가방을 만들기 위해 콜로라도주 볼더에 설립되었다. 이 표적시장은 의류와 신발뿐만 아니라 다양한 가방으로 제품군을 확장한 이래로 회사가 만들어 온 제품과 밀접한 연관성을 보여주었다.[15] 틈새 세분시장은 보통 전체 시장에 비해 상대적으로 매우 작은 시장이다. 프레시펫(Freshpet)은 인간이 좋아하는 음식의 종류를 모방한 천연 애완동물 음식을 만든다. 이 회사는 애완동물을 위한 최고의 음식을 원하는 애완동물 주인들의 증가하는 틈새시장을 목표로 하고 있다.[16]

기업이 성공적으로 시장 집중 접근 방법과 복수 세분시장 접근 방법을 구현하기 위해서는 몇 가지 필요조건을 만족시켜야 한다.

1. 서로 다른 세분시장에 속한 소비자의 제품에 대한 니즈는 이질적이어야 한다.
2. 세분시장은 식별 가능하고, 서로 구분하여 나눌 수 있어야 한다.
3. 세분시장은 예상된 판매 잠재력, 비용, 이익 등을 기반으로 하여 객관적으로 비교 및 평가될 수 있어야 한다.
4. 적어도 하나의 세분시장은 그 시장을 위해 특화한 마케팅 전략을 세우고 유지하는 것이 정당화될 만큼 충분한 이익 잠재성을 가지고 있어야 한다.
5. 기업은 선택된 세분시장에 접근할 수 있어야 한다.

시장 세분화의 기초. 기업은 몇 가지 변수를 바탕으로 시장을 세분화한다.

1. **인구통계적 변수**: 나이, 성별, 국적, 인종, 수입, 학력, 직업, 가족 인원, 종교, 사회적 지위. 이 특성은 고객의 제품에 대한 니즈와 구매 행동에 밀접하게 연관되어 있는

경우가 많고, 쉽게 측정이 가능하다. 예를 들어 냄새 제거제(deodorant) 시장은 성별에 따라 세분화되기도 한다. 시크릿(Secret)과 소프트앤드라이(Soft n' Dri)는 여성 소비자를 겨냥한 제품이며, 올드 스파이스(Old Spice)와 멘넨 포맨(Mennen for men)은 남성 소비자를 겨냥한 제품이다.

2. **지리적 변수**: 기후, 지형, 자원, 인구밀도, 하위문화의 가치. 이 특성 역시 소비자의 니즈와 제품 사용에 영향을 줄 수 있다. 예를 들어 기후는 소비자의 옷, 자동차, 히터와 에어컨, 여가 활동 장비 등의 구매에 영향을 미친다.
3. **심리적 변수**: 개성, 동기, 라이프 스타일. 예를 들어 탄산음료 마케터는 소비자의 서로 다른 라이프 스타일과 구매 동기를 충족시켜 주기 위해 2리터짜리 병음료, 캔음료 등 다양한 종류의 용기에 제품을 담아 제공한다.
4. **행동적 변수**: 제품을 구매함에 있어 나타나는 소비자의 행동적 특징. 이 특징은 대부분 제품 사용과 관련한 몇 가지 측면을 포함한다. 소비자가 추구하는 혜택을 기준으로 하는 분할은 행동주의적 분할의 한 유형이기도 하다. 예를 들어 저지방 저탄수화물 식품은 더 건강한 식단의 혜택을 원하는 사람들을 목표로 할 것이다.

마케팅 믹스 개발

마케팅 믹스

기업이 마케팅 목표를 효과적으로 달성하기 위해 운영하는 네 가지 핵심 마케팅 활동(제품, 가격, 유통, 촉진)의 조합.

마케팅 전략 수립의 두 번째 단계는 적절한 마케팅 믹스를 개발하고 유지하는 것이다. **마케팅 믹스**(marketing mix)는 기업이 마케팅 목표를 효과적으로 달성하기 위해 운영하는 네 가지 핵심 마케팅 활동(제품, 가격, 유통, 촉진)의 조합을 의미한다(그림 11-3). 여기서 구매자 또는 표적시장은 모든 마케팅 활동의 핵심이다. 아마존은 마케팅 믹스 활동의 전형적인 예로 잘 알려져 있다. 디지털 비서 에코(Echo)와 같은 새로운 제품을 만들기 위한 아마존의 연구개발 활동은 일상적이 되었다. 또한 광고, 소셜 미디어, 미디어 이벤트를 통해 제품을 홍보한다. 베스트 바이(Best Buy)를 비롯해 여러 소매점은 아마존 제품의 품질과 효과를 전달하기 위해 제품을 프리미엄 가격으로 제공한다.

상품. 제품, 서비스, 아이디어 또는 그 조합으로 이루어지는 상품(product)은 그 형태와 관

〈그림 11-3〉 마케팅 믹스: 제품, 가격, 촉진, 유통

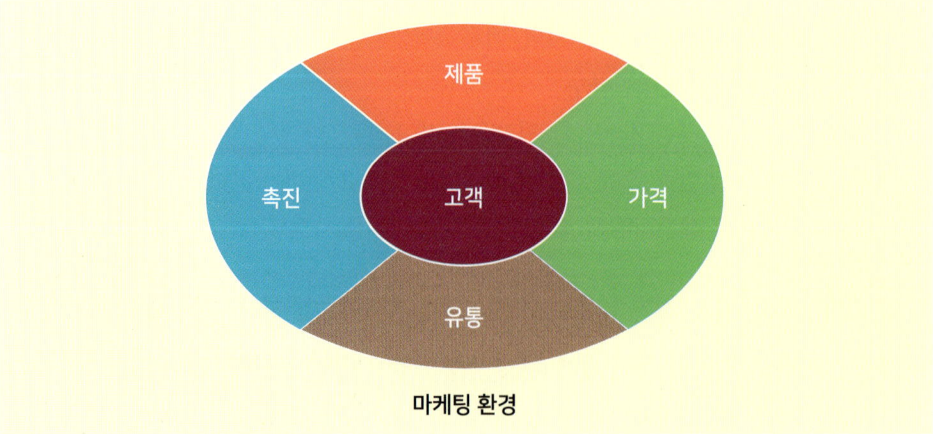

계없이 만족과 편익을 제공하는 유·무형의 복합체라고 할 수 있다. 제품(good)은 우리가 만질 수 있는 물리적 개체이다. 테슬라의 모델 3 그리고 동물보호소에서 채택할 수 있는 비트바이드레(Beats by Dre)는 모두 상품의 예이다. 서비스는 고객에게 무형의 편익을 제공하기 위해 인간적 또는 기계적인 노력을 적용하는 것이다. 비행기 여행, 세탁서비스, 이발, 은행업무, 보험, 의료서비스, 탁아소 등이 서비스의 예가 될 수 있다. 아이디어는 개념, 철학, 이미지, 이슈 등을 포함한다. 예를 들어 변호사는 미국 국세청이 당신의 소득 신고에 대한 회계감사를 시행할 때 당신이 가지고 있는 권리에 대해 충고해 줄 수 있다.

에어팟, 아이팟, 아이맥은 모두 애플사가 만든 상품의 예이다.
©ROMSVETNIK/Shutterstock

상품은 구매자가 교환을 통해 받는 모든 감정적, 심리적, 물리적 특성을 포함한다. 즉 물리적 제품뿐만 아니라 제반 서비스(예: 설치, 품질보증, 제품 정보, 유지·보수 등)까지 상품에 포함된다. 예를 들어 아이슬란디 프로비언스(Icelandie Provisions)는 요구르트 제품인 스카이어(skyr)를 담는 용기로서 프린트된 소매 컵보다 더 쉽게 재활용할 수 있는 종이 포장 컵을 도입했다.[17] 이 회사는 더 건강하고 더 나은 제품을 제공하기 위해 제품의 포장을 바꾼 것이다. 상품은 대부분 호의적/비호의적 특성 모두를 가지고 있기 때문에 소비자는 구매를 통해 그들이 얻는 편익과 만족을 극대화하고, 비호의적 특성을 최소화하려 한다. 그러므로 모든 구매 또는 교환에는 타협과 균형이 수반된다.

상품은 기업이 소비자와 만나는 가장 명확한 접촉점이다. 만약 상품이 소비자의 니즈와 기대를 충족하지 못한다면 판매로 연결되기 어려우며, 상품의 수명은 짧아질 것이다. 반면, 실리콘밸리의 자동차 제조업체 테슬라는 포드, 제너럴모터스의 시장가치를 앞질렀다. 자동차 판매량은 미미하지만 전기 자동차가 미래라는 믿음과 첨단 자율주행 기술을 고속도로에 접목할 수 있는 최적의 회사라는 인식이 테슬라의 성장세를 이끌고 있다.[18] 상품은 마케팅 믹스의 핵심이 되는 중요한 변수이다. 다른 변수, 즉 가격, 촉진, 유통 등은 상품 전략에 맞추어 조정되어야 한다.

가격. 가격(price)은 구매자와 판매자 사이에서 교환되는 한 대상에 대해 매겨진 가치라고 정의할 수 있다. 거의 모든 것이 가격에 의해 평가될 수 있다. 대부분 판매자가 가격을 책정해 놓지만 판매자와 구매자 사이에 흥정이 오가는 경우도 있다. 구매자는 보통 수입, 신용, 재산 등의 구매력을 상품과 관련한 기능 또는 그에서 오는 만족감과 교환한다. 금전적 가격은 교환에서 흔히 사용되는 가치의 척도이기 때문에, 가격은 수치화된 가치로서 거의 모든 시장 내 교환의 기준이 된다.

가격
구매자와 판매자 사이에서 교환되는 한 대상에 대해 매겨진 가치.

하지만 마케터는 이 가격을 단순히 가치를 평가하는 수단으로만 보지 않는다. 가격은 자산과 이익 창출에 직접적으로 연관되어 있기 때문에 마케팅 믹스의 중요한 요소가 된다. 가격은 수요를 촉진하거나 경쟁사의 마케팅 활동에 대응하기 위해 즉각적으로 변경될 수 있다. 석유와 같은 원자재 가격의 급격한 상승은 상품 가격의 상승 또는 상품에 대한

현장 속의 기업가정신 Entrepreneurship in Action

와넬로: 제품 없이 1억 달러 평가가치의 기업

설립자: 데이나 바르샤브스카야(Deena Varshavskaya)

설립: 2012년 캘리포니아주 샌프란시스코

성공: 와넬로의 이용자 기반이 1년 만에 100만 명에서 1,100만 명으로 증가했다.

"원하다, 필요하다, 사랑하다"라는 단어의 줄임말인 와넬로(Wanelo)는 창업자 데이나 바르샤브스카야의 표현대로 "페이스북이 친구를 위해 하는 것"과 "인스타그램이 사진을 위해 하는 것"을 쇼핑에서 구현하기 위해 노력하고 있다. 즉 깊이 있는 사회적 방법으로 쇼핑을 "최적화"하려고 한다. 2012년에 설립된 와넬로는 자체적인 상품이 없다. 대신, 사용자를 전 세계 수십만 매장의 수백만 개의 상품과 연결시킨다. 이 "디지털 몰(digital mall)"은 사용자가 제품을 저장, 위치, 공유 및 태그 할 수 있도록 해주고, 다른 사람들이 보고 공유할 수 있도록 해준다. 소비자는 버튼 클릭으로 자신이 좋아하는 물건을 즉시 살 수 있다. 와넬로는 또한 사용자가 과거 구독했던 패턴에 기초하여 좋아할 것이라고 생각하는 상품들을 추천한다.

와넬로는 상품이 없을 뿐만 아니라 전통적인 마케팅 활동도 하지 않는다. 창업자 바르샤브스카야는 그 대신 와넬로 플랫폼의 추가적인 개선작업에 주력하고 있다. 그녀는 당신의 상품이나 서비스가 고객이 직면하고 있는 문제를 직접적이고 우아하게 해결해 줄 수 있다면 자체적으로 시장에 출시할 수 있다고 주장한다. 다른 기업가들은 와넬로의 독특한 상품과 마케팅 전략으로부터 교훈을 얻을 수 있을 것이다.[19]

토의 주제

1. 와넬로가 사용하는 마케팅 전략을 설명하라. 와넬로는 마케팅 믹스의 어느 부분에서 특히 뛰어난가?
2. 와넬로는 상점과 소비자에게 어필하기 위해 온라인 몰의 "사회적 경험"을 어떻게 사용하고 있는가?
3. 만약 와넬로가 전통적인 광고를 하지 않는다면, 소비자는 와넬로 상품에 대해 어떻게 알아낼 수 있는 것인가?

알고 있습니까? 운영 첫해 동안 코카콜라의 판매량은 하루 평균 9병으로 첫해 총판매액은 50달러였다. 오늘날 코카콜라 제품은 하루에 19억 병이 소비된다.[20]

소비자 수요의 하락을 초래할 수 있다. 예를 들어 석유 가격이 상승할 때 소비자는 연료 효율이 더 높은 소형차를 구매하는 반면, 가격이 하락할 때는 대형차를 구매한다.[21]

유통
고객이 자사의 상품이나 서비스를 원하는 장소에서 원하는 양만큼 구할 수 있도록 분배하는 마케팅 활동.

유통. **유통**(distribution)은 고객이 상품이나 서비스를 원하는 장소에서 원하는 양만큼 구할 수 있도록 분배하는 마케팅 활동이다. 예를 들어 소비자는 DVD나 비디오게임을 매장, 자판기, 온라인 웹사이트 등 원하는 곳에서 대여할 수 있다. 도매업자나 소매업자와 같은 중간상은 상품이 생산자로부터 소비자 또는 산업 구매자에게 효율적으로 전달할 수 있도록 다양한 업무를 수행한다. 구체적으로 중간상은 운송, 창고 관리, 자재 관리, 재고 관리, 포장, 의사소통 등의 업무를 담당한다.

혹자는 도매업자를 비롯한 다른 중간상을 유통 과정에서 제거해야 소비자 가격을 낮출 수 있다고 주장한다. 하지만 이들은 중간상을 제외한다고 해서 중간상이 제공하는 서비스에 대한 니즈까지 없어지는 것이 아니라는 것을 점을 간과하고 있다. 중간상이 없다면 또 다른 기관이 이러한 서비스를 제공해야 하며, 결국에는 소비자가 이러한 서비스에 대한 가격을 지불해야 한다. 더욱이 도매업자가 없다면, 모든 생산자가 직접 소매업자나 고객과 거래를 해야 하며, 그 과정에서 방대한 자료를 스스로 관리하고 고객 응대를 위한 추가적인 인력도 고용해야 한다. 공급망 관리(SCM)는 물리적 유통 활동을 통해 제품의 흐름을 유지하는 여러 활동을 의미한다. 여기에는 구매, 물류, 운영을 통해 고객이 제품을 이용할 수 있도록 해주는 자원, 재고 및 연동 네트워크의 취득이 포함된다. 공급망 관리는 온라인 마케터들의 성공을 위해 매우 중요하다. 재고를 창고에 저장하여 전형적인 도매 및

친환경 경영 Going Green

비리디언 에너지: 녹색(친환경)에너지의 개인화

녹색에너지가 아닌, 비리디언 에너지(Viridian Energy)는 친환경 전기, 태양열, 천연가스를 판매한다. 2009년 설립돼 2만 명 이상의 판매자를 두고 있다. 2억 5천만 달러 이상의 매출을 올리며, 비리디언은 세계에서 59번째로 큰 회사가 되었다.

비리디언의 에너지 제품은 재생 가능한 에너지원에서 공급되거나 상쇄된다. 순수 녹색 전기 패키지는 풍력 발전에서 공급된다. 또한 비리디언은 공동 브랜드로 태양 에너지 상품을 제공하기 위해 선지비티(Sungevity)와 제휴했다. 비리디언은 15개의 새로운 주거용 태양열 설비를 판매할 때마다 1개의 태양열 발전 시스템을 기부하겠다는 계획을 발표하면서 대중의 주목을 받았다.

관계자들은 어떻게 고객의 선택이 환경에 도움이 될 수 있는가를 알리는 인적 판매 방식을 통해 비리디언의 에너지 제품을 판매한다. 인적 판매는 가장 비용이 많이 드는 프로모션 방법이지만, 그것은 비리디언의 관계자들이 개별 소비자에 대한 마케팅 메시지를 조정할 수 있도록 해준다. 비리디언의 관계자들은 매달 그들이 모집한 고객에 대한 수당을 지급받는다.

이 같은 성공에도 불구하고, 비리디언은 어려움에 직면했다. 2018년 이 회사는 부정적인 마케팅 전술에 대한 매사추세츠주 법무장관실 판결에 따라 2년 동안 자사 제품의 방문판매를 중단하기로 합의했다. 사회적 책임을 지는 회사로서 계속 발전하기 위해서, 비리디언은 자사의 홍보 전략이 고객에게 투명하게 유지되도록 해야 한다.[22]

토의 주제

1. 왜 인적 판매 방식은 비리디언 에너지를 위한 효과적인 프로모션 유형인가?
2. 인적 판매 방식 외에 비리디언이 프로모션을 위해 활용하는 다른 방법은 무엇인가?
3. 비리디언이 특히 인적 판매 부분에서 고객과의 투명한 커뮤니케이션을 유지하는 것이 왜 중요한가?

소매 기능을 맡고 있으며, 독자적인 배송 및 배송 능력을 개발하고 있는 온라인 소매업체 중 가장 크고 가장 성공적인 아마존을 생각해 보자. 온라인 소매점으로서, 아마존은 온라인 접속과 고객 서비스를 제공한다.[23] 기업들은 이제 각 나라에 시설을 유지하지 않고도 전 세계에서 그들의 제품을 사용하도록 할 수 있다. 예를 들어 판도라(Pandora), 스포티파이(Spotify), 애플 뮤직은 인터넷을 통해 음악을 스트리밍 하는 기능의 혜택을 받았다. 고객은 상업적인 광고와 함께 음악을 무료로 들을 수 있고, 업그레이드 비용을 지불하면 광고 없이 음악을 들을 수도 있다. 판도라는 7,330만 명의 액티브 유저를 보유하고 있으며, 스포티파이는 1억 4,000만 명, 애플뮤직은 100만 명의 고객을 보유하고 있다.[24]

촉진 개인, 집단, 조직이 자사의 제품, 서비스, 아이디어 등을 수용하도록 함으로써 마케팅 교환을 활발히 일으키기 위한 설득적 커뮤니케이션 활동.

촉진. **촉진**(promotion)은 개인, 집단 또는 조직이 제품, 서비스, 아이디어 등을 수용하도록 함으로써 마케팅 교환을 활발히 일으키기 위한 설득적 커뮤니케이션 활동이라고 정의할 수 있다. 촉진은 광고, 인적 판매, 홍보, 판매 촉진 등의 활동을 포함하며, 12장 '마케팅 전략의 주요 차원'에서 이 활동에 대해 보다 자세히 다룰 것이다.

촉진의 목표는 교환을 원활하게 하기 위해 직·간접적으로 개인, 단체, 기관 등과 소통하는 것이다. 마케터가 광고 등의 촉진 수단을 사용할 때는 촉진 자원을 효과적으로 관리하고 표적시장의 특성을 명확히 이해하여, 촉진 활동이 기업의 목표 달성에 기여할 수 있도록 해야 한다.

대부분의 주요 기업은 기업과 상품을 홍보하기 위해 웹사이트를 개설한다. 예를 들어 로레알(L'Oreal)은 어반디케이(Urban Decay), 메이빌리니(Maybelline), 엔와이엑스(NYX)와 같은 로레알 브랜드 제품 사용에 대한 지침서를 공유하고, 미용 시장 추세를 논의하기 위한 웹사이트로서 메이크업닷컴(Makeup.com)을 운영하고 있다.[25] 텔레비전, 라디오, 신문, 잡지 등 전통적인 대중매체를 통한 광고가 아직까지는 주요 촉진 수단으로 사용되고 있으나, 최근 웹사이트나 소셜 미디어를 이용한 디지털 광고의 중요성이 증대되고 있다. 디지털 광고는 대중매체 광고보다 저렴할 뿐만 아니라, 구글애드워드(Google AdWords) 등을 통한 광고는 사용자가 광고를 클릭할 때만 비용을 지불하면 되기 때문에 보다 효율적이라 할 수 있다.[26] 이에 더해 소셜 미디어 사이트는 대규모 기업과 소규모 기업 모두에게 광고의 기회를 제공한다. 예를 들어 기업은 페이스북 페이지를 개설하여 무료로 기업 정보와 소식을 게시할 수 있다. 트위터 역시 광고주가 프로모티드 트윗츠(Promoted Tweets)를 구매하여 촉진 메시지를 게시하고, 사용자가 이 내용에 응답하거나 친구에게 리트윗(retweet)을 할 수 있는 수단을 제공하고 있다.[27]

학습목표 11-6

마케팅 조사와 정보 시스템

마케팅 조사
마케팅 의사결정을 위해 잠재 고객에 대한 정보를 객관적이고 체계적인 방법으로 수집 및 분석하는 과정.

마케터는 마케팅 믹스를 개발하기에 앞서 고객의 니즈에 대한 최신의 정보를 수집해야 한다. **마케팅 조사**(marketing research)는 마케팅 의사결정을 위해 잠재 고객에 대한 정보를 객관적이고 체계적인 방법으로 수집하여 분석하는 과정이라 정의할 수 있다. 마케팅 조사를 통해 수집되는 정보는 표적시장 내 소비자의 나이, 수입, 인종, 성별, 교육수준에 대한 정보나 선호하는 제품의 특성, 경쟁 제품에 대한 태도, 제품 사용 빈도 등에 대한 정보를 포함한다. 예를 들어 마케팅 조사를 통해 소비자는 매장에서 3초 만에 구매 의사결정을 내리는 경우가 많다는 점을 알아낼 수 있었다.[28] 고객에 대한 정보 없이 마케팅 개념은 실행될 수 없으므로 마케팅 조사는 매우 중요하다.

마케팅 정보 시스템은 기업 내·외부의 다양한 정보 원천으로부터 고객에 대한 정보를 얻기 위한 체계적 틀이다. 기업 내부적으로는 가격, 판매, 비용에 대한 정보가 마케팅 정보 시스템 내에 끊임없이 축적된다. 기업 외부적으로는 개인 또는 공공 보고서, 인구통계조사 그리고 이외의 다양한 원천을 통해 이미 수집·분석되어 있는 데이터가 마케팅 정보 시스템 내에 저장된다. 컴퓨터 네트워크 기술은 기업이 유용한 데이터베이스나 제품 수용, 매출 성과, 구매 행동 등 다양한 소비자 관련 정보를 얻을 수 있는 체계적 틀을 제공한다. 이러한 정보는 마케팅 전략 수립과 계획에 있어 매우 중요한 토대가 된다.

1차 자료
현재 조사 목적에 따라 관찰, 기록, 실험, 설문 등의 방법을 통해 조사자가 직접 응답자로부터 얻는 자료.

마케팅 조사자가 사용하는 자료는 크게 두 가지 종류로 나눌 수 있다. 먼저, **1차 자료** 또는 주자료(primary data) 현재 조사목적에 따라 관찰, 기록, 실험, 설문 등의 방법을 통해 조사자가 직접 응답자로부터 얻는 자료를 말한다. 한 번이라도 제품에 대한 전화 설문조사에 참여했다든지, AC닐슨(ACNielsen)이나 아비트론(Arbitron)에 TV 시청 습관을 기록했다든지, 정치 여론 조사에 응답한 적이 있다면 당신은 조사자에게 1차 자료를 제공한 것이다. 1차 자료는 관찰조사나 설문조사에 의해 수집될 수 있다. 예를 들어 많은 기업이 손님으로 가장한 모니터 요원인 미스터리쇼퍼(mistery shopper)를 소매점에 파견하여 본사의 서비스 기준에 맞는 서비스를 제공하는지 관찰하여 보고하도록 하고 있다. 이 모니터 요원은 매장의 외관, 직원의 효율성, 고객 응대 등에 대한 관찰 내용을 기록하여 기업이 마케팅 전략을 개선하는 데 도움이 되는 유용한 정보를 제공한다.[29] 또한 기업은 설문조사와 포커스 그룹(focus group)을 사용하여 고객의 의견을 수집할 수 있다. 〈표 11-2〉는 MSN머니(MSN Money)가 실시한 최고의 고객 서비스를 제공하는 기업에 대한 설문조사 결과이다. 설문조사의 약점 중 한 가지는 응답자가 자신이 어리석어 보이는 것을 피하기 위해 종종 거짓된 정보를 제공하기도 한다는 것이다. 포커스 그룹 인터뷰(focus group interview)는 설문조사보다 많은 비용이 들어갈 수도 있으나 이 방법을 통해 마케터는 소비자가 자신의 생각을 어떻게 표현하는지 이해하고, 그들의 행동 패턴을 면밀히 관찰할 수 있다.[30]

또 다른 종류의 마케팅 조사는 소비자 행동에 대한 간접적인 관찰 및 개방형 질문을 사용하는 방법이다. 민족지학적 조사 또는 관찰조사라 불리는 이러한 조사 방법은 마케터로 하여금 소비자가 상품에 대해 진정으로 어떻게 생각하는지, 인종 및 다른 인구통계적 특성에 따라 상품에 대한 반응이 어떻게 달라지는지를 파악할 수 있도록 해준다.

2차 자료(secondary data)는 현재 상황을 해결하기 위한 조사 목적이 아닌 다른 조사 목적을 위해 조직의 내·외부에서 이미 수집되어 있는 자료를 의미한다. 마케터는 소비자 정보를 얻기 위해 일반적으로 통계청이나 다른 정부기관에서 수집·정리한 정보, 마케팅 조사 업체에서 제공하는 데이터베이스, 기업 내부의 보고서 등을 활용한다. 예를 들어 NASCAR의 평균 시청률은 2005년 900만 명에서 2016년 460만 명으로 감소했다. 또한 청중은 점점 나이가 들고 있다. 이와 같은 자료는 시청률을 높이기 위한 접근 방식을 결정하기 위한 추가적인 연구의 필요성을 제기하고 있다.[31]

〈표 11-2〉 최고의 고객 서비스를 제공하는 기업

순위	기업	우수성 추구(%)
1	퍼블릭	84
2	칙필레	83
2	H-E-B	83
4	리전스	82
4	하디스	82
4	치폴레멕시칸그릴	82
4	하나포드	82
8	서브웨이	81
8	QVC	81
8	BJ's 홀세일클럽	81
8	에이스 하드웨어	81
8	풋라이언	81
8	트레이더 조우	81

자료: Michael B. Sauter, Thomas C. Frohlich, and Samuel Stebbins, "Customer Service Hall of Fame," 24/7 Wall St., July 23, 2015, http://247wallst.com/special-report/2015/07/23/customer-service-hall-of-fame-2/ (accessed April 28, 2017).

2차 자료
현재 상황을 해결하기 위한 조사 목적이 아닌 다른 조사 목적을 위해 조직의 내/외부에서 이미 수집되어 있는 자료.

온라인 마케팅 조사

상품을 마케팅하고, 사람들이 어떤 상품을 어떻게 구매하는가에 대한 정보와 같은 구매 행동에 관한 자료를 수집하는 것은 미래 마케팅 조사의 핵심이다. 새로운 정보기술은 기업이 고객에 대해 이해하고, 상품을 마케팅하는 방법을 바꾸고 있다. 쌍방향 멀티미디어 조사나 가상 시험은 제품 콘셉트부터 포장과 디자인적 특성까지 시험 가능하도록 시각적, 청각적, 동적인 요소들을 결합해 준다. 텔레커뮤니케이션과 컴퓨터 기술의 발달은 마케팅 조사자들이 쉽고 빠르게 잠재 고객에 대한 막대한 양의 데이터베이스에 접근할 수 있도록 도와주고 있다.

디지털 미디어와 소셜 네트워킹 사이트를 이용한 마케팅 조사 역시 마케팅 의사결정을 내리는 데 필요한 유용한 정보를 제공한다. 트위터, 페이스북, 링크드인과 같은 사이트는 포커스 그룹 인터뷰를 대체할 수 있는 좋은 수단이 될 수 있다. 또한 온라인 설문조사는 우편이나 전화를 통한 설문조사 및 대면 면접 등을 대체할 수 있는 수단이 되고 있다. 실제로 49%의 가정이 휴대폰은 가지고 있지만 유선전화는 없는 것으로 알려져 있다.[32]

커피숍과 레스토랑은 와이파이와 편안한 환경을 제공함으로써 소비자의 구매 행동에 영향을 미치려고 한다. 기업은 퍼플(Purple), 애슬랩(Aislelabs), 옐프(Yelp)와 같은 와이파이 서비스로 고객에 대한 데이터를 수집할 수 있다.

©Image Source

소셜 네트워크는 기업과 상품에 대한 경험을 공유하고자 하는 소비자로부터 정보를 얻을 수 있는 훌륭한 수단이다. 정보를 얻는 과정에서 기업은 특정 상품에 대한 정체성 또는 열정을 가지고 있는 소비자는 물론 상품의 품질이나 성능에 대한 우려를 가지고 있는 소비자를 찾아낼 수 있다. 기업은 온라인 소셜 네트워크에 접속하여 단순히 소비자가 어떤 생각을 하고 있는지 듣기만 하기도 한다. 또한 기업은 소비자가 온라인 커뮤니티에 참여하도록 유도하여 기업과 의견을 나눌 수 있도록 하기도 한다.

소셜 네트워크를 사용함으로써 기업은 새로운 의견을 듣고, 창의성이 요구되는 신상품 및 촉진 전략 개발 과정에서 다양한 시각으로부터의 견해를 얻을 수 있다. 예를 들어 킥스타터(Kickstarter)는 장차 사업가가 되려는 사람들이 자신의 아이디어를 온라인상에 내놓을 수 있는 기회를 제공하고 있다. 투자자는 제시된 아이디어에 대해 투자하며, 완성된 제품을 받거나 대폭 할인된 가격에 구매할지에 대한 여부를 결정한다.[33] 소셜 네트워크는 신상품 개발과정에 소비자가 참여하여 디자인의 다양성을 구축하는 것을 가능하게 해준다.[34]

온라인 설문조사는 시장조사의 중요한 부분이 되고 있다. 전통적으로 온라인 설문조사는 이메일이나 웹사이트를 통해 설문지를 응답자에게 전송하고 응답을 받는 과정을 통해 이루어져 왔다. 하지만 최근 디지털 커뮤니케이션이 발달함에 따라 마케터는 블로그나 소셜 네트워킹 사이트에서 투표 방식으로 조사를 진행할 수 있게 되었다. 온라인 시장조사는 낮은 비용으로 빠른 응답을 얻을 수 있다는 장점을 가진다. 예를 들어 레고(LEGO)는 팬들이 레고 아이디어 크라우드소싱(crowdsourcing) 플랫폼에 레고 세트를 위한 자신만의 아이디어를 제출하도록 권장한다. 다른 팬들은 그 아이디어에 투표할 수 있고, 충분한 투표를 받은 아이디어는 재검토를 거쳐 상품화될 수 있다. 이를 통해 레고는 저렴한 비용으로 열정적인 팬들로부터 창의적인 아이디어를 얻을 수 있는 것이다.[35] 이렇게 소비자의 반응을 관찰함으로써 기업은 고객의 니즈를 이해하고, 그 니즈에 맞추어 상품 또는 서비스를 개선할 수 있다.

마지막으로, 마케팅 분석(marketing analytics)에서는 마케팅 결정을 측정, 해석 및 평가하기 위해 수집한 데이터를 사용하는데, 이를 위해 데이터 추적, 저장, 분석할 수 있는 고급 소프트웨어를 활용한다. 마케팅 분석은 매일의 의사결정에 통합된 회사의 마케팅 활동에서 점점 더 중요한 부분이 되고 있다. 대시보드(dashboard)는 매출, 재고, 제품 정보와 관련된 시각적 정보와 재무 결과와 관련된 주요 성과 지표를 제공하는 데이터 관리 툴이다. 예를 들면, 웨이브 분석(Wave Analytics)은 마케팅 담당자가 모든 장치에서 즉시 볼 수 있는 소프트웨어를 제공한다. 수조 단위의 기가바이트 데이터를 활용할 수 있는 마케팅 분석 능력은 상시적으로 마케팅 조사 결과를 제공해 준다. 미래의 마케팅 분석에서는 마케팅 의사결정의 새로운 방법으로서 인공지능을 활용한 자료변환이 가능해질 것이다. 아이비엠 왓슨

(IBM Watson)은 마케팅 전략을 추진하기 위해 데이터를 보다 효율적이고 정확한 의사결정으로 바꿔주는 기능에 있어 선도적인 위치를 차지하고 있다. 상용고객 프로그램(Frequent-flyer programs)은 항공사들이 개별 고객이 원하는 것을 이해하고, 각 고객의 비행 습관과 회사로부터 기대하는 전반적인 가치에 대한 자료를 사용하여 항공사가 고객에 대한 개별정보를 추적할 수 있도록 해준다. 항공사, 호텔 및 기타 서비스 제공 업체들도 사용자와 고객에게 제공되는 전반적인 가치를 높이기 위해 회사 브랜드의 신용카드를 활용함으로써 점점 더 높은 '고객 점유율'을 확보해 나아가고 있다. 많은 항공사에서는 프리미엄 마일리지를 유지하기 위해 특정 수준 이상의 마일리지를 비행하고 신용카드를 최소금액 이상 사용할 것을 요구한다. 상용고객 프로그램이나 신용카드 프로그램과 같은 관계구축 노력은 고객 가치를 높이는 데 도움이 되는 것으로 나타났다.[36]

구매 행동

소비자가 언제, 어디서, 무엇을, 어떻게 구매하는지 알지 못한다면 마케팅 개념을 실현하는 것은 불가능하다. 그렇기 때문에 마케터는 효과적인 마케팅 전략을 수립하기 위해 소비자 구매 행동에 영향을 미치는 요인을 마케팅 조사를 통해 파악할 필요가 있다. **구매 행동**(buying behavior)이란 제품, 서비스, 아이디어 등을 구매하고, 사용하는 소비자의 의사결정 과정 및 행동을 말한다. 구체적으로 소비자 행동은 개인과 가계를 위해 상품을 구매하는 소비자와 산업재를 구매하는 조직 구매자 모두를 포함하는 개념이다. 마케터가 소비자의 구매 행동을 분석하는 이유는 기업의 마케팅 전략이 구매자에 대한 이해에서 출발해야 하기 때문이다. 예를 들어 남성의 쇼핑 습관이 변하고 있다. 과거 남성의 쇼핑은 정해진 것만 빠르게 구매하는 방식으로 이뤄졌다. 오늘날, 그들은 충동적으로 더 많은 옷을 구입하고, 스타일에 대한 아이디어를 얻기 위해 웹사이트나 휴대폰을 검색하고, 새로운 브랜드를 시도하는 경향이 나타나고 있다. 그 결과, 삭스(Saks)나 바니(Barney's) 같은 소매상들은 자사 매장에서 남성복 부문을 확장하기 시작했다.[37] 심리적 변인과 사회적 변인 모두 소비자 구매 행동을 이해하는 데 도움이 되는 주요한 변인이다.

> **구매 행동**
> 제품, 서비스, 아이디어 등을 구매하고 사용하는 소비자의 의사결정 과정 및 행동.

구매 행동의 심리적 변인

심리적 변인은 다음과 같은 몇 가지 요소를 포함한다.

- **지각**(perception)은 인간이 자신의 감각을 통해 정보를 선택하여 구조화하고 해석하는 과정이다. 우리는 광고를 보거나 제품을 만져봄으로써 제품에 대해 보다 잘 이해할 수 있다.

> **지각**
> 인간이 자신의 감각을 통해 정보를 선택하고 구조화하고 해석하는 과정.

- **동기**(motivation)는 9장(종업원 동기부여)에서 살펴본 바와 같이, 특정 목표를 성취하기 위한 인간의 행동을 지휘하는 내적 욕망을 말한다. 소비자 행동은 하나의 동기보다는 여러 동기의 집합에 의해 영향을 받는다. 예를 들어 태블릿 컴퓨터 구매자는 사용 용이성, 사무실과 원활한 소통을 위한 기능, 가격 등 다양한 동기의 영향

> **동기**
> 특정 목표를 성취하기 위한 인간의 행동을 지휘하는 내적 욕망.

을 받을 것이다.

학습
정보와 경험을 토대로 발생하는 행동의 변화.

- **학습**(learning)은 정보와 경험을 토대로 발생하는 행동의 변화로 정의할 수 있다. 예를 들어 디지털 뉴스나 잡지 기사를 제공하는 스마트폰 앱은 인쇄판에 대한 니즈를 없애버릴 수 있다. 만약 한 사람의 행동에 대한 결과가 보상으로 이어진다면 그 사람은 비슷한 상황에서 같은 행동을 취할 가능성이 높다. 반대로 만약 한 사람의 행동에 대한 결과가 부정적 결과로 이어진다면(예를 들어 특정한 식당에서 밥을 먹고 아프다거나) 그 사람은 이 행동을 반복하지 않을 것이다.

태도
특정 대상에 대한 지식 및 긍정적 혹은 부정적 생각이나 느낌.

- **태도**(attitude)는 특정 대상에 대한 지식 및 긍정적 혹은 부정적 생각이나 느낌을 말한다. 예를 들어 자연을 보호하는 것에 큰 책임감을 느끼고 있는 사람은 지구나 지구의 생물을 해하는 제품을 구매하지 않을 것이다.

개성
개인을 다른 사람과 구분할 수 있도록 해주는 특성, 성향, 태도, 습관 등의 조합.

- **개성**(personality)은 개인을 다른 사람과 구분할 수 있도록 해주는 특성, 성향, 태도, 습관 등의 조합을 말한다. 비록 개성과 구매 행동의 관계가 아직 연구에 의해 명백히 밝혀지지는 않았지만, 일부 마케터는 소비자가 구매하는 차나 옷이 그 사람의 개성을 반영한다고 믿는다.

구매 행동의 사회적 변인

사회적 역할
개인의 위치와 지위를 기반으로 한 일련의 사회적 기대와 요구.

사회적 요인은 **사회적 역할**(social roles), 즉 개인의 위치와 지위를 기반으로 한 일련의 사회적 기대와 요구를 포함한다. 사회적으로 한 사람은 어머니, 아내, 학생, 경영인 등 여러 역할을 수행한다. 각각의 역할은 개인의 구매 행동에 영향을 미친다. 자동차를 고르는 여성을 생각해 보자. 그녀의 아버지는 볼보와 같이 안전하고 연비가 좋은 자동차를 구입하라고 조언한다. 그녀의 직장 동료들은 그녀에게 차를 사지 말고 대중교통과 우버를 이용하라고 권유할지도 모른다. 밀레니엄 세대(18세에서 34세 사이)는 자신의 모습을 나타내는 차량을 선호하는 경향이 있기 때문에, 외출을 자주하는 18세 아들은 캠핑 여행을 하기 위한 포드 익스플로러를 구입하기를 원하는 반면, 20세 된 딸은 포드 머스탱과 같은 멋지고 품격 있는 차를 사야 한다고 생각할 것이다.[38] 이처럼 어떤 차를 구매할지 고르는 과정에서 그녀의 구매 행동은 가족과 친구의 의견과 경험뿐만 아니라 어머니, 딸, 직장인으로서 사회적 역할에 의해 영향을 받을 수 있다.

또 다른 주요 사회적 요인으로는 준거집단, 사회계층, 문화를 들 수 있다.

준거집단
구매자가 자신의 태도와 행동의 근거로 삼고자 하는 관점과 가치를 제공하는 집단.

- **준거집단**(reference group)은 구매자가 자신의 태도와 행동의 근거로 삼고자 하는 관점과 가치를 제공하는 집단으로, 가족, 전문가 집단, 시민 단체 등을 포함한다. 사람들은 준거집단을 비교 대상 또는 정보 원천으로 사용한다. 예를 들어 한 지역사회에 새로 이사 온 사람은 그 지역의 주민에게 괜찮은 가족 주치의를 추천해 달라고 부탁할 수 있을 것이다.

사회계층
한 사회 내에서 능력이나 지위의 차이에 따라 구분된 유사한 수준의 지위를 차지하는 구성원들의 계층적 집단 (예: 상류층, 중류층, 하류층).

- **사회계층**(social class)은 한 사회 내에서 능력이나 지위의 차이에 따라 구분된 유사한 수준의 지위를 차지하는 구성원들의 계층적 집단을 말한다. 사회계층을 나누는 기준은 사회마다 다르다. 특정 사회계층에 속한 사람들은 비슷한 패턴의 행동을 나타

내는 경우가 많다. 예를 들어 중산층에 속하는 사람들은 아마도 그들의 사회계층을 나타내기 위한 상징물로서 렉서스(Lexus)나 BMW 자동차를 구매할 것이다.

- **문화**(culture)는 지식, 생각, 언어, 신념, 도덕, 행동, 관습, 법률, 인공물 등 사회의 구성원으로서 개인이 습득하는 인간 행동 양식의 총체라고 할 수 있다. 문화는 사람들이 무엇을 입고, 먹고, 어디에 살고, 어디로 여행을 갈지 등을 결정하는 데 영향을 미친다. 예를 들어 미국 텍사스주 또는 뉴멕시코주에 거주하는 많은 라틴계 이민자는 미국 남서부 요리나 멕시칸 요리의 기본이 되는 또띠아(tortilla)를 만드는 데 사용되는 반죽인 마사 트리고(masa trigo)를 구매할 것이다.

문화
지식, 생각, 언어, 신념, 도덕, 행동, 관습, 법률, 인공물 등 사회의 구성원으로서 개인이 습득하는 인간 행동 양식의 총체.

구매 행동의 이해

마케터는 소비자의 구매 행동을 이해하기 위해 끊임없이 노력한다. 하지만 구매자가 특정 상품을 구매하는 정확한 이유를 설명하는 것은 매우 어려운 일이다. 소비자를 분석하는 도구와 기법은 정확히 정해져 있는 것이 아니다. 마케터가 정확히 어떤 것이 소비자에게 높은 만족감을 주는지 밝혀내는 것은 불가능할 수도 있다. 하지만 마케터는 소비자의 니즈를 이해하려고 노력하는 것만이 그들을 만족시킬 수 있는 최선의 방법이라는 것을 알고 있다. 예를 들어 메리어트 인터내셔널(Marriott International)의 혁신 연구소는 밀레니엄 세대와 다른 표적고객층을 위한 새로운 호텔 디자인을 검증하였다. 와이파이, 조명 및 방음 장치가 여행자들이 가장 원하는 특징 중 하나로 나타났다. 또 다른 추세는 여행자들이 가방을 풀지 않는다는 것이었다. 따라서 메리어트는 공간을 절약하기 위해 옷장 크기와 옷걸이 수를 줄이기 시작했다.[39]

마케팅 환경

학습목표 11-7

정치, 법률, 규제, 사회, 경쟁, 경제, 기술 환경 등 직·간접적으로 마케팅 전략 수립에 영향을 미치는 다양한 외부적 환경 요인이 존재한다.

- **정치적, 법적 영향**: 법과 규제 기관의 법에 대한 해석, 법률 집행 및 규제 활동, 규제 기관, 입법자와 제정법, 정치적 행위와 이해 집단. 예를 들어 법은 광고가 진실해야 하며 건강과 관련한 모든 주장은 입증된 사실이어야 한다고 규정하고 있다.
- **사회적 영향**: 삶의 기준, 윤리, 환경, 라이프 스타일, 삶의 질 등의 이슈와 관련한 공중의 의견과 태도. 예를 들어 장난감의 안전성에 대한 사회적인 우려는 마케터가 더 안전한 장난감을 디자인하여 시장에 내놓도록 만들었다.
- **경쟁적, 경제적 영향**: 기술 산업, 실업 문제, 구매력, 일반적인 경제 상황(번성기, 불황기, 경기 침체, 회복기, 물자 부족, 인플레이션) 등과 관련한 경쟁적인 관계.
- **기술적 영향**: 유통, 촉진, 신제품 개발 등을 향상시켜주는 컴퓨터를 비롯한 기타 기술적 진보

환경적 요인이 매우 빠르고 극단적으로 변할 수 있기 때문에 마케팅은 창의력을 요하며 소비자 중심적이어야 한다. 환경의 변화는 사회적 문제는 물론 가격 인상, 물자 부족, 변화하는 원자재 수요 등의 경제적 문제에서 기인할 수도 있다. 최근 기후 변화, 지구 온난화, 탄소 배출 등이 큰 사회적 문제가 되고 있다. 이러한 사회적 문제는 기업의 마케팅 전략에도 영향을 미치고 있다. 예를 들어 미국 정부는 온실가스 배출을 엄격하게 제한하고, 자동차 제조사는 2025년까지 차량의 연료 효율을 갤런당 54.5마일(MPG)까지 높이도록 의무화하였다.[40] 이러한 규제는 GM과 같은 자동차 제조사가 가격 인상 없이 연료 효율이 높은 차량을 만들어 내도록 하고 있다. 뉴스위크지는 매년 "녹색 기업"의 순위를 정한다. 최근 상위권에 오른 업체로는 하스보로(Hasboro Inc.), 나이키(Nike), 허쉬(Hershey Co.), 엔비디아(NVIDIA Corp.), 바이오젠(Biogen Inc.) 등이 있다.[41]

이와 같이 환경적 영향 요인은 서로 연결되어 있기 때문에, 하나의 변화는 또 다른 변화를 야기할 수 있다. 예를 들어 탄산음료 및 패스트푸드 소비량이 어린이의 비만, 당뇨, 골다공증과 같은 건강 문제와 상관관계가 있다는 사실이 증명되자 이러한 제품에 대한 부정적인 언론과 함께 공립학교에 탄산음료 납품을 규제하는 법률을 재정해야 한다는 목소리가 높아졌다.

마케팅 환경에서 이러한 영향 요인을 모두 통제하는 것은 불가능하겠지만 그렇다고 완전히 통제 불가능한 것도 아니다. 마케팅 관리자가 영향을 미칠 수 있는 환경 요인도 존재한다. 예를 들어 기업은 자사에 불리한 법이 통과되는 것을 막기 위해 입법자를 대상으로 로비를 할 수 있다. 사회적 책임의 관점에서, BMW와 같은 기업들은 사회에 긍정적인 기여를 하기 위해 노력한다. BMW 최고의 운전(BMW Ultimate Drive) 프로그램은 유방암에 대한 인식을 높이고 유방암 연구 기금을 마련하기 위해 미국 전역을 운전하는 특별 마크가 표기된 BMW 차량을 운행한다. BMW는 이 프로그램 참가자들에 의해 시험 운전되는 1마일(mile)마다 1%를 수잔 G. 코멘 유방암 재단(Susan G. Komen Breast Cancer Foundation)에 기부한다.[42] 〈그림 11-4〉는 구매자와 마케팅 믹스에 영향을 미치는 마케팅 환경 변수를 보여준다.

〈그림 11-4〉 마케팅 믹스와 마케팅 환경

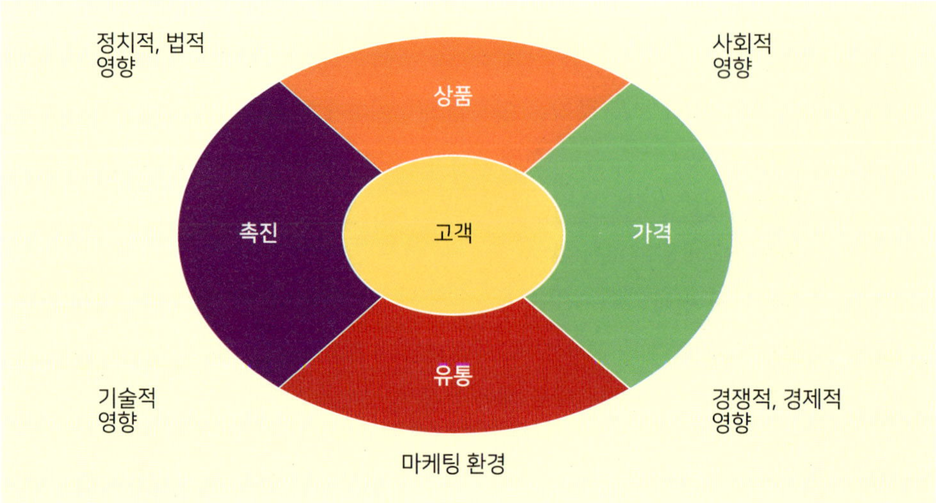

기업과 사회에 있어 마케팅의 중요성

이 장에서 알 수 있듯이 마케팅은 소비자에게 다가가고, 그들과의 관계를 형성하고, 판매를 촉진하는 데 필수적인 기능을 한다. 몇몇 비평가는 마케팅을 소비자가 원하는 것을 바꾸어 놓는 수단으로 보지만, 마케팅은 상품 또는 서비스의 가치를 소비자에게 전달하는 본질적인 수단이다. 소비자의 입장에서 마케팅은 그들이 원하는 상품을, 적절한 장소에서, 적절한 양으로, 합리적 가격에 구매할 수 있도록 해주는 필수적인 활동이다. 기업의 입장에서 마케팅은 고객과의 가치 있는 관계를 형성함으로써 고객 지원을 향상시키고, 나아가 수익성을 높이기 위한 필수적인 활동이다.

영리기업만이 마케팅 활동을 펼치는 것은 아니다. 비영리 조직 및 정부 기관들뿐만 아니라 개인도 인지도를 확보하고, 원하는 목표를 달성하기 위해 마케팅 활동을 펼쳐야 한다. 모든 조직은 자신의 표적시장에 도달해야 하고, 상품에 대해 소통해야 하며, 고품격 서비스를 제공해야 한다. 예를 들어 비영리단체인 백혈병과 림프종 협회(The Leukemia and Lymphona Society)는 인쇄물, 라디오, 웹사이트 등을 비롯한 다양한 매체를 활용하여 팀인트레이닝(Team in Training) 이벤트를 홍보함으로써 프로그램 참가자를 모집하고 도움을 구한다. 마케팅 활동 없이 이러한 조직이 표적 청중에게 도달하는 것은 거의 불가능하다. 그러므로 마케팅은 기업과 사회의 안녕에 기여하는 중요한 활동이라고 할 수 있다.

이해력 검토 Review Your Understanding

마케팅을 정의하라.

마케팅은 거래를 일으키기 위해 제품, 서비스, 아이디어 등을 개발하고, 그에 대한 가격책정, 유통 및 판매를 촉진하는 일련의 활동을 말한다.

마케팅의 교환 과정을 설명하라.

마케팅은 교환, 즉, 다른 어떤 것(제품, 서비스, 또는 아이디어 등)을 얻기 위해 다른 한 가지(돈, 노동, 제품 등)를 포기하는 행위를 용이하게 한다. 마케팅의 핵심은 고객의 니즈를 만족시키는 것이다.

마케팅의 기능을 설명하라.

마케팅은 구매, 판매, 운송, 보관, 등급 책정, 자금 조달, 마케팅 조사, 위험 부담 등 서로 밀접한 관계에 있는 다양한 활동을 포함한다.

마케팅 개념에 대해 설명하고, 마케팅 개념이 마케팅 전략 개발에 미치는 영향을 설명하라.

마케팅 개념이란 기업은 조직적 활동을 통해 잠재 고객의 욕구 발견 및 욕구 충족 그리고 이를 기반으로 기업의 목표를 달성해야 한다는 마케팅 관리 이념이다. 만약 기업이 목표를 달성하기 위해 소비자 니즈와 욕구를 충족시키는 상품을 제공함으로써 구현할 수 있는 마케팅 개념을 채택하지 않는다면 그 기업은 살아남기 어려울 것이다.

시장 세분화, 마케팅 믹스 등을 포함하는 마케팅 전략 개발에 대해 설명하라.

마케팅 전략은 표적시장(한 기업이 특정 마케팅 프로그램을 수행함에 있어 욕구를 만족시키고자 하는 특정 소비자 집단)의 욕구를 충족시키기 위해 마케팅 믹스(제품, 가격, 유통, 촉진)를 개발하는 전략적 계획이다. 몇몇 기업은 한 가지 마케팅 믹스로 해당 시장 내 모든 구매자를 동시에 공략하는 전략인 전체시장 접근 방법을 사용한다. 하지만 대부분의 기업은 시장 세분화를 이용하여 전체 시장을 비교적 유사한 욕구를 가지고 있는 몇 개의 집단으로 분류한다. 시장 집중 접근 방법을 채택한 경우 기업은 단 하나의 세분시장을 위한 하나의 마케팅 믹스 전략을 개발한다. 반면, 복수 세분시장 접근 방법을 채택한 경우 마케터는 둘 이상의 세분시장을 선택하고, 각각의 세분시장을 위한 마케팅 믹스 전략을 개발하여 복수의 세분시장을 공략한다.

마케터가 어떻게 마케팅 조사를 시행하고, 소비자 구매 행동을 연구하는지 설명하라.
소비자가 언제, 어디서, 어떻게, 어떤 제품을 구매하는지 파악하지 못한다면 마케팅 개념을 구현하는 것은 불가능하다. 마케팅 조사를 통해 마케터는 구매 행동의 요인을 파악할 수 있고, 이를 통해 효과적인 마케팅 전략을 수립할 수 있다. 마케팅 조사는 마케팅 의사결정을 위해 잠재 고객에 대한 정보를 객관적이고 체계적인 방법으로 수집하고 분석하는 과정이다. 구매 행동은 상품을 구매하고 사용하는 사들의 의사결정 과정과 행동을 말한다.

마케팅 의사결정에 영향을 주는 환경적 요인을 요약하라.
정치, 법률, 규제, 사회, 경쟁, 경제, 기술 등 마케팅 활동에 영향을 주는 다양한 외부 환경 요인이 존재한다.

기업의 마케팅 계획과 함께 문제 해결 방안을 제시하라.
이 장에서 다룬 내용에 의거하여 '딜레마 해결'에 제시된 질문에 답하고, 해당 기업이 어느 부분에서 잘못을 했으며 어떻게 바로잡을 수 있을지에 대해 논의한다.

도입사례 재검토

1. 달러 제너럴은 어떻게 많은 경쟁 상대가 간과한 독특한 틈새시장 공략에 성공했는가?
2. 달러 제너럴은 낮은 가격을 유지하기 위해 어떻게 비용을 낮게 유지할 수 있었는가?
3. 달러 제너럴과 같은 상점들은 변동하는 경제 환경 속에서 다른 상점들과 어떻게 다른가?

진도 평가 Check Your Progress

1. 마케팅이란 무엇인가? 마케팅은 어떻게 교환을 촉진하는가?
2. 마케팅의 기능을 나열하라. 조직은 목표 달성을 위해 어떻게 마케팅 활동을 이용하는가?
3. 마케팅 개념이란 무엇인가? 마케팅 개념이 중요한 이유는 무엇인가?
4. 마케팅 전략이란 무엇인가?
5. 시장 세분화란 무엇인가? 세 가지 표적시장 전략에 대해 설명하라.
6. 마케팅 믹스의 변수를 나열하라. 각각의 변수는 마케팅 전략에서 어떻게 사용되는가?
7. 조직이 전략을 개발하고 계획함에 있어 마케팅 조사와 정보 시스템이 중요한 이유는 무엇인가?
8. 구매 행동에 영향을 미치는 요인에 대해 간략히 설명하라. 구매 행동에 대한 이해는 어떻게 마케터를 도울 수 있는가?
9. 기술적, 정치적, 법률적 환경 요인이 시장에 미치는 영향에 대해 설명하라.

현장 기술 개발 Build Your Skills

마케팅 믹스

배경. 당신은 마케터가 특정 목표를 달성하기 위해 선택 가능한 네 가지 변인(상품, 촉진, 가격, 유통)에 대해 학습하였다. 이 연습문제를 통해 당신은 몇몇 잘 알려진 기업의 마케팅 전략을 분석하고, 기업이 목표를 달성하기 위해 어떤 변인에 가장 집중하였는지 파악해 보는 기회를 얻을 것이다.

과제. 3~5명으로 구성된 그룹으로 모여 아래 예에 대해 논의하고, 어떤 변인이 가장 강조되었는지 결정하라.

A. 상품 B. 유통 C. 촉진 D. 가격

______ 1. 스타벅스는 3만여 개 이상의 슈퍼마켓에 접촉하기 위해 크래프트푸드(Kraft Foods)와 계약을 통해 프리미엄 커피를 판매하기 시작했다.

______ 2. 스카이프(Skype)는 소비자가 웹에서 통화를 할 수 있도록 해주는 소프트웨어 애플리케이션이다. 일반전화나 휴대전화 요금은 분당 2센트 정도인 반면, 스카이프를 통한 전화통화는 무료이다.

______ 3. 애플은 큰 기대와 함께 아이패드를 출시했고, 3개월 만에 3백만 대 이상을 판매하였다. 이 얇은 태블릿 컴퓨터는 e북을 읽고, 영화를 보고, 게임을 하는 수단에 주요한 진보를 가져왔다.

______ 4. 80%의 미국 가정에 WD-40이 있다. 이는 다른 어떤 브랜드보다 높은 수치이다. 비록 WD-40이 삐걱거리는 소리를 방지하고, 금속을 보호하며, 녹슨 부분은 느슨

하게 하고, 끈적거림이 없는 제품으로 홍보되었으나, WD-40 회사는 물고기를 잡기 위한 미끼에 제품을 사용한 고객, 애완견의 피부병을 고치기 위해 제품을 사용한 고객, 관절염 치료를 위해 제품을 사용한 고객 등으로부터 편지를 받았다. WD-40의 제품 라인을 늘리자는 200건 이상의 제안 및 포장과 라벨을 교체하자는 아이디어에도 불구하고, 그들의 성공적이고 높이 평가되는 원 제품을 고수하고 있다.

______ 5. 사우스웨스트 항공사는 비행을 즐겁게 해준다. 승무원들은 탑승객을 즐겁게 하려 노력하고, 항공사는 흠잡을 데 없는 고객 서비스 기록을 가지고 있다. 직원이 즐겁게 일하는 것이 훌륭한 고객 서비스라는 점을 강조하는 수업을 듣는다.

______ 6. 휴렛패커드는 레이저제트 토너 카트리지를 함께 구매할 경우 HP 레이저제트 프린터 가격인 799달러 중 100달러를 환불해 주었다. 환불을 받기 위해서는 구매 증명서를 우편으로 보내야 한다. 또한 USA TODAY에는 "100달러를 깎아 드립니다." 광고를 쿠폰과 함께 게재하였다.

______ 7. 미국에서 가장 큰 패밀리 레스토랑인 데니스(Danny's)는 하루에 100만 명 이상의 손님이 방문한다. 이 식당에서는 '당신만의 그랜드슬램 아침식사를 만들어 보세요'라는 메뉴를 7.15달러에 제공하며, 스페셜 런치 바스킷을 4~6달러에, 알뜰 메뉴를 2~8달러에 판매하고 있다.

딜레마 해결Solve the Diemma

성공할 것인가?

벤투라 모터스(Ventura Motors)는 미국의 중형 럭셔리 자동차를 만든다. 베스트셀러 모델은 기본 4도어 세단(20,000~25,000달러)과 2도어와 4도어 럭셔리 자동차(40,000~55,000달러)가 있다. 마즈다(Mazda) RX-8와 같은 2인승 스포츠카가 성공을 거두자 벤투라 모터스는 중간과 고급의 중간 정도 가격대에 속한 2인승 스포츠카에 관심을 가지고 시장을 분석하기 시작했다. 조사 결과 상당한 시장에 수요가 존재했으며, 이러한 시장 기회를 잡기 위해 벤투라는 신속히 행동할 필요가 있었다.

벤투라는 자사 제품 중 중간 라인에 속한 인기 모델의 플랫폼을 기반으로 럭셔리 라인의 내부 디자인을 적용한 새로운 모델을 개발하였다. 벤투라는 2년 만에 새 모델을 디자인하고, 제작하여, 생산하였다. 하지만 계획된 디자인을 구현하기 위해서는 조정이 불가피했고, 예상보다 높은 비용이 소요되었다. 결국 올림푸스(Olympus)라 명명된 이 2인승 자동차의 가격은 32,000달러에 책정되었다. 자동차 딜러들은 이 차를 인수하려 안달이 나 있었으며, 판매원들은 이 새 모델 판매를 위해 기술적으로 잘 훈련되어 있었다.

하지만, 초기 판매는 부진했고, 벤투라의 경영진은 이 예상치 못한 상황에 당황을 금치 못했다. 올림푸스는 비교적 빨리 시장에 출시되었고, 모든 벤투라 딜러샵에서 구매 가능했다. 또한 벤투라는 올림푸스의 가격을 중급 모델과 고급 모델의 중간 정도로 책정하였고, 이를 적극적으로 홍보하였다

토의 주제

1. 올림푸스 2인승 스포츠 쿠페의 주요 문제점은 무엇인가? 마즈다 RX-8가 훨씬 낮은 가격에 판매되고 있음을 고려할 때, 32,000달러짜리 2인승 스포츠카를 위한 시장은 존재하는가?
2. 올림푸스 출시에 있어 마케팅 믹스의 역할을 평가하라.
3. 자동차 제조업체가 특정 차량의 판매를 촉진시키기 위해 사용하는 마케팅 전략에는 어떤 것이 있는가?

사업 계획서 작성Build Your Business Plan

고객 지향적 마케팅

첫 번째 단계는 당신의 상품 또는 서비스를 위한 마케팅 전략을 수립하는 것이다. 당신이 공략할 특정한 표적시장은 누구인가? 당신의 제품을 필요로 하고, 구매할 능력과 의지가 있는 사람은 어떤 그룹의 사람들인가? 표적시장의 고객을 어떻게 세분화할 것인가? 보통은 인구 통계적, 지리적 변수를 기준으로 시장을 세분화하는 것이 가장 쉬운 방법이다. 각 세분시장의 고객은 충분히 동질적이고 접근이 가능해야 한다는 사실을 기억하라. 만약 당신의 상품 또는 서비스가 폭넓은 소비자의 관심을 끌 수 있다고 생각된다면 여러 세분시장을 목표로 할 수도 있다.

마케팅 전략 수립의 두 번째 단계는 상품 또는 서비스를 위한 마케팅 믹스를 개발하는 것이다. 이미 알려진 제품을 다루는지 당신만의 제품을 만들었는지에 관계없이 당신의 제품

이 제공하는 차별적 이점이 무엇인지 생각해야 한다. 무엇이 당신의 제품을 특별하게 만드는가? 가격은 어떤 수준에서 책정되어야 하는가? 시세보다 낮게 책정되어야 하는가, 높게 책정되어야 하는가, 아니면 시세대로 책정되어야 하는가? 당신의 제품을 어떻게 유통할 것인가? 마지막으로 당신의 제품을 위한 촉진 전략을 수립해야 한다.

또한 당신이 알고 있어야 하는 통제 불가능한 변수는 무엇인가? 당신의 제품은 기술적으로 끊임없이 진보할 수 있는 제품인가? 당신의 제품은 경제가 침체 상태에 있을 때 소비자가 구매를 고려하지 않을 사치품인가?

12 마케팅 전략의 주요 차원

학습목표

12-1 마케팅 믹스에서 상품의 역할, 즉 상품이 어떻게 개발되고 분류되고 식별되는지에 대해 살펴본다.

12-2 '가격'을 정의하고, 마케팅 믹스에서 가격의 중요성 및 기업이 사용할 수 있는 다양한 가격 전략에 대해 살펴본다.

12-3 마케팅 채널 결정, 시장 커버리지 전략 등 유통과 관련한 의사결정에 영향을 미치는 요인을 알아본다.

12-4 홍보 전략, 포지셔닝 등 프로모션에 포함되는 활동에 대해 알아본다.

12-5 기업의 마케팅 전략 기획을 평가한다.

©McGraw-Hill Education

도입사례 :: 할리데이비슨과 신제품

베이비붐 세대가 주요 고객이긴 하지만, 할리데이비슨(Harley-Davidson)은 더 젊은 고객층을 확보해야 한다고 생각하고 있다. 그러기 위해서는 젊은 세대가 할리를 부모 세대의 브랜드라고 생각하지 않도록 투자를 하는 것이 필요하다. 그러나 할리는 전통적인 제품이 평균 30,000달러가 넘기 때문에 많은 젊은이가 쉽게 접근하기 어렵다.

할리데이비슨은 이런 문제를 자사의 제품에 불필요한 것을 쏙 빼서 젊은이들에게 적당한 모터사이클을 개발함으로써 해결하려고 한다. 젊은이들을 겨냥한 모터사이클의 목표가격은 7,500달러이다. 이렇게 가격을 낮추기 위해 이런 모터사이클은 연료측정기나, 속도계, 혹은 시계가 없고, 대신 아주 적은 연료만 사용하는 전구만 사용한다. 이 제품은 가격에 민감한 브라질, 남아프리카, 인도에서 매우 인기가 높았다

많은 자동차 회사처럼, 할리데이비슨은 정부나 소비자가 지속가능성에 대해 관심을 가질수록 전기차가 전통적인 자동차를 대신하게 될 것을 알게 되었다. 2016년에 할리데이비슨은 라이브와이어(Livewire)라는 전기 모터사이클을 출시하였다. 이 모터사이클 제조업체는 앞으로 10년간 전체적으로 전기로 구동이 되는 100개의 새로운 모터사이클을 만들 계획을 발표했다. 부사장 빌 데이비슨(Bill Davision)은 전기 모터사이클이 할리데이비슨의 미래 성공의 열쇠가 될 것이라고 믿는다.

젊은 고객으로부터 최근에 성공하고는 있지만, 젊은 고객은 딜러로부터 새 제품을 사기보다는 중고제품을 산다. 그래서 할리는 허가받은 딜러들에게 더욱 많은 중고 모토사이클을 팔

수 있도록 권장하고 있다. 비록 할리에게 최근에 많은 도전이 있었지만, 마케팅을 전문화하고 목표를 적극적으로 조정하고 있기 때문에 더 큰 기회가 다시 올 것으로 기대된다.[1]

도입

마케팅 전략 수립의 핵심은 표적시장을 선택하고, 고객과의 장기적 관계를 만들어 내는 마케팅 믹스를 유지하는 데 있다. 만약 기업이 표적고객을 만족시키고 그들의 목표를 달성하고자 한다면(마케팅 개념의 수행), 제품, 가격, 홍보, 유통의 적절한 믹스를 정하는 것이 매우 중요하다.

11장에서는 마케팅 개념을 소개하고, 마케팅 전략 수립에 있어서 중요한 활동에 대해 알아봤다. 이 장에서는 마케팅 전략 수립에 사용되는 마케팅 믹스의 네 가지 차원인 제품, 가격, 유통, 홍보에 대해 살펴볼 것이다. 이러한 마케팅 믹스 요소들은 고객관계를 구축하고, 고객 만족을 추구하는 마케팅 전략 수립에 초점을 둔다.

마케팅 믹스

마케팅 믹스는 조절 가능한 변수에 대한 의사결정을 포함하는 마케팅 전략의 한 부분이다. 표적시장을 선정했다면 마케터는 표적시장 내에서 자사가 경쟁자보다 우위를 차지하도록 하기 위해 마케팅 믹스의 차원을 개발하고 관리해야 한다. 성공한 기업은 대부분 마케팅 믹스의 차원 중 적어도 한 차원은 시장 내 모든 경쟁자를 능가하여 고객의 기대를 충족시킬 수 있는 가치를 제공하도록 개발한다. 하지만 이는 기업이 마케팅 믹스의 다른 차원을 무시해도 된다는 의미는 아니다. 다른 차원들 역시 고객이 수용 가능하고, 경쟁자와 차별화될 수 있도록 개발되어야 한다.

예를 들어 월마트는 "돈은 절약하고, 삶의 질은 높이세요(Save money, live better)"라는 슬로건과 함께 가격을 강조해 왔다. 프록터앤갬블(Procter & Gamble)은 타이드(Tide), 치어(Cheer), 크레스트(Crest), 아이보리(Ivory), 헤드앤숄더스(Head & Shoulders) 등의 인기 브랜드에 대한 활발한 홍보 활동으로 유명하다. 많은 성공적 마케팅 전문가가 광고 전문가와 함께 고객이 기억하기 쉬운 광고어를 개발하기 위해 노력하고 있다. 캠벨 스프의 "Mmm Mmm Good", 맥도널드의 "I'm love it", 그리고 코카콜라의 "I'd like to teach the world to sing"은 대표적인 광고 카피이다.[2] 마지막으로, 아마존은 아주 효율적인 배송 시스템으로 성공하게 되었다.

학습목표 12-1

상품 전략

앞서 언급한 바 있듯, 상품(product)은 제품, 서비스, 아이디어 등을 포함하는 개념이다. 상품은 마케팅 믹스 차원 중 가장 가시적인 요소이므로 상품과 관련한 의사결정은 매우 중요하다. 이 장에서는 상품의 개발, 분류, 믹스, 수명주기, 식별 등에 대해 살펴보도록 ㅏㅎㄴ다.

신상품 개발

매년 수천 개의 상품이 시장에 출시되지만 그중 성공하는 상품은 극소수에 불과하다. 이미 성공한 기업도 실패하는 제품을 내놓기도 한다. 예를 들어 미니쿠퍼(Mini Cooper)는 쿠퍼(Coupe)와 로드스터(Roadster) 모델을 제조라인이 포화되어 생산을 중단하였다.[3] 〈그림 12-1〉은 상품 개발의 단계를 보여준다. 기업은 신상품 출시 전에 반드시 아이디어 개발, 새로운 아이디어 심사 및 선별, 사업 분석, 상품 개발, 시험 마케팅, 상업화 등 여러 단계의 과정을 따라야 한다. 일반적으로 기업이 한 상품을 개발하여 시장에 출시하기까지는 상당한 시간이 소요된다. 예를 들어 복사기가 출시되기까지는 20년 이상의 시간 걸렸다. 또한 많은 아이디어나 제품 원형(prototype)이 기약 없이 출시가 보류되기도 한다.

애플의 전 CEO인 스티브 잡스는 당시 제품 개발 단계에 있던 아이폰에 앞서 아이패드를 먼저 시장에 출시할 예정이었다. 그러나 개발한 스크롤링(scrolling) 장치가 휴대폰 개발에 사용될 수 있다는 점을 알게 되었고, 아이패드 출시를 잠시 뒤로 미루게 된다. 이후 애플은 다시 아이패드 제품 개발을 완료하였고, 2010년 아이패드를 출시하였다.[4]

〈그림 12-1〉 상품 개발 프로세스

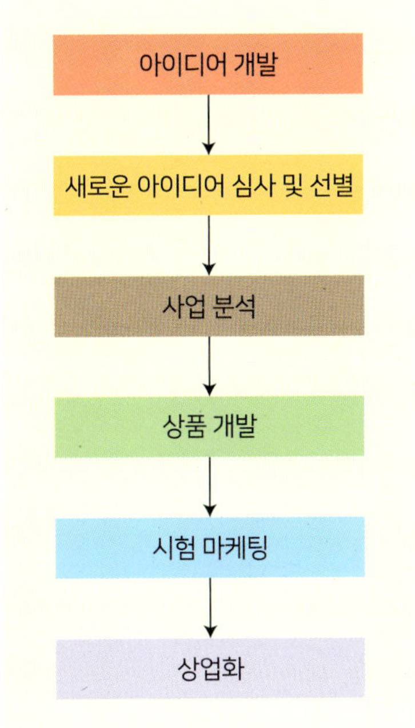

아이디어 개발. 새로운 아이디어는 마케팅 조사 및 기술자 등의 내부 원천은 물론 광고업체나 경영 컨설턴트 같은 외부 원천으로부터 얻을 수도 있다. 나이키에는 미래의 기술을 개발하기 위해 과학자, 운동선수, 기술자, 디자이너가 함께 일하는 '나이키스포츠연구실(Nike Sports Research Lab)'이라는 특별 부서가 있다. 이 팀은 혁신적인 제품을 만들기 위해 생체역학, 인지, 운동수행능력, 생리학 등에 대한 아이디어를 연구한다. 최종 제품은 시장 출시 전 환경챔버(environmental chamber)(여러 가지 다른 주위 환경의 조건을 모방하기 위하여 습도, 온도, 압력, 유체용적, 소음 및 운동 등을 조절할 수 있는 밀폐된 방)에서 실제 운동선수가 제품을 착용하고 제품의 기능 및 품질 검증 테스트를 거친다.[6] 아이디어는 고객으로부터 나오기도 한다. 또한 브레인스토밍, 좋은 아이디어에 대한 장려금이나 보상도 좋은 아이디어의 원천이 될 수 있다. 새로운 아이디어는 기업을 만들 수도 있다. 1992년 제프 베조스는 인터넷으로 책을 판매하겠다는 아이디어를 떠올렸다. 그러나 그는 이 아이디어가 세계에서 가장 큰 온라인 소매상으로 발전할 것이라고는 상상하지 못했다. 베조스는 상사에게 이 아이디어를 납득시키는 데 실패하자 회사를 그만 두었고, 아마존을 창립했다.[7]

메이필드 로보틱스(Mayfield Robotics)는 가정용 로봇 큐리(Kuri)를 개발했다. 큐리에 대한 아이디어는 가정용 보안 로봇을 개발한 카이젠 샤오(Kaijen Hsiao)와 사라 오젠토스키(Sarah Osentoski)로부터 나왔다.[5]

새로운 아이디어 심사 및 선별. 신상품을 개발하기 위한 다음 단계는 아이디어를 심사하고 선별하는 과정이다. 이 단계에서 마케팅 관리자는 조직의 자원과 목표를 검토하고, 생산 및 마케팅에 관련한 기업의 능력을 평가해야 한다. 이 단계에서 고려되어야 할 또 다른 중요한 측면은 소비자 욕구, 경쟁, 기술 변화, 사회 트렌드, 정치, 경제 등의 환경적 요소이다. 기본적으로 새로운 상품이 성공하는 데는 두 가지 이유가 있다. 첫째, 시장 내 다른 상품보다 소비자 욕구를 더 잘 충족시켜주거나 문제를 더 잘 해결해 준다. 둘째, 현재 시장에 상품 다양성을 더해 줌으로써 소비자 선택의 폭을 넓혀 준다. 상품과 관련해 풍부한 지식을 가진 디자이너, 기술자, 마케터, 고객 등을 한데 모아 팀을 이루는 것은 아이디어를 심사·선별하는 좋은 방법이다. 인터넷 사용은 이러한 공동 작업을 용이하게 하여 마케터가 좋은 아이디어를 선별할 수 있도록 도와준다. 대부분의 부적절하거나 비현실적인 신상품 아이디어는 심사 및 선별 과정에서 탈락하게 된다.

사업 분석. 사업 분석은 시장 내 상품의 경쟁력 및 잠재적 수익성에 대한 기본적인 평가이다. 시장의 크기와 경쟁 상황 등은 주로 이 시점에서 분석된다. 시장 수요와 관련된 가장 중요한 질문은 '상품이 기업의 판매량, 비용, 이익 등에 어떤 영향을 미치는가'이다.

상품 개발. 만약 상품 아이디어가 처음 세 단계에서 살아남으면 상품 원형(prototype)이 개발된다. 상품 원형은 소비자에게 지각되는 무형의 특성까지 드러낼 수 있어야 한다. 일반적으로 상품 개발에는 많은 비용이 소요되므로 소수의 상품 아이디어만이 이 단계로 넘어올 수 있다. 신상품 연구개발(R&D)에 소요되는 비용은 상황에 따라 차이가 있다. 예를 들어 기존 제품에 새로운 색상을 추가하는 데는 10만~20만 달러 정도의 비용이 발생하겠지만, 완전히 새로운 제품을 출시하는 데는 수백만 달러의 비용까지 발생하기도 한다. 상품을 개발하는 동안 마케팅 믹스의 여러 요소 또한 테스트를 위해 개발되어야 한다. 전반적인 마케팅 전략 수립을 위해서는 저작권, 잠정적인 광고문구, 포장, 라벨링(labeling), 표적시장에 대한 묘사 등이 통합되어야 한다.

시험 마케팅
신상품의 본격적 시장 도입에 앞서 잠재 시장을 대표할 수 있는 제한된 지역을 대상으로 하여 표본적으로 상품을 시범 출시하는 소규모 마케팅.

시험 마케팅. **시험 마케팅**(test marketing)은 신상품의 본격적 시장 도입에 앞서 잠재 시장을 대표할 수 있는 제한된 지역을 대상으로 하여 표본적으로 상품을 시범 출시하는 소규모 마케팅을 말한다. 이는 기업이 상품을 본격적으로 출시하기 전에 상품의 약점을 발견하고 이를 제거할 수 있는 기회를 주는 동시에 실제 환경에서 마케팅 전략을 완전히 시험할 수 있도록 해준다.

맘마치아(Mamma Chia)는 샘플링랩(SamplingLab)이라고 알려진 회사를 통해 포틀랜드에서 제품을 시험 마케팅했다. 샘플링랩은 공짜샘플을 소매환경에서 집중그룹 형태로 활동하는 고객에게 제공하였다. 공짜샘플의 댓가로 고객은 제품에 대한 평가를 설문의 형태로 답하였다.[8] 시험 마케팅은 상당한 자원과 전문적인 기술을 필요로 하기 때문에 AC닐슨(ACNielsen)과 같은 시장조사 기업이 상품의 시험 마케팅을 지원하기도 한다. 〈그림 12-2〉는 미국시장 내 시험 마케팅을 위한 상시 지역과 특별 지정 지역을 보여준다.

상업화
상업적 성공을 위하여 시장에 본격적으로 상품을 출시하고, 그에 대한 마케팅 전략을 도입하는 일련의 과정.

상업화. **상업화**(commercialization)는 상업적 성공을 위하여 시장에 본격적으로 상품을 출시하고, 그에 대한 마케팅 전략을 도입하는 일련의 과정을 말한다. 상업화가 진행되는 동안 기업은 본격적인 생산, 유통, 홍보 활동에 대한 준비를 갖춘다. 예를 들어 아쿠어드밴티

〈그림 12-2〉 일반적인 시범 시장 도시

자료:The Nielsen Company.

지 샐몬(AquAdvantage Salmon)은 유전자 조작 연어를 시장에 출시할 준비를 하고 있다. 미국 식품의약청(The Food and Drug Administration)은 유전자 조작 연어가 미국 환경에 큰 영향을 미치지 않는다는 1차 판결을 발표하며, 유전자 조작 연어가 안전하다는 의견에 신빙성을 더해 주었다. 미국 연방정부의 승인은 아쿠어드밴티지의 대규모 상업화 계획에 있어 거쳐야 할 중요한 단계이다. 그러나 연방정부의 규제 승인에도 불구하고, 아쿠어드밴티지는 주정부와 유전자 조작 연어가 건강에 해가 될 수 있다고 우려하는 소비자의 거부로 인한 난관을 겪을지도 모른다.[9]

알고 있습니까? 신상품이 시장에서 성공할 수 있는 확률은 20% 이하이다. 일반 소비 제품의 성공률은 51% 정도이다.[10]

상품 분류

소비재
개인적인 용도를 위하여 최종 소비자에 의해 구매되는 상품.

상품은 보통 소비재와 산업재로 분류된다. **소비재**(consumer product)는 개인적인 용도를 위하여 최종 소비자에 의해 구매되는 상품으로, 일상생활 외에 다른 목적으로 사용되지 않는다. 소비재는 소비자의 구매 행동과 구매 의도에 따라 편의품, 선매품, 전문품으로 분류된다.

1980년에 설립한 LA에 있는 실패 박물관은 콜게이트의 소고기 라자니아(Lasagna) 처럼 실패한 상품이나 서비스를 전시하는 가장 큰 박물관이다.

©ROBYN BECK/AFP/Getty Images

- 음료, 휘발유, 배터리 등의 편의품(convenience product)은 구매 시 오랜 정보 탐색을 요하지 않으며, 즉각적인 소비가 이루어지는 경우가 많다. 소비자는 이러한 상품을 어디서 구매할지 계획하는 데 시간을 소비하지 않으며, 브랜드에 관계없이 구매 가능한 상품을 선택한다.
- 컴퓨터, 스마트폰, 옷, 스포츠 제품 등의 선매품

(shopping product)은 소비자가 경쟁제품들과 꼼꼼히 비교해 보고 여러 곳을 둘러본 후 선택하는 상품으로, 가격, 제품 특성, 품질, 스타일, 서비스, 이미지 등 다양한 요소가 구매 의사결정에 영향을 미친다.

- 모터사이클, 디자이너 의류 및 신발, 그림, 락콘서트 등의 전문품(specialty product)은 더 많은 쇼핑 노력이 요구된다. 소비자는 원하는 상품이 무엇인지 명확히 알고 그 상품을 찾아 나선다. 대부분 자신이 원하는 특정 상품 이외의 대체 상품은 고려하지 않는다.

산업재
최종 상품의 생산 및 설비 운용 과정에서 직·간접으로 사용되는 상품.

산업재(business product)는 최종 상품의 생산 및 설비운용 과정에서 직·간접으로 사용되는 상품을 말하며, 보통 조직의 운영이나 다른 상품의 생산을 위해 구매된다. 산업재 역시 세부적으로 분류될 수 있다.

- 원자재(raw materials)는 땅과 바다 또는 재활용된 고체 폐기물로부터 얻는 천연 산물을 말한다. 철광석, 보크사이트, 목재, 면직물, 청과물 등이 이에 속한다.
- 주요 장비(major equipment)는 생산에 사용되는 크고 비싼 물건을 말한다. 중장비, 형타기(stamping machines), 자동조립라인에 사용되는 로봇장비 등이 이에 속한다.
- 보조 장비(accessary equipment)는 생산, 사무, 관리에 사용되며, 최종 상품에는 포함되지 않는 장비이다. 컴퓨터, 계산기, 사무용품 등이 이에 속한다.
- 구성부품(component parts)은 기업의 최종 상품으로 조립이 될 준비가 끝난 완성 부품을 말한다. 타이어, 창유리, 배터리, 점화플러그 등은 자동차의 구성부품이라 할 수 있다.
- 가공된 재료(processed materials)는 생산공정에 직접적으로 이용되지만 아직 구성부품으로 식별되기 어려운 재료이다. 예를 들어 광택제는 가구 제조를 위해 가공된 재료라 할 수 있다.
- 소모품(supplies)은 생산, 관리를 비롯한 기업 운영을 위해 쓰이는 물품으로, 종이, 연필, 페인트, 청소용품 등이 이에 포함된다.
- 산업 서비스(industrial services)는 재무, 법, 마케팅 조사, 보안, 관리용역 등의 서비스를 포함한다. 구매자는 이 서비스를 기업 내부에서 제공받을 것인지 외부 업체를 고용할 것인지 결정한다.

상품 계열과 상품 믹스

상품 계열
유사한 마케팅 전략, 유사한 생산 및 유통 경로, 유사한 최종 용도 등을 근거로 하나의 계열로 분류되는 서로 밀접하게 연관된 상품의 집합.

기업 내 상품 간 관계, 즉 상품 간의 연관성은 매우 중요하다. **상품 계열**(product line)은 유사한 마케팅 전략, 유사한 생산 및 유통 경로, 유사한 최종 용도 등을 근거로 하나의 계열로 분류되는 서로 밀접하게 연관된 상품의 집합을 말한다. 예를 들어 콜게이트 팜올리브(Colgate-Palmolive)의 구강케어 상품 계열에는 콜게이트 치약, 칫솔, 치실 등이 포함된다. 상품 믹스(product mix)는 기업이 시장에 제공하는 모든 상품의 집합을 말한다. 〈그림 12-3〉은 콜게이트 팜올리브의 상품 믹스와 상품 계열의 예시를 보여준다.

〈그림 12-3〉 콜게이트 팜올리브의 상품 믹스와 상품 계열

상품 믹스 → / 상품 계열 ↓	구강 케어	개인 관리	홈 케어	애완동물 영양
	<치약> • 콜게이트 토탈 어드밴스드 • 콜게이트 옵틱 화이트 <콜게이트 키즈> • 콜게이트 도라 익스플로러 • 콜게이트 스폰지밥 • 콜게이트 2 in 1 <칫솔> • 콜게이트 360 • 콜게이트 맥스 화이트 • 콜게이트 토탈 프로페셔널	<데오도란트> • 스피드 스틱 • 레이디 스피드 스틱 <바디 워시> • 연성비누 • 아이리쉬 스프링 <비누> • 아이리쉬 스프링 연성비누 <액체비누> • 아이리쉬 스프링 연성비누 <남성용 세면도구> • 아프타 스킨 브레이서	<식기 세척제> • 팜올리브 • AJAX • Dermassage <섬유유연제> • 수아비텔 <가정용 세제> • 머피오일비누 • Fabuloso • AJAX	<힐스 프리스크립션 다이어트> • 힐스 사이언스 다이어트 • 힐스 아이디얼 밸런스

자료: Colgate Palmolive, "Colgate World of Care," www.colgatepalmolive.com/app/Colgate/US/CompanyHomePage.cvsp (accessed April 5, 2016).

상품 수명주기

상품도 사람처럼 태어나 자라고 성숙하며, 결과적으로는 죽음을 맞이한다. 몇몇 상품은 매우 긴 수명을 가지고 있다. 1879년에 출시된 아이보리 비누(Ivory Soap)는 비록 치열해진 시장 경쟁으로 인한 판매 부진으로 미래가 불투명해진 상태이긴 하지만 아직 시장에 존재하고 있다. 반면, 새로운 컴퓨터 칩은 기술의 획기적인 발전과 컴퓨터 산업 내 급격한 변화로 인해 대부분 1년 이내에 구식이 된다. 상품 수명주기에는 도입기, 성장기, 성숙기, 쇠퇴기의 4단계가 있다(그림 12-4). 상품이 위치한 단계는 마케팅 전략과 관련한 의사결정에 주요한 고려 사항이 된다. 예를 들어 PC 산업에서 데스크탑(desktop) 컴퓨터는 쇠퇴기에,

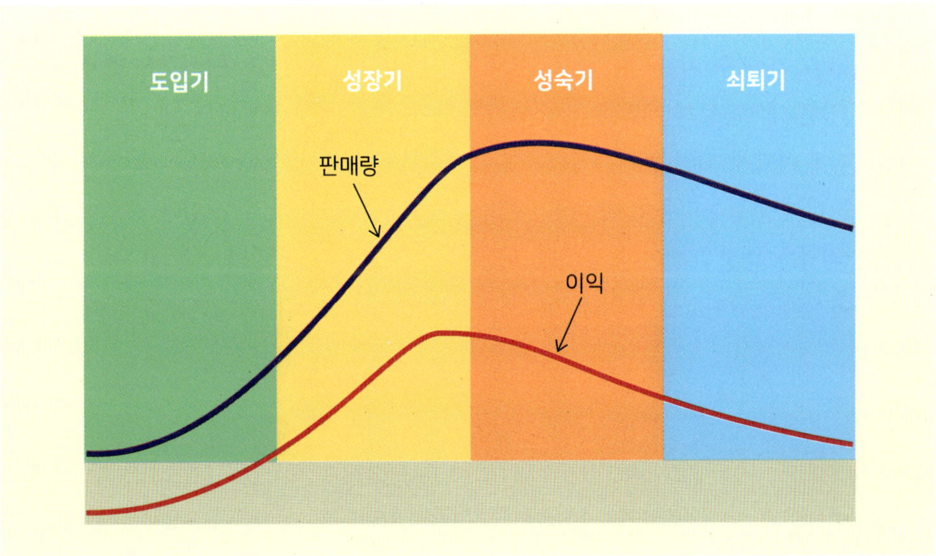

〈그림 12-4〉 상품 수명주기

노트북(laptop) 컴퓨터는 성숙기에, 태블릿(tablet) 컴퓨터는 최근 성장기에 들어선 것으로 나타난다. 이러한 제품의 제조사는 소비자 수요를 증가 또는 유지시키기 위해서 차별화된 광고 전략과 가격 전략을 수립한다.

도입기에는 소비자의 상품에 대한 인지도와 수용도가 제한적이기 때문에 판매는 거의 일어나지 않아 수익 면에서는 적자인 경우가 많다. 이 시기 수익이 적자인 이유는 기업이 연구개발 및 상품 출시를 위한 마케팅 활동에 많은 비용을 지출하기 때문이다. 도입기에 마케터는 소비자가 상품에 대해서 이해하고 이점을 알 수 있도록 집중해야 한다. 스마트시계는 아직 상품개발단계의 초기 단계이다. 하지만 2020년까지 글로벌 시장에서 12% 성장이 가능하다는 전문가의 예측을 고려하면 빠르게 성장단계로 접어들 수 있다.[11] 기술제품은 기술혁신이 빠르게 증가함에 따라 상품 수명주기를 빠르게 이동하는 것은 더 이상 부자연스러운 일이 아니다. 에너자이저(Energizer)가 재생배터리로 만든 1차 배터리를 공급하면서 상표를 에코 어드벤스드(Eco Advanced)로 바꾼 것은 좋은 사례이다. 이런 형식의 혁신은 소비자와 대중에게 크게 환영받았다. 〈표 12-1〉은 상품 수명주기의 각 단계에 위치한 익숙한 상품들을 보여준다. 판매는 성장기에 접어들면서 가속화된다.

상품이 성장기에 들어서면 판매는 급속도로 증가하고, 수익은 정점을 찍은 후 감소하기 시작한다. 성장기에 수익이 감소하기 시작하는 이유는 새로운 경쟁기업이 상품 가격을 낮추고 마케팅 비용을 증가시키면서 시장으로 진입하기 때문이다. 드론은 비즈니스와 여가시장에서 빠르게 성장하고 있고, 성장기에 있는 제품의 대표적인 예이다. 성장기에 머무는 동안 기업은 상품이 주는 편익을 강조하고, 이러한 편익을 원하는 세분 시장을 찾아 해당 시장 내에서 자신의 포지션(position)을 강화하려 노력한다.

상품의 판매는 성숙기 초반까지 지속적으로 증가한다. 이후 판매 곡선은 정점을 찍고 감소 추세로 돌아서며, 수익도 지속적으로 감소한다. 이 단계의 특징은 극심한 경쟁과 많은 비용의 지출이다. 미국 내에서 탄산음료 시장은 성숙기에 있다. 예를 들어 7대 탄산음료는 코카콜라, 다이어크 코크, 펩시콜라, 마운틴 듀, 닥터페퍼, 스프라이트, 다이어트 펩시이다. 2016년에 다이어트 코크는 펩시콜라를 제치고 미국 탄산음료시장의 2위가 되었다. 이것은 소비자가 생수, 차 등과 같은 저 설탕음료로 취향이 바뀌고 있는 것을 보여준다. 탄산음료시장은 대체음료의 개발과 함께 아주 경쟁이 치열한 시장이 된 것이다.[12]

쇠퇴기에 이르게 되면 판매는 급격히 감소하고, 수익 또한 감소한다. 상품 가격이 하락하고 필수 마케팅 활동비용이 발생하기 때문에 손실까지 발생할 수도 있다. 수익이 감소함에 따라 기업은 특정 모델이나 상품을 시장에서 철수시키기도 한다. 기업은 비용 지출을 줄이고, 혹시라도 남아있을 수익을 짜내기 위해 판매 감소를 감수하고서라도 마케팅 비용

〈표 12-1〉 상품 수명주기의 각 단계에 위치하는 제품

도입기	성장기	성숙기	쇠퇴기
울트라 HD 4K TV	3D 프린터	노트북컴퓨터	데스크 탑 컴퓨터
가정용 인공지능	에어비앤비 숙박공유	디즈니 테마파크	유선전화
수소전기 자동차	팔레오 제품	탄산음료	지면신문

을 감축해야 한다. 또한 기존 상품의 철수 계획과 이를 대체할 새로운 상품의 출시 계획이 반드시 수립되어야 한다. 비디오게임의 경우 쇠퇴기에 있으며 이를 대처하는 새로운 제품이 개발되었다. 닌텐도의 이동 중에도 게임을 즐길 수 있는 6.2인치 터치스크린의 스위치(Switch)의 출시는 강력한 게임 타이틀의 라인업이 필요로 한다.[13]

그러나 상품 수명주기의 단계가 항상 한 방향으로 진행되는 것은 아니다. 성숙기나 쇠퇴기로 이동했던 상품이 새로운 디자인과 새로운 용도를 통해 되살아나는 경우도 있다. 예를 들어 유나이티드 레코드 프레싱 엘엘씨(United Record Pressing LLC)는 플라스틱 레코드 음반에 대한 고객의 새로운 관심에 아주 즐거워하고 있다. 이 회사는 시장의 30~40%의 플라스틱 음반을 생산한다. 새로운 플라스틱 음반에 관한 관심의 증가는 플라스틱 레코드 음반 시장에 대한 새로운 재기를 의미하고 1949년에 아주 유명했던 이 음반회사의 역사와 더불어 개인회사의 새로운 성장기를 만들어 낸다.[14]

상품 식별

브랜딩, 포장, 라벨링은 한 상품을 식별하고 다른 상품과 구별하는 데 사용된다. 그러므로 이 세 가지 활동은 상품이 표적시장에 적절하게 포지셔닝 될 수 있도록 도와주는 핵심적인 마케팅 활동이라 할 수 있다.

브랜딩. **브랜딩**(branding)은 상품에 브랜드명과 아이덴티티(identity)를 부여하는 작업이다. 브랜드는 이름, 용어, 상징, 디자인, 또는 상품을 식별하고 다른 상품들과 구별해주는 모든 것의 조합이라고 할 수 있다. 구글, 아이팟, 티보(TiVo)를 생각해 보자. 이들은 복사기의 동의어처럼 사용되는 제록스(Xerox), 티슈의 동의어처럼 사용되는 크리넥스(Kleenex)처럼 전체 상품 카테고리를 식별하는 데 사용되는 브랜드명이다. 브랜드 아이덴티티를 유지하는 데 있어 브랜드명을 보호하는 것은 매우 중요한 일이다. 〈표 12-2〉는 브랜드 가치를 바탕으로 한 세계 10대 브랜드를 보여준다. 브랜드명은 사람들에게 불리는 이름으로 브랜드의 한 부분이며, Wd-40 루브리칸트(Wd-40 lubricant)처럼 문자, 단어, 숫자 등의 조합으로 구성될 수 있다. 브랜드마크(brand mark)는 메르세데스 벤츠 자동차의 후드(hood)에 부착되는 은색별이나 맥도날드의 금색 아치모양 로고 같은 고유의 디자인으로서, 이 역시 브랜드의 일부가 된다. **등록상표**(trademark)는 특허청에 등록된 브랜드이며, 상표법에 의해 보호되어 타사의 사용이 금지되는 자사 고유의 브랜드명, 기호, 문자, 도형 또는 이들을 결합한 것을 말한다.

브랜드의 두 가지 주요 범주는 제조업자 브랜드와 개별 중간상 브랜드이다. **제조업자 브랜드**(manufacture brands)는 생산부터 구매시점까지 제품이 생산자에 의해 식별되도록 제조업체가 개발 및 소유하고 있는 브랜드를 말한다. 켈로그(Kellogg's), 소니(Sony), 텍사코(Texaco) 등이 그 예가 될 수 있다. 제조업자 브랜드보다 저렴한 **개별 중간상 브랜드**(private distributor brand)는 도매업자 또는 소매업자가 소유 및 관리, 통제하는 브랜드로서, 월그린스(Walgreens)의 나이스(Nice), 세이프웨이(Safeway)의 팬트리 에센셜(Pantry Essentials), 홀 푸드(Whole Foods)의 365 에브리데이 벨류(Everyday Value), 월마트의 그레이트 벨류(Great Value), 트레이더 조(Traders Joe's) 등이 이에 속한다. 개별 중간상 브랜드의 이름은 보통 제조업자까지 나타내지는 않는

브랜딩
상품에 브랜드명과 아이덴티티를 부여하는 작업.

등록상표
상표법에 의해 보호되어 타사의 사용이 금지되는 자사 고유의 브랜드명, 기호, 문자, 도형 또는 이들을 결합한 것.

제조업자 브랜드
생산부터 구매 시점까지 제품이 생산자에 의해 식별되도록 제조업체가 개발 및 소유하고 있는 브랜드.

개별 중간상 브랜드
도매업자 또는 소매업자가 소유 및 관리, 통제하는 브랜드.

〈표 12-2〉 세계 10대 브랜드

자료: Jessica Tyler, "The 10 Most Valuable Brands in the World," Business Insider, February 5, 2018, http://www.businessinsider.com/most-valuable-brands-in-the-world-for-2018-brand-finance-2018-2 (accessed April 29, 2018).

순위	브랜드	브랜드 가치(단위: 백만 달러)	브랜드가치변화(%)
1	아마존	150.8	42
2	애플	146.3	37
3	구글	120.9	10
4	삼성	92.3	39
5	페이스북	89.7	45
6	AT&T	82.4	–5
7	마이크로소프트	81.2	6
8	버라이존	62.8	7
9	월마트	61.5	–1
10	ICBC	59.2	24

다. 월마트의 올로이(Ol'Roy) 애견사료 같은 개별 중간상 브랜드는 한때 싸고 질이 낮은 제품이라고 인식되었으나, 최근 많은 개별 중간상 브랜드가 품질과 이미지를 제고하며 제조업자 브랜드와 경쟁하고 있다. 아마존도 개별 중간상 브랜드가 수익성이 좋다는 것을 알게 되었다. 그래서 이 회사는 패션 전문가를 개별 중간상 브랜드 개발을 위해 고용했다.[15] 오늘날 개별 중간상 브랜드는 거의 모든 음식과 음료제품군에 있으며 매년 5%씩 시장이 증가하리라고 예상된다.[16] 제조업자 브랜드는 원래 자신들의 마켓을 되찾기 위해서 더 열심히 노력해야 한다.

무상표 상품
특정 브랜드명이 표기되지 않고 상품 종류를 나타내는 보통명사로 표기되어 단순한 포장으로 판매되는 상품.

또 다른 종류의 브랜드로는 특정 브랜드명이 표기되지 않는 **무상표 상품**(generic product)이 있다. 이들은 대부분 단순한 포장과 함께 피넛 버터, 토마토 주스, 아스피린, 애견 사료 등 상품 종류를 나타내는 보통명사로 표기되어 판매된다. 무상표 상품은 상품의 품질이나 일관성보다는 저렴한 가격을 원하는 소비자를 공략한다. 최근에는 낮은 가격에도 불구하고 무상표 브랜드 제품의 판매가 많이 줄어들었다.

기업이 복수 상품을 브랜딩하기 위해 사용하는 전략에는 기본적으로 두 가지 접근 방식이 있다. 첫 번째 방식은, 각 상품에 고유의 브랜드명을 부착하고 각각의 완벽한 상품 믹스를 개발하는 것이다. 유니레버(Unilever)는 도브(Dove), 엑스(Axe), 노어(Knorr), 헬맨스(Hellman's), 더말로지카(Dermaologica)와 같이 잘 알려진 많은 개별 브랜드의 소매품을 팔고 있다. 이러한 브랜딩 방식을 채택할 경우 한 상품의 이름은 다른 상품의 이름에 영향을 끼치지 않으며, 기업의 시장점유율(전체 시장에서 자사 상품의 판매량이 차지하는 비율)을 높이기 위해 각각의 브랜드는 각기 다른 세부시장을 공략할 수 있다. 또 다른 브랜딩 접근 방식은 기업의 모든 상품에 같은 이름 또는 적어도 이름의 일부를 적용하여 하나의 패밀리 브랜드(family brand)를 이루는 방식이다. 질레트(Gillette), 사라 리(Sara Lee), IBM 등의 브랜드가 이러한 접근 방식을 사용한다. 마지막으로, 소비자는 국내 브랜드와 외국 브랜드에 다르게 반응할 것이다. 중국 브랜드의 품질은 미국이나 독일 브랜드에 비해 의문을 받을 수 있을 것이다.

포장. **포장**(packaging)이란 적절한 재료나 용기를 사용하여 제품에 대해 설명하고 그 가치 및 상태를 보호하는 것으로, 소비자의 태도나 구매 의사결정에 큰 영향을 미친다. 여러 설문조사 결과에 의하면 소비자는 특정한 특징을 가지고 포장된 제품에 더 많은 금액을 지불할 의사를 보인다. 예를 들어 카일 코스메틱(Kylie Cosmetics)은 카드보드로 이루어진 포장에 여러 지적을 받고 플라스틱 팔레트로 포장을 바꾸었다.[17] 포장의 주요 특징 중 하나는 영양과 재료의 분명한 표기이다. 즉 제품이 유기농인지, 글루텐이 함유되지 않았는지, 친환경적인지 등을 포장에 나타내 주는 것이다. 재활용 가능하고 자연 분해되는 포장 또한 인기 있는 포장 중 하나이다.[18] 일반적으로 소비자가 쇼핑을 할 때 각각의 제품에 시선이 머무는 시간은 단 2.5초에 불과하다고 알려져 있다. 그러므로 제품 포장은 소비자의 주의를 끌고 시선이 머물 수 있도록 디자인되어야만 한다.

포장
적절한 재료나 용기를 사용하여 제품에 대해 설명하고, 그 가치 및 상태를 보호하는 것.

포장은 보호, 절약, 편리성, 홍보 등을 포함한 다양한 기능을 수행한다. 또한 포장은 소비자의 감성에 호소할 수도 있다. 이케아(IKEA)는 배송비용을 줄이기 위해 더 효율적인 포장 방법을 알아보기 위해 지속적으로 연구하고 있다.[19] 또 다른 예로 반려견 사료포장의 경우 반려견이 행복하게 뛰거나 먹거나 바라보는 풍경이 있는 포장을 한다면 반려견의 주인에게 훨씬 감성적으로 다가갈 것이다.[20] 그러나 이미 잘 알려진 유명 제품의 포장 디자인을 바꿀 때는 심사숙고할 필요가 있다. 예를 들어 코카콜라는 새로운 글로벌 디자인을 출시할 때 전통적인 붉은색을 주요 색깔로 사용한다. "하나의 브랜드" 전략은 주력 탄산음료 시장에 일관된 글로벌한 존재를 나타내는 것이다.

라벨링. **라벨링**(labeling)은 중요한 제품 정보를 제품 포장에 표기하는 것을 말한다. 라벨링에 표시되는 내용은 주로 법적으로 요구되는 내용으로, 재료나 구성, 영양정보(열량, 지방 등), 관리 지침, 사용 제안(레시피 등), 제조자 주소와 수신자 부담 전화번호, 웹사이트 등을 비롯한 유용한 정보를 포함하고 있다. 이러한 정보는 판매에 큰 영향을 미칠 수도 있다. 식품이나 의약품 같은 특정 제품의 라벨에는 경고문, 지시 사항, 인증, 제조자 식별 등이 포함되어야 한다.

라벨링
중요한 제품 정보를 제품 포장에 표기하는 것.

글루텐 프리, 유기농 등 제품의 특징이나 속성은 소비자에게 제품이 어떻게 차별화가 되는지를 알려 주기 위해 제품의 포장지에 표시되기도 한다.

©Tyler McKay/Shutterstock

품질
특정 제품, 서비스 또는 아이디어가 고객의 요구에 얼마나 부합하는가의 정도.

상품 품질. **품질**(quality)은 특정 제품, 서비스 또는 아이디어가 고객의 요구에 얼마나 부합하는가의 정도를 나타낸다. 일반적으로 고품질의 상품은 신뢰할 수 있고 내구성이 있고 잘 유지되고 사용이 쉽고 높은 가치를 가지고, 믿을 만한 브랜드의 상품을 말한다. 품질의 수준은 상품이 지니는 품질의 총량을 말하며, 품질의 일관성은 일정 수준의 품질을 지속적으로 유지하는지에 따라 결정된다.

서비스 품질은 해당 서비스가 소비자의 기대를 얼마나 잘 충족시키고 있는가에 대한 소비자의 인식에 달려있기 때문에 측정하기 어렵다. 즉 서비스 품질은 서비스 공급자가 아닌 소비자에 의해 판단되는 것이다. 이러한 이유로 서비스 품질에 대한 인식이 해마다 바뀌는 것은 꽤 흔한 일이다. 예를 들어 폭스바겐은 디젤 자동차의 실제 배기가스를 숨기려 한 배기가스 스캔들 때문에 명성과 재정에 엄청난 피해를 보았다. 폭스바겐은 환불해 주고 수리해 주고 배상을 해서 화난 고객을 달랠 수밖에 없었다.

소비자는 품질에 대해 진실하고 투명한 정보를 원한다.[21] 또 다른 예로, 은행은 서비스 품질을 친절하고 지식이 많은 직원을 고용하는 것으로 정의하겠지만, 은행을 이용하는 고객에게는 대기시간, ATM 접근성, 보안, 입출금 내역의 정확성 등이 더 중요한 고려 사항일 수 있다. 이와 유사하게 비행기 탑승객은 정시 도착, 기내 인터넷 또는 TV 연결, 탑승권 발권 및 탑승 과정상의 만족도 등을 고려할 것이다. 미국고객 만족도지수(ACSI)는 10개의 경제 부문, 44개의 산업, 300개 이상의 기업에 대한 소비자 만족도 점수를 제공한다. 최근 결과에 따르면, 전반적인 소비자 만족도는 100점 만점 중 76.7점이었고, 산업별로 증가 또는 감소를 보였다.[22] 〈표 12-3〉는 유명 개인 생활용품 및 청소용품 제조 기업의 소비자 만족도 순위를 보여준다.

인터넷에서 제공되는 서비스의 품질은 컨슈머리포트(ConsumerReports.org)나 비비비온라인(BBBOnline)같은 웹사이트에서 소비자에 의해 측정된다. 컨슈머리포트는 디지털 마케팅 사이트의 사업, 보안, 개인정보 보호정책 등을 알려주는 구독서비스를 제공한다. 비비비온라인은 온라인에서의 책무를 알리는 데 전념한다. 소비자가 옐프(Yelp) 같은 인터넷 사이트에 가입하고 기업과 제품에 대한 리뷰를 게시하면서, 대중은 특정 상품 및 서비스의 품질에 대한 더 좋은 정보를 얻을 수 있게 되었다. 또한 품질은 제품이 생산된 장소와도 관련이 있다. 예를 들어 "Made in U.S.A" 라벨은 소비자로 하여금 이 제품이 다른 제품들과 가치와 품질 면에서 차이가 난다고 인식하게 할 수도 있다. 미국, 일본, 한국, 중국에서 생산된 제품의 품질과 가치를 비교·평가함에 있어 미국 및 유럽 소비자 사이에 인식 차이가 존재한다.[23] 중국 브랜드는 주로 낮은 품질의 제품으로 인식되는 데 반해 한국 제품은 높은 품질의 제품으로 인식된다. 중국은 낮은 브랜드 품질에 대한 소비자

미국의 고객만족 지표에 따르면, 고객은 클로락스(Clorox) 세제 제품에 가장 만족한다.

〈표 12-3〉 개인 미용 및 위생용품 소비자 만족도 점수

기업	점수
클로락스	84
다이얼	83
프록터앤갬블	82
콜게이트-팜올리브	81
유니레버	81
존슨앤 존슨	81

자료: American Customer Satisfaction Index, "Benchmarks by Industry: Personal Care and Cleaning Products," 2017, https://theacsi.org/index.php?option=com_content&view=article&id=147&catid=&Itemid=212&i=Personal+Care+and+Cleaning+Products (accessed April 29, 2018).

현장 속의 기업가정신 Entrepreneurship in Action

팜링크: 알라바마 리조트의 최고

설립자: 지미 퍼셀, 데이비드 퍼셀(Jimmy and David Pursell)
설립: 2003년 앨라배마주 실라코가(Sylacauga)
성공: 앨라배마주의 대중 골프장 중 최고의 코스로 골프위크(Golfweek)에서 선정된 팜링크(FarmLinks)는 독특한 경관과 교육적인 골프코스로 전국의 골프애호가들에게 매력적인 코스로 알려져 있다.

팜링크는 비료에 대한 마케팅 전략의 일환으로 시작하였다. 지미와 그의 아들이 경관용과 교육용 코스를 그들의 농장에 만들어서 골프코스에도 사용되고, 농업용 그리고 가정집 정원에 사용되는 비료를 홍보하기로 결정했다.

마케팅 전략으로 시작된 것이 점점 비즈니스가 되기 시작했다. 오늘날, 퍼셀팜(Purcell Farm)은 골프 선수에서 비즈니스 목적의 고객, 커플 등 모든 사람을 타깃으로 하는 패밀리 리조트가 되었다. 버밍햄에서 1시간 거리, 애틀랜타에서 몇 시간 거리에 있는 위치가 전략적인 이점이 되었고, 서비스 수준이 낮은 경쟁 호텔에 비해 경쟁력 있는 가격을 제시하였다. 대표적인 리조트의 장점은 최고 수준의 저녁식사, 40개의 객실, 사격연습장, 농장 투어, 팜링크의 7,444야드 길이의 최고 수준 골프코스이다. 팜링크는 6150야드의 18번째 홀 같은 최고 수준 골프코스로 골퍼들을 사로잡았다. 리조트는 컨프런스, 회사 워크숍, 결혼식 등에 적합한 장소가 되었다.

팜링크의 광고는 웹사이트를 포함해 다양하게 이루어졌다. 이 리조트의 확장 전략과 뛰어난 명성은 성공적으로 이루어졌다. 골프코스는 골프위크(Golfweek)에 의해 앨라배마주 최고코스로 선정되었고, 골프 다이제스트(Golf Digest)에 의해 전국의 최고 수준의 코스로 인정받았다.[25]

토의 주제

1. 팜링크는 마케팅 믹스를 어떻게 이용했나?
2. 팜링크의 위치는 어떻게 전략적 이점이 되었나?
3. 왜 구전 마케팅이 팜링크에게는 광고의 방법으로 효과적이었나?

의 인식을 바꾸기 위해 노력하고 있다. 중국의 중산층 이상의 인구 증가는 중국제품의 고급화를 요구하고 있다.[24]

가격 전략

학습목표 12-2

가격은 구매자와 판매자 사이에서 교환되는 한 대상에 대해 매겨진 가치라고 정의된다. 가격에 대한 구매자의 관심은 상품의 유용성이나 상품을 통해 얻을 수 있는 만족감에 대한 기대를 통해 생겨난다. 구매자는 제한된 자원을 가지고 있기 때문에 원하는 상품을 얻기 위해 이 자원을 분배해야 한다. 또한 교환 과정에서 얻게 되는 편익이 지불해야 하는 대가만큼의 가치가 있는지를 판단해야 한다. 대부분의 가치는 가격으로 평가된다. 시간적 제약, 가격 수준, 지각된 품질, 가격에 대한 정보를 이용하는 동기 등을 포함하는 많은 요소가 상품의 가치를 평가하는 데 영향을 미친다.[26] 〈그림 12-5〉는 상품의 가치를 산출하는 방법을 보여준다. 사실 가격에 대한 소비자의 반응은 매우 다양하다. 어떤 소비자는 단순히 낮은 가격에만 초점을 두지만, 또 다른 소비자는 상품의 품질이나 상품 가격에 결부된 명성을 중시한다. 어떤 소비자는 자동차, 가전 제품, 레스토랑, 심지어 애견 식품까지 자신의 지위를 표현해 주는 수단으로써 여기고 더 비싼 가격을 지불하고서라도 특정 상품을 구매하지만, 청소용품이나 식품 등의 상품을 구매할 때는 가격에 민감한 모습을 보이기도 한다. 가격을 책정함에 있어 마케터는 상품 또는 서비스를 생산하는 데 들인 비용만을 고려할 것이 아니라 시장에서 그 상품 또는 서비스가 어느 정도의 가치를 지니는지를 함께 고려해야 한다. 상품의 지각된 가치는 고품질의 상품을 비싼 가격에 제공하는 스타벅스,

〈그림 12-5〉 상품 가치의 산출

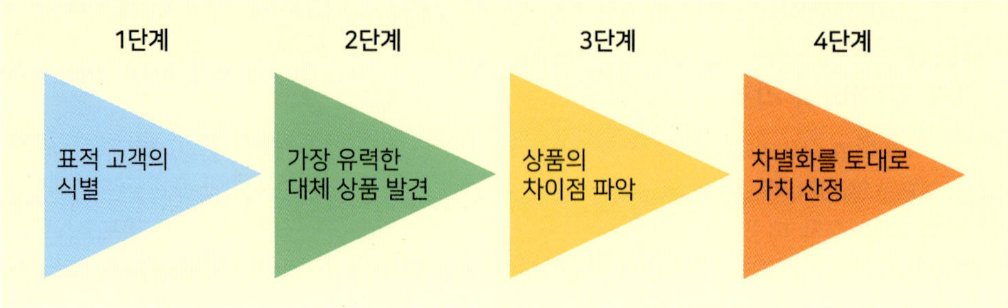

서브제로(Sub-Zero), BMW, 펫코(Petco) 등의 브랜드뿐만 아니라 기본적인 가정용품을 항상 저렴한 가격에 판매하는 샘즈클럽(Sam's clubs)이나 코스트코(Costco)와 같은 브랜드의 마케터에게도 중요한 가격책정의 기준이 된다.

가격은 기업의 수입과 이윤 창출에 직접적으로 연결되기 때문에 마케팅 믹스의 핵심 요소 중 하나라 할 수 있다. 적절한 가격책정은 상품의 수요와 공급에 크게 연관되어 있다. 대부분의 경우 가격이 하락하면 상품 수요량은 증가하고, 가격이 상승하면 수요량은 줄어든다. 또한 구매자 니즈의 변화, 다른 마케팅 믹스 변인의 변화, 대체재의 존재, 역동적인 환경적 요소 등도 수요에 영향을 미친다. 온라인에서 해리스(Harry's), 달러 쉐이브 클럽(Dollar Shave Club) 등 면도기 스타트업 경쟁자가 생기기 시작하자 질레트는 6년 동안 16%의 시장점유율이 줄어들었다. 이로 인해 2017년에 가격을 20% 낮출 수밖에 없었다.[27]

가격은 마케팅 믹스에서 가장 유연한 변수라고 할 수 있다. 상품을 개발하고, 유통 채널을 구축하고, 홍보 전략을 디자인하고 실행하는 데는 수년이 걸릴 수 있지만, 상품의 가격을 책정하고 변경하는 데는 단 몇 분밖에 걸리지 않을 수도 있다. 물론 가격 변동을 정부가 규제하는 경우와 같이 특정한 상황에서는 가격의 변동이 쉽지 않다. 또한 가격은 제품을 생산하거나 서비스를 제공하는 데 소요되는 비용에 영향을 받는다. 기업은 시장 내 경쟁에 대응하기 위해, 현금흐름을 창출하기 위해, 시장점유율을 높이기 위해, 일시적으로 비용보다 낮은 가격에 상품을 판매하기도 한다. 그러나 장기적인 관점에서 볼 때 비용보다 낮은 가격에 상품을 지속적으로 판매한다면 결국 기업은 살아남기 힘들게 될 것이다.

가격의 목표

가격의 목표는 기업의 마케팅 믹스와 전략에서 가격의 역할을 구체화한다. 일반적으로 가격의 목표는 마케팅 믹스뿐만 아니라 재무, 회계, 생산 등과 관련한 요인들의 영향을 받는다. 대표적인 네 가지 가격의 목표는 수익과 판매의 최대화, 시장점유율의 증가, 현 상황의 유지 그리고 생존이다.

가격 전략의 유형

가격 전략은 기업의 가격 전략 목표 및 전반적인 마케팅 전략 목표를 달성하기 위한 지침을 제공한다. 또한 가격 전략은 가격이 마케팅 믹스의 변인 중 하나로 어떻게 이용될지를 구체화시킨다. 가격 전략은 신상품 가격 전략, 심리적 가격 전략, 참조 가격 정책, 가격 할인 등으로 나누어 볼 수 있다.

신상품 가격 전략. 신상품의 가격을 결정하는 것은 쉬운 일이 아니다. 적절한 가격은 수익성으로 연결되겠지만, 잘못된 가격은 상품을 사장시킬 것이다. 일반적으로 신상품의 가격을 결정하는 데는 두 가지 기본적인 전략이 사용된다. **상층흡수 가격 정책**(price skimming)은 그 상품을 원하는 소비자가 지불하고자 하는 최대한의 가격을 책정하는 가격 정책이다. 상층흡수 가격 정책은 주로 사치품에 사용된다. 한 예로, 울트라디(Ultra-D)(특수 안경을 사용하지 않는 3D TV)는 대부분 수천 달러에 이른다. 이러한 가격 정책은 주로 기업이 연구개발 비용을 비롯한 기타 투자 비용을 만회하기 위해 사용된다. 반대로 **시장침투 가격 정책**(penetration price)은 시장 진입 장벽을 낮추고, 신속히 시장점유율을 높이기 위해 낮은 가격을 책정하는 가격 정책이다. 예를 들어 넷플릭스(Netflix)는 시장에 진입하면서 경쟁사보다 훨씬 저렴한 가격에 렌탈 서비스를 제공했고 연체료 또한 받지 않았다. 이로 인해 넷플릭스는 시장점유율을 빠르게 높일 수 있었고, 많은 경쟁 대여점이 문을 닫기에 이르렀다. 시장침투 가격 정책은 상층흡수 가격 정책보다 상대적으로 덜 유연한 전략이라고 할 수 있다. 상층흡수 정책에서 가격을 낮추는 것보다 시장침투 정책에서 가격을 높이는 것이 훨씬 더 어렵기 때문이다. 시장침투 가격 정책은 상품 출시 직후, 많은 경쟁자가 시장에 진입할 것이 예상될 경우 주로 사용되는 전략이다.

상층흡수 가격 정책
신상품 도입 시 그 상품을 원하는 소비자가 지불하고자 하는 최대한의 가격을 책정하는 가격 정책.

시장침투 가격 정책
신제품 도입 시 시장진입장벽을 낮추고, 신속히 시장점유율을 높이기 위해 낮은 가격을 책정하는 가격 정책.

심리적 가격 정책. **심리적 가격 정책**(psychological pricing)은 소비자의 이성적인 판단보다는 감성적 판단에 호소하여 구매를 유도하는 가격 정책이다. 예를 들어 홀수/짝수 가격 정책은 사람들이 대부분 홀수 가격을 할인된 가격으로 인지하는 경향이 있기 때문에 10달러의 상품보다 홀수인 9.99달러인 경우에 더 많이 구매할 것이라는 가정하에 가격을 책정한다. 상징/명성(symbolic/prestige) 가격 정책은 높은 가격이 곧 고품질을 의미한다는 가정에 바탕을 둔다. 예를 들어 특정 브랜드의 향수와 화장품에는 최상의 품질이라는 인상을 주기 위해 인위적으로 높은 가격이 책정된다. 처방전 없이 살 수 있는 몇몇 종류의 의약품 가격이 높은 이유도 많은 소비자가 약의 가격에서 그 효능을 연상하기 때문이다.

심리적 가격 정책
소비자의 이성적인 판단보다는 감성적 판단에 소구하여 구매를 유도하는 가격정책.

참조 가격 정책. **참조 가격 정책**(reference pricing)은 심리적 가격 정책의 일환으로 소비자가 저가 상품을 상대적으로 고가인 상품과 비교하게 함으로써 저가 상품의 매력도를 높이는 정책이다. 한 마디로 다른 대안과 가격 비교를 통해 상품의 가격을 덜 비싼 것으로 느끼게 하는 것이다. 예를 들어 월마트는 자사의 개별 브랜드(private brand)인 그레이트 밸류(Great Value)가 상대적으로 더 나은 선택인 것처럼 보이도록 하기 위해 의도적으로 그레이트 밸류 제품들을 해프티(Hefty)와 하인즈(Heinz) 같은 제조업체 브랜드의 바로 옆에 배치할 수 있을 것이다.

참조 가격 정책
심리적 가격 정책의 일환으로 소비자가 저가 상품을 상대적으로 고가인 상품과 비교하게 함으로써 저가 상품의 매력도를 높이는 정책.

가격 할인. **가격 할인**(price discounts)은 단기적 매출 상승을 일으키기 위해 일시적으로 가격을 인하하는 것을 말한다. 많은 종류의 할인 정책이 존재하지만 널리 이용되는 할인 정

가격 할인
단기적 매출 상승을 일으키기 위해 일시적으로 가격을 인하하는 것.

친환경 경영 Going Green

아처 다니엘 미들랜드는 어떻게 농장–공장–사무실을 연결했는가

아처 다니엘 미들랜드(Archer Daniel Midlands: ADM)는 세계에서 가장 큰 농산품 회사인데 농장, 공장, 사무실을 연결하고 있다. ADM은 시카고 중심의 다국적기업으로 연간 620억 달러의 매출을 콩, 옥수수가루, 그리고 전 세계의 농산품으로 달성하고 있다. ADM의 고객은 잘 알려진 기업들이다. 유니베라는 ADM의 콩을 구매해서 제조한 기름으로 마요네즈 제품을 생산한다.

지속적인 농산품의 수요에 앞서 대응하기 위해 ADM은 농부들이 토양보존과 땅의 수요를 관리하기 위한 아이오와 지속가능 콩 프로젝트(Iowa Sustainable Soy Fieldprint Project)에 등록시키기 위해 유니베라와 파트너관계를 맺었다. 프로젝트의 첫해에 44,000에이커 이상의 넓은 농장 43곳이 등록하였다. 또한 ADM은 아이오와의 콩 재배 농부들에게 비용공유제도를 소개하여 지속 가능한 콩 농장 후보군을 발굴하고 농부들에게 재정적 도움을 주고자 하였다. 유니베라의 지속가능삶계획(Sustainable Living Plan)도 시작되었는데, 다음해 모든 지속 가능한 농재료의 수급을 위한 것이었다. 이러한 요소들이 ADM이 유니베라 마요네즈를 위한 콩기름의 이상적인 공급자가 되게 하였다.

외부의 영향에 대응하기 위해서 ADM은 제품군에 변화를 주었다. 회사는 최근에 채식주의자나 채식에 친근한 소비자를 위한 단백질 제품인 누트리안스(Nutriance)를 출시하였다. 잠재적인 수익성을 파악하기 위해서 ADM은 외부 환경과 변화를 주의 깊게 관찰하고 있다.[30]

토의 주제

1. ADM은 변화하는 고객의 취향에 대응하기 위해서 어떤 변화를 시도하였는가?
2. ADM은 지속 가능한 농작물을 도입하기 위해 자원을 확장하였다. 이러한 투자는 ADM에게 이익이 된다고 생각하는가? 그 이유는 무엇인가?
3. 왜 ADM은 자사의 물건을 사줄 기업고객과 강력한 관계를 유지해야 하는가?

책은 양적 할인, 계절 할인, 홍보 할인이다. 양적 할인은 많은 양의 상품을 구매할 경우 할인을 적용해 주는 정책이다. 계절 할인은 상품이나 서비스를 제철이 아닐 때 구매하는 소비자에게 할인을 적용해 주는 정책이다. 홍보 할인은 특정 상품이나 서비스에 대한 가격 할인을 홍보하여 소비자의 관심을 끌고, 결과적으로 판매를 증가시키려는 정책이다. 이러한 홍보적 가격 정책은 대부분 기업의 수익 증대에 목표를 둔다. 독일 셀프 서비스 식료품 가게인 알디(Aldi)는 가격 할인과 고급 식료품 제공을 통해 미국시장을 확대하기 위해 트레이더 조(Trader Joe's)와 경쟁하였다.[28] 알디는 1,700개의 매장이 미국에 있으며 2022년까지 800개를 더 오픈할 예정이다.[29]

학습목표 12-3

유통 전략

8장에서 공급사슬관리는 공급사슬상의 모든 참여자를 통합하고 연결시키는 일이라고 하였다. 공급사슬망 관리가 운영 및 구매와 물류를 포함하고 있기 때문에 마케팅 채널과 물류의 일부분으로 물리적인 배송과의 관계에 대해서 자세히 살펴보아야 한다. 아무리 좋은 상품이라 할지라도 소비자가 원하는 시간에 원하는 장소에서 그 상품을 구할 수 없다면 성공을 거두기 힘들 것이다. 이번에는 상품이 유통되는 마케팅 경로, 시장 커버리지 전략, 물적 이동 등 유통과 관련한 다양한 전략에 대해 살펴보도록 하겠다.

마케팅 경로

마케팅 경로(marketing channel) 또는 유통 경로(channel of distribution)는 생산자로부터 고객까지 상품의 흐름이 원활하도록 협동하는 조직들의 복합체를 말한다. 마케팅 경로를 통해 구매자는 원하는 때에 원하는 장소에서 상품을 구매할 수 있도록 해준다. 상품의 생산자와 최종 소비자의 사이를 연결해 주는 조직을 중간상(middlemen) 또는 중개업자(intermediaries)라고 한다. 중간상은 시간, 장소, 소유권의 효용성을 창출한다. 중간상은 소매상과 도매상으로 나눌 수 있다.

마케팅 경로
생산자로부터 고객까지 상품의 흐름이 원활하도록 협동하는 조직들의 복합체.

소매상(retailer)은 제조업자 또는 다른 중간상으로부터 상품을 구매해 최종 소비자에게 판매하는 중간상을 말한다. 예를 들어 딕스 스포츠(Dick's Sparts Goods)는 나이키(Nike)를 비롯한 여러 제조업자에게 제품을 구매한 후 이 제품을 다시 최종 소비자에게 판매한다. 소매상은 서로 경쟁 구도에 있는 생산자의 상품을 한 곳에 모아 상품 구색을 갖추어 줌으로써 효용성을 창출한다. 즉 소매상은 상품을 생산자로부터 구매가 편리한 소매점으로 이동시켜 준다(장소의 효용성). 또한 최종 소비자가 원할 때 구매가 가능하도록 소매 점포를 상시 운영한다(시간의 효용성). 마지막으로, 재고 소유의 위험을 떠안기도 한다(소유권의 효용성). 〈표 12-4〉는 다양한 종류의 일반 상품 소매상을 보여준다.

소매상
제조업자 또는 다른 중간상으로부터 상품을 구매하여 최종 소비자에게 판매하는 중간상.

아마존은 현존하는 소매상의 치열한 구조를 뒤엎는 인터넷 소매상 비즈니스 모델을 제안하였다. 전통적 소매상은 아마존과 경쟁하기 위해서 자사만의 온라인 비즈니스를 개발하였다. 아마존은 미국에서 4% 소매시장과 44% 전자상거래를 증가시켰고, 여전히 빠르게 성장시키고 있다.[31] 현재 가장 큰 소매상인 월마트의 반 정도의 크기인데 온라인에서는 가장 큰 기업이다. 아마존은 소매시장 환경의 근원을 바꾸고 있다. 이 회사는 모든 소매품목,

〈표 12-4〉 일반 상품 소매점

소매점 종류	설명	예시
백화점	상품 카테고리 별로 매장을 구분하여 폭넓은 상품 믹스를 제공하는 대형 소매점	노드스톰(Nordstrom), 메이시스(Macy's), 네이만마르코스(Neiman Marcus)
인터넷 할인점	인터넷으로 직접 마케팅을 제공	아마존, 알리바바
할인점	백화점보다 서비스를 덜 제공하는 가치가격정책 환경의 가게	월마트, 타겟(Target), 스테인마트(Stein Mart)
편의점	셀프 서비스를 기반으로 편리한 위치에 자리 잡고, 제한된 상품 구색을 제공하는 소형 소매점	써클 K(Circle-K), 세븐일레븐(7-Eleven), 알섭(Allsup's)
슈퍼마켓	거의 모든 계열의 식품 및 식품 이외의 가정용 일상 상품을 제공하는 큰 소매점	트레이드 조(Trader Joe's), 알브슨(Albertsons), 웨그맨(Wegmans)
슈퍼스토어	일반적으로 구매되는 모든 식품 및 식품 이외의 상품 을 제공하는 거대 소매점	월마트 슈퍼센터(Walmart Supercenter), 메이저(Meijer)
하이퍼마켓	할인점이면서 식품과 이외의 상품을 제공하는 큰 규모의 소매점	까르푸(Carrefour), 테스코엑스트라(Tesco Extra)
웨어하우스 클럽	식품과 식품이외의 상품을 할인하여 제공하는 대형 창고형 소매점	샘즈클럽(Sam's Club), 코스트코(Costco), 비제이스 웨어하우스 클럽(BJ's Warehouseclub)
웨어하우스 쇼룸	대규모의 건물에서 전시하고, 그 근처의 창고에서 상품을 찾을 수 있는 형태의 소매점	이케아(Ikea), 코스트 플러스(Cost Plus)

백화점을 비롯한 여러 소매상에서 파는 모든 품목을 취급한다. 또한 아마존은 다른 소매상들이 아마존의 전자상거래 플랫폼, 창고와 다른 서비스를 이용하도록 허용한다.[32] 많은 방법으로 아마존은 소매업을 재창출하고 있다. 심지어 이 회사는 전통적인 소매 가게를 오픈하여 신선제품을 판매함으로써 온라인과 오프라인 쇼핑을 혼합하고 있다.[33]

메이시(Macy's), 씨어스(Sears), 그 밖의 옷가게 등 일반적인 소매상, 특히 백화점은 위협을 느끼고 있다. 씨어스는 지금과 같이 시장을 잃어 간다면 몇 년 후 생존할 수 있을지 의문을 가지고 있다.[34] 아마존 같은 온라인 소매상은 전통적인 소매상에 비해 가격의 경쟁력 그리고 상품의 선택에서의 장점을 가지고 있다. 많은 스포츠용품 가게도 문을 닫고 있는데 딕스 스포츠(Dick's Sporting Goods)는 여전히 성공적으로 유지하고 있다.[35]

직접 마케팅
사람을 통하지 않고 제품과 정보를 소통하는 것이며, 메일이나 전화, 인터넷 등을 통한 구매.

직접 판매
직장이나 가정에서 대면하여 제품을 설명하고 판매하는 것.

도매상
제조업자 또는 다른 도매상으로부터 상품을 구매하여 소매상에게 판매하는 중간상.

다른 형태의 소매는 **직접 마케팅**(direct marketing)인데, 이것은 사람을 통하지 않고 제품과 정보를 소통하는 것이며, 메일이나 전화, 인터넷 등을 통한 구매이다. 덧치 트레이딩(Dutch Trading)은 가게는 있지만 청바지, 작업화, 모자 등의 제품을 카탈로그 마케팅에만 주력하여 판매한다. 다른 형태의 비점포 소매로 **직접 판매**(direct selling)가 있는데, 이것은 직장이나 가정에서 대면하여 제품을 설명하고 판매하는 것이다. 세계적인 글로벌 직접 판매 기업은 암웨이(Amway), 어본(Avon), 허벌라이프(Herbalife)이다. 여기에 종사하는 사람은 파트타임 작업자가 많은데 그들은 이 상품들을 좋아하며 개인 네트워크를 통해서 판매를 한다.

도매상(wholesaler)은 제조업자나 다른 도매상으로부터 상품을 구매하여 소매상에게 판매하는 중간상을 말한다. 일반적으로 도매상은 최종 소비자를 대상으로 상품을 판매하지 않는다. 〈표 12-5〉은 도매상이 수행하는 기능을 보여준다.

특히 소비재 유통에 있어서 도매상은 중요한 마케팅 활동을 수행한다. 혹자는 유통 과정에서 도매상이 없어도 된다고 주장한다. 그러나 도매상이 없다면 그들이 유통 과정에서 수행하는 기능을 생산자나 다른 중개업자 또는 소비자가 수행해야 할 것이다. 도매상은 많은 양의 상품을 구매한 후, 이를 적은 양으로 분배하여 소매상에게 재판매함으로써 최종 소비자가 소매상을 통해 편리하게 상품을 구매할 수 있도록 도와준다. 또한 상품 보관 기능을 수행함으로써 수요에 맞추어 상품이 시장에 공급될 수 있도록 해준다. 예를 들어 식료품 도매업체인 시스코(Sysco)는 음식점이나 호텔, 관공서, 학교 등에 필요한 음식재료는 물론 냅킨, 주방용품 등의 용품을 공급한다.[36] 판매자 도매상(merchant wholesalers)은 시스코 같은 기업을 의미하는데, 위험을 무릅쓰고 상품에 대한 소유권을 가지고 다른 도매상이나 기업고객이나 소매상 등에게 물건을 판매한다. 에이전트(Agent)는 상품에 대한 소유권을 가지지 않고 가격을 흥정하는 등 제한된 역할만하고 수수료를 받는다.

〈표 12-5〉 도매상의 주요 기능

물적 유통	• 재고관리 • 이송 • 창고 • 물류관리
홍보	• 판매원 • 광고 • 판매홍보 • 홍보
재고와 데이터 관리	• 경영정보시스템 • 재고조정 • 운송추적 • 재고 및 회계 데이터 분석
위험부담	• 절도 • 상품노후화 • 과잉재고
재무 및 예산	• 외상거래 • 자본투자 • 현금흐름 예측
마케팅 조사와 정보 시스템	• 시장정보 제공 • 빅데이터 분석 • 시장조사 및 연구

공급망 관리. 공급망 관리(supply chain management: SCM)는 제조업자와 다른 중간상 간의 유통 경로 관계를 향상하려는 노력이며, 이를 통해 유통 경로 구성원 간에 밀접한 공조관계를 형성할 수 있도록 해준다. 8장에서 이러한 공급망 관리를 고객 만족을 창출하기 위해 유통 시스템의 모든 구성원을 연결하여 통

합적으로 운영하는 관리 체계로 정의한 바 있다.

효과적인 공급망 관리를 위해서는 비용, 낭비, 유통 경로에서의 불필요한 이동 등을 줄이기 위해 전체 경로 구성원이 협력하는 장기적인 파트너십(partnership)이 요구된다. 이는 전통적인 경로 구성원(생산자, 도매업자, 소매업자, 고객)을 넘어서 생산자로부터 최종 소비자에 이르기까지의 모든 구성원을 포함하는 개념이다. 경영자를 대상으로 한 설문조사에 의하면 공급망에서 야기되는 혼란이 기업의 수입을 감소시키는 가장 큰 위기라고 인식되고 있다.[37]

이제 통의의 초점을 상품 판매가 일어나는 유통 경로를 거치는 전 과정을 통해 최종 고객의 만족을 창출하는 것으로 옮겨보자. 이 과정에서 고객 니즈를 기초로 신중하게 생산된 정보는 유통 과정에서 공개적이고 숨김없이 지속적으로 사용될 것이다. 여기서 가장 주목해야 할 점은 관계의 접점이 판매자–구매자라는 단순 일대일 관계에서 모든 유통 단계 및 여러 구성원 사이에서 일어나는 다수의 접점으로 확대된다는 데 있다. 공급망상의 요소들을 통합하고 대응하기 위해서 예측기법이 사용된다. 예를 들어 아마존은 소비자의 구매 이력과 예측모델에 기반을 두어서 주문을 받기 전에 물건을 보낸다.[38]

소비재 유통 경로. 〈그림 12-6〉은 소비재의 전형적인 마케팅 경로를 보여준다. 경로 A에서 상품은 생산자에게서 최종 소비자에게로 직접 이동된다. 농부가 자신이 재배한 과일이나 채소류를 직접 농산물 직판장 혹은 길거리 자판대에서 판매하는 경우가 생산자와 소비자가 직접 연결되는 유통 경로의 예라고 할 수 있다.

경로 B에서는 상품이 생산자에게서 소매상을 거쳐 최종 소비자에게 전달된다. 이러한 경로는 대학 교재나 자동차, 가전제품 등의 상품 유통에 주로 사용된다. 경로 C에서는 상품이 도매상과 소매상을 거쳐 최종 소비자에게 도달한다. 생산자–도매상–소매상–소비자로 연결되는 이러한 경로는 냉장고, 텔레비전, 탄산음료, 담배, 시계, 손목시계, 사무용품 등 광범위한 상품 유통에서 사용된다. 경로 D에서는 상품이 최종 소비자에게 이르기 전

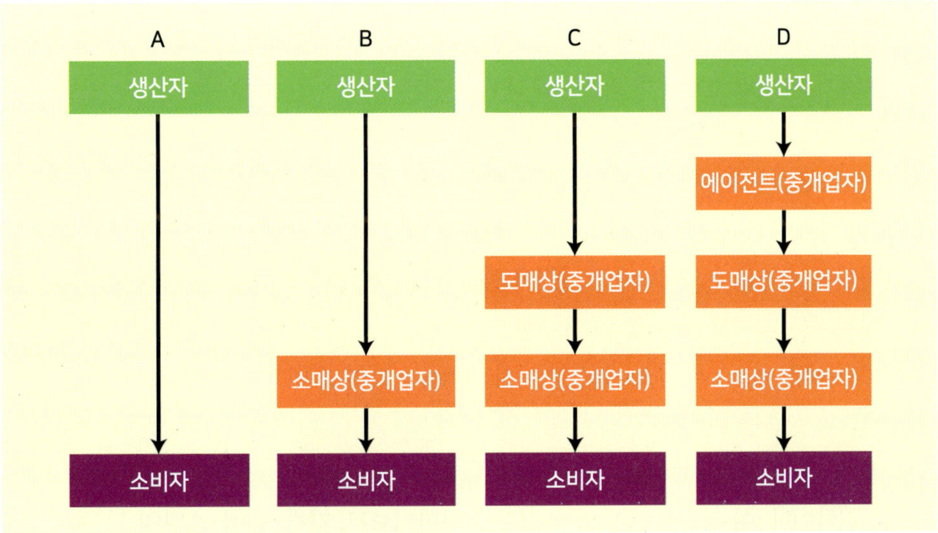

〈그림 12-6〉 소비재 유통 경로

에 에이전트, 도매상, 소매상을 거치게 된다. 이 긴 유통 경로는 특히 편의품 유통에 유용하다. 사탕 등의 제품은 구매자와 판매자를 한데 모아주는 에이전트에 의해 판매되는 경우가 많다.

서비스는 주로 경로 A과 같은 직접 경로를 통해 유통되는데, 그 이유는 서비스의 경우 일반적으로 생산과 소비가 동시에 일어나기 때문이다. 예를 들어 이발 서비스를 나중을 위해 집으로 가져올 수는 없을 것이다. 대부분의 서비스에는 고객의 존재와 참여가 요구된다. 예를 들어 환자는 치료받기 위해 의사를 찾아가야 하며, 아이를 돌봐주는 서비스를 이용하려면 아이를 유치원에 데려가야 하고, 여행자는 여행 서비스를 이용하기 위해 여행지에 직접 가야만 한다.

산업재 유통 경로. 소비재와는 달리 산업재의 반 이상이 직접 마케팅 경로를 통해 유통된다. 특히 비싸거나 기술적으로 복잡한 상품일 경우 직접 경로가 더욱 적합하다. 산업재 고객은 오직 생산자만이 제공할 수 있는 상품에 대한 기술적 지원과 개별적 보증을 얻기 위해 생산자와의 직접적인 의사소통을 하고자 하는 경우가 많다. 산업재 구매자가 IBM, 유니시스(Unisys) 같은 대규모 생산자에게서 비싸고 복잡한 메인프레임 컴퓨터(mainframe computer)를 구매하고자 하는 이유가 여기에 있다. 일부 산업재는 산업재 유통업자 또는 제조회사 대리점 같은 도매 중개업자를 거치는 경로를 통해 유통되기도 한다.

시장 커버리지 전략

유통의 주요 의사결정은 상품을 얼마나 넓게 유통할 것인가, 즉 얼마나 많은 수의, 얼마나 많은 종류의 점포에서 상품을 취급할 것인가를 결정하는 것이다. 시장 커버리지는 구매자 행동은 물론 표적시장의 특성 및 경쟁 상황에 영향을 받는다. 일반적으로 도매상과 소매상은 상황에 따라 다양한 시장 커버리지 전략을 구사하게 되는데, 성공을 위해서는 신중한 전략적 선택이 요구된다. 대표적인 시장 커버리지 전략으로는 집약적 유통, 선택적 유통, 전속적 유통 전략을 들 수 있다.

집약적 유통
이용 가능한 모든 형태의 점포를 사용하여 상품을 유통시키는 전략.

집약적 유통(intensive distribution)은 이용 가능한 모든 형태의 점포를 사용하여 상품을 유통시키는 전략이다. 빵, 우유, 휘발유, 탄산음료, 껌 등의 편의품은 구매의 용이성이 매우 중요하기 때문에 소비자가 최소한의 대기 시간과 구매 시간을 들여서 살 수 있도록 근접한 매장에 상품을 비치하는 것이 중요한다. 집약적으로 시장을 장악하기 위해 도매상 및 여러 소매상은 가능한 한 소비자가 원하는 모든 곳에서 상품을 구매할 수 있도록 유통시킨다. 예를 들어 줌(Zoom) 시스템은 사탕이나 음료가 아닌 특별한 상품을 판매하는 첨단 자판기를 제공한다. 줌은 미국 전역의 공항과 호텔에 다양한 제품을 판매하는 1,500여 개의 자판기를 배치하였다. 줌은 다양한 회사와의 파트너십을 통해 어니스트 컴퍼니(The Honest Company), 베스트바이(BestBuy), 메이시즈(Macy's) 그리고 네스프레소(Nespresso) 등 다양한 브랜드의 상품을 판매한다.[39]

선택적 유통
이용 가능한 소수의 점포만을 사용하여 상품을 유통시키는 전략.

선택적 유통(selective distribution)은 이용 가능한 소수의 점포만을 사용하여 상품을 유통시키는 전략이다. 이 전략은 소비자가 직접 돌아다녀보고, 가격·품질·스타일 등을 비교한

캣본디(Kat Von D) 화장법은 세포라(Sephara)에서만 가능하다.
©Oscar Gonzalez/NurPhoto/REX/Shutterstock

후에 구매하는 상품의 유통에 주로 사용된다. 이렇듯 신중한 선택을 요하는 상품에 대한 구매 홍보를 위해 대부분 판매원의 설명, 기술적 지원, 품질 보증, A/S 등 소비자 만족을 창출하고 유지하기 위한 마케팅 활동이 수반된다. 자동차, 주요 설비, 의류, 가구 등이 이러한 상품의 예라고 할 수 있다. 랄프로렌(Ralph Lauren)은 선택적 유통을 하는 대표적인 브랜드이다.

전속적 유통(exclusive distribution)은 지정된 한 지역 내에서 하나 또는 극소수의 중간상에게만 판매권을 허용하는 유통 전략이다. 즉 하나 또는 극소수의 판매자에게만 해당 시장 내에서 상품을 다룰 수 있는 특권을 주는 것이다. 이는 한 번 구매가 일어나면 장기간에 걸쳐 사용되고, 고객과의 호의적인 관계를 구축하기 위한 충분한 정보와 서비스가 요구되는 상품을 유통하는 전략으로, 집약적 유통과 반대되는 전략이다. 전속적 유통을 통해 판매되는 상품으로는 고급 악기, 요트, 비행기, 명품 가죽 제품 등을 들 수 있다. 싱가포르의 트리플 피티이(Triple Pte)는 동남아시아의 언더아머(Under Armour)의 전속적 유통업체이다.[40]

전속적 유통
지정된 한 지역 내에서 하나 또는 극소수의 중간상에게만 판매권을 허용하는 유통 전략.

물적 유통

물류(logistics)는 내·외부 및 제3자 서비스의 계획과 협동을 포함한다. **물적 유통**(physical distribution)은 재고 관리, 운송, 창고 관리, 자재 관리 등 상품이 생산자로부터 소비자에게 전달되기까지 유통 흐름에서 필요한 모든 활동을 포함하는 개념이다. 물적 유통은 소비자로 하여금 원하는 곳에서 원하는 때에 최소한의 비용으로 상품을 구매할 수 있도록 해줌으로써 시간 및 장소의 효용성을 창출한다. 물리적 상품과 서비스 모두 이러한 물적 유통을 필요로 한다. 대부분의 물적 유통 활동이 8장에서 다루었던 공급망 관리에 속한다. 물적 유통에 관해 좀 더 자세히 살펴보자.

물류
내·외부 및 제3자 서비스의 계획과 협동.

물적 유통
재고 관리, 운송, 창고 관리, 자재 관리 등 상품이 생산자로부터 소비자에게 전달되기까지 유통 흐름에서 필요한 모든 활동.

운송. **운송**(transportation)이란 구매자에게 상품을 수송하는 것을 말한다. 운송은 상품 구매에 있어 시간과 장소의 효용을 창출하기 때문에 생산자로부터 소비자에게 이르는 상품과 서비스의 흐름상 핵심적인 요소 중 하나라 할 수 있다. 미국의 경우 철로, 자동차, 내륙 수로, 파이프라인(pipeline), 항공 등 다섯 가지 주요 운송 경로가 사용되고 있다.

운송
구매자에게 상품을 수송하는 것.

철로는 비용 효율이 높은 운송 수단이다. 무거운 자재, 식품, 원자재, 석탄 등이 철로를 통해 운송되는 상품의 예라고 할 수 있다. 화물차의 경우 철로보다 더 많은 지역에 도달할 수 있으므로 유연성이 높은 운송 수단이라고 할 수 있다. 화물차를 운송 수단으로 이용할 경우 화물을 더 빠르고 경제적으로 다룰 수 있고, 도착지마다 정확하게 상품을 배달할 수 있으며, 배나 비행기보다 상품 포장에 대한 요구 사항이 적다. 항공은 빠르고 신뢰할 수 있는 운송 수단이나 동시에 가장 비싼 운송 수단이다. 이에 비해 해상 운송은 가장 느리지만 항공보다 저렴한 운송 수단이다. 파이프라인은 주로 석유, 천연가스, 액화석탄, 목재조각(wood chips), 화학약품 등을 저렴한 비용으로 운송하기 위해 사용된다. 파이프라인은 이송되는 제품에게 가장 싼 원가를 제공한다. 많은 제품이 효율적인 이동을 위해 하나 이상의 운송 방법을 사용한다.

운송 수단을 선택하는 데 영향을 미치는 요소로는 비용, 상품 관리 능력, 신뢰성, 이용의 용이성 등을 들 수 있으며, 이에 더해 서로 다른 운송 수단 간의 균형을 고려해야 한다. 또한 상품의 특성 및 소비자의 욕구 역시 운송 수단을 결정짓는 요소가 될 수 있다.

창고업
상품을 입고, 보관 및 발송하는 시설을 설계하고 운영하는 것.

창고업. **창고업**(warehousing)은 상품을 입고, 보관 및 발송하는 시설을 설계하고 운영하는 활동을 의미한다. 창고 시설에서는 상품을 입고·확인·분류하고, 또 다른 보관소로 출고하며, 보관·선별 등의 작업을 거쳐 최종적으로 상품을 배송하는 작업까지 수행한다.

많은 기업이 상품을 보관, 관리, 운송하기 위해 자사 소유의 창고를 운영하고 있다. 특히 상품이 특별한 관리를 요하거나 특정 지역 내 상품 유통을 위해 창고 시설을 필요로 하는 경우, 기업은 창고를 소유하거나 대여한다. 자사 소유의 창고를 운영하는 것은 상품에 대한 관리 및 통제가 용이하다는 점에서 유익한 방법이다. 그러나 창고를 유지하는 데는 높은 고정비용이 들어간다.[41] 이러한 이유로 많은 기업이 창고를 대여하거나 공공 창고로부터 물적 유통 서비스를 제공받는 방법을 선택한다. 공공 창고는 여러 기업의 상품을 보관하기 때문에 유통상의 통제가 약해진다는 단점이 있지만 비용이 저렴하다는 장점이 있으며, 작은 규모의 상품을 보관하는 데는 유용한 수단이 된다.[42] 예를 들어 넥스트 레벨 리소스 파트너(Next Level Resource Partners)는 퓨어바르(Pure Barre), 미네랄퓨전(Mineral Fusion), 플라이휠(Flywheel)과 같은 기업에게 창고보관 서비스와 제품 선택, 포장, 그리고 배송까지의 필요한 서비스를 제공한다.[43] 창고의 형태에 관계없이 창고업은 다양한 지역에서 발생하는 수요를 충족시키고, 적절한 시기에 물류의 배송을 가능하게 해주기 때문에 매우 중요한 물적 유통의 요소라고 할 수 있다.

아마존의 주문처리 센터는 플로리다의 레이크랜드(Lakeland)에서 캘리포니아의 샌버나디오(San Bernardino) 까지 전국에 걸쳐서 있다.

자재 운반 관리
재료, 부품, 완제품 등을 수송, 이동, 보관하는 물적 유통 관리.

자재 운반 관리. **자재 운반 관리**(materials handling)는 재료, 부품, 완제품 등을 수송, 이동, 보관하는 물적 유통 관리를 말한다. 자재 운반 관리 과정은 제품 특성에 따라 매우 다양하다. 효율적인 자재 운반 관리 과정은 창고 내 적재량을 효과적으로 조율할 수 있도록 해주고, 고객 서비스를 향상시킨다. 물류의 조직적인 적재 및 운반 시스템은 유통의 효율성을 높이고, 비용을 줄여준다.

마케팅 전략에서 유통의 중요성

유통에 관련한 의사결정은 다른 마케팅 믹스 요소와 관련한 의사결정보다 덜 유동적이다. 시간이 지남에 따라 상품, 가격, 홍보 활동 등은 변화하지만 많은 자원 및 계약관계를 바탕으로 하는 유통에 관련한 의사결정은 쉽게 바꿀 수 없다. 기업이 새로운 시장에 진출하고자 할 때는 새로운 시장의 상황에 맞추어 모든 유통 전략에 변화를 주어야 한다. 만약 기업이 유통 경로를 효율적으로 관리하지 못하고 고객에게 최상의 서비스를 제공하지 못한다면, 새로운 경쟁자들이 그 틈을 노려 더욱 효과적인 유통 시스템으로 위협해 올 것이다. 온라인 소매상의 성장은 선택에 대한 소비자의 기대를 증가시키고, 빠른 배송과 추적, 그리고 추가 비용 없이 교환이 가능하게 하였다. 아마존이 공급사슬을 변화시키며 타겟(Target) 같은 소매상들은 스마트 네트워크를 구성하기 위한 디지털 기술을 사용하여 배송 시스템을 바꾸고 있다.[44] 타겟은 고객을 위한 가게, 디지털 채널 그리고 공급사슬로 구성된 스마트 네트워크를 구성하기 위하여 600개의 점포를 새롭게 디자인하고 있다.[45]

홍보 전략

학습목표 12-4

홍보는 기업이 개인, 집단, 조직 등과 소통함으로써 직·간접적으로 교환을 활성화하는 역할을 한다. 즉 홍보는 개인, 집단, 조직 등이 제품, 서비스 또는 아이디어를 받아들이도록 설득함으로써 마케팅적 교환을 활성화하는 역할을 한다. 이러한 홍보 활동은 상품 판매뿐만 아니라 조직이나 사람 또는 사회적 이슈에 대한 의견과 태도에도 영향을 미칠 수 있다. 예를 들어 미국 미시간주에서는 미시간 방문자를 대상으로 "Pure Michigan" 캠페인을 실시하였다. 이 캠페인의 경제적 효과는 12억 달러에 달한다.[46] 많은 사람이 홍보와 광고를 동일한 개념으로 생각하지만 홍보는 광고 이외에도 인적 판매, 홍보, 판매 홍보 등 다양한 활동을 포함하는 개념이며, 모든 홍보 활동은 마케팅 전략 안에서 매우 중요한 역할을 한다.

경영 도전에 대한 대응 Responding to Business Challenges

아마존은 모든 것을 판매한다

제프 베조스(Jeff Bezos)는 구글이나 이베이가 나오기 전인 1994년에 금융회사를 그만두고 온라인 서점인 아마존(Amazon)을 설립하였다. 책 판매가 성공하고 나자 제프는 또 무엇을 판매할 수 있을지 고객에게 자문을 구하였다. 그 결과는 놀라웠다. 고객은 책보다는 편리함을 원했던 것이다.

오늘날, 아마존은 장난감과 의류에서부터 온라인 서적과 생활용품까지 모든 것을 판매한다. 아마존의 매출은 미국의 소매상품 매출의 5%를 차지하고 있으며, 모든 온라인 판매의 절반을 차지하고 있다. 베조스는 경쟁자와 경쟁하는 것 대신에 소비자에게 집중함으로써 아마존의 성공을 이끌었다. 예를 들어 소비자와 관계를 유지하기 위해 아마존은 A-Z 보장을 제안하는데 그것은 제품에 문제가 있거나 늦은 배송으로부터 소비자를 보호해 주는 것이다.

모든 가정에 필수적인 부분으로 자리 잡기 위해 아마존은 아마존 에코(Echo)를 지속적으로 설치하는데 이것은 소리로 제어되는 디지털 도움기이다. 에코를 통해서 소비자는 날씨를 체크하고 뉴스를 듣고, 게임을 하고 스마트 홈 기기를 연결한다. 미국 가정의 대략 2/3인 아마존 주요고객은 에코를 통해 제품을 주문할 수 있다. 또한 아마존은 최근 홀푸드(Whole Foods)를 인수하여 식료품점으로 변신하고 있다. 이 회사를 기반으로 다양한 유기농 제품을 프라임고객 두시간 배송을 통합한 새로운 방식으로 고객의 요구를 만족시킬 수 있는 식료품 배송 방법을 연구하고 있다.[47]

토의 주제

1. 아마존은 고객에게 다가가기 위해 어떤 마케팅 채널을 이용하는가?
2. 아마존은 어떤 방법으로 서비스의 질을 보장하는가?
3. 아마존은 고객에게 다가가기 위해서 상품과 서비스를 어떻게 변형시키는가?

홍보 믹스

통합적 마케팅 커뮤니케이션
다양한 촉진 믹스 요소를 통합하여 하나의 전체로서 조직적이고 일관성 있게 마케팅 커뮤니케이션을 기획하고 실행하는 과정.

홍보 믹스란 광고, 인적 판매, 홍보, 판매 홍보 등의 활동을 통합적으로 일컫는 말이다. 이러한 홍보 믹스의 요소들을 신중하게 선택하고, 통합적으로 관리할 때 강력한 홍보 프로그램이 탄생한다. 홍보 믹스 요소를 통합하고, 동시화된 홍보를 하는 통합된 노력을 조율하는 과정을 **통합적 마케팅 커뮤니케이션**(integrated marketing communications)이라 한다. 통합적 마케팅 커뮤니케이션을 구현할 때 마케터는 원하는 마케팅 메시지를 효과적으로 고객에게 전달해야 한다. 다시 말해, 홍보 믹스의 각 요소는 각자의 역할을 수행하는 동시에 서로 밀접하게 연관되어 소비자에게 일관성 있는 메시지를 전달해야 한다. 통합된 소통은 구매를 불러일으킨다. 타이드(Tide)는 슈퍼볼 게임(미국 프로미식축구 챔피언 결정전)에서 세제시장에서의 압도적인 위치와 높은 성능을 알리기 위해서 통합 마케팅 캠페인을 개발하였다. 타이드의 광고 시리즈는 쿼터가 끝날 때마다 데이비드 하버(David Harbour)가 출연해 깨끗한 옷을 입어 타이드의 광고임을 알렸다. 회사는 올드 스파이스(Old Spice)의 대변인 아사이어 무스타파(Isaiah Mustafa), 베티 화이트(Betty White), 데니타 페이트릭(Danica Patrick), 안토니오 브라운(Antonio Brown), 드루 브리즈(Drew Brees)의 소셜 미디어 공개를 캠페인의 일환으로 조율했다. 그 결과 52,000 이상의 트윗이 슈퍼볼 게임 동안 나왔다.[48]

광고
매체를 통하여 메시지를 전달하는 유료 형태의 비대면 커뮤니케이션.

광고. **광고**(advertising)는 사람들에게 가장 잘 알려진 홍보 활동의 한 형태로서, TV, 잡지, 인터넷 등의 매체를 통하여 메시지를 전달하는 유료 형태의 비대면(nonpersonal) 커뮤니케이션이다. 구글처럼 전 세계적으로 알려진 브랜드도 광고를 필요로 한다. 제약회사는 오랫동안 생활상비약을 알리기 위해 광고를 이용하였다. 그러나 최근에는 생명을 구하고, 전문의사가 처방하는 비싼 약물을 선전하기 시작했다.[49] 상업적 장점이 있는 연예인, 고객 혹은 독창적인 창작물 광고는 고객의 관심을 끌고 제품에 흥미를 불러일으키는 역할을 한다. 덴버 브롱코스(Denver Broncos)의 쿼터백이었던 페이톤 메닝(Peyton Manning)은 오레오(Oreo), 게토레이(Gatorade), 디렉트 티비(Direct TV), 네이션와이드(Nationwide) 보험, 그리고 뷰익(Buick)의 광고 모델이었다. 반대로 그들이 부적절한 행동을 했을 때는 역효과도 있다. 나이키는 폭력이나 약물 혐의가 있는 광고모델와의 계약을 중단했다.

광고 캠페인
연속적인 시리즈 광고를 제작하고, 이를 다양한 매체를 통해 특정 표적고객에게 도달시키는 것.

광고 캠페인(advertising campaign)은 연속적인 시리즈 광고를 제작하고, 다양한 매체를 통해 특정 표적고객에게 도달시키는 것을 말한다. 광고 캠페인의 기본적인 내용과 형식에 영향을 미치는 몇 가지 요인을 살펴보자. 전체적인 캠페인 메시지와 캠페인을 구성하는 개별 광고의 내용은 상품의 특징, 사용 상황, 상품이 주는 편익 등에 영향을 받는다. 또한 광고의 내용과 형식은 성별, 나이, 교육수준, 인종, 소득수준, 직업, 라이프스타일 등 표적 청중의 특성에 영향을 받는다. 예를 들어 프록터앤갬블(Procter & Gamble)의 경우 치약 브랜드인 크레스트(Crest)를 광고하면서, 아이들을 대상으로는 매일 이를 닦고 충치가 생기지 않도록 해야 한다는 메시지를 강조한 반면, 성인 고객을 대상으로는 치석 관리와 치아 미백 기능을 강조하였다. 광고 기획자는 메시지를 효과적으로 전달하기 위해 표적 청중에게 의미 있고 친숙하며 매력적인 언어, 상징, 표현 등을 사용해야 한다.

광고 캠페인의 목적과 플랫폼 또한 캠페인 메세지의 내용과 형식에 영향을 미친다. 만약 기업의 목표가 판매량 증가에 있다면 광고 메시지는 직설적이고 영향력 있는 언어와 상징을 포함할 것이다. 반면, 만약 목표가 브랜드 인지도 제고에 있다면 브랜드명과 그에 연상되는 언어와 상징을 담은 광고 메시지를 반복적으로 노출시키는 데 중점을 둘 것이다. 따라서 광고의 목적과 플랫폼은 캠페인 메시지 개발의 토대가 된다고 할 수 있다.

전 ABC 독신자 경진대회와 독신자 파라다이스 프로그램 스타인 제이드로퍼 톨버트(Jade Roper Tolbert)는 아바(Ava)사의 지원을 받아 배란추적 팔찌를 착용하였다.

©Broadimage/REX/Shutterstock

광고 매체는 기업이 원하는 청중에게 도달하기 위해 사용하는 커뮤니케이션 수단을 말한다. 인쇄 매체로는 신문, 잡지, 우편, 옥외광고 게시판 등이 있으며, 전자 매체로는 TV, 라디오, 인터넷 등이 있다. 캠페인 메시지의 내용과 형식은 어떤 매체를 선택하느냐에 따라 확연히 달라진다. 옥외광고나 짧은 방송광고의 경우에는 간결하고 축약된 메시지가 효과적인 반면, 잡지나 신문 광고는 상대적으로 많은 양의 상세 내용을 포함할 수 있다. 특정 지역에서 사용되는 매체를 이용할 경우 해당 지역 내 표적 청중에게 정교하게 맞춰진 메시지를 개발할 수 있다. 예를 들어 미국 타임즈에 광고를 게시하는 기업은 뉴잉글랜드 지역에서 사용할 메시지와 나머지 지역에서 사용할 메시지를 따로 개발하기도 한다. 어떤 기업은 먼저 하나의 제한된 지역에 광고를 집중시키고, 이후 같은 메시지를 다른 시간, 다른 장소로 확장시켜 사용하기도 한다. 또한 어떤 기업은 메시지를 전국의 청중에게 동시에 도달시키기 위해 한꺼번에 많은 비용을 투입하기도 한다. 예를 들어 전국적으로 높은 도달률과 대중적 인기를 누리는 미국 슈퍼볼 경기 방영 중 TV 광고를 내보내기 위해서는 30초 광고에 500만 달러 이상의 비용을 지불해야 한다.[50]

최근 들어 온라인 광고가 급속도로 증가하고 있다. 그러나 온라인 광고를 이용하는 광고주들은 점차 광고비용을 지출하는 데 대한 더 높은 가시적 효과와 그에 대한 증명을 매체 측에 요구하고 있다. 구글의 애드워즈(AdWords)는 사용자가 광고를 클릭했을 때에 한해서만 광고비를 부과하는 것도 이러한 이유 때문이다. 최근에는 소비자가 성가시다고 느끼는 팝업 광고나 배너 광고보다는 다른 형태의 온라인 광고가 더 많이 사용된다. 예를 들어 최근 기술의 발전은 TV 광고와 온라인 광고의 경계선을 허물고 있다. TV 광고를 본 시청자들이 추가 정보를 얻기 위해 웹사이트를 방문하도록 유도하고, 웹사이트에서는 재미있고 짧은 광고 영상을 게시하여 재미와 마케팅 메시지를 동시에 전달한다. 또한 마케터는 TV 매체를 통해 방영될 수 없는 광고나 영상을 인터넷을 통해 보여주기도 한다. 윤리동물연합회(People for Ethical Treatment of Animals: PETE)는 슈퍼볼 광고를 거부하는 차별 광고를 제작하였다. 이런 광고는 유튜브 등 여러 사이트에서 볼 수 있다.[51]

인포머셜(informercial)은 정보(information)와 광고(commercial)의 합성어로, 약 30분 미만의 TV 또는 라디오 광고로 상품에 관한 상세한 정보를 제공하여 시청자(소비자)의 이해를 돕는 광고 기법을 말한다. 언더아머(Under Armour)는 유명한 올림픽 수영선수 마이클 펠프스(Micheal Phelps)와 팀을 이루고 "The Water Diviner"라고 하는 일상에서의 하루를 만들었다. 자문과 영상, 조명은 강력했고 10대 광고 파트너십인 어드버타이징 에이지(Advertising Age)로부터 인정받았다. 올림픽 역사상 훌륭한 선수 중의 한 명인 마이클 펠프스가 주는 인상은 강했으며, 언더아머는 브랜드 가치를 향상시키는 파트너십을 만드는 혁신적인 방법을 발견하였다.[52] 일반적으로 인포머셜은 소비자가 상품에 관한 추가적인 정보를 얻거나 편리하게 상품을 구매할 수 있도록 상품 구매 전화번호와 웹사이트 주소를 제공한다. 인포머셜에 대해 부정적 인식을 가지고 있는 소비자나 기업이 많은 것이 사실이지만 그럼에도 불구하고 인포머셜은 분명한 성과를 내고 있는 광고 기법 중의 하나이다.

인적 판매
판매원이 잠재 고객을 직접 대면하여 수행하는 쌍방향 커뮤니케이션.

인적 판매. **인적 판매**(personal selling)는 판매원이 잠재 고객을 직접 대면하여 수행하는 쌍방향 커뮤니케이션을 일컫는 말이다. 많은 상품 가운데서도 자동차, 가전 제품, 주택 등과 같이 특별한 용도로 사용되는 규모가 크거나 고가의 상품인 경우 판매원과 고객 사이의 상호작용이 매우 중요하게 작용한다.

인적 판매는 마케터가 구매를 홍보하기 위한 구체적인 정보를 소비자에게 전달할 수 있는 좋은 기회를 가지게 되는 방법이다. 또한 인적 판매는 한 소비자의 모든 관심을 집중시켜 설득할 수 있는 유일한 수단이다. 비록 인적 판매가 많은 장점을 가지고 있기는 하지만, 매우 많은 비용이 들어가는 홍보 수단이다. 예를 들어 미국의 경우 한 명의 산업재 고객을 유지하는 데 400달러 이상의 비용이 소요된다.

인적 판매는 의료기 등 고위험 상품을 취급하는 데 중요하다. 판매원은 고객에게 제품의 이점이나 재정지원, 그리고 보장에 대해서 의논할 수 있다.
©Blend Images/ERproductions Ltd/Getty Images

인적 판매를 담당하는 판매원은 크게 세 가지 종류로 구분할 수 있는데, 주로 주문을 받고 상품을 제공해 주는 주문 수령자(예: 소매점 판매원, 방문 판매원 등), 직접 고객을 찾고 설득하는 창의적 판매원(예: 자동차, 가구, 보험 판매원 등), 판매를 지원해주는 판매 지원자(예: 소비자 교육 담당자, 주문은 받지 않지만 고객 호감을 형성하는 판매원 등) 등이 있다.

인적 판매는 주로 6단계의 과정을 통해 이루어진다.

1. 고객 예측(prospecting): 상품의 잠재적인 고객 식별
2. 접근(approaching): 상품에 대한 잠재 고객의 관심도를 알아보기 위해 추천이나 전화로 접근
3. 구매 권유 및 설명(presenting): 상품 설명을 통해 잠재 고객의 관심 유도
4. 의견 조정(handing objections): 상품을 구매하지 않으려는 이유에 대해 대응
5. 판매 종결(closing): 잠재 고객에게 상품 구매의사 파악
6. 사후 관리(following up): 구매한 상품에 대한 고객의 만족도 조사

공공홍보
기업이 직접적인 비용 지불 없이 매체를 통해 뉴스와 정보를 전달하는 비대면 커뮤니케이션.

공공홍보. **공공홍보**(publicity)는 기업이 직접적인 비용의 지불 없이 매체를 통해 뉴스와 정보를 전달하는 비대면 커뮤니케이션을 말한다. 다시 말해, 기업은 공공홍보를 위해 별도의 매체 비용을 지불하지 않는다. 공공홍보 메시지는 주로 뉴스 형식으로 전달되기 때문에 청중은 이 메시지의 발신 주체를 기업으로 생각하지 않는다. 기업은 공공홍보 활동을

통해 대중의 관심을 끌고 뉴스거리가 될 만한 정보를 게시함으로써 뚜렷한 마케팅 효과를 얻을 수 있다. 많은 기업이 호의적인 언론의 주목을 받고 부정적인 언론은 최소화하기 위해 별도의 공공관계(public relations: PR) 부서를 운영하고 있다.

광고와 공공홍보 모두 대중매체를 통해 행해진다는 공통점이 존재하지만 몇 가지 차이점 또한 존재한다. 광고 메시지는 정보적인 것에 더해 설득적이어야 하는 반면, 공공홍보 메시지는 정보 전달만을 목적으로 한다. 광고는 소비자의 즉각적인 반응을 이끌어 내거나 구매 행동으로 연결되도록 설득하는 정보를 제공한다. 하지만 공공홍보는 기업이 어떤 활동을 전개하고 있으며, 어떤 상품이 출시되었는지, 또는 다른 뉴스거리가 될 만한 내용을 설명하는 데 초점을 맞추지만 소비자의 행동을 요구하는 경우는 드물다. 기업이 광고를 내보내고자 할 경우에는 표적 청중에게 가장 잘 도달할 수 있는 매체를 선택하고, 매체 사용에 대한 비용을 지불해야 한다. 반면, 공공홍보의 경우 일반 대중에게 도달하기 위해 주로 대중매체를 이용한다. 광고는 여러 번 반복할 수 있지만 대부분의 공공홍보 메시지는 한 번 대중매체를 통해 노출되고 나면 다시 반복되지 않는다.

광고, 인적 판매, 판매 홍보 등은 구매에 직접적인 영향을 주는 매우 유용한 홍보 수단이다. 또한 홍보는 커뮤니케이션의 목적이 이익 집단, 현 투자자와 잠재적 투자자, 규제기관 또는 사회 전체에 기업의 활동과 상품에 대해 알리는 데 있을 경우 매우 유용한 홍보 수단이 된다.

최근 전통적인 광고 형태에 변화가 일어나고 있는데 그중 하나가 버즈(buzz) 마케팅이다. 버즈 마케팅이란 마케터가 상품과 관련한 유행을 창출하거나 상품의 수용을 홍보하기 위해 주로 사용하는 기법이다. 버즈 마케팅을 위해 기업은 특정 공동체 내 유행 선도자를 찾아내고, 그들로 하여금 친구, 가족, 직장동료 등에게 자사 상품에 대해 호의적인 입소문을 퍼뜨리도록 유도한다. 일본의 나고야가 더 많은 구직자를 유치하게 위해 한 독특한 일 중 하나는 스포크 에이프(spoke-ape)를 도입하는 일이었다. 이 지방 동물원의 유인원은 그의 얼굴이 포스터나 T셔츠에 사용되어 직장을 구하는 사람들을 이끌었을 뿐만 아니라 국가적 유명인이 되었다.[53] 다른 버즈 마케팅을 사용한 예는 히브류 내셔널(Hebrew National)(엄마 부대의 그릴 핫도그)과 레드불(Red Bull)(성층권에서의 우주 다이빙 프로젝트를 후원)이 있다. 버즈 마케팅의 기본 가정은 특정 사회집단에 속한 구성원의 말이 어떤 형태의 유료 커뮤니케이션보다 더 신뢰를 줄 수 있다는 데 있다.[54] 버즈 마케팅은 광고, 인적 판매, 판매 홍보, 홍보 등과 함께 통합적 마케팅 커뮤니케이션의 구현에 매우 유용한 수단이다.

이러한 버즈 마케팅과 관련된 개념 중 하나가 바이럴(viral) 마케팅이다. 바이럴 마케팅은 인터넷 사용자가 상업적인 목적으로 제작된 광고나 홍보 메시지를 인터넷 매체의 플랫폼을 통해 자발적으로 퍼져나가도록 하는 마케팅 기법이다. 예를 들어 트론토에 위치한 자동차 회사 캐너디언 타이어(Canadian Tire)는 60초짜리 광고 두 개를 하계올림픽 기간에 바이럴 마케팅을 겨냥해서 공개했다. 그 하나는 아이들이 휠체어를 탄 소년을 농구 게임에 초대하는 광고였다. 이 비디오는 2억 뷰를 확보했고 400만 번 공유되었다. 그 결과 캐너디언 타이어의 긍정적인 의견이 13%나 늘게 되었다.[55]

아이보타(Ibotta)는 크로거(Kroger)나 타겟(Target) 등 소매점의 영수증을 스캔해서 선물이나 캐시백을 받도록 해주는 디지털 쿠폰 앱이다.

판매 홍보. **판매 홍보**(sales promotion)은 잠재 고객에게 추가적인 가치나 보상을 제공함으로써 구매를 유도하는 직접적 유인책을 말한다. 일반적으로 판매 홍보는 광고보다 저렴하고 효과 측정이 용이하다. 판매 홍보의 주요 수단은 매장 디스플레이, 사은품, 샘플링, 시연, 쿠폰, 콘테스트, 추첨, 환불, 박람회 등이 있다. 특히 쿠폰은 최근 경기 불황과 함께 가장 많이 사용되는 판매 홍보 수단이 되고 있다. 과거 쿠폰은 약 2%의 매우 낮은 회수율을 보였으나, 최근 계속되는 불황과 모바일 기기를 통한 쿠폰의 배포와 사용은 쿠폰의 대중화를 가속시켰다. 모바일 쿠폰의 회수율은 전통적인 쿠폰에 비해 8배가량 높다.[56] 비록 쿠폰이 판매 홍보에 있어 매우 유용한 수단이지만 쿠폰만으로는 성공적인 홍보 전략을 이끌기 어렵다. 쿠폰은 전체 홍보 믹스의 한 부분이 되어야 한다. 기업은 홍보 활동을 통해 고객의 구매 욕구를 자극하고, 중간상의 판매 효과를 제고할 수 있다. 샘플상품 역시 중요한 홍보 활동의 한 부분이다. 샘플상품의 제공은 소비자의 구매 욕구를 자극할 수 있기 때문에 많은 식료품 소매상이 고객에게 무료 샘플을 제공하고 있다. 미국의 경우 약 3/4의 소비재 기업이 샘플상품 기법을 사용하고 있다.

판매 홍보
잠재 고객에게 추가적인 가치나 보상을 제공함으로써 구매를 유도하는 직접적 유인책.

홍보 전략: 푸시 또는 풀 전략

홍보 믹스를 개발함에 있어 기업은 푸시 전략을 취할 것인지 풀 전략을 취할 것인지 결정해야 한다(그림 12-7). **푸시 전략**(push strategy)은 중간상으로 하여금 고객에게 자사 상품을 적극적으로 판매하도록 동기를 부여하는 전략이다. 즉 푸시 전략은 고객이 더 많은 상품을 구매할 수 있도록 하기 위해 도매상과 소매상에게 판매의 동기를 부여하는 전략이다. 기업의 영업사원은 중간상이 고객에게 적극적으로 자사의 상품을 권하고 그에 대한 홍보 내용을 고객에게 제공하도록 설득하고, 대가로 특별 인센티브를 제공한다. 예를 들어 제약 회사의 영업사원은 주로 의사를 대상으로 신약을 소개하고, 그에 대한 홍보 활동을 펼친다. 이를 통해 영업사원은 의사가 환자에게 자사의 신약을 추천해 주기를 기대하는 것이다. **풀 전략**(pull strategy)은 기업이 적극적인 판촉 활동을 통해 소비자 수요를 창출함으로써 결국 소비자가 자사 상품을 찾게 하여 중간상이 자발적으로 자사 상품을 취급하도록 유도하는 전략이다. 예를 들어 마운틴 듀(Mountain Dew)는 최근 몇 년간 정기적으로 바자 블래스터(Baja Blast) 맛을 한정판으로 내놓는데 그것은 강렬한 수요를 이끌어 내기 위해서이다. 최근에 음료기업들은 회사 트위터의 팔로워들이 해시태그로 "#bringbajablastback"를 트위터에 달면 팬들이 좋아하는 맛을 한정 출시하기도 한다.[57] 파머워터컴퍼니(Parmer water company), 시나본(Cinnabon), 캠벨(Cambell's)은 트위터를 이용하여 팔로워가 지역 가게에 자신의 브랜드의 제품을 요구하도록 독려하기도 한다. 이에 더해 상품이 출시되기 전 무료 샘플을 제공하는 방법 또한 소비자로 하여금 그들이 애용하는 소매점에서 해당 상품을 취급하도록 요청하도록 유도하는 방법 중의 하나이다.

푸시 전략
중간상으로 하여금 고객에게 자사 상품을 적극적으로 판매하도록 동기를 부여하는 전략.

풀 전략
기업이 적극적인 판촉 활동을 통해 소비자 수요를 창출함으로써 결국 소비자가 자사 상품을 찾게 하여 중간상이 자발적으로 자사 상품을 취급하도록 유도하는 전략.

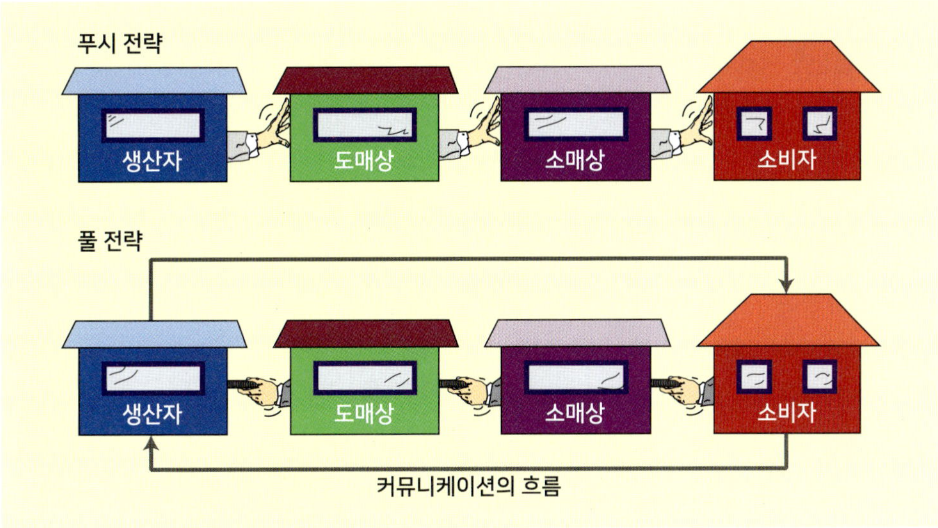

〈그림 12-7〉 푸시 전략과 풀 전략

기업은 푸시 전략과 풀 전략 중 하나를 선택하거나 두 방법을 적절히 결합하여 사용할 수 있다. 예를 들어 마케팅 경로 구성원을 대상으로 한 인적 판매는 푸시 전략의 한 수단이다. 마케터가 어떤 전략을 선택할 것인지는 홍보 활동의 자원을 다양한 마케팅 믹스 요소에 배분하는 과정에서 결정될 것이다.

홍보 활동의 목표

어떤 목표를 설정하는가에 따라 기업의 마케팅 믹스는 달라질 수 있다. 기업은 홍보가 마케팅 전략의 중요한 요소이며, 이는 기업의 목표, 전체 마케팅 목표 그리고 다른 마케팅 전략의 요소들과 밀접하게 연결되어야 한다는 점을 항상 명심해야 한다. 기업이 홍보 활동을 전개하는 이유는 다양하지만 특히 수요 홍보, 판매 안정, 정보 제공 및 상기, 고객 관계 강화 등이 주요 목표가 된다. 상품 수요의 증가는 가장 전형적인 홍보 활동의 목표이다. 주로 광고, 공공홍보, 판매 홍보 활동을 통해 이루어지는 수요의 자극은 기업이 풀 전략을 채택할 때 특히 중요하다.

홍보 활동의 또 다른 중요한 목표는 현재의 판매 수준을 유지하는 판매 안정이다. 판매가 부진하거나 감소하는 시기에는 판매 목표를 유지하기 위해 경품, 이벤트 등의 판매 홍보 수단이 사용된다. 광고는 고객에게 판매 홍보 행사 기간 및 내용을 알리는 역할을 하며, 이는 판매를 안정시키는 수단이 되기도 한다. 예를 들어 자동차 제조사는 경기 침체 기간에도 판매를 안정시켜 정상적으로 생산라인을 가동하기 위해 할인, 무료 옵션 또는 시장보다 낮은 이자율 등의 혜택을 제공한다. 안정적인 판매는 기업이 생산 및 재고 수준을 꾸준히 유지하고, 모든 기능을 정상적으로 움직이도록 해준다. 이를 통해 기업은 효율적인 운영과 판매 증진의 발판을 마련할 수 있다.

홍보 활동의 또 다른 주요 역할은 잠재적 구매자에게 기업과 기업의 상품에 대한 정보를 제공하는 것이다. 일간지 광고를 비롯한 대부분의 광고는 정보 전달에 초점을 맞추고 있다. 상품의 유용성, 가격, 관련 기술, 특징 등에 대한 정보의 제공은 구매자로 하여금 구매 의사결정에 이르게 하는 매우 중요한 활동이다. 모든 형태의 홍보 활동은 소비자에게 기업과 기업의 상품에 대해 충분한 정보를 제공하는 데 주력해야 한다. 주방 믹서기 제조사인 블렌텍(Blendtec)은 갈퀴, 마블, 애플의 아이패드(ipad)까지 갈아버리는 영상을 공개한 적이 있다. 이 "뭐든 갈아버리기" 비디오는 2억 8,500만 명이 시청을 했고 88만 구독자에게 흥미를 이끌었다. 유머나 뜻밖의 전개 등은 구전 마케팅의 성공에 많은 기여를 한다.[58]

홍보 활동은 기업이 시장에 존재하고 있으며, 많은 유용성과 이점을 제공하는 상품을 판매하고 있다는 점을 소비자에게 상기시켜 주어야 한다. 광고는 주로 고객이 자사의 상품을 특정 상황에서 더 자주 사용할 필요가 있다는 점을 상기시켜 준다. 예를 들어 펜조일(Pennzoil)은 자동차 소유주에게 자동차의 적절한 성능을 유지하기 위해서는 3,000마일을 주행할 때마다 엔진오일을 교체해야 한다는 사실을 상기시켜 주는 TV 광고를 방영한 바 있다.

강화를 위한 홍보 활동은 현재 상품 사용자가 옳은 선택을 했다는 점을 확신시켜 주고, 상품으로부터 최상의 만족을 얻을 수 있는 방법을 알려주는 데 목적이 있다. 또한 기업은 언론 매체를 통해 상품의 새로운 사용 방법이나 용도를 알리는 홍보 활동을 전개할 수도 있다. 이에 더해 기업의 판매원은 현재 고객과 잠재 고객에게 상품의 적절한 사용법과 유지 방법을 안내해 줌으로써 고객의 재구매를 유도할 수도 있다.

홍보적 포지셔닝

홍보적 포지셔닝
소비자 마음속에 상품에 대한 긍정적 이미지를 심어주고 유지하기 위한 촉진 활동.

홍보적 포지셔닝(promotional positioning)은 소비자 마음속에 상품에 대한 긍정적 이미지를 심어주고 유지하기 위한 활동이며, 시장 세분화의 자연스러운 결과이다. 기업은 시장 세분화, 표적시장 선정, 포지셔닝 과정에서 자사의 상품이나 브랜드로 공략할 전체 시장의 한 부분, 즉 표적시장을 명확히 한다. 홍보 전략은 상품의 차별화를 도와줌으로써 특정 세분 시장 내 소비자에게 호소할 수 있도록 해준다. 예를 들어 볼보는 자동차 안전을 중요시하는 소비자의 관심을 끌기 위해 광고를 통하여 볼보자동차의 안전성과 충돌 내구성에 대해 강조해 왔다. 홍보는 이러한 이미지를 강화시킨다. 효과적인 홍보는 고객을 설득하고 그들이 구매하도록 한다.

마케팅 전략의 중요성

마케팅의 가치는 마케팅 믹스를 통해 창출된다. 고객에게 가치란 구매를 위해 지출해야 하는 비용보다 더 많은 편익을 제공해 주는 상품을 획득하는 것이다. 마케터에게 가치란 상품 판매를 통해 얻는 (금전적인) 이익이 상품을 개발하고 판매하는 데 소요되는 비용을 초과하는 것이다. 이러한 가치는 마케팅 믹스의 요소를 효과적인 마케팅 전략으로 통합할 때 얻을 수 있다. 사소한 실수 하나가 상품 아이디어 실패, 상품의 부족이나 초과 공급, 비효과적인 홍보 활동, 너무 높거나 너무 낮은 가격 등으로 연결되어 결과적으로 큰 손실을 초래할 수도 있다. 또한 일부 마케팅 믹스 요소는 비교적 쉽게 결정될 수 있으나 유통과 같은 마케팅 믹스 요소는 조정이 어려운 경우도 있다.

고객의 니즈를 만족시킬 수 있는 효과적인 마케팅 믹스를 개발한 기업은 그렇지 못한 기업보다 강한 경쟁우위를 얻을 수 있다. 이러한 경쟁우위는 기업이 하나 이상의 마케팅 믹스 요소를 탁월히 잘 운영했을 때 주로 발생한다. 예를 들어 알디(Aldi)는 상시저가 판매로 명성을 얻고 있는 반면, 크리스챤 로보인(Christian Loubouyin)은 고품질, 비싼 신발로 유명하다. 그러나 기업이 하나의 마케팅 믹스 요소에서 탁월하다고 해서 다른 마케팅 믹스 요소를 무시해도 되는 것은 아니다. 아무리 좋은 상품도 소비자가 알지 못하거나 매장에서 찾을 수 없으면 성공할 수 없다. 또한 기업은 수요의 변화를 읽고, 마케팅 믹스의 조정 여부를 판단하기 위해 끊임없이 시장 환경을 관찰하고 분석해야 한다. 그러므로 기업은 마케팅 믹스의 모든 요소를 신중하게 평가하고, 이들을 일관성 있는 마케팅 전략으로 통합해야 한다. 그래야 비로소 기업은 고객의 니즈를 만족시키는 상품을 제공함으로써 기업의 목표를 달성하는 마케팅 개념을 구현할 수 있다.

이해력 검토 Review Your Understanding

상품이 어떻게 개발, 분류, 식별되는지를 포함하여 마케팅 믹스에서 상품의 역할을 설명하라.

상품(제품, 서비스, 아이디어)은 기업과 소비자 간의 가장 뚜렷한 접점이며, 상품을 통해 소비자의 니즈를 만족시킬 때 기업은 성공을 거둘 수 있다. 신상품 개발은 아이디어 개발, 아이디어의 심사 및 선별, 사업 분석, 상품 개발, 시험 마케팅, 상업화 등 여러 단계의 과정을 거친다. 상품은 주로 소비재와 산업재로 분류된다. 소비재는 편의품, 선매품, 전문품으로 분류될 수 있다. 산업재는 원자재, 주요 장비, 보조 장비, 구성부품, 가공된 재료, 소모품, 산업 서비스 등으로 분류된다. 또한 상품은 상품 수명주기의 단계(도입기, 성장기, 성숙기, 쇠퇴기)에 따라 구분되기도 한다. 상품의 식별은 브랜딩(상품에 브랜드명과 아이덴티티를 부여하는 과정), 포장(적절한 재료나 용기를 사용하여 상품에 대해 설명하고 그 가치 및 상태를 보호하는 것), 라벨링(중요한 상품 정보를 포장에 표기하는 것)을 포함한다.

기업이 선택할 수 있는 다양한 가격책정 전략을 포함하여 마케팅 믹스에서 가격의 중요성을 설명하라.

가격은 구매자와 판매자 사이에서 교환되는 대상에 대해 매겨진 가치이다. 가격은 마케팅 믹스에서 가장 유연한 변수라고 할 수 있다. 대표적인 네 가지 가격 전략의 목표는 수익과 판매의 최대화, 시장점유율의 증가, 현 상황의 유지 그리고 생존이다. 기업이 신상품을 출시할 경우에는 상층흡수 가격정책이나 시장침투 가격 정책을 채택할 수 있다. 그 밖의 가격 전략으로는 심리적 가격 정책, 참조 가격 정책, 가격 할인 등이 있다.

마케팅 경로, 시장 커버리지 전략 등 유통 전략과 관련한 의사결정에 영향을 미치는 요소에 대해 설명하라.

중간상 또는 중개업자는 상품의 생산자와 최종 소비자를 연결해 줌으로써 소비자가 상품을 이용할 수 있도록 만들어 준다. 마케팅 경로는 생산자로부터 고객까지 상품의 흐름이 원활하도록 협동하는 조직들의 모임을 말한다. 시장 커버리지 전략은 얼마나 많은 수의, 얼마나 많은 종류의 점포에서 상품을 취급할 것인가에 대한 결정이다. 대표적인 시장 커버리지 전략으로는 집약적 유통, 선택적 유통, 전속적 유통 전략을 들 수 있다. 물적 유통은 재고 관리, 운송, 창고 관리, 자재 관리 등 상품이 생산자로부터 소비자에게 전달되기까지 유통 흐름에서 필요한 모든 활동을 포함하는 개념이다.

홍보는 어떤 활동을 포함하는지 설명하고, 홍보 전략과 홍보적 포지셔닝에 대해 구체화하라.

홍보는 개인, 집단, 조직 등이 제품, 서비스 또는 아이디어를 받아들이도록 설득함으로써 마케팅적 교환을 홍보하는 역할을 한다. 홍보 믹스란 광고(대중매체를 통하여 메시지를 전달하는 유료 형태의 비대면 커뮤니케이션), 인적 판매(판매원이 잠재 고객을 직접 대면하여 수행하는 쌍방향 커뮤니케이션),

공공홍보(직접적인 비용의 지불 없이 매체를 통해 뉴스와 정보를 전달하는 비대면 커뮤니케이션), 판매 홍보(잠재 고객에게 추가적인 가치나 보상을 제공함으로써 구매를 유도하는 직접적 유인책) 등의 활동을 통합적으로 일컫는 말이다. 푸시 전략은 중간상으로 하여금 고객에게 자사 상품을 적극적으로 판매하도록 동기를 부여하는 전략이다. 풀 전략은 기업이 적극적인 판촉 활동을 통해 소비자 수요를 창출함으로써 결국 소비자가 자사 상품을 찾게 하여 중간상이 자발적으로 자사 상품을 취급하도록 유도하는 전략이다. 일반적으로 홍보 활동의 목표는 수요의 홍보, 판매의 안정, 정보의 제공 및 상기, 고객관계 강화 등을 포함한다. 홍보적 포지셔닝은 소비자 마음속에 상품에 대한 긍정적 이미지를 심어주고 유지하기 위한 홍보 활동이다.

기업의 마케팅 전략을 평가하라.
이 장에서 다룬 내용에 의거하여 다음에 나오는 '딜레마 해결'에 제시된 질문에 합하고, 해당 기업의 마케팅 전략(표적시장, 마케팅 믹스 등)을 평가하라.

도입사례 재검토

1. 할리 데이비슨(Harley-Davidson)은 어떻게 젊은 고객에게 접근하기 위해서 마케팅 전략을 수정하는가?
2. 할리 데이비슨이 고객의 선호를 받기 위해 당면하고 있는 도전은 무엇인가?
3. 할리 데이비슨은 젊은이를 겨냥한 마케팅 시도는 베이비부머 세대에 비견할 만큼 잠재력을 가지고 있는가? 왜 그렇다고 생각하는가?

진도 평가Check Your Progress

1. 기업이 새로운 상품을 개발하고 출시하기 위해 일반적으로 어떤 단계를 거치는가?
2. 상품 수명 주기란 무엇인가? 상품 수명 주기의 각 단계는 마케팅 전략에 어떤 영향을 미치는가?
3. 어떤 마케팅 믹스 변수가 가장 유연한가? 그 이유는 무엇인가?
4. 새로운 상품의 가격을 설정하는 두 가지 방법에 대해 설명하라.
5. 마케팅 변수 중 가장 유연성이 적은 마케팅 믹스 변수는 무엇인가? 그 이유는 무엇인가?
6. 소비재에 적합한 마케팅 경로에 대해 설명하라.
7. 물적 유통에는 어떤 활동이 포함되는가? 창고업이 수행하는 기능은 무엇인가?
8. 홍보와 광고는 어떻게 다른가? 둘은 어떻게 연관되어 있는가?
9. 인적 판매 과정에는 무엇이 포함되는가? 인적 판매의 과정을 간략히 설명하라.
10. 푸시 전략 및 풀 전략이 사용되는 상황을 열거하라.

현장 기술 개발Build Your Skills

모텔 6의 마케팅 전략 분석

배경. 모텔 6(Motel 6)는 미국 댈러스를 기반으로 하는 저가 모텔 체인이다. 모텔 6은 독특하고 소탈한 톰 보뎃(Tom Bodett)의 목소리가 깔린 라디오 광고와 TV 광고를 통해 유명해졌다. 아래에 제공된 정보 및 개인적인 지식에 기반하여 모텔 6의 마케팅 전략을 분석하라.

과제. 다음 글을 읽고 질문에 답하라.

모텔 6는 1962년에 설립된 모텔 체인으로, 저렴한 숙박료를 받고 필수적인 서비스만을 제공하는 것을 강조하는 숙박업체이다. 설립 당시, 숙박료는 1박에 6달러였다. 현재 모텔 6는 760개 이상의 지점을 보유하고 있으며, 숙박료는 평균적으로 1박에 49.99달러이다. 모텔 6는 기업이 소유하고 운영하는 미국의 가장 큰 숙박시설 체인이다. 고객은 HBO, ESPN, 무료 모닝커피, 무료 지역전화를 이용할 수 있으며, 대부분의 지점에서 수영장과 사무 서비스를 제공한다. 모텔 6는 가장 저렴한 가격에 깨끗하고 편한 방을 제공하고, 제공되는 모든 제품인 서비스는 물론 운영 규정과 절차를 표준화한 것으로 유명하다. 모텔 6의 광고 모델인 톰 보뎃은 라디오 및 TV 광고에서 왜 값비싼 호텔이 아닌 모텔 6에 머물러야 하는지에 대해 유머러스하게 이야기한다.

한정된 경비로 여행하는 일반 여행자는 물론 한정된 출장비로 최대한 좋은 숙박시설을 찾는 비즈니스 여행자의 관심을 끌기 위해 모텔 6의 한 광고는 모든 호텔과 모텔은 방의 불이 꺼지면 다 똑같다는 메시지를 담았다. 모텔 6의 위치는 고속도로에 편리하게 접근할 수 있는지, 쇼핑센터나 관광지 또는 사업 구역에 가까운지를 기반으로 정해진다.

1. 표적시장 선정에 있어 모텔 6는 어떠한 접근 방법을 사용했는가?
   a. 시장집중 접근 방법
   b. 복수세분시장 접근 방법
2. 마케팅 믹스 개발에 있어 모텔 6의 현재 전략은 무엇이며, 모텔 6가 성공을 이어가기 위해 향후 5년간 취할 수 있는 전략적 변화 또는 고려 사항은 무엇일지 생각한 후 표를 완성하라.

마케팅 믹스 변수	현재 전략	향후 5년 전략
제품		
가격		
유통		
홍보		

딜레마 해결 Solve the Diemma

간단한 식사와 건강

디럭스칩(Deluxe Chips)은 100억 달러 규모의 짠맛 스낵(salty-snack) 시장의 약 25%를 점유하고 있는 시장 선도기업 중 하나이다. 이 기업의 디럭소스(Deluxos) 토티아칩(tortilla chips)은 북미 판매 1위 브랜드이며, 리지러너 포테이토칩(Ridgerunner potato chips) 또한 점유율 선두를 유지하고 있다. 디럭스칩은 변화하는 소비자의 니즈와 선호에 부응하기 위해 마케팅 전략에 변화를 줌으로써 정상을 지키려 하고 있다. 적절한 가격과 유통 경로는 물론 적절한 세분 시장을 공략하는 특정 브랜드에 대한 홍보 활동은 디럭스칩을 성공으로 이끌었다.

중년층 소비자의 식습관이 달라지고 있음을 고려하여 디럭스칩은 지방과 콜레스테롤이 적은 간편한 스낵 라인을 새롭게 출시할 계획이며, 이는 스낵을 즐기지만 건강에 민감한 35~50세의 소비자를 표적으로 하고 있다. 마케팅 조사 결과, 제품이 맛있는 한 성공 가능하며, 이러한 신제품에 대해 소비자는 더 많은 비용을 지불할 의사가 있는 것으로 나타났다. 광고에 대한 많은 비용 투자가 경쟁 상황 극복에 필수적인 경우도 있다. 그러나 소비자 프로필과 소매점의 특성을 철저히 분석한다면 적절한 표적시장을 선정하고, 시장 니즈에 맞춘 적절한 제품을 제공할 수 있을 것이다. 특정 매장에 특화된 마케팅 전략은 디럭스칩이 홍보비용을 보다 효율적으로 사용할 수 있도록 도와줄 것이다.

토의 주제

1. 새로운 제품 라인을 위한 마케팅 전략을 설계하라.
2. 1번에 수립한 당신의 전략을 강점과 약점의 관점에서 평가하라.
3. 마케팅 전략의 실행에 있어 당신이 제안하는 바는 무엇인가?

사업 계획서 작성 Build Your Business Plan

마케팅 전략의 차원

만약 당신의 상품(또는 사업)이 정말로 새롭고 독특하다고 생각한다면 그것을 입증할 필요가 있다. 웹에서 정보를 철저히 탐색한 후, 당신은 최근에 출시된 유사한 상품(또는 사업)이 없다는 것을 확인하고 싶을 것이다. 상공회의소나 산업통상자원부가 제공하는 최근 기업의 실패 사례를 확인하라. 소비자가 새로운 상품이나 서비스를 시도해 보려는 의지와 능력이 있다고 확신할 수 없다면 명확한 소비자 수요를 파악하기 위해 1차 자료를 수집하라.

초기 가격을 얼마에 책정할 것인가에 대한 결정은 매우 중요하다. 최근에 유사한 상품이 시장에 출시되었다면 가격을 책정하기 전에 경쟁자의 가격을 알아볼 필요가 있다. 만약 당신의 상품이 시장에서 완전히 새로운 것이라면 고가 정책(상층흡수 정책)을 고려해 볼 수 있을 것이다. 그러나 많은 경쟁자가 이 시장에 매력을 느끼고 급히 시장에 진입한다면 당신은 그에 대응하기 위해 예정보다 일찍 가격을 하향 조정해야 할 것이다. 당신이 고려할 수 있는 또 다른 가격 전략은 신상품 도입 시 낮은 가격을 책정하고, 신속히 시장점유율을 높여 경쟁을 무력화하는 시장침투 전략이다. 어떤 전략을 선택하든 당신이 출시할 상품의 가격 탄력성을 고려하는 것을 잊지 않아야 한다.

이제 상품의 홍보 방법에 대해 생각할 차례이다. 당신의 상품에는 어떤 차별점이 있는가? 어떤 점이 새로운가? 소비자가 당신의 상품에 호의를 갖게 하기 위해 상품을 어떻게 포지셔닝 할 것인가? 당신은 이 모든 것이 소비자의 마음속에서 일어난다는 것을 명심해야 한다.

13 디지털 마케팅과 소셜 미디어

학습목표

13-1 전략계획에 있어서 디지털 매체와 디지털 마케팅의 가치에 대해 설명한다.

13-2 현 경영 환경에서 디지털 마케팅이 갖는 역할을 설명한다.

13-3 디지털 매체가 마케팅 믹스에 미치는 영향을 설명한다.

13-4 기업이 여러 형태의 소셜 네트워크 매체를 얼마나 사용하는지 알아본다.

13-5 온라인 모니터링과 소셜 미디어에 대해 설명한다.

13-6 디지털 매체에서 법적 윤리적 이슈를 알아본다.

13-7 마케터의 고민에 대한 대안을 제시한다.

©catwalker/Shutterstock

도입사례 :: 개인정보 논란과 페이스북

개인정보 노출은 페이스북에게 가장 큰 걱정이다. 페이스북의 CEO인 마크 저커버그(Mark Zuckerberg)는 영국의 컨설팅 회사인 캠브리지 애널리티카(Cambridge Analytica)가 8,700만 페이스북 이용자의 개인정보를 확보한 사실이 알려지면서 페이스북의 사용자 데이터를 다루는 문제로 의회에 증언하기 위해 소환되었다. 캠브리지 애널리티카는 "대중의 행동을 바꾸기 위해서" 데이터를 사용했다고 했다. 이 회사는 도널드 트럼프 미국 대통령의 당선 이전에 공화당을 지원했었고, 미래 정치적 동기가 있을 것이라는 비판을 받고 있다.

데이터를 수집하기 위해서 캠브리지 애널리티카는 "이것이 당신의 일상(This is Your Life)"이라는 퀴즈 앱을 개발하기 위한 개발자를 모집하였다. 이 앱은 30만 페이스북 사용자를 겨냥하였다. 이들은 사용자뿐만 아니라 사용자 친구들의 정보도 얻었다. 페이스북은 사용자의 친구가 옵션으로 '허용'하게만 되어있으면 정보를 모을 수 있다. 페이스북에 대한 정부의 대응은 정부가 데이터 오·남용에 대해서 심각하게 생각하기 시작했다는 것을 보여준다. 규제 담당자와 개인정보 보호를 지지하는 사람들은 얼마나 많은 기업이 소비자의 정보를 바탕으로 개인정보를 침해하는지 걱정하기 시작했다.

데이터를 추적하고 모으는 데 더 많은 규제가 필요하다. 사용자의 데이터 사용에 대한 금지가 쉽게 하고, 웹페이지를 사용하기 전에 수집되는 데이터가 무엇인지 좀 더 이해가 쉽게 만들고, 개인정보 사용에 대해서 분명하게 인지하게 하고, 의료정보 같은 형태의 개인 데이터 수집은 금지하도록 해야 한다. 한편, 엘런 머스크(Elon Musk)는 테슬라(Tesla)와 스페이스엑스(SpaceX) 등 프로파일이 많은 페이스북 사용자는 자신의 정보를 지웠다.[1]

도입

인터넷과 정보기술(information technology)은 기업 환경을 급격히 바꾸어놓고 있다. 모든 종류의 커뮤니케이션을 디지털 매체로 전환할 수 있는 마케터의 새로운 능력은 기업과 소비자를 연결하는 효율적이고 저렴한 방법을 만들어 냈고, 정보의 흐름과 유용성을 향상시켰다. 기업은 보다 현명한 결정을 내리기 위해 필요한 정보를 갖게 되었고, 소비자는 다양한 상품과 상품 선택 및 품질에 대한 더 많은 정보에 접근할 수 있게 되었다. 이것은 소비자와 마케터의 힘의 균형의 변화를 가져왔다.[2]

21세기 정보기술이 갖고 있는 결정적인 특징은 시장의 변화를 가속화시키고 있다. 새로운 시스템과 애플리케이션은 매우 빠르게 발전하고 있어 새롭게 개발되는 기술들은 따라잡기조차 어려운 실정이다. 이러한 시장의 변화에 발맞추어 디지털 매체에 대한 기존의 접근법을 빠르게 추월하는 스타트업(Startup) 기업들이 생겨나고 있다. 구글이 세상에 처음으로 모습을 드러내었을 때는 많은 검색엔진이 시장을 장악하려 다툼을 벌이고 있을 시기였다. 구글은 빠르고 사용하기 쉬운 검색엔진으로 업계 1위의 자리에 올랐고, 현재 광고, 신문, 모바일폰, 출판업계 등의 다양한 산업에 도전하고 있다. 소셜 미디어는 지속적으로 발달하여 가까운 미래에 디지털 소통을 압도할 것이라고 많은 사람이 믿고 있다. 오늘날 사람들은 이메일보다 페이스북과 같은 소셜 네트워킹 사이트에서 더 많은 시간을 보내고 있다.

이 장에서는 디지털 마케팅과 소셜 미디어과 관련한 몇 가지 주요 개념을 소개하고, 비즈니스 및 디지털 마케팅에 있어 디지털 매체 사용에 대해 논의한다. 또한 디지털 매체를 사용할 때 마케팅 믹스에서 고려해야 할 사항에 대해 살펴보고, 특히 소셜 네트워킹에 대해 주목해 보고자 한다. 다음으로는 디지털 마케팅 전략, 특히 소셜 네트워크와 같은 새로운 커뮤니케이션 채널에 대해 살펴본다. 미디어 공유, 모바일 마케팅, 애플리케이션, 위젯(widget) 등에 대해 자세히 살펴본다. 다음으로 온라인 모니터링과 해석을 논의한다. 마지막으로 정보기술, 디지털 매체, e-비즈니스와 연관된 법적, 사회적 이슈에 대해 점검해 본다.

학습목표 13-1

디지털 커뮤니케이션의 성장과 장점

e-비즈니스
인터넷을 기반으로 업무를 수행하고 사업 목표를 달성하는 기업 경영 방식.

디지털 매체
컴퓨터, 휴대폰, 스마트폰 및 기타 디지털 장치를 통해 디지털 코드를 기반으로 동작하는 전자 매체.

이 장에서 우리가 초점을 맞추어야 할 것에 대해 명확히 이해하는 것에서부터 출발해 보자. 첫째, **e-비즈니스**(e-business)는 인터넷을 기반으로 업무를 수행하고 사업 목표를 달성한다는 점에서 전통적 기업과 구분된다. **디지털 매체**(digital media)는 컴퓨터, 휴대폰, 스마트폰 및 기타 디지털 장치를 통해 디지털 코드를 기반으로 동작하는 전자 매체를 말한다.

디지털 마케팅(digital marketing)은 인터넷, 모바일 등 소비자와 상호작용할 수 있는 다양한 디지털 매체를 기반으로 상품 또는 서비스에 대해 소통하고 거래를 홍보하는 마케팅 활동을 말한다. 이 장에서는 데이터를 전송하는 전자 채널과는 상관없이 모든 종류의 디지털 커뮤니케이션에 관심을 두고 다루기 때문에 디지털 마케팅이라는 용어가 자주 등장할 것이다. 디지털 마케팅은 인터넷 외에도 모바일폰, 배너광고, 디지털 옥외 마케팅, 소셜 네트워크 마케팅 등을 포함한다.

디지털 마케팅
인터넷, 모바일 등 소비자와 상호작용할 수 있는 다양한 디지털 매체를 기반으로 상품 또는 서비스에 대해 커뮤니케이션하고 거래를 촉진하는 마케팅 활동.

인터넷은 기업이 최종 소비자 및 기업 소비자와의 관계를 구축하고, 명확한 표적시장을 설정하고, 이전에는 접근할 수 없었던 국내외 시장에도 도달할 수 있는 수많은 기회를 만들어 주고 있다. 또한 인터넷은 기업이 제조업자, 도매업자, 소매업자, 공급업자, 아웃소싱 회사 등과 네트워크를 맺을 수 있도록 해줌으로써 상업적 거래를 용이하게 한다. 이를 통해 기업은 보다 빠르고 효율적으로 소비자를 응대할 수 있게 되었다. 인터넷이 가능케 한 텔레커뮤니케이션의 기회는 디지털 마케팅의 발전과 성장을 위한 기초를 닦아 주었다.

최근 많은 고객은 기업의 정보를 얻고, 단골고객 리워드를 받고, 물건을 구매하기 위해 디지털 앱을 사용하고 있다.

디지털 커뮤니케이션은 완전히 새로운 차원에서 사람과 사람을 연결해 준다. 전통적 커뮤니케이션과 구분되는 디지털 커뮤니케이션의 특징은 어드레스지정능력(addressability), 상호작용성(interactivity), 접근성(accessibility), 연결성(connectivity) 그리고 통제 가능성(control)이다. 이 용어는 <표 13-1>에 설명되어 있다.

디지털 매체와 기업 경영

학습목표 13-2

디지털 매체의 경이적인 성장은 기업 경영의 새로운 방식을 제공해 왔다. 명확히 정의된 소비자 집단과의 즉각적인 커뮤니케이션이 가능함을 고려할 때, 기업은 디지털 매체를

<표 13-1> 디지털 마케팅의 특징

특징	정의	예시
어드레스지정능력	구매가 이루어지기 전 마케터가 고객을 알아보도록 해주는 능력	아마존은 고객이 웹사이트를 재방문했을 때, 그 고객을 알아볼 수 있도록 해주는 쿠키(cookie)를 사용자의 컴퓨터에 설치한다.
상호작용성	고객이 기업의 마케팅 커뮤니케이션에 대해 그들의 니즈와 욕구를 직접적으로 표현하도록 해주는 능력	텍사스 인스트루먼트(Texas Instruments)는 페이스북 페이지를 통해 고객의 관심사에 응답해주고 최신 정보를 포스팅함으로써 고객과 소통한다.
접근성	마케터가 디지털 정보를 얻을 수 있도록 해주는 능력	구글은 고객의 관심사를 파악하기 위해 검색엔진을 통해 이루어지는 웹 검색을 사용한다.
연결성	소비자가 다른 소비자와 함께 마케터와 연결될 수 있도록 해주는 능력	아본 보이스(Avon Voices) 웹사이트는 가수가 자신이 노래하는 동영상을 업로드할 수 있도록 하고 있다. 다른 사용자는 이 동영상에 대해 투표를 할 수 있고, 이를 통해 가수는 사람들에게 알려질 수 있는 기회를 얻을 수 있다.
통제 가능성	고객이 정보에의 노출뿐만 아니라 본인이 보는 정보를 통제할 수 있도록 해주는 능력	소비자는 가장 좋은 여행 상품을 찾기 위해 카약(Kayak) 사이트를 이용한다.

통해 소비자와의 쌍방향 커뮤니케이션 통로를 만들고, 이를 통해 실시간으로 활발히 소통할 수 있다. 또한 소비자와 보다 가까운 관계를 구축하여 소비자 및 공급업자들의 니즈를 좀 더 정확하게 알아낼 수 있다. 아마존이 월마트, 홈디포(Home Depot)와 백화점에 얼마나 영향을 미쳤는지 생각해 보라.[3] 사실 2017년 온라인 쇼핑의 성장과 함께 많은 오프라인 가게가 문을 닫았다.[4] 또한 아마존은 사람들의 쇼핑 방법을 완전히 바꾸어 놓았다. 이제 아마존 이전에는 어떻게 쇼핑했는지 잊어버릴 지경이다.

디지털 소통은 빠르고 저렴하기 때문에 기업은 수월하게 시장조사를 실시하고, 가격 및 상품에 대한 정보를 주고받을 수 있고, 광고를 할 수 있을 뿐만 아니라 상품 또는 서비스를 온라인으로 판매함으로써 사업 목표를 쉽게 달성할 수 있다. 미국 정부조차도 재무부가 발행하는 장기채권 등의 금융상품에서부터 석유 시추 임대까지 거의 모든 사업에서 디지털 마케팅 활동을 펼치고 있다. 예를 들어 프록터앤갬블(Procter & Gamble)은 인터넷을 빠르고 비용 효율적인 마케팅 조사 수단으로 이용한다. 즉 프록터앤갬블은 온라인 마케팅 조사를 통해 소비자에게 신제품 샘플을 제시하고, 피드백을 얻는 방법으로 신제품에 대한 소비자 수요를 파악한다. 만약 샘플 제품이 소비자로부터 좋은 반응을 얻는다면 해당 제품은 시장에 출시될 것이다.

고객은 리프트(Lyft)나 우버 등 앱을 이용하여 목적지로 가기 위한 근처의 운전자를 선택한다.
©Kaspars Grinvalds/Shutterstock

디지털 매체가 아니었다면 존재하지 않았을 새로운 기업과 산업 또한 발달하고 있다. 비메오(Vimeo)는 창의적인 동영상을 공유하기 위해 영화 제작사가 만든 동영상 웹사이트다. 이 웹사이트는 전 세계 사용자로 하여금 동영상을 올리고 공유할 수 있도록 하고 있다. 비메오는 유튜브와 넷플릭스에 이어 세 번째로 많이 이용되는 동영상 웹사이트가 되었다.[5]

하지만 실제로 인터넷 시장은 전통적인 시장과 다른 점보다는 매우 비슷한 특징을 가진다. 따라서 성공적인 디지털 마케팅 전략은 전통적 경영 전략과 마찬가지로 단순히 브랜드명을 개발하거나 온라인 거래를 통해 비용을 줄이기보다는 소비자의 니즈와 욕구를 충족할 수 있는 상품을 개발하는 데 중점을 두고 있다. 디지털 기술은 특히 사업 운영과 소비자 거래에 많은 비용이 들어가는 특정 산업에 많은 영향을 미치고 있다. 예를 들어 소비자가 주식, 뮤추얼펀드와 같은 투자상품을 스스로 사고팔 수 있다는 점에서 온라인상의 투자 거래는 비용이 덜 들어간다. 대규모 온라인 중개기업인 찰스슈왑사(Charles Schwab Corp.)와 같은 기업은 온라인 거래를 일찍 도입한 혁신 기업이다. 메릴린치(Merrill Lynch)와 같은 전통적인 중개기업 역시 소비자의 니즈에 부응하기 위해 온라인 거래를 도입해 시장 트렌드에 부응하고 있다.

디지털 매체는 기업 내 그리고 기업 간 커뮤니케이션을 활성화시켜 주며, 이는 결국 기업 내 생산성 향상으로 이어질 수 있다. 커뮤니케이션은 매우 중요한 경영 기능 중 하나이다. 커뮤니케이션의 속도와 정확성을 향상시키는 것은 기업이 시간을 절약하고, 직원의 문제 해결 능력을 향상시키는 데 도움이 될 수 있다. 디지털 매체는 지식, 정보, 기록을 운영

정보 시스템에 저장하여 직원이 해결해야 하는 문제에 직면했을 때 필요한 정보에 접근할 수 있도록 도와주는 커뮤니케이션의 중추가 될 수 있다. 따라서 디지털 기술을 활용하여 체계적으로 개발된 운영정보 시스템은 기업 내 혼란을 줄이고, 조직의 효율성을 향상시키고, 명확한 커뮤니케이션을 가능케 할 수 있다. 경영에서 커뮤니케이션과 정보가 차지하는 역할의 중요성을 고려할 때 디지털 매체가 경제적 성장에 주는 장기적인 영향은 상당히 크며, 시간이 흐름에 따라 그 영향력은 점점 더 커질 것이다.

디지털 매체를 둘러싼 역동적인 상황은 기회를 빨리 바꾸고 도전을 창출한다. 예를 들어 디지털 비서는 개인정보 관리자로서 일하고 의약, 공학, 비즈니스 분야에 전문가다운 도움을 준다. 스마트폰, 소셜 네트워킹, 드론, 무인 자동차는 새로운 마케팅 환경을 만든다. 디지털 마케팅이 많은 이점이 있지만 개인정보 보호에 관련된 도전도 존재한다.[6]

디지털 매체와 마케팅 믹스

학습목표 13-3

디지털 마케팅이 전통적인 마케팅 기법과 몇 가지 유사점을 가지고 있는 반면, 몇 가지 중요한 차이점도 있다. 첫째, 디지털 매체는 소비자와의 커뮤니케이션을 더욱 빠르게 해주며, 그들과의 상호작용을 가능하게 해준다. 둘째, 디지털 매체는 기업이 절적한 비용으로 보다 쉽고 빠르게 새로운 표적시장에 도달할 수 있도록 도와준다. 마지막으로, 디지털 매체는 마케터가 소비자를 찾아내고, 그들과 커뮤니케이션하는 데 있어 활용 가능한 새로운 자원을 제공한다.

디지털 마케팅의 주요 장점 중 하나는 마케터와 소비자가 정보를 쉽게 공유할 수 있다는 점이다. 웹사이트, 소셜 네트워크 등의 디지털 매체를 통해 소비자는 생활 속에서 소비하는 모든 것에 대해 알아보고, 질문을 하고, 불만을 이야기하고, 선호도를 드러내고, 나아가 자신의 니즈를 전달할 수 있다. 예를 들어 IBM은 소비자가 다양한 플랫폼을 통해서 주요 전문가들과 교류하도록 하고 있다. 아이비엠 왓슨(IBM's Watson)은 금융, 의학, 교육 등 다양한 분야에 영향을 미치는 인공지능 컴퓨팅이다. 많은 마케터가 직원, 소비자, 공급업자 등과 소통하고 협업하기 위해 이메일, 모바일폰, 소셜 네트워킹, 위키(wiki), 매체 공유, 블로그, 화상회의 등의 기술을 사용한다. 소셜 네트워킹 사이트이자 작은 형태의 블로그인 트위터는 이러한 디지털 기술이 어떻게 결합되어 새로운 소통의 기회를 만들어 내는지 보여준다.

닐슨 마케팅 리서치(Nielsen Marketing Research)의 조사 결과에 따르면 오늘날 소비자는 이메일보다 소셜 네트워킹 사이트에서 더 많은 시간을 보내고 있고, 소셜 네트워크 사용은 지속적으로 증가하고 있다. 〈그림 13-1〉은 18세에서 29세 사이의 소셜 미디어 사용자가 주로 사용하는 플랫폼을 보여준다. 다른 연령대도 크게 다르지 않다. 디지털 매체는 소규모 기업이라도 저렴한 커뮤니케이션 채널을 통해서 새로운 시장에 접근할 수 있도록 해준다. 월마트와 같은 오프라인 기업은 소매 매장을 보완하기 위해 온라인 카탈로그와 기업 웹사이트 및 블로그를 활용하고 있다. 아마존과 자포스(Zappos)처럼 물리적인 매장이 없는

〈그림 13-1〉 소셜 미디어 사용 현황

주: 미국 성인. 2018년 이전 전화 설문 조사 데이터는 유튜브, 스냅챗, 왓츠앱에서 사용할 수 없음.

자료: Pew Research Center survey conducted January 3–10, 2018. Trend data from previous Pew Research Center surveys.

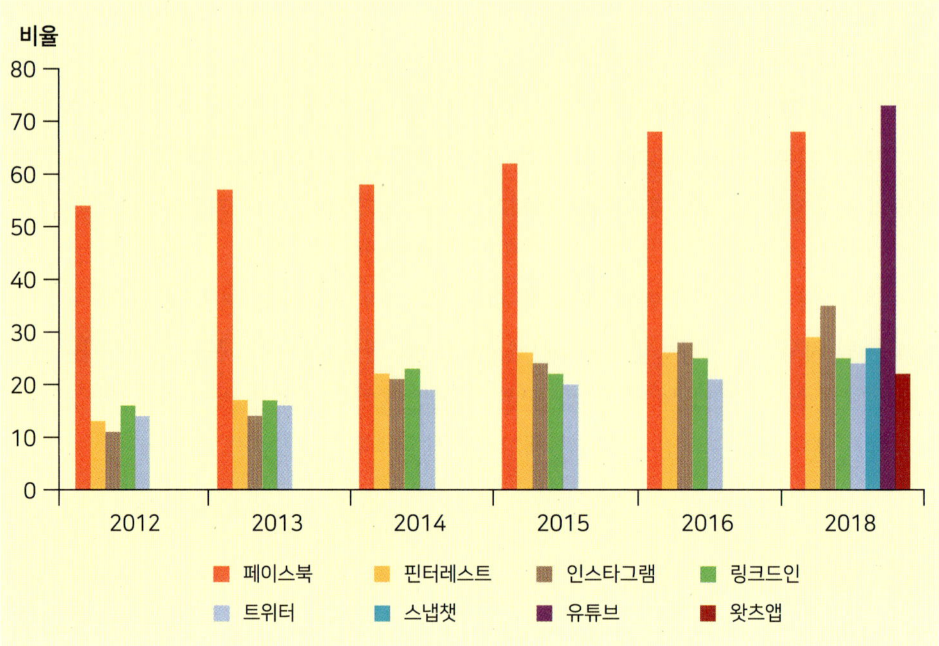

인터넷 기반의 기업은 소비자가 웹사이트에 구매 리뷰를 올릴 수 있도록 하고, 기업이 운영하는 커뮤니티에 참여하게 하고 있다. 아마존은 백화점이나 월마트, 홈디포 같은 오프라인 시장을 대체하고 있다. 메이시스(Macy's)나 시어즈(Sears) 같은 백화점은 수백 개의 매장을 폐점했고 쇼핑센터들은 비즈니스를 접고 있다.[7]

디지털 매체 환경에서도 변하지 않는 마케팅의 중요한 점은 적절한 마케팅 믹스 운영이다. 상품, 유통, 홍보, 가격 등 마케팅 믹스 요소들은 온라인 마케팅 전략 수립을 위해서 과거에도 그랬던 것처럼 중요하다. 현재 전 세계 인구의 48% 이상이 인터넷을 사용하고 있다.[8] 이는 기업의 규모에 관계없이 시장점유율을 증가시키거나 유지하기 위해서뿐만 아니라 조직을 간소화하고, 소비자에게 새로운 혜택과 편의를 온전히 제공하기 위해서는 디지털 매체를 효과적으로 이용하는 것이 필수적이라는 것을 의미한다. 그렇다면 웹에서의 효과적인 마케팅 전략을 세우기 위해 기업이 어떻게 디지털 매체를 이용하고 있는지 살펴보자.

상품 고려 사항. 전통적인 마케터와 마찬가지로 디지털 마케터는 소비자의 니즈와 선호를 예상하고, 그들의 니즈를 만족시키기 위해 상품과 서비스를 맞춤화한다. 또한 경쟁력을 유지하기 위해 이를 지속적으로 개선해야 한다. 디지털 매체의 연결성(connectivity)은 추가적인 소비자 서비스의 기회를 제공하고, 상품 편익을 향상시킬 수 있다. 온라인 게임, 애플리케이션, 가상 세계와 같은 몇몇 상품은 오직 디지털 매체를 통해서만 이용 가능하다. 예를 들면, 아이패드에서 이용 가능한 150만 개 이상의 애플리케이션은 디지털 세계에서만 이용 가능한 상품의 예이다.[9] 기업은 소매 매장에서보다 온라인에서 더 많은 상품을 제공할 수 있다.

어떤 상품에 대한 정보의 접근능력은 구매의사 결정에 많은 영향을 미친다. 하지만 현재 많은 기업이 마케팅 캠페인의 확장과, 정교한 디지털 기술의 개발과 함께 소비자의 기대에 맞도록 상품의 기능을 향상시켜야 한다는 필요를 느끼고 있다. 예를 들어 피부관리 및 화장품 회사인 볼리션(Volition)은 신제품에 대한 아이디어를 소비자로부터 얻었다. 만약 개발팀에 신제품에 대한 아이디어가 채택되면 수만 명의 볼리션 커뮤니티에서 개발 여부에 대한 온라인 투표를 하고 제안한 참여자는 할인 혜택을 받는다. 이러한 팬을 기반으로 한 아이디어는 독특하고 혁신적인 제품을 만들 수 있게 하였고 이러한 제품 아이디어는 소셜 네트워크를 통해 친구, 가족들과 공유되어 뷰티 커뮤니티는 더욱 많이 알려지게 되었다.[10] 인터넷이 소비자의 요구와 수요를 알려주는 주요 자원이 되었다.

유통 고려 사항. 인터넷은 적절한 시기에, 적절한 장소에서, 적절한 양으로 상품을 이용 가능하도록 하는 새로운 유통 채널이다. 전자기기를 통해 주문을 처리하고 인터넷을 통해 소통의 속도를 높이는 마케터의 능력은 유통 과정에서의 비효율성, 비용, 그리고 그 밖의 불필요한 과정을 줄일 뿐만 아니라, 마케팅 경로를 통한 유통 과정의 속도는 증가시켜 준다. 오늘날 배송 기간과 비용은 소비자를 유인하는 데 중요한 고려 사항이다. 그래서 많은 기업이 소비자의 비용은 낮추면서 보다 빠른 배송 서비스를 제공하고 있다. 소비자가 아직도 소매상에서 쇼핑을 하긴 하지만 인터넷에서 뭘 살지 결정하고 왔기 때문에 쇼핑 시간은 점점 줄어들고 있다. 신발, 장난감, 옷을 사려는 소비자의 88%가 가게에 가기 전에 인터넷에서 미리 상품정보를 연구하고 간다. 2억 900만 미국의 소매 소비자가 온라인에서 물건을 사고 있다. 편리함과 가용성이 그들이 온라인에서 물건을 사는 이유이다.[11]

버치박스(Birchbox), 블루닐(BlueNile), 와비파커(Warby Parker) 같은 온라인 소매상이 전통적인 상점을 설립하고 물리적인 지원을 확대하고 있다. 웹룸(Webroom)이라고 불리는 블루닐의 가게는 쇼룸만 있는데 소비자가 여기서 물건을 만지고 느낄 수 있지만 주문은 온라인에서 하게 하는데, 물리적으로 큰 공간의 가게를 유지하기 위한 부동산비용이나 물류비용을 절약하려는 이유이다. 이는 온라인에서 경쟁뿐만 아니라 **다채널 소매업**(omni-channel retailing)이라고 하는 새로운 경향에 따른 것인데, 이를 통해서 소매상이 모바일이나 데스크탑 그리고 전통 소매가게의 경험을 동시에 제공한다. 예를 들어 많은 소매상이 다양한 채널을 이용해서 지속적인 제품의 분류와 가격홍정 그리고 반품프로세스를 가진다. 소비자는 온라인을 통한 구매, 가게에서 구매, 디지털 카탈로그를 이용한 검색, 그리고 계산할 때는 앱에서 받은 쿠폰을 이용한다. 조사에 따르면 73%의 소비자가 복수의 채널을 이용하여 쇼핑을 하고 소매상과 그 경쟁자들을 차별화하는 빈틈없는 쇼핑 경험을 만들고 있다. 또 다른 조사에서는 다채널 쇼핑자가 가게에 오기 전에 온라인에서 미리 연구를 하는 것이 그들의 매출을 13% 늘렸다고 한다.[12]

다채널 소매업
소비자가 이용할 수 있는 다양한 쇼핑 방법(예: 온라인, 실제 상점 또는 전화)을 통합하는 소매 유형.

홍보 고려 사항. 기업이 디지털 매체를 활용할 수 있는 좋은 방법 중 하나는 홍보 활동을 위해 사용하는 것이다. 예를 들어 브랜드 인지도를 증가시키고, 기업과 소비자를 연결하고, 소셜 네트워크나 가상 세계를 활용하여 상품에 대한 긍정적인 언론 홍보나 입소문을 일으키기 위한 수단으로 디지털 매체를 활용하는 것이다. 온라인상의 홍보 활동을 통해 소비자는 구매 전에 다른 소비자에 의해 생성된 콘텐츠를 포함해 이전보다 더 많은 정보를 접할 수 있다. 소비자의 소비 패턴은 급격하게 변하고 있고, 마케터는 변화하는 소비 패턴에 부응하기 위해 홍보 활동을 변화시켜 나갈 필요가 있다. 블로거가 많아지고 마이클 펜(Micheal Phan)이나 에바 구토위스키(Eva Gutowski) 같은 소셜 미디어 스타의 등장을 고려한다면 브랜드는 자사 제품을 홍보할 영향가(influencer)를 찾아야 한다. 브랜드는 자사의 브랜드 이미지와 일치하는 영향가를 확보하고 리뷰의 댓가로 선물이나 사례를 주기도 한다. 대략 22%의 기업이 이메일이나 웹서치 같은 전통적인 방법 대신 영향가를 통한 마케팅을 통해서 매출을 높였다.[13] 브랜드는 직접 영향가를 찾거나 탭인플루언서(TapInfluencer), 브랜드베이커(BrandBaker) 같은 플랫폼에 일정 금액을 지불하고 캠페인을 운영할 이상적인 파트너를 찾는다. 인플루엔스터(Influensters)는 영향가와 마이크로 영향가에게 제품을 제공해 사용자로서의 콘텐츠를 유도하는 제품 샘플링 프로그램이다. 브랜드는 커뮤니티의 400만 명 이상의 사용자 중 타깃으로 하는 인구군에 속하는 사용자를 미리 행해진 플랫폼에 기반을 둔 서베이를 통해서 확인한다. 사용자가 물건을 받으면 인플루엔스터는 물건 사용 후기를 포스팅 하고, 가게에 가서 실제 사용하고, 영향가로써 제품 리뷰를 남기도록 "브랜드뱃지(Brand Badge)"를 주며 독려한다. 디지털 뱃지를 받고 회원으로서의 권리를 유지하기 위해 사용자는 브랜드가 시키는 블로그에 후기를 올리고, 사진을 인스타그램에 올리고, 시범 사용 비디오를 유튜브(YouTube)에 올리는 일을 한다.[14]

가격 고려 사항. 가격은 마케팅 믹스에서 가장 유연한 요소다. 기업은 디지털 마케팅을 통하여 서비스, 정보, 편리성과 같은 추가적인 혜택을 제공함으로써 상품의 가치를 높일 수 있다. 할인 및 그 밖의 가격 홍보 활동은 디지털 매체를 통해 빠르게 확산될 수 있다. 소비자가 인터넷을 통해 자신이 가지고 있는 선택 대안에 대해 더 잘 알게 될수록 낮은 가격에 대한 수요는 증가하게 되고, 이로 인해 소비자가 직접 가격을 비교할 수 있는 거래 사이트가 생겨나게 되었다. 예를 들어 익스피디아닷컴(Expedia.com)은 소비자에게 항공권에서부터 호텔까지 상품에 대한 많은 정보를 제공해 그들이 얻을 수 있는 혜택과 가격을 알아보고 비교해 볼 수 있도록 해준다. 많은 마케터가 자사 상품에 대한 소비자의 수요를 높이기 위해 온라인 쿠폰이나 무료 샘플과 같은 구매 인센티브를 제공한다. 가격 경쟁을 하고자 하는 기업에게 디지털 마케팅은 무한한 기회를 제공하고 있는 것이다.

소셜 미디어 마케팅

소셜 미디어 마케팅은 소비자와 소셜 미디어를 통해 대화하는 것을 의미한다. 소셜 미디어 마케팅은 기업들이 메시지를 생성하고 온라인 소통을 복수의 플랫폼에서 하도록 해준다. 큰 시장을 목표로 하기 위해서 미디어를 새로 구입하거나, 보유한 미디어를 사용하거나, 획득 미디어를 이용한다.[15] 전통적으로 구입한 미디어는 인쇄나 방송 등인데 최근에는 페이스북이나 트위터 등도 포함된다. 마케터는 TV에 광고를 하듯이 구글에 광고를 올린다. 250만 명 이상의 광고업자가 있는 페이스북에 브랜드는 포스팅을 장려하고 광고사진을 올리고 그들의 페이지를 홍보한다.[16] 광고 외에 마케터는 자신의 미디어를 가지고 소셜 네트워크에 메시지를 생성한다. 대부분의 기업은 자사의 웹페이지가 있지만 페이스북이나 링크드인의 웹페이지를 사용하기도 한다. 마지막으로, 소비자가 소셜 미디어 사이트에서 소통한다면 그것은 획득 미디어가 된다. 이런 온라인 구전이나 상호소통을 통해 상품이나 기업을 홍보할 수도 있다. 이것은 광고처럼 관리할 수 있는 것은 아니지만 긍정적인 내용이라면 매출은 증가한다.[17]

구독 기반의 소셜 미디어 네트워크인 베로(Vero)는 광고가 없다는 이점 때문에 400만 명 이상의 사용자가 있다.

©ThomasDeco/Shutterstock

사용자가 만들어 낸 내용은 생산되고, 대화를 나누고, 평가하고, 모으고, 참여한 소비자들과 관련이 있다. 마케터들이 항상 뷰티플 메스(Beautiful Mess), 모던마샤(Modern Martha) 같은 블로그, 링크드인 같은 소셜 네트워크 사이트에 글을 올리는 소비자의 창의적 노력에 접근할 수가 없다.

알고 있습니까? 페이스북은 가장 인기 있는 소셜 미디어이다.[18]

이러한 사용자 주도 사이트들은 자기노출을 하여 소비자가 자신의 지식과 관심을 공유하고 다른 사람들과 관련되고 참여하고 싶은 욕구가 생기게 한다. 대화에 참여하여 네트워크에 연결되고 싶은 욕구가 다른 사람에게 영향을 주거나 흥미를 일으키게 하는 주요 요인이다. 사용자가 생성한 내용에 많은 비평가가 있다. 이러한 소비자 평가를 블로거에 올리거나, 리뷰, 점수를 남긴다. 만약 여러분이 제품이나 영화의 리뷰를 올린 적이 있다면 당신도 이러한 활동에 참여한 것이다. 이러한 비평가의 평가가 기업의 디지털 마케팅 전략에 매우 중요한 부분이다. 물론 소비자는 이러한 평가를 읽고 자신의 구매에 참고한다. 옐프(Yelp)는 상품과 서비스에 대해서 리뷰가 많은 사이트 중의 하나이다. 7,700만 개 이상의 리뷰가 있는 옐프는 상세한 질문과 대답을 사용자끼리 할 수 있는 기능을 첨가하여 플랫폼을 확장하고 있다.[19] 이러한 사이트는 마케팅에 사용되는 정보를 모으고 기업의 명성을 모니터링하는 데 도움이 된다.

마케터는 목표가 되는 시장을 해석하고 시장 목적에 적절한 소셜 미디어가 무엇인지 알아야 한다. 소셜 미디어는 기업과 마케팅 전략에 포함되어야 하고 기업의 마케팅 계획과 적용 노력의 일부분이 되어야 한다. 소셜 미디어는 표적시장의 경쟁자를 모니터하고 경제 환경을 전체적으로 이해하는 데 사용되어야 한다. 소셜 미디어는 제품에 대한 기업의 열정과 옹호를 알려주는 캠페인이 될 수 있다. 예를 들어 닷지(Dodge)는 소셜 미디어를 통해 관련 팬들에게 제품 소식을 전했다. 참여한 소셜 미디어 팬을 2018 닷지 챌린저 에스알티 데몬(Dodge Challenger SRT Demon)에 초대함으로써 보답했다.[20] 마케팅은 관계형성에 집중해야 하고 소셜 미디어는 소비자의 행동에 영향을 미치고 가치를 기업에 제공한다.

학습목표 13-4

소비자가 만드는 마케팅 종류와 디지털 매체

디지털 마케팅은 기업이 소비자와 소통할 수 있는 유용한 기회를 만들어 내고 있으며, 이를 주도하는 디지털 매체는 전통적인 매체보다 소비자 주도적(consumer-driven)이다. 최근 인터넷 이용자는 그 어느 때보다 많은 소비자 제작 콘텐츠(consumer-generated content)를 생성해 소비하고 있으며, 그 과정에서 기업의 마케팅 활동에 중요한 영향을 미치고 있다.

소비자가 생성하는 정보가 증가하는 이유로 두 가지 요인을 들 수 있다.

1. 소비자가 블로그나 디지털 매체를 통해 자신의 생각, 의견, 리뷰, 상품 관련 이야기 등을 공유하는 추세가 증가하고 있다.
2. 소비자는 기업보다 다른 소비자의 이야기를 믿는 경향이 있다. 소비자는 구매 시 친구, 가족, 다른 소비자의 추천에 의존하곤 한다.

온라인 이용자가 어디에서 생각과 의견을 표출하는지 알고 있는 마케터는 그 토론의 장을 소비자와 소통하고, 문제를 파악하며, 기업을 홍보하는 데 이용할 수 있다. 인터넷 이용자가 참여하기 쉬운 디지털 매체의 종류로는 소셜 네트워크, 블로그, 위키, 비디오 공유 사이트, 팟캐스트, 가상현실 사이트, 모바일 애플리케이션 등이 있다. 각각의 매체에 대해 좀 더 자세히 살펴보자.

소셜 네트워크

전 세계적으로 소셜 네트워킹은 기하급수적으로 증가하고 있다. 오늘날 성인은 하루 약 42.1분가량 소셜 네트워킹 사이트를 사용하고 있는 것으로 추정되고 있다.[21] 소셜 네트워크가 발달함에 따라 마케터와 소셜 네트워킹 사이트를 운영하는 기업들은 전 세계적인 네트워크가 가져올 광고비 유입과 많은 광고주와의 접촉 기회에 대해 인식하기 시작했다. 그 결과 마케터는 소셜 네트워크에서의 홍보 활동을 연구하고, 그 효과를 실험해 보고 있다. 현재 마케터들 사이에서 큰 주목을 받고 있는 소셜 네트워크 사이트는 페이스북, 트위터이다.

페이스북. 페이스북은 전 세계에서 가장 많이 사용되는 소셜 네트워트 사이트이다. 페이스북 이용자는 프로필을 만들어 이를 공개 또는 비공개로 설정할 수 있고, 페이스북에서 자신과 연결될 수 있는 사람들을 검색한다. 이 소셜 네트워크의 강자는 사용자가 15억 명이 넘었고 계속 늘어나고 있다. 또한 인스타그램, 왓츠앱(WhatsApp), 오큘러스(Oculus) 같은 다른 기업들을 합병하여 기업을 키워가고 있다.[22] 페이스북은 비디오를 공유하거나 연결시켜주는 기능 또한 있다.[23]

이러한 이유로 많은 마케터는 상품을 마케팅하고, 소비자와 소통하고, 무료로 홍보 활동을 하기 위한 채널로 페이스북을 사용하고 있다. 소비자는 커피 소비자 기업 페이스북 페이지에서 "좋아요(Like)" 아이콘을 누름으로써 스타벅스와 같은 주요 기업의 "팬(fan)"이 될 수 있다. 부스티드 포스트(boosted post)는 페이스북의 또 다른 특징인데 기업들로 하여금 그들의 광고를 타임라인에 올리게 함으로써 타깃으로 삼는 소비자를 선택하고, 그들이 소비하고자 하는 예산을 선택할 수 있는 빠른 광고가 가능하게 한다. 광고 표적시장의 뉴스피드(News Feeds)보다 부스티드(Boosted)가 더 높게 보인다.[24] 페이스북은 페이스북 메신저라는, 경쟁력 있는 이점을 또 한 가지 가지고 있다. 이는 채팅하는 도중에 여섯 명이 서로 볼 수 있는 기능을 제공한다. 50명이 연결되어 있을 때 한 명만 보이는 기능도 있다. 페이스북의 특징은 일대일 커뮤니케이션을 가능하게 하는 왓츠앱이나 스냅사(Snap Inc.)의 스냅챗(Snapchat), 애플의 페이스타임(FaceTime), 구글듀오(Google Duo)를 뛰어넘는 독특한 기능이다.[25]

고프로(GoPro)는 페이스북과 인스타그램을 사용하여 사용자 제작 콘텐츠에 영감을 불어넣어서 쇼트리 어워즈(Shorty Award)를 수상했다.

©Faiz Zaki/Shutterstock

소셜 네트워킹 사이트는 관계 마케팅(relationship marketing)에 있어서도 유용한 수단이 된다. 관계 마케팅은 마케팅 활동의 주체인 기업과 소비자 사이에 서로 이득이 되는 관계를 구축하는 것을 말한다. 대략 30%의 소비자(47%의 밀레니엄 세대)가 구매결정에 소셜 미디어의 도움을 받는다고 하였다.[26] 이러한 결과로 기업들은 페이스북을 통한 관계의 질 향상에 더 많은 시간을 보내고 있다. 리츠칼튼(Ritz-Carlton)은 비소비자들에게 접근하기 위해서 소셜 미디어의 대화를 분석하는 데 많은 노력과 시간을 들이고 있다. 비즈니스는 단순히 물건을 팔고 브랜드 홍보를 강조하는 데에서, 브랜드가 소비자에게서 긍정적인 결과를 이끌어 내어 상호 혜택을 주는 관계를 만들어 가는 것으로 변하고 있다.

트위터. 트위터는 소셜 네트워킹 사이트와 마이크로 블로깅 사이트가 혼합된 형태이다. 트위터는 이용자에게 한 가지 단순한 질문만을 던진다. "무슨 일이 일어나고 있는가?" 이용자는 최대 280자 이내로 질문에 대한 답변을 올릴 수 있고, 그 답변은 해당 이용자의 "팔로워(follower)"가 읽을 수 있도록 되어있다. 간단하게 들릴지 모르지만 트위터가 디지털 매체에 미친 영향은 매우 크다. 트위터는 새로운 형태의 소셜 미디어로서 빠르게 주요 소셜 네트워킹 사이트로 발전했으며, 매달 수백만 명의 실제 이용자를 끌어들이고 있다.[28] 거의 82% 이용자는 모바일 기기를 이용해서 사이트를 방문하고 있다.[29]

기업이 효과적으로 메시지를 전달하는 데 280자는 충분하지 않아 보일 수 있다. 하지만 몇몇 기업은 트위터를 전문적인 마케팅 전략 툴로 활용하고 있다. 사용자 중 100자보다 짧은 메시지가 17% 더 많이 참여하고 있으며, 이와 비슷한 데이터를 페이스북도 보여주었다.[30] 이러한 것들이 영향을 미쳐서 활발히 트위터 활동을 하는 사람의 절반 이상 혹은 매달 참여하는 사용자가 회사나 브랜드를 팔로우 한다.[31]

다른 소셜 네트워킹 툴과 마찬가지로 트위터 또한 소비자관계를 구축 또는 재구축하는 데 사용되고 있다. 예를 들어 문파이(MoonPie)는 트위터를 소비자와 소통하는 데 사용한다. 문파이는 재미있는(humorous) 트윗이나 한 줄 평이 입소문으로 관심을 이끈다는 것을 알게 되었다.[32] 반면, 70%의 기업은 트위터에 올라온 불만을 무시한다. 이러한 실패한 행동은 소비자의 관심을 끌 수 있는 기회를 잃어버리고 좋은 관계 유지를 어렵게 만든다.[33]

스냅챗. 최근에 34억 달러의 손실이 난 스냅사(Snap Inc.)는 수익을 남기는 것이 쉽지 않다는 것을 인정하고 있지만, 매일 1억 8,700만 활동유저를 가지고 있는 스냅챗의 가치를 투자자들은 알았다.[34] 이 모바일 앱은 2011년에 만들어져서 친구들에게 메시지, 사라지는 사진과 비디오를 보내게 한다. 모기업은 소셜 미디어 회사보다는 카메라 회사로 생각했고, 스팩테클(Spectacle) 같은 카메라렌즈 생활용품을 스냅챗의 팝업 가게 같은 소셜 미디어 바깥에서 판매할 계획을 세웠다.[35] 마케터는 스냅챗을 젊고 활발한 대중에게 다가갈 수 있는 기회로 보았다. 타코벨(Taco Bell), 사워팻치키즈(Sour Patch Kids), 버치박스(BirchBox) 같은 브랜드는 스냅챗을 소비자와 소통하는 수단으로 이용했다.

생략 가능한 수직광고와 사진필터의 조정이 가능한 앱으로 알려진 스냅챗은 34세 이하가 주로 사용한다. 일상생활 사용자의 79%가 18~34세 이용자이다.[37] 스폰서 받는 렌즈도 쇼핑이 가능하며, 증강현실을 한 단계 끌어 올린다. 예를 들어 클레롤(Clairol)은 칼라 클레이브(Color Crave)의 머리카락 염색 기능을 활용하여 사용자가 다른 헤어 컬러를 시도할 수 있도록했다. 사용자는 숍 나우(Shop Now) 버튼을 눌러서 바로 타겟(Target) 홈페이지로 옮겨가서 구매할 수 있다.[38] 스냅챗의 가장 큰 도전은 수익을 남기기 위해 광고에서 돈을 벌어야 하는 일이다.

유튜브. 구글에 16억 5,000만 달러에 팔린 이후 유튜브는 전 세계에 동영상을 올리고 공유할 수 있게 되었다. 사용자는 매일 10억여 시간의 유튜브 비디오를 보며, 이러한 인기 있는 비디오 플랫폼은 그 자체로서 마케팅 전략이 되었다.[39] 브랜드는 비디오 콘텐츠를 올리지만 사용자가 훨씬 더 많이 플랫폼에서 퍼트린다. 예를 들어 유튜브의 미용브랜드는 뷰티 블로거들로 인해 1대 14의 비율로 퍼져 나간다.[40] 이러한 특징이 브랜드로 하여금 그들 제품의 메시지를 플랫폼 내에서 제어하고 싶게 만든다.

유튜브는 유튜브 프레미엄과 유튜브TV로 비디오 제공 서비스를 다변화하였다. 유튜브 프레미엄은 광고 없이 창작자의 비디오를 볼 수 있게 해준다. 많은 가정에서 TV 케이블 패키지를 취소하고 유튜브를 보기 시작했다. 매달 40달러에 사용자는 ABC, CBS, NBC를 시청할 수 있게 되었고, 유튜브는 슬링티비(Sling TV), 디렉트 티비 나우(DirecTV Now) 등 탑 케이블 경쟁자들과 경쟁하는 위치가 되었다.[41]

링크드인. 링크드인(LinkedIn)은 비즈니스와 전문가에게 최고의 네트워크이다. 이 네트워크는 사용자가 이력서 같은 프로필을 동료와 소통하기 위해서, 직장을 구하기 위해서, 개인 그룹에 참여하기 위해서 올릴 수 있게 한다. 80%의 B2B 마케터가 링크드인이 효과적으로 비즈니스를 이끈다고 말한다.[42] 이 플랫폼은 브랜드를 알려주고 구직활동을 도와준다. 21만 5,000 팔로워가 있는 인바운드 마케팅과 판매 플랫폼인 허브스폿(HubSpot)은 링크드인을 사용하여 콘텐츠를 알리고 인터넷 세미나를 홍보하고 인바운드 마케팅에서 인지도를 늘린다.[43]

윤리 및 사회적 책임 Consider Ethics and Social Responsibility

인재 영입자가 인재 네트워크를 찾기 위해 소셜 미디어에 관심을 돌리고 있다

마케팅은 단지 외부 소비자에게 홍보하는 일만이 아니다. 내부 소비자, 즉 직원과 소통하는 일도 해야 한다. 전통적 기업들이 신문을 이용해서 구인("Help Wanted") 광고를 낸 반면, 요즘의 기업들은 디지털 매체를 이용해서 목표 지원자를 겨냥한다.

대략 92%의 인재 영입자가 우수 지원자를 고르기 위해 소셜 미디어를 이용한다는 설문 응답을 하였다. 페이스북 같은 글로벌 미디어가 아주 훌륭한 방법이었다. 링크드인이 많이 사용되는 소셜 미디어로 잘 알려져 있지만, 35~55%의 인재 영입자가 페이스북을 사용한다고 하였다. 소셜 미디어는 장래 지원자와 직접 소통하는 기회도 제공한다. 모바일 리크루팅도 늘어나고 있으며, 전체 조직의 1/3이 모바일 리크루팅을 한다고 하였다(77%의 미국인이 스마트폰을 가지고 있음). 소셜 미디어는 젊은 구직자를 찾는 데 매우 효과적인데, 그 이유는 대다수가 소셜 미디어 프로필을 가지고 있기 때문이다. 구직을 하는 첫 번째 세대(10년)에 구직을 하는 구직자의 86%가 소셜 미디어를 통해서 직장을 찾을 것이라고 예측된다.

전 세계의 기업이 필요를 충족하고 적절히 인재를 배치하기 위해 인터넷을 이용한다. 비즈니스와 구직자에게 모두 기회를 제공함으로써 인터넷은 산업계에 구인 관련 혁신을 일으키고 더 이상 구인광고가 거리에 보이지 않게 하였다.[36]

토의 주제

1. 기업이 디지털 매체를 이용하여 전통적인 방법을 넘어서 구직 후보자를 겨냥할 수 있었던 방법은 무엇인가?
2. 왜 젊은 구직자들이 구직하기 위해서 소셜 미디어를 이용한다고 생각하는가?
3. 구직자와 소셜 미디어를 통해서 소통하는 것이 인재 영입자가 더 능력이 있는 사람을 찾을 수 있게 한다고 생각하는가? 왜 그렇게 생각하는가?

블로그와 위키

오늘날 마케터는 블로그와 위키 등 소비자가 주도적으로 생산한 콘텐츠의 영향력과 이러한 콘텐츠가 온라인 소비자에게 미치는 중요성이 크게 증가하고 있다는 사실을 인지해야 한다. **블로그**(blog)(웹로그web log의 줄임말)는 작성자가 자신의 관심사에 따라 일기, 칼럼, 기사 등을 자유롭게 편집하고, 이를 통해 다른 인터넷 사용자와 소통하는, 웹상에 기록하는 일지를 말한다. 인터넷 이용자의 3/4 이상이 블로그를 읽고 있다.[44] 실제로 텍스트, 하이퍼링크, 사진 등을 누구나 무료로 올릴 수 있는 블로깅 사이트인 텀블러(Tumblr)는 "입소문 인터넷의 성지"로 알려져 있다. 공유 가능한 구전 콘텐츠로 잘 알려진 버즈피드(Buzzfeed)는 텀블러를 스토리를 찾는 근원지로 인용했다. 텀블러는 4억 1,100만 개의 블로그를 가지고 있으며, 1,600억 개의 포스트가 있다.[45] 2013년 야후는 텀블러를 11억 달러에 매입한 바 있다.[46]

블로그
작성자가 자신의 관심사에 따라 일기, 칼럼, 기사 등을 자유롭게 편집하고 이를 통해 다른 인터넷 사용자와 소통하는 웹상에 기록하는 일지.

블로그는 소비자에게 영향력을 부여해 준다. 때때로 그 힘은 기업이 소비자에게 주고자 하는 영향력 이상이 된다. 블로거(blogger)는 한 기업이나 상품에 대한 의견이 긍정적이든 부정적이든, 사실이든 사실이 아니든, 자신이 올리고 싶은 내용을 게시한다. 예를 들어 기업이 블로거에게 블로그를 삭제해 달라고 강요하는 경우가 종종 있지만 본래의 블로그 내용이 없어진다 해도 독자들은 이미 해당 블로그 포스트를 복사하여 인터넷을 통해 퍼뜨릴 수 있다. 반면, 유명한 블로그에 올라와있는 상품 또는 서비스에 대한 긍정적인 리뷰는 커다란 판매 증가로 이어질 수 있다. 따라서 블로그는 마케터에게 잠재적인 위협이 될 수도 있고 기회가 될 수도 있다.

기업들은 자사에 대한 부정적인 관점을 제시하는 블로그를 없애려고 하기보다는 기업이 운영하는 블로그나 소속 직원의 블로그를 이용하여 소비자의 불만에 대응해 기업의 평판을 지켜나가야 한다. 매리어트 인터내셔널(Marriot International)의 창립자 아들인 빌 매리어트(Bill Marriott)는 "Marriot on the Move"라고 하는 블로그를 유지하면서 호텔 비즈니스에 대해서뿐만 아니라 비즈니스에 대한 단상이나 영감도 올려서 독자들을 이끈다.[47] 블로깅이 매체 환경을 바꾸어감에 따라 현명한 기업은 소비자로 하여금 상품에 대한 애정을 갖게 하고, 소비자와의 관계를 구축하는 데 블로깅을 활용하고 있다.

위키
여러 사용자가 함께 다양한 웹사이트의 내용을 추가하고 수정하여, 지속적으로 콘텐츠를 만들어 가는 일종의 협업 소프트웨어.

위키(Wiki)는 여러 사용자가 함께 다양한 웹사이트의 내용을 추가하고 수정하여, 지속적으로 콘텐츠를 만들어가는 일종의 협업 소프트웨어이다. 가장 잘 알려진 위키는 상상할 수 있는 거의 모든 주제에 관해 299개 이상의 언어와 4,000만 개 이상의 항목으로 이루어진 온라인 백과사전인 위키피디아(Wikipedia)이다. 비교를 해본다면, 브리태니카(Britannica) 백과사전은 불과 12만 개의 항목으로 이루어져 있다.[48] 위키피디아는 웹상에서 인기 있는 상위 10개의 사이트 중 하나이다. 콘텐츠의 많은 부분이 그 누구에 의해서도 편집될 수 있기 때문에 온라인 소비자는 세부 사항과 입증 자료를 추가하거나 콘텐츠의 부정확한 정보를 수정하기 쉽다. 위키피디아는 누구나 편집할 수 있도록 완전히 개방되어 있었지만 무분별한 편집을 막기 위해 몇몇 주제에 대해서는 오직 소규모 전문가 집단만이 편집할 수 있도록 제한하고 있다.

모든 디지털 매체와 마찬가지로 기업 관점에서 위키는 장점과 단점을 가진다. 월마트나 나이키와 같이 논란의 대상이 되는 기업에 관해 위키는 종종 직원의 권리 침해 등과 같은 부정적인 내용을 담고 있다. 하지만 자사와 관련된 위키를 모니터링 함으로써 기업은 소비자가 자사 및 브랜드에 대해 어떻게 생각하고 있는지에 대한 보다 많은 정보를 얻을 수 있다. 또한 몇몇 기업은 많은 양의 문서 작업이 요구되는 프로젝트팀을 위한 내부적인 툴로 위키를 사용하기도 한다.[49]

마케터가 이러한 위키와 블로그를 간과한다면 이는 기업의 재정적 손실로 연결될 수도 있다. 한 통계 수치에 의하면 포춘 500 기업 중 오직 36%만이 기업 블로그를 운영하고 있다고 한다.[50] 소비자와의 관계를 강화하고 기업의 상품을 홍보하고자 하는 마케터는 이 두 미디어 채널이 가지는 영향력을 과소평가해서는 안 될 것이다.

매체 공유

기업은 매체 공유 사이트를 통해 좀 더 시각적인 방식으로 기업 메시지를 공유할 수 있다. 매체 공유 사이트를 통해 마케터는 사진, 동영상, 팟캐스트 등을 공유할 수 있다. 매체 공유 사이트에서 기업이 소비자와 상호작용하는 방식은 다소 한정적이다. 그렇기 때문에 기업은 매체 공유 사이트를 통해 소비자의 반응에 대응하기보다는 상품을 일방적으로 홍보하는 경향이 강하다. 즉 기업은 비디오나 사진을 올려 자사 상품을 홍보하고 구매를 홍보할 수 있으나, 소비자의 반응을 개인적인 메시지를 통해 얻어서 소통하지는 못한다. 매체 공유 사이트는 인기가 아주 높기 때문에 기업이 전 세계의 소비자에게 도달할 수 있는 잠재력을 제공한다.

동영상 공유(video sharing) 사이트를 통해 포춘지 선정 세계 500대 기업의 전문 마케터로부터 일반 인터넷 사용자에 이르기까지 누구나 가상의 공간에 동영상을 업로드 할 수 있다. 인기 있는 동영상 공유 사이트로는 유튜브, 비메오(Vimeo), 데일리모션(Dailymotion) 등을 들 수 있다. 동영사 공유 사이트를 통해 기업은 상품에 대한 광고와 정보를 담고 있는 동영상을 업로드 할 수 있다. 이들 중 일부 동영상은 컴퓨터 바이러스와 같이 빠르게 확산되기도 한다. 널리 확산되는 동영상은 주로 보는 사람을 당황스럽게 만들거나, 큰 재미를 주는 내용을 담고 있다. **바이럴 마케팅**(viral marketing)은 메시지가 한 사람에서 다른 사람으로 전달될 때 이루어지며, 인터넷, 소셜 네트워킹 사이트, 동영상 공유 사이트 등을 이용하여 메시지를 확산시키고 브랜드 인지를 창출하는 마케팅 도구라 정의할 수 있다. 바이럴 마케팅은 한 번의 클릭으로 동시에 수십 혹은 수백 명의 사람에게 메시지를 보낼 수 있다는 점에서 마케터에게 매우 효과적인 인터넷 마케팅 수단이다. 마케터는 자사 상품을 위한 고유의 동영상을 만들거나, 이미 확산된 유명 동영상에 자사 상품의 광고를 삽입하는 방법으로 유튜브와 같은 동영상 공유 사이트의 확산성을 이용하고 있다. 퍼플(Purple)사는 "날계란 테스트(Raw Egg Test)"를 유튜브에 올려서 매트리스를 홍보했다. 현재까지 이 비디오는 1억 6,600만 이상의 뷰를 기록하였다.[51]

바이럴 마케팅
인터넷, 소셜 네트워킹 사이트, 동영상 공유 사이트 등을 이용하여 메시지를 확산시키고 브랜드 인지를 창출하는 마케팅 도구.

디지털 매체에 비디오를 올리는 일은 아마추어가 자신의 재능을 보여서 성공할 수 있게 한다. 마이클 판(Micheal Phan)은 자신의 화장지침서를 2007년부터 유튜브에 올렸다. 이 비디오는 전국적으로 여성들에게 흥미를 이끌어 판의 미용지침서(Phan's Beaut Advice)로 알려졌다.[52] 그녀는 구독서비스를 만들어서 타르트(Tarte)나 오프라(Ofra) 같은 인기 있는 브랜드의 샘플을 구독자에게 전달하였다. 대략 10,000명의 아마추어 뷰티 블로거가 구독서비스에 보답하여 비디오를 만들었다. 회사는 광고를 하거나 물건을 팔려고 애쓰지 않고도 구독서비스를 유지하기만 하면서 8억 달러의 가치를 얻을 수 있었다.[53]

사진 공유(photo sharing) 사이트를 통해 이용자는 사진과 짧은 동영상을 업로드해 세상과 공유할 수 있다. 잘 알려진 사진 공유 사이트로는 인스타그램, 임거(Imgur), 셔터플라이(Shutterfly), 포토버킷(Photobucket) 등을 들 수 있다. 인스타그램은 가장 대중적인 사진 공유앱이다. 페이스북이 소유한 인스타그램은 여광(filter)과 색조(tint)를 이용해 자신만의 사진을 만들어서 친구들과 공유할 수 있도록 해주는 모바일 애플리케이션이다. 초바니(Chobani)는 인스타그램을 이용해서 커뮤니티를 만들고 자사의 새로운 요거트 제품을 사용하도록 제안했다.[54] 스냅챗(Snapchat)과 경쟁하기 위해서 인스타그램은 인스타그램 스토리를 만들어서 24시간 안에 사라지는 메시지를 친구에게 보내는 서비스를 개발했다.[55] 인스타그램은 소셜 네트워크에서 가장 빨리 성장하고 있다.[56] 스마트폰을 통해 모바일 애플리케이션을 사용하고 인터넷에 접속하는 사람이 많아질수록 모바일 기기를 통한 사진 공유 사이트의

버라이존(Verizon)은 야후의 사진 공유 사이트인 플릭커(Flickr)를 독립적인 이미지 호스팅 업체인 스머그머그(SmugMug)에 매각했다. 스머그머그는 플릭커를 어떤 계획 변화 없이 계속 운영하기로 결정하였다.[57]

사용은 증가할 것이다.

최근 사진 공유의 또 다른 방식을 제안하는 새로운 사이트가 등장하고 있다. 핀터레스트(Pinterest)는 사진 공유 기능에 북마킹(bookmarking)과 소셜 네트워킹의 요소를 더한 사진 공유 게시판 사이트이다. 핀터레스트 이용자는 다른 인터넷 이용자과 사진 및 이미지를 공유할 수 있고, 대부분의 소통은 이용자 게시판에 "고정시킨(pin)" 이미지를 통해 이루어진다. 이용자는 이 고정된 이미지를 그들의 게시판에 "다시 고정시키고(repin)", 서로 팔로우(follow) 하고, 이미지에 "좋아요(like)"를 누르고, 코멘트를 남길 수 있다. 핀터레스트는 렌즈(Lens)라는 기능을 이용해서 특정 물체의 사진을 찍고 비슷한 물체의 핀리스트를 만들고 앞으로의 쇼핑에 활용하는 플랫폼으로 사용한다.[58] 사용자에게 피부톤의 범위를 이용해서 머리카락이나 뷰티의 검색 결과를 여과시키는 기능을 보여준다.[59] 마케터는 핀터레스트를 이용한 효과적인 마케팅의 방법으로 자신의 브랜드를 표현하는 특정 감성의 이미지를 올린다.[60] 핀터레스트 사용자는 관심을 게시판에 표현하기 때문에 마케터는 물건을 사려고 하거나 브랜드에 관심을 가지는 소비자를 설득할 수 있는 메시지를 개발할 수 있는 기회를 가진다. 핀터레스트는 무엇이 소비자의 상품에 대한 흥미로부터 구매로 이어지게 하는지에 알게 되기를 기대한다. 이러한 지식은 광고자가 핀터레스트의 웹사이트를 통해 마케팅하는 데 도움이 된다.[61]

사진 공유를 통해 기업은 자사의 이벤트, 직원, 상품의 스냅 사진 등을 보여줌으로써 시각적 마케팅의 기회를 갖게 된다. 나이키, 아우디, MTV 등은 디지털 마케팅 캠페인에 인스타그램을 사용하고 있다. 제일스 쥬어러(Zales Jewelers)는 반지뿐만 아니라 노래, 웨딩케익, 웨딩드레스 등 사랑을 나타내는 주제로 핀터레스트 게시판을 만들었다.[62] 디지털 마케팅 캠페인은 사진 공유 사이트에서 사진과 이미지를 스캔해서 브랜드가 어떻게 표현되고 사용되는지에 대한 통찰력을 가진다. 마케터에게 사진 공유 사이트를 통해서 정보를 수집하고 브랜드를 홍보하는 기회는 무한할 것이다.[63]

팟캐스트

인터넷 망을 통해 오디오 또는 비디오 파일 형태의 다양한 콘텐츠를 구독자의 개인 청취 기기나 컴퓨터로 제공하는 서비스.

팟캐스트(podcast)는 인터넷 망을 통해 오디오 또는 비디오 파일 형태의 다양한 콘텐츠를 구독자의 개인 청취 기기나 컴퓨터로 제공하는 서비스를 말한다. 팟캐스트를 구독할 경우, 새로운 콘텐츠는 자동적으로 청취 기기나 개인 컴퓨터로 전달된다. 팟캐스팅은 이용자가 원하는 시간에 원하는 곳에서 콘텐츠를 듣거나 볼 수 있다는 편의를 제공한다. 팟캐스트는 특히 젊고 부유한 소비층을 포함한 18~34세 인구집단을 표적시장으로 하는 마케터에게 이상적이다.[64] 팟캐스트는 소비자의 구매습관에도 영향을 준다. 예를 들어 식료품 가게에서 영양에 대한 팟캐스트를 들으면 건강에 대한 상품을 구매할 가능성을 높인다.[65]

팟캐스팅의 인기가 날로 상승함에 따라 CBC 라디오, NPR, MSNBC, PBS등 라디오 및 텔레비전 방송사는 이에 편승하여 이익을 창출하기 위해 자사 프로그램의 팟캐스트를 만들어 제공하고 있다. GE, 이베이, 베이스캠프(BaseCamp), 틴더(Tinder) 같은 많은 기업이 팟캐스트를 통해 브랜드 인지도를 높이고, 상품을 홍보하며, 소비자 로열티를 높이고자 노력하고 있다.

모바일 마케팅

디지털 마케팅이 점차 정교해지면서 소비자는 스마트폰과 같은 모바일 기기를 고기능성 커뮤니케이션 수단으로 활용하기 시작했다. 아이폰과 아이패드는 소비자의 커뮤니케이션 방식을 바꾸어 놓았고, 점점 더 많은 여행자가 온라인 지도, 여행 가이드, 택시 이용을 위해 스마트폰을 사용하고 있다. 호텔, 항공, 렌트카와 같은 산업군에서는 모바일폰이 예약 및 서비스 정보 전달을 위한 주요 수단이 되었다. 모바일폰은 항공 보딩패스, GPS 기기, 심지어 호텔 방의 열쇠 역할을 하기도 한다. 또한 모바일폰은 쇼핑객에게 할인 및 쇼핑 기회와 관련된 시기적절한 메시지를 보내는 데 사용할 수도 있다.[66] 이런 이유로 모바일 마케팅은 폭발적으로 증가하고 있다. 모바일폰은 일상에 중요한 부분이 되었고, 소비자가 어떻게 쇼핑하는지에도 영향을 미친다. 예를 들어 소비자가 가게에서 통화하면서 쇼핑하는 경우, 그렇지 않을 때보다 계획에 없는 구매가 12% 늘었다는 통계가 있다.[67] 뒤처지지 않기 위해서 기업은 모바일 마케팅의 중요성을 인식해야 한다.

스마트폰을 통한 전자상거래 매출 또한 빠르게 증가하고 있다. 몇 년 이내에 전체 온라인 매출의 50%에 달할 것으로 예측된다.[68] 이에 따라 기업은 보다 효과적인 캠페인을 진행하기 위해서 모바일 툴을 어떻게 사용해야 하는지 필수적으로 이해해야 한다. 〈그림 13-2〉는 미국에서 스마트폰이 사용되는 행태를 보여준다. 다음은 흔히 사용되는 몇 가지

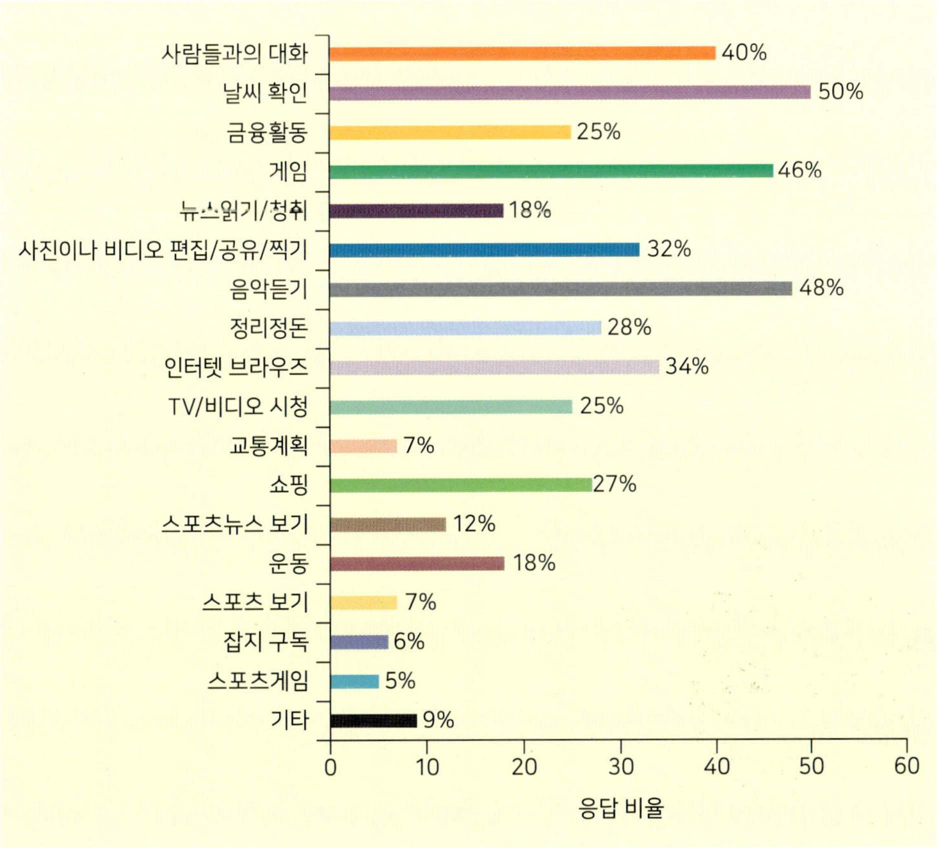

〈그림 13-2〉 스마트폰 사용자의 모바일 앱 사용

주: 18~64세; 지난 30일 동안

자료: Ipsos MORI, "Something for Everyone: Why the Growth of Mobile Apps is Good News for Brands," sponsored by Google, August 1, 2017.

모바일 마케팅 툴을 설명하고 있다.

- SMS 메세지: SMS 메시지는 160자 이하로 이루어진 텍스트 메시지를 말한다. SMS 메시지는 예상 소비자에게 쿠폰을 보내는 데 효과적인 방법이다.[69]
- 멀티미디어 메시지(MMS): 멀티미디어 메시지는 SMS 메시지에서 한 단계 더 나아가 동영상, 오디오, 사진 및 다른 형태의 미디어를 모바일 기기를 통해 전송하는 것을 말한다. 글로벌 MMS 시장은 2025년까지 650억 달러가 될 것이다. 미국 모바일폰의 98%가 MMS를 받을 수 있다.[70]
- 모바일 광고: 모바일 광고는 모바일 기기에서 보이는 시각적인 광고이다. 기업은 모바일 기기에서 접근 가능한 검색엔진, 웹사이트, 게임 등을 통해 광고를 집행할 수 있다. 모바일은 디지털 광고 지출의 반 이상을 차지한다.[71]
- 모바일 웹사이트: 모바일 웹사이트는 모바일 기기를 위해 디자인된 웹사이트를 말한다. 모바일 기기는 웹 트래픽의 50%를 차지하고 있다.[72]
- 위치기반 네트워크: 위치기반 네트워크는 모바일 기기를 위해 만들어졌다. 많이 사용되는 위치기반 네트워크는 자신의 위치를 다른 사람과 공유하는 구글웨이즈(Google Waze)와 포스퀘어(Foursquare)가 있다. 포스퀘어는 광고 네트워크인 핀포인터를 마케터로 가지고 있다. 삼성갤럭시, 올리브가든(Olive Garden), 재규어랜드로버(Jaguar Land Rover) 등이 이 서비스를 이용하는 기업이다.[73]
- 모바일 애플리케이션: 모바일 애플리케이션(일명 '앱')은 모바일 기기에서 작동하는 소프트웨어 프로그램으로, 이용자가 특정 콘텐츠에 접근할 수 있도록 해준다.[74] 기업은 소비자에게 더 많은 기업 관련 정보와 다양한 혜택을 제공하려는 목적으로 애플리케이션을 출시한다. 애플리케이션에 대해서 좀 더 자세히 논의해 보자.

애플리케이션과 위젯

미국 성인들은 스마트폰 사용 시간의 85%를 애플리케이션 사용에 할애하고 있기 때문에 애플리케이션은 마케팅 환경에 완전히 새로운 차원를 더해 주고 있다.[75] 애플리케이션의 가장 중요한 특징은 소비자에게 제공되는 편의성과 비용 절감성이다. 특정 애플리케이션을 통해서 소비자는 상품의 바코드를 스캔할 수 있고, 그것을 다른 매장에 있는 동일한 상품의 가격과 비교할 수도 있다. 또한 모바일 애플리케이션을 통해 소비자는 매장 내 할인권을 다운로드할 수도 있다. 현재 미국 성인의 약 68%가 스마트폰을 가지고 있으며, 기업은 이러한 새로운 트렌트를 통해 얻을 수 있는 수익의 기회를 놓치지 말아야 한다.[76]

월그린(Walgreens)은 웹사이트나 모바일 앱을 이용해 쿠폰을 발행하고, 사용자가 쿠폰을 모아서 리워드 프로그램에 참가 할 수 있도록 하였다.
©Andrew Resek/McGraw-Hill Education

기업은 소비자에게 추가적인 혜택을 제공하고, 시장 내 경쟁력을 유지하기 위해 모바일 마케팅을 사용하기 시작했다. 유니레버(Unilever)는 동남아시아로 시장을 넓히면서 쇼핑 습관 같은 정보를 제공하면 대가를 제공하는 캠페인을 개발

친환경 경영 Going Green

친환경 경영, 앱이 있다

그린운동이 커져감에 따라 많은 소비자는 그린으로 가는 것이 얼마나 절약이 되는지 알고 싶어한다. 그린 모바일 앱은 답을 알고 있다. 그들은 사용자에게 그린제품의 위치를 제공함으로써 절약을 할 수 있게 한다. 예를 들어 에너지 엘리펀트(Energy Elephant)는 사용자에게 에너지 측정기를 사용하게 한다. 간단하게 가정의 에너지 측정기를 사진으로 찍어 보내게 함으로써 전 세계의 소비자가 앱을 사용하여 측정기를 읽을 수 있다. 에너지 엘러펀드는 이 정보를 유틸리티 회사에 보내고, 회사는 정보를 얻기 위해 가정을 방문할 필요가 없어서 탄소의 배출을 줄일 수 있다. 또한 에너지 소비를 줄이는 방법을 알려주고 비용을 줄여주는 재생에너지에 투자할 것인지 여부를 결정하는 정보를 제공한다.

모바일 앱은 위장환경주의와 싸우게 해준다. 위장환경주의는 마케터가 제품이 실제보다 더 친환경적이라고 주장하면 생긴다. 잘 알려진 유명한 그린 앱 중의 하나인 굿가이드(Good Guide)는 이런 문제를 없앴다. 이 앱을 사용하는 소비자는 제품의 바코드 사진을 찍는다. 앱은 소비자가 가게에 있는 동안 제품이 영향을 미치는 지속가능성과 건강에 미치는 영향에 관한 정보를 알려준다.

그림 앱은 소비자가 요구하는 비용절감과 편리함을 만족시키기 위한 혁신적인 그린운동을 제공하는 잠재력을 가지고 있다. 게다가 비싸지 않은, 공짜에서 단지 몇 달러 수준에서 구매할 수 있다.[79]

토의 주제

1. 그린제품을 소비자가 구매하지 못하는 장벽은 무엇인가?
2. 모바일 앱은 어떻게 소비자가 더욱 "친환경"적이게 도와주는가?
3. 모바일 앱으로 위장환경주의를 막는 방법은 무엇인가 ?

하였다.[77] 마케터가 유용하다고 생각하는 또 다른 애플리케이션은 QR 스캐닝 애플리케이션이다. QR 코드는 잡지, 포스터, 매장 앞 디스플레이에서 종종 보이는 흑백의 격자무늬가 새겨진 사각형을 말한다. 스마트폰 사용자는 QR 스캐닝 애플리케이션을 다운로드 받은 후 애플리케이션을 실행하고 코드를 스캔하여 애플리케이션이 접근 가능한 숨은 메시지를 알 수 있다. QR 스캐닝 애플리케이션은 코드를 인식하여 휴대폰 스크린에 링크, 동영상, 혹은 이미지를 보여준다. 마케터는 QR 코드를 사용하여 기업을 홍보하고, 소비자 할인을 제공하고 있다.[78]

모바일 결제 또한 관심을 끌고 있다. 구글 같은 기업은 이러한 시장 기회를 활용하기 위한 준비 중에 있다.[80] 구글월렛(Google Wallet)은 스마트폰에 신용카드 정보를 저장해 놓을 수 있는 모바일 애플리케이션이다. 쇼핑객은 모바일폰을 이용하여 결제를 진행할 수 있다.[81] 스퀘어(Square)는 트위터의 공동 창립자인 잭 도시(Jack Dorsey)가 만든 기업으로, 스마트폰 및 태블릿 PC를 카드 결제기로 사용할 수 있도록 해주는 애플리케이션과 장치를 개발하여 제공하고 있다. 비트코인(Bitcoin)은 스마트폰을 통해 결제하는 데 사용될 수 있는 개인 대 개인(peer-to-peer)의 가상화폐이다. 소규모 기업은 매장에서 비트코인을 받기 시작했다. 쇼핑에 혁명을 가져온 모바일 결제의 성공은 이 결제 시스템을 채택하는 소매업자에게 달려 있다. 스타벅스를 포함하는 몇몇 기업은 이미 이 기술을 사용하기 시작했다.

위젯(widgets)은 웹사이트, 데스크톱 혹은 모바일 기기에 설치되는 작은 소프트웨어이다. 위젯은 주식 시세 혹은 블로그 업데이트를 알려주는 것처럼 간단한 목적의 업무를 수행한다. 마케터는 위젯을 사용하여 자사 웹페이지에 뉴스 헤드라인, 시계 혹은 게임을 표시할 수 있다.[82] 예를 들어 CNBC는 구독자에게 위젯을 이용하여 속보를 알리고 금융정보를 제공한다. 위젯은 기업들의 바이럴 마케팅 수단으로 사용되었다. 이용자는 위젯을 다운로드하고, 버튼 클릭 하나로 그 위젯을 친구들에게 전송할 수 있다.[83] 데스크톱에 설치된 위젯을 통해 이용자는 기업 및 상품에 대한 최신 정보를 받아볼 수 있다. 이는 기업과 소비자 간의 관계 마케팅에도 긍정적인 영향을 줄 수 있다. 호텔, 레스토랑, 관광지 등은 자사 웹사이트에 트립어드바이저(TripAdvisor) 위젯을 다운로드할 수 있다. 이 위젯은 기업에 관한 리뷰, 제공되는 혜택, 이용자를 해당 기업의 웹사이트로 연결시켜 다른 트립어드바이저의 콘텐츠 등을 보여준다.[84] 위젯은 웹페이지를 개인화하고, 사용자에게 기업에 대한 최신 정보를 제공하며, 상품에 대한 인지도를 넓힐 수 있는 혁신적인 디지털 마케팅 툴이다.

학습목표 13-5

온라인 모니터링과 해석

디지털 매체에 대한 모니터링과 해석 없이는 소셜 미디어 마케팅에서 자원을 최대화하고 비용을 최소화할 수 없다. 측정의 장점은 온라인의 계량적 분석과 지표와 관련이 있다. 소셜 미디어 모니터링은 디지털 마케팅을 추적하고 측정하고 평가하는 일이다.[85] 디지털 마케팅 평가의 장점은 전략의 결과를 보여주는 계량적인 지표에서 나온다. 이를 위해 기대되는 성과 대비 실제 성과가 비교되어야 한다. 지표는 듣고 추적해서 개발해야 한다. 기업이 해시태그를 만들고 홍보해야 한다고 생각하자. 척도는 질적이거나 양적일수 있다. 연결된 사이트에 클릭하는 소비자의 비율인 CRT(Clickthrough Rate)가 양적 척도가 될 수 있다. 질적 척도는 소비자의 제품에 대한 만족도가 될 수 있다.

주요성과척도(Key Performance Index)는 소셜 미디어 전략에 포함되어 실시간 측정과 평가에 사용되어야 한다. 이것은 실제 적용과 전략 수행 시 연속적인 변화의 근거가 된다. 마케팅의 해석은 마케팅 활동의 효과를 측정하고 해석하는 도구와 수단을 사용한다. 소셜 미디어 성과를 해석하는 것은 더 나은 목표 소셜 미디어 캠페인을 만드는 데 기반이 된다. 타당한 척도를 개발하기 위해서는 소셜 미디어가 얻어야 하는 목적이 무엇인지 알아야 한다. 이런 목적에는 인스타그램이나 페이스북의 포스트 CRT 같은 수치 데이터가 있어야 한다.

포괄적인 성과 측정 평가를 위해서는 타당한 척도를 모아야 하고, 전략이 성과 표준을 충족하는지 기대에 못 미치는지 이해하는 방법이 있어야 한다. 이를 위해서 3천만 웹사이트에서 사용하는 가장 많이 사용되는 해석용 플랫폼인 구글 애널리틱스(Google Analytics)가 있다.[86] 구글 애널리틱스의 대시보드(dashboard)는 다섯 개의 항목(실시간, 대중, 습득, 행동, 전환)으로 나뉜다. 〈표 13-2〉는 각 항목을 설명한다. 이 도구는 웹사이트의 강점과 약점 그리고 보이지 않는 기회를 알 수 있게 해준다. 예를 들어 순수한 트래픽은 매우 많지만 소셜 미디어의 트래픽은 적거나 혹은 트래픽이 주중은 많지만 주말은 적을 수도 있다. 소셜 미디어의 KPI는 좋아요, 전달, 접근, 참여 수, CRT, 대화 수일 수 있다. 마케터는 자신의 비즈니스에서 소셜 미디어의 영향을 볼 수 있도록 수정해서 사용할 수도 있다.

사이트의 트래픽 데이터를 해석함으로써 마케터는 소비자에 대해서 더 잘 이해하게 되고, 자사의 마케팅 노력이 효과적이었는지 측정할 수 있게 된다. 예를 들어 PBS는 구글 애널리틱스를 통해서 다양한 특성의 웹 성과를 측정하고, 사용자 등록이나 비디오 뷰 횟수

〈표 13-2〉 구글 애널리틱스

실시간	데이터가 실시간으로 업로드 되어 페이지 조회횟수, 최고트래픽, 최고언급, 최고 주제어, 최고 활발한 페이지, 최고위치 등을 조회할 수 있음
대중	대중의 리포트는 인구통계, 흥미, 지역, 행위, 모바일 사용 등을 보여줌
습득	내부 트래픽이 보여짐. 트래픽을 탐색, 참조, 이메일, 소셜매체로 인한 트래픽을 비교 가능함
행동	RSS feeds를 사용하여 웹페이지나 사진 인용 추가, 온라인 투표 가능
참여	참여자들이 당신의 콘텐츠에 대해 상호작용하는 것을 관찰하여 사이트의 내용을 평가. 시작 페이지, 마침 페이지, 사이트 속도 등 관찰
전환	구글 애널리틱스를 통해 사용자는 이메일 뉴스 레터 가입 또는 구매 완료와 같은 웹 전환을 모니터링 할 목표를 설정

등을 추적한다. 검색엔진의 추세를 해석한 후에 PBS는 30%의 사이트 트래픽이 증가한 것을 확인할 수 있었다.[87] 구글 애널리틱스는 구글 계정만 있으면 누구에게나 공짜인, 매우 훌륭한 해석 툴이다. 잠재적인 목표 소비자를 겨냥한 회사를 위한 프리미엄 버전인 구글 애널리틱스 360슈트(360 Suite)는 좀 더 깊은 해석이 가능하다. 이 도구는 웹, TV, 모바일에서 사람들의 습관을 확인할 수 있으며, 세일즈포스(Salesforce)나 오라클(Oracle)과 경쟁하고 있다.[88]

엠앤엠즈는 새 한정판 초콜렛 맛 평가 투표를 위해 크라우드소싱을 이용하였다.

©usersam2007/123RF

디지털 매체를 통한 소비자 학습

마케팅 조사와 정보 시스템은 소비자와 소비자의 선호에 대한 정보를 수집하기 위해서 디지털 매체와 소셜 네트워킹 사이트를 활용하고 있다. 트위터나 페이스북과 같은 사이트는 포커스 그룹 인터뷰의 대체 수단이 될 수 있다. 온라인 설문조사는 우편, 전화, 개별 인터뷰 등 전통적인 정보수집 방법의 대안으로 사용될 수 있다.

크라우드소싱(crowdsourcing)은 대중(혹은 잠재적 시장)의 의견이나 니즈를 파악하기 위해 마케터가 디지털 매체를 어떻게 사용할 수 있는지를 보여준다. 해당 분야에 관심이 있는 소비자 그룹은 티셔츠를 디자인하는 스레들리스닷텀(threadless.com) 또는 로고, 인쇄, 웹 디자인을 하는 크라우드스프링닷컴(crowdspring.com)과 같은 사이트에 가입한다. 이들 사이트를 통해 소비자는 상품 아이디어 개발에 기여하고, 자신의 피드백을 전달할 수 있는 기회를 얻는다. 크라우드소싱을 통해 기업은 신상품 개발 단계에서 소비자와 쌍방향으로 소통하며, 그들의 생각을 모으고 활용할 수 있다.

소비자의 피드백은 디지털 마케팅에서 중요한 역할을 한다. 그중에서도 특히 상품평과 리뷰는 주요한 역할을 하고 있다. 온라인 리뷰는 약 97%의 미국 소비자가 구매 의사결정을 내리는 데 중요한 영향을 미치는 것으로 추정되고 있다.[89] 아마존, 넷플릭스, 프라이스라인(Priceline)과 같은 소매업자는 소비자가 자사의 책, 영화, 여행 상품 등에 대한 코멘트를 웹사이트에 올릴 수 있도록 하고 있다. 오늘날 대부분의 온라인 쇼핑객은 중요한 구매 결정을 내리기에 앞서 인터넷을 통해 상품평과 리뷰를 검색한다.

현장 속의 기업가정신 Entrepreneurship in Action

왜 카약닷컴은 방문할만한 여행 검색엔진인가

설립자: 폴 잉글리시(Paul English), 스티브 해프너(Steve Hafner)
설립: 2004년 코네티컷주 노워크(Norwalk)
성공: 카약닷컴은 많은 상을 받았으며, 최고의 항공기 검색 웹사이트 중 하나로 알려져 있다.

두려움이 없는 여행자는 낮은 가격의 항공권을 원하고, 이를 위해 카약닷컴이 있다. 카약은 수백 개의 여행 사이트를 비교해서 가장 낮은 가격을 찾아주는 여행 검색엔진이다. 인터넷의 힘으로 카약닷컴은 클릭 한 번으로 수백 개의 여행 사이트에서 정보를 모은다. 베타 사이트를 2004년에 오픈한 이래로 카약닷컴은 여행자에게 가장 낮은 가격의 항공권, 호텔, 렌터카를 제공한다.

디지털 세계에서 카약닷컴은 소비자에게 가장 낮은 가격을 제공하는 몇몇 회사를 합병하여 가격과 비가격 측면에서 경쟁력을 가지게 되었다. 역동적인 가격과 소비자 중심의 경쟁력으로 카약닷컴은 오빗츠(Orbitz)나 익스페디아(Expedia)와 경쟁하게 되었다. 이러한 성공이 프라이스라인닷컴(Priceline.com)에게 주목을 받아 18억 달러에 매각되었다. 설립한 지 10년이 지났지만 카약닷컴의 경쟁력은 커져만 갔고 전체 여행 검색엔진에서 가장 낮은 가격을 찾는 가장 우수한 엔진으로 자리 잡고 있다.[90]

토의 주제

1. 마케팅 믹스의 어떤 부분을 카약닷컴은 특히 잘 다루었는가?
2. 카약닷컴은 어떻게 사용자가 그들에게 보이는 것 이상으로 제어할 수 있도록 했는가?
3. 왜 당신은 카약닷컴이 비가격 경쟁력도 갖추어야 한다고 생각하는가?

한 기업에 대해 소비자가 생성한 콘텐츠는 긍정적일 수도 있고 부정적일 수도 있지만, 디지털 매체 포럼은 기업이 다양한 소비자 의견을 면밀하게 모니터할 수 있게 허용한다. 부정적인 피드백일 경우, 기업은 온라인 커뮤니케이션을 통해 문제나 불만을 해결함으로써 전통적 커뮤니케이션 채널에 비하여 훨씬 쉽게 문제를 해결할 수 있다. 그러나 온라인 피드백의 용이성과 명백한 중요성에도 불구하고 많은 기업이 아직까지 충분히 디지털 매체를 활용하지 못하고 있다.

학습목표 13-6

인터넷 마케팅과 관련한 법적·사회적 이슈

정보기술, 인터넷, 소셜 네트워크의 놀라운 성장은 소비자와 기업에게 많은 법적·사회적 문제를 안겨주고 있다. 프라이버시 문제, 신원 도용과 온라인 사기 위협, 지적재산권 보호의 필요성 등이 그 예이다. 미국 연방거래위원회(Federal Trade Commission: FTC)의 온라인 마케팅에 대한 규제는 다른 소통이나 광고의 규제와 같다. 이러한 규제는 인터넷이 광고 매체로서 유지되도록 신뢰를 만들어 준다. 오용을 막기 위해, 모든 온라인 소통은 진실을 말해야 하고 소비자를 속이면 안 된다. 또한 모든 항의는 존중되어야 한다. 만약 온라인 소통이 불공정하고 상당한 피해를 입히며 이성적으로 피할 수 없고, 이익이 작다면 이것은 사기이다. FTC는 온라인 소통에서 위험 분야를 정의하고, 부정행위가 보고되면 소비자에게 알려준다. 추천, 보증서, 보장, 공짜 상품이나 메일이나 전화주문 등이 이러한 위험 분야가 될 수 있다. FTC는 다른 법집행기관과 정기적으로 함께 인터넷을 모니터링하여 잠재적인 온라인 사기, 개인정보 보호 침해, 지적재산권 등을 살펴본다. 이러한 소비자 불만 사항에는 어떠한 것이 있으며, 개인, 기업, 정부가 이러한 불만 사항을 다루는 과정에서 거쳐야 할 단계는 무엇인지 논의해 보도록 하겠다.

프라이버시

기업은 오랫동안 소비자의 쇼핑 습관을 추적해 왔다. 그러나 소비자의 쇼핑카트에 담겨 있는 콘텐츠나 소비자가 시리얼 한 통을 고르는 데 걸리는 과정을 관찰하는 것만으로는 개인을 특별하게 식별할 수 있는 데이터를 수집하기 힘들다. 물론 전통적인 쇼핑 과정에서도 소비자가 신용카드, 쇼핑카드, 쿠폰 등을 통해 소비자를 식별할 수 있는 데이터를 어느 정도 수집할 수 있다. 하지만 현금을 사용할 경우에는 이러한 데이터를 수집할 수 있는 방법이 없다. 인터넷 쇼핑의 경우 기업은 소비자의 온라인 구매 콘텐츠에 대한 기록으로부터 한 층 더 개인적 수준의 추적을 할 수 있다. 현재의 기술로 마케터는 소비자에 대한 지식 없이도 방대한 양의 개인정보를 모으고, 이러한 정보에 관심을 가지고 있는 제3자에게 공유하거나 판매할 수 있다.

그렇다면 웹에서 개인정보는 어떻게 수집될까? 많은 웹사이트가 이용자의 컴퓨터에 신원 확인 가능한 일련의 텍스트 또는 "쿠키(cookie)"를 저장함으로써 온라인 이용자를 추적한다. 쿠키는 웹사이트 운영자에게 이용자가 얼마나 자주 사이트에 접속하는지, 어떤 정보를 어떠한 순서대로 탐색하는지에 대한 정보를 추적할 수 있도록 해준다. 또한 웹사이트 방문객에게 웹에 로그인할 때 열람했던 특정 콘텐츠를 보여주거나, 가상 쇼핑카트 등 맞춤 서비스를 제공해 준다. 사용자는 자신이 사용하는 기기에서 쿠키 기능을 차단할 수 있으나 쿠키 정보가 남용될 수 있다는 가능성은 많은 소비자를 불편하게 하고 있다.

유럽연합은 기업이 정보를 추적할 수 있는 쿠키를 사용하기 전 소비자의 허가를 받아야 하는 법을 통과시켰다. 미국에서는 소비자의 인터넷 프라이버시를 보호하기 위해 제안된 한 가지 해결책으로 전화를 대상으로 한 "전화 금지(do not call)" 법안과 비슷한 "추적 금지(do not track)" 법안이 제안되었다. 이 법안은 사용자가 자신에 대한 정보 추적을 선택적으로 거부할 수 있도록 허용하였다.[91] 소비자는 이러한 추가적인 프라이버시 보호 방안을 환영한 반면, 소비사 정보를 활용하여 표적시장 내 온라인 소비자를 겨냥한 정교한 메시지를 개발해야 하는 웹 광고주들은 이를 위협이라 보았다. 곧 다가올 법 제정에 대응하여 많은 웹 광고주는 유리한 고지를 선점하기 위해 자체 규제를 시도하고 있다. 예를 들어 디지털광고연합(Digital Advertising Alliance)는 온라인 광고의 프라이버시 가이드라인을 제정하고 "신뢰마크" 아이콘을 제작하고, 이 아이콘을 그들의 가이드라인이 부착된 웹페이지에 연결하였다. 그러나 이러한 자체 규제를 모든 디지털 광고주 스스로 참여할지는 미지수이다.[92]

홍보의 수단으로 이미 언급되었던 영향가 마케팅(Influencer Marketing)은 상대적으로 다른 형태의 광고에 비해 새롭기 때문에 얼리어댑터들에게 장애가 있는 것이 사실이다. 솔직하지 않은 광고에 대한 걱정 때문에 FTC는 영향가들이 자신이 홍보하려는 상품과 어떤 관계에 있는지 미리 밝히도록 하고 있다. 이를 무시하면 사기광고라고 인식한다. 워너 브라더스(Warner Bros)가 이를 어겨 고소된 적이 있다. 홈엔터테인먼트사(Home Entertainment)는 유튜브의 가장 큰 구독채널인 퓨디파이(PewDiePie)가 그들의 비디오게임 '미들이스트: 세도우오부모더(Middle-East: Shadow of Mordor)'을 홍보하는 데 대가를 지불했고, 로드앤테일러(Lord & Taylor)사는 다양한 영향가가 그들의 옷을 홍보하는 데 대가를 모두 비공개로 지불했다. FTC에 따르면 적절한 보상이 지불되었는지 혹은 공짜로 제품을 협찬받았는지 등의 모든 수준의 보상은 공개되어야 한다.[93]

신원 도용과 온라인 사기

신원 도용
다른 누군가로 가장하여 타인의 신용 및 금융 계좌를 사용하려는 목적으로 그 사람의 개인 핵심 정보를 빼내는 범죄.

신원 도용(identity theft)은 다른 누군가로 가장하여 타인의 신용 및 금융 계좌를 사용하려는 목적으로 그 사람의 개인 핵심 정보를 빼내는 범죄를 말한다. 기업은 이러한 데이터베이스 도용을 방지하기 위한 안전 조치를 강화해야 한다. 〈그림 13-3〉에서 볼 수 있듯이 일반적인 불만 사항은 정부 문서/수당 사기, 신용카드 사기, 공익사업 사기, 은행 사기, 고용 사기, 대출 사기 등을 포함한다. 슬프게도, 사이버 사기는 어린이의 신원을 타깃으로 하여 대출이나 신용카드 사기에 이용되는 것으로 시작한다.[94]

인터넷의 상대적 익명성과 속도는 사회보장번호(주민등록번호), 운전면허번호, 생일, 어머니의 결혼 전 성(maiden name) 등의 주요 개인정보가 저장되어 있는 데이터베이스에 합법적 또는 불법적인 접근을 가능하게 만든다. 이러한 정보는 사기 거래를 하기 위해 타인의 이름으로 된 신용카드 혹은 은행 계좌를 개설할 때 사용되는 개인정보이다. 점차 증가하고 있는 신원 도용 사기 중의 하나가 피싱 사기(phishing) 수법이다. 피싱 사기를 위해 사기꾼은 이미 잘 알려진 웹사이트를 위조하고, 피해자를 그 사이트로 유인하기 위한 이메일을 발송한다. 웹사이트에서는 접속 시 방문객에게 신용카드 번호처럼 민감한 정보를 입력하도록 요구한다. 피싱 사기는 페이팔(PayPal), AOL, 연방예금보험회사(Federal Deposit Insurance Corporation) 등의 사이트를 위조해 왔다.

어떤 신원 도용 문제는 빠르게 해결되는 반면, 일부 사기 사건의 경우 피해자의 예금 잔고와 신용 상태를 되찾기까지 몇 주 이상의 시간이 걸리고 수백 달러의 비용이 소요되기도 한다. 신원 도용을 막기 위해 국가사기정보센터(National Fraud Center)는 금융기관이 디지털 증명서, 디지털 서명, 지문이나 망막 스캔 등을 사용하는 생체인식 기술(biometrics)과

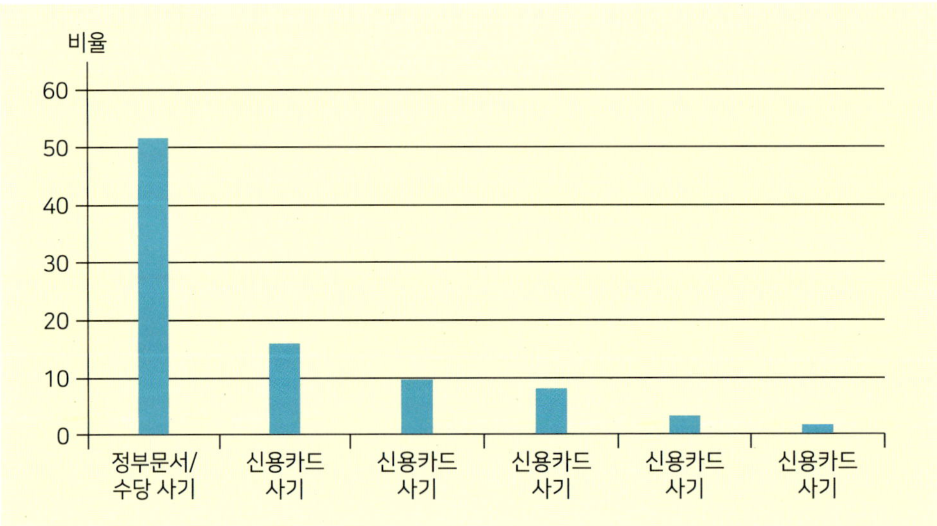

〈그림 13-3〉 신원 도용의 주요 출처

자료: "Consumer Sentinel Network Data Book: January–December 2016," Federal Trade Commission, March 2017, https://www.ftc.gov/system/files/documents/reports/consumer-sentinel-network-databook-january-december-2016/csn_cy-2016_data_book.pdf (accessed April 27, 2017).

같은 새로운 기술을 도입해 주기를 요구하고 있다.

온라인 사기(online fraud)는 소비자로 하여금 개인정보를 흘리도록 속이는 것과 같이 온라인상에서 벌어지는 모든 사기 행각을 말한다. 사기를 저지르기 위해 사이버 범죄자는 해킹을 한다. 해커는 웹사이트에 침투해서 사용자의 개인정보를 훔친다. 홈디포(Home Depot), 타겟(Target), 제이피모건(JPMorgan)은 사이버 범죄자가 회사 시스템에 침입하여 정보를 빼간 유명한 사건의 경험이 있다. 소니는 파괴적인 공격을 받아 전체 컴퓨터 네트워크 시스템이 다운되고 27기가바이트의 정보를 도난당하는 일이 있었다.[95]

온라인 사기
온라인상에서 벌어지는 사기 행각.

방문하는 웹사이트마다 다른 비밀번호를 사용하는 것은 온라인 사기 피해를 줄이기 위한 중요한 방법이다. 비밀번호는 사이버 범죄자가 쉽게 상상할 수 없도록 복잡해야 한다. 하지만 소비자는 여러 사이트에서 사용되는 복잡한 비밀번호를 기억하기가 귀찮기 때문에 그렇게 하지 않는다.[96]

신용카드 사기는 온라인에서 일어나는 주요한 형태의 사기이다. 신용카드의 온라인 사기를 피할 수 있는 방법은 핀넘버를 온라인 거래할 때마다 요구하는 것이다. 은행은 사기가 일어나기 어렵게 하기 위해서 자기테이프보다는 칩을 사용한다. 유럽에서는 이러한 방법과 핀넘버를 이용하여 신용카드 사기를 줄였다. 소비자가 물건을 구매하고 신용카드를 사용할 때 칩이 들어간 카드와 핀넘버를 동시에 이용하도록 한 것이다. 하지만 핀넘버를 미국은행에서는 잘 요구하지 않아서 온라인 사기를 막는 데 효율적이지 않은 결과가 나타났다.[97] 프라이버시 옹호자는 이러한 사기를 피하기 위해 사이트가 명확히 합법적이지 않다면 사회보장번호나 신용카드 정보와 같은 개인정보를 제공하지 않아야 한다고 주장한다.

지적재산권 사기와 다른 불법행위

개인 프라이버시를 보호에 더해 인터넷 이용자는 음악, 영화, 책, 소프트웨어를 포함해 자신이 만든 지적재산에 대한 권리를 보호받고자 한다. 지적재산은 문제를 해결하거나, 애플리케이션을 실행하거나, 교육이나 엔터테인먼트 등을 위해 개발된 창의적인 아이디어 또는 물품을 의미한다.

지적재산이 일반적으로 특허와 저작권에 의해 보호된다고 할지라도 매년 컴퓨터 프로그램, 음악, 영화, 콤팩트 디스크(CD), 책에 대한 불법 복사본으로부터 발생되는 손해가 미국에서만 수십억 달러에 달하고 있다. 이는 디지털 매체 사이트가 갖고 있는 고질적인 문제이기도 하다. 유튜브는 지적재산 위반 행위에 대한 소송을 자주 당한다. 수백만 명의 이용자가 유튜브에 콘텐츠를 업로드하고 있기 때문에 구글은 저작권이 있는 자료를 포함하고 있는 모든 동영상을 일일이 모니터링하여 삭제하는 것은 거의 불가능한 일이다.

불법적인 콘텐츠 공유는 지적재산에 관한 또 다른 주요 문제이다. 소비자는 소프트웨어, 비디오게임, 영화, 음악 등에 대한 해적판 보유를 다양한 이유로 합리화하고 있다. 첫째, 많은 사람이 단지 원하는 것을 위해 지불할 돈이 없다고 생각한다. 둘째, 주변 친구들이 저작권 침해 행위에 관련되어 있고, 불법적으로 디지털 콘텐츠를 교환하고 있기 때문에 이 친구들의 영향을 받아 이러한 행위에 동참하게 된 것이라 생각한다. 마지막으로 몇몇

음식 블로그인 슈가히어로(SugarHero!)의 창시자인 엘리자베스 라바우(Elizabet Labau)는 본인이 하는 요리 비디오를 훔쳐 새롭게 제작했다는 혐의로 푸드네트워크(Food Network)를 고소했다.

©Owen Kolasinski/BFA/Shutterstock

사람은 자신이 최신 기술에 능통했기 때문에 콘텐츠의 저작권을 침해할 기회를 누릴 수 있었다고 생각하기도 한다.[98]

불법 온라인 마케팅은 전 세계적으로도 문제가 되고 있다. 사용은 쉽고 침투를 걸러내기는 쉽지 않은 인터넷의 특징 때문에 인터넷을 통한 불법 약물 거래가 이루어지고 있다. 불법 약물을 거래하는 웹사이트는 마케팅 전략이나 소비자의 서비스까지 합법화되고 있는 것처럼 보인다.[99] 위조품 판매는 또 다른 문제이다. 매년 연방정부에 의해 압수된 유명제품의 위조품은 10억 달러에 달한다. 특히 수입된 위조품은 인터넷에서 거래되기 때문에 항구로 운송될 때 세관검사를 받지 않고 바로 소비자에게 전달된다. 유지지 부츠(UGG Boots) 같은 회사는 전자소매상이 합법적인지 사용자가 주소를 입력하여 확인하는 온라인 서비스를 제공한다.[100]

디지털 매체가 마케팅에 미치는 영향

사업에 성공하기 위해서는 소비자가 소셜 네트워킹 사이트를 사용하여 친구들과 소통하는 방법 그 이상을 알아야 한다. 즉 디지털 마케팅이 사업을 보다 효율적이고 생산적으로 만들어 준다는 점을 전략적으로 이해할 필요가 있다. 당신이 기업가가 되고자 할 때, 디지털 세계는 새로운 자원과 소비자를 접할 수 있는 길을 열어줄 수 있다. 스마트폰, 모바일 브로드밴드, 웹캠은 온라인 사업 세계를 가장 잘 활용할 수 있도록 해주는 도구로써, 적은 비용으로 더 높은 효율을 낼 수 있도록 해준다. 예를 들어 스카이프(Skype)는 사람들이 인터넷을 통해 전화를 걸고 받을 뿐 아니라 일반 전화의 약 10%밖에 안되는 비용으로 영상통화를 하고 텍스트 메시지를 보낼 수 있도록 도와준다.[101] 현재와 미래의 기술, 소프트웨어, 네트워킹 기회를 활용하여 사업에서 성공할 수 있는 전략을 짜는 것은 기업과 기업가에게 달려있다.

인쇄 매체 사용이 더 익숙한 전통적인 기업은 디지털로의 전환이 도전적이라고 생각할 수 있다. 뉴미디어는 새로운 기술을 다룰 수 있는 직원 혹은 현재 직원에 대한 추가적인 훈련을 필요로 하기도 한다. 사이트를 개발하는 방법에 대한 기술적인 지식과 사업 성과를 높이기 위해 효과적인 디지털 마케팅 전략을 짜는 것 간에는 차이가 있다. 전통적인 미디어와 새로운 미디어를 적절하게 혼합하기 위해서는 기업의 특성, 기업의 규모, 표적시장의 특성 등에 대한 세심한 고려가 필요하다. 미래의 마케터에게는 전통적인 매체와 디지털 매체 두 분야 모두를 섭렵할 수 있는 기술이 요구될 것이다. 이를 통해 마케터는 기업이 경쟁우위를 점할 수 있는 마케팅 전략이 무엇인지 철저히 이해하고, 이를 실행할 수 있는 능력을 갖추어야 한다.

이해력 검토 Review Your Understanding

디지털 매체의 가치증가와, 전략 계획에서 디지털 마케팅의 중요성을 설명하라.

디지털 매체는 컴퓨터, 휴대폰, 스마트폰 및 기타 디지털 장치를 통하여 디지털 코드를 기반으로 동작하는 전자 매체를 말한다. 디지털 마케팅은 인터넷, 모바일 등 소비자와 상호작용할 수 있는 다양한 디지털 매체를 기반으로 상품 또는 서비스에 대해 소통하고 거래를 홍보하는 마케팅 활동을 말한다. 마케터와 소비자 간의 정보 교환을 강화할 수 있다는 점에서 디지털 매체는 마케팅 전략의 중요한 요소가 되고 있다.

기업 경영 환경에서 디지털 마케팅과 소셜 네트워킹이 갖는 역할을 설명하라.

디지털 커뮤니케이션은 마케팅 조사를 수월하게 해주며, 커뮤니케이션 비용 및 소비자 서비스와 지원에 들어가는 비용을 낮춰준다. 웹사이트, 소셜 네트워크 등의 디지털 매체를 통해 소비자는 자신이 구매하고 사용하는 모든 상품에 대해 알아볼 수 있고, 기업은 저렴하고 쌍방향적인 커뮤니케이션 채널을 통해 새로운 시장에 다가갈 수 있다. 소셜 네트워킹이 매우 빠르게 확장되고 있기 때문에 기업은 소셜 네트워킹이 소비자관계에 미치는 영향에 대해 간과해서는 안 된다.

디지털 매체가 마케팅 믹스에 미치는 영향에 대해 설명하라.

전자적으로 주문을 처리하고, 인터넷을 통해 커뮤니케이션 속도를 높이는 마케터의 능력은 유통 과정에서의 비효율성, 비용 그리고 그 밖의 불필요한 과정들을 줄여준다. 또한 마케팅 경로를 통한 유통 과정의 속도는 증가시켜준다. 디지털 매체는 기업이 브랜드 인지도를 증가시키고, 기업과 소비자를 연결하고, 소셜 네트워크나 가상 세계를 활용하여 상품에 대한 긍정적인 언론 홍보를 퍼뜨리는 데 도움을 준다. 소비자의 소비 패턴은 급격하게 변하고 있고, 마케터는 이렇듯 변화하는 소비 패턴에 부응하기 위해 홍보 활동을 조정할 필요가 있다. 인터넷은 소비자가 비용 및 가격에 대해 보다 많은 정보에 접근할 수 있도록 해주었다.

소셜 네트워킹을 정의하고, 기업이 다양한 종류의 소셜 네트워킹 매체를 어떻게 사용하고 있는지 설명하라.

소셜 네트워킹은 사용자가 개인 프로필 및 다양한 정보를 다른 사용자들과 공유하고, 그들과 소통하며, 다른 형태의 웹 기반 커뮤니케이션에 참여하는 행위를 말한다. 소셜 네트워킹 매체의 종류로는 소셜 네트워킹 사이트, 블로그, 위키, 미디어 공유 사이트, 가상현실 사이트, 모바일 마케팅, 모바일 애플리케이션, 그리고 위젯을 들 수 있다.

블로그는 소비자에게는 영향력을 부여해 주고 기업에게는 소비자의 불만 사항에 대응하고, 무료로 상품을 홍보할 수 있는 채널을 제공한다. 위키는 마케터가 자사에 대한 소비자의 생각을 명확히 파악하고 이해할 수 있도록 도와준다. 사진 공유 사이트를 통해 기업은 자사의 활동이나 상품에 대한 이미지를 소비자와 공유할 수 있으며, 그 사진을 통해 기업이 운영하는 블로그로 이용자를 유입시키기도 한다. 동영상 공유를 통해 많은 기업은 바이럴 마케팅을 진행할 수 있다. 아마추어 영화 제작자 또한 낮은 비용으로 진행할 수 있는 효과적인 마케팅 수단이 되고 있다. 팟캐스트는 인터넷을 통해 다운로드 받을 수 있는 오디오 혹은 동영상 파일이다. 구독을 하면 자동적으로 새로운 콘텐츠가 청취 기기 혹은 개인 컴퓨터로 배달된다.

마케터는 전 세계 소비자에게 도달하기 위해 페이스북과 트위터와 같은 소셜 네트워킹 사이트에 가입하고, 광고를 하기 시작했다. 가상현실은 소비자에게 도달하고, 브랜드 충성도를 구축하고, 소비자의 지식을 활용할 수 있는 재미있고 창의적인 방법이 될 수 있다. 모바일 마케팅은 모바일 기기를 통해 이루어지는 광고, 텍스트 메시지, 그 밖의 다른 종류의 디지털 마케팅을 포함한다. 모바일 앱은 게임에서부터 뉴스 업데이트, 쇼핑 지원까지 그 어떤 형태가 될 수도 있다. 모바일 앱은 마케터가 휴대폰을 통해 소비자에게 도달할 수 있는 길을 열어준다. 앱은 소비자가 호텔에 체크인을 하거나 가정용 기기나 새 드레스의 가격을 비교 및 대조하는 등 다양한 서비스를 누리고, 쉽게 구매 활동을 할 수 있도록 도와준다. 위젯은 웹사이트, 컴퓨터, 혹은 모바일 기기에 설치된 작은 소프트웨어이다. 위젯은 소비자에게 기업에 대한 최신 정보를 알려주는 데 사용될 수 있고, 이러한 정보는 쉽게 확산될 수 있다.

디지털 매체와 관련된 법적·도덕적 고려 사항을 논하라.

프라이버시에 대한 소비자 우려가 증가함에 따라 미국 연방거래위원회는 마케터가 인터넷 이용자로부터 모을 수 있는 정보의 양과 종류를 규제할 것을 검토하고 있다. 동시에 많은 웹 광고주와 무역 그룹은 새로운 인터넷 프라이버시 법률이 통과되는 것을 막기 위해 자체 규제를 만들려 노력하고 있다. 온라인 사기는 온라인에서 사기 행위를 저지르려는 모든 시도를 말한다. 지적재산으로 인한 피해는 미국에서만 수십억 달러에 달하고, 유튜브와 같은 동영상 공유 사이트에서는 고질적인 문제가 되어가고 있다. 유튜브는 저작권 위반을 검열하기 위해 자사 사이트에 올라오는 수백만 개의 동영상을 모니터하는 것은 현실적으로 불가능하다고 보고 있다.

마케터의 딜레마에 대해서 생각해 보라.

이 장에서 다룬 내용으로, 뒤에 오는 '딜레마 해결'의 질문에 답하고, 해당 기업의 마케팅 전략이 실패한 원인에 대해 평가할 수 있어야 한다. 폴은 상품 홍보와 개선을 위한 데이터를 모으기 위해 디지털 매체를 어떻게 활용할 수 있었는가?

도입사례 재검토

1. 제3자 기업이 사용자 정보에 접근할 때 개인정보 보호관점에서 고려해야 할 점은 무엇인가 ?
2. 데이터를 수집하고 모으는 과정을 정부가 강력한 규제를 한다면 어떤 일이 일어날 것 이라고 생각되는가? 사용자에게는 부정적인 영향을 미치리라고 생각되는가? 그렇지 않다면 왜 그런가?
3. 페이스북은 자신들이 데이터를 모으는 일은 구글과 같은 유사기업에서 일반적인 관행이라고 한다. 만약 이것이 사실이라면, 앨런 머스크 같은 사용자는 왜 페이스북에 대해서 그렇게 부정적인 반응을 하는가?

진도 평가 Check Your Progress

1. 디지털 마케팅이란 무엇인가?
2. 사업 개선을 위해 마케터는 디지털 매체를 어떻게 활용할 수 있는가?
3. 접근성, 어드레스 지정 능력, 연결성, 상호 작용성, 통제 가능성을 정의하라. 이 용어들은 디지털 마케팅과 어떠한 연관을 맺고 있는가?
4. e-비즈니스란 무엇인가?
5. 인터넷은 마케팅 업무를 어떻게 바꾸고 있는가?
6. 디지털 매체는 마케팅 믹스에 어떠한 영향을 미치는가?
7. 기업은 마케팅 캠페인에 새로운 디지털 채널과 소셜 네트워킹 채널을 어떻게 활용할 수 있는가?
8. 인터넷과 e-비즈니스와 관련된 프라이버시 문제에는 어떠한 것이 있는가? 이러한 문제는 미국에서 어떻게 다루어지고 있는가?
9. 신원 도용이란 무엇인가? 소비자는 이러한 범죄로부터 스스로를 어떻게 보호할 수 있는가?
10. 창작자는 왜 그들의 지적재산권을 보호하고 싶어 하는가? 지적재산권이 보호받지 못하거나 저작권이 침해당할 수 있는 인터넷상에서의 예를 들어보라.

현장 기술 개발 Build Your Skills

디지털 마케팅 개발과 소셜 네트워킹 사이트

배경. 오늘날 많은 기업은 자사의 이미지와 목표를 나타내기 위한 수단으로 디지털 매체를 활용한다. 또한 디지털 매체는 소비자 서비스, 소비자 로열티, 소비자 만족도 등을 향상시키고, 새로운 표적시장에 도달할 수 있도록 도와준다. 기업은 때때로 소비자의 반응을 파악하거나, 신상품을 홍보하거나, 콘테스트를 개최하는 등 다양한 마케팅 활동을 전개하기 위해 페이스북이나 트위터 등의 소셜 네트워킹 사이트에 계정을 만든다.

미국 경제는 최근 수십 년간 많은 기복을 겪어 왔다. 하지만 전자상거래는 경제적 성쇠를 거치며 지속적으로 성장해 온 분야이다. 많은 닷컴 기업과 소셜 네트워킹 사이트가 생겨나고 사라졌다. 그중 아마존, 이베이, 페이스북, 트위터 등의 사이트는 살아남았을 뿐만 아니라 번창해 왔다. 성공한 많은 기업은 "틈새 업체(niche players)"였다. 다시 말해, 이 기업들은 오직 현실세계의 상점으로만 존재하는 브릭앤모타르(brick-and-mortar) 사업이 도달하기 어려운 매우 특별한 시장의 구미를 충족시키고 있다. 몇몇 기업은 보다 다양한 상품, 더 낮은 가격, 더 나은 소비자 서비스를 제공하기 때문에 브릭앤모타르 매장과 경쟁할 수 있다. 많은 디지털 매체 채널은 기업이 이러한 전선에서 경쟁할 수 있도록 도와주고 있다.

재활용된 농업 폐기물(대부분 옥수수)로부터 포장재를 생산하는 소규모 기업인 바이오디그레이더블 패키징 프로덕트사(Biodegradable Packaging Products Inc.)의 마케팅 매니저로서, 당신은 상품 마케팅을 도와주는 디지털 매체를 사용하여 전자상거래로 사업을 확장시키고자 한다. 당신의 주 소비자는 기업 소비자, 특히 탐스오브메인(Tom's of Maine)(천연치약 생산)과 셀레스티얼 시즈닝(Celestial Seasonings)(허브티 생산)과 같은 친환경 기업이다. 당신이 첫 번째로 하고자 하는 일은 잠재적인 소비자에게 도달할 수 있도록 도와주는 소셜 네트워킹 사이트나 블로그를 개설하는 일이다. 이를 위해 당신은 당신의 표적시장이 누구이고, 그들을 가장 잘 끌어들일 수 있는 매체가 무엇일지 결정해야 한다.

과제. 아래의 템플릿을 사용하여 온라인 소셜 네트워킹 사이트, 블로그 혹은 다른 디지털 매체 채널을 사용한 디지털 매체 마케팅 캠페인을 계획하라.

소셜 네트워킹/블로그/그 외 사이트: ______________

____

사이트의 전반적인 이미지와 디자인: ______________

____

사이트로 팔로워를 끌어들이기 위한 전략: __________

____

더 많은 소비자를 끌어들이기 위한 잠재적인 광고 파트너:

____

딜레마 해결 Solve the Diemma

성공적인 프리웨어 개발하기

최근 콜로라도주립대학에서 컴퓨터 공학 학위를 받고 졸업한 폴 이스터우드(Paul Easterwood)는 경기가 침체된 시기에 구직 시장에 나오게 되었다. 기술 관련 분야 일자리는 구하기 어려웠고, 폴은 자신의 가치에 맞는 직장 어느 곳에도 취업할 수 없으리라 생각했다. 그가 받은 유일한 제안은 프리웨어(freeware)를 제작하는 기업인 펜타버레이트(Pentaverate Inc.)였다. 공공 도메인 소프트웨어(public domain software)인 프리웨어는 소비자에게 무료로 제공되고 그에 대한 대가로 차후 발생하는 수입을 지급 받는다. 어도비(Adobe)나 넷스케이프(Netscape)와 같은 프리웨어 제작사는 자사 사이트에서 운영하는 광고 및 프리웨어 사이트에서 발생하는 특화된 소프트웨어에 대한 구매(요금이 부과되는 튜토리얼과 실 사용자를 도와주기 위해 제공되는 워크숍)로부터 높은 수익을 창출한다. 조사를 통해 폴은 프리웨어의 큰 성공에 대해 다루고 있는 워스(Worth) 잡지의 기사를 발견했다.

펜타버레이트는 기업이 성공적일 경우 직원들에게 높은 수익을 낼 가능성이 있는 스톡옵션의 형태로 보상을 제공했다. 폴의 업무는 사람들이 인터넷으로부터 다운로드 할 수 있고 펜타버레이트에 상당한 수익을 가져다줄 수 있는 프리웨어를 개발하는 것이었다. 폴은 이 일을 받아들이기로 결심했다. 하지만 그는 사업에 대해 거의 아는 바가 없었다. 마케팅에 대한 실제 경험이 없었기 때문에 폴은 회사가 돈을 벌기 위해 그가 개발해야 할 소프트웨어가 어떤 것인지 알 수 없었다. 그의 첫 번째 프로젝트인 아이오왓치(IOWatch)는 이용자에게 우주와 관련된 이미지와 동영상 클립을 인터넷에서 찾고, 그것을 PC로 직접 다운로드 함으로써 우주 공간, 특히 목성의 위성(폴이 좋아하는 대상)으로의 가상 투어를 위해 디자인되었다. 사용자가 로그온을 하자마자 이 이미지들이 보이고, 다운로드할 때마다 광고물이 따라붙게 되며, 광고는 펜타버레이트의 주 수입원이 된다.

그러나 아이오왓치는 실 이용자의 관심을 끌지 못했고, 결과적으로 광고 수입을 거의 벌어들이지 못했다. 전례에 의하면 펜타버레이트의 직원은 두 개의 프로젝트에 실패한 이후 해고당해 왔다. 직장을 유지하기 위해 간절했던 폴은 컨설턴트를 고용하기로 마음먹었다. 그는 두 번째 프로젝트에서 보다 유용한 프리웨어를 디자인하기 위해 소비자가 무엇을 원하는지 파악할 필요가 있었다. 이에 더해 아이오왓치 프로젝트에서 잘못된 점은 무엇인지 알 필요가 있었다. 구직 시장은 개선될 기미가 없었고, 그렇기 때문에 폴은 두 번째 프로젝트를 반드시 성공시켜야 했다.

토의 주제

1. 컨설턴트로서 당신은 폴이 아이오왓치 프로젝트에서 무엇이 잘못되었는지 파악하도록 돕기 위해 무엇을 할 것인가?
2. 당신은 새로운 프리웨어에 대한 어떤 아이디어를 폴에게 줄 수 있는가? 새로운 소프트웨어는 어떤 잠재적인 쓰임새를 갖고 있어야 하는가?
3. 그 새로운 프리웨어로 어떻게 수익을 창출할 것인가?

사업 계획서 작성 Build Your Business Plan

디지털 마케팅과 소셜 네트워킹

당신이 만약 이미 자리 잡은 상품이나 서비스를 위한 사업 계획을 수립하고 있다면, 먼저 그것이 현재 디지털 매체 상에서 마케팅 되고 있는지를 파악해라. 만약 그렇지 않다면 그 이유를 생각해 보라. 어떻게 장애물을 극복해서 인터넷상에서 디지털 마케팅을 진행할 수 있을지 생각해 보자.

당신이 만약 새로운 상품이나 서비스 도입을 계획하고 있다면, 그 상품 또는 서비스를 위해 인터넷상에서 마케팅을 시행할 것인지 생각해 보자. 사업을 시작함에 있어 더 이상 브릭앤모타르(brick-and-mortar) 매장을 갖고 있을 필요가 없다는 것을 기억해라. 당신은 아마도 브릭(brick) 대신 클릭(click)을 고려하게 될지도 모른다.

6부

기업 자금 조달

14 회계와 재무제표

학습목표

14-1 회계 정보의 다양한 사용을 기술한다.

14-2 회계 과정을 설명한다.

14-3 기업의 "핵심"을 평가하기 위한 손익계산서의 다양한 요소를 살펴본다.

14-4 기업의 현 재무 상황을 결정하기 위해 재무상태표를 해석할 수 있다.

14-5 현금흐름표를 분석하여 기업 현금 잔고의 증감을 평가할 수 있다.

14-6 회계 보고서와 비율 분석을 통해 기업의 재무적 상황을 평가할 수 있다.

©Amer Ghazzal/Shutterstock

도입사례 :: 숫자로 볼 때 딜로이트는 빅4 중에서도 뛰어나다!

회계업종에서 '빅4(Big Four)'의 위치는 단연 독보적이다. 그렇다면 빅4는 도대체 무엇을 말하는가? 빅4는 전 세계 4대 회계법인인 언스트앤영(Ernst & Young), KPMG, 프라이스워터하우스쿠퍼스(PricewaterhouseCoopers), 그리고 딜로이트(Deloitte)를 말한다. 이들 회계법인은 외부 감사, 세금 보고, 경영 관련 컨설팅, 그리고 위험 평가와 통제 등 다양한 서비스를 고객에게 제공한다. 빅4는 미국 내 모든 상장기업 80% 이상의 감사업무를 맡고 있다.

딜로이트는 전 세계 150여 개국에서 약 24만 4,400명의 직원이 있고 368억 달러의 매출을 올리며 1위를 차지하였다. 하지만 딜로이트는 성공을 측정하는 가장 좋은 척도로 매출액이나 수익이 아니라 세계에 미치는 영향(impacts)이라고 믿고 있다. 단지 자사가 제공하는 업무의 규모나 서비스로 알려지길 원하는 게 아니라 이 세상에 긍정적인 영향을 끼치길 원한다. 딜로이트는 현명한 사람들이 모여 20개 이상의 산업 부문에서 "측정 가능하고 지속적인 결과를 제공하며 … 보다 더 견실한 경제와 건강한 사회로 나아가는 데 도움이 되고자 하는" 목적을 갖고 일하도록 노력하고 있다.

빅4의 구성원으로 딜로이트는 지역사회에 대한 지속적인 헌신을 매우 중요하게 여긴다. 딜로이트는 청소년 교육, 고무적인 미래 지도자, 재향군인을 위한 기회를 창출하는 데 핵심 요소인 무료 법률 서비스와 기술에 기반을 둔 자원봉사 프로그램을 제공한다. 교육에 중점을 두기 위해 딜로이트는 미국 전역에서 대학으로 진학할 준비 상태를 개선하는 전략을 추진해오고 있다. 딜로이트는 학생들이 고등학교에서 대학으로 진학하는 과정에서 끊임없이 노력하고 훌륭한 미래로 나아가도록 돕기 위해 시간, 재능, 자원을 투입하고 있다.

딜로이트는 높은 수익성뿐만 아니라 혁신적인 직원, 절차, 기술, 지배구조, 정책으로도 유명하다. 이런 점이 딜로이트가 다른 빅4 경쟁자에 비해 경쟁우위를 차지하고 있는 것이다.[1]

도입

회계는 조직에서 발생하는 모든 재무 거래와 기록을 보관, 측정 그리고 해석하는 재무 "언어"라고 볼 수 있는데 이는 경영에서 매우 중요하다. 작은 가족기업에서 대기업에 이르기까지 모든 기업은 자금을 현명하게 사용하고 있는지 확인하고, 미래에 대한 계획을 세우기 위해 회계 언어를 사용한다. 자선단체와 행정부와 같은 기업이 아닌 조직도 기부자와 납세자에게 그들의 자금이 얼마나 잘 사용되고 있으며, 목적에 부합한지를 보여 주기 위해 회계를 사용한다.

이 장에서는 경영에서 회계의 역할과 회계가 의사결정을 하는 데 얼마나 중요한가를 알아보고자 한다. 첫째, 회계 정보 이용과 회계 과정에 대해 논의한다. 그러고 나서 몇몇 간단한 재무제표와 전 세계 조직을 분석하는 데 유용한 회계 도구 몇 가지를 간략하게 살펴보고자 한다.

학습목표 14-1

회계의 본질

회계

재무 정보의 기록, 측정과 해석.

회계(accounting)는 간단히 말해서 재무 정보를 기록, 측정 그리고 해석하는 것이라고 할 수 있다. 많은 사람과 기관은 회계 도구를 사용하여 조직의 내·외부적 운영 상황을 평가한다. 1973년 이래 재무회계기준위원회(Financial Accounting Standards Board: FASB)는 재무회계의 원칙과 표준을 설정해 민간 부분에 알리고 있다. FASB는 주식 발행인, 회계 감사관, 그리고 재무 정보 이용자를 포함한 일반 대중의 길잡이와 교육을 위해 재무회계와 보고서 작성의 표준을 설정하고 개선해 나감을 사명으로 삼고 있다. 그러나 지난 세기의 반환점에 터진 회계 부정 사건은 다수의 회계법인과 기업이 일반적으로 인정되는 회계 원칙(generally accepted accounting principles: GAAP)을 지키지 않음으로써 발생하였다. 그 결과 연방정부는 증권거래위원회(Securities and Exchange Commission: SEC)의 공개기업회계감시위원회(Public Company Accounting Oversight Board)를 통해 회계법인과 기업에 대한 규정, 요건 그리고 제도를 만드는 데 보다 큰 역할을 맡게 되었다. 예를 들어 공개기업회계감시위원회는 자격 중지 중인 회계 감사관에게 감사 업무에 참여할 수 있게 허용한 딜로이트(Deloitte & Touche)에 대해 징계할 것을 소송하였다. 이는 사베인-옥슬리 법안(Sarbanes-Oxley Act: SOX)을 위반한 것이다. 회계의 중요성을 잘 이해하기 위해서는 첫째로 회계 정보를 누가 준비하며, 어떻게 이용되는지를 반드시 이해해야 한다.

회계사

공인회계사 혹은 일반 회계사가 회계의 많은 기능을 수행한다.

공인회계사. 개인과 기업은 재무 기록 준비와 세금을 보고하는 업무에서부터 복잡한 기업 재무 기록 감사에 이르는 회계 서비스를 제공하고자 하는 주(州)나 국가로부터 공인을 받은 **공인회계사**(Certified Public Accountant: CPA)를 채용할 수 있다. 이 인증은 공인회계사에게 고객의 재무제표의 정확성에 관해 치우치지 않은 의견을 공식적으로 나타낼 수 있는 권리를 부여한다. 대부분의 공인회계사는 자영업자이거나 흔히 "빅 4"라고 불리는 언스트앤영(Ernst & Young), KPMG, 딜로이트, 프라이스워터하우스쿠퍼스(PricewaterhouseCoopers)와 같은 대형 회계법인에서 일한다. 또한 많은 공인회계사는 빅 4 법인보다 훨씬 규모가 작은 2군 회계법인에서 근무한다.

공인회계사
재무 자료 준비와 세금 신고로부터 복잡한 기업 재무 자료 회계 감사에 이르는 회계 업무를 제공하도록 국가로부터 공인받은 개인.

기업과 개인 자금 운용자가 불법적이거나 잘못된 회계 관행을 잠시 동안은 숨길 수 있겠지만 그런 행위는 결국 드러날 것이다. 2000년대 초반 엔론(Enron)과 월드컴(Worldcom)의 회계 스캔들이 불거진 이후, 미국 의회는 기업이 회계 보고 관행에 보다 엄격할 것을 요구하는 사베인-옥슬리 법안을 통과시켰다. 사베인-옥슬리 법안은 회계법인에게 컨설팅 업무와 기업 감사 업무를 분리하게 하고, 경영진이 부정확하고 잘못되거나 불법적인 회계 보고서를 작성할 경우 징역에 처하도록 하였다. 이렇게 함으로써 비재무 기업들 간 회계 실수를 줄이게 되었지만 떨어지는 주택 가격은 은행과 주택담보대출 회사가 행한 의심스러운 관행을 위험에 노출시켰다. 사베인-옥슬리 법안이 통과한 지 5년이 지난 후에 전 세계는 2008년 시작된 금융 위기를 겪었는데 과도한 위험 감수와 부적절한 회계 관행이 한몫했다고 볼 수 있다. 많은 은행이 자신의 재무 건전성에 대한 진정한 상태를 이해하지 못했다. 또한 은행은 의문의 여지가 있는 대출 관행과 신용도가 낮은 개인에게 빌려준 비우량 주택담보대출을 근거로 한 투자를 키워나갔다. 주택 가격이 추락함에 따라 사람들은 자신이 보유한 주택의 가치보다 큰 더 금액의 담보대출을 지고 있다는 걸 깨닫게 되고 결국 부도

〈표 14-1〉 회계법인의 평판 순위

주: 미국 회계법인만 포함.

자료: "Vault Accounting 50," Vault.com, http://www.vault.com/company-rankings/accounting/vault-accounting-50/ (accessed April 27, 2018).

순위	회사명	종업원 수	평점	위치
1	PwC(PricewaterhouseCoopers) LLP	58,133	8.497	뉴욕
2	Deloitte LLP	80,000	8.327	뉴욕
3	Ernst & Young (EY) LLP	39,400	8.257	뉴욕
4	KPMG LLP	31,000	8.003	뉴욕
5	Grant Thornton LLP	7,530	7.715	시카고
6	BDO USA LLP	5,395	7.200	시카고
7	Plante Moran	2,200	7.131	사우스필드
8	Moss Adams LLP	2,500	7.072	시애틀
9	Crowe LLP	4,100	6.971	시카고
10	RSM US LLP	9,560	6.943	시카고

언스트앤영은 "빅 4" 혹은 세계적인 4대 회계법인 중 하나이다. 빅 4의 다른 회사로는 KPMG, 프라이스워터하우스쿠퍼스 그리고 딜로이트를 들 수 있다.

©Lars A. Niki

를 내기 시작했다. 경기 침체를 막기 위해 미국 정부가 시장에 개입해 미국의 대형 은행 중 일부를 구제해 준다. 의회는 2010년에 도드-프랭크 법안(Dodd-Frank Act)을 통과시켜 금융기관에 대한 관리 감독을 강화시켰다. 이 법안은 연방준비위원회(Federal Reserve Board)에게 법률 제정의 과제를 주었고, 금융기관은 최소한 1년 동안 요건을 충족시킬 시간을 부여받을 것으로 보인다. 이 법률은 상업은행이 보유할 수 있는 자산의 형태, 반드시 유지해야 하는 자본의 양, 옵션, 선물, 투자상품과 같은 파생상품 사용을 제한하고 있다.

공인회계사에게 성장하는 분야는 법 회계학으로 이는 법률 검토와 꼭 맞는 회계라 할 수 있다. 부정 입력이나 재무적 위법 행위를 찾기 위해 재무 서류를 분석하는 작업을 포함한다. 회계사에 관해 탐정이 하는 것처럼 1930년대부터 법 회계사들은 활용되어 왔다. 2000년 초반에 터진 회계 스캔들의 결과로 많은 감사법인은 범죄 과학이나 부정행위를 간파하는 업무를 빠르게 더하거나 확장시키고 있다. 이에 더해, 많은 법 회계사는 연방 기관인 FBI(Federal Bureau of Investigation)나 미국 국세청(Internal Revenue Service)을 위해 "조작된 회계장부"의 증거를 끄집어낸다. 공인사기조사관연합(Association of Certified Fraud Examiners)은 문가를 공인 사기조사관으로 인증을 하는데 회원 수가 7만 5,000명을 넘어 서고 있다.[2]

알고 있습니까? 기업 부정행위로 인한 손실은 매년 4조 달러로 추정된다.[3]

개인 회계사
대기업, 정부 기관 그리고 다른 기관이 자신의 재무제표를 작성하고 분석하도록 고용한 회계사.

공인관리회계사
미국 관리회계사협회가 공인한 엄격한 자격 시험을 통과하고, 기업 경영에도 일정 부분 참여하는 개인 회계사.

개인 회계사. 대기업, 정부 기관, 그 외 여러 조직은 **개인 회계사**(private accountants)를 고용해 재무제표를 준비하고 분석하는 일을 맡긴다. 회계 감사관, 세무사 혹은 내부감사 등 직책을 가진 개인 회계사는 근무하는 조직에서 내리는 가장 중요한 재무 의사결정에 깊숙이 관여하고 있다. 개인 회계사는 공인회계사뿐 아니라 관리회계사협회(Institute of Management Accountants)가 주간하는 엄격한 시험을 통과한 **공인관리회계사**(certified management accountants: CMA)도 될 수 있다.

회계 혹은 부기?

회계와 부기(bookkeeping)란 용어는 종종 같은 뜻을 지닌 것으로 잘못 사용되고 있다. 회계보다 훨씬 범위가 좁고 기계적인 부기는 주로 매일매일 반복적으로 발생하는 상거래에 국한되어 있다. 부기를 하는 사람은 회계사가 기업의 재무적 위치를 분석하는 데 필요한 자료를 얻고 기록하는 역할을 맡는다. 회계사보다 낮은 수준의 교육·훈련이 주로 요구된다. 반면, 회계사는 4년 내지 5년에 걸친 대학교 회계 학위 과정 이상의 교육 과정을 거친다. 이런 교육 과정을 통해 회계사는 재무 정보를 기록하는 것은 물론이고, 복잡한 회계 정보를 분류·분석하는 데 필요한 정교한 회계 시스템을 이해하고 해석하며 발전시킬 수 있게 되는 것이다.

회계 정보의 사용

회계사는 기업의 상거래에서 발생하는 정보를 다양한 재무제표에 요약하여 경영자, 투

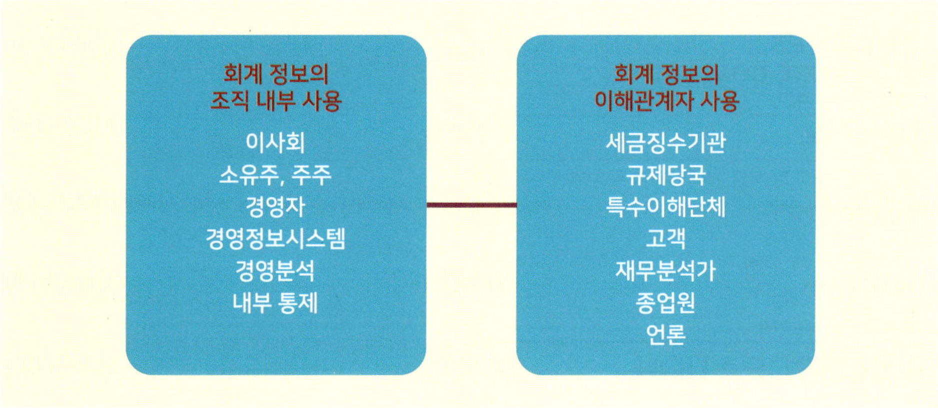

〈그림 14-1〉 회계 정보 사용자

자료: Adapted from Principles of Accounting, 4th edition. Houghton Mifflin Company, 1990. Authors: Belverd E. Needles, Henry R. Anderson, and James C. Caldwell.

자자, 채권자 그리고 정부 기관과 같은 여러 이해당사자에게 도움을 주고자 한다. 많은 기업이 실패하는 데는 재무제표 내부에 "숨겨진" 정보를 무시하기 때문이라고도 할 수 있다. 마찬가지로 대부분 성공하는 기업에게는 자신이 내리는 의사결정이 어떤 결과를 가져올지를 이해하는 정보에 근거한 경영자가 존재하고 있다. 단기 이익을 유지하거나 늘리는 것이 바람직할 수도 있지만, 미래에 대한 충분한 준비가 없다면 지금은 성공적인 기업이라도 쉽사리 지급 불능 상황이나 파산에 이를 수 있다.

기본적으로 경영자와 소유주는 (1) 내부 계획과 통제에 도움이 되고, (2) 세무 당국, 주주, 채권자, 고객, 직원 그리고 다른 이해관계자에게 보고를 하는 외부적 목적을 위해 재무제표를 사용한다. 〈그림 14-1〉은 작성된 회계 정보를 조직 내부와 외부 이해관계자 중 누가 사용하는지를 보여준다.

내부 이용처. **관리회계**(managerial accounting)는 경영자가 조직 활동을 계획하고 이끌어가기 위해 회계 보고서를 내부적으로 사용하는 것을 말한다. 아마 경영진의 최대 관심사는 매일, 매주, 매월 혹은 매년 발생하는 조직 내 돈의 움직임인 **현금흐름**(cash flow)이라고 볼 수 있다. 어느 기업이라도 성공하기 위해서는 각종 청구서의 만기가 도래할 때 지불할 수 있는 충분한 현금을 지니고 있어야 함은 너무나 당연하다. 하지만 매우 성공적이고 빠르게 성장하는 기업이 현금흐름이 부족하여 종업원, 공급자 그리고 채권자에게 지불해야 할 돈이 없어 힘들어하는 것을 종종 볼 수 있다. 소위 말하는 자금난이나 자금 부족과 같은 상황이 발생하는 공통적 요인으로 서투른 경영 계획을 들 수 있다.

관리회계
조직의 활동을 계획하고 이끌어 나가기 위해 관리자가 회계 보고서를 내부적으로 이용하는 것.

현금흐름
매일, 매주, 매월 혹은 연간 단위로 발생하는 조직 내 자금의 움직임.

관리회계사는 주어진 기간 동안 수익과 비용을 예측하는 내부 재무 계획, 즉 조직의 **예산**(budget)을 준비하는 데 도움을 주기도 한다. 한 조직이 일간, 주간, 월간 그리고 연간 예산을 따로 준비하기도 한다. 예산이란 일정 기간 동안 한 기업이 A란 지점에서 B지점으로 어떻게 옮겨갈지를 보여주는 일종의 재무적 지도라고 볼 수 있다. 대부분 기업은 회사 전체를 위한 총괄 예산을 준비하면서 동시에 조직 내 작은 단위로 볼 수 있는 사업부, 사업부서, 제출 라인 혹은 프로젝트를 위한 예산을 준비하기도 한다. "하향식" 총괄 예산은 최고 경영진에서 시작하여 개인 부서로까지 서서히 내려가지만 "상향식" 예산은 사업부서나 프

예산
일정 기간 동안의 비용과 수익을 예측한 내부 재무 계획.

UNITED STATES
SECURITIES AND EXCHANGE COMMISSION
Washington, D.C. 20549

FORM 10-K

☒ **ANNUAL REPORT PURSUANT TO SECTION 13 OR 15(d) OF THE SECURITIES EXCHANGE ACT OF 1934**
For the Fiscal Year Ended June 30, 2018

OR

☐ **TRANSITION REPORT PURSUANT TO SECTION 13 OR 15(d) OF THE SECURITIES EXCHANGE ACT OF 1934**
For the Transition Period From to

Commission File Number 001-37845

MICROSOFT CORPORATION

WASHINGTON (STATE OF INCORPORATION) 91-1144442 (I.R.S. ID)

ONE MICROSOFT WAY, REDMOND, WASHINGTON 98052-6399

(425) 882-8080

www.microsoft.com/investor

Securities registered pursuant to Section 12(b) of the Act:

COMMON STOCK, $0.00000625 par value per share NASDAQ

Securities registered pursuant to Section 12(g) of the Act:

NONE

연차 보고서는 주주와 잠재 투자자를 위해 회사의 재무정보, 판매제품, 그리고 성장 계획을 요약한 것이다. 많은 투자자들은 회사의 연차 보고서를 꼼꼼히 살펴보고 그 회사가 재무적으로 얼마나 탄탄하지를 판단한다.

Source: U.S. Securities and Exchange Commission

로젝트 단위에서 시작하여 최고경영자까지 올라가서 통합하는 방식이다. 대체로 조직의 규모가 크고 보다 빠르게 성장할수록 그 조직의 총괄 예산은 밑에서부터 올라오는 상향식 방식일 가능성이 크다.

초점이 어디 있든 예산이 지닌 주요 가치는 현금이 들어오고 나감에 대한 철저한 분석에 달려 있다. 일정 기간 동안 발생할 것으로 예상되는 운영비용(월급, 재료비, 세금과 같은 현금 유출)과 예상 수익(고객이 지급하는 대금의 형태인 현금 유입)은 주의 깊게 예측을 하고, 그 다음으로 실제 결과와 비교를 해야 한다. 둘 사이에서 발생하는 편차는 잘못된 곳과 기회를 정확히 파악하기 위해 보다 상세한 재무적 분석을 시작할 "인계철선(trip wire)" 혹은 "되먹임 과정(feedback loop)" 역할을 한다.

외부 사용처. 경영자는 기업의 재무적 성과를 외부에 알리기 위해 회계 보고서를 사용하기도 한다. 회계 보고서는 소득세 신고, 채권자로부터 자금 확보, 그리고 주주들에게 결과 보고를 목적으로 사용된다. 회계 보고서는 기업의 재무 정보, 제품 그리고 주주와 잠재 투자자를 위한 성장 계획을 요약한 **연차 보고서**(annual report)에서 제공하는 정보의 기본 바탕이 된다. 주로 대형 광고사에 의해 만들어진 매끈하고 윤기 나는 표지로 둘러싸여 있지만 연차 보고서의 가장 중요한 요소는 재무제표가 해당 기업의 재무 상태를 정확하게 나타내고 있음을 입증하는 공인회계사의 서명이다. 언급한 요건을 충족한 재무제표는 "감사를 받았음(audited)"이라고 얘기한다. 감사를 받은 회계 정보의 주로 외부 사용자로는 정부 기관, 주주와 잠재 투자자, 채권자, 공급자, 종업원을 들 수 있다.

연차 보고서
주주와 잠재적 투자자를 위해 기업 재무 정보, 상품 그리고 성장 계획 등을 요약.

전 세계적인 금융 위기 동안 그리스는 일반에 공개하는 재무상태표에 거대한 부채를 숨기는 방식으로 남을 속이는 회계 관행에 관여하였음이 만천하에 드러났다. 결국 시장은 그리스가 채권자에게 빚을 갚지 못할 수도 있다는 것을 알게 되었다. 유럽연합(European Union)과 국제통화기금(International Monetary Fund: IMF)은 그리스에게 어느 정도 부채를 경감시킬 방안을 마련하였지만 "당신들 금융산업의 제자리를 찾아라(get your financial house in order)"라는 전갈도 빠트리지 않았다.

이에 더해, 뉴욕타임즈는 일리노이와 캘리포니아와 같은 미국의 많은 주(州)도 그리스와 같은 과다 부채의 문제를 안고 있다고 보도했으며, 캘리포니아는 그나마 부채 문제를 대부분 해결하였지만 일리노이는 아직 재무적 혼란 상태를 겪고 있다. 다른 많은 주는 "균형이 맞지 않는 예산, 부채를 감추는 회계, 그리고 갈수록 지불하기가 힘들어지는 연금 혜택에 의존하는 엄청난 수의 은퇴한 공공 근로자들"을 가지고 있다.[4]

재무제표는 주주들의 투자에 대한 수익과 경영진의 전반적인 성과를 평가한다. 그 결과 재무제표에 나타나는 저조한 성과는 종종 최고경영진 경질로 귀결된다.

잠재 투자자들은 고려하고 있는 기업이 자신의 투자 요구 사항을 충족하는지와 해당 기업으로부터 거두는 수익이 다른 비슷한 투자처보다 나은지를 결정하기 위해 연차 보고서에 있는 재무제표를 공부한다.

은행과 다른 대출자들은 만약 자금을 빌려준다면 그 기업이 현재와 미래 부채를 갚을 능력이 있는지를 알아보기 위해 재무제표를 들여다본다. 이런 능력을 판가름하기 위해 단기대출자는 기업의 현금흐름을 검토하는데, 매출액으로부터 창출되는 현금을 가지고 대출 자금을 빨리 갚을 수 있는지를 평가한다. 장기대출자는 기업의 수익성과 다른 대출자에게 지고 있는 부채에 대해 더 큰 관심을 가진다.

노동조합과 종업원은 급여와 기타 복리 후생비를 요구하기 위한 합리적인 기대치를 수립하기 위해 재무제표를 활용

일리노이주는 지나친 부채로 인해 재무적 곤란에 빠졌다.

©Bilgin Sasmaz/Anadolu Agency/Getty Images

미국 대형 은행 중 하나인 뱅크오브어메리카(Bank of America)는 은행업, 주택담보대출, 그리고 금융서비스를 전문적으로 다루고 있다. 제공하는 자료는 재무제표에 사용될 수 있다.

©McGraw-Hill Education, Andrew Resek photographer

현장 속의 기업가정신 Entrepreneurship in Action

완벽하게 알 덴테(Al Dente): 이 파스타 회사가 재무를 처리하는 방법

설립자: 모니크 데스체인(Monique Deschaine)

설립: 1981년 미시건주 휘트모어 레이크(Whitmore Lake)

성공: 회사의 Al Dente Perfect Pasta™와 Monique's Sumptuous Sauces™는 이제 전국적으로 팔리고 있다.

모니크 데스체인은 완벽한 파스타를 만드는 것을 꿈꿔왔다. 그녀는 1981년에 알 덴테 파스타(Al Dente® Pasta) 회사를 출범시킴으로써 자신의 꿈을 현실로 만들었다. 데스체인은 이탈리아 유명 요리사이자 요리책 저자인 마르셀라 하잔(Marcella Hazan)과 친구가 되었고, 하잔의 레스토랑이 영업을 마친 후 그 부엌을 자신의 요리 장소로 활용하였다. 조리법과 기술에 대한 열정으로 데스체인은 대형 파스타 회사들과 경쟁하기보다는 완벽한 적당히 씹히는 맛이 있는(al dente) 파스타를 원하는 틈새시장을 공략하기로 결심하였다. 구전 효과를 활용하여 알 덴테 파스타는 3분 내에 요리하는 식도락 파스타로 파스타시장에서 전국구가 될 수 있었다.

처음에 데스체인은 회사의 회계에 대한 책임을 맡았다. 그녀는 일반적으로 인정되는 회계 원칙(GAAP)에 따라 회사의 재무제표를 최근 자료로 유지함으로써 회사 성장에 대한 통제와 대응책을 도맡았다. 파스타가 점점 인기를 얻음에 따라 회사 역시 성장하게 되었다. 알 덴테는 이제 제품을 전국에 판매하며, 요리 전문 프로그램인 The Food Network에 출연하기도 하였다. 재무 정보는 회사 곳곳에 배포되어 경영진이 강점과 약점을 검토할 수 있게 하고 있다. 데스체인이 세운 훌륭한 회계 시스템과 적절한 경영을 통해 알 덴테 파스타사는 지속 가능한 수익과 성장을 이루고 있다.[5]

토의 주제

1. 모니크 데스체인이 알 덴테 파스타를 경영하는 데 있어서 훌륭한 회계 기술을 보유해야 하는 이유는 무엇인가?
2. 모니크 데스체인이 GAAP를 사용하는 것이 왜 중요한가? 만약 사용하지 않는다면 어떤 일이 발생하겠는가?
3. 회사가 꾸준히 성장함에도 창업주들이 회계 부문 책임을 계속 맡는 것이 좋다고 생각하는가, 좋지 않다고 생각하는가? 그 이유는 무엇인가?

한다. 높은 수익을 거두고 있는 기업은 종업원 임금을 올려야 된다는 추가적 부담을 느낀다. 이와 마찬가지로 종업원 역시 재무적 곤경을 겪고 있다는 중요한 증거 없이 사용자에게 임금과 복지에 대한 양보를 하지는 않을 것이다.

회계 과정

많은 사람이 회계를 경영 언어로 간주한다. 하지만 회계를 "말하는" 방법을 알지 못하는 한 회계는 거의 쓸모가 없다. 다행히 회계 등식, 복식부기 체계와 같은 회계의 기본 원칙을 배우는 것은 어렵지 않다. 이 두 개념은 현재 인정되는 모든 회계 원칙에 대한 출발점이라고 할 수 있다.

회계 등식

자산
기업이 지닌 경제적 원천 혹은 현금, 재고, 부동산, 설비 그리고 다른 유형, 무형의 것처럼 가치를 지닌 물품.

부채
기업이 다른 사람이나 기업에 지닌 채무.

자기자본
자산에서 부채를 제한 후 남는 부분으로 역사적 가치를 반영.

회계 등식
자산은 부채와 자기자본의 합과 일치.

회계사는 한 조직의 자산, 부채, 자기자본을 보고하는 데 신경을 쓰고 있다. 이들 개념을 설명하는 데 도움을 주기 위해 안나 로드리게스(Anna Rodriguez)가 소유한 안나네 꽃집이라는 가상의 꽃가게를 생각해 보자. 한 기업이 소유한 경제적 원천이나 가치를 지닌 항목을 **자산**(assets)이라 하며, 자산에는 현금, 재고자산, 토지, 설비, 건물, 그리고 그 외의 유·무형의 사물이 있다. 안나네 꽃집이 지닌 자산은 유형의 자산인 선반, 냉장 진열대, 꽃, 장식, 화분, 연하장, 각종 선물에 더해 "영업권(goodwill)"으로 알려진 적시에 아름다운 꽃꽂이를 준비하고 배달하는 안나네 꽃집의 평판과 같은 무형자산을 포함한다. 한편, **부채**(liabilities)는 기업이 다른 사람에게 갚아야 하는 채무를 말하다. 중소기업청(Small Business Administration)으로부터 빌린 자금, 꽃 공급자에게 갚아야 할 돈, 물품을 구매하기 위해 다른 채권자로부터 빌린 자금 등이 안나네 꽃집이 지고 있는 부채라 할 수 있다. **자기자본**(owners' equity) 항목은 기업에 제공되었지만 갚을 필요가 없는 모든 자금을 아우른다. 자금의 원천은 투자자가 기업에 제공한 금전이나 자산일 수도 있고, 과거 수익성 있는 경영 활동으로부터 올 수도 있다. 안나네 꽃집의 경우, 만약 안나가 가게를 팔거나 정리하려고 하면, 보유한 모든 자산을 처분하여 빚을 갚고 나서 남는 돈이 자기자본에 해당한다. 자산, 부채, 자기자본의 관계는 회계에서 중요한 개념이며, **회계 등식**(accounting equation)으로 알려져 있다.

안나네 꽃집의 재무상태표에서 자기자본은 안나 자신이 직접 투자한 금액을 포함한다.

©Jose Luis Pelaez Inc/Blend Images LLC

자산 = 부채 + 자기자본

복식부기

복식부기
회계 등식의 균형을 유지시키도록 상거래를 기록하고 분류하는 체계.

복식부기(double-entry bookkeeping)는 회계 등식의 균형을 맞추기 위해 상거래 행위를 별도 계정에 기록하고 분류하는 체계를 말한다. 안나네 꽃집으로 다시 돌아가서, 안나가 결혼식 준비를 위해 한 공급자로부터 외상으로 325달러어치 장미를 구매한다고 가정하자.

	자산			=	부채	+	자기자본
	현금	설비	재고		공급자 신용	대출	자본
안나의 투자금	$2,500.00						$2,500.00
중소기업청 대출	$5,000.00					$5,000.00	
비품 구매	-$3,000.00	$3,000.00					
재고 구매	-$2,000.00		$2,000.00				
장미 구매			$325.00		$325.00		
첫달 매출액	$2,000.00		-$1,500.00				$500.00
합계	$4,500.00	$3,000.00	$825.00		$325.00	$5,000.00	$3,000.00
	$8,325			=	$5,325	+	$3,000
	$8,325 자산			=	$8,325 (부채 + 자기자본)		

〈그림 14-2〉 안나네 꽃집의 회식 등식과 복식부기

안나가 이 거래를 기록할 때 325달러는 공급자에 대한 부채로 잡을 것이다. 하지만 동시에 325달러치 장미는 "재고자산(inventory)"이란 자산 항목으로 기록할 것이다. 자산과 부채는 회계 등식의 반대쪽에 있으므로 계정 전체 규모는 325달러만큼 늘어났지만 균형 상태를 유지하게 되는 것이다.

자산 = 부채 + 자기자본

325달러 = 325달러

따라서 회계 등식을 유지하기 위해서 모든 상거래는 두 개의 다른 계정에 반드시 기록되어야 한다.

마지막으로 모든 상거래는 자산, 부채 아니면 자기자본으로 분류된다. 하지만 대부분 조직은 계정을 보다 상세하게 분류하여 거래에 대해 보다 자세한 정보를 제공한다. 가령, 자산은 현금, 재고자산, 설비 등과 같은 구체적 항목으로 나눌 수가 있고, 부채는 은행 대출, 공급자 신용, 그리고 기타 채무로 분류할 수 있다.

〈그림 14-2〉는 안나가 개업 후 첫 달에 발생한 모든 거래를 기록하기 위해 복식부기 체계를 어떻게 사용하는지를 보여준다. 여기에는 초기 투자금 2,500달러, 중소기업청으로부터 빌린 대출금, 설비와 재고 구매 그리고 외상으로 구입한 장미 등이 있다. 첫 달에 안나는 1,500달러 가치의 재고자산을 팔아서 2,000달러어치의 수익을 낸다. 따라서 안나는 재고자산에서 1,500달러를 감하고, 혹은 대변에 기입(credit)하고, 현금 2,000달러라고 차변에 기입(debit)한다. 유입된 현금 2,000달러와 빠져나간 1,500달러 간 차이는 자기자본으로 대변에 기입된다. 왜냐하면 차액 500달러는 꽃가게 주인으로서 그녀가 벌어들인 것이기 때문이다.

회계 주기

어느 회계 체계에서도 재무 자료는 **회계 주기**(accounting cycle)라고 부르는 4단계 과정을

회계 주기
원문서 검토, 거래를 회계 분개장에 기록, 기록된 거래를 공표, 그리고 재무제표를 준비하는 회계 체계의 4단계 절차.

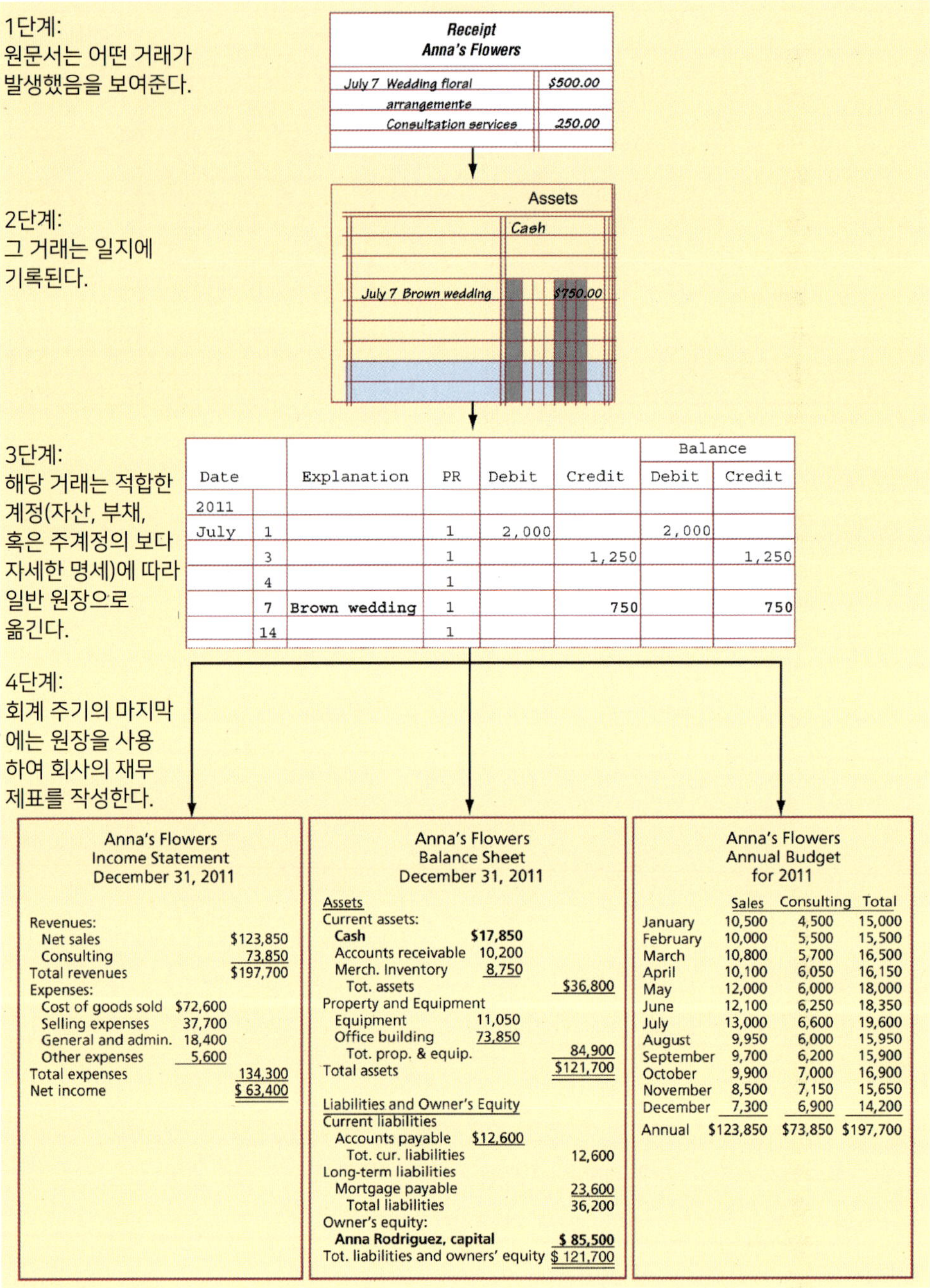

〈그림 14-3〉 안나네 꽃집에 대한 회계 과정

거쳐 가게 된다. 이는 (1) 원문서를 검토, (2) 회계 일지에 거래를 기록, (3) 기록된 거래를 공표, (4) 재무제표를 작성하는 단계를 포함한다. 〈그림 14-3〉은 안나가 이 과정을 어떻게 해나가는지를 보여준다. 전통적으로 종이, 연필과 지우개로 이 과정을 처리해 나갔지만 오늘날 이 과정은 거의 완전히 전산화되었다.

1단계: 원문서 검토. 모든 훌륭한 경영자처럼 안나 로드리게스는 개인수표, 신용카드 영수증, 매출 전표, 그리고 구체적인 거래에 관련된 증거와 같은 원문서를 수집하고 검토함으로써 회계 주기를 시작한다.

2단계: 거래 기록. 다음으로 안나는 각 재무 거래를 시간별 회계 거래 목록이라고 할 수 있는 **분개장**(journal)에 기록한다. 대부분 기업체는 모든 거래가 기록되는 일반적인 일지를 갖고 있지만, 일부는 특정 거래 계정을 위해 특별한 일지 속에 기밀로 처리하기도 한다.

분개장
시간순에 따른 계정 거래 목록.

3단계: 거래 게시. 안나는 다음 단계로 일지에 있는 정보를 **원장**(ledger)으로 옮긴다. 원장은 각 계정에 대해 개별 서류를 가진 장부 혹은 컴퓨터 프로그램을 말한다. 이 과정을 전기(posting)라고 부른다. 회계 기간의 마지막(주로 연말, 가끔 분기 말이나 월말)에 안나는 시산표(trial balance)를 준비하는데 시산표는 일반 원장에 있는 모든 계정의 잔고에 대한 요약을 나타낸다. 합계를 낸 후 만약 시산표의 잔액이 맞아 떨어지지 않으면 안나나 그녀의 회계사는 반드시 실수(주로 한두 개 원장 기입 항목 오류)를 찾아 고쳐야 한다. 시산표 잔액이 맞아 떨어지면 회계사는 재무제표 작성을 시작한다.

원장
각 계정을 위해 개별 구역을 나눈 장부 또는 컴퓨터 파일.

4단계: 재무제표 작성. 시산표에 있는 정보는 기업의 제무제표를 작성하는 데도 사용된다. 시장에 공개된 기업과 특정 조직의 경우 공인회계사가 해당 조직이 재무제표를 작성함에 있어서 일반적으로 인정되는 회계 원칙을 따랐음을 반드시 인증(attest) 혹은 보증(certify)해야 한다. 재무제표가 완성되었을 때, 그 조직의 회계장부는 "마감(closed)"되었고 다음 회계 기간을 위해 회계 주기는 다시 시작된다.

재무제표

회계 주기의 마지막 결과는 일련의 재무제표이다. 잘 알려진 재무제표로는 손익계산서, 재무상태표, 현금흐름표 등을 들 수 있다. 재무제표는 주주와 잠재 투자자에게 연차 보고서를 통해 제공됨은 물론이고 채권자, 정부 기관과 국세청처럼 이해관계가 있는 제3자에게도 제공된다.

모든 재무제표가 정확히 똑같은 형식을 따르지는 않는다는 것을 인식하는 게 중요하다. 다양한 조직이 서로 다른 방식으로 수익을 창출한다는 사실은 재무제표에 관해서는 한 방식이 모두 통하지는 않는다는 것을 시사한다. 제조업체, 서비스 제공자와 비영리조직은 회계 업계가 동의한 각기 다른 회계 원칙과 규칙을 사용한다. 이미 언급하였듯이 이를 일반적으로 인정된 회계 원칙(GAAP)이라고 부른다. 각 나라마다 회계 과정과 재무제표를 작성하기 위해 해당 국가 내 기업이 따라야 하는 서로 다른 규칙을 가지고 있다. 그러나 많은 나라가 회계 원칙의 국제 표준이라고 할 수 있는 국제회계기준(International Financial Reporting Standards: IFRS)을 도입하였다. 미국은 전 세계 투자자에게 보다 표준화된 보고 체계를 구축하기 위해 IFRS를 채택할지 여부를 논의하고 있다. 다른 많은 규율에 더해 일부 개념은 하나 이상의 명칭을 가지고

〈표 14-2〉 회계에서 사용되는 동의어

용어	동의어
총수입	매출액 판매한 상품이나 서비스
총이익	총수입 총소득
영업수입	영업이익 이자와 법인세 이전 소득(EBIT) 이자와 법인세 이전 수입(IBIT)
법인세 이전 수입(IBT)	법인세 이전 소득(EBT) 법인세 이전 이익(PBT)
순이익(NI)	법인세 차감 후 소득(EAT) 법인세 차감 후 이익(PAT)
보통주 소유주에게 속한 이익	보통주 소유주에게 속한 소득

있다. 예를 들어 매출액(sales)과 총수입(revenues)은 종종 같은 의미로 사용되고 있으며, 이익(profits), 수입(income) 그리고 소득(earnings) 역시 혼재되어 사용된다. 〈표 14-2〉는 회계 보고서 의미를 파악하는 데 도움이 되는, 흔히 나오는 동의어를 나열하고 있다.

학습목표 14-3

손익계산서

"요점이 뭔가?(What's the bottom line?)"라는 질문은 손익계산서에 유래되었다고 할 수 있는데, 손익계산서의 가장 마지막 줄이 법인세를 내고난 후 기업의 전반적인 수익이나 손실을 나타내기 때문이다. 따라서 **손익계산서**(income statement)는 한 조직의 일정 기간, 즉 한 달, 한 분기 혹은 일 년에 걸친 수익성을 나타내는 재무 보고서이다. 손익계산서는 그 형

손익계산서
일정 기간(월, 분기, 년) 동안 조직의 수익성을 보여주는 재무 보고서.

〈표 14-3〉 손익계산서 견본
이 표는 모든 용어를 정의하고, 설명한 손익계산서 실례를 나타낸다.

12월 결산법인: 기업명	
총수입(매출액)	총 제품 판매 금액(임대수입과 이자수입처럼 다른 경영 활동으로부터 발생하는 수입을 포함)
매출원가	상품과 서비스를 생산하는 데 드는 비용으로 인건비와 재료비는 물론 생산하는 데 소요되는 다른 비용을 포함
총수익	모든 생산비용을 지불하고 남은 소득
판매와 일반관리비	제품을 홍보, 광고, 그리고 판매하는데 드는 비용을 물론이고 회사를 운영하는 데 소요되는 경상비. 여기에는 경영지원팀 경비를 포함한다. 이 항목에 포함된 비현금 비용으로 감가상각을 들 수 있는데, 공장과 설비 자산을 반복적으로 사용함에 따라 떨어지는 대략적인 가치를 나타낸다. 대부분 회계보고서에 감가상각은 판관비에 함께 포함되어 있다. 하지만 재무분석가들은 대체로 이 비용을 포함하는 보고서를 만든다.
이자와 법인세 이전 이익(영업이익 혹은 EBIT)	이 행은 영업비용을 제한 후에 남는 모든 이익을 나타낸다. 이 항목은 종종 영업이익이라고 부르는데, 영업활동을 영위하는데 필요한 비용을 기록하고 난 후의 모든 이익을 나타내기 때문이다. EBIT라고도 부른다.
이자비용	이자비용은 돈을 빌렸을 때 지불해야 하는 대가다. 이는 영업비용이라기보다는 재무적 비용이라서 따로 떼어서 나타낸다. 부채와 부채비용이 늘어남에 따라 이자비용도 당연히 증가하게 된다. 이 비용은 단기와 장기부채 둘 다 아우른다.
법인세 차감전 이익(EBT)	회사는 여기에 있는 금액을 세금으로 지급한다. 이는 총 수익에서 모든 회사운영경비, 감가상각비, 그리고 이자비용을 제하고 남는 금액이다.
법인세	법인세율은 연방세법에 정해져 있다.
순이익	순이익은 법인세를 내고 남은 이익금이다. 회사는 새 자산에 재투자를 위해 모두 혹은 일부의 이익을 내부 유보시키는 결정을 한다. 유보하지 않기로 한 부분은 일반적으로 주주들에게 배당금의 형태로 지급된다.
우선주 배당금	만약 회사에 우선주 주주가 있다면, 우선주 주주는 보통주 주주들보다 배당금에 우선권을 가지고 있다. 이렇기 때문에 우선주는 "우선된다"라고 부르는 것이다.
보통주 주주에 속한 이익	이 금액은 보통주 주주들에게 남은 이익이다. 만약 회사가 좋은 실적을 내었다면 배당을 위한 큰 금액이 남게 된다. 하지만 회사가 신통찮은 실적을 내는 해에는 이익은 고사하고 손실이 발생하기도 한다. 보통주 주주들은 주식회사의 궁극적인 주인이며 위험을 취하는 사람인 것이다. 그들은 모든 다른 비용들을 제하고 남은 것을 갖기 때문에 엄청난 수익 혹은 매우 나쁜 수익을 낼 가능성을 가지고 있다.
주당순이익(EPS)	주당순이익은 보통주 주주에 속한 이익을 발행주식수로 나눠서 나오는 수치이다. 이 금액은 보통주 한 주에 대해 회사가 창출한 이익인 것이다.

태가 기업의 전반적인 매출과 그 매출을 창출하기 위해 사용한 비용을 명확한 그림으로 보여준다. 손익계산서의 다른 이름으로 이익과 손실(P&L) 보고서나 영업 보고서를 들 수 있다. 〈표 14-3〉에 손익계산서 실례를 한 줄씩 설명하며 나타내었다. 〈표 14-4〉는 마이크로소프트사의 2016년, 2017년 그리고 2018년 손익계산서를 보여준다. 손익계산서는 기업의 수익성 혹은 수입(맨 아래 행)을 나타내는데 이는 매출액에서 각종 비용을 뺀 금액이라고 할 수 있다.

매출. **매출액**(revenue)은 상품이나 서비스의 판매는 물론이고, 부동산 임대와 투자와 같은 기타 경영 활동을 통해 대금을 받았거나 받기로 약속한 금액을 모두 합한 액수를 말한다. 경영과 무관한 단체는 주로 개인이 내는 기부나 정부와 개인 재단으로부터의 보조금

매출액
상품이나 서비스 판매는 물론 관련 경영 활동으로부터 받은 총금액.

〈표 14-4〉 마이크로소프트의 연결손익계산서 (단위는 백만 달러, 주당 금액 제외)

6월 30일 회계연도	2018년	2017년	2016년
매출액			
제품	$ 64,497	$ 63,811	$ 67,336
서비스와 기타	45,863	32,760	23,818
총매출액	110,360	96,571	91,154
수입비용			
제품	15,420	15,175	17,880
서비스와 기타	22,933	19,086	14,900
총비용	38,353	34,261	32,780
총수익	72,007	62,310	58,374
연구개발비	14,726	13,037	11,988
마케팅 비용	17,469	15,461	14,635
일반관리비	4,754	4,481	4,563
손실과 구조조정	0	306	1,110
영업이익	35,058	29,025	26,078
순 기타이익(손실)	1,416	876	(439)
세전이익	36,474	29,901	25,639
법인세	19,903	4,412	5,100
순이익	$ 16,571	$ 25,489	$ 20,539
주당 순이익			
기본	$ 2.15	$ 3.29	$ 2.59
희석	$ 2.13	$ 3.25	$ 2.56
가중평균상장주식수			
기본	7,700	7,746	7,925
희석	7,794	7,832	8,013
주당현금배당금	$ 1.68	$ 1.56	$ 1.44

을 통해 수입을 얻는다. 회계의 논쟁거리 중 하나가 기업은 언제 매출을 인식해야 하는가이다. 예를 들면, 조직은 어떤 과제가 진행 중일 때 매출로 잡아야 하나, 아니면 과제가 완료된 시점에 잡아야 하는가이다. 서로 다른 매출 인식으로 인해 유사한 조직 간에 다른 회계 결과를 작성하는 결과가 초래되곤 한다. 제안된 규칙은 기업은 "고객에게 약속한 상품이나 서비스를 전달하는 의무를 마쳤을 때" 매출로 기록해야 한다고 말하고 있다.[6]

매출원가
특정 회계 기간 동안 기업이 판매한 제품을 만들거나 생산하는 데 드는 금액.

대부분 제조업체와 유통업체에게 매출액 다음으로 중요한 손익계산서 항목은 **매출원가**(cost of goods sold)이다. 매출원가는 회계 기간 동안 판매한 제품을 생산하거나 구매하는 데 사용한 금액의 합을 의미하며, 다음과 같이 계산한다.

매출원가 = 기초재고 + 당기상품매입액 − 기말재고

가령 안나네 꽃집이 과거에 지불한 재고자산 5,000달러어치를 가지고 회계 기간을 시작한다고 하자. 회계 기간 동안 안나는 4,000달러어치 상품을 추가 구매하여 9,000달러만큼의 매출을 위한 재고자산을 보유하게 된다. 만약 회계 기간이 끝나는 시점에 안나네의 재고가 5,500달러로 떨어지게 되면 그 기간 동안 매출원가는 3,500달러(= 5,000 + 4,000 − 5,500)로 계산된다. 안나가 해당 기간에 총 10,000달러어치를 판매한다면 총매출액 10,000달러에서 매출원가 3,500달러를 뺀 6,500달러의 **총수입**(gross income) 혹은 **총수익**(gross profit)(매출액에서 해당 매출을 달성하는 필요한 매출원가를 제한 금액)을 달성하게 된다. 똑같은 과정이 마이크로소프트에서도 일어난다. 〈표 14-4〉가 나타내듯이 2018년 매출원가는 380억 달러 이상이었다. 주목할 점은 마이크로소프트는 매출원가란 표현 대신 수입비용(cost of revenues)라고 부르고 있다.

총수입
매출액에서 해당 매출을 달성하기 위해 필요한 매출원가를 뺀 금액.

경비
조직에서 매일 일어나는 업무에 소요되는 비용.

경비. **경비**(expenses)는 조직이 매일 경영 활동을 하는 과정에서 발생되는 비용을 말한다. 손익계산서에는 (1) 판매관리비(판매 경비, 일반관리비), (2) 연구개발비, (3) 이자비용 등 세 가지 일반적인 경비 계정이 있다. 상품이나 서비스를 판매하는 데 소요되는 비용은 제조원가에 이미 직접 포함되었음을 상기해야 할 것이다. 판매 경비는 광고비와 판매 수당을 포함하고 있다. 일반관리비는 경영진과 간부에게 지급하는 급여와 일반 사무실을 운영하는 데 드는 비용을 아우른다. 연구개발비는 과학, 공학, 마케팅 인력에게 지급하는 비용과 시제품과 견본을 설계하고 만드는 데 사용되는 시설과 정보에 대한 비용을 포함한다. 이자비용은 돈을 빌리는 데 드는 직접 비용을 포함한다.

감가상각
건물과 설비 같이 내구성 있는 자산의 비용을 해당 자산의 내용 연수에 따른 회계 기간 동안 퍼뜨리는 절차.

비용 계정의 숫자와 형태는 조직에 따라 다를 수가 있다. 일반관리비 항목에 포함된 특별한 형태의 비용으로 **감가상각**(depreciation)을 들 수 있다. 이는 건물, 설비와 같이 내구성 있는 자산의 비용을 해당 자산의 내용 연수에 따른 회계 기간 동안에 배분하는 과정을 말한다. 10년의 사용연한을 가진 10만 달러짜리 기계를 구매한 제조회사가 있다고 하자. 해당 기계에 대해 첫 해에 10만 달러를 비용으로 처리하고, 남은 9년간은 비용 처리를 하지 않는 것이 아니라 그 제조사는 향후 10년에 걸쳐 매년 만 달러의 금액을 감가상각이란 항목으로 비용 처리할 수 있다. 이렇게 하는 것이 기계를 구입하는 데 드는 비용과 기계가 사용되는 연수를 더 잘 일치시킬 수 있다. 감가상각이 비용으로 "상각(written off)"이 될 때마다 해당 기계의 장부가치 역시 만 달러씩 줄어들게 된다. 10년이 되는 시점에 완전히 감가상각이 되었을 때 해당 설비는 재무상태표상에서 아무런 가치가 없다고 되어 있지만 그 설비가 더 이상 사용될 수 없거나 경제적 가치가 전혀 없다는 뜻은 아니다. 사실 일부 업종에서는 30년 이상 매일 사용되는 기계에 대해 장부가치가 전혀 없다고 기록하기도 한다.

순이익. **순이익**(net income)(혹은 순수익(net earnings))은 매출액에서 세금을 포함한 모든 비용을 제한 후에 남은 전체 수익이나 손실을 의미한다. 일반적으로 회계사는 이익을 영업이익과 이자와 법인세 지급 전 수익과 같은 개인적 부분과 법인세로 나눈다. 〈표 14-4〉의 마이크로소프트 예를 보면, 이자와 법인세 지급전 수익, 순수익 그리고 발행 주식에 대한 주당 수익을 기입하고 있다. 대부분의 기업처럼 마이크로소프트는 해당연도의 실적은 물론이고, 과거 2년간 실적을 보여줌으로써 상호 비교가 가능하도록 하고 있다.

순이익
세금을 포함한 모든 비용이 수익에서 공제된 이후의 총이익(손실). 순수익이라고도 함.

2017년의 세금 감면 및 고용 법안은 2018년에 발효되어 이로 인해 마이크로소프트의 2018년 세금은 증가하고 순이익이 감소하게 되었다. 미국은 대부분 선진국이 실시하고 있는 소득이 있는 곳에 과세한다는 영토 세금 체제로 전환하였다. 2017년 세금 법안은 미국으로 송환되지 않았고 미국에 의해 과세되지 않은 모든 해외 수입에 대해 한 차례 15.5%의 세금이 부과하는 것이다. 또한 이 법안은 법인 소득에 대한 법정 비율을 35%에서 21%로 줄였다. 이로 인해 마이크로소프트는 137억 달러 세금을 더 내게 되었다. 순이익의 감소는 마이크로소프트의 경영 상태가 어려움에 빠진 것이 아니라 현금흐름에 일회성 충격을 준 것이다. 법인세 변경이 끼치는 영향은 현금흐름표와 장 뒷부분에서 다루는 비율 분석에도 나타날 것이다.

월마트는 4,850억 달러를 넘는 매출액을 가진 미국 최대의 기업이다.
©Image Source

손익계산서 계정의 일시성. 회계 기간 동안 기업은 매출과 비용 계용에 자사의 영업 활동을 기록한다. 총수익, 이자와 세전수익 그리고 순이익은 매출액과 비용 계정으로부터 계산된 결과물이지 실제 계정은 아니다. 매 회계 기간의 마지막에 모든 수입과 비용 계정에 있는 금액은 자기자본 계정 중 하나인 "이익잉여금(retained earnings)"으로 불리는 계정 중의 하나으로 옮겨진다. 매출액은 자기자본을 증대시키는 반면, 비용은 자기자본을 감소시킨다. 이렇게 수입으로부터 비용 계정으로 금액을 전환함으로써 기업은 다음 회계 기간에 이들 계정에서 0원의 잔고로 다시 시작할 수 있다. 잔고에서 균형을 맞추는 것은 기업이 해당 기간에 얼마나 판매를 하였고, 비용은 얼마나 들었는지 계산할 수 있게 한다. 기본 회계 등식(자산 = 부채 + 자기자본)은 수입과 비용 계정 잔고가 자기자본 계정으로 옮겨지거나 "정리가 되기(closed out)" 전까지는 잔액이 맞아 떨어지지 않을 것이다.

손익계산서에 관한 마지막 메모는 주식회사는 주주에게 순수익으로부터 배당금이라고 하는 현금 지급을 선택할 수 있다는 것을 기억하라는 것이다. 주식회사가 배당금을 지급하기로 결정하면 재무상태표에 있는 현금 계정은 물론 자기자본 항목에 들어있는 자본금 역시 줄어든다. 시기와 상관없이 주식을 팔거나, 순이익이나 순손실이 발생하거나, 배당금을 지급하면 자기자본 계정은 바뀌게 된다.

학습목표 14-4

재무상태표

재무상태표
한 조직의 특정 시점 재무적 위치에 대한 "속사."

두 번째 기본 재무제표는 **재무상태표**(balance sheet)(과거 대차대조표)로 주어진 순간에 어떤 조직의 재무 상태를 보여주는 일종의 "속사(snapshot)"로 볼 수 있다. 재무상태표는 그 조직이 보유 혹은 지배하는 것과 그런 자산을 지불하는 데 사용된 은행 대출이나 자기자본과 같은 다양한 자금원을 나타낸다.

재무상태표는 그 이름을 회계 등식으로부터 따왔다. 자산은 부채와 자기자본의 합과 반드시 일치해야 한다는 것이다. 〈표 14-5〉는 표본 재무상태표로 각 줄마다 항목에 대한 설명을 하고 있다. 손익계산서와 달리 재무상태표는 특정 회계 기간 동안에 완료된 거래의 결과를 나타내지 않는다. 대신에 재무상태표는 정의에 따라 조직이 설립 이래 수행한 모든 재무거래가 축적된 것이다. 오랜 전통에 따라 재무상태표 항목들은 현재가치가 아닌 원래 가치에서 누적된 감가상각을 제한 금액을 나타낸다.

재무상태표는 종종 두 가지 다른 형태로 표기할 수 있다. 전통적인 방식은 자산은 왼편에 놓고 부채와 자기자본은 오른편에 놓는 것이다. 최근에는 세로 방식이 많이 쓰이는데 자산을 가장 위에 놓고 그 밑에 부채와 자기자본을 나열하는 방식이다. 〈표 14-6〉은 마이크로소프트의 재무상태표를 보여준다. 이 장에서는 재무상태표에 있는 기본적 항목을 간략히 설명하고, 16장에서 좀 더 상세하게 다룰 것이다.

자산. 모든 자산 계정은 유동성(liquidity)이 줄어드는 순서로 기록되며, 유동성은 각 자

친환경 경영 Going Green

좌초자산은 재무적, 환경적 위험을 초래한다

좌초자산(stranded assets)이라는 용어를 재무 보고서에서 흔하게 볼 수 있는데, 특히 석유 및 가스 산업에서 더욱더 흔하게 나타난다. 좌초자산은 복구할 수 없는 자산을 말한다. 이러한 자산은 높은 환경비용을 요구하며, 보다 엄격한 환경 규제가 적용될 경우 사용하지 않고 버려질 가능성이 높다. 석유 및 가스업계에서 이는 개발하지 않고 버려지는 석유 및 가스 매장량이 증가함을 의미한다. 좌초자산은 회사와 주주에게 심각한 위험을 초래한다. 주주를 위해 환경 자료를 수집하는 CDP 그룹은 삼림 벌채만으로 공공 기업, 특히 석유, 목재 및 가축 산업에 종사하는 기업에 1조 달러의 좌초자산을 초래할 수 있다고 하였다.

그 결과, 보다 많은 회사가 재무 보고서에 환경 위험을 보고하기 시작하였다. 한 조사에 따르면, 지속가능성 보고서에서 확인된 위험의 27%가 재무 보고서에도 보고되고 있다. 투자자를 유치하기(혹은 달래기) 위한 강력한 동인 중 하나로 이러한 추세가 나타나고 있다. 또한 기후 위험이 잠재적으로 회사의 수익 또는 자산 가치에 영향을 줄 수 있다면, 환경 위험 관련 정보를 보고하지 않는 것은 투자자에게 오해를 살 소지가 있다. 예를 들어 미국 증권거래위원회(Securities and Exchange Commission)는 엑슨모빌(ExxonMobil)이 보다 강화된 환경 규제에 따라 보유한 자산 가치를 올바르게 평가했는지 여부를 조사하였다. 보다 친환경적인 회계책임으로의 움직임은 지속가능성 문제에 대해 앞으로 GAAP가 어떻게 진화해 가야 할지에 대한 방향성을 제시한다.[7]

토의주제

1. 회사는 회계 보고서에 환경 비용 또는 "좌초자산"을 포함시켜야 하는가?
2. 기후 변화와 다른 환경적 위험이 어떻게 해서 회사의 자산이나 수익에 부정적인 영향을 미칠 수 있겠는가?
3. 환경비용을 보고하고 통제함으로써 생기는 이점으로 무엇을 들 수 있겠는가?

〈표 14-5〉 재무상태표 실례

이 표는 용어 형태로 재무상태표를 나타내며, 각 항목을 정의/설명하고 있다.

	12월 31일
자산	어느 정도의 가치를 지닌 모든 물질적, 금전적 혹은 유형의 물건을 포함하는 대분류
유동자산	현금이나 1년 안에 현금으로 전환될 것으로 예상되는 자산
현금	현금이나 자유예금계좌
시장성유가증권	빨리 현금화할 수 있는 증권에 대한 단기투자(유동성 자산)
외상매출금	수령한 상품에 대해 고객이 곧 갚아야 할 금액으로 외상으로 판매한 매출로부터 발생
재고자산	판매를 앞둔 완제품, 중간재 혹은 제품 생산을 위한 원자재
선급비용	보험료나 임대료처럼 미리 지급한 미래 비용
총유동자산	위 항목들의 총합
고정자산	최소한 1년 이상의 기대수명을 지닌 장기적 특성을 지닌 자산
투자자산	제품 생산보다는 투자목적으로 보유한 자산으로 주로 다른 회사에 대한 소규모 보유 지분
총 부동산, 공장 그리고 설비	원가로 기재된 대지, 건물과 다른 고정자산
누적 감가상각	모든 공장설비에 대한 수명동안의 누적 비용 공제. 대지는 감가상각이 안 될 수도 있음. 총액은 주로 설비가 노후화되고 닳음에 따른 가치의 감소를 나타냄. 공제할 수 있는 최대금액은 세법에 규정되어 있고 자산 형태에 따라 다름
순 부동산, 공장 그리고 설비	총 부동산, 공장 그리고 설비금액에서 누적 감가상각을 뺀 금액으로 시장가가 아닌 장부가를 반영
	장기자산이지만 위 분류에 맞지 않는 다른 모든 자산을 말하며 특허권이나 상표권을 포함
총자산	자산 가치의 총합
부채와 자기자본	대분류: 부채는 장단기 성격의 모든 빚과 대출을 말하며, 자기자본은 소유주들이 회사에 기여한 모든 금액을 말함
유동부채	12달 안에 갚아야 하는 단기채무
외상매입금	주문한 물품에 대해 공급자에게 갚아야 할 금액으로 업종에 따라 다르지만 주로 30일에서 90일 사이에 갚아야 함
미지급급여	종업원에게 지급해야 할 금액으로 만약 근로자들이 2주 간격으로 급여를 받을 경우에는 최대한 2주간 급여를 넘을 수 없음
미지급 법인세	회사는 분기별로 법인세를 내야 되는데 분기별 예상매출액에 기초하여 지급해야 할 세금을 말함
지불어음	은행이나 다른 대출자로부터 빌린 단기대출
기타 유동부채	위 분류에 맞지 않는 다른 단기부채
총 유동부채	위 항목들의 총합
장기부채	12달 안에 갚지 않아도 되는 모든 장기부채
장기채무	은행, 연기금, 보험회사나 다른 대출자로부터 빌린 만기 1년 이상의 대출로 채권시장에서 사고팔 수 있는 증권인 채권의 형태를 종종 띰
이연법인세	정부에 갚아야 하지만 1년 안에는 갚지 않아도 되는 부채
기타 부채	위의 두 분류에 맞지 않는 다른 모든 장기채무
자기자본	다음 세 항목은 회사에 대한 소유주들의 투자를 나타냄
보통주	보통주로 불리는 증권은 소유권을 나타내는 명백한 증거이며 액면가는 적힌 금액이지만 회사의 가치를 반영하지는 않음
주식발행 초과금 (혹은 기여자본)	주식이 소유자에게 매각될 때 원래 매각 당시의 가격으로 기록된다. 지급한 가격이 주당 10달러이면 추가 주당 9달러는 이 계정에 10만주 × 주당 9달러 또는 90만 달러로 표시된다.
이익잉여금	회사가 경영을 하며 벌어들인 수익에서 주주에게 배당금으로 지급하고 남은 전체 금액을 말한다. 이 계정은 수익금을 배당금으로 지급하는 대신 소유자가 회사 자산에 재투자하는 것을 나타내며 현금은 아니다.
총자기자본	이 계정은 앞에서 언급한 회사에 대한 소유자의 총투자를 나타내는자기자본 계정의 합계이다.
총부채와 자기자본	

〈**표 14-6**〉 마이크로소프트사의 연결재무상태표 (단위는 백만 달러, 주당 자료는 제외)

6월 30일	2018년	2017년
자산		
유동자산:		
현금과 현금성자산	$ 11,946	$ 7,663
단기투자상품	121,822	125,318
총 현금, 현금성자산, 그리고 단기투자자산	133,768	132,981
외상매출금, 377달러와 345달러의 순 단기대여금대손충당금	26,481	22,4 1
재고자산	2,662	2,181
이연법인세	6,751	5,103
기타	169,662	162,696
총유동자산	29,460	23,734
부동산과 설비, 순 누적감가상각 29,223달러와 24,179달러	6,686	6,555
지분과 다른 투자자산	1,862	6,023
영업권	35,683	35,122
순 무형자산	8,053	10,106
기타 장기자산	7,442	6,076
총자산	$ 258,848	$ 250,312
부채와 자기자본		
유동부채:		
외상매입금	$ 8,617	$ 7,390
유동성장기부채	0	9,072
미지급 급여	3,998	1,049
법인세	6,103	5,819
단기 선수수익	2,121	718
미지급 증권대차	28,905	24,013
기타	8,744	7,684
총유동부채	58,488	55,745
장기부채	72,242	76,073
장기채무	30,265	13,485
장기소득세	3,815	2,643
장기 선수수익	541	5,734
이연법인세	5,568	5,372
기타 장기부채	5,211	3,549
총부채	176,130	162,601
자기자본:		
보통주와 납입자본금, 발행주식수 24,000; 유통주식 7,677과 7,708	71,223	69,315
이익잉여금(결손)	13,682	17,769
누적 기타포괄손익	(2,187)	627
총자기자본	82,718	87,711
총부채와 자기자본	$ 258,848	$ 250,312

산이 얼마나 빨리 현금화되는지를 말한다. 단기자산으로 불리기도 하는 **유동자산**(current assets)은 1년 안에 사용되거나 현금화시킬 수 있는 자산이다. 현금, 일시 투자, 외상매출 그리고 재고자산의 순서로 기록된다. **외상매출금**(accounts receivable)은 제품을 구입하고 나중에 금액을 지급하기로 약속한 고객이나 소비자가 회사에 갚아야 할 금액을 말한다. 외상매출금에는 보통 회수하기 힘들다고 생각하는 매출에 대해 설정하는 대손충당금(allowance for bad debts)을 포함한다. 대손에 대한 조정은 주로 과거 징수 경험에 달려있으며, 미래에 받을 수 있는 금액에 대한 보다 현실적인 견해를 나타내기 위해 외상매출금 잔고에서 공제를 하고 난 후 이를 순외상매출금(net receivables)이라고도 부른다.

유동자산
1년 안에 현금으로 사용되거나 전환되는 자산.

외상매출금
고객이 회사로부터 구매한 제품에 대한 판매 대금을 추후 지불하기로 약속한 금액.

장기 혹은 고정 자산은 조직의 자금이 최소한 1년 이상 묶여있는 자금 사용처를 나타낸다. 고정자산 항목은 장기투자, 기계설비 그리고 "영업권(goodwill)"이나 평판은 물론 특허권과 상표권과 같은 무형의 자산을 아우른다.

부채. 회계 등식에서 이미 보았듯이 총자산은 채권자로부터 돈을 빌리거나 소유주의 투자를 통해 자금을 확보해야 한다. **유동부채**(current liabilities)는 1년 안에 갚아야 하는 단기채무자에 대한 재무적 의무를 말하고, 장기부채는 1년보다 긴 상환 기간을 가지고 있다. **외상매입금**(accounts payable)은 외상으로 상품과 서비스를 구매하여 공급자에게 갚아야 할 금액을 한데 묶어서 **미지급 비용**(accrued expenses) 계정으로 나타낸다. 예를 들어 만약 당신이 BP 신용카드를 가지고 차에 주유를 한다면 해당 구매는 당신에게는 외상매입이 되고, BP에게는 외상매출이 되는 것이다. 다른 부채로는 미지급 급여와 미지급 세금처럼 경영 활동을 하면서 발생하였지만 아직 지급하지 않고 있는 모든 재무적 의무를 나타낸다.

유동부채
회사가 단기채권자에게 1년 안에 갚아야 하는 금전적 의무.

외상매입금
회사가 신용으로 구매한 물품과 서비스 대금에 대해 공급자에게 갚아야 할 금액.

미지급 비용
조직이 지불하지 않고 있는 모든 금전적 의무를 나타내는 계정.

자기자본. 자기자본은 소유주가 조직에 출자한 금액에 조직이 벌어들인 이익과 지속적인 성장을 위해 축적된 자금을 포함한다. 만약 조직이 보유하고 있는 모든 자산을 처분하고 모든 부채를 갚고 난 후에 남는 자금은 소유자에게 귀속된다. 당연히 재무상태표에 기록된 자기자본 항목들은 회사마다 매우 다를 수 있다. 주식회사는 주식을 투자자들에게 매도하고, 그 투자자들이 회사의 주인이 되는 것이다. 많은 주식회사는 다양한 등급의 보통주와 우선주를 발행하며, 서로 다른 등급의 증권들은 각기 다른 배당금과 의결권(voting rights)을 가지고 있다. 구글에는 세 등급의 주식이 있는데 B등급 주식은 A등급 주식보다 많은 의결권을 가지고 있다. 이런 주식들은 보통 창업자 주식(founder's shares)이라 부르며, 창업자들이 비록 과반수 주식을 가지고 있지는 않지만 경영권을 유지할 수 있게 한다. 포드자동차 역시 유사한 의결 구조를 가지고 있다. 각 등급의 주식은 발행사에 대해 다른 청구권(claim)을 나타내므로 반드시 기여자본(contributed capital)이라고 하는 개별 자기자본 계정으로 나타나야 하는 것이다.

현금흐름표

세 번째 주요 재무제표는 **현금흐름표**(statement of cash flows)로 기업의 현금이 회계 기간 시작부터 끝나는 사이에 어떻게 바뀌었는지를 설명한다. 현금은 물론 재무상태표에 있는

현금흐름표
기업의 현금이 회계 기간 동안 어떻게 변하였는지를 설명.

〈표 14-7〉 마이크로소프트사의 현금흐름표(단위: 백만 달러)

6월 30일 회계연도	2018년	2017년	2016년
영업 활동			
순이익	$ 16,571	$ 25,489	$ 20,539
영업활동에서 발생한 순 현금에 대해 순이익을 일치시키기 위한 조정:			
영업권 상각	0	0	630
감가상각, 할부상환, 그리고 기타	10,261	8,778	6,622
주식기반 보상비용	3,940	3,266	2,668
투자자산과 파생상품에 대한 순 인정이익	(2,212)	(2,073)	(223)
이연법인세	(5,143)	(829)	2,479
영업 자산과 부채의 변동			
외상매출금	(3,862)	(1,216)	562
재고자산	(465)	50	600
기타 유동자산	(952)	1,028	(1,212)
기타 장기자산	(285)	(917)	(1,110)
외상매입금	1,148	81	88
전수수익	5,922	3,820	2,565
소득세	18,183	1,792	(298)
기타 유동부채	798	356	(179)
기타 장기부채	(20)	(118)	(406)
영업활동으로부터 순 현금	43,884	39,507	33,325

자산항목 중 하나이다. 그러나 많은 투자자와 다른 재무제표 이용자는 회사의 재무상태를 좀 더 잘 이해하기 위해 현금이 회사에서 들어오고 나가는 데에 대해서 재무상태표에서 제공하는 것보다 많은 정보를 원한다. 현금흐름표는 한 해의 재무상태표로부터 현금 잔고를 가져와 다음 해와 비교를 하는데 회사가 현금을 어떻게 사용했는지에 자세한 정보를 제공한다. 〈표 14-7〉은 마이크로소프트의 현금흐름표를 보여준다.

현금 변화는 (1) 영업 활동으로부터의 현금(cash from operating activities), (2) 재무 활동으로부터의 현금(cash from financing activities), (3) 투자 활동으로부터의 현금(cash from investing activities)의 세 항목을 통해 자세히 설명할 수 있다.

영업 활동으로부터의 현금은 매출액 계정, 비용 계정, 유동자산 계정, 유동부채 계정에서 발생하는 변화를 통합하여 계산한다. 이 항목에 있는 현금흐름은 회계 기간 동안 매출액과 비용을 계산하는 것과 관련된 재무상태표상의 모든 계정을 포함한다. 마이크로소프트처럼 만약 이 금액이 영(0)보다 크다면 그 기업은 추가 현금을 창출한 것이고, 그런 추가 현금은 장기 생산능력을 늘리는 데 투자되거나 대출이나 채권과 같은 빚을 갚는 데 사용할 수 있다. 영(0)보다 작은 숫자는 한 회사의 영업 상황이 가라앉고 있다는 것을 암시할 수도 있다.

〈표 14-7〉 마이크로소프트사의 현금흐름표(단위: 백만 달러) 〈계속〉

6월 30일 회계연도	2018년	2017년	2016년
재무 활동			
단기채무(만기 90일 이하) 순 상환	(7,324)	(4,963)	7,195
부채발행으로부터 수입금	7,183	44,344	13,884
채무상환	(10,060)	(7,922)	(2,796)
보통주 발행	1,002	772	668
자사주 매입	(10,721)	(11,788)	(15,969)
보통주 현금배당금 지급액	(12,699)	(11,845)	(11,006)
기타	(971)	(190)	(369)
재무활동에 사용된 순 현금	(33,590)	8,408	(8,393)
투자 활동			
부동산과 설비 증가	(11,632)	(8,129)	(8,343)
회사 인수(순 인수현금)와 무형자산과 기타 자산 구입	(888)	(25,944)	(1,393)
투자자산 구입	(137,380)	(176,905)	(129,758)
투자자산 만기	26,360	28,044	22,054
투자자산 판매	117,577	136,350	93,287
미지급 증권대차	(98)	(197)	203
투자활동으로부터 순 현금	(6,061)	(46,781)	(23,950)
현금과 현금성자산에 대한 환율의 영향	50	19	(67)
현금과 현금성자산의 순 변화	4,283	1,153	915
기초 현금과 현금성자산	7,663	6,510	5,595
기말 현금과 현금성자산	$ 11,946	$ 7,663	$ 6,510

재무 활동으로부터의 현금은 장기부채와 자기자본에 있는 기여자본 계정에서 발생하는 변화로부터 계산된다. 이 금액이 영(0)보다 작다는 것은 아마도 그 회사가 장기부채를 갚아나가고 있거나 기여자본을 투자자에게 되돌려주고 있다는 것이다. 마이크로소프트는 채권을 팔아서 107억 2,100만 달러어치 자사주를 사들였고 배당금으로 126억 9,900만 달러를 지급함으로써 재무 현금흐름이 335.9억 달러 줄어드는 결과를 초래하였다.

마지막으로, 투자 활동으로부터의 현금은 장기 혹은 고정 자산에서 생기는 변화로부터 계산된다. 마이크로소프트의 예와 같이 이 금액이 영(0)보다 작다면 마이크로소프트가 116.32억 달러에 달하는 금액을 부동산과 설비를 구매하는 데 사용하였음을 알 수 있다. 또한 마이크로소프트는 1,373.8억 달러어치 투자자산을 구매하였고, 보유하고 있던 투자자산 중 1,175.77억 달러어치를 매각하였으며 투자자산 중 263.6억 달러가 만기가 도래함에 따라 −50.61억 달러의 순 현금흐름을 기록하였다. 투자현금흐름이 양(+)이라는 의미는 대체로 한 기업이 보유하고 있는 장기자산을 매각하고, 미래 생산가능능력을 줄이고 있음을 나타낸다. 따라서 이 항목의 숫자가 음(−)이 된다는 것이 그렇게 나쁜 것만은 아니다.

학습목표 14-5

비율 분석: 재무제표 분석

손익계산서는 기업의 수익과 손실을 보여주고, 재무상태표는 기업의 자산, 부채, 자기자본의 가치를 항목별로 보여준다. 두 재무제표는 다음 두 가지 중요한 질문에 대해 답할 수 있는 방법을 제공한다. (1) 그 기업이 얼마만큼의 수익이나 손실을 내었는가? (2) 재무상태표에 나타나는 역사적 가치에 기초하여 그 기업의 현재가치가 얼마인가? 조직의 재무상태를 측정하는 계산이라고 볼 수 있는 **비율 분석**(ratio analysis)은 손익계산서와 재무상태표로부터 복잡한 정보를 가져와 보다 날카로운 초점을 맞춤으로서 경영자, 대출자, 소유주, 그리고 여타 이행당사자가 해당 조직의 생산성, 수익성, 재무구조를 다른 유사 기관들과 비교·측정할 수 있게 한다.

비율 분석
조직의 재무 상태를 측정하는 계산.

모두가 알고 있듯이 비율이란 단지 하나의 숫자를 또 다른 숫자로 나눈 것에 불과하고, 그 결과는 두 숫자 간의 관계를 보여준다. 예를 들어 자동차 연비는 1리터로 몇 킬로미터를 가는지로 측정한다. 토요타의 하이브리드 모델인 프리우스(Prius)는 1리터로 대략 23.4 킬로미터를 갈 수 있는데 다른 자동차보다 연비가 훨씬 높다는 것을 비교를 통해 알 수 있다. 거의 모든 운동경기에서도 비율을 사용하는데, 야구에서는 투수 방어율과 타자의 타율, 농구에서는 야투 성공률, 축구에서는 패스 성공률 등을 들 수 있다. 그러나 비율이 의미를 지니기 위해선 무엇을 측정하려고 하는지를 반드시 알아야 한다. 재무비율은 기업 성과를 판단하고 평가하는 데 사용된다. 절대치로 7만 달러 수익이나 외상매출금 20만 달러는 잘 만들어진 비율에 비해 유용한 정보를 거의 주지 못한다. 그런 숫자가 좋거나 나쁘다고 하는 것은 다른 숫자와의 관계에 달려있다. 만약 70만 달러 매출로부터 10%인 7만 달러의 수익을 내었다면 상당히 만족할 만한 성과를 내었다고 볼 수 있다. 하지만 700만 달러 매출을 내는 기업에서 똑같은 7만 달러의 수익밖에 내지 못하였다면 그 기업의 CEO는 아마도 다른 직장을 알아봐야 할 것이다!

비율 그 자체로는 별로 유용한 정보가 될 수 없다. 중요한 것은 계산된 비율과 과거 성과 혹은 다른 경쟁사의 성과는 물론이고, 조직 내 중요 목표와의 관계인 것이다. 앞으로 살펴볼 수익성, 자산이용, 유동성, 부채비율, 그리고 주당 자료는 매우 유용하지만 나무만 보고 숲을 보지 않은 우를 범해서는 안 될 것이다.

수익성 비율

수익성 비율
조직이 지닌 자산, 자기자본 그리고 매출액에 비례하여 창출하는 영업이익 이나 순이익의 비율.

수익성 비율(profitability ratios)은 조직이 보유한 자산, 자기자본과 매출액에 비해 얼마나 많은 영업이익이나 순수익을 거두었는지를 측정한다. 이 비율에서 분자는 항상 세후 순수익을 의미한다. 자주 쓰이는 수익성 비율로는 이익률, 총자산 이익률(return on assets) 그리고 자기자본 수익률(return on equity)을 들 수 있다. 다음 보기는 〈표 14-4〉와 〈표 14-6〉에서 살펴본 마이크로소프트의 2018년 손익계산서와 재무상태표를 바탕으로 하고 있다.

마이크로소프트의 2018년 매출액은 138억 달러 늘었는데, 이는 마이크로소프트의 성공적인 상업용 클라우드 서비스가 창출한 130억 달러 매출에 기인한 것이다. 순이익은 2017년의 세금 감면 및 일자리 법안에 따른 137억 달러 일회성 세금에 의한 것이라고 앞에서 언급하였다.

순이익을 매출액으로 나눈 값을 **이익률**(profit margin)이라 하며 전체 매출액에서 기업이 벌어들인 수익의 백분율을 나타낸다. 이 숫자는 손익계산서로부터 계산할 수 있다. 이익률이 높을수록 회사 내부의 원가관리가 잘 되었고, 매출 한 단위에 대해 더 높은 수익을 거두었음을 뜻한다. 마이크로소프트의 이익률은 다음과 같이 계산한다.

이익률
순이익 나누기 매출액.

$$\textbf{이익률} = \frac{\textbf{순수익}}{\textbf{매출액}} = \frac{\$16,571}{\$110,360} = 15.02\%$$

따라서 마이크로소프트는 1달러어치를 판매할 때마다 세후수익으로 거의 15센트를 창출하였다.

총자산 이익률(return on assets)은 순이익을 총자산으로 나눈 값으로, 기업이 자산에 투자한 금액 한 단위에 대해 얼마나 많은 이익을 거두었는지를 보여준다. 총자산 이익률이 낮은 기업은 아마도 보유한 자산을 생산성 있게 활용하지 못하고 있음을 의미한다. 이는 경영진이 무엇인가 잘못하고 있다는 신호로 여겨질 수 있다. 총자산 이익률을 계산하기 위해서는 손익계산서와 재무상태표로부터 자료가 필요하다.

총자산 이익률
순이익 나누기 총자산.

$$\textbf{총자산 이익률} = \frac{\textbf{순수익}}{\textbf{총자산}} = \frac{\$16,571}{\$258,848} = 6.40\%$$

마이크로소프트는 지닌 자산 1달러마다 6.4% 이익률, 혹은 6.4센트의 이익을 거두었다.

주주들은 자신의 투자가 얼마의 수익을 거둘지에 항상 관심을 가지고 있으며, 주요 성과 척도 중 하나로 자기자본 수익률을 자주 사용한다. 투자 수익률(return on investment: ROI)이라고도 하는 **자기자본 수익률**(return on equity)은 순이익을 자기자본으로 나눈 값으로, 소유주가 회사에 투자한 금액 한 단위가 얼마나 많은 수익을 거두었는지를 나타낸다. 당연히 낮은 자기자본 수익률은 주주에게 돌아가는 수익이 낮음을 의미하고, 이에 대해 경영진은 즉시 대처해야 할 것이다. 일부 자산은 소유자 지분이 아닌 부채로부터 조달될 수도 있으므로 자기자본의 가치는 기업 전체 자산 가치보다 훨씬 낮을 수 있다. 마이크로소프트의 자기자본 수익률은 계산하면 다음과 같다.

자기자본 수익률
순이익 나누기 자기자본. 투자 수익률(ROI)이라고도 불린다.

$$\textbf{자기자산 수익률} = \frac{\textbf{순수익}}{\textbf{자기자본}} = \frac{\$16,571}{\$82,718} = 20.03\%$$

마이크로소프트 주주들이 투자한 1달러마다 회사는 그 금액의 20.03%, 혹은 20.03센트의 수익을 거두었다.

자산활용률

자산활용률(asset utilization ratios)은 매출 한 단위를 이루어내기 위해 기업이 가진 자산을 얼마나 효율적으로 사용하는지를 측정한다. 당연히 보유 자산을 보다 생산적으로 활용하는 기업은 그렇지 못한 기업보다 총자산 이익률이 높을 것이다. 마찬가지로 경영자들은 자산활용률을 보고 조직 운영에서 비효율적인 부분을 정확히 찾아낼 수 있을 것이다. 외상

자산활용률
매출 1달러를 이루어내기 위해 회사가 보유한 자산을 얼마나 잘 활용하는지를 측정하는 비율.

매출액 회전율, 재고자산 회전율(inventory turnover), 총자산 회전율(total asset turnover)은 재무상태표에 있는 자산 항목들을 손익계산서상의 매출액과 비교한 것이다.

매출채권 회전율
매출액 나누기 외상매출금.

매출채권 회전율(receivables turnover)은 매출액을 외상매출액으로 나눈 값으로 기업이 일 년에 외상매출금을 몇 번 회수하는지를 나타낸다. 또한 신용판매에 대해 상환을 얼마나 빨리 하는지도 보여준다. 지급받은 돈이 전혀 없다면 당연히 수익도 없다. 마이크로소프트는 일 년에 4.17회 정도 외상매출금을 회수하는데, 이는 외상매출금을 회수하는 데 대략 86일(1년 360일 기준) 정도 걸린다는 의미이다. 이는 아마도 기업고객에게 제시하는 거래조건 때문일 것이다.

$$\textbf{매출채권 회전율} = \frac{\textbf{매출액}}{\textbf{외상매출액}} = \frac{\$110{,}360}{\$26{,}481} = 4.17\text{회(년)}$$

재고자산 회전율
매출액 나누기 총재고자산.

매출액을 총재고자산으로 나누면 **재고자산 회전율**(inventory turnover)이 되고, 이는 기업이 일 년 동안 재고자산을 팔고 이를 대체하는 것을 몇 번 하는지를 나타낸다. 높은 재고자산 회전율은 높은 효율성을 나타내기도 하지만 재고 부족으로 인해 매출액 손실이 발생할 수도 있음을 시사한다. 마이크로소프트의 재고자산 회전율은 이 회사가 작년 한 해에 41.46차례, 혹은 대략 8.7일마다 재고자산을 대체하였음을 보여준다. 이렇게 높은 수준의 재고자산 회전율은 마이크로소프트는 물질적 재고가 거의 없는 대신 윈도우(Windows) 프로그램을 인터넷을 통해 다운로드를 받고 있음을 의미한다.

$$\textbf{재고자산 회전율} = \frac{\textbf{매출액}}{\textbf{재고자산}} = \frac{\$110{,}360}{\$2{,}662} = 41.46\text{회(년)}$$

회계사들은 재고자산 회전율을 계산할 때 종종 매출원가를 분자에 두고 계산하는 걸 선호하기도 하는데, 그 이유는 재고자산이 장부에 원가로 기록되는데 매출원가도 원가로 기록되기 때문이다. 재무분석가는 분자에 매출액을 놓고 재고자산 관리의 효율성을 측정하는 걸 선호한다. 마이크로소프트는 전통적인 제조업체와 달리 재고가 거의 없으므로 매출원가를 사용하여 재고자산 회전율을 계산하는 것이 별 의미를 가지지 못한다.

총자산 회전율
매출액 나누기 총자산.

총자산 회전율(total asset turnover)은 매출액을 총자산으로 나눈 값으로, 매출을 이끌어 내는 데 조직이 보유한 자산을 얼마나 잘 사용하였는지를 측정한다. 이 수치는 기업이 자산을 생산적으로 사용하고 있는지를 보여준다. 마이크로소프트는 전체 회사 자산에서 1달러마다 43센트의 매출액을 창출하였다. 이렇게 총자산 회전율이 낮은 이유로는 마이크로소프트가 재무상태표에 쌓아 놓고 있는 엄청난 현금자산 때문이다. 현금은 매출액을 1달러도 만들어 내지 못한다. 2018년 말에 보유자산의 절반 이상을 현금과 현금성자산이 차지하였다.

$$\textbf{총자산 회전율} = \frac{\textbf{매출액}}{\textbf{총자산}} = \frac{\$110{,}360}{\$258{,}848} = 0.43\text{회(년)}$$

유동성 비율

유동성 비율(liquidity ratios)은 유동(혹은 단기)자산을 유동부채와 비교한 것으로 만기가 돌아오는 부채를 갚기 위해 보유한 자산을 현금으로 바꾸는 데 걸리는 속도를 나타낸다. 유동성 비율이 높다는 것은 큰 문제없이 채권자의 요구를 충족시킬 수 있음을 뜻할지 몰라도 너무 높은 유동성 비율은 보유한 유동자산을 비효율적으로 운용하고 있음을 뜻할 수도 있다. 유동성 비율은 일반적으로 자산이용률과 함께 검토하는 게 가장 바람직하다. 그 이유는 회전율이 높다는 것은 현금이 조직 내에서 매우 빠르게 움직이고 있음을 뜻하는데, 현금이 매우 빠르게 움직이는 상황에서 유동성 비율로 측정되는 준비금 따위를 굳이 가지고 있을 필요가 없다.

유동성 비율
회사가 단기부채를 상환하기 위해 보유 자산을 현금화시키는 데 걸리는 속도를 측정하는 비율.

유동 비율(current ratio)은 유동자산을 유동부채로 나누어서 나오는 값이다. 마이크로소프트의 유동 비율 2.90은 곧 갚아야 할 유동부채 1달러마다 회사는 유동자산을 2.90달러어치를 보유하고 있다는 뜻이다. 비교적 높은 유동 비율 역시 유동자산 중의 상당 부분이 1,337.68억 달러에 달하는 막대한 현금, 현금성자산 그리고 단기투자상품 덕분이다.

유동 비율
유동자산 나누기 유동부채.

$$\textbf{유동 비율} = \frac{\textbf{유동자산}}{\textbf{유동부채}} = \frac{\$169{,}662}{\$58{,}488} = 2.90\text{회}$$

시금석(acid test)으로도 알려진 **당좌 비율**(quick ratio)은 유동자산 중에서 가장 유동성이 떨어지는 재고자산을 제외한 훨씬 더 엄격한 유동성 측정비율이다. 이 비율은 보유한 재고자산을 처분하지 않고 곧 만기가 되는 부채를 얼마나 잘 갚을 수 있는지를 측정한다. 마이크로소프트는 재고가 거의 없으므로 당좌비율은 유동 비율과 거의 동일한 2.86의 값을 가진다.

당좌 비율
재고자산을 제외한 보다 엄격한 유동성 측정.

$$\textbf{당좌 비율} = \frac{\textbf{유동자산}-\textbf{재고자산}}{\textbf{유동부채}} = \frac{\$167{,}000}{\$58{,}488} = 2.86\text{회}$$

부채활용률

부채활용률(debt utilization ratios)은 한 조직이 자기자본과 같은 자본의 원천과 비교하여 얼마나 많은 부채를 사용하고 있는지에 대한 정보를 제공한다. 부채를 사용하면 수익성과 상관없이 주기적으로 지불해야 하는 이자비용이 발생하므로 부채를 이용한 자금 조달은 자기자본보다 훨씬 위험하다. 불경기와 같이 예측하지 못한 부정적인 사건들은 자기자본으로만 자금을 조달한 기업보다 과도한 부채를 지고 있는 기업에 훨씬 더 큰 영향을 미친다. 이외 다른 요인들 때문에 대부분 기업의 경영자는 부채 대 자산 비율을 50% 이하로 유지하려고 한다. 하지만 전력회사와 같이 매우 안정적이거나 규제된 산업에 있는 기업은 종종 부채비율이 50%를 훨씬 넘어서지만 별다른 영향을 받지 않는다.

부채활용률
자기자본과 같은 다른 자본의 원천에 비례하여 한 조직이 얼마나 많은 부채를 사용하고 있는지를 측정하는 비율.

부채 대 총자산 비율(debt to total assets ratio)은 부채를 이용한 자본 조달은 얼마이며, 자기자본을 이용한 자금 조달은 얼마인지를 보여준다. 마이크로소프트가 가진 총부채의 가치를 알아내기 위해서는 유동부채, 장기부채, 그리고 그 외 부채를 모두 더하면 된다.

부채 대 총자산 비율
회사 재원의 얼마나 많은 부분이 부채와 자기자본으로 이루어져 있는지를 나타내는 비율.

$$\text{부채 대 총자산 비율} = \frac{\text{총부채}}{\text{총자산}} = \frac{\$176,130}{\$258,848} = 68\%$$

따라서 마이크로소프트가 보유한 자산 1달러마다 68센트는 부채로 조달한 것이다. 나머지 32센트는 자기자본으로 조달하였다. 부채 대 총자산 비율은 2013년의 45%에서 2018년에는 68%로 증가하였는데, 이는 마이크로소프트가 낮은 금리로 자금을 빌린 후 그 자금으로 자사주를 사들이는 데 사용하였다.

이자보상 비율
영업이익 나누기 이자비용.

영업이익을 이자비용으로 나누면 **이자보상 비율**(times interest earned ratio)이 되는데 이 비율은 채권자에게 반드시 지급해야 하는 이자비용에 대해 기업이 지니고 있는 안전판(safety margin)의 정도를 측정한다. 낮은 이자보상 비율은 수익성이 조금이라도 나빠지면 그 회사가 부채를 갚기 힘든 상황으로 떨어질 수도 있다는 것을 의미한다. 마이크로소프트는 이자비용이 거의 없어 손익계산서상에 별도 항목으로 기록하지 않았다. 이런 경우, 분석가는 재무제표의 각주를 통해 찾아보는 수밖에 없는데, 잘 찾아보면 이자비용이 2,733억 달러임을 알 수 있다. 이 숫자를 계산식에 대입하면 지불해야 할 이자비용의 5.06배에 달하는 영업이익을 벌어들였다. 그 숫자는 이익을 감소하게 만든 1회성 세금으로 인해 2018년의 10.47배에 비하면 낮아졌지만, 어떤 채권자라도 마이크로소프트로부터 이자를 받는 데에 대해 전혀 걱정할 필요가 없을 것이다.

$$\text{이자보상 비율} = \frac{\text{영업이익}}{\text{이자비용}} = \frac{\$13,838}{\$2,733} = 5.06\text{회}$$

주당 자료

주당 자료
동일하게 주식 한 주를 기준으로 투자자가 한 회사의 성과를 다른 회사와 비교하는 데 사용되는 자료.

주당 순이익
순이익 혹은 수익 나누기 발행 주식 수.

투자자는 **주당 자료**(per share data)를 한 기업의 성과를 다른 기업과 비교하기 위해 동등한, 혹은 주당, 기준을 사용한다. 일반적으로 발행 주식이 많을수록 각 주식에 배정되는 이익은 작아지게 된다.

주당 순이익(earnings per share: EPS)은 순이익이나 순수익을 발행 주식 수로 나눈 값이다. 매년 발생하는 주당 순이익의 변화는 경제 전반의 여러 요인과 함께 기업의 전반적 주가를 결정하므로 매우 중요한 비율이라고 할 수 있다. 수익이 증가할 때 기업의 주가도 증가하게 되고, 결국 주주들의 부도 증가하게 되는 것이다.

$$\text{주당 순이익} = \frac{\text{순이익}}{\text{발행 주식 수}} = \frac{\$16,571}{7,794} = \$2.13$$

손익계산서로부터 마이크로소프트의 기본 주당 순이익이 2016년 2.59달러에서 1년 후에 3.29달러로 증가하였다가 2018년에는 2.13달러로 줄어든 것을 알 수 있는데, 이는 해외 수익에 대한 1회성 세금 때문이다. 재무분석가들은 마이크로소프트의 주당 순이익은 곧 개선될 것이라고 예상하고 있다. 손익계산서에서 희석 주당 순이익은 기본 계산보다 더 많은 주식을 포함하고 있음을 볼 수 있는데 이는 희석 주식은 주식매수청구권(stock options) 행사를 하거나 특정 채권이 보통주로 바뀌는 전환을 통해 발행될 수도 있는 잠재적 주식을 모두 포함하기 때문이다. 투자자들은 일반적으로 기본 주당 순이익보다 희석 주당 순이익에 더 주의를 기울인다.

주당 배당금(dividends per share)은 주식회사가 주주들에게 보유한 주식 수에 따라 지급하는 금액이다. 배당금은 주식회사가 법인세를 차감하고 난 수익으로 주주들에게 지불하는데 이 돈은 주주들에게는 과세대상소득이 된다. 따라서 배당금은 결과적으로 이중과세를 초래한다. 이는 주식회사가 벌어들이는 이익에 대해 먼저 법인세를 내고 주주는 배당소득에 대해 또 개인소득세를 내는 것이다. 2004년 이래로 마이크로소프트는 배당을 주당 0.16달러(16센트)부터 1.68달러까지 매년 늘여왔다. 손익계산서에 기록된 주식 수와 재무상태표에 기록된 주식 수가 다른 점에 주목하자. 주당 순이익을 계산하는 데 사용한 주식 수는 일 년간의 가중평균이다. 재무상태표에 있는 주식 수는 회계연도 말 기준이므로 배당금을 지급하는 데 기준이 되는 시점의 주식 숫자와 반드시 일치하지는 않는다.

주당 배당금
보유한 주식 한 주에 대해 수령한 현금.

$$\text{주당 배당금} = \frac{\text{총배당금}}{\text{발행 주식 수}} = \frac{\$12{,}917}{7{,}677} = \$1.68$$

회계에서 도덕성의 중요성

재무 위기와 이어 닥친 불경기는 회계 보고 실패의 또 다른 선례를 제공한다. 많은 기업이 빠져나갈 구멍을 부당하게 찾고, 회계 과정과 보고서를 조작하려고 시도하였다. 은행과 기타 금융기관들은 종종 계정을 조작하기 위해 회계장부에 자산 기입을 늦추기도 하였다. 만약 회계사, 증권거래위원회(SEC), 은행 규제 당국이 보다 주의를 기울였다면 이런 비도

경영 도전에 대한 대응 Responding to Business Challenges

데이터 분석이 회계 세계를 어떻게 변화시키는가

데이터 분석은 회계에 있어서 차세대 영역이다. 데이터 분석은 간단하지만 오늘날 이 용어는 계산하고 자료를 처리하는 데 있어서 독특한 문제를 초래하는 아주 방대하고 초고속의 데이터를 분석하는 것을 의미한다.

공인회계사는 일상 업무에서 지속적으로 데이터 분석을 사용하고 있다. 다음과 같은 네 가지 유형의 데이터 분석을 들 수 있다. 기술적 분석("무슨 일이 발생하는가?"), 진단 분석("그 사건이 왜 발생하였는가?"), 예측 분석("앞으로 무슨 일이 발생하겠는가?"), 그리고 규범적 분석("무엇이 발생하여야 하는가?"). 기술적 분석은 정보를 범주화하고 분류하는 과정을 포함한다. 방대한 자료를 정확하게 보고하는 것은 확실한 회계 관행의 특징이다. 진단 분석은 데이터 변화를 모니터링 한다. 회계사는 정기적으로 차이를 분석하고 과거 성과를 계산하여 미래 성과의 지표로 삼는다. 예측 분석은 미래 결과의 가능성을 평가한다. 회계사는 예측을 하고 그러한 예측을 하는 데 바탕이 되는 패턴을 식별하는 데 중요한 역할을 수행한다. 규범적 분석은 실질적인 행동과 중요한 비즈니스 의사결정을 내리는 데 사용된다. 회계사는 이러한 예측을 바탕으로 미래 성장 기회에 대한 추천을 한다.

데이터 분석은 공인회계사에게 도전과 기회를 제공한다. 과제로는 데이터 분석 활동을 시작하고 지원하는 데 필요한 기술을 얻는 것뿐만 아니라 적합한 감사 분석 기술을 포함하도록 기존의 감사 모형을 바꾸는 것을 들 수 있다. 기회로는 다양한 기술을 지닌 감사 모형과 고객에게 데이터 분석 전문 지식을 제공할 수 있는 능력을 들 수 있다. 데이터 분석을 숙달함으로써 비즈니스는 더 높은 이윤을 창출하고 의미 있는 경쟁우위를 확보할 수 있을 것이다.[8]

토의 주제

1. 데이터 분석은 공인회계사에게 어떤 기회를 제공하는가?
2. 다양한 유형의 분석과 그런 분석이 회계 분야에서 어떻게 활용할 수 있는지 기술하라.
3. 데이터 분석 기술을 습득하지 않는 공인회계사는 앞으로 어떻게 될 것이라고 생각하는가?

덕적인 사례, 또는 더욱 심한 불법 사례는 쉽게 발견되고 수정되었을 것이다.

반면, 회계 원칙을 충실히 따르는 것은 이해당사자 사이에 신뢰를 형성시킨다. 회계와 재무 계획은 모든 조직, 심지어 도시에게도 중요하다. 애리조나주에 있는 마리코파시(City of Maricopa)는 미국과 캐나다의 정부재무담당자연합(GFOA)으로부터 정부 예산 관리에 대해 우수예산발표상(Distinguished Budget Presentation Award)을 수상하였다. 마리코파시는 정책, 재무 계획, 운영 안내, 그리고 의사소통 장치에서 능숙함(proficient)을 기록하였다. 회계에서 도덕성은 신뢰를 구축하고 조직의 재무적 위치를 이해하고, 그 조직에 보탬이 되는 재무적 의사결정을 내리는 데 매우 중요하다.[9]

회계 과정에서 도덕성은 윤리 원칙과 법률 정신과 회계 직업의 표준 둘 다 지킬 것을 요구함을 기억하는 것이 가장 중요하다. 대부분 국가에서 회계사 자격증 시험을 준비하는 사람들에게 반드시 회계 윤리 과정 수강을 요구한다. 매출, 수입, 자산을 기록함에 있어 투명성과 정확성은 투자자와 여러 이해관계자로부터 신뢰를 쌓아갈 수 있다.

이해력 검토 Review Your Understanding

회계를 정의하고, 회계 정보의 다양한 사용처를 설명하라.

회계는 기업과 그 외 여러 조직이 재무적 거래를 기록 및 측정 그리고 해석하는 데 사용하는 언어이다. 내부적으로 재무제표는 조직의 성과를 평가·관리하고, 조직의 미래 활동과 목표 달성치를 계획·감독하기 위해 사용한다. 채권자, 정부, 고객, 공급자 그리고 국세청과 같은 외부 조직은 회계 정보에 의해 생성된 정보를 이용하는 주요 소비자이다.

회계 과정을 설명하라.

자산은 조직이 보유한 경제적 자원이고 부채는 다른 사람이나 조직에게 갚아야 할 채무이며, 자기자본은 자산과 부채의 차액이다. 이 원칙은 '자산 = 부채 + 자기자본'이라는 회계 등식으로 나타낼 수 있다. 복식부기 체계는 회계 등식의 균형을 유지할 수 있도록 상거래 계정을 기록하고 분류하는 체계를 말한다. 회계 주기는 조직이 존재하는 한 지속적으로 원문서 검토, 일지에 거래를 기록, 거래를 게시 그리고 재무 보고서를 준비하는 것을 포함한다.

기업의 "요점"을 평가하기 위해 손익계산서의 다양한 요소를 해석하라.

손익계산서는 한 기업의 일정 기간 동안 수익성을 나타낸다. 손익계산서는 "요점", 즉 모든 비용(매일의 조직 운영 과정에서 발생하는 비용)을 매출액(상품이나 서비스의 판매와 다른 경영 활동으로부터 받은 총금액)으로부터 제한 총이익(혹은 총손실)을 보여준다. 현금흐름표는 현금이 회사 내에서 어떻게 움직이는지를 상세히 보여주며 회사의 "요점"에 대한 이해를 더해 준다.

기업의 현 재무 상황을 측정하기 위한 재무상태표를 설명하라.

재무상태표는 기업의 자산, 부채와 창업 이래의 자기자본을 요약한 것으로 어느 특정 시점에 그 기업의 재무 상황을 묘사한다. 재무상태표에 있는 주요 항목으로는 유동자산(1년 이내에 현금으로 전환이 가능한 자산), 고정자산(1년 이상 기간을 지닌 자산), 유동부채(1년 안에 조직이 갚아야 하는 청구서), 장기부채(만기가 1년 이상인 청구서) 그리고 자기자본(소유주 투자 지분의 순가치)을 들 수 있다.

기업 성과를 평가하기 위한 비율 분석을 통해 재무제표를 분석하라.

비율 분석은 손익계산서와 재무상태표에 있는 복잡한 정보를 보다 날카로운 관점에서 분석하는 계산이다. 경영진, 대출자, 소유자 그리고 다른 이행 당사자들이 그 조직의 생산성, 수익성 그리고 재무 구조를 측정하고 비슷한 조직과 비교할 수 있도록 한다. 비율은 수익성, 자산 활용, 유동성, 부채 활용, 그리고 주당 자료로 분류될 수 있다.

회계 보고서와 비율 분석을 통해 기업의 재무 상황을 평가하라.

이 장의 내용을 바탕으로 다음에 오는 '딜레마 해결'에 적힌 문제에 대한 답을 할 수 있어야 한다. 브레인드레인의 요점, 현재 가치 그리고 생산성을 결정하는 계획을 세워보라.

도입사례 재검토

1. 고객에게 중요한 딜로이트의 특징은 무엇인가?
2. 딜로이트에 근무하는 공인회계사와 부기담당자는 어떻게 다른가?
3. 높은 도덕성을 지닌 회계법인으로 하여금 고객에게 서비스를 제공하는 것이 왜 중요한가?

진도 평가Check Your Progress

1. 주식회사에서 회계사는 왜 중요한가? 회계사는 어떤 기능을 수행하는가?
2. 회계 보고서의 내부 이용에 대해 설명하라.
3. 예산이 무엇인가?
4. 재무제표의 외부 이용에 대해 설명하라.
5. 회계 과정과 주기를 설명하라.
6. "모든 주식회사는 똑같은 형태의 손익계산서를 사용한다." 이것이 맞는지 틀렸는지 설명하라.
7. "유동부채"에는 어떤 계정이 있는가?
8. 손익계산서와 재무상태표는 두 가지 기본적인 질문에 대한 답을 하는데, 그 질문이란 무엇인가?
9. 다섯 가지 기본 비율의 분류는 무엇인가? 각 항목에는 어떤 비율이 있는가?
10. 기업의 위험을 평가하는 데 부채 비율은 왜 중요한가?

현장 기술 개발Build Your Skills

재무 분석

배경. 공업용은 물론 가정용 시장에 농산품을 생산하는 웨스턴 그레인(Western Grain)사의 손익계산서는 다음과 같다. 웨스턴 그레인의 총자산은 42억3,710만 달러이고 자본금은 17억1,340만 달러이다.

(단위:백만 달러)	2017년
순매출액	$6,295.4
매출원가	2,989.0
판관비	2,237.5
영업이익	1,068.9
이자비용	33.3
기타소득	(1.5)
법인세 차감 전 이익	1,034.1
법인세	353.4
순이익	680.7
(주당 순이익)	$2.94
기초 이익 잉여금	3,033.9
배당금 지급	(305.2)
기말 이익 잉여금	$ 3,409.4

과업. 다음의 수익성 비율을 계산하라. 이익률, 총자산 이익률, 자기자본 수익률. 세 비율에 대한 산업 평균은 이익률 12%, 총자산 이익률 18% 그리고 자기자본 수익률은 25%라고 가정하자. 웨스턴 그레인의 수익성을 산업 평균과 비교하여 평가하라. 이 정보가 왜 유용한가?

딜레마 해결Solve the Diemma

회계 비밀 조사

당신은 방금 브레인드레인(BrainDrain) 주식회사의 마케팅 담당 부사장에서 사장이자 최고경영자로 승진되었다! 멋진 소식이다. 하지만 불행하게도 당신은 마케팅에 대해서는 매우 잘 알고 있지만 재무에 대해서는 전혀 알지 못한다. 또한 큰 규모로 계속되는 재무적 손실을 바로잡기 위한 조치를 즉각 취하지 않으면 브레인드레인은 파산 위험에 처해 있다는 이런 저런 말이 떠돌아다니고 있다. 이에 따라 당신은 재무와 회계 담당 부사장에게 지난 몇 년간 회사의 재정 운영 상태를 자세히 설명하는 회계 보고서 한 세트를 요청하였다.

승진과 회사의 완전한 회계 보고서가 주는 무게감이 주는 이중 충격이 서서히 사라지면서, 당신은 문제에 대해 체계적으로 대처하고 회사의 숨겨진 비밀에 대해 철저히 파악하기로 결심하였다. 회사에서 신뢰를 받는 수석 재무 분석가인 메리 프룻(Mary Pruitt)을 옆에 두고, 회계 보고서를 전례 없이 파고들었다. 당신은 회사가 지닌 재무 문제의 진상을 규명하기로 결심하고, 미래를 위한 새로운 과정을 세운다. 그 과정은 회사를 지급 불능과 파산의 궁지로부터 끌어내어 재무 건전성을 회복하고 영원한 번영을 이끌 것이다.

토의 주제

1. 세 가지 기본 회계 보고서를 기술하라. 각 보고서는 당신이 상황을 분석하는 데 도움이 되는 어떤 형태의 정보를 제공하는가?
2. 이 회사가 안고 있는 문제점을 파악하는 데 가장 도움이 될 만한 재무 비율은 무엇인가? 왜 그런가? 재무 비율 중에서 별 도움이 되지 않는다고 생각되는 비율은 어떤 것인가?
3. 비율 분석의 한계점을 논하라.

사업 계획서 작성 Build Your Business Plan

회계와 재무 보고서

최초 합리적인 판매가를 결정한 후 당신은 처음 1년간 판매량을 예측할 필요가 있다. 보수적으로 접근하며 달성할만한 수치를 설정함을 잊지 마라.

고객은 처음으로 당신 기업을 시도해 보겠지만 많은 기업은 계절적인 패턴을 가지고 있다. 훌륭한 예산/계획 시스템은 경영자가 문제를 예측하고, 경영 활동을 조정하고(그렇게 함으로써 조직 내 하부 단위가 조직의 공통된 목표를 향해 함께 매진할 수 있다), 영업 활동을 통제한다.

당신이 준비해야 할 첫 재무제표는 손익계산서이다. 예상 매출액으로 시작하여 그 정도의 매출을 일으키기 위해 필요한 비용은 얼마가 될지 결정하라.

두 번째 재무제표는 재무상태표다. 재무상태표는 특정 시점에 재무 상황을 보여주는 속사이다. 〈표 14-6〉에 자산, 부채 그리고 자기자본을 나열하고 있다.

마지막 재무제표는 현금흐름표로, 은행이 가장 중요하게 보는 재무제표이다. 이는 은행으로부터 돈을 빌리고 갚을 수 있는 능력을 측정한다. 〈표 14-8〉을 참조하여 최대한 현실적으로 작성하라. 경영이 정상으로 돌아오기 전까지 충분한 현금을 보유하라.

15
화폐와 금융 체계

학습목표

15-1 화폐의 정의, 기능과 특성을 기술한다.

15-2 다양한 형태의 화폐를 기술한다.

15-3 연방준비위원회가 통화 공급을 어떻게 관리하며, 미국 은행 체계를 어떻게 규제하는지 구체적으로 설명한다.

15-4 상업은행, 저축대출조합, 신용조합 그리고 상호저축은행을 비교·대조한다.

15-5 보험회사, 연기금, 투자신탁회사 그리고 할부 금융회사와 같은 비은행 금융기관을 구분한다.

15-6 은행업계 앞에 놓인 도전을 연구한다.

15-7 가상의 소규모 기업에 가장 적합한 금융기관을 추천한다.

도입사례 :: 모바일 뱅킹이 은행을 어떻게 무너뜨리는가

모바일 뱅킹은 소비자에게 은행 서비스를 편리하고 사용하기 쉬운 세상을 만들었다. 입금이나 계좌 확인과 같은 단순 작업은 고객이 원하는 언제나, 어디서나 쉽게 할 수 있다. 하지만 이러한 편리함을 누리기 위해서는 대가를 치러야 한다.

모바일 장치로 전송하는 작업은 사이버 공격과 신분 도용 사기에 노출되기 마련이다. 대부분의 전문가는 모바일 뱅킹이 일반적으로 안전하며 많은 보안 문제가 기술 자체에서 비롯된 것이 아니라 소비자가 올바르게 사용하는 방법을 이해하지 못해서 생긴다고 한다.

©panuwat phimpha/Shutterstock

금융회사가 사이버 공격에 대응하기 위해 지불하는 평균 비용은 2014년 1,300만 달러에서 2017년에는 1,830만 달러로 증가하였다. 금융회사는 2012년에 평균 40차례의 보안 침해 사건을 겪었는데 2017년에는 125차례로 급증했다. 모바일과 온라인 뱅킹에서 발생하는 사이버보안 침해사건은 최근 몇 년 사이에 급등하였다. 소비자는 전화기가 컴퓨터와 비슷하게 작동한다고 생각하지 않는다. 바이러스 백신 소프트웨어를 설치하고 보안 업데이트를 정기적으로 실시해야 한다. 뱅킹 앱의 안전과 Wi-Fi 사용에 대한 잘못된 인식은 소비자 보안 취약성을 증가시킨다. 고위 IT 임원을 대상으로 실시한 설문조사에 따르면 약 47%가 자신이 속한 조직이 관련 위험을 평가하지 않은 채 모바일 애플리케이션을 채택하고 있다고 응답하였다.

사이버 공간에는 항상 어떤 위험이 도사리고 있지만 정보 도난 가능성을 최소화할 수 있는 방법이 있다. 소비자는 기술이 어떻게 작동하는지와 그 취약성을 스스로 알아야 한다. 노트북과 마찬가지로 휴대전화는 사이버 공격에 대응할 수 있는 보안 소프트웨어를 제공한다. 모든 모바일 뱅킹과 다른 앱을 최신 상태로 유지하는 것이 중요하다. 오래되고 진부한 앱은 사이버 공격에 더 취약하다. 소비자는 모든 활동을 면밀히 관찰하고 의심스러운 사항을 반드시 보고해야 한다. 그렇게 함으로써 사이버 공격으로부터 자신을 보호할 수 있으며 온라인 뱅킹의 혜택을 누릴 수 있을 것이다.[1]

도입

재무
어떻게 하면 돈을 벌고 잃게 되는지, 그리고 어떻게 돈을 관리하는지에 대한 연구.

금융가에서 번화가에 이르기까지, 국내외를 막론하고 돈은 개인과 기업의 수입과 부를 측정하는 데 사용되는 유일한 도구이다. **재무**(finance) 혹은 금융은 돈에 대한 연구로 어떻게 돈을 벌고 잃고 그리고 어떻게 관리하는지에 관한 것이다. 이 장에서는 화폐의 역할과 경제에서 금융 시스템의 역할을 소개한다. 물론, 당좌예금계좌, 자동차보험, 학자금 대출, 아님 신용카드를 가지고 있다면 당신은 금융 세계에서 이미 중요한 참가자로서의 개인적 경험을 이미 가지고 있는 것이다.

우선 화폐의 정의를 먼저 알아보고 나서 다양한 형태의 화폐에 대해 알아보는 것으로 논의를 시작한다. 다음으로 미국 연방준비위원회(Federal Reserve Board)의 역할과 금융 시스템에 있는 다른 주요 기관들의 역할에 대해 살펴본다. 마지막으로 금융업의 미래와 향후 몇 년 사이에 발생할 수 있는 변화에 대해 알아본다.

학습목표 15-1

금융 시스템에서 화폐

화폐
상품과 서비스를 교환하는 데 있어 일반적으로 받아들여지는 모든 것.

엄격하게 정의하면 **화폐**(money) 혹은 통화(currency)는 상품과 서비스의 교환에서 일반적으로 받아들여지는 모든 것을 의미한다. 금, 은, 구리와 같은 귀금속은 물론이고 소금, 소, 물고기, 바위, 조개껍질, 옷감과 같은 재료도 다양한 문화권에서 오랫동안 화폐로 사용되어 왔다. 대부분의 이런 재료는 공급이 제한되어 있어 나름의 가치를 보유하고 있다. 소금은 방부제로 사용될 수 있고, 조개껍질과 귀금속은 보석으로 사용될 수 있다. 따라서 이런 상품의 공급은 그 사회 "화폐" 공급을 결정하였다. 그 다음 단계는 "차용증(IOU)", 혹은 기초 상품의 지정된 공급에 대해 교환할 수 있는 종이 조각의 개발이었다. "금"이라고 적힌 각서(note)는 실제 금과 교환이 가능하였고, 화폐 공급은 보유한 금의 양에 달려 있었다. 유럽에선 더 이른 시기였겠지만 북미에서는 1685년에 지폐가 처음 사용되었는데, 금과 같은 귀금속으로 쉽게 전환할 수 없는 지폐인 명목화폐(fiat money)란 개념은 1930년대 대공황(Great Depression) 때 시장에 받아들여졌다. 미국은 대공황에 대응하기 위해 금이 뒷받침하는 통화 표준을 버리고, 신탁(fiduciary) 혹은 명목(fiat) 통화 체계로 전환하였다. 미국에서 지폐는 실제로는 액면에 적힌 가치에 대한 정부의 "각서" 혹은 약속이다.

화폐의 기능

어떤 특정 사회가 화폐를 사용하더라도 화폐의 주요 목적은 개인이나 조직이 욕구를 행동으로 실행할 수 있도록 하는 것이다. 이런 욕구에는 축제 비용과 같이 즐기기 위한 여가 활동, 임대료, 공공요금 혹은 종업원에게 지불하는 영업 활동, 부동산 또한 설비를 구매하는 데 드는 투자 활동, 아니면 창업에 소요되는 재무 활동 등이 있다. 화폐의 세 가지 중요한 기능은 (1) 교환 수단, (2) 가치 척도, (3) 가치 보관 수단이다.

교환 수단. 명목화폐(fiat money)가 존재하기 전 상품과 서비스의 거래는 물물교환(bartering), 하나의 상품이나 서비스를 비슷한 가치를 지닌 다른 것으로 바꾸는 것을 통해 이루어졌다. 하지만 물물교환이 지닌 여러 단점을 보완할 수 있는 더 간단한 방법이 필요했다. 돈이라는 단일품목을 통해 당사자 간의 합의에 따라 다른 상품으로 자유롭게 전환할 수 있게 된 것이다.

가치 척도. 가치 척도로서 화폐는 상품과 서비스에 대해 공통된 표준이나 척도의 역할을 한다. 예를 들어 미국에서는 2달러로 달걀 1다스를 살 수 있고 25,000달러이면 괜찮은 차를 살 수 있을 것이다. 일본은 통화로 엔(yen)을 사용하는데 달걀 1다스는 210엔 그리고 괜찮은 차 한 대를 사는 데는 275만 엔이 필요한 것이다. 그렇다면 화폐는 사람들의 소득 수준에 따른 소비를 다른 상품과 서비스를 비교할 수 있게 해주는 공통분모가 된다. 유명 운동선수와 최저임금을 받고 일하는 근로자는 매우 다른 수준의 임금을 받지만, 둘 다 자신이 매년 벌어들이는 소득과 구매의 가치 척도로 화폐를 사용한다.

가치 보관 수단. 가치 보관 수단으로써 화폐는 필요 시점까지 부(구매력)를 축적하는 수단으로 사용된다. 가령 일주일에 1,000달러를 버는 사람이 500달러짜리 컴퓨터를 사기 위해서는 매주 50달러씩 10주 동안 저축하면 된다. 불행하게도 저장된 화폐의 가치는 경제 상황에 직접적으로 달려 있다. 빠른 물가 상승(inflation)으로 인해 모든 가격이 1년 사이에 두 배로 뛴다면 "침대 밑에 숨겨놓은(stuffed in the mattress)" 화폐의 구매력은 1년 후에 반으로 떨어지게 될 것이다. 반면, 디플레이션(deflation)은 상품의 가격이 떨어질 때 발생한다. 얼핏 보기에는 물가가 떨어지는 디플레이션이 소비자에게 좋은 거 같지만 여러 면에서 디플레이션은 인플레이션보다 더하면 더했지 나을 게 없다. 주요 물가 하락 시기에는 주로 임금 삭감과 부채 부담의 증대가 따라왔다.[2] 또한 디플레이션은 경제에 문제가 있다는 척도로 간주되는 경향이 있다. 디플레이션은 대체로 경제가 매우 느리게 성장을 하며 상품 가격이 떨어지고 있음을 암시한다. 과거 25년 동안 일본에서 디플레이션이 발생하였고 유럽 역시 금융 위기 이후 디플레이션의 충격에서 아직 벗어나지 못하고 있다.

화폐의 특성

화폐가 교환 수단으로 사용되기 위해서는 반드시 받아들일만하고, 나눌 수 있고, 갖고 다니기 편하고, 가치가 안정적이고, 내구성이 있어야 하며, 위조하기가 불가능해야 한다.

용인가능성(acceptability). 화폐가 효과적이기 위해서는 상품과 서비스를 구매하거나 빚을 탕감하는 데 반드시 쉽게 받아들여져야 한다. 용인가능성은 아마 화폐의 가장 중요한 특성일 것이다. 만약 사람들이 화폐의 가치를 믿지 못한다면, 기업은 상품과 서비스에 대한 지급 수단으로 화폐를 받아들이지 않을 테고 소비자는 화폐 대신 다른 지급 수단을 찾아야 할 것이다.

가분성(divisibility). 10원, 50원, 100원, 500원 등 여러 단위의 돈이 사용되는 것을 볼 때, 가분성의 원칙이 중요하다는 것을 알 수 있다. 물물거래를 할 때 화폐를 나눌 수 없다는 것은 괜찮은 거래를 불가능한 거래로 만들곤 하는데 식용 수소(steer)를 빵 한조각과 바꾸려는 시도 역시 불가능한 거래이다. 화폐가 효과적인 가치 척도 수단이 되기 위해서는 모든 물품이 비교할만한 단위에 따라 값이 매겨져야 한다.

짐바브웨는 2009년에 최대 8개의 공식 통화를 사용하는 다중통화 체제를 채택하였다. 지금은 단 하나의 통화체제를 설정하려고 노력하고 있다.

©Feije Riemersma/Alamy Stock Photo

휴대성(portability). 화폐가 교환 수단으로 기능하기 위해서는 당연히 한 곳에서 다른 곳으로 옮기는 게 쉬워야 한다. 거대한 채색 바위는 화폐로 사용될 수 있지만 그걸 지갑에 넣고 이리저리 다니지는 못할 것이다. 반면, 지폐와 금속 동전은 막대한 구매력을 조그맣고 보이지 않고 쉽게 가지고 다닐 수 있는 묶음으로 전환할 수 있다. 기축 통화로 간주되는 미국달러의 경우 미국 밖에서 유통되는 달러의 양이 미국 내보다 더 많다. 2018년 기준으로 약 1조 6,900억 달러의 미국 통화가 유통되고 있다.[3] 파나마와 같은 나라에서는 심지어 미국달러화를 자국 통화로 사용하기도 한다. 일부 국가의 소매상은 종종 달러와 자국 통화로 같이 물건 가격을 매기곤 한다.

안정성(stability). 화폐는 반드시 안정적이고 표시된 액면 가치를 유지할 수 있어야 한다. 만 원짜리 지폐로 어떤 날과 그 다음날에도 똑같은 상품이나 서비스를 구매할 수 있어야 한다. 안정성의 원칙은 미래를 위해 현재 소비를 미루면서 돈을 저축하는 사람들이 미래에 가치가 떨어질 거라는 걱정을 하지 않아도 되게 한다. 이미 언급하였듯이, 경제적 상황으로 인해 물가가 상승하는 인플레이션 기간에 돈 가치는 떨어진다. 따라서 똑같은 금액으로 구매할 수 있는 상품과 서비스는 점점 줄어들게 된다. 일부 국가의 사람들은 돈이 생기는 즉시 소비를 하는데, 이는 물가 상승으로 인해 돈 가치가 급격히 떨어지기 때문이다. 불안정성은 한 국가의 화폐에 대한 신뢰와 가치를 저장하고, 효과적인 교환 수단이 될 수 있는 능력을 무너뜨린다. 또한 다른 국가에도 영향을 미친다. 스위스가 자국통화인 프랑을 더 이상 유로화와 고정 환율로 유지하지 않기로 결정했을 때, 상대적으로 "안전한" 통화로 보고 투자를 한 다른 국가들은 우려를 표명하였다. 이로 인해 스위스 수출품 가격은 더 비싸지고 수입품 가격은 더 저렴해질 것이다. 투자자들이 걱정한 통화 안정성의 변화는 결국 투자자들에게는 막대한 손해를, 스위스 주식시장에는 폭락을 가져왔다.[4] 궁극적으로 물가 상승의 악순환을 겪었던 사람들은 무슨 수를 써서라도 가치가 없는 지폐 대신에 보유한 모든 재산을 금이나 부동산 같은 실물 자산에 투자하려고 한다.

내구성(durability). 화폐는 반드시 내구력이 있어야 한다. 미국에서는 갓 인쇄되어 나온 새 지폐는 처음 거래된 시점부터 평균 6년 정도 사람들 사이에 돌아다니게 된다(표 15-1 참조). 만약 오래되고 색이 바란 지폐 상태가 점점 나빠짐에 따라 가치를 잃게 된다면, 내구성과 보편적인 용인 가능성의 원칙은 실패할 것이다. 지폐보다 훨씬 긴 내용연수를 지닌 금속 동전이 이상적인 화폐의 수단으로 보이겠지만 지폐는 금속보다 훨씬 가볍기 때문에 가지고 다니기가 수월하다. 오늘날 동전은 주로 가분성을 제공하는 데 사용된다.

위조하기 어려움(difficulty to counterfeit). 마지막으로, 안정적이고 보편적으로 통용되기 위해서는 화폐가 불법적으로 복제하는 위조가 매우 힘들어야 한다는 것은 말할 나위가 없다. 모든 나라는 화폐 위조 방지를 위해 여러 단계를 거쳐 화폐를 제조한다. 대부분 나라에서 여러 가지 색깔을 띤 화폐를 사용하고, 많은 나라가 복제를 사실상 불가능한 특별한 비침무늬가 있는(watermarked) 종이를 사용한다. 그럼에도 불구하고 컬러 프린터 기술의 발전으로 인해 화폐를 위조하기가 점점 더 쉬워지고 있다.[5] 단지 조그만 금액의 위조지폐를 유통시키는 수백 명의 사람들이 이런 불법적인 화폐 복사를 부채질하고 있다. 화폐를 위조하는 문제를 해결하기 위해 미국 재무성(U.S. Treasury Department)은 2003년 20달러 지폐를 시작으로 2004년에는 50달러 지폐, 2006년엔 10달러 지폐, 2008년엔 5달러 지폐 그리고 2013년에는 100달러짜리 지폐의 도안을 새로 고안하였다.[6] 사상 처음으로 미국 화폐에 전통적인 녹색에다 섬세한 색깔을 입힌 것은 물론이고, 비침무늬, 보안선 그리고 색깔이 바뀌는 잉크 등의 강화된 보안기 능을 집어넣었다.[7] 많은 국가에서 마약이나 테러리즘과 같은 불법 거래에 사용될 수 있는 큰 단위 화폐를 더 이상 발행하지 않고 있다. 이는 500유로 한 장을 주고받는 것보다 같은 금액이지만 100유로 다섯 장을 옮기는 데 더 어렵기 때

〈표 15-1〉 화폐의 기대수명

미국 지폐의 수명은 얼마나 오래되겠는가?

통화가 연방준비은행에 예치될 때, 각 지폐는 정교한 처리설비를 통해 품질을 평가받는다. 엄격한 품질규격을 통과한, 즉 아직 상태가 좋은 지폐는 계속 유통이 되는 반면에, 통과하지 못한 지폐는 유통을 중단시키고 폐기처분한다. 이 과정이 연방준비권의 수명을 결정한다.

수명은 화폐 단위에 따라 다르다. 대중이 각 화폐를 어떻게 사용하는지가 해당 화폐 수명에 영향을 주는 한 요인으로 들 수 있다. 예를 들어 100달러짜리 지폐는 종종 가치저장을 위해 쓰인다. 이 말은 100달러 지폐는 5달러 지폐같이 단위가 낮은 지폐보다 거래 목적으로 사용되는 빈도가 낮다보니 사용자간 유통이 잘 일어나지 않는다. 따라서 일반적으로 100달러 지폐는 5달러 지폐보다 수명이 길다.

단위	기대수명*
1달러	5.8년
5달러	5.5년
10달러	4.5년
20달러	7.9년
50달러	8.5년
100달러	15.0년

*2013년 12월 현재 기대수명. 2달러 지폐는 유통이 거의 안 되므로 기대수명에서 제외하였다. 100달러 지폐의 추정치는 2012년 12월 자료이다.

자료: Board of Governors of the Federal Reserve System, "How Long Is the Life Span of U.S. Paper Money?" www.federalreserve.gov/faqs/how-long-is-the-life-span-of-us-paper-money.htm (accessed April 28, 2018).

〈표 15-2〉 동전을 생산하는 데 드는 비용

자료: Various annual reports of the U.S. Mint.

회계연도	페니(1센트)	니켈(5센트)	다임(10센트)	쿼터(25센트)	동전으로부터 수익 (단위: 백만)
2017	$ 0.0182	$ 0.0666	$ 0.0333	$0.0082	$391.50
2016	$ 0.0150	$ 0.0632	$0.0308	$0.0763	$ 578.7
2015	$ 0.0143	$0.0744	$0.0354	$0.0844	$ 540.9
2014	$ 0.0166	$0.0809	$ 0.0391	$ 0.0895	$ 289.1
2013	$ 0.0183	$ 0.0941	$0.0456	$ 0.0105	$ 137.4
2012	$0.0200	$ 0.1009	$0.0499	$ 0.1130	$ 105.9
2011	$ 0.0241	$ 0.1118	$0.0565	$ 0.1114	$ 348.8

알고 있습니까? 미국에서 유통되는 화폐의 0.01% 미안이 위조화폐이다.[8]

문이다. 비록 동전 위조는 지폐만큼 심각한 문제는 아니지만 미국 금속 동전은 주로 액면가보다 금속으로서의 가치가 더 나간다. 동전을 생산하는 데는 비용이 동전이 지닌 금전적인 가치보다 더 비싸진 것이다.

〈표 15-2〉에서 볼 수 있듯이, 1센트와 5센트짜리 주화를 생산하는 데 드는 비용은 지닌 액면가치보다 더 크다. 2017년에 1센트 동전을 생산하는 데 1.82센트, 즉 지닌 가치보다 82%나 더 비용이 든다. 하지만 미국 화폐주조소(U.S. mint)는 10센트, 25센트와 1달러짜리 동전으로부터 1센트와 5센트 발행으로 생기는 손실을 벌충한다. 미화 1달러짜리 동전은 인기가 너무 없어서 2013년 이후 미국 화폐주조소는 더 이상 발행을 하지 않는다. 동전 주조로부터 발생하는 이익은 구리, 아연 그리고 니켈의 가격 변화에 따라 변하지만, 10센트와 25센트 주화는 항상 수익을 낸다.

학습목표 15-2

화폐의 종류

지폐와 동전이 주로 통용되는 화폐 종류지만 모든 지폐와 동전을 합친 가치는 당좌예금계좌, 저축예금계좌와 다른 형태의 통화로 저장된 금액의 가치에 비교할 바가 못 된다.

자유예금계좌
은행이나 금융기관에 예치된 자금으로 예금주가 아무 때나 예금을 인출할 수 있음. 요구불예금이라고 함.

대부분의 개인이 **자유예금계좌**(checking account)(요구불예금(demand deposit)이라고도 함), 즉 은행이나 다른 금융기관이 보관하고 있지만 예금주가 마음먹으면 언제든지 인출할 수 있는 돈을 입금한 계좌를 가지고 있을 것이다. 미국에서는 개인수표(personal check)를 발행하여 자신의 계좌에 들어 있는 돈을 지정한 개인이나 기업에서 지정된 금액을 지급하도록 한다. 법적 문서로서 개인수표는 통화와 동전에 대한 대체 수단의 역할을 하고, 비교적 안전한 금융 수단으로 많은 거래에서 선호되고 있다. 만약 100달러 지폐를 분실하면 그걸 줍는 어느 누구도 사용할 수 있다. 하지만 수표는 분실하더라도 막대한 손실이 발생할 위험은 매우 낮다. 거래 은행은 당신의 서명 표본을 가지고 있어서 의심스런 위조 서명과 비교할 뿐 아니라, 분실하는 즉시 거래 은행에 지불 정지를 통해 분실한 수표를 무용지물로 만들 수 있다.

미국 정부는 화폐 위조자들보다 한 발 앞서나가고 대중을 보호하기 위해 통화의 새로운 디자인을 고안한다.

현장 속의 기업가정신 Entrepreneurship in Action

스퀘어는 자사 제품 제공을 마무리 짓다

설립자: 잭 돌시(Jack Dorsey), 짐 맥켈비(Jim McKelvey)
설립: 2010년 캘리포니아주 샌프란시스코
성공: 스퀘어사(Square Inc.)는 중소기업이 신용카드 처리, 영수증 발행, 재고 관리 등을 모바일 장치에서 수행하는 데 도움이 되는 다양한 제품을 출시한다.

스퀘어사는 모바일 장치의 오디오 잭에 꽂을 때 신용카드 리더 역할을 하는 작은 장치인 스퀘어 리더(Square Reader)로 가장 잘 알려져 있다. 그러나 스퀘어의 혁신적인 제품은 거기서 끝나지 않는다. 스퀘어 리더를 출시한 지 3년 후에 스퀘어는 아이패드(iPad)를 포스 시스템(point-of-sale system)으로 쉽게 변환할 수 있는 하드웨어인 스퀘어 스탠드(Square Stand)를 출시하였다. 스퀘어 스탠드는 내장된 카드 판독기기를 다른 액세서리와 연결시켜 영수증을 발행하고 바코드를 읽을 수 있게 한다. 비접촉식 카드 결제 시스템과 칩 리더를 포함하는 이 회전 스탠드의 가격은 불과 169달러이다.

소매업자에 더 많은 혁신을 제공하기 위해 스퀘어는 2017년에 새로운 포스 아이패드(iPad) 앱을 포함하여 소매업체에 최적화된 도구 세트인 스퀘어 포 리테일(Square for Retail)을 출시하였다. 주요 기능으로는 직원 관리, 고급 재고 관리 및 보고, 바코드 라벨 인쇄 등을 들 수 있다. 이 최신 제품의 가격은 999달러로 책정되었다. 스퀘어의 혁신적인 모바일 지급과 포스 제품은 사용자에게 보다 쉽고 합리적인 가격으로 사업을 성장시키고 관리할 수 있는 방법을 제공한다.[9]

토의 주제

1. 스퀘어가 신용카드 업계에 어떤 영향을 끼친다고 생각하는가?
2. 스퀘어는 왜 중소기업 사이에서 특히 인기가 있는가?
3. 스퀘어 제품은 기존의 카드 리더기와 포스 시스템을 대체할 수 있겠는가? 그 이유는 무엇이라고 생각하는가?

당좌예금계좌(checking accounts)에는 여러 형태가 있는데 월 수수료나 지정 최소 잔고에 따라 다양한 기능이 있다. 어떤 당좌예금계좌는 예치된 금액에 대해 낮은 수준이지만 이자를 지급한다. 국내 자유예금계좌도 매우 낮은 수준이지만 이자를 지급하고, 그 이자율은 경제 상황에 따라 다르다.

정기예금(time deposit)으로도 알려진 **저축예금계좌**(savings accounts)는 예금을 인출하는 데 자유롭지 못하고 일정 기간 묶여 있는 예금계좌를 말한다. 자유예금계좌에는 2~3일 사전 통지 없이 예금 인출을 금지하는 규정이 있지만 거의 유명무실하다. 저축예금계좌는 일반적으로 거래나 교환 수단으로 사용되지 않지만, 해당 계좌에 들어있는 돈은 자유예금계좌로 옮기거나 현금으로 인출할 수 있다.

저축예금계좌
예금을 인출하기 위해서는 주로 미리 사전 통지가 필요한 계좌. 정기예금이라고 한다.

수시입출금예금계좌(Money Market Accounts: MMA)는 이자를 지급하는 당좌예금계좌와 비슷한데 제약이 몇 가지 더 있다. 조금 더 높은 이자를 받는 대신에 수시입출금예금계좌 소유주는 매월 인출할 수 있는 금액과 횟수에 제약이 있을 수 있다.

수시입출금예금계좌
기준 은행이율보다 높은 이자율을 제공하는 대신 상대적으로 높은 제약 조건이 붙는 계좌.

양도성예금증서(Certificates of Deposit: CD)는 6개월, 1년 혹은 7년과 같이 정해진 기간 동안에 예금 인출을 하지 않는 한 예금자에게 지정된 이자율을 보장하는 저축예금계좌이다. 만기 전에 돈을 인출할 수 있지만 상당한 해약금을 지불해야 한다. 일반적으로 CD의 기간이 길면 길수록 지급되는 이자율은 높다. 모든 이자율이 그렇듯이 계좌를 열 때 지급이 확정되는 이자율은 경제 상황에 따라 달라진다.

양도성예금증서
6개월이나 1년 같이 정해진 기간에 예금이 만기까지 유지될 경우 예금주에게 정해진 이자율을 보장해 주는 저축예금계좌.

신용카드(credit cards)는 은행이나 금융회사가 부여한 신용한도를 사용하여 상품이나 서비스를 구매하고 나중에 돈을 갚아야 하는 약속이다. 신용카드는 편의성, 신용에 쉬운 접근성 그리고 전 세계 상점에서의 수용성 등으로 현금지급의 훌륭한 대체 수단이다. 신용카드를 발급하는 기관은 상점에서 청구하는 금액에 대한 지급을 보증하고, 그 금액을 카드

신용카드
은행이나 금융 회사가 부여한 사전 승인된 신용공여에 접근하는 수단.

신용카드는 비싼 물품을 구매하고 나중에 지불이 가능한 등 여러 장점이 있다. 하지만 이러한 이점으로 인해 오히려 갚기 힘든 신용카드 빚의 악순환에 쉽게 빠져들게 만들기도 한다.

©Piotr Adamowicz/123RF

소유자로부터 회수하는 책임을 맡는다. 카드 발행자는 신용조회, 지급 보증 그리고 대금 징수를 수행함에 따라 발생하는 거래비용을 상점에 청구한다. 그 비용은 신용카드 종류와 카드 소유자가 소비하는 물품이나 서비스 종류에 따라 다르다.

카드 소유자는 물품이나 서비스를 구매한 후 매월 말에 청구 금액을 모두 갚는 것을 원칙으로 하지만 다 갚지 않고 남는 잔고에 대해 이자를 지불하는 대신 매월 최소 요구 금액만을 갚을 수도 있다. 이를 '리볼빙(revolving)'이라고 부른다. 하지만 남아있는 잔고에 대해 신용카드 회사는 매우 높은 이자비용을 청구하므로, 리볼빙은 매우 높은 이자를 지불하고 돈을 빌린 것으로 보면 된다. 따라서 여러분은 반드시 필요한 경우에 한해 본인이 감당할 수 있을 정도의 금액에 대해 신용카드를 사용하며, 매월 청구되는 금액을 모두 갚아야 한다.

비자(Visa)나 마스터카드(MasterCard)와 같은 주요 신용카드 회사 이외에 백화점과 같은 상점에서 금융기관과 연계하여 자체 상표를 가진 신용카드를 발행하기도 한다. 이들 역시 신용평가기관으로부터 카드 소유자의 신용 상태를 확인하고 신용거래 수수료가 주 수입원이 된다.

미국에서는 신용카드 회사의 영업 관행을 규제하는 Credit CARD(Card Accountability Responsibility and Disclosure)란 법안이 2009년에 통과되었다. 이 법은 카드사가 이자율을 올리는 것과 청년들에게 카드를 발급하는 것을 제한하였다. 또한 카드 대금을 갚는 데 좀 더 많은 시간을 주었으며, 잔고 중에서 여러 이자율이 있을 경우 가장 높은 이자율을 가진 잔고부터 먼저 갚아지도록 규정하였다. 여러 가지 다른 규정과 함께 대금 청구 주기를 보다 명확하도록 하였다. 이 법에서 가장 중요한 부분은 21세 미만 청년은 반드시 성인과 함께 공동 서명하거나 신용카드 한도를 감당할 수 있는 충분한 소득이 있다는 걸 증명해야 한다.

이 법안은 모든 기업과 카드 소유자에서 중요하다. 연구에 따르면 중하위 소득 가정의 40% 정도가 신용카드로 생활필수품을 구매한다고 한다. 하지만 최근 몇 년 사이에 중하위 소득 가정의 평균 신용카드 빚이 줄어들고 있다는 좋은 소식도 있다. 반면에 대학생들은 신용카드와 카드의 필요 요건을 이해하는 데 필요한 금융 지식이 부족한 경향이 있다는 관련 연구도 있다. 신용카드를 보유한 90% 정도의 대학생이 카드빚을 지고 있다. 따라서 대학생과 같은 사회 취약 계층은 어느 신용카드를 선택할지와 얼마나 자주 사용할지에 대해 매우 신중할 필요가 있다.[10]

직불카드

신용카드처럼 보이지만 개인수표처럼 사용되는 카드. 직불카드를 사용하면 카드 소유자의 당좌예금계좌에서 상품을 구매한 상점이나 제3자에게 즉각적인 지급이 이루어진다.

직불카드(debit card)는 신용카드처럼 보이지만 개인수표처럼 사용된다. 직불카드를 사용하면 카드 소유자의 예금계좌로부터 상점이나 거래 상대방에게 직접적이고 즉시 전자결제가 이루어진다. 직불카드는 가지고 다니기 편하고 은행에게는 수익이 되지만 외상이 불가능하고 구매에 대한 "유예기간(grace period)"이 전혀 없으며, 인쇄된 "문서 궤적(paper trail)"을 제공하지 않는다. 보다 많은 상점이 직불카드를 받아들이고 있으며 소비자는 늘어나는 현금인출기로부터 쉽게 현금을 찾을 수 있다는 점에서 직불카드를 선호한다. 금융기관 역시 소비자의 직불카드 사용을 권장하는데, 직불카드는 출납 거래 수를 줄이고 수표를 처리하는 데 드는 비용을 줄일 수 있기 때문이다. 메릴린치(Merrill Lynch)와 같은 일부 증권사에는 운영하는 종합자산관리 계좌(Cash Management Accounts: CMA)는 거치 직불카드를 제공하기도 한다. 신용카드처럼 사용되지만 한 달에 한번 CMA 계좌로부터 출금이 된다. 그 기간 동안 계좌는 수시입출금예금 정도의 이자수익을 낸다.

여행자 수표, 우편환 그리고 자기앞수표는 흔히 볼 수 있는 "화폐와 가까운" 다른 형태의 화폐로 볼 수 있다. 각각은 서로 조금씩 다르지만 한 가지 공통의 특성을 지니고 있다. 금융기관, 은행, 신용회사 혹은 지역 환전소는 현금과 교환하여 이들을 발행하며, 매입한 증서에 적혀있는 내용에 따라 현금으로 바꿔주겠다는 약속을 지킨다는 것을 보증한다.

암호화폐(cryptocurrency)라는 새로운 유형의 화폐가 지난 몇 년 사이에 기술 지향적인 사람들에게 인기를 얻고 있다(경영 도전에 대한 대응 사례 참조). 비트코인(Bitcoin)이 가장 인기 있지만 급격한 가격변동성으로 인해 정부가 지원하는 달러, 엔 그리고 유로와 같은 법정화폐에 비해 사용에 제약이 많다. 또한 안정적인 가치나 휴대성이 부족하다. 그러나 거래 규모가 크고 구매자와 판매자 모두가 암호화폐의 가치를 알 수 있는 즉각적인 지급을 요하는 디지털 경제에서 잘 작동한다.

신용카드 사기. 점점 더 많은 컴퓨터 해커가 신용카드 정보를 훔쳐서 인터넷에서 물건

경영 도전에 대한 대응 Responding to Business Challenges

암호화폐 해독하기

인터넷의 발전은 암호화폐(cryptocurrency)의 급속한 성장에 큰 도움이 되었다. 암호화폐는 보안을 위해 암호화(코드를 작성하거나 해결)를 사용하는 디지털 통화이며, 어떤 중앙기관도 발행하지 않는다. 첫 번째 암호화폐는 비트코인(Bitcoin)이다. 2009년에 출범한 비트코인은 컴퓨팅 성능을 사용하여 모든 거래를 처리하고 확인하는 분산 컴퓨터 네트워크를 말한다. 모든 거래는 블록체인(blockchain)이라는 시간에 따른 공개 원장에서 검증, 코딩, 그리고 일괄 처리된다. 블록체인은 공개키(public key)와 개인키(private key)(알고리즘에 함께 묶인 일련의 숫자와 문자)의 이중 보안장치를 사용하여 비트코인 거래를 승인하고 보안을 유지한다.

암호화폐는 당사자 간에 자금을 쉽게 이체하고 처리 수수료를 줄이는 등 여러 가지 점에서 매력적이다. 하지만 다른 한편으로 중앙 기관의 부재는 돈세탁이나 탈세와 같은 불법 활동에 취약할 수밖에 없다. 정부가 발행하는 화폐(flat money)는 안정적인 가치를 지니고 있지만, 비트코인과 여타 암호화폐는 안정적인 가치가 없으며 투기의 대상이 되곤 한다. 비트코인 가격은 코인 하나당 1만 9,500달러에서 6,000달러 사이를 오르내린다.

암호화폐의 특성상 구매자와 판매자 간 거래를 감지하는 게 거의 불가능하므로, 북한과 베네수엘라와 같은 국가에서 경제 제재를 피하려고 사용되기도 한다는 점에 대해 우려하고 사람도 있다. 많은 사람이 암호화폐를 유가증권으로 간주하고, 정부는 암호화폐 거래에서 발생하는 모든 손익을 추적하여 세금을 부과하고 싶어 한다.

암호화폐가 과연 합법적인 지급수단으로 지속 가능한가에 대한 논쟁이 있지만, 암호화폐와 관련된 현 상황이 1990년대에 처음 등장한 인터넷과 유사하다고 생각하는 사람도 많다. 비트코인이 지닌 고유한 특성을 고려할 때 디지털 화폐가 거래를 단순하고 저렴하게 만들 가능성은 농후하다.[11]

토의 주제

1. 암호화폐와 관련된 위험은 무엇인가?
2. 암호화폐 거래에는 어떤 이점이 있는가?
3. 많은 정부가 암호화폐에 대해 비판적인데, 그 이유는 무엇이라고 생각하는가?

을 사는 데 사용하거나 훔친 카드와 똑같은 카드를 만들고 있다. 신용카드 절도에서 발생하는 손실은 수십억 달러에 달하지만 주로 소비자는 손실에 대해 책임을 지지는 않는다(나라별로 차이가 있음). 하지만 소비자의 직불카드는 조심해야 하는데, 일단 돈이 계좌에서 빠져나가는 순간 은행과 신용카드사는 잃어버린 돈을 되찾을 수 없다. 직불카드는 신용카드 수준의 보호를 받지 못한다.

학습목표 15-3

미국 금융 시스템

미국 금융 시스템은 돈의 저장 및 투자 기회를 육성, 신생 및 기존 기업 확장은 물론이고 주택, 자동차, 대학 학자금 대출을 함으로써 경제의 활력을 불러일으킨다. 이 복잡한 시스템은 은행, 할부금융회사와 같은 비은행 금융기관 그리고 전 세계로 온라인 이체를 가능하게 하는 시스템을 아우른다. 지난 20년 동안, 자금의 소유자가 바뀌는 비율은 기하급수적으로 늘어났다. 다른 문화권은 저축, 지출, 차용 그리고 투자에 대해 고유의 가치를 둔다. 커지는 자금 회전율과 여러 나라로부터 미국으로 건너오는 사람과 조직 간의 상호 작용의 증대는 복잡한 화폐 시스템을 만들었다. 이런 복잡한 시스템을 지키는 수호자를 만나보자.

연방준비제도(Federal Reserve System)

연방준비위원회
미국 은행과 금융산업을 규제하기 위해 1913년에 설립된 연방정부의 독립 기구.

미국 금융 시스템의 수호자는 보통 "the Fed"로 불리는 **연방준비위원회**(Federal Reserve Board)로 은행과 금융업을 규제하기 위해 1913년에 설립된 연방정부의 독립기구이다. 연방준비위원회는 12개 지역으로 구성되어 있으며, 각 지역에는 지정된 구역을 담당하는 연방준비은행이 하나씩 있다(그림 15-1). 보스턴과 필라델피아에 있는 연방준비은행을 제외한 다른 은행들은 지사를 가지고 있다. 클리블랜드 연방준비은행은 피츠버그와 신시내티 두 곳의 지사를 담당하고 있다.

연방준비위원회(이하 연준)는 미국의 주요 경제정책을 담당하고 있다. 의회, 대통령과 함께 연준은 지속적으로 낮은 인플레이션, 높은 수준의 고용, 국제수지의 균형, 그리고 장기 경제성장을 이룰 수 있는 긍정적 경제 환경을 만들기 위해 노력을 기울인다. 이에 대해 연준은 네 가지 주요 역할을 맡고 있다. (1) 통화 공급을 조절하는 통화정책, (2) 은행과 다른 금융기관을 규제, (3) 지역과 전국적인 당좌예금계좌 절차를 관리, (4) 연방준비제도에 속하는 은행들의 연방 예금 보험 프로그램을 관리·감독하는 것이다.

통화정책
중앙은행이 경제 활동에 필요한 통화량을 조절하는 수단.

통화정책. 연준은 **통화정책**(monetary policy)을 통해 시중에 있는 통화량을 조절한다. 이런 시장 개입이 없다면 통화 수요와 공급은 균형을 맞추지 못할 것이다. 이런 불균형은 통화량이 거의 없거나 경제 불황으로 인해 상품이나 서비스 가격이 급격히 상승하는 인플레이션 또는 통화 공급이 거의 늘어나지 않음에 따라 가격 상승 속도가 늦어지는 디스인플레이션(disinflation)을 초래할 수 있다. 미국의 1930년대 대공황 같은 매우 예외적인 경우에 가격이 떨어짐에 따라 실질 구매력이 늘어나는 디플레이션을 겪었다. 경제 전반의 통화 공급을 효

〈그림 15-1〉 연방준비제도

과적으로 통제하기 위해 연준은 어느 시점에서라도 시중에 자금이 얼마나 유통되고 있는지 잘 이해하고 있어야 한다. 미국의 경우, 미국달러가 해외에서 점점 더 많이 유통되므로 통화 유통량을 파악한다는 것이 그렇게 간단한 문제는 아니다. 여러 방법으로 통화 공급량을 측정한 후, 연준은 자금 수요와 자금 공급의 균형을 확보하기 위한 특정 성장률 목표를 설정한다. 연준은 네 가지 기본 도구를 활용하여 통화량 증가를 조정하는데, 이는 공개시장 조작, 지급준비율, 할인율 그리고 신용 통제를 말한다(표 15-3 참조). 이런 정책들이 경제 활동에 끼친 영향이 가시적으로 나타나기까지 보통 6개월에서 18개월 정도 걸린다.

공개시장 조작
단기 국공채와 다른 투자상품을 공개시장에서 매수하거나 매도하기 위한 의사결정.

공개시장조작(open market operations)은 미국 재무성이 발행하는 단기채권(U.S. Treasure bills)과 공개시장에 있는 다른 투자상품을 사들이거나 판매하는 의사결정을 말한다. 투자상품

〈표 15-3〉 통화량을 조절하기 위한 연준의 수단

활동	통화량과 경제에 미치는 영향
정부채권을 매입	통화량 증가 / 경제 활동 증대
정부채권을 매도	통화량 감소 / 경제 활동 위축
할인율 인상	이자율 인상 / 통화량 감소 / 경제 활동 위축
할인율 인하	이자율 하락 / 통화량 증가 / 경제 활동 증대
지급준비율 인상	은행은 대출을 줄임 / 통화량 감소 / 경제 활동 위축
지급준비율 인하	은행은 대출을 늘임 / 통화량 증대 / 경제 활동 증대
신용 완화	보다 많은 사람이 주요 물품을 구매하려고 함 / 경제 활동 증대
신용 강화	사람들은 주요 물품 구매를 꺼리게 됨 / 경제 활동 위축

을 실제로 사거나 파는 것은 뉴욕 연방준비은행에서 담당한다. 공개시장조작은 연준의 여러 활동 중 가장 자주 활용하는 통화정책으로, 연준은 통화 공급량을 조절하기 위해 거의 매일 수행한다.

연준이 증권을 사들일 때 해당 투자상품의 판매자에게 수표를 발행한다. 판매자들은 주로 대형 은행인데 이들이 연준으로부터 받은 수표를 입금하면 연준은 연방준비계좌로부터 판매자의 계좌로 해당 금액을 송금한다. 따라서 시장에 통화 공급량은 늘어나게 되고 잘된다면 경제성장을 일으킬 것이다. 연준이 투자상품을 팔 때는 반대 현상이 발생한다. 구매자가 연준에 수표를 발행하고, 자금이 구매자 계좌에서 빠져나가게 되면 시중에 유통되는 통화량은 줄어들게 되고 경제성장 속도를 원하는 수준으로 늦추게 된다.

지급준비율
예금기관이 유치한 예금 중에서 반드시 예치해야 하는 비율.

두 번째 주요 통화정책도구는 **지급준비율**(reserve requirements)이다. 은행이 예금을 유치하면 일정 비율의 금액을 반드시 "금고에(in the vault)" 예치하고 있어야 하는데 이 비율을 지급준비율이라고 한다. 그렇게 보관된 자금은 기업과 가계에 빌려줄 수 없다. 가령, 한 은행이 1,000만 달러의 예금을 보유하고 있고, 지급준비율이 10%라면 해당 은행은 최소한 100만 달러는 지급준비금으로 보유하고 있어야 한다. 만약 연준이 지급준비율을 5%로 떨어뜨린다면 그 은행은 단지 50만 달러만 준비금으로 갖고 있으면 된다. 과거 지급준비율과 낮아진 새 지급준비율의 차이로 발생한 50만 달러는 고객에게 빌려줄 수 있으며, 이는 통화 공급량이 늘어나는 효과가 있다. 지급준비율은 통화 공급에 막대한 영향을 끼치므로 연준은 지급준비율을 자주 바꾸지 않는 대신에 주로 공개시장조작에 의존한다.

재할인율
시중 예금기관이 지급준비율을 맞추기 위한 자금을 중앙은행으로부터 빌릴 때 지급하는 이자율.

세 번째 통화정책도구는 **재할인율**(discount rate)로, 이는 지급준비율을 충족시키려는 시중은행에 연준이 자금을 빌려줄 때 부과하는 이자율이다. 연준은 지급준비율 압박을 받는 은행에게 돈을 빌려주는 최후의 보루(the lender of last resort) 역할을 한다. 은행이 연준으로부터 돈을 빌릴 때, "할인 창구(discount window)"에서 돈을 빌렸다고 얘기하고, 부과되는 이자율은 비슷한 위험을 지닌 다른 곳에서 빌리는 대출에 부과되는 이자율보다 종종 높다. 이런 추가적인 이자비용은 많은 은행이 연준으로부터 자금을 빌리는 것을 꺼리게 한다.

연준이 통화 공급량을 늘리고 싶을 때 재할인율을 떨어뜨려서 돈 빌리는 것을 촉진시킨다. 반대로, 통화 공급량을 줄이고 싶을 때에는 재할인율을 올린다. 미국에서 2003년부터 2006년 사이에 발생한 이자율 상승은 연준이 재할인율을 4% 이상 끌어올린 결과이다. 그 목적은 인플레이션을 억제하고, 경제가 2001년 불황으로부터 회복함에 따라 이자율을 정상 수준으로 올리기 위함이었다. 2007년에 시작된 최근의 경제 불황을 타계하기 위해 연준은 이자율을 떨어뜨렸고, 역사적으로 매우 낮은 이자율이 과거 10년간 유지되고 있다. 경제가 조심씩 회복됨에 따라 연준은 2017년에 이자율을 올리기 시작했다. 당연히 경제학자들은 민감한 이자율 변화를 연준의 통화정책에 대한 척도로 간주한다.

신용 통제
금융기관과 일부 개인 투자가에 대해 신용 규정을 수립하고, 강제시키는 권한.

연준이 보유한 마지막 무기는 **신용 통제**(credit controls)로서 금융기관과 일부 개인투자자들을 위해 신용규정을 수립하고 집행하는 권한을 말한다. 예를 들어 연준은 개인과 기업이 자동차 같은 비싼 물품을 신용으로 구매할 때, 얼마만큼의 계약금을 반드시 지불해야 하는지와 나머지 잔금을 얼마 만에 지급해야 하는지를 결정할 수 있다. 계약금과 잔금 지급 기간을 늘리거나 줄임으로써 연준은 "고가(big ticket)" 물품의 신용구매를 촉진시키거나 좌절시킬 수 있다. 또한 연준은 투자자가 주식을 신용으로 구매하기 위해 반드시 지불하는 최소 계약 금액을 결정하는 권한을 가지고 있다. 주식을 신용으로 사는(buying on margin) 것은 개인 투기거래자(speculators) 사이에서 인기 있는 투자 전략이다. 증거금비율(margin requirement)을 바꿈으로써 연준은 주식시장에서 신용구매의 총량을 효과적으로 조절할 수 있다.

규제 기능. 연준이 가진 두 번째 주요 책임은 연방준비제도 회원 은행을 규제하는 것이다. 그에 따라 연준은 통화정책과 전반적인 은행 간 경쟁 수준에 영향을 주는 은행업 규정을 설립하고 집행한다. 연준은 증권 중개, 리스나 보험 같은 비은행 영업 활동 중 은행에 적합한 활동은 무엇이며 금지되어야 하는 활동은 무엇인지를 결정한다. 또한 연준은 은행 간 합병과 은행지주사(bank holding companies)의 설립을 허가하거나 불허하는 권한을 가지고 있다. 모든 규정이 집행되고 회원 은행들이 정확한 회계 절차를 따르는지를 확실히 하기 위해, 불시 은행 감사가 매년 은행 검사관에 의해 수행된다.

예금보험. 연준은 회원 기관의 예금을 보호하는 연방보험기금을 감독하는 역할 또한 맡고 있다. 보험기금은 다음에서 좀 더 자세히 얘기하도록 하겠다.

은행업 금융기관

학습목표 15-4

개인 소비자와 기업으로부터 예금을 유치하여 다른 개인과 기업에게 돈을 빌려주는 기관을 은행업 금융기관이라 한다. 이 중 중요한 기관으로는 상업은행, 저축대출조합, 신용협동조합 그리고 상호저축은행을 들 수 있다. 역사적으로 이들은 별개의 독립된 기관이었지만 지난 20년 사이에 두 가지 이상의 업무를 수행하는 하이브리드 형태의 금융기관이 새로이 생겨나기 시작했다. 하지만 이들이 가진 한 가지 공통점은 자금을 관리 및 보호하고 다른 사람들에게 자금을 빌려줌으로써 수익을 내고자 하는 비즈니스 모형을 가지고 있다는 것이다. 은행업 금융기관은 금융 서비스를 제공하는 대가로 청구하는 수수료와 이자로부터 수익을 창출한다.

금융 위기 이후와 2016년 미국 대통령선거 기간 동안, 월가와 은행은 미국에 존재하는 모든 경제 문제의 주범이라고 정치인들에 의해 계속 비난을 받아왔다. 그러나 트럼프 대통령 행정부의 처음 2년 동안 많은 규제가 완화되었는데, 특히 지방 은행에 대한 규제가 많이 완화되었다. 앞으로 계속 금융 네트워크가 매우 복잡하다는 것을 알 수 있을 것이다.

상업은행(또는 보통은행)
가장 규모가 크고 오래된 금융기관으로 기업과 가계에 빌려주는 데 필요한 자금을 주로 당좌예금계좌와 저축예금계좌에 의존.

상업은행. **상업은행**(commercial banks)은 모든 금융기관 중에서 가장 규모가 크고 오래되었으며, 다양한 금융 서비스를 제공한다. 상업은행은 주로 당좌예금과 저축예금 계좌를 자금의 원천으로 하며, 예금의 일부분을 기업과 개인에게 빌려준다. 한 은행의 모든 예금주가 자신의 돈 전부를 동시에 인출할 가능성은 매우 낮으므로 은행은 유치한 예금의 상당한 부분을 안전하게 대출로 활용할 수 있다.

오늘날 은행은 상당히 다각화되어 있고, 다양한 서비스를 제공한다. 상업은행은 여행

시티은행은 시티그룹(Citigroup)의 소비자금융 계열사이며, 미국의 4대 대형 은행 중 하나이다.

©Andriy Blokhin/Shutterstock

에서 자동차, 주택에서 대학 학자금에 이르기까지 상상할 수 있는 모든 합법적인 목적에 대해 자금을 빌려준다. 미국 여러 주(州)에 소재하는 은행들은 주택담보대출(home equity loans)을 제공하는데, 주택보유자가 이미 구입한 주택의 감정가격에 대비하여 추가로 돈을 빌릴 수 있다. 또한 은행들은 비자와 마스터카드를 발행하고, 양도성예금증서와 신탁(trust)(수혜자를 위해 자산을 보유하고 관리하도록 설정된 법인)을 제공한다. 많은 은행은 보석, 법적인 문서, 예술품 그리고 다른 귀중품을 보관하길 원하는 고객에게 금고 안에 있는 귀중품 보관소(safe deposit boxes)를 대여해 준다. 1999년에 의회는 그램-리치-브릴리 법안(Gramm-Leach-Bliley Bill)으로도 알려진 금융서비스현대화법(Financial Services Modernization Act)을 통과시켰다. 이 법안은 주식시장 폭락 후 1929년에 제정되었으며, 상업은행이 보험업과 투자은행업을 겸업하는 것을 금지시킨 글래스-스티걸 법안(Glass Steagall Act)을 대체하였다. 이렇게 함으로써 미국 상업은행들은 유럽 은행들과 같은 조건에서 경쟁하게 되어 전 세계 금융업 경쟁에서 보다 공평한 경쟁의 장이 펼쳐지게 되었다. 상업은행과 투자은행이 합병함에 따라 금융 환경이 변화하였다. 통합은 미국 금융산업에서 표준으로 남아있다. 2007년에 시작하여 2012년까지 지속된 금융 위기와 경기 침체는 금융권 통합을 더욱 가속화시켰는데 규모가 크고 견실한 은행이 곤경에 처한 취약한 은행을 사들이게 되었다. 대부분의 은행 인수와 합병은 미국 재무성과 연준으로부터 재무적 도움을 받아 실행되었다. 2012년까지 인수 은행들은 부채를 갚았지만 금융시장 붕괴는 의회가 줄이길 원했던 금융업 고위험 활동을 노출시켰다. 그 결과는 도드-프랭크 법안(Dodd-Frank Act)의 통과로 귀결되었다. 이 법안은 많은 새로운 규제를 추가하였지만 매우 중요한 두 가지 변화는 은행이 재무상태표상에 반드시 보유하고 있어야 하는 필수 자본을 높이고 특정 형태의 고위험 매매 행위를 제한하였다.

저축대출조합
저축예금계좌를 제공하고 장기 주택담보대출을 주로 하는 금융기관.

저축대출조합. **저축대출조합**(savings and loan associations: S&Ls)은 "저축기관(thrifts)"으로 불리곤 하는데 주로 저축예금계좌를 제공하고, 주택담보대출(residential mortgage)을 위해 장기대출을 하는 금융기관으로 한국의 저축은행과 비슷하다 할 수 있다. 주택담보대출은 기업이나 개인이 부동산, 주로 주택을 살 수 있도록 돈을 빌려주는 대출인데 그 부동산은 구매자가 대출을 갚겠다는 보증 혹은 담보(collateral)로 저당이 잡힌다. 만약 대출자가 돈을 갚지 않으면 빌려준 저축대출조합은 해당 부동산을 소유할 수 있는 권리를 갖는다. 1970년 이전에 저축대출조합은 거의 부동산 대출에만 집중하여 오직 저축예금계좌만 받아들였다. 수년간의 규제변화 이후 오늘날에 저축대출조합은 다양한 서비스를 제공함으로써 상업은행과 직접적으로 경쟁을 한다.

1980년대에 거의 붕괴될 뻔했던 저축대출조합은 1990년 초반에 현저한 변화를 겪었다. 오늘날 많은 수의 대형 저축대출조합은 상업은행과 합병을 하였다. 이 부문의 금융 서비스업은 주택담보대출 시장에서 역할이 줄어들고 있다.

신용협동조합. **신용협동조합**(credit unions)은 주로 공통의 고용주, 직업, 거래단체, 혹은 종교를 가진 예금주가 소유하고 관리하는 금융기관이다. 예를 들면, 텍사스주 칼리지 스테이션에 있는 애기랜드 크레딧 유니언(Aggieland Credit Union)은 텍사스 A&M 대학교의 교직원, 재학생과 졸업생을 위해 은행 서비스를 제공한다. 신용협동조합에서 저축예금계좌는 주로 쉐어 어카운트(share account)라 하고, 당좌예금계좌는 쉐어 드래프트 어카운트(share draft account)라 한다. 신용협동조합은 공동의 조직으로 묶여 있으므로 회원들(예금주)은 이사진을 선출하는 투표에 참여할 수 있고, 보다 높은 예금 이자율이나 낮은 대출 이자율의 형태로 신용협동조합의 이익을 나눠가지도록 되어 있다.

신용협동조합
주로 같은 고용주, 직업, 거래 단체 혹은 종교를 가진 예금주가 소유하고 관리하는 금융기관.

신용협동조합은 원래는 예금주에게 자동차, 가정용품, 여행 그리고 학자금과 같은 항목을 위해 이자율이 낮은 소비자 대출을 위한 단기자금원을 제공하기 위해 만들어졌지만 오늘날에는 다양한 금융 서비스를 제공한다. 일반적으로 신용협동조합의 규모가 크면 클수록 제공하는 금융 서비스는 더욱 세련되기 마련이다.

상호저축은행. **상호저축은행**(mutual savings banks)은 저축대출조합과 비슷하지만 예금주들이 소유한다는 점에서는 신용협동조합과 비슷하다. 미국에서 매우 오래된 금융기관 중 하나로 상호저축은행은 원래는 선원들과 같은 특정 집단의 사람들에게 저축을 위한 안전한 장소를 제공하기 위해 설립되었다. 주로 뉴잉글랜드 지방에서 볼 수 있는 상호저축은행은 다른 지역에서도 점차 많이 볼 수 있는데, 이는 1980년대 발생한 광범위한 저축대출조합의 파산으로 인한 오명을 벗기 위해 일부 저축대출조합들이 상호저축은행으로 전환했기 때문이다.

상호저축은행
저축대출조합과 유사하지만 신용협동조합처럼 예금주가 소유를 한 금융기관.

은행업 금융기관을 위한 보험. 개인 은행 계좌를 보장하는 **연방예금보험공사**(Federal Deposit Insurance Corporation: FDIC)는 대공황 동안 미국 전역으로 퍼지는 은행의 줄도산을 막기 위해 1933년에 설립되었다. 오늘날 FDIC는 6천 개에 달하는 연방예금보험공사 회원 기관에 대해 개인계좌 1인당 최대 25만 달러까지 보장을 해준다.[12] 대부분의 주요 은행은 FDIC의 보호를 받지만 일부 주(州)에 기반을 둔 조그만 금융기관들은 주(州) 보험기금이나 개인 보험회사로부터 보장을 받을 수 있다. 회원 은행이 파산을 하더라도 예금주들은 최대 25만 달러까지는 보호를 받으므로 원금을 모두 회수할 수 있다. 25만 달러를 넘는 금액은 법적으로는 보험에 의해 보호를 받지는 않지만 사실상 보호를 받고 있다. 왜냐하면 거액 예금주들이 돈을 인출할 경우 금융 시스템에 막대한 피해를 끼친다는 것을 연준은 잘 알고 있기 때문이다. 금융 위기가 터졌을 때, FDIC는 금융 시스템에 대한 소비자 신뢰를 구축하기 위해 한시적으로 예금보호 금액을 10만 달러에서 25만 달러로 올렸다. 2010년 7월 21일에 통과된 도드-프랭크 법안은 계좌당 보장 금액을 영구적으로 25만 달러로 만들었다. 연방저축대출조합보험공사(Federal Savings and Loan Insurance Corporation: FSLIC)는 1980년대 저축대출조합 사태 동안에 지급불능과 파산이 일어나기 전 저축기관 예금을 보장하였다. FSLIC가 관장한 보험기능은 이제 저축기관보험기금(Savings Association Insurance Fund)을 통해 FDIC가 직접 맡고 있다. **전국신용협동조합감독청**(National Credit Union Administration: NCUA)은 신용

연방예금보험공사
개별 은행 계좌를 보장하기 위해 1933년에 설립된 보험기금.

전국신용협동조합감독청
신용협동조합 설립인가와 규제를 담당하고 전국신협보험기금을 통해 예금주를 보호하는 기관 .

전국신용협동조합감독청은 신용협동조합을 규제하고 인가해 주며 전미신용협동조합보험기금을 통해 예금을 보호하는 중요한 일을 수행한다.

Source: National Credit Union Administration
https://www.ncua.gov/newsroom/Pages/downloadable-graphics.aspx

협동조합을 규제하고 승인하는 역할을 맡고 있으며, 전미신용협동조합보험기금(National Credit Union Insurance Fund)을 통해 예금주들을 보호하고 있다.

보험기금이 처음 만들어졌을 때, 의회는 이 기금 덕분에 예금주들이 자신의 예금은 안전하다고 느끼고, 거래은행이 파산한다는 소식이 들더라도 당황하여 돈을 인출하는 사태가 일어나지 않기를 기대하였다. 유명한 성탄절 영화 「It's a Wonderful Life」에서 수십 명의 베일리 빌딩 앤드 론(Bailey Building and Loan) 예금주가 자신의 돈을 인출하기 위해 일시에 은행으로 달려가는 "뱅크런(bank run)" 현상은 허구 속의 일이 아니라 실제 일어나는 일이다. 대공황 시기에 수백 개의 은행이 파산하였고, 해당 은행에 돈을 예치한 예금주들은 전 재산을 잃어버리고 말았다. 1980년대와 1990년에 많은 수의 주요 금융기관이 파산하였지만 금융 공황이 단 한 번도 일어나지 않았다는 사실은 현 예금보험 시스템이 효과적임을 알 수 있다. 대형 은행의 파산 사태는 최근의 불황 동안 다시 한 번 발생하였다. FDIC에 따르면 2000년 1월부터 2008년 12월 사이에 52개 은행이 파산하였다. 금융 위기와 장기간 지속되는 불황의 영향으로 2009년 1월부터 2014년 12월 사이에 488개 은행이 파산하였다. 하지만 2015년부터 2017년 사이에 예금보호를 받는 은행 중 단기 21개사가 파산한 것

윤리 및 사회적 책임 Consider Ethics and Social Responsibility

웰스파고의 광범위한 사기가 드러나다

2016년에 웰스파고(Wells Fargo)는 대규모 교차판매 스캔들로 인해 세계 최대 상업은행의 위치에서 물러나고 말았다. 웰스파고의 직원들은 단기 판매 목표를 달성하기 위해 350만 명에 달하는 고객의 계좌를 조작하였다. 이로 인해 약 5,300명의 직원이 해고되었고, 소비자금융보호국(Consumer Financial Protection Bureau)은 웰스파고에 1억 8,800만 달러의 벌금을 징수하였다.

조사에 따르면 달성하기 힘든 판매 목표를 배당받은 직원들이 고객의 허락도 없이 임의로 계정을 개설하였다는 것이다. 비현실적인 판매 목표를 달성하기 위해 직원들은 가짜 은행 계좌를 개설하고 서명을 위조하는 식의 사기 행위에 가담하였다.

검찰은 이러한 위법 행위가 2011년 전부터 시작되었다고 주장했지만 웰스파고의 경영진은 이러한 관행이 오래 전부터 존재해 왔다고 주장한다. 몇몇 직원들은 스스로 나서서 부정행위를 신고했는데, 그 대가로 해고되었다고 주장하였다. 만약 이 주장이 사실이라면 웰스파고의 경영진은 내부고발자를 보복으로부터 보호하는 법률을 위반하는 것이다.

높은 판매 목표를 달성하기 위해 웰스파고는 판매를 장려하는 상품에 지급하는 판매수수료를 특별히 올렸다. 이 상품들은 직원 보상과 연계된 매우 공격적인 판매 성과급 프로그램과 맞물려서 고객에게 교차판매되었다. 이 성과급 프로그램은 웰스파고 최고경영진, 관리인, 그리고 직원은 은행의 명성이 신뢰라는 기본적인 문화적 가치에 기반을 두고 있다는 점을 무시하였다고 볼 수 있다. 많은 지점의 관리자가 무단으로 계좌를 만드는 데 큰 역할을 한것으로 드러났다.

스캔들의 결과, 웰스파고 고객들은 신뢰가 아닌 사기를 당했다고 느꼈을 것이다. 이로 인해 당좌계좌 개설은 전년 대비 43%가, 신용카드 신청은 55%가 감소하였다. 오늘날 웰스파고는 비현실적인 판매 할당량과 강압적인 기업 문화로 인해 폐허가 되었다.[13]

토의 주제

1. 웰스파고의 단기 성과에 대한 집착은 금융기관의 고객에 대한 의무를 어떻게 위반하였는가?
2. 웰스파고 스캔들의 즉각적인 여파로 인해 새로운 계좌 개설에 어떤 영향을 미쳤는지 기술하라. 가까운 미래에 이 부분이 회복될 것이라고 생각하는가?
3. 웰스파고 스캔들이 금융업과 은행업계의 신뢰에 어떤 영향을 끼치겠는가?

을 볼 때 금융 위기가 어느 정도 지나갔음은 명백하다. 이는 경제가 개선되고 있고 금융 시스템이 건전해지고 있다는 것을 반영한다. 대부분의 예금주는 자신의 예금에 대해 걱정할 것 없이 매일 밤잠을 푹 자도 된다고 얘기해 주고 싶다.

비은행업 금융기관

학습목표 15-5

비은행 금융기관은 단기대출이나 투자상품 같은 금융 서비스를 제공하지만 예금을 받지는 못한다. 보험회사, 연기금, 투자신탁회사, 증권회사, 비금융회사, 그리고 할부금융회사 등이 이 범주에 속한다. 〈표 15-4〉는 다각화된 금융 서비스 기업의 목록을 나타낸다.

다각화된 기업. 많은 비금융회사는 자사 고객이 값비싼 설비를 구매하는 데 자금을 지원해 준다. 예를 들면, 건설장비 회사인 캐터필러(Caterpillar), 항공기를 제작하는 보잉, 그리고 항공기 엔진과 기관차를 다루는 GE(General Electric)는 보유하고 있는 금융 자회사를 통해 비싼 제품을 대규모로 구매하는 소비자에게 재정적 도움을 제공한다. 한때 GE의 신용 자회사는 기업 전체 매출액의 40%를 차지하기도 하였는데, GE가 소비자 신용 부서를 매각함에 따라 그 비율은 천천히 떨어지고 있다. 포드나 GM과 같은 자동차회사들 역시 신용 자회사를 보유하고 있으며, 이를 통해 소비자가 자동차를 할부 구매하는 데 도움을 준다.

보험회사
죽음, 부상 그리고 절도 등과 같은 지정된 위험으로 인해 발생하는 재무적 손실로부터 고객을 보호하는 기업.

스테이트 팜(State Farm)은 가장 큰 자동차·주택 보험회사이다. 웹사이트를 통해 사용자는 정보를 입력함으로써 예상 자동차 보험료를 정확하고 편리하게 받아볼 수 있다.

©James R. Martin/Shutterstock

보험회사. 보험회사(insurance companies)는 고객으로부터 보험료(premium)를 받고 그 대가로 사망, 부상, 장애, 사고, 화재, 도난, 그리고 자연 재해와 같은 특정 위험으로 인해 고객이 입게 되는 금전적 손실을 보호해 주는 기업이다. 보험료는 주기적으로 보험회사로 들어가지만 주요 보험손실이 언제 일어

〈표 15-4〉 대표적 다각화된 금융 서비스 기업 (단위: 백만 달러)

기업	2017년 자산	2016년 자산	2015년 자산
JP모건 체이스	$2,533,600	$2,490,972	$2,351,698
시티그룹(Citigroup Inc.)	1,842,465	1,792,077	1,731,210
블랙록 그룹(BlackRock Group)	220,217	220,177	225,261
어메리컨 익스프레스(American Express)	181,159	158,893	161,184
어메리프라이즈 금융(Ameriprise Financial)	147,470	139,821	145,342
비자(Visa)	67,977	64,035	40,236
인베스코(Invesco)	31,669	25,734	25,073
블랙스톤 그룹(The Blackstone Group)	26,403	22,526	31,497
에이온(AON)	26,088	26,615	27,164
마쉬 앤드 맥레넌(Marsh & McLennan)	20,429	18,190	18,216
아폴로 인베스트먼트(Apollo Investment Corp.)	6,991	3,093	3,561

날지는 정확하게 알기는 힘들기 때문에(예상되는 위험은 상당히 정확하게 예측이 가능함) 보험사는 대체로 거액의 초과기금을 보유하고 있다. 보험회사는 주로 이런 초과기금을 투자하거나 특별히 상업용 부동산 대출의 형태로 기업에게 장기로 돈을 빌려준다.

연기금
개인, 회사, 조합이나 비영리조직 등이 구성원에 퇴직 소득을 제공하기 위해 따로 적립한 투자 관리 기금.

연기금. **연기금**(pension funds)은 회원들에게 은퇴 후 소득을 제공하기 위해 개인, 주식회사, 노동조합 그리고 일부 비영리단체가 공동 출자하여 관리하는 투자기금이다. 연기금의 한 형태가 개인퇴직계좌(individual retirement account: IRA)인데 은퇴에 대비하여 개인이 설립하는 계좌이다. 개인퇴직계좌는 원유나 코코아 같은 위험한 원자재에서부터 미국 재무성 발행 채권 같은 위험이 낮은 금융자산에 이르기까지 다양한 곳에 투자할 수 있다. 그 결정은 각 개인에 달려 있고, 오로지 개인의 목적과 위험 감내 수준에 의해 좌우된다. 투자로부터 생기는 이자는 은퇴하는 시점까지 세금이 면제된다.

1997년에 미국 의회는 개인퇴직계좌 법을 수정하였고 로스(Roth) IRA를 만들었다. 투자자가 일 년에 5,500달러까지 기여할 수 있다는 점에서 기존의 IRA와 비슷하지만 로스 IRA에 적립하는 기금은 세후(after-tax) 기여로 간주된다. 50세 이상 근로자는 추가로 1년에 1,000 달러를 더 적립할 수 있지만, 소득이 너무 높은 경우 로스 IRA에 가입할 수 없다. 은퇴하면서 돈을 인출할 때, 그 금액에 대해서는 세금이 부과되지 않는다. 로스 IRA는 투자한 돈이 장기간 복리로 불어날 수 있게 기다릴 수 있고 부모나 조부모로부터 증여받아 기금에 적립할 수 있는 젊은 사람들에게 유리하다.

대부분의 주요 주식회사는 종업원을 위한 나름의 연금 제도를 가지고 있다. 주로 은행 신탁부서나 생명보험사와 함께 제도를 운영한다. 자금이 개별 종업원의 이름으로 되어 있는 별도의 계좌에 입금이 되고, 그 종업원이 은퇴를 할 때 계좌에 적립된 총액을 일시불로 찾거나 일정한 기간 동안(주로 퇴직자의 남은 생애) 매월 현금으로 수령할 수 있다.

규모가 가장 큰 연기금인 사회보장제도(Social Security)는 공적으로 자금을 운영한다. 연방정부는 종업원과 사용자 양쪽으로부터 급여세(payroll tax)로 사회보장기금을 징수한다. 그 후 사회보장국(Social Security Administration)은 그 돈을 가지고 사회보장혜택을 받을 자격이 되는 사람들(퇴직자, 장애자, 그리고 소년소녀가장)에게 지급한다.

투자신탁회사
개인 투자 자금을 모아서 그 자금을 분산 투자가 잘된 증권들에 대규모로 투자하는 투자회사.

투자신탁회사. **투자신탁회사**(mutual funds)는 개인 투자자의 자금을 모아서 그 돈을 잘 분산 투자된 포트폴리오에 대규모로 투자한다. 개인 투자자는 높은 수익을 얻을 거라는 기대를 안고 사람들이 주식을 사는 것과 거의 똑같은 방식으로 뮤추얼펀드 지분에 투자를 한다. 하나의 뮤추얼펀드에 많은 사람이 투자를 하기 때문에 모인 투자금은 수백, 수천 종류의 증권에 한 번에 투자할 수 있다. 이렇게 함으로써 실적이 좋지 않은 한 주식으로 인한 위험을 최소화시킬 수 있다. 뮤추얼펀드는 정부 채권과 같은 특정 증권에 투자하기 위해 필요한 시간이나 전문 지식이 부족한 사람에게 전문적인 재무 관리를 제공한다. 엄격한 규칙이 있는 건 아니지만 하나 혹은 그 이상의 뮤추얼펀드에 대한 투자는 은퇴 시점에 경제적 독립을 희망하는 사람에게는 한 방법이 될 수 있다.

뮤추얼펀드 중 특별한 종류로 정부와 대기업이 발행하는 단기채권에 주로 투자하는 금리연동형 투자신탁(money market fund: MMF)이 있다. 개인수표를 발행하는 권한과 이자 수입의 재투자 같은 서비스를 제공하지만 MMF는 은행이 주로 제공하는 수시입출금예금계좌(MMA)와는 다르다. MMF가 많은 사람이 출자하여 모인 기금을 나타내는 반면에 MMA는 단순히 전문화된 개인 당좌예금계좌에 불과하다. 또한 MMF는 대체로 은행의 MMA보다는 조금 높은 이자율을 제공한다.

증권회사와 투자은행. **증권회사**(brokerage firms)는 고객을 위해 주식, 채권과 다른 증권을 사고파는 것은 물론 다른 금융 서비스를 제공한다. 메릴린치(Merrill Lynch), 찰스슈왑(Charles Schwab), 에드워드존스(Edward Jones)와 같은 대형 증권사는 작은 규모의 경쟁사들이 제공할 수 없는 금융 서비스를 제공한다. 예를 들어 메릴린치는 메릴린치 종합자산관리계좌를 제공하는데, 이 계좌는 이자를 지급하고 상업은행처럼 고객이 개인수표를 발행하고, 돈을 빌리고, 현금을 인출할 수도 있다. 메릴린치를 포함한 큰 증권사들은 아주 많은 전문화된 서비스를 개발함으로써 금융 네트워크로 여길만하다. 금융 네트워크는 전통적으로 상업은행과 관련된 사실상의 모든 업무를 제공할 수 있는 조직을 일컫는다. 온라인 증권사의 증가는 직접 투자하길 원하는 투자자가 낮은 비용으로 투자할 수 있게 도와준다. E-트레이드(E-Trade)나 TD 아메리트레이드(TD Ameritrade)와 같은 회사는 투자자가 거래당 5~7달러에 증권을 사고팔 수 있도록 서비스를 제공하는 반면, 똑같은 거래가 모건스탠리(Morgan Stanley)에서는 125달러나 든다. E-트레이드는 은행 서비스, 직불카드, 전신 송금, 그리고 전통 증권회사가 제공하는 서비스 대다수를 제공한다.

> **증권회사**
> 고객을 위해 주식, 채권 그리고 다른 증권을 매수·매도하거나 다른 금융 서비스를 제공하는 회사

대부분 증권회사는 고객을 위해 증권을 사고파는 것 이외에 다양한 서비스를 제공하는 일종의 금융 복합기업으로 볼 수 있다. 예를 들어 메릴린치는 투자은행의 기능을 수행하며, 모건스탠리나 골드만삭스도 메릴린치와 유사하다. **투자은행**(investment banker)은 자본시장에서 자금을 모으려는 주식회사, 주정부 그리고 지방자치단체의 증권 발행과 판매를 담당한다. 새로 주식을 발행하는 시장을 발행시장(primary market)이라 부르는데 이는 발행된 증권이 처음으로 판매되기 때문이다. 첫 판매 후, 해당 증권은 유통시장(secondary market)에서 주식 중개인에 의해 거래가 된다. 투자은행은 새 증권의 가격에 대해 조언을 하고, 중개기관(brokerage house)을 통해 증권 공급을 살펴보며 주식 판매를 보장한다. 또한 증권을 위한 시장을 조성(make markets)하는 딜러로서 역할도 수행한다. 투자은행은 기준가격을 기준으로 상대적으로 높은 가격인 매도가격(ask price)에 증권을 팔고, 상대적으로 낮은 가격인 매수가격(bid price)에 증권을 사는데, 두 가격의 차이가 딜러에게는 수익이 된다.

> **투자은행**
> 기업, 주 정부 그리고 지방 정부를 위해 증권을 발행하는 업무를 수행.

할부금융회사. **할부금융회사**(finance companies)는 은행보다 훨씬 높은 이자율로 단기대출을 하는 기업이다. 상업 할부금융사는 기업에 자금을 빌려주는데, 자금을 빌리는 기업은 설비, 재고자산, 혹은 외상미수금 같은 자산을 대출에 대한 담보로 제공해야 한다. 소비자 할부금융회사는 개인에게 자금을 빌려준다. 상업 할부금융사처럼 대출자가 혹시 빚을 갚지 못하는 것에 대한 안전장치로 일종의 개인적 담보를 요구한다. 높은 이자율과 이런저런 이유로 할부금융사는 신용한도가 소진되었거나 신용등급이 낮은 개인이나 기업이 돈을

> **할부금융회사**
> 은행보다 훨씬 높은 이율로 단기자금을 빌려주는 회사.

빌릴 때 이용하는 최후의 수단이다.

전자금융

컴퓨터 시대가 도래한 이래 광범위한 기술 진보는 전산으로 전 세계에 돈을 움직일 수 있게 만들었다. 이러한 "종이를 쓰지 않는" 거래는 금융기관이 지금까지는 물론이고 앞으로도 계속 가상의 경쟁 장소에서 비용을 줄일 수 있게 만들었다. **전자식 자금 이체**(Electronic Funds Transfer: EFT)는 전자 단말기, 전화기, 컴퓨터 혹은 자기 테이프 같은 수단을 이용하여 자금을 이동시키는 것을 의미한다. 이런 거래는 한 계좌로부터 돈을 빼서 그 돈을 다른 계좌에 더하도록 특정 금융기관에게 지시를 한다. 가장 많이 사용되는 EFT 형태는 자동입출금기, 자동교환결제제도 그리고 홈뱅킹(home banking)을 들 수 있다.

전자식 자금 이체
전자 단말기, 전화기, 컴퓨터 혹은 자기 테이프와 같은 도구를 활용한 모든 자금의 이동.

자동입출금기. 아마 전자금융에서 가장 친숙한 형태는 **자동입출금기**(Automated Teller Machine: ATM)일 것이다. ATM에서 현금 인출, 예금 입금 그리고 잔고 조회와 자금 이체를 할 수 있다. ATM은 지역 은행을 통해 가정에서부터 씨러스(Cirrus)와 플러스(Plus) 같은 전 세계 ATM 네트워크를 통해 아주 먼 곳까지 24시간 은행 서비스를 제공한다. 소비자의 높은 선호도와 낮은 거래비용(은행 창구 거래비용의 약 절반)에 따른 빠른 성장은 전 세계에 수십만 개의 ATM이 설치되게 만들었다. 〈표 15-5〉는 ATM에 관한 재미있는 통계치를 보여준다.

자동입출금기
가장 익숙한 전자금융 거래 형태로서 현금 지급, 예금 입금 그리고 계좌 조회와 계좌 간 현금 이체를 수행.

자동교환결제제도. **자동교환결제제도**(Automated Clearinghouse: ACH)는 자기 컴퓨터 테이프(magnetic computer tape)에 의해 한 은행 계좌로 입금이나 해당 계좌로 예금 인출을 허용한다. 미국 대부분의 거대 기업과 여러 나라의 많은 기업이 ACH을 사용하여 종업원의 임금이 자신의 은행 계좌로 바로 입금되도록 하고 있다. 직접 입금 방식은 미국 근로자 중 단지 50%만이 사용하는 반면, 거의 100%의 일본 근로자와 90% 이상의 유럽 근로자가 ACH를 활용한다. 미국에서 ACH를 사용하는 가장 큰 조직은 연방정부이다. 연방정부 근로자의 99%와 65%의 개인 근로자가 직접 입금을 통해 자신의 급여를 받는다. 82% 이상의 사회보장 지급액도 ACH 시스템을 통해 만들어진다. 사회보장국은 비용을 줄이고 도난과 사기를 줄이기 위해 노력하고 있으므로 만약 2011년 5월 1일 이후에 사회보장혜택에 지원한다면 지급액을 반드시 전자거래로 받아야만 한다.

자동교환결제제도
자기 컴퓨터 테이프에 의한 은행 계좌로의 예금 입금이나 계좌로부터 예금 인출을 허용하는 체계.

은행 계좌 입금제(direct deposit)의 장점은 편리함, 안전함 그리고 이자수익을 들 수 있다. 매년 4백만 건 이상의 급여 수표(paycheck)가 분실되거나 도둑맞는 것으로 추정된다. FBI 연

〈표 15-5〉 ATM 사용에 관한 몇 가지 사실

자료: "ATM Machines Statistics," March 29, 2017, www.statisticbrain.com/atm-machine-statistics/ (accessed April 28, 2018).

미국에는 425,000개의 ATM이 사용되고 있다.
ATM의 1회 평균 인출금액은 60달러이다.
평균적으로 소비자는 한달에 7.4회 정도 ATM를 이용한다.
144명당 1개의 ATM이 설치되어있다.
카드트로닉스, 페이먼트 얼라이언스, 뱅크오브어메리카, JP모건 체이스, 그리고 웰스파고가 가장 많은 ATM을 보유한 회사이다.

구에 따르면 미국에서 하루에 2천 건의 부정수표가 현금화되고 있다고 한다. 은행 계좌 입금제에서는 급여 수표를 잃어버리거나 도둑맞을 일이 전혀 일어날 수 없다. 기업에는 급여 수표를 발행하는 데 소요되는 비용이 줄어들고, 종업원 생산성이 늘어나는 혜택이 있다. 연구에 따르면 기업이 은행 계좌 입금제를 사용하면 발행하는 급여 수표 한 장마다 1.25달러 이상을 아낄 수 있다고 한다. 생산성은 매년 30억 달러에서 50억 달러 정도 늘어날 수 있는데, 이는 종업원이 수령한 급여 수표를 자신의 은행 계좌로 입금하기 위해 걸리는 시간을 아낄 수 있기 때문이다.

어떤 기업은 ACH를 이용하여 배당금과 이자를 지급한다. 소비자 역시 ACH를 활용하여 주기적, 주로 매월 발생하는 고정 지급액을 지정 채권자에게 별다른 비용 없이 쉽게 지급할 수 있다. 매년 소비자가 지불하는 청구서는 200억 건 정도로 추정되고, 그중에서 ACH를 통해 지급하는 청구서는 85억 건 정도로 추산된다. 평균적으로 매월 10~15건의 개인수표를 사용하는 소비자는 매년 41~62달러에 달하는 우표값을 절약할 수 있다.[14]

온라인 뱅킹. 오늘날 사람들은 가정이나 직장에 있는 컴퓨터 혹은 스마트폰이나 태블릿 PC와 같이 무선 접속이 가능한 어느 곳에서나 많은 은행 업무를 볼 수 있다. 소비자와 소규모 기업은 열거하기 힘들만큼의 금융거래를 가정이나 하루 중 아무 때나 할 수 있다. 구글이나 애플 같은 기업은 스마트폰을 통해 개인 ATM으로 이루어진 방대한 네트워크와 거의 같이 기능을 하는 온라인 금융 서비스를 제공한다. 이를 통해 가입자는 중요한 금융거래를 하고, 주식과 채권을 사고팔고 그리고 집에서 타인과 한 마디도 나누지 않고 물품과 항공권을 살 수 있다. 많은 은행은 고객이 집에 있는 컴퓨터나 인터넷이 가능한 기기를 매개로 자신의 계좌로 바로 접속해 잔고 확인, 자금 이체, 은행 명세서를 확인하고, 청구서 대금을 지불할 수 있도록 하고 있다. 컴퓨터와 진보된 원격 통신 기술은 세계 무역에 대변혁을 일으키고 있다. 미국에서는 성인 62%가 은행을 이용하는 방법 중 가장 선호하는 방법으로 인터넷 뱅킹을 꼽았다.[15]

은행업의 미래

학습목표 15-6

빠른 기술 발전과 혁신은 은행업계에 큰 변화를 요구하고 있다. 앞에서 언급하였듯이, 규모에 상관없이 보다 많은 은행이 전자금융을 이용하여 금융 서비스를 받을 수 있게 하고 있다. ATM 기술은 빠르게 변하고 있으며, 이제는 단순한 현금 인출뿐 아니라 그 이상을 가능하게 한다. 온라인 금융 서비스, ATM 기술 그리고 청구서 제시 등은 급격하게 변하는 기술이 은행 업계에도 변화를 초래하고 있는 단지 일부 영역에 불과하다.

금융 위기의 영향. 은행업이 향후 10년간 더 성장할 것이라는 전제는 불확실하다. 2007~2008년 동안 금융시장은 주택가격 하락, 서브프라임(subprime) 모기지(신용도가 낮은 대출자에게 제공하는 신용담보대출) 그리고 서브프라임 모기지를 유동화한 위험한 금융상품의 무게를 이기지 못하고 붕괴되었다. 은행 자산의 가치가 급격히 줄어들었으므로 시티뱅크, 뱅크오브아메리카, 웰스파고와 같은 대부분의 대형 은행이 보유한 자본금은 급격

컴퓨터와 휴대용단말기는 온라인 뱅킹을 매우 편리하게 만들었다. 하지만 해커는 은행 고객들을 자신의 웹사이트로 끌어들여 비밀번호를 제공하는 악성 소프트웨어를 내려받게 함으로써 수백만 달러를 훔쳐 왔다.

히 줄어들었다. 이는 자본금에 비해 부채가 너무 커져 은행들은 최소한의 요구자본금을 충족시킬 수 없게 된 것이다.

이 기간 동안 연준은 전례 없는 행동을 취하는데, 은행들로부터 부실 자산(troubled assets)을 사들이고, 투자은행과 증권사 같은 비은행 금융기관에게 할인창구를 통해 자금을 빌려주었다. 또한 연준은 기업어음과 시장 기능이 정상적으로 작동하지 않는 다른 증권에 대해 시장 조성 기능을 함으로써 금융시장에도 개입하였다. 추가적으로 연준은 은행이 연준에 예치한 지급준비금에 대한 이자를 은행에게 지급하기 시작했다. 마지막으로 경제를 촉진시키고 은행의 건전성을 다시 회복할 수 있도록 낮은 이자율을 유지하였다. 은행들은 대출과 예금 이자율의 차이인 스프레드(spread)를 통해 수익을 내므로 연준은 은행들이 꽤 큰 스프레드를 창출할 수 있게 장기와 단기 이자율 간 스프레드를 관리하였다.

이자율을 낮게 유지하고 경제를 촉진시키기 위해, 연준은 수백억 달러에 달하는 모기지와 다른 금융자산을 거의 매월 사들였다. 연준은 경제 상황이 개선됨에 따라 2015년 이후 자산매입을 중단하였지만, 2017년까지 총 4.5조 달러치에 달하는 증권을 사들였다. 2017년 말에 연준은 보유한 자산에서 발생하는 수익금을 재투자하지 않고 천천히 만기에 이르도록 놔두었다. 2018년에 경제 상황이 호전되면서 연준이 지닌 포트폴리오를 되푸는 과정을 통해 금리를 상승시켰다.

마지막으로, 은행 시스템 구조의 미래는 미국 의회의 손에 달려 있다. 금융시장 붕괴와 극심한 불황에 대처하기 위해 의회는 도드-프랭크 월가 개혁 및 소비자보호법를 통과시켰다. 이 법의 전체 이름이 암시하듯이 이 법의 의도는 최근 금융 위기를 초래한 문제가 미래에는 발생하지 않도록 은행을 개혁하는 것이다. 문제는 트럼프 행정부가 해당 법안을 얼마나 되돌릴지가 관건이다.

그림자금융. 넓은 의미로 그림자금융(shadow banking)은 은행 규제 당국에 의해 규제를 받지 않는 비금융회사가 유사 은행 업무를 수행하는 것을 말한다. 그림자은행 활동은 점차 늘어나고 있다. 2013년 연차 보고서와 함께 주주에게 보내는 편지에서, JP모건 체이스의 최고경영자이자 이사회 의장인 제이미 다이몬(Jamie Dimon)은 체이스는 앞으로 그림자금융을 포함한 힘든 경쟁자들을 직면할 것이라고 언급하였다. 그의 주장은 다음에서 가장 잘 나타나고 있다.

> "다수의 이런 금융기관은 영리하고 수준이 높으며, 은행이 일부 상품과 서비스를 제공하지 않음에 따라 혜택을 볼 것이다. 비은행 금융 경쟁자는 우리가 가격을 책정하는 모든 제품을 살펴볼 것이며, 만약 자신들이 보유한 자본 공급자와 함께 더 싼 가격에 판매할 수 있다면 그렇게 할 것이다. 이렇게 하는 것이 본질적으로 전혀 잘못된 게 아니고 자연스런 상황이며 어떤 면에서는 더 나은 가격을 제공받는 고객에게 혜택이

돌아갈 것이다. 그러나 규제 당국은 비은행 경쟁자를 포함한 모든 금융회사가 어떻게 규제되어야 하는지를 반드시 검토해야 할 것이며, 은행 대 비은행 그리고 그 반대로 하는 게 나은 건지 평가할 것이다."[16]

다이몬이 언급한 그림자금융 외에 2,000달러에서 35,000달러 사이 융자에 대해 투자자와 대출자를 찾아 짝을 맞춰주는 프로스퍼(Prosper)와 같은 P2P(peer-to-peer) 대출 기관이 있다. 사람들의 생존 기술을 강화하는 것을 도와주고, 건강 관리 문제를 위해 자금을 모으는 등을 하는 고펀드미(GoFundMe)와 같은 인터넷 사이트에 의한 다른 자금원들이 있다. 유사한 사이트로 킥스타터(Kickstarter)를 들 수 있는데, 이 사이트는 예술, 영화, 게임, 음악, 출판 등의 창의적인 프로젝트에 자금을 제공한다. 많은 경우, 이런 프로젝트에 제공되는 기금은 해당 프로젝트를 개발하는 데 제공되었을 대출을 대체한다. 이런 형태의 재원은 빠르게 늘어나고 있다. 킥스타터는 2009년 10월에 설립되었지만, 이미 12만 2,000개 이상의 프로젝트에 자금을 댈 30억 달러를 이미 모았다.[17] 또한 가상화폐와 다른 미래지향적 아이디어가 싹트고 있으므로 은행 세계가 앞으로 어떻게 변할 것인가와 은행 규제 당국이 비은행 금융기관을 어떻게 대할지는 오직 시간이 말해줄 것이다.

이해력 검토 Review Your Understanding

화폐, 화폐의 기능, 그리고 특성을 정의하라.

화폐는 상품과 서비스에 대한 지급 수단으로 일반적으로 받아들여지는 모든 것을 말한다. 화폐는 교환 수단, 가치 척도, 부의 저장 기능을 수행한다. 이 기능을 효율적으로 수행하기 위해서 화폐는 반드시 받아들일만하고, 나눌 수 있고, 가지고 다니기 쉽고, 내구성이 있고, 가치가 안정적이며, 위조하기 어려워야 한다.

여러 종류의 화폐를 기술하라.

화폐는 통화, 당좌예금계좌 또는 다른 계좌의 형태를 가진다. 당좌예금계좌는 사전 통지 없이 인출할 수 있는 금융기관의 계좌에 남아있는 자금이다. 다른 형태의 계좌로는 저축예금계좌(사전 통지 없이 자금을 인출할 수 없는 이자를 받는 계좌에 남아있는 자금), MMA(단기채권에 투자되는 이자부 예금계좌), 양도성예금증서, 신용카드 그리고 직불카드는 물론 여행자수표, 우편환, 그리고 자기앞수표 등이 있다.

어떻게 연방준비위원회가 통화 공급량을 관리하고, 미국 은행 시스템을 규제하는지 구체적으로 설명하라.

연방준비위원회는 미국 금융 시스템을 규제한다. 연준은 정부채권을 사고팔고, 재할인율(시중 은행이 연준으로부터 자금을 빌릴 때 지급하는 이자율)을 올리거나 낮추고, 지급준비율(예금주의 예상되는 인출에 대비하여 은행이 반드시 보유하고 있어야 하는 예금의 비율)을 올리거나 낮추고, 신용구매에 대해 계약금과 상환 조건을 조정함으로써 통화 공급량을 관리한다. 또한 연준은 은행 업무를 규제하고, 개인수표를 처리하고, 예금기관을 위해 연금예금보험을 관장한다.

상업은행, 저축대출조합, 신용협동조합 그리고 상호저축은행을 비교하고 대조하라.

상업은행은 계좌에 예금을 유치하여 보유하며, 개인과 기업에게 대출을 하는 금융기관이다. 저축대출조합은 저축예금계좌와 모기지 대출을 주로 제공하는 금융기관이고, 신용협동조합은 예금주들이 소유하고 관리하는 금융기관이다. 상호저축은행은 저축대출조합과 유사하지만 예금주들이 소유한다는 점에서 다르다.

비은행 금융기관인 보험회사, 연기금, 뮤추얼펀드를 구분하라.

특정 상황에 따라 발생하는 금전적 손실로부터 고객을 보호해주는 대가로 수수료를 받는 회사가 보험회사이다. 연기금은 은퇴 후 필요한 것을 충족시키기 위해 조직이나 개인이 따로 떼어놓은 투자를 말한다. 뮤추얼펀드는 투자자의 돈을 모아서 여러 형태의 증권에 많은 수로 투자를 한다. 증권회사는 투자자를 위해 주식과 채권을 사고판다. 할부금융회사는 은행보다 높은 이자율에 단기로 자금을 빌려준다.

은행업계가 처한 도전을 살펴보아라.
금융 규제에 있어 미래 변화는 소수지만 규모가 큰 은행과 다른 금융기관이 살아남는 것으로 귀결될 것이다.

가상의 소규모기업에게 가장 적합한 금융기관을 추천하라.
이 장에서 제시한 정보를 이용하여 뒤에 오는 '딜레마 해결'에 있는 질문에 대한 대답과 힐 안경원에 가장 적합한 금융기관을 찾을 수 있을 것이다.

도입사례 재검토

1. 모바일 뱅킹의 이점은 무엇이며, 동반되는 위험은 무엇인가?
2. 소비자가 적절한 보안 조치를 취하지 않고 온라인 뱅킹 앱을 사용함에 따라 동반되는 위험 요소를 이해하지 못하는 이유는 무엇이라고 생각하는가?
3. 금융소비자가 모바일 뱅킹을 활용할 때, 사이버 공격의 위험을 크게 줄일 수 있는 방법으로 무엇을 들 수 있겠는가?

진도 평가Check Your Progress

1. 화폐의 여섯 가지 특성은 무엇인가? 원화는 그 여섯 가지 특성을 어떻게 가지고 있는지 설명하라.
2. 신용카드와 직불카드의 차이점은 무엇인가? 한국 소비자에게 신용카드가 왜 더 인기가 있다고 생각하는가?
3. 연준이 통화정책으로 달성하기 위해 반드시 노력해야 하는 네 가지 경제 목표에 대해 논하라.
4. 통화 공급량을 늘리고 줄이기 위해 연준이 공개시장 조작을 어떻게 활용하는지 설명하라.
5. 상업은행과 저축대출조합 사이에는 기본적으로 어떤 차이점이 있는가?
6. 왜 신용협동조합은 상업은행보다 낮은 이자율을 부과하는가?
7. 할부금융회사는 왜 상업은행보다 높은 이자율을 부과하는가?
8. 뮤추얼펀드, MMF 그리고 연기금은 어떻게 유사한가? 그리고 어떻게 서로 다른가?
9. 전자식 자금 이체의 장점은 무엇인가?

현장 기술 개발Build Your Skills

자금 관리

배경. 당신은 대학교를 막 졸업하고, 희망하는 직장(연봉 35,000달러)으로부터 입사 제의를 받았다. 높은 연봉은 당신의 노력, 끈기 그리고 좋은 성적에 대한 보상이다. 또한 이는 당신이 학창 시절에 고등학교 학생을 위해 개인교사(tutor)로 봉사하고, 대학교 경영학 동아리인 델타 시그마 파이(Delta Sigma Pi)의 회장으로서 업계와 교류하며 일군 사회적 기술에 대한 대가이다. 당신은 약혼을 하고 올 여름 결혼을 할 계획이다. 당신과 배우자는 합쳐서 6만 달러 정도의 소득이 있고, 이 돈을 관리하기 위한 최고 방법이 무엇인지 결정하고자 한다.

과업. 지역의 이용 가능한 금융 서비스 기관에 대해 조사를 하고 다음 질문에 답하라.

1. 어떤 종류의 기관과 서비스가 당신의 자금을 관리하는 데 도움이 되겠는가?
2. 당신은 은행, 보험 그리고 투자 수요를 관리할 수 있는 포괄적 서비스를 제공하는 금융기관을 원하는가? 아니면 개인 전문가에게 원하는 서비스를 분산시키겠는가? 그 이유는 무엇인지 얘기하라.
3. 은퇴에 대한 어떤 대안을 가지고 있는가?

딜레마 해결Solve the Diemma

경영의 재무적 측면을 바라보며

인디애나주(州) 인디애나폴리스에 있는 성공적인 검안사(optometrist)인 스티븐 힐(Stephen Hill) 박사는 수년간 여러 가지 어설픈 발명품을 개발해 왔다. 자신이 보기에 시장성이 있는 제품(조금도 긁히지 않고 가벼운 렌즈)을 드디어 개발하고, 힐은 평생 모은 돈을 투자하여 자신의 발명품을 생산하고 판매할 힐 안경원(Hill Optometrics)를 개업하기로 결정하였다.

여러 분야에서 천재적 기질을 가졌지만 불행히도 힐은 경영의 "재무적 측면"과 여러 형태의 금융기관이 수행하는 다양한 기능에 대해 잘 알지 못한다. 하지만 그는 당좌예금과 저축예금계좌와 같은 금융 서비스, 필요할 때 쉽고 빠르게 현금으로 전환할 수 있는 다양한 단기투자상품 그리고 대출 한도의 공급자(만약 단기 혹은 장기대출이 필요할 경우)가 필요하다는 것을 잘 알고 있다. 다양한 지역과 전국적 금융기관으로부터 산더미 같은 안내서를 읽어봤지만, 힐은 아직 각 금융기관의 장점과 능력에 대해 아직 확신을 못하고 있다. 어느 날 11번째 환자인 당신에게 도움을 요청한다.

토의 주제

1. 다양한 형태의 금융기관과 각 기관의 주요 기능을 나열하라.
2. 각 금융기관의 서비스 중에서 힐의 새 회사에서 필요한 것은 무엇인가?
3. 단일 금융기관으로 힐의 소기업이 필요한 것을 가장 잘 충족시켜줄 수 있는 금융기관은 무엇인가? 그 이유는?

사업 계획서 작성Build Your Business Plan

화폐와 금융 시스템

이 장은 화폐와 금융 시스템 그리고 매년 얼마나 많은 신생 기업이 실패하는지를 생각할 기회를 준다. 어떤 산업에서는 실패하는 비율이 80%에 달한다. 실패 확률이 그렇게 높은 한 이유로 조직의 재정 관리 무능력을 들 수 있다. 사업 초기부터 재무 계획은 핵심 역할을 한다. 예산과 수익 그리고 현금흐름에 대한 전망이 없이 대출을 받으려고 해보아라.

가족으로부터 돈을 빌려 사업 자금을 마련하는 게 가장 쉬운 방법이겠지만, 만약 지정된 날에 돈을 갚지 못한다면 나중에 훨씬 큰 문제를 초래할 수 있다. 은행 대출 담당자에게 가기 전에 지역 중소기업청으로부터 어떤 지원이 받을 수 있는지를 문의하라.

16 재무 관리와 증권시장

학습목표

16-1 유동자산을 관리하는 일반적인 방법을 설명한다.

16-2 단기 자금조달의 몇 가지 원천을 식별한다(유동부채).

16-3 장기자산과 자본예산의 중요성을 요약한다.

16-4 기업이 어떻게 운영자금을 조달하는지와 장기부채, 특히 채권을 가지고 고정자산을 어떻게 관리하는지를 구체화한다.

16-5 주식회사가 투자은행을 통해 주식을 발행함으로써 어떻게 자기자본을 조달할 수 있는지 설명한다.

16-6 미국에 있는 다양한 증권시장을 기술한다.

16-7 소규모 제조업체의 단기자산과 단기부채 상황을 파악하고, 올바른 행동을 추천한다.

도입사례 :: 놀랍지 않다, 부실한 재무 관리 후 제너럴 일렉트릭은 어려움을 겪고 있다

©Carsten Reisinger/Shutterstock

미국 역사상 제너럴 일렉트릭(General Electric: GE)보다 더 영향력 있는 회사를 찾아보기 쉽지 않을 것이다. 토마스 에디슨(Thomas Edison)이 설립한 전구 회사로 시작하여 2017년에는 전력, 재생에너지, 석유 및 가스, 항공, 건강관리, 운송, 조명 및 GE 캐피탈 등을 계열사로 거느리고 있다.

아마도 가장 큰 실수는 GE 캐피탈이 소비자 대출시장에 진출한 것이라고 할 수 있을 것이다. 원래 GE 캐피탈은 고객사가 기관차 및 비행기 엔진 구매에 필요한 자금을 조달하는 것을 도와주었다. 그러나 GE는 GE 캐피탈을 통해 신용카드, 보험 및 담보대출과 같은 소비자 금융시장으로 사업영역을 확장하였다. 금융 위기가 닥쳤을 때, GE는 미국 연방준비은행에 의해 은행으로 규제를 받아야 했다. 그런 결정은 GE 캐피탈을 원 사업영역인 기업고객 대출에 초점을 맞추도록 하기 위해 축소시켰다. 이에 따라 소비자 금융 계열사인 싱크로니 파이낸셜(Synchrony Financial)을 처분하고 대부분 소비자 중심 자회사를 청산하였다. GE 캐피탈은 정부 규제로부터는 벗어났지만 거의 70억 달러 손실을 입었고, 더 큰 손실이 예상된다.

줄어드는 회사의 수익으로 인한 주주들의 분노는 현금흐름 문제로 배당금을 절반으로 줄인 2017년에 극에 달하게 된다. 다우존스 산업평균지수(Dow Jones Industrial Average) 편입 종목 중에서 최악의 실적을 낸 후 GE는 2018년 다우지수로부터 쫓겨나게 되고, 이는 주가를 더욱 떨어뜨렸다. GE는 2018년 10월에 다시 한 번 분기 배당금을 0.01달러로 낮춤에 따라 주가는 10달러 이하로 하락하게 된다.

GE가 직면한 문제는 잘못된 의사결정과 좋지 않은 시장 상황이 한꺼번에 발생한 것이다. GE는 손실을 감내하면서까지 몇 년 전에 사들인 사업부를 매각하고, 사들인 회사는 실적을 내지 못했으며, 잘못된 시간에 잘못된 산업에 있었던 것이다. 회복하기 위해 GE는 여러 사업부를 매각할 계획이며, 이를 통해 보다 군살을 뺀 단순한 회사를 만들 것이다. GE가 과거의 명성을 되찾을 수 있는지는 오직 시간이 알려줄 것이다.[1]

도입

돈이 세상을 돌아가게 한다는 건 부인할 수 없는 사실이고, 재무 관리는 세상이 좀 더 부드럽게 돌아가는 데 도움을 주는 학문으로 볼 수 있다. 자산, 채무, 그리고 자기자본을 효율적으로 관리할 수 없다면 사실상 모든 사업체는 제품의 품질이나 혁신성에 상관없이 실패할 것이다. 재무 관리는 기업을 성공적으로 운영하기 위해 필요한 자금과 원천을 취득하고 관리하는 문제를 다루는 영역이다. 이는 기업에 한정되어 있지 않다. 동네 구멍가게에서 지역의 비영리 미술관, 거대 주식회사에서 지방자치정부에 이르기까지 모든 조직은 목적을 달성하기 위해서 보유한 자원을 효과적이고 효율적으로 관리해야 한다.

이 장에서 우리는 단기 재무 관리와 장기 재무 관리 모두를 살펴볼 것이다. 먼저 기업이 매출을 일으키고 매일매일 사업을 운영하는 데 필요한 단기자산 관리에 대해 논의한다. 그 다음으로는 사업 자금 조달에 사용되는 단기자금의 원천인 단기채무 관리에 주목할 것이다. 그러고 나서 기업의 공장, 설비와 같은 장기자산 관리와 그런 장기자산을 마련하기 위해 소요되는 자금을 조달하기 위한 보통주(자기자본)와 채권(장기채무) 사용에 대해 얘기한다. 마지막으로 주식과 채권이 거래되는 주식시장에 대해 알아본다.

학습목표 16-1

유동자산과 유동부채 관리

단기 자산과 부채 관리는 14장에서 배운 재무상태표상의 유동자산과 유동부채 관리와 관련이 있다. 유동자산은 현금, 투자, 외상매출금 그리고 재고자산 같은 단기재원이다. 유동부채는 외상매입금, 미지급 급여, 미지급 법인세와 단기 은행 대출과 같은 단기채무이다. 유동(current)과 단기(short-term)는 서로 바꿔 쓸 수 있는데 이는 단기 자산과 부채는 주로 서너 달 이내이거나 길어야 1년 이내에 새로운 자산과 부채로 교체되기 때문이다. 단기 자산과 부채 관리를 종종 **운전자본 관리**(working capital management)라 하는데, 이는 단기 자산과 부채는 지속적으로 조직을 꿰뚫어 흐르기에 "일하고 있는 것"으로 불리기 때문이다.

운전자본 관리
단기자산과 단기부채의 관리.

유동자산 관리

유동자산과 유동부채를 담당하는 재무 담당자의 주요 목적은 보유 현금, 유휴 현금의 일시적 투자, 외상매출금과 재고자산으로부터 최대한의 수익을 내기 위함이다.

현금 관리. 모든 재무관리자의 중요한 역할은 기업의 현금흐름을 효과적으로 관리하는 것이다. 현금흐름은 매일, 매주, 매달, 혹은 매년 주기로 조직 내에서 발생하는 돈의 이동이라는 걸 명심하라. 회사의 의무를 만족시키기에 충분한 (그러나 지나치지 않은) 자금을 보장하는 것이 재무 관리의 가장 중요한 면이다.

기업은 유휴 현금으로부터 수익을 낼 수 없으며, 당좌예금 역시 매우 낮은 이자율로 인해 회사 수익에 그다지 도움이 되지 않는다. 따라서 신속한 자금 관리자는 종업원 임금, 물품 그리고 공공요금 같은 비용을 만기가 도래할 때 지불하기에 충분한 현금만을 **거래 잔고**(transaction balance)에 유지하려고 한다. 기업의 현금을 관리하고, 충분한 현금이 조직 내에서 빠르고 효율적으로 흐를 수 있도록 고객으로부터 수금을 빨리 하려고 노력한다.

거래 잔고
회사가 종업원 임금, 공급자 청구대금 그리고 공공요금과 같이 일상적인 비용을 지급하기 위해 사내에 보유하고 있는 현금.

수금이 용이하도록 몇몇 회사는 고객이 수금액을 회사 주소로 직접 보내는 대신, 대금을 수납하는 주소인 **사서함**(lockbox)으로 돈을 보내도록 한다. 주로 상업은행에서 맡는 사서함 관리자는 하루에 몇 번씩 사서함에 들어있는 돈을 직접 모은 후, 그 모인 돈을 회사의 은행 계좌에 예금한다. 그 후 은행은 예금을 정리하기 시작하고, 회사로 직접 돈을 보낼 때보다 더 빠르게 회사의 예금계좌에 돈을 넣는다. 하지만 공짜는 없는데, 고객으로부터 매일 수천 개의 개인수표를 받는 회사 정도 되어야 비싼 사서함 시스템 운영비용을 지불할 만하다.

사서함
기업이 고객으로부터 수금을 빨리 하기 위해 대금을 받는 주소, 주로 시중은행.

HSBC 파이낸스 주식회사(HSBC Finance Corporation)와 같이 전국에 걸쳐 많은 지점을 가지고 있는 큰 회사는 수금을 빨리 하기 위해 전자이체결제시스템을 자주 사용한다. HSBC 각 지역 사무실에서 매일 받은 돈을 해당 지역의 은행에 예금하면, 마감할 때쯤 HSBC 본사는 수금된 돈 모두를 중앙은행에 보내 당일 투자를 한다. 이 기술은 대금 전달이 느리고 때론 불확실하거나 개인수표를 정리하는 과정이 효율적이지 못한 고객을 맞닥뜨릴 수 있는 거내 나국적기업에 특히 매력적이다.

요즘은 보다 더 많은 회사가 온라인 지급과 수금을 위해 전자이체결제시스템을 사용하고 있다. 일반적으로 기업은 받을 돈은 빨리 받고 싶어 하지만 지불할 돈은 천천히 내고 싶어 한다. 구매자와 공급자 간에 전자이체결제시스템을 사용하면 수금과 지급을 하루만에 끝낼 수 있다. 전통적인 수표를 사용하게 되면 회사는 현금 지급을 사나흘 지연시킬 수 있는데, 이는 해당 수표가 거래 은행에서 지불이 승인되고, 현금이 회사 계좌를 떠날 때까지 걸리는 시간이다.

유휴 현금 투자하기. 기업은 매일 제품을 팔아서 돈을 버는데 때로는 돈을 지불해야 되는 것보다 빠르게 들어오는 경우가 있다. 조직은 종종 돈이 필요할 때까지 짧으면 하루, 길면 1년간 이러한 "잉여(extra)" 현금을 투자한다. 이러한 일시적 현금 투자상품을 **시장성 유가증권**(marketable securities)이라 부른다. 이런 예로는 미국 재무성 단기채권, 양도성예금증서, 기업어음 그리고 유로달러예금을 들 수 있다. 〈표 16-1〉은 기업에서 사용되는 다양한 시장성 유가증권과 이들 투자상품에 대한 표본 이자율을 2006년 6월 23일, 2016년 4

시장성 유가증권
조직이 지닌 여유 자금을 국공채, 양도성예금증서, 기업어음 혹은 유로달러 대출 등에 1년 이내 잠시 투자하는 금융상품.

〈표 16-1〉 여유자금을 위한 단기투자상품

* Rate is as of April 19, 2018.

자료: Board of Governors of the Federal Reserve System, "Selected Interest Rates (Weekly)—H.15," November 2, 2018, www.federalreserve.gov/releases/H15/current/default.htm (accessed November 7, 2018); Fidelity, "Certificates of Deposit," www.fidelity.com/fixed-income-bonds/cds (accessed November 7, 2018); Eurodollars, Bank of England, bankofengland.co.uk (accessed November 7, 2018).

			이자율			
증권형태	만기	증권판매자	2006.06.23	2016.04.18	2018.11.01	안전도
미국 재무성 단기채권	90일	미국 정부	4.80%	0.22%	2.29%	훌륭함
미국 재무성 단기채권	180일	미국 정부	5.05	0.35	2.43	훌륭함
기업어음	30일	주요 주식회사	5.14	0.46	2.25	매우 우수
양도성예금증서	90일	미국 상업은행	5.40	0.40	2.25	매우 우수
양도성예금증서	180일	미국 상업은행	5.43	0.45	2.35	매우 우수
유로달러	90일	유럽 상업은행	5.48	0.65	2.58	매우 우수

월 18일, 그리고 2018년 11월 1일을 기준으로 요약해 놓았다. 안전성 등급은 상대적이다. 표에 수록된 모든 유가증권이 매우 안전하지만, 미국 정부 유가증권이 가장 안전하다. 또한 표에서 볼 수 있듯이 2006년과 2016년 사이에 이자율이 급격히 하락했지만 2018년에 다시 상승하고 있다.

연방준비위원회(Federal Reserve Board)(이하 연준)은 2007~2009년의 극심한 경기 침체 동안 대출과 투자를 촉진하기 위해 이자율을 낮추는 통화정책을 사용하였고, 고용과 경제성장을 촉진시키기 위해 2016년까지 낮은 이자율을 유지하였다. 연준은 2015년 12월에 이자율을 25베이시스포인트(basis point: BP), 즉 0.25%, 2016년에 한 번 더, 2017년과 2018년 각각 세 번에 걸쳐 이자율을 끌어올렸다. 대다수 경제학자는 경제 상황이 개선함에 따라 이자율은 계속 상승할 것이라는 데 동의한다.

미국 재무성 단기채권
미국 정부가 자금을 조달하기 위해 파는 단기채무.

많은 대기업이 미국 정부가 자금을 모으기 위해 판매하는 단기채무인 **미국 재무성 단기채권**(Treasury bill: T-bill)에 유휴 현금을 투자한다. T-bill은 미국 재무성이 매주 발행하며, 만기는 일주일에서 길게는 일 년까지이다. T-bill은 일반적으로 모든 투자상품 중에서 가장 안전하게 여겨지며, 미국 정부가 채무를 불이행하지 않을 것이므로 위험이 없다(risk free)고 알려져 있다.

상업용 양도성예금증서
시중 은행과 증권회사가 발행하는 양도성예금증서로써 최저 금액은 10만 달러이며 만기 전 거래가 가능.

상업용 양도성예금증서(commercial certificates of deposit: CD)는 상업은행과 증권회사가 주로 발행을 한다. 이 금융상품은 최소 거래 단위가 10만 달러지만, 대기업은 주로 100만 달러 단위로 여유 자금을 투자한다. 만기까지 반드시 소지해야 하는 소비자 CD와 달리 상업용 CD는 만기 이전에 거래가 가능하다. 현금이 부족하면 조직은 큰 부담 없이 상업용 CD를 공개시장에 팔아서 필요 자금을 마련할 수 있다.

기업어음
한 회사가 다른 회사에게 지정된 금액을 지급하겠다는 서약.

대기업에게 인기 있는 단기투자상품 중 하나가 **기업어음**(commercial paper: CP)으로, 이는 한 회사가 다른 회사에게 특정 금액을 지불하기로 약속한 증서이다. 실물 담보가 없는 기업어음은 오직 발행회사의 이름과 명성에 달려 있으므로 규모가 크고 재무적으로 안정된 회사들만이 기업어음을 판매한다. 기업어음이 주로 하루 정도의 짧은 기간 동안 자주 사고팔리므로, 많은 시장 "참여자(players)"는 하루는 초과 현금으로 기업어음을 사고 그 다음 날에는 판매하여 추가적으로 돈을 벌고 있다.

2007년과 2008년에 기업어음 시장은 그냥 작동을 멈추었다. 투자자는 대기업의 차용증(IOU)조차도 더 이상 신뢰하지 않았다. 단기자금 수요를 기업어음으로 조달한 회사들은 돈을 빌리기 위해 은행 대출로 바꿔야만 했다. 기존에 주거래은행과 신용한도를 설정했던 기업들은 신용한도를 조정할 수 있었지만 다른 회사들은 궁지에 몰렸다. 결국, 연준이 시장에 개입하여 자신의 포트폴리오를 위해 기업어음을 사고팔았다. 이는 연준이 습관적으로 실시하는 활동은 아니지만, 이를 통해 시장을 살려냈으며 기업어음 시장은 이제 연준의 도움 없이 스스로 두 발로 설 수 있게 되었다.

기업은 보유하고 있는 여유자금을 미국 재무성 단기채권, 기업어음, 그리고 유로달러 예치금 같은 유가증권에 투자할 수 있다.

©RomanR/Shutterstock

몇몇 회사는 미국달러를 외국에서 거래하는 **유로달러 시장**(eurodollar market)과 같은 국제시장에 유휴 현금을 투자하기도 한다. 유로달러 시장은 원래 런던 은행에 의해 발전되었으므로, 발행 은행이 유럽, 남미 혹은 어느 곳에 있든 상관없이 미국 은행이 아닌 곳에 표시된 달러예금을 유로달러예금이라고 부른다. 예를 들어 만약 당신이 해외를 여행하고 1,000달러를 독일 은행에 예금한다면 당신은 1,000달러의 유로달러예금을 "만들어 내는" 것이다. 미국달러화는 국제무역에서 대부분 국가에서 받아들여지기 때문에 이러한 달러예금은 다국적회사가 총결산을 하는 데 사용할 수 있다. 이런 투자상품을 거래하기 위해 만들어진 유로달러 시장은 여유 달러를 보유한 회사가 미국 재무성 채권에 투자했을 때보다 위험은 조금 더 높지만 상대적으로 조금 더 높은 수익을 얻을 수 있는 기회를 제공한다.

유로달러 시장
미국 밖에서 미국달러를 거래하는 런던에 중심을 둔 시장.

외상매출금 관리. 재무상태표는 현금과 시장성 유가증권 다음으로 외상매출금과 재고

윤리 및 사회적 책임 Consider Ethics and Social Responsibility

모든 여성을 중요하게: 금융에서 성별 다양성 향상시키기

미국 금융업계 재무관리자 중 절반 이상이 여성으로 구성되어 있지만, 포춘 500 기업의 최고재무관리자(chief financial officer: CFO) 중 13.8%만이 여성이다. 이러한 불일치는 최고경영진의 다양성을 강조하려고 노력하는 기업에겐 걱정거리이다. 비록 성차별은 여전히 문제이지만, 여성이 최고경영진에서 차지하는 비율이 낮은 데는 다른 요인도 존재한다.

한 가지 이론은 여성은 남성에 비해 고위 재무 임원과의 '연줄(끈)'이 부족하다는 것이다. 전직 포트폴리오 컨설턴트에 따르면, 여성 직원은 남성 상급자와의 관계가 잘 형성되지 않다보니 의도하지 않게 관리직으로 승진할 기회를 놓친다는 것이다. 성별에 따른 태도적 편견은 또 다른 이유가 될 수 있다. 자기주장이 강한 성격을 지닌 남성은 추진력이 있는 것으로 비춰지지만, 자기주장이 강한 여성 직원은 "억지를 부리는(pushy)" 것으로 인식될 수 있다는 것이다. 고위 임원으로부터의 지원이나 뒷받침은 승진에 아주 중요하게 작용할 수 있다.

일부 회사가 구현한 해결책은 여성 임원이 고위 임원과 장기적인 관계를 형성할 수 있도록 장려하는 것이다. 골드만삭스(Goldman Sachs)는 여성을 위한 리더십 교육을 제공할 뿐 아니라, 고위 임원이 여성 직원의 멘토와 후원자가 될 수 있는 기회를 제공한다. 고위 재무 직책에서 여성 비율은 여전히 낮지만 꾸준한 증가하고 있는 추세를 볼 때 보다 많은 회사가 금융에서의 성별 다양성을 아주 중요하게 받아들이고 있음을 알 수 있다.[2]

토의 주제

1. 왜 여성 CFO가 그렇게 적다고 생각하는가?
2. 기업이 여성 재무직 직원을 고위 경영진으로 만들기 위해 어떤 방법을 사용하고 있는가?
3. 멘토링 프로그램이 다양성 격차를 해소하는 데 도움이 된다고 생각하는가? 그 이유는 무엇인가?

자산을 나열하고 있다. 외상매출금은 신용으로 제품을 구매한 고객이 해당 기업에 갚아야 할 돈이다. 많은 기업에서 발생하는 매출액의 대부분은 신용거래이므로 외상매출금 관리는 중요하다.

각 신용판매는 회사에게는 외상매출금으로 나타나는데, 일반적으로 판매한 날로부터 30, 60 혹은 90일 이내에 고객이 전액을 지불하는 조건을 말한다. 빠른 지불을 장려하기 위해 일부 기업은 고객이 만약 특정 기간(주로 10일에서 30일 사이) 안에 외상매출금을 지불하면 1~2%를 깎아주는 정책을 실시한다. 반면, 주어진 기간 내에 갚지 않는 경우, 1~1.5% 추가 비용을 청구하여 더딘 지급인이 평생 갚지 않고 버티지 못하게 한다. 조기 지급에 대한 할인이 크면 클수록 고객은 더 빨리 외상매출금을 갚을 것이다. 하지만 할인은 현금흐름을 증가시키기는 하지만 수익성을 감소시킨다. 빠른 현금 수령에 따른 이점과 수익이 줄어드는 단점 사이에서 균형을 찾는 것은 단순한 문제가 아니다. 이와 비슷하게 그렇게 뛰어나지 못한 신용등급을 가진 고객에게 신용을 늘림으로써 생기는 매출 증대와 더 관대한 신용 정책이 가져올 높은 대손 손실 간 최적의 균형을 결정하는 것 또한 쉽지 않다. 신용등급에 대한 정보는 지역 신용조사기관, 던앤브래드스트리트(Dun and Bradstreet)와 같은 신용평가사 그리고 산업무역단체가 제공한다.

재고 최적화하기. 회사가 보유하는 재고자산은 생산 요구와 마케팅을 고려하여 관리하는데, 재무관리자는 현금흐름을 관리하기 위해 재고자산 구입을 잘 조정해야 한다. 주요 원자재 부족이나 완성품 부족으로 판매 손실로 인한 생산 감축을 겪지 않으면서 회사의 재고에 대한 투자를 최소화하는 것이 재고자산 관리의 목적이다. 재고자산에 투자되는 모든 돈은 조직의 다른 투자 영역에는 사용할 수 없는 돈이다. 최적의 재고 수준은 대부분 생산하는 방법에 의해 결정된다. 만약 회사가 오로지 판매 수요만을 충족하기 위해 생산한다면 재고 수준은 상대적으로 낮을 것이다. 반면, 회사가 지속적인 패턴으로 제품을 생산한다면 판매가 감소할 때 재고가 증가하고, 판매가 증가할 때 재고가 감소한다. 기업의 재고를 최적화하는 하나의 방법은 무선인식(radio frequency identification: RFID) 기술을 사용하는 것이다. 월마트와 같은 기업들은 RFID 태그를 사용하여 재고를 더 잘 관리한다. RFID 태그는 전자 추적 장치가 붙어있는 곳을 추적하고 생산품을 식별한다. 이 전자 추적 장치는 주로 제조업자에서 구매자 창고, 개인 가게에 이르기까지 재고 수송을 추적하며, 운송 트럭과 내용물이 추적되기 때문에 트럭 절도 또한 줄인다.

무선인식(RFID) 기술은 상품관리, 경주 시간 측정, 혹은 관람객 추적 등 다양한 분야에 활용되고 있다.

자동차산업은 재고 수준 관리가 매우 중요한 산업의 좋은 예이다. 지속적으로 비수기에는 근로자를 해고하고, 성수기에 다시 부르는 것은 비효율적이므로 포드, GM과 토요타는 분기별 생산 할당량을 정하고 이를 지키려고 한다. 자동차회사들은 일반적으로 60일치에 해당하는 재고를 유지하려고 노력한다. 그러나 판매가 특히 더딘 기간에는 재고가 100일치 판매량을 넘어서기도 한다.

비록 잘 알려지지 않았지만, 재고 부족은 넘치는 재고만큼 잠재적 수익을 갉아먹을 수 있다. 원하는 제품을 손에 넣지 못한 고객은 경쟁사로 떠날 수 있으며, 한번 떠난 고객을 다시 되돌리기는 쉽지 않다. 복잡한 컴퓨터 재고 관리 모델은 회사가 주어진 수준의 판매를 달성하기 위해 보유해야 할 재고의 최적 수준을 결정하는 데 자주 사용된다. 이러한 모델은 기업이 부품 재고를 어떻게 그리고 언제 주문해야 하는지를 알려준다. 이를 통해 기업은 정확히 부품이 필요할 때 이를 이용할 수 있는 것이다. 이러한 복잡한 생산과 재고 시스템을 발전시키고 유지하는 것은 어렵지만 이는 고만고만한 수익을 내느냐, 아님 엄청난 수익을 내느냐의 차이로 판가름날 수도 있다.

유동부채 관리하기

학습목표 16-2

수중에 여유 현금을 가지고 있는 것은 기쁜 일이지만 반대 상황 — 일시적 현금 부족 — 은 위기일 수 있다. 좋은 소식은 단기자금의 잠재적 원천이 여럿 있다는 점이다. 공급자는 종종 신용판매를 함으로써 중요한 자금 원천을 제공한다. 은행, 금융회사, 그 외 여러 기관도 대출과 다른 경영 활동을 통해 단기자금을 제공한다.

외상매입금. 14장에서 외상매입금은 한 조직이 상품과 서비스에 대한 대가로 공급자에 갚아야 할 돈이라는 것을 기억하라. 적절한 현금 수금을 보장하기 위해 적극적으로 외상매출금을 관리해야 하듯이 외상매입금도 최선으로 이용하기 위해 관리되어야 한다.

가장 널리 사용되는 단기자금 조달의 원천, 따라서 가장 중요한 외상매입금은 **신용거래**(trade credit), 즉 상품과 서비스의 구매를 위해 공급자가 제공하는 신용이다. 형태가 다양하고 포함된 기관과 구입한 상품 가치에 달려있지만, 대부분 신용거래 계약은 일찍 대금을 지급하는 기관에 할인을 제공한다. 예를 들어 공급자가 "1/10 net 30"의 조건을 제시하면, 구매기관이 청구서를 받고 열흘 안에 돈을 갚으면 송장 금액에서 1% 할인을 받는다는 것을 의미한다. 그렇지 않으면 종액은 30일이 만기이다. 자신이 외상매입금을 담당하는 재무관리자라고 생각해 보자. 회사는 아약스(Ajax)사에 만 달러를 빚지고 있는데, 아약스사가 "2/10 net 30" 조건을 제시하였다. 열흘 안에 돈을 갚으면 회사는 만 달러의 2%인 200달러를 저축할 수 있다. 아약스사에 매월 한 번씩 주문을 하고, 매년 12번에 걸쳐 만 달러를 지불해야 한다고 가정하자. 매번 할인을 받는다면 당신은 200달러를 12번, 혹은 1년에 2,400달러를 아낄 수 있다. 이제 자신이 자이갠틱(Gigantic) 주식회사의 재무관리자라고 가정하고, 매달 지급해야 할 돈이 1억 달러가 된다고 가정해 보라. 1억 달러의 2%는 매달 200만 달러나 된다. 이러한 신용 할인을 이용하지 않는다는 것은 일 년이라는 기간 동안 엄청난 누적 손실로 나타날 수 있다.

신용거래
판매한 상품과 서비스 구매에 대해 공급자가 대금지급 유예를 허용한 거래.

은행 대출. 규모가 크든 작든, 대부분 기업은 은행으로부터 단기 운용 자금을 마련한다. 대개의 경우, 기업에 부여되는 신용 서비스는 **신용한도**(line of credit)나 고정 금액 대출의 형태를 띠게 된다. 신용한도는 기관이 요구할 때 구체적인 금액을 빌려주겠다고 은행이 동의한 계약을 말한다. 물론 해당 은행은 돈을 빌려주기 위해 필요한 자금을 가지고 있어야 할

신용한도
기관이 요구할 경우 지정 금액을 빌려주겠다고 은행이 동의한 합의.

것이다. 일반적으로, 기업 신용한도는 미리 정해진 한도가 수백만 달러에 달한다는 점을 제외하고는 소비자 신용카드와 매우 비슷하다.

담보대출
채무자가 빌려간 돈을 갚지 않을 경우 은행이 소유권을 행사할 수 있는 담보가 있는 대출.

무담보대출
채무자의 호평과 과거 신용 평가에만 의존한 대출.

신용한도에 더하여 은행은 만약 대출자가 돈을 갚지 않는다면 청구할 수 있는 담보물을 요구하는 **담보대출**(secured loan)과 대출자의 훌륭한 명성과 과거 신용등급에만 의존하는 **무담보대출**(unsecured loan)을 한다. 개인과 기업은 돈을 빌리고 빌린 금액을 제때 모두 갚는 과거 기록으로 신용도를 쌓는다. 한국에는 한국신용평가, 한국기업평가 그리고 한국신용정보 세 개의 주요 신용평가기관이 있다. 신용 이력이 부족하거나 나쁜 신용 이력은 금융기관으로부터 돈을 빌리기 어렵게 만든다. 원금은 빌린 돈의 액수이고, 이자는 빌린 돈을 사용하는 대가로 은행에 지급하는 원금의 일부분이다. 15장에서 언급했듯이 은행은 예금자에게 저축예금계좌와 일부 자유예금계좌에 이자를 지불한다. 따라서 은행은 대출자에게는 돈을 빌리는 것에 대한 이자를 청구하고, 예금주에게는 그들의 돈을 사용한 것에 대해 이자를 지불한다. 또한 이러한 대출은 대출 수수료(origination fee)를 포함할 수도 있다.

금융시장 붕괴와 경기 침체 기간 동안 대출자는 은행이 돈을 잘 빌려주지 않는다는 불평을 하였는데 여기에는 다양한 원인이 있을 것이다. 은행은 보유 자본을 다시 채우려 하고, 경제 침체기에 돈을 빌려줌으로써 발생하는 추가적 위험을 원치 않았다. 은행은 악성 대출에 빠져 있었고, 미래의 대출 손실이 보유 자본에 어떤 영향을 미칠지 확신을 하지 못하고 있었다. 은행이 돈을 빌려주지 않게 되면 조그만 기업은 곤경에 빠지게 된다. 주요 은행보다 작은 지역 은행이 경기 침체에 영향을 많이 받은 중소기업에 계속 자금을 대출해 주었다.

최우대금리
시중 은행이 초우량 고객(주로 대기업)에게 단기로 빌려줄 때 부과하는 이자율.

최우대금리(prime rate)는 상업은행이 최고 고객(주로 대기업)에게 단기로 돈을 빌려줄 때 청구하는 이자율이다. 오랫동안 우대금리 대출은 비용이 가장 낮은 자금 조달 방법이었지만 일부 기업은 그보다 저렴한 대안, 예를 들면 리보금리(London Inter-bank Offer Rate: LIBOR)나 기업어음을 활용할 수도 있다.

상업용 대출 이자율은 고정금리이거나 변동금리다. 변동금리 대출은 이자율이 떨어질 때는 대출자에게 유리하지만 이자율이 오를 때는 매우 불리하다. 미국에서는 1999년에서 2004년 사이에 이자율은 곤두박질쳤고, 대출자는 기존 대출을 낮은 비용의 고정금리 대출로 갈아탔다(refinance). 주택 소유자는 높은 이자율의 주택담보대출을 낮은 비용의 대출로 갈아타려고 줄을 섰는데 어떤 경우는 30년 대출에 5%까지 이자율이 낮아지는 등 미국 주택담보대출 시장에서는 이런 대환대출이 극심하였다. 주택담보대출 이자율은 2006년 중반까지 6.5%까지 상승하였지만 2012년에 다시 떨어졌고, 2018년 후반에 들어와서는 주택 소유자들은 다시 4%대 고정이자율로 주택담보대출을 받을 수 있었다. 개인과 기업은 빌리는 비용을 최소화하려는 똑같은 동기를 가지고 있다. 역사적으로, 낮은 이자율 기간 동안 기업은 대출을 늘여 자사주를 매입하였으며, 큰 금액의 대출을 낮은 이자율로 고정시켰다.

비은행 부채. 단기 사업자금의 원천으로 은행만 있는 것은 아니다. 보험회사로부터 연기금, 단기금융시장 자금에서 할부금융회사에 이르기까지 사실상 모든 금융기관이 많은 기관에 단기로 자금을 제공한다. 또한 미국 대기업들은 유로달러와 기업어음 시장에서 활발히 자금을 조달한다. 앞에서 언급하였듯이 이런 자금원은 일반적으로 은행 대출보다는 조금 저렴하다.

기업은 **팩토링 금융회사**(factor)로 불리는 할부금융회사에 보유한 외상매출금을 팔기도 하는데, 이를 통해 회사는 현금을 확보하고 할부금융사는 외상매출금을 회수하는 책임을 진다. 예를 들어 어떤 팩토링 회사는 액면가 10만 달러인 외상매출금에 대해 현금 8만 달러를 지급하고 사들인다. 만약 팩토링 회사가 외상매출금에 지불한 금액보다 더 많은 금액을 받을 수 있다면 수익을 얻게 된다. 외상매출금을 판 회사의 고객은 지불 대금을 사서함으로 보내므로 팩토링 회사가 외상매출금을 샀는지 여부에 대해서는 전혀 알 수가 없다.

팩토링 금융회사
기업이 보유한 외상채권을 액면가보다 낮은 금액으로 파는 금융회사.

최대 수익을 내기 위해 효율적으로 관리해야만 하는 추가적 비은행계 부채로는 정부에 아직 지불하지 않은 미지급 법인세와 종업원에게 지급해야 하는 미지급 급여를 들 수 있다. 분명 기업은 국세, 지방세, 재산세, 채굴세 등 다양한 과세에 대한 책임을 지고 있다. 일반인은 단지 소득세와 판매세만 관련 있다고 생각하겠지만, 많은 산업체는 수입에 부가된 세금보다 훨씬 큰 금액의 다른 세금을 반드시 내야 한다. 세금과 종업원 임금은 회사가 갚아야 하는 채무이므로 재무관리자는 만기가 돌아올 때 반드시 지불해야 한다.

고정자산 관리하기

학습목표 16-3

지금까지 우리는 단기 재무 관리에 초점을 두었다. 대부분 기업이 단기 계획을 잘못 세워서 실패하지만, 성공하는 모험적 기업은 경영에 대한 장기적인 재무 결과 역시 반드시 고려해야 한다. 장기자산, 장기부채와 재무상태표상의 자기자본 비율을 관리하는 것은 사업의 장기적 번영을 위해 중요하다.

장기(고정)자산(long-term (fixed) assets)은 여러 해 동안 지속될 것으로 예상되는 생산설비(공장), 사무실, 장비, 중장비. 가구, 자동차 등을 말한다. 오늘날 빠른 속도로 진행되는 세상에서 기업은 자금 여력이 허락하는 한 기술적으로 가장 앞서고 최신의 시설과 장비를 필요로 한다. 자동차회사, 정유회사 그리고 운송회사는 고정자산에 의존하고 있다.

장기(고정)자산
수년간 존속할 것으로 예상되는 생산시설(공장), 사무실이나 설비.

최신의 첨단 장비는 비쌀 뿐 아니라 이런 투자를 지원하는 데 필요한 재무적 계획은 그렇게 간단한 문제가 아니다. 리스(leasing)는 자금을 조달하는 방법 중 하나일 뿐이다. 대규모의 장기자금원을 확보하는 것은 수익이 많은 기업에게도 힘겨운 일이다. 그렇지 못한 회사에게 이러한 자금 조달은 거의 불가능에 가깝다. 설비, 기계, 건물 같은 자산을 임대하는 것이 한 방법이 될 수 있다. 리스는 자산을 소유하는 것이 아니라 사용에 대한 비용을 지불하는 것을 말한다. 뒤에서 장기자금 조달에 대해 좀 더 살펴보겠지만, 그전에 자본예산, 위험 평가 그리고 고정자산 자금 조달 비용과 같은 고정자산과 관련된 몇 가지 문제를 보다 자세히 살펴보자.

자본예산과 계획 선택

자본예산
사업의 필요성을 분석하고, 기업 가치를 극대화시킬 자산을 선택하는 과정.

재무관리자가 해야 하는 중요한 일 중 하나가 어떤 고정자산, 프로젝트, 투자가 이를 수행하는 데 필요한 비용보다 회사에 더 큰 수익을 안겨줄지를 결정하는 것이다. 사업을 수행하는 데 필요한 것을 분석하고 기업 가치를 극대화시킬 자산을 선택하는 과정을 **자본예산**(capital budget)이라 하며, 자본예산은 장기자산에 대한 투자를 위해 배정된 예산 금액을 의미한다. 그러나 자본예산은 특정 부지, 설비 혹은 주요 투자안을 선택하고 구매하는 데서 끝나지 않는다. 모든 자산과 프로젝트는 조직의 요구와 부합하는지를 확실히 하기 위해 지속적으로 재평가되어야 한다. 재무 담당 임원은 대부분 예산 활동이 때때로 비현실적이거나 무관하다고 믿는다. 만약 특정 자산이 기대치에 부응하지 않는다면, 경영진은 왜 그런지를 판단하여 이를 올바르게 만드는 행동을 취해야 한다. 예산을 집행하다보면 예상과 다른 변수가 발생하게 마련이므로 경영진은 새로운 정보에 따라 유연하게 대처할 수 있어야 한다.

위험 평가

모든 투자는 위험을 동반한다. 〈그림 16-1〉은 추정 위험에 따른 잠재적 투자 프로젝트 위험 순위를 보여준다. 해외 투자를 고려할 때 위험 평가는 해당 지역의 정치적 분위기와 경제적 안전성을 반드시 다루어야 한다. 예를 들면, 기존 제품을 소개하거나 영국에 생산설비를 짓는 결정은 중동에 설비를 짓는 결정을 하는 것보다 훨씬 안전하다.

〈그림 16-1〉 자본예산 위험의 정량적 평가

프로젝트나 자산이 더 오래 지속될 것으로 예상될수록 잠재 위험은 더 커지는데, 이는 설비가 노후하거나 5년이나 10년 이내에 쓸모없게 될지를 예측하기 어렵기 때문이다. 1년 후 현금흐름을 예상하는 것도 어려운데, 10년짜리 프로젝트의 현금흐름을 예상한다는 것은 도박에 가깝다.

프로젝트의 위험 수준은 시장의 안전성, 경쟁적 특성과 전반적 세계 경제에 의해 영향받는다. 최첨단 컴퓨터 제품은 전력생산시설보다 하룻밤 사이에 구닥다리가 될 가능성이 훨씬 더 크다. 세계시장에서의 급격한 변화는 종종 일어나고 있다. 실제로, 1990년대 후반 아시아 통화의 급격한 평가절하가 촉발시킨 불확실성은 전 세계 수백 개의 프로젝트의 경제성에 대한 재무적 예측을 망가뜨렸다. 재무관리자는 고정자산의 구매에 관한 장기 의사결정을 내릴 때 예측에 영향을 끼칠 수 있는 상황의 변화 가능성을 고려해야 할 것이다.

장기자금 가격 결정

어느 프로젝트든 궁극적인 수익성은 얼마만큼의 현금을 창출할지에 대한 정확한 추정뿐 아니라 프로젝트를 수행하는 데 드는 금융비용에도 달려있다. 기업은 빌린 자금에 대해 이자를 지불해야 하므로 프로젝트로부터 발생하는 수익은 운영하는 데 드는 비용뿐 아니라 프로젝트를 위해 조달한 부채에 대한 이자비용도 반드시 감당할 수 있어야 한다. 만약 어떤 조직이 금융비용과 운영비용 둘 다를 효과적으로 감당할 수 없다면 그 조직은 결국 망하게 된다.

당연히 어느 기업이라도 투자를 위한 자금 공급은 제한될 수밖에 없다. 효율적이고 수익성이 좋은 기업은 적은 비용으로 자금을 유치할 수 있는데, 이런 기업은 대체로 상대적으로 매우 낮은 위험에 대해 합리적인 수익을 제공하기 때문이다. 신생의, 상대적으로 형편이 좋지 않은 기업은 상당한 불확실성을 가지고 있으므로 외부 자본을 끌어들이기 위해서는 많은 비용을 지불해야 한다. 기업이 재무적 자원을 현명하게 관리해야 하는 강력한 동기 중 하나는 시간이 지나면서 점차적으로 자본비용을 줄일 수 있고, 그렇게 함으로써 전반적인 수익성을 개선할 수 있기 때문이다.

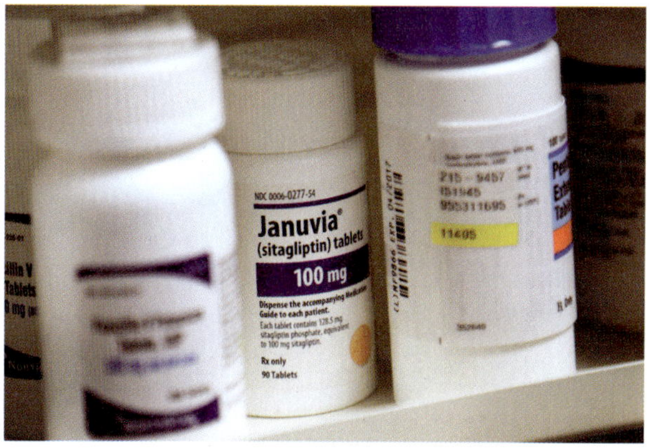

제약회사는 당뇨치료제인 자누비아(Januvia)와 같은 의약품을 개발하기 위해 몇 백만 달러를 투자하지만, 미국 식품의약국(FDA)의 최종 승인을 받을 수 있을 지와 충분한 수익성을 확보할 수 있을지는 미지수다.

©George Frey/Bloomberg via Getty Images

자유시장경제에서 신생 기업은 성공할 경우 잠재 수익성이 큰 산업으로 진출하려는 경향이 있다. 그러나 점점 더 많은 기업이 해당 산업에 진입함에 따라 경쟁은 격화되고, 결국 수익은 평균 수준으로 떨어지게 된다. 2000년대 초반 디지털 뮤직 플레이어 시장은 경쟁이 격화함에 따라 수익성이 어떻게 변화하는지를 보여주는 전형적인 예이다. 신상품이 평균보다 높은 수익을 창출하고 매출액과 주가를 끌어올린다는 것은 자본예산 프로그램이 성공적이라는 신호다. 애플사가 소비자 전자산업에 진출하기로 결정하였을 때는 앞서 언

친환경 경영 Going Green

지속가능성을 최우선 과제로 삼는 것이 어떻게 수익을 개선하는가

지속가능성(substantiality)이 회사의 수익(bottom line)을 개선시킬 수 있을까? 미국 화학회사인 다우듀폰(DowDuPont)은 그 답이 '예'임을 증명한다. 다우듀폰은 지속가능성 수익을 높이고 사회적 가치를 창출하는 시장 중심 프로세스로 간주한다. 지속가능성은 자산, 부채, 그리고 자기자본을 효과적으로 관리하는 데 도움이 된다.

다우듀폰이 지속가능성을 추구하기 시작한 시기는 20년 전으로 거슬러 올라가는데, 당시 자사의 식물이 환경에 어떤 영향을 끼치는가를 분석하기 시작하였다. 다음으로 에너지 분야로 관심을 돌린 후 보다 에너지 효율이 높은 공정을 채택함으로써 에너지 비용을 절감할 수 있다는 것을 알았다. 그때부터 다우듀폰은 지속가능성을 전략적 도구로 받아들이고, 2004년 이후 온실가스 배출량을 30% 이상, 물 사용량을 19% 이상 감축하였다. 2020 지속가능성 목표는 온실가스 배출 집약도는 7%(2015년 기준), 에너지 집약도는 10%(2010년 기준)를 줄이며, 사업별 폐기물 목표를 개발하고, 특정 지역에 대한 물 위험 완화 계획을 수립하는 것을 포함한다.

마지막으로 다우듀폰은 지속가능성의 모범사례에서 배운 내용을 다른 회사와 공유할 수 있다고 믿고 있다. 다우듀폰 Sustainable Solutions 비즈니스는 다른 조직이 인간-지구-이익의 세 가지 기본 원칙(triple bottom line) 접근 방식을 채택하는 데 도움을 주고 있다. 이 접근법은 수익을 뛰어넘어 인간과 환경 문제를 아우른다. 다우듀폰은 공급업체와 이런 관행을 공유함으로써 공급망의 지속가능성을 높이고자 한다. 다우듀폰은 지속가능성을 경쟁우위로 성공적으로 전환한 본보기라고 할 수 있다.[3]

토의 주제

1. 다우듀폰은 어떻게 지속가능성을 경쟁우위로 사용하는가?
2. 시장 주도형 지속가능성 목표를 개발하는 것이 다우듀폰에게 왜 중요한가?
3. 다우듀폰의 지속가능성 이니셔티브는 어떻게 재무 관리를 개선할 수 있는가?

애플사 주식은 10년 전 대비 거의 100배 상승한 가격에 거래되고 있다.
©TuiPhotoEngineer/Shutterstock

급한 상황이 맞아 떨어졌다. 2001년에 애플은 처음으로 아이팟(iPod)을 시장에 내놓았으며, 아이팟이 인기를 얻음에 따라 음원을 제공하는 아이튠즈 스토어(iTunes Store)를 가능하게 만들었다. 2007년에 처음 시장에 나온 아이폰(iPhone)은 지속적인 업데이트를 거치며 아이팟을 대신하여 음악을 재생하는 역할은 물론이고 진화된 카메라와 미니 텔레비전의 역할까지 수행하게 되었다. 2010년에 소개된 아이패드(iPad)는 2위인 맥(Mac) 컴퓨터 다음으로 잘 팔리는 제품으로 등극하였다. 2015년에 애플은 애플 와치(Watch)를 시장에 내놓았으며 벌써 네 번째 업그레이드를 진행하였다. 재무분석가들은 항상 애플의 생태계(ecosystem)에 대해 언급하는데, 이 생태계를 통해 사용자가 지닌 모든 애플 제품의 동기화와 업데이트가 이루어진다.

잘 짜인 자본예산 프로그램을 가지고도 애플이 경쟁에서 선두를 유지하기는 쉽지 않으며, 많은 사람이 애플이 삼성전자와 아마존에게 혁신역량에서 뒤쳐졌다고 생각한다. 그러나 애플은 2018년 10월 3일 기준 시가총액이 1조 달러를 넘어서는 세계 최고 기업으로 존재한다. 2014년 6월 9일 애플은 주식을 7대1로 분할을 하였는데, 이는 주주들이 보유한 한 주식마다 추가적으로 여섯 주를 더 받는다는 것을 의미한다. 하지만 주가 또한 7분의 1로 떨어지므로 실제적 이득은 없지만, 주주는 똑같은 가치에 단지 보다 많은 수의 주식을 낮은 가격에 가지게 되는 것이다. 2003년에 애플 주식 한 주당 91센트를 지불하여 1,000달러어치를 산 투자자는 15년이 지난 2018년 11월 8일에 229,109달러에 달하는 애플 주식을 보유하게 되는 것이다. 문제는 이러한 대박 주식을 보유기간 동안 수익의 일부를 실현하지 않고 꾸준히 보유하는 인내가 필요하다는 것이다.[4]

시장 지배력을 유지하는 것은 개인용 컴퓨터(PC) 산업에서도 어려운데 특히 태블릿 컴퓨터가 시장점유율을 야금야금 갉아먹었기 때문이다. 경쟁이 격화됨에 따라 제품 가격은 급격하게 떨어지고 있다. 보다 약한 회사는 시장에서 도태되고, 효율적인 생산자/경영자는 시장점유율을 차지하기 위해 쟁탈전을 벌이게 된다. PC를 위해 확대된 시장은 생산적인 자산에 투자했던 금액으로부터 발생하는 재무적 수익을 급격하게 감소시켰다. PC 산업의 "영광의 나날(glory days)"은 오래 전 역사 속으로 사라졌다. PC는 기본적으로 일반 상품이 되어버렸으며, 시장이 성숙하고 매출이 줄어듦에 따라 이 산업에 종사하는 회사의 수익성은 줄어들고 있다.

학습목표 16-4

장기부채로 자금 조달하기

앞에서 언급하였듯이, 장기자산은 싸게 취득하기가 쉽지 않다. 또한 길 건너에 새 가게를 열거나, 새로운 생산시설을 짓거나, 사람의 목숨을 구할 수 있는 새로운 의약품을 연구개발하거나, 신상품을 전 세계에 출시하는 데 필요한 현금을 수중에 지니고 있는 회사는 거의 없다. 이러한 고정자산을 개발하기 위해서 기업은 적은 비용의 장기자금을 조달할 필요가 있다. 이런 자금을 조성하는 두 가지 일반적인 선택은 뒤에서 학습할 새로운 소유주(자기자본 조달)를 끌어당기는 것과 지금 살펴볼 장기부채(타인자본 조달)를 취하는 것이다.

장기부채
장기대출, 채권 발행과 같이 수년에 걸쳐 상환을 하는 채무.

장기부채(long-term liabilities)는 장기 은행 대출과 채권 발행처럼 앞으로 수년간 갚아나가야 하는 채무를 말한다. 여러 가지 형태가 있지만 결국 가장 중요한 것은 이들은 모두 빚이라는 것이다. 기업은 상업은행이나 다른 금융기관에서 신용공여, 단기대출 혹은 장기대출의 형태로 자금을 조달한다. 많은 주식회사는 연기금, 뮤추얼펀드, 혹은 생명보험회사로부터 돈을 빌림으로써 채무를 지게 된다.

부채에 너무 의존하는 기업은 경제가 불안정한 경우 심각한 상황에 빠질 수도 있다. 불안한 시기에 기업은 이자비용을 감당할만한 영업 이익을 내지 못하는 상황에 빠질 수도 있다(14장의 이자 보상 비율을 기억하라). 문제가 너무 오래 지속되는 심각한 경우, 채권자는 대출을 재조정해 주는 대신에 받아야 할 이자와 원금에 대해 소송하고 그 회사가 파산이나 채무조정에 이르게 할 것이다.

채권: 주식회사의 차용증

채권
대기업이 장기자본을 조달하기 위해 파는 채무 수단.

많은 장기부채는 **채권**(bonds)의 형태를 띠는데, 이는 주로 규모가 큰 회사들이 장기자금을 조달하기 위해 파는 채무 증서이다. 본질적으로 채권 구매자(채권 소유자)는 채권 발행자에게 돈을 빌려 준 것이며, 그 대가로 만기가 될 때까지 주기적으로 정해진 이자와 원금을 채권 발행자로부터 받게 된다. 채권 자체는 차용증(IOU)과 매우 유사한 하나의 증서이며, 회사의 채권 소유자에 대한 부채를 나타낸다. 기업을 포함한 중앙정부, 지방정부, 공공기관, 비영리기업 등 다양한 조직에서 채권을 발행한다. 대부분 채권 소유자는 만기까지 보유할 필요는 없다. 오히려 대개는 중개인과 딜러가 활발히 활동하는 유통시장을 통해 채권의 거래가 이루어진다.

채권 계약 혹은 약관(indenture)은 채권 소유자와 발행 기관 사이의 모든 조약을 구체적으로 기술한다. 100쪽이 넘기도 하는 채권 약관은 액면가, 만기일, 연간 이자율과 같은 채권의 기본 조항을 명기한다. 〈표 16-2〉는 이런 조항을 어떻게 결정하는지와 채권 기호로부터 채권에 관한 주요 정보를 간단하게 설명한다. 원 판매 가격인 채권의 액면가는 미국에서는 일반적으로 1,000달러이다. 그러나 이후에는 공개시장에서 채권 가격은 경제 변화(특히 이자율의 변화)와 발행인의 신용도에 따라 등락을 한다. 채권 소유자들은 만기일에 최종 이자와 함께 채권 액면가를 받는다. 연 이자율(종종 표면금리로 불림)은 회사가 채권 소유주에게 액면가 대비 일정 비율을 매년 지급할 것을 보장한 것이다. 예를 들어 표면금리가 7%인 액면가 1,000달러짜리 채권은 이자로 매년 70달러를 지불할 것이다. 대부분의 경우, 채권은 6개월마다 이자를 지급하므로 위 예시에서 70달러의 연간 지급액은 35달러씩 두 번에 걸쳐 지급될 것이다.

이자 지불과 만기에 대한 조항 이외에 채권 약관은 상환 방식, 이자 지급 날짜, 채무자

〈표 16-2〉 미국 회사채 정보 (2018년 4월 20일 기준)

회사(코드)	이표율	만기	최근 가격	최근 수익률	추정 스프레드*	미국 재무성장기채권**	추정거래량($000)
애벗 래버러토리(ABT)	4.9	2046.11.30	108.439	4.375	124	30	290.079
AT&T	4.3	2030.02.15	97.418	4.585	164	10	250.720
시티그룹	4.075	2029.04.23	98.611	4.247	129	10	654.204
제너럴 밀스	4.2	2028.04.17	99.186	4.301	134	10	228.466

* 추정 스프레드는 2년, 5년, 10년 혹은 30년짜리 미국 재무성채권 수익률에 더한 회사채수익률을 베이시스 포인트(100 베이시스 포인트는 1%)로 표기
** 유사한 미국 재무성채권
이표율: 액면가 천 달러를 기준으로 채권이 지급하는 이자지급액 비율
만기: 채권 발행자가 원금을 되갚기로 한 날
최근 가격: 해당 증권이 마지막으로 거래된 가격
최근 수익률: 투자자가 오늘 채권을 사서 만기까지 보유할 경우의 만기수익률
추정 스프레드: 만기가 같은 미국 재무성 채권과 비교하여 투자자가 매년 추가로 벌어들이는 수익률
추정거래량: 지정일에 사고판 개별 채권의 거래량
자료: MarketAxess Corporate BondTicker, www.bondticker.com; Barron's, "Corporate Bonds," March 31, 2017, http://online.barrons.com/public/page/9_0210-corpbonds.html (accessed April 21, 2018).

가 이자 지급을 하지 못할 경우에 따른 절차, 채권의 조기 상환을 위한 조건 그리고 자산을 담보로 잡을 때 필요한 모든 조건과 같은 여러 중요한 의제를 주로 다룬다.

채권의 유형

무보증채
담보가 없는 채무 증서 혹은 채권.

보증채
발행 회사가 부도를 낼 경우 몰수되는 특정 담보가 있는 채권.

연속상환채권
점진적으로 만기가 길어지는 일련의 소규모 발행 채권.

변동금리채
이자율이 현 시장 이자율에 따라 바뀌는 채권.

정크본드
높은 이자율을 지급하지만 상대적으로 높은 위험을 동반하는 채권.

당연히 채권에는 무수히 많은 종류가 있다. 대부분은 **무보증채**(unsecured bonds)인데 이는 담보가 없다는(not backed) 것을 뜻하며, 이런 채권을 무담보사채(debenture)라고 부른다. 반면에 **보증채**(secured bonds)는 채권 발행사가 부도를 낼 경우 몰수할 수 있는 구체적 담보가 있는 채권을 말한다. 담보가 있든 없든 간에 채권 발행자는 만기에 일시불로 갚거나 기간 동안 분할해서 원금을 갚아나가야 한다. **연속상환채권**(serial bonds)은 보증채와 달리 점차 만기가 길어지는 일련의 소규모 채권 발행을 의미한다. 회사는 만기가 돌아오는 각 채권에 대해 갚아나간다. **변동금리채**(floating-rate bonds)는 고정된 이자를 지급하는 대신 시장금리에 따라 이자율이 계속 바뀌는 채권을 말하며, 금리는 주로 6개월마다 재조정된다.

정크본드(junk bonds)로 더 잘 알려진 고이자율 채권은 더 높은 내재 위험으로 인해 상대적으로 높은 비율의 이자를 제공한다. 역사적으로 정크본드는 주로 재무적으로 불안정한 회사이나 실적이 별로 없는 신생 기업과 관련되어 왔다. 1980년대 중반에 들어와서 정크본드는 기업을 인수·합병(M&A)하는 데 매력적인 도구로 사용되었다. 상대적으로 높은 이자율을 원하는 상당수 투자자는 정크본드를 선호하기도 한다. 그러나 높은 수익은 높은 위험을 동반할 수밖에 없으므로 일반 투자자는 다음 격언을 귀 기울여 받아들여야 할 것이다. 돌다리도 두들겨 보고 건너라(Look before you leap)! 최선의 투자전략은 고이자율 채권에 특화된 뮤추얼펀드를 사는 것이다. 이런 금융상품은 다수의 위험 채권으로부터 발생하는 위험을 분산시키는 효과가 있다.

자기자본으로 자금 조달하기

학습목표 16-5

장기자금 조달의 두 번째 수단은 자기자본을 통해서다. 14장에서 자기자본은 소유자가 조직에 투자한 것을 이야기한다고 배웠다. 개인기업과 동업자들은 사업의 전부 혹은 부분을 완전히 소유하고, 그들의 자본은 자금과 창업 시 가져왔던 자산을 포함한다. 반면, 주식회사 소유주는 회사 주식을 보유하는데, 투자에 대한 수익을 바라고 주식을 보유하는 것이다. 주주의 자기자본은 보통주, 우선주 그리고 이익잉여금을 포함한다.

4장에서 소개한 보통주는 대부분의 신생 기업에게 가장 중요한 자본의 원천이다. 재무상태표상에 보통주 계정은 보통주 액면가와 주식 발행 초과금이라는 두 개의 기본적 부분으로 나뉜다. 주식 액면가는 단순히 주식 증서에 찍힌 가격이고, 보통주가 현재 거래되고 있는 시장 가치와는 아무 관련이 없다. 주식 액면가와 현재 거래되는 가격의 차이를 주식 발행 초과금이라고 한다. 가격이 아주 낮은 몇몇 주식을 제외하고 주식 발행 초과금은 액면 금액보다 훨씬 더 크다. 〈표 16-3〉은 야후 웹사이트에서 나타나는 주식시세로부터 중요한 정보를 어떻게 모으는지 간략하게 설명한다. 14장에서 주당 순이익(EPS)을 배웠을 것이다. 그러나 베타(beta)는 새로운 용어이고, 나이키의 베타가 0.58이라는 것은 나이키 주가가 S&P 500 지수 평균에 비해 58% 정도의 변동성을 가졌다는 걸 나타낸다. 시가총액은 나이키 보통주의 전체 가치를 나타낸다. 목표 가격 71.27달러는 12개월 후 주가에 대한 애널리스트의 일치된 의견(consensus)을 나타낸다.

14장에서 회사 수익을 분배하는 데 있어 우선주 주주는 보통주 주주보다 우선권을 가

〈표 16-3〉 기본적인 주식 정보

자료: Source: Yahoo! Finance, http://finance.yahoo.com/q?s (accessed April 20, 2018); bid/ask from E-Trade after hours.

나이키(주) – 뉴욕증권거래소
66.09 ^0.36 (0.55%)

전일가	65.73	시가총액	106.521B
시초가	65.75	베타	0.58
매수	0.00 x 0	주가수익률(P/E)	28.6
매도	0.00 x 0	주당순이익(EPS)	2.31
오늘 주가 범위	65.45–66.11	실적발표일	2018.06.27–2018.07.02
52주 가격 범위	50.35–70.25	예상 배당금과 배당률	0.80(1.19%)
거래량	10,405,847	배당락일	2018.03.02
평균 거래량	8,106,114	1년 목표 가격	71.27

1. 52주 최고와 최저: 최근 1년 사이 나이키 주식에 대해 지불한 최고가격과 최저가격, 최고가격은 70.25달러였고 최저가격은 50.35달러였음
2. 주식: 발행회사명. (우)가 붙어있는 경우는 우선주를 뜻함
3. 종목코드: 주식에 대한 약어 혹은 기호: NKE
4. 배당금: 주주에게 지급한 연간 현금 배당액; 나이키는 유통주식 한 주당 80센트의 배당금을 지급하였음
5. 배당률: 보통주 한 주당 배당 수익률; 1.19%
6. 거래량: 오늘 하루 동안 거래된 주식수; 이날 나이키는 10,402,847주가 거래되었는데 지난 3개월간 평균 거래량은 8,109,114주였다.
7. 순 변화: 전일 종가와 해당일 종가의 차이; 나이키는 36센트 상승하였음

지지만 보통주 주주에게 부여되는 투표권과 경영권은 부여하지 않는다고 정의하였다. 따라서 우선주를 소유하는 주요 이점은 보통주보다 더 안전한 투자라는 것이다.

모든 기업은 소유주를 위한 수익을 창출하기 위해 존재한다. 수익을 낼 가능성이 없다면 위험을 무릅쓰고 투자를 할 투자자는 없을 것이다. 모든 비용과 세금을 지불한 후에도 수익이 남아있을 때 주식회사는 수익의 전체 혹은 일부분을 보유하는 것과 배당금의 형태로 주주에게 지불할지를 선택해야 한다. **이익잉여금**(retained earnings)은 회사 자산에 재투자될 금액으로, 소유주에게 자기자본의 형태로 속한다. 이익잉여금은 중요한 자금원이며 회사가 내부적으로 창출할 수 있는 사실상 유일한 장기자금이다.

이익잉여금
비용과 세금을 제한 후 회사 자산에 재투자되는 이익으로써 자본금의 형태로 주주들에게 귀속.

이사회가 회사 수익의 일부를 소유주에게 나눠줄 때, 이사회는 수익을 현금 배당금 형태로 지불한다. 하지만 모든 회사가 배당금을 지불하는 것은 아니다. 페이스북과 같이 빨리 성장하는 많은 회사는 재투자하는 수익금으로부터 높은 수익을 낼 수 있으므로 거의 대부분의 이익을 유보한다. 센츄리 링크(Century Link)나 버라이즌(Verizon) 같이 성장 기회가 별로 없는 회사들은 대체로 수익의 상당 부분을 배당금 형태로 지불하여 주주들이 더 빨리 성장하는 회사에 배당금을 재투자하거나 자신이 원하는 곳에 쓸 수 있게 한다. 〈표 16-4〉는 일련의 회사가 한 주당 지급하는 배당금을 나타낸다. 표에서 보듯이 배당금을 가격으로 나누어서 나온 숫자가 **배당률**(dividend yield)이다. 배당률은 주가에 대해 현금으로

배당률
주당 배당금을 주가로 나눈 값.

〈표 16-4〉 표본 기업의 주가, 순이익, 배당금과 배당률

종목코드	회사명	주당 가격	주당 배당금	배당률	주당 순이익*	주가수익률	배당성향
AEO	American Eagle	$ 21.29	$0.55	2.58%	$ 1.13	18.84	48.67%
AMZN	Amazon	$1,556.91	$0.00	0.00%	$ 6.15	253.16	0.00%
AXP	American Express	$ 102.37	1.40	1.37%	$ 2.97	34.47	47.14%
AAPL	Apple	$ 172.80	2.52	1.46%	$ 9.70	17.81	25.98%
CPB	Campbell Soup	$ 41.27	1.40	3.39%	$ 3.47	11.89	40.35%
DIS	Disney	$ 100.89	1.68	1.67%	$ 7.01	14.39	23.97%
F	Ford	$ 10.96	0.60	5.47%	$ 1.90	5.77	31.58%
FB	Facebook	$ 168.10	0.00	0.00%	$ 5.39	31.19	0.00%
GOOGL	Alphabet	$1,089.45	0.00	0.00%	$ 18.00	60.53	0.00%
HOG	Harley-Davidson	$ 40.96	1.48	3.61%	$ 3.02	13.56	49.01%
HD	Home Depot	$ 177.08	4.12	2.33%	$ 7.29	24.29	56.52%
MCD	McDonald's	$ 159.53	4.04	2.53%	$ 6.37	25.04	63.42%
PG	Procter & Gamble	$ 74.95	2.87	3.83%	$ 3.75	19.99	76.53%
LUV	Southwest Airlines	$ 54.80	0.50	0.91%	$ 5.79	9.46	8.64%
VZ	Verizon	$ 48.43	2.36	4.87%	$ 7.36	6.58	32.07%

*주당순이익은 최근 12개월이며 연말 수치와 맞지 않을 수도 있음.

자료: Yahoo Finance, http://finance.yahoo.com/ (April 19, 2018).

돌려주는 비율을 말하지만 투자자가 개별 주식으로부터 벌어들이는 총수익을 반영하지는 않는다. 만약 버라이즌의 배당률이 4.87%이고 주가가 48.43달러에서 50.37달러로 4% 증가한다면 총수익은 8.87%가 될 것이다. 대부분의 대기업은 주주들에게 분기마다 배당금을 지불한다. 빠르게 성장하는 기업은 배당금을 지급하지 않는 경향이 있다.

〈표 16-4〉의 마지막 항목은 순이익 중에서 주주에게 배당금으로 지급하는 비율을 나타내는 배당성향(payout ratio)이다. 버라이즌이나 프록터앤드갬블(P&G) 같이 배당성향이 높은 회사는 예상 성장률이 낮다. 아마존, 페이스북, 알파벳과 같은 회사는 배당금을 지급하지 않고 있으며, 투자 기회에 현금흐름을 재투자함으로써 빠르게 성장할 것으로 예상된다.

투자은행

사업을 확장하기 위해 자금이 필요한 회사는 주식을 발행함으로써 자금을 조달할 수 있을 것이다. 처음으로 주식과 채권을 대중에게 직접 판매하는 것을 신규 발행(new issue) 혹은 기업공개(initial public offering: IPO)라고 부르며 유통시장에서 거래될 수 있는 주식을 발행한다. 이미 주식이나 채권을 발행한 회사는 특정 프로젝트를 추진하기 위해 새 주식을 발행하여 추가자금을 조달할 수도 있다.

새로 발행되는 주식과 채권은 기업이 자본을 조달하는 **발행시장**(primary market)을 통해 대중과 기관투자자에게 직접 판매된다. 발행시장은 **유통시장**(secondary markets)과는 다른데, 유통시장은 증권거래소와 장외시장처럼 투자자가 증권을 발행한 회사가 아니라 투자자 간에 서로 증권을 사고파는 시장을 말한다. 발행시장 거래는 증권을 발행하는 기업이 실제로 자금을 조달하는 반면, 유통시장 거래는 그렇지 않다. 예를 들어 페이스북은 2012년 5월 18일 주식시장에 상장을 함으로써 160억 달러를 조달하였으며 주주들은 성공에 편승하여 큰돈을 벌었다. 일단 투자은행이 소매 주식중개인에게 주식을 나눠주면 중개인은 유통시장에서 주당 38달러에 고객에게 팔았다. 페이스북 주식은 2012년 9월에 17.73달러로 떨어질 만큼 첫출발은 시원찮았다. 그러나 2014년 3월에 71.97달러로 상승하였고, 〈표 16-4〉에서 볼수 있듯이 2018년 4월 19일에는 168.10달러까지 치솟았다. 재미삼아 현재 가격을 한 번 확인해 보기 바란다.

발행시장
기업이 금융 자본을 조달하는 시장.

유통시장
투자자 간 서로 증권을 사고파는 주식거래소와 장외시장.

알고 있습니까? 1919년에 기업을 공개한 코카콜라 주식 한 주는 오늘날 5백만 달러 이상의 가치를 가진다.[5]

주식회사를 위해 주식과 채권 판매를 담당하는 **투자은행업무**(investment banking)는 여유 자금을 지닌 개인이나 기관투자자들과 새로운 사업기회를 추구하기 위해 자금이 필요한 회사를 연결시켜줌으로써 이런 회사들이 자금을 조달할 수 있도록 도와준다. 기업은 발행시장에 증권을 파는 데 도움이 되는 투자은행을 주로 활용한다. 투자은행은 기업이 발행하는 주식에 대한 적정가격을 정하는 데 도와준다. 또한 투자은행은 일반에게 증권을 팔 때 발생하는 무수히 많은 세부 사항과 증권규정을 처리한다.

투자은행업무
기업을 위해 주식과 채권을 판매하는 업무.

IBM과 마이크로소프트 같은 대기업이 로펌이나 회계법인과 고객관계를 가지고 있는 것처럼 투자은행과도 같은 관계를 가지고 있다. 메릴린치, 골드만삭스, 모건스탠리와 같은 투자은행은 자금 조달계획, 배당정책 혹은 자사주매입은 물론이고, M&A에 대한 조언을

현장 속의 기업가정신 Entrepreneurship in Action

스포티파이의 직접 상장 결정은 대박이었다

설립자: 다니엘 엑(Daniel Ek), 마틴 로렌존(Martin Lorentzon)

설립: 2008년 스웨덴 스톡홀름

성공: 스포티파이(Spotify)는 상장회사로서 첫주를 시가총액 270억 달러로 마감하였다.

거의 모든 창업 과정이 그렇듯, 스포티파이 역시 한 아이디어로 시작하였다. 창업자인 다니엘과 마틴은 다니엘의 안방극장 컴퓨터에서 음악을 찾고 있었는데 보다 쉽게 찾을 수 있는 방법이 있을 것이라 생각하였다. 그들은 2005년에 스포티파이 응용 프로그램 개발을 시작하였으며, 2008년에 공식적으로 응용 프로그램을 출시하였다.

스포티파이는 사용자가 소셜 미디어에서 재생 목록 및 트랙을 생성, 편집 및 공유하고 다른 사용자와 재생 목록을 만들 수 있는 서비스를 무료로 제공한다. 스포티파이는 3천만 곡 이상의 노래에 접속할 수 있으며, 활발하게 서비스를 이용하는 1억 4천만 명 이상의 월간 이용자를 보유하고 있다. 스포티파이는 판매된 노래나 앨범당 고정 가격을 지불하는 전통적인 방법 대신, 스트리밍된 전체 노래 대비 특정 예술가의 스트림 수에 따라 사용료를 지불한다.

2018년 4월 3일, 스포티파이는 주당 165.90달러의 시초가로 뉴욕증권거래소(NYSE)에 신규 상장하였다. 창업자들은 투자은행 증권 인수 방식을 사용하지 않으며, 자신을 위한 자금을 조달하지 않고 직접 상장하기로 결정하였다. 이렇게 함으로써 스포티파이는 수천만 달러를 아낄 수 있었다. 스포티파이는 상장하는 첫 날, 9억 4천만 달러 상당의 주식이 거래되었는데, 이는 2010년 이후 상장한 회사 중에서 네 번째로 큰 첫날 거래로 기록되었다.[6]

토의 주제

1. 스포티파이가 상장할 때 투자자들 사이에서 왜 그렇게 인기가 있다고 생각하는가?
2. 기업을 공개할 때 투자은행을 거치지 않고 직접 상장을 하면 어떤 이점이 있는가? 이는 스포티파이가 재무적 관점에서 자사를 어떻게 여기는지에 대해 무엇을 암시하는가?
3. 스포티파이의 비즈니스 사용료 모형과 기존 전통적 모형의 차이점은 무엇이며 이것이 왜 중요하다고 생각하는가?

제공한다. 현재 많은 투자은행은 "원스톱 쇼핑"을 할 수 있도록 추가적 은행 업무를 제공한다. 픽사(Pixar)가 디즈니와 합병했을 때 양사는 거래에 대한 정확한 가치 평가를 위해 투자은행을 사용하였다. 각 사는 상대방에게 자신의 가치가 얼마인지에 대해 외부 의견을 필요로 하였다. 합병이 종종 중간에 틀어지는데, 이는 회사가 상대방의 가치나 합병 이후 지배 구조에 대해 서로 의견이 다르기 때문이다. 경영진과 함께 일하는 투자은행가는 종종 이런 세부 사항들을 바로잡는다. 당연히 투자은행가는 이런 서비스를 무료로 제공하지 않는다. 투자은행은 보통 거래금액의 1.0~1.5% 정도의 수수료를 청구한다. 200억 달러짜리 기업 합병 한 건으로 투자은행은 2억에서 3억 달러에 달하는 수수료 수익을 거둘 수 있다. 1990년대 후반에 불어닥친 기업 합병 붐은 투자은행들에게 엄청난 수익을 가져다주었다. 불행하게도 이런 수수료 수입은 주식회사 최고경영진 사이에 합병 열풍을 자극하는 것처럼 보이는 건전한 주식시장에 달려있다.

학습목표 16-6

증권시장

증권시장
증권을 사고파는 체계를 제공.

증권시장(securities markets)은 증권을 사고파는 체계를 제공하는데, 증권시장을 통해 소유주들이 주식과 채권을 다른 투자자에게 보다 쉽게 팔 수 있는 것이다. 따라서 넓은 관점에서 볼 때 주식과 채권 시장은 유동성(보유한 증권을 빠르고 최소한의 비용과 노력으로 현금화시킬 수 있는 능력) 공급자라 할 수 있다. 유동성이 좋은 증권시장이 없다면 많은 잠재 투자자는 어렵게 모은 돈을 증권에 투자하느니 그냥 옆에서 방관만 할 것이다. 사실 잘 작동하는 시장가격에 증권을 파는 능력은 미국에서 오랫동안 발전해 온 자본주의를 떠받드는 여러 기둥 중 하나이다.

뉴욕증권거래소는 시가총액을 놓고 볼 때 세계 최대 주식거래소이다.

기업이 주식을 일반 대중에게 직접 파는 발행시장과 달리 유통시장은 기 발행한 증권을 거래하도록 허용한다. 주식과 채권 모두 다양한 유통시장이 있다. 가령 알파벳(구글의 지주회사) 보통주 100주를 구매하려 한다면, 다른 투자자나 기관으로부터 이 주식을 구매해야 한다. 수많은 투자자에 의한 활발한 거래가 모든 증권의 가격을 형성한다. 유통시장 거래는 조직화된 거래소나 장외시장에서 일어난다. 많은 증권사가 투자자들이 재무적 결정을 내리는 데 도움을 주며, 인터넷을 통해 다양한 서비스를 제공한다. 이러한 중개업자 중 하나가 찰스슈왑(Charles Schwab)이며, 웹사이트를 통해 풍부한 정보와 개인 투자자를 위한 교육 자료를 제공한다.

주식시장

주식시장은 뉴욕, 도쿄, 런던, 프랑크푸르트, 파리를 비롯한 거의 모든 나라에 위치하고 있다. 미국에서 가장 큰 두 개의 주식시장은 뉴욕증권거래소(NYSE)와 나스닥(NASDAQ) 시장이다.

얼마 전까지만 하더라도 거래소는 조직화된 거래소와 장외시장으로 나뉘었는데, 지난 몇 년 간 주식시장에 급격한 변화가 일어났다. 뉴욕거래소와 나스닥 둘 다 상장기업이 되었다. 양사는 이전에는 비영리기관이었지만 현재는 영리를 추구하는 기업이 되었다. 또한 두 거래소 모두 전자거래소를 인수하였거나 전자거래소와 합병하였다. 시장을 확장하기 위해 나스닥은 스웨덴에 본부를 두고 있는 북유럽 주식거래소인 OMX(Optionsmäklana/Helsinki Stock Exchange)를 인수하였고, 뉴욕증권거래소는 주식뿐만 아니라 파생상품을 거래하는 거대 유럽 전자거래소인 유로넥스트(Euronext)와 합병하였다.

전통적으로 나스닥은 전자시장이었고 마이크로소프트, 알파벳, 애플 그리고 페이스북과 같은 대형 기술 회사가 주로 나스닥시장에서 거래되었다. 나스닥은 자신의 계좌를 통해 보통주를 사고파는 딜러에 의해 운영된다. 뉴욕증권거래소는 주로 중개인이 주식을 사고팔기 위해 뉴욕증권거래소 실내 포스트에 모여서 거래를 하는 시장이었지만 지금은 거래량의 80% 이상이 전자거래로 이루어진다. 중개인은 고객을 위한 대리인으로 행동하며 주식을 소요하지 않는다. 거래소가 점점 전자화됨에 따라 두 시장 간의 전통적인 분리는 점점 의미가 없어지고 있다.

전자거래소는 속도, 저비용 그리고 장내 거래에 비해 뛰어난 거래의 효율성 덕분에 매우 빠르게 성장해왔다. 가장 빠르게 성장한 전자거래소 중 하나는 ICE(Intercontinental Exchange)이다. 미국 조지아주 애틀랜타에 기반을 두고 있는 ICE는 금융선물과 상품선물 거래를 주로 다룬다. ICE는 에너지선물거래소로 시작하였고, 선물계약을 상품과 파생상품으로 확장시켜왔다. 2012년 12월에 ICE는 NYSE 인수를 제안하였다. NYSE가 상장회사가 되고 유통시장에서 보통주가 거래되기 시작하면서 사냥꾼이라기보다는 먹잇감이 되었다. 2013년 11월 13일에 ICE는 NYSE 인수를 마무리 지었다. 인수 조건 중 하나는 ICE가 유로넥스트를 분사시켜야 한다는 것인데 국제 규제 당국은 ICE가 유럽 파생상품 시장을 독점할거라 생각했기 때문이다. ICE는 또한 NYSE 가족 거래소의 하나로 LIFFE(London International Financial Futures Exchanges)를 인수하였다. 많은 애널리스트는 ICE가 주로 보통주를 거래하는 주식시장인 NYSE를 인수한 주 이유로 LIFFE 때문이라고 꼽기도 한다. 지금 우리가 목격하고 있는 것은 증권시장의 세계화와 늘어나고 있는 전자거래에 대한 의존이다.

전자거래소의 상승은 로봇 트레이딩(robotic trading)의 증가를 가져왔는데, 시장 동향에 따라 매매하는 알고리즘 거래 공식을 사용하므로 "봇(bots)" 혹은 "알고(algos)"라고도 부른다, 로봇 트레이딩은 거래에서 매수 혹은 매도를 촉발시키는 패턴을 찾는다. 이러한 거래 시스템은 인간의 심리적 거래 오류를 배제한 프로그램화된 명령에 의존한다. 이 시스템은 또한 인간 거래자보다 시장 동향에 더 빠르게 반응한다. 인공지능(artificial intelligence: AI)을 사용하여 거래 시스템을 향상시키는 것은 초기 단계이지만 시간이 지남에 따라 시장에 더 큰 영향을 미칠 것이다.

장외시장

장외시장
컴퓨터, 전화 그리고 전신기로 연결된 전국적인 딜러망.

조직화된 거래소와 달리 **장외시장**(over-the-counter (OTC) market)은 컴퓨터, 전화와 전신을 통해 전국으로 연결된 딜러의 네트워크다. 장외시장에는 중앙 위치가 존재하지 않는다. 오늘날 장외시장은 소형주, 유동성이 낮은 은행 주식, 투기적 저가주 그리고 "핑크시트(pink sheets)"에 거래되는 회사 주식으로 주로 구성되어 있다. 대부분의 회사채와 모든 미국 정부 발행 채권이 장외에서 거래되므로, 장외시장은 유통시장 중에서 거래 금액이 가장 큰 시장으로 자리매김하였다.

시장 성과 측정하기

투자자, 특히 전문적 자금 관리자는 자신의 투자가 시장 대비 얼마나 좋은 성과를 거두었는지가 궁금할 것이다. 재무관리자 또한 자신이 속한 기업의 주식이 경쟁사와 비교했을 때 얼마나 좋은 성적을 거두었는지 알 필요가 있다. 따라서 평균과 주가지수 같은 성과 측정은 많은 사람에게 매우 중요하다. 성과를 측정한다는 것은 특정 증권시장의 성과를 나타낼 뿐 아니라 전반적인 경제 상황이 어떤지를 알려준다.

지수와 평균은 주식 가격을 측정하기 위해 사용된다. 주가지수는 1944년, 1967년 혹은 1977년과 같은 기준시점의 주가와 현재 주식 가격을 비교한다. 평균은 특정 주식 가격의 평균을 말한다. 하지만 여기서 말하는 평균은 단순한 계산이 아니다. 일부 주식시장의 평균(S&P 종합지수 같은)은 가중평균인데, 여기서 가중치들은 지수에 포함된 모든 주식의 시가총액이다. 다우존스 산업평균지수(Dow Jones Industrial Average: DJIA)는 가격가중지수이다. 어떻게 구성되었든지 간에 모든 주식의 시장평균은 시간이 지나면서 밀접하게 같이

〈그림 16-2〉 주식시장과 다우존스 산업지수의 최근 성과

자료: "Dow Jones Industrial Average," Yahoo! Finance, https://finance.yahoo.com/quote/%5EDJI/chart?p=%5EDJI (accessed April 20, 2018).

움직인다. 다우지수를 그래프로 나타낸 〈그림 16-2〉를 살펴보자. 2008~2009년에 주식시장에 급격한 하락과 2010년에 주가가 회복되고 있음에 주목하라. 투자자들은 단기간에 발생하는 변동이 아니라 장기 추세선에 주목함으로써 더 좋은 성과를 낼 수 있다. 역투자자(contrarian investors)는 모든 사람이 이성을 잃고 가격이 낮을 때 사는데 왜냐하면 이들은 장기추세에 따라 거래를 하는 것이다. 그러나 많은 투자자에게 이런 방식은 심리적으로 따라 하기 힘든 거래 방법이다.

많은 투자자는 주식시장이 올랐는지 혹은 내렸는지를 보기 위해 다우지수의 움직임을 따라다닌다. 〈표 16-5〉는 현재 다우지수를 구성하는 30개 회사 목록이다. 이 회사들은 NYSE에 상장된 총 회사 숫자 중에서는 일부에 불과하지만 NYSE 전체 시가총액의 25% 정도를 차지한다.

주가지수가 나타내는 수치는 주식시장의 성과를 나타내며, 이 숫자는 금액이 아니라

〈표 16-5〉 다우존스 산업지수에 포함된 30개 주식

자료: Barron's Market Laboratory, p. M35, November 5, 2018.

3M	골드만삭스	파이저
어메리컨 익스프레스	홈데포	프록터 앤드 갬블
애플	인텔	트레블러스
보잉	IBM	유나이티드 헬스 그룹
캐터필러	존슨 앤 존슨	유나이티드 테크놀러지
쉐브론	JP모건체이스	버라이즌
시스코 시스템	맥도널드	비자
코카콜라	머크	월그린 부츠 얼라이언스
다우두폰	마이크로소프트	월마트
엑슨모빌	나이키	월트 디즈니

기준에 따른 숫자를 나타낸다. 예를 들어 다우지수가 1982년 8월 860에서 2000년 초반 11,497로 올랐다면 다우존스평균의 가치가 19년 동안에 무려 10배 이상 증가하였음을 알 수 있고, 이는 주식시장 역사상 수익률이 가장 높은 기간 중 하나이다.

불행하게도, 인터넷 거품이 꺼지자 주식시장의 번영은 오래가지 못했다. 기술주와 새로운 인터넷 회사들이 주가를 대폭 끌어올렸다. 매출액이 거의 없고 수익이 전혀 없는 회사조차도 상식적으로 이해가 안 되는 높은 주가에 팔리고 있었다. 거품은 항상 꺼지고 나서야 그 존재를 알아채는 법이다. 2002년 9월 다우지수는 7,461을 기록했다. 시장은 안정화되고 경제는 계속 성장했으며, 2007년 10월 다우지수가 당시 역대 최고치인 14,198을 기록했을 때 투자자들은 뛸 듯이 기뻐했다. 그러나 주택시장 거품이 꺼지자 경제와 주식시장은 급락하였다. 다우지수는 2009년 3월에 6,470으로 바닥을 치고 시장은 회복기에 접어들었으며 2010년 4월에 10,975로 그해 최고가를 갱신했다. 2018년 1월 26일 다우지수는 역대 최고치인 26,616.71을 기록하였다. 좋은 소식은 주식시장이 그저 그럴 때도 투자자는 지수에는 반영되지 않는 배당금을 받았다. 아마 이런 주가 급등락은 왜 많은 사람이 주식시장에 뛰어들어 주식을 사들이는 것을 두려워하는지 나타낸다. 하지만 주식시장의 장기 추세와 수익을 살펴보면 수익률 면에서 회사채와 정부채권을 훨씬 능가하고 있음을 알게 될 것이다.

금융시장에서 거품을 알아챈다는 것은 매우 어려운 일이다. 상승장에 따라오는 열기에 휩싸이기는 쉬운 일이다. 어떤 것이 경제적으로 얼마의 가치를 지니고 있는지를 안다는 것은 진짜 가치를 알 수 있느냐는 것이다. 부동산 버블기간 당시 은행들은 비우량(subprime) 대출자까지 집을 사도록 대출을 해주었다(우대금리는 최고신용을 가진 대출자들을 위한 것이고, 비우량 대출은 대체로 일반적인 대출을 받을 자격이 안 되는 사람들을 위한 것임을 기억하라). 주택시장으로 점점 더 많은 돈이 흘러들어감에 따라 경제학의 수요와 공급 법칙에 따라 주택 가격은 당연히 상승하였다. 가격이 오르자 투기자들은 벼락부자가 되기 위해 부동산시장에 뛰어들었다. 플로리다, 애리조나, 네바다, 캘리포니아 같은 주(州)는 투기꾼들의 놀이터가 되었고, 거품이 꺼지자 주택 가격이 가장 많이 하락하였다. 설상가상으로 은행들이 수년 전에 주택담보대출을 만들어서 대출자들이 보유한 주택에 대해 2차 융자를 받아서 이자비용에 대한 세금공제혜택을 누리도록 하였다. 많은 주택 소유자는 주택담보대출금 갚는 것은 더 이상 신경 쓰지 않게 되었고, 대신에 오른 주택가격을 이용하여 더 많은 대출을 받았다. 이러한 행동은 누가 봐도 지속 불가능하며, 전체 경제, 근로자 및 투자자에게 심각한 경제적 결과를 초래한 부동산 거품의 붕괴를 가져왔다.

부동산 버블기간 동안, 은행들은 위험한 비우량 대출자에게 돈을 빌려 주었다. 비록 이런 대출이 수익은 높았지만, 거품이 꺼지기까지는 단지 시간문제였다.

©moodboard/Getty Images

사람들은 더 이상 주택담보대출금을 감당 못할 상황이 되면서 부도를 냈다. 상당수 대출자는 애초에 돈을 빌리면 안 되는 사람들이었다. 채무불이행은 주택 가격 하락을 불러

왔고, 주택담보대출을 받았던 일부 사람은 주택에 자기 지분이 거의 남아있지 않았다. 몇몇 주택 소유자는 집값 이상으로 은행에 빚을 지게 되었고, 그들은 대출금 갚기를 포기하기 시작했다. 동시에, 투자자는 소유한 주택저당증권(mortgage-backed securities: MBS)의 가치가 액면가보다 낮음을 깨닫게 되었고, 이런 자산의 가격은 곤두박질쳤다. 이런 자산을 보유하고 있던 은행과 금융기관은 이중고를 겪었다. 그들은 대출 손실에다가 은행의 다른 부서에서 투자 목적으로 사들인 주택저당증권의 손실까지 입게 되었다. 곧 많은 은행이 자본요구조건을 충족시키지 못할 지경에 처함에 따라 미국 재무성과 연준은 의회의 자금 협조를 받아서 은행에게 자금을 빌려주고, 유동성이 떨어지는 증권을 사들이며, 우선주를 사들임으로써 은행 자본에 투자하는 방식으로 금융시장에 개입하였다.

미국 경제가 1930년대 대공황 이상의 경제 불황을 겪을 뻔 했지만 미국 재무성과 연준의 대처로 탈출할 수 있었다는 점에 대부분의 경제학자는 동의한다. 2007년부터 2009년 18개월간 지속된 불황은 1930년 이래로 가장 긴 것이었다. 일부는 연준이 시장에 덜 협조적이고, 이자율이 오르도록 허용함에 따라 주가에는 부정적인 영향을 줄 것으로 걱정한다. 만약 기업이 더 높은 이자율과 인플레이션으로 인해 촉발된 더 높은 요구 수익을 상쇄할만한 수익을 내지 못한다면 주가는 하락할 것이다.

투자자가 바람직한 재무적 결정을 내리기 위해서는 경제뉴스, 시장 그리고 주가지수 등과 밀접히 지내는 것이 중요하다. 물론 블룸버그 비즈니스위크(Bloomberg Businessweek), 포춘(Fortune), 그리고 머니(Money)와 같은 경제잡지는 투자자에게 유용한 정보를 제공한다. CNN/Money, 비즈니스 와이어(Business Wire), USA Today, 그리고 여러 온라인 신문을 포함한 많은 인터넷 사이트도 그러한 정보를 제공한다. 많은 사이트는 주제, 회사, 키워드 등으로 검색 가능한 데이터베이스를 제공한다. 그렇지만 투자자가 사업 뉴스를 전달받고, 살펴보는 것에 대해 어떤 선택을 하더라도 그렇게 하는 것은 오늘날의 시장에서 필수다.

이해력 검토 Review Your Understanding

유동자산을 관리하는 몇 가지 일반적인 방법을 기술하라.

유동자산은 현금, 투자자산, 외상매출금, 재고자산과 같은 단기 재원으로 1년 내 현금으로 전환할 수 것이다. 재무관리자는 보유하고 있는 현금의 최소화, 특별 사서함과 전자식 자금 이체를 통한 보다 빠른 자금 회수 그리고 시장성 유가증권에 대한 투자에 초점을 맞춘다. 시장성 유가증권은 미국 재무성 채권, 양도성예금증서, 기업어음 그리고 MMF를 포함한다. 외상매출금 관리는 고객의 신용도를 평가하고, 빠른 지불을 촉진하는 신용 조건을 만드는 걸 요구한다. 재고자산 관리는 저장비용을 최소화시키는 최적의 재고 수준을 결정하고, 품절로 인한 판매 손실이 발생하지 않도록 재고를 주문하는 데 초점을 두고 있다.

단기자금 조달(유동부채)의 원천을 식별하라.

유동부채는 외상매입금, 미지급 법인세, 지급어음과 같이 1년 내에 되갚아야 하는 단기채무이다. 판매한 상품과 서비스에 대해 공급자가 거래 신용 조건을 연장할 수 있다. 신용공여는 기업이 자금이 필요할 때마다 은행이 그 기업에게 지정된 금액을 빌려주기로 동의한 계약을 말한다. 담보를 잡고 돈을 빌려주는 것을 담보부 대출이라 하고, 무담보대출은 오직 대출자의 좋은 평판에 달려있다.

장기자산과 자본예산의 중요성을 요약하라.

생산설비(공장), 사무실, 장비와 같은 장기자산 혹은 고정자산은 기대 수명이 수년간 지속된다. 기업은 오늘날의 경쟁적 환경에서 성공하기 위해 최신 장비가 필요하다. 자본예산은 기업의 자본 수요를 분석하고 기업 가치를 최대화시키는 자산을 선택하는 과정이다. 자본 지출 예산은 고정자산 구매를 위해 배분된 금액이다. 고정자산에 대한 모든 투자는 어느 정도의 위험을 동반한다.

어떻게 기업이 영업활동을 재정적으로 지원하고, 장기부채, 특히 채권을 이용하여 고정자산을 관리하는지 구체적으로 설명하라.

자금을 조달하는 두 가지 방법으로 자기자본 조달(새로운 소유주를 유치)과 부채 조달(장기부채를 취함)을 들 수 있다. 장기 은행 대출과 채권 발행과 같은 장기부채는 수년간 갚아야 하는 채무를 말한다. 채권은 조직이 자금을 끌어모으기 위해 판매하는 장기채권이다. 채권의 신탁증서는 채권 계약에 대한 여러 규정을 열거하고 있는데, 만기일, 표면 이자율, 지급 방법 등을 포함한다.

어떻게 기업이 투자은행을 통한 주식 발행으로 자기자본을 조달하는지 논하라.

자기자본은 소유주들이 회사에 무엇을 기여해왔는지를 나타내며, 보통주, 우선주, 이익잉여금(회사 자산에 재투자된 수익)을 포함한다. 운영자금 조달을 위해 주식회사는 투자은행을 통해 새로운 보통주, 우선주 그리고 채권을 발행할 수 있다.

미국에 있는 다양한 증권시장을 기술하라.

증권시장은 주식과 채권을 사고팔기 위한 체계를 제공한다. 회사는 발행시장에서 투자은행을 통해 투자자들에게 새 주식을 직접 판매함으로써 자본을 조달한다. 기 발행된 주식을 구매한 투자자는 유통시장을 통해 보유한 주식을 팔 수 있다. 미국에서 가장 큰 주식시장으로 뉴욕증권거래소(NYSE)와 나스닥 시장 두 곳을 들 수 있다. 투자자는 주식시장 평균과 다우존스공업지수와 S&P 종합지수 같은 주가지수에 비춰 주식시장 성과를 측정한다.

규모가 작은 제조업체의 단기자산과 단기부채 상태를 논하고 올바른 행동을 추천하라.

이 장에서 배운 정보를 사용하여 뒤에 오는 '딜레마 해결'에서 글래스프레이(Glasspray)사의 현재 암울한 운전자본 상황에 대한 대책을 마련할 수 있어야 한다.

도입사례 재검토

1. GE가 자회사인 GE 캐피탈에서 범한 재무적 실수에 대해 기술하라.
2. GE 캐피탈이 소비자 금융상품 영역으로 확장하기로 한 결정은 잘못된 시기(금융 위기 직전) 때문이라고 생각하는가 아니면 단지 잘못된 비즈니스 결정이라고 생각하는가? 자신의 주장을 근거를 가지고 설명하라.
3. GE그룹의 해체가 최선의 선택이었는지 여부에 대해 설명하라.

진도 평가Check Your Progress

1. 운전자본 관리를 정의하라.
2. 회사가 어떻게 현금흐름을 빠르게 할 수 있을까? 왜 그래야만 하는가?
3. 다양한 유형의 시장성 유가증권에 대해 기술하라.
4. 은행에서 신용공여를 지닌다는 것은 어떤 의미인가?
5. 고정자산은 무엇인가? 자본예산에서 위험을 평가하는 것은 왜 중요한가?
6. 회사는 고정자산을 취득하는데 필요한 자금을 어떻게 하는가?
7. 채권이 무엇이며, 회사는 채권으로 무엇을 하는가?
8. 회사는 운영과 장기 성장을 위한 자금을 조달하기 위해 자기자본을 어떻게 이용하는가?
9. 증권시장의 기능은 무엇인가?
10. 최근 경기 침체의 주요 원인으로 무엇을 들 수 있는가?

현장 기술 개발Build Your Skills

프로젝트 선택

배경. 하이옥탄오일(High Octan Oil)사의 자원 탐사 부분 사장으로서, 당신은 위험은 늘리지 않으면서 회사 수익성을 개선할 프로젝트를 지속적으로 찾고 있다. 하이옥탄오일사는 남미, 중동, 아프리카, 미국, 그리고 멕시코에서 영업 활동을 하는 국제적인 석유회사이다. 이 회사는 심층수를 탐험하고, 구멍을 뚫는

데 있어 세계적인 전문가 중 하나이다. 하이옥탄오일은 전체 석유 생산량 중 미국에서 50%, 중동에서 25%, 아프리카에서 5%, 남미에서 10%, 멕시코에서 10%를 생산하고 있다. 당신은 전 세계에 퍼져있는 6개 프로젝트를 고려하고 있다.

프로젝트 1. 멕시코만에 있는 당신 회사의 심층수 작업용 플랫폼은 발데스(Valdez) 유전에서 최대한도로 원유를 생산하고 있고, 하이옥탄오일의 지질학 기술자들은 발데스 가까이 있는 산체스(Sanchez) 유전에 석유가 매장되어 있을 가능성이 높다고 생각하고 있다. 그들은 새로이 일련의 유정을 파볼 것을 추천한다. 일단 상업적 양의 석유가 발견되면 원유 채굴 플랫폼과 수송관을 건설하는 데 2년 이상이 걸릴 것이다. 발견된 석유가 정재소까지 도달하는 데는 4년이 걸릴 것이다.

프로젝트 2. 브라질 정부는 중앙 정글 지역 한복판에 있는 미탐험 지대에서 시추 작업을 하도록 당신 회사를 초대했다. 그 지역으로부터 50마일(약 80.47킬로미터) 이내에 도로가 있고, BP(British Petroleum)는 이 지역으로부터 500마일(약 804.67킬로미터) 떨어진 곳에서 석유를 발견하였다. 이 땅을 개발하는데 3년 정도가 걸릴 것이고, 석유를 정제소로 보내기 위한 수송관과 펌프장을 짓기 위해서는 몇 년이 더 걸릴 것이다. 브라질 정부는 하이옥탄오일사에게 석유 채굴권을 주는 조건으로 총생산량의 20% 혹은 선 수수료 5억 달러와 생산량의 5%를 요구한다.

프로젝트 3. 사우디아라비아에 있는 당신의 유전은 50년 동안 석유를 생산해 왔다. 몇몇 유정은 오래되었고 유압이 낮아지고 있다. 회사의 기술자들은 고압의 2차 회수 과정을 착수한다면 기존 유정의 생산량을 20%까지 증가시킬 수 있을 것이라고 확신한다. 고압 회수법은 지표면을 향한 원유의 움직임을 늘리기 위해 지하의 석회암층 안에 높은 압력으로 물을 펌프질하는 방법이다.

프로젝트 4. 알래스카에 있는 회사의 가장 큰 유전은 알려진 매장량의 50%만을 생산해왔다. 지질학 기술자들은 남아있는 유전의 10%를 2년마다 열 수 있고, 기존 유정으로부터 현재 줄어들고 있는 생산량을 상쇄할 수 있을 것이라고 예측한다. 수송관 용량은 충분하고, 일 년 중 6개월만 채굴할 수 있지만 유전들은 3년 안에 석유를 생산할 수 있다.

프로젝트 5. 하이옥탄오일의 서부 텍사스에 있는 일부 유전은 2,000~4,000피트 깊이의 얕은 말라붙은 유전(stripper wells)에서 생산한다. 말라붙은 유정은 원유를 하루에 10에서 2,000배럴을 생산하고 6개월이나 40년간 지속할 수 있다. 일반적으로 당신이 얕은 원유 매장을 발견하면 파생되는 유정은 더 많은 원유를 찾을 가능성이 80%이다. 이 유정들이 얕기 때문에 낮은 비용으로 빨리 뚫을 수 있다. 하이옥탄오일의 기술자들은 휴스턴 정제소로부터 제일 가까운 가장 큰 지역에서 당신은 제곱마일당 유정의 밀도를 증가함으로써 향후 10년간 30%까지 생산량을 늘릴 수 있다.

프로젝트 6. 러시아공화국 정부는 시베리아에 있는 석유를 시추하기 위해 당신을 초대했다. 러시아 지질학자들은 이 유전이 세계에서 아마 가장 크다고 생각하지만 시추를 위해 뚫은 유정이 하나도 없고, 만약 석유를 찾았더라도 이를 실어 나를 기반 시설이 전혀 없다. 공화국은 기반 시설을 짓는 데 드는 비용을 도와줄 형편은 못되지만, 만약 석유를 발견한다면 공화국에서 25% 지분을 소유하겠지만 처음 5년의 생산량을 회사가 모두 가져갈 수 있게 할 것이다. 유전이 첫 생산을 한 후 최대 생산량까지 이르는 데 여러 해가 걸린다는 것을 알기에 회사 기술자들은 회사가 가져가는 처음 5년간의 생산량이 석유를 시장에 내기 위해 반드시 건설해야 하는 기반 시설에 드는 비용을 충당할 수 있을지 확신할 수 없다. 또한 공화국은 정부가 불안정하기로 유명하고, 마지막으로 이 프로젝트를 시작했던 국제 정유사는 새 정부가 기대 생산량에 대해 원래 동의했던 비율보다 높은 비율을 요구할 때 그 나라를 떠났다. 만약 이 유전이 정말로 세상에서 가장 큰 유전이라면 하이옥탄오일의 석유 공급량은 21세기까지 확보될 것이다.

과업

1. 각 그룹은 6개 프로젝트에 대해 가장 안전한 것부터 가장 위험한 것까지 순서를 정하라.
2. 제공된 정보를 바탕으로 최선을 다하여 프로젝트를 가장 비용이 적게 드는 것부터 가장 비용이 많이 드는 것까지 순서를 정하라.
3. 어떤 정치적 고려 사항이 당신의 프로젝트 선택에 영향을 미치겠는가?
4. 한 프로젝트를 선택한다면 어느 것을, 왜 선택하겠는가?
5. 세 개의 프로젝트를 선택할 수 있다면 어느 것을 선택하겠는가? 선택을 할 때, 어느 프로젝트가 하이옥탄오일의 기존 제품과 높이 연관되어 있는지와 어떤 프로젝트가 회사의 생산 기반을 다각화시킬 수 있는지를 고려하라.

딜레마 해결Solve the Diemma

빠른 성장에서 살아남기

글래스프레이(Glasspray) 주식회사는 산업용 유리섬유 스프레이 장비를 만드는 작은 회사이다. 작은 규모에도 불구하고 글래스프레이는 소규모 보트 제작업자부터 대형업체까지, 해외와 국내까지 다양한 기업에 공급한다. 사실상 욕실 세면대에서 휴대용 스파, 경주용 요트까지 틀에 넣어 만드는 거의 모든 유리섬유 수지 상품은 하나 혹은 그 이상의 회사 기계를 가지고 만든다.

제작하는 상품이 세계적으로 판매됨에도 불구하고, 글래스프레이는 매년 매우 빠르고 지속적인 판매 증가의 결과로 유동자산과 유동부채 관리 문제에 반복적으로 처하고 있다. 회사 사장이자 설립자인 스티븐 로스(Stephen T. Rose)는 최근 회사의 운전자본 상태에 대해 비탄해 하였다. "우리는 유동자산은 없고 유동부채만 있다!" 로스는 최근에 가진 고위 임원 회의에서 소리쳤다. "우리는 늘어나는 매출액을 감당할 수 없다! 우리는 물건을 다 팔아버리고도 파산에 이를 것이다! 우리의 운전자본은 제대로 작동하지 않고 있다!"

토의 주제

1. 보통 매출액이 빠르게 증가하는 것은 좋은 일인데, 여기서는 도대체 무엇이 문제라고 생각하는가?
2. 운전자본의 중요한 구성 요소를 나열하라. 유동자산과 유동부채 둘 다를 포함하라.
3. 운전자본 상황 개선을 위해 글래스프레이가 사용할 수 있는 유동부채 관리 기법에는 어떤 것이 있는가?

사업 계획서 작성Build Your Business Plan

재무 관리와 증권시장

이 장에서 여러분은 일단 돈을 벌기 시작하면 그 돈을 어떻게 투자할 것인가 결정하는 데 조심해야 함을 깨닫게 된다. 한편 각 팀은 은행에서 신용한도를 설정하는 것에 대한 장단점을 살펴보라. 사업 계획을 세우는 비결은 현실적이야 함을 기억하라!

미주 NOTES

1장

1. Jena McGregor, "The Leadership Wisdom of Warren Buffett," *Washington Post,* March 2, 2015, https://www.washingtonpost.com/news/on-leadership/wp/2015/03/02/the-leadership-wisdom-in-warren-buffetts-letter/?utm_ term=.4fcedcb25aff (accessed January 19, 2018); Robert Frank, "Warren Buffett Is the Most Charitable Billionaire," *CNBC,* September 21, 2017, https: //www.cnbc.com/2017/09/21/warren-buffet-is-the-most-charitable-billionaire.html (accessed January 19, 2018); Investopedia Staff, "Warren Buffett: How He Does It," *Investopedia,* August 30, 2017, https://www.investopedia.com/articles/01/071801.asp (accessed January 19, 2018); CNBC LLC, "10 Top Brands Warren Buffett's Berkshire Hathaway Owns," *CNBC,* May 5, 2014, https://www.cnbc.com/2014/05/05/10-top-brands-warren-buffetts-berkshire-hathaway-owns.html?slide=7 (accessed January 19, 2018); BuffetBooks, "What Is Value Investing?" http://www.buffettsbooks.com/howtoinvestinstocks/course1/investing-for-beginners/what-is-value-investing.html#sthash.HPn7R7Gn.dpbs (accessed January 19, 2018); Joseph Chris, "9 Warren Buffett Leadership Style Doctrines," *Driving Business Connections* blog, September 15, 2015, http://www.josephchris.com/9-warren-buffett-leadership-style-doctrines (accessed January 4, 2018); Tanza Loudenback, "24 Mind-Blowing Facts about Warren Buffett and His $87 Billion Fortune," *Business Insider,* January 10, 2018, http://www.businessinsider.com/facts about-warren-buffett-2016-12 (accessed January 19, 2018); Andrew Hill, "Buffet's Exceptional Style of Leadership," *Financial Times,* February 28, 2011, https://www.ft.com/content/73e667a8-436b-11e0-8f0d-00144feabdc0 (accessed January 3, 2018); Jory MacKay, "This Brilliant Strategy Used by Warren Buffett Will Help You Prioritize Your Time," *Inc.,* November 15, 2017, https://www.inc.com/jory-mackay/warren-buffetts-personal-pilot-reveals-billionaires-brilliant-method-for-prioritizing.html (accessed January 4, 2018); posted by Practical Wisdom, "Charlie Munger – Advice for the Young Generation—This Is What You Need to Know in Your Youth," *YouTube,* September 6, 2017, https://www.youtube.com/watch?v=Qf4trOzMy2I (accessed January 4, 2018); Juno Tay, "Warren Buffet's Speech to the University of Georgia Students Part 1 (Archive 2001)" Nasdaq, April 21, 2013, http://www.nasdaq.com/article/warren-buffett-speech-to-university-of-georgia-students-part-1-cm238914 (accessed January 3, 2018); posted by Texas Business Hall of Fame, "Warren Buffett and Charles Munger Class of 2016," *YouTube,* January 23, 2017, https://www.youtube.com/watch?v=- ARcxChbVHQ (accessed January 19, 2018); posted by Motivation Madness, "Warren Buffett's Life Advice Will Change Your Future," *YouTube,* September 11, 2017, https://www.youtube.com/watch?v=PX5-XyBNi00 (accessed January 19, 2018).
2. Jay Young and Janet Loehrke, "Ward's Automotive Reports," *US Bureau of Economic Analysis,* reported in *USA Today,* March 14, 2017, p. 1B.
3. Charisse Jones, "Here's the Secret to a Successful Company," *USA Today,* March 14, 2017, p. 1B.
4. Esther Fung, "Mall Owners Head for Exits as Retail Tenants Move Out," *The Wall Street Journal,* January 25, 2017, p. A1.
5. "Habitat for Humanity and Home Depot Foundation Partner to Repair Homes for U.S. Military Veterans and Families," Habitat.org, March 16, 2017.
6. James T. Areddy and Craig Karmin, "China Stocks Once Frothy, Fall by Half in Six Months," *The Wall Street Journal,* April 16, 2008, pp. 1, 7.
7. "American Politics: In Praise of State-ism," *The Economist,* January 6–12, 2018, p. 10.
8. "Special Report: The Visible Hand," *The Economist,* January 21, 2012, pp. 3–5.
9. "Special Report: The World in Their Hands," *The Economist,* January 21, 2012, pp. 15–17.
10. "The Shark Tank," ABC, http://abc.go.com/shows/shark-tank/bios (accessed April 2, 2014).
11. World Intellectual Property Organization, *World Intellectual Property Indicators,* 2014, http://www.wipo. int/edocs/pubdocs/en/wipo_pub_941_2014.pdf (accessed May 1, 2017).
12. Paul Toscano, "The Worst Hyperinflation Situations of All Time," *CNBC,* February 14, 2011, http://www.cnbc.com/id/41532451 (accessed May 1, 2017).
13. "Zimbabwe," CIA—*The World Factbook,* https://www.cia. gov/library/publications/the-world-factbook/geos/zi.html (accessed May 1, 2017).
14. "Federal Debt Clock," *U.S. Government Debt,* http://www.usgovernmentdebt.us/ (accessed March 25, 2018).
15. "The Great Experiment," *The Economist,* February 10-16, 2018, p. 23.
16. World Trade Organization, "The WTO can . . . stimulate economic growth and employment," https://www.wto.org/english/thewto_e/whatis_e/10thi_e/10thi03_e.htm (accessed May 1, 2017).
17. "The Criminalisation of American Business," *The Economist,* August 30–September 5, 2014, pp. 21–24; Tracy Gonzalez-Padron, G. Tomas M. Hult, and O.C. Ferrell, "Stakeholder Marketing Relationships to Social Responsibility and Firm Performance," Working paper, 2015.
18. Ryan C. Fuhrmann, "Okuns Law: Economic Growth and Unemployment," *Investopedia,* 2016, http://www.investopedia.com/articles/economics/12/okuns-law. asp (accessed May 1, 2017);World Trade Organization, "The WTO Can. . . Stimulate Economic Growth and Employment," https://www.wto.org/english/thewto_e/whatis_e/10thi_e/10thi03_e.htm (accessed May 1, 2017).
19. "U.S. Government Current Revenue History," *U.S. Government Revenue,* https://www.usgovernmentrevenue. com/current_revenue (accessed March 25, 2018).
20. Amir El-Sibaie, "2018 Tax Brackets," *Tax Foundation,* January 2, 2018, https://taxfoundation.org/2018-tax-brackets/ (accessed March 25, 2018).
21. Drew Desilver, "High-Income Americans Pay Most Income Taxes, but Enough to Be 'Fair'?" *Pew Research Center,* April 13, 2016, http://www.pewresearch.org/fact-tank/2016/04/13/high-income-americans-pay-most-income-taxes-but-enough-to-be-fair/ (accessed July 25, 2018).
22. "Corporate Tax in America: Let the Games Begin," *The Economist,* December 16–22, 2017, p. 58.
23. "High Tax States: Tax Replanning," *The Economist,* January 6, 2018, p. 17.
24. Sarah Elbert, "Food for Thought," *Delta Sky,* December 2016, pp. 66–70; Annie Gasparro, "General Mills Starts Making Some Cheerios Without GMOs," *The Wall Street Journal,* January 2, 2014, http://www.wsj.com/articles/SB10001424052702303370904579297211874270146 (accessed January 6, 2017); Hadley Malcolm, "General Mills to Label GMOs on Products across Country," *USA Today,* March 18, 2016, http://www.usatoday.com/story/money/2016/03/18/general-mills-to-label-gmos-on-products/81981314/ (accessed January 6, 2017); Stephanie Strom, "Paying Farmers to Go Organic, Even Before the Crops Come In," *The New York Times,* July 14, 2016, http://www.nytimes.com/2016/07/15/business/paying-farmers-to-go-organic-even-before-the-crops-come-in.html (accessed January 6, 2017); John Kell, "General Mills Reveals How It Plans to 'Renovate' Yogurt Products," *Fortune,* July 14, 2016, http://fortune.com/2016/07/14/general-mills-yogurt/ (accessed January 2, 2018); Nathan Bomey, "Slumping Yogurt, Cereal Sales Spoil General Mills' Performance," *USA Today,* September 20, 2017, https://www.usatoday. com/story/money/2017/09/20/general-mills-first-quarter-earnings/684218001/ (accessed January 2, 2018); Mary Ellen Shoup,

"Chobani Beats Yoplait in Sales and Market Share as Dannon Takes No. 1 Spot in US Yogurt Market," *Dairy Reporter,* March 13, 2017, https://www.dairyreporter.com/Article/2017/03/13/Chobani-surpasses- Yoplait-in-sales-and-market-share (accessed January 2, 2018); Sean Rossman, "What Is French Yogurt and Is It the New Greek?" *USA Today,* July 6, 2017, https://www.usatoday.com/story/money/nation-now/2017/07/06/what-french-yogurt-and-new-greek/439935001/ (accessed January 2, 2018); Bruce Horovitz, "Cheerios Drop Genetically Modified Ingredients," *USA Today,* January 2, 2014, https://www.usatoday.com/story/money/business/2014/01/02/cheerios-gmos-cereals/4295739/ (accessed January 2, 2018).

25. Neil Shah, "Baby Bust Threatens Growth," *The Wall Street Journal,* December 4, 2014, p. A3.
26. U.S. Census Bureau, "State & County Quick Facts," http://quickfacts.census.gov/qfd/states/00000.html (accessed May 1, 2017); Haya El Nasser, Gregory Korte, and Paul Overberg, "308.7 Million," *USA Today,* December 22, 2010, p. 1A.
27. U.S. Department of Labor, "Data & Statistics," http://www. dol.gov/wb/stats/stats_data.htm (accessed May 1, 2017).
28. Dinah Eng and Heidi Ganahl, "Finding Her 'Wow' in Camp Bow Wow," *Fortune,* March 15, 2015, pp. 41–42; Camp Bow Wow, "About Us," http://www.campbowwow.com/about-us/our-history (accessed March 25, 2018).
29. Kelly K. Sports, "Top Small Workplaces 2008," *The Wall Street Journal,* February 22, 2009, https://www.wsj.com/articles/SB122347733961315417 (accessed January 1, 2018); "ATA Engineering Named as One of San Diego's 100 Fastest Growing Companies," ATA Engineering, October 2, 2008, http://www.ata-e.com/news/ata-engineering-named-one-san-diegos-100-fastest-growing-companies/ (accessed January 1, 2018); "This Year's Most Innovative Employee-Owned Companies Awarded in Chicago Last Week," The National Center for Employee Ownership and the Beyster Institute, http://www.ata-e. com/news/ata-wins-most-innovative-employee-owned-company-award/ (accessed January 1, 2018); Michelle Strulzenberger, "Employee Ownership Results in Better Workplace for ATA Engineering Inc.," January 16, 2009, http://axiomnews.ca/node/456 (accessed June 24, 2013); ATA Engineering, "ATA Engineering Recognized by Wall Street Journal as One of the Top Small Workplaces for 2008," October 13, 2008, http://www.ata-e.com/news/ata-engineering-recognized-wall-street-journal-one-top-small-workplaces-2008/ (accessed January 1, 2018); ATA Engineering website, http://www.ata-e.com/ (accessed January 1, 2018); ATA Engineering, "ATA Engineering Wins Top NASA Quality Award," June 26, 2013, http://www.ata-e.com/news/ata-engineering-wins-top-nasa-quality-award/ (accessed January 1, 2018); Bloomberg, "Company Overview of ATA Engineering, Inc.," February 17, 2018, https://www.bloomberg.com/research/stocks/private/snapshot.asp?privcapId=9636531 (accessed February 17, 2018); CalTech, "Mary Baker (MS '67, PHD '72)," *CalTech Alumni,* https://www.alumni. caltech.edu/mary-baker/ (accessed February 17, 2018).
30. Eli Lilly, "Heritage," www.lilly.com/about/heritage/Pages/heritage.aspx (accessed May 1, 2017).
31. Marcia Kaplan, "Walmart Ecommerce Sales Up 23 Percent in Fourth Quarter 2017," *Practical Ecommerce,* March 1, 2018, https://www.practicalecommerce.com/walmarts-ecommerce-sales-23-percent-fourth-quarter-2017 (accessed March 25, 2018).
32. Rainforest Alliance, "Annual Report 2012," 2012, http://www.rainforest-alliance.org/sites/default/files/about/annual_reports/AR2012_spreads-optimized.pdf (accessed June 24, 2013); Rainforest Alliance, "About Us," http://www.rainforest-alliance.org/about (accessed January 1, 2018); Kelly K. Spors, "Top Small Workplaces 2008," *The Wall Street Journal,* February 22, 2009, https://www.wsj. com/articles/SB122347733961315417 (accessed January 1, 2018); Richard Donovan, "Rainforest Alliance Launches TREES," Forest Stewardship Council, www.fscus.org/news/index.php?article=169 (accessed May 29, 2009); Rainforest Alliance, "Marketing Your Commitment to Sustainability," https://www.rainforest-alliance.org/business/marketing (accessed January 1, 2018); Rainforest Alliance, "Raising Awareness . . . Among Employees," https://www.rainforest-alliance.org/business/marketing/awareness/employees (accessed January 1, 2018); Rainforest Alliance, "What Does Rainforest Alliance CertifiedTM Mean?" October 25, 2016, https://www.rainforest-alliance.org/faqs/what-does-rainforest-alliance-certified-mean (accessed January 1, 2018).
33. Laura J. Keller and Shahien Nasiripour, "Wells Fargo's Uphill Battle," *Bloomberg Businessweek,* March 5, 2018, pp. 31–32.
34. Joann S. Lublin, "New Report Finds a Diversity Dividend at Work," *The Wall Street Journal,* January 20, 2015, http://blogs.wsj.com/atwork/2015/01/20/new-report-finds-a-diversity-dividend-at-work/ (accessed May 1, 2017).
35. "The 2011 World's Most Ethical Companies," *Ethisphere,* 2011, Q1, pp. 31–43.
36. Isabelle Maignon, Tracy L. Gonzalez-Padron, G. Tomas M. Hult, and O. C. Ferrell, "Stakeholder Orientation: Development and Testing of a Framework for Socially Responsible Marketing," *Journal of Strategic Marketing,* 19, no. 4 (July 2011), p. 313–338.

2장

1. Ken Belson, Many Ex-Players May Be Ineligible for Payment in N.F.L. Concussion Settlement, *The New York Times,* October 17, 2013, http://www.nytimes.com/2013/10/18/sports/football/many-ex-players-may-be-ineligible-to-share-in-nfl-concussion-settlement.html?_r=0 (accessed December 27, 2017); Will Brinson, "Frontline PBS Doc 'League of Denial' Examines NFL Concussion Problem," *CBS Sports,* October 8, 2013, http://www.cbssports.com/nfl/eye-on-football/24051122/frontline-pbs-doc-league-o(af-denial-examines-nfl-concussion-problem (accessed December 27, 2017); Chris Chase, "NFL All-Pro Says if You Don't Like Concussions, Don't Watch Football," *USA Today,* October 23, 2013, http://ftw.usatoday.com/2013/10/richard-sherman-concussions/ (accessed December 27, 2017); Andrew M. Blecher, "NFL Concussion Litigation," http://NFLconcussionlitigation. com (accessed December 27, 2017); Travis Waldron, "What Does the NFL's Concussion Settlement Mean for the Future of Football?" *Think Progress,* August 29, 2013, https://thinkprogress.org/what-does-the-nfls-concussion-settlement-mean-for-the-future-of-football-d8650489ea7e/ (accessed December 27, 2017); Richard Sherman, "We Chose This Profession," *Sports Illustrated,* MMQB—In This Corner, October 24, 2013, http://mmqb. si.com/2013/10/23/richard-sherman-seahawks-concussions-in-the-nfl/ (accessed December 27, 2017); Jacque Wilson and Stephanie Smith, "Brett Favre: Memory Lapse 'Put a Little Fear in Me,'" *CNN,* October 28, 2013, http://www.cnn.com/2013/10/25/health/brett-favre-concussions/ (accessed December 27, 2017); Michael McCann, "Will New CTE Findings Doom the NFL Concussion Settlement?" *Sports Illustrated,* August 15, 2017, https://www.si.com/nfl/2017/08/15/new-cte-study-effect-nfl-concussion-settlement (accessed December 27, 2017); Tom Huddleston Jr., "The Football Industrial Complex Is in Big Trouble," *Fortune,* September 7, 2017, http://fortune.com/2017/09/07/nfl-ncaa-football-concussion-cte/ (accessed December 27, 2017).
2. Jacquelyn Smith, "The World's Most Ethical Companies," *Forbes,* March 6, 2013, http://www.forbes.com/sites/jacquelynsmith/2013/03/06/the-worlds-most-ethical-companies-in-2013/ (accessed May 3, 2017).
3. Mike Spector and Mike Colias, "Volkswagen Faces Up to Penalties," *The Wall Street Journal,* March 12, 2012, p. B1.
4. "Illycaffè Named as a World's Most Ethical Company by the Ethisphere Institute for the Fifth Consecutive Time," *PR Newswire,* March 15, 2017.
5. Kimberly Blanton, "Creating a Culture of Compliance," *CFO,* July/August 2011, pp. 19–21.

6. Walmart, "2016 Giving Report," https://cdn.corporate. walmart.com/64/66/4c156 46a4b96909ccd0583edb609/wmt- 065-giving-report-final.pdf (accessed March 26, 2018).
7. Kate Pickert, "Medicare Fraud Horror: Cancer Doctor Indicted for Billing Unnecessary Chemo," *Time,* August 15, 2013, http://nation.time.com/2013/08/15/medicare-fraud-horror-cancer-doctor-indicted-for-billing-unnecessary-chemo/ (accessed May 3, 2017).
8. Roger Yu, "Bristol-Myers Fined $14M over Bribe Claims," *USA Today,* October 6, 2015, p. 3B.
9. O.C. Ferrell, John Fraedrich, and Linda Ferrell, *Business Ethics: Ethical Decision Making and Cases,* 8th ed. (Mason, OH: South-Western Cengage Learning, 2011), p. 7.
10. "3M Named a 2017 World's Most Ethical Company," *Business Wire,* http://www.businesswire.com/news/home/20170313005407/en/ (accessed March 22, 2017).
11. Patrick Leger, "The Fall of Travis Kalanick," *Bloomberg Businessweek,* January 22, 2018, pp. 46–51.
12. Ferrell, Fraedrich, and Ferrell, *Business Ethics.*
13. Ethics Resource Center, *2011 National Business Ethics Survey®: Ethics in Transition* (Arlington, VA: Ethics Resource Center, 2012).
14. Bobby White, "The New Workplace Rules: No Video Watching," *The New York Times,* March 3, 2008, p. B1.
15. Brianna Bradley, "Nearly a Quarter of Staffers Will Shop Online Today," *Biz Women,* November 27, 2017, https://www.bizjournals.com/bizwomen/news/latest-news/2017/11/nearly-a-quarter-of-staffers-will-shop-online.html (accessed April 7, 2018).
16. "Sexual Harassment: #MeToo," *The Economist,* December 23, 2017–January 5, 2018, pp. 81–82.
17. Shana Lebowitz, "What's Behind a Rise in Workplace Bullying?" *USA Today,* October 8, 2013, www.usatoday. com/story/news/health/2013/10/08/hostile-workplace-less-productive/2945833/ (accessed May 3, 2017).
18. Carolyn Kinsey Goman, "Is Your Boss a Bully?" *Forbes,* April 6, 2014, http://www.forbes.com/sites/carolkinseygoman/2014/04/06/is-your-boss-a-bully/ (accessed May 3, 2017).
19. Abigail Hess, "Howard University Employees Fired Following Investigation into Stolen Financial Aid," *CNBC,* March 29, 2018, https://www.cnbc.com/2018/03/29/howard-university-fires-employees-who-allegedly-stole-financial-aid.html (accessed April 7, 2018).
20. NBC New York, "Apple Store Worker Charged with Using Bogus Credit Cards to Buy Nearly $1 Million in Apple Gift Cards," October 20, 2015, http://www.nbcnewyork. com/news/local/Apple-Worker-Arrest-Theft-Gift-Card- Fake-Credit-Information-Ruben-Profit-334735951.html (accessed May 3, 2017); Gregg Keizer, "Apple Employee Arrested, Charged with Buying $1M in Company Gift Cards with Fake Plastic," *Computerworld,* October 21, 2015, http://www.computerworld.com/article/2996000/technology-law-regulation/apple-employee-arrested-charged-with-buying-1m-in-company-gift-cards-with-fake-plastic.html (accessed May 3, 2017).
21. Coca-Cola Company, *Code of Business Conduct: Acting Around the Globe,* April 2009, p. 13, https://www.coca-colacompany.com/content/dam/journey/us/en/private/fileassets/pdf/2013/04/code-of-business-conduct-france-english.pdf (accessed May 3, 2017).
22. Reuters, "BlackRock to Pay $12 Million in SEC Conflict of Interest Case," *Fortune,* April 20, 2015, http://fortune. com/2015/04/20/blackrock-to-pay-12-million-in-sec-conflict-of-interest-case/ (accessed May 3, 2017).
23. *Corruption Perceptions Index 2016,* Transparency International, http://www.transparency.org/news/feature/corruption_perceptions_index_2016 (accessed April 9, 2017).
24. Joel Rosenblatt, "For Once, Uber Needs Travis Kalanick to Speak Up," *Bloomberg Businessweek,* February 5, 2018, pp. 22–23.
25. Holly Ellyatt, "EU Lawmakers Vote to Break Up Google," *CNBC,* November 27, 2014, http://www.cnbc.com/id/102222045# (accessed May 3, 2017).
26. FDA, "FDA Investigates Multistate Outbreak of E. Coli O26 Infections Linked to Chipotle Mexican Grill Restaurant," U.S. Food and Drug Administration, https://www.fda.gov/food/recallsoutbreaksemergencies/outbreaks/ucm470410.htm (accessed October 17, 2017); Diana Bradley, "Chris Arnold Guides Chipotle's Crisis Comeback," *PR Week,* https://www.prweek.com/article/1438230/chris-arnold-guides-chipotles-crisis-comeback#AB5RGAbJLBziCe3I.99 (accessed October 17, 2017); Erin Douglas, "Chipotle Shows Signs of Recovery with New Menu Items in Testing, but It Is Enough?" *Denver Post,* http://www.denverpost .com/2017/07/14/chipotle-new-menu-items-revenue-ecoli/ (accessed October 17, 2017); Joel Stein, "The Fast Food Ethicist," *Time,* July 23, 2012, pp. 39–44; Caitlin Dewey, "Analysts Predicted Chipotle Would Be the Death of McDonald's. They Were Wrong," *Washington Post,* October 26, 2017, https://www.washingtonpost.com/news/wonk/wp/2017/10/26/why-mcdonalds-is-beating-out-the-fresh-healthy-competition/?utm_term=.82e8dfcaa5c3 (accessed November 22, 2017); Sarah Begley, "Chipotle Customer Who Got E. Coli Asks for Free Burritos in Settlement," *Time,* September 14, 2016, http://time.com/4490672/chipotle-ecoli-free-burritos-settlement/ (accessed November 22, 2017); Jen Wieczner, "Chipotle's 'Free Burrito' Coupons Are Making People Less Scared to Eat There," *Fortune,* May 4, 2016, http://fortune.com/2016/03/04/chipotle-coupons-ecoli/ (accessed November 22, 2017).
27. Jesse Newman, "FDA Tightens Its Food-Safety Rules," *The Wall Street Journal,* September 11, 2015, p. B3.
28. Associated Press, "Hagel Orders Renewed Focus on Military Ethics amid Air Force, Navy Cheating Scandals," *Fox News,* February 5, 2014, http://www.foxnews.com/us/2014/02/05/hagel-orders-renewed-focus-on-military-ethics-amid-air-force-navy-cheating/ (accessed January 28, 2015); Helene Cooper, "Cheating Accusations among Officers Overseeing Nuclear Arms," *The New York Times,* January 15, 2014, http://www.nytimes.com/2014/01/16/us/politics/air-force-suspends-34-at-nuclear-sites-over-test-cheating.html?_r=0 (accessed January 28, 2015); Associated Press, "Navy Kicks Out 34 for Cheating on Nuclear Training Tests," *CBS News,* August 20, 2014, http://www.cbsnews.com/news/navy-kicks-out-34-for-cheating-on-nuclear-training-tests/ (accessed January 28, 2015).
29. Kyle Stock, "Movers," *Bloomberg Businessweek,* March 6–12, 2017, p. 19.
30. Rachel Abrams, "F.D.A. Warns 3 Tobacco Makers about Language Used on Labels," *The New York Times,* August 27, 2015, http://www.nytimes.com/2015/08/28/business/fda-warns-3-tobacco-makers-about-language-used-on-labels. html (accessed May 3, 2017).
31. Ethics Resource Center, *2005 National Business Ethics Survey* (Washington, DC: Ethics Resource Center, 2005), p. 43.
32. Erich Reimer, "The Federal Reserve's Extraordinary Wells Fargo Growth Restriction," *Seeking Alpha,* February 5, 2018, https://seekingalpha.com/article/4143027-federal-reserves-extraordinary-wells-fargo-growth-restriction (accessed March 28, 2018).
33. Thomas M. Jones, "Ethical Decision Making by Individuals in Organizations: An Issue-Contingent Model," *Academy of Management Review* 2 (April 1991), pp. 371–373.
34. Sir Adrian Cadbury, "Ethical Managers Make Their Own Rules," *Harvard Business Review* 65 (September–October 1987), p. 72.
35. Ferrell, Fraedrich, and Ferrell, *Business Ethics,* pp. 174–175.
36. Ethics Resource Center, *2009 National Business Ethics Survey* (Washington, DC: Ethics Resource Center, 2009), p. 41.
37. Ethics and Compliance Initiative, *2016 Global Business Ethics SurveyTM: Measuring Risk and Promoting Workplace Integrity* (Arlington, VA: Ethics and Compliance Initiative, 2016), p. 43.

38. CR Magazine, "CR's 100 Best Corporate Citizens," 2017, http://www.thecro.com/wp-content/uploads/2017/05/CR_100Bestpages_digitalR.pdf (accessed September 22, 2017); "Eaton CEO Emphasizes Ethics," Carnegie Mellon Tepper School of Business, http://tepper.cmu.edu/news-multimedia/tepper-stories/eaton-ceo-emphasizes-ethics/index.aspx (accessed June 1, 2011); Eaton Corporation, *2016 Sustainability Metrics* (Cleveland: Eaton Corporation, 2017), http://www.eaton.com/ecm/groups/public/@pub/@ sustainability/documents/content/pct_3099477.pdf (accessed September 22, 2017); Eaton Corporation, "About Us—Fast Facts," http://www.eaton.com/Eaton/OurCompany/AboutUs/CorporateInformation/FastFacts/index.htm (accessed September 22, 2017); Eaton Corporation, "Accountability & Transparency," http://www.eaton.in/EatonIN/OurCompany/Sustainability/AccountabilityTransparency/index.htm (accessed September 22, 2017); Eaton Corporation, *Code of Ethics,* 2015, http://www.eaton.com/ecm/groups/public/@pub/@eaton/@corp/documents/content/pct_1223598.pdf (accessed September 22, 2017); Eaton Corporation, *Ethics: The Power of Doing Business Right* (Cleveland: Eaton Corporation, 2011), p. 6, web version; Eaton Corporation, *Global Ethics—Ethics Guide* (Cleveland: Eaton Corporation, 2011); Eaton Corporation, "Sustainability," http://www. eaton.com/Sustainability/index.htm (accessed September 22, 2017); Eaton Corporation, "Worldwide Gift and Entertainment Policy," http://www.eaton.com/ecm/groups/public/@pub/@eaton/@corp/documents/content/ct_251820.pdf (accessed September 22, 2017); Wayne Heilmen, "UCCS Speaker: Ethics Policies Must Be Enforced Consistently," *Colorado Springs Gazette,* March 15, 2011, http://gazette.com/uccs-speaker-ethics-policies-must-be-enforced-consistently/article/114612 (accessed September 22, 2017).
39. Ferrell, Fraedrich, and Ferrell, *Business Ethics,* p. 13.
40. "Trust in the Workplace: 2010 Ethics & Workplace Survey," Deloitte LLP (n.d.), www.deloitte.com/assets/Dcom- UnitedStates/Local%20 Assets/Documents/us_2010_Ethics_ and_Workplace_Survey_ report_071910.pdf (accessed May 3, 2017).
41. Archie B. Carroll, "The Pyramid of Corporate Social Responsibility: Toward the Moral Management of Organizational Stakeholders," *Business Horizons* 34 (July/August 1991), p. 42.
42. Kelly Kennedy, "Pharmacies Look to Snuff Tobacco Sales," *USA Today,* February 6, 2014, p. 1A.
43. Bryan Walsh, "Why Green Is the New Red, White and Blue," *Time,* April 28, 2008, p. 46.
44. Adam Shriver, "Not Grass-Fed, but at Least Pain-Free," *The New York Times,* February 18, 2010, www.nytimes. com/2010/02/19/opinion/19shriver.html (accessed May 3, 2017).
45. "USA Snapshots: Energy Investment Shelton Group's Energy Please Survey," *USA Today,* March 22, 2017, p. A1.
46. Corrine Iozzio, "A Farm on Every Street Corner," *Fast Company,* April 2015, p. 68; Philips, "Philips Commercializing City Farming Solutions Based on LED 'Light' Recipes that Improve Crop Yield and Quality," 2016, http://www.lighting.philips.com/main/products/horticulture/press-releases/Philips-commercializing-city-farming-solutions-based-on-LED-light-recipes.html (accessed May 3, 2017).
47. Cone Communications and Ebiquity, "2015 Cone Communications/Ebiquity Global CSR Study," http://www. conecomm.com/stuff/contentmgr/files/0/2482ff6f22fe47534 88d3fe37e948e3d/files/global_pdf_2015.pdf (accessed May 3, 2017).
48. "2017 World's Most Ethical Companies—Honorees," *Ethisphere,* http://ethisphere.com/worlds-most-ethical/wme-honorees/ (accessed May 3, 2017).
49. Blake Mycoskie, "The Founder of TOMS on Reimagining the Company's Mission," *Harvard Business Review,* January/February 2016, pp. 41–44; Ashley Fahey, "TOMS Founder Reflects on Conscious Capitalism, Entrepreneurship Ahead of Talk in Charlotte," *Charlotte Business Journal,* November 22, 2017, https://www. bizjournals.com/charlotte/news/2017/11/22/toms-founder-reflects-on-conscious-capitalism.html (accessed November 30, 2017); Patrick Cole, "TOMS Free Shoe Plan, Boosted by Clinton, Reaches Million Mark," *Bloomberg,* September 15, 2010, http://www.bloomberg.com/news/2010-09-16/toms-shoe-giveaway-for-kids-boosted-by-bill-clinton-reaches-million-mark.html (accessed November 30, 2017); TOMS, "One for One," http://www.toms.com/one-for-one-en/ (accessed November 30, 2017); Booth Moore, "Toms Shoes' Model Is Sell a Pair, Give a Pair Away," *Los Angeles Times,* April 19, 2009, http://www.latimes.com/features/image/la-ig-greentoms19-2009apr19,0,3694310.story (accessed December 10, 2017); Stacy Perman, "Making a Do-Gooder's Business Model Work," *Bloomberg Businessweek,* January 23, 2009, http://www.businessweek. com/smallbiz/content/jan2009/sb20090123_264702.htm (accessed November 6, 2014); Michelle Prasad, "TOMS Shoes Always Feels Good," *KENTON Magazine,* March 19, 2011, http://kentonmagazine.com/toms-shoes-always-feel-good/ (accessed November 6, 2014); Craig Sharkton, "Toms Shoes—Philanthropy as a Business Model," sufac. com, August 23, 2008, http://sufac.com/2008/08/toms-shoes-philanthropy-as-a-business-model/ (accessed June 3, 2011); Mike Zimmerman, "The Business of Giving: TOMS Shoes," *Success Magazine,* September 30, 2009, http://www.successmagazine.com/the-business-of-giving/PARAMS/article/852 (accessed June 3, 2011); "TOMS Founder Shares Sole-ful Tale," *North Texas Daily,* April 14, 2011, http://www.ntdaily.com/?p=53882 (accessed March 5, 2012); Scott Gerber, "Exit Interview: Blake Mycoskie," *Inc.,* December 2014/January 2015, p. 144; "TOMS Is on a Mission to Brew Something Greater: TOMS Roasting Co. Launches as the Next One for One® Product," *PR Newswire,* March 12, 2014, https://www.prnewswire.com/news-releases/toms-is-on-a-mission-to-brew-something-greater-toms-roasting-co-launches-as-the-next-one-for-one-product-249740051.html (accessed December 10, 2017); Rick Tetzeli, "Behind Toms Founder Blake Mycoskie's Plan to Build an Army of Social Entrepreneurs," *Fast Company,* January 11, 2016, https://www.fastcompany.com/3054929/behind-toms-founder-blake-mycoskies-plans-to-build-an-army-of-social-entrepr (accessed December 10, 2017).
50. Ferrell, Fraedrich, and Ferrell, *Business Ethics,* pp. 13–19.
51. Rachel Emma Silverstein, "Wall Street Perk: Parental Leave," *The Wall Street Journal,* December 1, 2015, p. C3; David Cohen, "Facebook Offers All Employees 4 Months' Parental Leave," December 1, 2015, http://www. adweek.com/socialtimes/four-months-parental-leave/630794 (accessed May 3, 2017).
52. Sarah Nefter, "Closing the Gap," *Delta Sky,* March 2017, p. 78.
53. Charisse Jones, "Here's the Secret to a Successful Company," *USA Today,* March 14, 2017, p. B1.
54. Doyle Rice, "Bumblebee Lands Securely on Endangered List," *USA Today,* March 22, 2017, p. A2.
55. Jonathan Watts, "Amazon Deforestation Report Is Major Setback for Brazil Ahead of Climate Talks," *The Guardian,* November 27, 2015, http://www.theguardian.com/world/2015/nov/27/amazon-deforestation-report-brazil-paris-climate-talks (accessed May 3, 2017).
56. Janet Larsen and Savina Venkova, "Plan B Updates," April 22, 2014, http://www.earth-policy.org/plan_b_updates/2014/update122 (accessed May 3, 2017).
57. "Certification," Home Depot, https://corporate.homedepot.com/CorporateResponsibility/Environment/WoodPurchasing/Pages/Certification.aspx (accessed May 3, 2017).
58. Cody Boteler, "California, Home to Silicon Valley, Considers Controversial Right to Repair," *Waste Dive,* March 19, 2018, https://www.wastedive.com/news/silicon-valley-california-controversial-right-to-repair-legislation/519424/ (accessed March 28, 2018).
59. GE Foundation, "United Way," www.gefoundation.com/employee-programs/united-way/ (accessed

May 3, 2017).
60. Adobe Systems, "Adobe Corporate Responsibility," http://www.adobe.com/corporate-responsibility.html (accessed January 29, 2015).
61. Chad Broughton, "Just Another Factory Closing," *The Atlantic,* September 23, 2015, http://www.theatlantic.com/business/archive/2015/09/factory-closure-privateequity/406264 (accessed May 3, 2017).
62. Peter Cappelli, "The Skills Gap Myth: Why Companies Can't Find Good People," *Time,* June 4, 2012, http://business.time.com/2012/06/04/the-skills-gap-myth-why-companies-cant-find-good-people/ (accessed May 3, 2017).
63. Peter Cappelli, "Why Companies Aren't Getting the Employees They Need," *The Wall Street Journal,* October 24, 2011, pp. R1, R6.
64. "Who Really Pays for CSR Initiatives," *Environmental Leader,* February 15, 2008, www.environmentalleader.com/2008/02/15/who-really-pays-for-csr-initiatives/ (accessed May 3, 2017); "Global Fund," www.joinred.com/globalfund (accessed April 7, 2014); Reena Jana, "The Business of Going Green," *BusinessWeek Online,* June 22, 2007, www.businessweek.com/stories/2007-06-22/the-business-benefits-of-going-green-businessweek-business-news-stock-market-and-financial-advice (accessed May 3, 2017); Emma Howard, "Green Jobs Boom: Meet the Frontline of the New Solar Economy," *The Guardian,* February 1, 2016, http://www.theguardian.com/global-development-professionals-network/2016/feb/01/solar-economy-renewable-energy-asia-africa (accessed May 3, 2017).
65. George Sammet Jr., *Gray Matters:* The Ethics Game (Orlando, FL: Lockheed Martin Corporation, 1992).

3장

1. Lulu Yilun Chen, "Online Giant Alibaba Aims beyond China and E-Commerce: QuickTake," *Washington Post,* November 13, 2017, https://www.washingtonpost.com/business/online-giant-alibaba-aims-beyond-china-and-e-commerce-quicktake/2017/11/13/9147da86-c846-11e7- b506-8a10ed11ecf5_story.html (accessed November 19, 2017); Katherine Rushton, "Alibaba Is Now the Biggest Retailer in the World," *Telegraph (U.K.),* October 28, 2014, www.telegraph.co.uk/finance/newsbysector/retailandconsumer/11193340/Alibaba-is-now-the-biggest-retailer-in-the-world.html (accessed November 25, 2017); Laura Lorenzetti, "Alibaba Heads to Hollywood with Its New Cash Stockpile," *Fortune,* October 28, 2014, http://fortune.com/2014/10/28/alibaba-heads-to-hollywood-with-its-new-cash-stockpile/ (accessed November 25, 2017); Bill George, "Jack Ma on Alibaba, Entrepreneurs, and the Role of Handstands," *The New York Times,* September 22, 2014, http://dealbook.nytimes.com/2014/09/22/jack-ma-on-alibaba-entrepreneurs-and-the-role-of-handstands/?_r=0 (accessed November 25, 2017); Frank Langfitt, "From a Chinese Apartment to Wall Street Darling: The Rise of Alibaba," *National Public Radio,* September 8, 2014, www.npr.org/blogs/parallels/2014/09/08/326930271/from-a-chinese-apartment-to-wall-street-darling-the-rise-of-alibaba (accessed November 25, 2017); Aaron Pressman and Adam Lashinsky, "Data Sheet–Alibaba's Vast and Growing Reach," *Fortune,* November 13, 2017, http://fortune.com/2017/11/13/data-sheet-alibaba-payments-shopping/ (accessed November 19, 2017); Daniel Keyes, "Amazon is Struggling to Find its Place China," *Business Insider,* August 30, 2017, www.businessinsider.com/amazon-is-struggling-to-find-its-place-china-2017-8 (accessed November 19, 2017); Kathy Chu, "Alibaba to Act Faster Against Counterfeits," *The Wall Street Journal,* May 15, 2014, p. B1; "E-commerce with Chinese characteristics," *The Economist,* November 15, 2007, www.economist.com/node/10125658 (accessed November 25, 2017); Eric Markowitz, "From Start-up to Billion- Dollar Company," *Inc.,* April 6, 2012, https://www.inc.com/eric-markowitz/alibaba-film-dawn-of-the-chinese-internet-revolution.html (accessed November 25, 2017).
2. Nick Parker, "BMWs Billion-Dollar Bet on Mexico," *CNN Money,* July 8, 2014, http://money.cnn.com/2014/07/08/news/companies/bmw-mexico/ (accessed May 3, 2017).
3. Deloitte, "2016 Global Manufacturing Competitiveness Index," 2016, http://www2.deloitte.com/global/en/pages/about-deloitte/articles/global-manufacturing-competitiveness-index.html (accessed May 3, 2017).
4. Jack Nicas, "YouTube Viewership Notches a Global Milestone," *The Wall Street Journal,* February 28, 2017, p. B1.
5. Starbucks, "Starbucks Coffee International," https://www. starbucks.com/business/international-stores (accessed April 1, 2018).
6. Elisabeth Sullivan, "Choose Your Words Wisely," *Marketing News,* February 15, 2008, p. 22.
7. Anne Steele, "Overseas Sales Jump for Indie Records," *The Wall Street Journal,* March 16, 2018, p. B5.
8. Rayna Hollander, "As Apple's Third Largest Market by Sales, China is an Attractive Growth Opportunity," *Business Insider,* December 5, 2017, https://www.businessinsider.com/china-is-apples-third-largest-market-2017-12 (accessed July 25, 2018).
9. Worldometers, "Current World Population," www.worldometers .info/world-population/ (accessed April 1, 2018).
10. "Subway," *Fortune,* www.forbes.com/companies/subway/ (accessed May 3, 2017).
11. Paul Davidson, "We Produce More at Home with New Drilling Methods," *USA Today,* February 11, 2014, p. 1B.
12. Chris Isidore, "These Are the Top U.S. Exports," *CNN Money,* March 7, 2018, http://money.cnn.com/2018/03/07/news/economy/top-us-exports/index.html (accessed April 1, 2018).
13. Kimberly Amadeo, "U.S. Imports and Exports: Components and Statistics," *The Balance,* March 3, 2018, https://www. thebalance.com/u-s-imports-and-exports-components-and-statistics-3306270 (accessed April 1, 2018).
14. Ibid.
15. Ian Bremmer, "Sea of Troubles," *Time* 185, no. 1 (2015), p. 18.
16. "Shaken, Not Stirred," *The Economist,* January 24, 2015, p. 48.
17. Daniel Runde, "M-Pesa and the Rise of the Global Mobile Money Market," August 12, 2015, https://www.forbes.com/sites/danielrunde/2015/08/12/m-pesa-and-the-rise-of-the-global-mobile-money-market/#64299fd65aec (accessed March 3, 2018); Kieron Monks, "M-Pesa: Kenya's Mobile Money Success Story Turns 10," *CNN,* February 24, 2017, https://www.cnn.com/2017/02/21/africa/mpesa-10th-anniversary/index.html (accessed March 3, 2018); BBC, "M-Pesa's Founders on Launching Mobile Wallet," *BBC News,* November 22, 2010, www.bbc.com/news/av/business- 11793288/m-pesa-founders-on-launching-kenya-s-mobile-wallet (accessed March 3, 2018); Janelle Richards, "Kenyan Entrepreneurs Help Youth Thrive in Africa's Emerging 'Silicon Valley,'" *NBC News,* December 4, 2017, https://www.nbcnews.com/news/nbcblk/kenyan-entrepreneurs-help-youth-thrive-africa-s-emerging-silicon-valley-n826156 (accessed March 3, 2018); Charles Graeber, "Ten Days in Kenya with No Cash, Only a Phone," *Bloomberg Businessweek,* June 5, 2014, www.businessweek.com/articles/2014-06-05/safaricoms-m-pesa-turns-kenya-into-a-mobile-payment-paradise (accessed March 3, 2018); Vivienne Walt, "Is Africa's Rise for Real This Time?" *Fortune,* September 18, 2014, pp. 166–172.
18. Andy Pasztan, "U.S. Drone Deliveries Ready for Takeoff," *The Wall Street Journal,* March 12, 2018, p. B1.
19. Nathaniel Taplin, "Walling off China Won't Help U.S.," *The Wall Street Journal,* March 10–11, 2018, p. B12.
20. BSA, "Security Threats Rank as Top Reason Not to Use Unlicensed Software," http://globalstudy.bsa.org/2013/ (accessed May 3, 2017).
21. Sonja Elmquist, "U.S. Calls for 256% Tariff on

Imports of Steel from China," *Bloomberg Business,* December 22, 2015, www.bloomberg.com/news/articles/2015-12-22/u-s-commerce-department-to-put-256-tariff-on-chinese-steel (accessed May 3, 2017).

22. Andrew Tangel, Bob Tita, and Josh Zumbrun, "Metal Users Harden of Levy," *The Wall Street Journal,* March 10–11, 2018, p. B5.
23. Andrea Thomas, Paul Vieira, David Winning, "U.S. Allies Weigh Response to Tariffs," *The Wall Street Journal,* March 13, 2018, p. 4-7.
24. Jen Skerritt, "Timber Tariffs Are Hammering U.S. Builders," *Bloomberg Businessweek,* March 12, 2018, p. 35.
25. Kitty Bean Yancey, "Back to Cuba: People-to-People Trips Get the Green Light," *USA Today,* August 4, 2011, p. 4A; Alan Gomez, "Feds Approve First U.S. Factory in Cuba," *USA Today,* February 16, 2016, p. 1B.
26. Kitty Bean Yancey and Laura Bly, "Door May Be Inching Open for Tourism," *USA Today,* February 20, 2008, p. A5; Sue Kirchhoff and Chris Woodyard, "Cuba Trade Gets New Opportunity,'" *USA Today,* February 20, 2008, p. B1; Gardiner Harris, "Trump Tightens Cuba Embargo, Restricting Access to Hotels and Businesses," *The New York Times,* November 8, 2017, https://www.nytimes.com/2017/11/08/us/politics/trump-tightens-cuba-embargo-restricting-access-to-hotels-businesses.html (accessed April 1, 2018).
27. European Commission, "EU Wins a WTO Dispute on Chinese Anti-Dumping Duties," February 13, 2015, http://trade.ec.europa.eu/doclib/press/index.cfm?id=1257 (accessed May 3, 2017).
28. European Commission, "EU Wins a WTO Dispute on Chinese Anti-Dumping Duties."
29. Rob Davies, "Uber Suffers Legal Setbacks in France and Germany," *The Guardian,* June 9, 2016, https://www. theguardian.com/technology/2016/jun/09/uber-suffers-legal-setbacks-in-france-and-germany (accessed April 15, 2017); "Uberworld," *The Economist,* September 3, 2016, p. 9; Jefferson Graham, "App Greases the Wheels," *USA Today,* May 27, 2015, p. 5B; Karun, "Times Internet and Uber Enter Into a Strategic Partnership, *Uber Blog,* March 22, 2015, http://blog.uber.com/times-internet (accessed April 15, 2017); R. Jai Krishna and Joanna Sugden, "India Asks Internet Service Providers to Block Uber Website in Delhi," *The Wall Street Journal,* May 14, 2015, www.wsj.com/articles/india-asks-internet-service-providers-to-block-uber-website-in-delhi-1431606032 (accessed April 15, 2017); Saritha Rai, "Uber Gets Serious about Passenger Safety In India, Introduces Panic Button," *Forbes,* February 12, 2015, www.forbes.com/sites/saritharai/2015/02/12/uber-gets-serious-about-passenger-safety-in-india-introduces-panic-button/ (accessed April 15, 2017); Sam Schechner and Tom Fairless, "Europe Steps Up Pressure on Tech Giants," *The Wall Street Journal,* April 2, 2015, www.wsj.com/articles/europe-steps-up-pressure-on-technology-giants-1428020273 (accessed April 15, 2017); Aditi Shrivastava, "Uber Resumes Operations in Delhi Post 1.5 Months Ban," *The Economic Times,* January 23, 2015, http://articles.economictimes.indiatimes.com/2015-01-23/news/58382689_1_indian-taxi-market-radio-taxi-scheme-uber-spokesman (accessed April 15, 2017); UNM Daniels Fund Ethics Initiative, "Truth, Transparency, and Trust: Uber Important in the Sharing Economy," PPT presentation, https://danielsethics.mgt.unm. edu/teaching-resources/presentations.asp (accessed April 15, 2017); Maria Vega Paul, "Uber Returns to Spanish Streets in Search of Regulatory U-Turn," *Reuters,* March 30, 2016, www.reuters.com/article/us-spain-uber-tech-idUSKCN0WW0A0 (accessed April 15, 2017).
30. Laurie Burkitt, "Tiffany Finds Sparkle in Overseas Markets," *The Wall Street Journal,* December 26, 2013, p. B4.
31. Julie Jargon, "Starbucks Shifts in Europe," *The Wall Street Journal,* November 30–December 1, 2013, p. B3.
32. Kyle Stock, "Movers," *Bloomberg Businessweek,* March 6–12, 2017, p. 19.
33. "Slogans Gone Bad," Joe-ks, www.joe-ks.com/archives_ apr2004/slogans_gone_bad.htm (accessed May 3, 2017).
34. Nina Lakhani, "Coca-Cola Apologizes for Indigenous People Ad Intended as 'Message of Unity,'" *The Guardian,* December 5, 2015, www.theguardian.com/world/2015/dec/05/coca-cola-mexico-ad-indigenous-people (accessed May 3, 2017).
35. J. Bonasia, "For Web, Global Reach Is Beauty—and Challenge," *Investor's Business Daily,* June 13, 2001, p. A6.
36. Gartner, "Gartner Says Worldwide PC Shipments Declined 9.5 Percent in Second Quarter of 2015," July 9, 2015, www. gartner.com/newsroom/id/3090817 (accessed May 3, 2017).
37. "What Is the WTO," World Trade Organization (n.d.), www. wto.org/english/thewto_e/whatis_e/whatis_e.htm (accessed May 3, 2017).
38. European Commission, "EU Wins a WTO Dispute on Chinese Anti-Dumping Duties."
39. "The North American Free Trade Agreement (NAFTA)," *export.gov,* http://export.gov/FTA/nafta/index.asp (accessed April 7, 2017); Kimberly Amadeo, "Why NAFTA's Six Advantages Outweigh its Six Disadvantages," *The Balance,* March 6, 2018, https://www.thebalance.com/nafta-pros-and-cons-3970481 (accessed April 1, 2018).
40. Central Intelligence Agency, "Guide to Country Comparisons," *World Factbook,* https://www.cia.gov/library/publications/the-world-factbook/rankorder/rankorderguide. html (accessed April 1, 2018); Worldometers, "Canada Population," www.worldometers.info/world-population/canada-population/ (accessed April 1, 2018).
41. U.S. Census Bureau, "Trade in Goods with Canada," https://www.census.gov/foreign-trade/balance/c1220.html (accessed April 1, 2018).
42. Statistics Canada, "Table 1 Merchandise Trade: Canada's Top 10 Principal Trading Partners—Seasonally Adjusted, Current Dollars," December 5, 2014, www.statcan.gc.ca/daily-quotidien/141205/t141205b001-eng.htm (accessed May 3, 2017).
43. Central Intelligence Agency, "Guide to Country Comparisons."
44. U.S. Census Bureau, "Trade in Goods with Mexico," *Foreign Trade,* https://www.census.gov/foreign-trade/balance/c2010.html (accessed April 1, 2018).
45. Jen Wieczner, "Why 2014 Could Be Mexico's Year," *Fortune,* January 13, 2014, p. 37–38.
46. "A Tale of Two Mexicos: North and South," *The Economist,* April 26, 2008, p. 53–54.
47. U.S. Census Bureau, "Top Trading Partners—December 2013: Year-to-Date Total Trade," www.census.gov/foreign-trade/statistics/highlights/top/top1312yr.html (accessed May 3, 2017); Heather Long, "U.S., Canada and Mexico Just Reached a Sweeping New NAFTA Deal. Here's What's in It," *The Washington Post,* October 1, 2018, https://www.washingtonpost.com/business/2018/10/01/us-canada-mexico-just-reached-sweeping-new-nafta-deal-heres-whats-it/?noredirect=on&utm_term=.a0f83040eba0 (accessed October 6, 2018).
48. "Crisis Revisited," *The Economist,* December 13, 2014, p. 17; "Euro Area," European Commission, https://ec.europa.eu/info/business-economy-euro/euro-area_en (accessed January 28, 2017).
49. "Euro Area 1999-2015," European Central Bank, https://www.ecb.europa.eu/euro/intro/html/map.en.html (accessed January 28, 2017); "Europe in 12 Lessons," *Europa,* http://europa.eu/abc/12lessons/lesson_2/index_en.htm (accessed January 28, 2017).
50. "IMF World Economic Outlook Database," International Monetary Fund, October 2017, www.imf.org/external/pubs/ft/weo/2017/02/weodata/weorept.aspx?pr.x=89&pr.y=6&sy =2017&ey=2017&scsm=1&ssd=1&sort=country&ds=.& br=1&c=998&s=NGDPD% 2CPPPGDP%2CPPPPC&grp= 1&a=1 (accessed February 11, 2018).
51. Stanley Reed, with Ariane Sains, David Fairlamb, and Carol Matlack, "The Euro: How Damaging a Hit?" *BusinessWeek,* September 29, 2003, p. 63; Irene Chapple, "How the Euro Became a Broken Dream," *CNN,* November 3, 2011, www.cnn.

com/2011/09/23/business/europe-euro-creation-maastricht-chapple/ (accessed May 3, 2017).

52. Julia Fioretti, "EU Watchdogs to Apply 'Right to Be Forgotten' Rule on Web Worldwide," *Reuters,* November 26, 2014, www.reuters.com/article/2014/11/26/us-google-eu-privacy-idUSKCN0JA1HU20141126 (accessed May 3, 2017); "Drawing the Line," *The Economist,* October 4, 2014, www.economist.com/news/international/21621804-google-grapples-consequences-controversial-ruling-boundary-between (accessed May 3, 2017); Samuel Gibbs, "European Parliament Votes Yes on Google Breakup Motion," *The Guardian,* November 27, 2014, www.theguardian.com/technology/2014/nov/27/european-parliament-votes-yes-google-breakup-motion (accessed May 3, 2017).
53. Ludwig Siegele, "The Dodd-Frank of Data," *The Economist,* The World in 2018, p. 123.
54. Alex Hunt and Brian Wheeler, "Brexit: All Your Need to Know about the UK Leaving the EU," *BBC,* March 26, 2018, www.bbc.com/news/uk-politics-32810887 (accessed April 1, 2018).
55. "Negotiating Post-Brexit Deals: Trading Places," *The Economist,* February 4, 2017, p. 48.
56. Asia-Pacific Economic Cooperation, "About APEC," www.apec.org/About-Us/About-APEC.aspx (accessed November 21, 2014); "U.S.-APEC Trade Facts," Office of the Unites States Trade Representative, https://ustr.gov/trade-agreements/other-initiatives/asia-pacific-economic-cooperation-apec/us-apec-trade-facts (accessed January 31, 2017).
57. Asia-Pacific Economic Cooperation, "About APEC."
58. "China GDP Annual Growth Rate," *Trading Economics,* 2017, www.tradingeconomics.com/china/gdp-growth-annual (accessed April 1, 2018).
59. Charles Riley and Feng Ke, "China to Overtake U.S. as World's Top Trader," *CNN,* January 10, 2014, http://money.cnn.com/2014/01/10/news/economy/china-us-trade/ (accessed May 3, 2017).
60. "Retail Sales," *The Economist,* The World in 2018, p. 12.
61. U.S. Environmental Protection Agency, "Global Greenhouse Gas Emissions Data," www.epa.gov/climatechange/ghgemissions/global.html (accessed February 29, 2016); Joshua Keating, "China Passes U.S. as World's Largest Oil Importer," *Slate,* October 11, 2013, www.slate.com/blogs/the_world_/2013/10/11/china_now_world_s_largest_net_oil_ importer_surpassing_united_states.html (accessed May 3, 2017).
62. "The Rise of Capitalism," *The Economist,* January 21, 2012, p. 11.
63. Dexter Roberts, "Corporate China's Black Hole of Debt," *Bloomberg Businessweek,* November 19–22, 2012, p. 15–16.
64. Central Intelligence Agency, "Guide to Country Comparisons."
65. Kathy Chu, "China Loses Edge on Labor Costs," *The Wall Street Journal,* December 3, 2015, p. B1, B4.
66. Association of Southeast Asian Nations, "Overview," www. aseansec.org/64.htm (accessed April 10, 2014).
67. "ASEAN Economic Community: 12 Things to Know," Asian Development Bank, December 29, 2015, www.adb. org/features/asean-economic-community-12-things-know (accessed January 6, 2016).
68. Simon Long, "Safety in Numbers," *The Economist,* The World in 2015 Edition, p. 68.
69. R.C., "No Brussels Sprouts in Bali," *The Economist,* November 18, 2011, www.economist.com/blogs/banyan/2011/11/asean-summits (accessed May 3, 2017).
70. "Thaksin Times," *The Economist,* January 31, 2015, p. 31.
71. Eric Bellman, "Asia Seeks Integration Despite EU s Woes," *The Wall Street Journal,* July 22, 2011, p. A9.
72. David J. Lynch, "The IMF Is . . . Tired Fund Struggles to Reinvent Itself," *USA Today,* April 19, 2006. p. B1.
73. Sarah McFarlane, "U.S. Oil-Export Trade Consolidates," *The Wall Street Journal,* March 26, 2018, p. B10.
74. David Welch and Yon Zhang, "Where Cadillac Is Still Praised," *Bloomberg Businessweek,* February 6–12, 2017, p. 16.
75. WTSC Industrial Group website, www.wtsc.eu/ (accessed April 1, 2018).
76. Takashi Mochizuki and Eva Don, "TV Snag Blunts FoxConn's Plan for Sharp," *The Wall Street Journal,* January 5, 2017.
77. Walter B. Wriston, "Ever Heard of Insourcing?" Commentary, *The Wall Street Journal,* March 24, 2004, p. A20.
78. James Hagerty and Mark Magnier, "Companies Tiptoe Back toward Made in U.S.A.,'" *The Wall Street Journal,* January 13, 2015, www.wsj.com/articles/companies-tiptoe-back-toward-made-in-the-u-s-a-1421206289 (accessed May 3, 2017).
79. Ted Redmond and Yuko Takeo, "Skimming Profits from Pond Scum," *Bloomberg Businessweek,* July 20–26, 2015, pp. 31–32; Chisaki Watanabe, "Japan's Isuzu, Euglena to Begin Biodiesel Development With Algae," *Bloomberg,* June 25, 2014, www.bloomberg.com/news/articles/2014-06-25/japan-s-isuzu-euglena-to-begin-biodiesel-development-with-algae (accessed March 3, 2018); Durga Madhab Mahapatra, H. N. Chanakya, and T. V. Ramachandra, "*Euglena* sp. as a Suitable Source of Lipids for Potential Use as Biofuel and Sustainable Wastewater Treatment," *Journal of Applied Psychology* 25, no. 3 (2013), pp. 855–865; Euglena, "Research and Business Strategy," www.euglena.jp/en/labo/research.html (accessed March 3, 2018); Sarah Karacs, "Food, Face Cream and Jet Fuel: Japanese Firm Finds Many Uses for Algae," *CNN Tech,* March 24, 2017, http://money. cnn.com/2017/03/24/technology/japan-algae-euglena/index. html (accessed March 3, 2018); Yoko Shoji, "Euglena Plans Japanese Refinery for Algae-Derived Biofuel," *Nikkei Asian Review,* December 2, 2015, https://asia.nikkei.com/Tech-Science/Tech/Euglena-plans-Japanese-refinery-for-algae-derived-jet-fuel (accessed March 3, 2018).
80. Sobia Khan, "Shell to Open Largest Offshore Delivery Centre Globally in Bengaluru," *Economic Times,* June 5, 2015, http://economictimes.indiatimes.com/jobs/shell-to-open-largest-offshore-delivery-centre-globally-in-bengaluru/articleshow/47548572.cms (accessed May 3, 2017).
81. Paul Mozer, "Qualcomm in Venture with Chinese Chip Maker," *The New York Times,* June 23, 2015, www.nytimes. com/2015/06/24/business/international/qualcomm-in-venture-with-chinese-chip-maker.html?_r=0 (accessed May 3, 2017).
82. Calum Fuller, "EY and LinkedIn Announce Strategic Alliance," *Accountancy Age,* October 30, 2015, www.accountancyage.com/aa/news/2432737/ey-and-linkedin-announce-strategic-alliance (accessed May 3, 2017).
83. David Welch and Yon Zhang, "Where Cadillac Is Still Praised," *Bloomberg Businessweek,* February 6–12, 2017, p. 17.
84. Guo Changdong and Ren Ruqin, "Nestle CEO visits Tianjin," *China Daily,* August 12, 2010, www.chinadaily.com.cn/m/tianjin/e/2010-08/12/content_11146560.htm (accessed May 3, 2017); Nestlé, "How Many Factories Do You Have," www.nestle.com/ask-nestle/our-company/answers/how-many-factories-do-you-have (accessed May 3, 2017).
85. O. C. Ferrell, John Fraedrich, and Linda Ferrell, *Business Ethics,* 6th ed. (Boston: Houghton Mifflin, 2005), p. 227–230.
86. Vu Trong Khanh, "Vietnam Gets Its First McDonald's" *The Wall Street Journal,* February 11, 2014, p. B4.
87. Kimberlee Morrison, "Who Are the Most (and Least) Engaged Brands on Twitter?" *Ad Week,* March 16, 2015, www.adweek.com/socialtimes/the-most-and-least-engaged-brands-on-twitter/617045 (accessed May 3, 2017).
88. Export.gov, www.export.gov/about/index.asp (accessed May 3, 2017); CIBER Web, http://CIBERWEB.msu.edu (accessed May 3, 2017).

4장

1. Louisville Slugger Museum and Factory, "About Us— FAQs," 2017, https://www.sluggermuseum.com/about-us/faqs (accessed December 26, 2017); Louisville Slugger, "Our History," 2017, http://www.slugger.com/en-us/our-history (accessed December

26, 2017); "Baseball Bat," How Products Are Made website, http://www.madehow. com/Volume-2/Baseball-Bat.html (accessed December 26, 2017); David Mielach, "Louisville Slugger's Unlikely Home Run," *Business News Daily,* July 8, 2012, https://www.businessnewsdaily.com/2806-louisville-slugger-story.html (accessed December 26, 2017); Darren Rovell, "Wilson Buys Louisville Slugger," *ESPN,* March 23, 2015, http://www.espn.com/mlb/story/_/id/12544727/wilson-parent-company-buys-louisville-slugger-70-million (accessed March 17, 2018); Sam Sanders, "Wilson Sporting Goods Acquires Louisville Slugger Brand," *NPR,* March 23, 2015, https://www.npr.org/sections/thetwo-way/2015/03/23/394887115/wilson-sporting-goods-acquires-louisville-slugger-brand (accessed March 17, 2018); Funding Universe, "Hillerich & Bradsby Company, Inc. History," http://www.fundinguniverse.com/company-histories/hillerich-bradsby-company-inc-history/ (accessed March 17, 2018); Company-Histories.com, "Hillerich & Bradsby Company, Inc.," http://www.company-histories.com/Hillerich-Bradsby-Company-Inc-Company-History. html (accessed March 17, 2018).

2. Kara Stiles, "Veteran-Turned-Entrepreneur Navigates Young and Evolving Electric Bike Industry," *Forbes,* October 4, 2017, https://www.forbes.com/sites/karastiles/2017/10/04/veteran-turned-entrepreneur-navigates-a-young-and-evolving-electric-bike-industry/#3ef10fbf2e24 (accessed April 11, 2018).
3. "Retail," *The Economist,* The World in 2018, p. 121.
4. The Entrepreneurs Help Page, www.tannedfeet.com/sole_proprietorship.htm (accessed May 4, 2017); Kent Hoover, "Startups Down for Women Entrepreneurs, Up for Men," *San Francisco Business Times,* May 2, 2008, http://sanfrancisco.bizjournals.com/sanfrancisco/stories/2008/05/05/smallb2.html (accessed May 4, 2017).
5. Maggie Overfelt, "Start-Me-Up: How the Garage Became a Legendary Place to Rev Up Ideas," *Fortune Small Business,* September 1, 2003, http://money.cnn.com/magazines/fsb/fsb_ archive/2003/09/01/350784/index.htm (accessed May 4, 2017).
6. Network Solutions LLC, "Hosting Options," 2015, http://www.networksolutions.com/web-hosting/index-v5.jsp (accessed May 4, 2017); Network Solutions LLC, Network Solutions website, http://www.networksolutions.com/web-hosting/index-v5.jsp (accessed February 23, 2015).
7. Chris Beier, "How These Famous Siblings Worked Out Their Co-Founding Differences," *Inc.,* October 25, 2017, https://www.inc.com/video/rebecca-minkoff/inside-the-worlds-smartest-dressing-room.html (accessed April 11, 2018).
8. "Master Limited Partnership—MLP," *Investopedia,* http://www.investopedia.com/terms/m/mlp.asp (accessed May 4, 2017).
9. "100 Largest Law Firms in the World," *Ranker,* 2016, http://www.ranker.com/list/100-largest-law-firms-in-the-world/business-and-company-info (accessed March 1, 2016); "Morgan, Lewis & Bockius LLP," Chambers & Partners, 2016, http://www.chambersandpartners.com/usa/firm/64563/morgan-lewis-bockius (accessed March 1, 2016).
10. Bill Orben, "uBreakiFix Launches Franchise Unit, Sets Sights on 125 Stores This Year," *Orlando Business Journal,* February 20, 2013, http://www.bizjournals.com/orlando/blog/2013/02/ubreakifix-launches-franchise-unit.html (accessed May 4, 2017); "About uBreakiFix," uBreakiFix Careers website, http://careers.ubreakifix. com/about-ubreakifix/#.VOuVr3nTBVI (accessed May 4, 2017); Matthew Richardson, "Orlando's uBreakiFix Gets $20M Biz Loan, Plans Expansion in U.S., Canada," *Orlando Business Journal,* January 12, 2018, https://www.bizjournals.com/orlando/news/2018/01/12/orlandos-ubreakifix-gets-20m-biz-loan-plans-to.html (accessed April 8, 2018); "uBreakiFix Expands in Los Angeles Area, Opens in Culver City," *Global Newswire,* April 2, 2018, https://globenewswire.com/news-release/2018/04/02/1458616/0/en/uBreakiFix-Expands-in-Los-Angeles-Area-Opens-in-Culver-City.html (accessed April 8, 2018).
11. "EY Reports Record Global Revenues in 2016—Up by 9%," Ernst & Young, October 6, 2016, http://www.ey.com/GL/en/Newsroom/News-releases/News-EY-promotes-753-new-partners-worldwide (accessed April 7, 2017).
12. Sarah Griffiths, "Snapchat Settles Lengthy Lawsuit with Former University Classmate—and Admit the App WAS His Idea," *Daily Mail,* September 10, 2014, http://www. dailymail.co.uk/sciencetech/article-2750807/Snapchat-founders-settle-lengthy-lawsuit-former-classmate-admit-app- WAS-idea.html (accessed March 1, 2016).
13. Kerry Hannon, "How an Unemployed Construction Worker Became a Craft Beer Entrepreneur," *Time,* June 12, 2015, http://time.com/money/3919129/beer-houndbrewery-kenny-thacker/ (accessed March 17, 2018); Alicia Adamczyk, "Advice from 7 Baby Boomers Who Reinvented Their Careers," *Time,* August 13, 2015, http://time.com/money/3992427/second-act-career-baby-boomers/ (accessed March 17, 2018); Allison Brophy Champion, "Culpeper-Crafted Olde Yella Beer Wins Gold," *Culpeper Star Exponent,* August 24, 2015, http://www.dailyprogress.com/starexponent/culpeper-crafted-olde-yella-beer-winsgold/article_27097080-4a8f-11e5-9c64-53ea5f4e6b78.html (accessed November 5, 2015); Kenny Thacker, "Beer Hound Brewery-Grand Opening," *CvilleCalendar.com,* October 9, 2012, http://www.cvillecalendar.com/calendar/Beer_Hound_BreweryGrand_Openi_10132012 (accessed November 5, 2015); Wally Bunker, "Beer Hound Brewery Plan to Open...Again," *Culpepper Times,* November 3, 2014, http://culpepertimes.com/2014/11/03/beer-hound-brewery-plans-to-open-again/153412/ (accessed March 17, 2018).
14. "America's Largest Private Companies," *Forbes,* https://www.forbes.com/largest-private-companies/list/#tab:rank (accessed April 8, 2018).
15. "In Retreat," *The Economist,* January 28, 2017, p. 11.
16. Vindu Goel and Nick Wingfield, "Mark Zuckerberg Vows to Donate 99% of His Facebook Shares for Charity," *The New York Times,* December 1, 2015, http://www.nytimes. com/2015/12/02/technology/mark-zuckerberg-facebook-charity.html (accessed May 4, 2017); John Shinal, "Mark Zuckerberg Has Sold $357 Million of Stock This Month, Part of Plans to Unload up to $12 Billion," *CNBC,* February 26, 2018, https://www.cnbc.com/2018/02/26/mark-zuckerberg-has-sold-357-million-in-facebook-shares-in-february.html (accessed April 8 ,2018); U.S. Securities and Exchange Commission, Schedule 13G, Facebook, Inc., December 31, 2017, https://www.sec.gov/Archives/edgar/data/1326801/00011931251 8038194/0001193125-18-038194-index.htm (accessed April 8, 2018).
17. Leslie Picker and Lulu Yilun Chen, "Alibaba's Banks Boost IPO Size to Record of $25 Billion," *Bloomberg,* September 22, 2014, http://www.bloomberg.com/news/articles/2014-09-22/alibaba-s-banks-said-to-increase-ipo-size-to-record-25-billion (accessed May 4, 2017).
18. Brendan Marasco, "3 Reasons Dell Went Private," *The Motley Fool,* November 1, 2013, www.fool.com/investing/general/2013/11/01/3-reasons-dell-went-private.aspx (accessed May 4, 2017); Katherine Noyes, "As a Private Company, Dell-EMC Will Enjoy a Freedom HP Can Only Dream of," *CIO,* October 12, 2015, http://www.cio.com/article/2991551/as-a-private-company-dell-emc-will-enjoy-a-freedom-hp-can-only-dream-of.html (accessed May 4, 2017).
19. "The 100 Largest U.S. Charities," *Forbes,* 2017, https://www.forbes.com/top-charities/list/ (accessed April 11, 2018).
20. "Habitat for Humanity ReStore," Habitat for Humanity, https://www.habitat.org/restores (accessed April 11, 2018).
21. "Private Operating Foundations," Elko & Associates Limited, February 23, 2011, http://blog.elkocpa.com/nonprofit-tax-exempt/private-operating-foundations (accessed February 23, 2015); Foundation Group, "What Is a 501(c)(3)?" http://www.501c3.org/what-is-a-501c3/ (accessed May 4, 2017).
22. O. C. Ferrell, John Fraedrich, and Linda Ferrell, *Business Ethics: Ethical Decision Making and Cases,* 8th ed. (Mason, OH: South-Western Cengage

Learning, 2011), p. 109.

23. Chris Morris, "Pay Raised for Corporate Board Members Far Outpace Average Americans,'" *Fortune,* October 18, 2017, http://fortune.com/2017/10/18/board-of-directors-pay/ (accessed April 8, 2018); Theo Francis and Joann S. Lublin, "Corporate Directors' Pay Ratchets Higher as Risks Grow," *The Wall Street Journal,* February 24, 2015, http://www.wsj.com/articles/corporate-directors-pay-ratchets-higher-as-risks-grow-1456279452 (accessed May 4, 2017).
24. "Board Composition," Procter & Gamble, https://us.pg.com/who-we-are/structure-governance/corporate-governance/board-composition (accessed April 8, 2018).
25. "High Stakes, High Expectations as Earnings Season Heats Up," *Yahoo! Finance,* April 8, 2018, https://finance.yahoo.com/news/high-stakes-high-expectations-earnings-110444292.html (accessed April 8, 2018); Diana Furchtgott-Roth, "Make Domestic Growth Great Again," *U.S. News,* December 20, 2017, https://www.usnews.com/opinion/economic-intelligence/articles/2016-12-20/donald-trump-and-republicans-are-right-to-lower-the-corporate-tax-rate (accessed April 8, 2018).
26. Kane, Joseph Nathan, *Famous First Facts,* 4th ed. (New York: H.W. Wilson Company, 1981), p. 202.
27. Adam Bluestein, "Regulate Me. Please." *Inc.,* May 2011, pp. 72–80; Cascade Engineering website, www.cascadeng.com (accessed December 23, 2017); B Corporation website,www.bcorporation.net (accessed December 23, 2017); "The Nonprofit Behind B Corps," http://www.bcorporation.net/what-are-b-corps/the-non-profit-behind-b-corps (accessed December 23, 2017); Make It Right, "Cradle to Cradle®," 2017, http://makeitright.org/c2c/ (accessed December 23, 2017); Lynn Golodner, "Welfare to Career: Plastics Company Helps People Break Barriers to Success," *Corp Magazine,* December 23, 2015, http://www.corpmagazine.com/welfare-career-plastics-company-helps-people-break-barriers-success/ (accessed December 23, 2017); B Lab, "Cascade Engineering," B Corporation website, https://www.bcorporation.net/community/cascade-engineering (accessed December 23, 2017).
28. Shi Jing, "Gaming Giants in the Winning Track," *China Daily,* June 21, 2017, http://www.chinadaily.com.cn/business/2017-06/21/content_29825940.htm (accessed April 8, 2018).
29. Robert D. Hisrich and Michael P. Peters, *Entrepreneurship,* 5th ed. (Boston: McGraw-Hill, 2002), pp. 315–16.
30. "The History and Challenges of America's Dominant Business Structure," S-CORP, http://s-corp.org/our-history/ (accessed April 8, 2018).
31. Conversation with Marshall Powell Ledbetter III; VIP Moving & Storage website, http://www.vipmovingandstorage.com/ (accessed July 14, 2015); "VIP Moving & Storage Inc.," Better Business Bureau, https://www.bbb.org/losangelessiliconvalley/business-reviews/moving-and-storage-company/vip-moving-and-storage-in-pacoima-ca-1023815 (accessed January 28, 2018).
32. "Company Overview of Mrs. Fields Famous Brands, LLC," *Bloomberg Business,* February 23, 2015, http://www.bloomberg.com/research/stocks/private/snapshot. asp?privcapId=3553769 (accessed February 23, 2015).
33. "Coop Directory Service Listing," Coop Directory, www.coopdirectory.org/directory.htm#Massachusetts (accessed March 2, 2016).
34. Aaron Tilley, "Google Acquires Smart Thermostat Maker Nest for $3.2 Billion," *Forbes,* January 13, 2014, www.forbes.com/sites/aarontilley/2014/01/13/google-acquires-nest-for-3-2-billion/ (accessed May 4, 2017).
35. Eric Savitz, "Did Google Buy a Lemon? Motorola Mobility Whiffs Q4," *Forbes,* January 8, 2012, www.forbes.com/sites/ericsavitz/2012/01/08/did-google-buy-a-lemon-motorola-mobility-whiffs-q4/ (accessed May 4, 2017); Richard Nieva, "Alphabet? Google? Either Way, It's Ready to Rumble," *CNET,* January 29, 2016, http://www.cnet.com/news/larry-page-sergey-brin-google-alphabet/ (accessed May 4, 2017).

5장

1. Kate Taylor, "The Incredible Story of How Chick-fil-A Took over Fast Food," *Business Insider,* January 25, 2016, http://www.businessinsider.com/chick-fil-a-history-and-facts- 2016-1/#chick-fil-a-has-its-roots-in-a-restaurant-called-the-dwarf-grill-opened-by-founder-truett-cathy-in-1946-1 (accessed November 2, 2017); "Who We Are," Chick-fil-A, https://www.chick-fil-a.com/About/Who-We-Are (accessed November 2, 2017); Hayley Peterson, "Why Chick-fil-A's Restaurants Sell 4 times as Much as KFC's," *Business Insider,* August 1, 2017, http://www.businessinsider.com/why-chick-fil-a-is-so-successful-2017-8 (accessed November 2, 2017); "Franchise Opportunities," Chick-fil-A, https://www.chick-fil-a.com/Franchising/Franchise (accessed March 11, 2018); Kate Taylor, "Why Chick-fil-A Will Never Go Public," *Business Insider,* January 28, 2016, http://www. businessinsider.com/chick-fil-a-will-never-go-public-2016-1 (accessed April 11, 2018).
2. "Frequently Asked Questions," Small Business Administration Department of Advocacy, March 2014, www.sba.gov/sites/default/files/FAQ_March_2014_0.pdf (accessed May 4, 2017).
3. "Global Entrepreneurship Index," Global Entrepreneurship Development Institute, 2016, http://thegedi.org/global-entrepreneurship-and-development-index/ (accessed March 4, 2016).
4. Marco della Cava, "USA Today Entrepreneur of the Year," *USA Today,* December 11, 2014, pp. 1B–2B.
5. Ben Schiller, "TOMS Founder Blake Mycoskie Announces a New Fund for Social Good Startups," *Fast Company,* November 11, 2015, http://www.fastcompany.com/3053526/the-fast-company-innovation-festival/toms-founder-blake-mycoskie-announces-a-new-fund-for-so (accessed May 4, 2017).
6. "Taking Back the Block," *FastCompany.com,* April 2017, p. 79.
7. "Frequently Asked Questions," Small Business Administration Department of Advocacy.
8. "About Us," National Association of Women Business Owners, https://nawbo.org/about (accessed February 13, 2015).
9. Valentina Zarya, "Women-Owned Businesses Are Trailing in Size and Revenue," *Fortune,* September 2, 2015, http://fortune.com/2015/09/02/women-business-size-revenue/ (accessed May 4, 2017).
10. Sam Frizell, "Mercado of America," *Time,* April 28, 2015, 42–45; "About Us," The Legaspi Company website, http://www.thelegaspi.com/jos-de-jes-s-legaspi/ (accessed March 3, 2016).
11. "Frequently Asked Questions," Small Business Administration Department of Advocacy.
12. "SUSB Employment Change Data Tables," *Statistics of U.S. Businesses,* www.census.gov/data/tables/2014/econ/susb/2014-susb-employment.htlm (accessed April 12, 2017).
13. "Bittersweet Synergy: Domestic Outsourcing in India," *The Economist,* October 22, 2009, p. 74.
14. Ray A. Smith, "I Love My Unique, Personalized Shirt! Oh You Have One, Too," *The Wall Street Journal,* April 7–8, 2018, pp. A1, A9.
15. Andrew Medal, "5 Important Startup Lessons from 'Shark Tank'," *Entrepreneur,* May 29, 2015, https://www.entrepreneur.com/article/246716 (accessed January 1, 2018); Gary Golden, "This Student Entrepreneur's Pitch Impressed Daymond John So Much that He Got a 'Shark Tank' Invite," *Inc.,* August 31, 2017, https://www.inc.com/gary-golden/how-a-20-year-old-college-entrepreneur-perfected-h.html (accessed January 1, 2018); Laura Woods, "The Best Advice 'Shark Tank' Investors Have Given Entrepreneurs," *Business Insider,* January 20, 2017, http://www.businessinsider. com/the-best-advice-shark-tank-investors-have-given-entrepreneurs-2017-1/#-1 (accessed January 1, 2018); Steven Key, "3 Lies You Heard on 'Shark Tank'," *Entrepreneur,* September 3, 2013, https://www.entrepreneur.com/article/228162 (accessed January 1, 2018); Naomi Schaefer Riley, "'Shark Tank' Offers Valuable Business Lessons," *The New*

York Post, November 26, 2013, http://nypost.com/2013/11/26/shark-tank-offers-valuable-lessons-about-american-business/ (accessed January 1, 2018); Alice Daniel, "Inside the Shark Tank," *Success,* http://www.success.com/article/inside-the-shark-tank (accessed January 1, 2018); Alison Griswold, "Successful Companies That Didn't Get a 'Shark Tank' Deal", *Business Insider,* November 18, 2013, http://www.businessinsider.com/success ful-companies-that-didnt-get-a-shark-tank-deal-2013-11 (accessed January 1, 2018); Carol Tice, "The Shark Tank Effect: Top Success Stories from the First Three Seasons," *Entrepreneur,* September 13, 2012, http://www.entrepreneur.com/slideshow/224405#0 (accessed January 1, 2018).

16. "Small Biz Stats & Trends," SCORE Association, https://www.score.org/node/148155 (accessed March 3, 2016).
17. Matthew Diebel, "A Visionary Approach to Selling Eyewear," *USA Today,* December 1, 2014, p. 3B.
18. Alina Dizik, "Where Your Favorite Condiment Is Never Out of Stock," *The Wall Street Journal,* March 4, 2015, p. D3.
19. Suzanne Kapner, "J.C. Penney Resurrects Its Catalog," *The Wall Street Journal,* January 19, 2015, http://www.wsj. com/articles/j-c-penney-resurrects-its-catalog-1421695574 (accessed May 4, 2017).
20. Joe Keohane, "How One of America's Most Beloved Toy Makers Rebounded from Near Death," *Entrepreneur,* February 20, 2018, https://www.entrepreneur.com/article/308693 (accessed April 21, 2018).
21. Claire Dodson, "Future Forward," *Fastcompany.com,* April 2017, p. 20.
22. "Fight Fire with Foam—and a Resume That Includes the Space Shuttle," *Inc.,* September 2016, p. 51.
23. Lev Grossman, "Head Trip," *Time,* April 7, 2014, p. 36–41.
24. Rachel Botsman presentation, "The Shared Economy Lacks a Shared Definition," *Fast Company,* November 21, 2013, http://www.fastcoexist.com/3022028/the-sharing-economy-lacks-a-shared-definition (accessed May 4, 2017); Natasha Singer, "In the Sharing Economy, Workers Find Both Freedom and Uncertainty," *The New York Times,* August 16, 2014, http://www.nytimes.com/2014/08/17/technology/in-the-sharing-economy-workers-find-both-free dom-and-uncertainty.html?_r=1 (accessed May 4, 2017).
25. Singer, "In the Sharing Economy, Workers Find Both Freedom and Uncertainty."
26. Arun Sundararajan, "The Gig Economy Is Coming. What Will It Mean for Work?" *The Guardian,* July 25, 2015, http://www.theguardian.com/commentis free/2015/jul/26/will-we-get-by-gig-economy (accessed May 4, 2017).
27. Hal Conick, "How to Make It as a Creative in the Gig Economy," *Marketing News,* April 2018, pp. 53–54.
28. Brian Chesky and Jo Gebbia, "Why Airbnb Is Now Almost Twice as Valuable as Hilton," *Vanity Fair,* March 10, 2017, p. 12.
29. PricewaterhouseCoopers, *The Sharing Economy: Consumer Intelligence Series,* https://www.pwc.com/us/en/industry/entertainment-media/publications/consumer-intelligence-series/assets/pwc-cis-sharing-economy.pdf
30. "How Dreamers Become Doers," *Inc.* September 2016, p. 44.
31. Ibid.
32. Ibid.
33. David Whitford, "How a Terrible, Horrible, No Good, Very Bad Day Spawned a $70 Million Business," *Inc.,* November 2015, http://www.inc.com/magazine/201511/david-whitford/not-a-spectator-anymore.html (accessed August 9, 2016).
34. "Sseko Designs: Empowering Ugandan Women," University of New Mexico Daniels Fund Ethics Initiative, https://danielsethics.mgt.unm.edu/pdf/Sseko.pdf (accessed November 24, 2017); Dianne Kroncke, "Sseko Designs Company Growth," Phone Interview with Kayla Joy Asbury, Portland, Oregon, October 13, 2017; Eugene Rowe, "Sseko Designs—Brianna Leever," Community Manager and Sseko Fellows Program," Radio Interview, http://www.hombabiz. com/sseko-designs-brianna-leever/ (accessed on October 12, 2017); Malia Spencer, "Life After 'Shark Tank' Is Pretty Good for One Portland Startup," *Portland Biz Journals,* February 17, 2015, https://www.bizjournals.com/portland/blog/techflash/2015/02/life-after-shark-tank-is-pretty-good-for-one.html (accessed on *October 12, 2017);* Sseko Designs website, https://ssekodesigns.com/ (accessed October 12, 2017); U.S. Mission Uganda, "Like Sseko Designs, You Too Can Take Advantage of the African Growth and Opportunity Act," United States Embassy in Uganda, June 27, 2016, https://ug.usembassy.gov/learn-ugandans-taking-advantage-african-growth-opportunity-act/ (accessed October 12, 2017); "Sseko Designs, Uganda: An AGOA Success Story," United States AID Video, https://www.usaid.gov/news-information/videos/node/218021 (accessed October 12, 2017); Pete Williams, "Liz Forkin Bohannon from Sseko and the Future of Retail," *YouTube,* https://www.youtube.com/watch?v=X11t0vy6wiY (accessed October 12, 2017).
35. "How Dreamers Become Doers," p. 44.
36. "Frequently Asked Questions," Small Business Administration Department of Advocacy.
37. Keith Speights, "Success Rate: What Percentage of Business Fail in Their First Year?" *USA Today,* May 21, 2017, https://www.usatoday.com/story/money/business/small-business-central/2017/05/21/what-percentage-of-businesses-fail-in-their-first-year/101260716/ (accessed April 21, 2018).
38. "How Dreamers Become Doers," p. 43.
39. John Clarke, "Necco Wafers, Taste of Childhood and Chalk, Face the Final Crunch," *The Wall Street Journal,* April 9, 2018, p. A1.
40. Susan Payton, "Attention, Micropreneurs: You're Not Alone in Small Business," *Forbes,* May 12, 2014, http://www.forbes.com/sites/allbusiness/2014/05/12/attention-micropreneurs-youre-not-alone-in-small-business/ (accessed May 4, 2017).
41. Richard Duncan, "How I Blew It with My Business Plan," *The Wall Street Journal,* May 29, 2015, http://blogs.wsj.com/experts/2015/05/29/how-i-blew-it-with-my-business-plan/ (accessed May 4, 2017.
42. "How Dreamers Become Doers," p. 45.
43. Rolfe Winkler, "Home Reseller Seeks Funds," *The Wall Street Journal,* March 30, 2018, p. B2.
44. "Portland District Office: Success Stories," U.S. Small Business Administration, https://www.sba.gov/offices/district/or/portland/success-stories (accessed April 7, 2017).
45. Jason Feifer, "Turning Rejection into Triumph: How Sarah Michelle Gellar and Her Co-Founders Built a New Baking Brand," *Entrepreneur,* March 27, 2018, https://www. entrepreneur.com/article/310091 (accessed April 21, 2018).
46. Thomas W. Zimmerer and Norman M. Scarborough, *Essentials of Entrepreneurship and Small Business Management,* 6th ed. (Upper Saddle River, NJ: Pearson Prentice Hall, 2005), pp. 118–124.
47. Ibid.
48. Haney's Appledale Farm, http://www.haneys appledalefarm. com/ (accessed December 8, 2017); Mark Haney, "President's Column," *Kentucky Farm Bureau Magazine* 16, no. 8 (October 2017), p. 3, https://www.kyfb.com/federation/newsroom/kentucky-farm-bureau-news/kfbn-2017/october-2017/ (accessed December 8, 2017); "Power of the Neighborhood Market," Kentucky Department of Agriculture, https://www.kyagr.com/marketing/documents/EDU_Power-of-the-Neighborhood-Market.pdf (accessed December 8, 2017); "Kentucky Farm Bureau, "Voice of Kentucky Agriculture," Kentucky Farm Bureau, July 31, 2017, https://www.kyfb.com/federation/newsroom/kentucky-farm-bureau-the-voice-of-kentucky-agriculture/ (accessed December 8, 2017); "Kentucky Farm Bureau, KFB President Mark Haney Announces Formation of Water Management Working Group," *Kentucky Farm Bureau Magazine,* December 9, 2014, https://www.kyfb.com/federation/newsroom/haney-announces-water-management-working-group/ (accessed December 8, 2017); "KFB

President Mark Haney Emphasizes KFB Loves KY During Annual Address," *Kentucky Farm Bureau Newsroom,* December, 2, 2016, https://www.kyfb.com/federation/newsroom/kfb-president-mark-haney-emphasizes-kfb-loves-ky-during-annual-address/ (accessed December 8, 2017); "Haney's Appledale Farm," Kentucky Department of Travel, 2017, https://www.kentuckytourism.com/haneys-appledale-farm/2267/ (accessed December 8, 2017); Dianne Kroncke, "Give More Than You're Taking—Appledale Farm Interview with Don Haney," Phone Interview, Auburn University, Alabama, November 13, 2017; Diane Kroncke, "Personal Interview, Be the Best," Appledale Farm Interview with Mark Haney," Phone Interview, Auburn University, Alabama, November 29, 2017; Dianne Kroncke, "Personal Interview with Kaycee Rader of Nancy, Kentucky," at Grand Floridian, Orlando, Florida, November 20, 2017; "Agritourism," Lake Cumberland, Somerset Polaski County Tourism, 2015, http://www.lakecumberlandtourism.com/explore/agritourism (accessed December 8, 2017); Mark Haney, "Mark Haney Association Plans Should Be Part of Health Care Reform; Would Provide Bargaining Power," *Northern Kentucky Tribune,* September 26, 2017, http://www.nkytribune.com/2017/09/mark-haney-association-plans-should-be-part-of-health-care-reform-would-provide-bargaining-power/ (accessed December 8, 2017); "Historical Data on Integrated Pest Management Programs," University of Kentucky, Agriculture, Integrated Pest Management Programs, College of Agriculture, Food and Environment, https://ipm.ca.uky.edu/trapdata (accessed November 27, 2017); "Integrated Pest Management," *Wikipedia,* November 22, 2017, https://en.wikipedia.org/wiki/Integrated_pest_management (accessed December 8, 2017); "Haney's Appledale Farm," *Words to Live By,* 2017, https://www.wordstoliveby.com/blogs/words-we-live-by/haneys-appledale-farm (accessed December 8, 2017).

49. "About SCORE," SCORE, https://www.score.org/about-score (accessed April 4, 2017).
50. "Getting Started with Business Incubators," *Entrepreneur,* http://www.entrepreneur.com/article/52802 (accessed May 4, 2017).
51. Adapted from "Tomorrow's Entrepreneur," *Inc. State of Small Business* 23, no. 7 (2001), pp. 80–104.
52. Cheryl Corley, "Millennials Now Out Number Baby Boomers, Census Bureau Says," *NPR,* July 7, 2015, http://www.npr.org/2015/06/25/417349199/millenials-now-out-number-baby-boomers-census-bureau-says (accessed May 4, 2017).
53. Richard Fry, "Millennials Match Baby Boomers as Largest Generation in U.S. Electorate, But Will They Vote?" Pew Research Center, May 16, 2016, http://www.pewresearch. org/fact-tank/2016/05/16/millennials-match-baby-boomers-as-largest-generation-in-u-s-electorate-but-will-they-vote/ (accessed April 20, 2017).
54. Corley, "Millennials Now Out Number Baby Boomers, Census Bureau Says."
55. Molly Smith, "Managing Generation Y as They Change the Workforce," *Reuters,* January 8, 2008, www. reuters.com/article/2008/01/08/idUS129795=08-Jan- 2008=BW20080108 (accessed March 4, 2016).
56. Drew Desilver, "Immigrants Don't Make up a Majority of Workers in Any U.S. Industry," Pew Research Center, March 16, 2017, http://www.pewresearch.org/fact-tank/2017/03/16/immigrants-dont-make-up-a-majority-of-workers-in-any-u-s-industry/ (accessed April 6, 2017).
57. Matt Weinberger, "$3.8 Billion Slack Is Finally Launching Its Long-Awaited Version for Big Businesses Next Week," *Business Insider,* January 25, 2017, http://www.businessinsider.com/slack-to-launch-enterprise-edition-2017-1 (accessed April 6, 2017).
58. "Small Business Facts & Data," Small Business & Entrepreneurship Council, http://sbecouncil.org/about-us/facts-and-data/ (accessed April 6, 2017).
59. Jason Nazar, "16 Surprising Statistics about Small Businesses," *Forbes,* September 9, 2013, www.forbes.com/sites/jasonnazar/2013/09/09/16-surprising-statistics-about-small-businesses/ (accessed May 4, 2017); "Home-Based Businesses," U.S. Small Business Administration, www.sba. gov/content/home-based-businesses (accessed February 13, 2015).
60. Henry Blodget, "Walmart Employs 1% of America. Should It Be Forced to Pay Its Employees More?" *Business Insider,* September 20, 2010, http://www.businessinsider.com/walmart-employees-pay (accessed April 6, 2017).
61. Gifford Pinchott III, *Intrapreneuring* (New York: Harper & Row, 1985), p. 34.
62. Adapted from Carol Kinsey Gorman, *Creativity in Business: A Practical Guide for Creative Thinking,* Crisp Publications Inc., 1989, pp. 5–6. © Crisp Publications Inc., 1200 Hamilton Court, Menlo Park, CA 94025.

6장

1. Brad Tuttle, "Why Home Depot Is Immune to the 'Amazon Effect,'" *Time: Money,* August 16, 2016, http://time.com/money/4453962/home-depot-amazon-effect-sales/ (accessed September 17, 2017); Greenleaf, "How Home Depot Overcame a Difficult Cultural Shift: A Q&A with CFO Carol Tome," Greenleaf Center for Servant Leadership, July 10, 2015, https://www.greenleaf.org/how-home-depot-overcame-a-difficult-cultural-shift-a-qa-with-cfo-carol-tome/ (accessed September 27, 2017); Heidi N. Moore, "Chrysler: The End of Bob Nardelli. Again," *The Wall Street Journal,* April 21, 2009, https://blogs.wsj.com/deals/2009/04/21/chrysler-the-end-of-bob-nardelli-again/ (accessed September 27, 2017); "CEO Craig Menear Talks Innovation: Follow the Consumer," Home Depot, October 19, 2016, https://corporate.homedepot.com/newsroom/ceo-craig-menear-talks-innovation-aspen-institute (accessed September 27, 2017); "Home Depot Builds Out Its Online Customer Service," *Internet Retailer,* June 4, 2010, https://www.digitalcommerce360.com/2010/06/04/home-depot-builds-out-its-online-customer-service/ (accessed September 27, 2017); Joann Lublin, Matt Murray, and Rick Brooks, "Home Depot Names GE's Nardelli as New CEO in a Surprise Move," *The Wall Street Journal,* December 6, 2000, https://www.wsj.com/articles/SB976051062408860254 (accessed September 27, 2017); John Kell, "Home Depot's Former CEO Frank Blake to Retire as Chairman," *Fortune,* January 16, 2015, http://fortune.com/2015/01/16/home-depot-former-ceo-retires-as-chairman/ (accessed September 27, 2017); Julie Creswell and Michael Barbaro, "Home Depot Ousts Highly Paid Chief," *The New York Times,* January 4, 2007, http://www.nytimes.com/2007/01/04/business/04home.html?mcubz=3 (accessed September 27, 2017); Louis Uchitelle, "Home Depot Girds for Continued Weakness," *The New York Times,* May 18, 2009, http://www.nytimes.com/2009/05/19/business/19depot.html (accessed September 27, 2017); Nathan Owen Rosenberg, "The Key to Home Depot's Success Is Transformational Leadership," *Insigniam,* http://insigniam.com/blog/the-key-to-home-depots-success-is-transformational-leadership/ (accessed September 27, 2017); Parija B. Kavilanz, "Nardelli Out at Home Depot," *CNN Money,* January 3, 2007, http://money.cnn.com/2007/01/03/news/companies/home_depot/ (accessed September 27, 2017); "Home Unimprovement: Was Nardelli's Tenure at Home Depot a Blueprint for Failure?" *Knowledge[[commat]] Wharton,* http://knowledge.wharton. upenn.edu/article/home-unimprovement-was-nardellis-tenure-at-home-depot-a-blueprint-for-failure/ (accessed September 27, 2017); Rachel Tobin, "Frank Blake Is Home Depot's 'Calmer-in-Chief,'" *Seattle Times,* September, 4, 2010, https://www.seattletimes.com/business/frank-blake-is-home-depots-calmer-in-chief/ (accessed September 27, 2017); Rachel Tobin Ramos, "Home Depot Laying Off 1,000 Nationwide," *Atlanta Journal-Constitution,* January 26, 2010, http://www. ajc.com/business/home-depot-laying-off-000-nationwide/ADq8GoBrxpX5h37LIxBxyM/ (accessed

September 27, 2017); "Home Depot Builds Out Its Online Customer Service," *Internet Retailer,* June 4, 2010, https://www. digitalcommerce360. com/2010/06/04/home-depot-builds-out-its-online-customer-service/ (accessed September 27, 2017).

2. "Waze: For Clearing the Roads," *Fast Company,* March/April 2018, p. 67.
3. Sarah Frier, "Snap Cuts about 100 Employees in Latest Round of Downsizing," *Bloomberg,* March 29, 2018, https://www.bloomberg.com/news/articles/2018-03-29/snap-cuts-about-100-employees-in-latest-round-of-downsizing (accessed April 16, 2018).
4. Suzanne Heyn, "Sorting through Options," *Inbound Logistics,* May 2014, pp. 48–52.
5. "About Tesla," Tesla, https://www.tesla.com/about (accessed April 7, 2017).
6. Kathyrn Kroll, "Rebecca Ray Designs Grew after Owner Let Others into Business," Cleveland.com, June 21, 2009, http://www.cleveland.com/business/index.ssf/2009/06/rebecca_ray_designs_grew_after.html (accessed November 11, 2017); "About Us," Rebecca Ray Designs, http://rebecca-ray-designs.myshopify.com/pages/about-us (accessed July 22, 2013); Karen Ammond, "Rebecca Ray Designs," December 13, 2012, http://eliteprofessionals.org/2014/10/05/rebecca-ray-designs/ (accessed November 11, 2017); Holly Phillips, "Horse Love: Rebecca Ray Designs," *The English Room,* September 1, 2015, http://www.theenglishroom.biz/2015/09/01/horse-love-rebecca-ray-designs/ (accessed November 11, 2017).
7. Kristina Monllos, "As Soda Sales Suffer, Beverage Marketers Are Shifting to a New Stream of Income: Water," *Adweek,* March 20, 2017, http://www.adweek.com/brand-marketing/as-soda-sales-suffer-beverage-marketers-are-shifting-to-a-new-stream-of-income-water/ (accessed April 7, 2017).
8. "The Dutch Oven, Disrupted," *Bloomberg Businessweek,* March 19, 2018, p. 75.
9. G. Tomas, M. Hult, David W. Cravens, and Jagdish Sheth, "Competitive Advantage in the Global Marketplace: A Focus on Marketing Strategy," *Journal of Business Research* 51 (January 2001), p. 1.
10. "Chevrolet Remains the Industry's Fastest-Growing Full- Line Brand, with 11 Consecutive Months of Growth," General Motors, March 1, 2016, https://www.gm.com/investors/sales/us-sales-production.html (accessed May 4, 2017).
11. "Protecting Your Businesses," Federal Emergency Management Agency, https://www.fema.gov/protecting-your-businesses (accessed April 7, 2017).
12. James E. Ellis, "At KFC, A Bucketful of Trouble," *Bloomberg Businessweek,* March 5, 2018, pp. 20–21.
13. Alexander Coolidge, "P&G to Cut $10 Billion More, Execs Say," *USA Today,* February 19, 2016, https://www.usatoday. com/story/money/nation-now/2016/02/18/procter-gamble-cuts-wall-street/80563832/ (accessed April 7, 2017).
14. Anna-Greta Nystrom and Mila Mustonen, "The Dynamic Approach to Business Models," *AMS Review,* 2017, p. 123.
15. "AI-Spy," *The Economist,* March 31–April 6, 2018, p. 13.
16. "About the IAPP," IAPP, 2017, https://iapp.org/about/information-privacy-professionals-credentials-from-the-iapp-receive-ansi-accreditation/ (accessed April 7, 2017).
17. Jena McGregor, "The Number of Women CEOs in the Fortune 500 Is at an All-Time High—of 32," *The Washington Post,* June 7, 2017, https://www.washingtonpost. com/news/on-leadership/wp/2017/06/07/the-number-of-women-ceos-in-the-fortune-500-is-at-an-all-time-high-of-32/ (accessed April 16, 2018).
18. Evan Clark, "Marvin Ellison's Pay Tops $10 Million at J.C. Penney," *WWD,* April 9, 2018, http://wwd.com/fashion-news/fashion-scoops/marvin-ellisons-pay-tops-10-million-at-j-c-penney-1202646280/ (accessed April 16, 2018).
19. Ross Kerber, "Growth in Compensation for U.S. CEOs May Have Slowed," *Reuters,* March 17, 2014, www.reuters. com/article/2014/03/17/us-compensation-ceos-2013-insight-idUSBREA2G05520140317 (accessed March 29, 2014).
20. Melissa Behrend, "More Companies Are Reducing CEO Compensation Due to Poor Quarterly Results," *Chief Executive,* March 21, 2016, http://chiefexecutive.net/more-companies-are-reducing-ceo-compensation-due-to-poor-quarterly-results/ (accessed April 7, 2017).
21. "No. 1 Kaiser Permanente, DiversityInc Top 50," *Diversity Inc,* 2017, http://www.diversityinc.com/kaiser-permanente/ (accessed April 7, 2017).
22. Laura Nichols, "Agencies Called to Step Up the Pace on Diversity Efforts," *PRWeek,* February 7, 2014, www.prweekus.com/article/agencies-called-step-pace-diversity-efforts/1283550 (accessed March 29, 2014).
23. Linda Eling Lee, Ric Marshall, Damon Rallis, and Matt Moscardi, "Women on Boards: Global Trends in Gender Diversity on Corporate Boards," *MCSI,* November 2015, p. 3.
24. Del Jones, "Autocratic Leadership Works—Until It Fails," *USA Today,* June 5, 2003, www.usatoday.com/news/nation/2003-06-05-raines-usat_x.htm (accessed May 4, 2017).
25. George Manning and Kent Curtis, *The Art of Leadership* (New York: McGraw-Hill, 2003), p. 125.
26. "Mr. Buffet Has Still Got It," *The Economist,* March 24–30, 2018, p. 16.
27. Richard Gonzales, "Wells Fargo CEO John Stumpf Resigns amid Scandal," *NPR,* October 12, 2016, https://www.npr.org/sections/thetwo-way/2016/10/12/497729371/wells-fargo-ceo-john-stumpf-resigns-amid-scandal (accessed April 12, 2018).
28. Bruce J. Avolio and William L. Gardner, "Authentic Leadership Development: Getting to the Root of Positive Forms of Leadership," *The Leadership Quarterly,* 2005, pp. 315–338.
29. Robert Sation, "A New Model of Leadership," *Fact Company,* April 2017, p. 18.
30. John P. Kotter, "What Leaders Really Do," *Harvard Business Review,* December 2001, http://fs.ncaa.org/Docs/DIII/What%20Leaders%20Really%20Do.pdf (accessed May 4, 2017).
31. "For Building the Next-Gen Clothing Brand," *Fast Company,* March–April 2018, p. 79.
32. Corporate Sustainability Report, New Belgium Brewing website, http://www.newbelgium.com/docs/default-source/sustainability/2017sustainabilitybrochure.pdf?pdf=susta inabilityreport (accessed September 18, 2017); Kelly K. Spors, "Top Small Workplaces 2008," *The Wall Street Journal,* February 22, 2009, http://online.wsj.com/article/SB122347733961315417.html (accessed April 16, 2013); "We Are 100% Owned," New Belgium Brewing website, http://www.newbelgium.com/community/Blog/13-01- 16/We-are-100-Employee-Owned.aspx (accessed July 23, 2013); The facts of this case are from Peter Asmus, "Goodbye Coal, Hello Wind," *Business Ethics,* 13 (July/August 1999), pp. 10–11; Darren Dahl, "New Belgium Brewing's Ownership Culture Wins Again," *Forbes,* November 19, 2016, https://www.forbes.com/sites/darrendahl/2016/11/19/new-belgium-brewings-ownership-culture-wins-again/#7c19ef382b6a (accessed September 18, 2017); Susan Adams, "New Belgium Brewing Hires a New CEO from the Liquor Industry," *Forbes,* July 17, 2017, https://www.forbes.com/sites/susanadams/2017/07/17/new-belgium-brewing-hires-a-new-ceo-from-the-liquor-industry/#4414498e5e7a (accessed November 12, 2017).
33. C. L. Pearce and C. C. Manz, "The New Silver Bullets of Leadership: The Importance of Self- and Shared Leadership in Knowledge Work," *Organizational Dynamics* 34, no. 2 (2005), pp. 130–140.
34. Michelle Peluseo, "Watson's New Champion," *Fast Company,* April 2017, p. 24.
35. Bipul Sinha, "Why I Invite all 900 of My Employees to Board Meetings," *Quartz at Work,* March 21, 2018, https://work.qz.com/1232424/why-i-invite-all-900-of-my-employees-to-board-meetings/ (accessed April 16, 2018).
36. Deborah Harrington-Mackin, *The Team Building Tool*

Kit (New York: New Directions Management, 1994); Joseph P. Folger, Marshall Scott Poole, and Randall K. Stutman, *Working through Conflict: Strategies for Relationships, Groups, and Organizations,* 6th ed. (Upper Saddle River, NJ: Pearson Education, 2009).

37. Anne Steele, "Sears Creates Stir as It Casts Doubt about Its Future," *The Wall Street Journal,* March 2017, p. B1.
38. Kerrie Unsworth, "Unpacking Creativity," *Academy of Management Review,* 26 (April 2001), pp. 289–297.
39. Joann S. Lublin, Leslie Seism, and David Benoit, "AIG's Bound to Weigh Ouster of CEO," *The Wall Street Journal,* February 28, 2017, p. B1.
40. Adapted from "Zappos: Delivering Happiness to Stakeholders," Daniels Fund Ethics Initiative, http://danielsethics.mgt.unm.edu/pdf/Zappos%20Case.pdf (accessed November 25, 2017); Richard Feloni, "Inside Zappos CEO Tony Hsieh's Radical Management Experiment That Prompted 14% of Employees to Quit," *Business Insider,* May 16, 2015, http://www.businessinsider.com/tony-hsieh-zappos-holacracy-managementexperiment-2015-5 (accessed May 12, 2017); Rebecca Greenfield, "Zappos CEO Tony Hsieh: Adopt Holacracy or Leave," *Fast Company,* March 30, 2015, https://www.fastcompany.com/3044417/zappos-ceo-tony-hsieh-adopt-holacracy-or-leave (accessed May 12, 2017); Zack Guzman, "Zappos CEO Tony Hsieh on Getting Rid of Managers: What I Wish I'd Done Differently," *CNBC,* September 13, 2016, http://www.cnbc.com/2016/09/13/zappos-ceo-tony-hsieh-the-thing-i-regret-aboutgetting-rid-of-managers.html (accessed May 12, 2017); "How It Works," HolacracyOne LLC, http://holacracy.org/how-it-work (accessed May 12, 2017); Rachel Emma Silverman, "At Zappos, Some Employees Find Offer to Leave Too Good to Refuse," *The Wall Street Journal,* May 7, 2014, http://www.wsj.com/articles/at-zappos-someemployees-find-offer-to-leave-too-good-to-refuse-1431047917 (accessed May 12, 2017); "Holacracy," Zappos Insights, http://www.zapposinsights.com/about/holacracy (accessed May 12, 2017); Zappos.com, "Company Statement from Zappos. com," YouTube, April 1, 2016, https://www.youtube.com/watch?v=3zieP6NUWL8 (accessed May 12, 2017).
41. Anna Maria Andriotos and Lara Stevens, "Amazon Voices Payment Strategy," *The Wall Street Journal,* April 7–8, 2018, pp. B1, B2.
42. James E. Ellis, "China Doesn't Want to Go to the Store for Groceries, Either," *Bloomberg Businessweek,* December 4, 2017, pp. 23–24.
43. *Harvard Business Review* 60 (November–December 1982), p. 160.
44. Dan Schwabel, "5 Reasons Why Your Online Presence Will Replace Your Resume in 10 Years," *Forbes,* February 21, 2012, www.forbes.com/sites/danschawbel/2011/02/21/5- reasons-why-your-online-presence-will-replace-your-resume-in-10-years/ (accessed May 4, 2017).

7장

1. Jena McGregor, "Online Extra: Learning on the Front Lines," *Bloomberg Businessweek Magazine,* July 10, 2006, http://www.businessweek.com/stories/2006-07-09/online-extra-learning-on-the-front-lines (accessed January 1, 2018); Keurig Green Mountain website, http://www.keuriggreenmountain.com/ (accessed January 1, 2018); Dun & Bradstreet Inc., "Keurig Green Mountain," *Hoovers Online,* http://www.hoovers.com/company-information/cs/company-profile.keurig_green_mountain_ inc.09ca839579577b55.html (accessed January 1, 2018); "Green Mountain Coffee Roasters Brews Formula for Success," in O.C. Ferrell, Geoffrey Hirt, and Linda Ferrell, *Business: A Changing World,* 6th ed. (New York: McGraw-Hill Irwin, 2008), pp. 233–234; Leslie Patton and Nikolaj Gammeltoft, "Green Mountain Drops as David Einhorn Says Market 'Limited,'" *Bloomberg Businessweek,* October 17, 2011, www.businessweek.com/news/2011-10- 17/green-mountain-drops-as-david-einhorn-says-market-limited.html (accessed November 6, 2013); Christopher Faille, "Green Mountain Coffee's Trouble with Bean Counting," *Forbes,* June 23, 2011, https://www.forbes.com/sites/greatspeculations/2011/06/23/green-mountain-coffees-trouble-with-bean-counting/#2578180296dc (accessed January 1, 2018); *GMCR Fiscal 2012 Annual Report,* http://files.shareholder.com/downloads/GMCR/2774887737x0x630863/FDBC5F63-78E8-493C- 9BB9-8F33000C0465/GMCR_2012_ANNUAL_REPORT. pdf (accessed November 6, 2013); "Green Mountain Coffee: Starbucks Bursts Its Bubble," *Seeking Alpha,* March 9, 2012, http://seekingalpha.com/article/422241-green-mountain-coffee-starbucks-bursts-its-bubble (accessed January 1, 2018); "2016 By the Numbers," Keurig Green Mountain, January 3, 2017, https://www.keuriggreenmountain.com/en/OurStories/Business/2016ByTheNumbers.aspx (accessed January 1, 2018); "Sustainability," Keurig Green Mountain, http://www.keuriggreenmountain.com/en/Sustainability/Overview.aspx (accessed January 1, 2018); Steven Bruce, "HRWorks Sits Down with Keurig Green Mountain Coffee," *HR Daily Advisor,* October 9, 2017, http://hrdailyadvisor.blr. com/2017/10/09/hrworks-sits-keurig-green-mountain-coffee/ (accessed January 1, 2018); "World's Most Innovative Companies: #43 Keurig Green Mountain," *Forbes,* May 2015, https://www.forbes.com/companies/keurig-green-mountain/ (accessed January 1, 2018).
2. Horace Dediu, "Understanding Apple's Organizational Structure," *Asymco,* July 3, 2013, www.asymco.com/2013/07/03/understanding-apples-organizational-structure/ (accessed May 4, 2107); Sam Grobart, "How Samsung Became the World's No. 1 Smartphone Maker," *Bloomberg Businessweek,* March 28, 2013, www. businessweek.com/articles/2013-03-28/how-samsung-became-the-worlds-no-dot-1-smartphone-maker#p1 (accessed May 4, 2017); Jay Yarow, "Apple's New Organizational Structure Could Help It Move Faster," *Business Insider,* May 1, 2013, www.businessinsider.com/apples-new-organizational-structure-could-help-it-move-faster-2013-5 (accessed May 4, 2017).
3. John D. Still, "Ford Aims to Pivot in Raising CEO's Pay," *The Wall Street Journal,* April 1, 2017, p. B1.
4. Megan McArdle, "'Unlimited Vacation' Is Code for 'No Vacation,'" September 30, 2015, *Bloomberg,* September 30, 2015, http://www.bloombergview.com/articles/2015-09-30/- unlimited-vacation-is-code-for-no-vacation- (accessed May 4, 2017).
5. Micah Solomon, "Take These Two to Rival Nordstrom's Customer Service Experience," *Forbes,* March 15, 2014, http://www.forbes.com/sites/micahsolomon/2014/03/15/the-nordstrom-two-part-customer-experience-formula-lessons-for-your-business/#2ebc60a92335 (accessed May 4, 2017).
6. Billy Selekane "20 Ways Zappos Reinforces Its Company Culture," https://www.linkedin.com/pulse/20-ways-zappos-reinforces-its-company-culture-billy-selekane-csp-hof/ (accessed April 17, 2018).
7. "YouTube Revamped Its Ad System. AT&T Still Hasn't Returned," *The New York Times,* February 12, 2018, https://www.nytimes.com/2018/02/12/business/media/att-youtube-advertising.html (accessed April 17, 2018).
8. Lauren Thomas, "New Ford CEO Promises to be a 'Cultural Change Agent,' Bill Ford Says," *CNBC,* May 22, 2017, https://www.cnbc.com/2017/05/22/new-ford-ceo-promises-to-be-a-cultural-change-agent-bill-ford-says.html (accessed August 4, 2018).
9. "Holacracy and Self-Organization," *Zappos Insights,* https://www.zapposinsights.com/about/holacracy (accessed April 18, 2018).
10. Adam Smith, *Wealth of Nations* (New York: Modern Library, 1937; originally published in 1776).
11. Ben Dipietro, "Automakers Face 'Herculean' Task in Implementing Supply Chain Guidelines," *The Wall Street Journal,* May 28, 2014, http://blogs.wsj.com/riskandcompliance/2014/05/28/automakers-face-herculean-task-in-implementing-supply-chain-guidelines/ (accessed May 4, 2017).

12. "Tesla's Organizational Structure & Its Characteristics (Analysis)," *Panmore,* January 28, 2018, http://panmore.com/tesla-motors-inc-organizational-structure-characteristics-analysis (accessed April 18, 2018).
13. "Brands," Unilever, https://www.unilever.com/brands/ (accessed March 10, 2016).
14. Global Divisions, PepsiCo Inc., http://www.pepsico.com/About/global-divisions (accessed April 18, 2018).
15. "Regions," Diageo, www.diageo.com/en-row/ourbusiness/ourregions/Pages/default.aspx (accessed March 10, 2016).
16. Matt Scholz, "The Three-Step Process That's Kept 3M Innovative for Decades," *Fast Company,* July 10, 2017, https://www.fastcompany.com/40437745/the-three-step-process-thats-kept-3m-innovative-for-decades (accessed April 19, 2018).
17. Sarah Whitten, "Fresh Beef Is Coming to a McDonald's Near You," *CNBC,* March 6, 2018, https://www.cnbc. com/2018/03/06/fresh-beef-is-coming-to-a-mcdonalds-near-you.html (accessed April 19, 2018).
18. "Why Work Here?" Whole Foods Market, www.wholefoodsmarket.com/careers/workhere.php (accessed March 10, 2016).
19. "Why We're a Great Place to Work," Whole Foods Market, http://www.wholefoodsmarket.com/careers/why-were-great-place-work (accessed December 30, 2017); "Whole Foods Market's Core Values," Whole Foods Market, www.wholefoodsmarket.com/values/corevalues.php#supporting (accessed December 30, 2017); "100 Best Companies to Work For: Whole Foods Market," *CNN Money,* 2011, http://money.cnn.com/magazines/fortune/bestcompanies/2011/snapshots/24.html (accessed December 30, 2017); "100 Best Companies to Work For: Whole Foods Market," *CNN Money,* 2013, http://money.cnn.com/magazines/fortune/best-companies/2013/snapshots/71.html?iid=bc_fl_list (accessed September 9, 2013); Kerry A. Dolan, "America's Greenest Companies 2011," *Forbes,* April 18, 2011, www.forbes.com/2011/04/18/americas-greenest-companies. html (accessed December 30, 2017); Joseph Brownstein, "Is Whole Foods' Get Healthy Plan Fair?" *ABC News,* January 29, 2010, http://abcnews.go.com/Health/w_ DietAndFitnessNews/foods-incentives-make-employees-healthier/story?id=9680047 (accessed December 30, 2017); Deborah Dunham, "At Whole Foods Thinner Employees Get Fatter Discounts," *That's Fit,* January 27, 2010, www.thatsfit.com/2010/01/27/whole-foods-thin-employees-get-discounts/ (accessed September 9, 2013); David Burkus, "Why Whole Foods Builds Its Entire Business On Teams," *Forbes,* June 8, 2016, https://www.forbes.com/sites/davidburkus/2016/06/08/why-whole-foods-build-their-entire-business-on-teams/#47872abc3fa1 (accessed December 30, 2017); Kate Taylor, "Here Are All the Changes Amazon Is Making to Whole Foods," *Business Insider,* November 15, 2017, http://www.businessinsider. com/amazon-changes-whole-foods-2017-9/#whole-foods-immediately-slashed-prices-and-announced-another-round-of-price-cuts-in-november-1 (accessed December 30, 2017).
20. Dinah Eng, "The Sweet Taste of Success," *Fortune,* June 1, 2015, pp. 9–20; "Press," Sugar Bowl Bakery, https://sugarbowlbakery.com/blogs/press/the-costco-connection (accessed March 23, 2018); Ilana DeBare, "Sugar Bowl Bakery Is a Family Affair, *SF Gate,* July 6, 2008, https://www.sfgate.com/business/article/Sugar-Bowl-Bakery-is-a-family-affair-3205820.php (accessed March 24, 2018); "About Sugar Bowl Bakery," Sugar Bowl Bakery, https://sugarbowlbakery.com/pages/about (accessed March 23, 2018).
21. "PepsiCo Unveils New Organizational Structure, Names CEOs of Three Principle Operating Units," *PR Newswire,* November 5, 2007, www.prnewswire.com/news-releases/pepsico-unveils-new-organizational-structure-names-ceos-of-three-principal-operating-units-58668152.html (accessed May 4, 2017); "The PepsiCo Family," PepsiCo, www.pepsico.com/Company/The-Pepsico-Family/PepsiCo-Americas-Beverages.html (accessed April 30, 2014).
22. Jon R. Katzenbach and Douglas K. Smith, "The Discipline of Teams," *Harvard Business Review* 71 (March–April 1993), p. 19.
23. Katzenbach and Smith, "The Discipline of Teams."
24. John Baldoni, "The Secret to Team Collaboration: Individuality," *Inc.,* January 18, 2012, www.inc.com/john-baldoni/the-secret-to-team-collaboration-is-individuality. html (accessed May 4, 2017).
25. Gregory Ciotti, "Why Remote Teams Are the Future (and How to Make Them Work)," *Help Scout,* October 23, 2013, www.helpscout.net/blog/virtual-teams/ (accessed March 11, 2016).
26. Anneke Seley, "Outside In: The Rise of the Inside Sales Team," *Salesforce.com Blog,* February 3, 2015, http://blogs. salesforce.com/company/2015/02/outside-in-rise-inside-sales-team-gp.html (accessed May 4, 2017).
27. Patrick Kiger, "Task Force Training Develops New Leaders, Solves Real Business Issues and Helps Cut Costs," *Workforce,* September 7, 2011, www. workforce.com/article/20070521/NEWS02/305219996/task-force-training-develops-new-leaders-solves-real-business-issues-and-helps-cut-costs (accessed March 10, 2016); Duane D. Stanford, "Coca-Cola Woman Board Nominee Bucks Slowing Diversity Trend," *Bloomberg,* February 22, 2013, www.bloomberg.com/news/2013-02-22/coca-cola-s-woman-director-nominee-bucks-slowing-diversity-trend.html (accessed May 4, 2017).
28. Jerry Useem, "What's That Spell? TEAMWORK," *Fortune,* June 12, 2006, p. 66.
29. Courtney Connley, "Jeff Bezos' 'Two Pizza Rule' Can Help You Hold More Productive Meetings," *CNBC,* April 20, 2018, https://www.cnbc.com/2018/04/30/jeff-bezos-2-pizza-rule-can-help-you-hold-more-productive-meetings.html (accessed August 4, 2018).
30. Natasha Singer, "Intel's Sharp-Eyed Social Scientist," *The New York Times,* February 15, 2014, www.nytimes. com/2014/02/16/technology/intels-sharp-eyed-social-scientist.html?_r=0 (accessed May 4, 2017).
31. Mindy S. Lubber, "How Timberland, Levi's Use Teamwork to Advance Sustainability," *Green Biz,* May 9, 2011, https://www.greenbiz.com/blog/2011/05/09/how-companies-court-stakeholders-accelerate-sustainability (accessed December 31, 2017); *Engaging Employees: Timberland's Global Stewards Program 2009 Report,* Timberland Company, http://responsibility.timberland.com/wp-content/uploads/2011/05/Stewards_Program_2009.pdf (accessed August 6, 2013); Betsy Blaisdell and Nina Kruschwitz, "New Ways to Engage Employees, Suppliers and Competitors in CSR," *MIT Sloan,* November 14, 2012, https://sloanreview.mit.edu/article/new-ways-to-engage-employees-suppliers-and-competitors-in-csr/ (accessed December 31, 2017); *Focus—Corporate Social Responsibility Report 2001,* Timberland Company, http://responsibility.timberland.com/wp-content/uploads/2011/05/2001-CSR-Report.pdf (accessed August 6, 2013); Chuck Scofield, "Sharing Strength: Lessons about Getting by Giving," *LiNE Zine,* http://www.linezine.com/7.2/articles/cssslagbg.htm (accessed December 31, 2017); David Hellqvist, "Timberland: 40 Years of the Yellow Boot," *The Guardian,* April 16, 2013, https://www.theguardian.com/fashion/2013/apr/16/timberland-40-years-yellow-boot (accessed December 31, 2017); "About Us," Timberland, https://www.timberland.com/about-us.html (accessed December 31, 2017); "Responsibility," Timberland Company, https://www.timberland.com/responsibility.html (accessed December 31, 2017); "Timberland Employees Around the Globe Take Part in 18th Annual Serv-a-Palooza Service Event," Timberland Company, September 17, 2015, https://www.timberland.com/newsroom/press-releases/timberland-18th-annual-serv-a-palooza-service-event.html (accessed December 31,

2017).

32. Richard S. Wellins, William C. Byham, and Jeanne M. Wilson, *Empowered Teams: Creating Self-Directed Work Groups That Improve Quality, Productivity, and Participation* (San Francisco: Jossey-Bass Publishers, 1991), p. 5.
33. "2017 Employee Job Satisfaction and Engagement: The Doors of Opportunity Are Open," Society for Human Resource Management, April 24, 2017, https://www.shrm. org/hr-today/trends-and-forecasting/research-and-surveys/pages/2017-job-satisfaction-and-engagement-doors-of-oppor tunity-are-open.aspx (accessed April 21, 2018).
34. Peter Mell and Timothy Grance, "The NIST Definition of Cloud Computing," National Institute of Standards and Technology, Special Publication 800-145, September 2011, http://csrc.nist.gov/publications/nistpubs/800-145/SP800- 145.pdf (accessed April 30, 2014).
35. Michael Christian, "Top 10 Ideas: Making the Most of Your Corporate Intranet," April 2, 2009, www.claromentis.com/blog/top-10-ideas-making-the-most-of-your-corporate-intranet/ (accessed May 4, 2017).
36. Verne Harnish, "Five Ways to Liberate Your Team from Email Overload," *Fortune,* June 16, 2014, p. 52.
37. Sue Shellenbarger, "They're Gossiping About You," *The Wall Street Journal,* October 8, 2014, pp. D1–D2.
38. Kim Komando, "Why You Need a Company Policy on Internet Use," www.microsoft.com/business/en-us/resources/management/employee-relations/why-you-need-a-company-policy-on-internet-use.aspx?fbid=HEChiHWK7CU (accessed April 30, 2014).
39. "Our Values and Standards: The Basis of Our Success," Merck, https://www.merck.com/abo0ut/code_of_conduct.pdf (accessed March 16, 2015).
40. Imani Moise, "New Tools Tell Bosses How You're Feeling," *The Wall Street Journal,* March 29, 2018, p. B6.
41. PBSNewsHour, "Apple Supplier Foxconn Pledges Better Working Conditions, but Will It Deliver?" *YouTube,* www.youtube.com/watch?v=ZduorbCkSBQ (accessed May 4, 2017).
42. Susan M. Heathfield, "Top Ten Employee Complaints," *About.com*, http://humanresources.about.com/od/retention/a/emplo_complaint.htm (accessed March 16, 2015).
43. Gloria Mark, Shamsi T. Iqbal, Mary Czerwinski, Paul Johns, Akane Sano, and Yuliya Lutchyn, "Email Duration, Batching and Self-interruption: Patterns of Email Use on Productivity and Stress," *Proceedings of the 2016 CHI Conference on Human Factors in Computing Systems (CHI '16)*, ACM, New York, NY, USA, p. 1717-1728; Andrew Blackman, "The Smartest Way to Use Email at Work," *The Wall Street Journal,* March 12, 2018, p. R1.
44. Michael D. Maginn, *Effective Teamwork,* 1994, p. 10. 1994; Richard D. Irwin, a Times Mirror Higher Education Group Inc. Company.

8장

1. Trader Joe's website, www.traderjoes.com (accessed March 24, 2018); Beth Kowitt, "Inside the Secret World of Trader Joe's—Full Version," *Fortune,* August 23, 2010, http://archive.fortune.com/2010/08/20/news/companies/inside_trader_ joes_full_version.fortune/index.htm (accessed January 1, 2018); "2010 World's Most Ethical Companies," *Ethisphere,* http://m1.ethisphere.com/wme2013/index.html (accessed October 1, 2013); Lisa Scherzer, "Trader Joe's Tops List of Best Grocery Store Chains," *Yahoo Finance!,* July 24, 2013, https://finance.yahoo.com/blogs/the-exchange/trader-joe-tops-list-best-grocery-store-chains-182739789.html (accessed January 1, 2018); Nancy Luna, "Trader Joe's Expanding to Texas," *Orange County Register,* May 5, 2011, https://www.ocregister.com/2011/05/05/trader-joes-expanding-to-texas-2/ (accessed January 1, 2018); Progressive Grocer, "Trader Joe's Opens Fewer-Than-Average Stores in 2017," October 16, 2017, https://progressivegrocer.com/trader-joes-opens-fewer-average-stores-2017 (accessed January 1, 2018); "Trader Joe's: Groceries for the 'Overeducated and Underpaid'," Technology and Operations Management—A Course at Harvard Business School, December 9, 2015, https://rctom.hbs.org/submission/trader-joes-groceries-for-the-overeducated-and-underpaid/ (accessed January 1, 2018); John Boyle, "As Earth Fare Grows, Some Workers Feeling 'Squeezed,'" *Citizen Times,* September 3, 2016, http://www.citizen-times.com/story/news/local/2016/09/03/earth-fare-grows-some-workers-feeling-squeezed/88412772/ (accessed January 1, 2018); Sheiresa Ngo, "15 Secrets Trader Joe's Shoppers Should Know," *Business Insider,* May 8, 2017, http://www.businessinsider. com/15-secrets-trader-joes-shoppers-should-know-2017-5/#3-shoppers-can-win-prizes-3 (accessed January 1, 2018); "Trader Joe's: Food for Thought," Technology and Operations Management—A Course at Harvard Business School, December 9, 2015, https://rctom.hbs.org/submission/trader-joes-food-for-thought/ (accessed January 1, 2018).
2. "Our Employee First Culture," *Stand For,* 2017, http://standfor.containerstore.com/putting-our-employees-first/ (accessed April 11, 2017).
3. "Personified: 11 Things You Didn't Know about Amazon's CEO Jeff Bezos," *Gadgets Now,* January 12, 2017, http://www.gadgetsnow.com/checklist/personified-11-things-you-didnt-know-about-amazons-ceo-jeff-bezos/checklistshow/56500597.cms (accessed April 11, 2017).
4. Leonard L. Berry, *Discovering the Soul of Service* (New York: The Free Press, 1999), pp. 86–96.
5. Valerie A. Zeithaml and Mary Jo Bitner, *Services Marketing,* 3rd ed. (Boston: McGraw-Hill Irwin, 2003), pp. 3, 22.
6. Claire Zillman, "Zappos Is Bringing Uber-like Surge Pay to the Workplace," *Fortune,* January 28, 2015, http://fortune.com/2015/01/28/zappos-employee-pay/ (accessed May 4, 2017).
7. Bernard Wysocki Jr., "To Fix Health Care, Hospitals Take Tips from the Factory Floor," *The Wall Street Journal,* April 9, 2004, via www.chcanys.org/clientuploads/downloads/Clinical_resources/Leadership%20Articles/LeanThinking_ ACF28EB.pdf (accessed May 4, 2017).
8. Deborah L. Roberts and Frank T. Piller, "Finding the Right Role for Social Media in Innovation," *MIT Sloan Management Review,* March 15, 2016, http://sloanreview. mit.edu/article/finding-the-right-role-for-social-media-in-innovation/ (accessed April 11, 2017).
9. Debbie Qaqish, "So You Want to Do Experiential Marketing? Consider These 4 Things First," *Marketing News,* April 2018, pp. 4–6.
10. Danielle Muoio, "These 19 Companies Are Racing to Put Driverless Cars on the Road by 2020," *Business Insider,* August 18, 2016, http://www.businessinsider.com/companies-making-driverless-cars-by-2020-2016-8/ (accessed April 11, 2017).
11. "Best Sellers," Villy Customs, 2017, https://villycustoms. com/collections/the-10 (accessed April 12, 2017).
12. Jonathan Dyble, "Global Blockchain in Supply Chain Market to Reach $424 Million by 2023," *Supply Chain Digital,* www.supplychaindigital.com/technology/global-blockchain-supply-chain-market-reach-424mn-2023 (accessed April 13, 2018).
13. Christopher Mims, "Why Blockchain Will Survive, Even if Bitcoin Doesn't," *The Wall Street Journal,* March 12, 2018, https://www.wsj.com/articles/why-blockchain-will-survive-even-if-bitcoin-doesnt-1520769600 (accessed April 5, 2018); Steve Banker, "The Growing Maturity of Blockchain for Supply Chain Management," February 22, 2018 https://www.forbes.com/sites/stevebanker/2018/02/22/the-growing-maturity-of-blockchain-for-supply-chain-management/#3048ec9811da (accessed April 5, 2018); Jon-Amerin Vorabutra, "Why Blockchain Is a Game Changer for Supply Chain Transparency," *Supply Chain 247,* October 3, 2016, http://www.supplychain247.com/article/why_blockchain_is_a_game_changer_for_the_supply_chain (accessed April 5, 2018); IBM, "Blockchain for Supply Chain," https://www.ibm.com/blockchain/supply-chain/ (accessed April 5, 2018); Deloitte, "Using

Blockchain to Drive Supply Chain Transparency," https://www2.deloitte. com/us/en/pages/operations/articles/blockchain-supply-chain-innovation.html (accessed April 5, 2018).

14. Erica Philips, "Bringing Blockchain to the Coffee Cup," *The Wall Street Journal,* April 15, 2018, p. B2.
15. "Improvements to the Engineering Planning and Development Process," Toyota, 2017, http://www.toyota-global.com/company/history_of_toyota/75years/data/automotive_ business/products_technology/research/engineering_planning/details_window.html (accessed April 12, 2017).
16. Michelle Maynard, "Kit Kat Lovers, Listen Up: Hershey Is Betting Big That You'll Break Off More," *Forbes,* March 11, 2018, https://www.forbes.com/sites/michelinemaynard/2018/03/11/kit-kat-lovers-listen-up-hershey-is-betting-big-that-youll-break-off-more/#7c61790d7975 (accessed April 22, 2018).
17. Ross Toro, "How 3D Printers Work (Infographic)," *Live Science,* June 18, 2013, www.livescience.com/37513-how- 3d-printers-work-infographic.html (accessed May 4, 2017).
18. Matt McFarland, "Amazon's Delivery Drones May Drop Packages via Parachute," *CNN Tech,* February 14, 2017, http://money.cnn.com/2017/02/14/technology/amazon-drone-patent/ (accessed April 12, 2017).
19. Stuart Hodge. "SAP—Why Drones Have a Key Role to Play in the Future of Procurement," http://www.supplychaindigital.com/procurement/sap-why-drones-have-key-role-play-future-procurement (accessed April 16, 2018).
20. Claire Cain Miller, "Evidence That Robots Are Winning the Race for American Jobs," *The New York Times,* March 28, 2017, https://www.nytimes.com/2017/03/28/upshot/evidence-that-robots-are-winning-the-race-for-american-jobs.html?_r=1 (accessed April 12, 2017).
21. Alanna Petroff, "U.S. Workers Face Higher Risk of Being Replaced by Robots. Here's Why," *CNN Tech,* March 24, 2017, http://money.cnn.com/2017/03/24/technology/robots-jobs-us-workers-uk/ (accessed April 12, 2017).
22. "Are There Enough Robots?" *Robotics Tomorrow,* February 14, 2017, http://www.roboticstomorrow.com/article/2017/02/are-there-enough-robots/9507 (accessed April 12, 2017).
23. James Henderson, "Hershey Pledges $500mn to Improve Supply Chain Sustainability," *Supply Chain Digital,* http://www.supplychaindigital.com/technology/hershey-pledges- 500mn-improve-supply-chain-sustainability (accessed April 5, 2018).
24. "Benefits of Green Building," *USGBE,* April 1, 2016, http://www.usgbc.org/articles/green-building-facts (accessed April 12, 2017).
25. Katrina Brown Hunt, "Counting Down the 20 Greenest Cities in America," *Travel Leisure,* 2017, http://www.travelandleisure.com/slideshows/americas-greenest-cities/20 (accessed April 12, 2017).
26. Adobe, "Sustainability," https://www.adobe.com/corporate-responsibility/sustainability.html?red=av (accessed April 22, 2018).
27. Caryn Ginsberg, "The Market for Vegetarian Foods," The Vegetarian Resource Group, http://www.vrg.org/nutshell/market.htm (accessed December 31, 2017); Jaag Korteweg, Founder of De Vegetarische Slager, November 2017 (J. Wienen, Interviewer); Nielsen, "Green Generation: Millennials Say Sustainability Is A Shopping Priority," November 5, 2015, http://www.nielsen.com/us/en/insights/news/2015/green-generation-millennials-say-sustainability-is-a-shopping-priority.html (accessed December 31, 2017); The Vegetarian Butcher, "About Us," 2017, https://www.thevegetarianbutcher.com/about-us/since-1962 (accessed December 31, 2017); Niamh Michail, "Vegetarian Butcher Slams Dutch Food Authority for Double Standards over 'Misleading' Meat Name Ban," *Food Navigator,* October 5, 2017, https://www.foodnavigator.com/Article/2017/10/05/Vegetarian-Butcher-slams-Dutch-food-authority-for-double-standards-over-misleading-meat-name-ban (accessed December 31, 2017); Bryan Walsh, "The Triple Whopper Environmental Impact of Global Meat Production," *Time,* December 16, 2013, http://science.time.com/2013/12/16/the-triple-whopper-environmental-impact-of-global-meat-production/ (accessed December 31, 2017).
28. O.C. Ferrell and Michael D. Hartline, *Marketing Strategy* (Mason, OH: South Western, 2011), p. 215.
29. "E-Commerce: Cultivating a New Logistics Landscape," *Inbound Logistics,* p. 13.
30. Mike Danby, "Innovation Beyond Drones—Transforming the Supply Chain," *Supply Chain Digital,* http://www.supplychaindigital.com/technology/comment-innovation-beyond-drones-transforming-supply-chain (accessed April 14, 2018).
31. James Henderson, "AI-Driven Procurement Platform, Suplari, Attracts $10.3 Million in Funding," *Supply Chain Digital,* http://www.supplychaindigital.com/technology/ai-driven-procurement-platform-suplari-attracts-103mn-funding (accessed April 6, 2018).
32. William Pride and O.C. Ferrell, *Marketing* (Boston: Cengage Learning, 2018), p. 443.
33. "Broken Links," *The Economist,* March 31, 2011, www.economist.com/node/18486015 (accessed May 4, 2017).
34. Scott McCartney, "The Best and Worst Airlines of 2016," *The Wall Street Journal,* January 11, 2017, https://www.wsj.com/articles/the-best-and-worst-airlines-of-2016-1484149294 (accessed April 11, 2017).
35. "Four U.S. Organizations Receive Nation's Highest Honor for Performance Excellence," NIST, November 17, 2016, https://www.nist.gov/news-events/news/2016/11/four-us-organizations-receive-nations-highest-honor-performance-excellence (accessed April 12, 2017).
36. Philip B. Crosby, *Quality Is Free: The Art of Making Quality Certain* (New York: McGraw-Hill, 1979), p. 9–10.
37. Nigel F. Piercy, *Market-Led Strategic Change* (Newton, MA: Butterworth-Heinemann, 1992), pp. 374–385.
38. El Pinto, "The Salsa Twins Story," http://www.elpinto. com/salsa-twins-story#.WksSdFQ-dAY (accessed January 1, 2018); El Pinto, "12 Count Single Serving El Pinto 4 Oz. Medium Green Chile," https://www.elpinto. com/index.php?option=com_virtuemart&category_ id=29&flypage=flypage.tpl&manufacturer_ id=1&page=shop.product_details&product_id=97 (accessed January 1, 2018); El Pinto, "Gov. Susanna Martinez Announces El Pinto Foods Growing to Create up to 25 New Jobs, $7 Million Investment to Support 20,000 Sq. Ft. of Manufacturing Facilities," January 31, 2017, https://www.elpinto.com/el-pinto-blog (accessed January 1, 2018); El Pinto, "History," http://www.elpinto.com/history#. WksM0VQ-dAY (accessed January 1, 2018); El Pinto, "History," https://www.elpinto.com/index.php?page=shop.cart&option=com_content&Itemid=53&view=category&layout=blog&id=34&limitstart=5 (accessed January 1, 2018); El Pinto, "Biggest Little Tequila Bar in Albuquerque," http://www.elpinto.com/tequila-bar-albuquerque#.WksNj1Q-dAY (accessed January 1, 2018); El Pinto, "Looking for Scorpion Salsa?" https://www.elpinto.com/looking-for-scorpion-salsa#.WksUYVQ-dAY (accessed January 1, 2018); Steve Ginsberg, "El Pinto's Thomas Twins Seek Salsa's Superstar Status," *Albuquerque Business First,* August 23, 2009, https://www.bizjournals.com/albuquerque/stories/2009/08/24/story7.html (accessed January 1, 2018); El Pinto, "Family," http://www.elpinto.com/family#. UflCLPXLQ4k (accessed January 1, 2018); El Pinto, "El Pinto Fires Up the History Channel," http://www.elpinto. com/press-releases (accessed January 1, 2018).
39. "ISO Certification and Accreditations," GE Power, 2017, http://www.geinstruments.com/company/iso-certification-and-accreditations.html (accessed April 12, 2017).
40. "Compliance Management Systems—Guidelines," International Organization for Standardization, 2017, https://www.iso.org/standard/62342.html (accessed April 12, 2017).

41. "Monitoring and Auditing Global Supply Chains Is a Must," *Ethisphere*, Q3 2011, pp. 38–45.
42. "Global Supplier Code of Conduct," Kellogg's, 2017, http://www.kelloggcompany.com/en_US/supplier-relations/transparency-in-supply-chain.html (accessed April 12, 2017).
43. James Wetherbe, "Principles of Cycle Time Reduction," *Cycle Time Research*, 1995, p. iv.
44. Stan Davis and Christopher Meyer, *Blur: The Speed of Change in the Connected Economy* (Reading, MA: Addison-Wesley, 1998), p. 5.

9장

1. Tanner Christensen, "How Facebook Keeps Employees Happy in the World's Largest Open Office," *Inc.*, March 9, 2016. https://www.inc.com/tanner-christensen/how-facebook-keeps-employees-happy-in-the-worlds-largest-open-office.html (accessed December 5, 2017); Catherine Clifford, "How Mark Zuckerberg keeps Facebook's 18,000+ Employees Innovating: 'Is This Going to Destroy the Company? If Not, Let Them Test It,'" *CNBC*, June 5, 2017. https://www.cnbc.com/2017/06/05/how-mark-zuckerberg-keeps-facebook-employees-innovating.html (accessed December 5, 2017); Mike Hoefflinger, "How Facebook Keeps Its Employees the Happiest, According to a Former Insider," *Business Insider*, April 11, 2017, http://www.businessinsider.com/how-facebook-keeps-employees-happy-2017-4 (accessed December 5, 2017); Steve Kux, "10 Reasons Why 99% of Facebook Employees Love Mark Zuckerberg," *Lifehack*, http://www.lifehack. org/articles/work/10-reasons-why-99-facebook-employees-love-mark-zuckerberg.html (accessed December 5, 2017); Marguerite Ward, "The 25 Best Companies to Work For in America," *CNBC*, December 7, 2016. https://www.cnbc. com/2016/12/07/the-25-best-companies-to-work-for-in-america.html (accessed December 5, 2017).
2. Jackie Wattles, Ben Geier, Matt Egan, and Danielle Wiener- Bronner, "Wells Fargo's 20-Month Nightmare," *CNN Money*, April 24, 2018, http://money.cnn.com/2018/04/24/news/companies/wells-fargo-timeline-shareholders/index. html (accessed April 25, 2018).
3. Dan Heath and Chip Heath, "Business Advice from Van Halen," *Fast Company*, March 1, 2010, www.fastcompany. com/1550881/business-advice-van-halen (accessed April 21, 2018).
4. Áine Cain, "6 Incredible Perks for Apple Employees," *Business Insider*, https://www.inc.com/business-insider/apple-employee-benefits-perks-glassdoor.html (accessed April 18, 2018).
5. Jeff Beer, "Patagonia: For Growing Its Business Every Time It Amplifies Its Social Mission," *Fast Company*, "The World's 50 Most Innovative Companies," pp. 33–34, March/April 2018.
6. "Worker Illness and Injury Costs U.S. Employers $225.8 Billion Annually," CDC Foundation, January 28, 2015, https://www.cdcfoundation.org/pr/2015/worker-illness-and-injury-costs-us-employers-225-billion-annually (accessed April 30, 2018).
7. Kelly K. Spors, "Top Small Workplaces 2008," *The Wall Street Journal*, February 22, 2009, https://www.wsj.com/articles/SB122347733961315417 (accessed December 30, 2017); King Arthur Flour website, www.kingarthurflour. com (accessed December 30, 2017); "King Arthur Flour Leads the Way with B-Corp Logo," *CSRwire*, February 15, 2008, www.csrwire.com/press/press_release/14672-King- Arthur-Flour (accessed December 30, 2017); "2013 'Best Places to Work in Vermont,'" http://bestplacestoworkinvt. com/index.php?option=com_content&task=view&id=50 (accessed December 30, 2017); "About the White House: Presidents," "1. George Washington," https://www.whitehouse.gov/about-the-white-house/presidents/george-washington/ (accessed December 30, 2017); Bruce Edwards, "VEDA aids King Arthur expansion," *Rutland Herald*, June 12, 2013, https://www.timesargus.com/articles/veda-aids-king-arthur-flour-growth/ (accessed December 30, 2017); King Arthur Flour, "Why Employee Ownership Matters," https://www.kingarthurflour.com/our-story/article/employee-owned.html (accessed December 30, 2017); King Arthur Flour, "Our Story – Community," https://www.kingarthurflour.com/our-story/community/ (accessed December 30, 2017); King Arthur Flour, "Bake for Good: Kids," https://www.kingarthurflour. com/our-story/article/bake-for-good-kids.html (accessed December 30, 2017).
8. Samuel Stebbins, "Highest Paid CEOs in 2017," *24/7 Wall St.*, December 28, 2017, https://247wallst. com/special-report/2017/12/28/highest-paid-ceos-in-2017/6/ (accessed April 22, 2018).
9. Frederick Herzberg, Bernard Mausner, and Barbara B. Snyderman, *The Motivation to Work*, 2nd ed. (New York: John Wiley, 1959).
10. "Physician—Gastroenterology Salaries," Salary.com, 2017, http://www1.salary.com/gastroenterologist-Salary.html (accessed April 22, 2018).
11. Shelia Eugenio, "4 Innovative Ways to Motivate Your Team," *Entrepreneur*, March 6, 2017, https://www.entrepreneur.com/article/289560 (access April 22, 2018).
12. Douglas McGregor, *The Human Side of Enterprise* (New York: McGraw-Hill, 1960), pp. 33–34.
13. Steven Pearlstein, "A Computer Specialist Reshapes Computer Sciences Corp.," *Washington Post*, August 1, 2015, https://www.washingtonpost. com/business/a-turnaround-specialist-reshapes-computer-sciences-corp/2015/07/30/c2be7c9c-32dd-11e5-97ae-30a30cca95d7_story.html?noredirect=on&utm_term=.814b0efe3d35 (accessed April 22, 2018).
14. McGregor, *The Human Side of Enterprise*.
15. Scott Koegler, "The Empowered Employee: How 6 Companies Are Arming Their Teams with Data," *IBM Watson*, March 24, 2017, https://www.ibm.com/blogs/watson/2017/03/empowered-employee-6-companies-arming-teams-data/(access April 22, 2018).
16. William Ouchi, *Theory Z—How American Business Can Meet the Japanese Challenge* (New York: Perseus Group, 1981).
17. Jon L. Pierce, Tatiana Kostova, and Kurt T. Kirks, "Toward a Theory of Psychological Ownership in Organizations," *Academy of Management Review* 26, no. 2 (2001), p. 298.
18. Namaste Solar, *B Corporation*, https://www.bcorporation .net/community/namaste-solar (accessed April 7, 2018); Namasté Solar, "Employee Ownership," https://www.namastesolar.com/about-us/employee-ownership/ (accessed April 7, 2018); Namasté Solar, "Company Highlights," http://www.namastesolar.com/wp-content/uploads/2018/03/Namaste-Solar_Company-Model- Highlights.pdf (accessed April 7, 2018); Namasté Solar, "Namasté Solar Raises over $3.1 Million in Unconventional Stock Offering," June 6, 2017, https://www.namastesolar.com/namaste-solar-raises-3-1-million-unconventional-stock-offering/ (accessed April); Leigh Buchanan, "Where the CEO Is Just Another Guy with a Vote," *Inc.*, June 2011, pp. 64–66; "Unique Business Aims to Spread Solar Power," *CNN*, July 17, 2018, http://www.cnn.com/2008/TECH/07/17/solar.office/index. html (accessed April 7, 2018).
19. Matt Egan, "Lloyd Blankfein Takes Pay Cut at Goldman Sachs," *CNN Money*, March 17, 2017, http://money.cnn. com/2017/03/17/investing/lloyd-blankfein-goldman-sachs-pay-cut/index.html (accessed April 22, 2018).
20. David Callahan, *The Cheating Culture: Why More Americans Are Doing Wrong to Get Ahead* (Orlando, FL: Harcourt, 2004).
21. Katie Reilly, "Shoplifting and Other Fraud Cost Retailers Nearly $50 Billion Last Year," *Time*, June 22, 2017, http://time.com/money/4829684/shoplifting-fraud-retail-survey/ (accessed April 22, 2018).
22. Arthur Schwartz, "The 5 Most Common Unethical Behaviors in the Workplace," *Philadelphia Business Journal*, January 26, 2015, http://www.bizjournals. com/philadelphia/blog/guest-comment/2015/01/most-common-unethical-behaviors-in-the.html (accessed 22, 2018).
23. Archie Carroll, "Carroll: Do We Live in a Cheating

Culture?" *Athens Banner-Herald,* February 21, 2004, www.onlineathens.com/stories/022204/bus_20040222028.shtml (accessed May 4, 2017).

24. Edwin A. Locke, K. M. Shaw, and Gary P. Latham, "Goal Setting and Task Performance: 1969–1980," *Psychological Bulletin* 90 (1981), pp. 125–152.
25. Peter Drucker, *The Practice of Management* (New York: Harper & Row, 1954).
26. "Management by Objectives," *The Economist,* October 21, 2009, http://www.economist.com/node/14299761 (accessed April 22, 2018).
27. Tim Hird, "The Lasting Benefits of Job Rotation," *Treasury & Risk,* January 24, 2017, https://www.treasuryandrisk.com/sites/treasuryandrisk/2017/01/24/the-lasting-benefits-of-job-rotation/ (accessed April 22, 2018).
28. Patagonia, "Environmental Internship Program," http://www.patagonia.com/us/patagonia.go?assetid=80524 (accessed on December 10, 2017); Giselle Abramovich, "Inside Patagonia's Content Machine," *Digiday,* January 31, 2013, http://digiday.com/brands/inside-patagonias-content-machine/ (accessed December 10, 2017); Leigh Buchanan, "How Patagonia's Roving CEO Stays in the Loop," *Inc.,* March 18, 2013, https://www.inc.com/leigh-buchanan/patagonia-founder-yvon-chouinard-15five.html (accessed December 10, 2017); "Patagonia: A Sustainable Outlook on Business," Daniels Fund Ethics Initiative, http://danielsethics.mgt.unm.edu/pdf/patagonia.pdf (accessed December 10, 2017); "Patagonia: Case Study," Lynda.com, 2013, http://cdn.lynda.com/cms/asset/text/patagonia-case-study--1931751689.pdf (accessed December 10, 2017); Patagonia, "Patagonia's Mission Statement," http://www.patagonia.com/company-info.html (accessed December 10, 2017).
29. Karsten Strauss, "The 250 Companies Offering the Most Flexible-Time Jobs," *Forbes,* October 11, 2016, www.forbes. com/sites/karstenstrauss/2016/10/11/the-250-companies-offering-the-most-flexible-time-jobs/#5827bead4424 (accessed April 22, 2018).
30. American Sociological Association, "Work Flexibility Benefits Employees, Study Says," *Phys.org,* January 13, 2016, http://abcnews.go.com/Health/Healthday/story?id=4509753 (accessed April 22, 2018).
31. Karsten Strauss, "Flextime Jobs: The 10 Best Career Fields For Making Your Own Schedule," *Forbes,* October 12, 2017, https://www.forbes.com/sites/karstenstrauss/2017/10/12/flex-time-jobs-the-10-best-career-fields-for-making-your-own-schedule/#f9bc0e376b9b (accessed April 22, 2018).
32. Jeanne Sahadi, "Dell *Really* Wants You to Work from Home. . .if You Want," *CNN,* June 9, 2016, http://money. cnn.com/2016/06/09/pf/dell-work-from-home/?iid=EL (accessed April 22, 2018).
33. Rebecca Wilson, "Work from Home to Increase Productivity," *Recruitment International,* March 31, 2017, https://www.recruitment-international.co.uk/blog/2017/03/work-from-home-to-increase-productivity (accessed April 22, 2018).
34. Dori Meinert, "Make Telecommuting Pay Off," Society for Human Resource Management, June 1, 2011, www.shrm. org/Publications/hrmagazine/EditorialContent/2011/0611/Pages/0611meinert.aspx (accessed April 22, 2018).

10장

1. Sarah Elbert, "Modern Super Hero," *Delta Sky,* December 2017, pp. 78–81, 178–179; Henna Inam, "Sheryl Sandberg on Being Human," *Transformational Leadership: Coaching & Leadership Development,* June 21, 2015, http://www.transformleaders.tv/sheryl-sandberg-on-being-human/ (accessed January 14, 2018); Shawn Doyle, "What Every Boss Can Learn about Leadership from Sheryl Sandberg from Facebook," *Inc.,* September 7, 2017, https://www.inc.com/shawn-doyle/what-every-boss-can-learn-about-leadership-from-sh.html (accessed January 14, 2018); Alexandra Topping and Decca Aitkenhead, "Sheryl Sandberg Credits Mark Zuckerberg with Saving Her Life," *The Guardian,* April 15, 207, https://www.theguardian. com/technology/2017/apr/15/sheryl-sandberg-credits-mark-zuckerberg-with-saving-her-life (accessed January 14, 2018).
2. "Consumers Prefer Ethical Companies Survey Shows," *ECI Connector,* January 7, 2016. https://www.ethics.org/blogs/eci-connector/2016/01/07/consumers-prefer-ethical-companies-survey-shows (accessed April 27, 2018).
3. "Dictionary of Occupational Titles," http://www.occupationalinfo.org/ (accessed April 27, 2018).
4. George Anders, "The Rare Find," *Bloomberg Businessweek,* October 17–23, 2011, pp. 106–112; Philip Delves Broughton, "Spotting the Exceptionally Talented," *Financial Times,* October 13, 2011, https://www.ft.com/content/25dc1872- f4ba-11e0-a286-00144feab49a (accessed December 27, 2017); Joe Light, "Recruiters Rethink Online Playbook," *The Wall Street Journal,* January 18, 2011, http://online. wsj.com/article/SB10001424052748704307404576080492613858846.html (accessed December 27, 2017); Kris Maher, "A Tactical Recruiting Effort Pays Off," *The Wall Street Journal,* October 24, 2011, p. R6; Jeanne Meister, "The Death of the Resume: Five Ways to Re-Imagine Recruiting," *Forbes,* July 23, 2012, http://www.forbes.com/sites/jeannemeister/2012/07/23/the-death-of-the-resume-five-ways-to-re-imagine-recruiting/ (accessed December 27, 2017); Instagram, "Salesforce.com," https://www.instagram. com/salesforcejobs/?hl=en (accessed December 27, 2017); Erin Engstrom, "Recruiting on Instagram: 4 Companies That Are Crushing It," https://recruiterbox.com/blog/recruiting-on-instagram-4-companies-crushing-it/ (accessed December 27, 2017); J. T. O'Donnell, "A Powerful Way to Use Instagram to Recruit Employees," *Inc.,* June 25, 2015, https://www.inc.com/jt-odonnell/a-powerful-way-to-use-instagram-to-recruit-employees.html (accessed December 27, 2017); Zlati Meyer and Kellie Ell, "McDonald's Looks to Snapchat to Hire 250,000 for Summer," *USA Today,* June 14, 2017, https://www.usatoday.com/story/money/business/2017/06/12/mcdonalds-hires-teens-via-snapchat/102782168/ (accessed December 27, 2017); Vineeta Sawkar, "General Mills Recruits Millennials with a High-Tech Virtual Tour," *Star Tribune,* September 15, 2015, http://www.startribune. com/general-mills-recruits-millennials-with-gopro-goggle-tour/327721891/ (accessed December 27, 2017); John Sullivan, "12 Innovative Recruiting Strategies That Savvy Companies Are Using," July 10, 2017, https://business.linkedin.com/talent-solutions/blog/recruiting-strategy/2017/12-innovative-recruiting-strategies-that-savvy-companies-are-usi (accessed December 27, 2017); Roy Maurer, "Employee Referrals Remain Top Source for Hires," Society for Human Resource Management, June 23, 2017, https://www.shrm.org/resourcesandtools/hr-topics/talent-acquisition/pages/employee-referrals-remains-top-source-hires.aspx (accessed December 27, 2017).
5. Alison Doyle, "Best Social Media Sites for Job Searching," *The Balance,* June 7, 2016, https://www.thebalance.com/best-social-media-sites-for-job-searching-2062617 (accessed April 18, 2017); Susan P. Joyce, "Guide to Social Media and Job Search," *Job-Hunt,* https://www.job-hunt.org/social-networking/social-media.shtml (accessed April 27, 2018).
6. "Study: Which Companies Offer the Fastest Online Job Application Process?" *Indeed Blog,* August 15, 2016, http://blog.indeed.com/2016/08/15/fastest-job-application-process/ (accessed April 27, 2018).
7. Sachi Barreiro, "Can Potential Employers Check Out Your Facebook Page?" *Nolo.com,* https://www.nolo.com/legal-encyclopedia/can-potential-employers-check-your-facebook-page.html (accessed April 27, 2018); Diana Coker, "Should the Facebook Password Be Given in a Job Interview?" *HR Digest,* December 29, 2016, https://www.thehrdigest.com/facebook-password-given-job-interview/ (accessed April 27, 2018).
8. "Eight Ways to Leverage Social Media as a Hiring Tool," *Forbes,* February 19, 2018, https://www.forbes.com/sites/forbesagencycouncil/2018/02/19/eight-ways-to-leverage-social-media-as-a-hiring-

tool/#785ba1e3750c (accessed April 27, 2018).

9. "70% of Employers Say Prescription Drug Abuse Affects Workplace," *Insurance Journal,* March 10, 2017, http://www.insurancejournal.com/news/national/2017/03/10/444117.htm (accessed April 27, 2018).
10. Alexia Elejalde-Ruiz, "Cost of Substance Abuse Hits Employers Hard, New Tool Shows," *Chicago Tribune,* April 6, 2017, http://www.chicagotribune.com/business/ct-workplace-substance-abuse-0407-biz-20170406-story. html (accessed April 27, 2018).
11. Lauren Weber and Mike Esterl, "E-Cigarette Rise Poses Quandary for Employers," *The Wall Street Journal,* January 16, 2014, p. A2.
12. Roy Maurer, "Know Before You Hire: 2017 Employment Screening Trends," Society for Human Resource Management, January 25, 2017, https://www.shrm.org/resourcesandtools/hr-topics/talent-acquisition/pages/2017- employment-screening-trends.aspx (accessed April 27, 2018).
13. Allison Linn, "Desperate Measures: Why Some People Fake Their Resumes," *CNBC,* February 7, 2014, www.cnbc.com/id/101397212 (accessed April 27, 2018).
14. U.S. Equal Employment Opportunity Commission, "EEOC Releases Fiscal Year 2017 Enforcement and Litigation Data," January 25, 2018, https://www.eeoc.gov/eeoc/newsroom/release/1-25-18.cfm (accessed April 27, 2018).
15. "Missing Pieces Report: The 2016 Board Diversity Census of Women and Minorities on Fortune 500 Boards," Deloitte, 2016, https://www2.deloitte.com/content/dam/Deloitte/us/Documents/center-for-corporate-governance/us-board-diversity-census-missing-pieces.pdf (accessed April 27, 2018).
16. Stephen Bastien, "12 Benefits of Hiring Older Workers," *Entrepreneur.com,* September 20, 2006, www.entrepreneur. com/article/167500 (accessed April 27, 2018).
17. Jennifer Calfas, "Women Have Pushed for Equal Pay for Decades. It's Sad How Little Progress We've Made," *Time,* April 10, 2018, http://time.com/money/5225986/equal-pay-day-2018-gender-wage-gap/ (accessed April 27, 2018).
18. Lydia Dishman, "These Jobs Have the Largest and Smallest Gender Pay Gaps," *Fast Company,* September 27, 2017, https://www.fastcompany.com/40474000/these-jobs-have-the-largest-and-smallest-gender-pay-gaps (accessed April 27, 2018).
19. Camaron Santos and Kellye Whitney, "McDonald's Virtual Strategy Aids Big Business Changes," *Chief Learning Officer,* February 8, 2017, http://www.clomedia .com/2017/02/08/restaurants-orders-up-virtual-training/ (accessed April 27, 2018).
20. "Our Employee First Culture," *Stand for,* 2017, http://standfor.containerstore.com/putting-our-employees-first/ (accessed April 27, 2018).
21. Maury A. Peiperl, "Getting 360-Degree Feedback Right," *Harvard Business Review,* January 2001, pp. 142–148.
22. Chris Musselwhite, "Self-Awareness and the Effective Leader," *Inc.com,* www.inc.com/resources/leadership/articles/20071001/musselwhite.html (accessed April 27, 2018).
23. Rachel Feintzeig, "You're Awesome! Firms Scrap Negative Feedback," *The Wall Street Journal,* February 11, 2015, pp. B1, B5.
24. Marcel Schwantes, "Study Says It Comes Down to Any of These 6 Reasons," *Inc.,* October 23, 2017, https://www.inc. com/marcel-schwantes/why-are-your-employees-quitting-a-study-says-it-comes-down-to-any-of-these-6-reasons.html (accessed April 27, 2018).
25. Alison Doyle, "2018 Federal and State Minimum Wage Rates," *The Balance,* March 26, 2018, https://www. thebalancecareers.com/2017-federal-state-minimum-wage-rates-2061043 (accessed April 27, 2018).
26. "Wage and Hour Division (WHD)," U.S. Department of Labor, January 1, 2018, https://www.dol.gov/whd/state/tipped.htm (accessed April 27, 2018).
27. Trip Stelnicki, "Santa Fe's Minimum Wage Set to Rise 2.82% March 1," *Santa Fe New Mexican,* February 2, 2018, http://www.santafenewmexican.com/news/local_news/santa-fe-s-minimum-wage-set-to-rise-march/article_79e6e4b4-5d4b- 54f1-a13d-188520cd10d0.html (accessed April 27, 2018).
28. Kevin Dugan, "Wall Street Bonuses Rise for the First Time in Three Years," *New York Post,* March 15, 2017, http://nypost.com/2017/03/15/wall-street-bonuses-rise-for-the-first-time-in-three-years/ (accessed April 27, 2018).
29. Bureau of Labor Statistics, U.S. Department of Labor, "Employer Costs for Employee Compensation—December 2017," Bureau of Labor Statistics, March 20, 2018, https://www. bls.gov/news.release/pdf/ecec.pdf (accessed April 27, 2018).
30. Google, *Environmental Report: 2017 Progress Update,* https://storage.googleapis.com/gweb-environment. appspot.com/pdf/google-2017-environmental-report. pdf (accessed April 20, 2018); Sony Pictures, "Employee Eco-Incentives," *Sony Pictures: A Greener World,* http://www.sonypictures.com/green/act/employee-involvement/employee-incentives.php (accessed April 20, 2018); Sony Pictures, "Greening the Office—Idea to Action Grants and Certification," *Sony Pictures: A Greener World,* http://www.sonypictures.com/green/act/empowering-employees/green-office.php (accessed April 20, 2018); Sony Pictures, "Grant Programs," *Sony Pictures: A Greener World,* http://www.sonypicturesgreenerworld.com/employee/grant-programs (accessed April 20, 2018); Sony Pictures, "Greener World Grant," *Sony Pictures: A Greener World,* http://www.sonypictures.com/green/act/empowering-employees/greener-grant.php (accessed April 20, 2018); Sony Pictures, "Employee Involvement," *Sony Pictures: A Greener World* http://www.sonypictures.com/green/act/employee-involvement/employee-involvement.php (accessed April 20, 2018); Intel, "Intel and the Environment," https://www.intel.com/content/www/us/en/environment/intel-and-the-environment.html (accessed April 20, 2018); D G McCullough, "Putting Your Money Where Your Mouth Is: Companies Link Green Goals to Pay," *The Guardian,* June 26, 2014, https://www.theguardian.com/sustainable-business/2014/jun/26/green-executive-compensation-intel-alcoa-pay (accessed April 20, 2018).
31. Christine Birkner, "Taking Care of Their Own," *Marketing News,* February 2015, pp. 44–49.
32. "Employee Assistance Program," Home Depot, 2017, https://secure.livethehealthyorangelife.com/healthy_living/employee_assistance_program (accessed April 27, 2018).
33. Angus Loten and Sarah E. Needleman, "Laws on Paid Sick Leave Divide Businesses," *The Wall Street Journal,* February 6, 2014, p. B5.
34. Georgia Wells, Deepa Seetharaman, and Yoree Koh, "Employees Appear to Be Unfazed by Crisis," *The Wall Street Journal,* April 10, 2018, p. B4.
35. U.S. Bureau of Labor Statistics, "Union Members Summary," Bureau of Labor Statistics, January 19, 2018 https://www.bls.gov/news.release/union2.nr0.htm (accessed April 27, 2018).
36. U.S. Bureau of Labor Statistics, "Union Members Summary," Bureau of Labor Statistics, January 19, 2018 https://www.bls.gov/news.release/union2.nr0.htm (accessed April 27, 2018).
37. Tom Walsh, "UAW Needs Stronger Message," *USA Today,* February 17, 2014, p. 1B.
38. Boston 29 News, "Fast Food Workers Strike for $15 Minimum Wage," *Fox News,* September 24, 2017, http://www.foxnews.com/us/2017/09/04/fast-food-workers-strike-for-15-minimum-wage.html (accessed April 27, 2018).
39. "NLRB Says Walmart Retaliated against Workers," *CBS News,* January 15, 2014, https://www.cbsnews.com/news/nlrb-says-walmart-retaliated-against-workers/ (accessed April 27, 2018); Steven Greenhouse and Michael J. De La Merced, "At Judge's Urging, Hostess and Union Agree to Mediation," *The New York Times,* November 19, 2012, https://dealbook.nytimes.com/2012/11/19/hostess-and-bakers-union-agree-to-mediation/ (accessed April 27, 2018).
40. Ted Goodman, "Honeywell Union Workers Agree to New Contract after 10-Month Lockout," *Daily*

Caller, February 27, 2017, http://dailycaller.com/2017/02/27/honeywell-union-workers-agree-to-new-contract-after-10-month-lockout/ (accessed April 27, 2018).

41. Evan Horowitz, "When Will Minorities Be the Majority?" *Boston Globe,* February 26, 2016, https://www.bostonglobe. com/news/politics/2016/02/26/when-will-minorities-majority/9v5m1Jj8hdGcXvpXtbQT5I/story.html (accessed April 27, 2018).
42. Ainsley Harris, "Social Capital: For Putting Values into Its Ventures," *Fast Company,* "The World's 50 Most Innovative Companies," March/April 2018, pp. 52–54.
43. Taylor H. Cox Jr., "The Multicultural Organization," *Academy of Management Executives* 5 (May 1991), pp. 34–47; Marilyn Loden and Judy B. Rosener, *Workforce America! Managing Employee Diversity as a Vital Resource* (Homewood, IL: Business One Irwin, 1991).
44. Industrious Office website, https://www.industriousoffice. com/ (accessed April 26, 2018); WeWork website, https://www.wework.com/ (accessed April 26, 2018); BS Interactive Inc., segment narrated by Tony Dokoupil, "Co-Working: The New Way to Work," April 15, 2018, https://www.cbsnews.com/news/co-working-the-new-way-to-work/ (accessed April 21, 2018).
45. Paul Davidson, "Overworked and Underpaid?" *USA Today,* April 16, 2012, pp. 1A–2A.
46. Maurie Backman, "Here's a New Reason to Work Fewer Hours," *CNN,* June 20, 2017, http://money.cnn.com/2017/06/20/pf/work-hours/index.html (accessed April 27, 2018).
47. "The World's 30 Biggest Employers Will Surprise You," *MSN Money,* September 18, 2017, https://www.msn.com/en-us/money/careersandeducation/the-worlds-30-biggest-employers-will-surprise-you/ss-AArVuGH#image=1 (accessed April 27, 2018).
48. WeWork website, https://www.wework.com/ (accessed April 21, 2018); CBS Interactive Inc., segment narrated by Tony Dokoupil, "Co-Working: The New Way to Work," April 15, 2018, https://www.cbsnews.com/news/co-working-the-new-way-to-work/ (accessed April 21, 2018); Jessi Hempel, "Why WeWork Thinks It's Worth $20 Billion," *Wired,* https://www.wired.com/story/this-is-why-wework-thinks-its-worth-20-billion/ (accessed April 21, 2018).
49. U.S. Department of Labor: Wage and Hour Division, "Fact Sheet #17A: Exemption for Executive, Administrative, Professional, Computer & Outside Sales Employees Under the Fair Labor Standards Act (FLSA)," July 2008, https://www.dol.gov/whd/overtime/fs17a_overview.pdf (accessed April 27, 2018).
50. Parker Poe Adams & Bernstein LLP, "Expletive-Laced Facebook Rant Protected under Federal Law," *Employment Law Alliance,* May 15, 2017, https://www.employmentlawalliance.com/firms/parkerpoe/articles/expletive-laced-facebook-rant-protected-under-federal-labor-law (accessed April 27, 2018); Melanie Trottman, "For Angry Employees, Legal Cover for Rants," *The Wall Street Journal,* December 2, 2011, http://online.wsj.com/article/SB10001424052970203710704577049822809710332.html (accessed April 27, 2018).
51. Bruce Japsen, "Insurer Profits Rise as Trump Waves White Flag on Obamacare Repeal," *Forbes,* February 4, 2018, https://www.forbes.com/sites/brucejapsen/2018/02/04/insurer-profits-rise-as-trump-waves-white-flag-on-obamacare-repeal/#33cdaa56e4a2 (accessed April 27, 2018); IRS, "Affordable Care Act Tax Provisions for Large Employers," https://www.irs.gov/Affordable-Care-Act/Employers/Affordable-Care-Act-Tax-Provisions-for-Large- Employers (accessed April 27, 2018).
52. Heather Haddon, "Kroger to Bulk Up Store Staffing," *The Wall Street Journal,* April 11, 2018, p. B3.

11장

1. Hayley Peterson, "Dollar General Is Defying the Retail Apocalypse and Opening 1,000 Stores," *Aol.com,* April 8, 2017, https://www.aol.com/article/finance/2017/04/08/dollar-general-is-defying-the-retail-apocalypse-and-opening-1-00/22031477/ (accessed November 22, 2017); Krystina Gustafson, "Dollar General Is Starting to Look a Lot Like Walmart," *CNBC,* March 16, 2017, https://www.cnbc.com/2017/03/16/dollar-general-is-starting-to-look-a-lot-like-wal-mart.html (accessed November 22, 2017); "Dollar General (DG)," *Yahoo! Finance,* https://finance. yahoo.com/quote/DG/financials?p=DG (accessed November 22, 2017); Mya Frazier, "Dollar General Hits a Goldmine in America," *Bloomberg Businessweek,* October 11, 2017, https://www. bloomberg.com/news/features/2017-10-11/dollar-general-hits-a-gold-mine-in-rural-america (accessed November 22, 2017).
2. Jackie Wattles, "Starbucks: Nearly a Third of Sales were Made Digitally Last Quarter," *CNN,* April 27, 2017, http://money.cnn.com/2017/04/27/news/companies/starbucks-digital-sales/index.html (accessed November 28, 2017); Sarah Whitten, "Starbucks Opens First Princi Location, Teases More to Come in 2018," *CNBC,* November 7, 2017, https://www.cnbc.com/2017/11/07/starbucks-opens-first-princi-location-teases-more-to-come-in-2018. html (accessed November 28, 2017); Marguerite Ward, "3 Ways CEO Kevin Johnson's Leadership Style Could Shape Starbucks," *CNBC,* April 3, 2017, https://www.cnbc. com/2017/04/03/3-things-you-need-to-know-about-new-starbucks-ceo-kevin-johnson.html (accessed November 28, 2017); Sarah Whitten, "Starbucks Shares Up as CEO Says He's 'Optimistic' He Can Exceed New Growth Targets," *CNBC,* November 3, 2017, https://www.cnbc. com/2017/11/03/starbucks-ceo-says-hes-optimistic-he-can-exceed-new-growth-targets.html (accessed November 28, 2017); Jennifer Van Grove, "Starbucks Apps Account for 42M Payments," *VentureBeat,* April 9, 2012, http://venturebeat.com/2012/04/09/starbucks-42m-mobile-pay/ (accessed July 6, 2015); Roemmele, "Why Is the Starbucks Mobile Payments App So Successful?" *Forbes,* June 13, 2014, http://www.forbes.com/sites/quora/2014/06/13/why-is-the-starbucks-mobile-payments-app-so-successful/ (accessed July 6, 2015); Trefis Team, "Here's How Starbucks Will Be Impacted by a Change in Management," *Forbes,* December 5, 2016, https://www.forbes.com/sites/greatspeculations/2016/12/05/here-how-starbucks-will-be-impacted-by-a-change-in-management/#639879401f56 (accessed December 22, 2017).
3. Mary Bowerman and Hadley Malcolm, "New Barbies Are Tall, Petite, Curvy," *USA Today,* January 29, 2016, p. 3B.
4. Sarah Elbert, "Food for Thought: Interview with CEO Ken Powell," *Delta Sky Magazine,* December 2016, p. 66.
5. "Beauty Queen," *People,* May 10, 2004, p. 187.
6. Michael Treacy and Fred Wiersema, *The Discipline of Market Leaders* (Reading, MA: Addison Wesley, 1995), p. 176.
7. Jefferson Graham, "At Apple Stores, iPads at Your Service," *USA Today,* May 23, 2011, p. 1B; Ana Swanson, "How the Apple Store Took over the World," *Washington Post,* July 21, 2015, https://www.washingtonpost.com/news/wonk/wp/2015/07/21/the-unlikely-success-story-of-the-apple-retail-store/ (accessed May 5, 2017).
8. Kwaku Atuahene-Gima, "Resolving the Capability-Rigidity Paradox in New Product Innovation," *Journal of Marketing* 69, 4 (October 2005), pp. 61–83.
9. Maryalene LaPonsie, "15 Stores with the Best Return Policies," *CBS,* November 22, 2017, https://www.cbsnews. com/news/15-stores-with-the-best-return-policies/ (accessed January 6, 2018).
10. Jeff Desjardins, "This Is the Lifetime Value of a Starbucks Customer," *Business Insider,* January 28, 2016, www.businessinsider.com/lifetime-value-of-a-starbucks-customer-2016-1 (accessed December 12, 2017).
11. Venky Shankar, "Multiple Touch Point Marketing," American Marketing Association, Faculty Consortium on Electronic Commerce, Texas A&M University, July 14–17, 2001.

12. Isaac Mizrahi, "The Hispanic Market 'Long Tail': Five Hidden Growth Opportunities for U.S. CMOs to Win in 2017," *Forbes,* January 18, 2017, https://www.forbes.com/sites/onmarketing/2017/01/18/the-hispanic-market-long-tail-five-hidden-growth-opportunities-for-u-s-cmos-to-win-in-2017/#4e14aa5e22ca (accessed December 10, 2017)
13. Tessa Berenson, "Amazon Is Adding Spanish to Its U.S. Website," *Fortune,* March 10, 2017, http://fortune.com/2017/03/10/amazon-spanish-website/ (accessed December 10, 2017).
14. Nielsen, "The Making of a Multicultural Super Consumer," March 18, 2015, http://www.nielsen.com/us/en/insights/news/2015/the-making-of-a-multicultural-super-consumer-. html (accessed April 4, 2016).
15. Chrome Industries website, http://www.chromeindustries. com/our-story.html (accessed December 26, 2016).
16. Craig Giammona, "Hey Mom, Set Another Place at Dinner for Fido," *Bloomberg Businessweek,* November 12, 2105, pp. 26–27.
17. Rick Lingle, "Skyr Retells Its Story via Innovative Packaging," *Packaging Digest,* December 5, 2017, www.packagingdigest.com/food-packaging/skyr-retells-story-innovative-pkg1712 (accessed December 10, 2017).
18. Tim Higgins, "Tesla Steps on the Gas Overtakes Ford in Value," *The Wall Street Journal,* April 4, 2017, p. A1.
19. Kurt Soller, "With Enough Customers, You Don't Need a Product," *Bloomberg Businessweek,* April 28–May 4, 2014, p. 70; Tomio Geron, "Inside Wanelo, The Hot Social Shopping. Experience," *Forbes,* March 27, 2013, http://www.forbes.com/sites/tomiogeron/2013/03/27/inside-wanelo-the-hot-social-shopping-service/ (accessed April 21, 2018); Kate Brodock, "Wanelo Founder: I Got 10M Members with No Marketing," *Women 2.0,* August 21, 2013, http://women2.com/2013/08/21/wanelo-founder-how-i-got-10m-members-with-no-marketing/ (accessed April 21, 2018); Bryan Pearson, "Retail Social Communities: How OpenSky, Wanelo and Others Engage by the Crowd," *Forbes,* May 9, 2017, https://www.forbes.com/sites/bryanpearson/2017/05/09/retail-social-communities-how-opensky-wanelo-and-others-engage-by-the-crowd/#5ce0ebc477ea (accessed April 21, 2018).
20. "FAQs," The Coca-Cola Company, https://www.coca-colacompany.com/contact-us/faqs (accessed April 21, 2018)
21. William Fierman, "This Is Why the SUV Is Here to Stay," *Business Insider,* March 9, 2016, http://www.businessinsider. com/suv-sales-continue-to-grow (accessed May 5, 2017).
22. Barbara Seale, "Viridian Energy: Energized by Global Vision," *Direct Selling News,* June 29, 2014, http://directsellingnews. com/index.php/view/viridian_energy_energized_by_global_ vision#. VFe7dWddVc9 (accessed April 21, 2018); Viridian website, http://www.viridian.com/index.asp?CO_LA=US_EN (accessed April 21, 2018); Pam Zekman, "2 Investigators: Alternative Power Suppliers May Not Be Cheaper," *CBS,* May 9, 2014, http://chicago.cbslocal.com/2014/05/09/2- investigators-alternative-power-suppliers-may-not-be-cheaper/ (accessed April 21, 2018); Better Business Bureau, "Viridian Energy LLC," https://www.bbb.org/connecticut/business-reviews/electric-companies/viridian-energy-llc-in-norwalk-ct-87068321/Alerts-and-Actions (accessed April 21, 2018); "Viridian Energy Selects Sungevity to Offer Solar Energy with the Power to Make a Difference," *PR Newswire,* September 4, 2015, https://www.prnewswire.com/news-releases/viridian-energy-selects-sungevity-to-offer-solar-energy-with-the-power-to-make-a-difference-300142062.html (accessed April 21, 2018); "Viridian," *Direct Selling News,* 2016, https://www.directsellingnews.com/company-profiles/viridian/ (accessed April 21, 2018).
23. Laura Stevens, "Amazon's Profit Exceeds Target," *The Wall Street Journal,* February 8, 2017, p. B1.
24. Hugh McIntyre, "Pandora Has Lost Nearly 8 Million Listeners in 9 Months," *Forbes,* November 3, 2017, https://www.forbes.com/sites/hughmcintyre/2017/11/03/pandora-is-losing-850000-listeners-every-month/#25ef89955a93 (accessed December 10, 2017); Micah Singleton, "Spotify Now Has 140 Million Active Users," *The Verge,* June 15, 2017, https://www.theverge.com/2017/6/15/15807826/spotify- 140-million-active-users (accessed December 10, 2017).
25. "About Us," Makeup.com, https://www.makeup.com/about (accessed December 10, 2017).
26. "Google AdWords," Google, https://www.google.com/adwords/ (accessed April 4, 2016).
27. Twitter, "What Are Promoted Tweets?" Twitter Help Center, https://support.twitter.com/articles/142101-what-are-promoted-tweets# (accessed April 4, 2016).
28. Christine Birkner, "10 Minutes with . . . Raul Murguia Villegas," *Marketing News,* July 30, 2011, pp. 26–27.
29. "MSPA North America," Mystery Shopping Providers Association, http://mysteryshop.org/ (accessed April 4, 2016).
30. Piet Levy, "10 Minutes with . . . Robert J. Morais," *Marketing News,* May 30, 2011, pp. 22–23.
31. Tripp Mickle and Valerie Bauerlein, "Nascar, Once a Cultural Icon, Hits the Skids," *The Wall Street Journal,* February 21, 2017, https://www.wsj.com/articles/long-in-victory-lane-nascar-hits-the-skids-1487686349?tesla=y (accessed March 12, 2017).
32. Brittany Wallman, "Rollout of Better Cellphone, Wireless Service Coming," *Sun Sentinel,* March 15, 2017, http://www.sun-sentinel.com/local/broward/fl-reg-cell-reception-microtowers-20170315-story.html (accessed March 18, 2017).
33. Steven Kurutz, "On Kickstarter, Designers' Dreams Materialize," *The New York Times,* September 21, 2011, www.nytimes.com/2011/09/22/garden/on-kickstarter-designers-dreams-materialize.html (accessed May 5, 2017).
34. Mya Frazier, "CrowdSourcing," *Delta Sky Mag,* February 2010, p. 73.
35. "LEGO Ideas—How It Works," LEGO, https://ideas.lego. com/howitworks (accessed April 4, 2016).
36. Robert W. Palmatier, Lisa K. Scheer, and Jan-Benedict E. M. Steenkamp, "Customer Loyalty to Whom? Managing the Benefits and Risks of Salesperson-Owned Loyalty," *Journal of Marketing Research* XLIV (May 2007), pp. 185–199.
37. Ray A. Smith, "Men Shop More Like Women," *The Wall Street Journal,* February 17, 2016, pp. D1–D2.
38. Mike Floyd, "Editor's Letter: What Drives Millennials?" *Automobile Magazine,* May 2015, p. 12.
39. Andrea Petersen, "Secrets of a Hotel Test Lab," *The Wall Street Journal,* October 1, 2015, pp. D1–D2.
40. Environmental Protection Agency, "EPA and NHTSA Set Standards to Reduce Greenhouse Gases and Improve Fuel Economy for Model Years 2017-2025 Cars and Light Trucks," https://www3.epa.gov/otaq/climate/documents/420f12051.pdf (accessed May 20, 2016).
41. "Top Green Companies in the U.S. 2016," *Newsweek,* 2016, http://www.newsweek.com/green-2016/top-green-companies-us-2016 (accessed December 27, 2016).
42. "BMW Ultimate Drive for the Cure," National Capital Chapter BMW Car Club of America, http://old.nccbmwcca. org/index.php?cure (accessed December 27, 2016).

12장

1. James R. Hagerty, "Can Harley Spark a Movement?" *The Wall Street Journal,* June 20–21, 2015; Bill Saporito, "This Harley Is Electric," *Time,* June 2014, pp. 48–52; Charles Fleming, "First Times Ride: 2015 Harley-Davidson Street 750," *Los Angeles Times,* July 4, 2014, http://www.latimes.com/business/autos/la-fi-hy-first-times-ride-2015-harley-davidson-street- 750-20140616-story.html (accessed November 30, 2017); Kyle Stock, "Is Harley-Davidson Losing Its Diehards?" *Bloomberg,* April 21, 2015, https://www.bloomberg.com/news/articles/2015-04-21/is-harley-davidson-losing-its-diehards- (accessed November 30, 2017); Harley-Davidson, "Our Company," http://www.harley-davidson.com/content/h-d/en_ US/company.html

(accessed December 5, 2017); Fred Lambert, "Harley-Davidson Will Bring to Market Its First All-Electric Bike 'within 5 Years,'" *electrek*, June 14, 2016, https://electrek. co/2016/06/14/harley-davidson-electric-bike-within-5-years/ (accessed December 22, 2017); Ankit Ajmera and Rachit Vats, "Harley Sales Recovery Far Off as Young Bikers Turn to Used Bikes," *Reuters*, August 30, 2017, https://www.reuters.com/article/us-harleydavidson-sales/harley-sales-recovery-far-off-as-young-buyers-turn-to-used-bikes-idUSKCN1BA26D (accessed December 22, 2017); Rob LeFebvre, "Harley-Davidson Embraces the Potential of Electric Motorcycles," *Endgadget*, May 11, 2017, https://www.engadget.com/2017/05/11/harley-davidson-electric-motorcycles/ (accessed December 22, 2017).

2. "The Power of the Jingle," *Advertising Age*, February 8, 2017, http://adage.com/article/iheart-media/power-jingle/307801/ (accessed April 5, 2017).
3. Robert Duffer, "Discontinued Car Models for 2016," *Chicago Tribune*, December 10, 2015, http://www. chicagotribune. com/classified/automotive/sc-2016-discontinued-cars-1022- 20151016-story.html (accessed May 5, 2017).
4. Associated Press, "Jobs Says iPad Idea Came before iPhone," June 2, 2010, www.foxnews.com/tech/2010/06/02/jobs-says-ipad-idea-came-iphone/ (accessed May 5, 2017).
5. Matt Simon, "The Genesis of Kuri, the Friendly Home Robot," *Wired*, November 30, 2017, https://www. wired.com/story/the-genesis-of-kuri/ (accessed April 29, 2018).
6. Nike, "A Look Inside Nike's Sport Research Lab," September 8, 2014, http://news.nike.com/news/a-look-inside-nike-s-sport-research-lab (accessed April 11, 2016).
7. John A. Byrne, "Greatest Entrepreneurs of Our Time," *Fortune*, April 9, 2012, pp. 68–86; Google Finance, "Amazon.com, Inc.," April 30, 2014, www.google. com/finance?cid=660463 (accessed April 11, 2016).
8. Katy Muldoon, "Marketers Wonder: How Will It Play in Portland?" *The Wall Street Journal*, July 15, 2015, http://www.wsj.com/articles/marketers-wonder-how-will-it-play-in-portland-1436983102 (accessed May 5, 2017).
9. Andrew Pollack, "Genetically Engineered Salmon Approved for Consumption," *The New York Times*, November 19, 2015, http://www.nytimes. com/2015/11/20/business/genetically-engineered-salmon-approved-for-consumption. html (accessed May 5, 2017).
10. Kurt Schroeder, "Why So Many New Products Fail (and It's Not the Product)," *Business Journals*, March 14, 2017, https://www.bizjournals.com/bizjournals/how-to/marketing/2017/03/why-so-many-new-products-fail-and-it-s-not-the.html (accessed April 24, 2018).
11. Business Wire, "Global Smartwatch Market Growth of 12% by 2020—Analysis, Technologies & Forecast Report 2016–2020: Key Vendors: Apple, Fitbit, Pebble—Research and Markets," March 8, 2016, http://www.businesswire. com/news/home/20160308005941/en/Global-Smartwatch-Market-Growth-12-2020— (accessed April 11, 2016).
12. Peter Hartlaub, "Sweet! America's Top 10 Brands of Soda," *NBC News*, http://www.nbcnews.com/id/42255151/ns/business-us_business/t/sweet-americas-top-brands-soda/#. WHbiQrYrKV4 (accessed December 27, 2016).
13. Nathan Olivarez-Giles, "Nintendo's Switch: Elegant, but Unready," *The Wall Street Journal*, March 2, 2017, p. B1.
14. Burleson, "Vinyl Record Manufacturer in Nashville Is Said to Be Expanding."
15. Laura Lorenzetti, "Get Ready for Amazon's New Fashion Line," *Fortune*, February 17, 2016, http://fortune. com/2016/02/17/amazon-fashion-brand/ (accessed May 5, 2017).
16. Christopher Durham, "Private Label Market in the US 2015–2019," *My Private Brand*, March 20, 2016, http://mypbrand.com/2016/03/20/private-label-market-in-the-us-2015-2019/ (accessed April 11, 2016); Lisa Fickenscher, "Retailers Eyeing Private Brand Ownership as Key to Growth," *New York Post*, October 13, 2017, https://nypost.com/2017/10/13/retailers-eyeing-private-brand-ownership-as-key-to-growth/ (accessed April 29, 2018).
17. Nicola Dall'Asen, "Kyle Finally Upgraded Her Makeup Packaging to Feel Less Cheap," *Revelist*, April 19, 2018, http://www.revelist.com/beauty-news-/kylie-cosmetics-packaging/12476 (accessed April 29, 2018).
18. Mintel, "Beverage Packaging Trends—US—February 2014," February 2014, http://oxygen.mintel.com/sinatra/oxygen/list/id=680559&type=RCItem#0_1___page_RCItem=0 (accessed May 5, 2014).
19. Saabira Chaudhuri, "IKEA Can't Stop Obsessing about Its Packaging," *The Wall Street Journal*, June 17, 2015, http://www.wsj.com/articles/ikea-cant-stop-obsessing-about-its-packaging-1434533401 (accessed May 5, 2017).
20. Lindsey Beaton, "Packaging as Branding in Pet Food Marketing," Petfoodindustry.com, May 21, 2015, http://www.petfoodindustry.com/articles/5193-packaging-as-branding-in-pet-food-marketing (accessed May 1, 2015).
21. Nathan Bomey, "Volkswagen Will Buy Back 20k More Polluting Diesel Cars," *USA Today*, December 20, 2016, http://www.usatoday.com/story/money/cars/2016/12/20/volkswagen- 3-liter-diesel-settlement/95661794/ (accessed April 18, 2016).
22. "U.S. Overall Customer Satisfaction," American Customer Satisfaction Index, http://www.theacsi.org/national-economic-indicator/us-overall-customer-satisfaction (accessed April 29, 2018).
23. "American Demographics 2006 Consumer Perception Survey," *Advertising Age*, January 2, 2006, p. 9. Data by Synovate.
24. "The Top 10 Most Innovative Companies in China," *Fast Company*, 2014, http://www.fastcompany.com/most-innovative-companies/2014/industry/china (accessed May 5, 2017).
25. Personal interview of Jimmy Pursell by Diane Kroncke; Pursell Farms website, https://pursellfarms.com/ (accessed April 6, 2018).
26. Rajneesh Suri and Kent B. Monroe, "The Effects of Time Constraints on Consumers' Judgments of Prices and Products," *Journal of Consumer Research* 30 (June 2003), p. 92.
27. Sharon Terlep, "Gillette, in Change Shaves Prices," *The Wall Street Journal*, April 5, 2017, p. B1.
28. Leslie Patton, "Aldi Tries High-End Food and Discounts, Too," *Bloomberg*, August 6, 2015, http://www.bloomberg. com/news/articles/2015-08-06/aldi-grocery-chain-tries-high-end-food-and-discounts-too (accessed May 5, 2017).
29. Patt Johnson, "Discount Grocer Aldi Headed to Ankeny This Fall," *Des Moines Register*, April 25, 2018, https://www.desmoinesregister.com/story/money/business/new-business/2018/04/26/aldi-discount-grocer-ankeny-fall-north-ankeny-boulevard-produce-dairy-bakery/554046002/ (accessed April 29, 2018).
30. "ADM Expands Portfolio with Range of Wheat Protein Concentrates," Archer Daniels Midland Company, November 28, 2017, https://www.adm.com/news/news-releases/adm-expands-portfolio-with-range-of-wheat-protein-concentrates (accessed December 2, 2017); Tony Reid, "ADM Planning Layoffs," *Herald & Review*, July 20, 2017, http://herald-review. com/business/agriculture/adm-planning-layoffs/article_26e525e5-f10d-5a5f-a4ae-fab3958340d8. html (accessed December 2, 2017); Javier Blas, "Commodity Trading Arm in Sleepy Swiss Village Trips Up ADM Again," *Chicago Tribune*, February 8, 2017, http://www.chicagotribune.com/business/ct-archer-daniels-midland-commodity-trading-20170208-story. html (accessed December 5, 2017); "Partnerships across the Supply Chain Drive Continuous Improvement, Helping Meet Corporate Commitments," *Field to Market*, December 19, 2016, https://fieldtomarket.org/case-studies-series/partnerships-across-supply-chain/ (accessed December 5, 2017); Leah Guffey, "ADM Helps Unilever Bring Out the Best," *AgWired*, September 18, 2014, http://agwired.com/2014/09/18/adm-

helps-unilever-bring-out-the-best/ (accessed July 6, 2015); Paul Demery, "Archer Daniels Midland Cultivates Its Handling of Purchase Orders and Invoices," *InternetRetailer,* September 9, 2014, https://www.internetretailer.com/2014/09/09/archer-daniels-midland-cleans-its-handling-purchase-orders (accessed December 23, 2017); Gregory Meyer, "Archer Daniels Midland Buys Wild Flavors for €2.3 bn," *Financial Times,* July 7, 2014, http://www.ft.com/intl/cms/s/0/636b8732-05b4-11e4- 9baa-00144feab7de.html#axzz3LYqkltWg (accessed July 6, 2015); Archer Daniels Midland website, http://www.adm.com (accessed December 23, 2017).

31. Lauren Thomas, "Amazon Grabbed 4 Percent of All U.S. Retail Sales in 2017, New Study Says," *CNBC,* January 3, 2018, https://www.cnbc.com/2018/01/03/amazon-grabbed-4-percent-of-all-us-retail-sales-in-2017- new-study.html (accessed April 29, 2018).
32. "Primed," *The Economist,* March 25, 2017, pp. 18–19.
33. Spencer Soper and Olivia Zaleski, "Jeff Bezos Goes Grocery Shopping," *Bloomberg Businessweek,* April 2–9, 2017, pp. 21–22.
34. Ann Steele, "Sears Creates Stir as It Casts Doubts about Its Future," *The Wall Street Journal,* March 23, 2017, p. B1.
35. Nathan Bomery, "For Sports Retailers Clock Has Run Out," *USA Today,* March 6, 2017, pp. B1–B2.
36. "The Sysco Story," Sysco, www.sysco.com/about-sysco. html# (accessed April 11, 2016).
37. "Top Threats to Revenue," *USA Today,* February 1, 2006, p. A1.
38. Paul Amyerson, "Predictive Analytics Takes Forecasting to a New Level," *Inbound Logistics,* March 2017, p. 46.
39. ZoomSystems, www.zoomsystems.com/ (accessed April 11, 2016).
40. Pitsinee Jitpleecheep, "Under Armour Set to Cut Back Prices," *Bangkok Post,* February 13, 2018, https://www. bangkokpost.com/business/news/1411475/under-armour-set-to-cut-back-prices (accessed April 29, 2018).
41. William Pride and O. C. Ferrell, *Marketing Foundations,* 5th ed. (Mason, OH: Cengage South-Western Learning, 2013), pp. 415–416.
42. Ibid.
43. Next Level Resource Partners, Homepage, https://www.nlrp. com/ (accessed April 29, 2018).
44. Karen M. Kroll, "Retail Logistics Bets on E-Commerce," *Inbound Logistics,* March 2017, p. 73.
45. "Target Reveals Design Elements of Next Generation of Stores," Target, March 20, 2017, https://corporate.target. com/press/releases/2017/03/target-reveals-design-elements-of-next-generation (accessed April 29, 2018).
46. Michelle Grinnell, "Pure Michigan Campaign Drives $1.2 Billion in Customer Spending," March 11, 2014, http://www. michigan.org/pressreleases/pure-michigan-campaign-drives- $1-2-billion-in-visitor-spending/ (accessed April 11, 2016).
47. Catherine Clifford, "How Amazon Founder Jeff Bezos Went from the Son of a Teen Mom to the World's Richest Person," *CNBC,* October 27, 2017, https://www.cnbc.com/2017/10/27/how-amazon-founder-jeff-bezos-went-from-the-son-of-a-teen-mom-to-the-worlds-richest-person.html (accessed December 18, 2017); Caroline Cakebread, "Amazon Launched 22 Years Ago This Week—Here's What Shopping on Amazon was Like Back in 1995," *Business Insider,* July 20, 2017, http://www.businessinsider.com/amazon-opened-22-years-ago-see-the-business-evolve-2017-7 (accessed December 18, 2017); Charisse Jones, "Amazon Wants Your Teen to Spend Your Money But Parents Have the Final Say," *USA Today,* October 11, 2017, https://www.usatoday.com/story/money/2017/10/11/amazon-let-parents-hand-over-shopping-keys-kids/751594001/ (accessed December 18, 2017); Daniel Keyes, "Amazon Prime May Be Reaching Saturation in the U.S..," *Business Insider,* December 18, 2017, http://www.businessinsider.com/amazon-prime-may-be-reaching-saturation-in-the-us-2017-12 (accessed December 18, 2017); "About A-to-z Guarantee," Amazon.com, https://www.amazon.com/gp/help/customer/display.html?nodeld=201889410 (accessed December 18, 2017); Alison Griswold, "Amazon Just Explained How Whole Foods Fits into Its Plan for World Domination," *Quartz,* October 27, 2017, https://qz.com/1113795/amazon-amzn-just-explained-how-whole-foods-fits-into-its-plan-for-world-domination/ (accessed December 23, 2017); Ry Crist, "After a Busy 2017, Alexa is Still on Top—and Still Evolving," *CNet,* December 20, 2017, https://www.cnet.com/news/after-a-busy-2017-alexa-is-still-on-top-and-still-evolving/ (accessed December 24, 2017).
48. Ilyse Liffreing, "Brand Winners and Losers of Super Bowl LII," *Digiday,* February 4, 2018, https://digiday.com/marketing/brand-winners-losers-super-bowl-lii/ (accessed February 21, 2018); Marty Swant, "Every Ad Is a Tide Ad: Inside Saatchi and P&G's Clever Super Bowl Takeover Starring David Harbour," *Adweek,* Feburary 4, 2018, www. adweek.com/brand-marketing/every-ad-is-a-tide-ad-inside-saatchi-and-pgs-clever-super-bowl-takeover-starring-david-harbour/ (accessed February 21, 2018); Jack Neff, "Tide Is Everywhere with Campaign to Own All Super Bowl Ads," *AdAge,* Febuary 4, 2018, http://adage.com/article/special-report-super-bowl/t/312249/ (accessed February 21, 2018).
49. Peter Loftus, "Ads for Costly Drugs Get Airtime," *The Wall Street Journal,* February 17, 2016, p. B1.
50. Andrew Gould, "Super Bowl Ads 2018: Latest Info on Cost of 2018 Super Bowl Commercials," *Bleacher Report,* February 4, 2018, http://bleacherreport.com/articles/2757119-super-bowl-ads-2018-latest-info-on-cost-of-2018-super-bowl-commercials (accessed April 29, 2018).
51. Natalie Evans, "See PETA 'Vegan Sex' Advert That's So Steamy It's Been Banned from the Super Bowl," *The Mirror,* January 26, 2016, http://www.mirror.co.uk/tv/tv-news/see-peta-vegan-sex-advert-7246273 (accessed May 5, 2017).
52. Jerrid Grimm, "The 10 Best Branded Content Partnerships of 2016," *Advertising Age,* http://adage.com/article/agency-viewpoint/10-branded-content-partnerships-2016/307284/ (accessed January 26, 2017).
53. Jun Hongo and Miho Inada, "To Lure Recruits, Japanese City Tries Gorilla Marketing," *The Wall Street Journal,* February 23, 2016, p. A1, A14.
54. Gerry Khermouch and Jeff Green, "Buzz Marketing," *BusinessWeek,* July 30, 2001, pp. 50–56.
55. Harmeet Signh, "Behind Canadian Tire's (Old) Viral Spot," *Strategy,* February 28, 2017, http://strategyonline. ca/2017/02/28/behind-canadian-tires-old-viral-spot/ (accessed April 29, 2018); "Wheels—The Most Viral Ad of 2017," *YouTube,* August 24, 2017, https://www.youtube.com/watch?v=2GjVG_DguQY&t=89s (accessed April 29, 2018).
56. "70% of Consumers Still Look to Traditional Paper-Based Coupons for Savings," *PR Newswire,* April 16, 2015, http://www.prnewswire.com/news-releases/70-of-consumers-still-look-to-traditional-paper-based-coupons-for-savings-300067097.html (accessed May 5, 2017).
57. Erica Sweeney, "Mountain Dew Shakes Up Baja Blast's Return with Bungalow Stunt," *Marketing Dive,* April 3, 2018, https://www.marketingdive.com/news/mountain-dew-shakes-up-baja-blasts-return-with-bungalow-stunt/520423/ (accessed April 29, 2018).
58. "Blendtec Celebrates 10 Years of Viral Marketing Success," *Nasdaq GlobeNewswire,* November 7, 2016, globenewswire. com/news-release/2016/11/07/887174/10165944/en/Blendtec-Celebrates-10-Years-of-Viral-Marketing-Success.html (accessed February 17, 2017); Blendtec, *YouTube,* https://www.youtube. com/user/Blendtec/about (accessed April 29, 2018).

13장

1. Jessica Rich, "Beyond Facebook: It's High Time for Stronger Privacy Laws," *Wired,* April 8, 2018, https://www.wired. com/story/beyond-facebook-its-high-time-for-stronger-privacy-laws/ (accessed

April 14, 2018); Bloomberg, "Facebook Cambridge Analytica Scandal: 10 Questions Answered," *Fortune,* April 10, 2018, http://fortune. com/2018/04/10/facebook-cambridge-analytica-what-happened/ (accessed April 14, 2018); Catherine Clifford, "Elon Musk: Facebook 'Gives Me the Willies,'" *CNBC,* March 26, 2016, https://www.cnbc.com/2018/03/26/tesla-ceo-elon-musk-tweets-why-he-doesnt-like-facebook.html (accessed April 14, 2018); Daisuke Wakabayashi and Jack Nicas, "Facebook Takes the Punches while Rest of Silicon Valley Ducks," *The New York Times,* April 13, 2018, https://www.nytimes.com/2018/04/13/technology/facebook-silicon-valley.html (accessed April 14, 2018); Laura Lorenzetti, "Lenders Are Dropping Plans to Judge You by Your Facebook Friends," *Fortune,* February 24, 2016, http://fortune.com/2016/02/24/facebook-credit-score/ (accessed April 14, 2018); Kevin Granville, "Facebook and Cambridge Analytica: What You Need to Know as Fallout Widens," *The New York Times,* March 19, 2018, https://www.nytimes.com/2018/03/19/technology/facebook-cambridge-analytica-explained.html (accessed April 14, 2018).

2. Lauren I. Labrecque, Jonas vor dem Esche, Charla Mathwick, Thomas P. Novak, and Charles F. Hofacker, "Consumer Power: Evolution in the Digital Age," *Journal of Interactive Marketing* 27, no. 4 (November 2013), pp. 257–269.
3. Charisse Jones, "Department Stores Become Endangered," *USA Today,* January 68, 2017, p. 1A.
4. Suzanne Kaper, "Store Closings Accelerating," *The Wall Street Journal,* April 22–23, 2017, p. B1.
5. "Top 15 Most Popular Video Websites," eBiz MBA, April 2016, www.ebizmba.com/articles/video-websites (accessed April 18, 2016); "About Vimeo," Vimeo, http://vimeo.com/about (accessed April 18, 2016).
6. O.C. Ferrell, "Broadening Marketing's Contribution to Data Privacy," *Journal of Academy of Marketing Science* 23, no. 2 (2017), p. 160-163.
7. Charisse Jones, "Department Stores Become Endangered," *USA Today,* January 6–8, 2017, p. 1A.
8. Ray Downs, "UN: Majority of World's Population Lacks Internet Access," *UPI,* September 18, 2017, https://www.upi.com/Top_News/World-News/2017/09/18/UN-Majority-of-worlds-population-lacks-internet-access/6571505782626/ (accessed April 28, 2018).
9. Daniel Nations, "How Many iPad Apps Are in the App Store?" *About.com,* September 22, 2015, http://ipad.about. com/od/iPad-FAQ/f/How-Many-iPad-Apps-Are-In-The- App-Store.htm (accessed April 18, 2016).
10. Emily Orofino, "Can This Genius Beauty Brand Crowdsource the Next Big Thing?" *POPSUGAR,* July 10, 2016, https://www.popsugar.com/beauty/Volition-Beauty- Custom-Made-Beauty-Products-41873521 (accessed March 25, 2017).
11. "Consumers Are Increasingly Researching Purchases Online," *PYMNTS,* January 9, 2018, https://www.pymnts .com/news/retail/2018/omichannel-ecommerce-consumer-habits/ (accessed April 28, 2018); "Number of Digital Shoppers in the United States from 2016 to 2021 (in millions)," *Statista,* 2018, https://www.statista. com/statistics/183755/number-of-us-internet-shoppers-since-2009/ (accessed April 28, 2018).
12. Emma Sopadjieva, Utpal M. Dholakia, and Beth Benjamin, "A Study of 46,000 Shoppers Shows That Omnichannel Retailing Works." *Harvard Business Review,* January 3, 2016.
13. Kate Rockwood, "Why Spending $1,000 on an Instagram Post Might Actually Be Worth it," *Inc.,* February 2017, http://www.inc.com/magazine/201702/kate-rockwood/tip-sheet-social-media-influencers.html (accessed March 5, 2017).
14. "About Influenster," *Influenster,* https://www.influenster. com/about (accessed April 28, 2018).
15. Melissa S. Barker, Donald I. Barker, Nicholas F. Bormann, Mary Lous Roberts, and Debra Zahay, *Social Media Marketing,* 2nd ed. (Mason, OH: Cengage Learning, 2016).
16. Ken Yeung, "Now with 2.5M Advertisers, Facebook Targets TV Budgets with New Ad-Buy Offering," *Venture Beat,* September 27, 2015, http://venturebeat.com/2015/09/27/now-with-2-5m-advertisers-facebook-targets-tv-budgets-with-new-ad-buying-offering/ (accessed March 2, 2017).
17. Barker et al., *Social Media Marketing.*
18. Kristen Herhold, "How Businesses Use Social Media: 2017 Survey," *Clutch,* September 14, 2017, https://clutch.co/agencies/social-media-marketing/resources/social-media-survey-2017 (accessed April 24, 2018).
19. Darius Fisher, "How to Handle Negative Yelp Reviews," *Huffington Post,* June 7, 2016, http://www.huffingtonpost. com/darius-fisher/how-to-handle-negative-ye_b_10324196.html (accessed March 2, 2017).
20. "Dodge Brand Connecting with Its Fans by Inviting a Limited Number to the Hotly Anticipated Reveal of the All-New 2018 Dodge Challenger SRT Demon in NYC," *Yahoo! Finance,* February 22, 2017, http://finance.yahoo.com/news/dodge-brand-connecting-fans-inviting-130000410.html (accessed March 2, 2017).
21. Shea Bennett, "This is How Much Time We Spend on Social Networks Every Day," *Ad Week,* November 18, 2014, http://www.adweek.com/socialtimes/social-media-minutes-day/503160 (accessed May 5, 2017).
22. Harry McCracken, "Inside Mark Zuckerberg's Bold Plan for the Future of Facebook," *Fast Company,* December 2015/January 2016, pp. 86–100, 136.
23. Wendy Boswell, "Video Websites: The Top Ten," *About Tech,* 2015, http://websearch.about.com/od/imagesearch/tp/popularvideosites.htm (accessed April 18, 2016).
24. "Boost a Post," Facebook for Business, https://www.facebook.com/business/a/boost-a-post (accessed April 18, 2016); Olsy Sorokina, "What Are Facebook Boost Posts and How Can They Help Your Business," *Hootsuite,* October 24, 2014, https://blog.hootsuite. com/how-does-facebook-boost-posts-work/ (accessed April 18, 2016).
25. Nathan Oliverez-Giles, "Facebook Messenger Brings Group Video Calling to Apps and Web," *The Wall Street Journal,* December 19, 2016, www.wsj.com/articles/facebook-messenger-brings-group-video-calling-to-apps-and-web-1482184260 (accessed December 28, 2016).
26. Peter Roesler, "How Social Media Influences Consumer Buying Decisions," *Business Journals,* May 29, 2015, https://www.bizjournals.com/bizjournals/how-to/marketing/2015/05/how-social-media-influences-consumer-buying. html (accessed April 28, 2018).
27. Jeff Elder, "Facing Reality, Companies Alter Social-Media Strategies," *The Wall Street Journal,* June 23, 2014, pp. B1–B2.
28. Jefferson Graham, "Cake Decorator Finds Twitter a Tweet Recipe for Success," *USA Today,* April 1, 2009, p. 5B.
29. Craig Smith, "Twitter Mobile Statistics and Facts," *DMR,* February 17, 2018, https://expandedramblings.com/index. php/twitter-mobile-statistics/ (accessed April 28, 2018).
30. Christine Birkner, "The Goldfish Conundrum," *Marketing News,* April 2015, pp. 18–19.
31. Stephanie Frasco, "100 Facts and Figures about Twitter, and Why They Matter for Your Business," *Social Media Today,* September 26, 2013, http://socialmediatoday.com/stephaniefrasco/1770161/100-facts-figures-about-twitter-business (accessed May 5, 2017).
32. Samantha Grossman, "The 13 Sassiest Brands on Twitter," *Time,* February 7, 2014, http://time. com/5151/sassiest-brands-on-twitter-ranked/ (accessed January 14, 2016); "Taco Bell," Twitter, https://twitter.com/tacobell (accessed January 14, 2016).
33. Belinda Parmar, "50 Companies That Get Twitter—and 50 That Don't," *Harvard Business Review,* April 27, 2015, https://hbr.org/2015/04/the-best-and-worst-corporate-tweeters (accessed May 5, 2017).
34. Nathan McAlone, "Investors Are Going Nuts for Snapchat—Here's How Snap Thinks It Can Turn a $500 Million Loss into Profit," *Business Insider,* March 5, 2017, http://www.businessinsider.com/how-will-snapchat-make-money-2017-3 (accessed March 5,

2017); "Global Annual Net Loss of Snap from 2015 to 2017 (in million U.S. dollars)," *Statista,* https://www.statista. com/statistics/668190/snapchat-annual-net-income-loss/ (accessed April 29, 2018); Garrett Sloane, "Oh Snap! Shares Soar as Snapchat Reports 9 Million More Daily Users and an Ad Surge," *AdAge,* February 6, 2018, http://adage.com/article/digital/snapchat-reports-9-million-daily-users-ad-surge/312286/ (accessed April 29, 2018).

35. Haley Tsukayama, "Snapchat Files for Its Initial Public Offering: Here Are the 10 Most Interesting Things We've Learned So Far," *Washington Post,* February 3, 2017, https://www.washingtonpost.com/news/the-switch/wp/2017/02/03/snapchat-files-for-its-initial-public-offering-here-are-the-10-most-interesting-things-weve-learned-so-far/?utm_term=.591d0ee20f98 (accessed March 5, 2017).

36. Elaine Pofeldt, "Freelancers Now Make Up 35% of U.S. Workforce," *Forbes,* October 6, 2016, https://www.forbes. com/sites/elainepofeldt/2016/10/06/new-survey-freelance-economy-shows-rapid-growth/#3ca2d55a7c3f (accessed December 26, 2017); "Upwork Releases First-Ever Quarterly Skills Index Revealing the Fastest-Growing Freelance Skills in the U.S.," Upwork, July 7, 2016, https://www.upwork.com/press/2016/07/07/upwork-releases-first-ever-quarterly-skills-index-revealing-fastest-growing-freelance-skills-u-s/ (accessed December 26, 2017); Susan M. Heathfield, "Use the Web for Recruiting Talent," *The Balance,* February 15, 2017, https://www.thebalance. com/use-the-web-for-recruiting-talent-1918951 (accessed December 26, 2017); "10 Simple Steps to a Great Company Career Page," ZipRecruiter blog, https://www.ziprecruiter. com/blog/10-simple-steps-to-a-great-company-career-page-on-your-website/ (accessed December 26, 2017); Jimmy Rohampton, "9 Tips for Recruiting Millennial Talent through Social Media," *Forbes,* January 10, 2017, https://www.forbes. com/sites/jimmyrohampton/2017/01/10/9- tips-for-recruiting-millennial-talent-through-social-media/#797707c0493d (accessed December 26, 2017); "How It Works," Upwork, https://www.upwork.com/i/how-it-works/client/ (accessed December 26, 2017); Kimberlee Morrison, "Survey: 92% of Recruiters Use Social Media to Find High-Quality Candidates," *Ad Week,* September 22, 2015, http://www.adweek.com/digital/survey-96-of-recruiters-use-social-media-to-find-high-quality-candidates/ (accessed December 26, 2017); "Using Social Media for Talent Acquisition," Society for Human Resource Management, September 20, 2017, https://www.shrm.org/hr-today/trends-and-forecasting/research-and-surveys/pages/social-media-recruiting-screening-2015.aspx (accessed December 26, 2017); Sarah K. White, "Recruiters Increasingly Rely on Social Media to Find Talent," *CIO,* May 23, 2016, https://www.cio.com/article/3073589/hiring/recruiters-increasingly-rely-on-social-media-to-find-talent.html (accessed December 26, 2017); "Mobile Fact Sheet," Pew Research Center, January 12, 2017, http://www.pewinternet.org/fact-sheet/mobile/ (accessed December 26, 2017); Laura Petrecca, "More College Grads Use Social Media to Find Jobs," *USA Today,* April 5, 2011, http://usatoday30.usatoday.com/money/workplace/2011-04-04-social-media-in-job-searches.htm (accessed December 26, 2017); Joseph Walker," LinkedIn Gets Closer to Job Seekers," *The Wall Street Journal,* September 13, 2011, http://online.wsj.com/article/SBB 0001424053111904265 504576568920890453258.html (accessed December 26, 2017).

37. Artyom Dogtiev, "Snapchat Revenue and Usage Statistics 2017," *Business of Apps,* April 26, 2018, http://www. businessofapps.com/data/snapchat-statistics/ (accessed April 28, 2018).

38. Hillary Grigonis, "Snap, then Shop—Snapchat Rolls Out Shoppable AR Filters," *Digital Trends,* April 18, 2018, https://www.digitaltrends.com/social-media/snapchat-launches-shoppable-ar-filters/ (accessed April 28, 2018).

39. Douglas A. McIntyre, "YouTube Viewership Hits a Billion Hours of Content a Day," *24/7 Wall St.,* February 27, 2017, http://247wallst.com/apps-software/2017/02/27/youtube-viewership-hits-100-billion-hours-of-content-a-day/ (accessed March 5, 2017).

40. Rachel Strugatz, "Beauty's Battle for Views: Brands vs. Vloggers," *WWD,* February 23, 2017, http://wwd.com/beauty-industry-news/beauty-features/youtube-l2-beautys-battle-for-views-brands-vs-bloggers-10814639/(access March 5, 2017).

41. Mike Snider, "How YouTube TV Compares to Rivals Sling, PlayStation, DirecTV," *USA Today,* March 5, 2017, http://www.usatoday.com/story/tech/talkingtech/2017/03/05/how-youtube-tv-compares-rivals-sling-playstation-directv/98551276/ (accessed March 5, 2017).

42. Sujan Patel, "How LinkedIn Uses LinkedIn for Marketing," *Forbes,* March 4, 2017, https://www.forbes.com/sites/sujanpatel/2017/03/04/how-linkedin-uses-linkedin-for-marketing/2/#3b96f9d3657f (accessed March 5, 2017).

43. Amanda Walgrove, "5 B2B Brands That Rock LinkedIn Marketing," *Contently,* February 24, 2017, https://contently.com/strategist/2015/02/24/5-b2b-brands-that-rock-linkedin/ (accessed March 5, 2017).

44. Marcelina Hardy, "Statistics on Blogging," *ContentWriters. com,* August 19, 2014, https://contentwriters.com/blog/statistics-blogging/ (accessed April 18, 2016).

45. "About," Tumbler, https://www.tumblr.com/about (accessed April 29, 2018).

46. Caitlin Dewey, "2015 Is the Year That Tumblr Became the Front Page of the Internet," *Washington Post,* December 23, 2015, https://www.washingtonpost.com/news/the-intersect/wp/2015/03/11/move-over-reddit-tumblr-is-the-new-front-page-of-the-internet/ (accessed May 5, 2017).

47. Niall Harbison and Lauren Fisher, "40 of the Best Corporate Blogs to Inspire You," *Ragan's PR Daily,* September 13, 2012, http://www.prdaily.com/Main/Articles/40_of_ the_best_corporate_blogs_to_inspire_you_12645.aspx (accessed May 5, 2017); "Wikipedia," *Wikipedia,* https://en.wikipedia.org/wiki/Wikipedia (accessed April 29, 2018).

48. Drake Bennett, "Ten Years of Inaccuracy and Remarkable Detail: Wikipedia," *Bloomberg Businessweek,* January 10–16, 2011, pp. 57–61; "Wikipedia: About," *Wikipedia,* http://en.wikipedia.org/wiki/Wikipedia:About (accessed May 5, 2017).

49. Charlene Li and Josh Bernoff, *Groundswell* (Boston: Harvard Business Press, 2008), pp. 25–26.

50. "Percentage of Fortune 500 Companies with Public Blogs from 2010 to 2016," *Statista,* https://www.statista.com/statistics/262466/share-of-fortune-500-companies-with-public-blogs/ (accessed April 29, 2018).

51. "How to Use a Raw Egg to Determine if Your Mattress Is Awful—Purple," *YouTube,* April 26, 2016, https://youtu. be/4BvwpjaGZCQ (accessed April 29, 2018).

52. Stephanie Hayes, "Michelle Phan, a YouTube Sensation for Her Makeup Tutorials, Has Transformed Her Life," *Tampa Bay Times,* August 22, 2009, http://www.tampabay.com/features/humaninterest/michelle-phan-a-youtube-sensation-for-her-makeup-tutorials-has-transformed/1029747 (accessed May 5, 2017).

53. Nicole LaPorte, "Serious Beauty," *Fast Company,* February 2016, pp. 27–28.

54. "Photoset," Instagram, http://blog.business.instagram. com/post/78694901404/how-yogurt-maker-chobani-uses-instagram-to-open (accessed January 15, 2016).

55. Bryan Clark, "Snapchat Growth Slowed Significantly after Launch of Instagram Stories," *The Next Web,* February 3, 3017, https://thenextweb.com/socialmedia/2017/02/03/snapchat-growth-slowed-significantly-after-the-launch-of-instagram-stories/#.tnw_360bhC9j (accessed March 5, 2017).

56. "4 Key Advantages for Video Marketing on Instagram vs. Vine," *Ad Week,* March 4, 2015, http://www.adweek. com/socialtimes/sumall-dane-atkinson-video-marketing-instagram-vs-vine/616331 (accessed May 5, 2017).

57. Samuel Gibbs, "Flickr Bought by SmugMug as Yahoo Breakup Begins," *The Guardian*, April 23, 2018, https://www.theguardian.com/technology/2018/apr/23/flickr-bought-by-smugmug-yahoo-breakup (accessed April 29, 2018).
58. Nicole Lee, "Pinterest Uses AI and Your Camera to Recommend Pins," *Engadget*, February 8, 2017, https://www.engadget.com/2017/02/08/pinterest-uses-ai-and-your-camera-to-recommend-pins/ (accessed March 5, 2017).
59. Shannon Liao, "Pinterest Now Lets You Filter Search Results by Skin Tone," *The Verge*, April 26, 2018, https://www.theverge.com/2018/4/26/17286898/pinterest-skin-tone-search-filter-results-feature-update (accessed April 29, 2018).
60. "Marketers' Interest in Pinterest," *Marketing News*, April 30, 2012, pp. 8–9; "PINTEREST INTEREST: Survey: 17 Percent of Marketers Currently Using or Planning to Join Pinterest," The Creative Group, August 22, 2012, http://creativegroup.mediaroom.com/pinterest-for-business (accessed April 18, 2016); Jason Falls, "How Pinterest Is Becoming the Next Big Thing in Social Media for Business," *Entrepreneur*, February 7, 2012, www. entrepreneur.com/article/222740 (accessed April 18, 2016); Pinterest website, http://pinterest.com/ (accessed April 18, 2016).
61. Jeff Bercovici, "Social Media's New Mad Men," *Forbes*, November 2014, pp. 71–82.
62. Zale Jewelers Pinterest page, www.pinterest.com/zalesjewelers (accessed April 18, 2016).
63. Douglas MacMillan and Elizabeth Dwoskin, "Smile! Marketers Are Mining Selfies," *The Wall Street Journal*, October 10, 2014, pp. B1–B2.
64. Natalie Wires, "The Rising Popularity of Podcasts: Why Listeners Are Rediscovering Podcasts," *Tunheim*, March 26, 2014, http://blog.tunheim.com/2014/03/26/rising-popularity-podcasts-listeners-rediscovering-podcasts/1438#.U2pMWYFdVc8 (accessed April 18, 2016).
65. Ann Lukits, "Podcasts Send Shoppers to Omega-3s," *The Wall Street Journal*, December 9, 2014, p. D2.
66. Roger Yu, "Smartphones Help Make Bon Voyages," *USA Today*, March 5, 2010, p. B1.
67. Sean Silverthorpe, "Should Retailers Worry about In-Store Mobile Use?" *Insights from Marketing Science Institute* 1 (2015), pp. 1–2.
68. April Berthene, "Mobile Accounts for Nearly 35% of 2017 E-Commerce Sales," *Digital Commerce 360*, February 19, 2018, https://www.digitalcommerce360.com/2018/02/19/mobile-accounts-for-nearly-35-of-2017-e8209commerce-sales/ (accessed April 29, 2018).
69. Mark Milian, "Why Text Messages Are Limited to 160 Characters," *Los Angeles Times*, May 3, 2009, http://latimesblogs.latimes.com/technology/2009/05/invented-text-messaging.html (accessed May 5, 2017); "Eight Reasons Why Your Business Should Use SMS Marketing," *Mobile Marketing Ratings*, www.mobilemarketingratings.com/eight-reasons-sms-marketing. html (accessed April 18, 2016).
70. James Citron, "2014: The Year the MMS Upswing Arrives and How to Take Advantage of It," *Wired*, January 21, 2014, http://insights.wired.com/profiles/blogs/2014-the-year-the-mms-upswing-arrives-and-how-to-take-advantage#axzz3xLvg3dv0 (accessed May 5, 2017); "Global $65 Billion Managed Mobility Services (MMS) Market Analysis & Trends Report 2017—Industry Forecast to 2025—Research and Markets," *Business Wire*, February 1, 2017, https://www.businesswire.com/news/home/20170201005533/en/Global-65-Billion-Managed- Mobility-Services-MMS (accessed April 29, 2018).
71. "Mobile to Account for More than Half of Digital Ad Spending in 2015," *eMarketer*, September 1, 2015, www.emarketer.com/Article/Mobile-Account-More-than- Half-of-Digital-Ad-Spending-2015/1012930 (accessed January 15, 2016).
72. Jake Jeffries, "10 Incredible Mobile Marketing Stats 2015 [INFOGRAPHIC]," *Social Media Today*, January 13, 2015, www.socialmediatoday.com/content/10-incredible-mobile-marketing-stats-2015-infographic (accessed January 15, 2016).
73. Christopher Heine, "Foursquare Unleashes Location Data for Cross-Mobile Ad Targeting," *AdWeek*, April 14, 2015, http://www.adweek.com/news/technology/foursquare-finally-unleashes-location-data-cross-mobile-ad-targeting-164069 (accessed May 5, 2017).
74. Anita Campbell, "What the Heck Is an App?" *Small Business Trends*, March 7, 2011, http://smallbiztrends. com/2011/03/what-is-an-app.html (accessed April 18, 2016).
75. Sarah Perez, "Consumers Spend 85% of Time on Smartphones in Apps, but Only 5 Apps See Heavy Use," *TechCrunch*, June 22, 2015, http://techcrunch.com/2015/06/22/consumers-spend-85-of-time-on-smartphones-in-apps-but-only-5-apps-see-heavy-use/ (accessed May 5, 2017).
76. Monica Anderson, "Technology Device Ownership: 2015," October 29, 2015, http://www.pewinternet.org/2015/10/29/technology-device-ownership-2015/ (accessed April 18, 2016).
77. Michelle Yeomans, "Unilever Opts for 'Mobile Marketing Platform' to Reach South-East Asia," *Cosmetics Design*, September 15, 2015, http://www.cosmeticsdesign-asia. com/Business-Financial/Unilever-opts-for-mobile-marketing-platform-to-reach-south-east-Asia (accessed January 19, 2016).
78. Umika Pidaparthy, "Marketers Embracing QR Codes, for Better or Worse,"*CNN Tech*, March 28, 2011, http://www. cnn.com/2011/TECH/mobile/03/28/qr.codes.marketing/ (accessed May 5, 2017).
79. GoodGuide website, https://www.goodguide.com/#/ (accessed April 7, 2018); EnergyElephant, "Benefits," https://energyelephant.com/benefits (accessed April 7, 2018); Google Play, "Energy Elephant," https://play. google.com/store/apps/details?id=com.energyelephant.meterReading&hl=en (accessed April 7, 2018); EnergyElephant, "App," https://energyelephant.com/app (accessed April 7, 2018); Jefferson Graham, "Mobile Apps Make It Easier to Go Green," *USA Today*, May 12, 2011, https://usatoday30.usatoday.com/tech/products/2011-05-12-green-tech_n.htm (accessed April 7, 2018); Lars Paronen, "Green Apps that Can Save You Money," *Reuters*, February 18, 2011, http://blogs.reuters. com/environment/2011/02/18/green-apps-that-can-save-you-money/ (accessed April 7, 2018); Jefferson Graham, "GoodGuide App Helps Navigate Green Products," *USA Today*, May 13, 2011, https://usatoday30.usatoday. com/tech/products/2011-05-12-GoodGuide-app_n.htm (accessed April 7, 2018).
80. Brad Stone and Olga Kharif, "Pay as You Go," *Bloomberg Businessweek*, July 18–24, 2011, pp. 66–71.
81. "Google Wallet," www.google.com/wallet/what-is-google-wallet.html (accessed April 18, 2016).
82. "All about Widgets," *Webopedia*, September 14, 2007, www.webopedia.com/DidYouKnow/Hardware_Software/widgets.asp (accessed April 18, 2016).
83. Rachael King, "Building a Brand with Widgets," *Bloomberg Businessweek*, March 3, 2008, www.businessweek.com/technology/content/feb2008/tc20080303_000743.htm (accessed May 5, 2017).
84. TripAdvisor, "Welcome to TripAdvisor's Widget Center," www.tripadvisor.com/Widgets (accessed April 18, 2016).
85. Barker et al., *Social Media Marketing*.
86. Matt McGee, "As Google Analytics Turns 10, We Ask: How Many Websites Use It?" *Marketing Land*, November 12, 2015, http://marketingland.com/as-google-analytics-turns-10-we-ask-how-many-websites-use-it-151892 (accessed March 5, 2017).
87. "By Tailoring the Features of Google Analytics, LunaMetrics Helps PBS Increase Both Conversions and Visits by 30%," *Google Analytics*, https://static.googleusercontent.com/media/www.google.com/en//intl/pt_ALL/analytics/customers/pdfs/pbs.pdf (accessed March 24, 2017).
88. Quentin Hardy, "Google Introduces Products That Will Sharpen Its Ad Focus," *The New York Times*, March 15, 2016, https://www.nytimes.com/2016/03/16/technology/google-introduces-products-that-will-sharpen-its-ad-focus. html (accessed March 24, 2017).

89. Nicole Lyn Pesce, "People Are Complete Suckers for Online Reviews," *New York Post,* August 23, 2017, https://nypost.com/2017/08/23/people-are-complete-suckers-for-online-reviews/ (accessed April 29, 2018).
90. Kayak.com website, www.kayak.com (accessed April 7, 2018); Craig Grannell, "The Best Flight Search Websites— Tried and Tested," *The Telegraph,* April 10, 2017, https://www.telegraph.co.uk/travel/advice/best-flight-booking-comparison-websites-apps/ (accessed April 7, 2018); Reid Bramblett, "The 10 Best (and Worst) Airfare Search Sites," *Frommers,* https://www.frommers.com/slideshows/848046-the-10-best-and-worst-airfare-search-sites (accessed April 7, 2018); Geoff Colvin, "Kayak Takes on the Big Dogs," *Fortune,* October 8, 2012, pp. 78–82; Associated Press, "Kayak Shares Soar after Travel Site Goes Public," *CBS,* July 20, 2012, https://www.cbsnews.com/news/kayak-shares-soar-after-travel-site-goes-public/ (accessed April 7, 2018); Cheryl Morris, "Boston Tech-Mafia Mondays: The Kayak Crew," *Bostinno,* October 25, 2010, https://www. americaninno.com/boston/boston-tech-mafia-mondays-the-kayak-crew/ (accessed April 7, 2018); "Kayak.com Leading the Travel Search Engine Market," *VC Gate,* March 14, 2009, https://www.vcgate.com/Kayak-com-Leading-The- Travel-Search-Engine-Market.asp (accessed April 7, 2018); "Company Overview of Kayak Software Corporation," *Bloomberg,* https://www.bloomberg.com/research/stocks/private/snapshot.asp?privcapId=12618272 (accessed April 7, 2018).
91. Jon Swartz, "Facebook Changes Its Status in Washington," *USA Today,* January 13, 2011, pp. 1B–2B; John W. Miller, "Yahoo Cookie Plan in Place," *The Wall Street Journal,* March 19, 2011, http://online.wsj.com/news/articles/SB10 001424052748703512 404576208700813815570 (accessed May 5, 2107).
92. Jesse Brody, "Terms and Conditions," *Marketing News,* November 2014, pp. 34–41.
93. "FTC Cracking Down on Social Influencers' Labeling of Paid Promotions," *AdAge,* August 5, 2016, http://adage. com/article/digital/ftc-cracking-social-influencers-labeling-promotions/305345/ (accessed March 5, 2017).
94. Priya Anand, "Cyberthieves Have a New Target: Children," *The Wall Street Journal,* February 1, 2016, p. R8.
95. Elizabeth Weise, "Sony Hack Leaves Intriguing Clues," *USA Today,* December 4, 2014, p. 1B.
96. Elizabeth Weise, "Consumers Have to Protect Themselves Online," *USA Today,* May 22, 2014, p. 1B.
97. Jim Zarroli, "U.S. Credit Cards Tackle Fraud with Embedded Chips, but No Pins," *NPR,* January 5, 2015, http://www.npr. org/blogs/alltechconsidered/2015/01/05/375164839/u-s-credit-cards-tackle-fraud-with-embedded-chips-but-no-pins (accessed May 5, 2017).
98. Kevin Shanahan and Mike Hyman, "Motivators and Enablers of SCOURing," *Journal of Business Research* 63 (September–October 2010), pp. 1095–1102.
99. "The Amazons of the Dark Net," *The Economist,* November 1, 2014, pp. 57–58.
100. Erica E. Phillips, "U.S. Officials Chase Counterfeit Goods Online," *The Wall Street Journal,* November 28, 2014, http://www.wsj.com/articles/u-s-officials-chase-counterfeit-goods-online-1417217763 (accessed May 5, 2017).
101. Max Chafkin, "The Case, and the Plan, for the Virtual Company," *Inc.,* April 2010, p. 68.

14장

1. "Big 4 Accounting Firms," *AccountingVerse,* http://www.accountingverse.com/articles/big-4-accounting-firms.html (accessed April 7, 2018); "The Big 4 Accounting Firms," The Big 4 Accounting Firms, http://big4accountingfirms. org/ (accessed April 7, 2018); "About Deloitte," Deloitte, https://www2.deloitte.com/us/en/pages/about-deloitte/articles/about-deloitte.html (accessed April 7, 2018); "Our Approach to Innovation—in Business and Beyond," Deloitte, https://www2.deloitte.com/us/en/pages/about-deloitte/articles/business-innovation-approach.html (accessed April 7, 2018); "Corporate Citizenship," Deloitte, https://www2 .deloitte.com/us/en/pages/about-deloitte/articles/deloitte-corporate-citizenship.html?icid=top_deloitte-corporate-citizenship (accessed April 7, 2018)
2. "About the ACFE," Association of Certified Fraud Examiners, www.acfe.com/about-the-acfe.aspx (accessed April 20, 2016).
3. "Report to the Nations: 2018 Global Study On Occupational Fraud and Abuse," Association of Certified Fraud Examiners, 2018, https://s3-us-west-2.amazonaws.com/acfepublic/2018- report-to-the-nations.pdf (accessed April 24, 2018).
4. Mary Williams Walsh, "State Woes Grow Too Big to Camouflage," *CNBC,* March 30, 2010, www.cnbc.com/id/36096491/ (accessed April 17, 2017).
5. Stephanie Zonis, "Al Dente Pasta Co.," *Goodlifer,* September 17, 2009, http://www.goodlifer.com/2009/09/al-dente-pasta-co/ (accessed April 7, 2018); Al Dente Pasta website, http://www.aldentepasta.com (accessed April 7, 2018); "Marcella Hazan," HarperCollins, http://www.harpercollins.com/authors/4331/Marcella_Hazan/index.aspx (accessed April 7, 2018); Janet Miller, "After 30 Years, Al Dente Pasta Company Becomes a National Leader," *Ann Arbor News,* December 31, 2011, http://www.annarbor.com/business-review/al-dente-hand-rolls-out-30-years-of-making-pasta-to-become-a-national-leader-in-this-niche-market/ (accessed April 7, 2018); Susan Salasky, "Food Gifts from Michigan: Pasty, Coneys and Smoked Fish and More," *Detroit Free Press,* December 10, 2017, http://www.annarbor.com/business-review/al-dente-hand-rolls-out-30-years-of-making-pasta-to-become-a-national-leader-in-this-niche-market/ (accessed April 7, 2018).
6. Sarah Johnson, "Averting Revenue-Recognition Angst," *CFO,* April 2012, p. 21.
7. Terry Slavin, "Green Finance: Deforestation Brings Risk of $1trn in Stranded Assets, Warns CDP," *Ethical Corporation,* November 23, 2017, http://www.ethicalcorp.com/green-finance-deforestation-brings-risk-1trn-stranded-assets-warns-cdp (accessed April 12, 2018); Kevin McCoy, "New York Attorney General Probing ExxonMobil's Accounting Amid Oil Slide," *USA Today,* September 16, 2016, https://www.usatoday.com/story/money/2016/09/16/exxonmobil-accounting-disclosures-examined/90476826/ (accessed April 12, 2018); Bradley Olson and Aruna Viswanatha, "SEC Probes Exxon over Accounting for Climate Change," *The Wall Street Journal,* September 20, 2016, https://www.wsj.com/articles/sec-investigating-exxon-on-valuing-of-assets-accounting-practices-1474393593 (accessed April 12, 2018); "How to Deal with Worries about Stranded Assets," *The Economist,* November 24, 2016, https://www.economist.com/news/special-report/21710632-oil-companies-need-heed-investors-concerns-how-deal-worries-about-stranded (accessed April 12, 2018); Felicia Jackson, "Disclosure Is about Risks and Opportunities, Not Politics," *Forbes,* April 12, 2018, https://www.forbes.com/sites/feliciajackson/2018/04/12/disclosure-is-about-risks-and-opportunities-not-politics/#50a8b1cf63be (accessed April 12, 2018).
8. Norbert Tschakert, Julia Kokina, Stephen Kozlowski, and Miklos Vasarhelyi, "The Next Frontier in Data Analytics," *Journal of Accountancy,* August 1, 2016, https://www.journalofaccountancy.com/issues/2016/aug/data-analytics-skills.html (accessed April 14, 2018); "What Is Data Analytics?" *Informatica,* (accessed April 14, 2018).
9. "City Finance Department Receives Distinguished Presentation Award for Its Budget," City of Maricopa, March 25, 2014, www.maricopa-az.gov/web/finance-administrativeservice-home/1029-city-s-finance-department-recieves-distinguished-budget-presentation-award-for-its-budget (accessed May 5, 2017).

15장

1. Dan Weil, "How Secure Is Mobile Banking?" *The Wall Street Journal,* March 18, 2018, https://www.wsj.com/articles/how-secure-is-mobile-banking-1521424920 (accessed April 7, 2018); Haider Pasha, "5 Ways to Improve Your Digital

Banking Security," *Gulf News— Personal Finance,* March 20, 2018, http://gulfnews.com/gn-focus/personal-finance/banking/5-ways-to-improve-your-digital-banking-security-1.2191358 (accessed April 7, 2018); Dan DiPietro, "Survey Roundup: Cost, Frequency of Cyberattacks Rise for Banks," *The Wall Street Journal,* February 14, 2018, https://blogs.wsj.com/riskandcompliance/2018/02/14/survey-roundup-cost-frequency-of-cyberattacks-rises-for-banks/ (accessed April 7, 2018).

2. Paul Krugman, "Why Is Deflation Bad?" *The New York Times,* August 2, 2010, http://krugman.blogs.nytimes. com/2010/08/02/why-is-deflation-bad/ (accessed May 5, 2017).
3. Board of Governors of the Federal Reserve System, "How Much U.S. Currency Is in Circulation?," September 26, 2018, https://www.federalreserve.gov/faqs/currency_12773.htm (accessed November 8, 2018).
4. "Why the Swiss Unpegged the Franc," January 18, 2015, *The Economist,* http://www.economist.com/blogs/economist-explains/2015/01/economist-explains-13 (accessed May 5, 2107); "Swiss-Made Products Become More Expensive as Franc Rises," *Sydney Morning Herald,* January 16, 2015, http://www.smh.com.au/national/swissmade-products-become-more-expensive-asfranc-rises-20150116-12riei.html (accessed May 5, 2017).
5. "Weird and Wonderful Money Facts and Trivia," *Happy Worker,* www.happyworker.com/magazine/facts/weird-and-wonderful-money-facts (accessed April 25, 2016).
6. "The History of American Currency," *U.S. Currency Education Program,* https://www.uscurrency.gov/history (accessed September 2, 2018).
7. "About the Redesigned Currency," Department of the Treasury, Bureau of Engraving and Printing, www.newmoney.gov/newmoney/currency/aboutnotes.htm (accessed April 2, 2010).
8. "Like Magic: The Tech That Goes into Making Money Harder to Fake," *NPR,* October 23, 2017, https://www.npr. org/sections/alltechconsidered/2017/10/23/559092168/like-magic-the-tech-that-goes-into-making-money-harder-to-fake (accessed April 24, 2017).
9. "About Us," Square Inc., https://squareup.com/about (accessed April 19, 2018); "Square Register," Square Inc., https://squareup.com/hardware/register (accessed April 19, 2018); Kaya Yurieff, "Square Unveils Cash Register of the Future," *CNN,* October 30, 2017, http://money.cnn.com/2017/10/30/technology/square-register/index.html (accessed April 19, 2018); Tomio Geron, "Square Launches Stand, a New Point of Sale Device," *Forbes,* May 14, 2013, https://www.forbes.com/sites/tomiogeron/2013/05/14/square-launches-stand-a-new-point-of-sale-device/#631b7f587c2e (accessed April 19, 2018).
10. Jessica Dickler, "Americans Still Relying on Credit Cards to Get By," *CNN Money,* May 23, 2012, http://money.cnn. com/2012/05/22/pf/credit-card/index.htm (accessed May 5, 2017); Martin Merzer, "Survey: Students Fail the Credit Card Test," *Fox Business,* April 16, 2012, www.creditcards. com/credit-card-news/survey-students-fail-credit-card-test-1279.php (accessed May 5, 2017).
11. Paul Vigna and Dave Michaels, "Has the Cryptocoin Market Met Its Match in the SEC?" *The Wall Street Journal,* March 20, 2018, https://www.wsj.com/articles/hot-cryptocoin-market-chilled-by-sec-scrutiny-1521557569 (accessed April 7, 2018); David Goodboy, "The 3 Best Cryptocurrency Exchanges," January 8, 2018, https://www.nasdaq.com/article/the-3-best-cryptocurrency-exchanges-cm902049 (accessed April 7, 2018); Laura Shin, "How to Explain Cryptocurrencies and Blockchains to the Average Person," *Forbes,* October 3, 2017, https://www.forbes.com/sites/laurashin/2017/10/03/how-to-explain-cryptocurrencies-and-blockchains-to-the-average-person/#1fc27ef9324d (accessed April 7, 2018); Paul Ford, "Bitcoin Is Ridiculous. Blockchain Is Dangerous," *Bloomberg,* https://www.bloomberg.com/news/features/2018-03-09/bitcoin-is-ridiculous-blockchain-is-dangerous-paul-ford (accessed April 7, 2018); "Cryptocurrency," *Investopedia,* https://www.investopedia.com/terms/c/cryptocurrency.asp (accessed April 7, 2018).
12. "Deposit Insurance Simplification Fact Sheet," FDIC website, www.unitedamericanbank.com/pdfs/FDIC-Insurance-Coverage-Fact-Sheet.pdf (accessed June 16, 2014).
13. Paul Blake, "Timeline of the Wells Fargo Accounts Scandal," *ABC News,* November 3, 2016, http://abcnews. go.com/Business/timeline-wells-fargo-accounts-scandal/story?id=42231128 (accessed April 14, 2017); Matt Egan, "I Called the Wells Fargo Ethics Line and Was Fired," *CNN Money,* September 21, 2016, http://money. cnn.com/2016/09/21/investing/wells-fargo-fired-workers-retaliation-fake-accounts/ (accessed April 14, 2017); Matt Egan, "Wells Fargo Workers: Fake Accounts Began Years Ago," *CNN Money,* September 26, 2016, http://money. cnn.com/2016/09/26/investing/wells-fargo-fake-accounts-before-2011/ (accessed April 14, 2017); James Venable, "Wells Fargo: Where Did They Go Wrong?" Working Paper, Harvard University, February 9, 2017, http://scholar .harvard.edu/files/jtv/files/wells_fargo_where_did_they_ go_wrong_by_james_venable_pdf_ 02.pdf (accessed April 14, 2017); Curtis C. Verschoor, "Lessons from the Wells Fargo Scandal," *Strategic Finance,* November 1, 2016, http://sfmagazine.com/post-entry/november- 2016-lessons-from-the-wells-fargo-scandal/ (accessed April 14, 2017); Lisa Cook, "The Wells Fargo Scandal: Is the Profit Model to Blame?" *Knowledge@Wharton,* University of Pennsylvania, September 13, 2016, http://knowledge.wharton.upenn.edu/article/how-the-wells-fargo-scandal-will-reverberate/ (accessed April 14, 2017); Geoff Colvin, "The Wells Fargo Scandal Is Now Reaching VW Proportions," *Fortune,* January 26, 2017, http://fortune.com/2017/01/25/the-wells-fargo-scandal-is-now-reaching-vw-proportions/ (accessed April 14, 2017); Brian Tayan, "The Wells Fargo Cross-Selling Scandal," Harvard Law School Forum on Corporate Governance and Financial Regulations, December 19, 2016, https://corpgov.law.harvard.edu/2016/12/19/the-wells-fargo-cross-selling-scandal/ (accessed April 14, 2017); Michael Corkery, "Wells Fargo Struggling in the Aftermath of Fraud Scandal," *The New York Times,* January 13, 2017, https://www.nytimes.com/2017/01/13/business/dealbook/wells-fargo-earnings-report.html (accessed April 14, 2017); Lucinda Shen, "Wells Fargo Sales Scandal Could Hurt Growth Permanently," *Fortune,* April 13, 2017, http://fortune.com/2017/04/13/wells-fargo-report-earnings/ (accessed April 14, 2017); Matt Egan, "5,300 Wells Fargo Employees Fired Over 2 Million Phony Accounts," *CNN,* September 9, 2016, http://money.cnn.com/2016/09/08/investing/wells-fargo-created-phony-accounts-bank-fees/ (accessed April 14, 2017); Laura J. Keller and Katherine Chiglinsky, "Wells Fargo Eclipsed by JPMorgan as World's Most Valuable Bank," *Bloomberg,* September 13, 2016, https://www.bloomberg.com/news/articles/2016-09-13/wells-fargo-eclipsed-by-jpmorgan-as-world-s-most-valuable-bank (accessed April 14, 2017); Laura Lorenzetti, "This Is the Most Valuable Bank in the World," *Fortune,* July 23, 2015, http://fortune.com/2015/07/23/wells-fargo-worlds-most-valuable-bank/ (accessed April 14, 2017); Matt Egan, "Letter Warned Wells Fargo of 'Widespread' Fraud in 2007—Exclusive," *CNN Money,* October 18, 2016, http://money.cnn.com/2016/10/18/investing/wells-fargo-warned-fake-accounts-2007/ (accessed January 6, 2017); Stacy Cowley, "At Wells Fargo, Complaints about Fraudulent Accounts since 2005," *The New York Times,* October 11, 2016, http://www.nytimes.com/2016/10/12/business/dealbook/at-wells-fargo-complaints-about-fraudulent-accounts-since-2005.html (accessed January 6, 2017); Mark Snider, "Ex-Wells Fargo Bankers Sue over Firing amid Fraud," *USA Today,* September 25, 2016, http://www.usatoday.com/story/money/2016/09/25/ex-wells-fargo-employees-sue-over-scam/91079158/ (accessed January 6, 2017); Ian Mount, "Wells Fargo's Fake Accounts May Go Back More Than 10

Years," *Fortune,* October 12, 2016, http://fortune.com/2016/10/12/wells-fargo-fake-accounts-scandal/ (accessed April 14, 2017); Stacy Cowley and Jennifer A. Kingson, "Wells Fargo to Claw Back $75 Million from 2 Former Executives," *The New York Times,* April 10, 2017, https://www.nytimes.com/2017/04/10/business/wells-fargo-pay-executives-accounts-scandal.html (accessed April 14, 2017); Matt Egan, "Wells Fargo Uncovers Up to 1.4 Million More Fake Accounts," *CNN Money,* August 31, 2017, http://money.cnn.com/2017/08/31/investing/wells-fargo-fake-accounts/index.html (accessed December 28, 2017).

14. "NACHA Reports More Than 18 Billion ACH Payments in 2007," *The Free Library,* May 19, 2008, www.thefreelibrary .com/NACHA+Reports+More+Than+18+Billion +ACH+Payments+in+2007.-a0179156311 (accessed May 2, 2016).
15. "Online Banking Far and Away the Preferred Retail Channel, Survey Finds," September 13, 2011, http://www.bankersweb.com/headlines/article/online-banking-far-and -away-preferred-retail-channel (accessed November 19, 2017).
16. JP Morgan 2013 Annual Report, 10.
17. "About," Kickstarter, https://www.kickstarter.com/about (accessed April 2, 2017).

16장

1. Matt Egan, "General Electric Gets Booted from the Dow," *CNN,* June 19, 2018, https://money.cnn.com/2018/06/19/investing/ge-dow-jones-walgreens/index.html (accessed September 6, 2018); Drake Bennett, "What the Hell Is Wrong with General Electric," *Bloomberg Businessweek,* February 5, 2018, pp. 42–49; Jeff Desjardins, "Chart: The Largest Companies by Market Cap over 15 Years," *Visual Capitalist,* August 12, 2016, http://www.visualcapitalist. com/chart-largest-companies-market-cap-15-years/ (accessed April 26, 2018); Tomas Gryta, Dana Mattiolo, and David Benoit, "GE Explores Further Deals," *The Wall Street Journal,* April 13, 2018, p. A1; Matt Egan, "What's Wrong with GE? An American Icon Is in 'Crisis' Mode," *CNN Money,* October 11, 2017, http://money.cnn.com/2017/10/11/investing/general-electric-stock-crisis-mode/index.html (accessed April 26, 2018).
2. Ed Zwirn, "Leaning In," *CFO,* May 4, 2016, http://ww2. cfo.com/people/2016/05/leaning-in-women-in-finance/ (accessed April 14, 2018); "Women in Financial Services," *Catalyst,* January 5, 2018, http://www.catalyst.org/knowledge/women-financial-services (accessed April 14, 2018); Emma Jacobs, "How Goldman Changed Its Ways to Boost Women at the Top," *Financial Times,* June 4, 2017, https://www.ft.com/content/51971b96-2f3e-11e7-9555- 23ef563ecf9a (accessed April 14, 2018); Marielle Segarra, "Taking the Next Step," *CFO,* July 15, 2011, http://www. cfo.com/printable/article.cfm/14586563 (accessed April 14, 2018); Dan Fitzpatrick and Lisa Rappaport, "Financial Firms' Ceiling," *The Wall Street Journal,* September 8, 2011, https://www.wsj.com/articles/SB10001424053111904103404576557100384026220 (accessed April 14, 2018); Kyle Stock, "Ranks of Women on Wall Street Thin," *The Wall Street Journal,* September 20, 2010, https://www.wsj.com/articles/SB1000142405274870485830457549807 1732136704 (accessed April 14, 2018).
3. DuPont, *DuPont 2017 Global Reporting Initiative Report,* 2017, http://www.dupont.com/content/dam/dupont/corporate/our-approach/sustainability/2017- Documents/2017%20DuPont%20Sustainability%20 Report.pdf (accessed April 19, 2018); DuPont, *CDP 2017 Climate Change 2017 Information Request,* 2017, http://www.dupont.com/content/dam/dupont/corporate/our-approach/sustainability/documents/2016-sustainability-documents/ProgrammeResponseClimate%20 Change%202017.pdf (accessed April 19, 2018); DuPont, "Performance and Reporting," 2018, http://www.dupont. com/corporate-functions/sustainability/sustainability-commitments/performance-reporting.html (accessed April 19, 2018).
4. Calculated by Geoff Hirt from Apple's annual reports and website on June 16, 2014.
5. Kennon, Joshua, "Should You Invest in an IPO?" About.com, http://beginnersinvest.about.com/od/investmentbanking/a/aa073106a.htm (accessed May 4, 2016).
6. Maureen Farrell and Alexander Osipovich, "Spotify's Splashy Debut Pressures Banks," *The Wall Street Journal,* April 3, 2018, https://www.wsj.com/articles/spotify-shares-jump-in-market-debut-1522773951 (accessed April 14, 2018); Ben Sisario, "As Spotify Goes Public, Sony Cashes In," *The New York Times,* April 4, 2018, https://www.nytimes.com/2018/04/04/business/media/as-spotify-goes-public-sony-cashes-in.html (accessed April 14, 2018); Adam Holownia, "How Spotify Started," *Medium,* February 1, 2017, https://medium.com/@obtaineudaimonia/how-spotify-started-257e713fcd8f (accessed April 14, 2018).

용어 정리GLOSSARY

ㄱ

가격 할인discounts 단기적 매출 상승을 일으키기 위해 일시적으로 가격을 인하하는 것.

가치value 어떤 상품의 값어치를 판단함에 있어, 그 상품이 제공하는 편익에 대한 고객의 주관적인 평가.

감가상각depreciation 건물과 설비 같이 내구성 있는 자산의 비용을 해당 자산의 내용 연수에 따른 회계 기간 동안 퍼뜨리는 절차.

강화이론reinforcement theory 보상과 처벌을 사용하여 행동을 강화하거나 약화할 수 있다고 말하는 이론.

개념적 자질conceptual skills 추상적 관점에서 사고하고 어떻게 각 부문이 잘 들어맞아 전체를 구성하는지를 이해하는 능력.

개발development 관리자들이나 전문직종 종사자들의 능력과 지식을 축적하도록 훈련시키는 것.

개방경제open economy 국가와 국제 사회 간에 경제 활동이 이루어지는 경제.

개별 중간상 브랜드private distributor brands 도매업자 또는 소매업자가 소유 및 관리, 통제하는 브랜드.

개성personality 개인을 다른 사람과 구분할 수 있도록 해주는 특성, 성향, 태도, 습관 등의 조합.

개인 회계사private accountants 대기업, 정부 기관, 그 외 여러 기관이 자신의 재무제표를 작성하고 분석하도록 고용한 회계사.

개인(소유) 회사private corporation 주식 비공개기업. 기업 경영에 밀접하게 개입하는 1인 또는 소수의 주주들만 회사 주식을 소유하는 비상장법인.

개인사업자/개인기업sole proprietorships 1인이 소유하고 운영하는 기업. 미국에서 가장 일반적인 형태의 사업체.

거래 잔고transaction balances 회사가 종업원 임금, 공급자 청구대금, 그리고 공공요금과 같이 일상적인 비용을 지급하기 위해 수중에 보유하고 있는 현금.

경기위축economic contraction 소비 감소 현상으로 인한 경제 둔화로 이 기간 동안 기업들은 생산을 줄이며, 대량 해고를 실행함.

경기확장economic expansion 경제 성장과 소비 증가로 인해 상품과 서비스 생산이 촉진되어 고용 성장으로 이어지는 상황.

경로계획routing 제품이 통과해야 하는 작업의 순서.

경비expenses 조직의 매일 일어나는 업무에 소요되는 비용.

경상수지balance of payment 한 국가의 지출과 수입의 차이.

경영business 사람들의 요구 사항을 만족시키는 제품을 제공함으로써 이익을 창출하고자 하는 개인 또는 조직.

경영(관리)자managers 조직 내에서 자원 사용에 대한 의사결정을 하고 조직의 목표에 도달하도록 조직의 활동을 계획, 조직화, 충원, 지휘 및 통제하는 데 관여하는 개인.

경영관리management 변화하는 환경에서 조직의 자원을 효과적이며 효율적으로 활용함으로써 조직의 목표를 달성하기 위해 설계된 프로세스.

경영 윤리business ethics 경영 활동에서 받아들여질 수 있는 규범적 원칙과 기준.

경쟁competition 소비자에게 상품이나 서비스를 판매하기 위해 기업 간 형성되는 경쟁 상황.

경제 시스템economic system 특정 사회가 상품과 서비스를 생산하기 위해 자원을 어떻게 배분하는지에 대한 설명.

경제economics 사회 시스템에 속한 자원들이 상품과 서비스 생산을 위해 어떻게 분배되는지에 대한 연구.

경제적 주문량 모형economic orderquantity(EOQ) 주문, 보관, 사용 등의 관리비용을 최소화하기 위한 최적 주문 수량을 찾는 모형.

계약생산contract manufacturing 해외 업체를 고용하여 자신의 제품을 생산하도록 하는 계약. 최종 제품은 자신의 이름으로 생산됨.

계획 수립planning 조직의 목표를 설정하고 그 달성 방법을 정하는 프로세스. 경영관리의 첫 번째 기능.

고객맞춤화customization 특정 고객의 니즈나 요구 사항을 충족하도록 제품 생산.

고객별 부문화customerdepartmentalization 다양한 유형의 고객의 니즈에 따른 직무 배치.

고용개선 프로그램affirmative action programs 소수자 그룹에게 공평한 고용 기회를 제공할 것을 강제하는 계획으로, 현재의 종업원 그룹을 분석하여 여성이나 소수자 그룹이 과소 대표되고 있는지 살펴보고, 이에 기반을 두어 언제까지 이를 해소할 것인지 구체적인 채용 및 승진계획을 세우는 것.

공개시장조작open market operations 단기 국공채와 다른 투자상품을 공개시장에서 매수하거나 매도하기 위한 의사결정.

(주식)공개회사public corporation 상장기업. 회사 주식을 누구나 매매하거나 거래할 수 있는 주식회사.

공급supply 생산자 또는 판매자가 특정 시간 차별화된 가격에 상품이나 서비스를 판매할 의사.

공급사슬관리supply chain management 고객 만족을 위해 유통 시스템의 모든 집단과 구성원을 연계하고 통합하는 것.

공동기업partnership 합명회사법(Uniform Partnership Act)에 의해 "수익사업체의 공동소유자 관계에 있는 2인 이상의 조합"으로 정의되는 기업의 한 형태.

공산주의communism 계층 차별 없이 사회에 속한 모든 사람이 그 나라의 모든 자원을 소유하고 있다는 이념으로 칼 마르크스가 창시함 .

공유경제sharing economy 활용률이 낮은 자원을 공유하는 경제 모델.

공인관리회계사certified management accountant(CMA) 전미회계사협회가 공인한 엄격한 자격시험을 통과하고 회사 경영에도 일정 부분 참여하는 개인 회계사.

공인회계사certified public accountant(CPA) 재무 자료 준비와 세금 신고로부터 복잡한 기업 재무 자료 회계 감사에 이르는 회계 업무를 제공하도록 국가로부터 공인받은 개인.

공정별 배치process layout 변환공 정을 관련된 공정별로 분류한 부서들로 조직화하는 배치.

공정성 이론equity theory 조직에 대한 종업원의 기여는 이들이 받는 보상의 공정성에 대한 평가에 의해 좌우된다는 이론.

과소 출자undercapitalization 비즈니스를 정상적으로 운영하기 어려울 정도로 부족한 자금을 투입하는 것.

관리 범위span of management 특정한 관리자 1인에게 보고하는 부하직원의 수.

관리회계managerial accounting 조직의 활동을 계획하고 이끌어 나가기 위해 관리자가 회계 보고서를 내부적으로 이용하는 것.

관세 및 무역에 관한 일반 협정 General Agreement on Tariffs and Trade (GATT) 1947년 23개국에 의해 합의된 무역협정. 국제 무역에서 발생하는 분쟁들을 조정하고 해결하려는 목적으로 창설되었음.

광고 캠페인advertising campaign 연속적인 시리즈 광고를 제작하고, 이를 다양한 매체를 통해 특정 표적고객에게 도달시키는 것.

광고advertising 매체를 통하여 메시지를 전달하는 유료 형태의 비대면(nonpersonal) 커뮤니케이션.

교환exchange 다른 어떤 것(제품, 서비스, 또는 아이디어 등)을 얻기 위해 한 가지(돈, 노동, 제품 등)를 포기하는 행위.

구매 행동buying behavior 제품, 서비스, 아이디어 등을 구매하고 사용하는 소비자들의 의사결정 과정 및 행동.

구매purchasing 조직에서 필요로 하는 모든 원자재의 구입. 조달로도 불림.

구상무역합의countertrading agreements 어떠한 상품을 통화로 구매하는 대신 다른 상품과 교환하는 외국과의 합의.

국내총생산gross domestic product(GDP) 한해 동안 그 나라에서 생산된 모든 상품과 서비스의 합.

국제 경영international business 외국과 상품 및 서비스를 사고팔고 교환하는 활동.

국제무역기구World Trade Organization(WTO) 국가 간 무역을 규율하는 국제기구.

국제통화기금International Monetary Fund(IMF) 1947년 설립된 기구로서 무역장벽을 없애고 재무적 협력을 증진하기 위해 설립되었음.

권한 위양delegation of authority 종업원에게 과업뿐 아니라 승인 권한, 자원 사용 권한 및 과업 수행에 필요한 어떠한 조치도 취할 수 있는 권한을 부여하는 것.

균형가격equilibrium price 생산자가 공급할 의사가 있는 제품의 양과 소비자가 구매할 의사가 있는 제품의 양이 일치 하는 점에서 결정되는 가격.

그레이프바인(비공식 정보망)grapevine 경영관리의 공식적인 의사소통에서 분리되어 있는 비공식 의사소통 채널.

그룹group 서로 의사소통을 하고 공통적인 정체성을 공유하며 공동 목표를 갖는 2인 이상의 개인들.

글로벌 전략global strategy 전 세계 어디서나 동일한 제품이 판매할 수 있도록 제품을 표준화하고, 촉진 및 유통 활동을 단일화하는 전략.

기능별 부문화functionaldepartmentalization 재무, 생산, 마케팅 및 인사 업무와 같은 유사 기능을 수행하는 직무들의 집단화.

기대 이론expectancy theory 일하고자 하는 동기는 얼마나 많이 원하는가뿐 아니라 그만큼을 얻을 수 있는 가능성이 얼마나 되는가에 따라 좌우된다는 이론.

기반 구조infrastructure 국가의 경제적 활동을 지원하는 물리적 시설을 의미. 철도, 고속도로, 항만, 공항, 발전소, 학교, 병원, 통신시설, 물류시스템 등을 포함.

기술 전문성technical expertise 특정 분야의 경영관리와 관련한 업무수행을 위해 요구되는 전문지식과 훈련.

기업가entrepreneur 혁신제품 생산 또는 기타 혁신을 촉진 시켜 수익을 만들기 위해 재산, 시간 그리고 노력을 투자하는 개인.

기업가정신entrepreneurship 특정 목표 달성을 위해 비즈니스를 창출하고 관리하는 과정.

기업담보차입매수leveraged buyout 대출금 상환보증을 위해 인수할 기업의 자산을 담보로, 투자자 그룹이 기업(또는 기업의 한 사업 부문) 인수를 위해 은행이나 다른 기관으로부터 자금을 대출받아 기업을 매수.

기업 시민의식corporate citizenship 기업이 법적, 윤리적, 이해당사자들이 기대하는 법적, 윤리적, 경제적, 자발적 책무를 만족시키는 정도.

기업어음commercial paper 한 회사가 다른 회사에게 지정된 금액을 지급하겠다는 서약.

ㄴ

내부고발whistleblowing 자신이 고용되어 있는 조직 내에서 벌어지는 부도덕한 행위나 비리 사실을 언론이나 수사기관 등 외부에 폭로하는 행위.

내재적 보상intrinsic rewards 어떠한 목표를 달성한 뒤에 느끼는 개인적인 만족이나 기쁨.

노동 협약labor contract 일정 기간(보통 2~3년) 동안 노조와 경영진간의 관계를 상호 합의한 공식적 문서.

노조(노동조합)labor unions 임금, 노동시간 등 근로 조건을 개선하기 위해 사용자와 협상하는 종업원들의 조직.

뇌물bribes 어떠한 결정에 영향을 미칠 목적으로 전달되는 돈, 선물, 기타 특별한 혜택.

ㄷ

다국가 전략multinational strategy 다국적기업들이 여러 나라에서 문화적, 기술적, 지역적인 차이에 대응하여 제품을 현지화하고, 촉진과 유통활동을 전개하기 위한 계획.

다국적기업multinational corporation 특정 국가와의 연계 없이 전 세계적 차원에서 운영되는 회사.

다단계 접근법multisegment approach 마케팅 담당자가 두 개 이상의 부분 시장을 목표로 마케팅 전략을 개발하는 시장 세분화 접근법.

다양성diversity 연령, 성별, 인종, 국적이 다양한 사람이 함께 고용되어 생산 활동에 참여함을 의미.

다채널 소매업omni-channel retailing 소비자가 이용할 수있는 다양한 쇼핑 방법(예: 온라인, 실제 상점 또는 전화)을 통합하는 소매 유형.

다운사이징downsizing 조직 내 대폭적인 종업원의 감축을 통한 기업 규모의 축소.

단속적 조직intermittentorganizations 프로젝트 조직보다 덜 중요한 제품을 다루는 조직. 제품들이 유일무이한 것은 아니지만 상당수의 차이점을 가짐.

단체 협상collective bargaining 경영진과 노조가 보상, 근로시간, 근로조건 등에 관한 합의를 이루려고 하는 협상 절차.

담보대출secured loans 채무자가 빌려간 돈을 갚지 않을 경우 은행이 소유권을 행사할 수 있는 담보가 있는 대출.

당좌 비율quick ratio(acid test) 재고자산을 제외한 보다 엄격한 유동성 측정.

당좌예금계좌checking account 은행이나 금융기관에 예치된 자금으로 예금주가 아무 때나 예금 인출을 할 수 있는 돈. 다른 말로 요구불예금이라고 함.

대리인agent 대리 관계에서 업무 책임자를 대신하여 업무를 수행하는 사람.

대인관계 자질human relations skills 조직 내·외부의 사람들을 다루는 능력.

덤핑dumping 한 국가나 기업이 자신의 제품을 제조원가 이하로 판매하는 행위.

도매상wholesaler 제조업자 또는 다른 도매상으로부터 제품을 구매하여 소매상에게 판매하는 중간상.

독점monopoly 단 한 명의 생산자만 제품을 판매하는 시장구조.

독점적 경쟁monopolistic competition 순수경쟁 시장보다 더 작은 수의 판매자로 구성되며, 판매하는 제품 간 차이가 매우 적은 형태의 시장구조.

동기motivation 어떠한 목표를 이루기 위한 인간의 행동을 일으키는 내적인 동력.

동기motivation 특정 목표를 성취하기 위한 인간의 행동을 지휘하는 내적 욕망.

동기 요인motivational factors 허츠버그의 동기부여 이론 중에서 작업 내용 그 자체에 초점을 맞추는 측면. 직무와 관련한 성취, 인정, 참여, 책임, 발전 등을 포함함.

동남아시아국가연합Association of Southeast Asian Nations(ASEAN) 동남아시아 국가들 간의 무역과 경제적 통합을 증진하기 위한 경제 연합체.

등록상표trademark 상표법에 의해 보호되어 타사의 사용이 금지되는 자사 고유의 브랜드명, 기호, 문자, 도형 또는 이들을 결합한 것.

디지털 마케팅digital marketing 인터넷, 모바일 등 소비자들과 상호작용할 수 있는 다양한 디지털 매체를 기반으로 상품 또는 서비스에 대해 커뮤니케이션하고 거래를 촉진하는 마케팅 활동.

디지털 매체digital media 컴퓨터, 휴대폰, 스마트폰 및 기타 디지털 장치를 통하여 디지털 코드를 기반으로 동작하는 전자 매체.

ㄹ

라벨링labeling 중요한 제품 정보를 제품 포장에 표기하는 것.

라이선싱licensing 한 회사(라이선서licensor)가 다른 회사(라이선시licensee)로부터 로열티를 받고 그 대가로 자신의 이름, 제품, 특허, 브랜드, 트레이드마크, 원자재, 혹은 제조방법 등 지적 자산을 사용할 수 있도록 허락하는 거래.

라인-스태프 조직 구조line-and-staff structure 상사와 부하 간의 전통적 라인관계와 라인관리자를 도와 조언을 제공하는 스태프 관리자로 불리는 전문화된 관리자를 포함하는 구조.

라인 조직 구조line structure 직접적인 지휘계통이 최고경영자에서 조직의 가장 낮은 단계까지 확장되는 가장 단순한 조직 구조.

리더십leadership 조직의 목표를 향해 일하도록 종업원들에게 영향력을 행사하는 능력.

리워드카드reward card 사용자에게 혜택을 주는 상점에서 제공하는 신용카드.

ㅁ

마케팅marketing 거래를 일으키기 위해 제품, 서비스, 아이디어 등을 개발하고, 그에 대한 가격을 책정하며, 유통하고, 판매를 촉진하는 일련의 활동.

마케팅 개념marketing concept 기업은 조직적 활동을 통해 잠재고객의 욕구를 발견, 그 욕구를 충족하고, 이를 기반으로 기업의 목표를 달성해야 한다는 마케팅 관리 이념.

마케팅 경로marketing channel(**유통 경로**channel of distribution) 생산자로부터 고객까지 제품의 흐름이 원활하도록 협동하는 조직들의 복합체.

마케팅관리자marketing managers 제품 기획, 가격책정 및 판촉과 유통을 통해 고객이 제품을 이용할 수 있도록 하는 데 책임을 지는 관리자.

마케팅 믹스marketing mix 기업이 마케팅 목표를 효과적으로 달성하기 위해 운영하는 네 가지 핵심 마케팅 활동(제품, 가격, 유통, 촉진)의 조합.

마케팅 전략marketing strategy 표적고객의 욕구를 충족시키기 위해 제품을 개발하고, 그에 대한 가격을 책정하며, 유통하고, 판매를 촉진하는 행위에 대한 전략적 계획.

마케팅 조사marketing research 마케팅 의사결정을 위해 잠재고객에 대한 정보를 객관적이고 체계적인 방법으로 수집하고 분석하는 과정.

매슬로우의 욕구 단계 Maslow's hierarchy 인간의 다섯 가지 욕구(생리적 욕구, 안전 욕구, 사회적 욕구, 존경 욕구, 자아실현의 욕구)를 만족시키고자 하는 순서에 따라 정렬시켜 놓은 이론.

매출액revenue 상품이나 서비스 판매는 물론 관련 경영 활동으로부터 받은 총금액.

매출원가cost of goods sold 특정 회계 기간 동안 회사가 판매한 제품을 만들거나 생산하는 데 드는 금액.

매출채권 회전율receivables turnover 매출액 나누기 외상매출금.

매트릭스 조직 구조matrix structure 서로 상이한 부서로부터 팀을 구성하여 2개 이상의 중첩되는 지휘계통을 유발하는 조직 구조. 프로젝트 관리 조직 구조로도 불림.

멘토링mentoring 직원의 전문성 개발을 위한 지원, 교육 및 지도.

모듈식 설계modular design 다른 제품을 생산하기 위해 결합되거나 교체될 수 있는 자체 내장형 장치 또는 모듈로 제품 생산.

모집recruiting 선발될 수 있는 자격을 갖춘 지원자들의 집단을 형성하는 행위.

목표설정이론goal-setting theory 목표 설정이 성과에 미치는 영향을 설명하는 이론.

무담보대출unsecured loans 채무자의 호평과 과거 신용평가에만 의존한 대출.

무보증채unsecured bonds 담보가 없는 채무 증서 혹은 채권.

무상표 상품generic products 특정 브랜드명이 표기되지 않고 제품 종류를 나타내는 보통명사로 표기되어 단순한 포장으로 판매되는 제품.

무역수지balance of trade 한 국가의 수출액과 수입액의 차이.

무역적자trade deficit 한 국가가 수출보다 수입을 더 많이 했을 때 발생하는 적자 수지.

무역 회사trading company 어떤 국가로 부터 상품을 구입하여 그것을 다른 나라로 판매하는 일을 하는 회사.

묵시적 보증implied warranty 서면 문서가 아닐 수도 있지만, 법에 따라 생산자 또는 판매자에게 판매 시점에 부과된 보증.

물류logistics 내·외부 물류 및 제3자 서비스의 계획 및 합동.

문화culture 지식, 생각, 언어, 신념, 도덕, 행동, 관습, 법률, 인공물 등 사회의 구성원으로서 개인이 습득하는 인간 행동 양식의 총체.

물적 유통physical distribution 재고관리, 운송, 창고관리, 자재관리 등 제품이 생산자로부터 소비자에게 전달되기까지 유통 흐름 상에서 필요한 모든 활동.

미국 재무성 단기채권treasure bills(T-bills) 미국 정부가 자금을 조달하기 위해 파는 단기채무.

미지급 비용accrued expenses 조직이 지불하지 않고 있는 모든 금전적 의무를 나타내는 계정.

ㅂ

바이럴 마케팅viral marketing 인터넷, 소셜 네트워킹 사이트(SNS), 동영상 공유 사이트 등을 이용하여 메시지를 확산시키고 브랜드 인지를 창출하는 마케팅 도구.

반관반민회사quasi-publiccorporations 연방정부, 주정부 또는 지방정부에 의해 소유되고 운영되는 공기업.

발행시장primary market 기업이 금융 자본을 조달하는 시장.

배당금dividens 주주들에게 현금의 형태로 분배되는 회사의 수익금.

배당률dividend yield 주당 배당금을 주가로 나눈 값.

벤처 투자자venture capitalist 신규 사업에 주식투자 형식으로 자본을 투자하는 개인 또는 조직.

변동금리채floating-rate bonds 이자율이 현 시장 이자율에 따라 바뀌는 채권.

보너스bonuses 뛰어난 성과에 대한 재무적 보상으로서 미래의 생산성을 향상시키기 위한 인센티브로 지급.

보증채secured bonds 발행회사가 부도를 낼 경우 몰수가 되는 특정 담보가 있는 채권.

보통주common stock 주식 소유자가 기업의 운영에 의결권을 행사하나 배당금과 관련해서는 우선권을 가지지 못하는 주식.

보험회사insurance companies 죽음, 부상, 그리고 절도 등과 같은 지정된 위험으로 인해 발생하는 재무적 손실로부터 고객을 보호하는 기업.

복리 후생benefits 연금, 의료보험, 유급 휴가 등과 같은 비재무적 형태의 보상.

복수 세분 시장 접근 방법multisegment 둘 이상의 세분시장을 각각 서로 다른 마케팅 믹스로 공략하는 시장 세분화 전략.

복식부기double-entry bookkeeping 회계 등식의 균형을 유지시키도록 상거래를 기록하고 분류하는 체계.

봉급salary 주간, 월간, 혹은 연간 기준으로 계산된 재무적 보상.

부문화departmentalization 일반적으로 부서, 사업부, 그룹 또는 사업 영역으로 불리는 작업 단위로의 직무 집단화.

부채liabilities 기업이 다른 사람이나 기업에 지닌 채무.

부채 대 총자산 비율debt to total assets ratio 회사 재원의 얼마나 많은 부분이 부채와 자기자본으로 이루어져 있는지를 나타내는 비율.

부채이용률debt utilization ratios 자기자본과 같은 다른 자본의 원천에 비례하여 한 조직이 얼마나 많은 부채를 사용하고 있는지를 측정하는 비율.

북미자유무역협정North American Free Trade Agreement(NAFTA) 미국, 캐나다, 멕시코 이 세 국가 간의 교역을 촉진하기 위해 합의된 협정으로서 농산물과 공산품에 부과되었던 관세와 무역장벽을 철폐하는 내용을 담고 있음.

분개장journal 시간 순에 따른 계정 거래 목록.

분권형 조직decentralizedorganization 조직 내 의사결정 권한이 가능한 명령계통상의 하부로 위양되는 조직.

분석적 자질analytical skills 관련된 사안을 식별하고 그 중요성을 인식하며 사안들 간의 관계를 이해하고 어떤 상황의 근본 원인들을 알아내는 능력.

불경기depression 실업률이 매우 높고, 소비가 위축되며 기업의 생산이 급격이 줄어드는 경제 상황.

불매운동boycott 어떤 회사의 제품을 사지 못하게 하는 행위.

불황(경기후퇴)recession 일반적으로 경제가 침체되는 현상으로 생산, 고용 그리고 수익의 감소함.

브랜딩branding 제품에 브랜드명과 아이덴티티(identity)를 부여하는 작업.

브레인스토밍brainstorming 문제 해결을 위해 그룹 구성원들이 동시에 아이디어를 제안하는 기법.

블로그blog 작성자가 자신의 관심사에 따라 일기, 칼럼, 기사 등을 자유롭게 올리고 다른 인터넷 사용자들과 소통하는 웹상에 기록하는 일지.

비교 우위comparative advantage 한 국가가 다른 국가에 비해 좀 더 효율적으로, 혹은 좀 더 낮은 비용으로 제조하거나 공급할 수 있는 제품에 특화함으로써 생기는 국제 교역의 기반.

비영리 조직nonprofit organizations 상품 또는 서비스 제공을 통해 이익 창출을 목적으로 하지 않는 조직.

비영리법인nonprofit corporations 수익 창출보다는 서비스의 제공에 집중하나 정부기관의 소유가 아닌 민간기업.

비율 분석ratio analysis 조직의 재무 상태를 측정하는 계산.

ㅅ

사내기업가intrapreneur 주로 대규모 기업 내에서 혁신적 기술 또는 아이디어 개발의 책임을 맡고 있는 인물.

사명mission 조직의 근본적인 목적과 철학에 대한 서술.

사베인옥슬리법Sarbanes-Oxley Act 2002년 7월 제정된 미국의 상장기업 회계 개혁 및 투자자를 보호하기 위한 법.

사서함lockbox 기업이 고객으로부터 수금을 빨리 하기 위해 대금을 받는 주소. 주로 시중은행.

사업 계획business plan 특정 사업 운영의 합리적 근거에 대한 명확한 성명과 목표에 도달하기 위한 단계적 세부 계획을 포함하는 계획서.

사업부제 조직 구조multidivisional structure 부서를 사업부라 불리는 보다 큰 규모의 집단들로 조직화하는 구조.

사회계층social class 한 사회 내에서 능력이나 지위의 차이에 따라 유사한 수준의 지위를 차지하는 구성원들의 계층적 집단 (예: 상류층, 중류층, 하류층).

사회적 기업가social entrepreneurs 사회 문제를 해결하기 위해 기업가 정신을 사용하는 개인.

사회적 역할social roles 개인의 위치와 지위를 기반으로 한 일련의 사회적 기대와 요구.

사회적 욕구social needs 사랑이나 우정 등에 관한 욕구. 다른 사람들로부터 받아들여지고자 하는 욕구.

사회적 책임social responsibility 사회에 대해 긍정적인 영향을 극대화하고 부정적 영향을 최소화해야 하는 기업의 의무.

사회주의socialism 정부가 기초산업의 소유와 운영을 하지만 대부분의 기업은 개인들이 소유하고 있는 경제 시스템.

산업재business products 최종 제품의 생산 및 설비 운용 과정에서 직·간접으로 사용되는 제품.

산출물outputs 투입물의 변환으로부터 생성되는 상품, 서비스 및 아이디어.

상업용 양도성예금증서commercial certificates of deposit(CD) 시중 은행과 증권회사가 발행하는 양도성예금증서로써 최저금액은 10만 달러이며 만기 전 거래가 가능.

상업은행(또는 보통은행)commercial banks 가장 규모가 크고 오래된 금융기관으로 기업과 가계에 빌려주는 데 필요한 자금을 주로 당좌예금계좌와 저축예금계좌에 의존.

상업화commercialization 상업적 성공을 위하여 시장에 본격적으로 상품을 출시하고, 그에 대한 마케팅 전략을 도입하는 일련의 과정.

상층흡수 가격 정책price skimming 신제품 도입 시 그 제품을 원하는 소비자가 지불하고자 하는 최대한의 가격을 책정하는 가격 정책.

상품 계열product line 유사한 마케팅 전략, 유사한 생산 및 유통경로, 유사한 최종 용도 등을 근거로 하나의 계열로 분류되는 서로 밀접하게 연관된 제품들의 집합.

상품 믹스product mix 한 조직이 시장에 제공하는 모든 제품의 집합.

상호저축은행mutual savings banks 저축대출조합과 유사하지만 신용협동조합처럼 예금주들이 소유를 한 금융기관.

생리적 욕구physiological needs 물, 음식, 주거, 의복 등 인간이 가장 기본적으로 만족시키고자 하는 욕구.

생산production 유형의 제품을 만들어 내는 데 이용되는 활동과 프로세스. 제조로도 불림.

생산 용량capacity 조직 단위가 수행하거나 운영할 수 있는 최대 처리 용량.

생산운영 관리자production and operations managers 자원을 상품과 서비스로 변환하는 데 연관되는 기업 활동과 시장 요구에 대비한 제품 아이디어를 개발하고 집행하는 관리자.

생활수준standard of living 사람들이 이용할 수있는 부와 물질적 안락함의 수준.

선발selection 지원자들에 대한 정보를 수집하고 그 정보를 채용 결정에 활용하는 절차.

선택적 유통selective distribution 이용 가능한 소수의 점포만을 사용하여 제품을 유통시키는 전략.

세계은행World Bank 1946년 경제 선진국들에 의해 설립된 기구로서 저개발 및 개발도상국들에 대한 원조를 목적으로 설립되었음.

세분 시장market segment 하나 이상의 특징을 공유하고 있어 비교적 유사한 욕구를 가지고 있는 개인, 집단, 혹은 조직들의 집합.

소매상retailer 제조업자 또는 다른 중간상으로부터 제품을 구매하여 최종 소비자에게 판매하는 중간상.

소비자주의consumerism 개인, 집단, 조직들이 소비자로서 자신의 권리를 지키려는 여러 가지 활동.

소비재consumer products 개인적인 용도를 위하여 최종 소비자에 의해 구매되는 제품.

소상공인microentrepreneur 5명 이하의 기업을 개발 하는 기업가.

소셜 네트워크social network 사용자가 개인 프로필 및 다양한 정보를 다른 사용자들과 공유하고, 그들과 소통하며, 다른 형태의 웹 기반 커뮤니케이션에 참여할 수 있도록 해주는 웹사이트.

소수 독점(과점)oligopoly 제품을 판매하는 기업이 소수인 시장구조.

손익계산서income statement 일정 기간(월, 분기, 년) 동안 조직의 수익성을 보여주는 재무 보고서.

수수료commission 판매액의 일정 비율 혹은 정액을 지급하는 인센티브 제도.

수시입출금예금계좌money market accounts 기준 은행이율보다 높은 이자율을 제공하는 대신 상대적으로 높은 제약 조건이 붙는 계좌.

수요demand 소비자가 특정 시간 다른 가격에 상품이나 서비스를 구매하기 위한 의지.

수익성 비율profitability ratios 조직이 지닌 자산, 자기자본, 그리고 매출액에 비례하여 창출하는 영업이익이나 순이익의 비율.

수입importing 상품과 서비스를 외국으로 부터 구매하는 것.

수입관세import tariff 수입품에 대해 정부가 부과하는 세금.

수출exporting 상품과 서비스를 외국에 판매하는 것.

순수경쟁pure competition 하나의 표준화된 제품을 판매하는 많은 소규모 기업들로 형성되는 시장구조.

순이익net income 매출액에서 세금을 포함한 모든 비용을 제하고 난 전체 수익(혹은 손실). 순수익이라고도 함.

승진promotion 보다 많은 권한과 책임, 보상이 주어지는 상위 단계로 올라가는 것.

시장 세분화market segmentation 전체 시장을 서로 비슷한 욕구를 가지고 있는 사람들로 이루어진 하위집단으로 분리하는 전략.

시장 지향market orientation 기업은 고객의 욕구에 대한 정보를 수집하고, 조직 전체에 걸쳐 수집한 정보를 공유하며, 이러한 정보를 고객과의 장기적인 관계 구축에 사용해야 함을 강조하는 접근법.

시장market 제품, 서비스, 또는 아이디어에 대한 욕구, 구매력, 돈의 지불 의사와 권한을 가진 사람들의 집단.

시장성 유가증권marketable securities 조직이 지닌 여유 자금을 국공채, 양도성예금증서, 기업어음, 혹 유로달러 대출 등에 1년 이내 잠시 투자하는 것.

시장 집중 접근 방법concentration approach 하나의 마케팅 믹스로 하나의 세분 시장을 공략하는 시장 세분화 전략.

시장침투 가격 정책penetration price 신제품 도입 시 시장 진입장벽을 낮추고 신속히 시장점유율을 높이기 위해 낮은 가격을 책정하는 가격 정책.

시험 마케팅test marketing 신제품의 본격적 시장도입에 앞서 잠재시장을 대표할 수 있는 제한된 지역을 대상으로 하여 표본적으로 제품을 시범 출시하는 소규모 마케팅.

신용거래trade credit 판매한 상품과 서비스 구매에 대해 공급자가 대금지급 유예를 허용한 거래.

신용공여line of credit 기관이 요구할 경우 지정 금액을 빌려주겠다고 은행이 동의한 합의.

신용카드credit cards 은행이나 금융회사가 부여한 사전 승인된 신용공여에 접근하는 수단.

신용 통제credit controls 금융기관과 일부 개인투자가들에 대해 신용 규정을 수립하고 강제시키는 권한.

신용협동조합credit union 주로 같은 고용주, 직업, 거래단체 혹은 종교를 가진 예금주들이 소유하고 관리하는 금융기관.

신원 도용 Identity theft 다른 누군가로 가장하여 타인의 신용 및 금융 계좌를 사용하려는 목적으로 그 사람의 개인 핵심 정보를 빼내는 범죄.

실업unemployment 일할 의사가 있는 사람이 일자리를 찾을 수 없을 때 발생되는 상태.

실행계획표agenda 단기 목표와 장기 목적을 포괄하는 명확하고 불명확한 항목들을 포함하는 일정표.

심리적 가격 정책psychological pricing 소비자의 이성적인 판단보다는 감성적 판단에 소구하여 구매를 유도하는 가격 정책.

ㅇ

아시아태평양경제협력기구Asia-Pacific Economic Cooperation(APEC) 아시아, 태평양 지역 국가들 간의 경제 협력과 기술 교류를 증진하기 위해 설립된 국제 무역 협력 기구.

아웃소싱outsourcing 생산이나 기타 업무들(예를 들어 자료처리)을 노동력이나 다른 원가가 낮은 국가로 이전하는 것.

안전 욕구security needs 자기 자신을 물리적, 경제적 위협으로 부터 보호하려는 욕구.

알선conciliation 노조와 경영진 간의 차이를 해소하기 위해 제3자가 대화를 주선하고 해결하도록 돕는 방법.

압류foreclosure 적시에 지불 할 수 없는 경우 대출 기관이 재산을 팔아 돈을 돌려받을 권리.

양도성예금증서certificates of deposit(CDs) 6개월이나 1년 같이 정해진 기간에 예금이 만기까지 유지될 경우 예금주에게 정해진 이자율을 보장해 주는 저축예금계좌.

연기금pension funds 개인, 회사, 조합이나 비영리조직 등이 구성원들에 퇴직소득을 제공하기 위해 따로 적립한 투자관리기금.

연방예금보험공사Federal Deposit Insurance Corporation(FDIC) 개별 은행 계좌를 보장하기 위해 1933년에 설립된 보험기금.

연방준비위원회Federal Reserve Board 미국 은행과 금융산업을 규제하기 위해 1913년에 설립된 연방정부의 독립기구.

연속상환채권serial bonds 점진적으로 만기가 길어지는 일련의 소규모 발행 채권.

연속 생산 조직continuous manufacturingorganizations 연속 가동되는 조립라인을 이용하며 상당수의 유사한 특성을 갖는 제품들을 생산하는 회사.

연차 보고서annual report 주주와 잠재적 투자자들을 위해 회사 재무 정보, 상품, 그리고 성장 계획 등을 요약.

예산budget 일정 기간 동안의 비용과 수익을 예측한 내부 재무계획.

오리엔테이션orientation 새로 고용된 종업원들에게 동료, 업무절차, 시설 등에 익숙하게 하려고 시행하는 프로그램.

오프쇼링offshoring 사업장 혹은 자회사를 외국으로 옮기는 것. 해외로 옮기더라도 해당 프로세스에 대한 통제권을 보유한다는 점에서 아웃소싱과 다름.

온라인 사기online fraud 온라인상에서 벌어지는 사기 행각.

외상매입금accounts payable 회사가 신용으로 구매한 물품과 서비스 대금에 대해 공급자에게 갚아야 할 금액.

외상매출금accounts receivable 고객이 회사로부터 구매한 제품에 대한 판매대금을 추후 지불하기로 약속한 금액.

외재적 보상extrinsic rewards 다른 사람으로 부터 주어지는 혜택이나 인정.

외환 관리exchange controls 국내에서 외화의 거래량을 규제하는 제도.

우선주preferred stock 주식소유자가 기업의 운영에 대해서는 발언권이 없는 반면, 다른 주주들에 우선하여 수익에 대한 권리를 주장할 수 있는 특수한 유형의 주식.

운송transportation 구매자에게 제품을 수송하는 것.

운영operations 유형 및 무형의 제품 모두의 산출에 사용되는 활동과 프로세스.

운영계획operational plans 전술계획을 달성하기 위해 개인, 작업그룹 또는 부서들이 완료해야 하는 행동들을 명시한 초단기 계획.

운영관리operationsmanagement(OM) 자원을 상품과 서비스로 변환시키는 데 관련되는 기업 활동의 개발과 관리.

운전자본 관리working capital management 단기자산과 단기부채의 관리.

원장ledger 각 계정을 위해 개별 구역을 나눈 장부 혹은 컴퓨터 파일.

위기관리(비상상황계획)crisis management(contingency planning) 제품 결함 발생, 원유 유출, 화재, 지진, 컴퓨터 바이러스 또는 비행기 추락과 같은 잠재적인 재난을 다루는 계획 수립의 한 유형.

위생 요인hygine factors 허츠버그의 동기부여 이론 중에서 작업 그 자체의 내용보다는 작업의 외적 조건에 초점을 맞추는 측면. 적정한 임금, 편하고 안전한 근로 조건, 공정한 회사의 정책, 직업 안정성 등을 포함함.

위원회committee 특정 과업을 수행하는 영속적이며 공식적인 집단.

위치고정형 배치fixed-position layout 제품 생산을 위해 필요한 모든 자원을 중심 위치로 가져오는 배치.

위키Wiki 여러 사용자가 함께 다양한 웹사이트의 내용을 추가하고 수정하여 지속적으로 콘텐츠를 만들어가는 일종의 협업 소프트웨어.

유동부채current liabilities 회사가 단기채권자들에게 1년 안에 갚아야 하는 금전적 의무.

유동 비율current ratio 유동자산 나누기 유동부채.

유동성 비율liquidity ratios 회사가 단기부채를 상환하기 위해 보유자산을 현금화시키는 데 걸리는 속도를 측정하는 비율.

유동자산current assets 1년 안에 현금으로 사용되거나 전환되는 자산.

유럽연합European Union(EU) 1958년 유럽 국가들 간의 교역을 증진하기 위해 수립된 유럽 국가들의 연합체로서 오늘날 최대의 단일시장을 형성하고 있음.

유로달러 시장eurodollar market 미국 밖에서 미국달러를 거래하는 런던에 중심을 둔 시장.

유연 생산 방식flexible manufacturing 유사한 생산운영공정에서 서로 다른 변형 제품들을 만들어 내는 컴퓨터에 의한 기계 장치의 통제.

유통distribution 고객이 자사의 상품이나 서비스를 원하는 장소에서 원하는 양만큼 구할 수 있도록 분배하는 마케팅 활동.

유통시장secondary market 투자자 간 서로 증권을 사고파는 주식거래소와 장외시장.

유한책임회사limited liabilitycompany(LLC) 경영에 유한책임을 지고 공동기업처럼 과세되나 구성원에 대한 규제는 적은 유형의 기업.

윤리 강령codes of ethics 종업원에게 기대되는 행동을 기술한 공식적인 규칙 혹은 기준.

윤리적 문제ethical issue 여러 가지 선택 중에서 윤리성을 기준으로 판단하고 생각하기를 요구하는 문제나 상황, 또는 기회.

의욕morale 자신의 일, 고용주, 동료들에 대한 종업원들의 태도.

이동transfer 직급과 보상이 유사한 회사 내의 다른 직무로 옮기는 것.

이사회board of directors 전반적인 기업 운영을 감독하고 기업의 장기 목표를 설정하도록 주주들에 의해 선임된 개인들의 집단.

이익profit 소비자가 특정 제품에 지불하는 것과 그 제품을 만들고 팔기 위해 소요되는 비용의 차이.

이익 공유제profit sharing 회사가 거둔 이익의 일정 부분을 종업원들에게 분배하는 형태의 보상.

이익률profit margin 순이익 나누기 매출액.

이익잉여금retained earnings 비용과 세금을 제한 후 회사 자산에 재투자되는 이익으로써 자본금의 형태로 주주들에게 귀속.

이자보상 비율times interest earned ratio 영업이익 나누기 이자비용.

이직turnover 종업원이 사직을 하거나 다른 종업원들에 의해 교체되어야 하는 상황.

이해당사자(주주)stakeholders 경영으로부터 창출되는 이익과 경영 성공에 지분을 가진 그룹.

인간관계론human relations 조직 상황에서 개인과 집단의 행동을 연구하는 학문.

인권법 제7조 Title VII of the Civil Rights Act 채용 시 차별을 금지하는 한편 공정고용위원회(Equal Employment Opportunity Commission)를 설치하는 내용을 담고 있는 법 조항.

인수acquisition 대개 주식 매수를 통해 한 기업이 다른 기업을 사들이는 것.

인적 네트워크 형성networking 경영관리자들이 실행계획표상의 항목을 달성하는 데 도움을 줄 수 있는 동료들과의 관계 구축 및 정보 공유.

인적 판매personal selling 판매원이 잠재고객을 직접 대면하여 수행하는 쌍방향 커뮤니케이션.

인적자원human resources 상품과 서비스 생산을 위해 사람들이 사용하는 육체적, 정신적 능력. 노동(labor)이라 부르기도 함.

인적자원 관리human resources management 조직의 인적자원 요구를 결정하고 이러한 요구를 충족시키기 위해 인재를 확보하고, 훈련시키고, 보상을 제공하는 등의 모든 활동.

인적자원 관리자human resources mangers 공식화된 방식으로 충원 기능을 처리하고, 직원을 상대하는 관리자.

인플레이션inflation 가격 등 전반적인 물가가 지속적으로 상승하는 경제 상태.

일반관리자administrative managers 기업 전체 또는 사업의 주요 영역을 관리하는 관리자. 특정 분야의 전문가는 아니지만 전문분야별 관리자들의 활동을 조정함.

일선 관리자first-line managers 기업의 종업원들과 일상적인 기업운영을 감독하는 관리자.

일정계획scheduling 작업부서 또는 특정 기계장치, 작업자 또는 작업팀에 요구되는 작업의 할당.

임금wage 노동시간 및 성과물에 대한 재무적인 보상.

임금 및 연봉 조사wage/salary survey 비교 대상이 되는 다른 회사들이 유사한 직무에 얼마의 보상을 지급하는지에 대한 정보를 제공하는 조사.

ㅈ

자기자본owners' equity 자산에서 부채를 제한 후 남는 부분으로 역사적 가치를 반영.

자기자본 수익률return on equity 순이익 나누기 자기자본. 투자수익률(ROI)이라고도 불림.

자동교환결제제도automated clearinghouses(ACHs) 자기 컴퓨터 테이프에 의한 은행 계좌로의 예금 입금이나 계좌로부터 예금 인출을 허용하는 체계.

자동입출금기automated teller machine(ATM) 가장 익숙한 전자금융 거래 형태로서 현금 지급, 예금 입금, 그리고 계좌 조회와 계좌간 현금 이체를 수행.

자본예산capital budgeting 사업의 필요성을 분석하고 기업 가치를 극대화시킬 자산을 선택하는 과정.

자본주의(자유기업체제)capitalism(free enterprise) 개인이 상품과 서비스를 제공하는 대부분의 기업을 소유하고 운영하는 경제 시스템.

자산assets 기업이 지닌 경제적 원천 혹은 현금, 재고, 부동산, 설비, 그리고 다른 유형·무형의 것처럼 가치를 지닌 물품.

자산이용률asset utilization ratios 매출 1달러를 이루어내기 위해 회사가 보유한 자산을 얼마나 잘 활용하는지를 측정하는 비율.

자아실현 욕구self-actualization needs 가능한 최고가 되고자 하는 욕구—매슬로우 욕구 단계에서 가장 상위 욕구.

자유시장free-market system 모든 경제적 의사결정이 정부의 간섭 없이 이루어지는 순수 자본주의.

자율관리업무팀self-directed work team(SDWT) 제품을 내부 고객 또는 외부 고객에 전달하는 전체 업무 프로세스나 일부분에 책임을 지는 종업원 집단.

자재 운반 관리materials handling 재료, 부품, 제품 등을 수송, 이동, 보관하는 물적 유통 관리.

자재소요계획material-requirements planning(MRP) 제품생산에 필요한 원자재들의 정확한 물량의 일정을 수립하는 계획 시스템.

장기(고정)자산long-term (fixed) assets 수년간 존속할 것으로 예상되는 생산시설(공장), 사무실이나 설비.

장기부채long-term liabilities 장기대출과 채권 발행과 같이 수년에 걸쳐 상환을 하는 채무.

장외시장over-the-counter(OTC) market 컴퓨터, 전화, 그리고 전신기로 연결된 전국적인 딜러망.

재고inventory 모든 원재료, 부품, 완제품 또는 반제품, 회사가 사용하는 장비.

재고관리inventory control 공급 물량과 물자가 얼마나 필요한지 결정하고 보유 수량, 품목별 소재 및 관리 책임자를 기록하는 프로세스.

재고자산 회전율inventory turnover 매출액 나누기 총재고자산.

재무finance 돈에 대한 연구. 돈을 벌고, 잃고, 그리고 관리하는 방법.

재무관리자financial managers 조직의 성공적인 운영에 소요되는 자금 조달과 조직의 향후 목표에 따른 자금 집행에 집중하는 관리자.

재무상태표balance sheet 특정 시점 한 조직의 재무적 위치에 대한 "속사".

재무자원financial resources 제품을 제공하기 위해 요구되는 천연자원과 인적자원을 획득하기 위해 사용되는 자금. 자본이라고도 함.

재정적자budget deficit 정부가 거둬드린 세금 수익 보다 지출이 더 많은 상태.

재조직restructure 조직의 기본 구조 변경.

저축대출조합savings and loan associations(S&Ls) 저축예금계좌를 제공하고 장기 주택담보대출을 주로 하는 금융기관.

저축예금계좌savings account 예금을 인출하기 위해서는 주로 미리 사전 통지가 필요한 계좌. 다른 말로 정기예금이라고 함.

적시재고관리just-in-time (JIT) inventory management 변환 공정에서 사용하기 위해 '적시(just in time)'에 도착하는 보다 적은 양의 원재료를 사용하는 기법으로 저장 공간과 다른 재고관리 비용을 덜 필요로 함.

전국신용협동조합감독청National Credit Union Administration(NCUA) 신용협동조합 설립인가와 규제를 담당하고 전국신협보험기금을 통해 예금주를 보호하는 기관 .

전략계획strategic plans 기업이 사명을 완수하기 위한 장기목표와 전반적 전략이나 행동방침을 설정하는 계획.

전략적 제휴strategic alliance 세계시장에서 경쟁우위를 차지하기 위해 형성하는 파트너십.

전문화specialization 작은 특정 과업들로 분업화하고 종업원별로 단일 과업을 수행하도록 업무를 할당하는 것.

전사적 품질관리total qualitymanagement(TQM) 조직의 모든 영역에서 품질에 대한 일관된 노력이 고객의 지각 품질을 충족시키는 문화를 촉진시킬 것이라는 철학.

전속적 유통exclusive distribution 지정된 한 지역 내에서 하나의 중간상에게만 판매권을 허용하는 유통 전략.

전술계획tactical plans 전략계획에서 명시된 기업 활동들과 목표들을 구현하기 위해 설계된 단기 계획.

전자식 자금 이체electronic funds transfer(EFT) 전자단말기, 전화기, 컴퓨터 혹은 자기테이프와 같은 도구를 활용한 모든 자금의 이동.

전체시장 접근 방법total-market approach 기업이 시장의 전체 구성원들이 비슷한 욕구를 가지고 있다는 가정하에 시장을 세분화하지 않고, 한 가지 마케팅 믹스로 해당 시장 내 모든 구매자를 동시에 공략하는 전략.

전통적 동기부여 이론classical theory of motivation 종업원들에게는 돈이 유일한 동기부여 요인이라고 하는 이론.

절대 우위absolute advantage 한 국가가 어떤 제품의 유일한 제조국이거나 가장 효율적으로 생산할 수 있는 나라일 때 존재하는 독점적 우위.

정보기술 관리자information technology(IT) mangers 컴퓨터 네트워크와 같은 기업 내 정보기술 애플리케이션 구축, 유지보수 및 통제를 책임지는 관리자.

정크본드junk bonds 높은 이자율을 지급하지만 상대적으로 높은 위험을 동반하는 채권.

제조manufacturing 유형의 제품을 만들어 내는 데 이용되는 활동과 프로세스. 생산으로도 불림.

제조업자 브랜드manufacture's brands 생산부터 구매시점까지 제품이 생산자에 의해 식별되도록 제조업체가 개발 및 소유하고 있는 브랜드.

제품product 고객 만족과 이익을 제공하는 유·무형의 특성을 가진 상품 또는 서비스.

제품개발팀product-developmentteams 신제품의 고안, 설계 및 구현을 위해 구축된 특수한 유형의 프로젝트 팀.

제품별 배치product layout 생산 활동이 일반적으로 조립라인에 배치되어 있는 작업자별로 할당되는 상대적으로 단순한 직무들로 나누어지도록 하는 배치.

제품별 부문화productdepartmentalization 회사의 제품에 따른 직무의 조직화.

조인트 벤처joint venture 특정 프로젝트의 공동수행이나 한시적인 사업 추진을 위해 설립된 공동기업.

조정mediation 제3자가 노조와 경영진에게 문제 해결을 위한 방안을 제시함으로서 차이를 해소하려는 방법.

조직 계층organizational layers 조직 내 경영관리자의 계층.

조직 구조structure 조직 내의 직위들의 배치나 관계.

조직도organizational chart 조직 구조, 지휘계통(명령계통), 스태프의 관계, 상임 위원회 배치와 의사소통 경로의 시각적 표현.

조직 문화organizational culture 회사의 공유가치, 신념, 전통, 철학, 규정 및 행동의 역할모델.

조직화organizing 효율적이고 효과적인 방식으로 목표를 달성하기 위한 자원 및 기업 활동의 구조화.

존경 욕구esteem needs 자기 스스로 혹은 타인에 의해 존중받고자 하는 욕구.

종업원 임파워먼트employee empowerment 종업원들에게 자신의 업무에 대해 책임을 지며 의사결정을 할 수 있는 권한을 부여.

주당 배당금dividends per share 보유한 주식 한 주에 대해 수령한 현금.

주당 순이익earnings per share 순이익 혹은 수익 나누기 발행 주식 수.

주당 자료per share data 동일하게 주식 한 주를 기준으로 투자자들이 한 회사의 성과를 다른 회사와 비교하는 데 사용되는 자료.

주식stock 매매가 가능한 주식회사의 지분.

주식회사corporation 국가에 의해 법적 권한이 부여되며 소유주로부터 분리된 자산과 부채를 가지는 법인.

주택소유자보험homeowner insurance 집에 대한 책임 및 재산 피해 보상.

준거집단reference group 구매자가 자신의 태도와 행동의 근거로 삼고자 하는 관점과 가치를 제공하는 집단.

중간 관리자middle managers 최고경영층에 의해 설정된 일반적인 지침을 구현하기 위한 전술 계획에 책임을 지는 조직 구성원.

중소기업small business 독립적으로 소유 및 운영되는 기업으로 경쟁적으로 지배적인 위치를 점유하고 있지 않으며 상시 근로자 수가 300명 미만인 기업.

중소기업청Small Business Administration(SBA) 중소기업에 대한 경영과 재정 상의 정부지원을 체계적이고 효율적으로 추진하기 위해 설립한 중앙행정기관.

중앙집권형 조직centralized organization 최고경영층에 권한이 집중되고 매우 제한적인 의사결정 권한만 하위 계층에 위양되는 조직 구조.

중재arbitration 노조와 경영진 간의 분쟁을 해결하는 방법으로, 제3자가 제시하는 해결책이 법적으로 강제력을 갖게 되는 방법.

증권시장securities markets 증권을 사고파는 체제.

증권회사brokerage firms 고객을 위해 주식, 채권, 그리고 다른 증권을 매수·매도하거나 다른 금융서비스를 제공하는 회사.

지각perception 인간이 자신의 감각을 통해 정보를 선택하고, 구조화하고, 해석하는 과정.

지급준비율reserve requirement 예금기관이 유치한 예금 중에서 반드시 예치해야 하는 비율.

지속가능성sustainability 자연환경의 장기적인 존속과 안녕을 지속하는 방식으로 여러 활동을 수행하는 것을 의미. 이는 사업 전략, 경제 부문의 활동, 작업 방식, 기술, 생활 방식 등을 평가하고 개선함으로써 자연환경을 건강하게 보존할 수 있도록 함.

지역별 부문화geographicaldepartmentalization 주, 지역, 국가 또는 대륙과 같은 지리적 위치에 따른 직무의 집단화.

지휘directing 조직의 목표 달성을 위한 종업원의 동기부여 및 지도.

직무 공유job sharing 한 개의 종일제 직무를 두사람의 시간제 근무로 나누는 것.

직무 기술서job description 직무의 명칭, 과업, 다른 직무와의 관련성, 직무를 수행하기 위한 육체적, 정신적인 능력, 요구되는 의무와 책임, 업무 환경 등에 대한 공식적인 설명.

직무 명세서job specification 교육수준, 경험, 성격적·육체적 특징 등과 같이 어떠한 직무를 수행하기 위해 필요한 자격 요건에 대한 기술.

직무 분석job analysis 직무를 구성하는 구체적인 과업, 필요한 능력, 지식, 기술 등 직무에 관한 정보를 관찰, 분석하는 행위.

직무 순환 제도job rotation 종업원의 직무를 이동시킴으로서 한 직무에 전문화했을 때 야기될 수 있는 지루함을 해소하고자 하는 방법.

직무 충실화job enrichment 기존의 직무에다 성장 기회, 칭찬, 책임, 발전 등 동기요인을 결합시키는 것.

직무 확대job enlargement 기존 직무에다 여타 과업을 추가하여 하나의 직무로 취급하는 것.

직불카드debit card 신용카드처럼 보이지만 개인수표처럼 사용되는 카드, 직불카드를 사용하면 카드 소유자의 당좌예금계좌에서 상품을 구매한 상점이나 제3자에게 즉각적인 지급이 이루어짐.

직장 폐쇄lockout 경영진의 파업이며, 작업장을 폐쇄하여 종업원들의 출입을 막는 행위.

직접 투자direct investment 해외 시설에 대한 소유권을 확보하는 것.

직접판매direct sale 집이나 사무실에 방문하여 소비자에게 제품을 판매하는 방법.

집약적 유통 Intensive distribution 이용 가능한 모든 형태의 점포를 사용하여 제품을 유통시키는 전략.

집중 근무제compressed workweek 주당 40시간 이상 근무한다는 전제 하에 5일보다 적은 일수를 근무하는 제도.

ㅊ

참조 가격 정책reference pricing 심리적 가격 정책의 일환으로 소비자가 저가 제품을 상대적으로 고가인 제품과 비교하게 함으로써 저가 제품의 매력도를 높이는 정책.

창고업warehousing 제품을 입고하고, 보관하고, 발송하는 시설을 설계하고 운영하는 것.

채권bonds 대기업이 장기자본을 조달하기 위해 파는 채무 수단.

책무성accountablility 과업과 이의 수행을 위한 권한을 부여받은 종업원은 그 실행 결과에 대해 상사한테 설명할 수 있어야 한다는 원칙.

책임responsibility 할당된 과업을 만족스럽게 수행하고 적절한 과업 실행에 대한 책임을 지울 수 있도록, 권한 위양을 통해 종업원에게 부과되는 의무.

천연자원natural resources 사람에 의해 만들어지지 않은, 토지, 산림, 광물, 물과 같은 자원들 .

촉진promotion 개인, 집단, 또는 조직들이 자사의 제품, 서비스, 아이디어 등을 수용하도록 함으로써 마케팅 교환을 활발히 일으키기 위한 설득적 커뮤니케이션 활동.

촉진적 포지셔닝promotional positioning 소비자 마음속에 제품에 대한 긍정적 이미지를 심어주고 유지하기 위한 촉진 활동.

총수입gross income(**총이익**gross profit) 매출액에서 해당 매출을 달성하기 위해 필요한 매출원가를 뺀 금액.

총자산 이익률return on assets 순이익 나누기 총자산.

총자산 회전율total asset turnover 매출액 나누기 총자산.

최고경영진top managers 기업에 대해 전반적인 책임을 지는 회장과 최고경영자(CEO), 최고재무관리자(CFO), 최고생산운영책임자(COO)와 같은 기업의 경영진.

최우대금리prime rate 시중 은행이 초우량 고객들(주로 대기업)에게 단기로 빌려줄 때 부과하는 이자율.

최초기업공개initial public offering(IPO) 일반 주식시장에 처음으로 기업의 주식을 상장하여 공모하는 것.

충원staffing 조직의 업무수행을 위한 인력의 고용.

ㅋ

카르텔cartel 기업이나 국가들 간에 국제시장에서 경쟁우위를 차지하기 위해 상호 경쟁하지 않고 연합함으로써 독점을 형성하고자 하는 합의.

컴퓨터 이용 생산computer-assistedmanufacturing(CAM) 변환 공정의 실제 지시와 제어에 특수한 컴퓨터 시스템을 적용한 제조.

컴퓨터 이용 설계computer-assisted design(CAD) 도면 대신 컴퓨터를 이용한 부품, 제품 및 공정의 설계.

컴퓨터 통합 생산computer-integrated manufacturing(CIM) 제품의 설계, 기계 장치와 원료의 관리 및 운영 기능을 제어하는 완전한 컴퓨터 시스템.

쿼터제quota 한 나라로 수입되는 특정 제품의 수입 한도량.

ㅌ

탄력 시간제flextime 특정한 집중 근무 시간 외에는 종업원들이 자신의 근무 시작 시간과 종료 시간을 결정하도록 하는 것.

태도attitude 특정 대상에 대한 지식 및 긍정적 혹은 부정적 생각이나 느낌.

태스크 포스task force 조직 내 특별한 변화의 달성에 책임을 지는 임시적인 직원들의 집단.

통계적 품질관리statistical process control 생산 시스템 내의 품질 문제를 정확하게 찾아내기 위해 관리자가 생산공정에 대한 정보를 수집하고 분석하는 시스템.

통상 금지embargo 특정한 품목의 거래를 금지하는 것.

통제controlling 조직이 진로를 유지하도록 조직의 여러 활동을 평가하고 수정하는 프로세스.

통합적 마케팅 커뮤니케이션integrated marketing communications 다양한 촉진믹스 요소를 통합하여 하나의 전체로서 조직적이고 일관성 있게 마케팅 커뮤니케이션을 기획하고 실행하는 과정.

통화정책monetary policy 중앙은행이 경제 활동에 필요한 통화량을 조절하는 수단.

퇴사separation 사직, 은퇴, 해고 등으로 인한 고용관계의 변화.

투입물inputs 산출물로 변환되는 노동력, 자금, 원료 및 에너지와 같은 자원.

투자신탁회사mutual fund 개인투자자금을 모아서 그 자금을 분산투자가 잘된 증권들에 대규모로 투자하는 투자회사.

투자은행가investment banker 기업, 주정부, 그리고 지방정부를 위해 증권을 발행하는 업무를 수행.

투자은행업무investment banking 기업을 위해 주식과 채권을 판매하는 업무.

팀team 상호 보완적인 기술을 보유하고 있는 구성원들의 소규모 그룹으로 공동의 목적, 목표 및 접근 방법을 가지며 상호 간의 책임을 공유함.

ㅍ

파업strikes 노동자들이 작업을 거부하는 행위로 노동조합의 가장 강력한 무기가 됨.

파업 파괴자strikebreakers 파업에 참가하고 있는 노동자들을 대체하기 위해 경영진이 고용한 사람들.

판매 촉진sales promotion 잠재고객에게 추가적인 가치나 보상을 제공함으로써 구매를 유도하는 직접적 유인책.

팟캐스트podcast 인터넷 망을 통해 오디오 또는 비디오 파일 형태의 다양한 콘텐츠를 구독자들의 개인청취기기나 컴퓨터로 제공하는 서비스.

팩토링 금융회사factor 기업이 보유한 외상채권을 액면가보다 낮은 금액으로 파는 금융회사.

포장packaging 적절한 재료나 용기를 사용하여 제품에 대해 설명하고 그 가치 및 상태를 보호하는 것.

표적시장target market 한 기업이 특정 마케팅 프로그램을 수행함에 있어 욕구를 만족시키고자 하는 특정 소비자 집단.

표절plagiarism 다른 사람의 작품을 도용하거나 출처를 밝히지 않은 채 자신의 것으로 발표하는 행위.

표준화standardization 동일하고 교체가능한 부품이나 제품의 생산.

푸시 전략push strategy 중간상으로 하여금 그들의 고객에게 제품을 적극적으로 판매하도록 동기를 부여하는 전략.

풀 전략pull strategy 기업이 적극적인 판촉 활동을 통해 소비자 수요를 창출함으로써 결국 소비자들이 자사 제품을 찾게 하여 중간상들이 자발적으로 자사 제품을 취급하도록 하는 전략.

품질quality 특정 제품, 서비스, 또는 아이디어가 고객의 요구에 얼마나 부합하는가의 정도.

품질관리quality control 설정된 품질표준을 유지하기 위해 조직이 사용하는 공정.

품질보증팀quality-assurance teams(**품질분임조**quality circles) 특정한 품질, 생산성 또는 서비스 문제의 해결을 위해 회사 전체에서 모인 소규모 작업자 집단.

프랜차이저franchiser 프랜차이즈, 즉 판권 또는 가맹점 영업권을 판매하는 기업.

프랜차이즈franchise 상호, 특허 상표, 기술 등을 보유한 제조업자나 판매업자로부터 제공받는 상표의 사용권 및 제품의 판매권.

프랜차이즈 가맹업체franchisee 프랜차이즈, 즉 가맹점 영업권의 구매자.

프랜차이즈 본사franchiser 프랜차이즈, 즉 가맹점 영업권을 판매하는 기업.

프랜차이지franchisee 프랜차이즈, 즉 판권 또는 가맹점 영업권의 구매자.

프랜차이징franchising 라이선싱의 한 방법으로서 한 회사(프랜차이저franchisor)가 다른 회사(프랜차이지franchisee)로 부터 재무적 대가를 받고, 이름, 로고, 운영 방식, 광고, 상품, 기타 자신의 비즈니스와 관련된 요소들을 사용하게 하고 자신의 운영 기준에 따르도록 하는 계약.

프로젝트 조직project organization 전형적으로 건설이나 탐사와 같은 복잡한 대규모 프로젝트에 관여하기 때문에 위치고정형 배치를 이용하는 회사.

프로젝트팀project teams 태스크 포스와 유사하지만 정상적으로 본래 업무를 수행하면서 특정 프로젝트에 대해 전권을 가지는 집단.

피케팅picketing 경영진에 대한 항의를 공개적으로 표출하는 노조의 활동으로서 행진을 한다거나 사업장에서 경영진에 대한 반대를 나타내는 활동.

ㅎ

학습learning 정보와 경험을 토대로 발생하는 행동의 변화.

할부금융회사finance companies 은행보다 훨씬 높은 이율로 단기 자금을 빌려주는 회사.

할인율discount rate 시중 예금기관이 지급준비율을 맞추기 위한 자금을 중앙은행으로부터 빌릴 때 지급하는 이자율.

합명(합자)회사 정관articles of partnership 동업자 간의 기본적 협약 내용을 명시한 법적 문서.

합명회사general partnership 동업자들이 기업의 경영과 채무에 있어 무한책임을 공유하는 공동기업.

합병merger 하나의 새로운 회사를 구성하기 위한 두 회사(보통 주식회사)의 결합.

합자회사limited partnership 무한책임을 지는 최소 1인 이상의 동업자와 출자한도로 책임한도가 제한되는 최소 1인 이상의 동업자를 가지는 공동기업.

합작회사joint venture 외국회사와 해당 지역 내 회사가 함께 비용과 운영을 공유하는 방식.

행동 수정behavior modification 어떠한 행동과 그 행동이 만들어 내는 결과(보상이나 처벌)를 연관시킴으로서 행동을 변화시키고 올바른 행동을 권장하는 것.

현금흐름cash flow 매일, 매주, 매월 혹은 연간 단위로 발생하는 조직 내 자금의 움직임.

현금흐름표statement of cash flows 회사의 현금이 회계기간 동안 어떻게 변하였는지를 설명.

협동조합cooperative(co-op) 대기업에 속할 때의 혜택을 취하기 위해 함께 뭉친 개인이나 소규모 사업체들로 구성된 조직.

혼합경제mixed economies 하나 이상의 경제 시스템으로 구성된 경제.

홍보publicity 기업이 직접적인 비용의 지불 없이 매체를 통해 뉴스와 정보를 전달하는 비대면(nonpersonal) 커뮤니케이션.

화폐money 상품과 서비스에 대한 교환 수단으로 일반적으로 받아들여지는 모든 것.

환율exchange rate 한 국가의 통화가 다른 국가의 통화와 교환되는 비율.

회계 등식accounting equation 자산은 부채와 자기자본의 합과 일치.

회계 주기accounting cycle 회계 체계의 4단계 절차. 원문서 검토, 거래를 회계 분개장에 기록, 기록된 거래를 공표, 그리고 재무제표를 준비.

회계accounting 재무 정보의 기록, 측정과 해석.

회사설립허가서corporate charter 회사가 회사 정관을 통해 제공한 정보에 기반을 두어 정부가 회사에 발행해 주는 법적 문서.

훈련training 강의실이나 실제 직무경험을 통해 종업원들에게 구체적인 직무과업을 수행하도록 가르치는 것.

기타

1차 자료primary data 현재 조사 목적에 따라 관찰, 기록, 실험, 설문 등의 방법을 통해 조사자가 직접 응답자로부터 얻는 자료.

2차 자료secondary data 현재 상황을 해결하기 위한 조사 목적이 아닌 다른 조사 목적을 위해 조직의 내·외부에서 이미 수집되어 있는 자료.

e-비즈니스e-business 인터넷을 기반으로 업무를 수행하고 목표를 달성하는 비즈니스 방식.

ISO 14000 기업들이 보다 청결하고 안전하며 자원을 적게 소모하는 방식으로 사업을 수행하도록 장려하는 포괄적인 환경 표준의 집합. ISO 14000은 전 세계에 일관된 표준의 집합을 제공함.

ISO 9000 다양한 조건하에서 일관된 제품 품질을 보증하기 위해 국제표준화기구(ISO)에 의해 제정된 일련의 품질보증 표준.

ISO 19600 위험, 법적 요구 사항 및 이해관계자 요구를 해결하는 준수 사항 관리를 위한 포괄적인 지침.

S주식회사S corporation 지분소유자에 제한이 있는 공동기업인 것처럼 과세되는 소규모 주식회사.

X이론Theory X 경영에 관한 맥그리거의 전통적 관점으로서 근로자들은 일반적으로 일하기를 싫어하므로 일을 하도록 강제되어야 한다는 가정을 가지고 있음.

Y이론Theory Y 경영에 관한 맥그리거의 인본주의적 관점으로서 근로자들은 일하기를 좋아하며, 적합한 환경만 주어진다면, 사회적, 존경, 자아실현의 욕구를 실현시키기 위해 책임 있는 행동을 할 것이라고 함.

Z이론Theory Z 경영 의사결정의 모든 측면에 종업원들이 참여할 수 있어야 한다는 점을 강조하는 경영 철학.

찾아보기INDEX

ㅇ

ㅈ

P

Q

R

S

역 자 소 개

김상현 ksh@knu.ac.kr 경북대학교 경영학부 교수

미국 Washington State University에서 호텔경영 및 경영학 학사와 MBA 학위를 받았으며, University of Mississippi, Oxford에서 경영정보학 전공으로 경영학 박사 학위를 취득하였다. 현재, 경북대학교 경영학부 교수로 재직 중이며, 주요 관심 분야는 클라우드 컴퓨팅, 소셜 네트워킹 서비스, IT 전략 및 보안이다. 다수의 연구가 Communications of the ACM, Information and Management, International Journal of Information Management, DATA BASE for Advances in Information Systems 등에 게재되었다.

김진산 jsk89@knu.ac.kr 경북대학교 경영학부 부교수

경북대학교 경영학과를 졸업하고, 미국 미주리주립대학교(콜럼비아)에서 MBA, 보스턴컬리지에서 재무학 석사, 앨라배마주립대학교에서 재무학 박사를 취득하였다. 2007년부터 2009년에 미국 노스캐롤라이나주의 윈스턴-세일럼주립대학교에서 조교수를 역임하였다. 연구 분야는 기업 재무의 재무 구조, 배당 정책, 신규 공모주, 기업가치평가 등이며 관련 논문으로 International Review of Finance, 금융지식연구, 기업경영연구, 경영연구 등에 다수 실렸다.

김판수 pskim@knu.ac.kr 경북대학교 경영학부 교수

부산대학교 산업공학과에서 학사와 석사 그리고 미국 Texas A&M University에서 경영과학 박사학위를 취득하였다. 현재, 경북대학교 경영학부 교수로 재직 중이며, LGCNS와 삼성전자에서 근무하였다. 주요 관심 분야는 운영관리, 최적화, 통계적 데이터 분석이다. 다수의 연구가 Technometrics, Reliability Engineering & System Safety, IEEE Transactions on Robotics and Automation등에 게재되었다.

유재욱 jwyoo@konkuk.ac.kr 건국대학교 경영대학 교수

홍익대학교에서 무역학 학사, 미국 Temple University에서 위험관리 및 보험박 석사, 미국 Washington State University에서 전략경영 전공으로 경영학 박사 학위를 취득하였다. 현재 건국대학교 경영대학 교수와 경영전문대학원 부원장으로 재직 중이며, 주요 관심 분야는 경쟁역학, 성장전략, 기업지배구조, 지속가능 경영전략이다. 저서로는 현대사회와 지속가능경영, 4차 산업혁명 시대의 기업경영, 경영학원론 등이 있고, 다수의 연구가 Journal of Management Studies, Long Range Planning, Journal of Management & Organization 등에 게재되었다.

조성준 sungguri@gachon.ac.kr 가천대학교 글로벌경영학트랙 교수

고려대학교에서 정치외교학을 전공하였고, 미국 미네소타대학교(Twin Cities)에서 인사 및 노동관계 석사와 인적자원개발(HRD) 박사 학위를 취득하였다. 주요 연구 분야는 경영윤리, 조직학습, 사회자본, 소셜 네트워크 등이며, 미국의 HR 제도에 관한 연구와 기고, 강연을 꾸준히 진행하고 있다. 미국 유티카대학(Utica College) 교수를 역임하였으며, 현재 한국인력개발학회 상임이사와 인천공항공사 청렴옴부즈만 위원, 수원시정개발 연구원 자문위원 등으로 활동하고 있다. HRD 분야의 논문인용네트워크를 분석한 논문을 Human Resource Development Quarterly에 게제한 것을 비롯 다수의 국내외 논문을 출판하였고, 지시로는 「미국의 인재경영」이 있다.

조혁수 hscho@cnu.ac.kr 충남대학교 무역학과 교수

미국 Washington State University에서 MBA 석사 학위와 국제경영학(International Business) 전공으로 경영학 박사 학위를 취득하였다. 현재, 충남대학교 경상대학 무역학과 교수로 재직 중이며, 주요 관심 분야는 해운, 항만, 물류, 전자무역 등이다. 다수의 연구가 Journal of Business Research, Journal of International Entrepreneurship, Thunderbird International Business Review, The Asian Journal of Shipping and Logistics, Journal of Korea Trade 등에 게재되었다.

저 자 소 개

O. C. Ferrell 교수는 Florida State University에서 학사와 MBA 학위를 받았으며, Louisiana State University에서 박사학위를 취득하였다. 현재 그는 Auburn University의 Raymond J. Harbert 경영대학에서 석좌교수로 재직 중이며, 기업윤리, 글로벌 경영 및 마케팅 분야에 많은 연구를 하고 있다.

Geoffrey A. Hirt 교수는 Ohio Wesleyan University에서 학사 그리고 Miami University of Ohio에서 MBA 학위를 취득한 후 University of Illinois at Champaign-Urbana에서 재무 전공으로 박사학위를 취득하였다.
현재 그는 DePaul University 경영대학에 재직 중이며, 글로벌 경영, 금융시장과 무역 관계에 많은 연구와 저서가 있다.

Linda Ferrell 교수는 University of Memphis에서 경영학 박사를 취득 하였다. 현재 그녀는 Auburn University의 Raymond J. Harbert 경영대학 마케팅 교수로 재직 중이다. 맥도날드와 피자헛과 같은 글로벌 기업에서 경험이 있을 뿐 아니라 기업윤리와 마케팅 분야에 다수의 연구와 저서가 있다.

경영의 이해 (12판)

역　자 김상현, 김진산, 김판수, 유재욱, 조성준, 조혁수

발행일 2020년 12월 18일

발행처 **한경사**

발행인 이계남

등록사항 제10-1951호 2000년 4월 14일

주　소 서울시 마포구 신수로 59-1 (3층)

전화번호 02_717_7264~5

팩스번호 02_717_7226

홈페이지 hankyungsa.co.kr

전자우편 hankyungsa@hanmail.net

ISBN 978-89-6844-318-3 93320

가　격 33,000원